Kein Roman ist reicher an Ereignissen, phantastischer, spannender, witziger als das Leben von Voltaire, schrieb Le Figaro Littéraire, als Jean Orieux erstmals seine Biographie über eine der glänzendsten wie umstrittensten Persönlichkeiten des französischen 18. Jahrhunderts vorlegte. Voltaire, der mit bürgerlichem Namen François-Marie Arouet hieß, war in seinem fast ein Jahrhundert währenden Leben immer zugleich Aushängeschild und Skandal seiner Zeit: Öffentlich wurden seine Bücher verbrannt, und heimlich riß man sie sich aus der Hand. Ludwig XV. verwies ihn des Landes, und Friedrich II. umschmeichelte ihn, um ihn an seinen Hof zu binden. Mit Hilfe des Papstes zog er schließlich in die Académie Française ein. Voltaires Leben ist ein Tanz auf dem Seil zwischen Ernst und Farce über Gefängnissen und Scheiterhaufen. Jean Orieux hat die Bewegung dieses Lebens nachgezeichnet. Als ergänzende Lesehilfe enthält der Band ein kommentiertes Personenregister und eine vergleichende Zeittafel, die das Leben Voltaires parallel zu den politischen Ereignissen in Frankreich, den Ereignissen in der Welt und denen des Geisteslebens darstellt.

insel taschenbuch 1651
Jean Orieux
Das Leben des Voltaire

Jean Orieux

Das Leben des Voltaire

Aus dem Französischen von
Julia Kirchner
Mit einer Zeittafel, einem
Personenregister und
zeitgenössischen Abbildungen
Insel Verlag

insel taschenbuch 1651
Erste Auflage 1994
© der französischen Originalausgabe
Flammarion, Paris 1966
© der deutschen Übersetzung
Insel Verlag Frankfurt am Main 1968
Alle Rechte vorbehalten durch den Insel Verlag
Frankfurt am Main und Leipzig
Hinweise zu dieser Ausgabe am Schluß des Bandes
Vertrieb durch den Suhrkamp Taschenbuch Verlag
Umschlag nach Entwürfen von Willy Fleckhaus
Druck: Nomos Verlagsgesellschaft, Baden-Baden
Printed in Germany

1 2 3 4 5 6 – 99 98 97 96 95 94

Vorwort

Alle Welt kennt Voltaire. Jeder hat sich eine Meinung gebildet — für oder gegen ihn; das kommt auf eins heraus. Nähert man sich ihm, so scheint alles deutlich. Dringt man jedoch tiefer in sein Leben ein, so ergreift einen Schwindel angesichts der Fülle von Fakten, der Pirouetten seines Charakters, der Widersprüchlichkeiten und Taschenspielerkünste. Jede Geste ist sichtbar, und doch löst sie sich im hellen Licht seiner Persönlichkeit auf. Er sprüht nach allen Seiten hin Funken und existiert nur in seinem Widerschein. Voltaires Leben zu erzählen heißt Unmögliches versuchen, daher erwartet der Leser zweifellos einige Erläuterungen.

Das Leben Voltaires gleicht einem Ballett. Einem ganz und gar nicht langweiligen Ballett. Es wird öfter von einem Irrlicht getanzt als von einem Menschen: der Startänzer ist nicht zu fassen. Wie soll man die Reflexe eines tanzenden Spiegels einfangen und fixieren, eines Diamanten, den man unter Kronleuchtern aufblitzen läßt? Als D'Alembert Voltaire beschrieb, fand er ihn unbeschreibbar, er nannte ihn: »Monsieur le Multiforme«. Wie könnte man aus dieser verblüffenden Vielgestaltigkeit eine einzige, unverwechselbare Persönlichkeit entstehen lassen: Voltaire?

Man mußte, so schien mir, selbst eine kleine Rolle in dieser faszinierenden Opera buffa übernehmen, die fast ein Jahrhundert lang die europäische Bühne beschäftigte; man mußte Voltaire spielen. Dieses Buch ist daher geschrieben worden, wie Voltaire gelebt hat: in dem Rhythmus eines Allegro von Mozart. Nichts gibt so sehr Aufschluß über das tiefste Wesen Voltaires wie die Geschwindigkeit. In einer unglaublichen Kadenz wechselt er Tonfall, Thema, Gesicht. Gute Seelen konnten nicht umhin, darauf hinzuweisen, daß er ein höllisches Leben führte. Man steckt Voltaire recht gerne in die Hölle — selbst auf der Erde —, obwohl er geschrieben hat: »Das irdische Paradies ist da, wo ich bin.«

Eben dieses Leben hat uns gefesselt. Der Leser erwarte also keine literarische Studie über das Werk Voltaires, nicht darum geht es in diesem Buch. Selbstverständlich wurden seine Werke — vor allem die charakteristischen — nicht nur erwähnt, sondern auch analysiert, sofern sie Auswirkungen auf die Ereignisse seines Lebens hatten, oder umgekehrt, sofern die Ereignisse am Anfang eines Werks standen.

Es gibt nichts Erstaunlicheres als den geradlinigen Verlauf seines Schicksals. Dieses schillernde Wesen lenkte seine Geschicke mit einer Kontinuität ohne Schwäche. Mit fünfzehn Jahren wußte der junge Arouet, was er sein wollte, und er wußte es mit einer Hartnäckigkeit und einem Ehrgeiz, die schwindelerregend sind. Er hatte begriffen, daß er gleichzeitig ein sehr reicher Mann und ein sehr großer Dichter werden müsse. Beides gelang ihm. Sein sozialer Erfolg läuft parallel zu seinem literarischen. Schon auf der Schulbank dachte er, daß Talent ohne Geld nur Elend bedeute und Geld ohne Talent Dummheit. Er fühlte sich für keines von beidem geschaffen.

Manche sagen, er sei nicht ›seriös‹. Das ist richtig. Er hat alles getan, um es nicht zu scheinen; aber seine Bedeutung ist weit größer. Wir vergessen ein wenig, daß wir alle in unserem tiefsten Wesen von der Begegnung mit ›Candide‹ gezeichnet sind. Voltaire war die fast vollendete Verkörperung einer Geisteshaltung, die es in Frankreich zweifellos schon vor ihm gegeben hatte, die aber erst unter seiner Feder ihre endgültige Form annahm. Als er dieser Geisteshaltung und diesem Humanismus, die bereits Molière und La Fontaine, Marot und Montaigne kannten, die blendende Form von ›Micromégas‹ und der ›Lettres‹ gab, wurden wir mehr Franzosen, als wir es vor ihm gewesen waren. Selbst die unter uns, die sich gegen diese ›Offenbarung‹ wehren, denken, sprechen und schreiben so, daß man die voltaire'sche Haltung erkennt. Mallarmé sagte: »Die Welt ist gemacht, um in einem Buch zu enden.« Kann man nicht auch vertreten, daß der Franzose seit den Fabliaux und Farcen des Mittelalters nur dazu gemacht ist, um in einer schönen Erzählung zu enden, die ›Candide‹ heißt?

Während Voltaire sein eigenes Genie — und das französische — in ganz Europa zum Glänzen brachte, kümmerte er sich recht wenig um nationalistische Propaganda. Es gibt keine Spur patriotischen Stolzes in ihm. Über einen solchen Partikularismus ist er hoch erhaben. Er französierte die besten Euro-

päer, nicht damit aus ihnen Vasallen Frankreichs würden, sondern um sie zu ›honnêtes hommes‹ zu machen. Darin liegt
eines seiner größten Verdienste. Für ihn und für die, die ihn
verstanden, hat es ein Europa gegeben: das Europa der Aufklärung, das zivilisierteste, das menschlichste aller Vaterländer.
Seine Grenzen waren die des Geistes. In dieser weitläufigen
Gesellschaft, die aus der Elite der Nationen bestand, sah er
den Triumph der Zivilisation; wir können sagen, daß sie ein
Triumph Voltaires war.

Wir haben versucht, andere Verdienste Voltaires hervorzuhe-
ben, die ein wenig vergessen sind, ein wenig verschleiert durch
den scheinbaren Leichtsinn seines Charakters. Voltaire ist ein
Mann des Kampfes, des täglichen Kampfes um das Glück.
Nicht um ein mythisches, sondern um ein irdisches, allen
erreichbares Glück. Es geht darum, den Menschen der Tyrannis und dem Elend zu entreißen. Der Mensch kann nur glücklich sein, wenn er alle Möglichkeiten des Menschen nutzt, das
heißt, wenn er in Freiheit und Wohlstand lebt. Fanatismus,
Dummheit, Armut bringen Unwissenheit, Sklaverei, Krieg hervor. Das Glück ist die Frucht der Intelligenz und des Mutes,
die Frucht der Zivilisation, es ist der Adel und die Größe des
freien Menschen. Was das Jenseits anbelangt: keine Hoffnung.
Jeder bereitet sich sein Schicksal hier auf der Erde und bereitet es mit eigener Hand. Man braucht nur das Leben unseres
Helden zu betrachten, um das Schauspiel eines Mannes zu
sehen, der sein Leben aufbaut wie ein Schauspieler seine Rolle
und der wie ein genialer Schauspieler Erfolg hat.

Die Größe Voltaires wird überdies deutlich in seinem Gefühl
für menschliche Solidarität. Dieser Gottlose glaubt an den Menschen — ohne allzu viele Illusionen. Für ihn ist der Mensch
das Meisterwerk des Universums. Jeder Angriff auf die Freiheit und die Gerechtigkeit ist ihm unerträglich. Als man Calas
in Toulouse vierteilt, hört man in Genf den Schmerzens- und
Entrüstungsschrei Voltaires, der sich selbst gefoltert fühlt. Nicht
Calas allein ist betroffen, die ganze Menschheit ist in ihm verletzt: Voltaire, Sie und ich. Also sind es Sie und ich, die Voltaire verteidigt hat.

Ein solcher Mann verdiente wohl, daß man ihm mehrere Jahre widmete. Ein Verdienst des Verfassers liegt darin nicht. Um des Vergnügens willen entschlossen wir uns, in der Gesellschaft des intelligentesten und wohlerzogensten Mannes zu leben, des feinfühligsten seinen Freunden und Gästen gegenüber, des unverschämtesten zuweilen, des erstaunlichsten wie auch des menschlichsten und natürlichsten. Sechs Jahre in der besten Gesellschaft, die es vielleicht je gegeben hat, das ist keine Mühe mehr, das ist ein Privileg. Voltaire ist immer faszinierend: im Guten . . . und im Schlechten. Er hat zahllose Fehler und sogar einige Laster, tanzende, wirbelnde, flatternde Laster, Laster wie Blitze und Laster wie Reptilien: eine verblüffende Sammlung. Diesen Fehlern haben wir in seiner Lebensgeschichte respektvoll ihren Platz gelassen, einen nicht unbeträchtlichen Platz. Wie sein Freund Bolingbroke zu Marlborough sagte: »Er war ein so großer Mann, daß ich seine Fehler vergessen habe.« Man kann die Fehler Voltaires vergessen, aber um sie zu vergessen, muß man sie erst kennen. Wir haben sie mit der gleichen Sorgfalt aufgedeckt wie seine Tugenden und dem Leser die Befriedigung überlassen, sie zu vergessen oder sich, nach Wunsch, an ihnen zu weiden.

Um keine Einzelheit eines so unruhigen, so reichen, so schillernden Lebens zu vernachlässigen, hätte man fast ebenso viele Jahre gebraucht, wie Voltaire gelebt hat. Vielleicht wird man hier und dort finden, daß noch manches hinzuzufügen wäre. Doch wir haben uns an Voltaire selbst gehalten, der geschrieben hat: »Das Geheimnis zu langweilen ist, alles zu sagen.« Es schien uns, daß nichts Voltaire mehr entspräche, als unsrem Leser die Langeweile zu ersparen.   *Jean Orieux*

Erster Teil

Die Herren Arouet

»Wer seinem Lande gute Dienste leistet,
braucht keine Vorfahren«

Dieser Vers aus ›Mérope‹ zeigt uns die Einstellung Voltaires
zur Familie im allgemeinen und zu seinen im besonderen. Er
verachtet sie. Er wollte der erste seines Geschlechts und seines
Namens sein. Warum nennt er sich Voltaire? Man weiß darüber fast nichts. Die einen behaupten, der Name sei ein Ana-
gramm aus Arouet l. J. (le Jeune), andere, es sei der Name
eines Landguts. Aber es gibt kein Landgut dieses Namens, dabei waren die Notare im Ancien Régime mit ihren Listen über
die kleinsten Ländereien weiß Gott auf dem Laufenden. Er
nennt sich Voltaire, weil er nicht Arouet heißen will wie sein
Vater oder sein Bruder Armand oder alle anderen Arouets. Er
wäre am liebsten der Welt erschienen wie Minerva und, ein
Kind des Geistes, dem Haupt des Höchsten entsprungen; doch
er wurde im Bett eines Notars geboren, und ob er nun wollte
oder nicht, er war ein Arouet und blieb es.
Er bildete sich etwas darauf ein, seine Familie zu verleugnen;
doch das ist pure Eitelkeit. Um seine Vorfahren zu verachten,
muß man welche haben. Die von Voltaire sind nicht so berühmt, als daß sein Bestreben, nichts von ihnen zu wissen, als
besonders vornehm gelten könnte. Sie waren immerhin ehren-
wert genug, um andere Gefühle ihres Nachkommen zu verdienen als Geringschätzung.
Wir wüßten nichts von ihnen, verließen wir uns auf Voltaire,
um uns zu informieren. Er spricht nie von seiner Familie,
außer wenn er sich über sie lustig macht. Aber er verdankt
ihr alles, und wir finden in ihm so viele Züge — sogar die besten — jener von ihrem Sprößling verachteten Sippe, daß man
zwangsläufig von dieser für das alte Frankreich so typischen
Familie sprechen muß. Ein Meisterwerk an Arbeit, Klugheit
und Ausdauer ist der Aufstieg der Arouets — ein Meisterwerk,
dessen geduldige Ausarbeitung wir zwei Jahrhunderte lang
verfolgen — und alle Stufen sind deutlich zu erkennen, alles

ist genau aufgezeichnet, es gibt keine Lücke, keinen Irrtum: mit jeder Generation steigen die Arouets auf. Sie stammen aus einem kleinen Dorf der Vendée, Saint-Loup, das nördlich des Poitou, in dem grünen, buschreichen, ziemlich geschlossenen Landstrich Gâtine liegt. Ein etwas reaktionäres Land. Ein Land, wie es sein soll: begrenzt, einheitlich. Der erste Arouet am Ende des 15. Jahrhunderts war Gerber. Es wohnten viele Gerber in der Gegend, weil die Viehzucht dort blühte, weil es reichlich Wasser gab, und jener erste Arouet pachtete 1495 ein Stück Land am Fluß, um seine Häute zu waschen und zu trocknen. Wegen der Verarbeitung von Häuten und Wolle war das 16. Jahrhundert eine verhältnismäßig glückliche Zeit für das Dorf. Man webte sogar Stoffe dort, und die Arouets wechselten von der Gerberei zur Woll- und Tuchverarbeitung über. 1523 besaß ein Arouet namens Hélénus bereits Ländereien. Er hatte sich in Saint-Loup niedergelassen und sein Dorf Saint-Jouin-de-Marnes bei Airvault, den wichtigsten Ort des kleinen Gebietes, verlassen. Dieser Hélénus ist schon ein angesehener Bürger, man nennt ihn zuweilen nach seinen Ländereien, die Namen mittelalterlicher Sagen tragen: »Sieur de la Motte aux Fées« oder »Sieur du Pas du Cygne«.

Die Gegend war nicht sehr reich. Bedeutende Adelsfamilien wohnten nicht dort. Die Schlösser waren Festungen. Nirgends zeigte sich Luxus. Die Elite der Bevölkerung bestand aus Beamten im Dienst der Krone, Richter meistenteils, die sich rekrutierten aus den Söhnen der Gerber und reich gewordenen Händler und die durch ihr Amt, das ihnen einen Teil der königlichen Autorität verlieh, gleichzeitig in den Adelsstand aufstiegen. Das war der größte Ehrgeiz der neureichen Familienoberhäupter. Seit dem 16. Jahrhundert suchen die Arouets sich mit solchen Familien zu verheiraten. Man ist selbst noch nicht geadelt, aber man schmeichelt der kleinen, neugebackenen Aristokratie. Einige Arouets üben sogar bescheidene lokale Ämter aus; sie sind beispielsweise Verwalter herrschaftlicher Güter. In der angeheirateten Verwandtschaft der Arouets finden wir einen Pidoux. Aber wir kennen doch die Pidoux! Das ist die Familie von La Fontaine mütterlicherseits! Die berühmten Vettern Pidoux aus Poitier. La Fontaine erkannte seine große Nase wieder, als er seine Vettern Pidoux erblickte, die die gleiche hatten. Eine freundliche Verbindung der Arouets und der La Fontaines in den Anfängen ihrer Familien — Quelle eines gewissen Geistes, der gleichzeitig in den Fabeln des einen, wie in den ›Contes‹ des anderen weht. Während zwei Arouets bis zum 17. Jahrhundert die Tradition der Gerberei fortführen, finden wir einen anderen, der Advokat in Thouars wird und den Adelstitel trägt. Das ist die erste Ankündigung einer Erhebung in den Adelsstand, die für unsere Arouets erst am Ende des 17. Jahrhunderts wirksam wird, und zwar für den Vater von François Arouet, genannt Voltaire — für Voltaire selbst aber erst als Gentilhomme de la chambre du Roi im Jahre 1741.

Der erste Arouet, der den Sprung 1625 tut, ist François: er vertauscht mit einem Schlage Saint-Loup mit Paris. Er war der Sohn eines Hélénus Arouet, der ein adliges Fräulein Marceton geheiratet hatte, und Enkel eines Pierre Arouet, der ein ebenfalls adliges Fräulein Parent geheiratet hatte. Dieser Arouet macht seinen Besitz zu Geld, gibt Leder und Häute auf und läßt sich als Tuchhändler in Paris nieder. Das Wagnis ist kein Leichtsinn, einen leichtsinnigen Arouet hat es nie gegeben. Nie haben sie einen Irrtum begangen: dieser François wußte, wer er war, nämlich der Sohn einer bemittelten, geachteten und anerkannt ehrgeizigen Familie. Wenn er sich zum »Tuch- und Seidenhändler« macht, so ist das kein Zufall. Denn unter Ludwig XIII. war dies ein äußerst vornehmes Gewerbe, das einträglichste und auch dasjenige, welches den Kaufleuten direkten Zugang zum Adel verschaffte. Vergessen wir nicht, daß der ›Bourgeois Gentilhomme‹ ein Tuchhändler, daß Colbert der Sohn eines Tuchhändlers ist. Doch der Großvater Voltaires erinnert an Monsieur Jourdain nur wegen seines Vermögens und der Herkunft seines Vermögens; er wollte nicht ›Mamamouchi‹ sein, sondern vor allem Bürger von Paris. Zehn Jahre nach der Gründung seines Geschäftes ist er es. Er hat sich 1626 mit einem Fräulein Mallepart verheiratet, die Marie de Mallepart unterschreibt. Wer war das? Die Tochter

eines reichen Tuchhändlers, deren Vater, aller Wahrscheinlich-
keit nach ein Deutscher, eine Bank in Frankfurt besaß (oder
besessen hatte), und der für gewisse Dienste geadelt worden
war. Man kann feststellen, daß seit dem ersten uns bekannten
Arouet keiner eine dumme Heirat gemacht hat, keiner ist eine
Stufe hinabgestiegen. Es ist außerdem amüsant zu bemerken,
daß die Großmutter Voltaires germanischer Herkunft war —
stammt daher sein Wohlwollen für die Deutschen? und seine
Ungeduld den Welschen gegenüber!

François eröffnet sein neues Geschäft in der Rue Saint-Denis
unter dem Wahrzeichen des Pfauen. Er starb vor der Verhei-
ratung seiner Söhne, und seine Witwe Marie starb 1688 in der
Rue des Vignes, die zur Gemeinde von Saint-Etienne-du-Mont
gehörte, wo sie in der Kirche begraben wurde. Sie hatten sieben
Kinder.

Eine Tochter, Marie, ehelichte einen Mathieu Marchant, der
Junker war. Aus dieser Ehe stammen die Vettern Marchant
— die einzigen, die Voltaire im Jahrhundert darauf anerkannte,
denn die Marchants waren Unternehmer und besaßen wichtige
Ämter bei Hof und in der Armee — und sie setzten sich endgültig beim Adel fest. Die Tochter des einen heiratete den
Marquis de Bièvres.

Das siebte Kind ist François, der Vater Voltaires, geboren 1650.
Im Jahre 1675 erwirbt er das Amt eines königlichen Notars im
Châtelet. Es ist geschafft: die Arouets sind an ihrem Ziel angelangt. Der erste Arouet seit dem Gerber, der zum Trocknen
seiner Häute eine Wiese pachtete, erhält ein höheres Amt und
wird adlig. Man vertauscht das Leder mit dem wappenbe-
druckten Pergament. Dazu waren fast zwei Jahrhunderte notwendig. Dieses Amt kostete ein Vermögen. Ein Notar- oder
Anwaltsbüro in Paris war im 17. Jahrhundert genauso teuer
wie heutzutage.

François ist königlicher Rat, Notar im Châtelet, er verheiratet
sich am 7. Juni 1683 mit einem Fräulein Daumart. Diese gehörte nicht mehr in die Welt der Tuchhändler, sondern in die
der Justiz — aber alles ist so wohl berechnet, daß sie nicht zur
großen, geadelten Justiz gehört: ihr Vater ist Gerichtsschreiber

— ein ehrenwertes Amt, ein königliches Amt, das aber keine Autorität verleiht und den Adel nicht mit sich bringt. Dennoch erhält François Arouet durch den Gerichtsschreiber, oder zumindest durch seine Tochter, den Zugang zu den Familien der Richter. Die Brüder seiner Frau treten alle, wie er selbst, in den Adelsstand. Der eine ist Schloßhauptmann in Rueil und läßt sein Wappen in die Adelsbücher eintragen, als er zum Oberaufseher der königlichen Gendarmerie ernannt wird. Sein Wappen zeigt einen silbernen Turm auf blauem Grund — er heiratet ein Fräulein Parent aus dem Poitou, dessen Familie mit den Arouets verwandt ist und im 16. Jahrhundert geadelt wurde. Man sieht, daß diese Tuchhändler ihre Familienbande zu weben verstanden.

Auch François Arouet ließ sein Wappen in das große Wappenbuch Frankreichs eintragen. Dieses Wappen wird auch das Voltaires sein. Es lag seit langem bereit, die Arouets hielten es zweihundert Jahre lang in Reserve. Es zeigt drei flammenspeiende Rachen auf Goldgrund, denn ›arrouer‹ bedeutet in der alten Sprache des Poitou ›brennen‹.

Aber man soll nicht mit Symbolen spielen. Überall ist Zauberei am Werke: sie war es auch in den drei scharlachroten Flammen, und François Arouet, Notar im Châtelet, spielte ohne sein Wissen mit dem Feuer, dem Teufel und dem Heiligen Geist, als er seinem Sohn dieses Wappen vererbte — drei feurige Zungen! Wer sieht darin nicht das Symbol für Pfingsten? Sie verkörpern den Heiligen Geist, der an diesem Fest, das die Liturgie in Rot kleidet, zur Erde kommt. So sieht das Sinnbild aus, unter dem vier Jahre später der kleine François-Marie Arouet geboren wurde, der Voltaire sein wollte. Wäre er bei der Wahl seines Wappens um seine Meinung gefragt worden, ob er etwas Besseres gefunden hätte? Aber er hat das einmal Vorgefundene zum Propheten werden und die »Flammen aus Purpur und Gold« in der reinsten und intelligentesten Sprache reden lassen, die jemals gesprochen wurde.

Doch spottet er über das, was er den Arouets verdankt. In welchem Ton spricht er zum Beispiel 1741 von ihnen, als er dem Abbé Moussinot, seinem Verwalter in Paris, schreibt: »Ich übersandte Ihnen meine Unterschrift auf Pergament, um Ihnen meine Vollmacht zu erteilen. Ich vergaß den Namen Arouet, den ich recht gern vergesse. Ich schicke Ihnen noch andere Papiere, auf denen sich dieser Name befindet, trotz der Geringschätzung, mit der ich ihn betrachte.«

Ein gewisser Monsieur de la Fonds aus Loudun schrieb ihm eines Tages voller Wichtigkeit, er habe gerade herausgefunden, daß um das Jahr 1429 ein Arouet in Loudon Dichter gewesen sei. Der ehrbare Lokalgelehrte glaubte, Monsieur de Voltaire einen Gefallen zu tun, der ihm mit kühler Höflichkeit antwortete, Monsieur de Voltaire mache sich nichts aus den Dichtern des 15. Jahrhunderts im allgemeinen und aus den Arouets im besonderen. Im übrigen befand sich der Lokalgelehrte im Irrtum, der Name seines Dichters war Adouet, aber die Verachtung Voltaires für Arouet ist sicher.

Was warf er den Arouets vor? jahrhundertelange Mühe, jahrhundertelange Rechtschaffenheit, Aufrichtigkeit, makellose Ehrbarkeit. Es sieht nicht so aus, als seien die Arouets von sehr heiterer Gemütsart gewesen, sie waren zweifelsohne ernste Leute, deren Tugend in ihrer Seelenstärke lag. Sie haben in zwei Jahrhunderten nicht einen geistreichen Gedanken gehabt, man weiß keine malerische Anekdote, keine originelle Geschichte von ihnen, man hat nicht einen Brief, nicht eine Seite mit Erinnerungen. Sie haben Bücher gefüllt: aber nur Rechnungsbücher. Zwei Jahrhunderte lang sind jedoch alle ihre Rechnungen richtig, sind alle ihre Geschäfte beglaubigt. Alle ihre Güter stehen unter königlichem Siegel: ihre Kinder, ihre Heiraten, ihre Häuser. Man spricht noch nicht einmal von ihrer Gesundheit. Die Ärzte brachten sie um, wie die meisten Kranken damals: aber entweder in frühester Kindheit oder im Greisenalter — das heißt, bevor sie Geschäfte machen konnten, oder nachdem sie sich ein Vermögen erworben hatten. Die Arouets sind die Pfeiler des alten Frankreich, weder Kriege, weder Pest noch Steuerschwierigkeiten vermögen etwas gegen sie auszurichten. Sie sind der Granit der Nation. Wahrscheinlich war es dieser Charakterzug der Arouets, der François-Marie Arouet, genannt Voltaire, so zur Verzweiflung brachte.

Und doch . . . in ihm steckt etwas von dem Granit der Arouets. Man ist nicht ungestraft der Abkömmling von nachweislich sieben Generationen leidenschaftlich rechtschaffener, das Geld achtender und nach Geld strebender hartnäckiger Arbeiter. Aber das Blut der Arouets ist in ihm vermischt mit Pariser Blut, die Verbindung mit den Malleparts und Daumarts hat das Blut der Gerber aus der Vendée leichter und heißer gemacht, in ihm ist ein Feuer, das woandersher kommt . . . Dieses Feuer brennt über den tiefen Schichten seines Erbteils, es deckt den Kern der Arouets zu, aber es verbrennt ihn nicht. Oft im Laufe seines langen Lebens sehen wir plötzlich, im Widerspruch zu dem bekannten Voltaire, dem mondänen Pariser und gottlosen Libertin, einen alten Arouet aus Saint-Loup auftauchen — dem das Wort eines Notars entschlüpft, und im stillen Kämmerlein sehen wir einen Voltaire seine Rechnungen machen, wie . . . ja, wie der Sohn seines Vaters, der er nicht sein wollte. Sein philosophischer Individualismus erhielt auf diese Weise beträchtliche Löcher. Durch die Risse seiner schönen Theorie hindurch erblicken wir mehr als einmal das unnachgiebige Gesicht eines alten Arouet und die unfehlbare Feder, die lange Zahlenkolonnen addiert und mit sensationellen hypothekarischen Zinsen kalkuliert.

In einer gewissen Beziehung hat er recht, ist er er selbst und nur er selbst. Er hat sich selbst gemacht, er hat sich selbst geformt, wie nur wenige es getan haben, außer den großen Schauspielern und Politikern. Das Bürgertum ärgert ihn, sein wahres Milieu ist die Aristokratie. Er vergißt jedoch eines: wenn die Aristokratie ihm ihre Türen geöffnet hat, so verdankt er dies seinem Vater. Gewiß, er hat sich durch sein Talent einen Platz dort verschafft, aber er erhielt den Zugang dank der Würde des Namens, den er trug, und der Achtung, den die Richelieus, die Saint-Simons, die Sullys für seinen Vater empfanden.

Wie war dieser Vater? Man rät es eher, als daß man es wüßte. Es gibt keinen einzigen Brief Voltaires an seinen Vater. Das ist fast unglaublich. Er war ein ernster Mann, von einer Redlichkeit ohne Schwäche. Das, was er war, verlangte er von seiner

Familie. Mit seinen beiden Söhnen schien er nur mäßig zufrieden: der Ältere, Armand, und François, der Jüngere, enttäuschten ihn, aber seine Vorliebe galt zweifellos dem Älteren. François erschreckte ihn und flößte ihm eine Art Verachtung ein: er erfuhr von diesem Sohn nur Kränkendes und Bitteres.

Armand, der Ältere, ist am 23. März 1685 getauft worden. Als Pate hatte er den: »Très haut et très puissant seigneur, Monseigneur Armand Jean du Plessis, duc de Richelieu et de Fronsac, Pair de France«. Das war der Großneffe des Kardinals. Die Verbindung mit den Richelieus hat ihren Ursprung also schon vor der Geburt unseres Helden. Patin war die: »Très puissante dame, dame Charlotte de l'Aubespine de Châteauneuf, Marquise de Ruffec, épouse de Très haut et très puissant seigneur, Monseigneur Claude de Rouvroy, duc de Saint-Simon, pair de France, chevalier des ordres du Roi«, Vater des berühmten Memoirenschreibers. Der Notar taufte seine Söhne gut.

1692 ist der Notar nicht mehr Notar, da er sein Amt verkauft und im französischen Wappenbuch unter dem Titel eines ›Conseiller du Roy, Receveur des épices de la chambre des comptes‹ auftaucht. Bei diesem Geschäft verlor man nicht seine Zeit . . . Dieser Armand, der so gut getauft wurde, unterscheidet sich auffällig von seinem Bruder François. Der arme Notar war darüber verzweifelt. Er sagte: »Ich habe zwei verrückte Söhne. Der eine ist zu gottlos, der andere zu fromm.« Und das war richtig, wie alles, was er sagte. Armand hatte die Tonsur erhalten und daran gedacht, ins ›Oratoire‹ einzutreten. Er war ein merkwürdiger Mensch, voller Wunderlichkeiten, unruhig, von einer angstvollen und gequälten Frömmigkeit. Maßlos, fanatisch und einem frenetischen Jansenismus zugeneigt. Er gehörte zu den religiös Verzückten, er brauchte Wunder! Von Zeit zu Zeit wand er sich auf dem Boden, um Gnade zu erlangen. Aber da er jemanden hatte, von dem etwas zu bekommen war, vernachlässigte er auch nicht seine weltlichen Interessen: er lebte mit seinem Vater zusammen und wußte den größten Teil des Erbes an sich zu bringen. Er haßte François. Der größte Kummer seines Lebens war, daß er ohne Nachkommen starb und sich vorstellen mußte, ein Teil seines Vermögens würde seinem gottlosen Bruder gehören!

Die beiden hatten noch eine Schwester namens Marguerite, das fünfte Kind des Notars. Voltaire liebte sie: sie ist die einzige der Familie, zu der er Zuneigung empfand. Am 28. Januar 1709 heiratete sie einen Herrn Mignot, königlicher Rat, Korrektor an der Oberrechnungskammer — wiederum eine wohlbedachte Heirat. Sie hatten drei Kinder. Als erstes Marie-Louise, die 1712 geboren wurde; wir machen noch genauere Bekanntschaft mit der dicken Marie-Louise, sie heiratete 1738 den Junker Nicolas-Charles Denis. Unter dem Namen Madame Denis kennen sie alle Freunde und Feinde Voltaires. Die Jüngste — Marie-Elisabeth, geboren 1715, heiratete 1738 Joseph de Compierre de Fontaine, von dem sie zwei Söhne hatte, deren Nachkommen die direkte Linie der Arouets unter dem Namen Dompierre d'Hornoy in der Picardie bis heute weiterführen. Das dritte Kind schließlich ist der Abbé Vincent Mignot, geboren 1728, Geistlicher Ratgeber beim Großen Rat und weltlicher Titularabt von Seillières in der Provinz Aube. Wir werden diesem ›Neffen‹ später wieder begegnen.

Das ist das Nest, in dem unser Held geboren wurde, es fehlt nur die Hauptsache: die Mutter. Diese Lücke ist bedauerlich. Man kann sagen, das Voltaire ein Kind ohne Mutter war, denn er verlor sie mit sieben Jahren. Er spricht nie davon. Man weiß fast nichts von ihr — nur eine Bemerkung über Boileau, der ein Nachbar der Arouets war und ein wenig mit ihnen verkehrte. Sie sagte von dem alten Dichter des ›Art poétique‹, er sei »ein gutes Buch, aber ein dummer Mensch«. Was darauf schließen läßt, daß die Pariser Dame eine spitze Zunge hatte.

Die Wohnung der Arouets befand sich in dem heute zerstörten Viertel hinter der Polizeipräfektur, auf dem jetzigen Boulevard du Palais. Wenn Voltaire in einer Ode an Boileau schreibt: »Dans la cour du Palais, je naquis ton voisin«, so trifft das genau zu, denn Boileau, dessen Vater Richter war, bewohnte den Justizpalast. Man erzählt, daß der menschenscheue Boileau sich über das immerwährende Geschrei der Kinder Arouet ärgerte und den allzu geschwätzigen und respektlosen François grob anfuhr. Dies kann zwar nicht stimmen, denn François ist Boileau nie begegnet — aber es ist wahr, daß François nicht nur geschwätzig, sondern auch schnell aufdringlich war und immer mit seinem älteren Bruder Streit hatte.

Man hat den Arouets ein mondänes Leben andichten wollen. Weil sie Notare des Adels waren und sogar Ninon de Lenclos zu ihren Klienten gehörte, stellten einige sie sich leichtfertig vor. Diese Hypothese selbst ist leichtfertig — aber auch Voltaire ist schuld an dem falschen Ruf. Wenn Ninon ihre Angelegenheiten Monsieur Arouet übertragen hat, dann deshalb, weil er alle Tugenden seines Amtes besaß: Ernsthaftigkeit, Aufrichtigkeit und Redlichkeit. Die Klienten Arouets befreundeten sich mit ihm; es gibt kein besseres Zeugnis für diesen Mann. Die Arouets verkehrten auch mit einem Domherrn der Sainte-Chapelle, einem Abbé Gedoyn, den wir als Schürzenjäger der betagten Ninon de Lenclos wiederfinden werden. Monsieur Arouet hatte den großen Corneille gekannt, dessen Sohn uns folgendes berichtet: »Er sagte mir, daß dieser große Mann der langweiligste Sterbliche sei, den er je gesehen habe, und daß kein Mensch eine plattere Unterhaltung führen könne.« Sagt er das, weil Monsieur Arouet kein Dichter war? Nicht unbedingt. Corneille gab selbst voller Bescheidenheit zu, daß er in Gesellschaft nichts zu sagen wußte.

Bei Boileau machten die Arouets die Bekanntschaft des Abbé de Châteauneuf. Eine schöne Bereicherung für die Familie: dieser Abbé ließ François die ersten Verse lernen, dieser Abbé leitete und regte die Streitgespräche an, die er mit seinem Bruder Armand führte, Streitgespräche, die immer gehässig endeten. Ein merkwürdiges Schauspiel, dieser Abbé, der die Zwietracht der beiden Brüder pflegt, der den Streit der beiden intelligenten, aber reizbaren Kinder anschürt. So sieht die Gesellschaft aus, die in dem ehrenwerten Hause der Arouets verkehrte. Gewiß empfingen sie mit großer Feierlichkeit und viel Aufwand die Leute vom Gericht und die vornehmsten Klienten, denen Madame Arouet sehr respektvoll Gegenbesuche abstattete. Aber nichts ähnelt einem modischen Salon weniger, als

der schwere, düstere, langweilige Reichtum des Empfangs-
raumes der Arouets. Woanders braucht man auch das Gefühl
der Abneigung nicht zu suchen, das der junge François-Marie
für seine Behausung empfand, in der er am 22. November 1694
geboren wurde.

François-Marie, das Enfant terrible

Er konnte nicht auf einfache Weise zur Welt kommen: sein
Leben begann mit Grimassen. Erst glaubte man, er sei tot.
Er wollte seine Umgebung täuschen. »Je suis né tué«, wird er
sagen, aber er blieb es bis zu seinem vierundachtzigsten Lebensjahr! Eine Zerbrechlichkeit, der nichts etwas anhaben
konnte. Er war so schwächlich, daß seine Amme ihm nicht eine
Stunde Leben voraussagte. Zu schwach zur Taufe bei seiner
Geburt, wie Fontenelle, wurde er zunächst notgetauft. Was Voltaire erlaubte, spitzfindig über sein Geburtsdatum zu streiten
und zu behaupten, er sei ein Jahr früher in Châtenay geboren.
Er bestand darauf, sich älter zu machen — man weiß nicht
warum; doch man hat den Brief eines Vetters aus dem Poitou,
der bei seiner Geburt zugegen war, und man hat auch den
Taufschein — nicht das Original, das bei der Revolution verbrannte, aber eine Kopie, von einem braven Priester bei seinem
Tod angefertigt, der Voltaire wohl nicht allzu sehr liebte,
denn er schrieb die Urkunde auf Packpapier und mit einer so
nachlässigen Handschrift, daß man lächeln muß, stellt man
sich den Ärger und den Abscheu des guten Priesters vor. Die
Kopie bestätigt genau das Datum und die Namen der Zeugen.
Pate ist »Messire François de Castagnier de Châteauneuf, Abbè
de Varennes«, Patin »Dame Marie Parent, épouse de Daumart,
écuyer, contrôleur de la gendarmerie royale«. Das ist weniger glanzvoll als die Patenschaft von Armand, aber François
wird sich selbst andere Paten suchen. Im übrigen führt ihn
sein Pate, der Abbé de Châteauneuf, auf gute Wege — die
der Libertins, bei denen sich François in Voltaire umtaufen
wird.

Nicht nur er fälschte die Karten, wenn von seiner Geburt die Rede ist: seine Feinde verbreiten, daß er in einem Bauernhof geboren wurde (das wäre das bequeme Landhaus in Châtenay!), andere sagen, sein Vater sei Portier bei einem Notar gewesen und habe Gänge für Richter und Klienten erledigt. Diese Lügen brachten Voltaire in Wut. Voltaire hat sich mehrmals der gleichen Taktik gegenüber seinen Feinden bedient: eine Taktik, die ihn aufbrachte, wenn andere sie ihm gegenüber anwandten, die ihn aber entzückte, wenn er sie selbst anderen gegenüber verfolgte.

Aber wir brauchen gar nicht auf seine Feinde zu hören: hören wir, wie er selbst die tollsten Gerüchte verbreitet. Es fehlt ihm an Scham, nicht an Kühnheit, wenn er sehr deutlich zu verstehen gibt, daß seine Frau Mutter Liebhaber gehabt habe und er der Sohn eines dieser Herren sei. Alles lieber sein als ein Arouet! Der Abbé de Châteauneuf — ein Libertin — ist seiner Ansicht nach sein Vater. Bei einer anderen Gelegenheit neigt er eher zu Monsieur de Rochebrune, einem braven Edelmann aus der Auvergne, der Lieder verfaßte und im Salon des Notars verkehrte. Es wäre höchst erstaunlich, wenn er dort seine Liedchen gesungen hätte. Voltaire sagt, Rochebrune habe ihm immer viel Zärtlichkeit erwiesen. Was ist daran erstaunlich? Der kleine François war, wenn auch kränklich und schwächlich, ein so geistreiches Kind, so spontan und keck den Erwachsenen gegenüber, daß man nicht sein Vater zu sein brauchte, um sich für ihn zu interessieren. Man kann sogar sagen, daß sein eigener, rechtlicher Vater — Monsieur Arouet — die Frechheiten seines Sprößlings mit weniger Nachsicht betrachtete als die Besucher. Er war so frühreif, daß der Vater sich darüber beunruhigte.

Wie dem auch immer sei, der junge François versah sich mit drei Vätern: ein Abbé, ein schöngeistiger Edelmann und ein königlicher Notar. Warum? Aus Freude am Gerede, um zu interessieren, zu reizen, zu schockieren und im Mittelpunkt zu stehen. Seinem Freund, dem Duc de Richelieu, hat er in Versen dieses Geständnis gemacht, um ihn, den noch Freigeistigeren, zu unterhalten. Ich fürchte, sagt er, daß:

Le bâtard de Rochebrune
Ne fatigue et n'importune
Le successeur d'Armand et les esprits bien faits.

Er schreibt diese Verse 1744, er ist fast fünfzig Jahre alt! Wirklich wäre er lieber der Bastard des Abbé gewesen. Sohn eines Priesterrockes! Für einen so chen Heiden ist das so viel pikanter!

Ihm ist es gleichgültig, ob seine Mutter in den schlechtesten Ruf gerät — doch nichts erlaubt uns, diesem zweifelhaften Hirngespinst Voltaires zu folgen. Madame Arouet besuchte Ninon de Lenclos, aber das hat nie bedeutet, daß sie ihr Haus als Treffpunkt benutzte, denn wenn Ninon auch einst so viele Liebschaften hatte, daß eine Aufzählung ermüdend wäre, so war sie doch zu dieser Zeit achtzig Jahre alt. Sie hatte nur noch Freunde aus der besten Gesellschaft, und — geben wir es zu — ein oder zwei Liebhaber. Ihr Salon galt selbst zur Zeit der Fronde, als er der heißeste Ort in Paris war, nie als zweideutig.

Nach dem Tod von Madame Arouet blieb François noch drei Jahre bei seinem Vater. Was für dessen Geduld spricht. Sobald François zehn Jahre alt war, wurde er auf das Gymnasium Louis-le-Grand zu den Jesuiten geschickt.

Es gab dort drei verschiedene Arten von Pensionen. Die gewöhnliche kostete vierhundert Livres. Die Schüler schliefen in Schlafsälen und aßen im Refektorium. Die Söhne der vornehmen Adligen hatten Einzelzimmer, einen eigenen Erzieher und einen Kammerdiener. Für François wählte man das mittlere System: die internen Schüler wohnten unter der Aufsicht eines Präfekten zu fünft in einem Zimmer. Der von Voltaire war zufällig der berühmte Abbé d'Olivet, der später mit Voltaire Mitglied der Académie wurde. Beide schätzten sich und behielten die Anfänge ihrer Bekanntschaft in gutem Andenken. Das ist bemerkenswert, sie hätten auch Gift und Galle auf das Aufseher-Schüler-Verhältnis spucken können. Die Tatsache ist für beide ein Lob. »Damals waren Sie mein Schüler«, wird später der Abbé in der Académie sagen, »und heute bin ich der Ihre.« Seit dem Gymnasium liebte François Lob.

Diese Zeit war nicht immer rosig für ihn — doch beklagt er sich nicht. Der Winter 1709 war furchtbar. Herr Arouet zahlte hundert Livres mehr, damit sein Sohn eine doppelte Ration Brot erhielt. Es herrschte eine so große Kälte, daß sich Lehrer und Schüler um den Ofen scharten, wo sie, eng aneinander gedrängt, vor Kälte zitterten. Der arme, kleine François sah so verfroren und zerknittert aus wie ein Seidenäffchen. Er, der sein ganzes Leben lang fröstelte, litt mehr als die anderen, selbst an kühleren Sommerabenden kauerte er sich in die Nähe des Feuers. Der Primus der Klasse saß nicht dem Lehrer gegenüber in der ersten Reihe, sondern stand neben dem Ofen. Als er eines Tages etwas weiter entfernt stand, schob er einen der Schüler beiseite, um etwas Wärme zu erhalten, und sagte zu ihm:

»Fort mit dir, oder ich schicke dich zu Pluto.« — »Warum nicht in die Hölle«, sagte der andere, »dort ist es noch viel wärmer.« Und François Arouet antwortete: »Ach! das eine ist so unsicher wie das andere.«

Im Munde eines vierzehnjährigen Kindes und im Hause des Ignatius von Loyola ist dieser Ausspruch recht kühn, aber nicht unwahrscheinlich. Es gibt andere, die wir hier anführen, ohne allzu sehr an ihre Echtheit zu glauben.

Ein Kind verlangte sein Glas zurück, das François ihm mutwillig versteckt hatte:

»Gib es mir zurück, sonst kommst du nicht in den Himmel.«

»In den Himmel? Was meint er da mit seinem Himmel?« erwiderte François. »Der Himmel ist der große Schlafsaal der Welt.«

Ein anderes Mal stürzte sich Pater Lejay, mit dem er schlecht stand, auf den immer frechen François, beutelte ihn und rief mit weissagender Stimme:

»Unseliges Kind! Du wirst eines Tages das Banner des Deismus in Frankreich sein!«

Das ist fast zu schön. Duvernet hat diese Prophezeiung im Jahre 1786 wiederholt. Achtzig Jahre später und acht Jahre nach dem Tod Voltaires hatte man genug Zeit und Muße gehabt, den Deismus Voltaires vorauszusehen. Der gute Pater

Lejay hat damit nichts zu tun; um so interessanter aber ist eine Bemerkung, die sein Beichtvater notiert hat: »Der Wunsch, berühmt zu sein, verzehrte dieses Kind«, schreibt Pater Pallou. Hier kommen wir der Wahrheit näher. Hätte Pater Lejay wirklich das prophetische Wort gesagt, wie unklug wäre es gewesen: nichts hätte François angenehmer sein können, als zu hören, er werde »ein Banner« sein — selbst wenn es sich um ein verfluchtes Banner handelte, um das des Teufels beispielsweise. Verlassen wir uns nicht allzu sehr auf diese schönen Aussprüche.

Pater Lejay war kein großes Licht, und François hatte das schnell entdeckt. Er brachte ihn gern in Verwirrung mit der Bosheit der Kinder, die den Respekt verloren haben, und mit dem Schuß an Perversität derer, die sich schon ihrer späteren Überlegenheit bewußt sind. Pater Lejay wurde nicht nur von François verfolgt, sondern auch von vielen anderen seiner Freunde: dem jungen Duc de Boufflers, dem jungen Marquis d'Argental. Eines Tages blies der junge Boufflers dem Pater durch ein Rohr eine trockene Erbse auf die Nase. Diese Erbse auf der Nase war ein Attentat, und Monseigneur Duc de Boufflers, der fünfzehn Jahre zählte und Anwärter auf den Titel eines Gouverneurs von Flandern und eines Obersten über ein gleichnamiges Regiment war, wurde trotz allem zur Rute verurteilt. D'Argental konnte dem entgehen: er hatte nicht in das Rohr gepustet: er hatte nur gelacht. Aber der Herzog-Gouverneur-Oberst bekam eine ordentliche Tracht Prügel. Sein Vater, der Marschall de Boufflers, litt darunter genauso wie er. Er beklagte sich beim König und nahm seinen Sohn von der Schule. Der junge Boufflers aber, durch die Ruten der guten Patres grausam in seiner Würde verletzt, bekam ein Fieber, ein drei- oder viertägiges, und wurde so schwach, daß er einige Monate später die Blattern bekam und daran starb. Soll man daraus schließen, wie der muntere Memorialist, der dies berichtet, daß die Blattern die Prügel der guten Patres sanktionierten?

François scheint die Angelegenheit nicht tragisch genommen zu haben. Die Schüler gingen manchmal noch weiter: einige spickten mit ihren Federmessern die fetten Hintern ihrer Lehrer — aus Rache gerbten diese die Hintern ihrer Zöglinge. Nicht alle starben daran. Das Schauspiel dieser dynamischen Pädagogik war ein großer Anreiz für das enfant terrible François — man sieht ihn vor sich, hört man seine Beschreibungen: ein Frätzchen so groß wie eine Faust, schon spitz, schon scharf geschnitten, schon von den schwarzen Augen erleuchtet, diesen Feueraugen, und von einem Lächeln und unwiderstehlichen Grimassen, die das unbändige Gelächter einer Schar Kinder auslösen, Pariser, Aristokraten, ungezügelt, munter und frech, aus Veranlagung und aus Familienstolz.

Wer waren seine Freunde auf der Schule? Wir müssen sie kennenlernen, denn sie bleiben für immer seine Freunde.

Ins Louis-le-Grand gingen die Brüder d'Argenson. Der Ältere hatte dasselbe Alter wie Voltaire. Er war 1709 fünfzehn Jahre. Ein feiner Umgang für François: »Wir waren damals so erwachsen, so weit in unserer Weltkenntnis, daß wir uns, ohne Libertins zu sein, auf dem besten Wege dazu befanden.« Das sagt uns einiges über die Tugend der jungen Generation während der Herrschaft der gestrengen Maintenon und des alten Königs. »Ich schämte mich sehr«, sagt er, »nicht daß ich Libertin, sondern daß ich noch auf der Schule war.« Er ist sehr befreundet mit dem jungen Duc de Fronsac, Armand de Richelieu, Sohn des Duc de Richelieu, der ein Klient von Herrn Arouet ist und bei ihm verkehrt. Dieser junge Mann heiratete mit dreizehn Jahren Mademoiselle de Noailles, und zwei Jahre später, mit fünfzehn, mußte er sich in die Bastille schicken lassen, weil er sich zu kühn an die Herzogin von Burgund herangemacht hatte! An die Erbin des Throns! Schüchternheit war nicht seine Schwäche. Die Freundschaft zwischen François und dem jungen Herzog war so bekannt, daß der Kardinal Fleury später einmal in seinem Zorn gegen den Herzog ausrief: »Mit einem Wort, er ist der würdige Freund Voltaires, wie Voltaire der seine ist.«

Er befreundete sich auch mit anderen Kindern wie Fyot de la Marche, den wir später als Gerichtspräsidenten in Dijon wiederfinden, und der ihm Briefe voller Munterkeit und einer Art respektvoller Bewunderung schreibt; ein gewisser Le Coq, der keine Karriere macht, taucht von Zeit zu Zeit auf und wird von seinem getreuen Kameraden unterstützt werden, ohne daß Voltaire dies je erwähnt hätte.

Zwischen seinen Lehrern und ihm bestand eine Art stillschweigendes Einverständnis. Sie liebten dieselben Autoren und aus denselben Gründen. Von Geburt an war er ein großer Schriftsteller. Hätte man ihn in einer jansenistischen oder sogar calvinistischen Schule erzogen, wäre er trotzdem berühmt geworden. Aber um Voltaire zu werden, mußte der kleine Arouet von Jesuiten großgezogen werden. Bei ihnen hat er diese höchste Form der Intelligenz und der Kunst erlernt, die man Geschmack nennt. Gewiß, hätte man ihn diese klassische Perfektion, diese unvergleichliche Eleganz und Natürlichkeit nicht gelehrt, so wäre Arouet fähig gewesen, sie für sich zu erfinden. Diese Mühe wurde ihm erspart. Man wagt kaum zu sagen, daß man ihm diese Dinge beibrachte, man ließ sie ihn im Laufe der unvergeßlichen Unterrichtsstunden einatmen. Die Sprache, in der er später ›Mérope‹ und ›Candide‹ schreibt, hat er auf dem Gymnasium gelernt; nicht nur die Sprache, sondern eine gewisse Art zu denken, eine gewisse Technik der Andeutungen, eine gewisse Zurückhaltung, die darauf abzielt, jenseits der Dinge zu bleiben, um sie desto deutlicher zu machen. Das aber erwirbt man nur, wenn der Verstand lange Zeit durch Meisterwerke geschliffen wird, wenn man sich vollsaugt mit all dem, was in einer untadeligen Form gedacht oder geschrieben worden ist. Die guten Patres rannten offene Türen ein, ihre literarischen Prinzipien schienen ihm die Natur selbst — seine eigene Natur. Daher atmet sein ganzes Werk diese reine und ewige Luft, welche die Unterrichtsstunden im Louis-le-Grand durchwehte. Sie erfüllte Voltaire bis ins Mark.

Die Schulzeit war eine glückliche Zeit für François. Arbeit empfand er nicht als Last, schon damals arbeitete er gern und gefiel gern — und er gefiel, indem er seinen Lehrern durch die glänzenden Erfolge, die er erzielte, schmeichelte. Er liebte sie und wurde von ihnen geliebt. Sein ganzes Leben hindurch bewahrte er für sie Dankbarkeit und Zuneigung: »Ich wurde sieben Jahre lang von Männern erzogen, die sich unentgeltlich und unermüdlich plagten, den Geist und die Sitten der Jugend zu bilden. Seit wann will man, daß man seinen Lehrern nicht dankbar sein soll? Nichts wird in meinem Herzen die Erinnerung an Pater Porée auslöschen, der allen teuer ist, die bei ihm gelernt haben. Nie hat jemand Studien und Tugend liebenswerter gemacht.« (Hier ist das Geheimnis! und das oberste Gesetz für Voltaire. Er hat es auf der Schulbank gelernt und wird es sein Leben lang anwenden.) »Seine Unterrichtsstunden waren für uns herrliche Stunden, und ich hätte gewünscht, daß er in Paris eine Stellung wie im alten Athen gehabt hätte und Menschen jeden Alters an solchen Stunden hätten teilnehmen können: ich wäre oft zurückgekehrt, um ihnen zu lauschen. Ich genoß das Glück, von mehr als einem Jesuiten von der Art Pater Porées geformt zu werden, und ich weiß, daß er seiner würdige Nachfolger hat.«

Er schreibt dies 1746, eine schöne Huldigung an seine Lehrer, die ihm so viel Ehre macht wie ihnen. Trotzdem aber wird die Gesellschaft Jesu, nachdem er einmal ihrem Lehrkörper seine Huldigung dargebracht hat, nicht immer gut von ihm behandelt — wenn er sie auch nicht gehaßt hat, selbst nicht in den schlimmsten Augenblicken. Sie hatten keinen liebevolleren Schüler, er schickt ihnen seine Bücher, er erwartet ihr Urteil voller Ungeduld. An Pater Tournemine schreibt er: »Mein sehr lieber, Ehrwürdiger Vater, ist es wahr, daß meine ›Mérope‹ Ihnen gefallen hat? Haben Sie dort einige der hochherzigen Gefühle wiedererkannt, die Sie mich in meiner Kindheit gelehrt haben?« Als er einmal nicht in Paris ist, schickt er seinen Freund Thiériot mit seiner Tragödie zu Pater Brumoy: »Im Namen Gottes, laufen Sie zu Pater Brumoy, zu jenen Patres, meinen früheren Lehrern, die nie meine Feinde werden dürfen. Sprechen Sie voller Zartgefühl, voller Überzeugung. Pater Brumoy hat ›Mérope‹ gelesen und war damit zufrieden. Pater Tournemine ist begeistert davon. Gefiele es

Gott, daß ich ihr Lob verdiente! Versichern Sie sie meiner unveränderlichen Zuneigung, ich schulde sie ihnen, sie haben mich erzogen, man muß ein Ungeheuer sein, wenn man denen nicht dankbar ist, die unsere Seele gepflegt haben.«

Nie hat sein Vater ein Recht auf einen solchen Beweis der Dankbarkeit gehabt − seine eigentlichen Väter sind die, die seine Seele gepflegt haben; der andere − die anderen, da er sich drei suchte − nicht der Rede wert! Ein typisches Gefühl der Arouets taucht hier auf, dasjenige der Verpflichtung: »Ich schulde sie ihnen − man muß ein Ungeheuer sein, wenn man denen nicht dankbar ist . . .« Ein wesentlicher Zug Voltaires wird deutlich: er weiß, was er schuldet. Andererseits weiß er auch, was man ihm schuldet, und wenn man es vergißt, so ist man »ein Ungeheuer«.

Wie hätten ihn seine Lehrer vergessen können? Mit zwölf Jahren war er schon unvergeßlich. Er spielte nicht oft während der Pausen, er sprach mit den Lehrern. Sie erzählen uns, daß er sich für Zeitgeschichte interessierte, wir würden sagen für ›Politik‹. »Es gefiel ihm, in seinen kleinen Waagschalen die großen Interessen Europas abzuwiegen«, sagt Pater Porée.

Was ihn aber im Gymnasium berühmt machte, war die Leichtigkeit, mit der er Verse schrieb. Der Abbé de Châteauneuf hatte ihn zuerst mit La Fontaine bekannt gemacht, dann mit einem sehr freien Gedicht von Jean-Baptiste Rousseau − mit neun Jahren! Mit zwölf sprach er schon von seiner Tragödie ›Amulius et Numitor‹, die spurlos verschwunden ist. Aber wir haben Gelegenheitsgedichtchen. Eines Tages vergnügt sich François in der Schule damit, seine Tabaksdose in die Luft zu werfen und wieder aufzufangen; Schnupftabak wurde gerne gegen Erkältungen genommen. Der verärgerte Lehrer konfisziert die Tabaksdose und gibt sie nicht eher zurück, bis der Schuldige eine Abbitte in Versen an ihn richtet. So sieht eine intelligente Strafe aus. Der junge Arouet dichtet sofort seine Bittschrift. Bewundern wir die Geschicklichkeit des kleinen Herrn, der mit zwölf so kokett ist wie ein alter Höfling: er stöhnt über sein Unvermögen zu reimen und beweint seine verlorene Tabaksdose:

> Adieu, ma pauvre tabatière!
>
> Adieu, je ne te verrai plus.
>
> Ni soins, ni larmes, ni prières
>
> Ne te rendront à moi, mes efforts sont perdus.
>
> Adieu, ma pauvre tabatière!
>
> Qu'on oppose entre nous une forte barrière!
>
> Me demander des vers! Hélas! je n'en puis plus!
>
> Adieu, ma pauvre tabatière!
>
> Adieu, je ne te verrai plus.

Er war das geliebte, das schreckliche Kind.

Im Unterricht macht er ein Gedicht über Neros Tod, in dem die zwei Verse stehen:

> Et n'ayant fait jamais qu'actes de cruauté,
>
> J'ai voulu, me tuant, en faire un de courage.

Noch ein anderes Gedicht ist durch die Mauern des Gymnasiums gedrungen: schon beginnt das literarische Abenteuer, und schon inspiriert ihn die Nächstenliebe. Man muß dies festhalten: mit elf Jahren verteidigt er schon einen Unglücklichen — es handelt sich um einen armen Kriegsinvaliden, der den Dauphin, dem er gedient hat, um sein Handgeld bittet. Das Gedicht wurde bei Hof verlesen, und der Invalide erhielt seine Louis d'or. Hier das Ende: der Dauphin konnte sich nicht beklagen:

> Tous les dieux à l'envi vous firent leurs présents
>
> Minerve, dès vos jeunes ans
>
> Ajouta la sagesse au feu bouillant de l'âge;
>
> L'immortel Apollon vous donna la beauté
>
> Mais un Dieu plus puissant que j'implore en mes peines
>
> Voulut me donner mes étrennes
>
> En vous donnant la libéralité.

Und was war sein Lohn? Er durfte sich auf den Schoß der Ninon de Lenclos setzen. Die alte Fee lauerte auf junge Talente, sie wollte den jungen Dichter kennenlernen und beglückwünschen, den Sohn ihres Notars, das Patenkind ihres Freundes, des Abbé de Châteauneuf. Der Abbé war es auch, der François zu Ninon führte.

»Der Abbé de Châteauneuf«, schreibt er, »brachte mich in

meiner frühsten Kindheit zu ihr. Ich war dreizehn Jahre alt. Ich hatte einige Verse verfaßt, die nichts wert waren, aber wegen meines Alters gelobt wurden.« Er sagt uns, daß der Abbé der Herr des Hauses war — was offensichtlich bedeutet, daß Ninon die Geliebte des Abbé war. Sie war über achtzig! Das ist erstaunlich, aber wahr. Welch liebenswürdige Versammlung! Das Kind verstand alles und verstand so gut, daß es sich nicht wunderte. Es behielt diese Leichtigkeit und Natürlichkeit, die ihm erlaubte, der Welt die Stirn zu bieten und sie zu verführen. Zur Verbindung Ninon-Châteauneuf hatte er sofort eine Erklärung gefunden: »Der Abbé«, sagt er, »war einer jener Männer, die nicht der Anziehung der Jugend bedürfen, um Begierden zu verspüren.« Man hat wohl schon ein wenig diesen Verdacht gehabt; denn Ninon de Lenclos war das Entzücken der Zeitgenossen Richelieus gewesen, einige sechzig Jahre früher, und trotz der Legenden, die sie uns in ihrem siebzigsten Jahr ebenso frisch zeigen wie zur Zeit des ›Cid‹, trug sie doch alle Zeichen ihres vorgerückten Alters. Was tat's, der Abbé schloß die Augen über ihren Runzeln und ihrer welken Haut; aber er war ganz Ohr, um sich bezaubern zu lassen; die Worte Ninons »übten auf ihn die Wirkung der Schönheit aus!« Diese liebenswürdige Verbindung war schon zwei oder drei Jahre alt. Ninon war kaum siebenundsiebzig, als sie sich dem fünfzigjährigen Abbé hingab. Und doch, hinterher macht er ihr einen sanften Vorwurf — er fragt sie, warum sie ihn nach seiner Erklärung zwei oder drei Tage habe schmachten lassen. War es nötig, so lange zu zögern? Die immer Charmante antwortete ihm, sie habe ihren Geburtstag abgewartet, um ihr Ja zu murmeln, da sie es hübsch und durchaus nicht gewöhnlich gefunden habe, einen neuen Liebhaber am Tag ihres siebenundsiebzigsten Geburtstages einzuweihen. Voltaire nannte das »un beau gala«. Aber Ninon hielt nicht durch; nach einigen solchen »galas« bat sie Châteauneuf, es bei den Worten bewenden zu lassen: aber sie liebten sich trotzdem sehr zärtlich.

Die Folge des Zusammentreffens mit dem jungen Arouet war, daß sie ihm in ihrem Testament zweitausend Livres hinterließ, damit er sich Bücher kaufen könne. Das war ein schönes Geschenk und eine schöne Geste, um das Andenken einer Frau, die ein ganzes Jahrhundert lang in ihrem Glanze strahlte, im Gedächtnis eines jungen Mannes zu bewahren, dessen Genie wiederum sein Jahrhundert erleuchten sollte.

Für die Geistes- und Sittenerziehung des jungen Dichters war es zweifellos notwendig, daß man ihn von der Existenz eines anderen Hausherrn bei Ninon unterrichtete. Er kannte ihn, es war der Domherr Gedoyn von der Sainte-Chapelle. Der Alkoven Ninons ist eine merkwürdige Kapelle, die Abbés wimmeln dort. Wollte man den Domherren sehen, so ging man zu Ninon. Niemand fand etwas dabei, in dieser Zeit gab es nur einen Skandal, wenn es sich um Geld handelte. François Arouet fand die Lieben Ninons trotz allem seltsam: er sah sie nicht mit den Augen jener entflammten Fünfzigjährigen; im Nachfolgenden beschreibt er, wie er sie sah, und wahrscheinlich hat er recht. »Sie war«, sagt er, »ein verrunzeltes Wrack, und über ihre Knochen spannte sich nur noch eine gelbe, fast schwärzliche Haut. Ich kann Ihnen versichern, daß ihr Gesicht mit achtzig Jahren die scheußlichsten Spuren des Alters trug und ihr Herz völlig geschwächt war.« Er spricht gleichgültig davon: er hat in ihr eine Kuriosität gesehen, ein Denkmal des vergangenen Jahrhunderts — ein Denkmal der Galanterie. So etwas berührt ihn nicht: seine Sinnlichkeit ist nicht verwirrt. Anders die literarischen Denkmäler des ›Grand siècle‹: sie verwelken nicht, und sie bewegen ihn, werden ihn immer bewegen und verwirren: Iphigenie wird immer frisch sein, immer jung, immer ergreifend. Das läßt das Kind erschauern . . . und dieses Kind reagiert schon wie Voltaire.

Er zieht im Gymnasium die Aufmerksamkeit auf sich durch ein frommes Gedicht, eine ›Ode à sainte Geneviève‹. Diese Ode erinnert an eine Ekloge, und ihre Frömmigkeit ähnelt einem Kompliment bei Hofe:

> Et si cette ardeur peut vous plaire
> Agréez que j'ose vous faire
> Un hommage de mes écrits.

sagt er keck zu der heiligen Beschützerin von Paris.

Er war in der Folgezeit nicht sehr stolz auf seine Ode — nicht weil die Verse schlecht waren, sondern wegen der heiligen Genoveva. Der boshafte Fréron gräbt eines Tages das Gedicht aus und zieht ihn damit auf: alle Welt lacht — über die Frömmigkeit Voltaires. Wir lächeln über seine Verse.

Im Louis-le-Grand hatte er die Ehre, ein Kompliment von dem berühmtesten Dichter der Zeit zu erhalten: von Jean-Baptiste Rousseau. Schauen wir die Sache genauer an, es handelt sich ja um seine ersten Kontakte mit dem Literatentum — das weist auf die Zukunft. Der Berufsdichter läßt sich bei der Verteilung der Preise den jungen Arouet vorstellen, von dem man in der Stadt sprach. Folgendes schreibt er später dazu: »Ein kleiner Schüler — er schien mir sechzehn oder siebzehn Jahre alt zu sein, häßlich anzusehen, aber mit einem lebhaften und wachen Blick — umarmte mich voller Liebenswürdigkeit.«

Wenn man weiß, mit wem man es zu tun hat, erkennt man bei diesem Portrait leicht eine nicht allzu freundliche Gesinnung: »häßlich anzusehen« ist pure Bosheit; mit siebzehn hatte François, ohne schön zu sein, ein anmutiges und ausdrucksvolles Gesicht und ein ausnehmend verführerisches Lächeln, das er behielt. Rousseau gesteht seinem Blick Lebhaftigkeit zu, er konnte nicht anders, denn dieser Blick hat alle Welt geblendet — ›Liebenswürdigkeit‹ gehörte dazu, François ist ein Schmeichler, sein Benehmen, sein Anstand, sein Wunsch zu verführen und seine Kunst, dies zu können, sind gelobt oder kritisiert, aber überall beachtet worden. Das Portrait ist böswillig, denn als es geschrieben wurde, dreißig Jahre nach der Begegnung, haßten sich die beiden Dichter. Freilich änderte sich die Physiognomie Voltaires wegen seiner schlechten Gesundheit sehr rasch: er war zu mager. Aber er hatte diesen Ausdruck der Boshaftigkeit nur seinen Feinden gegenüber: in Wirklichkeit war er die Freundlichkeit selbst.

Voltaire verzieh Rousseau das »häßlich anzusehen« nie. Er rächte sich: das war leicht, Rousseau war rothaarig. Er hatte eine fahle Haut voller Sommersprossen, glasige Augen und schiefe Lippen: »Ich weiß nicht, warum er sagt, daß meine Physiognomie ihm mißfällt«, erwidert unser Held, »wahrscheinlich weil ich braune Haare habe und keinen schiefen Mund.«

Als Rousseau über die Physiognomie des Autors hinaus die ›Henriade‹ angriff, wurde die Rache grausamer. Man erfährt, daß der Vater Rousseaus Schuster war und bei den Arouets gearbeitet hat, daß Rousseau weder Aussehen noch Manieren, aber dafür ... schlechte Sitten hat. Hier die Sätze der Rache:

»Er (J.-B. R.) hätte hinzufügen sollen, daß er mir diesen Besuch machte, weil sein Vater dem meinen zwanzig Jahre lang die Schuhe gemacht hat, weil mein Vater Sorge getragen hat, ihn bei einem Anwalt unterzubringen, wo er länger hätte bleiben sollen, von wo er aber verjagt wurde, weil er seine Abstammung verleugnete. Er hätte auch noch hinzufügen können, daß mein Vater, alle meine Verwandten und meine Lehrer mir damals verboten, ihn zu besuchen, und sein Ruf so beschaffen war, daß man einem Schüler, der einen gewissen Fehler beging, sagte: ›Du wirst ein richtiger Rousseau werden.‹« Wahr oder nicht, es ist gesagt.

So viel kostet es, wenn man schreibt, daß François Arouet 1710, bei der Verteilung der Preise im Louis-le-Grand, häßlich anzusehen war.

Die Erziehung eines Libertins: »der Temple«

Der Umgebung des jungen François fehlt es, sobald er das Gymnasium verläßt, nicht an Reiz. Was den Geist anbelangt, die Umgangsformen, die Bildung, so ist sie wahrscheinlich die beste, die es je gegeben hat. Was die Amoralität anbelangt ebenfalls. François sah alles, verstand alles; trotz der vollendeten Disziplin, die dort herrschte, ist es unmöglich, daß ein Kind nicht von den Unterhaltungen geprägt wurde, denen es mit Begeisterung lauschte: sie sprachen so gut, diese ›Wüstlinge‹ des Temple! Ihre Gleichgültigkeit gegenüber Gesetzen, Glauben und Sitten machte sie zu Herren der Intelligenz, der Freiheit — wie sie es von Geburt aus waren. Er wurde geblendet, erobert; dort fühlt er sich zu Hause, unter seinesgleichen.

Obwohl er seit eh und je diesen Libertins von hohem Stand glich, wurde er sich doch erst seiner eigentlichen Natur bewußt, als er sie sah, als er ihnen zuhörte. Er kommt zu der Ansicht, daß die Arouets nur ein blindes Werkzeug zu seiner Existenz sind und daß er als »grand seigneur libertin« geboren wurde und frei verfügt über sein Leben, seine Gedanken, seine Taten, daher das verblüffende Wort — das ihm ganz natürlich scheint —, mit dem er sich im Laufe eines Essens an den Prince de Conti wendet, ein Essen, bei dem jeder mit Geist und Kühnheit wetteiferte:

»Sind wir hier alle Fürsten oder Dichter!«

Vor einem Fürsten von Geblüt war das kühn. Der Ausspruch ging durch; Conti war jung und geistreich.

Für uns charakterisiert dieses Wort seinen Autor: Fürst und Dichter — oder Dichter und Fürst — das ist dasselbe. Aber dieser Dichter-Fürst hat nichts mit den gewöhnlichen Menschen gemein; in seinen Augen ist Notar oder Schuster ein und dasselbe. François Arouet wußte, daß er auf Gipfeln leben würde — und nicht in dem Amtszimmer eines Notars, ob königlich oder nicht, und nicht mit der Mütze eines Gerichtspräsidenten bekleidet. Er braucht eine Krone. Er wird König sein — selbst im Kampf mit den Königen, und ihrem Beispiel folgen.

Schon wärend seiner Schulzeit schafft er sich Eingang im Temple, geleitet von seinem Mentor, dem Abbé und Libertin Châteauneuf. Im Jahre 1706 verbringt er dort zum ersten Mal seine Ferien: mit zwölf Jahren! Eine Erziehung mit merkwürdigen Abwechslungen; die ganze Woche hindurch: Messen und Predigten der guten Patres und ihr glänzender Unterricht. Sonntags: der Tempel der Gottlosigkeit. Als er ein wenig älter war, wurde er Stammgast jener berühmten Soupers, die alle Gläubigen erschauern ließen; er übernahm von diesen vornehmen Libertins ihre Ausdrucksweise, die Reinheit und Eleganz ihrer Sprache und die überlegene und ironische Verachtung ›der heiligsten Dinge‹.

Man fragt sich, warum diese Freidenker den Turm des Temple — er war die Kathedrale der Gottlosigkeit in Ancien Régime — haben zerstören lassen; nie wurden die Feierlichkeiten mit mehr Pracht begangen als zu Beginn des 18. Jahrhunderts. Damals war Philippe de Bourbon-Vendôme Großprior des Malteserordens, dem der Tempel gehörte, ein Mann voller Mut und Geist, aber vom Laster verzehrt: er war der Enkel von Heinrich IV. und Gabrielle d'Estrée. Er verkörperte den Hohenpriester des Freidenkertums. François Arouet lernte ihn erst 1715 kennen, denn er lebte bis dahin im Exil; der Hof des alten Königs und der Madame de Maintenon hielt ihn für einen Helfershelfer Satans.

Es sieht so aus, als gäbe ihnen der äußere Schein recht. Während seiner Abwesenheit wurde der libertinistische Kult von äußerst glanzvollen Zweiten gefeiert: von La Fare, Dichter; Chaulieu, Dichter; dem Duc de Sully, dem Duc de Fronsac, enge Freunde und Mitschüler von François und Bekannte von Vater Arouet. Es gab auch einen Abbé Servien und andere Komparsen, die nicht so glänzten, aber dazu dienten, die Berühmtheiten zum Glänzen zu bringen. Da der junge Arouet seine Erziehung bei ihnen vollenden wird, verdienen es diese Herren, daß wir ein wenig in ihrer Gesellschaft verweilen, sie zeigen uns die Atmosphäre von Paris am Ende der Regierungszeit Ludwigs XIV. und zu Beginn der Régence. Wenn wir sie kennen, wird uns die Lebensweise ihres brillanten Katechumenen ganz natürlich erscheinen.

Der Abbé Servien hatte ganz Paris zum Lachen gebracht, als er auf der Bühne der Oper einige Liedchen zum Ruhme des Königs sang, deren Worte er verdrehte. Der Saal schien unter dem Applaus und dem Gelächter einzustürzen. Die Schwester dieses Abbé war mit dem alten Duc de Sully verheiratet. Der junge, mit François befreundete Herzog war also der Neffe jenes seltsamen Geistlichen − der ihn zum Gefährten seines Freidenkertums im Temple machte. Dem Abbé fehlte es weder an Geist, noch an Bildung oder Lebensart. Man wählte ihn, zweifellos für seine Lieder und seine schöne Unterhaltung, in die Académie. Am Tage seiner Aufnahme konnte er sich durch die Menge keinen Weg zur Tür bahnen und sagte laut: »Es ist schwerer hineinzukommen, als aufgenommen zu werden.« Sein Stand verschaffte ihm überall Einlaß, aber er verkehrte nur dort, wo das Feuer seines Freidenkertums sich ungehindert entfalten konnte. Man sah ihn in der Oper, in den Kaufhäusern; seine Silhouette war bekannt: er trug einen Muff, er zierte sich, die Nase in seinem Pelz, er übertraf alle, indem er mit süßer Stimme voller schmeichelnder Modulationen und in dem blumigsten Stil der Welt die schrecklichsten Gedanken hervorbrachte. Zwischen seinen Neffen Sully und ihm bestand eine seltsame Intimität. Kurz vor dem Tode des Königs wurde der Abbé samt seinem Pelz verhaftet und nach Vincennes gebracht. Da fing ein großes Jammern an. François Arouet, der seinen Lehrern, ob sie nun das Gute oder das Böse lehrten, stets anhänglich war, sandte ihm schnell eine kleine Ode im Stile Anakreons, um den Abbé in seinem Unglück zu zerstreuen. Uns erscheinen jene Musen, jene Rosen, jenes Lachen und Lächeln recht verstaubt; man urteile selbst:

> Hélas! j'ai vu les grâces éplorées
> Le sein meurtri, pâles, désespérées,
> J'ai vu les Ris tristes et consternés
> Jeter les fleurs dont ils étaient ornés
> Les yeux en pleurs et soupirant leurs peines
> Ils suivaient tous le chemin de Vincennes.

Wir gehen nicht so weit, lassen wir die Musen und den »zärtlichen Abbé, der ihnen ein Vater war« dort. Wir haben uns belehren lassen.

Erste Pirouetten auf der Weltbühne

Mit sechzehn hatte er seine Wahl getroffen: »Ich will Literat werden.« Die ganze Sippe der Arouets erbebte; dieses Vorhaben war nicht nur absurd, es war entehrend. »Das ist der Beruf eines Menschen, der für die Gesellschaft nutzlos sein will, seinen Eltern zur Last liegen und vor Hunger sterben«, antwortete ihm Vater Arouet. Eine solche Sprache rührt den jungen François nicht im mindesten; trotzdem besucht er die Vorlesungen der juristischen Fakultät. Ein Greuel! Er wird abgestoßen durch die grobschlächtige Sprache, durch die Manieren der Professoren und Studenten — und selbst durch ihre Schmutzigkeit. Der Hörsaal? Er nennt ihn eine Scheune. Niemals wird er sich an dieses Milieu gewöhnen: er braucht Herzöge und Fürsten, um verstanden zu werden, und tapezierte Wände, um sich entfalten zu können. Vater Arouet hingegen sah nicht ohne Furcht, daß sein Sohn auf gleichem Fuße mit den jungen Herzögen stand, die ihn, den alten Notar, einschüchterten. Aber er vermag nichts gegen das, was sich vorbereitet: sein Sohn wird nicht nur den Herzögen gleich sein, sondern auch den Königen — und sein Königtum wird sie in den Schatten stellen.

Für den Moment wirbt ihn eine hohe Dame an, um ihre Verse zu korrigieren. Das ist der Anfang einer Art pädagogischer Berufung; er wird die Bemühungen der Großen um das Versemachen beaufsichtigen. Aber es ist so viel amüsanter, mit einer Herzogin Verse zu machen, als mit schmutzigen Richtern zu reden, die in ihrem Jargon sprechen und schlecht riechen. Und die Herzogin läßt ihm hundert Livres auszahlen! Mit diesem runden Sümmchen kauft er sich eine alte Kutsche, mietet Pferde und Diener und rollt in dieser Aufmachung einen Tag lang durch ganz Paris. Er spielt. Er spielt den großen Herrn — aber an einer Straßenecke kippt er um. Am Abend, als er nicht weiß, was anfangen mit dem ganzen Aufzug, läßt er alles bei seinem Vater abgeben und verabschiedet die Leute. In der Nacht fangen die Pferde des Vaters, bedrängt durch die des Sohnes, zornig zu wiehern an und schlagen aus. Eine Schlacht, die den Pferdestall verwüstet und das ganze Viertel aufweckt. Vater Arouet erkundigt sich, was los sei, und gepackt von einer Wut, die der der Pferde gleicht, verjagt er seinen Sohn. Am nächsten Morgen läßt er Gäule und Kutsche bei einem Wagner in der Nähe verkaufen. Ob die Anekdote wahr ist? Die Gegner Voltaires behaupten es. Übrigens ist nichts Tragisches an der Geschichte: mit sechzehn Jahren hat er seine Unabhängigkeit ein wenig zur Schau gestellt. Gewiß ist jedoch die Verzweiflung des Vaters. François kam zu jeder Nachtstunde nach Hause, er erschien nur unregelmäßig zu den Mahlzeiten, und die seltenen Begegnungen zwischen Vater und Sohn waren heftig. François sagt uns, sein Vater habe einen abscheulichen Charakter gehabt — seinem Sohn gegenüber ist das fast sicher, aber es scheint, daß er auch mit seinen Dienstboten grob umging, und sein Sohn erzählt, daß er sich eines Tages auf seinen Gärtner stürzte. Indem er ihn wie einen Pflaumenbaum schüttelte, schrie er: »Zieh ab, Spitzbube, ich wünsche dir, daß du einen so geduldigen Herrn wie mich findest.« Er fügt sogar hinzu, daß er dem alten Notar eins auswischen wollte und ihn eines Tages ins Theater führte, wo man ein Stück mit dem Titel ›Le Grondeur‹ spielte, das von einem jähzornigen Greis handelte. Und François ließ dem Text den Satz anfügen, den Vater Arouet seinem Gärtner gesagt hatte — so wurden dem Notar die Leviten gelesen. Das schmeckt nach ›dargestellter Moral‹ und alter Pädagogik: die Wahrheit ist, daß Vater Arouet über den Lebenswandel seines Sohnes erbittert war und daß er ihm das Leben sauer machte — vergebens.

An dem Abend, als François die Türen seiner Wohnung versperrt fand, bat er den Hausmeister des Justizpalastes um Asyl, der nicht wußte, was er mit ihm anfangen sollte und ihm eine im Hof vergessene Sänfte anwies, in die er sich hokken und den Tag erwarten könne. Zwei junge Justizbeamte, die im Morgengrauen kamen, fanden Gefallen an dem Schauspiel und trugen die Sänfte leise vor ein am Quai gelegenes Café, wo die morgendlichen Kunden die Freude hatten, sich über einen Nichtsnutz lustig machen zu können, der zusammengekrümmt in einer auf der Straße stehenden Sänfte schlief.

Sein Vater war so beunruhigt, daß er bereit war, ihm ein Amt beim Gericht zu kaufen. Um Frieden zu haben, hätte er keine Ausgabe gescheut — selbst nicht die einer viereckigen Mütze und einer hermelingefütterten Robe, der Bekleidung des Gerichtspräsidenten — um den Leichtsinn seines Sprößlings unter Würden und zwangsläufigen Verpflichtungen zu ersticken. Der arme Mann mußte feststellen, daß es zum ersten Mal in der Tradition der Arouets ein Hindernis gab! Sie sollte es nicht überleben — aber um diesen Preis wurde ein gewisser Voltaire unsterblich. Es ergeben sich auf diese Art merkwürdige Metempsychosen, von denen Notare und Familienväter nie allzu viel verstehen, denn sie fühlen sich nicht wirklich als Väter dieser außergewöhnlichen Wesen, die im übrigen auch kaum ihre Söhne sind.

François gab dem Notar, dem Hut und dem Hermelin den Laufpaß: »Sagen Sie meinem Vater, daß ich keine Würde haben will, die man kauft. Ich werde mir eine verschaffen, die nichts kostet.«

Von der Unverschämtheit abgesehen, eine ganz und gar moderne Einstellung. Das ist schon der Stolz des ›self-made man‹. Aus seinen Worten, die wie ein historischer Fanfarenstoß klingen, spürt man seine Auflehnung: »Sagen Sie dem König, daß wir hier sind durch den Willen des Volkes . . .«, und er fügt etwas später hinzu: »Ich stürzte mich auf die Schönen Künste, die immer einen Anschein von Erniedrigung mit sich bringen, weil sie aus einem Menschen nicht einen Ratgeber des Königs machen.« Und das ist wahr — und schwerwiegend. Der Beruf eines Schriftstellers bedeutete in jener Gesellschaft eine gewisse Erniedrigung, denn in dieser Welt war man nur jemand, wenn man etwas war. Ein Literat aber war nichts. Er besaß noch nicht einmal das, was unter seiner Feder entstand. François Arouet wird den ersten Literaten schaffen, der im sozialen Leben existiert, der Macht, Würde und Rechte hat, Rechte, die ununterbrochen von der Gesellschaft negiert und ununterbrochen von ihm verteidigt werden, mit einer Schärfe, die man ihm sehr zu Unrecht vorwirft. Dieser neue Mensch heißt Voltaire.

Das verbirgt sich unter der banalen Episode eines ›Sohnes aus gutem Hause‹, der mit dem bürgerlichen Milieu bricht, um ›Künstler‹ zu sein — keineswegs nach dem so viel altmodischeren romantischen Muster einer Revolte der Jugend gegen Joseph Prudhomme! Nicht um sich herabzusetzen, verleugnet François die Arouets, sondern um dem einen höheren Platz zu geben, was er verkörpert: der Freiheit des Denkens und des Schreibens. Das ist nicht die Emanzipation des jungen Gecken, der das Leben eines Narren leben will, sondern eine völlige soziale

Umordnung: die alte, zerbrochene Gesellschaft wird an den Pranger gestellt. Und doch sieht man in seinen Jugendjahren nur Leichtfertigkeit und sogar mondäne Oberflächlichkeit: Worte, schöne Worte, so schnell verflogen wie das leichte Parfüm der Herzoginnen, die galanten Reden, das Lächeln — aber welch ein Lächeln! Das des jungen Arouet ist ohnegleichen: mit der Liebenswürdigkeit verbindet er Schalkhaftigkeit, er sprüht, er brennt, er verführt und stachelt auf. Er fesselte den Blick mit seinem Blick: nie war Intelligenz so voller Glanz und Feuer; wenn er sich an einen Tisch setzte, so verzehnfachte er die Zahl der Kerzen, die Weine wurden feuriger. Er selbst trank kaum. Er war berauscht von seinem Geist und berauschte die anderen.

Der junge Arouet brillierte, wie man dies auch immer verstehen mag: er kleidete sich vollendet, er hatte einen schönen Gang, er sprach wie ein Fürst, er besaß eine angeborene Anmut und Leichtigkeit in der Gesellschaft. Ein Salon war in diesen Zeiten des Pomps ein Theater, und für François ist die Bühne der Ort in der Welt, wo er sich am natürlichsten bewegt. Er war säuberlich und zierlich geputzt: ein Spielzeug für Herzoginnen, aber ein sehr luxuriöses. So begann er, und er wußte, wohin er ging. Er war mit siebzehn Jahren ohne weiteres davon überzeugt, daß sein Genie ihn zu etwas Höherem mache. Achtzig Jahre lang war er eifrig darum bemüht, Europa davon zu überzeugen — und es gelang ihm.

Er übt sich schon, denn er arbeitet. Er ist so besessen, daß er lange Stil- und Kompositionsübungen macht. Er liest, er spricht, er hört zu. Für ihn ist Sprechen gleichbedeutend mit Lernen und Gedankenbildung. Sprechen, um nichts zu sagen, hat keinen Sinn für ihn. Selbst wenn er Nichtigkeiten sagt, sind sie so gewendet, daß Geist aus ihnen sprüht.

Chaulieu und La Fare halten ihn zum Dichten an. 1712 nimmt er, achtzehnjährig, an einem Dichterwettbewerb der Académie teil. Ludwig XIV. fiel plötzlich ein, daß sein Vater, Ludwig XIII., der Jungfrau ein Gelübde getan hatte, um ihr Frankreich zu weihen, und so ließ er in Notre Dame einen Altar zur Erinnerung an das Gelübde Ludwigs XIII. errichten.

Die Acadèmie verlangte von den Dichtern eine Ode auf die Jungfrau. François verfaßte diese Ode, wie er die an die heilige Genoveva verfaßt hatte. J.-B. Rousseau machte ihm ein Kompliment: er lobte nicht die Frömmigkeit, aber den Geist. Das ist zweifellos das, was die Ode verdiente.

Aber der Ehrgeiz des jungen Schriftstellers ist der aller damaligen Schriftsteller; um groß zu sein, mußte einem ein großes Werk gelingen, und zwar das größte und erhabenste: die Tragödie. Er hat sein Thema: Ödipus. Man sagt ihm, daß Corneille es schon behandelt habe. Er antwortet, daß er Corneille übertreffen werde (er nimmt damit nicht allzu viel auf sich, denn der ›Oedipe‹ des Corneille ist eine Armseligkeit, von der man nicht spricht), aber Voltaires ›Oedipe‹ wird nicht so bald gespielt werden; obwohl das Stück fast fertig ist und er es unaufhörlich umändert. – Es ist noch nicht reif, wie auch er nicht: er muß erst durch das Feuer.

Eine schuldige Mutter und ein fast ehrliches Mädchen

Vater Arouet kann das Leben, das sein Sohn führt, nicht mehr mit ansehen; um ihm ein Ende zu setzen, wendet er sich an einen alten Freund, den Marquis de Châteauneuf – einen Bruder des Abbé –, der Botschafter im Haag ist. Ihm vertraut er den Unverbesserlichen an. Man möge aus François machen, was man wolle, einen Attaché, einen Sekretär, einen Berater oder einen Pagen, aber man lasse ihn wieder vernünftig werden oder befreie wenigstens den unglücklichen Vater von seinem unwürdigen Sohn.

Mit Reisen hatte man es schon versucht: man hatte ihn nach Caen geschickt. Ergebnis: keines. Das, was er in Paris tat, tat er in Caen. Er entzückte eine biedere Madame d'Osseville; man sah die beiden überall. Überall, für François sind das die Schlösser und vornehmen Häuser von Caen. Die Dame war hingerissen, wenn sie ihn ansah, ihm zuhörte. Aber sie wäre fast vor Wut erstickt, als sie erfuhr, er rezitiere in einem anderen Salon der Stadt libertinistische Gedichte. Sie konnte diesen

Atheismus nicht ertragen und vor allem nicht diese Untreue und verschloß ihm ihre Tür. Das verursachte so etwas wie einen Skandal in der Gesellschaft von Caen: sein ganzes Leben lang und überall werden dem mondänen Dichter solche Skandale folgen. Man kann nicht sagen, daß er unbemerkt blieb. Aber er fand schnell eine Belohnung für die Abfuhr der Prüden, und zwar in der Person eines Jesuiten, des Pater de Couvrigny, eines Libertins der richtigen Sorte und literarisch hoch gebildet. Der Pater verkündete überall, der junge Mann sei ein werdendes Genie: der junge Mann stimmte dem zu. Die Gesellschaft des Paters war eine Bereicherung. François las Dinge, die er noch nicht gelesen hatte, er diskutierte mit seinem Bewunderer: er kam gewandter und wissender zurück – wenn auch nicht gehorsamer. Man schrieb das Jahr 1713. Sein Vater bat ihn auf der Stelle, seine Koffer für Den Haag zu packen.

Der Aufenthalt im Haag bot der Neugier von François tausend Überraschungen und Vergnügungen, deren beste der Spott sind und die Liebe. Unnötig zu sagen, daß die französische Botschaft mit ihrem Personal und ihren Papieren der Ort im Haag war, an dem man ihn am seltensten sah. Er gab sich sofort der Gesellschaft hin, die sich zusammensetzte aus französischen Flüchtlingen, Protestanten meistenteils, politischen Flüchtlingen anderer Länder und Flüchtlingen ohne angegebenes oder angebbares Motiv. Die Gesellschaft war zahlreich, doch unterschiedlich in der Qualität; taugliche Subjekte fehlten nicht, andere noch weniger. Den letzteren öffnete er sein Herz. Aber man mag sich beruhigen, die Tür war eng, es kamen nicht viele hinein, und nichts wurde dort zerbrochen. Die Freundschaften Voltaires waren, wir werden es sehen, haltbar, tief und zärtlich, aber sie gehören nicht in diese malerische und zweifelhafte Welt, in die ihn seine Neugier trieb. Sein Eindringen dort hatte ein Abenteuer zur Folge und natürlich einen Skandal und auch, sagen wir ruhig das Wort, eine gewisse Publizität, für die François nicht unempfänglich war.

Er lernte also eine gewisse Dame Dunoyer kennen. Sie hatte ihr Vaterland verlassen, um religiöser Verfolgung zu entgehen, und das Opfer der Intoleranz war nach Holland gekommen, um die Freiheit des Gewissens zu suchen – und andere Freiheiten. Ihr ganzes Verhalten bewies, daß sie die Freiheit der Sitten gefunden hatte. Der Verkehr mit ihr wurde versüßt durch die Anwesenheit ihrer beiden Töchter, die charmant waren. Sie hatte diese dem Vater weggenommen, einem Hauptmann in Frankreich, der dort geblieben war. Es war ihm gelungen, seinen religiösen Glauben mit dem vaterländischen zu versöhnen, aber er hatte seine Frau und seine Töchter dabei verloren. Hatte er viel an ihnen verloren? In Stunden der Hingabe enthielt sich die Dame Dunoyer nicht zu sagen, daß sie eher der Autorität ihres Gatten entflohen sei, als den Dragonern Seiner Majestät. In solchen Augenblicken überkamen sie plötzliche Anwandlungen von Ehrlichkeit: sie gab zum Beispiel zu, daß sie von einer ausgeprägten Häßlichkeit sei, daß diese aber nie den Verlauf ihrer Liebesabenteuer gestört habe. Wie sie ohne Schönheit war, so hatte sie auch keine Skrupel, und sie beteuerte, »sie kenne die Männer«, was bedeutet, daß sie mehr auf ihre Schwächen setzte, als auf ihre Tugenden, um sie in Bewegung zu bringen. Sie verdiente sich auf diese Weise ganz gut ihren Lebensunterhalt. Vor Den Haag hatte sie in England gearbeitet, aber als sie die Engländer mit ihren Talenten bekannt gemacht hatte, war sie gezwungen gewesen, ihre Kunden zu wechseln.

Ihre Talente waren vielseitig. Galanterie und ›mondänes‹ Bettlertum verband sie mit übler Nachrede. Sie schrieb! Sie hatte Anteil an dem schrecklichen Konzert von Beleidigungen, das sich vom Ausland her gegen Frankreich erhob. Sie schrieb wüste Schmähschriften auf den Hof, die Kirche, die Justiz. François lachte und sagte, daß von all ihren Neuigkeiten nicht eine wahr sei. Aber das schockierte ihn keineswegs: es war amüsant. Um ehrlich zu sein, es gab doch einige Wahrheiten in diesem Kehricht, in den Kloaken findet man zuweilen einen silbernen Löffel; aber davon wird die Kloake nicht weniger stinkend und die Dame Dunoyer nicht tugendhafter. So sah die Mutter aus.

François hörte ihr zu, aber er betrachtete Olympe, die jüngste

Tochter. Man nannte sie Pimpette. Dieser Name paßt so viel besser auf diesen Vogel; nicht sehr hübsch, aber lebhaft, spontan, anmutig, schrecklich leichtsinnig und keineswegs dumm. François unterlag zum ersten Mal dem Zauber: er war gefangen. Für ihn bedeutete das etwas Neues. Pimpette war ihm überlegen, ihre Mutter hatte sie gerüstet. Trotz ihres Rufes hatte die Dame Dunoyer die feste Absicht, ihre Töchter zu verheiraten, und sie gut zu verheiraten. Es gelang ihr, die ältere einem alten, wohlhabenden Offizier zur Frau zu geben, einem Herrn Contantin. »Man muß sich wenigstens einmal im Leben verheiraten«, dozierte Dame Dunoyer, »zum einen wegen des Vergnügens, zum anderen wegen des Interesses.« Sie war geschickt, fast hätte sie Pimpette mit dem berühmten Jean Cavalier verheiratet, dem Propheten der Camisarden. Die Hugenotten trieben einen Kult mit ihm. Als er nach Holland kam, jubelten ihm alle Flüchtlinge zu — dann nahm ihn Dame Dunoyer unter vier Augen vor: sie bot ihm alles. Er nahm nur Pimpette. Er gab ein Eheversprechen, dann floh er plötzlich nach England. Hatte er das Geschäft der Mutter erkannt? Wie dem auch sei, man hat nie erfahren, ob er vor der Tochter floh oder vor der Mutter, oder vor allen beiden.

Dank dieser Geschichte konnten die Feinde Voltaires dreißig Jahre später hohnlächelnd behaupten, er sei der Rivale eines Camisarden gewesen, habe aber nur noch die Reste bekommen. Und sie sagen, das sei nicht weiter erstaunlich: er habe wie ein Verrückter ausgesehen, sagt der eine; ein Polizeiinspektor schreibt: »Arouet ist groß und mager und gleicht einem Satyr . . .« Dabei war er nicht groß, und wenn sein spöttisches Lächeln ihn einem Satyr ähnlich macht, dann müssen Satyrn enorm interessant sein.

In dieser Zeit schreibt er an den Prieur de Vendôme und, von sich berichtend, sagt er, er sei mager und abgezehrt: er ist es wirklich und wird es immer sein. Doch er hatte die besten Augen der Welt — um sich im Spiegel zu betrachten — und um Pimpette anzusehen, die er reizend fand. Sie war es auch, denn sie ließ ihn nicht länger schmachten, als Châteauneuf zu den Füßen Ninons geschmachtet hatte. Sie fand bestimmt nicht, daß er wie ein Verrückter aussah oder wie ein Satyr . . . falls ihr nicht die Spiele des Satyrs besonders gefielen. Mit einem Wort, sie war genauso verrückt nach ihm wie er nach ihr.

Madame Dunoyer, wie im übrigen jeder im Haag, machte sich keine Illusionen über die Beziehungen zwischen Pimpette und Arouet. Die beiden gaben sich auch keine Mühe, etwas zu verbergen. Die Mutter war nicht die Frau, über solch offenkundige Liebschaften ungehalten zu sein, aber sie war die Frau, Geld daraus zu schlagen. Wenn François im heiratsfähigen Alter gewesen wäre, hätte sie ihn zur Ehe gezwungen. Sie schalt ihre Tochter, die mit dem Nachtisch begonnen hatte, ohne sich um eine feste Grundlage zu kümmern. Aber sie war ja da, um diese Unbesonnenheit wieder gutzumachen.

Sie suchte die letzten Reste ihrer Würde aus besseren Zeiten zusammen, begab sich in die französische Botschaft und spielte die beleidigte Mutter: ein Franzose, beschäftigt bei der Botschaft, habe die unschuldige Pimpette kompromittiert, habe den Ruf des Mädchens beschmutzt und einer Mutter, die in puncto Tugend nicht mit sich handeln ließe . . . einer Hugenottin obendrein. Es mußte wieder gut gemacht werden! Der Botschafter war sehr in Sorge: er wollte keinen Skandal an dieser Stelle, die er eben erst angetreten hatte: er war noch nicht akkreditiert. Und ›die schuldige Mutter‹ konnte mit ihrer giftspritzenden Feder Schaden anrichten. Währenddessen tauchte der Vater auf: er wollte nicht die Mutter wiederhaben, sondern seine Tochter Pimpette. Er forderte sie zurück und bot dafür an, sich zum Katholizismus zu bekehren und auch Pimpette, wenn er sie wieder hätte. Nichts konnte dem Hof des alten Königs angenehmer sein: er würde seinen Botschafter bitten, den Vater zu unterstützen und die Rückkehr Pimpettes in den Schoß des Vaterlandes und der Kirche zu betreiben. Der von der Mutter hervorgerufene Skandal konnte alles in Gefahr bringen. Die Dunoyer durfte keinen Verdacht schöpfen im Hinblick auf das, was sich vorbereitete: sie wollte weder auf den Stand einer Ketzerin, noch auf den einer Geächteten verzichten, denn beide stellten nicht nur ihre besten Einkommensquellen dar, sondern befreiten sie auch von der ehelichen

Tyrannei. Wenn ihr Gatte, Frankreich und die Kirche ihr Pimpette nahmen, wer würde dann für das Brot ihrer alten Tage sorgen?

In diesem Netz von Intrigen spann Arouet der Jüngere reine Liebe. Er hatte nicht viel zu sagen: Monsieur de Châteauneuf schickte ihn Hals über Kopf zu seinem Herrn Vater zurück.

Welch ein Zusammenbruch! Gleich am Abend nach dem Erscheinen der Mutter begibt er sich zum Botschafter, der ihm bedeutet, man werde ihn auf der Stelle zu seiner Familie zurückschicken. François fleht, folgert, rührt, beweist. Man kann sich vorstellen, mit wieviel List, Geist und Charme er seine Bitten vortrug: aber der Botschafter wollte keine Geschichten. Alles, was François erreichte, war ein Aufschub von vierundzwanzig Stunden — aber er durfte sein Zimmer nicht verlassen! Wozu also? Was tun? Denken — sich ausdenken, daß man Pimpette raubt . . . daß man nach Nîmes eilt und sich dem Oberst zu Füßen wirft, um seine Tochter von ihm zu erbitten. Aber Nîmes ist fünfzehn Tagereisen entfernt! Schließlich die bewährte Hilfe: ein Brief an die Holde. Sie muß ihm folgen, ohne Zögern, ohne Klagen. »Wenn Sie einen Augenblick zögern, verdienen Sie Ihr ganzes Unglück. Ihre Kraft mag sich hier ganz zeigen, sehen Sie mich mit dem Entschluß fortreisen, daß auch Sie fort müssen.«

Er sagt ihr, daß er Arrest hat und bewacht wird; ein Soldat steht vor seiner Tür. Sie soll ihm drei Briefe übergeben, einen für den Vater Oberst, den anderen für ihren Onkel, den dritten für ihre Schwester. Er mobilisiert die ganze Familie; es wird ernst. Welches Feuer! Welche Begeisterung! Er will alles und gleich. Hier zeigt sich zum ersten Mal die Leidenschaftlichkeit seines Charakters, die ihn ganz beherrschen wird, aber immer seltener, wenn es sich um Liebe handelt. Bei jedem Wunsch wird es so sein, er muß das Gewünschte haben, koste es was es wolle und ohne Aufschub.

Gerade als er seinen Brief abschicken will, erfährt er, daß alle seine Mitteilungen durch die Botschaft gehen und dort bleiben. Nun beginnt die Komödie: er hat einen Diener — einen Scapin aus der Normandie —, der wird verkleidet. Der Diener gibt sich als reisender Händler für Tabaksdosen aus! Er bietet Dame Dunoyer eine an: Es gelingt. Er sieht Pimpette. Das arme Schätzchen ist halbtot vor Kummer: der Diener sagt ihr, daß François sie sehen, sie in die Umgebung von Den Haag bringen will, wo sie sich verstecken werden, dazu muß sie um Mitternacht aus dem Hause kommen. Pimpette will gern . . . aber wie? Ihre Mutter kennt alle Listen einer verbotenen Liebe, Pimpette muß in ihrem eigenen Bett schlafen. Die Sache ist aussichtslos!

Ein unerwartetes Ereignis! Die Abreise wird aufgeschoben. Der Botschafter vertagt die Unternehmung — aber Arouet muß gefangen bleiben. Das ist ein harter Schlag, aber besser im Haag zu sein als in Paris. Eine kurze Unbesonnenheit des Wächters, eine List der Holden genügt, und man sieht sich. François schickt Pimpette seine Kleider — und einen Mantel, der alles verbirgt, dazu einen Brief mit tausend Ermahnungen. »Hüten Sie sich vor Ihrer Mutter, hüten Sie sich vor sich selbst, aber zählen Sie auf mich, um Sie aus dem Abgrund zu ziehen, in dem Sie sich befinden.« Es entbehrt nicht einer gewissen Pikanterie, wenn man sieht, daß der Liebhaber der Tochter das Bett Frau Dunoyers als »Abgrund, in dem Sie sich befinden« bezeichnet, denn dort befand sich Pimpette, und sie lag sehr schlecht. Was nur in der Komödie möglich scheint, gelang im Leben des Arouet-Scapin: Pimpette erhielt die Kleider, zog sie an, und leichten Fußes überschritt sie die Schwelle des Hauses, in dem ihr lieber Gefangener wohnte. Sie übergab ihm einen Brief, François reichte ihr einen anderen. Er ist außer sich vor Freude. Aus Liebe oder wegen der Maskerade? Für Arouet heißt das, wirklich leben. Er schreibt ihr, nachdem er sie verkleidet gesehen hat:

»Ich weiß nicht, ob ich Sie Mademoiselle oder Monsieur nennen soll. Wenn Sie reizend im Häubchen aussehen, so sind Sie ein nicht minder liebenswürdiger Kavalier, und unser Portier, der nicht in Sie verliebt ist, fand, Sie seien ein sehr hübscher Kerl.«

Da er sich beobachtet fühlt, muß er das charmante Treiben einstellen. Er reist ab: er gibt ihr seine Adresse bei seinem

Vater in Paris. Aber Pimpette ist toll vor Liebe: sie will sich zu Füßen des Botschafters werfen, ihn um Schutz vor einer barbarischen Mutter bitten und um Gnade für François. Er verbietet ihr, einen solchen Schritt zu unternehmen, er weiß, daß die Folgen für sie und für ihn katastrophal sein würden. Der Botschafter will die Angelegenheit ersticken, alles, was ihn stört, muß mißlingen. »Meine liebe Pimpette, folgen Sie einmal meinem Rat, sie können sich den Rest meines Lebens dafür revanchieren, ich gelobe, Ihnen immer zu gehorchen.« Wenn das nicht ein schönes Versprechen eines Verliebten ist: sie soll ihm einmal gehorchen, dann wird er ihr gehorchen . . . sein Leben lang!

Aber ach! Pimpette war dem nicht gewachsen; sie wurde krank. Ihre Mutter brauchte sie nicht im Bett zu bewachen: das Fieber übernahm diese Aufgabe. Das ist sie, die wahrhaft Liebende, ihre Briefe sind naiv, aber ihre Tinte brennt auf dem Papier. Arouet ist aufrichtig, das ist gewiß, er ist verliebt, aber er bleibt rhetorisch, sein Herz inspiriert ihn, das fühlt man wohl, aber der Geist bewahrt sein Recht. Seine Briefe sind glanzvoll, ohne recht zu wärmen. »Adieu, mein liebes Herz, das ist vielleicht der letzte Brief mit dem Datum von Den Haag. Ich schwöre Ihnen ewige Beständigkeit. Sie allein können mich glücklich machen, und ich bin schon allzu glücklich, wenn ich mir die zärtlichen Gefühle ins Gedächtnis rufe, die Sie für mich hegen . . . Adieu, meine angebetete Olympe, adieu meine Liebe. Wenn man Küsse schreiben könnte, schickte ich Ihnen unzählige mit der Post.«

Ist das die Sprache einer zerbrochenen Leidenschaft? Pimpette wird gequält und gepeinigt durch all das, was sie sich ausdenkt, um ihn wiederzusehen . . . ihn noch einmal zu umarmen, unter dem Einsatz ihres Lebens — sie duzt ihn: »Ich erzähle Dir nichts von meiner Gesundheit, die mir am wenigsten Sorge bereitet; ich denke zu viel an Dich, um Zeit zu haben, an mich selbst zu denken. Ich versichere Dir, mein liebes Herz, wenn ich an meiner Zärtlichkeit zweifelte, würde ich mich über meine Krankheit freuen, ja, mein liebes Kind, das Leben wäre mir lästig, wenn ich nicht die süße Hoffnung hätte, von dem geliebt zu werden, den ich auf der Welt am meisten liebe.«

Sie will noch eine Torheit begehen, um ihn wiederzusehen, sie errät, daß er das mögliche Risiko ablehnen wird: sie ist einfallsreich, kühn, während er besonnen bleibt: »Schlage mir diese Bitte nicht ab, mein lieber Arouet, ich bitte Dich darum im Namen des Zärtlichsten, was es gibt, das heißt, im Namen der Liebe, die ich für Dich empfinde. Adieu, mein angebetetes Kind, ich bete Dich an und schwöre Dir, daß meine Liebe so lange währen wird wie mein Leben.«

Dieser Tonfall täuscht nicht: er ist zeitlos, hier spricht eine leidenschaftlich liebende Frau. Das mütterliche Bedürfnis, ›das liebe Kind‹ zu beschützen — dieses ›angebetete Kind‹ zeigt eine Inbrunst, die der liebe Arouet nicht empfunden hat.

Er ist abgereist. Er schreibt ihr »auf dem Boden einer Yacht«. Sein Herz ist tieftraurig, und er ist seekrank. Er verspricht, seinen Vater zu überzeugen, »wenn man ihm nicht schon etwas gesagt hat«. Artigkeiten und Vorsicht, so sieht also die erste große Leidenschaft Arouets aus. Er schließt: »Bewahren Sie mir Ihre Gefühle, solange ich sie verdiene, und Sie werden mich Ihr ganzes Leben lang lieben.« Er spricht nicht anders mit ihr als mit seinen Herzoginnen, zu denen er zurückkehrt. Aber nach seiner Ankunft in Paris wirft er sich in die Arme von Pater Tournemine. Welch seltsame Idee, wird man sagen. Aber er verfolgte einen Plan; er hatte eben erst drei Briefe an den guten Pater geschrieben, um ihm sein Unglück — und seine Hoffnungen anzuvertrauen. Sie sind erbaulich, wie man selbst urteilen kann: ist Olympe nicht eine Seele, die gerettet werden muß? Hat die Vorsehung nicht die Liebe Arouets bestimmt, die Ketzerin in die Kirche zurückzuführen? Derjenige, der diese vorbestimmte Liebe nicht unterstützt, wird sich also dem Lauf der Gnade widersetzen. Man muß nur darauf kommen. Und der Pater ist bereit, für die gute Sache zu kämpfen.

François schreibt Pimpette alles, was er tut: er fleht sie an, ihrem Vater, dem Oberst, zu schreiben und zu jammern, daß sie in den Schoß der Kirche zurückkehren wolle, er bittet sie, an einen Verwandten zu schreiben, den Bischof von Evreux, und ihn ebenfalls anzuflehen. »Vergessen Sie vor allem nicht, ihn Monseigneur zu nennen«, mahnt er. Mit diesen Hugenotten weiß man nie . . . Wer hätte das gedacht? Arouet, die Stütze des Temple, bemüht sich, das verlorene Schaf, die arme Pimpette, in den Stall zurückzuführen. Freilich ist der Stall nicht der der Kirche — sondern der von François Arouet. Zynismus? Inkonsequenz? Ja und nein, es handelt sich um einen der vielen Widersprüche, von denen sein langes Leben durchkreuzt wird. Sie sind, sagt man, unerklärlich; aber vielleicht doch nicht ganz. Es zeigt sich die Ungeduld zu besitzen, jener quälende Instinkt, alles, was er sich wünscht, auch haben zu müssen, egal wie, aber sofort; zum Teufel mit der Religion, mit Pimpette, dem guten Glauben von Pater Tournemine, und selbst mit seiner eigenen Ruhe und seinem Ansehen . . . Wenn alles zu Ende ist, erloschen, wird er nachdenken. Vergebens, denn sofort läßt er sich auf etwas Ähnliches, oft Schlimmeres ein. Arouet ist unverbesserlich. Dieses Mal traf ihn der Blitz, bevor er mit seinen Bemühungen zu Ende war. Er nahm die Form eines Briefes an, den Monsieur de Châteauneuf an den Vater Arouet richtete. Der Zorn des Notars war so heftig, daß François von seinen Freunden versteckt werden mußte. Er hätte ihn sonst umgebracht. Nichtsdestoweniger beantragte er für seinen Sohn einen Haftbefehl. Er wollte ihn entweder in einem Verlies sehen oder auf einem Schiff nach Amerika. Amerika, das war ein sicheres Verschwinden. Und François fleht immer noch Pimpette an, nach Paris zu kommen, er hat für sie Unterkunft in einem Kloster konvertierter Damen gefunden, von wo er sie bei der ersten Gelegenheit entführen will, nur zu ihrem Besten: »Wenn Sie weiterhin so grausam sind und darauf bestehen, in Holland zu bleiben, verspreche ich Ihnen fest, mich bei der ersten Kunde, die ich davon haben werde, zu töten.« Damit ist der Roman vollkommen, das ist Werther vor der Zeit, in Wirklichkeit aber handelt es sich um eine literarische Floskel: wir sind bereit für die Lösung des Konflikts. Wir streifen die Tragödie — mit leichtem Flügelschlag — denn zur gleichen Zeit spielt er mit seinem Vater Komödie. Arouet ist die Höflichkeit, die Gesellschaftlichkeit selbst. Um in der Welt voranzukommen, so wie sie ist, muß man spielen. Im Augenblick steht sein Name noch nicht auf dem Plakat des großen Welttheaters: aber er probt. Der Sohn des ehrbaren königlichen Notars sorgt dafür, daß man von ihm spricht — nicht immer gut — aber die Hauptsache ist, daß man ihn kennt.

Er spielt also vor seinem Vater den heimgekehrten und reuigen Sohn. Er fleht ihn an, noch einmal seine Knie umfassen zu dürfen, ehe er für immer in den Savannen der Neuen Welt verschwindet. Der muntere Liebling der Herzoginnen in den Savannen! Da muß man laut lachen. Kurz, die Begegnung findet statt, die Szene ist bekannt, wie auch das Bild: ein vorweggenommener Greuze. Der Familienvater gewährt natürlich sein Verzeihen, unter einer Bedingung: François wird nicht in den Savannen verdorren, aber er wird in einem Pariser Notariatsbüro versauern. Er nimmt an, um in Paris zu bleiben, um Pimpette zu schreiben, um Verse zu machen, um seine Freunde wiederzusehen und Leute seinesgleichen; doch Leute seinesgleichen finden sich in den Palästen, Schlössern und Salons von Paris, woanders nicht. Die Buße ist schrecklich. Pimpette kommt ihm teuer zu stehen! François als Schreiber eines Notars, in einem staubigen Loch, wo das feuchte Papier stinkt, wo die Sprache ebenso schmutzig ist wie die verfaulte Tinte in den Steintöpfen, die noch nicht einmal Tintenfässer heißen, wo er für eine Kundschaft, deren unflätige Spitzfindigkeiten nur mit einer Zange angefaßt zu werden verdienten, absurde Schriftsätze in einem erschreckend grobschlächtigen Stil aufsetzen muß.

Er nimmt an, und nie war sein Entschluß heftiger, ›anders‹ zu sein, als der Richter, den sein Vater aus ihm machen will. Er haßt den alten Arouet. Aber er gehorcht ihm: er betritt das Purgatorium: das Büro des Maître Alain, königlicher Notar, Rue du Pavé-Saint-Bernard, bei der Treppe der Place Maubert. Die Straße gibt es noch, teilweise wenigstens. Das Viertel war finster. Die Sonne erreichte nie das Pflaster des Sträßchens.

Doch Pimpette im Haag war heftig entflammt — zu sehr, als daß das große Feuer hätte dauern können. Sie war nicht sehr literarisch; und die Briefe des lieben Arouet bereiteten ihr keineswegs dasselbe Vergnügen wie die Gegenwart ihres ›angebeteten Kindes‹. Während er weiter seine frommen Bemühungen verfolgte, die Tochter zu bekehren, ging die Mutter, Dame Dunoyer, anderen Plänen nach. Sie hatte ihr Auge auf einen jungen Franzosen geworfen, Guyot de Merville, einen vornehmen und stattlichen Mann, dem sie ihre Tür öffnete. Als Pimpette ihn sah, öffnete sie ihm ihr Herz. François fuhr fort, ihr sehr zärtliche Briefe zu schreiben, die von der Tochter kaum gelesen, von der Mutter jedoch aufbewahrt wurden. Sie kam nicht immer gut weg. Was tat's? Sie machte eine Sammlung daraus: »Lettres historiques et galantes«, in der der Name François Arouets zu lesen war. Die Sammlung blieb nicht unbemerkt. Das war es, was die Mutter wollte: den jungen Arouet kompromittieren; und es gelang ihr, den bedauerlichen Ruf zu festigen, den er beim Bürgertum und in religiösen Kreisen genoß. Wer ärgerte sich darüber? Der Nachfolger Arouets in der Gunst Pimpettes! Er nahm ihm seinen Platz und war ihm auch noch böse. Jahre hindurch verfolgte er den Dichter mit seinem Haß. François achtete nicht darauf – dann, eines Tages, welche Überraschung! Als François Voltaire geworden war, begütert und einflußreich, kam dieser Guyot de Merville und bat ihn um Hilfe! Voltaire blieb seinen Bitten gegenüber ebenso taub, wie François Arouet es seinen Beleidigungen gegenüber gewesen war.

Als er sein Unglück erfuhr, empfand François einen unendlichen Schmerz – heftig und kurz. Er begriff sofort, daß Pimpette ihm durch ihr Vergessen einen sehr großen Dienst erwiesen hatte. Er war ihr dafür dankbar: das ist nicht sehr romantisch, aber sehr vernünftig ... Ach! diese Arouets! Er hat es ihr auch keineswegs nachgetragen – im Gegenteil; einige Zeit später, im Jahre 1721, versuchte er, ihr bei ihren Geschäften zu helfen. Er sprach immer voller Zärtlichkeit von ihr und war voller Ehrerbietung gegenüber ... ihren Tugenden, als sie Gräfin von Winterfeld wurde. Ihr Leben verlief traurig und würdig: welcher Unterschied zu den Anfängen! Es ging ihr so, wie es ihre verrückte Mutter nicht hatte voraussagen können, denn sie heiratete weder aus Vergnügen, noch aus Interesse, sondern aus Vernunft und Tugend. Woraus man sieht, daß die Intriganten, die alles zu wissen glauben, immer vergessen, daß es auch ehrliche Leute gibt.

So endet die Geschichte von Pimpette und François, traurig, aber moralisch. Wir haben unseren Dichter als Liebhaber kennengelernt — auf seine Weise. Seine Anfänge in der Liebe sind aufschlußreich, sie sieht nicht aus wie Leidenschaft. Und doch ist Voltaire leidenschaftlich, aber die großen Leidenschaften, die sein Leben verzehren, sind Ruhm und Freiheit, in all ihren Formen — das sind die Idole, denen er opfern wird. Ihnen wird er seine Inbrunst, seine Schärfe, seine Hartnäckigkeit seine unendliche Arbeitskraft weihen. Seine vibrierende Sensibilität läßt ihn Torheiten und große Taten begehen, hier werden wir die Sprache der Leidenschaft wieder erkennen — und nicht in den schönen Worten an Pimpette. Er wird sich nicht für seine Geliebten schlagen. Für den Ruhm aber und für die Freiheit führt er mit der ganzen Gesellschaft Krieg.

Notariat, Poesie und neuer Skandal

Ein geistreicher Mann vergeudet nie ganz und gar seine Zeit, was er auch immer tut, was er auch immer liest, was er auch immer beobachtet. Arouet langweilte sich in seinem Büro zu Tode, aber er machte Entdeckungen. Aus dem mehr oder weniger durchtriebenen Verhalten, das er bei den Geschäften anderer beobachtete, schlug er Profit für seine eigenen Geschäfte. Auch darin war er Meister — war er ein Arouet, und vielleicht der geschickteste von allen. Er entdeckte außerdem bei Maître Alain einen Schatz, einen Freund: Thiériot, Notarsschreiber wie er. Er war dieser Freundschaft treu bis zu seinem Tode . . . und doch, Thiériot machte ihm zu schaffen. Aber was das Kapitel Freundschaft angeht, so ist Arouet untadelig. Er hat von seinen wirklichen Freunden Verleumdungen hingenommen, Beleidigungen, Diebstähle . . . sie waren ihm heilig, sie waren Freunde und blieben es. Diese Geduld seinen Freunden gegenüber erscheint unglaublich bei einem Mann, dessen Sensibilität, Verletzlichkeit und Nervosität das gewöhnliche Maß überstiegen und ihn oft zu einer Rache verleiteten, die seiner nicht würdig war, nicht würdig seinem Genie und seiner Großzügigkeit. Dieses Wort wird einige auffahren lassen. Wir werden es in diesem langen Leben jedes Mal wiederholen, wenn wir unseren Helden bei einem Akt der Güte ertappen, der Freigebigkeit, manchmal auch der Größe — und selbst der Großzügigkeit. Der Wechsel seiner Launen, sein Aufbrausen trübten oft seinen Ruf — aber seine Seele ist nicht vulgär.

Natürlich verband man sich freundschaftlich mit Voltaire nur auf den Gipfeln — das heißt durch gleichen intellektuellen und künstlerischen Geschmack. Alle Reize Pimpettes hätten nicht ausgereicht. Durch seine Liebe zur Dichtung wurde er auf Thiériot aufmerksam. Ihre gemeinsame Befähigung, Verse zu schreiben, die sie gleichzeitig unfähig für die knifflige Rechtssprache machte, verband sie in ein und demselben Abscheu vor ihrer Zwangsarbeit. Freilich darf man ihre Talente nicht vergleichen, denn Thiériot hatte gar keins. Aber Thiériot liebte Dichtung — und hauptsächlich die von François. Er verabscheute seinen Beruf, und die Zukunft wird uns zeigen, daß er keinen liebte. Er wurde der eifrige Vertraute, aber, obwohl sie erst achtzehn Jahre alt sind, ist der Ton ihrer Freundschaft nie familiär; das ist eine Eigenart François Arouets und sicher aller Arouets: die Abscheu vor dem Sichgehenlassen. Man nannte sich ›Monsieur‹, und Thiériot hatte nicht mehr Recht auf das ›Du‹ als Pimpette. Zwanzig Jahre nach dem Abschied von dem Büro Alain und dem Salon, in dem sie Madame Alain manchmal empfing — um den Preis welcher Langeweile für den Tischgenossen der Vendôme, der Richelieu und Sully! —, schreibt er anläßlich des Erscheinens seines ›Temple du Goût‹ an Thiériot: »Welchen Sprung haben wir getan, cher Monsieur, von Madame Alain in den ›Temple du Goût‹. Gewiß ahnte diese Dame nicht, daß es einen solchen Tempel auf der Welt gibt.«

Der guten Bürgersfrau war das egal: der Preis für Zucker und Kerzen interessierte sie weit mehr. Ebenso wenig kümmerten sich die beiden Schreiber ihres Gatten um sie und ihresgleichen.

Während François die Entwürfe für die Urkunden hinkritzelte, fragte er sich, ob seine ›Ode à la Vierge‹ von der Jury der Académie prämiiert würde. Er rechnete fest damit. Dabei hatte ihn J.-B. Rousseau voller Weisheit davor gewarnt, zu viel von dem Ruhm literarischer Preise zu erwarten: »Man sieht nicht«, schreibt er ihm, »daß Leute wie Corneille, Racine oder Despréaux je auf Preise hin gearbeitet hätten. Sie fürchteten allzu sehr, ihrem Ansehen zu schaden. Sie wußten zu gut, daß die schlechtesten Werke das Recht hatten, auf akademische Lorbeern zu hoffen . . .«

Das ist nicht sehr freundlich der Jury gegenüber, aber es ist vorsichtig. Ach! Arouet erhielt den Preis nicht, der Abbé Dujarry bekam ihn. Unser Jüngling ist zu Tode getroffen — weit mehr als durch den Verrat Pimpettes, für die er sterben wollte. Diesmal will er, daß der alte Dichter stirbt . . . Er tobt los, der arme Abbé kann nichts dafür, er hat seine Ode mit aufrichtigem Herzen geschrieben, aber Arouet rächt sich: »Es handelt sich um einen jener Berufsdichter, die man überall trifft und nirgends sehen möchte. Er ist ein Parasit, er zahlt seine Zeche bei einem guten Essen mit schlechten Versen.« Seine Krallen als Pamphletist schärft er sich auf dem Rücken des alten Abbé: »Es ist nur gerecht, daß man einem solchen Alter Ehre erweist.« Der Unglückliche war tief getroffen — besonders, weil er von Arouet korrigiert wurde, der folgenden Vers aus der triumphierenden Ode herauspickte:

Et des pôles brûlants jusqu'aux pôles glacés.

Jetzt zeigt er sich schon so, wie er sein wird; ein Widerspruch, ein Hindernis, und er tobt: er kratzt und beißt.

Das genügt noch nicht, er veröffentlicht 1714 ein satirisches Gedicht, ein Rachegedicht, das den vielsagenden Titel trägt: ›Le Bourbier‹; in den Misthaufen stürzt er die Leute, die er verabscheut. Schon zeigt sich seine Leidenschaftlichkeit, seine grausam treffenden Bilder, sein überaus brillanter Stil. Das Gedicht wird ein Erfolg — das heißt, ein Skandal. Der erste literarische Skandal seines Lebens, wir werden noch andere sehen, aber der Mechanismus ist ausgelöst, er wird herrlich funktionieren — bis zu seinem letzten Atemzug.

Sein ›Bourbier‹ trug ihm einen Funken Ruhm ein, freilich von nicht sehr guter Qualität. Trotzdem war dies der Anfang der Berühmtheit — dessen also, was er auf der Welt am meisten liebt. Nachdem der Zorn verschwunden, der Rausch verflogen ist, denkt er nach. »Ich habe mir das Gesetz auferlegt, niemals dieser verachtenswerten Art des Schreibens zu verfallen.«

Zu spät! Der Entschluß ist vergebens: er wird sein ganzes Leben lang dieser Art verfallen, und er wird die erstaunlichste Wirkung damit haben — und die schlimmsten Unannehmlichkeiten, die ihn krank machen aus Furcht und Zorn und ihn in die wollüstige Trance versetzen, die er kennt, die des Stolzes. Vater Arouet ist wieder sehr böse auf ihn. Was tut François, um seinen Vater zu beruhigen? Er bringt 1714 ein neues Gedicht in Umlauf, dessen eher heikles Thema nicht dazu angetan war, dem Notar zu gefallen. Der Titel genügt: »L'anti-Giton«. Man mag sich beruhigen, es handelt sich um nichts Schmutziges. Es ist nie etwas Schmutziges, Obszönes oder auch nur Vulgäres in dem, was er schreibt, wie auch nicht in seinen Worten oder seinem Benehmen, auch nichts Ungesundes. Das Gedicht ist Mademoiselle Lecouvreur gewidmet, weil sie gemeinsam über gewisse »Gitons« der Bühne und der Stadt gelacht hatten. Er übernimmt die Verteidigung der guten Sitten, ohne den anderen gegenüber intolerant zu sein. Nichts schockiert den Geschmack, aber mehreres schockiert die Moral — eine Bagatelle in einem Wort. Er schrieb übrigens in aller Ruhe: »Ich sehe es lieber, daß die Sitten der Öffentlichkeit verdorben sind als ihr Geschmack.«

Dieses Mal wollte sein Vater der Sache ein Ende machen, und er wäre bereit gewesen, ihn einsperren zu lassen, wenn ihn nicht ein alter Freund zur Ruhe gebracht hätte. Es handelt sich um Monsieur de Caumartin, der Vater Arouet bat, ihm seinen Sohn anzuvertrauen. Der Notar hätte ihn zum Teufel geschickt! Er war nur allzu glücklich, durch jenen äußerst ehrenwerten Mann von ihm befreit zu werden, der François auf sein Schloß Saint-Ange bei Fontainebleau mitnahm. Ein Schloß! François nimmt an — und er nimmt auch die Gesellschaft des alten, achtzigjährigen Herren an, der im 17. Jahrhundert den Posten eines Staatsrates und Finanzpräsidenten bekleidete. Er war literarisch gebildet, tugendhaft und ausnehmend reich. Saint-Simon, der ihn gut kannte, sagt, er wisse alles von der Geschichte, der Genealogie, der Politik und dem Klatsch des alten Hofes. Sein Gedächtnis erlaubte es ihm, ganze Seiten dreißig Jahre früher gelesener Bücher zu zitieren, und auch seine Unterhaltungen mit Mazarin, Colbert, Louvois, dem König, den Prinzen und Lieblingen des Grand Siècle.»Er war sehr weltmännisch«, sagt Saint-Simon, »besaß viel Geist, war liebenswürdig und ein sehr rechtschaffener Mann.« Während dieser Ruhepause, die der Öffentlichkeit und Vater Arouet Zeit gab, das skandalöse Gedicht zu verdauen, erzählte Monsieur de Caumartin sein Leben — das heißt, die Geschichte von Versailles vom Anfang der Regierung Ludwigs XIV. bis 1700. Der alte Herr erzählte so wunderbar, daß er François verzauberte. Der liebenswürdige Mann erweckte das Grand Siècle zum Leben, er evozierte gleichzeitig das herrliche Theater und die ›monstres sacrés‹ jener sagenumwobenen Oper, jener groß aufgezogenen Revue, die ihre Tragödien, ihre Balette, ihre Melodramen vor dem geblendeten Europa aufführte; Monsieur de Caumartin ließ ihn die Kulissen und die Maschinerie sehen, er machte ihn bekannt mit dem Sonnenkönig, der damals in Versailles im Sterben lag, mit den Fürsten und Marschällen. Er zeigte ihm die Minister und Genies des Jahrhunderts, seine Hampelmänner und seine Tänzerinnen, den Schwarm von Hornissen und Wespen und sogar die vergänglichen Schmetterlinge — und all das leuchtete! Der junge Arouet sah damals ein späteres Werk voraus: ›Le siècle de Louis XIV‹. Er machte Notizen, er träumte von dem Buch: ein Meisterwerk war bereits im Kern vorhanden. Er brütete es in einem Winkel seines Gehirns aus, das so glänzend geordnet war, wie die Akten des Notars Arouet — er mag sich nicht daran stören! Später wird die wunderbare Apologie des Grand Siècle die Welt begeistern. Arouet hat sie im Alter von zwanzig Jahren während seines Exils in Saint-Ange konzipiert, in ein paar Wochen der Einsamkeit und Reflektion.

Dazu waren also die Zwangsferien des ungestümen jungen Mannes gut. Es genügte, Monsieur de Caumartin zu treffen, den Lebensstil eines großen Herrn und die Sprechweise eines großen Jahrhunderts zu goutieren — und den Geist Voltaires in Reserve zu haben, um ein Meisterwerk zu entwerfen.

> Caumartin porte en son cerveau
> De son temps l'histoire vivante
> Caumartin est toujours nouveau
> A mon oreille qu'il enchante.

Das Vergnügen führt überall hin, wenn man sich seine Vergnügungen gut auswählt und Voltaire heißt. Er entwirft ebenfalls den Plan für sein episches Gedicht: ›La Henriade‹.

Er hält sich nicht länger in Saint-Ange auf: er hat den Rahm abgeschöpft. Er will sein Gedicht Adrienne Lecouvreur widmen, der berühmten Schauspielerin, der er in der Comédie Française regelmäßig den Hof macht. Wir treffen ihn oft in den Logen und hinter den Kulissen: er fühlt schon die Leidenschaft des Theaters, der Schauspieler — ist er nicht einer von ihnen? Er bemüht sich, ›Oedipe‹ unterzubringen. Eine Tragödie zu schreiben ist gut und schön — sie durchzusetzen, sie bekannt zu machen, ihr Erfolg zu verschaffen, ist etwas anderes. François Arouet war ebenso begabt für die eine Verrichtung wie für die andere. Man kann sich gut vorstellen, wie er durch die Logen flattert, den Anwesenden schmeichelt und sie amüsiert, die Abwesenden und Rivalen verspottet. Immer lebhaft, brillant, höflich, viel Platz einnehmend mit seinen Handkrausen, seinem Hut, seinem kurzen Degen, der seinen Rock aufschürzt; er wirbelt herum, er fliegt davon; er ist bald hier, bald dort, er sieht alles, spricht mit allen und redet von seinem ›Oedipe‹. Er spricht von ihm mit Begeisterung: er ist überzeugt, daß — seit Racine — nichts so Wunderbares für das Theater geschrieben wurde. Racine ist ein Gott, doch er ist im Himmel. Auf Erden aber lebt François Arouet, die Verkörperung des Gottes der Tragödie. »Was, Sie zweifeln daran? Nun gut! Spielen Sie meinen ›Oedipe‹, Sie werden überzeugt sein, und die ganze Erde wird Ihnen zujubeln.« Was ihm am meisten fehlte, war Schüchternheit; aber er kam ausgezeichnet ohne sie aus. In diesem Milieu mißfiel das nicht. Er verguckt sich in eine Schauspielerin, Mademoiselle Duclos — er hat ihre Reize derartig gerühmt, daß er sich in sie verliebt. Er erklärt sich, man hört ihn an: die Blume kann sich entfalten. Doch zu spät! Der Comte d'Uzès fährt daher wie ein Windstoß und pflückt die Duclos. François ist verdutzt. Die hohen Herren haben Manieren! Nachdem die Enttäuschung verflogen ist, schreibt er: »Die Duclos nimmt jeden Morgen einige Prisen Sennesblätter und Kassia, und des Abends mehrere von Comte d'Uzès.« Das war seine ganze Rache.

Armer Arouet! Er tritt auf der Stelle: die Académie bleibt taub gegenüber seiner Ode, und die Comédie Française ist ebenso blind gegenüber ›Oedipe‹, wie Oedipus es zu seiner Zeit war.

Wir sind im Jahre 1715, der König stirbt: der unterirdische Fluß der Libertinage, der geheim dahinfloß — fast geheim —, tritt plötzlich mitten in das Sonnenlicht, mitten in die Gesellschaft. Der Atheismus ist überall, die Sitten werden mit einem Mal lockerer, das heißt, die Leute tun offen, was sie heimlich taten. Und natürlich kommt das Beispiel von oben.

Der Regent, Philippe d'Orléans, ist ein Freund des Priors de Vendôme. Seine erste Sorge ist, ihn zurückzurufen und ihm den Temple, ihn aber seiner Gesellschaft zurückzugeben. Saint-Simon sagt von dem Prior, er sei »seit vierzig Jahren nur betrunken ins Bett gegangen, habe immerfort in aller Öffentlichkeit Maîtressen unterhalten und fortwährend ruchlose und gottvergessene Äußerungen getan.«

Vierzig Jahre Laster! Der Enkel von Gabrielle und dem Béarnais hatte eine gute Konstitution.

Die Soupers von Vincennes werden mit allem Glanze wieder aufgenommen. Der Abbé de Châteauneuf ist nicht mehr da, aber der Präsident Hénault ersetzt ihn. Arouet hat seinen Platz dort. Er kannte den Duc d'Orléans nur wenig, aber er sagt, der Regent habe wohlwollend mit ihm gesprochen. Natürlich, denn es gab ja die Gesprächspartner des jungen Arouet:

Je sais que vous avez l'honneur,
Me dit-il, d'être des orgies
De certain aimable Prieur
Dont les chansons sont si jolies.

François bekennt sich zum Epikurismus des berühmten Priors, er wiederholt seine Maximen, er schmückt sie aus, wenn nötig, und bringt mit seinem Geist einen pikanten, neuen Ton in die Gesänge des Lasters. Aber seine zerbrechliche Gesundheit macht ihn nur zu einem ganz platonischen Schüler Vendômes. Er spricht, aber geht nicht mit dem Beispiel voran. Wenn man bei Tisch oder im Bett zur Tat übergehen muß, dann bleibt er auf der Strecke. Er will, daß weniger gegessen und getrunken wird. Er wundert sich darüber, daß diese Leute Wein brauchen, um berauscht zu werden: genügen ihnen denn nicht Worte? Das liegt sowohl an seiner schwachen Gesundheit wie auch an seinem Geschmack — an seinem guten Geschmack. Er will ausgelassen sein, aber nicht obszön, gottlos, kein Schuft. Er spielt mit dem Laster, aber er zieht Handschuhe an. Zwischen den Libertins des Temple und Arouet herrscht Einverständnis über den Kern der Lehre, aber was die Art der Ausübung anbelangt, ist man verschiedener Meinung. Er ist moderner; während sie Libertins des vergangenen Jahrhunderts sind, aristokratische Libertins, ist er schon ein ›Intellektueller‹ (das heißt, ein ›Philosoph‹). Sie kümmern sich äußerst wenig um das, was die anderen denken oder glauben. Wenn man sie nur in Frieden ihre Feste feiern läßt, sie bitten niemanden um etwas und haben für die Frommen, die sie in ihren Predigten angreifen, nur belustigtes Mitleid, ohne Agressivität. Sie fallen nicht über die Kirche her: sie kümmern sich um sie nur dann, wenn sie selbst — da mehr oder weniger der Kirche zugehörig — ihre Pfründen bekommen, ihre Abbés-, Priors-, Domherren- oder Bischofstitel. Arouet ist dagegen schon Propagandist, Arouet will seinen Unglauben zur Schau stellen, er bekennt sich dazu, er rühmt sich dessen, er macht sich zum Missionar der Gottlosigkeit. Er hat nicht die heitere Ungläubigkeit der libertinistischen Adligen; er will bekehren. Es ist ihm ein Bedürfnis, die Gottlosigkeit um sich herum zu fördern.

Hätte er aber offen und öffentlich gegen die Dogmen der Kirche gepredigt und sie angegriffen, so wäre wahrscheinlich sein Verhalten vom Großprior und seinen Komplicen mißbilligt worden: »In was mischen Sie sich ein?«, hätten sie ihm gesagt. »Warum kümmert es Sie, was die Dummköpfe denken? Genießen Sie Ihre Freiheit und lassen Sie die anderen ihre Illusionen genießen. Ihre Haltung ist von sehr schlechtem Geschmack, Sie sind ebenso vulgär wie ein Mönch, der seinen Blödsinn predigt und den Naiven Angst vor der Hölle macht...« Arouet besaß zu viel Takt — und noch nicht genügend Selbstsicherheit — er ist erst zwanzig Jahre alt — um sich bei den Soupers des Temple antiklerikal zu gebärden. Man spricht von Poesie und Theater. Er läßt seinen ›Oedipe‹ lesen: man diskutiert darüber, man kritisiert ihn. Er hört zu und korrigiert. Seine Freunde haben keine sehr guten Sitten, aber sie haben einen sehr guten Geschmack: »Der Abend neulich hat meiner Tragödie sehr gut getan«, schreibt er dem Prior. »Ich glaube, um ein gutes Werk zu schreiben, würde es mir genügen, vier- oder fünfmal mit Ihnen zu speisen. Sokrates erteilte seine Lektionen im Bett, Sie bei Tisch, die Folge ist, daß die Ihren zweifellos heiterer sind als die seinen.« Er versteht zu schmeicheln und das, was ihm am Herzen liegt, gut auszudrücken. Das ist eines der Rezepte, nach denen er sich sein Leben lang richten wird: man muß sich bilden, aber auf fröhliche Weise. Trauriges Wissen ist totes Wissen. Für Arouet ist Intelligenz Freude.

Er verkehrt ebenfalls im Schloß von Sceaux. Wie überall hat er dort durch seine Manieren und seine schöne Sprache Erfolg. Die Duchesse du Maine, die einen fast königlichen Hof hielt, bat ihn, ›Oedipe‹ zu lesen: er las gut — er las seine Stücke als Schauspieler — und derartig überzeugt vom Genie des Autors! Man lobte ihn, man kritisierte ihn. Er dankte auf genau so geschickte Weise dem Lob, wie er aus der Kritik Nutzen zog. Er korrigierte sich mit so viel Charme, wenn die Königlichen Hoheiten dies verlangten, daß die Hoheiten ihre Willfährigkeit, ihn zu loben, verdoppelten. All dies war nicht nur das Spiel einer frivolen Gesellschaft. Die Frivolität diente nur als Verzierung eines sicheren Geschmacks und einer wirklichen

Kenntnis der Regeln von Kunst und Sprache — und in scherzendem Ton arbeitete Arouet ernsthaft an seiner Tragödie, strich eine Szene, ließ einen Vers, einen Ausdruck fallen und straffte die Handlung. Er arbeitet überall und immer — vor allem, wenn es so aussieht, als amüsiere er sich. Das Leben auf Schlössern ist Arbeit, eine goldene, prickelnde Arbeit.

Die Komödie geht schlecht aus

Die Tragödie ist nur *eine* Seite seines jungen Talentes: seine offizielle Seite; er hat außerdem — ganz woanders — eine Begabung für Spott und Komik, die sich in dieser Zeit der Régence, bei der Mode der mehr oder weniger anonymen, mehr oder weniger anzüglichen und mehr oder weniger verleumderischen Schmähschriften und Lieder, über den Regenten und seine Familie ergossen. Der Regent las sie, wenn sie geistreich waren, und ließ die Sache laufen . . . Arouet kann der Versuchung nicht wiederstehen. Doch das Anschwellen solchen Unsinns veranlaßte den Polizeipräsidenten einzugreifen.
Man legt Arouet einige Verse zur Last, in denen er mit seiner leichten Feder die Pariser von der blutschänderischen Verbindung unterrichtet, die der Regent mit seiner Tochter, der Duchesse de Berry, unterhält. Das Thema ist gewichtig für so schlechte Verse. Arouet schwört, daß die Verse nicht von ihm sind. Aber sein Freund Cideville sagt, er habe sie gesehen als Arouet sie schrieb: denn das ist ein Charakterzug unseres jungen Mannes, er kann es sich nicht versagen — unter dem Siegel der Verschwiegenheit — das vorzulesen, was er in aller Verschwiegenheit — über das verschwiegenste Leben einiger seiner Zeitgenossen schreibt. Man weiß, wie solche Geheimnisse enden: auf der Straße. Das Argument, dessen sich Arouet zu seiner Verteidigung bedient, wird er sein ganzes Leben lang vorbringen: »Diese Verse können nicht von mir sein, sie sind zu schlecht. Man kann mir alles vorwerfen, aber nicht, ein schlechter Dichter zu sein.«
Es gelingt ihm, einen Zweifel über die Urheberschaft des Ge-

dichtes aufkommen zu lassen, so daß der Polizeipräsident ihn nicht einsperrt; aber man schickt ihn nach Tulle ins Exil. Arouet empfängt die Nachricht mit einem Entsetzensschrei: Tulle! Das ist der Tod! Gibt es Herzoginnen in Tulle? Was für eine Sprache wird dort gesprochen? Sein Vater hatte Mitleid mit ihm, er ließ bei dem Regenten darum bitten, ihn statt nach Tulle nach Sully-sur-Loire zu schicken, denn: »In Sully haben wir Verwandte, um ihn zu beaufsichtigen«, sagt der gute Monsieur Arouet.

François schickt die Familie zum Teufel! Im Schloß richtet er sich ein, bei seinem Freund, dem jungen Duc de Sully. Das war der von den Sullys, den er am besten kannte, und zwar unter dem Namen Chevalier de Sully. Durch den Tod seines älteren Bruders war er soeben Herzog geworden. François kannte ihn vom Temple her, er war der Neffe des frivolen Abbé Servien. In Sully sprach man gutes Französisch. François bewohnte einen Turm, in dem vor einem Jahrhundert der Dichter Chapelle zwei Jahre lang in Arrest gewesen war und in dem er sich zwei Jahre lang betrunken hatte. François berauscht sich nicht am Wein, sondern an der galanten Gesellschaft. Der junge Herzog war unverheiratet, und seine Umgebung erlebte ein immerwährendes Freudenfest, dessen ländlicher Prunk sich im Park und an den Ufern der Loire entfaltete. Ausschweifungen gehörten dazu; Poesie, Theater und Ballet dienten nur als eleganter Vorwand. Das war die ideale Welt für François Arouet. Man hatte ein Theater gebaut, aber alles war schon Theater, selbst der Park. Es ist so: wohin Arouet auch immer den Fuß setzt, hebt sich die Bühne aus dem Boden, und Arouet läßt alle auftreten. Die Intrigen knüpfen sich während der Vorstellung, sie nehmen ihren Lauf und entwirren sich in schattigen Winkeln oder in Alkoven.

Diese verzauberte Welt beschreibt Arouet seinen Freunden vom Temple, Chaulieu, dem Abbé de Bussy, einem Sohn des Bussy-Rabutin (die Familie steht dem Temple und dem Malteserorden nahe, der Großonkel war 1640 Großprior). Er schreibt an Bussy: »Très aimable, Très Frivolet, Prieur de Frigolet.« Wie ernsthaft das klingt bei einem zukünftigen Bischof von

Luçon! Wie anders ist der Ton geworden seit den Tagen, als Richelieu das Bischofsamt von Luçon innehatte. Er war charmant dieser Abbé de Bussy, man fand an ihm nur einen Fehler: er glaubte nicht an Gott. Niemand scheint ihm dies übel genommen zu haben.

Aber der Temple brach zusammen. Chaulieu überlebte bis zum Jahre 1720, er starb mit einundachtzig Jahren. Der Marquis de la Fare war 1712 verschwunden, der Abbé Servien 1716. Der Letztere, originell bis zum Ende, verschied in einem Alkoven, nicht in dem irgendeiner Ninon, aber in dem eines Tänzers von der Oper, Marcel. Der arme Chaulieu starb, seiner Lehre getreu, in Freude. Doch er war blind. Er schrieb noch — sehr begehrte — Verse, die niemand las, selbst er nicht. Man sagt, er habe bis zum Ende getrunken, glauben wir der Legende. Doch die Legende kann ebenso wahr sein wie die Geschichte: Demoiselle Delaunay, die das Glück des alten Libertin war, erzählt selbst, daß sie ein lebhaftes Vergnügen bei den spätherbstlichen Spielen Chaulieus empfunden habe und daß er im Laufe einer solchen Partie gestorben sei. So brach der letzte Pfeiler des gottlosen Temple zusammen.

Zwischen zwei Fahrten nach Kythera schreibt Arouet nach Paris, vor allem an den Regenten, um sich von seiner Schuld reinzuwaschen und Gnade zu erlangen. Er schildert den Freunden seine Vergnügungen, und doch ist er ängstlich. Wenn Paris ihn vergäße? Nachdem er zu oft gesagt hat, daß sein Exil ihn entzücke, fürchtet er, man könne ihn beim Wort nehmen. Denn er hat schon Neider, Feinde. Dieser Gedanke erschreckt ihn; er kann nicht in Sully bleiben; schon kennt er sich und beobachtet richtig eine seiner angeborenen Neigungen: »Ich bin nicht dazu gemacht, lange an einem Ort zu wohnen.« Wie wahr das ist! Er wird während seines langen Lebens auf gar manchen Straßen rollen, hier und dort, unruhig oder gehetzt, oder nur als Beute seines eigenen quälenden Dämons. Er ist unstet. Zehnmal am Abend wechselt er den Stuhl, er wird hundertmal während seines Lebens seinen Wohnsitz wechseln. Mit zwanzig Jahren weiß er schon, daß sein wahres Vaterland das Exil ist, oder vielmehr die Bewegung.

Aber der Regent vergibt ihm ohne Groll. Man stellt ihm Arouet vor, der ihm für die Zurückberufung danken muß. Einige Wochen später verfaßt er ein neues, ebenso anzügliches Gedicht wie das vorige. Der Regent lächelt darüber . . . aber die Ämter notieren und vergessen nicht. Arouet ist unverbesserlich.

Nach seiner Rückkehr aus Sully verläßt er die väterliche Behausung und richtet sich in einem Hôtel garni, »Au Panier Vert«, in der Rue Calandre ein. Er nimmt sein turbulentes Leben wieder auf und kehrt zu Monsieur de Caumartin zurück, um sich davon auszuruhen. Er verbringt dort die Fastenzeit des Jahres 1717: er ist einundzwanzig. Er sagt uns, daß man ihn während dieser Fasten »nicht mit geräucherten Heringen und Schwarzwurzeln« nährte. Dies überrascht uns nicht.

Monsieur de Caumartin hatte außerdem einen seiner Söhne bei sich, den Abbé de Caumartin. Die Caumartins liebten die Skandale der großen Welt, sie wußten sie durch boshafte und moralisierende Bemerkungen noch pikanter zu machen. Der Abbé, feinsinnig und literarisch gebildet, war mit sechsundzwanzig schon Mitglied der Académie. Er kannte alle Welt bei Hofe und in der Stadt; man sieht, dieses Trio paßte gut zusammen: jeder der drei konnte abwechselnd die anderen entzücken.

Aber Arouet hatte einen Fehler — den er behielt. Wenn er redete, überließ er sich ganz dem Vergnügen, etwas gut auszudrücken, aber das, was er so gut ausdrückte, schadete oft anderen und indirekt ihm selbst. Nach seiner Rückkehr aus Sully war ihm der Regent so zuwider, daß er es sich nicht versagen konnte, in seinen Unterhaltungen grimmige Pfeile auf ihn abzuschießen, und das vor Personen, die zur Umgebung des Prinzen gehörten. Sein Haß auf den Regenten war also bekannt.

Gerade zu dieser Zeit beschlagnahmte die Polizei ein sehr boshaftes Gedicht, eine Schmähschrift gegen den Regenten und die Verwaltung, das den Titel trug: ›J'ai vu‹ . . . Ich habe dies und jenes gesehen . . . alle Mißbräuche, die wirklichen oder vermuteten Skandale, und das folgendermaßen endete:

»J'ai vu ces maux et je n'ai pas vingt ans.«

Da die Jesuiten angegriffen wurden, da das Ganze eine janse-
nistische Färbung hatte, da das Alter dem von François Arouet
entsprach . . . schloß man, daß er der Autor der Schrift sei.
Eine Art unfreiwilliger Verschwörung wurde ihm zum Verderben: seine Freunde, die das Gedicht ausgezeichnet fanden,
sagten, um sein Ansehen zu stärken, sie hätten ihn daran
schreiben sehen; seine Feinde denunzierten ihn ebenfalls, um
ihn zu verderben, während der wirkliche Autor — unbekannt
und erschreckt von dem gefährlichen Erfolg von ›J'ai vu‹ sein
Bestes tat, das Gedicht Arouet zuzuschreiben. Der Autor hieß
Lebrun. Er hatte eine alberne Oper geschrieben: ›Hippocrate
amoureux‹ — er hätte so gerne gesehen, daß sein Gedicht vergessen, ›Hippocrate‹ aber gespielt worden wäre! Doch das
Publikum pfiff auf die Streiche des Hypokrates, die des Regenten interessierten es weit mehr. Und Arouet, sagte man, erzählte davon so trefflich.
Der Regent fühlte sich diesmal verletzt; als er Arouet im Pa-
lais-Royal traf, ließ er ihn rufen und sagte:
»Monsieur Arouet, ich wette, ich kann Ihnen etwas zeigen,
was Sie noch nie gesehen haben.«
Eine drohende Anspielung auf alle ›J'ai vu‹ . . .
»Was, Monseigneur?«
»Die Bastille.«
»Ach! Monseigneur, tun Sie so, als hätte ich sie schon gesehen.«
Diese prompte Erwiderung ersparte ihm nicht, das zu sehen,
was man ihm kennenzulernen versprochen hatte. Hier die Ein-
ladung, die ihm ein Polizeikommissar am Morgen des 16. Mai
1717 vorlegte; sie ist trocken: »Der Wunsch Seiner Königlichen
Hoheit ist, daß Sieur Arouet festgenommen und zur Bastille
gebracht wird. *Philippe.*«

> Vingt corbeaux de rapine affamés
> Monstres crochus que l'Enfer a formés,

schreibt er, als er von seiner Gefangennahme berichtet — wähl-
ten sich diesen schönen Pfingstmorgen aus, um sich seiner zu
bemächtigen. Er prahlt; seine Gefangennahme war bescheide-
ner. Zwei niedere Polizeioffiziere genügten. Er fügte sich,
nachdem er zuerst geschrien hatte, aber der Kommissar sagte

ihm äußerst höflich, indem er auf die beiden neben dem Gefangenenwagen stehenden Polizisten deutete, die Knüppel, auf die sie sich stützten, seien nicht für die guterzogenen und den Befehlen des Königs gehorchenden Leute gemacht, sondern für die anderen. François war brav. Er berichtet uns davon im Stile Marots:

> Fallut Partir. Je fus bientôt conduit
> En coche clos vers le royal réduit
> Que près Saint-Paul ont vu bâtir nos pères
> Par Charles Cinq. O gens de bien, mes frères,
> Que Dieu vous gard' d'un pareil logement
> J'arrive enfin à mon appartement.
> Certain croquant avec douce manière
> Du nouveau gîte exaltant les beautés . . .
> Voici des murs de six pieds d'épaisseur
> Vous y serez avec plus de fraîcheur
> Puis me faisant admirer la clôture
> Triple la porte et triple la serrure . . .

Diesen tändelnden Ton fand er erst wesentlich später. Unter dem Eindruck der Gefangennahme und Einkerkerung ist der arme François zerschmettert.

> Me voici donc en ce lieu de détresse
> Embastillé, logé fort à l'étroit
> Ne dormant point, buvant chaud, mangeant froid
> Trahi de tous même de ma maîtresse.

Zuerst beschuldigt er, sehr zu unrecht, den Polizeileutnant Monsieur d'Argenson, der den Befehl des Regenten weitergegeben hatte. Er war der Vater seiner beiden Schulkameraden vom Louis-le-Grand und der Schwager von Monsieur de Caumartin. François hatte von dieser Seite nichts zu befürchten. Er erkannte bald seinen Irrtum und dichtete eine unglaubliche Ode zum Lobe der Polizei (der Ludwigs XIV.!) und zum Ruhme von Monsieur d'Argenson. Nur seine eigenen Reden haben sein Unglück verursacht. Wenn er sagt, er sei von allen, selbst von seiner Maîtresse verraten worden, um was und um wen geht es? Es handelt sich um einen doppelten Verrat, um den der Gesellschaft und um den der Liebe.

Wie hat ihn die Gesellschaft verraten? Er sagt, er sei wegen ›J'ai vu‹ eingesperrt worden. Er sagt nicht die ganze Wahrheit. Er sagt nur einen kleinen Teil. Sie verdient, ganz bekannt zu werden, damit man ihn selbst ganz kennenlernt — wenn das möglich ist. Seit man ihn verdächtigte, ›J'ai vu‹ geschrieben zu haben, hatte die Polizei, noch im Zweifel, zwei Jahre gewartet; aber inzwischen war ein neues, noch bösartigeres Gedicht erschienen: ›Puero regnante‹. Ein giftiger Angriff auf den Regenten. Thema: da der König noch ein Kind ist, wird geplündert und geschlemmt . . . Ein Polizeibericht beschuldigt Arouet, sich in öffentlichen Reden zu rühmen, »beleidigende Verse gegen Monseigneur le Régent und Mademoiselle, la Duchesse de Berry, seine Tochter, verfaßt zu haben; unter anderen eine Versdichtung mit dem Titel ›Puero regnante‹ . . .« Er wird beschuldigt, gesagt zu haben, »er könne sich an dem Regenten nur auf eine bestimmte Art rächen und er werde ihn in seinen Satiren nicht verschonen«. Als er dann gefragt wurde, was ihm der Regent getan habe, »erhob er sich voller Wut und antwortete: ›Wie, Sie wissen nicht, was dieser Hundsfott mir getan hat? Er hat mich ins Exil geschickt, weil ich offenkundig gemacht habe, daß seine Messalina (seine Tochter) eine Hure ist.‹«

Unterzeichnet: Gerichtsschreiber D'Argenson — Deschamps — Kommissar Isabeau — Polizeioffizier Bazin

Der Kommissar Isabeau und der Polizeioffizier sind diejenigen, die ihn gefangen genommen haben. Wer ist nun der Mann, der ihn gefragt hat, warum er den Regenten haßt? Es handelt sich um einen Denunzianten, den François selbst zu seinem Vertrauten gemacht hatte: diese traurige Figur, ein stolzer Oberst mit dem Namen Beauregard, hatte leichtes Spiel. François lieferte sich, impulsiv wie er war, dem ersten Besten aus, wenn er sich nur zu benehmen und zu unterhalten verstand. Man hört ihm zu, er bezaubert, er bezaubert sich selbst. Nichts war leichter, als François vertrauliche Äußerungen zu entlocken: die brillante Wendung eines Satzes konnte ihn die Gefahr vergessen lassen, in die er sich damit brachte. Beauregard hatte Arouet im Café getroffen — gewiß spionierte er ihm nach. François empfing seinen Besuch, warum nicht? Ein Offizier, ein braver Soldat: er erzählte von seinen Feldzügen. Wenn François bescheiden tat, brachte ihn der andere wieder in Fahrt, und François sprach sich aus. Der Spion sagte: »Die Öffentlichkeit schreibt Ihnen dies oder jenes Lied zu . . .« — »Niemals«, sagte François, »glauben Sie, daß ich so armselige Dinge schreibe?« — »Aber man sagt, daß das bewundernswerte Gedicht ›J'ai vu‹ selbst J.B. Rousseau Ruhm einbringen könnte.« — »Ja! Was das betrifft, das ist von mir«, rief er aus . . . »ich habe es auf dem Land bei Monsieur de Caumartin verfaßt, ich werde Ihnen das Manuskript zeigen.«

Ist er verrückt? Er rühmt sich, Verse geschrieben zu haben, die nicht von ihm sind, weil der Spion ihm sagt, sie seien gut.

Und er fügt hinzu: »Und da ich mich an Monseigneur le Duc d'Orléans nicht anders rächen kann, räche ich mich auf diese Weise.«

»Und was hat er Ihnen getan?«

Er steht wütend auf . . . etc. Wir wissen, wie es weitergeht.

So bringt der Bericht des Sieur de Beauregard mit genau denselben Worten genau dieselben Tatsachen, wie der Bericht des Polizeichefs: Monsieur d'Argensons. An der Rolle Beauregards kann man genauso wenig zweifeln, wie an der Naivität und wahnsinnigen Eitelkeit des jungen Pamphletisten. Ein anderer Charakterzug: er ist rachsüchtig. Er hatte tausend Gründe, dem Regenten nicht mehr zu grollen: eigentlich waren sie dafür geschaffen, einander zu verstehen, und der Regent trug ihm nichts nach. Er hatte Arouet nur verbannt, weil dieser zu weit gegangen war. Aber gleich nach seiner Rückkehr aus dem Exil griff ihn François wieder mit großer Heftigkeit an; es handelt sich hier nicht darum, vom Regenten Rechenschaft über seine Regierung zu verlangen, es handelt sich um persönliche Angriffe. Dieser Unterschied muß gemacht werden.

Eines Tages trifft Beauregard — all dies liegt in ausführlichen Berichten vor — bei Arouet seinen Freund Monsieur d'Argental. Wortlos zieht der Spion aus seiner Tasche eine Kopie des ›Puero regnante‹ . . . der impulsive Arouet springt auf, als er das Papier sieht, das ihn verderben sollte, und ruft aus: »Das da habe ich nicht bei Monsieur Caumartin geschrieben, sondern lange bevor ich abreiste . . .«

Er denunziert sich, bevor der andere sich die Mühe macht, ihn auszufragen! Aber Monsieur Loyal-Beauregard war noch schlauer:

»Wie, Sie sagen, das Gedicht sei von Ihnen, ich habe doch eben aus guter Quelle erfahren, daß es von einem Lehrer und Jesuiten stammt!«

Arouet antwortet verärgert, daß die Jesuiten den Eichelhähern der Fabel ähneln, die sich mit fremden Federn schmücken, ›Puero regnante‹ sei von ihm, und er könne das Manuskript zeigen. Daraufhin ergeht er sich in schrecklichen Äußerungen über die Tochter des Regenten und behauptet, sie werde ein Kind von ihrem Vater bekommen, und er gibt sogar das Haus in Auteuil an, wo man sich auf eine heimliche Entbindung vorbereite. Dann, sagt der ehrbare Spion, indem er sich das Haupt verhüllt, habe Arouet noch hundert Dinge hinzugefügt, »die zu schreiben sich die Feder sträube«! Oh Scham, wo suchst du dir eine Heimstatt?

Wer hat ihn also letzten Endes verraten? Niemand, wenn nicht er selbst, sein schrecklicher Schriftstellerstolz. Der Verräter ist bekannt. Aber wer ist die Verräterin? Hat ihn die Liebe wirklich zum zweitenmal verraten? Wer ist die neue Pimpette?

Lächeln und Grimassen der Liebe

Die Verräterin heißt Suzanne de Livry: ein reizendes kleines Mädchen, das er von Sully mitgebracht hat. Wie hat er sie dort entführt? Warum sagt die Familie nichts dazu? Der Zeitgeist der Regence in dem Milieu, in dem Arouet, Sully und Konsorten leben, erklärt manche Freiheit — manche Leichtfertigkeit. Es handelt sich wirklich um ein sehr oberflächliches Drama — die Lieben Voltaires sind die Lieben eines Schmetterlings. Aber Verrat ist dennoch schmerzhaft — und François Arouet hat eine ganz eigene und seiner Zeit sehr gemäße Art, eifersüchtig zu sein, oder vielmehr es nicht zu sein.

Der Onkel von Suzanne de Livry war Anwalt, Verwalter und Haushofmeister des Herzogtums von Sully — dieser Posten war bei den Livrys erblich. Suzanne aber gehörte auf eine andere Weise zum Herzogtum: sie lieh ihre junge Schönheit bei den Vergnügungen des Schlosses aus. So lernte Arouet sie kennen; er bekehrte sie sogleich zum Theater und zur Galanterie. Sie spielten zusammen mit berühmten Schauspielern und großen Herren — vornehme Amateure verachten nicht berühmte Fachleute, und diese wiederum verachten nicht ihre ungeschickten, aber berühmten Partner. Die Liebe zum Theater löschte alle Unterschiede aus. Suzanne besaß das heilige Feuer: Arouet gab ihr Stunden; sie lebten in der zärtlichsten Märchenwelt — die jedoch sehr lebensnah war. Sie liebten sich, verheimlichten sich dies keineswegs und gingen zusammen nach Paris. Arouet sollte sie in die Theaterwelt einführen: sie wollte spielen oder sterben. In einer Mietkutsche bummelten sie durch die Straßen von Paris. Lachend und zärtlich sah man sie in kleinen Schenken zu Abend essen.

Arouet war so leichtsinnig, so vertrauensvoll, so wenig eifersüchtig, daß er auf seinen Spazierfahrten mit Suzanne oft seinen Freund Genonville mitnahm, einen liebenswürdigen, schönen Jungen, geistreich und untadelig erzogen — dessen Vater Gerichtspräsident in der Bretagne war. Sein Vater hieß Monsieur de la Faluère, der Sohn hatte den Namen seiner Mutter angenommen, einer Demoiselle de Génonville. Génonville war genauso alt wie Arouet, und es geschah, was geschehen mußte: er fing Feuer an dem Feuer, das die beiden Liebenden vor seinen Augen schürten. Er verbarg dies der Holden nicht. Suzanne fand es irgendwie ungerecht, einen so guten Freund ihres Geliebten schlechter zu behandeln als ihn. Sie teilte sich also gerecht in die beiden gleich charmanten und gleich verliebten Freunde. Als François eines Tages zu Suzanne kam, überraschte er Génonville im Bett seiner Freundin. Obwohl er in Wahrheit nichts an dem verloren, was Génonville erobert hatte, trampelte François mit den Füßen, geriet in Wut und schrie etwas von Undankbarkeit und Perfidie. Er schwang sogar seinen kurzen Degen ... aber ach! die Schuldi-

gen weinten. Der Anblick ihrer Tränen warf ihn um, er weinte
auch: und von der gleichen Rührung ergriffen, hielten sich alle
drei umarmt und vermischten ihre Tränen und die zärtlichsten Worte der Reue und Vergebung. Dann dachten sie nach:
François fragte sich, ob seine Liebe zu Suzanne länger gedauert
hätte als seine Freundschaft zu Génonville, und er gab zu, daß
dies nicht der Fall sein würde – aus mehreren Gründen. Einmal hatte Suzanne nicht das geringste Schauspieltalent; Feuer
vielleicht, aber auch viel Rauch, und Arouet kann sich nicht
lange an den Rauch der Illusion binden . . . der Charme Suzannes gründete sich weder auf Intelligenz, noch auf Arbeit,
noch auf Talent. Ohne sich so langen Überlegungen zu überlassen, sagte Suzanne später jedem, der es hören wollte, äußerst
unbefangen, Monsieur Arouet sei Liebhaber kalt wie Schnee.
Das läßt vermuten, daß sie in Génonville jemand gefunden
hatte, der den Schnee Arouets zum Schmelzen bringen konnte.
Nach der Versöhnung lachte Génonville schließlich über das
Abenteuer – was François, der auf Suzanne verzichtete, ein
wenig verstimmte. Diese verfolgte weiter ihre liebenswürdige
Karriere, Génonville war ihr eine Zeitlang treu. Arouet vergaß alles, außer der Freundschaft zu Génonville. So sieht der
ganze Groll aus, den er gegen ihn hegt:

> Je sais que par déloyauté
> Le fripon naguère a tâté
> De la maîtresse tant jolie
> Dont j'étais si fort entêté
> Il rit de cette perfidie
> Et j'aurais pu m'en courroucer
> Mais je sais qu'il faut se passer
> Des bagatelles dans la vie.

Da wissen wir's: Suzanne ist eine Bagatelle für Arouet, dessen
Leidenschaften nicht sehr fleischlich sind. Man stößt eben auf
›Schnee‹ bei ihm. Finden wir uns damit ab wie Mademoiselle
de Livry.
1718 ließ er sich für Suzanne von Largillière malen – es ist
das schönste Portrait, das wir von ihm besitzen. Er hatte ein
so bewegliches Gesicht, daß er sehr schwer zu fassen war. Wir

sehen ihn in einem Anzug aus blauem Samt, lächelnd — ein recht zufriedenes Lächeln (zufrieden mit sich und Suzanne ohne Zweifel) —, zwei Finger der linken Hand in seiner Weste. Er wirkt sehr sympathisch mit seinem wachen Ausdruck, dem Schalk in den Augen und einem kleinen Schuß spitzbübischer Bosheit. Er ist vierundzwanzig Jahre alt: schon sind seine Wangen ein wenig eingefallen — später werden sie wie Schluchten sein.

Und so sieht er sich selbst in diesem Jahre 1718: »Ich bin beweglich wie ein Aal, lebhaft wie eine Eidechse und arbeitsam wie ein Eichhörnchen.« Er hat seine physischen Eigenheiten erstaunlich gut getroffen. Niemand durchschaute sich und die anderen je besser. Er sah alle mit Luchsaugen, und von allen Luchsen dieses Jahrhunderts, das bemerkenswerte aufweist, ist sein Blick der durchdringendste. Man möchte glauben, daß Molière an ihn dachte, als er schrieb: »Libertin sein heißt gute Augen haben.«

Natürlich konnte man mit einem solchen Blick weder Orgon sein noch Madame Pernelle. Man kann nur Voltaire oder Stendhal sein. Mit diesem Blick sieht man sich selbst als ›Aal‹. Welche Geschmeidigkeit, sich den Klauen der Polizisten zu entwinden, Theorien zu entgehen, Systemen, vorgeformten Ideen, Gewalttaten, selbst um den Preis einer gelegentlichen Aalglätte. Die Hauptsache ist, sich von nichts halten zu lassen, außer vom Vergnügen. Man weiß, daß man gewandt ist, flüchtig, quecksilbrig und nicht ohne Anmut — die Anmut der fröstelnden, verstohlenen, glatten und schnellen Eidechse. Ein Geräusch? Man flieht. Ungesehen, unerkannt huscht man in ein Steinloch, zum Beispiel nach Saint-Ange, nach Sceaux, nach Sully, nach Den Haag . . . Monseigneur le Régent wird ihm bald ein Steinloch in der Bastille anbieten. Und sie wird noch manche andere kennenlernen, die liebe Eidechse. Er sieht sich außerdem als ›Eichhörnchen‹: als liebenswürdigen kleinen Herren im pelzgefütterten Mantel, so fein, so sauber, so beweglich.

Er knabbert in den Bibliotheken, unaufhörlich sammelt er Vorrat. Er scheint einen Sprung von der Eiche auf die Ulme zu tun: er pflückt tausend wertvolle Früchte. Er hüpft von Ast zu Ast, von den Salons in die Schlösser, von der Duchesse du Maine zum Prior de Vendôme, vom Notarsbüro in die Botschaft, springt auf einen morschen Ast und fällt in ein Loch der Bastille. Aber überall findet er sein Körnchen: Ideen, Freundschaften, Bücher, Charaktere — und auch Geld. Auf diese Weise verschafft er sich ein erstaunliches Kapital. Das Leben ist lang . . . Ruhm erlangt man nicht wie ein Amt; Ruhm erlangt man durch Arbeit — und durch Glück. Unser Eichhörnchen ist unermüdlich; zwischen zwei Sprüngen versorgt es sich mit Beschützern aus vornehmen Familien, mit Bibliotheken in Schlössern, mit Wechseln aus allen Hauptstädten und einem unvergleichlichen Netz internationaler Freundschaften. Er ist so geschickt, so aktiv, daß er manchmal beunruhigend wirkt, aber wer ihn gesehen hat, vergißt ihn nie wieder. Er ist ohne gleichen.

François spielt dem Kommissar einen Streich

Wir haben ihn am 16. Mai 1716, einem Pfingstmorgen, im Gefängniswagen — ›dem Salatkorb‹ — auf dem Weg zur Bastille in Begleitung des Kommissars Isabeau verlassen. François bebte vor Wut — schweigend. Aber ohne es zu wissen, hatte er schon seine Rache. Seinen wahrheitsgetreuen, vernünftigen und sorgfältigen Berichten nach zu schließen, war der Kommissar ein Mann von unerschütterlichem Ernst. Sein Berufsgewissen ließ ihn sich, wenn nötig, mit den ekelerregendsten Dingen abgeben. Ein wenig Humor hätte ihm vielleicht sein Mißgeschick erspart. Aber er kannte Arouet nicht, er hielt ihn für einen der gewöhnlichen Kläffer und war nicht auf der Hut. Er hatte den Auftrag, nicht nur den Dichter zu beschlagnahmen, sondern auch alle bei ihm auffindbaren Papiere. Doch er fand nur sehr wenige. Daher war er überzeugt, Arouet habe sie entweder versteckt oder zerstört.

»Wo sind Ihre Papiere?« fragte er ihn.

»Sie liegen auf meinem Tisch«, antwortete François mürrisch.

»Das glaube ich nicht, Sie haben andere. Wo verstecken Sie sie? Ersparen Sie mir die Mühe, die Schlösser aufzubrechen, wo sind sie?«

Eine teuflische Idee kam François: »Im Abtritt«, warf er hin.

Monsieur Isabeau war perplex. Er verfaßte einen Bericht an seinen Vorgesetzten, um ihm das Verschwinden der Papiere zu erklären. Der Polizeipräsident antwortete trocken: »Suchen Sie dort, wo sie sind.«

Monsieur Isabeau gehorchte. Das war nicht leicht. Man muß wissen, daß im 18. Jahrhundert alles geregelt war — nicht durch Verordnungen, Erlasse, Weisungen, sondern durch Brauch und Sitte, die Gesetzeskraft besaßen. So hatte in Paris jede Straße, jeder Häuserblock einen oder vielmehr eine Aufseherin — denn das war das Vorrecht der Damen — für die Abtrittsgruben. Niemand konnte diese Orte verändern, reparieren oder leeren ohne ihre Stellungnahme und ihren Befehl. Die Leute aus dem Volk hatten diese würdige Person mit dem Titel ›Madame L'Intendante merdière‹ geschmückt. Der Kommissar erstattete also der Vorsteherin jener Orte Bericht, damit sie den Spürsinn der Polizisten bei der delikaten Recherche der Arouet'schen Papiere unterstützen könne. Nach einer ersten vergeblichen Nachforschung schreibt Isabeau seinem Chef: »Die für die Kotleerung zuständige Dame hat keine Papiere gefunden, da die Gruben voll und von Wasser überschwemmt waren.« Er legt dar, daß die erfahrene Matrone eine an einem Faden befestigte Kerze in den Schacht herabgelassen habe. Dicht über die Öffnung gebeugt, habe sie erkennen können, daß »der Schacht völlig frei von irgendwelchem Papier« sei, wofür er, der Kommissar Insabeau, einstehe. Dieser Bericht ist ein kleines Meisterwerk an Berufsgewissen. Mit einer Beharrlichkeit, die eines besseren Objektes würdig gewesen wäre, fährt er fort: »Die gesuchten Briefe hätten sich auf dem Wasser befinden müssen, das über den festen Exkrementen steht. Wenn Sie, mein Herr, aber dennoch der Ansicht sind, daß es sinnvoll wäre, weiterzusuchen, so glaube ich, daß dies nicht ohne die vollständige Leerung der Latrinen geschehen kann.«

Kommissar Isabeau, 21. Mai 1717

Und sein mitleidloser Chef antwortete: »Suchen Sie alles durch!« Da sieht man, wieviel Arbeit geschwätzige Dichter den Mächtigen des Tages machen und auf welchen Pfeilern die soziale Sicherheit ruht! Kommissar Isabeau und die Abtritts-dame suchten alles durch. Sie stellten sich anscheinend so dumm an, daß die im Keller gelegene Grube überlief. In diesem Augenblick tritt die Hausbesitzerin mit ihren Klagen, Forde-rungen und Prozessen auf den Plan: grausam in ihrer Ruhe gestört durch den Gestank, beklagt sie sich außerdem darüber, daß die Leute des Königs den Verlust von ich weiß nicht wie-vielen Wein- und Bierflaschen verursacht hätten, die sie gerade mit großen Unkosten erstanden habe. Sie prozessierte mit dem König und gewann. Seine Majestät mußte für die Schäden aufkommen, die ein unglücklicher Schlag mit der Hacke an den Latrinen des Herrn Arouet verursacht hatte, in denen nichts war — nur das, was die Polizei nicht suchte.

Isabeau verstand plötzlich, daß ihn Arouet zum Narren ge-halten hatte und unterrichtete seinen Chef davon. In dem ihm eigenen Stil sagte er, daß der hinterlistige Dichter ihm falsche Hinweise gegeben habe, getrieben von der »Bosheit seines Geistes, um unnötige Bewegung zu schaffen«. Eine andere Bezeichnung haben auch wir nicht für das Mißgeschick des guten Monsieur Isabeau.

Aber François konnte sich seine Enttäuschung nur vorstellen — ob sie die Qualen seines Kerkers erleichtert hat? Während Isa-beau im Kot wühlte, wurde Arouet gleich bei seiner Ankunft in der Bastille aller seiner Habe beraubt. Hier der Inhalt seiner Taschen: »Sechsunddreißig Louis d'or in Münzen zu dreißig Livres, vier Münzen zu fünfzig Sou, zwei Münzen zu fünfund-zwanzig Sou, drei Heller, ein Opernglas, eine Schere, ein Schlüssel, eine Tablette und einiges Papier.«

Das Ganze versiegelt und in der Kanzlei der Bastille hinter-legt.

Er litt sehr unter dem Mangel — besonders an Toilettengegen-ständen. Er rief um Hilfe und ließ folgendes bringen: »Zwei bunte Tücher, eines für den Kopf, eines für den Hals; eine kleine Haube, zwei Krawatten, eine Nachtmütze und Nelkenwasser.« Und andere Pomaden und Ingredienzien, mit denen er sich einrieb. Aber er vergaß nicht, auch seinen Geist einzureiben, und so findet man zwischen seinen Sachen einen Homer und einen Vergil — die er seine ›Hausgötter‹ nennt.

Und wie immer ist seine Kraftquelle die Arbeit. Sie ist das Allheilmittel. Er überwindet Krankheit, Scheitern, Haß und Exil mit Papier, Feder und Büchern . . . und seiner Gedankenfreiheit, selbst im Gefängnis. Das ist das Wunderbare bei ihm; sobald er allein vor seinem Papier sitzt, vergißt er seine Verzweiflung. Er richtet sich wieder auf, er schafft. Niemals würde man eine solche Arbeitskraft in einem so schwächlichen, unruhigen und leichtsinnigen Mann vermuten, der aussieht, als verzettele er sich, und der doch genau das Gegenteil ist von dem, was er scheint: er ist hart, ausdauernd, konzentriert, selbst eigensinnig, von eisernem Willen und großer Strenge — wenn er arbeitet. Da kommt der alte, von ihm verleugnete oder vielmehr versteckte Kern der Arouets zum Vorschein: die Kräfte dieses kränklichen Ehrgeizigen kann noch niemand ahnen. Er verdeckte sie unter einer mondänen Oberflächlichkeit, die alle Welt betrog — und auch ihn in seiner Jugend. Aber in dem Kerker der Bastille, allein mit seiner Verzweiflung, entdeckte er die Hoffnung, die ein neues Werk mit sich bringt — das Beste im Leben. Er schrieb auf die Ränder und zwischen die Zeilen der wenigen Bücher, die man ihm gab, den Anfang seines epischen Gedichtes: ›La Ligue‹, das unter dem Titel ›La Henriade‹ ganz Europa lesen wird. Man ging hart mit dem Dichter um, man verweigerte ihm Feder und Papier. Er wurde gestraft, wo er gesündigt hatte. Er schrieb daher sein ungeheures Gedicht mit Bleistift auf die Ränder seiner Bücher. Er dichtete, sagt er, beim Schlafen und schrieb, wenn er wachte. Sollte das nicht wahr sein, so heißt der Lügner Präsident Hénault, der angibt, er habe es von Arouet selbst. In Paris vergaß man ihn nicht, weil man schlecht von ihm sprach; war das nicht der beste Beweis seiner beginnenden Berühmtheit! Man wiederholte um die Wette, er werde das Tageslicht nie wieder erblicken, der Haß des Regenten sei so groß, daß man ihn in den untersten Kerker geworfen habe, wo er bald vermodern werde. Andere, zarter Besaitete, behaupteten, er werde auf eine ferne Festung überführt werden — lebenslänglich, das war selbstverständlich. Kurz, mit mehr oder weniger Grausamkeit und Heuchelei begrub ihn ein jeder. Beweis dafür, daß er schon störte. Indes, wie eine Eidechse plötzlich aus ihrem Steinloch kommt, zeigte sich François Arouet am 11. April 1718 dem ersten Sonnenstrahl. Seine Haft hatte elf Monate gedauert.

Es gibt Gewohnheiten, und man soll sie respektieren. Die Leute, die der König in der Bastille beherbergt hatte, nahmen nicht sofort am öffentlichen Leben teil. Es wurde für einen angemessenen Übergang gesorgt: die ehemaligen Pensionäre Seiner Majestät hatten ein wenig ins Exil zu gehen. François brachte seine Quarantäne in dem bequemen Landhaus seines Vaters in Châtenay zu. Das war fast Paris und wirklich nicht Nouméa — und doch beklagt sich François.

Er schreibt dem Regenten, er schreibt dem Minister, um sich reinzuwaschen: »Kein einziger Mensch in Frankreich kann beweisen, daß ich die abscheuliche Schrift verfaßt habe.« Er hatte es selbst vor Zeugen gestanden, erinnert er sich nicht mehr daran? Seine Akte ist nicht verloren gegangen. Er schreibt dem Polizeipräsidenten, daß er immer nur Gutes von dem Regenten und dem Hof gesagt habe. Der hatte die Berichte vor Augen, er mußte gewiß lachen. »Wenn Monseigneur le Régent ein gewöhnlicher Bürger wäre, würde ich ihn zu meinem besten Freund machen!« schreibt er. Man wollte von ihm nicht, daß er ›Aal‹ spielte, man wollte, daß er schwieg — das heißt, das Unmögliche. Und er flehte um das Ende seines Exils: »Sie werden verstehen, daß es sich um die Qual eines Mannes handelt, der Paris von seinem Landhaus sieht und nicht die Freiheit hat, hineinzugehen.« Er bittet um wenig: drei Tage Paris nur — gerade die Zeit, seinen Eichhörnchenschwanz spazieren zu führen.

Der gute Gebrauch der Freiheit: Erfolg

Er ist nicht so unglücklich wie er sagt: ein guter Engel setzt sich für ihn ein, und er erhält nicht nur drei Tage, sondern acht. Der gute Engel ist der Baron de Breteuil. Die Breteuils werden auch die guten Götter für François sein. Sie waren geistreiche und großzügige Leute, die jener aufgeklärten Elite zugehörten, die gleichzeitig die Ehre und die Zierde der Gesellschaft darstellt. Der Baron de Breteuil wird Voltaire einige Jahre später ein wunderbares Geschenk machen: er wird ihm seine Tochter geben, Gabrielle, die Marquise du Châtelet. Der Baron de Breteuil tat es nicht mit Absicht, aber man tut nie mit vollem Bewußtsein etwas Wunderbares. Diese Gabrielle de Breteuil wird Voltaire achtzehn Jahre Glück geben; vorerst gibt der Vater François Arouet acht Tage Urlaub nach Paris.

Er stürzt sich auf Paris . . . die Zeit genügt nicht! Er erhält, immer durch Monsieur de Breteuil, einen ganzen Monat: den Juni 1718, dann noch einen Monat: den August — schließlich, im September: eine unbegrenzte, aber jederzeit widerrufbare Erlaubnis. Die definitive Freiheit erlangt er am 1. April 1719. Das heißt, ein Jahr nach seiner Freilassung. Geben wir zu, daß er kunstvoll abzustufen verstand: das Gefängnis, das Exil auf Zeit, ein Urlaub für acht Tage — für einen Monat, unbegrenzter Urlaub . . . schließlich die vollständige Freiheit. François Arouet kann sich nicht darüber beklagen, von den Büros vernachlässigt worden zu sein: er war Gegenstand schärfster Beobachtungen.

Seine Reisen nach Paris galten nicht der Zerstreuung: wenn er sich zerstreut, so um seinem Ehrgeiz zu dienen. Er weiß auf die entzückendste Weise mit Lobsprüchen umzugehen, aber am besten gelingen ihm die eigenen. Er könnte unerträglich sein, wie so viele Leute dieser Art — aber er versteht es, nicht nur erträglich, sondern auch verführerisch zu sein bei der Entfaltung seiner schriftstellerischen Eitelkeit. Auf diese Weise gelingt es ihm, ›Oedipe‹ unterzubringen. Das Publikum der Salons — dasjenige, das für Erfolg sorgt — beurteilte seine Tragödie günstig, aber er hatte die Theaterleute gegen sich. Diese wollten tiefgreifende, radikale Änderungen. Im Namen der Kunst? Keineswegs, im Namen des Publikums. Sie glaubten besser als das Publikum zu wissen, was das Publikum wünschte. Das schreckliche, von Sophokles ausgeliehene Thema des ›Oedipe‹ schien den Theaterleuten nicht liebenswürdig genug. Als ob es liebenswürdig sein müßte! Aber die Herrn und Damen vom Theater hatten beschlossen, es liebenswürdig zu machen, sie wollten mit der Mode gehn. Ödipus mußte also im Stil der Régence erscheinen ...

Bänder, Rundungen, Puder und Pflästerchen! Jocaste als Dame von Watteau! Man verlangte Galanterie vor, während und nach dem grausigen Inzest, denn die Damen des Theaters wollten sich gerne zieren und die Herren wollten Gecken sein. Arouet, der — fast wörtlich! — eine Szene aus der Tragödie des Sophokles übernommen hatte, wurde beschworen, sie zu streichen: sie war den Schauspielern unerträglich. »Ganz und gar geschmacklos«, sagten sie von dem Text des Sophokles.

Da François um jeden Preis gespielt werden wollte und da er jung war, verwässerte er sein Stück, so sehr er konnte, um es seinen Dummköpfen genießbar zu machen. Schließlich waren die Schauspieler, wenn auch widerwillig, damit einverstanden, ›Oedipe‹ zu spielen. Die erste Aufführung fand am 18. November 1718 statt; François stand noch unter Kontrolle.

Natürlich war die erfolgreichste Szene die, die er von Sophokles hatte und die den Schauspielern unspielbar erschienen war. Die Aufführung wurde ein Erfolg. Aber ein skandalöser Erfolg. Wer hätte das ahnen können? Das Publikum wollte in einigen Tiraden Anspielungen auf den alten König sehen, dessen Tod öffentliche Freude hervorgerufen hatte. Drei Jahre nach dem Tod Ludwigs XIV. war er noch verhaßt.

> Tant qu'ils sont sur la terre on respecte leurs lois
> On porte jusqu'aux cieux leur justice suprême
> Adorés de leur peuple ils sont des dieux eux-mêmes
> Mais après leur trépas que sont-ils à nos yeux?
> Vous éteignez l'encens que vous brûlez pour eux ...

Das elektrisierte das Publikum. Sobald man die Anspielung entdeckt hatte, suchte man andere: man fand selbst da welche, wo keine waren. Es ist nicht sicher, ob die bewußte Stelle auf den König abzielt. Aber einige Verse verletzten selbst das Königtum. Der Sohn des Königs sagt:

»Qu'eussé-je été sans lui? Rien, que le fils d'un roi.«

Das Publikum hatte schon eine Vorahnung, eine vage Vorstellung, daß man nicht ewig an die Größe der Könige glauben würde, und an das heilige Recht ihrer Kinder. Verse wie diese gaben dem, was nur geahnt und noch nicht ausgesprochen wurde, Form — und Existenz. Von nun an wird die Vorahnung Gefühl, dann Idee und schließlich Theorie, bis sie in die Ereignisse von 1789 übergeht.

Nos prêtres ne sont pas ce qu'un vain peuple pense
Notre crédulité fait toute leur science.

Dieser antiklerikale Trompetenstoß, der plötzlich im Théâtre Français erklang und durch ganz Paris schallte, zerriß die Lüfte und wirbelte Stürme auf, die sich nie wieder legten. Wir sehen etwas Neues, Ungewöhnliches in einer so regeltreuen, so klassischen, so nach Racine klingenden Tragödie. Die Verse explodierten unter den Altären wie Dynamit. Einer seiner Feinde, der Jesuitenpater Nonnotte, sah »eine teuflische Begeisterung« in der Tragödie, er ist der Ansicht, daß Arouet »in prächtigen Versen die schlimmsten Scheußlichkeiten gegen die Diener des Altares« gesagt habe. Und schon ist der Krieg ausgebrochen, der Krieg des militanten Antiklerikalismus: ist er zu Ende?

Der junge Arouet brachte den Blitz tänzelnd: am Abend der Premiere konnte er es sich nicht versagen, selbst auf der Bühne zu erscheinen. Er jubelt; mitten in der Aufführung spielt er den Hanswurst. Er schickt sich an, unter allerlei Späßen, dem Hohenpriester die Schleppe zu tragen. Der Saal lacht. In einer Tragödie ist das wenig angebracht. Wäre ihm daran gelegen gewesen, die Aufführung zum Platzen zu bringen, so hätte ihm nichts Besseres einfallen können. Genau das glaubte die Maréchale de Villars, die sich in dem Saal befand und fragte, wer dieser Spaßvogel sei. Man sagte ihr, das sei Arouet, der Autor. Sie fand das sehr komisch und wollte ihn kennenlernen: sie gefielen einander außerordentlich und beschlossen, sich nicht mehr zu trennen. Das nennt man Eile! Aber sie kamen nicht sehr weit.

Während der Aufführung konnte sich der Vater von François nicht ruhig halten und, im hintersten Winkel seiner Loge versteckt, brummte er immer wieder vor sich hin: »Ah! Dieser Spitzbube! Ah! Dieser Spitzbube!« J.-J. Rousseau, oder vielmehr sein Schüler Bernadin de Saint-Pierre, berichtet uns dies. Woher hat er es? Aber auch wenn die Geschichte nicht wahr ist, könnte es so gewesen sein, denn Monsieur Arouet wurde hin- und hergerissen zwischen Bewunderung, Furcht und auch Enttäuschung darüber, daß er seinen Sohn jetzt endgültig für den Notarsberuf verloren sah.

Der Prince de Conti sandte ihm ein Kompliment in Versen und sagte darin, Oedipe-Arouet »mache glauben, Racine sei aus der Unterwelt zurückgekehrt«. Nichts konnte Arouet mehr schmeicheln, als mit seinem Gott Racine verglichen zu werden. Mit verblüffender Vertraulichkeit antwortet er dem Prinzen wie einem alten Kameraden: »Monseigneur, Sie werden ein großer Dichter, und ich werde Ihnen von dem König eine Pension auszahlen lassen.«

Der Spaß wurde gut aufgenommen, aber das Spiel ist kühn: beim Spiel mit dem Feuer verbrennen sich auch die Schlauesten. François wird sich verbrennen . . . Aber was soll man tun? Vorsichtig sein? Das bedeutet, keine Freiheit zu haben. Und nur in der Freiheit lebt der Geist — und oft sogar auch in der Frechheit. Wenn man der Taube des Heiligen Geistes die Flügel stutzt, so wird sie eine Haustaube. Gut für den Topf. Die Tauben des Heiligen Geistes schweben in einem Blau ohne Grenzen — aber nicht ohne Gefahren.

Das Stück erlebte fünfundvierzig Aufführungen, was für die Zeit ein ungeheurer Erfolg war. Schriften erschienen, für und wider. Die Salons dröhnten von Lobsprüchen und Schmähungen. Auch als das Stück gedruckt wird, hat es noch den gleichen Erfolg. Der Dichter J.-B. Rousseau, der damals in Wien wohnte, schrieb Voltaire als Dank für die Zusendung des Buches: »Seit langem halte ich Sie für einen Mann, der auserwählt ist, eines Tages der Ruhm seines Jahrhunderts zu sein, und ich sehe mit

Befriedigung, daß alle Menschen, die mir die Ehre geben, mich anzuhören, der gleichen Meinung sind.«

Rousseau ist noch nicht der Rivale, der Feind. Er ist aufrichtig: dasselbe hat er mehreren Leuten geschrieben. Die Kaiserin und der Hof in Wien sind begeistert von der Lektüre des ›Oedipe‹. J.-B. Rousseau fügte hinzu: »Ich hoffe, wir sehen uns in Brüssel und haben die Muße, uns über dies und das zu unterhalten, was zu lang zum Schreiben wäre.«

Gewiß, Arouet kommt nach Brüssel — und wir werden sehen, wie die beiden Dichter, anstatt sich über ›dies und das‹ zu unterhalten, besser geschwiegen hätten und weit voneinander entfernt geblieben wären. Aber um ihre Begegnung zu genießen, werden wir dem Rendezvous beiwohnen.

Guter und schlechter Umgang

In dem turbulenten Paris der Régence tummelte sich eine recht malerische und recht beunruhigende Gesellschaft aus aller Herren Länder: das ist schon einer der Züge des modernen Paris — des europäischen Paris. Arouet befreundete sich mit einem gewissen Baron Goertz, einem angeblichen Gesandten des schwedischen Königs Karls XII. Dieser Botschafter steckte voller wunderbarer Pläne, er warf die Karte Europas über den Haufen, er setzte den einen König ab, nahm ihm eine Provinz, gab sie einem anderen und zerstörte diesen oder jenen Hafen. Er wählte zum Vertrauten für seine finstere Politik François Arouet, diesen genialen Leichtfuß, der seinen Anschlägen auf die Geschichte gebannt zuhörte und durch diesen Schwätzer das Leben eines Königs kennenlernte, wie man ihn noch nie gesehen hatte. Er ist derartig zu Hause bei dem Baron, daß in Paris das Gerücht geht, der König von Schweden werde Arouet aus Frankreich entführen, um ihn an sich zu binden. J.-B. Rousseau, von Eifersucht aufgestachelt, erwidert darauf — und er hat recht —, daß Karl XII. kein Wort Französisch verstehe und keine Ahnung von Dichtung habe. »Ein Dichter wird an diesem Hof keine gute Figur abgeben«, schreibt er. Doch

Arouet will immer und überall eine gute Figur abgeben. Man wird ihn also nicht nach Schweden entführen. Aber während er den Vertrauten — und eventuellen Günstling eines fast mythischen Königs spielt, schreibt er schon die Geschichte dieses nordischen Fürsten, er bereichert sie mit tausend Anekdoten, er malt einen ganz wirklichen und ganz lebendigen Helden, er entwirft ein neues Meisterwerk: ›L'Histoire de Charles XII‹. Es scheint seine Zeit zu verlieren, unser Eichhörnchen, man hat den Eindruck, als tanze es: doch es arbeitet.

Wir wissen, daß es ihm nichts ausmacht, auf morsche Äste zu springen. Schon der Baron Goertz war nicht ganz gesund, aber sein zweiter Ast, der Baron Hogguers, ein Österreicher oder Schweizer — man weiß es nicht genau, ist wirklich wurmstichig. Zänkisch, wunderlich, beladen mit tausenderlei politischen Kenntnissen, Staats- und königliche Bettgeheimnisse ausplaudernd, private und öffentliche Kassen leerend, kurz, wie der andere: halb Diplomat, halb Abenteurer, aber reich, nach der Art solcher Leute, das heißt, prunkvoll am Rande des Abgrundes, voller Wissen, aber ohne Unterscheidungsvermögen, voller Ideen, aber hauptsächlich verrückten. Bei solchen Existenzen kann man viel lernen, aber nur, wenn man sie in keinem Punkte nachahmt. Dieser zweideutige Baron bewohnte ein aufwendiges Besitztum in Châtillon, seine Gastfreundschaft kannte keine Grenzen — die Gesellschaft war zahlreich; er hatte weder Zeit noch Lust auszuwählen. Von Parasiten wimmelte es. J.-B. Rousseau erzählt uns, daß Crébillon sich von dem Schweizer einkleiden ließ. Der Neid macht den Dichter weniger mitleidig als den Abenteurer:

> Quel brillant habit Crébillon!
> Flatteur gage d'un riche Suisse,
> Sans ces présents un vieux haillon
> Couvrirait à peine ta cuisse.

Dieses Milieu regte François Arouet zu seinem Gedicht ›Le Bourbier‹ an. Der Titel genügt. In solch trüben Wassern aber bewegte sich unser Held. Die Vertraulichkeiten der mit Diamanten und Spitzen geschmückten Abenteurer bezauberten ihn. Es schmeichelte ihm, ihr Vertrauen zu genießen. Da er immer fürchtete, sein Name als Dichter könne zu leicht wiegen, entzückte es ihn, von diesen Leuten ohne Skrupel, aber voller Hinterlist ernst genommen zu werden. Es ist ein Bedürfnis Arouets, bemerkt zu werden, wichtig zu sein, im Rampenlicht zu stehen. Er läßt sich nicht zum Narren halten von denen, deren Achtung er sucht, er ist zu feinsinnig und zu wenig naiv, um sich irgendwelchen Illusionen über den ›Bourbier‹ hinzugeben. Aber wenn der begüterte Mäzen ihn beiseite nimmt: »Ich sage das nur Ihnen, Seine Kaiserliche und Königliche Majestät steht um Haaresbreite vor dem Bankrott . . . daher . . .«, dann ist Arouet außer sich, trunken vor Eitelkeit. Er sieht sich als Geheimminister der großen Ereignisse in Europa. Und das ist kein leerer Traum. Der offensichtliche Gegensatz zwischen dem hellsichtigen und dem durch Eitelkeit und Ehrgeiz geblendete Arouet wird ihn noch einen dornenvollen Weg gehen lassen. Er wird immer der Versuchung erliegen, ›jemand‹ sein oder scheinen zu wollen.

Dem ungeachtet sieht die Polizei, deren Berichte uns über den Umgang des jungen Arouet informieren, seine Vorlieben nicht allzu gerne. Der Regent wußte von seiner Freundschaft für diese Leute, die die Regierung nur widerwillig duldete und gerne ausgewiesen hätte.

Natürlich spielt François nur, wir wissen es, aber das Spiel ist gefährlich.

Es gelang ihm, aus dem unseligen Aufenthalt in der Bastille einen Vorteil zu schlagen. Er ist ein geborener Höfling, aber doch zu kapriziös, um ganz und gar Erfolg zu haben, und auch zu frei. Wenn er sich jedoch Mühe gibt, ist er unwiderstehlich. Er läßt dem Duc d'Orléans ein Gedicht überreichen: ›La Bastille‹ — keine Spur von Bitterkeit oder Groll: alles ist ausgeschmückt, gepudert, frisiert. Der Regent findet es nicht unangebracht, daß man ihm Arouet herbringt. Dieser läßt sich nicht lange bitten — und antwortet dem Regenten, der sich für das Gedicht über den ihm gewährten Aufenthalt in der Bastille bedankt:

»Monseigneur, ich fände es sehr schön, wenn Ihre Majestät von nun an meinen Unterhalt übernehmen würde, aber ich flehe Ihre Hoheit an, sich nicht mehr um meine Behausung zu sorgen.«

Die Anmut und Gewandtheit der Wendung lassen wieder einmal die Frechheit oder wenigstens die Vertraulichkeit der Antwort vergessen. Die Anspielung auf den Lebensunterhalt ist nicht zufällig: es ging um eine Pension, die ihm der Regent für seinen ›Oedipe‹ auszahlen ließ. So wanderte das Leben auf und ab: bald im Gefängnis, bald honoriert; wie sollte man sich da verlassen vorkommen? Man beobachtete ihn; noch wurde er liebkost. Die Pension honorierte vielleicht weniger seine schriftstellerischen Verdienste, als daß sie ihn mit jener überzeugenden Sprache des Geldes verpflichtete, vernünftig zu werden und Schutz und Belohnungen des Hofes zu suchen, der nur allzu gern einen ihm so gemäßen Dichter aufnehmen wollte und dem ein guter Untertan, auch der geistreichste, vor allem zu gefallen suchen mußte. Wie sollte Arouet nicht diese Sprache, diese Musik verstanden haben? Wenn er sie nicht verstand, so weil er sie nicht verstehen wollte.

Dennoch bekundete der Regent ihm noch sein Wohlwollen. Er überreichte ihm eine große Goldmedaille, um den Erfolg des ›Oedipe‹ auszuzeichnen und schenkte ihm auch die Kette, an der er sie um den Hals tragen konnte. Der Goldschmied, der sie anfertigen sollte, begab sich zu Arouet, um ihn zu fragen, was für eine Kette er haben wollte. »Eine Brunnenkette«, antwortete ihm der Unverschämte.

Aber er brauchte einen berühmten Namen für die Widmung des ›Oedipe‹. Er ließ ein wenig bei den Königen und Prinzen herumfragen, wer eine solche Widmung annehmen würde. Der Regent antwortete ihm nicht. Warum? Weil doch im ›Oedipe‹ die Geschichte eines Inzests vorkommt, die ihm zu seinem Ärger wieder ins Gedächtnis rief, was Arouet in seinen Schmähschriften erzählt hatte. Arouet bot seine Widmung der verwitweten Duchesse d'Orléans an. Ohne Erfolg. Dann wandte er sich an den König von England, dann an den Herzog von Lothringen, dem er »die ersten Früchte seines Talentes« anbot.

C'est aux dieux qu'on les doit et vous êtes le mien.

Kein Erfolg. Vielleicht wußten sie, daß Arouet selbst die Götter — und die Könige — schuf, und legten keinen Wert darauf, den vergifteten Weihrauch zu empfangen, der freilich das delikateste Parfum von ganz Paris hatte.

Die Widmung war unterschrieben mit: Arouet de Voltaire. Zum ersten Mal erscheint der Name gedruckt. Warum 1719? Er schreibt dazu an die Schauspielerin Mademoiselle Dunoyer: »Wundere Dich nicht über die Namensänderung, meine Liebe, ich war so unglücklich mit dem anderen, daß ich sehen möchte, ob mir dieser hier Glück bringt.«

So abergläubisch ist er! ›Arouet‹ bringt Pech, ›Voltaire‹ Glück. Nehmen wir ihn nicht beim Wort, er ist im übrigen der Ansicht — vielleicht nicht zu Unrecht —, daß er sich, nachdem er viele Menschen mit Arouet unterzeichneten oder ihm zugeschriebenen Versen beleidigt hat, nun mit einem neuen Namen von jedem Verdacht reinwäscht. Er hätte nicht den Namen ändern müssen, sondern sein Wesen. Voltaire ist ein Arouet, der an Geist und Schärfe noch sechzig Jahre lang zunehmen wird. Sein Name wird der meist bewunderte und meist gehaßte seines und selbst des folgenden Jahrhunderts werden. Er ändert seinen Namen, ohne sein Denken, seine Seele oder sein Benehmen zu ändern. Er ändert ihn, weil er gern ändert, selbst seine Wohnung — er ändert aus Laune, aus Ärger, aus Lust am Spiel und am Wechsel der Dinge; er ändert, um seinen Auftritt zu beginnen. Die Person, die er spielen wird, kann nur Voltaire heißen, Arouet ist vernichtet, vom Plakat gestrichen, er wird nur noch in dem Zauberbuch des Priesters von Saint-André-des-Arcs existieren. Unser Held hat sich einen Namen gegeben, er hat eine Figur und eine Rolle gewählt und wird nun das Stück verfassen. Die Dekoration ist vorhanden: das Europa des 18. Jahrhunderts — das Europa der Fürstenhöfe —, die Komparsen ebenfalls: die Creme der Gesellschaft aus der Zeit der Aufklärung. Voltaire wird also im Jahre 1719 geboren, in der Widmung des ›Oedipe‹.

Man muß doch leben...

In den Jahren 1720, 1721, 1722 kann man einen neuen Appetit unseres Dichters beobachten: den auf Geld. Er ist mit sehr verschiedenen — aber ausnahmslos reichen Kreisen bekannt geworden. Da er Talent und ein angeborenes Bedürfnis hat, sich überall einzumischen, gibt er sich mit Geschäften ab — zumindest mit denen anderer. Er dient als Vermittler zwischen den Finanzmächtigen und den Vornehmen der Gesellschaft, zwischen Geschäftemachern und den Leuten im Amt. Das Geld, das unter seiner Nase hin- und herwandert, bringt ihm einigen Gewinn. Selbst der Regent wird in das Spiel hineingezogen, und zwar durch Voltaire hineingezogen, seit der Dichter mit seiner Pension und seiner Medaille wieder in seiner Gunst steht. Er schreibt in sibyllinischem Ton an seine Freundin, die Présidente de Bernières: »Die Herren von der Steuer können mit ihren Geschäften gut und gern noch einige Tage warten. Die Person, die Sie kennen (wahrscheinlich Richelieu), hat mehrmals die Zusage von Monseigneur le Régent für das größte Geschäft erhalten...«

Er gehörte jedoch nie zu den näheren Freunden des Regenten, damals wäre dies möglich gewesen, aber er scheint es nicht versucht zu haben. Eines Abends traf er ihn in der Oper, und sie sprachen von Rabelais; der Regent bewunderte ihn und sang ein Loblied auf ›Gargantua‹; Voltaire aber fand Rabelais in seiner Jugend grob und ungeschlacht, so daß die Begeisterung des Regenten ihm sehr mißfiel. Später änderte Voltaire seine Ansicht; er arbeitete heftig mit der Schere und stellte sich eine Art ›Digest‹ von Rabelais für seinen persönlichen Gebrauch zusammen: es blieben nur noch einige hundert Seiten des Werkes von Rabelais übrig. Aber die besten. Geld genügte dem jungen Mann nicht. Er wünschte sich eine hohe Stellung. Er will ein Amt ausfüllen und Titel haben. Der Ehrgeizige läßt seine Absichten auf eine nicht ganz korrekte Weise durchblicken. Er bedient sich einer Methode, auf die er oft zurückgreifen wird, zum Beispiel bei seinem Aufenthalt in England. Er singt zuerst ein Loblied auf England. Gut, aber wohin führt das? Nach London? Keineswegs. Nach Paris, denn auf diese Weise zwingt er seine Landsleute, die Lebensbedingungen zu betrachten, die Monsieur de Voltaire von seinem Vaterland geboten werden.

Und was will er damit erreichen? . . . Er will den Leuten zu Hause zu verstehen geben, daß Monsieur de Voltaire gern Dichter sein will, aber daß er noch mehr sein möchte. Hier zeigt sich das Blut der Arouets: er will eine hohe Stellung, ein Amt, einen Titel. Sein Talent bestehe nicht nur im Versemachen, er vermag durch seine Gewandtheit, seine Hartnäckigkeit, seine Liebenswürdigkeit und seinen Einfallsreichtum auch große Staatsgeschäfte zu führen. Er hat sein Genie den Musen dargeboten, und sie haben ihm zugelächelt. Er bietet es nun dem Premierminister an, der davon nicht heiterer wird.

Er wohnt immer noch in der Rue Calandre, dort, wo man ihn festgenommen hat. Sein Vater kommt nicht mehr für seinen Unterhalt auf. Doch hat er ja die zweitausend Livres von Ninon erhalten. Was ist daraus geworden? Bücher hat er kaum dafür gekauft, das ist sicher. Er speiste in der Stadt, mietete sich Kutschen, kleidete sich sehr sorgfältig. Er gab verhältnismäßig viel aus; seine vornehmen Freunde kamen ihn teuer zu stehen, denn er nutzte sie nicht aus, und um ihnen folgen zu können — selbst in ihre Schlösser —, mußte er ein recht kostspieliges Leben führen. In dieser Zeit der Régence saß das Geld locker — zumindest in dem Milieu, in dem Voltaire verkehrte, und schon in seiner Jugend besaß der Erbe der Arouets Sinn für Geld. Mit fünfzehn Jahren wußte er das Wichtigste über Wechsel und Spekulation. Hat er nicht mit dreizehn bei einem Wucherer Schuldscheine unterschrieben? Stellt man sich vor, daß ein dreizehnjähriges Kind die schmierigen Treppen eines ekelerregenden Geldschneiders hinaufkletterte und Wechsel in Abrechnung auf das Vermögen seines Vaters unterschreibt? An welchen Verleiher war er da geraten? Wir werden es eines Tages erfahren.

Aber all dies förderte den jungen Arouet in der Kunst, sich ein Vermögen anzulegen. Sagen wir es gleich, daß er eine sehr große Begabung dafür hatte und seine Umgebung nicht dazu angetan war, ihn zu entmutigen. Die hohen Herren, die Geldmächtigen, bei denen er verkehrte, gaben ihm alle Freiheit, sich zu üben. Die Sitten in puncto Geld waren während der Régence beklagenswert — für den Staat — und paradiesisch für jeden, in hoher oder in niedriger Stellung, der spekulierte, handelte, schob oder erpreßte. Das artete so aus, daß der Regent eine ›Chambre de Justice‹ einrichtete, die ihren Sitz im Kloster der Grands-Augustins hatte: sie ging mit Härte gegen diejenigen unter den Geschäftemachern vor, deren zweifelhaftes Vermögen zu groß wurde; viertausendvierhundert Familien wurden geprüft — und ruiniert durch die Beschlagnahmung ihres Besitzes. Aber von den hundertundsechzig Millionen Livres, die man auf diese Weise erhielt, flossen der Staatskasse nur siebzig Millionen zu. Die Hochfinanz und der Handel wurden zerstört, ohne daß der Staat oder das Volk einen Vorteil davon gehabt hätten, denn die Geschäfte wurden blockiert. Warum? Weil zwischen die ›Cour de Justice‹ und die beschlagnahmten Gelder neue ›Beamte‹ getreten waren: sie führten eine Filterung der Vermögen durch, wobei der beste Teil in den Filtern der Bürokratie, d. h. in ihren eigenen, hängenblieb. Der Mechanismus war, wie man sieht, schon sehr modern.

In Gedanken an die seltsamen Rechnungen der Geldleute während der Régence schrieb Voltaire ›Zadig‹, wo er sagt, daß die Gerichtsbarkeit, wenn es um Geld gehe, voller Kaprizen stecke. »Man hätte in Persien dreiundsechzig Herren gepfählt.« (In Paris verurteilte man viertausendvierhundert, zweifellos, weil Paris bevölkerter ist als Ispahan, aber man hätte genauso leicht viertausendvierhundert Pfähle gefunden wie viertausendvierhundert zweifelhafte Finanzleute.) Das ist es, sagt der Perser, was man hätte tun sollen. Aber Zadig fährt fort: »In anderen Ländern (man lese: in unserem lieben Paris) hätte man eine ›Cour de Justice‹ eingerichtet, die das Dreifache des gestohlenen Geldes verbraucht und nichts in die Kassen des Herrschers gebracht hätte.«

Man glaubt zu träumen und die Skandalgeschichten nicht des 18., sondern unseres Jahrhunderts zu lesen. Voltaire ist uns in diesem Punkte — und in vielen anderen — sehr nah. Er hat sofort verstanden, daß ein ›schlechter Ruf‹ gefährlicher ist als die Veruntreuung öffentlicher Gelder und daß die Bastille weitaus mehr den Frechen bedroht als den Dieb. Er ergriff also die Partei der Geschäftemacher. Die Brosamen ihrer Geschäfte waren sein Taschengeld. Aber es hieße ihn schlecht kennen, wenn man glaubte, er schlüge sich nur aus Interesse auf die Seite der Geldleute; er tat dies aus einem ganz anderen Gefühl heraus: es ist ihm schrecklich, wenn man einem Menschen seine Freiheit raubt. In seinen Augen ist Einkerkerung das eigentliche Verbrechen gegen die Menschheit, nicht Diebstahl. Der Dieb entwendet dem Bestohlenen nur sein Geld, das ist ein kleines Übel. Aber einen Menschen ins Gefängnis zu werfen, das ist das größte Übel. Ein Mensch im Käfig ist ein verlorener Mensch. Das ist ein Verbrechen, selbst wenn der Mensch ein Verbrecher ist. Moral: man soll die Diebe sich in aller Freiheit tummeln lassen. Aber verstehen wir uns richtig: es handelt sich nur um die großen Diebe, um die Artisten des Bankrotts, um die Gaukler der Veruntreuung. Sollen sie sich nur entfalten, wir werden gute Finanzen haben, einen aktiven Handel, Mäzene, Salons und eine blühende Oper. Was kann man Besseres von einer wohlgeordneten Gesellschaft verlangen? Wie sich unser Aal hübsch über die Goldklumpen schlängelt!

Die Herren von der Finanz waren ihm dankbar, daß er sie so gut verstand und so gut verteidigte, denn Voltaire faßte seine schönen Gefühle in einer ›Ode à la Chambre de Justice‹ in Worte. Er zeigt seine Stacheln: wahrhaftig, wenn man den König nicht mehr bestehlen kann, dann ist Frankreich nicht mehr Frankreich, das Land der Freiheit für Hochstapler und Betrüger.

Et pour couronner l'entreprise (le châtiment des voleurs)
On fait d'un pays de franchise
Une immense et vaste prison.

Voltaire rühmte sich in der Folge nicht allzu sehr dieses zynischen Meisterwerkes, um das ihn die Brüder Pâris — die berühmten Finanzleute — seine lieben Freunde, gebeten hatten. Sie waren die reichsten Leute der Zeit. Man hatte sie auf anderthalb Millionen Livres geschätzt — ohne sie zu behelligen. Arme Leute! Und so rechtschaffen! Sie unterweisen ihn bei seinen ersten Schritten in der Spekulation sehr zu seinem Nutzen. Man sagt, daß Leute mit Geld kein Herz haben, doch das ist Verleumdung; sie wissen zumindest gute Manieren zu belohnen, und die Voltaires waren, wie man weiß, ausgezeichnet. Sie wurden ausgezeichnet belohnt.

Arouet und die Herzogin

Der Maréchal Duc de Villars bewohnte das Schloß von Vaux. Seit den glanzvollen Tagen Fouquets hatte das Schloß nie aufgehört, der strahlende Aufenthaltsort der elegantesten Gesellschaft zu sein. Das Gold des Herzogs übte nicht die größte Anziehungskraft aus, der Charme seiner schönen und geistreichen Herzogin brachte jeden Empfang erst zur Vollendung. Sie stand nicht mehr in der ersten Jugendblüte, besaß aber immer noch die erste Jugendfrische. Der Maréchal war entzückt über den Zustrom von Besuchern ›aus der besten Gesellschaft‹; jedes Mal, wenn er von seinem Schloß schrieb, protzte er gewaltig — er vergaß den Namen Vaux — und nannte es Villars.
Seit dem Erfolg des ›Oedipe‹ waren Voltaire und die Herzogin unzertrennlich. Villars, eine sehr beachtliche Persönlichkeit, der Sieger von Denain, gab ihnen seinen martialischen Segen und beglückwünschte Arouet zu seiner Tragödie: »Die Nation schuldet Ihnen großen Dank.« Worauf der junge Dichter dem betagten Sieger über das verbündete Europa antwortete: »Sie schuldete mir mehr, wenn ich schreiben könnte, wie Sie zu handeln verstehen.«
Bei diesen Worten fühlte der Maréchal seine Lorbeeren wieder grünen. Er liebte Literatur; nicht als ob er allzu viel davon verstanden hätte, aber diese Schriftsteller wußten so gut die Trompete des Ruhmes zu blasen. Seit der Maréchal keine Kanonen mehr vernahm, hörte er nämlich nichts lieber, als wenn man seine Ruhmestaten ausposaunte. Um gute Gesellschaft zu haben, ließ er sich in die Académie wählen. Emsigkeit war

nicht seine Stärke. Er entschuldigte sich deswegen mit der vollendetsten Höflichkeit bei seinen Kollegen, und um sie zu überzeugen, daß er noch mehr als sie unter seinem Fernbleiben litte, bat er sie, ein Portrait von ihm anzunehmen, das man am Versammlungsort aufhängte, wo er — durch diese Vermittlung — nun immer anwesend war, im Bilde! Einige Mitglieder wurden eifersüchtig, denn es hing dort nur das Portrait des Kardinals Richelieu, das des Königs und das der Christina von Schweden. Man war der Ansicht, daß der Maréchal — für einen Abwesenden — zuviel Raum einnähme. Bald trafen auch Portraits von Racine, Corneille, Bossuet, Fénelon ein, um der Ausschließlichkeit des Maréchal entgegenzuwirken... und seither kommen Portraits in Mengen.

Voltaire eilte auf den leisesten Wink herbei: die Maréchale entzückte ihn. Sie war eine sehr vornehme Dame, von unvergleichlicher Eleganz und großem Geist. Der Präsident Hénault sagt, sie sei »groß gewesen, wunderbar gewachsen, von feinem Benehmen und einer Ausdrucksweise, die man nur bei Hofe lernt und die alle auszeichnet, die dort gewesen sind«. Vertrauen wir dem Präsidenten, er ist ein Kenner von Schöngeistern, guten Küchen, feinen Manieren und schönen Frauen, was im übrigen alles zum Besten im Hause des Maréchal war. Für eine solche Welt und eine solche Frau hielt Voltaire sich für unersetzlich, weil diese Welt und diese Art Frauen es für ihn waren. Doch trotz seiner Lehrzeit im Temple, trotz seiner guten Lehrer La Fare und Chaulieu, wurde Voltaire zum Narren gehalten. Und mit welchem Auftreten, mit welcher Eleganz wurde er zum Narren gehalten von einer Frau, die die Anmut, den Geist und Charakter einer Heldin von Marivaux besaß, das heißt, die jedes Ränkespiel und jede Koketterie vollendet beherrschte. Das Ganze bemäntelt mit einer liebenswürdigen Zuneigung für den jungen Dichter. Der aber wollte sich einreden, daß man für ihn eine tiefere Zärtlichkeit fühle, daß nur Scham ein Geständnis zurückhalte. In Wirklichkeit wurde es von der allerhöflichsten Gleichgültigkeit zurückgehalten. Und Voltaire, der alle Schliche der Liebe und der Salons zu kennen meinte, ließ sich durch ein Lächeln gefangennehmen, durch zärtliche Blicke, besondere Aufmerksamkeiten, die nur seiner wohlbekannten Eitelkeit schmeicheln wollten und ihm tollkühne Hoffnungen gaben. In Wirklichkeit lachte man ihn und seine Geckenhaftigkeit schlicht aus. Er hatte sich zu schnell berauscht: er erlangte nichts als eine schmeichlerische, ein wenig trügerische Freundschaft. Er aber wollte Leidenschaft! Doch was sie ihm versagte, das bewilligte sie fast unter seinen Augen einem galanten Abbé — der nicht wenige Vorgänger hatte, und nicht wenige Nachfolger. Dieser Abbé Vauréal, ›ein schlechter Priester und schöner Liebhaber‹, wie man sagte, teilte sich in die Maréchale de Villars und in die Comtesse de Guitaut. Da er »diese Altäre, an denen er sein Herz opferte«, wie Tartuffe es ausdrückt, wohl zu wählen gewußt hatte, wurde der Abbé zum Bischof von Rennes ernannt. Eine schöne Rache des Klerus an dem kleinen Gottlosen Voltaire! Der Dichter bekam keine Maréchale und keine Bischofswürde, aber er bewahrte sich eine wehmütige Erinnerung an die »kleinen Soupers, bei denen man sehr kühl trank«, die die schöne Herzogin ihm offerierte. Eine ausgezeichnete Diät für erhitzte Herzen.

Man wollte nichts von seinem Herzen — die einzige Leidenschaft, die der Herzogin gefallen konnte, war die seines Geistes: man bewunderte seine Reden, sein Auftreten, seine Mienen, sein Spiel, seine Verse, seine Briefe. Man kurbelte ihn unaufhörlich neu an — man ließ ihn viel Zeit vergeuden. Er litt darunter. Man schürte ein Feuer, über dessen bloße Funken man sich ein Abendessen lang amüsierte. Doch wenn Voltaire spürt, daß er seine Zeit verliert, dann ist die Sache abgeschlossen. Er kehrt also zur Arbeit zurück. Er nimmt nur noch selten Einladungen an. Er schreibt an eine Freundin:

»Man hat es vermocht, mich aus meiner Einsiedelei zu holen, um mich nach Villars zu bitten, aber man wird mich dort nicht um meine Ruhe bringen (Beweis, daß er sie schon verloren hatte). Ich trage zur Zeit einen philosophischen Mantel, den ich für nichts auf der Welt ablegen werde.«

Ja, aber er hat den Mantel erst übergeworfen, als der Regen schon gefallen war. Da er an einem Gerstenkorn am Auge leidet, bittet er um ein Heilmittel und führt aus: »Glauben Sie nicht, daß ich aus Eitelkeit darum bitte und daß ich in Villars mit einer Unannehmlichkeit weniger erscheinen möchte. Meine Augen interessieren mich nur insoweit, als ich sie zum Lesen und Schreiben brauche. Ich fürchte die Augen keines Menschen mehr . . .«

Jetzt ist er weise und fühllos — er hat also die Augen der Maréchale gefürchtet — er hat ein wenig gelitten. Ein wenig. Er schreibt einige Tage später, daß sein Auge geheilt ist und sein Herz ebenfalls, »denn seien Sie versichert, ich bin für immer von dem Übel, das Sie befürchteten, geheilt! (Mit vierundzwanzig! Geheilt von der Liebe! Er war es vielleicht von Geburt an.) Sie lassen mich spüren, daß Freundschaft tausendmal mehr zu schätzen ist als Liebe (auch das ist aufrichtig, er braucht niemanden, um dies zu lernen, er hat es immer gewußt, Génonville und Mademoiselle de Livry haben es gemerkt). Ich finde, es wirkt lächerlich, wenn ich liebe, und ich fände diejenigen noch lächerlicher, die mich liebten. Der Schritt ist getan, ich verzichte für immer.«

Man könnte glauben, daß dieser recht vorzeitige Verzicht nur eine Folge der Enttäuschung ist — zweifellos spielt Enttäuschung mit, und auch anderes. Er sieht sich so, wie er ist: er ist nicht für die Leidenschaft geschaffen. Er wird andere Lieben haben und sehr schöne Erfolge. Aber nach einem kurzen Aufflammen entsteht eine Freundschaft voller Zärtlichkeit. Wir sehen schon, wie groß sein Mißtrauen gegenüber vergänglichen Leidenschaften ist: er weiß von nun an Bescheid über seine Fähigkeiten als Verführer. Er ist nicht der Duc de Richelieu, sein Freund, der Don Juan des Jahrhunderts, (der er vielleicht gerne gewesen wäre), er wird sich seine Maîtressen nicht unterwürfig machen, sie werden nicht mit aufgelöstem Haar hinter ihm herlaufen, durch Schloßgänge, durch Provinzen und Länder, bis ins Schlachtfeld. Er wird durch seinen Geist die Geister verführen: er wird die Könige und die Höfe Europas und die Elite der Gesellschaft verführen.

Für das Jahr 1719 zieht er jetzt die Bilanz: er hat seine Maréchale nicht verloren, da er sie niemals besessen hat, aber er hat seine Zeit verloren. Das verzeiht er sich nur schwer. Was die Maréchale betrifft, so verliert sie Voltaire, ihr Spielzeug, die wundervollste Attraktion, die eine große Dame an ihrem Hof vorführen kann. So hat Voltaire, indem er diese Partie verlor, eigentlich gewonnen: er hat sich selbst wiedergefunden. Das Abenteuer hinterläßt trotzdem eine Art Bitterkeit in ihm. Aber man muß zugeben, daß ihn weniger die Abfuhr einer Geliebten verbittert, als das Bedauern über das Buch, das er statt dessen hätte schreiben sollen.

Krach hinter den Kulissen

Wir haben Voltaire bei Abenteurern, bei Geldleuten und bei Herzoginnen kennengelernt. Solche Leute scheinen nichts miteinander gemein zu haben. Oder doch — sie alle leben in Schlössern, sie alle leben in einer prächtigen Umgebung, in dem Dekor der Régence — vielleicht das Gelungenste, was die Zivilisation hervorgebracht hat; alle sind verbunden durch den Zauber, dem Voltaire nicht widerstehen kann: den Luxus. Alles was die Zivilisation an Schönem hervorbringt, an Raffinement in Geist, Manieren und Kleidung, alles was wir mit Komfort bezeichnen, ist für Voltaire nur natürlich. Er atmet nur unter getäfelten Decken, er ißt nur von Geschirr aus Silber oder sächsischem Porzellan, er ist nur geistvoll in seidenen Gewändern, und für diamantengeschmückte Frauen glänzt er am ursprünglichsten: Luxus ist seine Lebensluft.
Er verachtet nicht die Kulissen des Theaters und die Ankleidezimmer der Schauspieler: auch dort lebt er unter Märchenprinzen; die Dekorationen sind nur aus Leinwand, aber sie stellen die Paläste von Königen und Cäsaren dar. Er atmet die göttliche Luft der Tragödien Racines, während er mit den Schauspielern intrigiert. Sein Geist schwebt in höchsten Höhen, obwohl er sich auf einer niedrigeren Ebene mit üblem Gesindel abgibt. Diese Unterschiede stören ihn nicht im geringsten, nur wir schämen uns für ihn, wenn wir seine seltsamen Machenschaften entdecken.

Der Erfolg des ›Oedipe‹ hat einen großen Mann aus dem jungen Autor gemacht, der ein Jahr zuvor noch bereit war, sein Stück zu beschneiden und zu verwässern, um den Schauspielern zu gefallen; von nun an ist er im Theater wie zu Hause. In Erinnerung an glückliche Tage wollte er Mademoiselle de Livry schöne Rollen zukommen lassen: er hatte verziehen, wie man weiß. Aber die schöne Suzanne besaß kein Talent: ihre erste Rolle war ein Mißerfolg. Sie weinte sehr. Voltaire tat mehr für sie, er vertraute ihr die Rolle der Iocaste an! Das war mutig von ihm als Autor. Er wußte wohl, daß Suzanne kaum das unschuldige Mädchen in einem Salon zu spielen vermochte, und doch gab er ihr diese erschlagend tragische Rolle: sie wurde erschlagen und das Stück beinahe mit ihr. Monsieur de Caumartin sagte: »Der Erfolg des Autors (Voltaire) ist nicht im geringsten auf diejenige übergegangen, die sich die Ehre gab, sein Bett zu teilen.« Sie wurde schrecklich ausgepfiffen, nicht nur vom Publikum, sondern auch von ihren Kollegen — vor allem von einem gewissen Poisson, der den Tonfall nachahmte, den Suzanne aus ihrem Dorf mitgebracht hatte und der sich nicht an die Comédie-Française hatte anpassen können. Auch deswegen weinte sie sehr. Voltaire wollte seine Schöne verteidigen und »unser kleiner zorniger Freund erleichterte sich in boshaften Bemerkungen«. Sie müssen schneidend gewesen sein, Poisson spürte die Peitsche. Er gerät in Wut: er will sich schlagen. Voltaire lehnt ab: wie? ein Mann seines Standes, Sohn eines königlichen Notars, Einnehmer der Gerichtskosten bei der Oberrechnungskammer? Er erinnert sich im richtigen Augenblick seiner Geburt — mit einem ›Gaukler‹ wird er nicht die Klingen kreuzen! Ein Gaukler, der obendrein Poisson heißt. Pfui! Das treibt den Zorn des Schauspielers auf die Spitze. Er droht Voltaire, ihn zu verprügeln. Bis dahin spielten Mittelsmänner das Drama, jeder der beiden Kriegführenden schrie und drohte vor einer kleinen Versammlung, und die bösen Zungen übernahmen den Rest. Bei der Androhung von Prügeln unterrichtet Voltaire den Polizeikommissar und bittet um Schutz — was ihn nicht daran hindert, eine kleine Kriegslist zu ersinnen, die vielleicht verwundert, aber 1719 nicht so außergewöhnlich war.

Wir werden sehen, wie dieses Verfahren, so seltsam es erscheinen mag, ein wenig später nicht von Voltaire, sondern gegen ihn angewandt wird. Man muß noch sagen, daß der Schauspieler, wie Voltaire, zur Gesellschaft des Baron Hogguers gehörte — der bestens mit Poisson stand: sie teilten sich in dieselbe Maîtresse. Voltaire läßt also Poisson bestellen, der Baron erwarte ihn dringend. Der mißtrauische Poisson aber riecht den Köder; bevor er aus dem Hause tritt, läßt er die Mauerecken und Eingänge untersuchen. Was findet man? Voltaire in einem mauerfarbenen Mantel, begleitet von zwei Handlangern mit Knüppeln, die sich darauf vorbereiten, Poisson durchzuprügeln. Er eilt hastig in seine Behausung zurück, »da er die Gesellschaft sehr zahlreich findet«. Darauf erhebt er Klage. Voltaire wendet sich seinerseits an alle seine Freunde: d'Argenson, d'Argental und Richelieu und die Caumartins, um die Festnahme Poissons zu erwirken; er will ihn in ein tiefes Verlies werfen lassen und ihn für immer von der Comédie verbannen. Die Caumartins sind der Ansicht, daß er um allzu viel bittet, denn bei aller Freundschaft zu Voltaire wird dieser noch gut wegkommen, wenn man ihn nicht als ›Mörder‹ gefangen nimmt. Sagen wir auch, daß Voltaire eine neue Version für sein Auflauern gefunden hat: Da die Handlanger mit ihren Knüppeln dem Autor des ›Oedipe‹ unwürdig scheinen, gibt er an, er habe Poisson nur mit zwei Pistolen, die er in der Tasche trug, den Schädel einschlagen wollen. Davon wurde die Sache nicht besser. Wie dem auch sei, er machte keine sehr gute Figur. Trotzdem kam er mit Hilfe der Herzöge, Herzoginnen und des Ministers, Monsieur Machault, verhältnismäßig gut davon. Man ließ Poisson gefangen nehmen und setzte ihn fest. Da aber niemand wollte, daß er vermoderte, wurde gleichzeitig vereinbart, Sieur Arouet de Voltaire solle dem Minister einen Brief schreiben, seine Klage zurückziehen und um die Freilassung Poissons bitten. Dies geschah. Aber anstatt den Brief in dem Wortlaut zu schreiben, den der Minister aufgesetzt hatte, verfaßte Voltaire eine Epistel in Versen, ausgeschmückt mit den ihm eigenen Komplimenten für den Minister, dem man für den angebotenen Vergleich dankte, wie für Poisson, den man für

unschuldig erklärte und dem man vergab. Poisson wurde freigelassen. Aber Monsieur de Machault war sehr ärgerlich, da Voltaire, voller Stolz auf seine Epistel, Abschriften davon in der
Pariser Gesellschaft zirkulieren ließ, die über diese Komödie
lachte, bei der weder der Schauspieler, noch der Minister, noch
der Dichter eine sehr schöne Rolle spielten.

Zwangsaufenthalt im Schloß

In jenen Tagen kam es zu einem neuen Skandal — dem Skandal
der ›Philippiques‹. Man ahnt, daß es sich um einen neuen Angriff gegen Philippe d'Orléans handelt. Wieder einmal tauchte eine haßerfüllte, leidenschaftliche Schmähschrift auf, von in-
fernalischer Bosheit: man dachte sofort an Voltaire. Warum?
Weil der Regent seit dem ›Puero regnante‹ vor ihm auf der
Hut war, weil Voltaire mit Leuten verkehrte, die aus verschiedenen Gründen äußerst schlecht mit der Regierung standen:
Richelieu war schlecht angeschrieben, die Villars ebenfalls, die
Duchesse de Maine in Scéaux schmiedete Komplotte und sah
sich schon auf dem Thron, dann aber galt Voltaire auch als
Vertrauter der zweideutigen Barone Goertz und Hogguers.
Der eigentliche Autor der ›Philippiques‹ war ein gewisser La
Grange-Chancel. Als er sah, daß man Voltaire verdächtigte,
fand er das Ganze sehr lustig und schrieb:

> On punit les vers qu'il peut faire
> Plutôt que les vers qu'il a faits.

Es war zu schön, sich über die Polizei und Voltaire lustig zu
machen.
Voltaire war also unschuldig: sein Haß gegen den Regenten
war erloschen. Er bewies es, indem er später die Verteidigung
des Prinzen übernahm, an den ihn viele gute Eigenschaften —
und noch mehr Fehler — hätten binden müssen. Er versuchte,
gegen die Verleumdungen anzugehen, an deren Verbreitung
er selbst so großen Anteil hatte. Philippe hatte getan, als habe
er ihn vergessen, aber jetzt, zwei Jahre nach dem unflätigen
›Puero Regnante‹, erinnerte er sich wieder so gut an ihn, daß er

Sieur Arouet de Voltaire zu verstehen gab, die schöne Jahreszeit sei gekommen — es war im Mai 1719 — er könne möglichst weit von Paris eine Luft finden, die für seine Gesundheit günstig sei. Das war zwar nicht Gefängnis, aber frische Luft, mit anderen Worten: Exil. Er reiste also von einem Schloß zum anderen, setzte sich dann jedoch aufs neue in Sully fest. Dort nun stürzte sich jener Wucherer auf ihn, dem er im Alter von dreizehn Jahren Schuldscheine unterschrieben hatte. Der Wucherer — der eine Wucherin war — kam, um das ihr Zustehende zu verlangen. Doch Voltaire kann beweisen, daß er damals noch nicht volljährig war und die Schuldscheine ungültig sind. Es fehlte ihm noch ein Monat bis zu seiner Volljährigkeit. Der Sohn des Notars versteht sich auf Spitzfindigkeiten. Er hatte von Dame Thomas fünfhundert Livres geliehen!

Er erzählt selbst, daß er auch mit anderen Wucherern Streit bekam. Eines Tages begab er sich zu einem, um ein paar Sachen zu verpfänden. Er sah auf dem Tisch zwei Kruzifixe und fragte den Mann, ob man ihm solche Dinge als Pfand bringe. Der ehrliche rechtgläubige Wucherer schrie laut und sagte, alles müsse bei ihm seine Ordnung haben und er wolle nun einmal seine Geschäfte in Gegenwart unseres Heilandes Jesus Christus abschließen. Worauf Voltaire schlagfertig antwortete, ein einziges Kruzifix genüge doch und er könne es ja beim Abschluß seiner Geschäfte zwischen sich und seine Klienten stellen, mit anderen Worten, zwischen die beiden Schächer. Trotz der Logik dieses schönen Gedankens kam der Schächer-Wucherer in Wut, meinte, Voltaire sei gottlos und er wolle nichts mit ihm zu tun haben. Voltaire verließ den Raum, doch kaum war er auf der Treppe, als der fromme Schächer ihn zurückrief und ihn, geplagt von seinem Gewissen, schwören ließ, daß er keine bösen Absichten im Hinblick auf unseren Heiland habe. Voltaire schwor. Er hinterließ seine Pfandstücke und erhielt sein Geld — abzüglich der Zinsen: 10% für sechs Monate. Als er später zurückkehrte, um seine Sachen wieder auszulösen, war der fromme Wucherer samt den Pfandstücken, die fünfmal soviel wert waren wie die geliehene Summe, verschwunden. Voltaire war an den bösen Schächer geraten!

Im Exil arbeitet er. Er schreibt eine neue Tragödie: ›Artémire‹. Adrienne Lecouvreur will die Rolle spielen, das ist schon ein sicherer Erfolg. Der Abbé de Bussy verbreitet überall, daß ›Artémire‹ den Ruhm aller Tragödiendichter der Antike und des vergangenen Jahrhunderts zum Erblassen bringen würde. Der Beweis ist, daß der Abbé bei der Lektüre von ›Artémire‹ so weint, daß er einen Schnupfen bekommt. Wieviel Zartgefühl ein Libertin doch für die Verse Voltaires haben kann!

Man weiß, wie solche Erfolge bei Freunden enden – mit einem Reinfall. Dieses Schicksal erlitt ›Artémire‹ am 15. Februar 1720. Wütend über das Pfeifen und die Witze sprang Voltaire in seiner Loge auf, wo er vor Zorn kochte, und wandte sich an das Publikum. Er mußte schon sehr geschickt sein – ein geschickter Schauspieler, denn sein Auftreten wurde ein Theatercoup. Er bekam das Publikum auf seine Seite. Wenn man sich vorstellt, daß der Saal tobte und sich an der grausamen Freude gütlich tat, ein Stück zu Fall zu bringen, dann kann man nur diese fast magische Wirkung bewundern, die von der Sprache eines Mannes ausging, der weder stattlich aussah, noch eine große Stimme oder irgendwelche Macht besaß, nur jenen strahlenden Blick und jene bezaubernden Worte, die in diamantenen Kaskaden von seinem Balkon in das Paterre hinabfielen. Und das Wunder geschah: das Parterre spendete dem Autor Beifall, dessen Tragödie es eben noch ausgepfiffen hatte.

Aber das Wunder erweckte ›Artémire‹ nicht wieder zum Leben: sie war ganz und gar tot. Mit jener Hellsichtigkeit, die ihm bei seinen eigenen Werken nie fehlte, unterwarf er sich dem Urteil des Publikums. Er begann von vorne mit seinem Stück, er änderte es unter dem Druck des Maréchal de Villars um: er stellte es von neuem vor. Das Publikum lehnte es wieder ab. Damit war die Sache zu Ende.

Man erlaubte ihm, aus dem Exil zurückzukehren, weil man dem Regenten seine Unschuld bewiesen hatte: seine ›Freunde‹ am Hofe von Scéaux und die des Baron Goertz hatten ihn angeschwärzt! Er erfuhr nie von diesem Verrat, aber die Polizei wußte davon. Er fühlte, daß man ihm von oben her nicht grollte. Darum bat er den Regenten um die Erlaubnis, ihm sein

Gedicht ›La Ligue‹ vorlesen zu dürfen. In der Bastille verfaßt, wird es unter dem definitiven Titel ›La Henriade‹ bekannt werden. Voltaire sagte dem Regenten, er singe seinem Vorfahren, Heinrich IV., ein Loblied, dem er außerordentlich gliche. Sein Freund Thiériot, der ehemalige Notarschreiber, wird beauftragt, die neun Gesänge des Epos abzuschreiben, während Voltaire einige Zeit im Schloß seines Freundes Richelieu verbringt. »Ich bin zur Zeit im schönsten Schloß Frankreichs, es gibt keinen Prinzen, der so viele und so schöne Statuen besäße. Alles erinnert hier an die Größe des Kardinals. Der Schloßhof ist gebaut wie die Place Royale (Place des Vosges). Das Schloß ist unendlich groß, aber noch mehr gefällt mir Monsieur le Duc de Richelieu, den ich mit unendlicher Zärtlichkeit liebe, wenn auch nicht mehr als Sie.« So ist Voltaire: der Notarsschreiber und der prächtige Herzog haben den gleichen Rang in seinem Herzen.

Heute ist das herrliche Schloß dem Erdboden gleichgemacht. Die Zerstörer haben die Steine zum Pflastern von Straßen verkauft. Kurz vor dem Besuch wäre auch der schöne Herzog fast dem Erdboden gleichgemacht worden: er hatte nämlich an der Verschwörung Alberonis Anteil, der Bayonne den Spaniern ausliefern sollte. Der Regent sagte, das Verbrechen Richelieus rechtfertige, daß man ihm vier Köpfe abschlage, wenn er sie hätte. Sein Onkel, der Kardinal, hätte ihm gewiß einen davon abgeschlagen. Richelieu aber wurde gerettet durch die Liebe, die ihm Mademoiselle de Valois, die Tochter des Regenten, entgegenbrachte. Sie liebte ihn so sehr, daß sie bereit war, um ihm das Leben zu retten, für immer auf ein Wiedersehn zu verzichten und den bis dahin stets abgewiesenen Herzog von Modena als Gatten anzunehmen. Was den immer bevorzugten Richelieu betrifft, so wurde er einfach dazu verurteilt, auf sein Schloß ins Exil zu gehen . . . doch er hatte das Recht auf Voltaire als Zeitvertreib. Das war keine Strafe mehr, sondern eine Belohnung. Der Herzog wurde mit Liebe und Freundschaft überschüttet. Er genoß alles in größter Ruhe, überzeugt davon, daß er geboren sei, um Erfolg zu haben, und daß das Schicksal nur seine Schuldigkeit ihm gegenüber täte.

Diese Art Gesellschaft bezauberte Voltaire, er liebte den Anblick des Glücks, wie er den Luxus liebte.

Er reiste von Schloß zu Schloß, sein Manuskript ›La Henriade‹ als Reisepaß benutzend: von Richelieu nach Sully, von Sully nach La Source, wo ein vornehmer englischer Adliger namens Lord Bolingbroke wohnte. Mit dem ihm angeborenen Geschick für Publizität wählte er einige Passagen aus und las sie heimlich, hier und dort, vor ein paar Leuten vor. Aber mit welchem Mienenspiel! Thiériot erhielt Weisungen: er schrieb ab und schrieb ab, verteilte an den richtigen Orten einen richtigen Auszug, flüsterte sich versteckend einige schlüpfrige Verse in die Ohren bedürftiger ›Literaten‹, die die schärfste Feder und die böseste Sprache in Paris führten und die sofort weitertrugen, was sie zu verschweigen gelobt hatten — wie man es von ihnen erwartete. Kurz, das ungedruckte, so beunruhigende Gedicht erfreute sich schon der Berühmtheit, ehe es beendet war. Überall zirkulierten Passagen daraus. Jener neue Name: Voltaire, war in aller Munde, man las ihn unter gewagten Strophen gegen die Religion. Man las Voltaire und verstand: Skandal!

Sobald sich das Gerücht überall verbreitete, merkte Voltaire, daß es Zeit zu dementieren sei. Er hatte alles getan, um zu dieser Art von Berühmtheit zu kommen; als es ihm nur allzu gut gelungen war, bekam er Angst. Die Neuigkeiten aus Paris erschreckten ihn ein wenig. Er fragte Thiériot: »Welchen Erfolg hat sein Sohn (das Gedicht) in der Welt, hat er viele Feinde, und hält man mich immer noch für seinen eigentlichen Vater?«

Aber seiner Eitelkeit waren die Lektüreabende, an denen er sich wie ein Schauspieler vor einem vornehmen Publikum benahm, so genehm! Er las und mimte und hatte immer Erfolg damit. Nur einmal machte ein Monsieur de La Faye eine recht strenge Bemerkung über die Art, wie er Heinrich IV. behandelte. Aufs äußerste empfindlich, wurde Voltaire von Wut gepackt, sammelte voller Zorn seine Blätter zusammen, warf sie in den Kamin und schrie: »Sie taugen also nur dazu, verbrannt zu werden.« Der Präsident Hénault war es, der sich in die Flammen stürzte, um Heinrich IV. zu retten. Es gelang ihm, und er war nicht wenig stolz darauf: bis zu seinem Lebensende

schmeichelte er sich, ein Meisterwerk gerettet zu haben(Thiériot hatte noch andere Kopien, da können wir sicher sein!). »Erinnern Sie sich daran, daß ich es war«, rief der ehrenwerte Retter, »der die Henriade rettete, und daß mich das ein schönes
Paar Manschetten kostete«. Der Arme hatte seine Spitzen ver-
sengt!

Eine gewisse Affaire Law...

Während er von Schloß zu Schloß reist, zeigt er sich den Neuigkeiten aus der Hauptstadt gegenüber nicht gleichgültig. Er
ist von allem unterrichtet, was um so leichter ist, als er viele
Freunde hat, die eine ebenso behende Feder wie Sprache führen. Das Ereignis, das Paris in diesem Jahr 1721 bewegt, gleicht
einem Gewitter. Es handelt sich um die Affaire Law. Dieser
gebürtige Schotte, Generalkontrolleur der Finanzen, hatte die
Idee, wie man weiß, das Metallgeld durch vom König garan-
tiertes Papiergeld zu ersetzen. Die kleinen Papierchen entzückten die Pariser: diese Reichtümer, die leicht waren wie ihr Blut,
machten ihnen Spaß, um so mehr, als sie sich von Tag zu Tag,
ja von Stunde zu Stunde durch zügelloses Spekulieren an ihnen
bereicherten. Auf der Rue Quincampoix fand die Börse im Freien
statt: ein wahres Babel. Michelet hat uns eine lebendige Schilderung davon gegeben: »Die Schlauen aus allen Provinzen
und aus allen Ländern Europas, ganz zu schweigen von unseren Leuten aus der Gascogne, dem Dauphiné oder aus Savoyen,
hatten frühzeitig ihre Plätze eingenommen, hatten alle Läden
gemietet, um sie als Büros zu benutzen. Die enge Straße ent-
lang (sie hat sich nicht verändert) stieß und drängte sich die
Menge der Käufer, der Verkäufer, der Tauscher, der Spekulan-
ten, der Geprellten und der Spitzbuben. Keine hohen Herren
(sie spekulierten durch Mittelsmänner), aber eine Menge Edelleute, Richter, Mönche, bis zu den Doktoren der Sorbonne.
Keine Scham, unbemäntelte Wut: Beleidigungen, Tränen, Flüche, heftiges Gelächter. Dazu die Verwechslungen. Dieser Abbé
gibt statt Banknoten Trauerkarten. Jene Damen spielen sich

selbst, fleischgewordene Aktien, und zahlen mit Müttern und Töchtern. Wenn die Abendglocke das wilde Treiben der Straße endet, stürzt sich das brodelnde Babel in die Cafés, zu den Köchen der benachbarten Gassen, in die Freudenhäuser, wo die gewitzten Damen die Geldbeutel der Gewinner erleichtern.« Diese Gerüchte von Geld, von Vermögen, die entstehen und wieder verschwinden, gelangen bis zu Voltaire. Er schreibt dem freundlichen Génonville, um ihn zu beglückwünschen, daß sein Geist nicht durch das ›System‹ in Verwirrung geraten sei.

> Le système n'a point gâté
> Son esprit aimable et facile
> Il a toujours le même style
> Et toujours la même gaîté.

Voltaire läßt sich wie sein Freund nicht auf das ›System‹ ein; Génonville aus Gleichültigkeit, Voltaire aus Klugheit. Er ist kein Freund jener plötzlichen Begeisterung, vor allem der Masse; er hat Aufwallungen, nicht zu unterdrückende Ausbrüche, aber nie wird seine Vernunft in Mitleidenschaft gezogen. Er verabscheut die ansteckenden Ideen, die Vermischung von Meinungen, den kollektiven Wahnsinn. In dem Augenblick, als die eine Hälfte Frankreichs sind mit Papier bereichert und die andere sich ruiniert und ihr Geld verliert, schreibt er an Génonville, daß er nicht zu glauben wage, was man ihm erzählt: »Seid ihr wirklich alle in Paris verrückt geworden? Ich höre nur noch von Millionen reden. Man sagt, alles, was im Wohlstand lebte, sei im Unglück, und alles, was bettelte, habe jetzt Überfluß. Ist das wirklich wahr? Ist das ein Hirngespinst? Hat die Hälfte der Nation den Stein der Weisen in den Papiermühlen gefunden? Ist Law ein Gott, ein Scharlatan, ein Spitzbube, der sich mit dem Gift vergiftet, das er aller Welt verteilt? Begnügt man sich mit eingebildeten Reichtümern? Es herrscht ein Chaos, in dem ich mich nicht zurecht finde und von dem Sie, wie ich mir denken kann, nichts verstehen. Was mich betrifft, so überlasse ich mich keinen anderen Hirngespinsten als denen der Poesie.«

Der gesunde Menschenverstand der Arouets paßt sich nicht den Hirngespinsten an.

Im übrigen hat er ausgezeichnete Berater in den Brüdern Pâris, die geschworene Feinde des ›Systems‹ sind und mit seinem Zusammenbruch spekulieren, der es ihnen ermöglichte, ein ungeheures Vermögen zusammenzubringen; und auch ihr Freund Voltaire wird, in ihren Spuren wandelnd, sein Kapital sich verzehnfachen sehen. Sie haben seine natürliche Vorsicht unterstützt. Vielleicht wäre er der Versuchung erlegen. Denn es ist unmöglich, daß ein junger Mann, der schon zeigt, daß er sich in der Gesellschaft nicht als dichtende Kirchenmaus, sondern als dichtender Herr niederlassen will, nicht daran gedacht hätte, mit Spekulieren Gewinn zu machen. Als die Scheine Laws versanken, zog Voltaire mit einem Wort die Bilanz des ›Systems‹: »Man gibt dem Papier wieder seinen eigentlichen Wert.«

Aber die Schlauen hatten geschickt gespielt. Der Prince de Conti, der das Kompliment Voltaires so gut aufnahm, besaß auch noch andere Talente: beizeiten von dem Bankrott informiert, ließ er sich seine Scheine bei der Law'schen Bank wieder umtauschen: man brauchte drei Wagen, um das Metallgeld wegzufahren. Man sprach von vierzehn Millionen Livres — ungefähr vierzehn Milliarden kleine Francs. Am nächsten Tag bewerkstelligte der Duc de Bourbon denselben Rückzug. Das Volk fand, daß die Fürsten von Geblüt herrlich mit den Scheinen des Monsieur Law spekulierten. Ihre Beliebtheit wurde nicht größer dabei. Was eine Anspielung Voltaires erklärt. Als er einmal mit dem Prince de Conti im Theater war, gab dieser das Signal für den Applaus, und der ganze Saal folgte ihm. Voltaire hatte daraufhin die Stirn, ihm zu sagen:

»Monseigneur, ich dachte nicht, daß Sie so großen Kredit haben.«

Im Sommer 1721 befindet sich Voltaire in Sully, endlich einmal aus eigenem Willen. Der Zeitvertreib dieser Wochen ist Fontenelle und sein Buch ›La Pluralité des Mondes‹. Man studiert die Sterne: das ermöglicht, des nachts in den Park hinauszugehen, bringt aber gleichzeitig eine große Sorge, denn die Mode ändert sich. Man will von nun ab ›wissenschaftlich‹ sein, vor allem in der Astronomie. Man muß sich also unterrichten.

Die Damen und Herren werfen sich auf die Wissenschaft wie auf die Scheine Laws: man spricht über das, was gravitiert, ohne allzu genau zu wissen, um was, warum oder wie — man muß anerkennen, daß das Thema gewagt ist. Immerhin hat man das Vergnügen, zu reden, den Himmel zu beäugen und im Mondenschein zu speisen. Das Schloß ähnelt einer sehr kostbaren Volière, erfüllt vom Rauschen glitzernder Schwingen, von Piepen, Glucksen und Kosen. Im übrigen trägt die beste Schülerin Fontenelles den erlesenen Namen Madame de la Mésangère. All das ist keineswegs ernsthaft, Voltaire gibt sich keinen Illusionen hin, aber es ist charmant:

> Le soir sur des lits de verdure
> Lits que les mains de la nature
> Dans ces jardins délicieux
> Créa pour une autre aventure
> Nous brouillons tout l'ordre des cieux.
> Nous prenons Vénus pour Mercure
> Car vous savez qu'ici l'on n'a
> Pour examiner les planètes
> Au lieu de longues lunettes
> Que des lorgnettes d'opéra.

Das ist so vollkommen gesagt; man sieht nicht ein, warum sie nicht dieselben Probleme im Ballsaal hätten diskutieren können. Die voranstehenden Zeilen schreibt er Fontenelle, um ihm zu danken. Er scheint zu tändeln, aber sein Brief ist sorgsam geschrieben, verfaßt, um Fontenelle zu gefallen und gelesen zu werden: Publizität! Er weiß das sehr gut und schreibt an Thiériot: »Schicken Sie mir meinen Brief an Fontenelle und seine Antworten zurück, all das ist nicht viel wert, aber es gibt auf der Welt Dummköpfe, diees für gut halten könnten.«

Regelung der Familienangelegenheiten

Monsieur Arouet starb am 1. Januar 1722 an Wassersucht. Die Beziehung zwischen Vater und Sohn war besser geworden, da erwähnt wird, daß die beiden Söhne zur Zeit des Todes unter dem väterlichen Dach lebten. Es sieht nicht so aus, als hätte Voltaire großen Schmerz bekundet. Aber die Erbangelegenheiten und sein Bruder werden ihn noch dazu bringen. Armand ist im Vorteil, da er der Ältere ist — er hat das Recht und die Leute vom Gericht auf seiner Seite. Voltaire gerät darüber in Wut. Er schreibt seiner Freundin Madame de Bernière: »Mein Vermögen hat beim Rechnungshof ein so teuflisches Geschick, daß ich eines Tages gezwungen sein werde, zu arbeiten, um leben zu können, nachdem ich gelebt habe, um zu arbeiten.« Eine schöne Maxime für einen so Fleißigen. Aber das Vermögen, auf das er wartete und das ihm die Muse zum Arbeiten geben sollte, entwischt ihm. Er macht seinem Bruder den Prozeß: »Tausenderlei Dinge muß ich regeln, deren geringstes der Prozeß ist, den ich nochmals gegen das Testament meines Vaters anstrenge.« Er wird ihn verlieren.

Vater Arouet war so entrüstet über François, daß er ihn in seinem Testament zu Gunsten seines Bruders schlecht wegkommen ließ. Voltaire hatte nichts gemein mit diesem Armand, der Jansenist war wie sein Vater und die meisten Gerichtsleute. Diese waren es aus Strenge und moralischer Anständigkeit, Armand war es aus Verbohrtheit. Vater Arouet zog den verrückten Jansenisten dem verrückten Libertin vor — das eine war nur unangenehm, das andere aber ehrenrührig. Er begünstigte also Armand, der der Tradition der Arouets folgte. Bei ihm konnte man ruhig sein: er war ›wie jedermann‹. Zwischen zwei Andachtsübungen hatte sich Armand dennoch die Zeit genommen, das Amt seines Vaters bei dem Rechnungshof auf sich übertragen zu lassen — das hatte seine Richtigkeit: der Amtswechsel war zwei Tage vor dem Tode des Vaters unterzeichnet worden. Dieses Amt war der fetteste Bissen: zweihundertvierzigtausend Livres im Jahr 1701. Die Schwester, Madame Mignot, hatte außer ihrer Mitgift noch zwei Häuser erhalten. Voltaire war zwar nichts an der Kontrolle über die Gerichtskosten am Rechnungshof gelegen, aber an einer substantiellen Entschädigung, zum Beispiel der Hälfte vom Wert des Amtes. Er hatte nur viertausend Livres Rente bekommen. Das war Wohlstand, aber nicht Reichtum Armands.

Die guten Beziehungen, die er zu den Brüdern Pâris unterhielt, hatten ihm gestattet, sich ein paar Papiere anzulegen:
drei Aktien der Compagnie des Indes und fünf Scheine zu tausend Livres. All dies gab ihm eine Rente von ca. hundert Livres, wozu die Pension des Regenten von tausendfünfhundert
Livres kam — die der Fürst gütigerweise auf zweitausend Livres erhöhte, als er vom Tode Monsieur Arouets erfuhr. Er fühlte
Mitleid mit dem armen Waisenkind!
Dieses Waisenkind hatte also 1724 eine Rente von ca. sechs-
tausendfünfhundert Francs, zuzüglich der Autorenrechte seiner
Tragödien, aber das war wenig, und er verlangte keine vollständige Zahlung. Er spielte den großen Herrn und überließ
den Schauspielern den besten Teil der Einnahmen.

Der Versuchung widerstanden

Die Maréchale de Villars möchte ihn gern wieder an sich ziehen, aber da sie zu vornehm ist, einen Schritt zu wagen, der
eine Niederlage sein könnte, schickt sie den Maréchal. Das ist
mutig und ein wenig kurzsichtig. Ein alter Maréchal, und vor
allem dieser, ist für Voltaire ein liebenswerter Mensch. Der
Maréchal schreibt ihm, um ihn einzuladen, er läßt alle ihn
erwartenden Vergnügungen vor ihm aufblitzen — sie sind verlockend! Man spielt Komödie in Villars, man hat ein reizendes
Theater, Schauspieler, Schauspielerinnen und Amateure. Es
fehlt nur Voltaire. Aber er läßt nicht mit sich verhandeln. Er
verbirgt sich hinter den Weisungen seines Arztes. Wir erfahren, daß er todkrank ist — zum erstenmal hören wir diese
Klage, deren Echo sich bis zum Schluß dieses endlosen Lebens
wiederholen wird, das, wenn man ihm glauben soll, nur eine
lange Agonie war. Ja, er liegt im Sterben, er ist in den Händen
seiner Ärzte, wenn er sich auch nur um einen Schritt von ihnen
entfernt, so ist er tot. Will der Maréchal ihn umbringen?
Der Arzt, Monsieur Vinache, von Voltaire instruiert, verbreitet
also in Paris, daß die Luft in Villars für seinen Patienten Gift
sei. Dieser Vinache war eine Art Scharlatan. Er hatte den Stein

der Weisen mit dem Regenten zusammen gesucht, der diese Art Forschungen liebte. Weder der eine noch der andere fanden ihn, aber der Scharlatan hatte mehr Erfolg als der Prinz, er fand ein Elixier, das einige Phantasten heilte und das er einer Unzahl anderer verkaufte, die nicht gesund wurden, ihm aber ein Vermögen von hunderttausend Livres verschafften.

Voltaire ging nicht nach Villars, aber er seufzte tief, während er die lockenden Briefe des Maréchal las: man teilte ihm mit, daß man gerade ›Polyeucte‹ aufführe; zwei Grenadiere des Königs spielten in Frauenkleidern die Rollen von Pauline und Stratonice! Man hatte sie frisieren, ankleiden und pudern müssen. Dem hatte sich mit ausgelassenem Eifer die Tochter des Maréchal de Noailles gewidmet, aber als es darum ging, die Reifröcke auf den nackten Hüften der Grenadiere Seiner Majestät zu befestigen, sei die junge Person, wie erzählt wird, erschreckt gewesen durch den Beweis der Bewunderung, die jene Pauline und jene Stratonice — wortlos — für ihre Ankleiderin zur Schau gestellt hätten.

Überall wird Komödie gespielt, selbst im Gottesdienst. Der Maréchal erzählt Voltaire, daß ein Zimmermädchen verrückt auf den Gärtner sei. Die Mutter der Soubrette habe sich öffentlich einer solchen Mesalliance widersetzt. Vielleicht hätte sie nachgegeben, wenn Madame la Maréchale die Kosten der Hochzeit im Schloß übernommen hätte; doch ach! bekannt durch ihre Sparsamkeit, hielt sie lieber der Mutter eine Predigt über ihre Härte, als die hundert Livres herauszurücken, um deren Tochter zu verheiraten. Nun stichelt der Maréchal gegen seine Frau wegen ihres Geizes, obschon er in demselben Ruf steht. Als er nämlich eine Gouverneursstelle in der Provence antrat, wollte es die Sitte, daß man dem neuen Gouverneur eine goldene Börse brachte, die jener abzulehnen hatte. Aber er lehnte es ab, abzulehnen. Man war hartnäckig, man sagte ihm, selbst der Duc de Vendôme habe abgelehnt: »Ja!« rief der Maréchal aus, »er war unnachahmlich!« Und riß die provenzalische Börse an sich.

Das hinderte ihn nicht, redselig zu sein. Er erzählte Voltaire alles. Er will, daß er zur Familie gehört. Er ist rührend, der gute Maréchal, er scheint zu sagen: »Nun los, Sie gehören doch zu uns, Sie sehen doch, daß ich Ihnen alles sage.« Und er erzählt ihm, daß ein Kammerdiener sich von dem Kutscher eines Gastes habe verprügeln lassen; daß der Pfarrer von der Obrigkeit zur Ordnung gerufen worden sei, weil er nicht gut von dem Heiligen Geist gepredigt habe, usw.

Und Voltaire hatte das Herz, dem berühmten Herrn, einem Maréchal de France, der ihm den Hof machte, zu widerstehen. Dabei war er fest verwurzelt in dieser Gesellschaft, die so an ihm hing — zweifelsohne weil er.ihr Schmuck war, zweifelsohne weil diese vornehme Gesellschaft fühlte, daß Voltaire bis ins Mark zu ihr gehörte. Und doch widerstand Voltaire, weil ihm die Maréchale widerstanden hatte — ihm und anderen nicht. Es ist bemerkenswert, wie ein hoher Herr der Régence einen jungen Dichter, den Sohn eines Notars, behandelt. Etwas Neues liegt in der Luft.

Der ehrgeizige Scapin

Sein Ehrgeiz, dem König bei seinen Plänen in der hohen Politik zu dienen, treibt Voltaire, dem Minister, Kardinal Dubois, den Hof zu machen. Ein gewissenloser Mann, Voltaire weiß das wie alle Welt. Aber das hindert ihn nicht, zum niedrigsten Speichellecker zu werden. Fügen wir hinzu, daß er nicht allein kroch. Fontenelle und selbst Massillon zeigten ihm den Weg. Dieser hochstehende Prälat hatte ein Zeugnis über gute Lebensführung und gute Sitten unterzeichnet, das dem Abbé Dubois (der im Laster versank) vonnöten war, um den Kardinalshut zu erlangen — die einzige Würde, die einem Premierminister im Priesterrock zukommt.

Aber Voltaire übertrifft ihn, er vergleicht ihn mit Richelieu, auf Kosten Richelieus natürlich:

> Ton génie et le sien disputaient la victoire
> Mais tu parus et sa gloire
> S'éclipsa un moment.

Das erscheint ein wenig stark — war aber trotzdem nicht genug. Voltaire geht daraufhin offener vor. Was man erfährt, ist kaum glaublich, aber wie alles in seinem Leben, wird es aufgezogen wie im Theater, man stößt auf hochtrabende Szenen, auf Farcen und Streiche. Hier einer davon.

Voltaire hatte beim Herumstöbern in den verborgenen Winkeln von Paris einen gewissen Salomon Levi aufgetan. Dieser Mann hatte schon allerlei Dienste geleistet, in verschiedenen Ländern — ob er nun ein doppelter oder dreifacher Agent war, darum kümmerte sich der vor Ehrgeiz dürstende Voltaire wenig. Da Salomon Dienste leistete, mußte man sich seiner bei dem Kardinal-Minister bedienen. Der französische Hof hatte sich dieses Agenten schon unter Monsieur de Chamillard gegen Österreich bedient, Österreich hatte sich seiner gegen Frankreich bedient, denn Salomon lieferte Waffen für die Kaiserliche Armee. Das hinderte ihn nicht, dem Maréchal de Villeroy, Kommandant der französischen Truppen in Deutschland, Auskünfte zu erteilen. Die Franzosen sperrten ihn zwar ein, aber er zog sich ohne Schaden aus der Schlinge, indem er Genaueres mitteilte. Er diente auch dem Maréchal de Villars in Österreich. Voltaire hatte also keinen Debütanten gewählt, um sich einweisen zu lassen: aber in was? In die Spionage oder in die Diplomatie? Salomon machte geltend, daß er mit einem Privatsekretär des Kaisers auf vertrautem Fuß stände: unser Lehrling glaubte sich dadurch an der Quelle aller Auskünfte, die die Politik des Königs gegenüber Österreich erhellen könnten.

Er erklärt, daß er bereit sei, nach Wien zu reisen. Man ist entsetzt: in welcher Eigenschaft? Was ist er denn eigentlich? Der Spion eines Spions! Vom Ehrgeiz angestachelt, stürzt er sich wie ein Wahnsinniger auf diese Angelegenheit und schreibt am 28. Mai 1722 dem Kardinal-Minister:

»Ich kann leichter als irgendjemand sonst nach Deutschland gelangen, und zwar unter dem Vorwand, Rousseau zu besuchen, dem ich vor zwei Monaten geschrieben habe, ich verspürte die Lust, mein Gedicht (La Henriade) dem Prinzen Eugen und ihm zu zeigen. Ich besitze sogar Briefe des Prinzen

Eugen, in denen er mir die Ehre gibt, mir zu sagen, er wäre glücklich, mich zu sehen. Wenn diese Erwägungen dazu dienen könnten, mich für irgend etwas zu verwenden, so flehe ich Sie an zu glauben, daß Sie nicht unzufrieden mit mir sein würden und daß ich Ihnen ewig dankbar wäre, mir erlaubt zu haben, Ihnen zu dienen.«

Er bittet nur darum, »zu irgend etwas verwendet zu werden«, er bittet nur darum, mit einer Mission betraut und auf die Liste der Spione gesetzt zu werden, er spricht von keinem Gesandtschaftsposten, aber wenn er auch nichts davon sagt, so denkt er doch daran. Man mag ihn auf die Probe stellen, er wird Erfolg haben. Und danach wird er sich seinen Erfolg bezahlen lassen. Und dann wird er oben auf der Liste stehen: das läßt ihn fiebern. Ja, wenn er in dem großen Haus, das man den Hof nennt, Fuß fassen könnte! Unglücklicherweise beachtete der Kardinal Dubois den Amateurspion in keinster Weise: er überließ ihn seinem Amateurtum. Welch schlechte Regierung! In England wäre er Minister.

Ein böses Zusammentreffen

Voltaire war von der Rolle unterrichtet worden, die sein ›Freund‹ Beauregard bei seiner Einkerkerung gespielt hatte. Er wurde von einem so wütenden, hartnäckigen Haß gepackt wie nie wieder in seinem Leben. Man muß zugeben, daß Beauregard nichts besseres verdiente. Dieser Oberst des provenzalischen Regimentes führte nicht auf dem Schlachtfeld Krieg, sondern in Pariser Cafés mit unvorsichtigen Dichtern. Er machte Jagd auf die Leute, die die Maîtressen des Königs verspotteten, aber er ließ die Feinde Frankreichs schlafen. 1720, vier Jahre nach seiner Festsetzung, sah sich Voltaire in Versailles seinem Denunzianten gegenüber: es wurde schrecklich. Der Dichter fühlte sich innerlich kochen und, den sauberen Helden mit seinem Feuerblick vernichtend, auf seinen Sporen aufgerichtet wie ein wütender Hahn und ihn mit seiner giftspritzenden Zunge bedrohend, schrie er ihm aus vollem Halse die abscheulichsten Worte entgegen. Der andere verdiente sie zweifellos — aber man befand sich beim König! Man bildete einen Kreis um die beiden. Beauregard, weitaus beherrschter, versprach Voltaire, ihm bald Anlaß zu geben, seine Ausfälle zu bereuen.

Eine grobe Unvorsichtigkeit Voltaires — seine schreckliche Lebhaftigkeit spielte ihm auf diese Weise manch üblen Streich. Der Spion stand unter dem Schutz des Kriegsministers, Monsieur Le Blanc. Dieser wußte sehr wohl, wozu ihm Beauregard diente, der sein Geschöpf war. Als Voltaire von dieser Verbindung erfuhr, bedachte er sich nicht etwa. Keineswegs. Er wurde, wie oft in der Folgezeit, das Opfer jener wahnsinnigen Erregung, die ihm jede Zurückhaltung, jede Kontrolle über sich nahm. Es wäre manches über die Nerven Voltaires zu sagen. Er hatte, wie die Ärzte es ausdrückten, gewisse ›Unverträglichkeiten‹, nicht irgendeiner Speise oder Sensation gegenüber, aber gegenüber bestimmten Personen, Ideen, Meinungen und Philosophien. Ein Name, den er verabscheute und der aus Versehen in seiner Gegenwart ausgesprochen wurde, ließ ihn in Trance geraten. Als man ihn in aller Öffentlichkeit vor Unvorsichtigkeiten warnte, die er Beauregard gegenüber begehen könne, indem man ihm sagte, daß der Minister diesen rächen werde, weil er mit ihm vertraut sei, gab er folgende zündende Antwort: »Ich wußte, daß man Spione bezahlt, aber ich wußte nicht, daß sie zur Belohnung am Tisch des Ministers essen dürfen.«

Um die Tragweite der Sache beurteilen zu können, muß man wissen, daß Monsieur Le Blanc das gleiche moralische Niveau hatte wie Beauregard. Unter seinen Vertrauten befand sich noch ein anderer Spion, ein ehemaliger Soldat, der für einen Halb-Mord degradiert worden war — und der Minister hofierte ihm! Was ist ein Halb-, ein Viertel-Mord? Ein Dolchstoß, der auf eine Rippe gestoßen ist oder eine Kugel, die nur halb getötet hat. Der Minister umgab sich, wie man sieht, mit ehrenwerten Leuten, und sein Gewissen war die leichteste seiner Lasten. Als Beauregard ihn bat, ihn — auf welche Weise auch immer — von Voltaire zu befreien, antwortete ihm Le

Blanc, der zu Unrecht diesen Namen trug: »Aber mach' es so, daß man nichts bemerkt.«

Armer Voltaire — seine Biographie wäre beinahe sehr kurz geworden. Aber diese Verbrecher waren Dummköpfe: Beauregard hätte wissen müssen, daß man Voltaire, wenn er nicht sofort starb, an allen Ecken von Paris würde schreien hören. Dies geschah: Voltaire wurde auf dem Pont de Sèvres angehalten, aus seinem Wagen gezerrt und windelweich geprügelt, außerdem verwundete ihn der Dolch Beauregards im Gesicht. Trotz seines Schmerzes und seiner Schwäche waren Wut, Scham und Haß stärker. Er schrie, lief durch ganz Paris und erzählte von dem Attentat, dem er zum Opfer gefallen war. Und von nun an sucht er sich zu rächen.

Er beweist eine unglaubliche Zähigkeit bei der Verfolgung Beauregards. Seine Arbeiten, seine Vergnügungen werden vernachlässigt. Er wandert vom Richter zum Amtmann, er zwingt den von Sèvres, einen Haftbefehl zu erlassen. Es gibt trotz allem eine Justiz, denn Beauregard hat Angst. Er versteckt sich in den Falten seiner Regimentsfahne. Beauregard in der Armee! Da muß er schon Angst in Paris haben! Wenn Voltaire fortreist, hetzt er Thiériot auf, der die Richter aufhetzen soll: »Sehen Sie zu, daß der Bewußte bald Handschellen bekommt«, schreibt er aus Brüssel. Die Sache beschäftigt ihn Jahre hindurch. Er sagt, daß gleich nach seiner Rückkehr nach Paris seine vornehmliche Aufgabe darin bestehen werde, den Spitzbuben festzusetzen und vor Gericht zu bringen: »Was den Herrn mit den Handschellen betrifft, so rechne ich damit, in zwei Wochen in Paris zu sein . . . Ich bin dann in der Lage, den Spitzbuben zu schnappen und seine Bestrafung mit Hilfe meiner Freunde selbst in die Hand zu nehmen.« Doch wird der Prozeß im Châtelet eröffnet, damit die Justiz ihn rächen kann, falls es ihm nicht selbst möglich sein sollte.

Ist das nun so zu verstehen, daß Voltaire die Absicht hatte, mit Beauregard die Klingen zu kreuzen? Alles läßt darauf schließen. Aber Voltaire hat nichts von einem Raufbold und wäre bei dem ersten Hieb aufgespießt worden. Sein Vorhaben bringt manch einen zum Lachen, denn man ist so von der

Feigheit Voltaires überzeugt, daß man seinen Plan für Prahlerei hält. Sein Freund d'Argenson sagt ihm das ganz offen und tut damit seiner Zuneigung zu Voltaire und seiner Hochschätzung keinen Abbruch, denn er hat wohl erkannt, daß Voltaire mutig ist, was seinen Charakter, nicht aber was seine Nerven betrifft, die schwach sind.

»Er besitzt in seiner Seele einen Mut, der eines Turenne würdig ist«, schreibt d'Argenson, »aber er fürchtet die kleinsten Gefahren für seinen Körper und ist ein rechter Feigling.«

Das scheint glaubhaft. Er ist verfroren, weichlich und furchtsam, aber hingerissen von seiner Wut, ist er durchaus fähig, Beauregard töten zu wollen mit, ach! aller Ungeschicklichkeit eines Mannes, der nur mit der Feder umzugehen versteht. Wenn er nicht fähig war, sich aus überlegtem Mut zu schlagen, so war er doch fähig, sich aus Wut zu schlagen.

Doch zwei Jahre waren verstrichen, und Beauregard lief immer noch frei herum: »Demoulin (sein Anwalt) verfolgt in meinem Namen die Verurteilung Beauregards. Die Kosten ruinieren mich.«

Aber was kümmern ihn die Kosten, wenn Beauregard gehängt wird — das ist es, wovon Voltaire träumt. Zum Glück fällt Le Blanc in Ungnade. Und der Bösewicht wird durch genau den Richtigen ersetzt: den Baron de Breteuil.

Die Richter machen sich ans Werk, und da sie auf kein Hindernis mehr stoßen, haben sie Erfolg. Endlich befindet sich Beauregard in dem Zustand, den sich Voltaire für ihn wünscht: Handschellen um die Gelenke und im tiefsten Winkel eines Gefängnisses. Um ihn länger dort zu halten, verlangt Voltaire, daß man mit der ganzen Untersuchung noch einmal beginne. Er macht alle nur möglichen Anstrengungen, daß man ihn »zu einer seinem Verbrechen und den Gesetzen gemäßeren Strafe verurteilt als es mit einer einfachen Verbannung der Fall wäre.«

Und in ungezwungenem Ton schreibt er an Madame de Bernière: »Beauregard ist immer noch im Châtelet, und ich habe nicht übel Lust, ihn dort noch eine Weile zu lassen.«

Was wird aus Beauregard? Er verschwindet spurlos. Ein

schrecklicher Feind Voltaires, Abbé Desfontaines, berichtete
später, als Schadenersatz für die auf dem Pont de Sèvres empfangenen Hiebe habe der Dichter sich dreitausend Ecus auszahlen lasssen und sich wie ein schäbiger Geizkragen gefreut,
so gut für seine Verprügelung bezahlt worden zu sein. Das ist
pure Verleumdung. Voltaire war bei dieser Sache das Geld
gleichgültig. Vielleicht hat er welches bekommen, aber gewiß
hätte er es gern zurückgegeben, um die Kosten eines lebenslänglichen Gefängnisses für seinen Angreifer zu zahlen.

Wenn es um Haß oder Freundschaft geht, ist Geld für Voltaire
nichts — er würde sich ruinieren, um Böses zu tun, und er
würde sich ruinieren, um Gutes zu tun.

Reise zu zweit in die Niederlande

Gegen Ende des Winters 1722 machte Voltaire einen Streich
mit einer ziemlich neuen Freundin, in deren Gesellschaft er
viel Freude hatte, die er nie mit auch nur einer Viertelstunde
Langeweile bezahlen mußte. Diese Dame ist die Marquise de
Rupelmonde; sie war die Tochter des Maréchal d'Aligre und
hatte sich mit einem flämischen Adligen verheiratet, der im
Dienste des spanischen Königs seinen Tod fand. Der dankbare
Souverain setzte der Witwe eine Pension von zehntausend
Livres aus — sie bekam diese Pension seit so langer Zeit, daß
sie ihren Ursprung vergessen hatte. Aber lassen wir Saint-
Simon über sie sprechen: sie war immer zu Scherzen aufgelegt,
man nannte sie bei Hof ›La Blonde‹ oder ›Hans in allen Gassen‹, was zu denken gibt . . . Er sagt, daß sie keineswegs blond
gewesen sei, sondern »rothaarig wie eine Kuh« und von »unvergleichlicher Frechheit«, daß sie sich überall einschlich und
»auf allen Hochzeiten tanzte«.

So sah die Person aus, mit der sich Voltaire zusammentat, um
nach Flandern zu fahren. Um ehrlich zu sein: das machte ihm
zwar Spaß, aber man fühlt, daß er seiner Sache nicht recht
sicher war. Er unternahm die Reise unter der Bedingung, daß
man in Brüssel Halt mache, wo er J.-B. Rousseau zu besuchen

und ihm seine ›Henriade‹ vorzulegen gedachte. Sie war einverstanden, denn sie war es, die fuhr: Wagen, Pferde, Kutscher und Diener gehörten ihr. Er war der Gast.

Man machte als erstes im Cambrai Station. Mehrere Wochen lang: ein diplomatischer Kongreß fand dort statt. Die Stadt war vollgestopft mit Botschaftern, Ministern, Frauen, Spionen, Schauspielern, Generälen, Marschällen, Prälaten und Köchen aus den verschiedensten Ländern. Kardinal Dubois war Erzbischof in Cambrai: O Fénelon! Dem ›Schwan von Cambrai‹ war eine Eule gefolgt! Voltaire ließ die Affäre Salomon wieder steigen und schickte einen Bericht über den Verlauf des Kongresses von Cambrai an den Kardinal-Minister — der ihn um nichts gebeten hatte. Man zweifelt nicht daran, daß Voltaire und seine Marquise viele Leute kannten oder von ihnen gekannt wurden und daß man sie sehr freundlich empfing. Er schmeichelt dem Kardinal und rühmt die Schönheiten, den Reichtum, die gute Luft von Cambrai: »Wir treffen eben in Ihrer Hauptstadt ein, Monseigneur, wo, wie ich glaube, alle Botschafter und Köche Europas sich ein Stelldichein gegeben haben. Es sieht so aus, als wären alle Minister Deutschlands nur nach Cambrai gekommen, um auf das Wohl des Kaisers zu trinken. Was die Herren Botschafter aus Spanien betrifft, so hört der eine pro Tag zwei Messen, der andere dirigiert Schauspieler. Die englischen Minister schicken viele Boten in die Champagne und wenige nach London.«

Und die Franzosen? Man meinte, der Kardinal wisse selbst, was sie täten. Die Information scheint ihm nicht allzu ungenau, denn er faßt seine eigene Meinung über den Kongreß in folgende Worte: »Wir sehen, wie dieser Kongreß von Cambrai die Hälfte seiner Zeit damit verbringt, das Zeremoniell abzuwickeln und die andere Hälfte damit, nichts zu tun, bis unerwartete Ereignisse ihn zum Abschluß bringen.«

Während man auf diesen Abschluß wartete, amüsierte man sich. Alle Abordnungen forderten die Aufführung eines Theaterstückes. Voltaire steckte seine Nase in alles, bot seine Hilfe und seine Feder an. Aber die Komödie zu leiten, war das Vorrecht des spanischen Botschafters, der dem Autor des

›Oedipe‹ nichts abtreten wollte. Und der Streit begann. Der Graf von Windischgraetz wünschte sich nur die ›Plaideurs‹. Die Rupelmonde war für ›Oedipe‹. Es bildeten sich zwei Gruppen. Man sprach miteinander oder schrieb sich in Versen oder in Prosa, man rühmte seine Wahl, man beschwor den anderen nachzugeben. Voltaire verausgabte sich damit, Madame de Rupelmonde — das heißt, sein eigenes Stück zu unterstützen. Nie hat Frechheit größeren Erfolg gehabt: er beweihräucherte sich ohne Scham. Madame de Rupelmonde schreckte vor keinem Opfer zurück. Die Sache endete damit, daß man ›Oedipe‹ wählte. Doch sofort begann der Streit von Neuem: es war Fastenzeit. Die Domherren von Cambrai weigerten sich, den Kongreß von den Fasten zu befreien. Das bewirkte einen einzigen Entsetzensschrei. Man war nicht nach Cambrai gekommen, um kein Fleisch zu essen. Man mußte diskutieren. Voltaire verstand sich darauf. Die Gründe, die er anführte, waren vortrefflich: Würde man sich nicht, wenn man die Fasten einhielte, auf törichte Weise von den protestantischen Ministern unterscheiden, die man kränken könnte, weil es so aussähe, als wolle man ihnen eine Lehre erteilen. Würden die Verhandlungen mit den durch die Buße geschwächten Diplomaten nicht scheitern? Wäre es schließlich nicht verdienstvoller, mitten in der Fastenzeit zu schlemmen, als unter allzu lächerlichen Umständen Buße zu tun?

Die störrischen Domherren wollten davon nichts wissen: der Kongreß würde die Fasten einhalten.

Man mußte sich an ihren Vorgesetzten wenden, ihren Erzbischof, den Kardinal-Minister in Versailles. Seine Antwort ließ nicht auf sich warten: er ließ die Domherren im Stich, schalt sie engstirnig und dispensierte den ganzen Kongreß im Namen der christlichen Bescheidenheit, die uns verbietet, durch auffälliges Verhalten die Aufmerksamkeit auf uns zu ziehen.

Von nun an hatten die Köche und Schauspieler freie Bahn.

Nachdem Voltaire und seine Egeria die Freuden Cambrais ausgekostet hatten, reisten sie nach Brüssel. Sie ließen ein böswilliges Raunen hinter sich. Sie waren ungeschickt genug gewesen, die Anspielungen auf ihre galante Beziehung schlecht aufzunehmen und sich mit so erzürnten und komischen Mienen zu verteidigen, daß sie einer Gesellschaft zur Erheiterung gedient hatten, die sich im übrigen herzlich wenig um das Verhältnis eines jungen, libertinistischen Dichters zu einer früheren Schönheit des Hofes Ludwigs XIV. kümmerte, die sich einige Reste von Schönheit — wenn auch nicht von Tugend bewahrt hatte. Aber sie besaß den Geist und die Munterkeit eines Hofnarren, und niemand verlangte von ihr, daß sie mit ihrem Schwächling von Dichter die Unschuldige spielte.

Auf breiten Straßen, in einer riesigen Kutsche, zankten sich Voltaire und seine Dame, weniger galant als in Gesellschaft, über Philosophie. Madame de Rupelmonde wollte nur über große Themen nachdenken. Voltaire erklärte ihr Lukrez. Er wollte, daß ... »seine Philosophie

T'apprenne à mépriser les horreurs du tombeau
Et les terreurs de l'autre vie.«

Sie liebte diese Art Lektionen über alles, Lektionen, die sie schon vor langer Zeit gelernt hatte, aber da Voltaire der Repetitor war, repetierte sie mit Wonne, daß man: »die heiligen Lügen, deren die Erde voll ist«, ablehnen müsse. Er widmete ihr ein in diesem Ton gehaltenes Gedicht: ›Epître à Uranie‹. Das ist der Rauch der Soupers im Temple, der zehn Jahre danach in seinem Gehirn aufsteigt. Die Ausdrucksweise ist lebhaft und leidenschaftlich. Dreißig Jahre später wird sich J.-J. Rousseau dieser brillanten, schwerelosen Phantasie in seiner ›Profession du Vicaire Savoyard‹ erinnern, um daraus eine Hymne der Ungläubigkeit zu machen. Aber die Mode hatte sich schon geändert: das ironische Lächeln eines Schlauen der Régence drückte nicht mehr genug aus für ein Publikum, das von der Empfindelei des Fin-de-Siècle erfaßt war und Pathos brauchte, Erregung, Musik; mit einem Wort: Zauberei. Die Intelligenz hatte schon Punkte verloren.

In Brüssel scheint Voltaire durch sein schlechtes Benehmen in der Kirche aufgefallen zu sein, so daß das entrüstete Volk ihn hinauswerfen wollte. Dieses Gerücht wurde später von J.-B. Rousseau verbreitet, niemand bestätigt es. Die Bosheit der beiden Dichter schreckte vor keiner Lüge zurück. Voltaire, unterrichtet von der Begebenheit, antwortete spielerisch auf den Vorwurf: »Ich sollte nicht fromm bei der Messe gewesen sein? . . . Es ist möglich, daß ich wieder einmal abgelenkt gewesen bin. Ich bedaure dies sehr, Messieurs.« Er bedauert nicht, nicht fromm zu sein, aber er bedauert es, von dem abscheulichen Rotkopf angegriffen zu werden: »Aber wirklich, steht es Rousseau zu, mir so etwas vorzuwerfen? Finden Sie es schicklich, daß der Autor so vieler zweideutiger Epigramme, der Autor bösartiger Verse gegen seine Freunde und Wohltäter, der Autor der ›Moisade‹, mich sechzehn Jahre später beschuldigt, in einer Kirche Unordnung verursacht zu haben?«

Wahrhaftig, der Ankläger hatte nicht das Recht dazu. Er war wegen einer ›bösartigen‹ Veröffentlichung, wie Voltaire sagt, nach Brüssel verbannt worden. Aber Rousseau gibt sich als gute Seele, um seine Vergangenheit vergessen zu lassen. Und Voltaire tut sein Bestes, um sie jedem wieder ins Gedächtnis zu rufen, vor allem den Autoritäten, die sie schon beinahe vergessen haben. Jean-Baptiste verbreitet, Voltaire habe in Brüssel zur Begleitung einer Dame, zu ihrem ›Personal‹, gehört. Das war recht ungeschickt von ihm. Voltaire antwortete darauf, Jean-Baptiste sei der Sohn eines Dieners des alten Arouet: »Ein Diener gebraucht gern die Worte seines Ranges, jedem seine Sprache.« Dieser Pfeil durchbohrte den bösen Dichter, der seinen bescheidenen Ursprung verhüllen wollte.

Solche Artigkeiten wurden erst lange nach dem Besuch in Brüssel ausgetauscht. Als Voltaire eintraf, empfing ihn Rousseau mit offenen Armen: er war der Reisende des Schicksals, er war Paris, er war die Poesie, das Theater, der Geist, der Erfolg und das Vaterland. Er war auch Voltaire mit dem aufgeklärten Geist, der die anderen aufklärte. Unter den Kerzen des damaligen Brüssel war Voltaire eine Sonne. Was er auch später sagen mochte, Rousseau wurde erst einmal geblendet, um so mehr als auch Voltaire sich bemühte, ihn zu verführen, denn Rousseau war damals der große Dichter, sein älterer Bruder, und Voltaire wollte seinerseits geliebt und bewundert werden. Im übrigen überreichte er ihm sofort seine ›Henriade‹ mit der Bitte, sie zu lesen und ihm seine Meinung darüber zu sagen. J.-B. Rousseau behielt das Gedicht sechs Tage lang und war begeistert. Er ist es, der schreibt: »Monsieur de Voltaire hat elf Tage hier zugebracht, während derer wir uns kaum getrennt haben. Ich war entzückt, den jungen Mann zu sehen, der zu so großen Hoffnungen Anlaß gibt. Er hat die Güte besessen, mir sein Gedicht sechs Tage lang zu überlassen. Ich kann Ihnen versichern, daß es seinem Autor sehr viel Ehre macht. Unsere Nation brauchte ein Werk wie dieses: seine Knappheit ist bewundernswert, und seine Verse sind vollendet schön . . .«

Bis dahin ist alles in bester Ordnung. Als sich Voltaire jedoch über die Verse Jean-Baptistes lustig macht, ändert sich die Musik. Jetzt will Jean-Baptiste glauben machen, Voltaire habe sich nur unter seinem Patronat in Brüssel aufhalten dürfen, er habe ihm die Tore geöffnet. Unsinn! Weder Madame de Rupelmonde, die durch ihre Heirat Flämin war, noch Voltaire brauchten Jean-Baptiste für ihre Besuche. Der Ungeschickte beklagt sich auch noch über die Mühe, die es ihn gekostet habe, die beiden Ungläubigen in die gute Gesellschaft einzuführen. Und er? War er nicht ungläubig? Und war die gute Gesellschaft so fromm? Er mußte, wie er sagt, unter allen Folgen leiden, die »die Zudringlichkeit, die Extravaganz, die Streitereien eines leichtsinnigen Schurken für einen gesetzten, zurückgezogenen Mann haben können.« Das ist zum Lachen. Voltaire wußte sich so gut wie irgend jemand aus Frankreich oder Brüssel in Gesellschaft zu benehmen, und Rousseau hatte, was seinen Ruf betrifft, selbst nichts zu verlieren. Seine Pseudo-Frömmigkeit war bekannt. Außerdem erklärt er — o Tartuffe! —, die Lektüre der ›Henriade‹ habe ihn äußerst schokkiert. Wir wissen, was er darüber dachte. Er erzählt — mit welcher Verspätung! —, er sei abgestoßen gewesen von den »äußerst satirischen und leidenschaftlichen Äußerungen gegen die römische Kirche, den Papst, die weltlichen und geistlichen Priester und überhaupt gegen das kirchliche und das politische Regiment«.

Wie man sich verändert, wenn man eifersüchtig wird! Wie streng doch diese Frommen neueren Datums sind!

Er hatte auch die ›Epître à Uranie‹ gelesen. Er erklärte, sie sei »voller schrecklicher Dinge gegen das, was für uns das Heiligste ist, gegen die Religion und die Gestalt Jesu Christi, die durch ein Wort charakterisiert war, dessen ich mich nur mit Schaudern erinnere«. Das erinnert uns an die Schamhaftigkeit Beauregards. Aber ähnliche Schreckensgefühle enthüllt uns J.-B. Rousseau erst sechzehn Jahre nach der Lektüre! Er habe Voltaire eine Szene gemacht — sagt er — und ihm voller Heftigkeit vorgeworfen, ihn in eine so schreckliche Dichtung eingeweiht zu haben. Und da sich das Ganze in einer Kutsche abgespielt und Voltaire sich mit »abscheulichen Argumenten« habe rechtfertigen wollen, habe J.-B. Rousseau ihm gedroht, sich eher hinauszustürzen, als ihm weiter zuzuhören. Es sei nicht zu diesem Äußersten gekommen, aber er habe sich die Ohren zugehalten. »Daraufhin schwieg er und bat mich nur, nicht mehr über das Stück zu sprechen. Ich versprach es ihm und hielt Wort.« (Und deshalb erfahren wir davon.)

Er fügte hinzu, daß Voltaire ihm nach der Szene in der Kutsche nicht mehr dasselbe Vertrauen bewiesen habe.

Diese reine Seele will uns also glauben machen, der Streit mit Voltaire sei durch die Gottlosigkeit der beiden Gedichte verursacht worden. Es ist schwer, dieser Erklärung Glauben zu schenken. Wir wollen annehmen, daß die ›Henriade‹ für die Zeit skandalöse Dinge enthielt — die ›Epître‹ entsetzliche —, wir wollen sogar glauben, daß Rousseau sie für zu kraß hielt, wenn auch nur, weil ihn eine Generation von Voltaire trennte und die Kühnheit des jungen Dichters ihn erschreckte. Aber wir sind ebenso geneigt anzunehmen, daß er sich — als schlecht bekehrter Libertin, der er noch war — an der grausam beredten Leidenschaft ergötzte, an dem Aufblitzen von Bildern, das jeden Kenner fasziniert. Und Rousseau war einer.

Piron, der gute Piron, erzählt, Rousseau hätte folgende Geschichte gehört: Es ging um Monsieur de Malezieu, den Erzieher des Duc de Maine. Er las seinem Schüler einen Bibeltext vor und, ob er nun nicht genau hinsah oder ob der Druck schlecht war, er las statt: »Gott erschien ihm im Schlaf« (en songe), »Gott erschien ihm als Affe« (en singe). Sein Schüler machte ihn darauf aufmerksam, daß er etwas Ungeheuerliches sage. Aber Monsieur de Malezieu antwortete reinen Glaubens, Gott sei es gestattet, in welcher Gestalt es ihm auch immer gefalle, zu erscheinen.

J.-B. Rousseau hätte sich vor Lachen darüber ausgeschüttet, wie jemand, den Frömmigkeit nicht kümmert — und so dürfte er sich auch bei der Lektüre der ›Epître à Uranie‹ verhalten haben. »So ist er«, sagte Piron, »urteilen Sie nun, ob man ihm vertrauen darf.«

Nein, der Streit wurde nicht durch den mangelnden Respekt Voltaires gegenüber Unserem Herrn veranlaßt; für Rousseau war der Anlaß schlimmer. Der Streit entstand wegen der Unverschämtheit Voltaires gegenüber Rousseaus Werken. Ihre Begegnung wurde ihrer Freundschaft zum Verhängnis, denn der junge Dichter war noch nicht einmal höflich genug, dem Alten das Lob zurückzuerstatten, das dieser der ›Henriade‹ und der ›Epître‹ erteilte. Das ist unverzeihlich. Jean-Baptiste las ihm das ›Jugement de Pluton‹ vor, ein Gedicht, das sich gegen das Gericht von Paris wandte, von dem der Dichter ins Exil geschickt worden war. Ein plattes Gedicht. Das Gericht hatte vielleicht unrecht daran getan, den Dichter zu verbannen, aber ein Dichter tut sicherlich ebenso unrecht daran, schlechte Verse über eine gute Sache zu schreiben. »Das ist, Meister, nicht der gute, der große Rousseau«, sagte Voltaire frei heraus.

Dies war nur ein Kratzer — es folgte der Dolchstoß. Rousseau spürte seinen Abstieg und, um wieder aufzusteigen, hatte er ein riesiges Gebilde aus tausend und abertausend Versen verfaßt, dessen Zwölfsilber seinen Namen bis in die folgenden Jahrhunderte bringen sollten. Voller Zuversicht hatte er dem Werk den Titel gegeben: ›Ode à la Postérité‹.

»Ich glaube nicht, daß diese Ode jemals an ihren Empfänger gelangt«, urteilte Voltaire.

Dieses Wort hatte großen Erfolg, schädigte aber das Ansehen Rousseaus: das ist das nicht zu sühnende Verbrechen. Als sie sich verließen, waren sie Feinde fürs Leben.

Neuer Wirbel: die Présidente tritt auf den Plan

Ende Oktober 1722 ist er zurück in Paris. Er bleibt den November über dort und reist Ende Dezember in das Schloß d'Ussé im Anjou. Zu diesem Zeitpunkt schreibt er Briefe, die mit La Source datiert sind. Er ist Gast des vornehmen, nach Frankreich verbannten englischen Adligen: Lord Bolingbroke. Er ist entzückt: von dem Schloß, dem Gastgeber, der Gesellschaft und seiner Arbeit.

»Ich habe bei diesem Engländer die ganze Bildung seines Landes, die ganze Höflichkeit des unseren gefunden. Ich habe nie unsere Sprache mit mehr Energie und größerer Genauigkeit sprechen hören. Dieser Mann, dessen ganzes Leben Vergnügungen und Geschäften gewidmet war, hat es dennoch vermocht, alles zu lernen und alles zu behalten.«

Seit 1717 lebte Lord Bolingbroke in Frankreich mit der Marquise de Villette zusammen. Um die Hand dieser Dame, einer geborenen de Marcilly, hatte seinerzeit der Chevalier de Villette angehalten, doch sie heiratete den Vater ihres Verlobten, einen Marquis und tapferen Seemann. Er machte sie 1707 zur Witwe, als sie zweiundvierzig Jahre zählte. Das war damals ein beträchtliches Alter. Dem Lord begegnete sie 1717, also mit zweiundfünfzig Jahren. Er liebte sie, sie ihn auch. Was die Dinge ein wenig komplizierte, war, daß es eine Lady Bolingbroke in England gab. Sie taten jedoch, als ob sie nicht existierte, und abgesehen von den Formalitäten lebten sie wie das beste Ehepaar. Milady benahm sich taktvoll: sie starb 1719. Die Liebenden heirateten nicht sofort, das hätte den guten Sitten nicht entsprochen. Sie taten es einige Jahre danach auf einer Reise, ohne Eile und in aller Stille. Man erfuhr davon erst sehr viel später. Der Lord vergnügte sich damit, sein Schloß ›La Source‹ zu verschönern, er freute sich an den Gärten, den Wäldern und der herrlichen Quelle, die ihm den Namen gab. Er las alles. Der Erfolg des ›Oedipe‹ machte ihn auf Voltaire aufmerksam. Er wollte ihn kennenlernen. D'Argental ist es, Voltaires Schulfreund, der Freund in allen Zeiten, der ihm zu einer Begegnung verhalf. Voltaire reiste nicht allein nach ›La Source‹. Er brachte ›Henri IV‹ mit — sein Gedicht. Er las es vor. Man war entzückt. Das war der Anfang einer Freundschaft voller gegenseitiger Bewunderung und liebevoller Hochachtung. Wieder einmal war er ganz besonderen Menschen begegnet, die keine Heiligen waren, aber Vertreter einer auserwählten Menschengruppe, deren Fehler angenehmer sind als die schönsten Tugenden.

Voltaire verbrachte auch einige Zeit auf dem wunderbaren Schloß d'Ussé. Er hatte alles dort, landschaftliche Schönheit, beste Gesellschaft und Muße zur Arbeit. Die erste Frau des Marquis d'Ussé war die Tochter des großen Vauban — ein schreckliches Mannweib, aber sie verschied. Die zweite Marquise war angenehmer im Umgang. Es gab dort außerdem einen Abbé Grécourt, der so kecke Lieder schrieb, daß man sie nur auf der Jagd von ihm erbat. Man brauchte frische Luft für einen solchen Wortlaut. Der Marquis hatte früher J.-B. Rousseau empfangen. Er war befreundet mit dem Président Hénault, der von dem Marquis sagte, er sei der beste Mensch der Welt. Er war von sprichwörtlicher Zerstreutheit, und Hénault berichtet überdies von einem äußerst seltenen Charakterzug: »Er glaubt, nur für die anderen geschaffen zu sein.« Ein solcher Mann war wohl eine Reise wert. Monsieur Hénault fügt hinzu, daß er vorzüglich schauspielerte, und zwar in der sogenannten ›bürgerlichen Truppe‹. Voltaire liebte ihn ebenso sehr wegen dieser kleinen Talente wie wegen aller seiner Tugenden. Das Leben auf diesen Schlössern war ausgezeichnet organisiert; es war aufgeteilt in die Freuden des Landlebens, des mondänen Lebens und der Arbeit. Bei den Lesungen seines Gedichtes sammelt Voltaire die Einwände: er korrigiert. Er schreibt Brief auf Brief an Thiériot, um die Lancierung seiner ›Henriade‹ vorzubereiten. Er erwartet alles von ihr: Ruhm und Vermögen. Je mehr er das Werk überarbeitet, um so lieber wird es ihm. Thiériot muß das Gerücht verbreiten, daß Voltaire nur nach Holland gereist sei, um die Drucklegung vorzubereiten. Und vor allem darf er nichts von Rousseau verlauten lassen!

Trotzdem ist er ängstlich. Er weiß, daß er den Ruhm König

Heinrichs und Frankreichs gesungen hat, aber das Gedicht
steckt voller Seitenhiebe und Bosheiten, und er kennt Paris,
seine guten Freunde aus der Gesellschaft und den literarischen
Kreisen zu gut, um nicht Streit zu befürchten. Die Gefahr läßt
ihn nicht zurückweichen: aber er hat Angst. Es kommt ihm
eine Idee — nicht die Idee eines Dichters, sondern die Idee
eines Verlegers. Er wird selbst das Werk verkaufen und es unter seiner Aufsicht und auf seine Kosten drucken lassen, er
wird es in limitierter Auflage und durch Subskription verkaufen. Das ist sein Einfall. Er läßt einen Prospekt verteilen,
auf dem als Subskriptionsort angegeben ist: Den Haag, Druk-
kerei Le Vier; in der Provinz soll der jeweils wichtigste Buchhändler zuständig sein, im Ausland die Buchhändler der wichtigsten Städte.

Dieses Verfahren störte viele Leute. Als ginge es sie etwas an,
ob Voltaire sein Buch in numerierten Exemplaren verkaufte,
mit Barzahlung, auf Kredit oder mit vorheriger Bezahlung!
Er achtete nicht auf den Spott, sondern versuchte so viele Sub-
skriptionsscheine wie möglich unterzubringen, indem er versicherte — der Tollkühne! —, er habe bereits das Privilège du
Roi, das ihn autorisiere, sein Gedicht zu drucken und zu verkaufen. Er log weniger den anderen etwas vor als sich selbst,
denn er war so überzeugt, im Besitz des Privilège zu sein, daß
er schon die Widmung an den König schrieb. Ein sehr schönes
Stück Beredtsamkeit, ›patriotisch‹ würde man sagen, wenn es
das Wort schon gegeben hätte. Sein Feuer und seine Aufrichtigkeit sind hinreißend. Er hat wirklich ein Gedicht zum Ruhm
König Heinrichs und Frankreichs machen wollen — eines
Frankreichs nach der Art Voltaires, wird man sagen. Doch das
Gedicht ist allzu aufrichtig, manche Lobsprüche auf Heinrich IV. ähneln einer Kritik an Ludwig XV. Im übrigen las
der König die Widmung nie: das Buch wurde von der Zensur
abgelehnt.

Welche Katastrophe! Soll man den Subskribenten ihr Geld
zurückerstatten? Kommt nicht in Frage. Er entschließt sich,
das Gedicht heimlich in Rouen drucken zu lassen. Er hat dort
zuverlässige Freunde: den Président de Bernières und vor allem

die Présidente, die wir noch näher kennenlernen werden, ferner den Freund Cideville, Gerichtsrat beim Gericht der Normandie, schließlich Thiériot, der sich in Rivière-Bourdet bei den Bernières niederläßt, um den Druck zu überwachen. Sein ›Henri IV‹ wird von den besten Freunden der Welt ausgebrütet.

Im Januar 1723 ist er immer noch in Ussé. Er fühlt sich wohl dort und schreibt der Présidente de Bernières: »Die Freude an der Arbeit und der Zurückgezogenheit nimmt mir alle Lust zurückzukehren (nach Paris). Ich lebe überaus glücklich, seit ich fort bin von allem böswilligen Gerede, von dem Klatsch, den Schandtaten, die ich über mich ergehen lassen mußte...«

Er ist aufrichtig; man sieht, wie er hin- und hergerissen wird von seiner Sehnsucht nach arbeitsamer Einsamkeit und seiner Sehnsucht nach Paris, und so wird es bleiben. Er ist so sehr Pariser! Das Unglück ist nur, daß seine Nerven Paris nur schwer ertragen. Und doch spielt er so gut das Spiel der Großstadt; nährt er nicht selbst, wie aus Vergnügen, den Klatsch, die schlimmen Gerüchte, die über ihn verbreitet werden und die er über andere verbreitet? Er kehrt immer nach Paris zurück, nachdem er es verleugnet hat. Aber der Aufenthalt dort, der ihn erst berauscht, wird ihm schnell beschwerlich, er hat Angst davor und ist doch fasziniert; wie Kinder, die mit dem Feuer spielen, sich ihm nur zitternd nähern, fast gegen ihren Willen ein brennendes Scheit ergreifen, es hin- und herschwingen und um sich Flammen und Funken sprühen lassen — eine gefährliche Zauberei! Plötzlich verbrennen sie sich, schreien, fliehen entsetzt und betrachten von ferne die wunderbare Glut, nähern sich ihr allmählich wieder und fangen von vorne an mit dem faszinierenden Spiel, bei dem sie Gefahr laufen, sich selbst zu vernichten: aber es ist das einzige Spiel, das aus Licht und Glut besteht — das einzige, das dem Leben gleicht. Also kehrt Voltaire nach Paris zurück. Dann, eines Tages, wird er nicht mehr zurückkommen — lange Zeit nicht, gegen seinen Willen.

Wir begegnen ihm im Februar 1723 in Paris. Sofort verletzt ihn ein Dorn. Piron läßt auf dem Jahrmarkt durch wandernde

Schauspieler eine Posse aufführen, in der er sich über die Modedichter lustig macht.

Um Voltaire anzugreifen, hat er sein schlechtestes Werk ausgesucht, dasjenige, das man vom Spielplan hatte streichen müssen: ›Artémire‹. Piron stellt fest, daß Voltaire in dieser Tragödie nur zwei gute Verse gedichtet habe: die beiden ersten. Das ist wenig für fünf Akte. Als Voltaire Piron trifft, sagt er im sauersten Ton:

»Ich beglückwünsche mich, bei Ihrem Meisterwerk auf dem Jahrmarkt für etwas gut zu sein.«

Und der andere erstaunt:

»Und was haben Sie damit zu tun?«

Voltaire antwortet:

»Die beiden guten Verse, von denen Sie sprechen, sind von mir.«

»Ach!« sagt Piron, »das wußte ich nicht, niemand in Paris hat sie wiedererkannt und sich zuschreiben wollen. Ich habe sie ins Spiel gebracht als zwei Unbekannte. Sollten Sie unglücklicherweise der Autor sein?« schloß der Perfide.

Voltaire ist auf der Folter, diese Hiebe sind ihm unerträglich. Er mag noch so sehr versichern, er werde in Zukunft unempfindlich dagegen sein, glauben wir nicht daran. Es freut ihn zu sehr, seine Sarkasmen zu verbreiten, um nicht darunter zu leiden, wenn er selbst welche empfängt.

Und Piron wird ihm dafür zahlen.

Eine Marquise und ein grober Dichter
Ein Lord und ein episches Gedicht

Seit 1715 verkehrt er im Salon der Mimeures, die sehr liebenswürdige Leute sind; der Marquis de Mimeure gehört zur Académie und ist Feldmarschall. Saint-Simon spricht in den höchsten Tönen von ihm und der Marquise: sie müssen fast vollkommen gewesen sein. Ihr Haus liegt in der Rue des Saints-Pères, und sie empfangen die beste Gesellschaft. Voltaire steht mit ihnen auf einem erstaunlich vertrauten Fuße — aber ohne sich gehenzulassen. Das Lawsche ›System‹ hat die Mimeurs sehr mitgenommen, ihr Vermögen ist recht zusammengeschrumpft daraus hervorgegangen. Voltaire schreibt ihnen zu diesem Thema in scherzendem Ton, um sie zu trösten — man weiß nicht, ob ihm das gelungen ist: »Was Ihnen auch immer geschehen mag, man wird Ihnen nicht die Freuden des Geistes nehmen. Aber wenn sie (die Finanziers) so weitermachen, wird man Ihnen nur noch das lassen; und offen gesagt, das ist nicht genug, um bequem zu leben und ein Landhaus zu besitzen, auf dem einige Zeit mit Ihnen zu verbringen ich die Ehre haben könnte.«

So ist das! Lassen Sie sich nicht zu sehr ruinieren, wenn Sie Wert darauf legen, mich in Ihrem Schloß zu haben. Er sagt es mit Eleganz, aber es gibt Leute, die diesen Ton nicht schätzen. Sie haben vielleicht unrecht, aber sie sind zahlreich. Andere sind entzückt und empfänglicher für Eleganz als für Gefühl: dazu gehört Madame de Mimeure. Und sie bewies Voltaire immer viel Freundschaft. Als ihr Gatte starb, empfing sie weiter bei sich. In diesem Jahr veröffentlichte man — wieder einmal — einen Erlaß gegen den Aufwand, um den Versuch zu unternehmen, die wahnsinnigen Ausgaben der Frauen für ihre Toilette zu bremsen. Obwohl Witwe und in einem für die Zeit recht fortgeschrittenen Alter, (sie war dreiundfünfzig Jahre alt) und obwohl ruiniert, schrie sie laut gegen den Erlaß. Sie wollte sich noch mehr ruinieren — aber dieses Mal in eigener Regie. Was die Lage völlig verändert. Sie bat den Regenten um Dispens auf Grund der Verdienste, die ihm der verstorbene Marquis geleistet hatte. Sie erhielt ihn: und erschien in golddurchwirktem Brokat und mit Diamanten bedeckt. Das tat sie, um Dümmere in Wut zu bringen, die sich in Leinen und Wollstoff kleiden mußten. Nicht lange im übrigen.

Bei Madame de Mimeure war es, daß Voltaire Piron traf. Piron sah man an, daß er aus der Provinz kam. Er war geistreich, aber ungehobelt. Keine Manieren, kein Benehmen — und erbarmungswürdig gekleidet. Wäre der Heilige Geist in ihm gewesen, in dieser Aufmachung hätte er den Spott Voltaires hervorgerufen. Madame de Mimeure versuchte ihn zu kleiden, aber Piron verdarb seine Kleider durch sein Bohème-Leben. Seine Taschen waren seine Speisekammer: Brot, eine Flasche Wein, Käse.

Eines morgens kam Piron sehr früh zu der Marquise, wie es auf dem Lande Brauch ist: »Ich wollte nur vorbeischauen, um Guten Tag zu sagen.« Sie lächelte, ohne ungehalten darüber zu sein, und sagte ihm, Voltaire sei bei ihr. Um die Wahrheit zu sagen, spielte Voltaire ein wenig das verwöhnte Kind im Hause — und man gab ihm deutlich genug zu verstehen, daß man das nicht ungern hatte. »Da Sie sich so sehr wünschen, ihn kennenzulernen«, sagte die Marquise, »gehen Sie zu ihm, er wärmt sich in meinem Zimmer.« Und sie fuhr fort mit ihrer Toilette.

Piron wollte wirklich ums Leben gerne diesen siegreichen Voltaire kennenlernen, der Paris wie im Spiel erobert hatte, während er, ein Schöngeist aus der Provinz, wie ein Zwangsarbeiter schuftete, um zu etwas ähnlichem wie Erfolg zu kommen. Er hatte ihn noch nie gesehen. Er findet den Dichter träumend, frierend auf einem Lehnstuhl hängend, die Beine gespreizt, ganz dem Feuer zugewandt. Sein Gruß wird nur mit einem toten Blick und einer Kopfbewegung beantwortet. Voltaire hat den Unbekannten, der sich in Bücklingen ergeht, sofort nach seiner Aufmachung eingeschätzt. Er kümmert sich nicht um ihn. Piron setzt sich zurecht. Ruckweise nähert er sich dem Feuer. Nur das Feuer bewegt sich und knistert. Das Schweigen wird drückend. Piron redet. Nichts erfolgt. Der arme Burgunder, der doch eine spitze Zunge hat, weiß nicht was tun. Er fühlt sich gedemütigt. Er wagt keinen Ton mehr hervorzubringen. Sie betrachten sich verstohlen. Da er nicht sprechen will, putzt sich Voltaire die Nase. Piron niest. Der eine schaut auf die Uhr. Der andere schnupft Tabak . . . das verpestet die Luft. Daraufhin macht Voltaire eine Geste, die den Burgunder perplex läßt. Er holt aus seiner Tasche eine Brotrinde, und schweigend beginnt er, wie ein Eichhörnchen, an ihr zu nagen — ja, sie mit seinen Zähnen anzuknabbern; ein Nagetier, das mit dem Geräusch einer Maus nagt, die sich um Mitternacht an die Bohlen des Fußbodens macht. Da regt sich das Blut

Pirons, er zieht aus seiner Tasche die Weinflasche und schüttet sich ihren Inhalt in die Kehle. Monsieur de Voltaire aber spielt den feinen Herrn, erhebt sich und sagt in scharfem Ton: »Ich verstehe Spaß wie jeder andere, Monsieur, aber ihr Scherz ist, falls es einer sein soll, äußerst fehl am Platze.«

Piron besaß noch nicht genügend Sicherheit, um ihm zu antworten, daß sein Wein nur erschienen sei, um die Brotrinde zu begießen. Das hätte, unter uns, diese Brotrinde verdient. Der Dichter aber, endlich der Rede mächtig, erklärte ihm: »Ich stehe eben vom Krankenlager auf und bin nun immer hungrig.« Worauf Piron antwortete: »Essen Sie, Monsieur, essen Sie nur, Sie tun gut daran. Ich komme eben aus Burgund und bin nun immer durstig – und ich trinke.«

Voltaire lächelte ihm schwach zu und verließ das Zimmer. Kurz danach kam Madame de Mimeure herein, stürzte sich auf den armen Piron und fragte ihn, was er Monsieur de Voltaire getan habe, der eben mit den Worten fortgegangen sei: »Wer ist der verrückte Saufaus, der an Ihrem Feuer sitzt?« Haben Sie etwa heute morgen getrunken? fragte sie ihn voller Zorn. Er erzählte ihr den Vorgang, und sie lachte über das Scharmützel.

In Wahrheit sah Voltaire den Eindringling nicht gern, der sich einen Platz in einem Hause verschaffte, in dem er alle Rechte besaß. Er verachtete Piron wegen seines vernachlässigten Äußeren, und der deftige Witz Pirons ärgerte ihn. Denn das Unerträglichste für einen geistreichen Menschen ist ein anderer geistreicher Mensch in seiner Umgebung. Er mußte Piron dulden, weil Madame de Mimeure an ihm hing und noch mehr ihre Gesellschafterin, Mademoiselle de Bar, die dem Burgunder zu antworten verstand. Seine Gutmütigkeit gefiel den beiden Frauen und so übersahen sie die schmollende Miene Voltaires. Wirklich war er verärgert und entfernte sich ganz allmählich von ihnen. Er meinte, etwas Besseres gefunden zu haben.

Die Présidente de Bernières trat an die Stelle von Madame de Mimeure. Sie war die Gattin des Gerichtspräsidenten der Normandie, Monsieur de Bernières, und wohnte in einem schönen

Haus an der Ecke der Rue de Beaune und der Quais. Das Schicksal hatte Voltaire dort hingeführt: er wird zurückkehren, um dort zu sterben. Madame de Bernière war schön, intelligent, von unerschütterlicher Freundschaft. Sie lebten in der größten Intimität, ohne daß man sicher wußte, ob sie ein Verhältnis hatten. Alle Welt glaubte es, außer Monsieur de Bernières. Er selbst besorgte Voltaire eine kleine Wohnung neben der seiner Frau und bot sie ihm an. Von Verdachtsmomenten abgesehen, erlaubt nichts die Annahme, daß Monsieur de Bernières betrogen wurde. Der Président lebte in der Normandie, auf einem Schloß namens La Rivière-Bourdet in der Nähe von Rouen. Auch hier ein Paradies für Voltaire! Er hielt sich lange und häufig dort auf, das heißt, von dort aus überwachte er die Drucklegung der ›Henriade‹. Dort schreibt er im Jahre 1723 eine neue Tragödie, ›Mariamne‹, und bekämpft seine Brustkrankheit, indem er Eselsmilch trinkt. Was ihn veranlaßt, an die Présidente zu schreiben: »Ich mache mich heute abend wieder auf den Weg nach La Rivière, um meine Sorgen zwischen ›Mariamne‹ und einer Eselin zu teilen.«

In Rouen findet er eine interessante Gesellschaft, Salons voller geistreicher Leute, es wird Theater gespielt und man hört ausgezeichnete Musik. Er schafft sich Freunde: er schafft sich Publizität. Er weckt sogar Neugier, indem er von seinem Gedicht spricht, und er sammelt Subskriptionen: »Sie können sich vorstellen, daß ein Mann, der ein episches Gedicht veröffentlicht, sich Freunde machen muß.«

Was ›Mariamne‹ betrifft, so will er sie Adrienne Lecouvreur anvertrauen — das ist etwas anderes als die kleine Livry. Sie hat Talent und was für ein Talent! — und dann ist sie verliebt, sie ist seine Geliebte. Was zur Annahme berechtigt, daß die Zärtlichkeiten von Mademoiselle Lecouvreur diesem ›Liebhaber kalt wie Schnee‹ genügten und zwischen ihm und der Présidente nur eine sehr zärtliche und tiefe Freundschaft bestand — für ihn wie für sie war das die bessere Lösung.

Im April 1723 ist er wieder in Paris und wohnt der Aufführung einer Tragödie von La Motte bei: »Ich war in ›Inès de Castro‹, die alle sehr schlecht und sehr rührend finden. Man verurteilt das Stück und weint darüber.« Man muß sagen, daß ›weinen‹ im 18. Jahrhundert bewundern bedeutete: je mehr man weinte, um so schöner war etwas. Bei der Aufführung saß er zufällig neben einem alten Mann, der seit sechzig Jahren ein Theaternarr war und pausenlos vom Theater des vorigen Jahrhunderts sprach: »Zu meiner Zeit . . . etc.« Er behauptete, daß es seit dem ›Cid‹ in Frankreich kein gutes Stück mehr gegeben habe. Der freche Voltaire antwortete dem Greis: »Ich glaube jedoch gehört zu haben, daß man in der Première des ›Cid‹ – der Sie beiwohnten – die beiden ersten Szenen nicht gut fand.«

Es war damals fast neunzig Jahre her, daß man den ›Cid‹ gespielt hatte. Ein zuhörender Zeuge warnte Voltaire: »Achtung vor neuen Prügeln!« Grausame Anspielung auf Beauregard! Aber nichts geschah, der alte Herr war friedlich – oder taub.

Der Duc de Richelieu lädt ihn ein, ihn in das Bad von Forges zu begleiten: Voltaire entschuldigt sich, er wird nächstes Jahr mitkommen.

Lord Bolingbroke kehrt im Juni 1723 nach England zurück – alles renkt sich wieder ein. König Georg erlaubt ihm heimzukommen. Aber bei seiner Rückkehr gibt man ihm weder sein beschlagnahmtes Eigentum zurück, noch seine Ehren, noch seine Pairswürde. Er kehrt nach ›La Source‹ zurück.

Von Paris aus hetzt Voltaire Thiériot, der in Rouen geblieben ist, damit er die ›Henriade‹ überwacht. Er setzt sich außerdem in den Kopf, für seine liebe Présidente eine Opernloge zu bekommen. Er fleht, er schmeichelt, er intigriert, ja er verspricht sogar eine Oper zu schreiben, wenn man ihm die Loge gibt: »Wenn ich ausgepfiffen werde«, schreibt er an Madame de Bernières, »sind Sie schuld daran.«

Eine Opernloge für seine liebe Présidente hindert ihn nicht, ein einträgliches Amt für seinen Freund Thiériot zu suchen. Aber Thiériot ist schwer unterzubringen. Voltaire wendet sich an die Bankiers Pâris-Duvernet – mit welcher Zähigkeit bedrängt er sie! Wenn er glaubt, lästig zu fallen, schickte er seine Freunde: Génonville, den Maréchal de Villars, den Président de Maisons. Die Gebrüder Pâris waren hilfsbereit und hatten dies auch Voltaire bewiesen, aber sie waren nicht blind. Sie hätten gern Thiériot einen Posten in ihrem großen Unternehmen gegeben, wenn Thiériot nicht ein Tatenloser gewesen wäre, ein Faulpelz, dessen eigentliche Berufung darin bestand, ein Parasit zu sein und krumme Wege zu gehen. Darüber hinaus konnte man sich nicht auf ihn verlassen. Aber für Voltaire ist er heilig, ist er ein Freund; gewiß kennt er seine Fehler, aber man darf nicht darüber sprechen. Die Bankiers, die ungern abschlugen, versprachen, schoben auf. Zu guter Letzt nahmen sie Thiériot nicht. Dieser war darüber weniger traurig als Voltaire. Thiériot wollte nichts anderes als das, was er hatte: ein Unterkommen, mal hier, mal dort, immer herrschaftlich — einiges unternehmen, zuhören und wiederholen, ein Gerücht verbreiten, etwas anderes verschweigen, ein paar Geschäftchen machen und großzügige Belohnungen von seinem lieben Freund Voltaire erhalten. Alles ging weiter wie zuvor.

Im September 1723 konnte Voltaire schließlich Paris entfliehen und zu seiner Présidente zurückkehren, zu der milchspendenden Eselin, der guten Luft der Normandie, seinen Freunden in Rouen, den Korrekturfahnen und . . . einem sehr großen Kummer.

Große Schmerzen leidet Voltaire immer, wenn sein Stolz, seine Freundschaften oder die Freiheit — seine und die anderer — angegriffen werden.

In diesem Jahr bereitete ihm der Tod Génonvilles einen unauslöschlichen Kummer. Wir kennen den jungen, brillanten, literarisch interessierten, schwungvollen Dichter, vor dem eine große Zukunft lag. Er hatte sich mit François Arouet in Suzanne geteilt. Er führte manchmal den Namen seiner Mutter, manchmal den seines Vaters, Monsieur de la Faluère. Überall in seinem Bekanntenkreis nannte man ihn nur den freundlichen La Faluère. Als Voltaire eines Tages an Madame de Mimeure schrieb, gebrauchte er eine unvergleichlich feinfühlige Wendung, um von Génonville zu sprechen: »Ich wünsche manchmal, daß Sie ihn nicht kennenlernen, denn Sie könnten mich dann nicht mehr ausstehen.«

Im Alter von sechsundzwanzig Jahren wurde er während der

schrecklichen Epidemie, die in jenem Jahr herrschte, von den Blattern hinweggerafft. Zehn Jahre nach diesem Tod regte der Kummer Voltaire noch zu einer ›Epître aux Mânes de Génonville‹ an.

>   Toi dont la perte après dix ans
>   M'est encore affreuse et nouvelle.

Er erinnert sich der Liebe zu dritt, eines ergötzlichen, grausamen Spieles, von dem er ausgeschlossen wurde — aber keinerlei Groll ist in dieser Erinnerung.

>   Il te souvient du temps où l'aimable Egérie
>   Dans les beaux jours de notre vie
>   Ecoutait nos chansons, partageait nos ardeurs,
>   Nous nous aimions tous trois: la raison, la folie,
>   L'amour, l'enchantement des plus tendres erreurs
>   Tout réunissait nos trois coeurs.

Warum sagt man, Voltaire habe kein Herz? Ist es nicht zärtliche Liebe, die diese Verse inspiriert? Freilich haben sie nichts Pathetisches, aber warum sollen wir annehmen, daß Pathos aufrichtiger und tiefer ist als Zurückhaltung?

>   Nous chantons quelquefois et tes vers et les miens,
>   De ton aimable esprit nous célébrons les charmes
>   Ton nom se mêle encore à tous nos entretiens
>   Nous lisons tes écrits, nous les baignons de larmes.

Es gibt Tempel der Liebe, es gibt auch Tempel der Freundschaft. Warum sollte man dort nicht diese Verse eingravieren? In diesem bewegten und sogar verwirrten Leben, bei diesem wechselhaften Menschen verändert sich Freundschaft nicht. Sie gibt diesem Irrlicht den Schwerpunkt. Er bindet sich sehr stark an seine Freunde, und er will sie an sich fesseln. Er hilft ihnen und läßt sich von ihnen helfen. Er leidet unter einem Augenblick des Vergessens, der Nachlässigkeit; schnell zieht er sie durch ein Billett wieder an sich. Ein Brief ist eine Verbindung; man tauscht ein Kompliment aus, einen Geistesblitz, eine halb scherzhafte, halb zärtliche Nichtigkeit: der Strom fließt. Die Geister stehen miteinander in Verbindung. Er fühlt sich besser, er sieht seinen Nächsten, der ihm einen Spiegel reicht, in dem er sich wiederfindet und bewundert. Er braucht für dieses

Spielchen sehr intelligente Freunde: für ihn ist das vielleicht die vollendete, ideale Form der Liebe.

Voller Trauer um Génonville kehrt er nach Paris zurück, übergibt seine Tragödie ›Mariamne‹ den Schauspielern der Comédie-Française — als erster Adrienne Lecouvreur — und läßt sich dann von seinem Freund, dem Président de Maisons, den wir noch nicht kennen, bewundern und hätscheln.

Noch ein vollendeter Freund

Der Président de Maisons gehörte zu einer reichen Familie, die seit einem Jahrhundert sehr hoch in der königlichen Gunst stand. Sein Großvater, der Kanzler Annas von Österreich, begründete das Vermögen seiner Familie. Der junge Maisons war eine Art Wunderkind: ein außerordentlich begabter Schüler. Er war vielleicht nur das, aber er war es in vollendeter Weise. Er übte alle Ämter mit dem größten Charme der Welt aus, er war ebenso liebenswürdig wie intelligent, und Ludwig XIV. machte ihn im Alter von zwölf Jahren zum Gerichtspräsidenten, um ihn über den Tod seines Vaters hinwegzutrösten! Der Regent bewahrte ihm diese Gunst; er erlaubte ihm, Sitzung zu halten und zu richten, obwohl er damals erst achtzehn Jahre alt war. Niemand konnte sich darüber beklagen. Und doch interessierte sich der oberste Richter eigentlich nicht für Recht, sondern für die Wissenschaft. Er forschte — nach der Mode der Zeit; das heißt, indem man dieses oder jenes manipulierte, fand man schließlich irgendetwas anderes, ohne immer zu wissen, was. Monsieur de Maison aber genoß das Vorrecht zu wissen, was er entdeckt hatte; er entdeckte eine Farbe: nämlich Preußischblau, das, wie es scheint, eine echte Farbe war. Außerdem legte er einen so gepflegten botanischen Garten an, daß ihm der Ruhm zukommt, zum erstenmal an den Toren von Paris Kaffee zum Reifen gebracht zu haben. Das war wichtig für *ihn*, für uns ist wichtig, daß er ein Freund Voltaires war und ein durch und durch ehrenwerter Mann. Wieder einmal ein besonderer Mensch! Wirklich, Voltaire verstand seine Freunde zu wählen. Und es genügt dieser eine Charakterzug, um zu glauben, daß der Ruf der Bosheit, Habgier und Falschheit, den man Voltaire anhängen wollte, eher auf einer Legende beruht als auf der Wirklichkeit. Wenn auch die Wirklichkeit ihn uns in Augenblicken zeigen wird, in denen er der Legende nahekommt.

Aber kehren wir zu dem liebenswürdigen Président de Maisons zurück; wenn er Voltaire eine solche Freundschaft bewies, so gewiß, weil Voltaire sie verdiente.

Sein Vater hatte von Mansart das wunderbare Schloß Maisons bauen lassen, wo er das Beste, was Frankreich an Adel und Verdienst zu bieten hatte, empfing. Voltaire hatte sein Zimmer in diesem Schloß. Es gefiel ihm dort. Er glaubte sich so weit von Paris entfernt, als wenn er in Sully gewesen wäre, und doch konnte er an einem Tag in die Stadt fahren und zurückkommen. Er beschloß, lange in Maisons zu bleiben. Man war zu seinen Diensten! Aber nicht, wie er es hoffte.

Die Blattern hielten ihn dort fest. Fast wäre er Génonville gefolgt. Ein Rechtsanwalt, Barbier mit Namen, schreibt in seinen Memoiren zu dieser Zeit: »Unendlich viele Leute sind gestorben, und der König macht einen merklichen Gewinn bei den Leibrenten . . .« So kann man die Dinge auch ansehen. Unter anderen starb die Familie des Duc d'Aumont völlig aus. Der junge Sohn starb als Letzter und sagte seinem Arzt, der eben den Vater, die Mutter und die Schwestern begraben hatte: »Doktor, werde ich in Saint-Gervais (Friedhof) das Karree bilden? Das wäre eine schlechte Quadrille.« Voltaire machte sich auch auf den Weg. Eines abends fühlten er und Monsieur de Maison sich nicht gut. Man ließ sie zur Ader, wie es sich gehört. Am nächsten Tag ging es Monsieur de Maison besser, Voltaire aber äußerst schlecht. Angesichts seiner schwächlichen Konstitution waren die Ärzte pessimistisch. Voltaire wurde von den Dienstboten, die ihm sagten, man hämmere an einem Sarg für ihn, liebevoll davon unterrichtet. Voller Frömmigkeit empfing er den Priester von Maisons, der Ansteckung nicht fürchtete — der Fall war selten, und aus Dankbarkeit beichtete Voltaire. Er machte sein Testament, war traurig wegen seiner

Freunde und seines Manuskripts, in dem er noch einiges streichen wollte. Die Angst hatte ihn gepackt, denn von einem berühmten Wahrsager war ihm vorausgesagt worden, er werde in diesem Jahr sterben. Später lachte er über die Prophezeiung, aber, vom Fieber geschüttelt, glaubte er fest, daß sie in Erfüllung gehen werde. Um so mehr, als alle Welt das Beispiel der Madame de Mointel anführte, der derselbe Wahrsager gesagt hatte, sie würde hundert Jahre alt, wenn sie das Kap der Vierzig umschiffe, aber die Gefahr, dabei umzukommen, sei groß; kurz vor ihrem vierzigsten Geburtstag befiel sie am Ende einer Mahlzeit, obwohl sie vor Gesundheit strotzte, ein Kopfweh, und sie starb am folgenden Tag. Der Wahrsager hatte recht gehabt.

Monsieur und Madame de Maisons taten ihr Bestes, um Voltaire zu retten, und sie hatten Erfolg. Sie pflegten ihn mit bewundernswertem Mut und großer Behutsamkeit. Sie ließen auch Thiériot kommen, der sich im Zimmer seines Freundes einrichtete und Tag und Nacht wachte. Das war ein Risiko, denn die Ansteckungsgefahr der Blattern war sehr groß. Auch Adrienne Lecouvreur kam in sein Zimmer, um ihn zu sehen. Er konnte sich nicht genug tun, seinen Arzt, den Doktor Gervasi, zu loben. Er sagte ihm: »Wenn Sie Génonville gepflegt hätten, so lebte er noch.« Am 15. November 1723 ging es ihm endlich besser. Und gleich arbeitete er in seinem Bett. Am 1. Dezember konnte er aufstehen; sofort ging er sich bei seinen Gastgebern bedanken: Freudentränen, Erkenntlichkeit, die liebevollsten Komplimente auf beiden Seiten.

Er kehrt nach Paris zurück, noch feucht von Tränen steigt er in die Kutsche . . . Nein, ein solcher Abgang wäre banal. Man braucht einen Vorhang, der fällt. Lassen wir ihn selbst erzählen: »Kaum bin ich zweihundert Schritte vom Schloß entfernt, als ein Teil der Decke des Zimmers, in dem ich lag, brennend herabfällt. Die anliegenden Gemächer, die Räume, die sich darunter befanden, die kostbaren Möbel, die sie schmückten, alles wurde vom Feuer verzehrt.«

Er war fassungslos. Es scheint, als habe er, um seinen Gastgebern zu danken, ihr Schloß in Brand gesteckt. Er hatte nur ein fast erloschenes Holzscheit im Kamin gelassen; was war geschehen? Während seiner Krankheit war stark geheizt worden; durch den Rauchfang seines Kamins war ein Balken gezogen, der nach und nach verkohlte. Der Balken war verständig genug, Voltaires Fortgehen abzuwarten, als er das Zimmer in Brand steckte — sonst wäre Voltaire bei lebendigem Leibe geröstet worden.

»Ich war nicht die Ursache dieses Unglücks, aber ich war der unglückliche Anlaß, ich empfand denselben Schmerz darüber, als wäre ich schuldig daran gewesen. Das Fieber packte mich sogleich wieder, und ich versichere Ihnen, daß ich Monsieur Gervasi in diesem Moment grollte, mir das Leben gerettet zu haben.«

Dieser Rückfall gehört nicht in das Gebiet der Medizin, sondern in das der Freundschaft. Seine Freunde de Maisons trösteten ihn, besänftigten ihn, beruhigten ihn und bemühten sich so zärtlich, ihn seine Gewissensbisse vergessen zu lassen, daß Voltaire überquellend vor Dankbarkeit und Zuneigung schreibt: »Es schien, als hätte er mein Schloß verbrannt...«
Kann man mehr Feinfühligkeit in einer Freundschaft beweisen?

Unbeständigkeit der Musen
Treue der Freunde – und des Fiebers

Sofort nahm er wieder Verbindung mit der Hauptstadt auf. Zu seiner Genesung erhob sich ein Konzert von Glückwünschen. Trotz des kleinen Gefechtes am Kamin von Madame de Mimeure lag Piron so viel an der Freundschaft mit Voltaire, daß er eine Ode zu seinen Ehren dichtete. Da er nicht wußte, wo er ihn finden könnte, begab er sich zu Madame de Mimeure und wartete dort auf ihn. Seine Rechnung ging auf. Er traf Voltaire und überreichte ihm sein Gedicht. Dieser nahm es ziemlich kühl entgegen und sagte mit zweideutigem Gesicht, er sei sicher, daß das Gedicht gut sei, denn er habe schon Gelegenheit gehabt, sein Können zu bewundern. Dann fügte er in fast drohendem Tone hinzu, so als wüßte er viel darüber zu erzählen: »Ich habe soeben die Marquise unterhalten, gehen Sie nur hinein, man wird sie gut empfangen.«

Piron zitterte, ohne zu wissen warum, und trat bei der Marquise ein. Er bemerkte sofort, daß er nicht zu Unrecht zitterte: »Ich dachte eben daran, Ihnen meine Türen zu schließen.« Mit diesen Worten empfing sie ihn. Der Unglückliche fiel aus allen Wolken. Sie teilte ihm mit, daß Voltaire ihr gerade von Anfang bis Ende eine Ode vorgelesen habe, deren Autor Piron sei: ein Greuel! Obszöne Ausdrücke, ekelerregende Darstellungen ... genug um sechs Pirons aufhängen zu lassen.

Da packt Piron der Zorn, er springt auf, schlägt mit den Händen und Füßen um sich und brüllt vor Wut. Die erschrockene Madame de Mimeure will ihn schnell beruhigen und sagt, sie glaube nichts von alledem, Voltaire habe ihm einen üblen Streich gespielt. Aber Piron gesteht, daß das Gedicht wirklich von ihm ist; es sei eine Torheit, eine Jugendtorheit, das traurige Resultat einer dummen Wette ... Als seine Wut verflogen ist, zittert er, stammelt und winselt. »Setzen Sie sich hin, Sie Einfaltspinsel«, sagte sie. Und sie verzieh.

Hat Voltaire wirklich Piron diesen Streich gespielt? Nichts beweist es. Die Geschichte ist nur durch einen Verehrer Pirons bekannt geworden, einen Rigoley de Juvigny, der ein Feind Voltaires war. Wir wissen, daß Voltaire Piron nicht ausstehen konnte. Er wollte nicht zugeben, daß man gleichzeitig Talent und eine bäuerliche Aussprache haben konnte, Flecken auf den Jackenaufschlägen und schmutzige Wäsche. Es kann auch sein, daß Madame de Mimeure nicht ganz unschuldig an diesem Hieb war, es mißfiel der ehrenwerten Dame vielleicht nicht, wenn ihre beiden Köter sich bissen.

Sie bissen sich nicht — zumindest nicht in ihrer Gegenwart. Die Anekdote ist nicht bewiesen. Trotzdem gehört sie zu jenen, die die Boshaftigkeit Voltaires zeigen sollen. Aber wie sollten wir an diese ›Boshaftigkeit‹ glauben, wenn Piron ein wenig später Voltaire eines seiner Gedichte vorlegt und ihn um Korrektur bittet, die dieser gibt und die Piron mit Respekt empfängt. Unmöglich — der gute Piron verstellt sich nicht, er spielt nicht das Spiel der Höflinge. Wenn er über Voltaire verärgert wäre, wüßten wir es, er würde auf der Straße schreien und ihm keine respektvollen Besuche mehr abstatten.

Voltaire hat Besseres zu tun. ›La Henriade‹ hält ihren Einzug in Paris — heimlich — und verbreitet sich trotzdem. Ein Geheimnis, das die Spatzen von den Dächern pfeifen. Der Snobismus bewirkt, daß man überall auf den Tischen in den Salons und Vorzimmern die verbotene Schrift liegen sieht. Man findet sie in keiner Buchhandlung, aber sie wird heimlich ausgeliefert — an die, die es verdienen. Die Geheimnistuerei hat mehr Erfolg als eine kostenlose Verteilung des Werkes. Die Leute der guten Gesellschaft rezitieren Verse aus der ›Henriade‹, wenn sie sich begegnen, und ganz ernsthafte Geister wie Mathieu Marais, ein Freund des Philosophen Bayle, sehen ein großes Werk in ihr: »Ihr Senecas und Lucans dieser Zeit«, schreibt er, »lernt schreiben und denken an diesem wunderbaren Gedicht, das den Ruhm unserer Nation ausmacht, und eure Schande.«

Uns erscheint es kalt und auch pompös. Für die Leser des 18. Jahrhunderts war es elegant; Voltaire schüttelte die schweren Vorhänge und wagte der Geschichte ein Lächeln und Doppeldeutigkeiten beizugeben; die großen Männer waren weder aus Bronze noch aus Marmor, sie steckten in Louis XV-Kostümen, und die religiösen und sonstigen Einrichtungen umhüllte kein Weihrauch mehr. Kurz, obwohl dort für unsere Vorstellung nichts allzu Umstürzlerisches zu finden ist, entdeckte das Publikum hier Ketzerei, dort Ausschreitungen, hier Gottlosigkeit, dort Anarchie — und jeder nahm den Geruch von Schwefel wahr. Die Jesuiten griffen das Gedicht an — und die Jansenisten auch — aus entgegengesetzten Gründen. Voltaire wurde von einem gewissen Abbé Desfontaines, mit dem wir bald ein Stück Weges gehen werden, beschuldigt, Jansenist zu sein. Der Hof fand, man behandele den Thron mit einer schockierenden Familiarität. Mit einem Wort, schon bereitete sich eine Verschwörung der Dummheit vor, der Heuchelei, des Eigennutzes und der Angst. Bei den Dichtern vergiftete die Eifersucht alles. Voltaire hatte dem Römischen Hof zu viele Wahrheiten gesagt und den Reformierten nicht genug Beleidigungen, um auf die Erlaubnis hoffen zu können, »in seinem Vaterland das Gedicht drucken zu lassen, das geschrieben wurde zum Ruhm des größten Königs, den sein Vaterland je gesehen hat«.

Er besaß genügend höfischen Spürsinn, um zu ahnen, daß der ›größte König‹ eines Landes immer der augenblicklich regierende ist. Diesem muß man Denkmäler errichten, will man gut bei Hofe stehen. Aber Voltaire zu Ehre sei gesagt, daß er diese Schwäche nicht hatte. Er liebte sein Vaterland und selbst seine Könige. Aber seine Liebe war nicht blind . . . Eben das machte man ihm zum Vorwurf: er sah allzu klar. Stecht ihm die Augen aus: ihr werdet einen gekrönten Dichter haben.

Am 6. März 1724 spielte Mademoiselle Lecouvreur ›Mariamne‹. Sie spielte mit ihrem ganzen Talent, der ganzen Leidenschaft einer großen Künstlerin – und mit ihrem ganzen Herzen. Die Aufführung wurde ein Mißerfolg. Der Saal lachte höhnisch. Als ein Spaßmacher mitten in der tragischsten Szene, in der Mariamne den vergifteten Kelch emporhält, um ihn zu trinken und dann zu Boden zu stürzen, freudig ausrief: »Die Königin trinkt!«, folgte ein wahnsinniges Gelächter. Aber nicht das brachte das Stück zum Scheitern; es scheiterte, weil es schlecht war. Wenn das Publikum lachend zuhörte und wenn der Spaßmacher sich vergnügte, so deshalb, weil das Schauspiel niemanden interessierte.

Voltaire hatte es vom ersten Akt an gespürt: als Mariamne ihr Gift trank und vor dem jubelnden Saal zusammenbrach, da war das Stück schon tot.

Und schon ist er krank. Er ist wirklich krank, und das Scheitern von ›Mariamne‹ ist nicht ohne Schuld an seiner Krankheit. Das erstaunt uns nicht, denn er ist nie sehr gesund. Er beklagt sich ständig. Er glaubt den Ärzten, vor allem dem, der zuletzt mit ihm gesprochen hat. Er nimmt pausenlos Pillen ein, er umgibt sich mit tausenderlei Vorsichtsmaßnahmen, er schützt seine Gesundheit wie seine Arbeit. Für die Arbeit hat er den Schutz der Schlösser, für seine Gesundheit den Schutz der Pillen. Er besitzt hundert Sorten, er hat tausend Fläschchen. Er erkundigt sich überall, was die Leute einnehmen. Er besorgt sich neue Medizinen und schluckt sie schleunigst. Er überwarf sich mit Madame de Rupelmonde, weil er in einem ihrer Fläschchen unbekannte Pillen erblickt, sie alsbald gestohlen und verschluckt hatte. Sie aber brauchte ihre Pillen dringend und konnte ihm nicht verzeihen. Er aß sie aus Gefräßigkeit, sie schienen ihm vorzüglich, und er dachte daran noch bis zu seinem Tode: »Ich würde ihr gerne noch mehr Pillen stehlen«, sagte er, »sie nahm zu viele und ich auch.«

Im Augenblick leidet er darunter, daß es ihm nicht gelingt, seine Tragödie zu verdauen; er klappert mit den Zähnen, seine Eingeweide sind am Zerspringen, er magert noch mehr ab. Er arbeitet im Bett, trotz Koliken.

Kaum wird das Wetter schön, reist er mit Richelieu nach Forges. Der Président de Bernières hat dort ein Haus. Sofort bildet sich um den Herzog und Voltaire eine angenehme Gesellschaft. Ein Leben wie auf dem Schloß, nur freier. Der Dichter hat Freude an den Vergnügungen und an den Bädern. »Die Bäder tun mir ganz unerwartet gut«, schreibt er. »Ich beginne wieder zu atmen und weiß wieder, was Gesundheit ist. Bisher habe ich nur halb gelebt. Wollte Gott, daß dieser kleine Hoffnungsstrahl nicht sofort erlischt«, schreibt er am 20. Juli 1724. Aber ach! Er wird immer nur Hoch- und Tiefpunkte haben; die Koliken werden bald den Hoffnungsschimmer zerstören, und er wird wieder »nur halb« leben, wie er sagt, aber sein halbes Leben läßt ihn doppelt so intensiv leben wie die anderen, und doppelt so lang: das ist die Logik Voltaires.

Ein Kummer, der vom Herzen kommt und nicht von seinen Eingeweiden, erschüttert ihn: der Duc de Richelieu unterrichtet ihn davon, daß einer ihrer guten Freunde, ein Herzog, bei einer Jagd in Chantilly getötet worden ist. Ein wütender Hirsch hat ihm mit dem Geweih die Leber durchbohrt. Richelieu ist erschüttert, Voltaire krank: ein Freund ist tot, und schon liegt Voltaire mit Fieber im Bett. Kommt das wirklich vom Kummer? Plötzlich ist das Wasser von Forges ihm schädlich. Es berauscht ihn. Er leidet unter Schwindelanfällen. Er hört mit den Bädern auf und verdoppelt die Arbeit. Tagsüber liegt er im Bett, abends steht er auf: er spielt. Er spielt hoch und verliert. Er nennt das »seinen jährlichen Hausputz machen«. Er findet keinerlei Vergnügen daran, aber einmal im Jahr überläßt er sich dem Spiel. Da diese Art, sein Geld zu verlieren, keineswegs nach der Art der Arouets ist, hört er auf, sobald er glaubt genug »geputzt« zu haben.

Ende Juli kehrt er nach Paris zurück und wohnt in der Wohnung der Bernières an den Quais. Aber der Verkehr auf den Quais ist so laut, daß er verrückt davon wird. Er verstopft sich seine Ohren. Das wirkt nicht: Fieber packt ihn. Er flieht.

Er läßt sich in einem Hôtel-Garni nieder. Der Duc de Sully versucht ihn von dort fortzubringen und nach Sully zu schleppen. Voltaire zieht La Rivière-Bourdet vor. Aber er geht nicht sofort, er will ein Stück zu Ende schreiben, ›L'Indiscret‹, mit dem er in Forges begonnen hat.

Was geschah in dem Hôtel-Garni? Er hatte dort so große Unannehmlichkeiten, daß er in die Rue de Beaune zurückkehrte. War es die Nachbarschaft? Es scheint, daß das Hotel etwas zweideutig war. Wanzen? Vielleicht beides. Mit der Wohnung, die ihm Monsieur de Bernières gemietet – oder geliehen – hatte, waren große Ausgaben verbunden gewesen. Das hinderte die Neider nicht zu sagen, er sei der Parasit von Monsieur de Bernières und obendrein der Liebhaber seiner Frau. Das war im 18. Jahrhundert nichts Ungewöhnliches, im übrigen entsprach es nicht der Wahrheit. Voltaire hatte nichts von einem Parasiten, er machte den Freunden, die ihn als Freund empfingen, zugleich Freude und Ehre, er wurde als Gleichgesinnter aufgenommen und nicht als ›Amuseur‹ und Gast, der seine Zeche mit einem Witz zahlt. Er wurde genauso wenig ›als Gast‹ behandelt, wie er sich ›eingeladen‹ fühlte: seine Natürlichkeit und Unbeschwertheit gleichen der Natürlichkeit und Unbeschwertheit seiner Gastgeber. Es gab zwischen ihnen nur eine Bindung: das Vergnügen am Zusammensein.

Kaum bei den Bernières angekommen, wurde ihm alles verdorben durch den Portier. Der hatte seine Loge in ein Bistro verwandelt und schenkte den Vorübergehenden zu trinken aus, um sich ein kleines Einkommen zu sichern. Voltaire schätzte diese Art nicht, und schon ist er mit dem weinseligen Hausmeister im Krieg.

148

Was er auch nicht schätzte, waren die Pusteln, die seinen Körper bedeckten: »Sie werden mich mit einer schrecklichen Krätze wiederfinden, die meinen ganzen Körper bedeckt«, schreibt er an Madame de Bernières. Sind das die Wanzen aus dem Garni? Er sagt, die Bäder seien schuld daran. »Wir werden uns bei Ihrer Rückkehr nicht umarmen, aber unsere Herzen werden zueinander sprechen.« Er findet immer die richtigen Worte, selbst wenn es sich um Ekzeme handelt.

Zwischen einer Szene mit dem Portier und einem Anfall von Juckreiz arbeitet er ›Mariamne‹ völlig um. Das ist mutig! Im übrigen gibt er seiner schlechten Tragödie die Schuld, ihm das Blut vergiftet zu haben: »Ich glaube, diese unselige Mariamne hat mich umgebracht, und ich bin mit dieser Lepra geschlagen, weil ich die Juden schlecht behandelt habe.«

Aber er hatte — oh diese Schriftsteller! — furchtbare Stimulantien. Es war ihm nämlich zu Ohren gekommen, daß der rothaarige Rousseau im Schatten des Exils eine ›Mariamne‹ schrieb. Welche Verwegenheit! Und selbst ein unbekannter Abbé Nadal hatte gewagt, eine ›Mariamne‹ zu verfassen, die von den Schauspielern auch angenommen worden war und gespielt werden sollte. Die Aufführung wurde ein Fiasko. Der Abbé schrie laut, sammelte alle Dichter um sich und beschuldigte Voltaire, Thiériot mit einer Gruppe von Leuten ins Parterre gesetzt zu haben, um Lärm zu machen, damit sein Stück nicht ankomme. Voltaire hätte schweigen und die Hunde bellen lassen können, aber einem Streit auszuweichen, geht über seine Kraft. Er antwortet im Namen Thiériots — denn Thiériot ist der Angegriffene, und Voltaire kann nicht ertragen, daß man denen etwas tut, die er liebt.

»Es gab niemanden, Monsieur, ob alt oder jung«, schreibt er honigsüß, »der sich nicht lustig über Sie gemacht hätte, und ich, der ich von Natur aus gut bin, empfand es wahrhaft schmerzlich, einen alten Priester so unwürdig von der Menge verunglimpft zu sehen, ich fühle immer noch Mitleid mit Ihnen, trotz Ihrer Beleidigungen und trotz Ihrer Werke.«

Jeder ergötzte sich bei der Lektüre dieser vergifteten Höflichkeiten.

Zwei Wochen nach dem Durchfall Nadals, gibt die Comédie wieder die ›Mariamne‹ von Voltaire: gereinigt, gebügelt, auf Neu gemacht. Er hatte den Giftkelch gräßlichen Angedenkens gestrichen. Alles übrige blieb — Langeweile und Plattheit. Kurz, das Stück war genauso schlecht wie der erste Aufguß und fast so schlecht wie das von Nadal. Aber das Publikum fand es gut. Auf Grund seines schlechtesten Stückes wurde Voltaire zum großen Dichter geweiht. Er hütete sich zu protestieren. Aber er wußte, woran er sich zu halten hatte.

Die liebsten Freunde sind oft recht schwierig. Thiériot gehört zu dieser Sorte. Er übertreibt. Voltaire macht sich Sorgen um seine Zukunft. Richelieu war gerade vom König zum Botschafter in Wien ernannt worden, Voltaire bittet ihn, Thiériot mit ins Personal der Botschaft zu nehmen und ihm eine Pension zu sichern. Weniger schwierig als die Bankiers, stimmt Richelieu zu. Voltaire berichtet Thiériot entzückt die Neuigkeit: der rümpft die Nase und lehnt ab. Voltaire dankt Richelieu enttäuscht und löst ihn von seinem Versprechen. Beachten wir, daß Voltaire nichts unternimmt, um Thiériot zu zwingen, er zwingt die Leute nie anzunehmen, er läßt jedem seinen freien Willen — und doch ist er verärgert über die Weigerung.

Da nun taucht Ersatz auf: der Abbé Desfontaines. Er hatte sich bereits schon um den Posten beworben, er stellt sich wieder vor, Richelieu nimmt an. Desfontaines sagt seinerseits einige Tage später ab und schlägt einen Freund als Vertreter vor: Richelieu nimmt als guter Prinz den Freund an. Doch die Sache ist noch nicht zu Ende.

Thiériot sucht sich diesen Moment aus, um wieder auf dem Tapet zu erscheinen. Er sagt, er sei entschlossen fortzugehen und in dem goldenen Kielwasser des glänzendsten hohen Herrn des Jahrhunderts sein Glück zu machen. Warum diese Kehrtwendung? Weil Madame de Bernières ihn allzu sehr in Anspruch nehmen würde. Er wollte fliehen, schließlich blieb er doch. Sie hielt ihn fest; sie nutzte ihn ein wenig aus. Sie machte ihn zu ihrem Gesellschafter, zu ihrem auserwählten Parasiten — er fand das, wie wir wissen, ausgezeichnet. Er war zu allem bereit, nur nicht zur Arbeit. Es fiel ihr nicht schwer, ihn zurückzuhalten; sie warf ihm vor, er solle sich schämen, die im Stich zu lassen, die ihn liebten — hatte er denn Grund, sich über sie zu beklagen? Mußte man noch mehr für ihn tun? Er solle sprechen; man würde tun, was er verlangte, wenn er nur bliebe.

Voltaire warf Madame de Bernières vor, ihre Freunde auf egoistische Weise zu lieben, für sich und nicht für sie. Sie verriete das Interesse Thiériots, indem sie ihn zurückhalte, und Voltaire ermahnte sie — er, der so viel bei einer Trennung von Thiériot zu verlieren hatte —, ihren Freund gehen zu lassen: »Weil es für ihn nur diese Möglichkeit gibt, und weil er der Hochschätzung hochgestellter Persönlichkeiten nicht würdig wäre, wenn er sein Glück ausschlüge, um ein unnützer Mann zu sein.«

Da spricht Voltaire wie Monsieur Arouet — und wie ein wirklicher Freund. Aber das kümmerte einen Thiériot herzlich wenig — es war ihm völlig gleichgültig, ob er ein unnützer Mensch war, da er ein glücklicher Mensch war. Er zog die Protektion der Hochschätzung hochgestellter Persönlichkeiten vor. Was sein »Glück« betraf, so war es schon vorhanden: es hieß Voltaire.

Aber um Madame de Bernières zu gefallen, die sich den Gründen Voltaires und diesem selbst ergeben hatte, beschloß Thiériot, Richelieu auszuprobieren, der im Golde schwamm; er nahm den Posten an. Man mußte also wieder beim Herzog darum bitten. Voltaire verwandte sich dazu — es war ihm recht peinlich. Er verlor das Gesicht und sehr viel Zeit. Glauben Sie, er habe Thiériot Vorwürfe gemacht? Kaum . . . »Sie haben mich etwas in Verlegenheit gebracht durch Ihre Unentschlossenheit. Sie haben mich M. de R . . . zwei- oder dreimal etwas anderes sagen lassen, so daß er glaubte, ich wolle mich lustig über ihn machen. Es sei Ihnen von Herzen vergeben.« Wahrhaftig, Thiériot hatte recht, welches Glück für ihn, Voltaire im Notarsbüro von Maître Alain getroffen zu haben.

Und ein wenig später schreibt Voltaire wieder: »Ich habe für Sie getan, was ich für meinen Bruder, für meinen Sohn, für mich selbst getan hätte. Sie sind mir so teuer wie alle zusammen. Der Weg des Glücks steht Ihnen offen. Das Schlimmste, was Ihnen passieren könnte, wäre, wieder meine Wohnung, mein Vermögen und mein Herz zu teilen.«

Ist das nicht wunderbar? Und was tat Thiériot nach all dem? Er weigerte sich, nach Wien zu gehen. Und hatte er nicht eigentlich recht? Dieses ›Schlimmste‹, von dem Voltaire spricht, war für ihn das Glück. Vermögen? Das steckte in den Taschen der anderen, die sie für ihn so großzügig öffneten. Man bedenke, daß die Launen Thiériots sich zu mancherlei anderem Kummer gesellten: ›Mariamne‹, das mit Wanzen garnierte Hôtel Garni, die Rue de Beaune mit dem niederträchtigen Portier, der Juckreiz, der ihn zwang, nicht das Papier, sondern seinen Rücken zu kratzen, schließlich die brennenden Nadelstiche, die ihm Madame de Bernières wegen der Marquise de Mimeure versetzte, auf die sie eifersüchtig war. Monsieur de Voltaire ist wirklich ein sehr beschäftigter Mann, das muß man zugeben.

Madame de Mimeure sah er nicht mehr. Die Anwesenheit Pirons hatte ihn aufgebracht, und Madame de Bernières hatte diesen Ärger zu nutzen gewußt. Sie wollte Voltaire ganz für sich haben. Ein schwieriges Unterfangen bei einem so offenen, so kontaktfreudigen, ja, sagen wir, so verzettelten Mann. Madame de Mimeure hatte mit der Rivalität Piron-Voltaire gespielt. Was sie als Spiel ansah, war für Voltaire Beleidigung. Bei der Présidente galt er als König. Das war gut so, aber nicht vollkommen, denn sie wollte wohl, daß er alles bei ihr war, aber unter der Bedingung, daß er nichts woanders war — doch Voltaire liebte es, der erste hier und dort und auch noch an einem dritten Ort zu sein.

Als Madame de Mimeure eine Brust abgenommen wurde — man kann sich vorstellen, welch schreckliche Schlächterei das im 18. Jahrhundert war — besuchte Voltaire sie, obschon sie sich getrennt hatten. Die Présidente erfuhr davon und machte ihm eine Szene — brieflich. Voltaire antwortete ihr: »Sie müssen andern gern Vorwürfe machen, da Sie mich schelten, einer armen Sterbenden einen Besuch abgestattet zu haben, die mich durch ihre Eltern darum hatte bitten lassen. Sie sind wirklich eine schlechte Christin, wenn Sie nicht wollen, daß die Menschen sich in ihrer letzten Stunde wieder versöhnen . . .«

Trotz seiner Mäßigung — wie bewundernswert bei einem so jähzornigen Mann — fürchtet er, daß sein gerechtfertigter Vorwurf die Présidente verärgern könnte, und er fügt hinzu: »Dieser sehr christliche Schritt wird mich nicht dazu bringen, wieder mit Madame de Mimeure zusammenzuleben; es handelt sich nur um eine kleine Pflicht, deren ich mich rasch entledigt habe.«

Mit ihr allein, der guten Présidente, will er sein Leben verbringen. Er ist dreißig Jahre alt und spricht schon von Zurückgezogenheit. Aber seine Lepra bleibt trotzdem hartnäckig, ebenso wie seine Koliken, seine Fieberanfälle. Er sieht und fühlt sich schon als Greis . . . zumindest sagt er das. Aber er ist wieder munterer, denn er hat einen neuen Arzt. Bosleduc: einer mehr. Die Ärzte gehen, seine Krankheiten bleiben und er auch.

Ein Wunder in Charonne
Ein halbes Wunder in Versailles

Voltaire eilt nach Charonne wie ganz Paris: man hört es aus aller Munde, an einer Frau ist ein Wunder geschehen. Bei einer Fronleichnamsprozession der Gemeinde Sainte-Marguerite im Jahre 1724 sah eine unter Blutsturz leidende Frau aus dem Volk in einem Anfall von gläubigem Wahnsinn, wie ihr Blutstrom versiegte! Es geht Voltaire wie dem Heiligen Thomas: er berührt und sieht. Ein Dankkonzert erhebt sich zum Himmel. Man spricht darüber . . . man sagt, daß alle Protestanten in die Enge getrieben sein werden. Der eher ungläubige Rechtsanwalt Barbier, der so lebendige Memoiren hinterlassen hat, beginnt mit aller Kraft an das Wunder zu glauben. Alle Welt glaubt daran — außer den Jesuiten, denn der Priester der Gemeinde ist Jansenist. Also kein Wunder. Statt zu einen, entzweit das Wunder. Man würde sich am liebsten um Ja oder Nein schlagen. Man sucht zu erkunden, ob der Gatte der Geheilten, Lafosse, nicht zufällig Jansenist ist. Man fragt seine Frau:

»O nein!« erwidert sie, »er ist Ebenist.«

Ein so fester Glaube festigt den Glauben Barbiers, der, von temperamentvollem Charakter, eine gläubige Raserei entwikkelt. In Scharen kam man zu der Dankesprozession, die von Charonne nach Notre-Dame zog. Die geheilte Frau trug eine Kerze; man weiß nicht, wie, aber bei ihrem Anblick fühlte sich jedermann gestärkt. Jedes Jahr wurde die gleiche Prozession veranstaltet. Die Revolution mußte kommen, um das Wunder von Charonne in Vergessenheit zu bringen.

Voltaire wurde in das Wunder verstrickt — auf seine Weise verstrickt — durch seine spöttische Neugier. Trotzdem wurde seine Anwesenheit in der Wunderzone wohl bemerkt: »Glauben Sie nicht«, schreibt er an die Présidente, »daß ich mich in Paris damit begnüge, Komödien und Tragödien aufzuführen. Ich leiste Gott und dem Teufel recht ordentliche Dienste. Das Wunder von Charonne hat mir in der Öffentlichkeit einen kleinen Anstrich von Frömmigkeit gegeben. Die geheilte Frau ist heute morgen in mein Zimmer gekommen. Sehen Sie, welche Ehre ich Ihrem Hause mache und in welchem Geruch der Heiligkeit wir stehen werden. Der Herr Kardinal von Noailles hat einen schönen Hirtenbrief verfaßt anläßlich des Wunders, und die größte Ehre für mich ist, oder die größte Lächerlichkeit, daß ich in diesem Brief erwähnt werde. Man hat mich feierlich eingeladen, an dem Te Deum teilzunehmen, das als Danksagung für die Heilung der Madame La Fosse in Notre-Dame gesungen wird.«

Ein schöner Streich des Erzbistums, seinen Namen zu erwähnen und ihn einzuladen — die Tat eines Abbé Couet, der Voltaire kannte. Er mußte das — ganz Voltaire gemäße — Vergnügen auskosten, Voltaire bei der frommen Handlung zu ›kompromittieren‹.

Um nicht zurückzustehen, antwortete Voltaire auf die liebenswürdige Zusendung des Hirtenbriefes mit der Zusendung seiner Tragödie ›Mariamne‹ und dem Vierzeiler:

> Vous m'envoyez un mandement
> Recevez une tragédie
> Afin que mutuellement
> Nous nous donnions la comédie.

Voltaire und seine Gesinnungsgenossen hatten leichtes Spiel: das ›Jahrhundert der Vernunft‹ gab sich Wundern und Scharlatanerie hin wie keines der ›finsteren‹ Jahrhunderte.

Um bei der Komödie zu bleiben, läßt er die seine, ›L'Indiscret‹, aufführen; der Duc de Richelieu hatte sie in Forges, wo sie geschrieben worden war, gelesen, und sie hatte ihm gefallen. Das Publikum teilte seinen Geschmack, und Madame de Prie auch. Die Meinung dieser Dame war von Gewicht; sie war die Favoritin des Duc de Bourbon, des damaligen Premierministers. Sie galt fast so viel wie die Königin – und durch sie wird Voltaire zur Hochzeit des Königs mit Maria Lesczinska eingeladen. Er will der jungen Königin seine Aufwartungen machen und ihr Verse überreichen, »wenn sie der Mühe wert ist«, sagt er voller Lässigkeit. Aber diese falsche Gleichgültigkeit hindert ihn nicht, seine Verse zu dichten, noch ehe er weiß, ob sie der Mühe wert ist. Sie hat im ›Oedipe‹ geweint! Also ist sie der Mühe wert! Er will ihr alles widmen: ›Oedipe‹, ›Mariamne‹, ›L'Indiscret‹. Man sagt ihm, der Vater der Königin, Stanislaus von Polen, wäre entzückt, die ›Henriade‹ zu lesen und ihren Autor kennenzulernen. Die Königin empfängt ihn – aber wenn man Voltaire glauben soll, so nimmt er die Einladung nur an, um Madame de Prie eine Freude zu machen. Er spielt sich auf: »Ein Narr würde sich mit so etwas begnügen . . .« Er ist kein Narr, aber so eitel, daß er wahnsinnig ist vor Freude und dies im übrigen recht schlecht verbirgt. Die Königin spricht wohlwollend mit ihm: sie nennt ihn ›mein armer Voltaire‹. Man fragt sich warum. Zweifellos um ihm eine Pension von fünfzehnhundert Livres zu geben. Von nun an ist der Hof wie umgewandelt für ihn: ein wahres Paradies. Die Gunst, die er genießt, macht ihn nicht egoistisch: »Hier ist ein Weg, die Dinge zu erhalten, um die ich bitte . . . Ich beklage mich nicht mehr über das Leben am Hofe.« Das ist zynisch gemeint, aber da er hinzufügt: »Ich beginne, begründete Hoffnungen zu haben, meinen Freunden nützlich sein zu können«, macht seine Großzügigkeit alles wieder gut. Und wir werden sehen, daß seine Interventionen wirksam sind.

Während einiger Monate nimmt sein Leben einen Aufschwung. Die Gunst des Hofes verleiht ihm eine Art Heiterkeit. Die Sorgen um seine Gesundheit scheinen verschwunden, weil er glücklich ist. Er hat die Gewißheit, sich auf der breiten Straße des Erfolges, der Ehren und Ämter zu befinden. Niemals vergißt er seinen ehrgeizigen Wunsch: ein großes offizielles Amt. Einen Titel! In diesem Land macht erst der Titel den Menschen. Von dem König kein Wort. Das ist ein wenig beunruhigend. Seine Stütze ist Madame de Prie, die über den Duc de Bourbon herrscht, der über den König herrscht, der über die Welt herrscht. Aber wenn Madame de Prie Macht hat — mehr vielleicht als die Königin —, so ist sie doch eine von den allmächtigen, aber vergänglichen Kotillon-Königinnen; die andere, die wirkliche, bleibt. Man muß die vergängliche Herrschaft ausnutzen, um sich dauerhafte Gunst bei der dauerhaften Herrschaft zu erringen: das wäre das zweite Wunder dieses Jahres.

Er glaubte, es wäre ihm schon geglückt. In seinem Rausch meinte er, daß Talent und Intelligenz, geschickt verbrämt mit Höflichkeit und Schmeichelei, ihm Rechte einräumten. Seine Freunde, die hohen Herren, hatten ihn ein wenig verwöhnt. Er ging mit ihnen vertraulich um, als Freund und Gleichgestellter, obwohl er immer bemüht war, sie mit der Höflichkeit zu behandeln, die ihre Geburt erforderte — sonst aber herrschte, dank einiger konventioneller Floskeln, Freiheit. Aber er genoß eine Ausnahmestellung. Seine besten Freunde brummten von Zeit zu Zeit . . . er nahm sich ziemlich viel heraus! Seine Pfeile verwundeten nicht immer, aber sie kratzten manchmal.

Die Katze geht auf samtenen Pfoten, aber es kommt vor, daß sie die Krallen gebraucht: man denkt an die versteckte Gefahr. Niemand konnte mit Freunden oder in Gesellschaft höflicher, liebenswürdiger und feinsinniger sein als Voltaire. Was ihn vor allem anderen berühmt machte, war seine Unterhaltung — doch sie ist verloren für uns. Der Zauber, den er verbreitete, behexte nicht, machte nicht träge; im Gegenteil, er berauschte, er stimulierte, er ermunterte den Geist, er entflammte die Einbildungskraft, er löste die Zungen. Der Zauber Voltaires bestand darin, so intelligent zu sein, auf eine so strahlende und irgendwie altruistische Weise, daß er die anderen intelligent machte. Er strahlte genug Glanz aus, um auch die anderen zum Glänzen zu bringen. Man bewunderte sich, indem man ihn bewunderte. Er elektrisierte die Gesellschaft, und er war ein so guter Spieler, daß seine Partner sich ebenbürtig fühlten — und manchmal waren sie es auch, indem sie ihm zu antworten wußten.

All dies zeigt die sehr hohe Kulturstufe Voltaires wie auch der Welt, in der er lebte. Er konnte nur Voltaire sein in jener Welt; er hatte sie sich gewählt, und sie hatte sich in ihm wiedererkannt. Er ist kein Mensch für sich, er gehört zu dieser Welt: er ist selbst ein Stück Kultur.

Aber dieses fesselnde Spiel war kein Spiel für Dumme: alle hielten sie die Augen offen, unter ihrer Seidenverbrämung waren sie von unerbittlicher Hellsichtigkeit — und zweifellos hart wie Stahl. Dieses Spiel des Geistes, das mit jedem Glauben spielte — auch mit dem heiligsten — mit allen Dingen — auch mit den anstößigsten —, war eng verbunden mit der Gefahr: mit Sakrileg und Aufruhr, Immoralität und Anarchie.

Ludwig XV. besaß so viel Geist wie irgendeiner, und er besaß den Geist seiner Zeit. Er verfolgte von ferne die Unterhaltungen Voltaires. Er fürchtete die versteckten Krallen und vor allem seine Ungeniertheit, die ihn verwirrte und schockierte. Er hielt sich abseits, denn er hätte gewisse Freiheiten nicht dulden können, die die hohen Herrn duldeten und, um nicht streng verfahren zu müssen, wollte er sich lieber die Kunststücke des wunderbaren Eichhörnchens gar nicht erst ansehen, das sich vermutlich ziemlich respektlos auf der heiligen Eiche, die den Thron des Heiligen Ludwigs beschützte, getummelt hätte. So erklärt sich die Zurückhaltung des Königs gegenüber Voltaire — und daher war die Gunst, die er am Hof genoß, nur eine halbe Gunst.

Eine Wohltat verirrt sich...

Das Ansehen Voltaires aber kam einer merkwürdigen Persönlichkeit zunutze.

Pierre Guyot Desfontaines wurde 1685 in Rouen geboren und stammte aus einer guten Juristenfamilie, die mit den Bernières verwandt war. Dieser Abbé Desfontaines, ein Schüler der Jesuiten und selbst Jesuit, wirkte eine Zeit lang in seinem Orden als Lehrer. Aber er war ein unruhiger Geist, er zog ein freieres Leben vor und erhielt eine Pfarre in Thorigny in der Normandie. Dort blieb er nicht. Er hatte zu viele Verpflichtungen: die Messe halten, das Brevier lesen, beichten, taufen, verheiraten und begraben . . . Er zog es vor, auf dem Gebiet der Literatur Karriere zu machen. Er konnte schreiben, er besaß Geschmack und Wissen. Um bekannt zu werden, dichtete er eine Ode ›Sur le mauvais usage qu'on fait de sa vie‹. Er erbrachte damit den Beweis, daß er ein schlechter Dichter war. Er verzichtete auf die Poesie, bewahrte aber eine Art Groll gegen die Dichter — vor allem gegen die guten. Seine Prosa war ausgezeichnet, wie die aller literarisch Interessierten dieser Zeit, seine Boshaftigkeit gab ihr etwas Ätzendes.

Heftig bekämpfte er die Tragödie des armen La Motte, ›Inès de Castro‹, und verfuhr dabei mit bemerkenswerter Grausamkeit. Nicht anders verfuhr die Polizei mit ihm, Desfontaines, indem sie ihn, wegen beunruhigender Plauderstündchen mit den kleinen savoyardischen Kaminkehrern, einsperrte. Das war ernst; er riskierte den Scheiterhaufen, wenn er auf Richter traf, die die Sache an die große Glocke hängten. Der arme Theophile de Viau war nur in effigie aus diesem Grund verbrannt worden. Aber im Jahre 1726, zwei Jahre später, wurde ein gewisser Deschauffours aus dem gleichen Grund wirklich verbrannt! Abbé Desfontaines stand große Angst aus in seinem Gefängnis.

Es war Voltaire, der ihn aus der Schlinge zog. Voltaire war krank, er stieg aus dem Bett und warf sich zu Füßen des Kardinals und damaligen Ministers de Fleury, um die Befreiung Desfontaines zu erwirken. Der Abbé verließ das Gefängnis am 29. Mai 1725. Am 30. schreibt er Voltaire, um ihm zu danken. Man muß seine Danksagung lesen, um die späteren Beleidigungen ermessen zu können: »Niemals, Monsieur, werde ich vergessen, wie unendlich ich Ihnen verpflichtet bin. Ihr gutes Herz übertrifft noch bei weitem Ihren Geist. Und Sie sind der lauterste Freund, den es je gegeben hat. Der Eifer, mit dem Sie mir geholfen haben, macht mir auf eine gewisse Weise mehr Ehre als die Bosheit und Gemeinheit meiner Feinde mich, durch die unwürdige Behandlung, die ich über mich ergehen lassen mußte, beleidigt hat. Man muß sich für einige Zeit zurückziehen.«

Aber er gibt sich noch nicht zufrieden. Er findet sein Exil ungerecht. Voltaire soll seine sofortige Rückkehr erwirken. Er schlägt ihm sogar den Wortlaut des Gegenbefehls vor, den der Minister dann nur noch zu unterschreiben habe. Er widmet der Dankbarkeit sechs Zeilen, aber vierzig der Unverschämtheit und Bitterkeit.

Voltaire bemüht sich erneut. Ein Unglücklicher ruft ihn nicht umsonst an. Da er zu diesem Zeitpunkt hoch im Kurs steht, erlangt er am 7. Juni 1725 Gnade für Desfontaines. Das ist ein Rekord: ein Monat nachdem er das Gefängnis verlassen hat. Doch Desfontaines genügt es noch nicht. Er braucht eine Pension, zumindest eine Unterstützung. Man gibt daraufhin Voltaire zu verstehen, Desfontaines habe sich in Schweigen zu hüllen, da »gewisse Eindrücke noch allzu frisch sind«. Desfontaines aber saß gut: er war bei Madame de Bernières aufgenommen worden, er beglückwünschte sich zusammen mit Thiériot, und Voltaire gab seinen Segen dazu.

Voltaire nährte diese Viper mit einer Sorgfalt, die bald ihre Belohnung erhalten sollte.

Der große Verrat

Vertraulichkeit mit den Großen ist nicht ohne Gefahren. Voltaire hatte sich so an sie gewöhnt, daß er daran nicht mehr dachte. Der Schauspieler Dancourt, bekannt durch seinen

Witz, diente als Glanzstück bei den elegantesten Soupers. Eines Abends, als er besonders glänzte und das gute Essen und der Champagner — scheinbar — die sozialen Unterschiede ausgelöscht hatten, rief ihn ein hoher Herr mit folgenden Worten zur Ordnung: »Ich warne Dich, Dancourt: wenn Du am Ende des Essens geistreicher bist als ich, lasse ich Dir hundert Stockschläge geben.« Und Dancourt nahm sich in acht. Diese Stockschläge waren nicht metaphorisch gemeint, sie gehören nicht nur zur Komödie, sie gehören zur Gesellschaft von 1725. Sie existieren wie das soziale Phänomen, und Dancourt wußte das.

Voltaire war nicht so weise. Er war fest überzeugt, daß er ›Fürst‹ sei, weil er ›Poet‹ war, und seine Freunde hatten ihn in dieser Illusion gelassen — denn 1725 war es eine Illusion. Wenn Leute wie Richelieu, Sully, Villars, Conti ihn auch nur sanft zur Ordnung gerufen hätten, vielleicht wäre er vorsichtiger gewesen. Sagen wir zu ihrem Lob, daß sie ihn alles sagen und tun ließen. Diese Freiheit wird ihn die grausamste Demütigung seines Lebens kosten.

Im Laufe des Dezember 1725 traf Voltaire in der Comédie-Française im Umkleidezimmer von Adrienne Lecouvreur den Chevalier de Rohan-Chabot. Voltaire bewunderte die Schauspielerin über alle Maßen. Sein Verhältnis zu ihr hatte den Charakter einer treuen Zuneigung angenommen, die keine Liebe war, aber eine aufmerksame Freundschaft mit einem Hauch von Zärtlichkeit. Mademoiselle Lecouvreur erwiderte dem Autor des ›Oedipe‹ gegenüber alle diese Gefühle. Der Chevalier de Rohan, zweifellos eifersüchtig auf die liebevolle Vertraulichkeit zwischen der Schauspielerin und dem Dichter, fühlte sich nicht mit der Ehrerbietung behandelt, die er zu verdienen glaubte. Er meinte gut daran zu tun, sich wichtig zu machen, unverschämt aufzutreten und den großen Herrn zu spielen. Man fragt sich warum. War er nicht ein Rohan? Das genügte. Wie seine Devise sagt: »Roi ne puis — Prince ne daigne — Rohan suis.« Das Benehmen dieses Menschen ist derartig dumm und grobschlächtig, so verschieden von dem Contis zum Beispiel, daß er in diesem Milieu wie ein Fettfleck auf einer Seidenweste wirkt. Er setzt eine stolze, verachtende Miene auf — ein Rohan sich wichtig machen wie Monsieur Jourdain! Er tut so, als seien ihm die Namen Voltaire und Arouet unbekannt und als verwechsele er sie. Voltaire, an andere Manieren gewöhnt, findet die Rohans sehr verletzend, besonders als er sagt:

»Arouet? Voltaire? Haben Sie denn einen Namen?«

Voltaire war nicht Dancourt, und mit der zündenden Schnelligkeit eines wachen Geistes schießt er zornentflammt auf Rohan seinen Pfeil:

»Voltaire! Ich beginne meinen Namen, und Sie beenden den Ihren.«

Es waren Leute zugegen, die zuhörten. Der Chevalier erhob seinen Spazierstock gegen den Sohn Arouets — dieser zog seinen Degen, um sich zu verteidigen. Mademoiselle Lecouvreur, die die Gepflogenheiten kannte, wußte zwischen dem Spazierstock und dem Degen in Ohnmacht zu fallen. Der Chevalier hängte seinen Stock wieder über seinen Arm, Voltaire steckte den Degen ein, und kaum hatte der Chevalier den Raum verlassen, als Mademoiselle Lecouvreur wieder auf den Beinen war. Jemand sagte zu Voltaire: »Wir sind glücklich, daß Sie uns von dem Chevalier befreit haben.« Beweis dafür, daß seine Gesellschaft nicht sehr geschätzt wurde.

Die Sache war noch nicht zu Ende.

Drei Tage später speiste Voltaire bei seinem Freund, dem Duc de Sully — er war dort ›wie das Kind im Hause‹. Während des Essens ließ man Voltaire rufen: ein Bote erwarte ihn auf der Straße. Er geht arglos hinunter. Zwei verschlossene Kutschen stehen vor der Tür, man fordert ihn auf, sich der ersten zu nähern, auf das Trittbrett zu steigen und mit der Person im Inneren zu sprechen. Der Streich ist gut ausgedacht! Voltaire tritt zur Kutsche, und eine Flut von Stockschlägen geht auf ihn nieder. Er hört in dem anderen Wagen die Stimme des Chevalier de Rohan, der ruft: »Schlagt nicht auf den Kopf, es könnte etwas Gutes herauskommen.«

Als Rohan diese Heldentat später erzählte, brüstete er sich: »Ich befehligte die Arbeiter.« Der mutige Chevalier! Eine blöde Menge betrachtete das Schauspiel und fand, der wackere Chevalier sei sehr milde, den Schädel des Dichters zu verschonen: »Ach! Der gute Herr!« sagte der Pöbel.

Von welcher Seite man es auch immer betrachtet, dieses Abenteuer ist empörend. Und es empörte den Dichter. Der Groll, den er behielt, war unauslöschlich. Aber es gab Schlimmeres als Schläge.

Er kehrt wie ein Verrückter in den Saal zurück, fassungslos, aufgelöst, und außer sich erzählt er den versteinerten Tischgenossen, was geschehen ist. Er bittet sie um Hilfe, zuerst den Herzog, ist er nicht sein Gastgeber? Auf der Schwelle seiner Türe ist er beleidigt worden. Für wen hält man Sully? Er fleht ihn an, ihn zum Kommissar zu begleiten, Klage zu erheben, sich auf die Gesetze zu berufen: es handelt sich ja um versuchten Mord. Der Herzog lehnt ab, ohne eine Miene zu verziehen. Alle Gesichter sind wie aus Eis — völliges Schweigen. Er verstand, daß niemand seine Partei ergriff. In einem einzigen Augenblick erfaßte er, daß Voltaire nichts auf der Waage wog, wenn sich in der anderen Waagschale ein Rohan befand. Er war nur ein Amuseur, eine Zerstreuung für Diners, ein Zeitvertreib für Landaufenthalte.

Es war, als stürze etwas in ihm zusammen. Dabei wußte er, daß es diese Ungerechtigkeit gab . . . ja, bei anderen, aber nicht für ihn. Er fühlte sich so sicher vor solchen Beleidigungen — und beleidigend waren ja nicht die Schläge an sich, sondern die stumme und allgemeine Billigung dieser Schläge durch die, die er für ›seine Freunde‹ gehalten hatte. Das war der Skandal.

Er war in die Bastille gesperrt worden — er hatte der Regierung nicht lange dafür gegrollt. Richelieu war auch in der Bastille gewesen, das war das Los all derer, die Unruhe stifteten. Aber diese Stockschläge entsprangen einzig der grausamen Laune eines Mannes, das war das Beleidigende. Und das Schlimmste war, daß das Publikum solche Prügel ohne weiteres hinnahm und sich daran belustigte. So sagte der Abbé de Caumartin, ein Verwandter von Voltaires Freund, ohne boshaft sein zu wollen: »Wir wären nicht gut dran, wenn die Dichter keine Schultern hätten.« Natürlich, die Caumartins und die Rohans stellen die Stöcke und die Dichter die Schultern; so geht das Spiel. Der Prince de Conti, der dem Autor des ›Oedipe‹ ein so hübsches Kompliment gemacht hatte, prägte auch ein hübsches Wort über die Stockschläge: Er sagte, »sie seien gut empfangen, aber schlecht gegeben worden«.

Voltaire versucht während einiger Tage sich aufzuspielen. Er zeigt sich überall, am Hof und in der Stadt. Ein Chronist namens Marais schreibt: »Niemand bedauert ihn, und diejenigen, die er für seine Freunde hielt, haben ihm den Rücken gekehrt.« Im Marais findet man das sehr komisch.

Voltaire fleht den Herzog von Orléans an: »Monseigneur, ich bitte Sie um Gerechtigkeit.« — »Aber sie ist Ihnen doch schon zuteil geworden!« antwortet der Fürst, ganz im Tone Voltaires.

Er beschwört Madame de Prie, sich beim Minister für ihn einzusetzen, ja sogar beim König. Sie hört ihn an, ohne ihm zu antworten.

Ob sich jemand für ihn eingesetzt hätte oder nicht, das Resultat wäre das gleiche geblieben, ein Scheitern war gewiß. Niemand, selbst der Minister nicht, wollte die Rohans auf sich hetzen. Sie waren zahlreich und mächtig. Überall: in der Kirche, in der Armee, am Hofe — und alle solidarisch. Nicht daß der Chevalier selbst eine sehr erfreuliche Persönlichkeit gewesen wäre, er galt als feige — und als Wucherer! Er war Feldmarschall und wurde 1734 Generalleutnant. Sein ruhmreichster Angriff ist der auf die Schulterblätter Voltaires.

Voltaire war auch nicht gerade eine Kriegsfurie, aber der wahnsinnige Wunsch nach Rache trat an die Stelle der Tapferkeit. Er beschloß, den Chevalier zu töten. Er hätte einen Mord verüben können, aber nein, er wollte ihn in aller Form töten, was für ihn spricht. Unser Dichter ist von nun an völlig aus den Fugen, Haß und Scham zerfressen ihn, er flieht die Gesellschaft, begibt sich unter übles Volk und verkehrt in Spelunken von Dieben und Raufbolden. Er ist schmutzig, ohne Perücke, ohne saubere Wäsche, schlecht rasiert. Die Sache ist ernst. Er fühlt sich in der Gosse der Gesellschaft, er ist in seinen eigenen Augen beschmutzt. Er weiß nicht, daß er von der Polizei verfolgt wird, jeden Tag. Ein Spion erstattet täglich Bericht über sein Kommen und Gehen, seinen Umgang. Er läßt sich von Raufbolden neue Tricks zeigen, um seinen Beleidiger besser töten zu können. Man weiß, was er ausheckt. Die Rohans haben Angst vor einem Überfall. Die Freunde des Dichters grinsen. Sie kennen seine Feigheit, er wird nichts tun. Aber im Grunde wären sie nicht böse darüber, wenn er das täte, was die Polizei schamvoll »irgendeinen unbedachten Streich« nennt — das heißt, wenn er Rohan aufspießte oder sich aufspießen ließe. Voltaire läßt einen Verwandten aus der Provinz als Zeugen kommen. Beweis dafür, daß er kein Vertrauen zu seinen Freunden in Paris hat. Für einen Mann, dessen stärkstes, aufrichtigstes und beständigstes Gefühl die Freundschaft war, mußte diese Erfahrung bitter sein. Da sein Umgang sehr beunruhigend ist und sein Entschluß sich zu festigen scheint, je besser er zu töten lernt, hält es die Polizei für richtiger, der ›Unbesonnenheit‹ vorzubeugen und ihn in die Bastille sperren zu lassen.

Er aber bereitet seine Rache mit der Hartnäckigkeit, mit der Energie vor, die er für alles aufbringt, was er haben will. Wie konnte er die abscheuliche Gesellschaft ertragen, in der er lebte? Jemand mag sagen ›aus Verzweiflung‹ — doch hat er im Gegenteil die Hoffnung auf Erfolg. Voltaire kann wütend sein, aber nie verzweifelt: er begehrt immer auf. Glauben Sie nicht, daß er in einem ›Schicksalskampf‹ für seine Ehre töten oder sterben will. Keineswegs. Er will töten, aber mit dem Maximum an Chancen und dem Minimum an Risiko. Er liebt das Leben zu sehr, als daß er es im Handumdrehen verlieren wollte. Der Wahnsinn Rohans ist es, der ihn zu dem nicht minder großen Wahnsinn verpflichtet, jemand töten zu müssen. Es ist ihm schrecklich zu sterben, aber auch schrecklich zu töten, genauso wie ihm Mörder schrecklich sind, welcher Art auch immer. Aber da man ihn gezwungen hat, tötet er lieber, als daß er getötet wird. Gesunder Menschenverstand der Arouets, der immer gegenwärtig ist: bewahren wir unsere Ehre — ohne das Leben zu verlieren.

Thiériot erzählt, er habe, hinter einer Tür versteckt, einem unerwarteten Zusammentreffen Voltaires mit dem Chevalier im Umkleidezimmer von Adrienne gelauscht. Stolz forderte Voltaire von dem Chevalier Wiedergutmachung durch Waffen. Der tapfere Chevalier akzeptierte. Als er fortging, glauben Sie, er habe seinen Degen blank geputzt? Er bat seine Familie um Schutz und bestand darauf, daß man den Haftbefehl gegen Voltaire ausführe, der schon unterschrieben war. Er lag seit zwei Wochen bereit. Man zögerte ein wenig... Aber angesichts der Erregung des Chevalier zögerte Monsieur le Duc de Bourbon nicht mehr. Er konnte diesem Helden nichts abschlagen. Auf diese Weise wurde Voltaire besiegt, verraten und in die Bastille gesperrt. Es ist eine Schande.

Aber es gab eine Stimme, eine einzige, die sich mit Kraft und Würde erhob, die des Duc de Villars. Er hatte auf den Schlachtfeldern sein Leben eingesetzt, er kämpfte an den Grenzen mit befeindeten Armeen und nicht unter den Röcken einer Schauspielerin mit Dichtern. Er gab zu, daß alle Teile nicht schuldlos seien: »Voltaire, da er den Chevalier beleidigt, dieser wiederum, da er ein Verbrechen begangen hat, das den Tod verdient, indem er einen Bürger hat schlagen lassen (ja, das Wort ›Bürger‹ erscheint hier unter der Feder eines Maréchal de France), und die Regierung, da sie die offenkundige, böse Tat nicht bestraft, sondern den Geschlagenen in die Bastille gesperrt hat, um den Schläger zu beruhigen.«

Man könnte es nicht besser sagen. Der Maréchal dachte an etwas, das den Zeitgenossen entgangen zu sein scheint: an das Gesetz. Die Regierung kümmerte sich genauso wenig darum wie der Schläger. Und die anderen Dichter? Stille; sie grinsen und warten, bis sie an die Reihe kommen. Diese Verschwörung des Anti-Bürgersinns traf ihn bei der ganzen Geschichte am meisten. Voltaire besaß diesen Bürgersinn, wie auch der Maréchal und zweifellos einige andere — aber die Franzosen waren 1725 noch nicht reif dafür. Kurz und gut, in der Nacht des 17. April 1726 wurde Voltaire zum dritten Mal in die Bastille gesperrt, zur großen Erleichterung seines Bruders Armand, der ihm nicht wohl wollte und vor allem keinen Skandal wünschte, und selbst seiner Lieblingsschwester, die für das enfant terrible zitterte. Die liebe gute Frau wußte sehr gut, daß »der größte Dichter unserer Zeit«, wie ihn der Duc de Villars und die Öffentlichkeit nannten, Arouet hieß und daß er wie Glas zerbrochen wäre, hätte er an die Rohans gestoßen.

Der Hof empfand das Unwürdige dieser Einkerkerung. Die Beliebtheit der Rohans wurde nicht größer. Man gab ihnen zu verstehen, indem man ihnen ihren Wunsch erfüllte, daß sie alle Welt unzufrieden gemacht hätten. Aber es handelte sich nur um eine stumme – und folgsame Unzufriedenheit.

Hier ein Zeichen des schlechten Gewissens des Ministers, ein Brief an den Gouverneur der Bastille: »Sieur de Voltaire ist ein so genialer Mann, daß er der Schonung bedarf. Seine Majestät hat für gut befunden, daß ich Ihnen schreibe. Der König möchte, daß Sie ihm alle Annehmlichkeiten und Freiheiten der Bastille verschaffen, die die Sicherheit seiner Haft nicht in Gefahr bringen.«

Ein paar Stilblüten: »Geben Sie ihm die Freiheit der Bastille!« Die Verbindung der beiden Worte gehört zu dem Gelungensten des Kanzleistils. Als Bussy-Rabutin in der Bastille war, beklagte er sich darüber, daß der König ihm ein »Wams aus Steinen« gegeben habe – das ist anschaulicher.

Und so richtete man ihm eine Wohnung ein, mit Möbeln des Königs. Und die Besuche beginnen: die Freunde hatten sich äußerst rar gemacht, unsichtbar, jetzt plötzlich kann man sie kaum zählen. Voltaire im Kerker ist Mode geworden: so ist Paris. Man fragt sich, ob diese modischen Leute hassenwerter in ihrer Feigheit oder in ihrer Zurschaustellung sind. Die Inhaftierung erschien überflüssig – die Tracht Prügel hätte genügt. Außerdem hinderte das Gefängnis Voltaire, einen neuen Skandal zu verursachen und beraubte das Publikum eines erregenden Schauspiels. Ein Irrtum der Macht: Voltaire, lächerlich geworden durch die Prügel, wurde rehabilitiert durch das ruhmreiche Staatsgefängnis. Am Eingang drängten sich die Leute. Alle, die über die Schläge gelacht hatten, zeigten sich nun mit einer Träne im Auge. Die Menge war so groß, daß man Besuche verbot.

Am selben Tag, als man die Besuche verbot, wurde der Entlassungsbefehl unterzeichnet. Voltaire hatte um nichts gebeten, aber man legte keinen Wert darauf, diesen beunruhigenden Fang zu behalten. Am 1. Mai 1726 versah man den Freiheitsbefehl noch mit einigen Bedingungen: Voltaire mußte sich verpflichten, unverzüglich Frankreich zu verlassen und sich noch am selben Tag in Calais nach London einzuschiffen. Madame de Bernières, Madame du Deffand und Thiériot kamen, um Abschied von ihm zu nehmen. Madame de Bernières lieh ihm ihre Kutsche, die der Polizist, der ihn begleitete, um sich seiner Abreise zu versichern, nach Paris zurückbringen sollte.

Er vergaß nicht, sich von seiner berühmten Nachbarin, Madame de Tencin, zu verabschieden. Die Arme war in der Bastille, weil einer ihrer Liebhaber Selbstmord begangen hatte. Man beschuldigte sie, ihn getrieben zu haben, sich den Revolver an die Stirn zu setzen. Man hatte noch nicht das Recht, Werther zu sein oder Werthers zu inspirieren. Es scheint, als habe sie nichts mit all dem zu tun gehabt. Voltaire schreibt an seine Mitgefangene:

»Wir waren wie Pyramus und Tisbe, nur eine Mauer trennte uns, aber wir küßten uns nicht, weil diese Wand da war . . .« Um so mehr als diese Wand drei Meter dick war — man hätte Herkules sein müssen, und das war Voltaire nicht.

Nun ist er also in London — er kann es dort nicht aushalten und kehrt heimlich zurück mit dem Plan, Rohan in aller Stille umzubringen. Man muß sagen, daß seine Haft ihn in einen Rausch der Wut versetzt hatte. Er irrt verkleidet durch die Straßen von Paris, er sucht seinen Beleidiger, findet ihn nicht; plötzlich erschreckt ihn das große Risiko, das er eingeht, und er kehrt nach London zurück. Alle Tuchhändler Arouet waren mit einem Schlage in ihm erwacht, um ihm ihre verdammte Vorsicht einzuflüstern.

Er schreibt an Thiériot: »Allem Anschein nach werde ich Sie in meinem Leben nicht wiedersehen. Es bleibt mir nur wenig mit meinem Leben anzufangen: das eine wäre, es mit Ehre aufs Spiel zu setzen, sobald ich dies vermag (das ist der Roman-

stil des vergangenen Jahrhunderts), das andere, es verborgen
und in einer Zurückgezogenheit zu beschließen, die meiner
Denkweise, meinem unglücklichen Schicksal und meiner Men-
schenkenntnis angemessen ist.« Das ist ernster: er will sein
Vaterland und seine Landsleute vergessen, die Pariser Gesellschaft, die Herzöge und Herzoginnen, die Minister und ihre
Favoriten und die schreckliche Verlogenheit der Freundschaften der vornehmen Gesellschaft.
England wird mit tausendfältigem Lächeln ihm helfen zu vergessen.

Ein neues Arkadien: London 1726

Alles ist schön, alles ist gut. Voltaire hat es so beschlossen.
Seine Anglomanie war schon mit seiner Freundschaft zu Lord
Bolingbroke erwacht. Sie findet jetzt ihre Existenzberechti-
gung. Er wird das Lob Englands singen, aber sobald er es
verlassen kann, wird er es verlassen — und für immer —, ohne
jedoch aufzuhören, sein Lob zu singen, sei es, weil er selber
halb daran glaubt, sei es, und das ist wahrscheinlich, um in
Versailles und Paris Ärger zu erregen. Dies wird ihm recht gut
gelingen, und man wird es ihm nicht vergessen.
Lassen wir uns von seinen Hymnen wiegen. Niemals wurde
das grüne Albion mit so lachenden, so leuchtenden Farben
gemalt: »Der Himmel war wolkenlos, so wie an den schönsten
Tagen im Süden Frankreichs, die Luft wurde gekühlt durch
einen sanften Westwind, der noch die Heiterkeit der Natur
vermehrte und die Menschen empfänglich für Freude machte: so sehr sind wir Maschinen, und so sehr hängt unsere
Seele von unserem Körper ab. Ich setzte mich nahe bei Green-
wich an den Ufern der Themse nieder, dieses Flusses, der nie
über seine Ufer tritt . . . O weiser Fluß, neben dem sich alle
Flüsse Frankreichs schämen müssen, usw.«
Selbst die Themse ist ein Vorwurf für die Flüsse Frankreichs!
Das ist der verblüffendste Fall für die Veränderung einer
Landschaft durch das Gefühl. Die Stockschläge, die Bastille,

die Feigheit seiner Freunde machen Frankreich zu einem Land, in dem man nicht leben kann. Alles ist scheußlich dort, unzivilisiert und falsch: selbst die Flüsse! Welch wunderbares Schauspiel! Die Themse voller Handelsschiffe, beladen mit Reichtum — zwischen ihnen in einer goldenen Barke der König und die Königin, die spazieren fahren, umgeben von einer Menge von Booten, deren in Seide und Gold gekleidete Ruderer leuchteten. Beim ersten Anblick erkannte er, daß die Männer, die ruderten, »freie Bürger« waren, man sah ihnen die Freude der Freiheit — und des Wohlstandes an. Welch schöne Reportage: »Entdeckung Englands durch einen Pariser Dichter, der mit der königlichen Polizei Schwierigkeiten hat.«

Er empfand ein derartiges Bedürfnis, frei atmen zu können! Er war so erleichtert, die Rohans, die Knüppel, die Polizisten, die Bastille, seine vergifteten Freundschaften am anderen Ufer des Meeres gelassen zu haben! Wie menschlich ist das Bedürfnis, seine Haut zu wechseln, wenn die alte so grausam gegerbt wurde — und der neuen alle guten Eigenschaften zuzuschreiben, allein, um die alte zu vergessen.

Er vergaß, daß man auch in England Dichter prügelte. Der Graf von Rochester ließ den Dichter Dryden von seinem Neger Will verprügeln; in Paris waren die Schläger weiß, in London schwarz, das ist der ganze Unterschied. Aber wie dem auch sei, Voltaire war darauf eingestellt, alles in rosigem Licht zu sehen. Trotz ihrer ausnehmend guten Qualität verbrauchte sich seine Illusion auf die Dauer — schneller, als er es wahrhaben wollte. In diesem Punkte ist sein Verhalten aufschlußreicher als seine Worte.

Bei seiner Ankunft hatte er seinen lieben Lord Bolingbroke wiedergefunden, der seine Güter zurückerhalten hatte und in der vornehmen Gesellschaft und bei den Literaten in höchstem Ansehen stand. Er fand also einen sehr liebenswürdigen Freund und, was nichts schaden kann, einen mächtigen. Aber der Lord war nicht ganz so warmherzig, wie Voltaire es hoffte. Es hatte zwischen ihnen eine kleine Reiberei wegen einer Widmung gegeben. Voltaire hatte in seinem Enthusiasmus gehofft, ihm seine ›Henriade‹ widmen zu dürfen. Er glaubte, ihm einen Gefallen zu tun — und täuschte sich. Auf liebenswürdige Weise gab ihm der Lord zu verstehen, daß er auf diese Ehre keinen Wert lege. Man muß dazu sagen, daß die mondäne Gewandtheit und seine Lobsprüche auf den Hof den Lord etwas ärgerten. Das war sein gutes Recht und, ohne offen abzulehnen, zitierte er Cicero: »Ich fürchte das Lob, weil ich die Lächerlichkeit fürchte.« Und in einem Brief an eine gemeinsame Freundin, Madame de Ferriole, schreibt er: »Ich werde ihm (Voltaire) sein Leben lang die Befriedigung lassen zu glauben, er habe mich mit ein wenig Geschwätz zum Narren gehalten.«

Und er nahm die ›Henriade‹ nicht an, obschon er sie bewunderte. Kann man von Freundschaft sprechen bei einer solchen Lauheit?

Bei Lord Bolingbroke begegnete er Swift, Pope und Gay.

In diesem ersten Exiljahr trafen ihn zwei Unglücksfälle. Er verlor seine Schwester, Madame Mignot, und sein Geld. Der Tod seiner Schwester ging ihm sehr nahe. Sie war sein Liebling — oder zumindest die einzige Vertreterin der Arouets, die er liebte. Er nahm Anteil an ihrer Familie, schickte Thiériot oft zu ihr zu Besuch, um über ihre Gesundheit, ihre Geschäfte Bescheid zu wissen: »Meine Schwester hätte leben sollen und ich sterben«, schreibt er, »es ist ein Versehen des Schicksals ... Ich glaubte sicher, sie wäre es, die Trauer tragen würde« (16. Oktober 1726).

Sein Schmerz ist so aufrichtig, daß er ihn einen Moment lang seinem Bruder nahebringt. Und er, den seine Feinde ein »ausgetrocknetes Herz« nennen und der zuweilen so rachsüchtig ist, macht Annäherungsversuche. Er schreibt einer Mademoiselle Bessières und trägt ihr auf, ihn mit seinem Bruder zu versöhnen. Sein Brief ist dringlich, liebevoll ... Der wilde Jansenist antwortet nicht. Voltaire ist verletzt. Er fürchtete seinen Bruder so sehr, daß er anläßlich einer heimlichen Reise, die er nach Frankreich unternehmen will — ein gefährliches Unterfangen! —, an Thiériot schreibt: »Man darf keinen Verdacht hegen, daß ich einen Fuß in unser Land gesetzt oder auch nur daran gedacht habe. Vor allem mein Bruder ist der letzte, dem man ein solches Geheimnis anvertrauen könnte, sowohl wegen seines indiskreten Charakters als auch wegen der üblen Art, mit der er mich behandelt, seit ich in England bin. Ich habe mich bemüht, die pedantische Grobschlächtigkeit und den frechen Egoismus, die er mir gegenüber seit zwei Jahren an den Tag legt, zu mildern. Ich gestehe Ihnen in der Bitterkeit meines Herzens, daß sein unleidliches Benehmen mir ein großer Kummer ist.«

Dieses Geständnis ist aufrichtig. Er würde Thiériot nicht belügen, der das Spiel der beiden Brüder sehr gut kannte und sich keinerlei Illusionen über die Böswilligkeit der beiden machte. Sicher ist, daß Voltaire unter dem Haß seines Bruders und dem Abscheu, den seine Gottlosigkeit Armand einflößte, gelitten hat. Dieses Gefühl hat auch etwas mit der Verachtung zu tun, die Voltaire mehr und mehr für alle Frommen an den Tag legte. Er konnte nicht zulassen, daß ein Bruder sich im Himmel ein Verdienst daraus machte, seinen Bruder recht zu hassen, und es wagte, sich Ablaß zu verschaffen, indem er eine Votivtafel für die Erlösung der ›teuflischen‹ Seele Voltaires in der Kapelle von Saint-André-des-Arcs aufhängte, eine Tafel, die man noch 1786 dort hängen sehen konnte. Merkwürdige Brüderlichkeit!

Was sein Geld anbelangt, so verlor er es durch die Schuld eines portugiesischen Juden namens Dacosta, der sich anschickte, am Abend, ehe Voltaire einen aus Paris mitgebrachten Wechsel einlösen wollte, Bankrott zu machen — volle zwanzigtausend Livres! Ein schwerer Schlag. Der arme Jude gab ihm wimmernd einige Münzen, die im hintersten Winkel einer Schublade herumlagen, und Voltaire fand das Vorgehen sehr ehrlich! Denn in England ist alle Welt ehrlich und gut. Wenn ihm dieselbe Geschichte in Paris passiert wäre . . . welch Klagekonzert! Welche Anstrengungen und Bittschriften, um den Zahlungsunfähigen aufzuhängen.

König Georg hatte von seinem Unglück gehört und ihm hundert Guineen auszahlen lassen, um ihn zu trösten. Er tröstete sich, aber war trotzdem recht unbemittelt, denn er erhielt die Pension nicht, die der Hof ihm zahlte, und zu allem Unglück hatte er seine Rentenpapiere auf die Stadt Paris verloren, und die schrecklichen Prozesse, die ihm sein Bruder machte, erlaubten ihm nicht, die Erbschaft seines Vaters anzurühren, die allein ihm schon einen anständigen Lebensunterhalt gesichert hätte.

Aber die Freunde, die er sich in England gewann, trösteten ihn. Nicht der Lord bereitete ihm den besten Empfang, sondern ein reicher Kaufmann aus London, Mister Falkener. Er war kein Aristokrat, aber ein aufrichtiger Mann. Sein Besitztum in der Nähe von London, das einfach – verglichen mit Richelieu – und gleichzeitig sehr bequem war, gefiel Voltaire wegen seines vernünftigen Luxus', der weniger aufwendig, aber sanfter war, heiterer, bürgerlicher als der fürstliche Luxus der französischen Adligen. Alles erscheint ihm dort menschlich, ganz ungekünstelt: er ist begeistert. (Freilich ist nicht sicher, ob er darüber Villars und Sully vergißt.) Mister Falkener ist intelligent, und er soll Minister werden. Das findet Voltaire herrlich: ein Kaufmann Minister! (Und Colbert? Und sein Monsieur Le Blanc? Waren sie adlig? Um nur zwei anzuführen.) Mister Falkener liebt die Kunst, die Philosophie und vor allem Voltaire! Das sagt alles.

Voltaire glaubte, den idealen Mann gefunden zu haben.

Er bewunderte also seinen Gastgeber und England, während er mit den Zähnen klapperte, denn er war krank und mittellos. Aber er ging gegen seine Krankheiten und Sorgen mit den gewohnten Rezepten vor: mit Arbeit und Neugierde. Sein tätiges Umhersuchen hat ihn immer vor Langeweile und Verzweiflung gerettet. Er fand überall geistige Nahrung. An dem Zufluchtsort, den ihm Falkener gewährte, defilierte alles vorbei, was in London zählte. Alle sah er . . . nur nicht Newton. Er hatte ihn um kurze Zeit verpaßt; Newton lag im Sterben. Die Beerdigungsfeierlichkeiten des großen Newton begeisterten Voltaire. Welch bewundernswertes Volk, das seinem größten Wissenschaftler Ehren erweist, die man in Frankreich nur Königen erweist! Eine gute Gelegenheit, sein undankbares Vaterland zu kritisieren. Es bereitet ihm ein diebisches Vergnügen zu zeigen, daß der Stand eines Literaten in England

weit ehrenvoller ist als in Frankreich. In England ist Schriftsteller sein eine Empfehlung, in Frankreich flößt es Mißtrauen ein. Natürlich, die Autoren des ›Bourbier‹ oder ›J'ai vu‹
sind verdächtig. Aber die anderen . . . Reden wir nicht darüber,
folgen wir seinem Gedankengang. Er stützt sich auf englische
Beispiele und führt sie uns folgendermaßen vor: Mister Addison, der Dichter, hätte in Frankreich nur einen Platz in
irgendeiner Akademie erhalten und eine Pension — vorausgesetzt, daß er von einer hoch im Kurs stehenden Frau unterstützt worden wäre. Aber man hätte nicht versäumt, ihm etwas
Böses anzuhängen, wäre von irgend jemanden in einer seiner
Tragödien eine Anspielung auf den Hausmeister eines angesehenen Mannes entdeckt worden. In England aber ist
Mister Addison Minister. Ein anderes Beispiel: Newton ist
Verwalter des Münzwesens, in Frankreich hätte er, mit Protektion, zwölfhundert Francs Pension bezogen. Irgendein anderer englischer Dichter ist bevollmächtigter Minister; Mister
Swift ist Dekan von Irland und angesehener als ein Kar-
dinal . . .

Da er Newton verfehlt hat, trifft er Clarke, einen Metaphysi-
ker und Freund Newtons, der ihn durch die Tiefe und Kühnheit seiner auf die Geheimnisse des Universums gerichteten
Gedanken beeindruckt: »Clarke sprang in den Abgrund, und
ich wagte ihm zu folgen!« Eine Art Rausch befiel ihn, wenn
er seine Gedanken mit Dingen spielen ließ, die in Frankreich
die Religion verbot. Im Verlauf einer jener berauschenden
Unterhaltungen rief er enthusiastisch in Gegenwart eines anderen Engländers aus: »Mister Clarke ist ein größerer Meta-
physiker als Newton.« Worauf der andere kühl antwortete:
»Das mag sein — aber es ist, als ob Sie sagten, der eine spiele
besser Ball als der andere.«

Das sind Worte, die Voltaire nie vergessen wird. Die Metaphysik war auf ihren Platz verwiesen worden, ohne viel Aufhebens, im Plauderton, aber mitleidslos.

Er stattet auch dem berühmten Lustspielautor Congreve einen
Besuch ab. Erstaunt dankt Congreve für den Besuch eines
Ausländers bei einem englischen Edelmann. Voltaire antwor-

tet ihm: »Wenn Sie nur Edelmann wären, hätte ich heute nicht die Ehre, bei Ihnen zu sein.« Man fragt sich, ob der andere ihm nicht als guter Lustspieldichter einen kleinen Streich gespielt hat, indem er vorgab, seinen literarischen Ruhm zu vergessen und in höchster Bescheidenheit nur Sir Congreve zu sein. Voltaire ging direkter vor, er glaubte sich denen ebenbürtig, die ihn, ob vornehm oder nicht, einluden, verhätschelten und gelegentlich verprügelten.

Dieser heitere Aufenthalt verlief nicht ohne Zwischenfälle — doch nicht er erzählt uns davon. Er hatte eine Schwäche. Er sprach gut, aber zu viel und in leicht scharfem Ton, wenn man nicht seiner Meinung war — eine Meinung, die er ungefragt und sehr ausführlich mitteilte. Um sich aber dieser seiner Lieblingsbeschäftigung widmen zu können, mußte er das Englische perfekt beherrschen. Er machte sich also an die Arbeit, mit leidenschaftlichem Eifer, unermüdlich, und hatte bewundernswerte Erfolge. Die Engländer sind in diesem Punkte bessere Richter als wir — und vor allem bessere als seine Feinde in Paris.

Madame de Genlis, allzu glücklich, Klatsch weiterzutragen, behauptet, Voltaire habe schlecht englisch gesprochen und geschrieben. Die englischen Schriftsteller sind anderer Meinung. Von einer oder zwei Ausnahmen abgesehen, wußten die Engländer seine Qualitäten zu schätzen, ohne blind gegenüber seinen Fehlern zu sein — die sie im übrigen interessierten, weil sie voller Schärfe waren. Nach einem glänzenden Angriff Voltaires auf das ›Paradise Lost‹ von Milton und jene »ekelerregende, scheußliche Geschichte« von der Erbsünde wandte sich Young mit folgenden Worten an den verbannten Dichter: »Sie sind gleichzeitig so geistreich, so libertinistisch und so mager, daß wir in Ihnen gleichzeitig Milton, den Tod und die Sünde sehen.«

Voltaire schreibt und spricht das Englische bald so mühelos, daß er sogar seine Privatbriefe in dieser Sprache schreiben kann, und bei seiner Rückkehr nach Frankreich muß er sich, wie er sagt, Mühe geben: »Ich hatte mich fast daran gewöhnt, auf Englisch zu denken, ich spürte, daß die Ausdrücke meiner

Muttersprache sich meiner Einbildungskraft nicht mehr in der gleichen Fülle darboten wie vorher. Es war wie bei einem Bach, dessen Quelle man verlegt hat, ich brauchte Zeit und Mühe, um sie wieder in ihr eigentliches Bett zu leiten.«

Das beste Zeugnis über seine Beherrschung des Englischen gibt uns der unparteiischste aller Richter: das Volk auf der Straße. Sympathie für Franzosen scheint in den Straßen Londons nicht allzu verbreitet gewesen zu sein. Voltaire wurde eines Tages von einem Volkshaufen angehalten, der ihn an seinen Kleidern als Franzosen erkannt hatte. Man verfolgte ihn, man wollte ihn in den Dreck werfen – und vielleicht wäre er noch einmal verprügelt worden. Er war geistesgegenwärtig genug, auf einen Eckstein zu springen und aus dem Stegreif eine Rede an seine guten britannischen Freunde zu halten. »Wackere Engländer, bin ich nicht schon unglücklich genug, nicht bei Euch geboren zu sein.« Und es folgte ein Lob auf ihr Land und eine Kritik an dem seinen! Das war nicht sehr mutig, aber geschickt – und vor allem so gut ausgedrückt, daß er von denen beklatscht wurde, die ihn hatten lynchen wollen. Sie fanden bewundernswert, daß dieser ›Frosch‹ ihre Sprache so gut konnte. Geben wir also zu, daß Madame de Genlis wieder einmal geklatscht hat.

Außer dem Pöbel, in den er durch einen unglücklichen Zufall geraten war, sah er in London wie in Paris nur die vornehmste Gesellschaft; unter anderen: Lord Hervey und seine Frau, die einen Hauch von Paris an sich hatten. Der Lord dichtete auf die Art Chaulieus, Voltaire bombardierte ihn mit Versen – auf Englisch. Bei Lord Peterborough verbrachte er drei Monate. Lord Bath, der Minister wurde, empfing ihn, und ebenso der hochberühmte Walpole, ein politischer Feind von Lord Bath und einer der bemerkenswertesten Staatsmänner Englands und Europas. Gerne besuchte Voltaire Lady Churchill, Herzogin von Marlborough. Sie schrieb ihre Memoiren und war mehr darum bemüht, ihre Feinde zu zerreißen als die Wahrheit zu sagen. Voltaire bat sie, ihr Manuskript lesen zu dürfen, sie bat ihn, noch ein wenig zu warten und sagte: »Ich bin gerade dabei, den Charakter der Königin Anne etwas zu

verbessern, ich habe wieder Sympathie für sie, seitdem diese
Leute regieren.« Man kann Parteilichkeit und Ungerechtigkeit
nicht aufrichtiger zugeben — aber das störte Voltaire nicht im
geringsten, und auch niemanden sonst.

Ein anderes Zusammentreffen, das ihn verblüffte: Mademoiselle de Livry! Ja, Suzanne! Sie ist in London! Sie verdient
einen Gruß. Ihre Geschichte ist so erbaulich, so sehr nach der
Art Voltaires! Die Arme wurde an der Comédie-Française nur
wegen Voltaire geduldet. Regelmäßig pfiff man sie aus. Schließlich hatten die Schauspieler sie gebeten, sich zurückzuziehen.
Voltaire beurteilte diesen Schritt mit äußerster Strenge. Wahrlich, sagte er, wenn man, wie die Comédie, in jeder Staats-
behörde alle Beamten wegen mangelnder Begabung entlassen
wollte, so säße bald niemand mehr in den Büros. Also war
wohl damals, lieber Dichter, die Comédie eine gediegenere
Einrichtung als die Büros. Auf ihre eigenen Füße gestellt und
ohne Beschützer, weinte Suzanne. Ihre Tugend war so groß,
daß sie aus ihr keinen Profit schlagen wollte, aber ihr Talent
war so klein, daß kein Tadel ihm gerecht wurde; ihr Fall
schien aussichtslos. Sie beschloß also, sich nach England enga-
gieren zu lassen, zweifellos, um den Engländern zu zeigen,
wie man nicht Theater spielen darf. Die Engländer begriffen
dies augenblicklich, und sie saß auf der Straße. In allen Ehren
von einem Landsmann aufgelesen, der einen Gasthof hatte,
langweilte sie sich in einem Kämmerchen, dessen Tür sie
sorgsam verriegelte. Ihre Jugend, ihre Schönheit, ihre Mißerfolge und ihre verriegelte Tugend erregten die Bewunderung ihres Herberggebers, der in nie versiegenden Lobsprüchen seiner französischen Kundschaft von seiner schönen Gefangenen erzählte. Ein durchreisender Marquis, Monsieur
de Gouvernet, aus der Familie der La Tour du Pin, wurde
neugierig.

Er wollte sie sehen. »Niemals!« schrie Suzanne durch die Tür.
Er bestand darauf. Sie weigerte sich. Er kehrte zurück — er
ging fort — er kehrte zurück. Kurz, sie spielte die Lucrezia so
gut, daß man die Tür einschlagen mußte. Sie hatte sich weder
die Pulsadern geöffnet noch etwas Unbekömmliches getrunken.

Sie sah aus wie ein verschrecktes Reh. Sie war nicht abgemagert, ihre Kleidung war einfach und elegant, ihre Angst entsprang einem gewissen Stolz, und sie hatte eine ausgezeichnete Aussprache. Der Marquis verliebte sich sterblich in sie. Er wollte sie heiraten. Sie lehnte ab: »Ich bin zu arm!« sagte sie stolz. Man bemerke, daß sie in ihrer Dachkammer weit besser spielte als auf der Bühne. Der Marquis dachte: »Daran solls nicht liegen, ich weiß, wie ich die Kleine auf diskrete und galante Weise reich mache.« Und er tat folgendes: er schenkte ihr — das verpflichtet zu nichts — fünf Lotterielose, die sie annahm. Wie aus Zufall gewann das eine von ihnen den Hauptgewinn. Die kleine de Livry war reich! Wird sie die Würde einer Marquise annehmen? Sie zieht eine Schnute, einmal, zweimal: schließlich lächelt sie. Sie wird Marquise de La Tour du Pin-Gouvernet sein!

Der Marquis hatte, um seine Schöne zu bereichern, eine falsche Gewinnliste drucken lassen, auf der an guter Stelle die Nummer Suzannes stand . . . Man mußte nur darauf kommen. Danach zog er mit einem wohlaufgesetzten Heiratsvertrag seine Ausgaben wieder ein und bekam alsbald die Livry-Lucrezia in sein Bett. Die Geschichte ähnelt einer Episode aus ›La vie de Marianne‹ von Marivaux, man findet auch die Intrigen aus den ›Contes‹ Voltaires wieder — und Voltaire selbst; die Geschichte gleicht ihm, wie er der Zeit gleicht, in der er sich spiegelt — wie sie in ihm sich spiegelt.

Aber Voltaire hatte diese Lösung nicht vorausgesehen. Als er nach seiner Rückkehr nach Paris, immer treu und voller Zuneigung, an die Türe von Madame La Marquise de Gouvernet klopfte, der kleinen Livry mit anderen Worten, der Geliebten von François Arouet und Génonville, der ehemaligen kleinen Komödiantin — die am Rande des Abgrundes stand und nur auf der Bühne erschien, weil Voltaire seine Hand über sie hielt, als also Voltaire glücklich lächelnd an die Tür klopfte, da verweigerte ihm der Schweizer von Madame la Marquise den Eintritt. Man kannte ihn nicht mehr. Wie man sieht, spielte sie schlecht, die kleine Livry.

Er rächte sich mit Versen. Sie sind nicht böse — ›L'Epître des

Tu et des Vous‹. Er erinnerte sie an die Vergangenheit, aber gerade der Vergangenheit schämte sie sich am meisten:

> Phylis, qu'est devenu le temps
> Où dans un fiacre promenée
> Sans laquais, sans ajustements
> De tes seules grâces ornée ...

Die bösen Tage waren vorbei, Suzanne hatte einen Schweizer.

Die Neugier für den britannischen Exotismus hindert ihn nicht an der Arbeit. Er schreibt die ›Histoire de Charles XII.‹. Wir wissen, daß er in Paris die erste Fassung der ›Henriade‹ unter dem Titel ›La Ligue‹ veröffentlicht hatte, in London arbeitet er nun wieder an dem Werk und gibt ihm seinen endgültigen Titel. Eine seiner Änderungen muß man seinem Ressentiment zuschreiben. Durch den Verrat seines Freundes Sully ist ihm dieser Name so verhaßt geworden, daß er ihn aus der ›Henriade‹ streicht. Alles, was mit seinem großen Vorfahren, dem Großen Sully, dem Freund und Minister Heinrichs IV. zu tun hat, wird gestrichen. Ursprünglich hatte er den Minister ganz nach Verdienst gelobt, und seine Freundschaft mit dessen Nachfahren hatte dieses Lob noch wärmer gemacht. Jetzt weigert sich Voltaire, auch nur den Namen zu nennen. Ein Kunststück, die Geschichte Heinrichs IV. zu schreiben, ohne ein Wort von Sully zu sagen. Er reagiert wie Lady Churchill. Das Gefühl, oder der Groll, nehmen einen wichtigeren Platz ein als die Wahrheit. Aber wenigstens verschleiert man uns das nicht: im Grunde genommen handelt es sich hier um die Aufrichtigkeit der Fälschung. Man muß noch hinzufügen, daß sein Gedicht kein historisches Werk ist, sondern ein Epos, und diese Gattung steht immer mit einem Fuß im Bereich der Fabel, vor allem wenn sie sich der Burleske nähert wie die ›Henriade‹.

Wie hat Sully diese Beleidigung — denn es war eine — aufgenommen? In Paris war man auf heimtückische Anspielungen bezüglich des Namen Sully gefaßt und meinte, das Lob des Großen Sully würde als Vorwand für Seitenhiebe gegen den ›kleinen‹ Sully dienen. Doch man stieß nur auf Schweigen. Und die Kränkung war um so wirkungsvoller. Warum hielt

Voltaire nicht diese Art der Rache bei? Wieviel demütigende Schritte hätte er sich erspart!

Während er die Fahnen korrigierte, bemühte er sich mit dem ihm eigenen Geschick, durch Subskriptionen sein Buch an den Mann zu bringen. Die Engländer reagierten tadellos: der König, der Hof, seine Freunde subskribierten. Swift in Irland ließ subskribieren. Die neue, prächtige Ausgabe, herrlich gedruckt und gebunden und mit Kupferstichen versehen, ist der Königin von England gewidmet: sie lehnte nicht ab. Es wäre besser für ihn gewesen . . . Gewiß, es war ein gerechter Krieg, man hatte ihn aus Frankreich verjagt, die Engländer nahmen ihn bestens auf, er bewies ihnen seine Dankbarkeit. Aber sein Vorgehen empörte den französischen Hof, trotz der verächtlichen Gleichgültigkeit, die man zur Schau stellte, und es handelte sich ja auch um die Tat eines Empörers. Auf diese Weise erweckte er Mißtrauen, ja Haß, der sich in Verleumdungen verriet. Es tadeln ihn auch Leute, die nicht unbedingt Lobredner des Chevalier de Rohan sind. Gewisse Gerüchte werden von Abbé Desfontaines verbreitet. Es handelt sich um Erfindungen aus purer Bosheit — aber sie werden angenommen und Voltaire immer wieder vorgeworfen. Der Abbé sagt, Voltaire hätte sich bei den Engländern so verhaßt gemacht, daß er aus London habe fliehen müssen. Als er einmal bei Pope speiste, hätte er so beleidigende Worte für die Katholische Kirche gebraucht, daß die Mutter Popes, die Katholikin war, den Raum verlassen und Pope, der seine Mutter verehrte, Voltaire habe hinauswerfen lassen. Absurd. Voltaire beleidigt nicht Leute, wenn er von ihnen zum Essen eingeladen wird, und vor allem keine neunzigjährige Dame und Mutter eines Schriftstellers, den er liebt und bewundert. Wenn es so gewesen wäre, hätte Pope ihm niemals verziehen, doch ihre Freundschaft war nie getrübt. Sie hatten, der eine wie der andere, einen gleich schlechten Charakter, und man hätte etwas von ihrem dauernden Streit erfahren.

Desfontaines verbreitet außerdem, Voltaire habe von einem Londoner Buchhändler Stockschläge erhalten. Absurd. Ein Buchhändler ist nicht Rohan — aber daß Voltaire seine Auto-

renrechte hartnäckig gegen einen ebenso hartnäckigen Buchhändler verteidigte, ist wahr. Der Buchhändler streckte die offene Hand hin, und Voltaire hielt die seine geschlossen. Er
wußte sich sehr gut zu verteidigen: »Ich bin nicht so verrückt,
meinen ganzen Besitz einem Buchhändler zu überlassen.« Nein,
er war nicht verrückt, er war ein richtiger Arouet, der fordert,
was man ihm schuldig ist. Darin ist keine Unredlichkeit. Der
Erfolg der ›Henriade‹ war weitaus mehr ihm zu verdanken
als dem Buchhändler. Zunächst einmal ist er der Autor — und
dann, wer hat den Verkauf organisiert? Die Auslieferung?
Wer hat die Freunde angetrieben? In Dublin verteilte Swift,
um Voltaire einen Gefallen zu tun, das Buch im Palast des
Vize-Königs. Der glänzende kommerzielle Erfolg ist mit ein
Werk Voltaires. Er wies also die Forderungen des Buchhänd-
lers zurück — das war nur gerecht. Es kam zu keinem Skandal
— dieses Mal.

Dem guten Geschäft in England folgte ein schlechtes Geschäft
in Frankreich. Der Absatz war dort nur mäßig. An Stelle der
dreihundertvierundvierzig verkauften Exemplare in London
konnte Thiériot nur achtzig Subskriptionen erhalten. Diese
Ziffer macht den französischen Lesern keine Ehre. Was aber
folgte, macht Thiériot keine Ehre. Welch seltsamer Freund!
Hören wir die Geschichte dieses Gauners.

Welcher Dämon trieb Thiériot Pfingsten 1728, in die Messe zu
gehen? Er ging sonst nie zur Kirche. Während er die unge-
wohnte Andacht verrichtete, brachen Diebe bei ihm ein und
stahlen die wertvollen Exemplare der ›Henriade‹. Wie fortge-
flogen, ohne Geräusch, ohne Spur, unter dem Mantel verschwunden und doch verkauft. Ein einziges Geflüster erhob
sich: Thiériot hat dieses neue Pfingstwunder vollbracht. Ohne
Einzelheiten zu kennen, begriff Voltaire von London aus: Thiériot hatte ihn bestohlen. Das war ernst.

An diesem Beispiel kann man sich ein Urteil über Voltaire
bilden. Er schwieg. Solche Dinge nehmen ihn weniger mit als
eine Beleidigung oder eine schlechte Kritik. Seine erste Sorge
ist, allen Subskribenten ihr Exemplar zukommen zu lassen —
auf seine Kosten. Da zeigt sich der ehrliche Sohn der ehrlichen

Arouets. Es bleibt Thiériot: Voltaire begnügt sich damit, ihn mit ein paar Bemerkungen zu bestrafen. Es liegt ihm daran, nicht als der Dumme zu erscheinen, und er fügt den guten Rat hinzu: »Dieses Abenteuer, mein Freund, könnte Ihnen den Geschmack daran nehmen, in die Messe zu gehen, aber es soll mich nicht daran hindern, Sie immer zu lieben und Ihnen für Ihre Mühe zu danken.«

Er verzeiht — aber er macht sich keine Illusionen über die Redlichkeit Thiériots. Thiériot ist der Freund seiner Jugend, sagt er, und er ist treu. Wer ist treu? Voltaire. Solche Ausdauer, solche Geduld sind bemerkenswert, zumal bei einem äußerst nervösen, reizbaren Menschen, der angesichts dieses Bubenstücks ebenso heiter bleibt wie angesichts des Bankrotts des portugiesischen Juden. »Er war noch jung«, sagte er später, als man versuchte, ihn gegen Thiériot aufzuhetzen. Jung? Sie waren gleich alt, nämlich dreiunddreißig Jahre alt.

Schon drei Jahre lang war er im Exil — und das war sehr lang. Eigentlich litt er unter nichts Besonderem in London, und doch litt er unter allem: so ist Heimweh. Das Kind aus Paris braucht die Luft von Paris. Diese schlechte Luft, voll von den üblen Dünsten der Eifersucht, der Angeberei, der Verleumdung, der Niedrigkeit, diese Luft voll von den Giften und Elixieren der Intelligenz und der Kunst.

Das wiedergefundene Paris: Voltaire mischt sich in alles.

Am 15. März 1729 kehrt der aussätzige Dichter nach Frankreich zurück — aber nicht nach Paris. Er ist in Quarantäne in Saint-Germain-en-Laye. Er wohnt bei einem Perrückenmacher namens Châtillon in der Rue de Recollets. Das Haus ist eine Baracke. Kein idyllisches Gemälde, keine hübschen Verse auf die Seine, auf eine Flotte von goldenen Schiffen und Ruderern in Samt und Seide. Die Bäume haben noch nicht einmal Blätter. Frankreich ist unfreundlich — es behandelt ihn stiefmütterlich, aber er liebt es, ob er will oder nicht.

Die erste Neuigkeit ist abkühlend. Der Kardinal-Minister, Monseigneur Fleury, teilt ihm in höflichen Worten mit, daß der König beschlossen habe, seine Pension zu streichen. Er ist nicht erstaunt darüber, aber es zu erfahren ist grausam. Er hofft, daß die Königin ihm die ihre weiterhin zahlen wird, sie schuldet ihm das, »denn Monsieur, ihr Gatte, hat mir gegen das Recht des Volkes meine Rente gestrichen«.

Und er ist wieder so wie vor seinem Exil, überallhin schreibend, flehend, schmeichelnd, Verse schmiedend, Thiériot in alle Vorzimmer schickend, mit einem Wort, bereit zu jeder Kühnheit und zu jeder Unvorsichtigkeit. Aber auch bereit zu jeder Großzügigkeit: Thiériot wird fünfhundert Livres von der Pension der Königin erhalten, wenn ihre Schritte erfolgreich sind. Außerdem gibt er die ›Histoire de Charles XII.‹ in Druck, die er von London mitgebracht hat, und der redliche Thiériot wird sechshundert Livres von der Ausgabe erhalten. Und daß er ja nicht so tut, als wolle er das Geld nicht annehmen!

Voltaire wäre ärgerlich: »Es muß so sein, oder wir sind keine Freunde mehr.« Keinerlei Risiko eines Streites auf diese Weise: Thiériot nimmt an.

Voltaire begibt sich um gewisser Geschäfte willen heimlich nach Paris, aber das ist gefährlich. Richelieu schaltet sich ein und legt dem Minister die Bitten Voltaires vor. Der Dichter wendet sich an Maurepas: »Ich schreibe an Maurepas, damit er erlaubt, daß ich meine Ketten durch Paris schleife.« Der entflohene Zuchthäusler!

Ende April 1729 erhält er die Genehmigung, in Paris wohnen zu dürfen. Anstatt seine Wohnung bei der Présidente de Bernières wieder zu beziehen, läßt er sich in einem nicht sehr schönen Haus in der Rue Traversière-Saint-Honoré nieder. Er hat die Manie umzuziehen, in London hatte er zehn verschiedene Wohnungen, in Paris kann man sie nicht mehr zählen. Jetzt ändert er seine Wohnung, weil seine Beziehung zu den Bernières erkaltet ist, und er nichts tut, um sie wieder zu erwärmen. Sie stehen noch gut miteinander, aber auf Entfernung. Wie der Stern von Madame de Mimeure, so erbleicht auch der von Madame de Bernières: eine Sternschnuppe am Himmel Voltaires.

Aber sprechen wir vom Geld.

Seine erste Sorge in Paris gilt der Aufbesserung seiner Finanzen. Bei seinen englischen Freunden hatte er neue Fortschritte in der Kunst gemacht, sein Geld fruchtbringend anzulegen. Aber er wirft sich auf dieses Unternehmen mit fiebernder Hast und begeht Unvorsichtigkeiten, die ihm Paris wieder einmal verleiden.

Er verfügt noch über ein gewisses Kapital. Die Erbschaft Arouet war geregelt worden, er erhielt seinen Anteil. Die Aufführungen seiner Tragödien hatten ihm einen kleinen Notgroschen gebracht, und an der ›Henriade‹ hatte er viel verdient. Obwohl er bescheiden tut — er spielt den Arouet: »Es ist so wenig . . .« — man hat so viele Ausgaben . . . die Verleger wollen alles . . .« — und obwohl Thiériot ein Loch gerissen hat, ist ihm eine beträchtliche Summe geblieben. Dieser Schatz wird sich vermehren.

Voltaire verstand es, Paris zu genießen — er verstand auch, es auszunutzen. In seinen Unterhaltungen säte er, aber zuweilen erntete er auch. Während eines Diners bei einer Dame Dufay erklärte einer der Gäste, wie der neue Finanzkontrolleur Lepelletier die Lotterie neu organisiert hatte. Voltaire fiel auf, daß jemand, der alle Lose kaufte, zwangsläufig eine Million Livres gewinnen mußte. Er wagt den Streich mit einigen anderen: er gelingt. Der Finanzkontrolleur ist wütend, die Schwäche seines Systems bewiesen zu sehen, und will nicht zahlen. Der Rat zwingt ihn dazu. Der Staat tat schlecht daran, seine Lotterie unter dem wachsamen Auge eines Dichters schlecht aufzuziehen. Voltaire erhält fünfhunderttausend Livres für seinen Anteil. Ein schöner Abend! Aber er hat von nun an einen Todfeind in der Person von Lepelletier. Man rät ihm zu reisen.

Er flieht, nicht ohne vorher noch einige recht sarkastische Verse auf den Finanzkontrolleur zu verfassen. War dieser Parther-Pfeil nötig? Ja, sagt Voltaire, denn der Finanzkontrolleur tat unrecht daran zu zeigen, daß er beleidigt war, weil man ihn genasführt hat.

Er wird das Heilwasser von Plombières trinken, mit Richelieu (der sich von ihm Geld leiht ... gegen Zinsen, und gute Zinsen, und Hypotheken, und in aller Form). Auf der Reise erfährt er, daß der Herzog von Lothringen, der gute Stanislaus, ein auf Aktien gegründetes Unternehmen aufbaut, welches so viel Gewinn bringen wird, daß die Aktien nur an Lothringer verkauft werden dürfen. Der Gewinn ist so verlockend, daß Voltaire einen Umweg — einen goldenen Umweg — über Nancy macht. Er ist sehr müde, er ist krank, hat Fieber, ißt kaum — Brotsuppe! — er schläft wenig, hat Koliken, fröstelt, spricht pausenlos, rechnet, kombiniert. In Nancy liegt er zwei Tage lang im Bett. Er verliert auf diese Weise die Zeit, die er durch sein Fahren mit der Postkutsche zu gewinnen glaubte. Er ist dem Tode nah. Am dritten Tage ist er wieder auf, besucht die richtigen Leute, bittet. Man lacht ihn aus, er ist kein Lothringer, er wird keine Aktien bekommen. Aber er erhält trotzdem fünfzig Aktien, weil man Arouet mit Haroué, einem lothringischen Grundbesitzer, verwechselt. »Ich habe mein Gold in wenigen Tagen verdreifacht, und ich hoffe meine Doublonen mit Leuten wie Ihnen auszugeben«, schreibt er ganz übermütig an den Président Hénault.

Nach Plombières zurückgekehrt, langweilt er sich.

Wieder in Paris, will er seinen ›Brutus‹ aufführen. Die Lektüre der Tragödie betrübt die Leute der Comédie. Man bittet ihn, das mittelmäßige Stück nicht aufführen zu lassen. Er schickt sich darein, erzählt aber, Crébillon und Rohan hätten ein Komplott geschmiedet, damit seine Tragödie von der Comédie abgelehnt würde.

Nachdem ›Brutus‹ verjagt ist, erfährt er, daß der Generalkontrolleur, sein Feind, das gleiche Schicksal erlitten hat. Eine gute Neuigkeit. Und nun kehrt Brutus zurück. Trotz seiner Erregung hat er sein Stück zu verbessern vermocht, er hat sich die Kritik zu Nutzen gemacht. Dieses Mal muß es gespielt werden. Mademoiselle Lecouvreur ist gestorben, Mademoiselle Gaussin spielt die erste Rolle; aber das Stück ist immer noch nicht gut. Mademoiselle Gaussin hat Angst, spielt schlecht, Voltaire schmeichelt ihr, ermutigt sie, so daß die Interpretin, nachdem sie erst mäßig war, nun ausgezeichnet spielt und das Stück rettet! Der Erfolg irritiert Piron, der Voltaire des Plagiats bezichtigt; Voltaire lacht darüber. Warum hat er nicht immer so geantwortet? Über Pirons Ärger hinweggehend, versucht er, Piron zu einem unangenehmen Schritt bei den Schauspielern zu veranlassen — zu dem er selbst sich nicht hergeben will. Piron sieht die Falle und lehnt ab. Voltaire, die gute Seele, versucht, ihm sein Interesse daran klarzumachen . . . »denn Sie sind nun einmal nicht reich, mein armer Piron«. Der andere antwortet verletzt:

»Das ist wahr, aber ich sch . . . darauf, gerad als wäre ich es.«
Die Sache blieb dabei und die Karriere des ›Brutus‹ auch.

Die ›Histoire de Charles XII‹ wurde gedruckt und beschlagnahmt, obwohl man die Erlaubnis zum Druck gegeben hatte. Voltaire liebte dieses Buch. Er beschloß, nicht zu gehorchen und es heimlich zu verkaufen, wie er ›La Ligue‹ verkauft hatte — indem er es am selben Ort, in Rouen, drucken ließ. Sein Freund Cideville wurde mit der Sache beauftragt. Es war eine delikate Angelegenheit. Es ist trotz allem etwas seltsam, wenn man sieht, wie ein Gerichtsrat der Normandie — unterstützt von dem ersten Präsidenten, Monsieur de Pontcarré — eine Angelegenheit betreibt, die er von Amts wegen, käme sie vor den Staatsanwalt, verurteilen müßte.

Er erhielt dank seiner Freunde die Versicherung, daß man die Augen schließen werde. Und schon ist er in Rouen, um die Drucklegung zu überwachen. Er versteckt sich in einem abscheulichen Gasthof, wo:

> Arachné tapisse les murs
> Draps y sont courts, lits y sont durs.

Die nachlässige Wirtin dieses vernachlässigten Ortes hatte einen Sohn, den Abbé Linant, der sich ohne zu zögern an die Rockzipfel Voltaires hängte. Wir werden ihn wiedersehen. Um die Polizei in die Irre zu führen und ein wenig Theater zu machen, spielte Voltaire den Engländer auf Reisen. Wem hätte er das vormachen können? Währenddessen arbeitete er in seinen Spinnennetzen heftig an den Korrekturen zu ›Charles XII.‹, an Verbesserungen für eine Neuausgabe der ›Henriade‹ und an zwei neuen Tragödien gleichzeitig. Ohne von den verschiedenen Fieberanfällen zu sprechen.

Glauben Sie, daß er in seinem Schlupfwinkel wenigstens Ruhe hat, daß er sich mit friedlichem Gemüt ganz seiner Arbeit widmen kann? Keineswegs. Er fühlt sich wie immer gehetzt: er hat Angst, und er hat nicht unrecht damit. Er war unvorsichtig gewesen — sollen wir ihm einen Vorwurf daraus machen?

Er hatte ein Gedicht über den Tod der Adrienne Lecouvreur in Umlauf gebracht, voller Entrüstung darüber, wie diese große Schauspielerin nach ihrem Tode behandelt worden war. Sie wurde wie ein Hund begraben, auf einem Schuttabladeplatz an der Seine. War es nicht empörend, den Körper einer Frau auf den Schindanger zu werfen, der ganz Paris zugejubelt, der man geschmeichelt und die man in den Salons empfangen hatte? Voltaire schalt die Franzosen wegen ihrer ungerechten und barbarischen Sitten — und um sie zu beschämen, sang er ein Loblied auf England, wo nichts als Milde, Gerechtigkeit und Toleranz zu finden sei . . . etc.

Man versteht seine Entrüstung, denn Adrienne bedeutete viel für ihn, man weiß es, und sie bedeutete auch viel für seinen Freund d'Argental, der Adrienne bis zum Wahnsinn geliebt und auf die edelste Weise geliebt hatte. Voltaire machte den Schmerz seines Freundes und die Adrienne zugefügte Beleidigung zu seiner Sache; aber der leidenschaftliche Ton, die flammende Beredsamkeit dieses Gedichts erklären sich noch besser durch ein Gefühl, das Voltaire immer gequält hat und das immer stärker werden wird bis zu seinem Tode — die Angst nämlich, selbst einst wie Adrienne zum Abfall geworfen zu werden. Die Aufrichtigkeit seines Tadels ist so furchtbar, weil er sich selbst in dem unseligen Zustand der Schauspielerin sieht. Voltaire war davon überzeugt, daß er vor seinem vierzigsten Geburtstag sterben würde, die Sorge um seine Gesundheit ließ ihn kaum auf mehr hoffen, doch der Libertin wollte in heiliger Erde ruhn, mit dem Segen der Kirche. Die Härte des Todes schien ihm gemildert durch die Sakramente. Er glaubte nicht, daß die Gebete des Priesters ihm das ewige Leben sichern könnten; es lag nichts Mystisches in seiner Bindung an die

Sakramente: der Tod ist der Tod. Aber Voltaire bleibt das Kind der guten Patres. Im Arm unserer Heiligen Mutter, der Kirche, wurde der schreckliche Tod vielleicht nicht göttlicher, aber er war menschlicher. Was er an dem entehrenden Begräbnis Adriennes auszusetzen hat, ist seine Unmenschlichkeit, nicht seine Irreligiosität.

Das Gedicht zirkulierte — er sagt, es sei ohne sein Zutun geschehen. Aber warum es Thiériot anvertrauen, wenn nicht mit der Absicht, daß er es verbreiten solle? Ganz Paris zitierte die rächenden Verse. Die Wut des Klerus grollte wie Donner, man sprach von Verhaftung. Er vergrub sich in Rouen. Sein Verleger Jore, der die ›Lettres aux Anglais‹ oder ›Lettres philosophiques‹ herausgeben wollte, versteckte ihn einige Kilometer von Rouen entfernt in Canteleu. Dieser Verleger spricht nicht sehr zartfühlend von seinem Gast. Welch alter Knauser, dieser Milord Voltaire! Er zahlt weder die Eier noch das Gemüse, das man ihm bringt. Er setzt den Lohn des Dieners auf die Hälfte herab — und der gute Verleger muß ihn aus eigener Tasche zahlen. Als Entschädigung bietet Voltaire ihm eine alte Pendeluhr an. In Wahrheit aber erhält er weder Geld noch Uhr. Voltaire, der nicht an einem Ort bleiben kann, wohnt anschließend bei einem Freund des Verlegers. Man pflegt ihn, man verwöhnt ihn, er bleibt mehrere Wochen. Als er abreist, hinterläßt er achtzig Sous! Das Dienstmädchen bekam einen Nervenschock. Sie sagte, sie habe ihm sieben Monate lang gedient!

Ist das wirklich wahr? Jore prozessierte mit Voltaire, er schwärzte ihn an, so gut es ging. Es stimmt, daß sein allzu geschickter Autor sehr gründlich mit ihm abrechnete. In Geschäften war Voltaire strikt, ja hart. Aber Jore lügt, wenn er sagt, Voltaire sei sieben Monate lang geblieben. Es ist auch richtig, daß Voltaire eine Neigung zum Stehlen verspürte, wenn er glaubte, man wolle ihn ausnehmen. Aber aus Anstand hätte er nicht geduldet, daß jemand seinen Diener an seiner Stelle bezahlte. Und diese komödienhafte Geschichte mit der alten Pendeluhr? Schwer zu glauben. Jore und seine Konsorten meinten, einen Milord vor sich zu haben, den man rupfen könne, aber sie hatten es mit dem würdigen Sohn Monsieur Arouets zu tun. Sie waren sicher nicht die einzigen, die mit einem Dichter, der rechnen konnte, Pech hatten.

Im Jahre 1731 ist er in Paris. Er liest Monsieur de Maisons und zehn Jesuiten seine neue Tragödie ›César‹ vor. Man klatscht Beifall. Aber er ist nicht ruhig — er fürchtet die Laffen aus Versailles mehr als die strengen Priester. Er schläft nicht mehr; er liegt zwischen zwei Dornenhaufen: ›César‹ auf der einen Seite, ›Charles XII‹ auf der anderen.

Wie wird ›Charles XII.‹ Paris erobern? Durch welche Bresche wird sein Held eindringen? Er erwägt zwei Möglichkeiten: entweder wird er die ganze Auflage per Fracht von Rouen nach Versailles kommen lassen, sie bei dem Duc de Richelieu deponieren, und sie in Paris von Dienern in der Livree des Herzogs verteilen lassen — die Flagge schützt die Ware; oder er wird, wenn das zu teuer ist, ›Charles XII‹ auf dem Wasserwege bis zur Wohnung des Duc de Guise in Saint-Cloud bringen lassen — das ist derjenige, der ihm anbot, die Sache »ganz allein« zu machen. Je weniger davon wissen, um so größer sind die Aussichten auf Erfolg. — So kam ›Charles XII‹ über das Wasser nach Paris und drang dort in Form von zweitausendfünfhundert unerlaubten Bänden ein. Die Polizei erfuhr nichts.

Ein schrecklicher Schlag trifft ihn. Sein Freund, Monsieur de Maisons, stirbt am 13. September 1731. Die Blattern, die ihn das erstemal verschont hatten, verfehlten ihn nicht beim zweiten Mal. Es ist eine Wiederholung des Todes von Genonville. Im übrigen ähnelten sich die beiden Männer in ihrem Geist, ihrem Gemüt, ihren Umgangsformen, ihrem Aufstieg: sie hatten alle Gaben. Voltaire liebt diese erfüllten Menschen, diese Meisterwerke unserer armen Brut, diese wenigen Erwählten, die die Gemeinheit der Herde wieder gutmachen. Er liebt die vom Schicksal Begünstigten, statt, wie die Mittelmäßigen, sie zu beneiden. Das ist Voltaires Art, der himmlischen Ungerechtigkeit zu verzeihen. Er schätzt die Menschheit nicht im Allgemeinen, er liebt die Ausnahmen, er fühlt sich mit ihnen solidarisch. Er empört sich, weil eine blinde Macht ihn und die

Menschheit eines Mannes beraubt hat, der allen anderen Ehre machte: »Der Tod von de Maisons hat mich in eine Verzweiflung gestürzt, die mich völlig niederschmettert.«

Fassungslos über diesen Tod — »Er starb in meinen Armen, nicht durch die Unkenntnis, aber durch die Nachlässigkeit der Ärzte« — geht er von Tür zu Tür, umarmt die, die ihn verstehen, und läßt sich von ihnen trösten. Er erzählt seinen Schmerz, seine Entrüstung, er ist erschöpft, noch magerer, schwächer, erregter. Natürlich hat er keine Wohnung. Er schläft hier, speist dort zu Mittag und an einem dritten Ort zu Abend. Nicht weil er keine Unterkunft hätte, sondern weil er zu viele hat. In Wirklichkeit aber ist dieser Nomade ein Stubenhocker, dieser Hin- und Hergetriebene ein Beharrlicher, dieser Zerstreute ein großer Arbeiter.

Denn nichts läßt sich bei diesem Menschen, der so leicht durchschaubar scheint, auf eine einfache Formel bringen. Wie fließend ist er und wie widersprüchlich! Man glaubt ihn durch und durch zu kennen — und es ist wahr, er hat kein Geheimnis — aber ebensogut könnte man sich darauf berufen, ein von Minerva erdachtes Labyrinth durch und durch zu kennen. Die Klarheit der Linien, die diesen Charakter zeichnen, ist nur eine Falle für die Intelligenz, sie hindert den Aufmerksamen nicht, sich zu verirren, und Voltaire ist, wie ein Labyrinth, dazu geschaffen, daß man sich in ihm verirrt. Er ist nicht dunkel: er ist ganz und gar Licht. Manchmal will er die Mystifizierung, aber gerade dann ist sie am durchsichtigsten. Meistens ist die Mystifizierung tiefer, genialer sogar, sie ist unbewußt. Er mystifiziert am hellen Tage, wie er spricht, wie er bezaubert. In seinem Leben wie in seinen Gedanken ist das Licht überall; er schafft sich selbst, indem er in diesem Licht jongliert, er schafft sich, indem er sich bewegt, er ist eher Bewegung als Materie. In jedem Fall ist er der verblüffendste Taschenspieler seines Jahrhunderts, das deren mehrere aufzuweisen hat, und sehr begabte.

Ja, dieser Umhergetriebene liebt nichts so sehr, wie in seinem Alkoven zu sein — seinem ›Zuhause‹ — vor dem Feuer zu kauern, sich die Beine zu wärmen, in der Glut herumzustochern, zu denken, mit einigen Vertrauten zu reden, Kräutertee zu trinken, Pillen zu schlucken, sich in Tücher einzumummen, in Pelze, sich in Morgenröcke zu wickeln und in seinem Sessel eine alte Frau zu mimen, einen Kreis um sich zu bilden wie eine alte adlige Witwe, die Huldigungen, Lobsprüche, Liebkosungen entgegennimmt, sich bedauern, bewundern, lieben zu lassen — und auch fürchten von einigen. Das ist das Klima, in dem er aufblüht, und er schafft es sich überall, wo er hingeht, denn er braucht es überall. Man muß sich danach richten oder gehen — wenn nicht, geht er.

Und deswegen geht er oft: weil er sich das Klima seines Brutkastens — an dem ganz Paris vorbeidefiliert — nicht schaffen konnte.

Im Jahre 1731 findet er jedoch ein Nest nach seinem Herzen: den Salon der Comtesse de Fontaine-Martel. Machen wir es wie alle in dieser Zeit: dringen wir kühn in ihre Intimität.

Die neue Egeria bewohnte das Palais-Royal, sie installierte Voltaire im Erdgeschoß ihres Hauses, über dem Garten. Die Dame ist mehr als sechzigjährig. In dieser Zeit gehörte man damit zu den Altertümern. Obendrein war sie von Ekzemen verunstaltet, ein Schreckgespenst.

Umstände, wie von der Vorsehung bestellt. Das Alter und die Ekzeme entmutigen die bösen Zungen von vornherein: die Tugend der Gastgeberin und ihres Gastes waren über jeden Verdacht erhaben. Man fragt sich, warum Voltaire dort unterschlüpfte. Die Dame war nicht nur abstoßend, sondern auch geizig und mürrisch und gab sich einen Anstrich von Geist, der niemand täuschte. Aber es gab einen Ausgleich für diese Mängel: Voltaire war der unbestrittene König ihres Salons, der gut besucht wurde. Auch ein Fürst von Geblüt wagte es zuweilen, von den Speisen zu kosten, die der Koch der Gräfin zum Souper servierte. Schließlich verbarg sich unter den Ekzemen auch eine starke Seele — eine entschlossene, gottlose Seele. Madame de Fontaine-Martel war eine wütende ›Philosophin‹. Was Schauspiele betraf, so schmähte sie die Messe, fand aber die Oper erhaben. Über dieses pariserisch Erhabene setzte sie das übernatürlich Erhabene, die Tragödie, und darüber: Voltaire. Sie ließ seine Tragödien bei sich aufführen. Was hätte er sich Besseres wünschen können?

Und schon ist er an der Arbeit. Er läßt eine Tragödie spielen: ›Eriphyle‹. Man klatscht ein wenig, weil das Stück wunderbar in Verse gesetzt ist. Aber der Erfolg ist so schwach, daß es aussieht wie ein Scheitern. Er zieht das Stück zurück und beginnt von vorn. Er verändert drei Akte, liest sie öffentlich vor, notiert die Kritiken und korrigiert wieder. Dieses Arbeitsbewußtsein, diese aufmerksame Folgsamkeit gegenüber den Bemerkungen eines ehrlichen Publikums sind erstaunlich bei einem so ungeduldigen und oft so eitlen Mann ... Als er sieht, daß nichts Gutes bei diesem Stück herauskommt, legt er es in die Schublade und wirft sich auf ein anderes: ›Zaire‹.

Weder die Abendempfänge der Gräfin, noch die Arbeit hindern ihn daran, sich um die anderen zu kümmern und nützlich zu sein. Er hilft gern, besonders Anfängern. Er erhält das Gedicht eines jungen Dichters: ›Ode sur la Création‹. Ein weites Feld! in dem auch der Schlauste sich verirren müßte — und der Anfänger war nicht sehr geschickt im Versemachen. Das hinderte ihn nicht daran, vom Dichten leben zu wollen. Dieser junge Dichter ist Linant, der Sohn der Frau, die ein so schlechtes Gasthaus in Rouen führte. Voltaire läßt den dicken, geschwätzigen und jovialen Jungen kommen, der von eher rustikalem Naturell ist. Wie hat diese Art Mensch Voltaire erheitern können? Aus Mitleid vielleicht. Er versucht, ihn unterzubringen, ihm zum Beispiel die kleine Rolle eines kleinen Sekretärs zu geben. Er spricht mit der Herrin im Palais-Royal. Sie ist mürrisch. Sie hatte sich schon einmal die Finger verbrannt. An Thiériot! Ja, Thiériot war, vielleicht auf unschuldige Weise, in die Arme der räudigen Dame gestoßen worden. Sie hatte ihn recht gut empfangen, und er hatte sich recht gut empfangen lassen. Sie übergab ihm eine gewisse Summe und hoffte, daß ihr die Zinsen durch liebevolles Benehmen erstattet würden. Aber dieser Thiériot antwortete nur durch eine unglaubliche Trockenheit — und das Schlimmste war, daß er mit dem Geld der Gräfin einer Demoiselle Sallé von der Oper den Hof machte. Diese Art von Kränkung — wie verständlich sie auch sein mag — vergißt man nicht, und so wies die Gräfin den neuen Schützling Voltaires ab. Seitdem war ihr die Liebe aller Männer, die sich ihr näherten, ein Greuel. »Die Eigenschaft, durch die man am besten Zugang bei ihr erlangt«, sagt Voltaire, »ist Impotenz.« Und wodurch hat *er* so guten Zugang in das Haus gefunden? »Sie fürchtet immer, man bringt sie um und gibt ihr Geld einem Mädchen aus der Oper.« Sie hielt Demoiselle Sallé für weit gefährlicher als die ganze römische Kirche — was ein nicht kleiner Beweis von Haß war. Voltaire bildete sich ein, daß sie ihn nur litte, weil er achtunddreißig Jahre alt (war das ein kanonisches Alter?) und immer krank war, also unbrauchbar für Liebesspiele.

Inzwischen lebte Linant nur von seinen kleinen Versen, die Voltaire großen Persönlichkeiten empfahl, was kleine Summen einbrachte, um einen großen Hunger zu stillen.

›Zaire‹ wurde in fünfundzwanzig Tagen geschrieben! Das Palais Royal war günstig für diese Art Beschäftigungen. Man hatte ihm vorgeworfen, daß nicht genug Liebe in seinen Stükken vorkomme. Gibt es viel Liebe in seinem Leben? Er beschloß also, etwas dazuzutun: das Publikum raste! Welche Leichtigkeit! Man weinte bei der Aufführung — und schwitzte auch, denn es war der 13. August 1731. Ein arabisches Klima für diese syrische Tragödie in einem Saal ohne Luft, mit tausend Kerzen als einzige Hoffnung auf Kühle.

Der Erfolg hinderte nicht, daß Bemerkungen gemacht wurden und Voltaire diese sammelte und sein Stück korrigierte. Aber die Schauspieler waren erschöpft von den fortwährenden Änderungen, und einer von ihnen, der angesehenste, gab Voltaire den Laufpaß und ließ ihm sagen, daß er die Änderungen nicht mehr berücksichtigen werde. Dieser Mann wollte in der Stadt dieselbe prunkvolle Rolle spielen, die er auf der Bühne spielte; er war ziemlich unausstehlich. Statt sich zu ärgern, brachte ihn Voltaire listig zur Kapitulation. Im Laufe eines Essens, das bei dem Schauspieler stattfand, trug man eine wunderbare, prächtig aufgebaute Pastete herein; niemand wußte, wer sie geschickt hatte. Man öffnete sie, trug auf: sie enthielt Rebhühner, und jedes hatte einen Zettel im Schnabel. Man las: es waren die korrigierten Verse aus ›Zaire‹! Der Schauspieler gab sich geschlagen und war bereit, die neuen Verse zu lernen.

›Zaire‹ war der größte Theatererfolg der Zeit. Voltaire, der geheiligte große Meister des französischen Theaters, wird von nun an Corneille und Racine gleichgestellt. Er war achtunddreißig Jahre alt. Er wurde der große Mann seiner Zeit mit Tragödien, die die unsere nicht lesen und — kaum — auf der Bühne sehen kann. Eine merkwürdige Verkehrung der Werte! Nichtsdestoweniger bleibt er der große Mann, weil er auch etwas anderes als diese ›erhabenen‹ Tragödien geschrieben hat . . . kleine, leichte Dinge, so leicht, daß sie — unveränderlich — durch die Zeit fliegen.

In den Hymnen zu seinem Erfolg gab es auch Mißklänge. J.-B. Rousseau, der immer noch in seinem Exil versauert, startet einen Angriff. Voltaire aber sitzt nachgerade fest im Sattel, der im Schatten von Sainte-Gudule versteckte Feind entwaffnet ihn nicht. In Paris ist die Eifersucht nicht weniger giftig. Voltaire erzählt, daß seine lieben Kollegen und guten Ratgeber ihm kurz vorher nahe gelegt hatten, er solle doch das Schreiben lassen. »Was haben Sie ihnen geantwortet?« fragte man ihn.

»Ich habe ›Zaire‹ spielen lassen«, sagte er.

Das ist gute Polemik — er wird auch eine andere, weniger ruhmwürdige, führen.

Madame de Martel ließ ›Zaire‹ bei sich zu Hause aufführen. Voltaire spielte die Rolle des alten Lusignan — sein Leben lang liebte er diese Rolle. Er deklamiert, skandiert, erweitert, er steigert sich derartig, daß er übertrieben spielt. Seine Leidenschaft macht ihn frenetisch. Seine schrille Stimme dringt durch die Wände und gellt in den Ohren: er ist außer sich. Es geht um einen alten Mann, der aus einem Verlies kommt, in dem er zwanzig Jahre lang geschmachtet hat — mit anderen Worten aus dem Grab — und der nun seine schrille Stimme hören läßt. Man ruft ihm zu; er hört nichts: er ist besessen. Theater ist für ihn eine übernatürliche Verzückung.

Während er ›Zaire‹ korrigiert, arbeitet er an seinem Buch über England. Er arbeitet mit der Zähigkeit eines Ochsen und der

Unruhe eines Hasen. Er zittert beim Schreiben — und die Angst ist ihm zweifellos ein Genuß, denn was ihn erschreckt, läßt seine Feinde wüten. Aber nichts hindert ihn daran, zu sagen, was man nicht sagen darf — deswegen fliegt sein Name über den Erdkreis; er verbreitet Ideen, die sich gegen die gängegen Ideen wenden, gegen die Vorurteile, gegen die Autorität, in welchem Gewand sie auch auftritt. Aber er hat Angst... Er will sich beruhigen. Man kann sich gut vorstellen, wie er sich zu überzeugen versucht, daß sein Buch vielleicht nicht sehr, sehr gefährlich wird. Er betrügt sich halb, indem er den Kardinal Fleury betrügt, dem er einige Passagen aus den ›Lettres Anglaises‹ vorliest. Er hofft, sich die Unterstützung der Regierung verschaffen zu können. Aber das ist kindisch. Er liest harmlose Passagen, die der Minister wirklich sehr vergnüglich und unschuldig findet. Er liest die Seiten, die er gestrichen hat, der Kardinal lächelt. Aber der ganze Text hätte den Kardinal wütend gemacht — und so geschah es auch, als er ihn zu sehen bekam. Es ist, als ob er sich in dem Augenblick, da er sich in die unausweichliche Gefahr begibt, die Hand vor die Augen hielte. Menschlich, allzu menschlich!

Er war so mager damals, daß ein Fremder ihm keine zwei Monate mehr bis zu seinem Tode gegeben hätte. Sein Leben war zu bewegt für eine so mäßige Gesundheit. Er hätte die Rolle des begrabenen Lusignan spielen können, ohne sich zu schminken. Er sah aus wie ein Sterbender.

Aber um sein Publikum zu überraschen, begräbt er die Gräfin. Er ist es, der in ihren letzten Augenblicken zugegen ist. Wohnen auch wir dieser düsteren Komödie bei, denn es ist eine Komödie, bis zum Schluß. Er läßt sie, trotz ihrer Abneigung dagegen, in aller Form sterben. Das heißt, er läßt ihr die letzten Sakramente geben. Warum? Weil er fürchtete, daß, wenn sie als Gottlose stürbe, die Gesellschaft ihn für dieses skandalöse Ende verantwortlich machen werde. Und weil sie ihrem Freund den Skandal ersparen will, ist sie einverstanden, einen Priester, zu empfangen. Voltaire erzählt uns den Hergang: »Ich brachte ihr einen halb jansenistischen, halb politischen Priester, der so tat, als ob er ihr die Beichte abnähme und ihr dann den

Rest gab (!) Als dieser Komödiant von Saint-Eustache sie laut fragte, ob sie nicht fest davon überzeugt sei, daß ihr Gott und Schöpfer in der Eucharistie zugegen sei, antwortete sie: aber natürlich! in einem Ton, über den ich mich unter weniger traurigen Umständen totgelacht hätte.« Solche Respektlosigkeit ist nicht leicht zu übertreffen. Nun, die gute Dame behielt ihren Witz bis zum Ende. Als sie fühlte, daß sie sterben würde, fragte sie, wieviel Uhr es sei: »Zwei Uhr!« — »Gott sei Dank«, erwiderte sie, »wie auch die Stunde steht, ich habe immerhin ein Rendez-vous.«

Voltaire hatte keine Zeit zu weinen, er mußte sofort umziehen. Er hatte ein Gedicht, ›Le Temple du Goût‹ geschrieben, in dem er seine Gedanken über die Kunst zu schreiben und seine Meinung zu den Werken und Autoren seiner Zeit darlegt. Die einen werden gelobt, die anderen lächerlich gemacht. Wieder gab es einen Skandal. Diesmal wird der Skandal durch die Boshaftigkeit des Publikums und den Neid der Schriftsteller ausgelöst. Man glaubt allmählich, daß selbst der ›Kleine Däumling‹ von den Feinden Voltaires beschlagnahmt worden wäre, wenn er ihn veröffentlicht hätte. Sein ›Temple du Goût‹ tat niemandem weh, außer den mittelmäßigen Schriftstellern und J.-B. Rousseau, der ein wenig selbst daran schuld war. Aber Voltaire machte sich sogar die zum Feind, die er gelobt hatte. Ein Monsieur de Caylus unter anderen ließ ihm bedeuten, er habe in der nächsten Auflage das Lob, das ihn beträfe, zu streichen. Natürlich wurden die Klagen von Drohungen begleitet.

Aber er hatte eine große Genugtuung: der König und die Königin ließen ›Zaïre‹ am Hof in Fontainebleau aufführen. Unser Dichter hielt also seinen Einzug bei Hofe, unter dem Patronat von Richelieu. Er traf dort Piron. Weder der eine noch der andere waren begeistert davon — jeder dachte bei sich, der andere sei hier fehl am Platz. Piron zeigt uns Voltaire bei Hofe, boshaft, aber nicht ohne Scharfsinn. ›Das Eichhörnchen‹ kommt und geht, trippelt, dreht sich, läuft vorüber, beschreibt einen Kreis: zehn Voltaires sind gleichzeitig auf der Galerie. Er ist überall, er gehört allen. Er grüßt, er spricht, hört niemandem zu, sieht alle, macht ein Zeichen von fern, wirft ein Wort nach rechts und nach links. »Er schwimmt wie eine grüne Erbse auf dem Wasser eines Taugenichts«, sagt Piron in dem ihm eigenen Stil. Er sieht Piron:

»Ah! Guten Tag, mein lieber Piron, was tun Sie bei Hofe (Und Sie? hätte ihm Piron antworten können.) Ich bin seit drei Wochen hier (Lügner! Seit drei Stunden.) Man hat neulich meine ›Mariamne‹ gespielt, man wird auch ›Zaire‹ spielen. Was ›Gustave‹ betrifft . . . (Der Grausame! Das ist die totgeborene Tragödie Pirons) Wie geht es Ihnen? . . . Ah! Monsieur le Duc, ein Wort, ich suchte Sie . . .« Und damit läßt er Piron stehen. Dieser sieht Voltaire am nächsten Morgen, und ohne Einleitung sagt er: »Sehr gut, danke, zu Ihren Diensten.« Voltaire fragt erstaunt, was das bedeuten solle, und Piron erinnert ihn daran, daß er ihn am Vorabend gefragt habe, wie es ihm ginge und daß er ihm nicht früher habe antworten können.

Wenn Piron auch übertreibt, so gibt er doch ein ziemlich richtiges Bild. Voltaire ist bei Hofe auf der Bühne: er ist berauscht. Aber in der Arbeit kommt er wieder zu sich. Er schreibt seine ›Lettres Anglaises‹ mit der größten Sorgfalt und bemüht sich wirklich, die Wahrheit zu respektieren. Als er von Newton und seinem System spricht, fürchtet er, ungenau zu sein. Doch es liegt ihm daran, dem berühmten Wissenschaftler einen ruhmreichen Platz in seinem Werk zu geben. Für ihn ist Newton die Zukunft. Descartes hat er schon entthront; Newton ist ein universales Genie, die ganze Wissenschaft, und in allen Ländern muß man in die Schule Newtons gehen. Ein prophetischer, aber den Ideen der offiziellen Wissenschaft in Paris absolut widersprechender Gedanke. Die patentierten Wissenschaftler hatten fünfzig Jahre gebraucht, um Descartes zu lernen, sie brauchten genauso lange, um ihn wieder zu vergessen. Voltaire war der erste Franzose, der die französischen Wissenschaftler dazu aufforderte, auf eine neue Lehre umzusatteln, und er war der zweite, der Newton kannte: der erste war Maupertuis. An ihn wendet sich Voltaire, um Irrtümer zu vermeiden, die ihm bei der Behandlung Newtons unterlaufen sein könnten; er legt dem gelehrten Mathematiker sein Manuskript vor. So spinnen sich zwischen den beiden Männern Beziehungen an, die nicht so bald — aber mit einem Skandal enden werden. Hatte man etwas anderes vermutet?

Um nicht aus der Gewohnheit zu kommen, was Aufsehen, Polemik und Drohungen betrifft, bringt man in diesem Jahr 1732 eine neue Angelegenheit aufs Tapet. Und zwar handelt es sich um das Gedicht, das Voltaire 1723 für die Marquise de Rupelmonde schrieb, die ›Epître à Uranie‹, die J.-B. Rousseau so sehr entrüstete, daß er drohte, sich lieber aus der Kutsche zu stürzen, als sich die Lektüre so infamer Angriffe gegen die Religion weiter anzuhören. Und nun ist das Gedicht gedruckt und in Umlauf. Warum? Voltaire sagt, man habe ihm den Text gestohlen, ein Spitzbube habe ihn heimlich drucken lassen, um ihn zu verderben . . . Ist das wahr? hat er ihn nicht selbst herausgegeben? Alle lügen. Aber es gibt Leute, die vor Wut schäumen und die hoch genug gestellt sind, diese Wut auch wirksam werden zu lassen. Der Sekretär des Kanzlers d'Aguesseau, den der Kanzler verstört fragt, wie man sich seiner Meinung nach Voltaire gegenüber benehmen solle, antwortet: »Monseigneur, Voltaire muß an einen Ort gesperrt werden, wo er keine Feder, keine Tinte, kein Papier mehr hat. Durch eine geistreiche Wendung kann dieser Mann einen Staat zugrunde richten.«

Eine erstaunliche Huldigung an die Macht einer ›geistreichen Wendung‹. Der Erzbischof von Paris forderte den Kanzler auf, Voltaire festzunehmen. Er muß bei dem Polizeikommissar Hérault erscheinen, der Sieur Arouet gut kennt. Er befragt ihn über die Vaterschaft der brandstiftenden ›Epître‹: »Sie ist nicht von mir«, sagt Voltaire, »sie ist vom Abbé de Chaulieu.«

Chaulieu war seit fünfzehn Jahren tot! Natürlich war die ›geistreiche Wendung‹ vom selben Schlag — aber man spielte den Dummen an hoher Stelle. Er kam davon.

Ein Kritiker jedoch schrieb über ihn: »Es gibt da einen bösen kleinen Dichter, dem man wirklich erlauben sollte, wieder übers Meer zu fahren.«

Und nochmals ein Haftbefehl auf dem Tisch des Ministers: Vorbote eines neuen Aufenthaltes in der Bastille. Aber seine

Freunde verhindern, daß der Brief die Mappe des Ministers verläßt. Dafür aber wird ihm jede Druckerlaubnis entzogen. Das ist traurig, denn nur die heimlichen Verleger, die Neuigkeitskrämer, die verdächtigen Buchhändler profitieren bei dem unnützen Verbot; alle, die zahlen konnten, verschafften sich unerlaubte Bücher so gut wie die erlaubten.

Um den guten Gewohnheiten treu zu bleiben, zieht er im Mai 1733 um. Er wohnt nun gegenüber dem Portal von Saint-Gervais. Und er sagt, dieses Portal sei »der einzige Freund, den mir der ›Temple du Goût‹ verschafft hat«, denn er hatte es in seinem Gedicht bewundert, und das Portal war ihm nicht böse deswegen gewesen! Welch ein Wunder!

Erscheinung der Göttin

Der Ort war nicht sehr heiter. Er wohnte in einer kleinen Straße — der Rue Jacques-des-Brosses — »in dem häßlichsten Viertel von Paris, in dem ältesten Haus, betäubt vom Geläut der Glocken wie ein Küster. Aber ich werde so viel Lärm mit meiner Leier verursachen, daß das Läuten mir nichts mehr anhaben kann.« Die Dummen machten sich lustig über ihn, weil sie glaubten, er sei wirklich aus dem Grund, den er anführte, dort hingezogen, nämlich um das Portal von Saint-Gervais zu betrachten. Aber er besaß einen viel handgreiflicheren Grund. In dieser Straße wohnte ein Sieur Dumoulin, der mit Korn und Stroh handelte und die Idee gehabt hatte, aus Stroh Papier herzustellen. Eine ausgezeichnete Idee! Aber ihm fehlte Kapital — Voltaire stellte es zur Verfügung, und die Sache lief: Voltaire wird Fabrikant von Packpapier. In diesem Viertel wohnt er, um mit einem Auge das Portal zu betrachten und mit dem anderen — dem guten — seinen Strohpapierfabrikanten. Das hindert ihn nicht, krank zu sein, oder zu schreiben, oder ein Souper in seiner Herberge zu geben. Glauben wir nicht, daß er so unbequem hauste, wie er sagt. Diejenigen, die ihn dort besuchten, fanden ihn äußerst gut installiert. Es könnte gar nicht anders sein.

Eines Abends gelang es einer schönen Karosse, die in der engen Straße beinahe stecken blieb, glücklich an seiner Tür drei Besucher abzusetzen, die den Dichter in seiner Zurückgezogenheit ein wenig ermuntern wollten. Er lud sie zum Abendessen ein, sie lehnten aus Bescheidenheit ab, denn es war das erste Mal, daß sie ihn besuchten. Er nahm ihnen das Versprechen ab, wiederzukommen:

> Ciel! que j'entendrais s'écrier
> Marianne ma cuisinière
> Si la duchesse de Saint-Pierre
> Du Châtelet et Forcalquier
> Venaient souper dans ma tanière!

Er nennt uns selbst seine Besucher: Der Comte de Forcalquier, Sohn des Maréchal de Brancas, ist der Liebhaber der Herzogin, die Marquise du Châtelet erscheint ohne Liebhaber — noch. Sie hatte nicht allein zu kommen gewagt, die anderen mußten sie herbringen. Bald wird sie es wagen. Die Herzogin war eine sehr gute Freundin, sie wollte die Dinge vereinfachen. Von ihr kam die Idee, den Dichter in seiner Wohnung zu überfallen und ihm Madame du Châtelet zu bringen. Das war eine bemerkenswerte Idee: sie bildeten die liebenswürdigste Quadrille der Welt und speisten an jenem Tag in einem Gasthaus in Charonne, wo es Hühnerfrikassee gab. Voltaire und die Marquise vergaßen dieses Essen nie, bei dem ein Einverständnis, eine Liebe, eine Freundschaft besiegelt wurde, die siebzehn Jahre währte und erst mit dem Tod endete. Dieser Abend ergab sich durch eine jener glücklichen Konstellationen, die ein gesegneter Zufall im Leben zustande bringt, man weiß nicht warum. Forcalquier besaß einen temperamentvollen Charakter, er war ein schöner Mann, verdienstvoll und leidenschaftlich; in seiner Gesellschaft brauchte man sich nicht zu langweilen! Mademoiselle de Flammarens sagte von ihm, daß er »ein Zimmer erleuchtete, wenn er eintrat.« Madame de Saint-Pierre war eine außergewöhnliche Frau, sie strahlte vor Glück, einen solchen Liebhaber zu besitzen, und wollte, daß alle Welt strahlte. Von diesem Abend an beteten Voltaire und Madame du Châtelet einander an. Die Welt vernahm bald genug diese

Neuigkeit. Aber die Welt wußte vielleicht noch nicht, was wir wissen, daß nämlich eine der gebildetsten und liebenswürdigsten Frauen ihrer Zeit sich mit dem größten Schriftsteller in einer Liebe zusammenfand, die die berühmteste der Literaturgeschichte des 18. Jahrhunderts ist. Wäre ihnen auch nur diese fast wunderbare Harmonie zwischen einer gebildeten Frau und einem ungestümen Dichter gelungen, so verdienten sie schon einen Gruß der Nachwelt. Denn ein Wunder ist es: die bösesten Zungen haben es respektiert — der Marquis du Châtelet hat es gepriesen. Und man sage noch, die Welt sei schlecht eingerichtet!

Voltaire kannte Madame du Châtelet seit langem. Sie war noch ein Kind, als ihr Vater, der Baron de Breteuil, ihm so wirksam geholfen hatte, aus der Bastille zu kommen. Er hatte immer die besten Beziehungen zu dieser Familie unterhalten, mit der er sich von nun an enger verbunden fühlen wird. Das Verhalten der beiden Liebenden war von vollkommener Natürlichkeit: die Freiheit, die gewisse Menschen in der Gesellschaft des 18. Jahrhunderts genossen, ist verblüffend. Als wäre es das Natürlichste von der Welt, gibt sich Voltaire dieser Liebe hin. Madame du Châtelet desgleichen. Viele verheiratete Leute der Zeit führten kein so enges Eheleben wie Voltaire und Madame du Châtelet. Die Ehe des Marquis du Châtelet ist in Wirklichkeit eine falsche Ehe; die eigentliche ist die zwischen Voltaire und Emilie.

Gabrielle-Emilie Le Tonnelier de Breteuil wurde am 17. Dezember 1706 geboren. Sie war also siebenundzwanzig Jahre alt, als sie in der ›Höhle‹ am Portal von Saint-Gervais erschien. Sie war seit sieben Jahren mit dem Marquis du Châtelet verheiratet. Aber sie hatte nicht so lange gebraucht, um zu bemerken, daß ihr braver Gatte nichts weiter als ein braver Mann war. Die Châtelets schwammen nicht im Gold, die Breteuils waren reich. Die Finanzen des Paares glichen — leider! — eher denen der Châtelets als denen der Breteuils. Unglücklicherweise hatte Emilie die Bedürfnisse einer Breteuil bewahrt, und dazu einige andere, sehr kostspielige: so die Manie, zu spielen, und eine verrückte Liebe zu Edelsteinen.

Sie war die erste, die über diese Schrullen lachte, und die letzte, die sie änderte. Man ahnt, daß Voltaire nicht deswegen von Emilie bezaubert war, daß er sich aber zum ersten und letzten Mal in seinem Leben sterblich verliebte. Ihre Beziehung kannte nie die Raserei und den Rausch der Leidenschaft, wohl aber deren Ängste und Gewalttätigkeiten und eine ausgesuchte Zärtlichkeit.

Hat sie ihn durch ihre Schönheit fasziniert? Man darf das nicht allzu leicht glauben, trotz der Komplimente der Zeit. Sicher war sie nicht so häßlich, wie Madame du Deffand sie in ihrem boshaften Porträt beschreibt, ein Porträt, das man sich von Generation zu Generation weitergibt, wenn man von Voltaire und Madame du Châtelet spricht. Dieses Porträt wurde nur durch seine Boshaftigkeit berühmt. Aber wenn es auch als Ganzes gesehen falsch ist, so weist es doch einige richtige Details auf. Hier ist es in großen Zügen:

»Stellen Sie sich eine große, dürre Frau vor, ohne Hüften, mit schmalem Oberkörper, derben Armen, derben Beinen, riesigen Füßen, einem sehr kleinen Kopf, einem scharf geschnittenen Gesicht, einer spitzen Nase, zwei kleinen meergrünen Augen, die Haut dunkel, gerötet, erhitzt, ein zurückliegender Mund, die Zähne dünngesät und sehr schlecht. Das ist die Gestalt der schönen Emilie...«

Warum würde man sie die ›schöne Emilie‹ nennen, wenn sie so gewesen wäre, wie Madame du Deffand sie gemalt hat? Aus Ironie? Nein, sie verdiente, zumindest für einige, die ›schöne Emilie‹ genannt zu werden, weil sie auf eine gewisse Weise schön war. Die Böswilligkeit Madame du Deffands ist offensichtlich; wir sind nicht gezwungen, ihr zu glauben, lassen wir sie noch einige Einzelheiten zu ihrem Portrait hinzufügen. Sie verschont nichts, weder die Krausen, noch die Pompons, noch die Geschmeide, noch den Glasschmuck, mit dem Emilie sich putzte − »da sie trotz ihrer Natur schön sein will und trotz ihres Vermögens prächtig, ist sie oft gezwungen, auf Strümpfe, Hemden, Taschentücher und andere Kleinigkeiten zu verzichten.«

Der Haß läßt Madame du Deffand entgleisen, die gewöhnlich

zwar ebenso boshaft, aber feinsinniger ist. Wir können nicht glauben, daß der relative Geldmangel des Ehepaares du Châtelet, der es immerhin zuließ, daß Emilie Diamanten besaß, diese daran hinderte, Strümpfe und Hemden zu wechseln. Aber an dem Übermaß von Flitterkram und Edelsteinen ist etwas Wahres. Da hat sie recht. Wenn Emilie an ihren verrückten Tagen funkelnd vor Diamanten — vielleicht ein wenig falschen! — erschien, geschminkt, daß einem angst wurde, von tausend bunten, flatternden Bändern umhüllt, dann verglich man sie nicht ohne Boshaftigkeit mit einem bischöflichen Maultier, das bei einer Prozession die Reliquien trägt.

Dieser Geschmack war nicht der Voltaires — er ertrug ihn nur seufzend. Das Merkwürdigste jedoch ist, daß Emilie selbst ihn schlecht fand, aber sie konnte nicht darauf verzichten. Ihre Portraits zeigen sie uns keineswegs häßlich. Sie hat vielleicht einen etwas tiefliegenden Mund, eine etwas lange Nase — aber der Teint ist nicht schwärzlich! Vielleicht sind die Maler liebenswürdiger als Madame du Deffand — vielleicht lügen sie ein wenig. Daß sie knochig war, ist möglich; das gab ihr etwas Majestätisches. Aber warum ihr die meergrünen Augen vorwerfen? Alle sind einer Meinung: diese Augen sind schön, sehr schön. Ihr Blick ist liebenswürdig, äußerst intelligent, leuchtend. Man sieht nur diesen Blick. Auch sie vermag den Salon zu erhellen, in den sie eingetreten ist. Es ist dieser Glanz, den ihr Madame du Deffand nicht vergeben konnte und der der Voltaire so fasziniert hat.

Trotz allen Neides betete also Voltaire seine Emilie an, so wie sie war, aber vor allem wegen der Überlegenheit ihres Herzens und ihrer Intelligenz, die sie seiner würdig machten. Er liebte sie auch, weil sie seine tägliche Zerstreuung war. Sie erheiterte ihn mit ihren Launen. Er vergab ihr ihren Eigensinn, ihre lauten Zornausbrüche und selbst von Zeit zu Zeit ihre Untreue. Kurz, sie war herrlich unausstehlich und gab ihrem Liebhaber das Glück der Freundschaft und die Freuden der Liebe, deren Unruhen, Streitereien und berauschende Versöhnungen er durch sie genießen lernte. Sie gab ihm alles, nur keine Langeweile!

Hochzeit des Don Juan, gefolgt von einer Farce
und zwei ebenfalls mißlungenen Tragödien

Die Freuden der Liebe beeinträchtigten keineswegs seine Aktivität. Die Papierfabrik wird strengstens überwacht. Und er schreibt eine Oper, deren Musik der berühmte Rameau komponieren soll. Diese Oper wird sehr pompös werden, sie hat einen biblischen Stoff und heißt ›Samson‹. Außerdem ist Voltaire mit einer ganz anderen Intrige beschäftigt: er will den Duc de Richelieu verheiraten — ist das nicht auch Theater? Voltaire als Brautwerber für den Don Juan des Jahrhunderts? In was mischt er sich? Doch er ist erfolgreich. Er verheiratet ihn mit der zweiten Tochter des Duc de Guise. Der Duc de Guise war ein Freund Voltaires. Wir erinnern daran, daß er es übernommen hatte, die gesamte, auf dem Wasserwege von Rouen nach Saint-Cloud spedierte Auflage des ›Charles XII.‹ in Empfang zu nehmen, die anschließend in Paris verteilt wurde. Das sind unvergeßliche Dienste! Voltaire verheiratete die zweite Tochter des Herzogs, die ein wenig schwer unterzubringen war, mit dem glänzendsten Edelmann des Hofes. Der Duc de Guise und seine Gemahlin dachten beide sehr frei. Sie staunten nicht wenig, daß es jemandem gelungen war, ihnen einen Schwiegersohn vorzustellen, der sie darin noch übertraf. Aber nicht das war der Hinderungsgrund, die Schwierigkeit war die Abstammung. Die Guises waren lothringische Fürsten, das heißt, sie hatten fast königliches Blut, und Richelieu war nur der Großneffe des Kardinals, der Enkel von dessen Schwester, einer Dame Vignerot. Die Guises fanden, daß der Name Vignerot zu leicht wog, um in einer fürstlichen Familie sein libertinistisches Wesen zu treiben. Die ganze Verwandtschaft der Guises verzog das Gesicht. Kein Vignerot bei den lothringischen Fürsten! Aber Voltaire renkte alles ein: die Guises waren nicht sehr reich, Richelieu war es über alle Maßen. »Ohne Mitgift! Ohne Mitgift!« flüsterte Voltaire den lothringischen Fürsten zu. Und so geschah es. Die Onkels, die Neffen, die Vettern Guise, vernarrt in ihre fürstliche Abkunft, mußten Richelieu schlucken — sie behandelten ihn als ›Hirten der Vendée‹! Jede Leidenschaft grenzt an Poesie, selbst die Genealogie. Die Hochzeit fand statt: sie war unvergleichlich. Richelieu langweilte sich zu Tode, weder seine Frau noch seine Gäste interessierten ihn. Er hatte halb Frankreich eingeladen. Die andere Hälfte, das waren die Guises, erschien nicht. Voltaire füllte diese Leere.

Unter solchen Geschäften arbeitete er an seinem Opernlibretto. Er hätte an weiß Gott was gearbeitet. Er hätte mit Wonne Ballette geschrieben und hätte sie auch getanzt, wenn seine Beine nicht so mager gewesen wären, er hätte Marionetten zum Gehen und Sprechen gebracht. Er sagte, alle Talente, die Gott einem Menschen gegeben habe, müßten genutzt werden, alles, was in uns sei, müsse kultiviert werden, nichts dürfe vernachlässigt werden, und jede Weigerung, aus sich selbst Nutzen zu ziehen, sei absurd und unbefriedigend. Solche Prinzipien gehen weit: die Religion protestierte laut. Er fügte hinzu, daß einer der größten Menschen, nämlich Newton, unrecht daran getan habe, keine Oper zu schreiben. Newton ist für Voltaire ein bewundernswertes Genie, aber wenn er es vermocht hätte, eine Liebesszene für eine Oper zu ersinnen oder die harmonischen Sprünge einer Ballettgruppe zu dirigieren, so hätte er ihn unter die Götter versetzt. Mit einem solchen Lebenshunger langweilt man sich nicht. Voltaire fühlte sich voller unerschöpflicher Kraftquellen. Sie gehören nicht ihm selbst, sondern der ganzen Menschheit. Der Mensch ist das wundervollste Geschöpf der Schöpfung. In ihm ist alles, seine Talente sind beliebig variabel, erneuern sich und quellen in einem beständigen Schöpfungsprozeß hervor. Keine Autorität kann dieses immerwährende Wunder der Intelligenz hemmen. Das ist eines der religiösen Dogmen Voltaires. »Wir sind nicht auf der Welt, um Platon und Leibniz zu lesen, um Kurven zu messen und um Dinge in unserem Kopf zurechtzulegen, sondern wir sind mit einem Herzen geboren, das man füllen muß . . . Wir müssen in unseren Kopf alle nur vorstellbaren Denkarten einlassen, wir müssen alle Türen unserer Seele allen Wissenschaften und allen Gefühlen öffnen. Wenn nicht alles ungeordnet hineinkommt, ist für alles Platz vorhanden.«

Und Madame du Châtelet, zu dieser Doktrin der Universalität des Menschen bekehrt, schreibt ihrerseits: »Es ist eine merkwürdige Verengung des Geistes, wenn man nur eine Kunst oder nur eine Wissenschaft liebt und die anderen ausschließt . . . Man kann Vorlieben haben, aber warum etwas ausschließen? Die Natur hat uns so wenige Türen gegeben, durch die das Vergnügen oder das Wissen in unsere Seele dringen kann, warum nur eine öffnen?«

Daher stehen sie allen Windrichtungen des Geistes offen — und das geschieht ›zum Vergnügen und zur Bildung‹. Beides gehört zusammen.

Das Liebes- und Freundespaar ist einer Meinung. Ihr Schlüsselwort: nichts ausschließen . . . Die Möglichkeiten des Menschen sind unendlich, er darf keiner seiner Neugierden eine Absage erteilen; keine Seite seiner Persönlichkeit darf brachliegen. Wenn er sich selbst amputiert, begeht er ein Verbrechen gegen die Menschheit.

Aber wohin gehen sie auf solch gefährlichen Wegen? Beruhigen wir uns, Zerstreuung sieht für Voltaire folgendermaßen aus: »Die Arbeit ist die Ehre und das Los eines Sterblichen, ich erkenne jeden Tag, daß sie das eigentliche Leben des Menschen ist, sie sammelt die Seelenkräfte und macht glücklich.«

So ist unser fleißiges ›Eichhörnchen‹, so sein innerstes Wesen: dieser Liebhaber der Salons und des Theaters hat der Gesellschaft nie ohne Bedauern einen Abend gewidmet. Seine eigentlichen Vergnügungen sind ernst, aber unendlich, wie das Studium, die Meditation, die Aktion. Er hält streng Diät; sein schwächliches, mit verknitterter Pergamenthaut bespanntes Gerippe nährt er mit Brotsuppe und Schokolade.

Madame du Châtelet, die gut sang, versucht auf dem Klavier die Musik Rameaus zu spielen. Sie liebte Rameau nicht. Er war zwar ein sehr großer Musiker, sonst aber ein brummiger Mann und ein Pedant. Wenn sie beisammen waren, behandelte ihn Voltaire schlichtweg als Orpheus. Der andere nahm die ihm gebührende Ehre an. Doch als Voltaire an Cideville schreibt, klingt das Lied anders: »Die Musik eines gewissen Rameau . . . Er ist ein Pedant in der Musik, er ist übergenau und langweilig.« Aber in der Öffentlichkeit verbreitet er, Rameau schreibe die schönste Oper der Welt: »die meine«, sagt er bescheiden.

Paris spielt ihm einen Streich. Wandernde Schauspieler führen eine Parodie des ›Temple du Goût‹ auf, und wie geschmacklos! Man sieht auf den Brettern den kranken Hanswurst, er muß ›schwitzen‹, sagt man. Man prügelt ihn. Er ›schwitzt‹ nicht. Man gibt ihm ein Abführmittel. Er ›schwitzt‹ immer noch nicht. Schließlich bringt man ihm den ›Temple du Goût‹, dargestellt durch einen Nachtstuhl. Der Hanswurst setzt sich darauf und ›schwitzt‹ . . . Die Menge ist begeistert. Diese Art literarischer Kritik entzückt sie. Voltaire tobt. Er beschwert sich bei der Polizei. Die Polizei verbietet die Parodie. Sehr vornehme Feinde Voltaires sind der Meinung, daß sich die Polizei in puncto Geschmack und Nachtstuhl übertrieben zartfühlend verhalten habe.

Voltaire muß sich an irgend jemandem rächen. Er schreibt eine ›Epître sur la Calomnie‹, er widmet sie Emilie, die diese Beleidigung nicht verdient. Er hätte besser geschwiegen. Die ›Epître‹ ist in einer Aufwallung des Zorns geschrieben, die reine Bosheit spricht aus ihr. Aber da J.-B. Rousseau sich wieder mit einem Angriff bemerkbar gemacht hat, wird Voltaire ihm heimzahlen. Warum läßt er Rousseau nicht in Frieden vermodern? Er wäre vergessen, wenn Voltaire nicht von ihm gesprochen hätte. Der andere weiß das und greift an. Die ›Epître‹ gegen Jean-Baptiste endet folgendermaßen:

Le malheureux délaissant les humains
Meurt des poisons qu'ont préparé ses mains.

Und Voltaire gesteht: »Sie sehen, daß ich Rousseau hasse, aber wer nicht zu hassen vermag, vermag nicht zu lieben.« Wir sind mit ihm davon überzeugt, daß er seiner Maxime gut gehorcht.

Bei anderen Gelegenheiten ist er sympathischer. Er nimmt den Abbé Linant bei sich auf. Er braucht diesen jungen Mann keineswegs, er hat schon einen Sekretär, einen sehr mittelmäßigen, um die Wahrheit zu sagen, den er aber nicht fortschickt. Er fühlt Mitleid mit ihm. Linant ist träge und ohne jede Dankbarkeit. Trotzdem fürchtet Voltaire, er könne sich langweilen, er nimmt einen dritten hungerleidenden Dichter auf, damit die andern beiden Gesellschaft haben. Der Dritte, überflüssige, war der Interessanteste von allen. Der arme Junge starb ein wenig später an der Schwindsucht. Kurz und gut, er hat jetzt drei Parasiten zu unterhalten, dazu ›Adelaide du Guesclin‹, die nicht weniger anspruchsvoll ist. So heißt die Heldin seiner nächsten Tragödie. Ein französisches, ein patriotisches Thema: welche Neuerung für die Tragödie, und dazu noch voll edler Gesinnungen. Das Publikum wollte sie nicht. Der erste Akt wird ausgepfiffen, im zweiten ein Getöse, im dritten, als der Sire de Coucy erscheint, ein würdiger Edelmann, den jemand vornehm fragt: »Bist du zufrieden, Coucy?«, antwortet der zu Possen aufgelegte Saal jubelnd: »Coucy-couça«. Von da an rast das Publikum, und unter Schreien und Schimpfen stirbt die arme ›Adelaide du Guesclin‹. Sie wurde nur zwei Tage alt: geboren am 17., gestorben am 18. Januar 1734.

Verlassen wir das Theater und wenden wir uns dem Leben zu, obschon beide zum Verwechseln ähnlich sind. Eine andere Tragödie hätte fast seinem Freund Richelieu das Leben gekostet. Voltaire kannte die Schwierigkeiten der von ihm gestifteten Ehe besser als irgend jemand. Er hatte die junge Frau schon vorher gewarnt, in Versen natürlich. Ein merkwürdiger Rat an eine junge Ehefrau, aber alles ist merkwürdig im Leben dieses Mannes, der so ›natürlich‹ scheint. Hier also sein Rat:

> Ne vous aimez pas trop, c'est moi qui vous en prie
> C'est le plus sûr moyen de vous aimer toujours
> Il vaut mieux être amis tout le temps de sa vie
> Que d'être amants pour quelques jours.

Die Arme war weder Freundin noch Geliebte. Sie war Duchesse de Richelieu, das heißt, die Gattin eines Luftikus'. Dieser Luftikus war der Liebhaber aller Frauen, außer der seinen. Am Tag nach der Hochzeit verließ er sie und ging wieder zur Armee. Er traf dort mit Vettern seiner Frau zusammen, die durch die Heirat auch die seinen waren und die äußerst anmaßend mit ihm sprachen: der Prince de Lixin und der Prince de Pons. Richelieu war kein geduldiger Mann: am 2. Juni 1734 schlugen sie sich im Duell. Richelieu tötete erst Lixin, aber wenig fehlte, und der andere, Pons, hätte Richelieu getötet. Der Herzog war so schwer verletzt, daß man mehrere Tage lang die Hoffnung, ihn zu retten, aufgab. Voltaire wäre fast vor Herzeleid gestorben. Er weinte noch bei den Guises in Monjeu, wo die Hochzeit stattgefunden hatte. Als er gerade dabei war, vor Kummer seinen Verstand zu verlieren, gab der Minister ihn ihm wieder zurück, indem er ihm einen Haftbefehl zuschickte. Glücklicherweise benachrichtigte ihn sein lieber Freund d'Argental, sein ›Schutzengel‹, rechtzeitig. Er trocknete seine Tränen und floh.

Engagierte Literatur

Das war die erste Wirkung seiner ›Lettres aux Anglais‹ oder ›Lettres philosophiques‹, die, wie man weiß, von Jore in Rouen gedruckt worden waren. Voltaire hatte sein Buch beendet, sobald Maupertuis ihm die nötigen Erläuterungen zu Newton geliefert hatte. Er war völlig zum Newtonismus bekehrt: »Ihr erster Brief hat mich in der Newton'schen Religion getauft«, schreibt er seinem Lehrer, »Ihr zweiter hat mich konfirmiert. Ich danke Ihnen für Ihre Sakramente.«
Er war höchst überrascht: er wußte nicht, daß die ›Briefe‹ schon im Handel waren, noch dazu ohne Privileg! Es ist eine der finsteren Geschichten zwischen Verleger und Autor, wie das Jahrhundert Tausende aufzuweisen hat. Die Gesetzgebung schützte die Autoren sehr schlecht, zwischen ihnen und den Verlegern kam es zu dunklen Geschäften. Thiériot sollte in London eine englische Ausgabe der ›Lettres‹ überwachen, und Voltaire hatte dem englischen Verleger versprochen, die französische Ausgabe werde erst nach der seinen erscheinen. Doch Thiériot, anstatt die Ausgabe voranzutreiben, ging spazieren. Voltaire drängte ihn, bot ihm an, die Autorenrechte zu teilen. »Nichts ist so süß, wie seinen Ruhm und das Vermögen der Freunde gleichzeitig zu vergrößern.«

Aufgestachelt durch dieses Versprechen, drängte Thiériot den Londoner Verleger, der das Werk auch rasch auslieferte. Doch Jore, der Mann, der immer noch auf seine Pendeluhr wartete, tat, was er konnte, um dem andern zuvorzukommen, trotz der Beschwörungen Voltaires, der als Druckerlaubnis bisher nur ein Lächeln des Kardinal-Ministers vorzuweisen hatte, und auch das hatte er nur mit Hilfe eines verstümmelten Textes erhascht. Lange Streitereien zwischen den beiden: »Veröffentliche nicht, wir wären verloren!« — »Einverstanden, aber geben Sie mit etwas!« — »Hier« (ein Geldbeutel), »aber schwöre mir, daß nichts durchsickert.« — »Nein, ich schwöre nicht, denn ich habe kein Vertrauen. Und meine Pendeluhr?« In Wirklichkeit hielt er Voltaire mit diesen Feilschereien nur hin. Er ließ das Buch ausliefern, während der Autor Don Juan mit der fernen Fürstin verheiratete.

Jore, der Dummkopf, saß schon im Gefängnis, als man Voltaire benachrichtigte. Die ›Höhle‹ von Saint-Gervais war durchsucht worden, man hatte die Papiere mitgenommen — und die Kassette, die unterwegs aufgebrochen und sofort geleert worden war. Ein purer Zufall, natürlich.

In England stießen die berühmten ›Lettres‹, die ein Loblied auf das Land, seine Einrichtungen und Sitten sangen, auf ein gewisses Interesse. Man war der Ansicht, daß das Werk für einen Franzosen nicht schlecht, für einen Engländer aber nicht gut genug sei. Dabei blieb es.

In Frankreich folgte eine Springflut der Entrüstung, eine Art heiliger Schrecken, vermischt mit Unruhe, die sich nicht in Worte fassen ließ, aber ernster war als lautes Geschrei. Bei dem Vergleich der beiden Nationen ergab sich ein auffälliges Plus zugunsten Englands. Sei's drum. Aber in dem Tonfall lag etwas Verletzendes, das manchmal ins Schwarze traf, manchmal aber auch ungerecht war. Dieser Tonfall erzürnte die französischen Leser — nicht alle, es gab auch Leute, die die Gedanken Voltaires überzeugten. Der epigrammatische, aggressive Stil ließ auf Rache schließen. Voltaire rächte sich ein wenig an der ganzen Nation für die Stockschläge eines Gecken von vornehmer Abstammung und für die Feigheit einiger

›Freunde‹ aus der feinen Gesellschaft. Die Gemüter waren unruhig geworden. Die Religion, die französischen Institutionen wurden von vergifteten Pfeilchen durchbohrt. Voltaire schien über die Institutionen, die Feudalprivilegien, den königlichen Absolutismus nur zu scherzen, wie er es dem alten Kardinal Fleury glauben machen wollte. Statt von einem tugendhaften, aber in seinen Schmähreden ebenso schwerfälligen, wie in seinen Aufrufen an die Gerechtigkeit langweiligen Reformator beschimpft und gegeißelt zu werden, wurden die politischen Einrichtungen Frankreichs einfach mit den weisen englischen Sitten verglichen. Aber Voltaire ließ es nicht ohne ironische Seitenhiebe abgehen, wobei statt der Abscheulichkeit der französischen Sitten oft nur ihre Lächerlichkeit deutlich wurde und statt ihrer Grausamkeit nur ihre Absurdität. Nicht die Kritik selbst ist neu in diesem Werk — seit einiger Zeit schon murrte oder predigte man gegen die Mißbräuche. Einige Prediger waren auf der Kanzel fast unglaublich ausfällig geworden, aber das gehörte zu den Spielregeln. Diese zündenden Predigten machten weniger Flammen als Rauch. Im übrigen sollten diese Angriffe den Thron und die Kirche nur stärken, man geißelte diese Einrichtungen nur, um sie wieder aufzurichten, während Voltaire ihnen nach dem Leben trachtete. Das ist das Neue, und die Leute in Paris spürten das sehr richtig.

Und so sieht man den Minister und das Gericht mit ungewöhnlicher Schnelligkeit handeln. Das Buch wird dazu verurteilt, zerrissen und öffentlich verbrannt zu werden, da es skandalös, gegen die Religion und gegen den erforderlichen Respekt vor den Autoritäten gerichtet sei.

Wie viele ›Verbrechen‹, die wir heute nicht mehr zu sehen vermögen, sah man damals in dem Buch! Newton Descartes vorzuziehen: ein Verbrechen. Die Ansteckungsgefahr der Blattern zu predigen: ein Verbrechen. In dem Vaterland Boileaus Shakespeare zu rühmen: ein Verbrechen. Und so gibt es noch viele ...

Und doch liebt Voltaire diesen Shakespeare nur halb; und es ist schon bewundernswert, daß er wenigstens versucht hat, ihn zu lieben, und daß ihm dies halbwegs gelungen ist, ohne daß er etwas davon verstand. Aber in Frankreich verzieh man ihm nicht, Shakespeare nicht völlig verdammt zu haben. Uns scheint, daß Voltaire in diesem Punkt ängstlich ist oder das Problem nicht recht begriffen. Er ist viel zu klassisch, um diesen ›Barbaren‹ genießen zu können. Dennoch ahnte er seine wilden Schönheiten, seine Kraft und Anmut. Er hätte ihn gern geliebt, aber er fürchtete ihn. Voltaire schien vor Shakespeare zu verstummen. In den Vorhof des ›Temple du Goût‹ wollte er Hamlet weder hineinführen noch ihm entgegen gehen. Und obwohl er den Grand Will liebte und ihm nützlich sein wollte, spielte er ihm einen sehr üblen Streich: er übersetzte ihn. Nie gab es einen sprechenderen Verrat. Shakespeares Drama ist dem Geschmack der Régence und der Salons angepaßt, in denen Voltaire umherflatterte. Othello erscheint galant, mit Perücke, in Satin und Spitzen. Voltaire hat Shakespeare den kleinen Abbés vom Hofe hingeworfen wie eine Handvoll Zuckermandeln. Aber wenn man es recht betrachtet, so hat er ihn durch seinen Verrat bekannt und der Nation Racines und La Fontaines zugänglich gemacht. Seit Voltaire existiert Shakespeare in Frankreich, und zwar auf dieselbe Weise wie Voltaire, der auch nur durch galante Reden berühmt wird, indem er den Schöngeist der Salons spielt und indem er langweilige Tragödien aufführt. Niemand hätte seine ›Lettres Anglaises‹ gelesen, wäre er nicht der Voltaire gewesen, der mit seinem ›Brutus‹, seinem ›Oedipe‹, seiner ›Zaire‹, ›Adelaide‹ und ›Artémire‹ die Tränen von ganz Paris hervorlockte; Tragödien, deren offensichtlichstes Verdienst es heute ist, die Geschmacklosigkeit einer toten literarischen Gattung auf die Spitze getrieben zu haben. Es war dennoch gute Arbeit: sie bahnte dem Voltaire der großen Ideen den Weg.

Neue Flucht

Am unglücklichsten ist Madame du Châtelet; sie ist halb wahnsinnig vor Schmerz. Sie vertraut sich Richelieu, dem Freund Voltaires an, ihrem einstigen Liebhaber — Liebhaber für ein oder zwei Tage vielleicht, denn Richelieu läßt sich nieder, aber baut kein Nest. Sie hatten sich gezankt und wieder versöhnt; sie sind Freunde. Emilie findet sich mit dem alten Liebhaber in der inbrünstigen Freundschaft für den neuen: Voltaire. Diese Situation bezaubert sie alle drei: sie gleichen drei leuchtenden Punkten eines sentimentalen Dreiecks.

»Für's erste«, schreibt sie an Richelieu, »fehlt mir einfach der Mut, mir meinen Freund mit seiner schrecklich prekären Gesundheit in einem Gefängnis vorzustellen, wo er gewiß vor Kummer sterben wird, wenn ihn nicht eine Krankheit dahinrafft.«

Sie hat recht, Voltaire ist krank, er hat Koliken und krümmt sich vor Schmerzen. Er ernährt sich von Brotsuppe wie ein Neugeborenes. Eingesperrtsein kann er nicht mehr ertragen, er muß sich bewegen, hinausgehen. Vier Wände und ein Riegel sind der Sarg für diesen nervösen Menschen. D'Argental läßt ihm sagen, es sei besser für ihn, sich einsperren zu lassen, anschließend würde man ihn befreien. Voltaire ist nicht dieser Ansicht: er fährt nach Lothringen, das noch unabhängig ist.

»Ich habe eine tödliche Abneigung gegen das Gefängnis entwickelt; ich bin krank, eingeschlossene Luft hätte mich getötet, man hätte mich in ein tiefes Loch gesteckt.«

Das ist sehr wahrscheinlich. Der Minister war wütend und erhielt von allen Seiten Bittschriften, daß man endlich einmal streng mit Voltaire verfahren müsse.

Sobald er in Lothringen angelangt ist, eilt er an das Bett Richelieus, der sich im Heerlager von seinen Degenstößen erholt. Dort feiert man den Dichter. Die Offiziere bereiten ihm einen triumphalen Empfang. In der Armee pfeift man auf Haftbefehle. Zivilisten-Krimskrams! Der Prince de Conti ist nicht der Letzte, ihn zu beweihräuchern. Voltaire staunt über das aufwendige Leben, das die hohen Herren im Felde führen. Hinter Richelieu trotten zweiundsiebzig Maultiere her, die sein Gepäck tragen, dreißig Pferde und eine Unmenge Diener! All das ist hochinteressant für ihn. Das neue Milieu erregt seine Neugier, überall stöbert er herum, so daß die Wachen, die nicht die ›Lettres Anglaises‹ gelesen haben, ihn festnehmen, ihn für einen Spion halten und ein wenig durchschütteln. Zum Glück kommt Conti vorbei — alles renkt sich wieder ein — »der Prinz kam vorbei und bat mich zum Abendbrot, statt mich zu hängen«. Man könnte meinen, eine Episode aus ›Candide‹!

Aber der ›Aufenthaltsort der Kugeln und Bomben‹ entzückt ihn nicht. Er zieht sich in friedlichere Gegenden zurück, denn man will Philippsburg stürmen, und der Kriegslärm behagt ihm wenig:

> Bellone va réduire en cendres
> Les courtines de Philippsbourg
> Par cinquante mille Alexandres
> Payés à quatre sous par jour.

Der Hof ist höchst ergrimmt über die Frechheit Voltaires und der Armee, die einem Verfolgten so viel Ehre erweist. Emilie ermahnt Voltaire, ins Ausland zu gehen — nach Brüssel oder London. Die Gefahr mußte sehr groß gewesen sein, sonst hätte Emilie sich schwerlich zu diesem äußersten Entschluß durchringen können . . . Sie kann nicht ohne ihn leben, aber er muß ins Exil, es geht um sein Leben. Die Antwort Voltaires ist rührend. Er nennt keine Namen, denn seine Briefe werden kontrolliert; sie sind in ihrer Zurückhaltung nur um so bewegender: »Solange ich in Frankreich so heftig von einigen Personen geliebt werde, ist es mir unmöglich, ein anderes Asyl zu suchen: wo die Freundschaft ist, da ist das Vaterland.«

Welch wunderbare Maxime! Die Liebe hat keine schönere, keine wahrere gefunden. Die meergrünen Augen vergossen einen Strom von zärtlichen Tränen, als sie dies lasen.

Aber er findet Asyl — ein Asyl, das alles vereint, die Sicherheit, die Liebe, selbst das Vaterland, denn es liegt fast noch in Frankreich. Es handelt sich um Cirey in Lothringen, um die Besitzung des Marquis du Châtelet, das Schloß von Cirey. Ein perfektes Asyl, da der perfekte Gatte zur Wahl der Liebenden seinen Segen erteilen wird.

Aufregungen vor dem Rückzug

Aber die Liebenden können sich noch nicht dort vereinen. Emilie muß sich in Paris bemühen, wenn nicht Gnade zu erlangen — dafür ist es noch zu früh —, so doch das Ende der Verfolgungen. Man muß die Sache einschlafen lassen. Gute Emilie, sie unternimmt, soviel sie vermag, und sie vermag viel; wie Voltaire ist sie von unbezähmbarer Energie, dazu verfügt sie über eine eiserne Gesundheit. Sie betreibt hundert Dinge gleichzeitig, wir sagen »Dinge«, denn in ihrem Stundenplan kommt alles vor, vom Frivolsten bis zum Seriösesten. Und bei allem, was sie tut, ist sie bei der Sache und ernsthaft. Im Augenblick beschäftigt sie sich — außer mit Bittgängen — mit Mathematik. Sie vervollkommnet sich darin mit Leidenschaft; ihr Lehrer ist der berühmte Maupertuis. Man weiß nicht, ob man die Beharrlichkeit und den Eifer des Lehrers und der Schülerin bewundern oder verdächtigen soll. Emilie ist am ärgsten versessen. Kein Tag darf für sie ohne Geometrie vergehen — oder genauer gesagt, ohne ihren Geometer. Wenn er die Stunde verschiebt, dann läuft sie zu ihm, und selbst ins Café Gradot, wo er verkehrt, und wo sie ihn wieder auf Trab bringt. Sie macht außerdem ihren lieben Freundinnen, der Duchesse de Richelieu und der Duchesse de Saint-Pierre, einen Besuch nach dem anderen, sie sieht die Minister, sie schreibt, sie kleidet sich an, sie kleidet sich um, putzt sich heraus wie eine Opernkönigin, pflegt nachmittagelang die kranke Duchesse de Richelieu, löst zehn schwere Rechenaufgaben und bemalt sich eifrig mit Schminke.

Nur Voltaire in Cirey ist ebenso eifrig: er leitet eine Armee von Arbeitern und ein Regiment von Malern, Schreinern und Steinmetzen. Das Schloß ist ziemlich verfallen. Voltaire macht es auf seine Kosten nicht nur bewohnbar, sondern auch bequem und elegant. Teilweise. Die Gemächer von Emilie und die seinen bilden ein luxuriöses Ganzes — der Rest bleibt, wie er ist . . . Die Gäste beklagen sich. Sie frieren zu Eis, sie atmen Rauch, jeder Zugwind vom Rhein bis zur Champagne weht durch ihre schlecht schließenden Fenster. Er knüpft Bekanntschaft mit den beiden nächsten Nachbarn: Madame de Neuville und Madame de Champbonin; die letztere kennt Emilie seit ihrer Kindheit, die sie zusammen im selben Kloster verbracht haben. Alle beide sind brave Landfrauen.

Vergeblich versucht er sich durch alle diese Arbeiten munter zu halten, vergeblich malt er sich die Wonne aus, endlich die Behausung gefunden zu haben, nach der er sich immer sehnte, ohne sie je finden zu können — oder zu wollen, ihm scheint trotz allem, daß seine Gegenwart in Paris unerläßlich ist. Er plant, heimlich dorthin zu fahren. »Man würde sich in einem Vorort verkriechen, man könnte dort mit Ihnen zu Abend speisen«, schreibt er an Emilie, »man wäre verborgen wie ein Schatz, man würde bei dem geringsten Alarm das Weite suchen. Man hat doch manches zu erledigen, man muß manches in Ordnung bringen und kann sich nicht der Gefahr aussetzen, daß einem plötzlich sein kleines Vermögen zum Teufel geht.«

›Kleines Vermögen!‹, welche Bescheidenheit! Es war wert, daß man ein Risiko einging, dieses ›kleine Vermögen‹, das nur in einer großen Kiste Platz finden konnte.

Dennoch kam die Reise nicht zustande. Emilie war es, die im Oktober 1734 nach Cirey fuhr. Aber es scheint, als sei Voltaire nicht dort gewesen. Wo war er? Kurz darauf ein Brief aus den Niederlanden. Man hat allen Grund anzunehmen, daß es Streit zwischen den beiden Liebenden gegeben und daß die Sucht für die Geometrie und den Geometer etwas damit zu tun hatte. Emilie war ein einziges Feuer; mit oder ohne Voltaire mußte sie brennen. Wenn der Dichter erreichbar für sie gewesen wäre, hätte sie ihm keinen anderen Mann vorgezogen. Aber da die Geometrie ihr tägliches Brot war, wurde es der Geometer auch. Im Feuer der anfänglichen Liebe ertrug Voltaire diesen Streich recht schlecht. Später wird er sich daran gewöhnen — und auch noch an allerlei anderes.

Die Rückkehr aus den Niederlanden wird zu einer jubelnden Versöhnung. Voltaire verzeiht so gern, daß er sofort alles wunderbar findet — selbst die unsinnigen Änderungen, die Emilie an dem Einrichtungsplan vorgenommen hat. Er erkennt fast nichts wieder. Aber was macht das: die Göttin ist da. Nicht lange danach, als der Überschwang der ersten Tage sich gelegt hat, schickt er Emilie wieder nach Paris zurück. Sie reist nicht mit leeren Händen, sie wird den Leuten von der Comédie die letzte Tragödie übergeben, die er vollendet hat: ›Alzire‹. D'Argental liest sie und bringt die Korrekturen an, die er für nützlich hält.

Während Emilie nach Paris eilt, läßt Voltaire, erschöpft von den Bauarbeiten, einen Mann kommen, der die Arbeiter beaufsichtigt. Und wir erfahren, daß mitten in den Gipsbrocken, in einem Konzert von Hämmern und Sägen der achte Gesang der ›Pucelle‹ entstanden ist. Wann und wie mag er ihn geschrieben haben? Und ›Alzire‹? Er ist erstaunlich; in diesem bewegten Jahr 1734 hat er eine Tragödie verfaßt, acht Gesänge eines epischen Gedichts, ein Schloß wieder aufgebaut und ... und ... und ...

Er amüsiert sich königlich beim Schreiben seines Gedichtes über Jeanne d'Arc. Der Gedanke zu diesem Epos — einer Art Parodie — entstand bei einem Diner mit Richelieu. Man machte sich über die blöde ›Pucelle‹ von Chapelain lustig, die voller unfreiwilliger Komik ist. Richelieu sagte Voltaire, *er* solle dieses schöne Thema wiederaufnehmen und es ganz bewußt als Groteske und Parodie aufziehen. Voltaire wies diesen Gedanken erst von sich, aber die Idee keimte, und bald schrieb er die ersten acht Gesänge.

Er schreibt, indem er sich lustig macht — das heißt, indem er recht gottlos, recht respektlos ist. Seine verteufelte Feder ist entfesselt; hemmungslos spottet er. Was tut's, da das Gedicht doch geheim bleibt. Verstehen wir uns richtig: nur Richelieu wird es lesen. Auch noch einige Freunde. Oder man wird es ihnen zumindest vorlesen. Welche Gefahr? Das Gedicht wird niemals gedruckt werden, und man wird nicht einmal das Manuskript vorzeigen. Geheim! Eingeschlossen hinter drei Schlössern. Also, tun wir uns keinen Zwang in, seien wir bissiger und komischer denn je.

Es liegt eine gewisse Perversität in dieser Persiflage, die geheim bleiben will — und danach brennt, es nicht zu sein. Man

glaubt zu hören: »Ach! Wenn Sie wüßten, was ich schreibe,
Sie würden sich wundern . . . aber weder Sie, noch irgend jemand wird je etwas davon zu Gesicht bekommen . . . Sie wissen gar nicht, was Ihnen entgeht . . .«

Und all das in einem Augenblick, in dem noch der Haftbefehl
über ihm schwebt und er öffentlich mit ewigem Bann bedroht
wird. Er ist unverbesserlich.

Glücklicherweise hat er Freunde. D'Argental ist mehr als alle
anderen pausenlos darum bemüht, die Aufhebung des Haft-
befehls zu erwirken. Der Polizeileutnant Hérault, mit dem
wir noch oft zu tun haben werden, unterrichtet ihn schließlich
mit höflichen und sogar liebenswürdigen Worten von der Aufhebung. Er rät ihm, seinen Feinden den Mund zu stopfen
»mit dem Benehmen eines weisen Mannes, der schon ein gewisses Alter erreicht hat«. Ein guter Rat, gewiß. Aber Monsieur Hérault versteht nichts von Monsieur de Voltaire, der nie
weise sein wird, und das ›gewisse Alter‹ nützt eben auch nichts:
Voltaire ist 1734 vierzig Jahre alt, er setzt die ›weisen Leute‹
durch seine Torheiten in Erstaunen, und er wird sie bis zum
Ende des Jahrhunderts in Erstaunen setzen. Seine Torheiten
werden noch ein wenig verrückter und seine Spitzbübereien
immer gefährlicher, sie lassen sich an immer ernsteren Themen aus, aber sie behalten die gleiche Respektlosigkeit, die
gleiche Leichtigkeit — die Leichtigkeit, die es ermöglicht, auf
Gipfel zu fliegen.

Als Voltaire den gutgemeinten Brief Héraults las, platzte er
fast vor Lachen und schwenkte die Verse der ›Pucelle‹. Ach!
Wenn der Polizeileutnant gewußt hätte, was Voltaire in diesem Augenblick schrieb!

Drei Wochen später, am 30. März 1735, zog Voltaire zum
vierten Mal in Paris ein. Seine erste Sorge war, Hérault ein
Billet zu schreiben: er hätte ihm gerne einen Besuch abgestattet, um ihm seine Dankbarkeit auszudrücken . . . aber seine
schlechte Gesundheit halte ihn todkrank in seinem Bett . . .
alle seine Gedanken seien bei Monsieur Hérault. Bekam der
Polizeileutnant feuchte Augen? Nicht lange, denn er erfuhr,
daß Voltaire überall in Paris zu sehen war — nur nicht bei ihm.

Er will alles wissen, alles sehen. Was gibt es Neues in Paris seit einem Jahr? Eine Revolution! Das heißt, eine neue Mode. Man spricht in den Salons nicht mehr von Poesie. Verse scheinen frivol. Man spricht nur noch von Physik und Geometrie. Voltaire ist verblüfft. Aber Poesie ist doch keine Mode! Die Anmut der Verse ist doch unersetzlich. Er ist verärgert! Wird nun gar Maupertuis für ein Genie gehalten? Erlaubt er sich, mit seinen Dreiecken, seinen Kreisen und seinen hochtrabenden Reden über sein Gekritzel die Herzoginnen zu blenden — und seine Emilie zu unterjochen? Die Duchesse de Richelieu macht solche Fortschritte, daß sie einen Jesuiten, der sie wegen der Newton'schen Anziehungskraft angriff, aus dem Konzept bringen konnte. So sind die Schüler von Maupertuis! Gewiß, Voltaire stellt sich keineswegs gegen die Mathematik, im Gegenteil. Durch sie erst lernt man Newton verstehen. Er trägt es Emilie nicht nach, ungeheure Fortschritte in den Naturwissenschaften gemacht zu haben, er selbst nennt sich ja einen Schüler von Newton und Maupertuis . . . aber das ist doch kein Grund, die Musen zu verjagen, ihre Bewunderer zu entmutigen, ihre Bewunderinnen, und vor allem seine angebetete Emilie in die Irre zu führen!

Was das Geheimnis der ›Pucelle‹ betrifft, so ist es bereits gelüftet. Man spricht davon als von dem ruchlosesten Gedicht, das je geschrieben wurde. Welche Werbung! Seine Freunde zittern von neuem und flehen ihn an, das Gedicht zu verstecken. Einen Monat später kehrt er nach Lothringen zurück. Er sucht den Herzog von Lothringen in Lunéville auf. Er trifft ihn nicht an, aber besucht sein physikalisches Kabinett: dort verbringt er seine ganze Zeit. Schon hat auch er sich zu der modischen Wissenschaft bekehrt.

Er kehrt nach Cirey zurück. Emilie weilt dort mit ihrem ältesten Sohn und einem Erzieher. Madame de Champbonin und Madame de Neuville bilden den Chor. Voltaire hat den blöden Linant mitgebracht, einen dummen Parasiten. In Paris war er um sieben Uhr abends zu Bett gegangen und um Mittag aufgestanden. Geschrieben hatte er nichts. In Cirey beschließt er, auf seinen kirchlichen Stand zu verzichten. Voltaire läßt ihn gewähren. Der Junge wird anspruchsvoll und frech. Er beklagt sich über das Essen und die Unterkunft, er beklagt sich, seinen Beruf geopfert zu haben, um Voltaire zu folgen. Der hält ihm eine Predigt und zeigt ihm, daß seine Klagen auf ihn selbst zurückfallen und ihn in ein schlechtes Licht rücken. Trotzdem erträgt er ihn noch. Alle Parasiten Voltaires wissen: wenn Voltaire sich ihnen einmal freundschaftlich verbunden hat, dann bricht er nie wieder mit ihnen. Welche Geduld für diesen dicklichen Linant mit seinem sommersprossigen Mondgesicht und den roten Haaren! Er war zu nichts fähig: er las schlecht, er sah schlecht, er stotterte, er konnte kaum Latein und kaum besser Französisch. Und Voltaire gibt ihn dem jungen Châtelet zum Erzieher! Der Marquis du Châtelet wollte einen Priester, Voltaire wollte keinen! Voltaire trug den Sieg davon: »Kein Priester bei Emilie!« schrie er.

Die aggressiven Ansprüche dieses Jungen setzten seinen sonstigen Mängeln die Krone auf. Der Unglückliche — denn so sah ihn Voltaire, mit Recht — wollte auch noch eine Maîtresse im Schloß haben. Er faßte mit seiner weichen, verschwitzten Hand schamlos in das Décolleté der Madame de Neuville, die diese Galanterie sehr übelnahm. Es bedurfte nicht weniger als eines schmeichelnden Gedichts von Voltaire, um den Zorn der guten Dame zu besänftigen.

Aber Voltaire jagte Linant nicht fort.

Der böse Desfontaines

Es war während des ersten Aufenthaltes Voltaires in Cirey, daß Desfontaines zum erstenmal Gelegenheit fand, seinem Retter Unannehmlichkeiten zu bereiten und ihn zu schädigen. Voltaire hatte den Schülern des Gymnasiums von Harcourt, die eines seiner Stücke spielen wollten, eine unveröffentlichte Tragödie gegeben. Ohne sein Wissen war diese Tragödie gedruckt und von den Druckern mit Fehlern gewürzt und entstellt worden. Voltaire bat Desfontaines, dem Publikum mitzuteilen, daß er an dieser so unvollkommenen Veröffentlichung nicht schuld sei. Desfontaines aber teilte dem Publikum nicht nur nichts mit, sondern schrieb auch noch eine beißende Kritik der Tragödie, wobei er unterstellte, der Text sei authentisch — und zu allem Überfluß veröffentlichte er den Bittbrief Voltaires. Die böse Gesinnung war nicht das Schlimmste an der Sache; Voltaire befand sich damals auf der Flucht, und Desfontaines wies durch die Veröffentlichung des Briefes alle, auch die Polizei, auf den Ort hin, wo er sich versteckt hielt. Man glaubte ihn noch in Brüssel; er war in Cirey; sein Brief bewies es.

Eine finstere Geschichte: Voltaire trug sie ihm ewig nach. Von nun an war er unversöhnlich. Allen seinen Freunden schrieb er, wie sehr er Desfontaines hasse. Dieser fühlte sich bedrängt, tat öffentlich Abbitte und verfaßte nach dem Verriß ein Loblied auf das Stück, das soviel Aufhebens nicht wert war. Aber der Zorn Voltaires verstärkte sich in seinem Exil, er fühlte sich nicht genug gerächt — er hatte nicht selbst auf den Angriff geantwortet. Der Zufall wollte es, daß die Entschuldigungen Desfontaines zu spät in Cirey eintrafen: eine Erwiderung des wütenden Einsiedlers war eben abgeschickt worden. Sein Artikel erschien im ›Mercure‹. Als Desfontaines dieser Schlag traf, glaubte er, Voltaire habe auf so perfide Art auf seinen freundlichen Artikel antworten wollen. Seinerseits wutentbrannt, ergriff er eilig die Feder und verriß den Dichter von Cirey. Er warf ihm vor, daß seine Tragödien weder die Regeln noch die guten Sitten respektierten. Das war zu viel von einem Mann, der wegen seiner schlechten Sitten fast verbrannt worden wäre.

Der Krieg ist erklärt zwischen dem boshaften Abbé und einem Voltaire, der vor Wut außer sich ist, als er hört, daß Desfontaines schon im Gefängnis damit begonnen habe, eine Schmähschrift gegen seinen Wohltäter zu schreiben. Später wird Desfontaines eine Ausgabe des Gedichts ›La Ligue‹ fälschen, wobei er sich auf ein gestohlenes Exemplar stützt, gestohlen wahrscheinlich von Thiériot, dessen verdächtiges Verhältnis zu Desfontaines höchst beunruhigend erscheint. Aber zu einem Verrat ist Thiériot doch nicht ganz fähig. Daß Thiériot, daß Desfontaines Gauner sind, ist klar, daß sich aber Voltaire mit

ihnen in den Niederungen verhungerter Schreiber und Versemacher wälzt und sich Verleumdung und Denunziantentum
hingibt, ist schlimmer. Dieses Seite-an-Seite mit Geschöpfen
der Gosse reißt ihn selbst in die Gosse. Man mag zugeben, daß
die scheußliche Undankbarkeit des Abbé und der grundlose
Verrat Thiériots einen jähzornigen und bis zur Hysterie sensiblen Mann verwirren können, aber . . .

Aber Voltaire ist doch nicht ganz entschuldbar. Er hatte Desfontaines ein wenig zu sehr spüren lassen, daß dieser ihm alles
— vielleicht auch sein Leben — schulde und er zum Ausgleich
Lob erwarte, hemmungsloses, ja schon nicht mehr anständiges
Lob. Die Zeit erlaubte diese Speichelleckerei. Das mag sein.
Aber Desfontaines, ebenso empfindlich wie Voltaire, duldete
nicht, daß Voltaire das, was ihm gebührte, mit jenem Schuß
von Überlegenheit und Unerzogenheit verlangte, die er zuweilen so gut einzumischen verstand. Seine wahnsinnige Eitelkeit
als Schriftsteller ließ Voltaire oft unvorsichtig werden, schadete
ihm selbst und machte ihn anderen Schriftstellern unerträglich.
Der intelligenteste Mensch der Welt führt sich zuweilen wie
ein Geck auf. Trissotin zu sein ist traurig, wenn man Voltaire heißt! Das Szenario ist bekannt: sobald das Lob nachläßt, legt sich sein Gesicht in Falten, sein Blick ist voller
Gewitter; hält man sich zurück, wimmert er über die Ungerechtigkeit der Leute und ihre Dummheit; wenn er offen kritisiert wird, folgt der Zornesausbruch: er trampelt mit den
Füßen, er stürzt durchs Zimmer, peitscht die Glut im Kamin
auf, kämpft mit Möbeln und Wänden und schwingt das läster-
liche Papier durch die Luft. Dann läuft die Zorneswelle in hundert Briefen voller boshafter Anklagen aus. Er verbreitet überall, daß man Desfontaines wegen seiner Neigung zu den kleinen Kaminkehrern hätte verbrennen sollen, eine Neigung, die
weitaus stärker sei als die zur Literatur. Wenn man den bösen
Kritiker einmal verbrannt habe, werde man für immer davon
befreit sein, seine schlechten Artikel zu verbrennen.

Doch wo bleibt die Literatur bei all dem? Ist das nicht verlorene Zeit bei einem so arbeitsamen Leben? Nicht ganz — denn
Voltaire lebt sehr intensiv in seinem Haß. Während seiner

Wutausbrüche fühlt er sich stark und doppelt vital. Und diesen Zustand liebt er. Jeder Höhepunkt berauscht ihn. Das ist auch das Geheimnis seiner Liebe zur Tragödie, zu Racine. Er leistet sich dieselben Emotionen außerhalb des Theaters, im Leben, sobald er Desfontaines zerreißt und verbrennt, das heißt, seine Artikel zerreißt und ins Feuer wirft. Man glaubt, daß Haß und Wut ihn umbringen werden — keineswegs. Wut ist wahrscheinlich eine ausgezeichnete Hygiene für ein so originelles Naturell wie das seine. Während er Gift und Galle gegen Desfontaines spuckt, hat er keine Koliken mehr, kein Fieber; dafür fallen ihm Schimpfworte und Verleumdungen in Menge ein. Seine Feinde foltern ihn, aber sie kriegen ihn nicht unter. Im Gegenteil, sie treiben ihn an. Kränklich und wehleidig wie er ist, würde er Gefahr laufen, sich selbst einzulullen und einzuschlafen, wenn die Desfontaines ihn nicht mit dem glühenden Eisen brennten. Einschlafen? Das wäre das schlimmste Unglück für ihn. Wenn man sein Benehmen und das seiner Feinde näher betrachtet, dann möchte man schwören, daß er selbst es ist, der diese ekelhaften Kläffer reizt und daß Stockschläge zur voltairianischen Vorsehung gehören. Man ist es überdrüssig zu sehen, daß alle Unternehmungen auf Prügeleien hinauslaufen und fragt sich, ob nicht letzten Endes der Chevalier de Rohan eine Medaille verdient hätte. Es ist aber nur die Irritation, die uns zu diesem Schluß verleitet.

Trotzdem gereichen alle diese Schmähungen Voltaire nicht zum Vorteil. Der Polizeileutnant legte ihm nahe, sich öffentlich zu entschuldigen, wie es der Abbé und seine Freunde, die Neider Voltaires, forderten. Er schrieb also, den Tod in der Seele, einen kleinen Wisch, in dem er den Sanftmütigen spielte: »Ich habe mich nicht über die Kritik beklagt«, sagt er, »sondern über den Freund, denn meine Werke verdienen manchen Tadel (O Demut, und wie spontan!) etc . . .« Der Abbé tat so, als sei er mit dieser mageren Kost zufrieden, denn es lag ihm daran, nicht ganz zu brechen. Er brauchte Voltaire noch, er brauchte die Artikel, die ihm Voltaire für seine Zeitschrift ›Le Mercure‹ schreiben konnte. Sofort danach übrigens bat ihn der taktlose Abbé um die Erlaubnis, ein Gedicht abdrucken zu

dürfen, das Voltaire über die Gäste von Cirey geschrieben hatte.
Voltaire lehnte ab aus Respekt für die du Châtelets, die das
Gedicht für die engere Familie behalten wollten. Desfontaines
aber druckte das Gedicht trotzdem! Besaß er denn das Manu-
skript? Vom wem erhielt er es? Es ist immer wieder der gleiche
Vorgang: Voltaire schreibt heimlich, und alle Welt hat das
Manuskript. Ist es ihm gestohlen worden? Hat er es durch
Thiériot in Umlauf gebracht? Manchmal ist man so irritiert,
daß man den Verdacht hegt ...

Der Marquis du Châtelet nimmt die Sache sehr übel auf. Er
ist wütend darüber, daß alle spitzen Zungen in Paris sich die
Freuden seiner Ehe zu dritt auf ihre Weise auslegen. Er erhebt
Klage gegen Desfontaines beim Justizminister. Gerade in diesem Augenblick wird Desfontaines wegen einer anderen Sache
verurteilt. Was tut Voltaire? Er fühlt Mitleid mit Desfontaines
und erreicht, daß Monsieur du Châtelet seine Klage zurückzieht. »Was ist aus dem Abbé geworden?« schreibt Voltaire.
»In welches Loch hat man diesen Hund gesteckt, der seine Herren beißen würde? Ich würde ihm Brot geben, so tollwütig
er auch ist.« Das ist kein Freundschaftsbeweis, sondern Menschlichkeit — sogar christliche Nächstenliebe. Natürlich wird ihm
Desfontaines dafür keineswegs dankbar sein.

Ein Feind schläft ein, andere erwachen

Alles begann durch eine der literarischen Gaunereien, wie sie
im 18. Jahrhundert an der Tagesordnung sind. Le Franc —
nicht so frank wie sein Name — hatte sich das Thema der Tragödie ›Alzire‹ besorgt, die Voltaire geschrieben und — heimlich
— zu Thiériot nach Paris geschickt hatte. Immer Geheimnistuerei! Le Franc schreibt sogleich ein Plagiat mit dem Titel
›Zoraïde‹ und gibt es der Comédie-Française. Voltaire unterrichtet man, daß die ›Zoraïde‹ von Monsieur Le Franc aus
Pompignan vor Voltaires ›Alzire‹ gespielt werden wird. Er
schreit, man erwürge und foltere ihn ... er wird sterben, das
ist sicher, wenn ›Zoraïde‹ als erstes auf die Bühne kommt, denn

dann sieht es so aus, als sei ›Alzire‹ ein Plagiat von ›Zoraïde‹ . . .

Dieser Le Franc schrieb so schlechte Tragödien, daß die mat-
testen Tragödien Voltaires im Vergleich zu den seinen vor Leben sprühen. Aber seine Vermessenheit kannte keine Grenzen.
Er hatte auch eine Tragödie ›Didon‹ verfaßt, die ihm einen
Brief des preußischen Kronprinzen Friedrich eintrug. Diesen
Brief las er ganz Paris vor, Haus für Haus. Von der Höhe seines
Ruhmes aus sorgte er sich wenig darum, ob der Ruhm Voltaires
unangetastet blieb oder nicht, zumal dieser Ruhm ihm übertrieben und ganz ungefährdet zu sein schien. Der arme Mann!
Voltaire, und ungefährdet! Natürlich war Thiériot der Vertraute Le Francs. Sie sahen sich am Tisch des berühmten Fer-
mier-Général La Popelinière. Während sie es sich an diesem
Tisch, dem prunkvollsten von Paris, bequem machten, tausch-
ten sie Hiebe gegen den Verbannten von Cirey aus.

Le Franc gebärdete sich bei den Schauspielern wie ein dicker
Truthahn. Er schlug das Rad vor ihnen, sie grinsten; er behandelte sie von oben herab, sie keiften; er blähte sich auf, gab
mächtig an und blieb auf der Strecke mit seiner ›Zoraïde‹. Die
Schauspieler wollten sie nicht mehr haben. ›Alzire‹ nahm wieder ihren Platz ein. Sie wurde ein Erfolg: zwanzig Aufführungen hintereinander. Und sie brachte Voltaire eine hübsche
Summe. Als großer Herr überließ er das Geld den Schauspielern.

Der Dichter Gresset, der in seinem Gedicht ›Vert-vert‹ ein Loblied auf einen Papageien gesungen hatte, wollte anläßlich
›Alzires‹ auch das Loblied Voltaires singen, und dies gelang
ihm fast genauso gut. Der dicke Linant gab seine schmollende
Lethargie auf, um einige Komplimente zu schreiben, und selbst
Desfontaines war wie Milch und Honig: »Könnte ich je auf
den Gedanken kommen, den Ruhm eines Schriftstellers zu verdunkeln, der auf seine Weise zum Ruhm des Königreichs beiträgt.«

All das für diese ›Alzire‹, die heute völlig vergessen ist. Aber
der ruhelose Geist des Sohnes von Racine vergaß sie damals
nicht. Er beklagte sich überall, daß Voltaire ihm einen Vers ge-

stohlen und in seiner Tragödie verwendet habe. Eines Tages, als Voltaire in einem Salon ›Alzire‹ vorlas und Louis Racine pausenlos schimpfte: »Dieser Vers da ist von mir! Dieser Vers da ist von mir!« näherte sich der Abbé de Voisenon, dem dieser seufzende Refrain auf die Nerven ging, Voltaire und sagte: »Geben Sie ihm seinen Vers zurück, und dann mag er gehen.« Man hat nie erfahren, welcher Vers es war — allerdings weiß man heute auch kaum mehr, wer ›Alzire‹ ist.

Der Verleger von Rouen macht von sich reden

Mit Jore war nicht gut Kirschen essen, und Voltaire beging eine Ungeschicklichkeit. Das passierte ihm nicht leicht, aber da er mit dem Verleger zu einem Ende kommen wollte und ihn zu beruhigen glaubte, schrieb er ihm ausführlich über den äußerst komplizierten Handel, den sie miteinander anläßlich der ›Lettres Anglaises‹ geschlossen hatten. Er hoffte, durch diesen Beweis seiner Aufrichtigkeit den Verleger zu einem Vergleich zu bringen und ihre Streitigkeiten im Guten zu schlichten. Jore, im Besitz des Geständnisses Voltaires, ging gerichtlich gegen ihn vor. Voltaire wurde verurteilt und mit Pfändung bedroht, wenn er nicht zahle, was Jore von ihm verlangte. Sofort eilte er nach Paris. Er fühlte, daß die allgemeine Stimmung gegen ihn war. Trotz des wohlwollenden Eingreifens des Polizeileutnants Hérault veröffentlichten seine Feinde eine Schmähschrift gegen ihn, gegen seinen Geiz, seine Widerrufe, seine Grimassen; man machte ihn zu einer scheußlichen Karikatur. Das Unglück wollte, daß die Feder, die ihn gezeichnet hatte, gut war. Trotz hunderter richtiger Details aber ist das boshafte Porträt falsch. Die verleumderische Schrift arbeitete mit kleinen, wahren Tatsachen: Orten, Zeitpunkten und Anekdoten, die man nicht widerlegen konnte. Das kleine Meisterwerk der Perfidie ist nicht mit Desfontaines unterzeichnet, aber es stammt von ihm. Der Abbé hatte die Bosheit geliefert, Jore das Material und das Geld. Eine dunkle Geschichte machte alles noch schwieriger: man hatte Voltaire (wieder einmal!)

ein mit Korrekturen versehenes Exemplar der ›Lettres Anglaises‹ gestohlen — Korrekturen, die die Schärfe des Textes noch vergrößerten, statt sie abzuschwächen. Dieses in den Händen von Jore befindliche Exemplar wurde sofort vervielfältigt, verbreitet und dem Minister, Monsieur Maurepas, vorgelegt, der Voltaire nicht ausstehen konnte. Maurepas und die Polizei waren der Geschichten Voltaires müde; man beschäftigte sich in ihren Büros nur noch mit ihm.

Voltaire spürte, daß er ein Ende machen müsse, und bot Jore Geld an. Dieser fühlte sich stark und griff von neuem an. Und wieder lief der Dichter von Vorzimmer zu Vorzimmer und scharte seine Freunde um sich. Und wieder half ihm Hérault. Jore wurde abgewiesen. Er erreichte nichts, aber man verurteilte Voltaire, eine Buße von fünfhundert Livres an die Armen zu zahlen. Das Urteil erkannte seine Schuld an. Er beugte sich, aber war tief beleidigt. Er schrie nicht, aber er stöhnte. Er spielte eine seiner häßlichsten Rollen: er jammerte, daß er im Unglück sei, daß man ihn auf Stroh schlafen lasse, daß die Armen nun reicher wären als er . . . Das Almosen an sie habe ihn um sein gesamtes Vermögen gebracht. In Paris lachte und spottete man nur über diese schlechte Komödie. Jore vergnügte sich damit, zu beweisen, daß Voltaire eine Rente von dreitausend Livres bekomme (der Schlauberger wußte nicht alles!). Schließlich machte Voltaire gute Miene zum bösen Spiel und resignierte. Er dankte selbst dem Minister, der nichts für ihn getan hatte — im Gegenteil. Und da sein Gewissen erwacht war, drückte er ein wenig sein Bedauern aus — ein ganz klein wenig — denn es tat ihm leid, den glücklichen Ausgang der Geschichte dem ›Ermessen der Macht‹ und nicht der Gerechtigkeit zu verdanken. Aber warum hatte er dann unaufhörlich diese ›Macht des Ermessens‹ angefleht und intrigiert, um den Lauf der Gerechtigkeit zu fälschen — zu seinen Gunsten? Die Geschichte hielt ihn nicht davon ab, auch in Zukunft um Vorrechte zu bitten — wie es alle Welt tat. Bei manchen Gelegenheiten sähe man ihn lieber stumm, aber auch nur manchmal: er sprach so gut!

Der Abbé d'Olivet, sein einstiger Präzeptor im Gymnasium,

sagt uns, daß Voltaire damals darauf brannte, in die Académie Française gewählt zu werden, daß aber die Affaire mit Jore ihm denkbar geschadet habe. Der Minister war gegen ihn, aber der Duc de Richelieu und der Duc de Villars waren für ihn. Der wohlunterrichtete Abbé meinte, sein Ruf könne sich wieder festigen, wenn er eine Zeitlang verschwinde — danach würden ihm seine Freunde ganz sanft die Türen der Académie öffnen. Doch später . . . viel später . . . merkte Voltaire, daß diese Hoffnung töricht war, und so kam er einem Scheitern zuvor: »Man hat mir heute von einem Platz in der Académie gesprochen (Wer? Hat man ihn gebeten, sich als Kandidat aufstellen zu lassen?), aber unter den augenblicklichen Umständen erlauben mir weder meine Gesundheit, noch meine Freiheit, die mir lieber ist als alles, daran zu denken.«

In Wirklichkeit dachte er an nichts anderes. Es war die Académie, die nicht an ihn dachte, außer, um ihm den Platz abzuschlagen — vorerst. Er dachte noch daran im fernen Cirey, aber er sprach nicht mehr davon — und tat gut daran.

Scharmützel

Die eintönigen Annehmlichkeiten von Cirey hätten ihn vielleicht eingeschläfert, wenn er nicht durch den Streit mit Rousseau wieder aufgefahren wäre. Ein Verleger aus Amsterdam veröffentlichte ohne Wissen Voltaires die ›Epître à Uranie‹ und ›La Calomnie‹. Monsieur du Châtelet wollte nicht, daß man die beiden Schriften druckte, und er hatte nicht unrecht. Aber die Raubgier der holländischen Verleger kannte im 18. Jahrhundert keine Grenzen. Der Verbannte von Brüssel antwortete Voltaire mit einer haßerfüllten Schmähschrift, dieser erwiderte ebenso. Voltaire erinnerte an den Vater Rousseaus, der Schuster der Arouets gewesen war, er erinnerte an einen seiner Diener, einen Vetter des Dichters Rousseau, der jeden Tag seinen Herrn für die schlechten Verse seines Verwandten um Verzeihung bat; er erinnerte an die Stockschläge des Monsieur de la Faye, (wie kann Voltaire es wagen, von den Prügeln anderer zu sprechen?) kurz, er erinnerte an alles, was den unglücklichen Rousseau zutiefst treffen konnte. Da Rousseau der Sohn eines Schusters war und der Heilige dieser Zunft der Heilige Crespin ist, fügte Voltaire eine ›Crépinade‹ hinzu, in der man folgende Freundlichkeiten finden kann:

> Le diable un jour se trouvant de loisir
> Dit: »Je voudrais former à mon plaisir
> Quelque animal dont l'âme et la figure
> Fût à tel point au rebours de nature
> Que le voyant, l'esprit le plus bouché
> Y reconnut mon portrait tout craché . . .

Er spricht von Rousseau, und Rousseau ist das Tier, das der Natur so entgegengesetzt ist. Um seine Nerven zu entspannen, schreibt Voltaire eine Komödie mit dem Titel ›L'Enfant prodigue‹. Da er aber an der Qualität des Stückes zweifelt, läßt er das Gerücht verbreiten, es sei von Gresset. Dieser nimmt den Streich sehr schlecht auf, obwohl die Komödie einen gewissen Erfolg hatte, selbst bei Desfontaines! Aber der Groll Voltaires gegen Desfontaines war noch nicht erloschen, er hat das gegen das Verbot von Monsieur du Châtelet abgedruckte Gedicht nicht vergessen und rächt sich einige Monate später mit einer ›Ode à l'Ingratitude‹, die auf Desfontaines abzielt und ihn auch mit Namen nennt:

> C'est Desfontaines, c'est ce prêtre
> Venu de Sodome à Bicêtre
> De Bicêtre au Sacré Vallon

Von nun an wird Desfontaines pausenlos angreifen — er hätte sich zweifellos beruhigt, wenn er nicht von Voltaire derartig gequält worden wäre. Warum behandelte Voltaire diesen Elenden wie seinesgleichen? Er mißt ihm eine Bedeutung zu, die Desfontaines nicht zukommt. Voltaire selbst weckt seine Feinde auf. Sechs Monate lang war Desfontaines still gewesen, als Voltaire nun die ›Ode de l'Ingratitude‹ auf ihn abschoß. Er wird es binnen kurzem teuer bezahlen.

Der Zauber des Exils

Seit zwei Jahren wurde an der Verschönerung Cireys gearbeitet. Ohne Rücksicht auf Verluste stürzten sich Voltaire und Emilie auf jede Arbeit: Einrichtung und Dekoration, Studium und Poesie, Prozesse und Geldgeschäfte. Die Tage waren voll ausgefüllt.

Sie wollten, daß dieses Schloß, in dem sie glücklich waren, eine Art Tempel würde, der Liebe, der Freundschaft und der arbeitsamen Intelligenz geweiht.

Da sie beide Geschmack besaßen — und viel Geld — dazu eine Neigung zu Prunk, die sich bei Emilie in Flitterkram und bei Voltaire in seiner Sucht zum Theater äußerte, machten sie Cirey im hintersten Winkel der Provinz zu einem Wohnsitz großen Stils, was im Jahre 1734 nicht ohne Verdienste war. Die Tragödien, die Algebra und die Bauarbeiten mußten gleichzeitig vorangetrieben werden. Man wühlte die Gärten um, man wollte Durchblicke, übereinander liegende Terrassen, von Ballustraden gesäumt. Innen baute man Badewannen aus Porzellan ein, denn Emilie badete viel. »Das mäßigte die Leidenschaften«, sagt uns Longchamp, der Sekretär Voltaires. Diese häufigen Bäder brachten sie in den Ruf eines Originals. Von Newton zur Hydrotherapie überzugehen, welch verrückter Einfall! Sie hatte andere: sie lernte Englisch, Physik und Geometrie. Sie empfing auch zahlreiche Besucher, denn Leute von Rang machten gerne einen Umweg, um die Eremiten von Cirey aufzusuchen. Die arbeitsame und der Liebe geweihte Zurückgezogenheit der beiden veranlaßte die Leute, fast genauso viel über sie zu reden, wie über die Skandale Desfontaines und Jores. In der Einsamkeit zu leben, auf dem Land, Paris abzulehnen und den Hof, war das nicht furchtbar? Alle Reisenden, die über Cirey kamen, wurden bei ihrer Rückkehr mit Fragen überschüttet. Und selbst ohne Fragen sprachen sie — vielleicht zuviel. Aber wie sollte man nicht den Wunsch verspüren, diese unverständliche ›Flucht in die Einsamkeit‹ interessant zu machen? Wie konnten Emilie de Breteuil und Arouet, die Kinder der Pariser Salons, außerhalb des Schattens von

Notre-Dame leben? War die Luft der Wälder und der Heide, diese gefährliche Luft der Einsamkeit, nicht schädlich für Leute von Welt, für diese Geister, die wie Diamanten und Perlen nur im Funkeln von Lüstern glitzern und leben konnten? Was die Pariser erstaunte, war, daß man ihnen auf die Frage: »Sind sie entkräftet, hat Verdummung sie befallen, laufen sie auf allen Vieren?« antwortete, es ginge ihnen ausgezeichnet und sie sprühten tausend Funken.

Nach seinem Besuch in Cirey im Jahre 1736 berichtet der Chevalier de Villefort von den beiden bezauberten Bezauberern. Der Ort, an dem die Eremiten, ein wenig exzentrisch, in der Wüste alle Raffinessen der Zivilisation und der Kultur genießen, scheint ihm seltsam, ein wenig geheimnisvoll.

Der Chevalier langt im Abenddämmer an. Er durchquert einen Hof, zwei Höfe, drei Höfe. Er schellt. Langes Warten. Alles liegt regungslos da. Schließlich erscheint ein Schatten, eine Kammerfrau, die sich den Weg mit einer Laterne sucht. Erstes Vorzimmer. Folgen wir der Führerin und ihrer Laterne durch die langen Gänge, durch leere, dunkle Räume. Sie hält an. Er wagt zu sprechen, er bittet, die Marquise sehen zu dürfen. Man läßt ihn stehen, um ihn der Zauberin dieses Ortes zu melden. Er wartet. Man kommt zurück. Der Marsch wird fortgesetzt, fast nur tastend, so schwach ist das Licht. Eine Tür öffnet sich: O Wunder! Ein prächtiger Salon. Der Chevalier bleibt stehen, sprachlos, geblendet: »Die Gottheit dieses Ortes war so mit Diamanten geschmückt und beladen, daß sie einer Opernvenus geglichen hätte, wenn sie sich nicht − trotz der Lieblichkeit ihres Aufzuges und dem reichen Schmuck ihrer Gewänder − mit den Ellenbogen auf Blätter gestützt hätte, die vollgekritzelt waren mit X und Y und ihr Tisch nicht mit Instrumenten und Mathematikbüchern bedeckt gewesen wäre.«

Das war also die Fee der Algebra, geschmückt wie eine Opern-Kleopatra. Das Portrait ist wahrheitsgetreu, kaum übertrieben, und das Folgende kaum karikiert. Man warf dem Fremden von fern einen höchst edlen Gruß zu und, sich wie abwesend und nur sehr schwer aus der Verstrickung der X und Y lösend, schlug man ihm vor, sich zu Monsieur de Voltaire führen zu lassen, denn man zweifelte nicht daran, daß der Besucher seine Reise nur dem Dichter zuliebe unternommen habe. Die Wohnung des Zauberers war mit der der Zauberin durch eine versteckte Treppe verbunden — wahrscheinlich war es diese Tür, die sie während der Flucht Voltaires nach Holland eigenmächtig im Inneren eines Kamins hatte einbauen lassen. Der Chevalier klettert hinauf: noch eine Tür. Er klopft. Keine Antwort. Suchte man den Stein der Weisen? Schließlich wird geöffnet. Der Besucher erfährt, daß er in einem schlechten Augenblick erscheint, denn die Stunde der Unterhaltung ist noch nicht gekommen. Man verhandelt — die Zeit vergeht. Eine Schulglocke läutet. Das Souper! Augezeichnet!

Der Speisesaal ist nicht weniger seltsam: keine Dienstboten. An jedem Ende des Raumes sind zwei drehbare Durchreichen, die eine zum Servieren, die andere zum Abräumen. Jeder holt sich bei jedem Gang seinen garnierten Teller. Der Speisezettel ist raffiniert. Das Souper dauert lange. Die Glocke läutet von neuem: Wechsel der Beschäftigung.

Nun folgt die Stunde der moralischen und philosophischen Lektüre — zweifellos, um die Verdauung des Soupers mit einem süßen Schlummerstündchen zu begleiten. Eine Stunde vergeht: die Glocke. Schlafenszeit. Jeder gehorcht.

Schlag vier Uhr morgens wird der Besucher gerüttelt. Hat er die Glocke nicht gehört? Will er nicht bei der Poesie-Übung dabei sein, die unten in der Galerie stattfindet? Will er wirklich die so wichtige morgendliche Feierstunde versäumen? Diese Pariser! Welche Verweichlichung! Sie würden doch tatsächlich ohne Skrupel um vier Uhr morgens, im November, in einem eisigen Schloß, verloren in einer bekannt kalten Provinz, eine Poesie-Übung versäumen. Voltaire und Emilie fehlen nie bei dieser Andacht, denn sie sind gleichzeitig Priester, Meßdiener und Gläubige.

Als Freunde aus Paris Emilie das wiederholen, was der Chevalier erzählt hat, antwortet sie, es seien »Beschreibungen, die er erfunden und aus denen man ein Märchen gemacht hätte. Was man mir da erzählt, hat weder Kopf, noch Schwanz, noch Reim, noch Sinn.«

Es ist wahr, daß der Chevalier Emilie als Märchenfee geschildert hatte — als Fee eines verzauberten Schlosses. Aber die Zeiteinteilung entsprach der Wahrheit. Der Tageslauf wurde durch Glockenschläge geregelt. Es war fast unmöglich, eine Viertelstunde zu vertun. Voltaire empfand eine Art instinktiver Abneigung gegen das Farniente, gegen vergeudete Zeit. Die leidenschaftliche Liebe, die er zum Leben fühlte, ließ ihn auch jede Stunde des Tages lieben und mit seinen eigenen Vergnügungen ausfüllen, mit Lektüre, Nachdenken und Aktivität auf allen Gebieten.

So sieht die Antwort Voltaires an Villefort aus, der zu viel redete: »Ich wette, daß Monsieur de Villefort längst nicht gesagt und nicht einmal erkannt hat, wie glücklich man in Cirey ist.« Das ist das Wichtigste, was die Pariser nicht verstanden haben. Glück besteht aus Liebe, Freundschaft, Luxus und Ordnung — ja, auch aus dieser klösterlichen oder militärischen Ordnung, die Voltaire trotz der tausend scheinbaren Unordnungen seines Lebens immer angestrebt hat.

Neuer Alarm und eine neue Reise

Was die Unordnungen anbelangt, so tauchen schon wieder neue auf. Man erinnere sich daran, daß Voltaire zu seinen Freunden aus dem Temple einen Abbé de Bussy zählte, der Bischof von Luçon geworden war. Dieser war eben gestorben. Wer aber fand, als er in den Papieren des Bischofs wühlte, ein Gedicht von Voltaire mit dem Titel ›Le Mondain‹? Dieses Gedicht wird ohne das Wissen des Autors gedruckt und im Jahre 1735 in Paris in Umlauf gebracht. Neue Verfolgungen setzen ein, denn in dem Gedicht finden sich mehrere gottlose Stellen. Voltaire beklagt sich, daß man ihm vorwirft, gesagt zu haben, Adam, unser Vater, habe lange Nägel und schlechte Sitten gehabt. »In welchem Jahrhundert leben wir?« ruft er aus.

Er wird wieder herumreisen müssen. Der Unterschlupf ist nicht mehr sicher, denn noch eine andere Gefahr bedroht ihn — und weit mehr noch Emilie. Merken doch die Vettern des Marquis du Châtelet, zwei Jahre nach dem Beginn der Verbindung der Marquise und des Poeten, daß es unschicklich ist, wenn die Frau ihres Vetters unter demselben Dach wie Voltaire lebt, während ihr Gatte sich zweihundert Meilen weiter gegen die Feinde des Königs schlägt. Sie wollen dem Gatten auf gerichtlichem Wege einen Verweis erteilen lassen. Was kann er erwidern? Er wird streng vorgehen müssen, denn vor dem Gesetz sind seine Feinde im Recht. Voltaire packt in Eile seine Koffer. Emilie weint zwischen ihren Diamanten, ihren X und Y. Dummheit ist der schlimmste Feind für das Glück geistvoller Menschen.

Wohin? Voltaire hat nicht übel Lust, sich zum Kronprinzen von Preußen, Friedrich, zu begeben, mit dem er brieflich kokettiert. Friedrich hatte die Korrespondenz angebahnt, und Voltaire folgte ihm im Galopp. Es entzückte ihn, von einer Königlichen Hoheit, die bald König werden würde, als unvergleichliches Genie behandelt und auf den Thron der Intelligenz gehoben zu werden. Da der Prinz so viel von einem Dichter hielt, entschied Voltaire, dieser Prinz solle der erste König seines Jahrhunderts werden. Und er wollte ihn sich näher ansehen.

Das hieß jedoch, nicht mit dem Mißtrauen Emilies rechnen. Sie vermutete eine Falle. Sie glaubte, Voltaire werde ihr entwischen. Sie hatte Angst um sich — aber sie überzeugte Voltaire, daß ihm Gefahr drohe. Sie fürchtete die Sympathie des Dichters für den so intelligenten und mit einer Königskrone geschmückten Prinzen, vor der Voltaire schon auf den Knien lag — aber sie führte ihm vor Augen, welche Gefahr der alte König Friedrich-Wilhelm bedeuten könne, der brutal und grausam war, seinen Sohn wie einen gemeinen Kerl behandelte, ihn einsperren und vor seinen Augen seinen besten Freund enthaupten ließ. Es fiel ihr nicht schwer, Voltaire beizubringen, daß der alte Graubart nur ungern den Umgang eines Franzosen und Dichter-Philosophen mit seinem Erben sehen würde, dem dieser Dichter einige schädliche Ratschläge über die väterliche Gewalt zu geben nicht versäumen würde. Bei dem Charakter des alten Königs könne sich Voltaire sehr wohl in einem

Kerker im hintersten Winkel von Pommern wiederfinden und, ohne weitere Formalitäten, auch in eine bessere Welt expediert werden. Sie schilderte ihm die möglichen Gefahren in lebhaften Farben und sagte, um den begierigen Dichter zufriedenzustellen, der nach königlichem — oder fast königlichem Lob dürstete: »Der Prinz ist nicht König, wenn er es sein wird, besuchen wir ihn alle beide, aber solange er es nicht ist, ist keinerlei Sicherheit.«

»Alle beide?« Eine schöne Illusion, wenn sie sich vorstellte, daß auch sie dabei sein würde! Fürs erste schlug er die Einladung ab.

Da Preußen ungesund ist, geht er wieder nach Holland. Er vermeidet Brüssel, diese von J. B. Rousseau verstänkerte Stadt. Aber was erfährt er? Eine ekelhafte Neuigkeit! Rousseau hat, so wird gesagt, die Erlaubnis erhalten, nach Frankreich zurückzukehren. Was? Im Augenblick, da er selbst verfolgt wird, spricht man seinen Todfeind frei? Das ist zuviel. Daß man es auf ihn abgesehen hat, mag angehn, das ist eine alte Gewohnheit der Obrigkeit, aber wenigstens soll auch der andere gejagt werden. Man muß sich darum kümmern. Voltaire bringt es fertig, dem Minister eine Kopie von dem Gedicht Rousseaus gegen die Richter und den König zukommen zu lassen, und auch den Herren vom Gerichtshof schickt er das Gedicht, in dem ihnen fast genauso übel mitgespielt wird, als wäre Voltaire der Autor. Die Roben und viereckigen Mützen geraten in Wut, und das Exil Rousseaus wird verlängert. Diese gute Nachricht vergrößert die Freude Voltaires über den Empfang, den ihm Holland bereitet.

In allen Städten, durch die er kommt, spielt man seine Tragödien. Und er erfährt, daß auch in London ›Zaire‹ mit Erfolg aufgeführt wird. Er ist überglücklich. Die Eitelkeit eines Autors weidet sich zuweilen an Dingen, die einem gewöhnlichen Sterblichen traurig erscheinen. Man urteile selbst: Ein Schauspieler, Mister Bond, der ›Zaïre‹ über alles liebte, spielte in London die Rolle des alten Lusignan. Er spielte sie mit so viel Leidenschaft, daß er im Augenblick, als Lusignan seine Tochter erkennt und eine herzzerreißende Erschütterung zeigen muß, von einer Embolie niedergeworfen wurde und auf der Bühne tot umfiel. Und Voltaire klatscht begeistert in die Hände und denkt: »Ist es nicht unerhört, ein dramatisches Genie zu sein, das fähig ist, diese Schauspieler zu zerschmettern?« Aber es kommt noch besser. Die Aufführung wurde durch das Wunder nicht unterbrochen, ein anderer Schauspieler nahm sofort die Fackel auf: er wollte Lusignan sein — »die Rolle spielen, die tötet!« — und erklärte nur, er bedaure, nicht eine so empfindsame Seele zu haben wie Mister Bond und nicht wie er zu enden.

Fragt man sich da noch, warum Voltaire die Engländer herrlich fand? Kein Franzose würde sich den Tod wünschen, wenn er ›Zaïre‹ spielt!

Sein Aufenthalt in Holland im Jahre 1736 und die schöne Beweihräucherung seiner Verdienste gefallen ihm. Obwohl die Gefahr gebannt ist, legt er keinen Wert darauf, sofort nach Cirey zurückzukehren. Er muß es jedoch tun, denn ›Les Eléments de la Physique de Newton‹ werden demnächst gedruckt werden, und Emilie verlangt, daß er den Druck überwacht. Das ist in der Tat von größter Wichtigkeit. Dieses kleine Werk wird dem gebildeten Publikum die Physik Newtons verständlich machen, die das offizielle Frankreich nicht will und die Voltaire ihm aufdrängt. Aber Holland macht ihm Spaß . . . Emilie befiehlt, Voltaire wird ärgerlich, Emilie weint und droht. Plötzlich packt sie die Angst, daß man ihr ihren Voltaire wegnehmen könnte. Sie ist verzweifelt und ruft die d'Argentals zu Hilfe: »Ich bitte Sie auf Knien, ihm mit Bestimmtheit zu sagen, daß er verloren ist, wenn er dickköpfig bleibt und nicht zurückkehrt; ich bin fest davon überzeugt . . . Wenn Sie seinen letzten Brief gesehen hätten, würden Sie mich nicht schelten, er ist ganz förmlich unterzeichnet, und ich werde ›Madame‹ genannt. Er ist so ungereimt und merkwürdig, daß ich ganz taumelig im Kopf bin vor Kummer.«

Emilie ist wahnsinnig verliebt. Obgleich Voltaire tief und aufrichtig liebt, ist seine Liebe wieder einmal weniger ängstlich und weniger leidenschaftlich als die seiner Partnerin. Aber Emilie beunruhigt sich zu unrecht, er ist schon auf dem Rückweg, er kehrt heim, um sich überglücklich wieder in die Macht seiner Göttin zu begeben. Es war eine wunderbare Rückkehr:

> Et je laisse à penser de combien de plaisirs
> Ils payèrent leurs peines

Die freudigsten Stunden waren, wie man erraten wird, die im physikalischen Kabinett und nicht die im Alkoven. Mit Voltaire sind Vergnügungen der Liebe oft pädagogische Exerzitien.

Zur selben Zeit schreibt er unter dem Siegel der Verschwiegenheit dem Abbé Moussinot, seinem Vertrauten und heimlichen Geschäftsführer — halb Freund, halb Bevollmächtigter — um ihn zu fragen, welches Thema die Akademie der Wissenschaften in diesem Jahr 1738 ausgeschrieben habe. Vor allem soll niemand wissen, daß die Frage von Voltaire kommt: »Ich bin kein Gelehrter.« Aber er will es werden, oder vielmehr so tun, als sei er es. Sobald er das Thema weiß — ›De la propagation du feu‹ — sendet er den gleichen Abbé zu Fontenelle, um ihn auszufragen und so viel wie möglich zu dem Thema zu erfahren, aber pst! . . . Anschließend schickt er ihn zu einem Apotheker: »Kaufen Sie ihm ein Pfund Chinarinde ab und lassen Sie ihn über die Natur des Feuers sprechen.« Der Abbé tut dies alles, als ahne er nicht einmal, daß Voltaire einen Artikel vorbereitet, um auf die Frage der Akademie der Wissenschaften zu antworten.

Er war ein sehr ehrenwerter Mann, dieser Abbé Moussinot, seine Redlichkeit war so bekannt, daß er der Schatzmeister seines Kapitels war — und auch der Voltaires. Er legte sein Geld an, er kaufte Bilder, er nahm Zinsen ein, und — seine delikateste Mission — er frischte das Gedächtnis der Schuldner auf, die das Datum ihres Fälligkeitstermins vergaßen. Ein sehr wichtiges Amt — wegen der Höhe der Schulden — und ein sehr delikates — wegen der Persönlichkeit der Schuldner: Richelieu, Villars und andere hohe Herrn — Leute, für die eine Zurückzahlung nie die unvermeidbare Konsequenz einer Anleihe ist. Moussinot machte diese Konsequenz ›unvermeidbar‹, ohne irgend jemanden zu kränken. Welch wertvoller Mann für Voltaire, der zu günstigen Zinssätzen hohe Summen verlieh: Emilie war so verschwenderisch!

Seine Königliche Hoheit,
Prinz Friedrich von Preußen

Man war von den Briefen des Prinzen verführt worden, man wurde erobert von seinem Geschenk: einer goldenen Büste des Sokrates als Knauf eines Spazierstockes, das Ganze begleitet von Lobsprüchen. Voltaire war wie benommen. Aber wer könnte auch diesem Ton widerstehen? »Wenn ich jemals nach Frankreich komme, wird meine erste Frage lauten: Wo ist Monsieur de Voltaire? Meine Reise wird weder dem König, dem Hof, Versailles oder Paris, noch der Liebe oder den Vergnügungen gelten, sondern Ihnen ganz allein.« Worauf Voltaire ihn zum ›Salomon des Nordens‹ ernennt. Das war das mindeste, was er tun konnte. Friedrich hatte ihm sein Haus in London zur Flucht angeboten. Und besser noch: Friedrich schickte ihm einen Botschafter. Den Baron von Keyserling. Die Weisungen, die der Prinz dem Botschafter auf seinen Weg nach Cirey mitgab, sahen folgendermaßen aus: »Bedenken Sie, daß Sie ins irdische Paradies gehen, an einen Ort, tausendmal lieblicher als die Insel der Kalypso; daß die Göttin dieses Ortes in nichts der Schönheit der Zauberin Telemachs nachsteht; daß Sie in ihr alle Vorzüge des Geistes finden werden, die denen des Körpers so überlegen sind; daß dieses wunderbare Geschöpf seine ganze Zeit damit verbringt, die Wahrheit zu suchen, usw.«

All das war bestimmt, Emilie gezeigt zu werden. Die Beweihräucherung geschah weniger, um ihr zu gefallen, als um die Enttäuschung Friedrichs auszudrücken. Voltaire hatte ›Salomon‹ nicht verschwiegen, daß er nicht zu ihm nach Preußen gekommen war, weil die süßen Bande der Freundschaft ihn in Cirey zurückhielten. Das genügte, um Friedrich gegen Emilie einzunehmen. Wenn Friedrich ihr ein Kompliment machte, so verfehlte er nicht, seinen Wunsch durchblicken zu lassen, Voltaire bei sich zu sehen, ihn Emilie abspenstig zu machen: »Versichern Sie bitte der Marquise du Châtelet, daß sie allein es ist, der M. de Voltaire abzutreten ich bereit bin, wie auch nur sie allein würdig ist, ihn zu besitzen.«

Er ist bereit, weil er nicht anders kann — und im übrigen hat er noch nicht resigniert. Er wird Vorwände finden, Voltaire zu sich zu rufen, und Emilie ist keineswegs beruhigt. Ein springendes Eichhörnchen, ein gleitender Aal, eine fliehende Eidechse — all das ist Voltaire. Sie weiß es.

Keyserling war ein kleiner, von der Gicht gequälter Mann, äußerst geistreich und lebendig, wenn er keinen Anfall hatte — und außergewöhnlich gesprächig. Im übrigen sehr belesen. Die Prinzessin Dorothee, eine Schwester Friedrichs, nannte ihn »einen großen Leichtfuß und Schwätzer, der den Schöngeist spiele, aber nur eine ausgeschüttete Bibliothek sei«.

In Cirey genoß er die Rechte eines Prinzen: Feuerwerk und Illuminationen, die den Namen des Prinzen Friedrich bildeten, samt folgender Inschrift aus bunten Lampions: »Auf die Hoffnung des Menschengeschlechts.« Das war so schön, daß einer der ständigen Gäste von Cirey, Madame de Graffigny, die wir noch genauer kennenlernen werden, sagte, man sähe dort »Dinge, die nur Feen und Monsieur de Voltaire an einem Ort wie diesem schaffen könnten«.

Keyserling war entzückt: man ließ ihn ohne Unterbrechung unermüdlich sprechen. Man überlud ihn mit Geschenken — den Manuskripten des Dichters: dem ganzen Anfang des ›Siècle de Louis XIV‹, das schon in Arbeit war, samt Gedichten, Tragödien, Essays. Das genügte noch nicht. Friedrich hatte von seinem Botschafter verlangt, daß er die ›Pucelle‹ mitbringe. Man wies ihn darauf hin, daß das Manuskript in den Händen der Göttin sei, daß sie sich um keinen Preis davon trennen wolle, daß es ihr absolutes Eigentum sei . . . kurz, Friedrich hatte einen Grund mehr, Emilie gründlich zu verabscheuen.

Dafür schwelgte er in den Berichten, die ihm Keyserling bei seiner Rückkehr gab. Ein wahres Delirium: Friedrich nahm seine Hände, sah ihm in die Augen. Er hielt die Hände eines Mannes, der Voltaire gesehen hatte! Sofort, um nicht hinter ›Salomon‹ zurückzubleiben, nannte er Voltaire den ›Vergil des Jahrhunderts‹. Und er, der es vor lauter Hoffen schon nicht mehr aushalten konnte, ließ wieder seine Sirenenstimme hören,

um Voltaire an sich zu ziehen. Emilie schwebte in Todes-
ängsten — jeder Brief Friedrichs bereitete ihr eine schlaflose
Nacht.

Zwei Nichten, ein Bruder und ein Sekretär

Die Familie Arouet trat wieder ans Licht in Gestalt seiner beiden Nichten Marie-Louise und Elisabeth Mignot. Sie verloren
im Jahre 1737 ihren Vater, Monsieur Mignot. Ihre verstorbene
Mutter war Marie-Marguerite gewesen, die Schwester Voltaires.
Voltaire wollte die Sorge für die beiden Waisenkinder übernehmen. Das Gefühl für seine Familie war nicht so völlig in
ihm erloschen, wie er es glauben macht. Er wollte sie sogar in
seiner Nähe haben, um sie für die Gesellschaft zu erziehen und
sie zu verheiraten. Was uns erlaubt anzunehmen, daß seine
Hiebe gegen die Arouets uns über seine tiefsten Gefühle täuschen. Man muß sich der Tatsache fügen, daß er seine Schwester zärtlich liebte und diese zärtliche Zuneigung auch auf ihre
Töchter übertrug.
Er dachte zunächst daran, eine seiner Nichten mit dem Sohn
der Madame de Champbonin zu verheiraten, jener liebenswürdigen, ländlichen Dame, die ein Stammgast von Cirey
war. Aber die Demoiselle Mignot, eine Pariserin, wollte nicht
in der lothringischen Mark Gräfin Escarbagnas spielen. Der
Abbé Moussinot hatte ihr in seiner Eigenschaft als Bevollmächtigter Voltaires diesen Vorschlag gemacht. Nun bittet Voltaire seinen Vertrauensmann, seiner Nichte gut zu erklären,
daß er ihr wegen ihrer Weigerung nicht böse sei und sie sich
nach ihrer Neigung entscheiden solle. Er will, daß Moussinot
den beiden Damen deutlich den Unterschied zeigt, der zwischen ihrem Onkel Arouet, dem rasenden Armand, und ihrem
Onkel Voltaire besteht. Es war nicht schwer, diesen Unterschied
herauszustellen. Armand hatte sich den ›Verzückten‹ zugewandt. Er hing einem Jansenismus an, der schaudern machte.
Er litt und ließ auch die anderen gern leiden. Einem Freund,

der auch Jansenist, aber kein Märtyrer war und ihn beruhigen wollte, antwortete er: »Bei Gott! Wenn Sie nicht gehängt werden wollen, so verleiden Sie es wenigstens den anderen nicht.« Dieser fanatische Bruder war in jener Zeit nicht der einzige seiner Art. Man darf weder ihn noch seinesgleichen vergessen, wenn man das Jahrhundert Voltaires verstehen will. Auf einen Richelieu, einen Voltaire und einige andere jener brillanten und lärmenden Libertins, die vorn auf der Bühne standen, kam eine zahllose Menge von Gläubigen, Frommen und selbst Fanatikern — die noch fanatischer geworden waren durch die Provokation des Freidenkertums. Die Kirchen, die Ministerien, die Gerichte waren bevölkert mit Gläubigen, die um so dringender ihrem Glauben Respekt zu schaffen verlangten, je unverschämter ihre Feinde wurden. Diese Leute waren mächtig: sie verfügten über das ganze Arsenal der Gesetze, der Gerichte, der Polizei. Manche Menschen lächeln heutzutage über diese ›sogenannten Verfolgungen‹, aber wir werden Verfolgungen sehen, die wirklich welche sind. Und als Voltaire sich todkrank in eine Kutsche warf, um mitten im Winter auf löchrigen Straßen fortzueilen, weil man ihn gewarnt hatte, daß die Polizei Jagd auf ihn machte, floh er nicht vor einer eingebildeten Gefahr. Ein Kerker ist ein Kerker, und falls der Minister, der einen dort hineingesteckt hatte, einen vergaß, konnte der Kerker auch ein Grab werden. Und daher lief es Voltaire eiskalt den Rücken hinunter, wenn er an solche Dinge dachte.

Sein Bruder gehörte zu diesen furchterregenden Leuten, daher hatte Voltaire auch Angst vor ihm.

Marie-Louise Mignot wartete ungeduldig, daß man ihr einen Mann suche. Und da sich nichts tat, wählte sie selbst, und zwar Monsieur Denis, Junker, Offizier, Kommissar beim Kriegsministerium. Er hatte ein gutes Auskommen, eine gute Figur, einen guten Charakter. Er war verliebt in seine Frau und sie in ihn. Sie war leicht entflammbar, und die Zukunft wird uns zeigen, daß sie, wenn auch kein sehr sensibles Herz, doch recht heißes Blut hatte.

Voltaire gab ihr eine Mitgift. Wenn sie den Sohn von Champbonin geheiratet hätte, so wären es achtzigtausend Livres gewesen und für zwölftausend Livres silbernes Geschirr. Aber da sie sich den Sieur Denis ausgesucht hatte, gab er ihr nur dreißigtausend Livres. Im übrigen war Monsieur Denis reicher als die Champbonins. Das junge Paar kam nach Cirey. Madame Denis war fassungslos über die Neigung, die ihr Onkel für Madame du Châtelet zeigte. Sie wurde eifersüchtig.

Worein mischte sie sich? Und was konnte sie von der verwickelten und tiefen Verbindung verstehen, die jene ihr so überlegenen Wesen einte, ihr, dem kleinen Schäfchen auf Hochzeitsreise? Immerhin fühlte sie, daß sie sich ungehörig benommen hatte. Da sie vulgär war, schlug dieses Gefühl in Neid und Kritik um. Sie schreibt: »Ich bin verzweifelt, und ich glaube, er ist verloren für seine Freunde. Er ist so gebunden, daß es mir unmöglich scheint, er könne seine Ketten zerreißen. (Und warum will sie, daß er sie zerreißt?) Sie leben in einer erschreckenden Einsamkeit... ein Land, in dem man nichts sieht als Berge und unbebaute Felder.« Berge in Cirey? Maulwurfshügel vielleicht. »Von allen ihren Freunden verlassen«, fügt sie hinzu. Wie dumm sie ist! Das Haus wurde nie leer, die Gastzimmer waren immer besetzt; sie hatten einen König, der sie beweihräucherte, und erhielten Berge von schmeichelhaften und zärtlichen Briefen.

»So sieht das Leben aus, das das größte Genie unseres Jahrhunderts führt«, schließt die dumme Gans verwundert.

Und was für ein Leben wünschte sie ihrem Onkel? Das ihre? Hatte sie nicht vielleicht schon Ideen für die eigene Zukunft? Läßt sich mit einem solchen Onkel, einem so genialen (und nicht weniger reichen!), nichts anfangen?

Was seine zweite Nichte, Elisabeth, anbelangt, so heiratete sie am 9. Juni 1738 Monsieur de Dompierre, Seigneur de Fontain-Hornoy, Präsident des Schatzamtes von Frankreich in Amiens. Thiériot brachte Voltaires Geschenke, es waren fünfundzwanzigtausend Livres.

Er selbst wohnte weder der einen, noch der anderen Hochzeit bei. Diese Formalitäten schienen ihm nicht das Opfer mehrerer Tage Cirey aufzuwiegen.

Linant war immer noch da, fauler denn je. Die Marquise ertrug ihn nur schwer, aber sie ertrug ihn. Linant konnte kein Latein. Wie wollte er es dem kleinen Sohn Emilies beibringen? Daher übernahm sie selbst die Stunden Linants. Sie war geduldig — manchmal!

Die Schwäche Voltaires für seine Schützlinge kannte keine Grenzen, wir wissen es. Hier ein nochmaliger Beweis: Linant hatte eine Schwester, der es schlecht ging, daher suchte er das Mitleid Voltaires für diese Schwester zu wecken. Das war leicht. Emilie wollte sie auf keinen Fall bei sich haben, *ein* Vertreter der Linants reichte ihr, um so mehr, als die Schwester, genauso unfähig wie ihr Bruder, schon in ihrem ersten Brief recht anspruchsvoll auftrat: »Sie schreibt wie ein Dienstmädchen; wenn sie dazu noch wie eine Königin denkt, so weiß ich nicht, was man mit ihr anfangen kann«, sagt Voltaire.

Trotzdem und trotz Emilie kommt das Mädchen nach Cirey. »Eine äußerste Faulheit des Körpers und des Geistes ist das Erbteil dieser Familie«, konstatiert Voltaire. Wußte er das nicht schon seit Rouen?

Damit war es noch nicht genug: kaum hatte man den Bruder und die Schwester im Schloß installiert, als sie zu intrigieren anfingen. Madame du Châtelet warf sie hinaus. Voltaire wagte nichts zu sagen, aber aus Mitleid bewog er die Verstoßenen, dem Marquis und Emilie einen freundlichen Brief zu schreiben. Er tat alles, damit sie wieder Gnade erlangten.

Aber die Châtelets sagten nein, ein für alle Mal. Und Voltaire schickte betrübt den ›armen Teufeln‹ einen Geldbeutel.

Newton in Frankreich

Die ›Eléments de la Physique de Newton‹ bereiteten ihm großen Verdruß. Er bekam keine Druckerlaubnis in Frankreich — alle französischen Wissenschaftler wandten sich dagegen. Er veröffentlichte also in Amsterdam. Da er Newton predigte, war er wieder einmal ein Ketzer und wurde von der Akademie der Wissenschaften ebenso beschimpft wie von der Sorbonne.

Die Verleger von Amsterdam spielten ihm einen üblen Streich.

Da sie das Buch rasch verkaufen wollten und nicht auf Voltaire hörten, der — wenn möglich — mit den Ämtern noch ins Reine zu kommen wünschte, taten sie folgendes: der mißtrauische Dichter hatte ihnen nur ein unvollständiges Manuskript gegeben und ihnen versprochen, den Rest nachzureichen, sobald es ihm richtig erschiene. Die Verleger jedoch beendeten das Manuskript auf ihre Weise und veröffentlichten es im April 1738, ohne Wissen des Autors. Voltaire war außer sich. Dem Titel ›Eléments de la Physique de Newton‹ hatte er hinzugefügt, ›zum Verständnis für jedermann‹ (»mis à la *portée* de tout le monde«), um auch Leser mit geringen Kenntnissen anzulocken. Seine Verleumder gaben bekannt, der Titel sei zu lesen als: ›Eléments de la Physique de Newton — mis à la *porte* de tout le monde‹ — ›den jedermann vor die Tür setzt‹. Voltaire wurde krank vor Wut.

Trotz der Fehler, der Sarkasmen und der Feindschaft der Wissenschaftler war die Bedeutung dieses Buches beträchtlich. Das ›Journal de Trévoux‹ analysierte die Tragweite der kleinen, angefeindeten Schrift sehr treffend. Bisher war das Werk Newtons in den Kabinetten einiger weniger Wissenschaftler begraben als »ein Geheimnis, das man sich ins Ohr flüsterte, und dazu brauchte man noch gute Hörer. Monsieur de Voltaire erschien, und sofort wird Newton verstanden, oder ist auf dem Weg, verstanden zu werden, ganz Paris hallt von Newton wider, ganz Paris stammelt Newton, ganz Paris studiert und lernt Newton!«

Man könnte die Rolle des genialen Verbreiters und seine Bedeutung für das wissenschaftliche Denken, das wichtigste Element des europäischen Denkens im 18. Jahrhundert, nicht besser definieren. Voltaire hat vielleicht kein System geschaffen, weder in der Politik noch in der Wissenschaft, er hat weder unerhörte Gefühle noch seltsame Harmonien entdeckt, aber er gab den Entdeckungen anderer Wert, Sinn und Wirkungsmöglichkeit — derjenigen, denen ein Geistesblitz eine noch unbekannte Wahrheit enthüllte. Ein Geistesblitz leuchtet nur einem allein, während Voltaire ein Licht besitzt, das allen Menschen erlaubt, die verborgene Wahrheit zu betrachten und zu verstehen. Erstaunlich im Falle Voltaires ist, daß die Intelligenz, die das originellste und fruchtbarste wissenschaftliche Denken der Moderne — das Denken Newtons — verbreitete, die Intelligenz eines Dichters war. Und das Publikum, das sich bisher von ›Zaïre‹ und Tragödien im Stile Racines bezaubern ließ, empfing plötzlich von einem Schöngeist der Salons und Theater, der durch seine zierlichen Verse glänzte, eine meisterhafte Lektion über die Physik des Jahrhunderts.

Welche Anstrengung! Welche Zähigkeit! Sich mit über vierzig Jahren an die Grundelemente der Mathematik und der Physik zu machen, Newton zu lesen und zu übersetzen, um sich auf das Niveau des überragenden Wissenschaftlers zu erheben, dann hinabzusteigen auf das Niveau des gemeinen Mannes — und dabei genauso intelligent zu bleiben wie der Wissenschaftler und sich genauso elegant auszudrücken wie der Autor des ›Zaïre‹!

Man erinnere sich daran, daß Voltaire beschlossen hatte, auf die Frage der Akademie der Wissenschaften zu antworten und sich Auskünfte über die Natur des Feuers zu beschaffen.

Amüsant ist nun, daß Emilie sich genauso heimlich das Thema der Akademie der Wissenschaften mitteilen ließ und sich ebenfalls bewarb. Beide schlugen sich mit demselben Problem herum, ohne etwas davon zu sagen. Sie verrieten sich erst, als die Resultate veröffentlicht wurden. Wir dürfen also annehmen, daß sie sich bei allen ihren Arbeiten völlige Freiheit ließen — trotz ihrer unruhigen und eifersüchtigen Charaktere, und obwohl sie in größter Intimität im selben Hause lebten. Welch erstaunliches Beispiel der Diskretion!

Beide erhielten sie keinen Preis. Noch nicht einmal eine ehrenvolle Erwähnung! Monsieur de Réaumur schrieb ihnen einen freundlichen Brief, und das tat ihnen wohl. Die Leute aus der Gesellschaft machten sich über Emilie lustig. Andere sagten ihnen Komplimente, die schlimmer waren als Spott. Wie jener Doktor der Sorbonne, der Voltaire, Emilie und Newton in einen Topf warf — Voltaire mit dem im Labyrinth verlorenen Theseus verglich, den der Faden der Ariadne-Emilie hinausführt — aber mit Nachdruck auf dem Faden beharrte, der auch ein fleischliches Band zwischen Ariadne und Theseus gewesen, aber zwischen Voltaire und Emilie nicht fleischlich sei. »Es besteht zwischen ihnen«, rief der Theologe aus, »nur ein geistiges Band, das nichts Unreines an sich hat.« Wer hätte glauben können, daß Newton zu solchem Unsinn veranlaßt? Ganz Paris amüsierte sich darüber — und Voltaire und Emilie waren sehr erstaunt.

Schlechter Umgang

Und wieder greift Jore an. Der Elende liegt in den letzten Zügen. Er ist zu allem bereit — das heißt, bereit, Voltaire zu erpressen. Was unternimmt er nicht alles, welche Briefe! Schließlich erhält Voltaire von Jore einen abstoßend kriecherischen Brief, in dem er alle seine Vergehen zugibt, bestätigt, daß Voltaire ihm nichts schulde, daß er, Jore, ihn betrogen habe und immer noch versuche, es zu tun . . . Und warum diese ekelhafte Demut? Wegen einer gewissen Summe, die ihm Voltaire für dieses Geständnis zukommen läßt. Wieviel? Man weiß es nicht; aber gewiß nicht wenig, wenn sich Schurkerei nach dem Gewicht verkauft.

Das Merkwürdigste ist, daß Voltaire drei Jahre später Jore noch Geschenke macht.

Man erinnere sich, daß in der Rue du Longpont in Saint-Gervais ein Monsieur Demoulin den Strohmann für Voltaires Handel mit Getreide, Stroh und Papier machte. Dieser Demoulin genoß das Vertrauen Voltaires, er verfügte über erhebliche Summen unter der fernen Kontrolle des Dichters von Cirey und der lässigen Beaufsichtigung des guten Moussinot. Es geschah nun, daß vierundzwanzigtausend Livres in der Tasche Demoulins verschwanden. Voltaire beschwert sich; der andere droht, seine Spekulationen mit Getreide zu enthüllen. Ein Dieb und ein Denunziant ist Demoulin. Man sollte meinen, Voltaire spuckt Gift und Galle. Keineswegs, er verliert ja nur Geld. Weder seine Eitelkeit noch seine persönlichen Gefühle, sein literarischer Geschmack oder seine philosophischen

Ideen sind durch Demoulin verletzt, und so schreibt er Moussinot, er solle den Dieb mit Güte behandeln. »Er wird gewiß erröten über sein Vorgehen mir gegenüber. Er stiehlt mir vierundzwanzigtausend Livres und will mich entehren! Wenn man vierundzwanzigtausend Livres verliert, darf man sich keinen neuen Feind schaffen.« Und er schließt Frieden. Demoulin wird ihm dreitausend Livres zurückzahlen, und für die einundzwanzigtausend, die er behält, wird er einen recht reuigen, recht demütigen, recht liebevollen Brief schreiben. Um diesen Preis ist nichts zu viel — ja er zahlt noch nicht einmal die dreitausend Livres zurück, aber er schreibt an Voltaire, daß »nie ein Liebhaber so sehr seine Geliebte geliebt habe wie Demoulin Voltaire«.

Das ist ein bißchen zuviel des Guten. Aber nein. Für Voltaire sind solche Ergüsse nie übertrieben — Theater! Und er antwortet: »Ich vergebe Ihnen aus ganzem Herzen, ohne daß die geringste Bitterkeit in mir zurückbleibt.«

Geld ist ihm gleichgültig. Seine Verleumder sagen, er sei geizig. Wenn er es ist, so ist er es nicht wie alle Welt. Er weiß zu verlieren und weiß zu geben. Heißt das geizig sein?

Seine verwundbare Stelle ist die Eigenliebe. Seine Feinde wissen das, und der Abbé Desfontaines nutzt diese Schwäche auf teuflische Weise aus. Voltaire reagiert heftig — und naiv. Der Abbé war es, der das ›mis à la porte de tout de monde‹ erfunden hatte. Er ist es auch, der die ›Eléments de la Physique de Newton‹ — »verworfen von den Physikern Europas«, wie er sagt — angreift und Voltaire beschuldigt, das Alter überschritten zu haben, in dem man einem kleinen dichterischen Talent neue Möglichkeiten suchen könne. Man solle in einem solchen Alter — Voltaire ist vierundvierzig Jahre alt — von Zeit zu Zeit ein wenig reimen und es dabei bewenden lassen. Der Abbé gab dem nicht mehr ganz jungen, in Cirey zurückgezogen lebenden Dichter zu verstehen, daß sein Ruhm hinter ihm liege und daß seine Studien über Newton nur »ein schülerhafter Fortschritt« seien, eine etwas senile Kinderei.

All das war verbrämt, in Watte gehüllt, perfide, wirklich abscheulich. Voltaire wurde von einem jener Wutanfälle gepackt,

die auch die sanftesten Träumer — zu denen er nicht gehörte —
zu Mördern machen. Er brauchte Rache. Er machte sich daran,
alle Schriften Desfontaines durchzukämmen, und verfaßte im
November 1738 eine Schmähschrift ›Le Préservatif‹. Noch einmal wiederholte er, was man von dem gemeinen Abbé weiß.
Er verlor mit dieser Schrift, die seiner unwürdig ist, seine Zeit.
Er unterschrieb sie nicht selbst, sondern ließ sie gegen Belohnung von einem literarischen Hochstapler unterzeichnen, der
in seinem Auftrag den Buchhändlern und Literaten in Paris
nachspionierte und Chevalier de Mouhy hieß. Natürlich dachte
jeder, als er diesen Namen las: Voltaire.

Hätte Voltaire nicht geantwortet, so hätte Desfontaines, der
längst alles Ansehen verloren hatte, auch seinen letzten Leser
verloren. Er interessierte nur, wenn nach einem seiner Angriffe gegen Voltaire die Leute lasen, was Voltaire über ihn
sagte. Dann fragte man sich, auf wen und auf was Voltaire an-
spiele. Niemals hat ein Schriftsteller seinen Feinden mit seinen
Antworten mehr gedient als Voltaire.

Madame du Châtelet wußte das, sie flehte, weinte, schrie,
schmollte, versteckte seine Papiere, nichts hinderte Voltaire,
sich seiner gefährlichen Leidenschaft hinzugeben. Und nichts
war seinem Ruf und seinen Interessen schädlicher.

Im Dezember 1738 schrieb er auch eine Komödie, ›L'Envieux‹,
deren Held Zoïlin Desfontaines ist. Niemand täuschte sich darüber. Welche Werbung für den unbekannten Pamphletisten!
Zoïlin ist mit so vielen Lastern behaftet, die Gestalt ist so belastet und belastend, daß sie eher unverdaulich als komisch
wirkt. Die Comédie-Française wies das Stück zurück. Was die
Wut Voltaires gegen das Modell Zoïlins verdoppelte.

Als Desfontaines sah, daß die Angelegenheit sich ganz zu seinen Gunsten entwickelte, bemühte er sich eifrig, sie nicht einschlafen zu lassen. Er schrieb eines der giftigsten Pamphlete
gegen den Eremiten von Cirey. Der Titel sagt alles: ›La Voltairomanie‹.

Er hatte einen neuen Angriffspunkt gefunden. Er beschuldigte
Voltaire, als Parasit in der Familie des Président de Bernières
gelebt zu haben — und hier tauchte auch Thiériot wieder auf.

Desfontaines sang ein Loblied auf ihn: Thiériot, er war kein Parasit, Thiériot lebte nicht auf Kosten der Bernières, Thiériot hatte nicht gesagt, Desfontaines habe beim Verlassen des Gefängnisses, aus dem ihn Voltaire rettete, ein Pamphlet gegen seinen Wohltäter verfaßt. Das hatte Voltaire erfunden und dem unschuldigen Thiériot diese Lüge in den Mund gelegt.

Ein merkwürdiges Geschenk für Thiériot, ein Zeugnis über seine Ehrenhaftigkeit von einem solchen Schreiber zu erhalten. Die Wahrheit ist, daß Thiériot mit Desfontaines im Einvernehmen stand. Er verriet seinen Herren, seinen Freund; er hatte ihn erst bestohlen, jetzt verkaufte er ihn.

Als die Schmähschrift in Cirey anlangte, war Voltaire krank. Sehr krank. Emilie zeigte sie ihm nicht. Sie fürchtete, ihn damit zu töten. Sie war selbst ganz krank davon. Sie schrieb an D'Argental — was sollte man tun? Antworten oder nicht antworten?

Emilie verfaßte eine Antwort. Sie machte dies mit recht viel Geschick und Mut. Sie verteidigte ihren großen Mann besser als er selbst. Sie war es, die die hassenswerte Rolle Thiériots aufzeigte. Sie wollte von dem Verräter erreichen, daß er Desfontaines bloßstellte, Thiériot sollte öffentlich bestätigen, daß er Desfontaines die Beleidigungen hatte schreiben sehen. Und er hatte es gesehen! Und er hatte nichts unternommen, den Abbé daran zu hindern, sie niederzuschreiben und zu veröffentlichen!

Warum war Thiériot so feige gewesen? Gewöhnlich ist sein Motiv einfach: es geht um Geld. Man zahlt ihm, er funktioniert. Doch Desfontaines besaß keinen Pfennig. Thiériot hatte in diesem Fall nur aus Gemeinheit gehandelt. Er gehörte zu der Sorte von Menschen ohne Glauben und Charakter, die Wohltaten wie etwas ihnen Zustehendes annehmen und anschließend eine schmutzige Befriedigung empfinden, wenn sie sich an ihren Wohltätern rächen können. Die Güte, die man ihnen erweist, beschämt sie, und sie beißen heimlich ihre Beschützer, die sie gerade um ihrer Güte willen verachten. Als Thiériot Voltaire die Auflage der ›Henriade‹ stahl und Voltaire ihn nicht belangen ließ, sah er darin nicht die Großmütigkeit seines Herrn, sondern nur seine Schwäche — und Dummheit. Voltaire hätte ihn aufhängen lassen können: er wäre von Thiériot höher geschätzt worden. So ist der ›Freund Thiériot‹.

In Cirey herrschte Bestürzung — die man zu verbergen suchte. Schließlich mußte man sich doch erklären: Emilie hatte verschwiegen, die ekelhafte Schmähschrift gelesen zu haben — Voltaire hatte sie ebenfalls gelesen, gleich am ersten Tag und es ebenfalls Emilie verschwiegen. Er hatte sie als erster bekommen und war davon so krank geworden. Jeder meinte, der andere wisse nichts, und wollte ihn dabei lassen, um ihm Kummer zu ersparen!

Thiériot antwortete nicht auf die dringenden Bitten Madame du Châtelets. Nach Wochen schrieb er ausweichend und ängstlich an Voltaire: er erinnere sich an nichts. Voltaire sandte ihm einen pathetischen, liebevollen Brief und flehte ihn an, klar und in aller Öffentlichkeit zu sagen, daß er gesehen habe, wie Desfontaines seine Schmähschrift gegen einen Mann schrieb, der ihn vom schimpflichsten Tode errettet hatte.

Keine Antwort. Da greift Monsieur du Châtelet zur Feder — ja, der Gatte Emilies verteidigt Voltaire. Er fleht Thiériot nicht an, er befiehlt ihm, das zu schreiben, worum man ihn bittet, und legt ein Muster des Rechtfertigungsbriefes bei — er fügt auch unbestimmte Drohungen hinzu — denen gegenüber Leute wie Thiériot nicht unempfindlich sind.

Das Verhalten Monsieur du Châtelets zeigt einen bewundernswerten Mut. Er hätte gleichgültig gegenüber den Streitereien der Literaten bleiben können und an seinen Posten zurückkehren. Aber er ergreift entschieden die Partei des Freundes, des Gastes von Cirey. Das ist eine würdigere Haltung als die Sullys. Und nicht ohne Verdienste, denn trotz der Sittenfreiheit war die Stellung Voltaires in Cirey im ganzen gesehen etwas schief.

Was Madame de Bernières anbelangt, so verhielt sie sich tadellos. Sie schrieb dem Abbé voller Entrüstung und bewies, daß Voltaire seine Wohnung gemietet hatte und seine Pension bezahlte — und selbst die Thiériots. Sie erwähnte die Summen, die er von seinem Herrn empfangen hatte. Außerdem habe er den ganzen Gewinn der ›Lettres Philosophiques‹ erhalten — und zweihundert Guineen von der englischen Ausgabe.

»Gute Bernières!« rief Emilie bewegt aus, als sie diesen Brief las, ja, gute und barmherzige Bernières. Voltaire hatte sie seit seiner Abreise nach London nie mehr eingeladen. Dem Ehepaar Bernières ging es schlecht. Die Freunde mieden ihr Haus. Dann starb der Président, sie verkaufte La Rivière-Bourdet und verheiratete sich wieder, ihrer Neigung, und nicht der ihrer Freunde folgend, mit einem Monsieur Prudhomme, der seinen Namen wohl verdiente; unglücklicherweise hatte er nichts von einem Edelmann oder Mann von Geist. Sie bekam den Gatten, aber verlor ihre Freunde.

Indessen rief Emilie ununterbrochen: »Gute Bernières! Ich liebe sie von ganzem Herzen.« Voltaire vergoß Tränen der Zärtlichkeit und Rührung, in Erinnerung an alte Tage, an die schöne Freundschaft — und die schöne Freundin. Aber diese Ergießungen luden Madame Prudhomme nicht nach Cirey ein.

Und Thiériot blieb schweigsam. Er lebte nicht in Frieden mit sich selbst. Gerade eben verriet er Voltaire auf eine andere Weise. Er war in Paris der Korrespondent des Prinzen Friedrich geworden — auf Empfehlung Voltaires. Gegen bares Geld ›petzte‹ er Seiner Königlichen Hoheit Friedrich: er schickte ihm Informationen über die Skandale, die Schmähschriften, die die ›Insekten des Parnaß‹ destillierten, diese Wespen und Asseln . . . Er schickte Friedrich auch die ›Voltairomanie‹ — vermutlich das Exemplar Nr. 1 — Friedrich ergötzte sich daran. Voltaire wußte nichts davon. Friedrich wies dieses scheußliche Gericht nicht von sich; er liebte die Bosheit. Thiériot schickte ihm seinen Anteil.

Emilie konnte sich nicht zurückhalten, sie schrieb Friedrich, um ihm zu sagen, wer Thiériot sei. Er mußte gewiß lachen über die Entrüstung der Marquise und ihre Naivität. Er wußte sehr gut, wer Thiériot war. Er benutzte ihn nur wegen seiner Niedrigkeit. Friedrich amüsierte dieses Schauspiel der grausamen und unwürdigen Spiele, in die der intelligenteste Mensch sich aus Eitelkeit hineinverstricken und auf das Niveau der Desfontaines, der Thiériots herabziehen läßt. Das war es, was Friedrich liebte. Er verachtete die Menschheit und freute sich, selbst bei den hervorragendsten Menschen Niedrigkeiten zu entdecken. Er wurde bedient! Und das Feuer Emilies, ihre Ehrlichkeit, ihre verliebte Arglosigkeit fügten diesem Vipernragout nur noch ein neues Gewürz hinzu. Friedrich tat sich daran gütlich. Auch antwortete er Emilie, daß Thiériot ihm pünktlich diene, daß sein Wunsch, sich nützlich zu erweisen, anerkannt werden müsse und zu schätzen sei. Damit sagte er deutlich, daß er Thiériot nicht wegen seines Streits mit Voltaire opfern werde. Wenn Voltaire damals nicht verstand, wer Friedrich war, so nur, weil er es nicht verstehen wollte. Aber Voltaire vergötterte Königliche Hoheiten — besonders wenn es keine französischen waren.

Was Thiériot betrifft, so brachte er die Cafés zum Lachen, indem er die Bitten vorlas, die Emilie an ihn richtete. Er hatte einen derartigen Erfolg, daß er sogar davon sprach, die Briefe der klagenden Marquise und des Dichters zu veröffentlichen. Und Voltaire vergab! — das kann man ihm nicht vergeben. Emilie aber bediente sich einer anderen Sprache, sie gab Thiériot zu verstehen, daß sie drauf und dran sei, alle Châtelets und alle Breteuils auf den Verräter zu hetzen, und daß die ganz andere Argumente gebrauchen würden als die ›Insekten des Parnaß‹.

Voltaire schrieb Thiériot weiterhin flehende Briefe. Was geschah? War es die zärtliche Freundschaft Voltaires? Waren es die Drohungen Emilies? Man weiß es nicht, aber Thiériot schmückte sich eines Tages mit einem Miniaturportrait Madame du Châtelets. Er antwortete liebenswürdig auf ihre Briefe und verband sich mit den Freunden Voltaires, die einen Widerruf Desfontaines verlangten. Als Friedrich ihm sagte, er solle sich mit Emilie versöhnen, konnte er nur antworten, man versöhne sich nur mit Leuten, mit denen man streite — und tut man das mit einer Frau, deren Portrait, mit Diamanten im Wert von dreihundert Ecus geschmückt, man um den Hals trägt?

Man sieht, daß Thiériot voller Einfälle steckte. Sogleich jubelte

Voltaire und drückte Thiériot an sein Herz. Die gute Graffigny war wie geblendet: »Es ist erstaunlich«, schrieb sie nach der Versöhnung, »mit welcher Freundschaft Voltaire diesen Mann behandelt.«

Sie und Emilie hatten eher Lust, ihn vierteilen zu lassen. Voltaire dagegen gelüstete es, Desfontaines zu vierteilen: er raste. Er schrieb d'Argental, er solle ganz Paris so lange nicht schlafen lassen, bis Desfontaines nicht gerichtet sei. »Ich werde sterben oder Gerechtigkeit erlangen.« Nun hat er Blut geleckt, er wird sein Opfer nicht mehr loslassen. Nur Großmut für die einen, nur Unversöhnlichkeit für die anderen, so ist Voltaire.

Er nennt d'Argental seinen ›Schutzengel‹, aber er hat Angst, daß er auch für Desfontaines ein ›Engel‹ werden könnte. Um Engel für Voltaire zu sein, muß d'Argental wirklich der ›Teufel‹ für seinen Feind sein, er muß schreckliche Strafen für den Abbé erwirken. Während Thiériot neue Dankgeschenke erhält.

Ein Schrei des Entsetzens! Voltaire erfährt, daß die Jesuiten ihn mit Desfontaines aussöhnen wollen. Niemals! Er will nach Paris fahren, den Haß wieder anschüren, das glühende Eisen überall dorthin tragen, wo Desfontaines Freunde hat. Emilie fleht ihn an, in Cirey zu bleiben, diese Tobsucht macht ihr Angst. Es kommt täglich zu Szenen. Bald gibt er nach, bald braust er auf. Wird er fahren? Wird er nicht fahren?

Und plötzlich wehrt Desfontaines sich dagegen, der einzige Autor der ›Voltairomanie‹ zu sein. Er verrät seinen Komplicen: J.-B. Rousseau, den Exilierten aus Brüssel. Hätte Voltaire Rousseau mit ein paar freundlichen Zeilen geantwortet, als dieser ihm einige Monate zuvor entgegengekommen war und ihm eine Ode mit tausend Komplimenten geschickt hatte, dann hätte er einen Feind weniger gehabt. Aber er hatte erwidert, »die Ode ist nicht gut genug, um eine Versöhnung zu gestatten«, und als Kenner von Rechtschaffenheit und Oden verlange er, daß man sein Benehmen und seine Oden verbessere, wenn man eine Versöhnung wünsche. Er hatte hinzugefügt, um die Wut des anderen auf die Spitze zu treiben: »Ein ehrlicher Mann muß den unehrlichen bis zu seinem Tode hassen.« Die

Antwort auf diese Unverschämtheiten fand sich in der ›Voltairomanie‹.

Sein Haß trieb ihn noch weiter. J.-B. Rousseau unternahm eine heimliche Reise nach Paris. Voltaire erfuhr davon. Es gibt einen Brief von seiner Hand, gerichtet an einen Rechtsanwalt, den er bittet, Rousseau wenn möglich festzunehmen und seinen Prozeß im Châtelet wieder aufzurollen. Zum Glück für seinen späteren Ruhm, mehr noch als für den J.-B. Rousseaus, blieb der Brief wirkungslos. Aber er ist geschrieben. Zu solchen Schritten kann ihn seine gekränkte Eitelkeit verleiten.

Seine Feinde verstanden sich darauf, ihn zu quälen. In der ›Voltairomanie‹ findet sich eine Seite mit dem Titel ›Chef d'oeuvre d'un inconnu‹. Man spricht dort spottend und beleidigend von dem Abenteuer Voltaires mit Beauregard. Der Dichter wird von einem edlen, schönen Offizier verprügelt und sagt: danke.

> Tu vois en ce moment un poète éperdu
> digne d'être puni, content d'être battu.

Diese Seite stammte von einem gewissen Saint-Hyacinthe, einem Abenteurer der Schundliteratur, der als Sohn Bossuets galt (sollte der ›Adler von Meaux‹ nur einen Papagei hervorgebracht haben?). Er besaß eine böse Zunge, und Voltaire sagt, er habe nur für den Stock und den Strick getaugt.

Unter all diesen Beleidigungen und Verwünschungen findet sich doch etwas Rührendes: Voltaire sagt, daß in ihm die Menschheit verletzt sei durch den Spott und das Gelächter der blöden Menge. Er weiß, wer er ist und kennt seinen Wert. Es liegt auch etwas Edles in seinem Leiden, dem Leiden eines Mannes, der der Ruhm seines Landes und seines Jahrhunderts sein wird oder schon ist — und dabei doch nichts »als ein Hanswurst des Publikums, der — ehrenvoll oder nicht — die gut zahlende Menge vergnügen und sich auf dem Theater mit Wunden zeigen muß«. Das ist das Drama der Stars! Aber es lag ihm so viel daran, Theater zu spielen! Sein Wunsch ist ihm erfüllt. Trotzdem können wir ihn verstehen, denn er hat recht: die Haltung des Publikums ›verletzt die Menschheit‹ zuweilen. Wie modern er darin ist! Er hat diesen öffentlichen, ja komödiantenhaften Weg selbst gewählt, mit all den dazugehörigen Unannehmlichkeiten und berauschenden Befriedigungen. Wenn man ihn darum gebeten hätte, wieviele ›Interviews‹ hätte er gewährt, wie hätte er sich darum bemüht! Und Kurzfilme und Artikel und ›Eine Viertelstunde mit . . . Voltaire‹. Er hätte sich mit Newton unterhalten und selbst mit Desfontaines! Alles wäre ihm recht gewesen, um der Welt seinen Namen bekannt zu machen. Er hat, vor der Zeit des Films, fast selbstverständlich das Leben eines ›Stars‹ gewählt. Sein Leben könnte man nennen: ›Ein Jahrhundert mit . . . Europa‹. Ein riesiger Schauplatz, ein riesiges Publikum, zugeschnitten auf diesen Weltstar.

Die auf der Bühne der Öffentlichkeit empfangenen Wunden vergaß er niemals. Fünf Jahre nach der ›Voltairomanie‹ schoß er nochmals einige boshafte Pfeile gegen den Autor des ›Chefd'oeuvre d'un inconnu‹ ab, was ihm eine grausame Erwiderung Saint-Hyacinthes einbrachte, der ihm dafür dankte, die Sprache mit einem neuen Verb bereichert zu haben. ›Stockschläge erteilen‹ heißt von nun an ›voltairiser‹, wie es uns einige in Paris zirkulierende Verse lehren:

> Pour une epigramme indiscrète
> on ›voltairisait‹ un poète.

Schließlich beginnt der Prozeß. Desfontaines will gern die ›Voltairomanie‹ widerrufen, wenn Voltaire das ›Préservatif‹ widerruft. Voltaire glaubt vor Entrüstung zu ersticken. Ein Verhältnis der Gegenseitigkeit zwischen Desfontaines und Voltaire aufstellen, das hieße den Dichter von Cirey töten! Niemals! Emilie stimmt ihm zu.

Endlich erreicht Hérault — seit zwanzig Jahren beschäftigt er sich mit Voltaire, welche Geduld! — einen völligen Widerruf Desfontaines, indem er ihn mit dem Kerker bedroht. »Was? Nur Kerker?« schreit Voltaire. Er hätte ihm den Strick gewünscht, eine grausame Folter . . . Das Ergebnis war nicht glanzvoll, aber jeder wollte der Sache ein Ende machen. Voltaire hatte noch nicht einmal die Genugtuung, den Widerruf seines Feindes zu veröffentlichen. Er blieb in den Akten, Hérault tat zweifellos gut daran. Die unwürdige Komödie, die uns jedoch so gut die Charakterzüge ihrer Schauspieler zeigt, sollte endgültig begraben werden. Als der Minister, Monsieur d'Argenson, sich die Mühe machte, Desfontaines zu fragen, was ihn dazu getrieben habe, so viel Böses über seinen Wohltäter zu schreiben, antwortete der Abbé zynisch: »Ich muß doch leben.«

»Ich sehe die Notwendigkeit nicht ein«, antwortete d'Argenson.

Diese beiden Antworten zeigen das Niveau der Affäre: so sieht der Feind Voltaires aus, solche Achtung hatte man vor ihm!

Dieser Gegner wird nicht mehr an die Oberfläche kommen — aber er hat Nachfolger.

Das tägliche Leben in Cirey

Trotz der Desfontaines und Thiériots ging das herrliche Leben in Cirey weiter: »Bilden Sie sich nur nicht ein, das herrliche, geschäftige Leben in Cirey inmitten des größten Prunks, der besten Küche, der besten Bücher und, was mehr gilt, der Freundschaft, sei auch nur einen Augenblick lang durch das Gekrächz eines Schurken und der verrosteten Stimme des alten Rousseau getrübt worden.« Zwischen Wutausbrüchen und Tränen, zwischen Koliken und Fieberanfällen, war das Leben in Cirey alles andere als traurig. Man widmete sich gleichzeitig den ernsthaftesten Studien und den verschiedenartigsten Vergnügungen, als hätten Voltaire und Emilie zehn verschiedene Persönlichkeiten in sich vereinigt und der Tag achtundvierzig Stunden gehabt. Man liebte, man haßte, man arbeitete, man spielte, und vor allem lachte man. Man lachte oft — und weinte genauso viel — zuweilen in derselben Viertelstunde. Voltaire lachte gern und brachte die anderen gern zum Lachen. Er bedauerte oft, seine komische Begabung nicht gründlich ausgenutzt zu haben, sein Pariser Temperament, das ihn leicht eine Antwort auf die Reden Dorines und Scapins hätte finden lassen.

Wir können fast Tag für Tag an diesem Leben teilnehmen,

dank Madame de Graffigny, die uns in ihrer entzückend indiskreten Korrespondenz nichts verschweigt. Diese liebenswürdige Frau verdient, daß wir uns mit ihr bekannt machen, denn durch sie kennen wir den Voltaire von Cirey am besten. Als man sie in Cirey aufnahm, sagte Voltaire, sie sei »ein großes Beispiel für das Unglück dieser Welt«. Um sich zu trösten, hatte sie Freunde: Richelieu, Voltaire und Emilie. Aber sie hatte auch einen Gatten, einen brutalen Mann, der den unerschöpflichen Reichtum an Liebe, von dem das Herz seiner Frau überfloß, nicht zu erkennen vermochte. Er bereitete ihr ein höllisches Leben, sie wäre fast unter den Schlägen dieses Mannes gestorben, der damals Kämmerer des Herzogs Leopold von Lothringen war. Um in jener Zeit einen Ehemann, der seine Frau schlug, als rasend einzusperren, mußte er wirklich sehr viel geschlagen haben! Solche Dinge erschütterten Voltaire. Die arme Graffigny war durch ihre Mutter die Großnichte des berühmten Kupferstechers Callot; sie erzählte, ihre Mutter habe, beengt von einer Menge vom Onkel gravierter Kupferplatten, diese einem Kupferschmied gegeben, damit er sie in Küchengeräte verwandele!

Madame de Graffigny war von Natur gutmütig, die Schläge ihres Gatten änderten daran nichts. Sie vertraute der Welt und dem Leben; sie war spontan, sie warf sich den Menschen an den Hals, sie lachte gern, sie erzählte gern ihr Unglück und weinte über das der anderen. Sie besaß kein Geld, oder fast keins, und Voltaire und Emilie übernahmen ihren Lebensunterhalt. Sie war auf Lebenszeit eingeladen. Ihre Unordnung war grenzenlos, wie auch ihre periodisch ausbrechende Verschwendungssucht. Wenn ihre kleine Pension eintraf, so vergeudete sie diese auf der Stelle. Was tats, das flüchtige Gleiten einiger Geldstücke durch ihre durchlässigen Hände entzückte sie. Danach machte sie Schulden. Ein glückliches Naturell, wie man sieht.

Ihr wahres Glück ist die Freundschaft. Ihr Gott heißt Voltaire. Emilie ist für sie schlicht ›die Nymphe‹. Sie hat eine Menge charmanter Freunde, an diese nun schreibt sie. Sie bringt ihnen eine aufrichtige, feurige, ursprüngliche, ungeheuer familiäre

Zuneigung entgegen, verlegt sich aufs Du und auf Kosenamen. Der eine heißt ›Pampan‹, das ist Monsieur Devaux, der andere, ›Maroquin‹, ist Monsieur Desmaret, und ›Petit Saint‹ der Marquis de Saint Lambert, von dem wir noch sprechen werden. Der älteste, der treuste, der vertraulichste ist ›Pampan‹. Er ist Vorleser des Königs Stanislaus in Nancy. Das ist kein sehr schweres Amt, aber für die Zerbrechlichkeit Pampans reicht es aus. Er ist graziös, furchtsam und leicht wie eine Feder . . . er macht Verse, kleine Verse, Schmetterlingsverse. Er hat viele Mußestunden, denn Seine Polnische Majestät pfeift auf Lektüre: »Was sollte ich mit einem Vorleser anfangen«, sagte Stanislaus, »er wäre wie der Beichtvater meines Schwiegersohns.« (Sein Schwiegersohn, Ludwig XV., übertrieb das Beichten nicht.)

Ein Abbé vom Hofe macht folgende Verse auf ›Pampan‹:

Le ciel te prodigua tous les défauts qu'on aime

Tu n'as que les vertus qu'on pardonne aisément.

Welche Philosophie! Und der Abbé fügt hinzu:

. . . Et nécessaire enfin par sa frivolité

Par des riens valoir quelque chose.

So war der Lieblingsfreund der guten Graffigny. Von ihm fürchtete sie nie eine strenge Behandlung.

Mit Desmaret, den sie zuweilen ›Docteur‹ oder ›Gros chien‹ nennt, ging die Beziehung weiter; aber nur selten, denn das Leben wie man sagt, hatte sie getrennt. Ihn liebte sie und liebte ihn selbst ins Leere hinein. Sie hatte im übrigen nichts Besseres zu tun, und sie war fünfundvierzig Jahre alt. Sie war nicht sehr schön, aber bereit, das zu geben, was sie besaß. Die Flegel haben es ihr kaum vergolten.

Sie kam im Dezember 1738 nach Cirey. Sie war Gesellschafterin von Mademoiselle de Guise gewesen, bevor diese Richelieu heiratete. Die Unglückliche langte um zwei Uhr morgens an. Sie weckte das ganze Schloß auf. Falls sie sich vorgenommen hatte, diskret zu erscheinen, so war dies mißglückt. Ihre Kutsche sah kaum aus dem Schlamm hervor, in dem sie hundertmal fast begraben worden wäre. Voltaire kam ihr mit allen Leuten entgegen. Er war im Morgenrock, mit Schlafmütze und Pelz, einen Leuchter in der Hand, und steif vor Kälte. Er empfing sie mit Tränen in den Augen. Emilie nahm sie liebenswürdig auf und sah halb erstaunt, halb belustigt zu, wie Voltaire immer wieder die Hände der Reisenden küßte, die völlig betäubt unaufhörlich vom Tod sprach, dem sie hundertmal mit knapper Not entgangen sei, der sie aber offensichtlich sehr lebendig und redselig zurückgelassen hatte.

Aber wenn die Graffigny redet, so beobachtet sie auch scharf und sieht alles, sie hört und registriert. Von ihrem Gespräch mit Emilie berichtet sie: ». . . sie hat mir zuerst ohne Umstände von ihren Prozessen gesprochen. Ihr Mundwerk ist erstaunlich. Ich erinnere mich nicht mehr an ihre Worte. Sie spricht außerordentlich schnell und so, wie ich spreche, wenn ich mich als Französin gebe«. (Madame de Graffigny ist aus Lothringen und Emilie aus Paris. Ihre Mundwerke kommen sich gleich, nur der Akzent ist anders. Wenn die Graffigny sich als Französin gibt, dann übernimmt sie den Akzent, den Ton und das Timbre des Faubourg Saint-Germain.) »Sie spricht wie ein Engel, das habe ich gemerkt. Sie trug ein Kleid aus Baumwollstoff und eine große schwarze Taftschürze. Ihre schwarzen Haare sind sehr lang, sie sind hochgebunden und gelockt, wie bei Kindern; das steht ihr gut.«

Mit der Graffigny sehen wir das Appartement Voltaires: »Ein winziges Vorzimmer; daran schließt sich sein Wohnraum, der klein und niedrig ist und mit dunkelrotem Samt tapeziert, wie auch der Alkoven, den Goldfransen zieren. Das ist der Aufenthaltsort für den Winter. Es gibt wenig Wandteppiche, aber viel Vertäfelung, die den Rahmen für reizende Bilder, Spiegel und wunderbare gelackte Eckschränkchen bildet . . . Unendlich viele Dinge alle gleich geschmackvoll, teuer, auserlesen und vor allem so sauber, daß man das Parkett küssen könnte; eine offene Schatulle, in der sich Silbergeschirr befindet: alles, was der Überfluß, der so notwendige, hat erfinden können.«

Madame de Graffigny hat hier einen Vers Voltaires aus dem ›Mondain‹ eingeflochten: »Der Überfluß, der so notwendige«. Er scheint einer augenblicklichen Laune entsprungen, doch er ist von tieferer Bedeutung — ein Schlüsselgedanke Voltaires: Die Zivilisation schafft den Luxus, und der Mensch paßt sich ihm ganz natürlich an. Der Überfluß ist eine Notwendigkeit für den zivilisierten Menschen, was darauf hinausläuft, daß die eigentliche ›Natur‹ des Menschen die Zivilisation und nicht der Urwald ist. Das bereitet den Krieg mit dem anderen Rousseau vor, mit Jean-Jacques, der seine Pfeile dort unten in den Bergen Savoyens spitzt, während Madame de Graffigny ein Schmuckkästchen betrachtet, es befühlt und elf Ringe mit geschliffenen Steinen und zwei mit Diamanten zählt. Dann folgt sie der Galerie und bewundert zwei Statuen zwischen den Fenstern, die farnesische Venus und den Herkules. Gegenüber Vitrinen voller Bücher und pysikalischer Apparate — »und ein Ofen, der eine Luft schafft wie im Frühling«. Für Voltaire bedeutet Wärme keinen Luxus, sondern das Leben; und für die Graffigny ist sie paradiesisch nach der Nacht auf den vereisten, schlammigen Straßen. Die Galerie hat eine gelbpolierte Täfelung.

Außerdem gibt es noch ein dunkles Zimmer, in dem die Apparate und Maschinen des Laboratoriums untergebracht sind, und eine Tür, die man aufstoßen kann, um die Messe zu hören, ohne die ›Frühlingsluft‹ zu verlassen, die in der Galerie herrscht. Eine fromme Bequemlichkeit, die Voltaire sich eingerichtet hatte — in Erinnerung an Montaigne zweifellos, der ebenfalls die Messe hören konnte, ohne seine Galerie zu verlassen. Fromm? Warum nicht? Aber man möchte nicht darauf schwören, daß Männer dieser Geisteshaltung solche Einrichtungen nur für ihre Frömmigkeit geschaffen haben. Man ist versucht zu glauben, daß sie dazu dienten, die Besucher von der Gläubigkeit des Hausherrn zu überzeugen.

Vor allem ist Madame de Graffigny von der Wohnung der ›Nymphe‹ geblendet. Dort ist alles Märchen. Eines Tages, als Linant gute Laune hatte, schrieb er für Emilie folgende Verse:

> Un voyageur qui ne mentit jamais
> Passe à Cirey l'admire et le contemple
> Il croit d'abord que ce n'est qu'un palais
> Mais il voit Emilie: Ah! dit-il, c'est un Temple.

Aus einer ›Nymphe‹ macht Linant eine Göttin. Die Graffigny bleibt bei der Nymphe. Aber ihre Wohnung ist göttlich.

»Die von Voltaire ist nichts im Vergleich dazu. Das Zimmer ist mit gelbpoliertem Holz verkleidet und mit blaßblauen Schnüren geschmückt, dazu ein Alkoven mit einer entzückenden indischen Tapete. Das Bett ist aus blauem Moiré. Sie hat jedes Stück so ausgesucht, daß bis zum Hundekorb alles gelb und blau ist.«

Ein Veronese hängt dort, mehrere Watteaus! Eine von Martin geschnitzte Zimmerdecke, ein Schreibgerät aus Bernstein, von Friedrich (mit Versen) gesandt, ein weißer Taftsessel, gestickte Mousseline-Vorhänge; ein Ankleidezimmer mit hellgrauen Marmorinkrustationen. »Nein, es gibt nichts Hübscheres auf der ganzen Welt!«

Aber die größte Raffinesse — unerhört für die Zeit — ist das Badezimmer. Der Fußboden ist aus Marmor, die Wände sind mit Porzellankacheln verkleidet, in einem angrenzenden Kabinett mit hellgrüner Wandvertäfelung stehen ein Sofa und zwei geschnitzte, goldene Sessel, damit man sich nach dem Bad ausruhen kann. Dort sind auch Glasschränke mit Büchern, alles ist gelackt, geputzt und glänzend. Dazu ein Miniaturkamin, »ein Schmuckstück, das man gleich in die Tasche stecken möchte«, schwärmt die Graffigny. »Wenn ich eine solche Wohnung hätte, würde ich mich nachts wecken lassen, um sie anzuschauen.«

Ach! Die arme Graffigny wohnt unter dem Dach, sie muß so fest wie möglich schlafen, um ihre traurige Unterkunft nicht zu sehen, die so geblieben ist, wie sie war. Sie friert ganz erbärmlich. Ihr Zimmer gleicht »einem Saal, so hoch und so lang ist es. Alle Winde vergnügen sich in den tausend Ritzen, die um die Fenster sind und die ich verstopfen werde, wenn Gott mich nicht vorher sterben läßt.« Die Tapeten sind häßlich. Das alte Fensterkreuz gewährt keinerlei Aussicht. Der Kamin ist so groß, daß man erfolglos jeden Tag ein halbes Klafter Holz darin verbrennt. Alkoven und Schrank haben Risse. »Im übrigen ist alles, was nicht zur Wohnung der Dame und Voltaires gehört, ekelhaft schmutzig. Die Gärten schienen

mir von meinem Fenster aus schön zu sein, retten wir uns dorthin.« So schreibt sie an ›Pampan‹.

Wir kennen nun die Höhle, betrachten wir die Nymphe und
den Gott, die sie bewohnen.

Emilie knausert mit den Löhnen und der Verpflegung für die
Dienstboten. In Paris machte man sich über ihre Soupers lu-
stig, bei denen sie an Zahl und Qualität der Gerichte sparte.
Sie kaufte immer zwei Flaschen Wein, einen roten, den sie
Burgunder nannte, einen schrecklichen Trester, der aus Sures-
nes kam, und einen weißen, den sie als Champagner vorstellte
und der so sauer war, daß er die Toten auferweckte und die
Lebendigen tötete.

In Paris hatte sie Entschuldigungen dafür gehabt, Monsieur
du Châtelet war nicht reich, aber in Cirey bezahlte Voltaire
den Haushalt, der üppig sein sollte und es auch war; doch
Emilie behielt bei dem Überfluß Voltaires ihre Grillen. So
kam es zu plötzlichen Kündigungen der Dienstboten, worüber
Voltaire sich ärgerte. Was die Zeiteinteilung betrifft, so war
Cirey wirklich die Kaserne — oder, nach Wahl, das Kloster —
das Monsieur de Villefort kennengelernt hatte. Die Graffigny
beklagt sich über die Strenge der Ordensregel. Die Nymphe
und der Gott erhoben sich um fünf Uhr, und vor zehn Uhr
durfte niemand ohne besondere Einladung sein Zimmer verlassen. Die Herrschaften arbeiteten in ihren Räumen. Die anderen konnten ja das gleiche tun oder sich still verhalten. Um
zehn Uhr Versammlung in der gelben Galerie zu einem Café.
Das dauerte eine Stunde. Rückkehr in die Zimmer oder Spaziergang, je nach Wetter und Laune. Voltaire und Emilie hatten also um zehn Uhr morgens schon fünf Stunden Arbeit
hinter sich! Um zwölf Mittagessen der ›Kutscher‹. Welche ›Kutscher‹? Monsieur du Châtelet, wenn er da war, die gute, dicke
Madame de Champbonin und ihr Sohn — der, den die Nichte
nicht hatte heiraten wollen. Monsieur du Châtelet aß getrennt
von den anderen, weil er bei den gelehrten Unterhaltungen
einschlief, und seine Frau und Voltaire starben vor Langeweile
bei den Berichten über die Feldzüge des Marquis. Diese Trennung behagte allen. Nach dem Mittagessen der Gottheiten

hatten die Gäste Anrecht auf eine Unterhaltung mit den beiden: man sprach von dem, was man gerade gelesen, von den Aufgaben, die man sich zu lösen vorgenommen hatte; die Geometrie diente als Mittel zur Verdauung. Wenn ein Prozeß an seinem kritischen Punkt angelangt war, sprach man davon; wenn Desfontaines brav war und die Gleichungen ihre Lösungen gefunden hatten, sprach man von Literatur und Poesie. Mit einem geistreichen Wort erhob sich Voltaire, machte seine Reverenz, und mit Komplimenten und höfischen Wendungen, die seine Umwelt bezauberten, schob er seine Gäste sanft zum Ausgang. Er begab sich wieder in sein Zimmer oder in das physikalische Kabinett und arbeitete bis zum Souper um neun Uhr.

Die Graffigny liebte es, Pampan oder ›Gros chien‹ von ihrem Leben und dem der anderen zu erzählen: ihre einzige Beschäftigung bestand darin, Briefe zu schreiben, acht Stunden am Tag. Gegen vier Uhr nahmen Voltaire und Emilie zuweilen eine Zwischenmahlzeit ein. Graffigny berichtet uns, daß es unklug war, sich um diese Zeit in der Galerie herumzutreiben, wenn man nicht gebeten worden war. Aber zuweilen wurde man gebeten. Welche Gnade! Die arme Graffigny setzte sich dann zu Füßen der beiden und kaute ihre Schnitte wie himmlisches Manna. Die Äußerungen des Gottes und der Nymphe ließen ihre Anbeterin alle Kümmernisse ihres Lebens vergessen. Wir glauben ihr: in dieser Vertraulichkeit, leicht angestachelt von Emilie und der Graffigny, die einen frechen Schnabel hatte, mußte die Unterhaltung Voltaires bezaubernd sein. Dann ging die Graffigny wieder in ihr Zimmer hinauf, hingerissen vor Bewunderung. Doch ach! Sie fand wieder Kälte, Dunkelheit, Einsamkeit; sie vergoß Tränen, bis zur Glocke für das Abendessen. Beim Souper, sobald sie das Idol, die Leuchter, die laue Luft, das Silber der herrlichen Tafel und das ausgesuchte Essen wiederfand, vergaß sie alles, sprach und lachte wie toll mit Voltaire, der ihr Lachen liebte und das seine in das ihre mischte.

Emilie war ein Leckermaul. Aber Essen erhitzte sie. Sie verzichtete auf Wein. Wenn sie zuviel gegessen hatte, hielt sie

Diät. »Diese Diät macht mir nichts aus«, sagte sie, »denn ich bleibe dann während der Mahlzeiten in meinem Zimmer.«

Sie arbeitete!

Wenn er nicht allzu leidend war, sprach Voltaire dem Luxus der Tafel zu, auf den er, wie auf jeden anderen, Wert legte. Er war dann der fröhlichste, der mitreißendste Tischgenosse. Vielleicht sind die spontanen Äußerungen solcher Augenblicke seine Meisterwerke. Im Laufe der kurzen, leichten Unterhaltungen formulierte er die brillantesten Gedanken. In blendenden Kurzfassungen machte er die Entdeckungen deutlich, die er während der Studierstunden erarbeitet hatte. Solch glückliche Formulierungen scheinen den nicht Eingeweihten Improvisation zu sein. eine Gabe des Himmels, in Wirklichkeit waren sie die letzte Stufe einer hartnäckigen Arbeit, einer langdauernden und tiefen Reflektion, die sich dann mit souveräner Leichtigkeit, ja Lässigkeit aufschwang.

Er war unvergleichlich in dieser Kunst der Unterhaltung, denn außer Geist besaß er noch jene vollendete Höflichkeit, die auch ein ›Luxus‹ und ein Charme ist. Er wußte, bis zu welchem Punkt man tiefsinnig sein konnte, ohne ernst, frivol, ohne leer zu sein, er vermochte zu interessieren, zu bewegen, ohne je zu verletzen und zu betrüben. Er verstand es, nie durch einen dunklen oder rohen Ausdruck anzustrengen, sondern allen die Befriedigung zu geben, daß sie verstanden, und — welche Geschicklichkeit! — seinen Gesprächspartnern die Freude zu bereiten, ihm den Ball zurückwerfen zu können. Deswegen gehörte er zur großen Welt, und die große Welt schmeichelte ihm: sie spiegelte sich in ihm. Die bedürftigen Literaten verabscheuten ihn, das war unvermeidlich. Er schien mit seinem Talent nur zu jonglieren, in Wirklichkeit arbeitete er mehr als zehn geschwätzige Schreiberlinge zusammen.

Emilie arbeitete vor allem nachts. Aber um zehn Uhr nahm sie immer mit den anderen ihren Café. Zuweilen besuchte Voltaire seine Gäste in ihren Zimmern. Das geschah selten. Um nicht zu lange zu bleiben, lehnte er einen Stuhl immer ab und sagte, »die größte Verschwendung, die man machen könne, sei die seiner Zeit«. Das ärgerte Madame de Graffigny.

Da man sich bewegen mußte, ritt die Marquise, und Voltaire ging auf Rehjagd — in einer Kutsche. Er schoß sehr schlecht. Er schickte seinen Freunden Wild, aber er hatte nie etwas selbst erlegt.

Die größten Feste in Cirey waren die Theateraufführungen. Das Theater war mehr als eine Zerstreuung, es war ein Kult. Voltaire hatte eine Leidenschaft für die Bretter, die anderen teilten seine Vorliebe. Das Theater war winzig. Madame de Graffigny sagt, es sei ein Theater für Marionetten, ja, aber die Bühne war weiträumig. Jede Woche fanden zwei Proben statt, montags und dienstags, und zwei Aufführungen, mittwochs und donnerstags. Emilie trug dem jungen Champbonin auf, Plakate zu malen, die an die Tür des Schlosses gehängt wurden und den Anschlagzetteln von Paris glichen. Es wurden vor allem die Tragödien Voltaires gespielt. Man vergnügte sich jedoch auch mit Marionetten und spielte eine Komödie von Regnard.

Man wagte sich auch an die Oper. Emilie besaß eine ›göttliche Stimme‹, so sagte alle Welt, auch sie selbst. An manchen Abenden sang sie eine ganze Oper; nach einem Tag Newton eine beachtliche Leistung! Oft kam Emilies Bruder, der Abbé de Breteuil, oberster Vikar in Sens; Voltaire und er regten sich gegenseitig so an, daß die Unterhaltung an solchen Abenden einem Feuerwerk glich. Auch Maupertuis kam, er war sehr liebenswürdig; man nannte ihn ›Archimedes‹, worauf er noch liebenswürdiger wurde. Er berauschte sie mit Mathematik, Tag und Nacht, mehrere Wochen lang. Eine wahre Sucht. Die Graffigny blieb dann auf ihrem Zimmer. Sie war erschreckt von den Tischgesprächen: sie hielt alle für verrückt.

Nach einem Jahr des Zusammenlebens mit diesen Gottheiten fühlte die Graffigny sich erschöpft. Die Zauberer bezauberten sie nicht alle Tage. Der Gott und seine Nymphe machten zuweilen schreckliche Szenen, in die die Unglückliche sich verstrickt fand. Diese Streitereien flößten ihr Schrecken ein. Sie fühlte sich wie ein zerbrochenes Glas. Die beiden waren rasende Mächte für sie, furchterregend in ihrem Zorn — nicht füreinander, denn sie versöhnten sich immer, nachdem sie sich zu trennen geschworen, sich verflucht und mit den haßerfülltesten Ausdrücken beleidigt hatten. So wenigstens sah es aus, nach ihrem Tonfall und ihren Mienen zu urteilen, denn wenn Voltaire und Emilie sich stritten, taten sie es auf Englisch. Die Graffigny erbebte deswegen nicht weniger. Und auch, wenn sie sich in der Öffentlichkeit Zärtlichkeiten sagten, so sagten sie diese in jener Sprache, die niemand in Cirey sprach und die damals auch sonst nicht gesprochen wurde.

Hier eine der Szenen, nicht die heftigste, aber in der die Helden sich deutlich zeigen. Eines abends kommt Voltaire zum Abendessen, Madame kann ihn nicht leiden in dem Anzug aus Tuch, den er trägt. Sie will ein Gewand aus Seide. Er weigert sich, etwas anderes anzuziehen, denn er friert und fürchtet sich zu erkälten. Sie besteht darauf. Er bockt. Sie schickt nach einem Diener, den man nicht findet. Voltaire weigert sich, in sein Zimmer zurückzukehren. Man schreit, man stampft mit dem Fuß auf — und spricht englisch. Er geht hinaus. Man setzt sich bestürzt zu Tisch. Sie läßt ihn holen: »Monsieur hat eine Kolik, er wird nicht zu Abend essen.« Das Leben Voltaires wird verwüstet durch dieses Leiden, das ihn überfällt, wann er es will, und manchmal sicher auch, wenn er es nicht will.

Es waren an jenem Abend Gäste gekommen, um ›Mérope‹ zu hören. Sie sind enttäuscht. Die Graffigny geht sich erkundigen, sie findet Voltaire lachend im Zimmer von Madame de Champbonin, der er mit jovialer Fröhlichkeit Geschichten erzählt. Keine Koliken mehr! Graffigny setzt sich, sie lachen zu dritt und vergessen Emilie. Emilie läßt alle zurückrufen. Die Kolik befällt Voltaire wieder, er kommt mit der schlechtesten Laune der Welt herunter. Sein Gesicht ist fahl, finster. Er konnte, wenn seine Laune wechselte, sein Gesicht, ja seinen Teint völlig verändern. Er setzt sich in eine Ecke der Galerie und schmollt. Die Gäste gehen hinaus. Die Unterhaltung wird nun auf Englisch wieder aufgenommen. Nach einigen Worten strahlen die Augen, das Lächeln kehrt wieder, man erhebt sich, man hält sich bei der Hand, man spricht wieder Französisch, und im nächsten Augenblick wird ›Mérope‹ gespielt.

Nur bei solchen Szenen kann man erkennen, so meint Madame de Graffigny, daß zwischen ihnen etwas anderes als einfach Freundschaft besteht. »Sie sind«, sagt sie, »von einem bewunderungswürdigen Anstand.« Aber sie fügt hinzu, daß »sie ihm das Leben etwas sauer mache«. Er beklagt sich nicht darüber.

An einem anderen Tag schmollte er, weil sie ihn daran hindern wollte, Rheinwein zu trinken. Er weigerte sich, sein Gedicht ›Jeanne‹ vorzulesen, das unter dem Titel ›La Pucelle‹ bekannt wird. Schließlich versöhnt man sich, und in aller Heimlichkeit hörten sechs oder acht Personen das Gedicht an, von dessen Existenz niemand etwas wissen durfte. Ein Geheimnis à la Voltaire!

Eines Abends, während einer Reise, die sie zusammen nach Paris machten, las Emilie bei der Herzogin von Luxembourg einige Verse von sich vor. Voltaire sagte boshaft, diese Verse könnten nicht von ihr stammen, sie seien gut. Sie widerspricht. Er schreit; sie schreit, auf Englisch, auf Französisch, eine wahre Raserei. Plötzlich zeigt er sein Messer. »Schau mich nicht so verstört und scheel an.« Grauenhaft: er hatte sie in der Öffentlichkeit geduzt!

Viel grauenhafter jedoch war, was der unglücklichen Graffigny zustieß. Kurz vor Weihnachten 1738 kam Voltaire außer sich in ihr Zimmer. Er sagte, er sei ein geschlagener Mann, wenn sie ihn nicht rette. Sie will gern, aber sie versteht nicht. »Schreiben Sie an Pampan«, sagt er, »daß er die Exemplare zurückzieht, die er in Umlauf gebracht hat.« Sie will gern schreiben, aber welche Exemplare? Plötzlich explodiert Voltaire, springt wie ein aufgezogener Teufel von seinem Stuhl auf, wo er fast zu verscheiden schien, rennt durchs Zimmer und schreit drohend und schrecklich: »Keine Ausflüchte, Madame, Sie haben es geschickt.« Nun ist es an der Graffigny, die Fassung zu verlieren. Um was handelt es sich? Schließlich erklärt man ihr, daß man das Manuskript ›La Jeanne‹ gestohlen, daß man Abschriften hergestellt habe, die zirkulieren, daß Voltaire schon gehängt sei und daß *sie* alles angezettelt habe. Sie schreit, sie weint, sie ruft den Himmel als Zeugen an, sie wirft sich Voltaire zu Füßen, er wirft sich ihr zu Füßen; beide liegen auf den Knien und weinen und flehen. Sie schwört, sie sei unschuldig, er fleht, man möge ihm seine ›Jeanne‹ zurückgeben. Wie soll sie einen Fehler wieder gutmachen, den sie nicht begangen hat? Es kam noch schlimmer: sie mußte Emilie die Stirne bieten, einer wahren Nemesis! Sie kam herein, stürzte sich auf die Graffigny und schwang einen Brief: »Hier ist der Beweis Ihrer Niederträchtigkeit . . . Sie sind ein Ungeheuer, das ich zu mir geholt habe, nicht aus Freundschaft, die ich für Sie nie fühlte, sondern weil Sie nicht wußten, wohin. Und Sie sind niederträchtig genug, mich zu verraten, mich zu morden, aus meinem Schreibtisch ein Werk zu stehlen, um es vervielfältigen zu lassen.«

Man fragt sich, ob Voltaire und seine Umgebung mehr Theater auf der Bühne oder im Leben spielen. Diese Schreie, diese Gesten, dieser Aufwand, alles läßt an Theater denken. Voltaire mußte Emilie zurückhalten, sie entwand sich ihm, fing an, mit großen Schritten im Zimmer auf und ab zu gehen und Flüche auszustoßen. Schließlich verlangte die Graffigny, den ›Beweis‹ zu sehen. Es war ein Brief Pampans an sie. Wir dürfen uns nichts vormachen, die Nymphe und der Zauberer kontrollierten die Post ihrer Gäste beim Abgehen und beim Kommen. Sie hatten in dem Brief Pampans eine Anspielung auf ›La Pucelle‹ entdeckt und waren dadurch auf die völlig verrückte Unterstellung gekommen. Sie liebten Ränke und Anschläge, und deshalb sahen sie auch überall welche. Die arme, unschuldige, aber am Boden zerstörte, vor Scham, Schmerz und Entrüstung halb wahnsinnige Graffigny versprach die Briefe Pampans zu zeigen, um die Megäre loszuwerden. Das ist von nun an der Name, den die Nymphe verdient. Die Szene endete um fünf Uhr morgens.

Madame de Graffigny konnte nicht mehr in Cirey bleiben. Aber sie hatte nicht die Mittel, fortzugehen. Wo sollte sie hin? Sie besaß keinen Heller. Gegen Mittag kam Voltaire zu ihr. Er fühlte Mitleid und tröstete sie. Madame de Champbonin und der Marquis kamen ebenfalls. Madame du Châtelet sagte ihr als ganze Entschuldigung trocken: »Ich bedaure, was heute nacht geschehen ist.« Das genügte nicht, um die Wunde zu schließen. Da sich die Geschichte während der Affäre Desfontaines abspielte, hatte Emilie Angst, die Graffigny könnte nach Paris gehen, sich mit der Meute der Wütenden verbinden und tausend alberne Geschichten verbreiten. Daher tat die stolze Emilie etwas, was sie noch nie für jemanden getan hatte: sie ließ die Graffigny in ihre Kutsche steigen und eine Rundfahrt durch den Park machen. Wenn die Unglückliche danach nicht vor Dankbarkeit überströmte, so hatte sie kein Herz. Emilie versprach ihr sogar eines ihrer metaphysischen Werke!

Ehe Voltaire ihr diese groteske, widerwärtige Szene machte, hätte er sich daran erinnern müssen, daß er selbst in Paris Gesänge der ›Pucelle‹ vorgelesen hatte, vor allem vor dem Minister, Monsieur de Maurepas. Wenn Abschriften zirkulierten, so hatte Voltaire es nur sich selbst zuzuschreiben. Seiner wahnsinnigen Eitelkeit, die jedes Risiko einging, um seine provozierenden Gottlosigkeiten zur Schau zu stellen.

Voltaire sagte Madame de Graffigny immer wieder die demütigsten und pathetischsten Entschuldigungen. Sie konnte nicht vergessen, doch sie vergab Voltaire. Niemals aber vergab sie der ›Megäre‹.

Ein anderer Schlag traf sie. Zweifellos um sie zu beruhigen, lud Voltaire ›Gros chien‹ nach Cirey ein. Er dachte, der Graffigny eine Freude zu machen. Das erste, was ›Gros chien‹ Madame de Graffigny sagte, war ein Dolchstoß: er liebe sie nicht mehr! Sie verließ Cirey im März 1739, völlig vernichtet.

Voltaire und Emilie rüsteten sich zu einer Reise nach Brüssel. Das Vermögen der Châtelets rief sie nach Flandern.

Große Auftritte

Dieses ziemlich kümmerliche Vermögen bedurfte der größten Pflege. War Voltaire nicht der Richtige, sie ihm angedeihen zu lassen? Man hatte einen Verwandten von Monsieur du Châtelet, den kinderlosen und schwerreichen Marquis de Trichâteau, in Cirey empfangen. Nach Cirey gezogen? Gewiß. Man hatte ihn gehätschelt, obwohl er impotent, häßlich und dumm war. »Das Essen war gar nicht schön«, sagt Madame de Graffigny, »den kleinen Trichâteau mußte man an den Tisch zerren, man mußte sich mit ihm unterhalten, was durchaus nicht vergnüglich war.« Aber Trichâteau starb schnell und hinterließ den Châtelets sein beachtliches Vermögen. Seine Güter lagen in Flandern; es gehörte auch ein Fürstentum in der Nähe von Kleve dazu, das Emilie zur Fürstin machte! Ihr war das egal. Voltaire tat sein Bestes, um die Ländereien und den Titel von Friedrich kaufen zu lassen. Dieser schien nicht zu hören, obgleich man ihm das Angebot mehrmals unterbreitete. Friedrich machte gern nur gute Geschäfte — vor allem mit seinen Freunden. Madame du Deffand — die Gute! — wütete, daß Emilie nun Fürstin geworden war. Emilie beunruhigte das Durcheinander dieser Erbschaft und die Prozesse, die bevorstanden, um ihre Rechte geltend zu machen.

Es geschah also, um den du Châtelets zu helfen, daß Voltaire am 7. Mai 1739 Cirey, die ›Pucelle‹ und das eben begonnene ›Siècle de Louis XIV‹ verließ. Man wollte die Richter in Brüssel wieder rege machen und ihnen die Augen öffnen, während man sie bestach. Er fuhr ab, dem Tode nahe — tatsächlich. Monsieur du Châtelet war so unruhig, daß er d'Argental, um sich selbst zu beruhigen, schreibt: »Die Gesundheit unseres Freundes ist so beklagenswert, daß ich nur noch hoffe, sie wird sich im Trubel der Reise bessern.« Erstaunliches Heilmittel! Einen Todkranken, um ihn wiederherzustellen, in einem schwankenden Kasten auf die miserablen Straßen zu schicken, Unfällen und Gastwirten ausgeliefert! Doch die Kur gelang bei dem Nervenbündel Voltaire; die plötzliche Veränderung und Erregung, die einen Gesunden umbrächten, brachten ihn wieder in Form.

Bei ihrer Ankunft in Valenciennes machten der Dichter und die Physikerin Besuch auf Besuch und nahmen alle Diners an, vor allem die des Gouverneurs. Nach einer Woche fuhren sie wieder ab und richteten sich in Brüssel ein. Um nicht ihre Zeit zu verlieren, ließ Emilie sich von einem Mathematiklehrer begleiten, einem Herrn Koenig, Schüler von Maupertuis und von diesem ihr empfohlen. Sie beklagte sich, daß sie nur langsam Fortschritte mache, sie fürchtete, Koenig könne sie als mittelmäßige Schülerin einschätzen und sich nicht für sie interessieren. Daher arbeitete sie. Aber die Sorge um ihre Fortschritte und Studien nahm nicht ihre ganze Zeit in Anspruch, man wurde eingeladen und lud ein. Man mußte vor allem dem alten Rousseau beweisen, daß er sogar in seinem eigenen Revier nichts galt, sobald Voltaire erschien.

Am 28. Juni 1739 gaben Emilie und Voltaire in dem Haus, das sie in der Rue de la Grosse-Tour gemietet hatten, ein Fest. Sie ließen die Fassade säubern; plötzlich fallen zwei Arbeiter von oben herunter und stürzen auf die Straße vor die Füße Voltaires. »Stellen Sie sich vor, was es bedeutet, zwei arme Handwerker fallen zu sehen und von ihrem Blut bespritzt zu werden . . . Ich erkenne wohl, daß es mir nicht ansteht, Feste zu feiern. Das traurige Schauspiel verdarb jegliches Vergnügen . . .«

Voltaire stellt fest, daß die Gesellschaft von Brüssel mehr vom Spiel angezogen wird als von der schöngeistigen Literatur. Er beklagt es, aber er tröstet sich, weil man ihn wie einen Botschafter empfangen hat; da seine Eitelkeit befriedigt ist, findet er alles gut und schön. Im übrigen, ist er nicht selbst ›die Literatur‹? Wenn man Voltaire ehrt, muß die Literatur zufrieden sein. Der Beweis dafür ist, daß Rousseau nicht erscheint. Sein Name wird kein einziges Mal ausgesprochen. Dieses Schweigen, diese Dunkelheit, in der sein Feind begraben liegt, bedeuten eine Huldigung an ›Seine Hoheit‹. Ach! Wie liebenswürdig die Brüsseler sind, und, obgleich unliterarisch, wie empfänglich für ein wahres Talent! Nichts ist naiver als die Eitelkeit dieses Mannes, der so wenig naiv ist.

Im September sind sie in Paris. Emilie wohnt bei dem Duc de Richelieu, Voltaire in einem Hôtel Garni in der Rue Cloche-Perche. Seit drei Jahren hat er Paris nicht gesehen, es beginnt eine Flut von Besuchen, Diners, Schauspielen. Man will ihn hier haben, dort, überall. »Ich bin wie jener Mann aus der Antike, der unter den Blumen starb, die man ihm zuwarf.« Um Voltaire unter Komplimenten zu töten, müßte man ihm sehr viele machen. Nur hier verurteilt er Übertreibung nicht.

Er ist unglaublich. Er verlangt, daß die Schauspieler in drei Monaten seine Tragödie ›Mahomet‹ lernen, proben und aufführen. Und noch hat er keine Autorisation erhalten. Das Paar schickt sich an, Paris zu verlassen und nach Richelieu zu fahren, als Voltaire krank wird; wieder einmal stirbt er fast. Drei Tage später besteigt er die Kutsche, ein wenig magerer und etwas weniger bereit zu sterben. In die Kutsche steigt er nicht, um nach Richelieu zu fahren, sondern um nach Cirey zurückzukehren. In den ersten Tagen des November 1739 langen sie dort an, sofort müssen die Koffer wieder gepackt werden. Am 16. November sind sie in Liège. Der Prozeß in Brüssel verlangt ihre Anwesenheit.

Auf dieser Reise erfährt Voltaire, daß der Minister den eben mit allerlei anderen Texten zusammen erschienenen Anfang des ›Siècle de Louis XIV‹ verurteilt hat. Er ist verärgert und bitter. Er hat recht. Dieses Werk macht ihm und Frankreich Ehre: »Urteilen Sie, ob dies nicht das Werk eines guten Bürgers ist, eines Verehrers des menschlichen Geschlechts, eines gemäßigten Mannes.«

All das stimmt. Es ist traurig, daß ein so verdienstvolles Werk verdammt wird, nur weil die platten Höflinge der Ansicht sind, daß das Lob Ludwigs XIV. einen Schatten auf Ludwig XV. werfe. Nachdem er geklagt hat, erklärt Voltaire: »Das Werk und ich werden bleiben.« Man könnte es nicht besser sagen.

Er findet allmählich, daß die Franzosen ihm das Leben sauer machen, denn er erfährt eine andere schlechte Neuigkeit. Monsieur de Maurepas, der Minister, läßt ihm sagen, er solle nicht wieder nach Paris zurückkehren, der Hof betrachte Cirey als ein Exil Voltaires.

Im Augenblick freilich ist dort, wo Emilie weilt, kein Exil. In Brüssel geht es ihm gut. Der von ihm geführte Prozeß entwickelt sich nach Wunsch. Da ihm die Unterlagen fehlen, um am ›Siècle de Louis XIV‹ zu arbeiten, ändert er ›Mahomet‹ um und gibt sich mit unglaublicher Leidenschaft der Korrespondenz mit Friedrich von Preußen hin. Auf beiden Seiten ist Leidenschaft im Spiel. Die gegenseitige Bewunderung hat ihren

Höhepunkt erreicht. Friedrich plant auf seine Kosten eine Prachtausgabe der ›Henriade‹. Zum ersten Mal denkt er daran, etwas zu zahlen. Allerdings begnügt er sich mit dem Plan.

Voltaire seinerseits verwendet seine ganze Mühe auf die Ausgabe von Friedrichs Werk ›Anti-Machiavell‹, das so schöne, so gute und so moralische Gedanken über die Ausübung der Macht enthält. Voltaire verehrt die Schrift: das Werk eines Königs und Philosophen, eines Freundes des Menschengeschlechts. Der Ton ihrer Briefe ist verblüffend. Voltaire versichert Friedrich, daß seine neue Tragödie ›Mérope‹ so gut das Werk des Kronprinzen wie das seine sei, und widmet es ihm, denn Friedrich hatte zwei oder drei Bemerkungen zu den Versen gemacht, die Voltaire im übrigen nicht berücksichtigte.

Friedrich schreibt: »Schonen Sie die Gesundheit eines Mannes, den ich zärtlich liebe, und vergessen Sie nie, daß Sie als mein Freund Ihre ganze Mühe darauf verwenden müssen, mir das wertvollste Gut zu bewahren, daß ich vom Himmel erhalten habe.«

Voltaire überbietet ihn noch: »Monseigneur, der Gedanke an Sie beschäftigt mich Tag und Nacht. Ich träume von meinem Prinzen, wie man von einer Geliebten träumt.«

Das war keine Liebe, nur überhitzte Eitelkeit.

Aber schon zeigt sich eine Wolke . . . nein, ein leichter Nebel, den die Winde verjagen, den man aber bemerkt. Emilie. Friedrich überhäuft sie mit Blumen, aber um sie zu ersticken. »Ich finde wirklich nirgends, weder in Europa noch in der Welt eine Dame, deren großer Verstand Werke über so tiefsinnige Themen hervorgebracht hätte, wie die, die Sie wie im Spiel behandeln.«

Privat eine andere Musik: sie sei eine Pute, ihre Wissenschaft sei oberflächlich, ihre Arbeiten lächerlich. Für Friedrich besaß sie vor allem einen Fehler: sie hatte Voltaire am Bändel.

Noch konnte Voltaire glauben, daß Friedrich so war, wie er sich zeigte, wie Voltaire ihn sich wünschte. Hatte er nicht bei seinem barbarischen Vater eine äußerst unglückliche Kindheit verlebt? Konnte man sich ein rührenderes Opfer der Tyrannis vorstellen? Voltaire war davon überzeugt, daß Friedrich die

Tyrannis haßte, Verfolgungen verabscheute und sich über die Allmacht der Könige ›philosophische‹ Gedanken gemacht hatte, das heißt Gedanken, die denen Voltaires ähnelten.

Am 6. Juni 1740 schrieb Friedrich, als er gerade König geworden war, an Voltaire, er sei »angeekelt von den menschlichen Würden«. Das war das mindeste, was Voltaire von dem gekrönten Philosophen verlangte. Aber als er das Folgende las, glaubte er vor Genugtuung den Verstand zu verlieren: »Sehen Sie bitte in mir nichts anderes als einen eifrigen citoyen, einen etwas skeptischen Philosophen, dafür aber einen wahrhaft treuen Freund. Bei Gott, schreiben Sie an mich als an einen Menschen und verachten Sie Namen und äußerlichen Prunk.«

Das war so schmeichelhaft, daß Voltaire es glaubte, und da die Sprache der Mode an die Stelle der Aufrichtigkeit getreten war, antwortete er ihm: »Seine Majestät befiehlt mir, wenn ich an Sie schreibe, weniger an den König als an den Menschen zu denken. Das ist ein Befehl so recht nach meinem Herzen.«

Nichtsdestoweniger schreibt er: »Seine Majestät« und ist höchst zufrieden damit. »Ich weiß nicht, wie ich mich mit einem König benehmen soll. Aber ich fühle mich ganz frei mit einem Menschen, der die Liebe für das Menschengeschlecht in seinem Kopf und in seinem Herzen trägt.«

Die ›Liebe für das Menschengeschlecht‹ gehörte schon zu dem philosophisch-sentimentalen Arsenal. Wir werden diesen ›wirklichen Menschen‹, der so verliebt in die Menschheit ist, regieren sehen. Da Voltaire die Unvereinbarkeit des Titels ›Seine Majestät‹ mit so edlen Äußerungen spürt, wird er Friedrich von nun an ›Votre Humanité‹ nennen. Tut man nicht sehr viel für das Glück der Menschen, wenn man so schöne Namen erfindet?

Bei diesem Handel verlor Emilie mehrere Punkte. Sie hätte sie rasch wiedergewinnen können, wenn Voltaire aus dem Rausch erwacht wäre, und er hätte erwachen können, als Friedrich ihn bat, die Veröffentlichung des ›Anti-Machiavell‹ einzustellen. Die Gedanken eines Kronprinzen ziemen dem König, der er geworden ist, nicht mehr. Gewisse Ideen, sagt er, könnten mißfallen. Daran soll es nicht liegen, Voltaire nimmt es auf sich, das Werk umzugießen! Man hatte ihn nicht darum gebeten. Man wollte die Veröffentlichung einstellen. Aber der Verleger in Den Haag gedachte den Gewinn an dieser von einem König unterzeichneten Veröffentlichung nicht zu verlieren, die bei den Königen einen Skandal hervorrufen und von den Philosophen beweihräuchert würde.

Voltaire versprach dem Verleger Van Duren enorme Summen, um ihn auf seine Rechte verzichten zu lassen. Je mehr man ihm jedoch in Aussicht stellte, desto weniger verzichtete er darauf. Voltaire wird hitzig. Er verlangt von dem Verleger das Manuskript, das der König ihn zu korrigieren gebeten hatte, in der Hoffnung, damit zu verschwinden. Der andere mißtraut ihm, aber willigt in die Korrekturen ein, wenn Voltaire sie in der Druckerei vornimmt. Und so kann man Voltaire mehrere Stunden am Tag unter den Augen des Sohns Van Duren die Blätter des Königs beschreiben sehen . . . »Ich habe gestrichen, und ich habe zwischen die Zeilen so schreckliches Gewäsch und so albernes Zeug geschrieben, daß das Werk nicht mehr zu erkennen ist. Das nennt man sein Schiff in die Luft sprengen, um nicht von seinem Feind gefangengenommen zu werden.«

Friedrich war nicht nur ein ›wirklicher Mensch‹, sondern auch ein ›Literat‹. Das Verfahren gefiel ihm nicht. Er weigerte sich, veröffentlicht, aber noch mehr, entstellt zu werden. Er verleugnete den Bastard. Voltaire wunderte sich, wagte aber nicht, ›Votre Humanité‹ zu tadeln. Er fand, daß er alles in allem das Werk nur verbessert habe; das mag möglich sein. Aber es ist nicht weniger wahr, daß Friedrich die Fassung vorzog, die nicht verbessert war, sondern wirklich von seiner Hand stammte.

Voltaire verbrachte nicht seine ganze Zeit in der Druckerei. Er ging viel aus, die Stadt war ja nicht fremd für ihn. J.-B. Rousseau und Piron hielten sich in Den Haag auf. Mit Rousseau traf er nicht zusammen. Der letztere hätte, wie er sagt, Voltaire gern begrüßt, aber sein Wunsch nach Versöhnung war so scharf abgewiesen worden, daß er sich in acht nahm.

Doch er traf Piron und empfing ihn zärtlich: »Er zerbrach

mir fast die Nase mit seinen Backenknochen«, sagt Piron. Die
Küsse Voltaires waren knochig. Er sagte selbst, als er seine ein-
gefallenen Wangen, seine vorstehenden Backenknochen, seine
Augenhöhlen, sein spitzes Kinn betrachtete, »ich habe mein
Leben lang Leute mit Wangen beneidet.« Dafür hatte er
Zähne.

Piron biß er nicht; Piron war es, der ihn biß oder beißen
wollte. Er schmeichelte sich, Voltaire zu seinem eigenen Vorteil in einem Salon lächerlich gemacht und seinen Ruf als
Schöngeist zerstört zu haben. Wenigstens sagt Piron das. Aber
Voltaire war ihm so wenig böse deswegen, daß er den kranken
Piron ein paar Tage später besuchte. Piron wiederum stattete
Voltaire in seinem Gasthaus einen Besuch ab. Bevor er herein-
kommt, fragt er den Gastwirt nach seinem berühmten Kunden. Der sagt so viel Schlechtes von Voltaire, wie Piron nur
hören will: Warum wohne er nicht bei einem Apotheker, son-
dern in einem Gasthof, wenn er pausenlos Pillen schlucke?
Kurz, wir erfahren von Piron, er habe Voltaire auf seinem
Nachtstuhl angetroffen, von dem er sich augenblicklich erhob,
um »ganz mit Kot besudelt« seinen Freund Piron in den
Saal zu geleiten. Dort führten sie »eine oder zwei Stunden lang
eine süßsaure Unterhaltung, zu der ich ganz schön mein
Scherflein beitrug«. Das ist zuviel oder zu dumm, mein lieber
Piron. Das glaubt Ihnen niemand. Voltaire läuft nicht »ganz
mit Kot besudelt« herum, und eine süßsaure Unterhaltung
dauert nicht zwei Stunden, auch nicht wenn sie mit Ihren witzigen Einfällen gewürzt ist.

Wenn auch Voltaire nicht von Piron lächerlich gemacht wurde,
so hatte Van Duren ihn doch gut und gern übers Ohr gehauen. Verärgert kehrte er nach Brüssel zurück.

Friedrich brennt darauf, mit ihm zusammenzutreffen, und
Voltaire brennt darauf, ›Votre Humanité‹ kennenzulernen. Sie
machen ein Treffen in Kleve aus. Von nun an fiebert Friedrich
ihm entgegen. Er will den Mund des ›modernen Vergil‹ küssen, aus dem Perlen und Diamanten fallen. Er widmet ihm
ein Gedicht; man kann die folgenden Verse über den verzauberten Mund lesen:

Dont la voix follâtre et touchante
va du cothurne au brodequin
toujours enchanteresse et toujours plus charmante.

Abgesehen von der zärtlichen Absicht, von dem entzückenden Mund, findet man diese Stimme, die vom Kothurn zur Sandale wechselt, doch etwas seltsam. Sollte sie ihren Sitz im Fuß Voltaires haben?

Alles ist erlaubt in der glücklichen Erregung, nur Emilie teilt sie nicht. Sie verfehlt nicht, Friedrich darauf aufmerksam zu machen, daß er Voltaire aus ihren Händen zu empfangen habe, sie leiht ihn aus, aber nicht für lange. »Ich hoffe, daß S.M. das Opfer, das ich Ihnen bringe, anerkennen werden . . . und S.M. ihn nicht zu lange behalten.«

Die Begegnung fand am 11. September 1740 im Schloß Moyland bei Kleve statt. Ein merkwürdiges Rendez-vous! Voltaire mußte blind sein, um diese Begegnung erhaben zu finden, bei der nichts glückte oder dazu angetan war, ihm zu gefallen. Der König war umgeben von Maupertuis — wir kennen ihn schon —, einem Italiener namens Algarotti, einem Schöngeist und sehr schönen Mann, wunderbar höflich, schmeichlerisch, ein wenig süßlich, geschickt, intelligent und von einer oberflächlichen, aber umfassenden Bildung. Keyserling war da und ein Hofrat, Monsieur Rambonet, ein grotesker schmutziger Mann in grober Wäsche, mit einer verrutschten Perücke, dabei jedoch schlau und mächtig. Für den Augenblick war das der Hof Seiner Preußischen Majestät. All das hauste in einem zerfallenen Gemäuer auf dem Dachboden. Der König war krank, er hatte einen Fieberanfall. Bloße vier Wände waren sein Zimmer; beim Schein einer Kerze lag auf einem Feldbett ein kleiner Mann, fröstelnd in einem Morgenrock aus grobem blauem Tuch gehüllt: so erschien das Idol zum ersten Mal seinem Anbeter. »Ich verbeugte mich«, sagt er, »und schloß Bekanntschaft, indem ich ihm den Puls fühlte, als wäre ich sein Leibarzt.« Dann setzte er sich ohne weitere Förmlichkeiten auf den Rand der Pritsche.

Das Fieber verging. Der Hof begab sich zu Tisch. »Man behandelte aufs gründlichste die Unsterblichkeit der Seele, die

Freiheit, Platons Androgyne.« Ein weites Feld! Und sehr reichhaltig! Während der Meister sprach, berauschten sich die Tischgenossen, wie Voltaire berichtet, an den Worten des Zauberers. Der Hof war armselig, aber die Schmeichelei verlor nicht ihre Rechte. Während Seine Majestät über Platons Androgyne redete, war Sieur Rambonet schon wieder unterwegs. Es ist interessant zu erfahren, wohin, um die diversen Talente des ›Zauberers‹ kennenzulernen. Er sollte den Bewohnern von Liège ein Ultimatum des Königs überbringen, das der Stadt befahl, eine Million Dukaten zu zahlen, andernfalls werde Seine Preußische Majestät die Stadt umzingeln und ihre Artillerie sie bombardieren. Selbst Voltaire wurde höflich gebeten, ein Manifest zu verfassen, das die Bewohner von Liège aufforderte zu zahlen, bevor es zu spät sei. Und er schrieb! Was kann man einem königlichen Philosophen abschlagen, der einen an seinem Tisch speisen läßt und einen ›Vergil‹ nennt. Später, sehr viel später, bemerkte Voltaire, daß er sich damit zum Helfershelfer einer Räuberei gemacht hatte.

Aber wir sind mitten in den Flitterwochen. Voltaire speist — übrigens äußerst schmutzig — mit »einem der liebenswürdigsten Menschen der Welt, einem Mann, der das Entzücken der Gesellschaft wäre, um den man sich überall bemühen würde, wenn er nicht König wäre; ein Philosoph ohne Strenge, ein Vorbild an Sanftmut, Gefälligkeit, Liebenswürdigkeit . . .« »Ich mußte mir mit Mühe ins Gedächtnis zurückrufen, daß ich am Fußende meines Bettes (denn Friedrich besuchte Voltaire in seinem Zimmer und schwatzte mit ihm auf seinem Bett sitzend) einen Herrscher sitzen sah, der eine Armee von hunderttausend Mann befehligt.« Und der sich dieser, zweifellos ›philosophisch‹, bediente, die Bewohner von Liège sahen das recht gut ein.

Friedrich ist nicht weniger enthusiastisch. Trotz der ungünstigen Umstände erfüllt das Zusammentreffen seine Wünsche. Er bedauert sein Fieber, denn um Voltaire standzuhalten, muß man im Besitz aller seiner Fähigkeiten sein. »Er hat«, sagt Friedrich, »die Beredsamkeit eines Cicero, die Sanftmut eines Plinius, die Weisheit eines Agrippa etc. Ich konnte ihn nur bewundern und schweigen. Die du Châtelet ist wirklich glücklich, ihn zu haben.«

Während sie ihn herleiht, reist sie nach Paris. Sie will ihn verteidigen. Emilie benützt ihr ganzes Ansehen, um den Ruf Voltaires bei Hofe wiederherzustellen. Dieser Ruf hatte das nötig: er war erbärmlich. Man war in den offiziellen Kreisen der Ansicht, daß die Freude an seinen Tragödien, seinen Briefen und seiner Unterhaltung die Schmähschriften, die skandalösen Händel mit den Pamphletisten und Verlegern, sein Geschrei und seine libertinistischen Gedichte nicht aufwog.

Voltaire begab sich wieder nach Den Haag, um zu versuchen, den ›Anti-Machiavell‹ den Klauen Van Durens zu entreißen. Er wohnte im Palast des preußischen Königs, einem halb verfallenen Palast, der jedoch einem König gehörte, und einem König, der sein Freund war. Er fand selbst die Spinnennetze dort schön, aber er sah sie sehr genau. Zu diesem Zeitpunkt wäre er gern nach Paris zurückgegangen, aber Paris war ihm verboten. So beschloß er, Friedrich nach Rheinsberg in Deutschland zu folgen, ohne sich um die arme Emilie zu kümmern. Was Friedrich betrifft, den diese unerwartete Rückkehr zweifellos entzückte, so gab er sich keinen Illusionen hin. Er schreibt Algarotti, wenn Voltaire zu ihm zurückkehre, so deshalb, weil er sonst nirgends hingehen könne. »Preußen wird sein Notbehelf sein.« Wirklich wäre Voltaire Friedrich zu dieser Zeit auch nach Ostpreußen gefolgt, auf die Gefahr hin, dies bald wieder zu bereuen. Friedrich hatte das erraten. Er fühlte, daß Voltaire berauscht, aber noch nicht reif war, gepflückt zu werden. Trotzdem freute er sich über den Besuch, und um seinem ›Vergil‹ alle Freiheit zu geben, versprach er ihm, ihn nach Brüssel zurückbringen zu lassen, sobald Madame du Châtelet zur Eröffnung ihres großen Prozesses dort erschiene.

Grund für diese zweite Begegnung war nicht die tiefe innere Verwandtschaft der beiden Männer und auch nicht ihre Ruhmsucht (Ruhmsucht gab es auf beiden Seiten: Friedrich war genauso stolz darauf, den berühmtesten Schriftsteller der Zeit an sich zu binden, wie Voltaire, einen König am Fußende seines Bettes sitzen zu sehen). Es gab ganz andere Gründe als die

des Herzens. Friedrich war froh über die Verfolgungen, mit
denen der französische Hof Voltaire bedrohte. Je mehr Voltaire
der Aufenthalt in Paris verleidet würde, um so größere Aussichten hatte Friedrich, ihn an sich zu binden. Und Friedrich
wußte, daß man in Versailles die Freundschaft Voltaires mit
dem preußischen König nicht gern sah. Was er wollte, war
ein völliger Bruch Voltaires mit dem französischen Hof.
Voltaire sah die Dinge gänzlich anders. Er hätte gerne ›ein
Amt‹ gehabt, einen offiziellen Titel, einen Posten. Er hatte nur
an den französischen Hof gedacht. Es war ihm klar, daß dieser
für ihn das gelobte Land sein könnte, der Ort seiner Wahl,
aber er mußte erst einmal Zugang dort haben und eine große
Rolle spielen.

> Paris qui m'a vu naître
> Me laisse sans éclat
> Et ma manie est d'être
> Un ministre de l'état
> Des finances le maître
> Au moins ambassadeur
> Comme feu Prieur.

Er hielt die Gelegenheit für gekommen. Da er wußte, daß die
Absichten Friedrichs II. auf Schlesien den Minister beunruhigten, da er wußte, daß der französische Botschafter, der Prince
de Beauvau, nichts in dieser Sache hatte erfahren können,
glaubte er seinem König — dem eigenen dieses Mal — zu gefallen, wenn er sich anbot, den Minister von den Plänen Preußens zu unterrichten. Er schrieb in diesem Sinn an den Kardinal de Fleury; er bot ihm schlichtweg an, Friedrich II. zu
einem Verbündeten Frankreichs zu machen.
Der Kardinal, der sich an anderes erinnerte, antwortete Voltaire mit einem milden Brief; er nahm das Angebot nicht an,
ohne jedoch abzulehnen. Er gab ihm auch, ganz nebenbei,
ausgezeichnete Ratschläge hinsichtlich des Respekts, den man
Unserer Heiligen Mutter Kirche schulde.
Dann kam ein anderer Brief des Kardinals, der politischer
war. Man sprach von den ausgezeichneten Prinzipien, die in
einem gewissen Werk, dem ›Anti-Machiavell‹, enthalten seien,

von einem Prinzip besonders: dem Einhalten von Verpflichtungen. Es sei gut, sie dem preußischen König wieder ins Gedächtnis zu rufen, der wahrscheinlich das Werk nicht gelesen habe, auf das Voltaire seinen königlichen Freund aufmerksam machen solle. Man wäre glücklich, die Entschlüsse zu erfahren, zu denen diese Lektüre den jungen, überschäumenden Herrscher bringen werde. Voltaire verstand, daß man ihm keinen Auftrag gab, daß aber seine Gedanken über Preußen und Friedrichs Projekte mit einigem Interesse von dem Minister entgegengenommen würden.

Er antwortete auf seine unnachahmliche Weise: »Ich habe den Weisungen gehorcht, die Eure Eminenz mir nicht gegeben haben. Ich habe Ihren Brief dem König von Preußen gezeigt.«

Nun ist er also Unterhändler. Er liebt ›Rollen‹ über alles, selbst die ein wenig schiefen Situationen, denn es drängt ihn, eine bedeutende Persönlichkeit darzustellen. Und manchmal muß man sogar im Laufe einer Vorstellung seine Rolle wechseln, das entzückt ihn.

Endlich ist er mit einem Fuß bei Hofe. Dem richtigen! Dem am schwersten verführbaren, dem von Versailles. Er war am Hof von London empfangen worden, wie er es gewünscht hatte. Der von Potsdam? Es lag nur an ihm, dort das Wetter zu bestimmen. Doch der von Versailles bestimmte nicht nur das Wetter im Leben Voltaires, sondern auch bei den anderen Höfen Europas.

Er erfährt, daß Madame du Châtelet Gnade für ihn erlangt hat, er kann nach Paris zurückkehren. Er will sogleich eine böse Erinnerung aus dem Gedächtnis des Kardinal Fleury entfernen. Da man wußte, daß Voltaire die Jansenisten verabscheute — selbst Pascal und seine ›Lettres Provinciales‹, die er ›Les Menteuses‹ nannte, waren von ihm angegriffen worden —, hatte Hérault dem Kardinal-Minister vorgeschlagen, Voltaires Feder in den Dienst eines würdigen Unternehmens zu stellen. Da er sein Ungestüm schon einmal an heiligen Themen ausgelassen hatte, konnte er zu aller Nutzen damit fortfahren, wenn er die Jansenisten angriff. Endlich einmal würde der Teufel dem lieben Gott dienen. Voltaire war zunächst einver-

standen. Dann lehnte er ab. Nachdem er einige Seiten geschrieben hatte, warf er sie mit den Worten ins Feuer, er habe
das Gefühl, sich zu entehren. Es war höchste Zeit . . . Der Kardinal de Fleury ärgerte sich über die Weigerung, und Voltaire
bedauerte, daß der Kardinal ihn schlechter behandelte als in
den angenehmen Tagen, da sie sich bei der Duchesse de Villars
trafen.

Kurz, er hoffte, daß seine Verhandlungen mit Friedrich ihn
mit dem Kardinal und dem Hof aussöhnten.

Man mag von diesen ›Verhandlungen‹ denken, was man will.
War es sehr loyal, als ›Philosoph‹ seinem Freund Friedrich die
Würmer aus der Nase zu ziehen? Gewiß war Friedrich, weit-
aus gewitzter als Voltaire, nur auf dem Papier ein Anti-
Machiavell . . . Dennoch ist Voltaires Verhalten, wenn man es
sanft ausdrückt, der beiden Füchse durchaus würdig.

Und schon ist er auf dem Wege nach Deutschland. Kurz vor
Hertford bricht seine Kutsche zusammen, am 11. November
1740. Er kommt in die Stadt in seidenen Hosen und Pantof-
feln, auf einer Schindmähre reitend. Der Wächter fragt nach
seinem Namen. Er antwortet: »Don Quichotte«. Unter diesem
Namen hält er seinen Einzug in Hertford. Das Wiedersehen
mit Friedrich findet in Rheinsberg statt. Friedrich ist wieder
einmal entzückt. Er schreibt an Algarotti, den er den ›Schwan
von Padua‹ nennt: »Voltaire ist angekommen, er glänzt mit
neuen Schönheiten und ist sehr viel umgänglicher als in
Kleve.« Ist das so, weil Friedrich kein Fieber, weil Voltaire
keine Koliken mehr hat? Was tut man? Man liest Verse, man
tanzt, man ißt, man meditiert über Vergil, spielt Flöte. Voltaire wagt ein wenig Geld beim Spiel. Er tanzt nicht, ißt nicht
und trinkt nicht, dafür spricht er. Anwesend ist auch eine
Schwester Friedrichs, die Markgräfin von Bayreuth, die Voltaire ebenso liebt wie Friedrich. Der königliche Philosoph
scheint voller Bewunderung: er spricht und träumt von nichts
anderem als von Poesie, Musik und seinem großen Gast. Wer
könnte vermuten, daß es ein Schlesien gibt und daß zweihunderttausend Mann der wunderbaren Armee Friedrichs
sich in diesem Moment auf seinen Befehl hin anschicken, in

die reiche Provinz einzufallen? Und wer könnte ahnen, daß die Melodien auf der Flöte, das philosophische Girren kaum das Klingen von Geld übertönen, das einer unserer beiden Helden, Voltaire, dem anderen, Friedrich, zu entlocken versucht? Denn der eine wollte, daß ihm seine Reisekosten bezahlt wurden, was der andere nicht wollte. Folgendes schreibt Friedrich an Jordan, als gerade der Zauber Voltaires am meisten wirkte: »Dein Geizkragen wird den Bodensatz seines unersättlichen Wunsches, sich zu bereichern, trinken, er wird tausenddreihundert Ecus erhalten. Sein sechstägiges Erscheinen kostet mich täglich fünfhundertfünfzig Ecus. Das nenne ich einen Narren teuer bezahlen! Niemals hat der Narr eines großen Herren ähnliche Gagen erhalten.«

Welch anmutige Sprache! Und in welcher Harmonie mit dem »bezaubernden und entzückenden Mund«. Wenn das ein Scherz sein soll, so ist er plump und grausam, und beleidigend sowohl für den, der ihn macht, wie auch für den, der sein Opfer ist. Er enthält außerdem eine Drohung: »Der Geizkragen wird den Bodensatz trinken . . .«

Aber der Abschied ist dennoch bewegend. Ihr geziertes Benehmen macht ihn zur Groteske. Sie gurren wie zwei Tauben. Wir werden ein wenig später zugeben müssen, daß diese Tauben Schnäbel wie Adler haben. Hier die Abschiedsworte Voltaires:

> Non, malgré vos vertus, non malgrés vos appas
> Mon âme n'est point satisfaite:
> Non, vous n'êtes qu'une coquette
> Qui subjugue les cœurs et ne vous donnez pas.

Die Kokette von Potsdam antwortet in derselben Sprache:

> Mon âme sent le prix de vos divins appas
> Mais ne présumez pas qu'elle soit satisfaite
> Traître, vous me quittez pour suivre une coquette
> Moi, je ne vous quitterai pas.

Man möchte gerne wissen, was Emilie zu diesen Versübungen sagen würde. Aber man weiß, was sie fühlte, als sie von der sechstägigen Eskapade nach Rheinsberg hörte. »Er schreibt mir die Nachricht äußerst trocken, da er wohl weiß, daß er

mir das Herz durchbohrt.« Sie wird richtig krank davon. Sie
hat Schmerzen auf der Lunge, sie schläft und ißt nicht, und sie
glaubt zu sterben, wie ihre Freundin, die Duchesse de Richelieu, die eben verschieden war. Der Herzog, dem an seiner
Frau zwar nicht das geringste lag, hatte Voltaire eine Szene
gemacht, weil er die Aufführung seines Stückes ›Zulime‹ —
wieder eine Tragödie — während der Agonie der Herzogin
nicht verbot. Aber Voltaire war so fern! Was galten Emilie,
Richelieu, Paris und Frankreich: der König von Preußen spielte
Flöte für ihn und nannte ihn Verräter! mit einem gewissen
Gesichtsausdruck.

Während dieses seltsamen Spieles, bei dem Eitelkeit, Intelligenz, Eigennutz, Bosheit und Lächerlichkeit sich mischten,
hatte Emilie einen rührenden Gedanken, einen Gedanken, der
aus dem Herzen kam. Sie beklagte sich, aber gleichzeitig beklagte sie Voltaire. Sie sah voraus, daß der Zauber fallen, daß
er den an ihr begangenen Verrat bedauern würde, und sie litt
bereits darunter, ihn unglücklich zu wissen. Am 23. November
1740 schrieb sie an Richelieu: »Glauben Sie mir, am meisten
beschäftigt mich in diesen dunklen Augenblicken der Gedanke an den schrecklichen Schmerz, den M. d. V. empfinden
wird, wenn der Rausch nachläßt, in den ihn der Hof von
Preußen versetzt hat. Ich kann die Vorstellung nicht ertragen,
daß die Erinnerung an mich ihn in seinem Schmerz quälen
wird. Alle, die mich geliebt haben, dürfen ihm dies nie vorwerfen . . .« Wieder einmal ist sie es, die am meisten liebt.

Voltaire kehrte mit leeren Taschen zurück. Abgesehen von dem
mit so viel Mißvergnügen überlassenen Geld, abgesehen von
jenen wertvollen Versen, brachter er keinerlei Informationen.
Wäre ihm der Brief an Jordan bekannt gewesen, so hätte er
gewußt, daß man ihn nur für einen Narren hielt, einen kostbaren gewiß, aber zu teuren. Und das Ärgerlichste war, daß
Friedrich von allem wußte, was sich zwischen dem Kardinal
de Fleury und seinem Beauftragten abgespielt hatte.

Seine Ankunft in Brüssel war kein Triumph. Der Prozeß und
die Tränen Emilies warteten auf ihn. Er fühlte sich schuldig,
so schuldig, daß er in einem Brief d'Argental um Verzeihung

bat. Er endet mit den Worten: »Niemal stand Mme du Châtelet so hoch über den Königen.«

Sie wäre zweifellos glücklicher gewesen, hätte man sie nicht mit Königen verglichen. Denn einige Tage lang war sie sicher ›unter‹ den König von Preußen gestellt worden. Aber sie verhielt sich tadellos. Sobald sie Voltaire wieder hatte, beklagte sie sich nicht mehr und fand ihre Fröhlichkeit wieder: ». . . endlich«, schreibt sie an d'Argental, »ist er zurück, es geht ihm gut, abgesehen von einer Schwellung seiner Augen, alle Leiden sind zu Ende, er schwört mir, für immer.« Aber es gibt Friedrich. Sie macht sich keinerlei Illusionen über die Gefühle des Königs ihr gegenüber. »Ich glaube, er ist empört über mich, aber er soll nur versuchen, ob er mich mehr hassen kann, als ich ihn seit zwei Monaten hasse. Sie werden zugeben, eine hübsche Rivalität.«

Nichts ist banal im Leben Voltaires, aber gewisse Züge vernimmt man nur widerwillig; hier einer, von dem wir durch Jordan wissen. Um Friedrich seinen Hof zu machen, sprach Voltaire schlecht von Emilie! So schlecht, daß Friedrich große Hoffnungen für seinen Plan schöpfte, Voltaire an seinen Hof in Potsdam zu binden; so schlecht, daß er nicht umhin konnte, Voltaire zu verachten. Folgendes schreibt er seinem ›Vergil‹: »Das Gehirn des Dichters ist genauso leicht wie der Stil seiner Werke, und ich schmeichle mir, daß Berlin ihn genug verführt, um ihn bald zurückzubringen, um so mehr, als die Börse der Marquise nicht so gut ausgestattet ist wie die meine.«

Und ›das‹ soll man die Freundschaft zwischen Voltaire und Friedrich nennen! Die Unterstellung Friedrichs ist eine Verleumdung. Voltaire hatte bei seiner Verbindung mit Emilie nicht das geringste Interesse am Geld. Er war es, der sein Vermögen für Cirey ausgab, und er war glücklich darüber. Diese Liebe, diese Großzügigkeit stehen über den Gefühlen Friedrichs. Unglücklicherweise begibt sich Voltaire manchmal auf das Niveau seines königlichen Philosophen.

Kleine Geschäfte mit Feder und Geld

In Brüssel arbeitete Voltaire. Er änderte ›Mahomet‹ um. Er lebte nur noch mit Mahomet, einem Mahomet à la Voltaire, der äußerst wenig Ähnlichkeit mit dem Propheten des Islam besaß. Er brannte darauf, seinen Mahomet auf der Bühne zu sehen, aber er war nicht in Paris, um ihn den Schauspielern anzubieten, mit ihnen zu proben und die Neugierde nach Skandalgerüchten zu erwecken, mit denen er das Erscheinen seiner Stücke so trefflich zu begleiten wußte.

Auf dem Rückweg machten Emilie und er Halt in Lille, wo die Nichte Denis wohnte, deren Gatte in dieser Stadt das lukrative Amt eines Zahlmeisters ausübte. Sofort war alles, was die Stadt an Berühmtheiten aufzuweisen hatte, um Voltaire versammelt. Er warf seinen Köder nach einem Monsieur de La Noue aus, Schauspieler und Autor von Tragödien, der das Theater in Lille leitete. Er kannte ihn schon, er selbst hatte ihn im Namen Friedrichs gebeten, eine Truppe von Schauspielern für das Theater in Berlin zusammenzustellen. Alles sollte unverzüglich vorbereitet werden. Als alles fertig war, hatten die Schauspieler Friedrich benachrichtigt. Dieser jedoch, bis zum Hals im Krieg verstrickt, schickte die Gaukler wieder fort. La Noue, der sein Geld und sein Ansehen eingesetzt hatte, war ruiniert und verzweifelt. Aber er grollte Voltaire nicht, von dem er doch mit leeren Versprechungen berauscht worden war. Er grollte ihm auch nicht, einen ›Mahomet‹ geschrieben zu haben, obwohl er selbst einen ›Mahomet‹ in der Tasche trug. »Unsere beiden Mahomets haben sich in Lille umarmt«, schreibt Voltaire an Cideville. Aber der Voltaires erstickte den anderen. Und der gute La Noue spielte den ›Mahomet‹ Voltaires, der ein großer Erfolg wurde. Voltaire hielt das Publikum von Lille für das aufgeklärteste der Welt. Selbst die Priester zeigten Begeisterung. Es war dort auch ein Abbé Valori, der Bruder des französischen Botschafters in Berlin. Voltaire beauftragte ihn, seinem Bruder einen ausführlichen Bericht seines Triumphes zu schicken. In Berlin würde Friedrich nicht unempfänglich dafür sein. Publizität!

In dem Augenblick, als Voltaire Friedrich von dem Triumph ›Mahomets‹ unterrichtete, unterrichtete Friedrich Voltaire von seinem Sieg bei Mollwitz. Die beiden Depeschen kreuzten sich. Man konnte folgendem erstaunlichen Schauspiel beiwohnen: Voltaire unterbrach die Vorstellung, betrat die Bühne und rief vor einem französischen Publikum den Sieg Friedrichs von Preußen aus — obwohl dieser Sieg doch im ganzen gesehen eine ziemliche Kränkung für Frankreich war. Und Voltaire, trunken vor Eitelkeit: »Sie werden sehen, daß das Stück von Mollwitz dem meinen Erfolg bringt.«

Nun, die beiden Stücke waren ein Erfolg. Die guten Leute von Lille »weinten, wie man aus der Nase blutet«, sagt Voltaire. Auch Emilie war begeistert, obschon es Enttäuschungen mit der Physik gab. Ihr Lehrer Koenig war ein Schüler von Leibniz, sie war es auch geworden, aber die Akademie der Wissenschaften nicht. Also grollte sie der offiziellen Wissenschaft. Schließlich zerstritt sie sich mit Koenig, der überall verbreitete, Emilie könne weder Mathematik noch Physik und schreibe ihre Aufsätze unter dem Diktat von Maupertuis oder Koenig. Madame du Deffand stürzte sich auf den Klatsch und machte daraus das Folgende: »Sie soll jetzt angefangen haben, Geometrie zu lernen, um endlich ihr eigenes Buch zu verstehen.« Und ein gewisser Abbé Le Blanc schickte den Mitgliedern der Akademie auf dem Lande äußerst gehässige Berichte, in denen er Koenig den »geometrischen Kammerdiener der Marquise« nannte.

Voltaire, ebenfalls ein Gegner von Leibniz, hatte der Akademie der Wissenschaften einen Artikel ›Sur les forces vives‹ eingeschickt, den die Akademie aus denselben Gründen hätte billigen müssen, aus denen sie die Leibnizsche These Emilies mißbilligte. Aber die Akademie hüllte sich bei beiden in Schweigen. Vorsicht! Voltaire wollte aufbegehren, dann fand er es richtiger, den schon durch Emilie verärgerten Sekretär der Akademie nicht noch mehr zu verärgern: Vorsicht!

Trotz der Reisen, der Schmähschriften, der Stücke, die er schreibt, umarbeitet, auf die Bühne bringt, der ständig begonnenen und nie zu Ende geführten Prozesse, findet Voltaire in diesen arbeitsamen Jahren immer noch die Zeit, jeden zweiten Tag krank zu sein und vor allem, sein Vermögen zu vergrößern. Im Augenblick leiht er den vornehmsten Herren Geld, was unsinnig scheint, denn es gibt keine schlechteren Zahler. Doch Voltaire hat festgestellt, daß sie, wenn auch mit Verspätung, schließlich doch zahlen. Wenigstens halten sie es so mit Voltaire, denn er weiß zu fordern, was man ihm schuldet. Dafür gelingen ihm seine Spekulationen mit Geschäftsleuten nicht immer. Er hält die gewöhnlichen Geschäftemacher für gemein und unordentlich, über kurz oder lang dem Bankrott nahe. Durch einen gewissen Michel verliert er dreißigtausend Livres, das ist eine ungeheure Summe. Wie reagiert er?

Wenn man seinen gestrigen und heutigen Feinden glaubt, so ist Voltaire geizig, sogar ganz besonders knauserig. Wäre er so geizig gewesen, dann hätte ihn ein solcher Verlust in Wut versetzen und niederschmettern müssen. Doch trägt er ihn mit philosophischer Gelassenheit, obschon Resignation nicht seine größte Tugend ist. Wenn er nicht heftig reagiert, so, weil keine schmerzhafte Stelle seiner Sensibilität berührt ist. Wir kennen ihn mittlerweile genug, um zu wissen, daß dieser Pseudo-Geizkragen nicht am Geld als solchem hängt. Er liebt das Geld, weil Geld unbedingt zu seiner Art, ein ›honnête homme‹ zu sein, dazugehört. Wenn er große Summen verliert, wenn er sie ausgibt oder verschenkt, beunruhigt er sich nicht, solange seine Ruf als wohlsituierter Herr nicht bedroht ist. Das ist nicht die Haltung eines Geizigen.

Aber warum verlangt er dann von Friedrich seine Reisekosten mit einer solchen Hartnäckigkeit? Weil es sich nicht um einen zu gewinnenden oder zu verlierenden Geldbetrag handelt, sondern um das, was man ihm schuldet. Voltaire verlangt, weil Friedrich, der König, ihm den Befehl gegeben hat, zu ihm zu kommen; wer befiehlt, muß auch zahlen. Das ist gerecht, und darum besteht er darauf. Er, Voltaire, bezahlt großzügig die ihm geleisteten Dienste. Sobald er befiehlt, heißt der Satz, der unweigerlich seinem Befehl folgt: »Das Geld ist bei dem Herrn Bankier hinterlegt« oder »Der Überbringer wird Ihnen die

Summe von . . . auszahlen.« Seine Forderung entspringt nicht einem krankhaften Verlangen nach Geld, es handelt sich um eine zugleich moralische und verstandesmäßige Forderung, ein Bedürfnis nach Genauigkeit und Klarheit. Er ist Sohn und Enkel von Männern, deren Rechnungen jahrhundertelang bis auf den letzten Heller genau waren. Er erwartet von anderen die gleiche Strenge. Das ist sein gutes Recht. Daß er, was man ihm schuldet, ungeduldig verlangt, daß er von der Gleichgültigkeit und Böswilligkeit seiner Schuldner enttäuscht ist und mürrisch wird, niemand kann sich darüber wundern. Daß er zuweilen bei diesen Händeln seine Würde verliert, steht außer Zweifel. Aber ist nicht die Kleinlichkeit Friedrichs, eines Königs, eines durch Intelligenz überlegenen Mannes, durch die Weigerung zu geben verächtlicher als die Kleinigkeit Voltaires, der mit Beharrlichkeit fordert? Wenn man das Geld, das Voltaire verschenkt, für andere ausgegeben oder sich von ihnen hat stehlen lassen, gegen das abwägen würde, was er zuweilen kleinlich oder selbst gierig wiederverlangt hat, so würde man sehen, daß Voltaire großzügig und oft äußerst freigiebig war. Die einzige Rache, die er für den Bankrott Michels nimmt, ist diese:

> Michel au nom de l'Eternel
> Mit jadis le diable en déroute
> Mais après cette banqueroute
> Que le Diable emporte Michel.

Harpagon hätte eine ganz andere Sprache gesprochen.

Im Herbst 1741 ist unser ›Geizkragen‹ mit Emilie in Paris. Sie wohnen bei Madame d'Autrey, die durch einen merkwürdigen Zufall in dem Haus der Comtesse de Fontaine-Martel lebt. Voltaire fühlt sich dort ein wenig heimisch. Die Aufführung von ›Zaïre‹, der gottlose Tod der Gräfin, welche Erinnerungen! Madame du Châtelet, die ihre Prozesse ermüden, aber dank der Geschicklichkeit Voltaires auch bereichern, möchte ein Haus in Paris haben. Sie kauft das schöne Hôtel de Lambert, von Le Vau erbaut und von Le Sueur und Le Brun verziert. Aber es sind keine Möbel darin, Reparaturen sind notwendig, kurz, es ist nicht zu bewohnen. Voltaire lebte nie dort, obwohl man das Gegenteil behauptet hat. Er übernimmt sofort die Einrichtung. Er wählt die Galerie aus, in der er seine Bibliothek einrichten wird, er berauscht sich an Plänen. »Der Überfluß, der so nötige«, läßt sich an diesem fürstlichen Wohnsitz nieder. Mit einem Wort, unser Geizkragen verpflichtet sich zu einer Ausgabe von mehreren tausend Livres, um eine Behausung zu verschönern, die ihm nicht gehört und deren Erben Emilies Kinder sein werden, ganz wie Cirey, in das er sein Vermögen gesteckt hat. Noch ein merkwürdiges Beispiel seines ›Geizes‹, recht eigen, wie man sieht. Sein Leben wird weitere Beispiele, und sogar verblüffendere zeigen.

Skandal am Hof und auf der Bühne

Am 21. Dezember 1741 kehrt Emilie ohne Voltaire nach Cirey zurück. Dieser brennt darauf, Versailles zum Lachen zu bringen. Aber kein Minister, keine Favoritin laden ihn dazu ein. Er findet daher, daß die Luft des Hofes seinen hehren Gedanken nicht angemessen sei, und bescheidet sich damit, nichts als ein ›philosophischer Bürger‹ zu sein. So setzt er manchmal eine etwas abfällige Miene für das auf, was er auf der Welt am meisten liebt, wenn dieses ihn nicht wiederliebt. Er findet im übrigen einen ausgezeichneten Vorwand: »Ich habe nicht mehr die Gesundheit eines Höflings.« Wie richtig! Er hat den Charakter dazu, aber nicht die physische Durchhaltekraft. Ein aufreibendes Metier, ein unmögliches Metier für einen Mann, der an drei Tagen der Woche Koliken hat, an den andern Tagen die verschiedensten Fieber. Man muß stundenlang stehen, gehen, jagen, tanzen, essen und trinken, spielen, auf Befehl weinen und lachen und auf jede Möglichkeit gefaßt sein, wie ein Soldat im Felde. Man darf nicht frieren und sich nicht um fünf Uhr abends Pelz- und Wollmützen überziehen, dicke Wollstrümpfe und Morgenröcke, wie Voltaire es in Cirey tut und anderswo. Und man muß Tage und Nächte damit verbringen können, nichts zu sagen, zu spielen oder nichts zu tun, mit einem Wort, zu warten und da zu sein. Angeekelt läßt er die kleine Wohnung wieder ausräumen, die er — auf alle Fälle — in Versailles genommen hat. Der Hof schmollt; Voltaire verachtet ihn. Das heißt Philosoph zu sein.

Er wird nicht zögern, dem Hof Anlaß nicht nur zum Schmollen, sondern zum Prügeln zu geben. Ganz Paris ist in Aufruhr: die Abschrift eines Briefes Voltaires an den König von Preußen geht von Hand zu Hand. Dieser hatte soeben einen Separatfrieden mit Österreich abgeschlossen, ohne Frankreich, seinen Verbündeten, auch nur zu benachrichtigen. Folgendes schrieb der Präsident Hénault an Madame du Deffand, die nicht an diesem Fest der üblen Nachrede teilnehmen konnte, da sie in den Bädern von Forges weilte: »Wissen Sie, was es hier gibt? Einen Brief Voltaires an den König von Preußen, den verrücktesten, den man sich vorstellen kann. Er sagt ihm, er habe gut daran getan, den Frieden zu schließen (was völlig gegen seine Abmachungen war), ganz Paris billige ihn (das Traurige war, daß dies der Wahrheit entsprach), er habe den Kardinal rasch auf seine Seite gebracht (völlige Verleumdung, Fleury war ein loyaler Verbündeter) und er brauche sich im Augenblick nur um seine Vergnügungen zu kümmern...«

Die Wirkung dieses Briefes in Versailles war entsetzlich. Die damalige Favoritin, Madame de Mailly, war außer sich vor Zorn, sie forderte für Voltaire eine exemplarische Bestrafung. Er dagegen begann zu schwören, daß er mit der Angelegenheit nichts zu tun habe, daß der Stil des Briefes seiner unwürdig sei etc. Selbst Madame du Châtelet erkannte den Brief an. Da er nicht in Versailles den Höfling spielen konnte, spielte er ihn in Berlin. Es war nur ein Notbehelf, hätte Friedrich gesagt, aber der Augenblick war wirklich schlecht gewählt, den König von Preußen zu seinem Verrat an Frankreich zu beglückwünschen.

Hénault sah eine »Verlagerung nach Brüssel« vor. Schluß mit den Dekorationen des Hôtel de Lambert, den Freuden von Cirey, dem Triumph am Theater... ›Mahomet‹ wird für ewig ein Mahomet von Lille bleiben.

Er schreibt der Favoritin, er fleht, er schmeichelt, er schwört, er bittet um Gehör, er beruhigt! Alles, was in Paris zählt, ist gegen ihn. Madame du Deffand umreißt das Problem mit der Hellsichtigkeit ihrer intelligenten Bosheit: Es handelte sich nicht darum zu wissen, ob der Brief von Voltaire stammte oder nicht, da alle Welt — außer Voltaire — wußte, daß es so war, sondern darum zu erfahren, wie er aus der Tasche Friedrichs in die Salons, Empfangszimmer und Straßen von Paris gelangt war. »Unbegreiflich zu verstehen erscheint mir, wieso er in Umlauf ist«, sagt die Marquise.

Man verdächtigt die Polizei, man verdächtigt Diebe und die auf Voltaire Eifersüchtigen am preußischen Hof. Voltaire verdächtigt den alten Kardinal, nur nicht den wahren Schuldigen, der unter seinem Mantel lacht: Friedrich. Friedrich hatte selbst durch seine Agenten die Abschrift des Briefes bei allen Botschaften in Paris verteilen lassen — auch in der seinen, um den Verdacht abzulenken. Warum? Aus Gründen, die wir kennen, um Voltaire definitiv mit Frankreich zu entzweien und ihn auf Lebzeiten aus seinem Vaterland zu verbannen. Da er nicht wissen würde, wohin, würde der »Liebhaber der du Châtelet«, wie Friedrich sagte, in die Arme oder Pranken seines gekrönten Philosophen fallen.

Der Schluß ist verwirrend: Ludwig XV. zeigte kein Interesse an dem Dichter. Sei es Trägheit oder Gleichgültigkeit, er ging in keiner Weise gegen den Federfuchser vor, den er weder bewunderte, noch liebte, noch schätzte. Das hieß aus Zerstreutheit Friedrich einen bösen Streich spielen: Voltaire blieb friedlich in Paris. Am erstauntesten war er selbst. Er erfuhr nie von Friedrichs Verrat.

›Mahomet‹ sollte in der Comédie-Française gespielt werden. Die Stimmung war nicht die beste. Der Kardinal, dem Voltaire das Stück überreichte, hüllte sich in Schweigen. Er ließ ihn gewähren. Das bedeutete nicht, daß er es sich nehmen lassen wollte, die Aufführung in der letzten Minute zu verbieten.

Am 19. August 1742 fand vor einem äußerst stattlichen Publikum die Première statt. Fürsten, hohe Würdenträger und vornehme Herren, Minister, Botschafter, die obersten Richter. Der schlechte Ruf des Autors hatte den Saal gefüllt. ›Mahomet‹ wurde an diesem Abend ein ungeheurer Erfolg. Am nächsten

Tag folgte die Katastrophe: man bemerkte, daß Mahomet nicht der Mahomet aus dem Koran war. Was die Einfältigen auf einen angeblichen Angriff auf den Propheten des Islam gehalten hatten, war in Wirklichkeit ein Angriff auf Jesus Christus. Nicht der Islam wird angegriffen, sondern das Christentum. Es geht nicht um diese oder jene Religion, sondern gegen die Religion als solche, wie auch immer der Name ihres Propheten lautet. Ein Theologe hetzte die Leute auf der Straße gegen Voltaire auf, denn, sagte er, Ma-ho-met hat drei Silben wie Je-sus-Christ. Ist das nicht der offenkundige Beweis dafür, daß der eine nur den anderen verbirgt? Leute, die keine Fanatiker waren und Verstand hatten, brauchten nicht die Silben zu zählen, um das zu verstehen. Zum Beispiel Lord Chesterfield, der ›Mahomet‹ in Brüssel las und keinen Moment im Zweifel war, da er ihn gut gelesen hatte: ». . . ich fand seine Gedanken brillanter als richtig, aber vor allem merkte ich, daß er es auf Jesus Christus in der Gestalt von Mahomet abgesehen hatte, und ich war erstaunt, daß man dies in Lille nicht bemerkt hatte.« Ja, das brave Publikum von Lille war zu brav. Mahomet ist gut und gern eine Kriegslist, nicht gegen den Islam, der fern liegt, sondern gegen das Christentum.

Die heftigsten Feinde waren die Jansenisten. Da die Aufführungen stürmisch wurden, verbot man das Stück. Um die Dummköpfe in Paris in Aufregung zu versetzen, schwor Voltaire wütend, er werde seine Tragödie dem Heiligen Vater widmen, und von ihm werde sie gebilligt werden: »Ich werde ›Mahomet‹ dem Papst widmen, und ich rechne damit, Bischof in partibus infidelium zu werden, denn das ist meine wahre Diözese.«

Man macht dem Hof und der Akademie den Hof

Kaum war der Vorhang über ›Mahomet‹ gefallen, als sich Voltaire am 22. August 1742 wieder auf den Weg nach Brüssel begab. Halt in Reims: Schauspiele, Diners, Bälle. Emilie erstrahlte in Schönheit. Voltaire wurde ganz heiter. Er schreibt:

»Nie hat sie besser getanzt, nie hat sie besser beim Souper gesungen, nie so viel gegessen, nie so viel gewacht.«

Am 2. September waren sie in Brüssel. Sogleich ruft ihn Friedrich mit ›Sirenenstimme‹ nach Aachen. Voltaire eilt fort. Es ging schnell. Am Montag abgereist, war er am Sonntag zurück. Sie hatten gerade nur Zeit, die Hälfte von Europa schlecht zu machen. Friedrich erinnerte ihn an seine Angebote: Haus in Berlin, Ländereien in Preußen, Pension, Titel . . . Voltaire lehnte sanft ab, er hatte immer noch Versailles im Sinn. Er hatte sogar den Kardinal Fleury um Erlaubnis gebeten, Friedrich einen Besuch abzustatten. Er versuchte, einen Auftrag zu erzwingen, er wollte nützlich sein. Man kümmerte sich nicht im geringsten darum bei Hofe. Der Kardinal antwortete ihm noch nicht einmal.

In Brüssel langweilte sich Emilie. Ihr Prozeß lahmte, sie auch, aber aus Ungeduld. Endlich fand Voltaire einmal die erholende Ruhe. Er war ununterbrochen krank, das heißt, er arbeitete vierzehn Stunden am Tag. Die Verbindung seiner Krankheit mit seiner Arbeit verdient einen Augenblick Aufmerksamkeit: »Ihr Freund ist ein wenig krank«, schreibt Emilie an D'Argental, »und Sie wissen, daß er nichts anderes tun kann als Verse schreiben, wenn er krank ist.« Hatte er Schmerzen, so dichtete er. War er kräftiger, so philosophierte er — und stets schrieb er seine Rechnungen. Aber da er fast immer krank war, widmete er sich am meisten der Poesie.

Im November 1742 sind sie wiederum in Paris. Er nimmt seine Schmeicheleien gegenüber dem Kardinal de Fleury wieder auf. Er macht das so gut, daß der Minister ihm antwortet: »Sie sind nicht mit Gold aufzuwiegen, Monsieur. Ich habe dem König Ihren Brief gezeigt, der sehr zufrieden damit war.« Welcher Erfolg! Er mußte schon ein recht guter Höfling sein! Einige Monate vorher wollte man ihn gefangensetzen und jetzt: »nicht mit Gold aufzuwiegen!« Wenn nicht seine plötzlichen Launen gewesen wären und seine spielerische Freude an Theatercoups, so hätte er bei Hofe die erstaunlichste Karriere gemacht. Aber wenn er umgekehrt nicht das wunderbare Talent zu schmeicheln und zu verführen besessen hätte, wäre er zwei-

fellos schon zehnmal gehängt worden. Ach! Mit einem Feder-
strich, mit einem einzigen Wort machte er Wochen feinster
schmeichlerischer Arbeit zunichte.

Nichts ist so unvereinbar mit diesem Mann wie Ruhe; kaum
ist er angekommen, da erscheint ein Band mit seinen Werken,
voller gefälschter skandalöser Texte. Monsieur Hérault ist wieder einmal in Alarmzustand. Voltaire schreit, man bringe ihn
um, die Texte seien nicht von ihm, man wolle ihn verderben.
Er verlangt Richter und vor allem Henker für die Verleger.
Der Schuldige ist ein gewisser Didot, der Vorfahre der großen
Didots, man setzt ihn fest. Aber er hat eine Frau und acht Kinder. Er ruft um Hilfe. Man läßt ihn laufen, nachdem er
geschworen hat, nie wieder verbotene Bücher zu verkaufen. Voltaire, der über den Wert von Verlegerschwüren weiß, läßt Didot von der Polizei überwachen. Natürlich verkauft Didot nach
Verlassen des Gefängnisses dieselben verbotenen Bücher wie
vordem. Klage Voltaires, neuer Haftbefehl, neues Laufenlas-
sen. Man könnte noch lange so fortfahren.

Hier zeigt sich die ganze Geschichte des Verlagswesens im 18.
Jahrhundert. Der Verkauf verbotener Bücher hörte nie auf.
Die Autoren kamen ins Gefängnis, die Verleger auch, kaum
waren sie wieder draußen, so machten sie weiter wie vordem.
Voltaire ließ wie die anderen sein Leben lang unerlaubte Bücher drucken und verbreiten. Das war, von einigen Unannehmlichkeiten abgesehen, fast genauso liberal wie die ›Pressefrei-
heit‹ und weit aufregender!

Voltaire hatte es sich nie versagen können, gegen die Académie
und deren Mitglieder zu sticheln. Es ging ihm mit der Académie wie mit dem Hof. Er fühlte sich nicht vollkommen, solange er nicht dazu gehörte. Doch mit achtundvierzig Jahren
hatte ihn weder die eine noch die andere Institution aufgenommen. Er konnte die Schuld wirklich nur bei sich suchen,
in dem Haß, den seine Boshaftigkeit hervorrief; denn sein Talent, sein Benehmen, seine Lebensart hätten ihn ganz von
selbst zum Mitglied des Hofes und der Académie gemacht. Er
brauchte mächtige Freunde, um den Haß zum Schweigen zu
bringen.

In den ersten Monaten des Jahres 1743 vertraute er sehr darauf, daß der Kardinal und der König die Mitglieder beeinflußten, die gegen ihn waren. Doch der Kardinal hielt sein Wort nicht. Aus folgendem Grund: »Nachdem der Kardinal recht krank gewesen war«, schreibt Voltaire an Friedrich, »kam er vor zwei Tagen, als er nicht wußte was tun, auf den Gedanken, die Messe an einem kleinen Altar im Garten zu lesen, wo er erbärmlich fror.« Das war Ende Dezember 1742. Man muß wissen, daß der Kardinal neunzig Jahre zählte. Er schalt den Baron de Breteuil einen Weichling, weil er ihn anflehte, seine Messe doch im Hause zu lesen. Der Kardinal erlitt einen Schlaganfall und starb Anfang Januar 1743.

Voltaire mußte also auf eine andere Gelegenheit warten, um sich vor der Académie verteidigen zu lassen. Übrigens verstand man nur in Paris, warum Voltaire noch nicht in der Académie war, ganz Europa glaubte, daß er dazu gehöre und daß er sogar die schönste Blüte der Versammlung sei. Ein Reisender, der einem deutschen Fürsten sagte, Voltaire sei kein Mitglied der Académie, bekam die Antwort: »Aber wer gehört denn dann dazu?«

Als er sah, daß der Platz in der Académie Française ihm entwischte, gedachte er, sich um einen bei der Akademie der Wissenschaften zu bewerben. Warum nicht? Und er rühmte seine Werke: ›Mémoires sur la Nature du Feu‹, ›Mémoires sur les Forces Vives‹. Er fand Anhänger. Der Sitz Fontenelles war frei. Wer konnte ihn besser besetzen als Voltaire? Gab es eine bessere Feder, die Ergebnisse der Experimente aufzuzeigen, Entdeckungen zu verbreiten? Fontenelle war ein ausgezeichneter Publizist gewesen. Voltaire übertraf ihn. Sein Feind, La Beaumelle, der uns bald beschäftigen wird, fand den giftigsten Ausdruck, um das Talent Voltaires zu rühmen: »Dieser Platz wäre ganz besonders für Voltaire geeignet, er hat das größte Talent, zu schreiben, was die anderen gedacht haben.«

Réaumur und Maupertuis waren ganz auf seiner Seite und wollten ihn sogar dazu bringen, auf die Poesie zu verzichten und sich ganz den Wissenschaften zu widmen. In Cirey wäre Madame du Châtelet entzückt darüber gewesen, aber Ma-

dame de Graffigny und Madame de Champbonin hätten ge-
weint: sie liebten die Verse Voltaires über alles! Und so schreibt
Madame de Graffigny: »Die schöne Dame (Emilie) drängt ihn
immer, keine (Verse) mehr zu schreiben, die dicke Dame
(Champbonin) und ich widersprechen ihr, so sehr wir können.
Es ist schrecklich, Voltaire am Dichten hindern zu wollen.«
Madame de Graffigny, die sich ohne Hoffnung auf Erfolg
Newton zu lesen bemühte, den sie nicht verstand, hatte eines
Tages die Genugtuung, Voltaire sagen zu hören: »Lassen Sie
Newton liegen, das sind Träumereien, es lebe die Poesie!«
Weder Verse noch Physik öffneten ihm den Tempel der Wissenschaften. Er wurde von der Akademie abgelehnt, denn es
gab dort verbohrte Leibniz-Anhänger und ehrliche Christen,
die schworen, Retorten, Reagenzgläser und Zirkel zu zerschlagen, wenn Voltaire in ihren Tempel dringe.
Daher wandte er sich wieder an die Académie Française. Er
war hartnäckig. Man hatte ihm gesagt, der König würde sich
seiner Wahl nicht widersetzen. Er plante also, mit einem glänzenden literarischen Erfolg — von gutem Schrot und Korn —
seine Feinde zum Schweigen zu bringen. Es war ›Mérope‹, eine
seiner besten Tragödien, an der er schon seit Jahren arbeitete, die ihm diesen Erfolg bescherte. Wir erinnern uns,
daß er 1739 in Cirey daraus vorgelesen hatte.
Er erzählt, daß die Comédie-Française ›Mérope‹ abgelehnt
hätte. Das stimmt nicht, erlaubte ihm aber, ein bißchen Theater zu spielen. Er las ›Mérope‹ dem Abbé de Voisenon vor, der
ihm voller Bewunderung um den Hals fiel, in Tränen ausbrach
und »wie herrlich!« rief.
»Nun ja!« sagte Voltaire, »die Schauspieler haben das Stück
eben abgelehnt.« Voisenon lief außer sich zur Comédie und
machte den Schauspielern klar, daß sie das erhabenste Meisterwerk des französischen Theaters abgelehnt hätten. Verwirrt akzeptierten sie ›Mérope‹.
Die Sache war anders gewesen. Die Comédie hatte ›Mérope‹
nicht abgelehnt, sie wollte das Stück spielen, sobald er an der
Reihe war, nämlich nach der Tragödie, die sie gerade probten. Da Voltaire nicht ertragen konnte, daß man seine Stücke

aufschob, erfand er, man habe es abgelehnt — und dank dieser kleinen, heuchlerischen, aber geschickten Szene kam ›Mérope‹ als erstes dran.

Nicht zu leugnen ist jedoch der triumphale Erfolg von ›Mérope‹, ein unvergleichlicher Erfolg, vielleicht der größte beim französischen Theater. Ohne Ende spendete das Publikum dem Stück und dem Autor Beifall. Voltaire erzählt, er habe in der Loge der jungen Duchesse de Villars gesessen, als das Publikum verlangte, er solle sich zeigen, und das Parterre habe die junge Frau gebeten, Voltaire einen Kuß zu geben, was sie getan habe, worauf der Saal in ein wahres Delirium geraten sei. Die Wirklichkeit sieht ein wenig anders aus: er war mit der Duchesse de Luxembourg in der Loge Madame de Boufflers. Er begnügte sich damit, die Hand Madame de Luxembourgs zu küssen. Zweifellos eine weniger rührende Szene!

Er hatte sich unendliche Mühe gegeben, seinem Stück den Erfolg zu sichern. Nicht nur hatte er es, den Bemerkungen seiner Freunde Rechnung tragend, umgearbeitet, er leitete auch selbst mit der Hingabe und Leidenschaft eines Theaterbesessenen die Proben. Er brachte Feuer auf die Bühne, er verzehrte sich beim Spielen, denn er spielte mit den Schauspielern. Er war wie verwandelt: keine Koliken, kein Fieber, er schrie, gestikulierte, lief von einem zum anderen. Welches Schauspiel, dieser Mensch aus Feuer mit seiner beeindruckenden Magerkeit, der Gesicht und Stimme verwandeln konnte, Blitze aus seinen durchbohrenden Augen schleuderte und seine Interpreten schüttelte. Er war es, der Sterbende, der ihnen Leben einhauchte. Als Mademoiselle Dumesnil, seine Hauptdarstellerin, am Ende ihrer Kräfte war, rief sie ihm erschöpft zu: »Aber man muß ja den Teufel im Leib haben, um den Tonfall zu treffen, den Sie mir vorschreiben.«

»Ja, gewiß, Mademoiselle, man muß den Teufel im Leib haben, um in allen Künsten überdurchschnittlich zu sein.«

Man hegt keinen Zweifel, daß er für seinen Teil mit dem Teufel zusammenzuarbeiten meinte, damit sein Werk Erfolg habe. Eines Tages überraschte ihn die gute Graffigny, als er mit erbaulichem Eifer die Litanei der Heiligen Jungfrau hersagte.

Die Graffigny konnte sich nicht fassen. Er sagte ihr, er tue vor der Mutter Gottes Buße, weil ihr einfältiger Sohn ihm nicht erscheinen wolle. Spielte er bei solchen Szenen weniger, als wenn er mit seinen Schauspielern ›Mérope‹ probte? Wann spielte er nicht?

Wenn Mademoiselle Dumesnil sich auch übernahm, sie spielte dennoch wunderbar, dank dem Text, dank den Ratschlägen und dank ihrem wirklichen Talent.

Der dicke, fette, pausbackige, heitere und zu dieser Zeit arme Abbé de Bernis war einer der überschwänglichsten Bewunderer von ›Mérope‹. Er sagte, er sei bereit, sich zum Götzendienst zu bekehren, wenn der Götze Voltaire hieße. Diese gottlosen Worte bedeuteten für einen Priester ein nicht geringes Lob, aber da der Abbé de Bernis sie gesagt hatte, waren sie nur eine höfliche Redensart.

Würde die Académie dieselben Gefühle haben wie der Abbé de Bernis und Voltaire aufnehmen? Nicht unbedingt. Das unüberwindliche Hindernis lag in der mangelnden Frömmigkeit Voltaires, in seiner militanten, unverschämten Gottlosigkeit. Sein erklärter Feind in der Académie war Boyer, der Bischof von Mirepoix. Um die Gläubigen zu entwaffnen, schrieb Voltaire dem Minister einen Brief, den man nicht ohne Bestürzung liest. Die Académie wollte ihn fromm? Nun gut, er würde es sein. War er es nicht schon? Welche bösen Neider konnten ihm nachsagen, daß er nicht ein beispielhafter Katholik sei? Er wagt, »auf die Seiten seines Werkes, (welche? Die ›Ode à Sainte Geneviève‹?) welche von der Religion geheiligt seien«, hinzuweisen. Man glaubt zu träumen . . . Über wen macht er sich lustig? Er beruft sich auf die »›Henriade‹, die nichts ist als ein Lob der Tugend, die sich der Vorsehung unterwirft«. (Und warum hat man dieses erbauliche Gedicht verboten?) Er fährt fort: »Meine Feinde werfen mir ich weiß nicht welche ›Lettres philosophiques‹ vor . . .« Er hat ein kurzes Gedächtnis. Er erinnert sich nur der liebenswürdigen, an seine Freunde gerichteten Briefe, aber nicht derer, die unter »diesem prunkvollen Titel« gedruckt wurden. Welche Bescheidenheit!

Verblüfft las ganz Paris diesen Brief. Die einen lachten darüber, die anderen waren empört. Niemand ließ sich täuschen. Die ›Frömmigkeit‹ Voltaires war genauso berühmt wie sein dichterisches Talent, wurde jedoch strenger beurteilt. Und wer empörte sich am meisten? Eine gute Seele: Friedrich. Aber wenn er sich empörte, so, weil er meinte, Voltaire verriete die Gottlosigkeit.

Voltaire, der Tartuffe der Gottlosigkeit, wird später erklären, daß ihn der jähzornige Bischof von Mirepoix zur Heuchelei gezwungen habe. »Er mußte wissen«, schreibt er, »daß es ein recht trauriges Verdienst ist, den Heuchler zu spielen.« Ein Verdienst, das er nicht ausschlägt und das ihn keineswegs bekümmert, vor allem, wenn das traurige Verdienst mit einem Platz in der Académie belohnt wird. Es gab noch einen anderen Jähzornigen, den Erzbischof von Sens . . . »Aber ich werde alles Nötige tun, um den Erzbischof von Sens zu entwaffnen und zu beruhigen.«

Das ist deutlich. Dieses ›Nötige‹ läßt keinen Raum für Skrupel. Er stattete sogar dem Bischof von Mirepoix einen Besuch ab. Er schlug ihm einen Handel vor: Madame de Châteauroux, die Favoritin, verabscheute den Bischof. Voltaire bot ihm an, ihm durch das Ansehen seines Freundes Richelieu die Herzogin geneigt zu machen, wenn der Bischof seine Wahl begünstige.

Aber der »Esel von Mirepoix«, wie ihn Voltaire nannte, war störrisch. Als Voltaire ihn fragte: »Würden Sie mir einen Platz in der Académie verweigern?« antwortete der bischöfliche Esel: »Ja, und ich werde Sie zertreten.«

Von da an waren sie Todfeinde. Maurepas unterstützte den Bischof. Der Minister war ein gefährlicher Feind. Man sagte, er habe Gresset für seine Komödie ›Le méchant‹ als Modell gedient. Die Chancen Voltaires wurden zunichte, als man dem König sagte, es sei unschicklich, Voltaire auf den Platz des Kardinals Fleury zu wählen, denn der war frei. Sollte wirklich der größte Heide des Jahrhunderts die Lobrede auf den Kardinal halten? Der König widersetzte sich.

Am 22. März 1743 wählte die Académie den Bischof von Bayeux zum Nachfolger für den Kardinal Fleury. Der gute Prälat vergrößerte das Prestige des Hauses nicht. Und Voltaire schwört — warum schwören? — daß er für immer auf die Académie verzichte — das heißt, bis zum nächsten leeren Platz.

Berlin oder der Notbehelf

Dieses Scheitern, das Voltaire verbitterte, entzückte seinen Freund Friedrich. Es diente seinen Interessen. Er schrieb Voltaire: »Bringen Sie es über sich, eine Nation zu verachten, die das Verdienst eines Belle Isle und eines Voltaire verkennt, und kommen Sie in ein Land, in dem man Sie liebt und keineswegs bigott ist.« Das heißt, das Eisen zu schmieden, solange es heiß ist.

Paris war Voltaire verhaßt geworden. Crébillon, der Zensor, lehnte seine letzte Tragödie ›Jules César‹ ab. Voltaire erfuhr dies, als er um Mitternacht von den Proben seines Stückes kam. Das war der Gnadenstoß. Er versprach Friedrich augenblicklich, Frankreich zu verlassen und an den preußischen Hof zu kommen. Dieser jubelte. In seiner mit Bosheit vermischten Freude machte Friedrich folgendes Gedichtchen:

> Paris et la belle Emilie
> À la fin pourtant ont eu tort
> Boyer avec l'Académie
> Ont malgré sa palinodie
> De Voltaire fixé le sort.
> Berlin quoiqu'il puisse nous dire
> A bien prendre est son pis-aller
> Mais qu'importe? Il nous fera rire
> Lorsque nous l'entendrons parler
> De Maurepas et de Boyer
> Plein du venin de la satire.

Emilie schwamm in Tränen: er wollte sie verlassen! Ganz Paris lachte über ihren Kummer. Denn ganz Paris wußte alles von dem ›Star‹: seine Lieben, seine Erfolge, die Streitereien, die Versöhnungen. Aber Emilie dachte nur an Voltaire; der Undankbare war schon auf dem Weg nach Holland. Um ihn zurückzuholen, vervielfachte sie ihre Bemühungen, ›Jules César‹ auf die Bühne zu bringen. Wenn die Tragödie auf dem Spielplan der Comédie stände, würde Voltaire zurückkommen. Sie kannte ihren Dichter, denn sie wußte, wenn auch Friedrich augenblicklich stärker schien als sie, so war das Theater doch stärker als alles.

Müde und krank wartete Voltaire in Den Haag auf Friedrichs Befehl, nach Potsdam zu kommen. »Die Kokette« ließ ihn warten. Voltaire verlor seine Zeit nicht — er verliert sie nie. Mit der wirksamen Hilfe seiner Freunde d'Argenson und Richelieu gelang es ihm, den Widerwillen des Hofes zu besiegen und vom Außenministerium mit einer diplomatischen — geheimen! — Mission beauftragt zu werden. So ging also Voltaire Auskünfte einholen bei Seiner Preußischen Majestät, die die besondere Eigenschaft hatte, gleichzeitig unter Voltairophilie und Francophobie zu leiden. Man mußte Voltaire sein, um sich in eine so schiefe Lage zu begeben.

Wieder einmal steht er auf der Bühne. Und zwar in Berlin. Wir kennen die Szene: sie ist komisch; es fehlt uns nur das Beste, der Dialog. Es bleibt die Moral; sie ist erbärmlich.

Voltaire behauptete Friedrich gegenüber, die Türen geknallt zu haben, als er Frankreich verließ. Uns sagt er, Ludwig XV. habe ihn zu dieser List ermutigt. Das ist recht zweifelhaft! Voltaire kann sich nicht genug tun, den ›Esel von Mirepoix‹ zu verspotten. Auch Friedrich begann daraufhin, lustige und höchst unfreundliche Dinge über den Bischof zu schreiben. Voltaire ließ diese Briefe in Paris verteilen. Der Bischof beklagte sich beim König, daß Voltaire ihn an ausländischen Höfen lächerlich mache, aber der König soll geantwortet haben, es ginge um eine hochpolitische Angelegenheit zwischen Voltaire und dem Minister, und je mehr der Bischof beleidigt würde, um so größer sei der Ruhm des Königs und Frankreichs. Voltaire fand die Sache sehr lustig. Er war wirklich vergnügt, denn Mirepoix, sein Feind, tobte. Dieser allen und allem mißtrauende Mann, mißtraute nur seiner Eitelkeit nicht, die ihn auch augenblicklich verriet.

Entzückt über die Satisfaktion, freute er sich nicht weniger über den Gewinn, den er sowohl in Versailles wie in Preußen zu machen gedachte. Friedrich hatte fabelhafte Versprechen gegeben, die von dem Sohn des Notars sorgfältig notiert worden waren. Versailles hatte nichts versprochen, aber der König zahlte gut. Er zahlte sogar im voraus, wenn wir Voltaire glauben dürfen. Kaum war er mit der Mission betraut, so forderte und bekam er für den Vetter Marchand den Posten der Futterversorgung für die Armeen. Marchand war nur ein Strohmann, der Gewinn wird Voltaire zufallen. Aber das genügte ihm noch nicht. Futter ist gut für Esel — die von Mirepoix oder andere. Er forderte und bekam auch noch die Versorgung mit militärischen Uniformen. Ein sehr gutes Geschäft, im übrigen nicht sein Probestück. Die Pâris-Duvernet hatten ihn im Jahre 1734 schon für die Lebensmittelversorgung der Armeen beauftragt, damals waren für ihn sechshunderttausend Livres dabei herausgesprungen. Und 1741 hatte sein Freund d'Argenson ihn an einem anderen günstigen Versorgungsgeschäft beteiligt.

Während seines Aufenthaltes in Berlin lieferte sein Vetter Marchand aus Nachlässigkeit nicht die zehntausend Tuchuniformen aus Lodève. Der Kriegsminister wurde ärgerlich und drohte, die Versorgung zurückzuziehen und anderen Liebhabern anzuvertrauen. Wieder einmal schaltete sich Emilie ein und rettete die Lage. Sie schoß die Mittel vor und ließ die Uniformen liefern. »Glücklich die, die Ihnen dienen«, schreibt Voltaire dem Minister; er hätte hinzufügen können, »indem sie sich gründlich bedienen«. Aber wenn er vom Krieg spricht, gibt er sich als strenger, lauterer Philosoph: »Werden die Völker sich noch lange zugrunde richten und sich in Germanien verhöhnen, verabscheuen und erwürgen, um Marquet (ein Unterhändler wie er) und Compagnie zu bereichern?« Ist er nicht ebenso ›und Compagnie‹? Wieviele Hände, wieviele Federn hatte er zum Schreiben? Eine Menge, das ist sicher; und die eine wußte nicht, was die andere schrieb. Das ergibt sehr viele verschiedene Meinungen für einen einzigen Mann!

Um Emilie zu besänftigen, weihte er sie in seine ›geheime‹ Mission ein. Er bewies ihr, daß er sie nur unter Zwang und

Druck verließe, daß er Friedrich nicht liebe und Preußen verabscheue. Wenn er sich von seiner göttlichen Emilie entferne, so nur, um seinen vaterländischen Pflichten zu gehorchen: in Preußen diene er Frankreich. Emilie, die anderes gehört hatte, ließ sich nicht überzeugen. »Ich glaube nur auf Beweise hin«, schrieb sie. Voltaire sandte ihr die Briefe des Ministers. Emilie verlangte außerdem, daß man die an den Minister gerichteten Berichte des Dichters erst an ihre Adresse schicke, desgleichen die Weisungen des Ministers an seinen . . . seinen was? Sagen wir es offen, an seinen Spion. Es dauerte nicht lange, bis Friedrich die interessanten Dispositionen des französischen Hofes hinsichtlich seines Vergils und die Vergils hinsichtlich seines Salomon des Nordens erfuhr. Man zittert bei dem Gedanken, daß Friedrich strenger hätte verfahren können, als er es getan hat.

Unser Agent machte sein Debüt in Den Haag — wieder in dem Schloß mit den Spinnweben. Der Verwalter Friedrichs, der Graf Podewils, interessierte sich nicht für die Spinnen, sondern widmete seine Aufmerksamkeit der jungen Frau eines holländischen Ministers. Diese stahl ihrem Gatten die heimlichen Berichte, übermittelte sie ihrem Liebhaber, der sie Voltaire zu lesen gab; der — unter der Kontrolle der Nymphe von Cirey — das Wichtigste seinem Freund d'Argenson weiterleitete. Auf diese Weise informierte sich Versailles, und Voltaire zog geschickt Nutzen aus seiner Lage als in Ungnade gefallener Dichter und aus der »glücklichen Dunkelheit, im Schutz derer ich überall mit recht großer Vertraulichkeit empfangen werden kann«. Man hatte ihm den Auftrag gegeben, Friedrich von seinen englischen Verbündeten zu lösen und ihn Frankreich wieder näherzubringen. Ein schwieriges Unterfangen, denn die schlechte Organisation der französischen Armee und ihre mittelmäßigen Führer flößten Friedrich kein Vertrauen ein. Um abzulenken, und da er in Den Haag am richtigen Ort war, versuchte Voltaire, Holland mit Friedrich auseinanderzubringen. Er hatte erfahren, daß Holland auf preußischem Territorium Waffenhandel trieb. Er informierte Friedrich und legte ihm dar, daß ein ehrlicher Konflikt mit der reichen Republik ihm substantielle Kriegsentschädigungen bringen könnte, und zwar zahlbar in Florins, einer ausgezeichneten Währung, und daß diese Operation ihn nur zeitweilig vom Dichten und Philosophieren abhalten würde.

Dieser Konflikt wäre in Versailles gerne gesehen worden, aber Friedrich ließ sich nicht überlisten. Voltaire gab seinen Plan nicht auf, er schrieb dem Minister: »Ich werde versuchen, das kleine Gift zum Gären zu bringen.« Er verstand sich recht gut auf die Zauberküche, aber dieses Gericht gelang ihm nicht.

Endlich kann Friedrich ihn empfangen. Es wird nicht in Aachen sein, wie vereinbart, sondern in Berlin, wo Voltaire am 30. August 1743 eintrifft. Bei seiner Ankunft nichts als Umarmungen und schmeichlerische Worte. Voltaire wohnt beim König. Diese Intimität dient den politischen Interessen, die er keineswegs vergißt. Wenn er von Politik redet, hört Friedrich ihm etwas schweigsam zu, aber manchmal ist er zu einer Diskussion bereit. Zum puren Vergnügen, denn nichts von den königlichen Plänen wird deutlich. Man spekuliert . . . Voltaire drängt, Friedrich gesteht ihm, daß er kein Vertrauen zu Versailles habe und wisse, daß der französische Minister auf dem Rücken Preußens mit Wien intrigiere. Voltaire setzt eine beleidigte Miene auf und ruft: Verleumdung! Österreich verbreitet falsche Gerüchte! Und um zu überzeugen: »Haben sie (die Österreicher) Sie nicht schon verleumdet? Wollten sie nicht letzten Mai glauben machen, daß Sie sich mit der Königin von Ungarn gegen Frankreich zu verbünden planten?« Friedrich ist einigermaßen erstaunt, Voltaire so gut über seine wahren Absichten unterrichtet zu sehen. Er protestiert: »Ich schwöre Ihnen, (noch einer der schwört!) daß nichts davon wahr ist.«

Voltaire notiert in seinem Bericht, daß der König bei dem Schwur die Augen senken mußte. Einer der Schauspieler hatte also noch einige Fortschritte zu machen. Der andere war nicht der Mann, sich durch einen zweideutigen Schwur entmutigen zu lassen! Voltaire hält also eine hübsche Rede über das Bündnis mit Frankreich: Man müsse in Europa Frieden schaffen (nachdem man es geplündert hat), dann, nach einem kunstvoll und schnell geführten Krieg, würde es zu Ludwigs und

Friedrichs Füßen liegen. Wie wunderbar! Ein philosophischer und pazifistischer Diplomat lenkt die Politik, und schon ist der Krieg entfacht. Zum Unglück für seine kleine Rede meldete man, daß die Musik Seiner Majestät nur noch auf die Flöte Seiner Majestät warte, um zu beginnen und in den Herzen der beiden Dichter, die eben Europa zerteilt hatten, die philosophischsten und menschlichsten Gefühle zu wecken.

Friedrich spielte sehr gut Flöte. Er komponierte auch, aber die Kompositionen taugten weniger als ihre Ausführung. Um seinem Freund zu gefallen, ließ Friedrich eine eigene Oper mit italienischem Text im Schloßtheater aufführen — und er ließ sie allein für Voltaire aufführen! Wie sollte man solchen Aufmerksamkeiten widerstehen, die ein König nur einem anderen König auf Besuch erweist, und auch das nur selten. Und wie sollte er nicht bei der Vertraulichkeit, die, wie er glaubte, zwischen ihm und Seiner Majestät herrschte, die Kühnheit gehabt haben, ihm einen kleinen Fragebogen über seine politischen Pläne zu unterbreiten? Die Fragen standen auf der einen Hälfte der Seite, auf der anderen war Platz für die Antworten, die der König mit eigener Hand dorthin schreiben sollte. Dieses verblüffende Dokument fand man bei Beaumarchais, der eine Kopie aufgehoben hatte. Man mußte Voltaire sein, um mitten im 18. Jahrhundert einen absoluten König dem Zwang eines Fragebogens zu unterwerfen, vor dem nur die freien Bürger der Demokratien des 20. Jahrhunderts sich unter der Drohung der allmächtigen Büros beugen. Das heißt wirklich, seiner Zeit voraus sein.

Friedrich spitzte die Ohren, er verdächtigte Voltaire, nicht wegen Philosophie und Poesie gekommen zu sein, doch er antwortete auf den Fragebogen. Mit kleinen Versen! Auf die Frage, ob nicht die Österreicher Schlesien zurückerobern würden, wenn er sich nicht mit Frankreich verbände, antwortete er:

> On les y recevra biribi
> À la façon de Barbarie
> Mon ami.

Auf die Frage nach einem gewissen Monsieur Bassecour, Bürgermeister von Amsterdam, der mit Frankreich gegen Preußen intrigierte: »Dieser Bassecour (wörtl. Hühnerhof) hat wohl den Auftrag, Kapaune und Truthühner zu mästen.« Solche Scherze zeigen, wie ernst er die Politik Monsieur de Voltaires nahm.

Aber der hartnäckige Arouet greift wieder an, er will von der Hand Friedrichs eine seriöse Botschaft, die er Ludwig XV. überreichen kann. (Er sieht sich schon dem König vorgestellt und bei Hofe empfangen!) Er insistiert zu sehr. Friedrich antwortet ihm schließlich in schneidendem Tone, daß er ihm nichts übergeben werde. »Die einzige Botschaft, die ich Ihnen für Frankreich geben kann, ist die, sich klüger zu verhalten.«

Die einzige Botschaft — das ist eine Frechheit! Was Voltaire nicht daran hindert, nach Versailles zu schreiben, daß seine Mission langsame, aber sichere Fortschritte mache. Manchmal ist er ›optimistisch‹, der Vater von ›Candide‹.

Er begleitete Friedrich zu seiner Schwester, der Markgräfin von Bayreuth, die er schon kannte. Aber er mußte schmeicheln und darum betteln. Man spielte mit ihm. Salomon hatte nicht Ja gesagt, aber aus seiner Art zu schweigen schloß man, daß das Ausbleiben eines Nein kein Ja bedeutete. Man hatte ihm antworten lassen, während der Abwesenheit des Königs solle der Dichter sich erholen; Seine Majestät wolle die Gesundheit des Dichters schonen. Voltaire erwiderte, seine Gesundheit sei nie besser gewesen und er werde Salomon bis zum Ende der Welt begleiten. Trotzdem bat man ihn nicht mitzukommen. Er folgte dennoch, und man hinderte ihn nicht daran. Die Ankunft in Bayreuth war ein Triumph für ihn. Die Markgräfin verehrte ihn, und ihre Schwester, Ulrike, tat es noch mehr. Er machte ihr auf extravagante Weise den Hof und benahm sich unerhört vertraulich. Doch der Ton, der Geist, die Umgangsformen Voltaires retteten jedesmal die Lage. Man hatte geglaubt, es würde zu einem Skandal kommen: er umging ihn, weil er Franzose und Voltaire war. Im 18. Jahrhundert war es gewagt, mit einer deutschen Königlichen Hoheit so zu schäkern, wie er es tat. Aber er befand sich im siebten Himmel: Theater, Politik, Intrigen, Galanterie mitten unter Fürsten, im Luxus und mit einem Publikum, das bereit war, ihn zu beweihräuchern. Wo konnte er etwas Besseres finden?

»Bayreuth ist ein entzückender Ruhesitz, wo man alle Annehmlichkeiten eines Hofes genießt, ohne die Unannehmlichkeiten des Prunks.« (Das ging auf Versailles!)

Er verbrachte zwei Wochen in Bayreuth. Er bat selbst um eine
Verlängerung seiner Reise, die nicht vorgesehen war. Emilie
hatte er geschworen, nur zehn Tage in Berlin zu bleiben. Zu
allem Überfluß ließ er sie zwei Wochen ohne Nachricht. Am
letzten Tag sandte er ihr vier Zeilen, um ihr mitzuteilen, daß
er bei der Markgräfin sei. Emilie war außer sich vor Schmerz.
Sie schrieb den d'Argentals Brief um Brief. Voltaire hatte Emilie wirklich vergessen, er war berauscht. Der Weihrauch, den
er zu Füßen der deutschen Prinzessinnen verbrannte, raubte
ihm selbst die Sinne. Er fand an diesen wirklich auserlesenen
Höfen einen Zauber, den er aus Frankreich nicht kannte; man
liebte ihn dort mehr. Die Aristokratie war weniger steif, weniger intellektuell als die unsere, aber sensibler und einfacher,
obschon genauso gebildet und gastfreundlich. Voltaire liebte
England, aber er hatte sich dort gelangweilt. In Deutschland
nie. Das wußte und fürchtete Emilie. Sie war eifersüchtig auf
Friedrich, auf Ulrike, auf die Markgräfin und ganz Deutschland. Warum begleitete sie ihren Dichter nicht? Sie wäre wohl
empfangen worden, das ist gewiß. Man hätte sich über ihre
wissenschaftlichen Studien nicht lustig gemacht, im Gegenteil;
man hätte ihr das Pariser Grinsen erspart und die vergifteten
Pfeile der du Deffand.

Aber ach! Deutschland liebte Voltaire zu sehr, als daß Emilie
Deutschland hätte lieben können — Eifersucht ist unerbittlich.
Das ist schade, denn Deutschland hätte sie alle beide geliebt.

Wie konnte sie diesem Hof von Bayreuth verzeihen, Voltaire
so berauscht zu haben, daß er ihr einen Monat lang nichts
schrieb als ein Billett von vier Zeilen? »Ein Billett, wie er es mir
sonst von seinem in mein Zimmer schickt.«

Was tat er in Bayreuth? »Was weiß ich! Vielleicht wird er sein
Leben lang dort bleiben. Ich würde es wirklich glauben, wenn
ich nicht wüßte, daß gewisse Geschäfte ihn unvermeidlich nach
Paris zurückrufen. Er ist verrückt auf die deutschen Höfe.
Aber ist das ein Grund, mich vor Unruhe sterben zu lassen?«

Sie flehte d'Argental an, seinem Freund in einem Brief »den Zustand, in den er mich gebracht hat« zu beschreiben. Emilie weilte in Brüssel. Sie schlug sich mit ihren Verwaltern und ihren Papieren herum, sie weinte, während Voltaire Ulrike, die Königin von Schweden werden sollte, folgendes Gedicht sandte:

> Souvent un peu de vérité
> Se mêle au plus grossier mensonge
> Cette nuit dans l'erreur d'un songe
> Au rang des rois j'étais monté
> Je vous aimais, Princesse, et j'osais vous le dire
> Les dieux à mon reveil ne m'ont pas tout ôté
> Je n'ai perdu que mon empire.

Seine Liebe war nicht schlecht aufgenommen worden. Aber in Paris wurden seine Verse kommentiert. Man sagte, Friedrich habe die Liebeserklärung übelgenommen und Voltaire mit einem den Mond anbellenden Hund verglichen. Diese Boshaftigkeiten stammen von Piron und nicht von Friedrich. Gewiß ist, daß Friedrich ihn wegen der Liebe zu seiner Schwester . . . und zu der Köchin der französischen Botschaft (die ihm nichts verweigerte) aufzog. Voltaire antwortete ihm, er habe sich auf die Köchin verlegt, denn: »Ich hatte keine Armee von dreihunderttausend Mann, um die Prinzessin zu rauben.«

Man schickte ihm — ein Beweis, daß seine Kühnheit nicht übelgenommen war — ein Porträt des Königs, eines der Königinmutter, zu der er ohne besondere Einladung kommen durfte, und eines der Prinzessin Ulrike. Als Dank für das letztere schrieb er folgenden Vierzeiler an Friedrich: Man urteile selbst, mit welcher Ungezwungenheit der Sohn Arouets die Könige und ihre Schwestern behandelte.

> Il est fort insolent de baiser sans scrupule
> De votre Auguste Sœur les modestes appas;
> Mais les voir, les tenir et ne les baiser pas
> Ce serait trop ridicule!

Wirklich, diese Königlichen Hoheiten waren nicht sehr argwöhnisch. Aber Friedrich wurde es auf einem anderen Gebiet: der Politik. Er hielt Voltaire am Ende seines Aufenthaltes in Distanz. Voltaire fühlte dies und schrieb seinem Minister. Er befand sich in einer heiklen Lage zwischen dem argwöhnischen König und dem französischen Botschafter, der eifersüchtig war, weil Voltaire ihn ausstach. Monsieur de Valori war verärgert, daß man ihm in Voltaire einen Doppelgänger geschickt hatte, ohne ihn vorher davon zu unterrichten. Er kannte das ›Geheimnis‹, wie übrigens alle Welt. Voltaire wappnete sich nach beiden Seiten. Er erklärte Friedrich, daß er eine Versöhnung mit Ludwig XV. nur zum Ruhme der beiden Herrscher wolle, und Friedrich nahm diese Erklärung an. Monsieur de Valori erklärte Voltaire, da seine Mission geheim sei, käme bei einem Gelingen die ganze Ehre dem zuständigen Botschafter zu, Voltaire sei eigentlich nur der Diener des Botschafters, und Monsieur de Valori nahm diese Erklärung an.

Friedrich besaß genauso viel Talent wie Voltaire, Gifte zum Gären zu bringen. Er ließ Auszüge aus Briefen, die ihm Voltaire über Monseigneur de Mirepoix geschrieben hatte, dem würdigen Bischof zuschicken. Das glich aufs Haar der Boshaftigkeit Voltaires. Dennoch sind die Rollen nicht gleich. Die Bosheit ist die gleiche, aber Friedrich ist grausamer. Er spielte mit einer Maus, er selbst lief keinerlei Gefahr. Voltaire riskierte auf beiden Seiten einen Todesstoß. Gewiß hatte er sich mit seiner vollen Zustimmung zwischen die beiden Tiger begeben. Aber er war nur ein Dichter in einer Zeit, in der Talent gewisse Vorrechte einräumte, in der aber die menschliche Person bei den Spielen der Könige, oder sogar der Minister, oder vor dem Stock eines Chevalier de Rohan nicht viel galt. Voltaire wurde von dem Verrat desjenigen, den er selbst verriet, informiert. »Voltaire hat, ich weiß nicht wie, etwas von dem kleinen Verrat gemerkt, den wir an ihm begangen haben«, schreibt Friedrich an seinen Botschafter in Paris, Monsieur de Rottembourg, »er wird schon wieder freundlich werden, hoffe ich.«

Diese Freundschaft war wirklich eigenartig. Voltaire schrieb seinerseits an den Minister: »Er glaubt mich zu erobern, indem er mir in Frankreich schadet, aber ich schwöre Ihnen, daß ich lieber in einem Dorf in der Schweiz leben möchte, als um diesen Preis die gefährliche Gunst eines Königs zu genießen, der fähig ist, selbst in der Freundschaft Verrat zu begehen.«

Dieser Vorwurf ist lächerlich. Auch das »ich schwöre Ihnen«, denn er wird die vergiftete Gunst Friedrichs genießen trotz dieser Schwüre. Und das Seltsamste ist, daß er eines Tages wirklich in »einem Dorf in der Schweiz« leben und es als Notbehelf eines Notbehelfs bezeichnen wird. Seine Eitelkeit ist zu groß, er wird nicht auf Friedrich, den König, verzichten, weil er in ihm, wenn nicht einen Freund, so doch einen ebenbürtigen Partner gefunden hat. Ihr vergiftetes Spiel wird ihm unentbehrlich werden. Und so nahmen sie am 12. Oktober 1743 mit den gewohnten Schmeicheleien voneinander Abschied. Aber das Vertrauen war auf beiden Seiten zerstört: der eine hatte den Spion gewittert, der andere den Verräter. Diesmal gab es kein Feilschen um Geld, Voltaire wurde für alles entschädigt.

Er kaufte sich eine neue Kutsche, die am zweiten Reisetag brach, umkippte und Voltaire samt seinem Gepäck, seinen Mänteln, seinen Mützen auf die Straße warf, wo er mit Quetschungen, aber ohne sich etwas gebrochen zu haben, liegen blieb. Die Bauern, die herbeieilten, beraubten ihn mehr, als daß sie ihm halfen, so daß er sich in ein Dorf flüchtete. Kaum hatte er seine Lebensgeister wieder gesammelt, als das Dorf zu brennen begann. Die Kirche und der Gasthof gingen mit gutem Beispiel voran. Er mußte fliehen. Er blieb bei dem Herzog von Braunschweig, der ihn reizend empfing. Fünf Tage lang genoß er die Freuden dieses charmanten Hofes. Emilie weinte Tag und Nacht in Brüssel. Dann macht er von Schloß zu Schloß »eine himmlische Reise, bei der ich von Planet zu Planet eile, um endlich dieses lärmende Paris wiederzusehen.« Aber vor Paris kam Brüssel. Als Emilie ihren Dichter wiedersah, stieß sie einen Freudenschrei aus; sie weinte und vergab. Er tat so, als wäre er morgens fortgegangen und käme eben zum Mittagessen.

Der Hof heitert sich auf

Sie fuhren rasch nach Paris weiter, da Voltaire darauf brannte, seine Dienste belohnt zu sehen. Auf dem Wege machten sie Station bei Madame Denis, der Nichte in Lille. In den ersten Tagen des Januar 1744 war Voltaire in Paris. Eine neue Enttäuschung: das Ministerium gab ihm zu verstehen, daß seine Dienste nicht allzu viel wert seien. Wenn man ihm glaubt, so wurde unser Amateurspion das Opfer eines Streites. Er sagt uns, Amelot, der Minister, dem er unterstand, habe gestottert; dieses Gebrechen sei jedoch der Favoritin, Madame de Châteauroux, unerträglich gewesen. Sie habe deshalb den Minister verjagt. »Ich wurde mit in dieses Unglück gezogen«, versichert Voltaire. Die Episode könnte aus ›Zadig‹ stammen, aber die Wirklichkeit sah ganz anders aus. Monsieur Amelot wurde nicht entlassen, weil er stotterte, sondern weil er nichts taugte. Im übrigen ereignete sich der Vorfall im April 1744, doch Voltaire hatte Paris schon Ende Januar 1744 verlassen und war nach Brüssel zurückgekehrt. Er hatte also die Entlassung des Ministers nicht abgewartet, um die seine entgegenzunehmen. Mit leeren Händen war er angekommen, mit leeren Händen, doch das Herz voller Enttäuschung, ließ man ihn wieder abreisen.

Diesmal hat ihn Emilie. Sie ist sicher, daß er nicht mehr nach Berlin gehen wird. Warum? Weil sie es ihn hat schwören lassen. »Wenn er dieses Versprechen bräche«, sagt sie, »wäre es ein doppeltes Vergehen«. Denn er hat auch vor Monsieur d'Argental geschworen. Doch ach! Dieses doppelte Verbrechen und dieser Schwur und alle anderen, bedeuten nichts für Voltaire, wenn er beschließt fortzugehen, zu bleiben, krank zu sein oder gesund zu werden, zu schreiben, zu spekulieren oder sich durch ein geistreiches Wort eine schlimme Sache an den Hals zu bringen. Er ist durch nichts gebunden, außer in Geschäften durch Verträge und im täglichen Leben durch Arbeit.

Hier ein Mittel ihn zurückzuhalten: Seine Freunde Richelieu, d'Argental und andere Herren bildeten die sogenannten ›cabinets‹, Gruppen, die den Ministern entgegenarbeiteten, indem sie direkt auf den König Einfluß nahmen. Sie schlugen Voltaire vor, etwas Unterhaltsames für den Hof zu schreiben. Die geistreichen und frivolen Freunde zerstreuten den König. Die Politik, die sie predigten, hatte nur das eine Ziel, die der Minister zu stören. Das Ergebnis dieser glänzenden Gegnerschaft ist bekannt: die katastrophale Politik Frankreichs unter Ludwig XV.

Richelieu arrangierte die Feste. Ihm zu Gefallen übernimmt es Voltaire, ein lustiges Stück, halb Oper halb Ballett, ›La Princesse de Navarre‹, zu schreiben. Er wirft sich mit der gewohnten Leidenschaft auf diese Arbeit, angespornt durch die Hoffnung, in dem faszinierenden und abweisenden Hof einen triumphalen Einzug zu halten. Er legt den Text seinen Freunden vor, die ihn mitleidlos korrigieren. Er sträubt sich, beachtet aber doch die kritischen Bemerkungen, auch die unleserlichen von Richelieu, dem er schreibt: »Sie haben eine rechte Klaue«, und damit er diesen Tadel schluckt, fügt er hinzu: »Sie sind ein großer Kritiker, man könnte seinen Tee nicht geistreicher trinken.«

Die Arbeit steckt voller Tücke: man darf niemandem mißfallen, ein noch schwierigeres Unterfangen, als zu gefallen. Er hätte lieber eine Tragödie als ein Lustspiel geschrieben.

Im Juni 1744 kehren Emilie und er nach Cirey zurück. Nie haben sie es schöner gefunden. Voltaire fühlt sich dort sehr glücklich und datiert seine Briefe mit ›Cirey-en-Félicité‹. Bei seiner Rückkehr aus Plombières besucht sie der Président Hénault. Die Bewunderung des Präsidenten schmeichelt Voltaire. Hénault schreibt an d'Argenson: »Kurz, ich sage Ihnen, daß man zu träumen glaubt.« Er wohnt der Lesung der ›Princesse‹ bei, und er ist um so zufriedener, als Voltaire alle seine Korrekturen beachtet hat. Voltaire war immer ein guter Schüler gewesen. »Es ist ihm gelungen, rührend und doch komisch zu sein«, sagt Hénault. So ist es richtig, so wird er dem Hof für jeden Geschmack etwas bieten.

Während dieses Aufenthalts unterzieht sich Emilie einer Art wissenschaftlicher Entgiftungskur. Koenig hatte ihr den ›Leibnizismus‹ aufgepfropft. Nun macht sie sich frei davon. Sie nimmt Unterricht bei Pater Jacquier, einem Newtonianer. Voltaire ist entzückt über den Erfolg Newtons.

Eine andere Gestalt erscheint mit dem Lustspiel aufs neue im Leben Voltaires: Rameau, der Musiker. Er soll die Musik für die ›Princesse de Navarre‹ schreiben, für den Text Voltaires. Wie wird diese Zusammenarbeit verlaufen? Rameau hat den unangenehmsten Charakter der Welt, er ist ein Griesgram. Er hatte es anfangs sehr schwer gehabt, und das Schlimme war, daß dieser Anfang sehr lange gedauert hatte. Als man seine erste Oper ›Hippolyte und Aricie‹ spielte, war Rameau fünfzig Jahre alt. Er rächte sich für seine lange Fastenzeit und wurde von nun an trunken vor Stolz. Die Worte einer Oper hatten nicht die geringste Wichtigkeit für ihn. Eines Tages schrie er einer Sängerin zu: »Schneller! Schneller!« Sie antwortete, daß sie die Worte nicht artikulieren könne und man sie nicht verstehen würde. »Das ist gleich«, antwortete er, »es genügt, wenn man meine Musik hört.«

Seine Librettisten waren Sklaven, die er mit unglaublicher Grobheit behandelte. Würde er den Autor von ›Zaïre‹ genauso behandeln? Er erlaubte sich, ohne Scheu den Text Voltaires umzuändern. Hénault bemerkte dies rechtzeitig genug, um einer Explosion vorzubeugen, die nicht ausgeblieben wäre. Man informierte Richelieu, der mit dem ganzen Gewicht seiner Autorität eingreifen mußte, damit Rameau den Text Voltaires in die ursprüngliche Form brachte. Er war zerrupft und von »den kleinen, befreundeten Dichterlingen« umgearbeitet worden, wie Richelieu die Sklaven Rameaus nannte. Unter diesen Dichterlingen war einer, der kein Sklave war, aber gerne an den Versen anderer herumfingerte; es war eine Sucht, er gab sogar Geld, um seinen Wunsch zu befriedigen. Es handelte sich um den berühmten Fermier-Général La Popelinière, dessen Prunk, dessen Gastlichkeit und dessen Geist ihn zu einer bekannten Persönlichkeit gemacht hatten. Voltaire wurde von diesen Schlichen unterrichtet, und auch Rameau verbarg sie ihm nicht. Man machte sich auf das Schlimmste gefaßt: aber Voltaire zeigte nur ein mitleidiges, herablassendes Lächeln. Rameau war für ihn lediglich ein talentiertes Original, ein

Verrückter. Welche Geduld! Welche Sanftmut! Wie unbere-
chenbar! Hat er Respekt vor dem Talent dieses Verrückten?
Nicht unbedingt. Das Lustspiel mußte mit oder ohne Strei-
chungen Rameaus am Hofe gespielt werden; also kein Bruch
mit dem Verrückten. Die Musik und die Unhöflichkeit des
Musikers sind nicht so wichtig, wenn nur der Autor des Libretto bei Hofe Einzug halten und sich dort festsetzen kann.
»Diese Bagatelle (das Lustspiel) ist, mit Verlaub, die einzige
Möglichkeit, die mir nach der Entlassung von Monsieur Amelot
bleibt.« Die diplomatischen ›Bagatellen‹ hatten keinen Erfolg
gehabt, er zählt auf die musikalische, um sie wieder auszu-
gleichen.
Gegen Ende des Sommers, am 14. September 1744, kehren Emilie und Voltaire nach Paris zurück. Paris ist voller Freude, der
König ist wieder gesund. Man hatte geglaubt, ihn in Metz
zu verlieren. Der Glaube an die Monarchie war noch so stark,
daß Ludwig, ›le bien-aimé‹, in Paris mit zärtlicher Leidenschaft begrüßt wurde, wie nur wenige vor ihm. Ludwig wunderte sich. Zum Unglück für seine Nachkommen war er nicht
gerührt. Das Vertrauen des Volkes hätte ihm zu einigem Nachdenken Anlaß geben können.
Madame du Châtelet, weniger gefühlskalt als der König, wollte an der allgemeinen Freude teilnehmen, das Feuerwerk sehen, Beifall klatschen und mit den Bouquinisten und Handwerkern zusammen rufen: es lebe der König. In der Rue Croix-
des-Petits-Champs gerieten sie und Voltaire in ein unglaub-
liches Durcheinander von Wagen, zweitausend Kutschen waren ineinander verhakt, umgeben von einer dichten, tobenden
Menge. Zu allem Unglück hatte Emilie einen Kutscher aus
Cirey, der sein Debüt in Paris machte. Er hatte sich den richtigen Augenblick ausgesucht! Emilie und ihr Dichter wußten
nicht, was tun. Stehenbleiben? In der Kutsche schlafen? Doch
das bedeutete, kein Auge zu schließen und mit leerem Magen
bis zum Morgen warten zu müssen. Emilie springt mutig in
den Strudel, zieht ihren verängstigten Dichter hinter sich her,
der der Nymphe von Cirey folgt, die wie gewöhnlich aufge-
putzt ist, von Diamanten glitzernd, mit Federbüschen ge-

schmückt, geschminkt wie auf der Bühne, und sie kommen ohne Rauferei, ohne Püffe, ohne Beleidigungen zur Place Vendôme, wo sich das Hôtel des Président Hérault befindet. Der ist nicht da. Was tut's. Man richtet sich ein, man läßt einen Braten in der nächsten Rôtisserie, eine Flasche aus dem Keller holen. Man erholt sich lachend, man trinkt auf die Gesundheit des Präsidenten, man schreibt ihm einen Brief, damit er von all den Trinksprüchen und den freundschaftlichen Gefühlen, die man für ihn hegt, erfährt.

Dieses Mal präsentiert sich der Dichter dem Hof nicht mit leeren Händen: er hat ein höfisches Gedicht gemacht, ›Les Evénements de l'année 1744‹. Der Weihrauch, der zum Ruhm des Königs verbrannt wird, ist diskret. Man läßt das Gedicht dem König übergeben und ihm von dem Kardinal de Tencin sagen, daß man extra von Cirey nach Paris gekommen sei, um die Rückkehr Seiner Majestät zu feiern. »Mit einem Wort, der König soll wissen, daß ich drei Kerzen auf das Fensterbrett gestellt habe.«

So sehen die Annäherungsversuche aus. Voltaire läßt sich im Januar 1745 in Versailles im Hôtel de Villeroy nieder, um die Proben der ›Princesse‹ zu beaufsichtigen. Er will uns glauben machen, daß er nichts und niemanden sieht und Versailles ihm gleichgültig ist: »Ich bin in Versailles wie ein Atheist in einer Kirche.« Eine hübsche Formulierung, um uns einen Bären aufzubinden. Doch er verrichtet alle Andachten eines vollendeten Höflings. Es ist ermüdend, »mit fünfzig Jahren der Narr des Königs zu sein«, schreibt er. Pausenlos fährt er mit der Postkutsche zwischen Paris und Versailles hin und her. Er lobt, er lobt ohne Unterbrechung, »den König laut, la Dauphine feinsinnig, die königliche Familie diskret«; er geht so vor, daß er »den Hof zufriedenstellt, ohne der Stadt zu mißfallen«. Und warum all das? Weil diese Aufregung ihm gefällt, wie ihm alle Aufregungen gefallen. Noch tummelt sich das Eichhörnchen im Freien, es läßt sich einen Käfig bauen, es weiß das, aber es hofft, daß der Käfig aus Gold sein wird. Was Voltaire vom Hof erwartet, schreibt er am 8. Februar 1745 an d'Argenson: »Zunächst das Amt eines gewöhnlichen Gentilhomme de la Cham-

bre du Roi, das ist eine Gefälligkeit, eine Lappalie.« Und, »da
eine Gefälligkeit nur eine Gefälligkeit ist, kann man mir
außerdem den kleinen Posten eines Historiographen geben,
und statt der mit diesem Amt verbundenen Pension bitte ich
nur um die Zahlung von vierhundert Livres. All das scheint
mir recht bescheiden. (Aber er wird sich für den Anfang damit
begnügen.) Monsieur Orry ist derselben Ansicht, er stimmt
all diesen Lappalien zu.«
Er hatte also den Generalkontrolleur der Finanzen, Monsieur
Orry gesehen? Er hatte ihn um seine Meinung befragt und
seine Zustimmung erhalten? Sobald der König oder der Minister von dem Antrag Voltaires erführen, würden sie schon bereit zu einem Ja sein. Und der Handel wäre abgemacht. Im
übrigen verdiente Voltaire mehr als irgend jemand sonst das
Amt eines Historiographen, und man hätte es ihm anbieten
sollen, bevor er darum bat. Natürlich konnte sich der Hof nach
den vergangenen Skandalen fragen, mit welcher Tinte die
königliche Chronik geschrieben würde. Wie dem auch immer
sei, die Feder Voltaires war dazu bestimmt, die Geschichten
seines Königs und seiner Zeit zu schreiben.
Mitten in den Arietten und den Deklamationen der ›Princesse‹,
mitten in den Intrigen und Fieberanfällen, die das Einstudie-
ren eines prächtigen Hofschauspiels begleiten, erfährt Voltaire
vom Tod seines Bruders Armand am 18. Februar 1745. Voltaire
war nicht dabei, als sein Bruder starb, aber er ging zu seiner
Beerdigung. Der nicht geliebte Bruder hatte ihm wieder
einen üblen Streich gespielt. Anstatt, wie es sich gehörte, zu
seinem Testamentsvollstrecker seinen Bruder und nächsten Verwandten zu wählen, hatte Armand seinen Neffen dazu bestimmt, den Gatten Elisabeths, Monsieur de Fontaine d'Hornoy. Voltaire empfand die Kränkung. Besser als irgend jemand
wäre er befähigt gewesen, das von Armand hinterlassene Kapital zu verwalten und fruchtbar anzulegen, und aus Rechtschaffenheit hätte er seine Nichten nicht zu kurz kommen lassen, im Gegenteil. Seine Feinde haben ihn in diesem Punkt
anschwärzen wollen, das ist überflüssig und ungerecht. Es
fehlte ihm weder an Schwächen noch an Gerissenheit, aber

seine Ehrlichkeit in Familienangelegenheiten steht außer Zweifel. Ein Abbé Baruel, der am Anfang des 19. Jahrhunderts Voltaire für immer verderben wollte, erzählt, Voltaire habe das Erbe seines Bruders an sich reißen wollen und folgende groteske List erdacht: man hätte ihn schwarz gekleidet, einen großen Hut mit herabhängender Krempe auf dem Kopf, wie ihn die Herren von Port-Royal trugen, in die Kirchen gehen sehen, die sein Bruder zu besuchen pflegte, um dort seufzend und äußerst bewegt zu beten und unter dem Auge Armands den jansenistischen Predigten mit ekstatischem Gesichtsausdruck zu lauschen. Welch alberne Geschichte! In dieser Zeit leitete Voltaire die Inszenierung der ›Princesse de Navarre‹, und seine ganze List bestand darin, den Laffen zu spielen, um den Schauspielerinnen beizubringen, wie sie den Text des Laffen zu sprechen hätten. Der arme Abbé Baruel ist nicht geschickt, und es heißt eine Sache verlieren, wenn man sie so schlecht verteidigt.

Mit einem Wort, Voltaire wurde sehr benachteiligt von seinem Bruder, der ihm nur die Nutznießung eines kleinen Teiles seines Erbes überließ. Um Monsieur de Fontaine für die Vollstreckung des Testaments zu belohnen, vermachte ihm Armand einen Diamanten im Werte von sechstausend Livres; dieses Vermächtnis wirkte auf Voltaire wie eine Ohrfeige. Man sieht, was es kostet, die Jansenisten zu verspotten! Sie vergeben vielleicht ›vor Gott‹, aber nicht in ihrem Testament. Die Beerdigung kostete Voltaire nicht viel Zeit.

In Versailles gab es noch kein Theater. Daher richtete man in der Manege des Königs einen provisorischen Saal für die ›Princesse‹ ein. Der riesig große Raum war jedoch immer noch zu klein für all die, die das Recht zu haben glaubten, an den königlichen Vergnügungen teilzunehmen. Bereit, den Erstikkungstod zu sterben, strömte die Menge hinein. Man erdrückte sich fast. »Aufrücken!« schrien die Aufseher; was Monsieur le Duc de Luynes unangemessen schien. Ein Teil der Zuschauer mußte wieder hinaus. Ohnmachten und Erstickungsanfälle dauerten länger als die Darbietung selbst. Die Aufführung war der Gipfelpunkt der Festlichkeiten, die für die Hochzeit des Dauphin angeordnet worden waren. Die Feste in Paris und in Versailles dauerten länger als acht Tage, die Stadt strömte zum Hofe, der Hof wogte zurück zur Stadt. Voltaire war wie elektrisiert durch diese Atmosphäre. Die völlig ermatteten Schauspieler schienen keinen Tag länger durchhalten zu können. Man erwartete den König um sechs Uhr, er kam erst um sieben. Das Schauspiel dauerte bis Mitternacht. Voltaire errang sich einigen Ruhm bei dieser Aufführung. Doch scheint es, daß einzig der Autor wirklich begeistert war, das Stück wurde ein ehrlicher Erfolg, mehr nicht. Man warf ihm die Vermischung komischer und rührender Elemente vor. Die komischen erschienen einigen zu grob. Die Dauphine, die Infantin Marie-Thérèse, brachte aus ihrem spanischen Geburtsland eine düstere Gemütsart mit, die nicht einmal von den Verbalpirouetten eines Monsieur de Voltaire aufgeheitert wurde. Sie lehnte die ›Scherze‹ ab und war der Ansicht, der Ballett-Komödie fehle ›Adel und Größe‹. In Paris fand man, das Lustspiel sei zu lang und langweilig gewesen, obschon es gelungene Stellen gäbe. Aber da niemand zwischen den Zeilen einen Skandal oder in einer Anspielung eine Majestätsbeleidigung entdecken konnte, war es nur ein ›Erfolg des Hofes‹. Man langweilte sich auf schickliche Weise.

Für diese mittelmäßige, konventionelle und schmeichlerische Entstellung seines ganzen Werkes erhielt Voltaire das Kompliment des Königs und das Versprechen aus seinem eigenen Munde, daß er Historiograph werden und zweitausend Livres Pension erhalten solle. Was einen Monat später geschah. Versailles knauserte nicht wie Potsdam. Soviel Wohltaten für eine Lappalie ließen Voltaire folgendes schreiben:

> Mon Henri VI et ma Zaïre
> Et mon americaine Alzire
> Ne m'ont jamais valu un seul regard du roi.
> J'eus beaucoup d'ennemis avec très peu de gloire.
> Les honneurs et les biens pleuvent enfin sur moi,
> Pour une farce de la foire!

Kann man ihm unrecht geben?

Man kennte ihn schlecht, wollte man sich einbilden, daß er noch an die vergangenen Kümmernisse zurückdenkt. Er genießt die augenblickliche Gunst. Der Weihrauch Versailles, so spärlich seiner ›Jahrmarktsfarce‹ gezollt, berauscht ihn. Für die Freuden der verzaubernden und vergifteten Welt des Hofes würde er seine Seele verkaufen: Freude an der Eitelkeit, Freude am Komödiantentum, Freude an der Intrige, am Luxus, Freude an der Konversation, an Geist und Geschmack, dem feinsten, den es vielleicht je gegeben hat. Aber er hütete sich, das zuzugeben. Er schrieb an Vauvenargues, daß er nun bei Hofe verkehre, jedoch weder aus Vergnügen oder Interesse, sondern aus Dankbarkeit. Wem kann er weismachen, daß er nur eine mühsame und sehr moralische Pflicht erfüllt! Wir kennen ihn seit einundfünfzig Jahren. Wenn es eine Pflicht für ihn gibt, so nicht eine Pflicht gegenüber dem König, sondern gegenüber seinen eigenen Interessen. Er hat noch nicht genug mit seinem Amt als Historiograph, dieser schlichten ›Annehmlichkeit‹. Er hat nicht vergessen, daß die Académie ihm einen Platz schuldet, er muß ihn haben. Die Gottlosigkeit hatte ihm die Tür verschlossen, die Frömmigkeit wird sie ihm öffnen. Wer wird ihm das Zeugnis seiner Frömmigkeit und christlichen Demut ausstellen? Der Papst natürlich, nichts ist einfacher.

Sieg Voltaires (und des Königs) in Fontenoy

Als er sich diesem hohen Ziel widmen will, wird er gezwungen, eine kleine Reise zu unternehmen, die seine Pläne verzögert. Ein Sohn Madame du Châtelets ist in Châlons schwer an den Blattern erkrankt. Er eilt an das Bett des Kindes, um die Mutter zu trösten. Er läßt also den Hof, seine Vergnügungen und seine ehrgeizigen Vorhaben im Stich. Das ist ein Charakterzug dieses ›Dämon‹. Er verliert ein paar vielleicht unersetzliche Tage, er läuft Gefahr, sich eine tödliche Krankheit zuzuziehen für das Kind von Emilie und für Emilie selbst. Ist dies die Tat einer ausgedörrten Seele, die eine törichte Legende ihm zuschreiben will?
Als er nach Versailles zurückkehrt, schließt man ihm die Tü-

ren: er muß in Quarantäne. Man fürchtet Ansteckung. Die Regel hat keine Ausnahme. Er will von dem Minister empfangen werden: nichts zu machen. »Ich muß mich dem Vorurteil opfern, das mich vierzig Tage lang aussperrt, weil ich vierzig Meilen entfernt einen Kranken besucht habe.«

Aber der Hof schmollt nicht. Man läßt das ›Opfer‹ einen Brief des Königs an die Zarin aufsetzen, die ihre Vermittlung für den Frieden angeboten hat. Man findet in diesem Brief folgenden Satz, der uns bei einem König verwundern würde; aber wir wissen, daß er von Voltaire stammt: »Könige können nur nach dem Ruhm trachten, ihre Untertanen glücklich zu machen.« Ein Jahrhundert vor Voltaire hätte dieser Satz keinen politischen Sinn gehabt, er hätte an eine Predigt erinnert. Im Jahrhundert Ludwigs XV. hat er einen solchen, aber niemand erkannte ihn, außer einigen aufgeklärten Geistern.

Sein Talent als Historiograph sollte die wirkungsvollste Gelegenheit haben zu glänzen. Ihm, dem ersten Schriftsteller seiner Zeit, wird die Ehre zuteil, den berühmtesten Sieg in Verse zu setzen: Fontenoy. Er schreibt begeistert an d'Argenson, der ihn von dem Sieg unterrichtete, diesem Sieg, der nach den vielen Niederlagen unserer Armeen so erstaunlich und tröstlich war. »Welch schöne Aufgabe für unseren Historiographen! Seit dreihundert Jahren haben die Könige von Frankreich nichts so Ruhmreiches vollbracht. Ich bin außer mir vor Freude. Guten Abend, Monseigneur.« (Donnerstag, 13. Mai 1745, um elf Uhr abends.)

Und er schreibt sein dithyrambisches Gedicht: nichts als Ruhm, nichts als Weihrauch, Helden und Lorbeer. D'Argenson, der in der Schlacht war, sah, nicht durch die Rauchschwaden des Weihrauchs, sondern durch den Rauch der Kanonen und Musketen, die schreckliche Schlächterei und erinnert Voltaire an »die Toten, die Sterbenden, die brennenden Wunden. Ich bekenne, daß mir der Mut sank und ich das Fläschchen brauchte. Ich beobachtete viele unserer jungen Helden, und ich fand sie zu gefühllos in diesem Punkt . . .« Das ist eine neue Art, vom Krieg zu sprechen. Auch Voltaire verabscheut, was d'Argenson das ›unmenschliche Jagdrecht‹ nennt. Es zeigt sich die Morgenröte eines neuen Gefühls. Die ›sensibilité‹ und die Wissenschaft halten gleichzeitig ihren Einzug in das Leben der ›honnêtes gens‹. Doch es ist noch nicht so weit, daß man sich in einem offiziellen Gedicht, wie dem Voltaires, der Rührung hingibt wegen eines einfachen Infanteristen. Noch geht es ausschließlich darum, den König, die Fürsten und den Hof zu loben — Voltaire gelingt dies sehr gut. Am meisten wird sein Geschick bewundert, eine ungeheure Anzahl Eigennamen in sein Gedicht aufzunehmen. Alle Welt will in der ruhmreichen ›Reportage‹ in Alexandrinern genannt sein, die in ganz Europa bekannt wurde und von der man glaubte, sie werde in die Nachwelt eingehen. In Voltaires Gedicht genannt zu werden, hieß ewigen Ruhm erlangen. Der König ist nicht unzufrieden. Lord Chesterfield ist verblüfft; er sagt, kein Zeitungsbericht über die Schlacht habe so viele Namen von Lebenden, Toten und Verwundeten zu nennen vermocht. Und wir fragen uns: wo mag die Poesie in diesem Gedicht ihren Platz haben? Und woher kommt die Bewunderung der Menge?

Einige hat er nicht genannt: welch eine Wut! Man bedrängt ihn, Verlängerungen seiner Reportage zu schreiben. »Ich weiß nicht, wo mir der Kopf steht«, schreibt er, »was soll ich mit all den Damen tun, die wollen, daß ich ihre Vettern und heimlichen Liebhaber lobe.« Da er den ersten Entwurf zu schnell niedergeschrieben hat und ihm pausenlos neue Details einfallen — und neue Namen — informiert er das Publikum, daß weitere Auflagen erscheinen werden, die jedesmal vollständiger und auf dem letzten Stand der Ereignisse sein würden.

Man machte sich über seine Bekanntmachungen und seinen Snobismus lustig. Er hatte nur die großen Namen des Wappenbuches genannt. Ein Spaßvogel schrieb eine Parodie, die folgendermaßen begann:

»Soldaten, Kameraden, nur euch besinge ich«
und es folgten keine großen Namen und Titel, es ging nur noch um den gemeinen Soldaten: Fanfan La Tulipe, La Rose, Joli-Coeur, Limousin, L'Espérance.

Ein anderer schrieb ›La Requête du Curé de Fontenoy‹, eine Schrift, in der Voltaire wegen der Zusätze zu seinem Gedicht aufgezogen wurde. »Kurz und gut, man hofft, daß bei der hundertsten Auflage das Werk seine endgültige Gestalt haben wird.« Und er endet: »Wenn die Qualität des Gedichtes eine Besprechung nicht zu rechtfertigen scheint, so wird der Autor selbst eine schreiben, um zu versuchen, seinem Werk Wert zu geben und es zu verkaufen.«

Endlich einmal nahm Voltaire diese Sticheleien gut auf. Er wußte, wozu das Gedicht geschrieben worden war: um dem König und dem Hof zu gefallen. Sein Ziel war erreicht. Er war der offizielle Hofdichter, und man las, rezitierte und verkaufte überall sein Gedicht.

Sofort will er die günstige Stimmung ausnützen, er schreibt an d'Argental: »Würde es Ihnen etwas ausmachen, dem König zu sagen, daß innerhalb von zehn Tagen fünf Auflagen seiner Ruhmestaten erschienen sind? Bitte vergessen Sie diesen kleinen höfischen Kunstgriff nicht.«

So sieht also die Wahrheit aus: sein Gedicht ist auch nur ein ›höfischer Kunstgriff‹. Werfen wir nicht zu schnell den Stein auf ihn. Ganz Frankreich war bereit, sich höfischer Kunstgriffe zu bedienen, aber äußerst wenige taten dies mit Gedichten. Alle Feinde Voltaires, die ihm haßerfüllt seine Kunstgriffe vorwarfen, machten selbst welche, die Desfontaines, die Pirons, die Frérons und andere vornehmere. Aber sie verstanden sich schlechter darauf. Ihr Talent war in allem mittelmäßig.

Der Weg zur Académie führt über Rom

Das seine, das nicht mittelmäßig war, will sich einen Platz in der Académie verschaffen, und nachgerade auf schnellstem Wege. Wir wissen, daß für Voltaire der Weg in die Académie über den Vatikan führt. Er scheint krumm, aber wir werden ihm trotzdem folgen. Es wird uns genug Muße bleiben, unseren Helden zu betrachten, von vorne, im Profil, im Schräggang und sogar im Rückwärtsgang. Es handelt sich dabei nicht um seine Gottlosigkeit; es geht um Schlimmeres, um das Simulieren von Frömmigkeit und christlicher Demut. Wir müssen den Schritten eines Ehrgeizigen folgen, der, nachdem er von den kleinen Ehren des Hofes gekostet hat, einen mörderischen Hunger nach Titeln und Ämtern zeigt, einen Appetit, der durch das Gewürz der Bosheit noch verstärkt wird. Mit welcher Begeisterung betrügt er und vergnügt er sich an seinem eigenen Spiel! Er will sich selbst Beifall klatschen, wenn er hübsche Fratzen geschnitten hat.

Da niemand an den Ufern der Seine an seine Frömmigkeit glaubte, beschloß Voltaire, sich diese an den Ufern des Tibers vom Papst selbst verbürgen zu lassen. Sein Ansinnen erscheint unglaubwürdig. Und doch ist es so, und er wird Erfolg haben.

Papst Benedikt XIV. war ein guter Papst. Zweifellos war seine literarische Bildung größer als seine Frömmigkeit. Ein guter Papst für das Jahrhundert der Aufklärung. Man hatte ihn nach Vergil den ›Schwan von Mantua‹ genannt. Benedikt XIV. war zu feinsinnig, zu römisch, um sich betrügen zu lassen, selbst von Voltaire. Denn der Heilige Vater verstand zu lesen und anzuhören, was man ihm von Voltaire sagte, und all dies brachte den Autor der ›Henriade‹ nicht gerade in den Geruch der Heiligkeit.

Voltaire konnte seinen verblüffenden Antrag nicht direkt stellen. Er ließ daher den Heiligen Stuhl von zwei Seiten umzingeln. Eine einzige hätte genügt, dieses Übermaß hätte fast alles verdorben; nicht daß der Heilige Stuhl Widerstand leistete, aber er ergab sich zu rasch. Und der zweite Angriff erschien überflüssig und schockierend. Der erste geschah mit Hilfe von d'Argenson, der den französischen Botschafter, den Abbé de Canilhac, zum Papst schickt. Der Abbé zweifelte an dem Erfolg seiner Mission zugunsten Voltaires. D'Argenson war genauso skeptisch wie der Abbé, aber Voltaire nahm die Skepsis des Ministers und des Botschafters hinsichtlich seines katholischen Glaubens übel auf. Er versicherte frech, man wisse, daß er sehr gut vom Papst gelitten sei, der seine Werke lese und bewundere. Er brachte d'Argenson dazu, den Botschafter zu verpflichten, beim Papst ein Loblied auf den gottlosesten Dichter des Jahrhunderts zu singen.

Währenddessen hatte Voltaire, um sicherer und schneller vorwärts zu kommen, den anderen Angriff gestartet, und zwar durch seine persönliche Botschafterin, Mademoiselle du Thil, eine Freundin Madame du Châtelets, die, recht originell, zwischen dem katholischen Glauben und der Bewunderung für die Gottlosigkeit Voltaires stand. Mademoiselle du Thil hatte einen Freund, einen Abbé de Tolignon; dieser wurde nach Rom geschickt, gut eingefuchst von ihr und Voltaire und beladen mit voltairianischen Reliquien: einem numerierten Exemplar von ›Mahomet‹ mit Versen an Seine Heiligkeit und einer Inschrift, die unter das Porträt Benedikts XIV. graviert werden sollte, das Voltaire mit brennender Ungeduld erwartete. »Ich gehöre zu seinen Bewunderern und zu den Schäflein seiner Herde.« Süße Worte einer milden, gläubigen Seele!

Als Ausgleich für diese Reliquien verlangte Voltaire mit demütigstem Flehen, Seine Heiligkeit möge ihn nicht länger ohne Medaillen schmachten lassen. Medaillen? Der Abbé de Tolignon bekam gleich zwei. »Zwei große Medaillen«, ruft Voltaire aus, »mit einem Brief des Abbé aus den Gemächern Seiner Heiligkeit.«

Zur nämlichen Zeit ließ sich der Abbé de Canilhac beim Heiligen Vater anmelden und sagte sein Sprüchlein auf. Der Papst hörte ihm verwundert zu: er hatte ja dieselben Worte mit einer sehr ähnlichen Begleitmusik gerade erst vernommen. Voltaire hatte das Lied komponiert und schlug von Paris aus den Takt. Der Papst sagte kein Wort von dem schon unternommenen Versuch und den schon übergebenen Medaillen und versprach dem Botschafter zwei weitere — noch größere! — aber, sagte er, »erst nach dem Fest des Heiligen Petrus«. Der Papst wollte niemanden verärgern, aber es sieht nicht so aus, als ob er sich habe täuschen lassen.

D'Argenson traute seinen Ohren nicht, als der Abbé ihm mitteilte, der Papst habe seiner begeisterten Rede sehr wohlwollend zugehört und sogar Versprechungen gemacht ... Die Versprechen seien sehr erbaulich und höchst ergreifend gewesen: Seine Heiligkeit wolle gerne dem frommen Wunsch Monsieur de Voltaires nachkommen, der — nach seinen eigenen Worten

— nicht mehr ohne vom Papst geweihte Medaillen leben könne. Voltaire möge sich beruhigen, Seine Heiligkeit lasse zwei Medaillen nach seinem Wunsche auswählen.

Benedikt XIV. hatte also gnädig zugehört — und geglaubt, was ihm gefiel. Trotzdem war Voltaire unruhig; er fürchtete, der Abbé de Canilhac könne sich ärgern, wenn er von dem Vorgehen Tolignons erführe, und Tolignon könne sich genauso ärgern, wenn ihm zu Ohren käme, er sei zur selben Zeit wie der Botschafter beim Papst gewesen. Die Diskretion des Papstes rettete die beiden Botschafter und — Voltaire. Endlich erhielt er durch die Vermittlung von Monsieur d'Argenson das Porträt Benedikts XIV. Seine Danksagung glänzt eher durch Ungezwungenheit als durch Ehrerbietung: »Ich habe eben das Porträt des pausbäckigsten Heiligen Vaters erhalten, den wir seit langem gehabt haben, Monseigneur. Er sieht aus wie ein guter Kerl, der so ungefähr weiß, was all das wert ist.« Dieses ›das‹ ist recht unverschämt!

Abschließend verfehlt Voltaire nicht, darauf hinzuweisen, daß ›all das‹ nur sinnvoll sei, wenn der König, der Hof und vor allem die Académie davon unterrichtet würden: »Sie sollten dem Allerchristlichsten König sagen, welch ein allerchristlichster Untertan ich bin.« Es ist geschafft, er hat ein Portrait des Papstes und zwei Medaillen erhalten — zwei große! Mit diesem Aushängeschild kann er seinen Einzug in die Académie halten.

Das ist noch nicht alles: der Papst hatte auch die Widmung ›Mahomets‹ angenommen. Mit einem Brief vom 17. August 1745 hatte sich Voltaire als einen »Bewunderer der Tugend« vorgestellt, der dem »Oberhaupt der wahren Religion eine Schrift gegen den Gründer einer falschen und barbarischen Religion« widme. Er legte Buch und Autor dem Heiligen Vater zu Füßen und bat um Schutz für beide. Wenn die Frommen sich nach einem so hübschen Aushängeschild weiterhin bei der Aufführung von ›Mahomet‹ nicht wohlfühlten, so würden sie Ketzer sein.

Der Papst fand die Tragödie bewundernswert, die Inschrift erlesen, das Gedicht von Fontenoy sehr schön, kurz, alles stand zum besten, und der Papst schrieb: »Sie können nicht an der besonderen Hochachtung zweifeln, die mir ein so anerkanntes Verdienst wie das Ihre einflößt.« Armer Mirepoix! Was bleibt hiernach zu tun? Sein Feind hatte persönlich den apostolischen Segen Benedikts XIV. entgegengenommen!

Zweifellos war der bemerkenswert tolerante Papst der Ansicht, daß es besser sei, Voltaire seine Komödie spielen zu lassen. Was diesen selbst betrifft, so brauchte er nur noch aus dem Schutz und Segen des Papstes den größtmöglichen Nutzen zu ziehen. »Wirklich«, schreibt er d'Argenson, »die himmlischen Gnaden können gar nicht weit genug herumkommen, und der Brief Seiner Heiligkeit ist ganz danach, der Öffentlichkeit bekanntgegeben zu werden. Es ist gut, mein ehrwürdiger Freund, wenn Leute von Rang wissen, daß mich die Stola des Stellvertreters Gottes gegen sie schützt.«

Ein schöner Erfolg. Um ihn zu erringen, hatte er einen Minister des französischen Königs mobilisieren müssen, einen Botschafter, den Kardinal Pasionei, ein Mitglied des Heiligen Kollegiums, den Kardinal Valentini, einen Monsieur Leprotti, der die Inschrift in einer Feierstunde anbrachte, einen römischen Abbé Tolignon und ein altes Mädchen, Mademoiselle du Thil. Vor allem hatte es der Hartnäckigkeit Voltaires bedurft. Aber das Ziel war erreicht. Der ›Papst der Gottlosigkeit‹ hatte den Segen des Stellvertreters Gottes erhalten, und der Esel von Mirepoix konnte in der Académie nicht mehr schreien und ausschlagen.

Schmeicheln, schmeicheln,
etwas wird immer dabei herausspringen

Seit dem Gedicht von Fontenoy im Jahre 1745 stand sich Voltaire weit besser mit Versailles. Ludwig XV. hatte gesagt, es sei an dem Gedicht nichts auszusetzen. Daraufhin schreibt Voltaire:»Sie werden sich denken, daß ich nun den König für den besten Kenner im ganzen Reich halten muß.« Man war so zufrieden bei Hofe, daß man auf neue voltairianische Loblieder hoffte. Richelieu bestellte bei dem Dichter ein Schauspiel, das den Ruhm des Königs und nochmals Fontenoy feiern sollte und den Titel ›Le Temple de la Gloire‹ tragen wird. Es sollte sich dem aristokratischen, heroischen und pompösen Geschmack anpassen. Voltaire war in seinem Element: er konnte also im Stil der Tragödie schreiben, brauchte ihn nur ein wenig verniedlichen und im Rhythmus eines Menuetts skandieren. Lästig war nur, daß er noch einmal mit dem unausstehlichen Rameau zusammengespannt wurde. In einem Brief vom 20. Juli 1745 an Richelieu bedrängte er den Herzog wiederum, ihn tüchtig zur Geltung zu bringen. Talent haben ist gut, aber wenn es versteckt bleibt, ist es nutzlos. Dem seinen drohte diese Gefahr nicht.

In diesem Brief finden wir zum erstenmal einen Namen, der in der damaligen Zeit von sich reden machte, den der Marquise de Pompadour. Die Favoritin hatte damals gerade diesen Namen angenommen und wurde die offizielle Maîtresse des Königs. Da sie bürgerlichen Ursprungs war, hatte der Hof geglaubt, sie würde nie etwas anderes als ein ›galantes Abenteuer‹ sein. Voltaire kannte die Familie von Madame Lenormand d'Etioles gut, er verkehrt bei ihrer Mutter, Madame Poisson, der Maîtresse des Fermier Général Lenormand de Tournehem. Maîtresse zu sein, war erblich in dieser Familie. Man sagte, Antoinette (die Marquise de Pompadour) habe Monsieur Lenormand zum Vater gehabt, und er habe sie mit seinem Vetter Lenormand d'Etioles verheiratet. Mademoiselle Poisson war in einem eleganten Milieu aufgewachsen und hatte eine sehr sorgfältige Erziehung genossen. Jeder weiß von ihrer Schönheit, ihrem Charme, ihrem Geist, ihren Talenten. Sie musizierte, sie malte, sie schnitt Gemmen. Ihr außergewöhnlicher Aufstieg ist also kein Wunder: er erklärt sich durch die Persönlichkeit der Favoritin und ein gewisses Selbstvertrauen, das ihr seit ihrem neunten Lebensjahr von ihrer Mutter anerzogen worden war, die sagte: »Meine Tochter ist ein Königsbissen.« Ein guter Stern brachte Voltaire mit Antoinette zusammen, und mit Hilfe von Richelieu unterstützte er die Pläne Madame Poissons und ihrer Tochter. Diese war ihm ihr Leben lang dankbar dafür. So ist Voltaire. Man findet ihn an allen

Wegkreuzungen und auch in der verstecktesten Winkeln des Jahrhunderts.

1745 verbrachte er mehrmals einige Tage in Etioles. Er trank dort einen Tokaier, und war der Ansicht, er überträfe den, den Friedrich ihm geschickt hatte: kein geringes Kompliment. Die Poissons wußten es zu genießen.

Vor der offiziellen Anerkennung der Favoritin hatte er ein zweistrophiges Gedicht auf sie geschrieben, das der König nicht mißbilligte; mit allen seinen Kräften schob der geschickte Dichter den Triumphwagen Antoinettes, um sich dann von ihr ziehen zu lassen:

> Quand César, ce héros charmant
> Dont tout Rome fut idôlâtre
> Gagnait quelque combat brillant
> On en faisait compliment
> A la divine Cléopâtre.
>
> . . . .
>
> Quand Louis, ce héros charmant
> Dont tout Paris fait son idole
> Gagne quelque combat brillant
> On en doit faire compliment
> A la divine d'Etioles.

Diese Zeilen vergrößerten zwar nicht seinen Ruhm, dafür aber sein Vermögen, das heißt, seine Gunst bei Hofe. Er verstand es, sowohl seine Gelder wie seine Schmeicheleien richtig anzulegen.

Bei der göttlichen d'Etioles hatte er einen charmanten Rivalen, auf den er jedoch nicht eifersüchtig war; eine Tatsache, die nicht übersehen werden darf. Wir kennen diesen Rivalen schon ein wenig, es ist der leichtfertige, eitle und wortreiche Abbé de Bernis. Dieser gute, liebe Junge, pausbäckig, dick und rosa wie eine Puppe, tat niemandem weh und belustigte alle. Welches Glück erwartete ihn! Ihm gelang es, die göttliche Antoinette zu vergnügen, die dies wahrhaftig nötig hatte; sie band ihn an sich und band ihn an Frankreich. Er konnte mit leichter, schneller Hand zierliche, blumige Verse machen, kleine, frische, duftende Sträuße, die nur eine Stunde lebten, aber eine

Stunde lang Vergnügen brachten. Es waren natürlich künstliche Blumen, aber mit ausgesuchter Eleganz gebunden. Vielleicht bekam er deswegen seinen Spitznamen: »Babet, das Blumenmädchen.« All das hinderte ihn nicht daran, zur Académie zu gehören, Minister und Kardinal zu sein. Madame de Pompadour betraute ihn sogar mit zwei Ministerien, was selbst in der damaligen Zeit übertrieben schien, denn Bernis war so zart, daß er schon überlastet schien, wenn er auch nur zwei Fächer trug. Er war beauftragt, die leidenschaftlichen Briefe zu beantworten, die der König täglich an seine Favoritin schrieb. Ludwig XV. war von den Antworten entzückt, und da er den Autor kannte, bekundete er ihm auf folgende Weise seine Zufriedenheit: er traf eines Tages Bernis mit einer Rolle gewirkten Stoffes unter dem Arm, die die Marquise ihm gegeben hatte, um die Sessel seiner Wohnung zu überziehen. Der König wollte den Stoff sehen, Bernis zeigte ihn, worauf der König eine Rolle mit Louis d'or hervorzog, die er ihm mit den Worten überreichte: »Das ist für die Nägel«.

In diesem Milieu also lebte Voltaire mit Madame du Châtelet, die weiterhin ihren Studien und den Spieltischen treu bleibt, während er am ›Temple de la Gloire‹ arbeitet. Er läßt den Minister wissen, daß er bereit sei, »sehr historisch, anhand einer Fülle von Dokumenten und wahren Begebenheiten« von den letzten Feldzügen des Königs zu schreiben. Aber der König soll dies wissen, er soll seinem Historiographen zustimmen, ihn ermuntern. Voltaire möchte hören: »Das ist für die Nägel.« Der Minister, sein Freund d'Argenson, bittet ihn, ein diplomatisches Protestschreiben gegen Holland aufzusetzen, das die Klauseln eines Vertrages mit Frankreich mißachtet und eine Armee von Gefangenen auf Ehrenwort gegen uns eingesetzt hatte. Voltaire bewährt sich bei dieser Aufgabe, er schreibt vornehm und bestimmt, ohne scharf zu wirken. Der Sieger spricht als Herr, der das Recht auf seiner Seite hat, aber er demütigt nicht. D'Argenson ist sehr zufrieden, um so mehr, als er Voltaire nur zwei Tage Zeit gelassen und dieser zwei Nächte hindurch gearbeitet hatte, um pünktlich zu sein.

Währenddessen wird Madame du Châtelet eingeladen, dem

Hof in der Kutsche der Königin nach Fontainebleau zu folgen. Solche Abfahrten waren unerhört kompliziert, es kam zu Dramen wegen der Reihenfolge und sogar zu Ohnmachten. Emilie, immer ein wenig verwegen, steigt vor der Duchesse de Luynes und zwei anderen Damen ein, setzt sich auf den hinteren Platz und lädt daraufhin die anderen ein, sich niederzulassen. Die drehen ihr den Rücken und fahren mit der nächsten Kutsche. Bei der Ankunft fühlt sich Emilie äußerst kühl behandelt. Die Herzogin hatte sich bei der Königin beklagt. Sehr förmlich holt Richelieu Emilie und übergibt sie der Duchesse de Luynes, die sie vor die Königin führt. Dort wird sie Emilies Entschuldigungen entgegennehmen. Richelieu bemüht sich so gut er kann, Emilies Verhalten zu erklären, denn die Königin hat sie getadelt. Emilie, bestens instruiert von ihrem einstigen Liebhaber, tut alles, was man von ihr verlangt. Die Herzogin nimmt die Entschuldigungen an, die Königin auch, und man lächelt. Alle Welt ist wieder zufrieden, aber Emilie war es heiß geworden.

Voltaire langt erst am nächsten Tag an. Koliken quälen ihn. Das hindert ihn jedoch nicht, seine Komplimente zu machen und am Hof zu arbeiten. Er will für die Geschichte von Fontenoy auch das Zeugnis der Engländer haben, er will die Schlacht von zwei Seiten aus beschreiben. Das ist etwas Neues: man erkundigt sich nach der Meinung des Gegners, man stellt die Zeugnisse einander gegenüber. Es ergibt sich, daß sein Freund Falkener, bei dem er in London wohnte und dem er ›Zaire‹ gewidmet hatte, mit dem Duke of Cumberland zusammenarbeitet, der in Fontenoy eine Armee befehligte. Voltaire ist sofort Feuer und Flamme, er schreibt Falkener von seinem Plan, er ist bereit, nach London zu reisen, um Unterlagen zu sammeln, er ist sogar bereit, sich eine diplomatische Mission aufbürden zu lassen, er sieht sich als Friedenshändler zwischen Frankreich und England . . . plötzlich erinnert er sich an die Unannehmlichkeiten, die Gefahren seiner Mission in Preußen. Schon ist er wieder abgekühlt. Nachdem er Falkener seine Reise angekündigt hatte, sucht er nun nach Ausflüchten. Mit vielen Floskeln verzichtet er auf seinen Plan. Er wird sich still verhalten. Eine der seltenen Gelegenheiten, bei der Mäßigung und Vorsicht über seine Eitelkeit und seinen Ehrgeiz, eine politische Rolle zu spielen, den Sieg davontragen.

Wozu so viele Gefahren, wenn er durch d'Argenson, Richelieu und die Favoritin des Königs die Gunst erlangt, persönlich im Zimmer des Königs erscheinen zu dürfen. Er ist dabei, am Hof Karriere zu machen.

Nach seiner Rückkehr aus Fontainebleau verlangte der König nach dem versprochenen Fest, bei dem ihm der ›Temple de la Gloire‹ dargeboten werden sollte. Es fand am 27. November 1745 statt. Man sah eine lange Reihe antiker Helden vorbeiziehen, alle berühmt und alle grausam. Schließlich erscheint der siegreiche, großherzige Trajan, geschmückt mit allen Tugenden, nach allen Seiten wohltätig. Das ist Ludwig XV. Der König von Frankreich wird in die Reihe der Götter erhoben.

Nicht so Voltaire. Man fand zwar die Musik gut: der König sagte es. Aber er ließ kein Wort über das Gedicht verlauten. Nicht weil es seiner Ansicht nach schlecht war, sondern weil Voltaire ihn vor den Kopf gestoßen hatte. Man erzählt, er habe sich dem König genähert und in einem zwanglosen, in Versailles unbekannten, aber Voltaire jederzeit geläufigen Ton gesagt: »Ist Trajan zufrieden?« Der König habe ihm einen eisigen Blick zugeworfen. Und eine Eismauer richtete sich zwischen ihnen auf.

Man hat die Geschichte, die wahrscheinlich nicht allzu viel Aufsehen erregte, noch ausgeschmückt; einzig wichtig an ihr ist der Blick des Königs. Aber man hat verbreitet, Voltaire habe mit einer ekelhaften Vertraulichkeit den König umarmt, Wachen hätten sich auf ihn gestürzt, um ihn zurückzuhalten, er habe den König am Ärmel gezogen, und Richelieu seinerseits habe Voltaire durch ein Zupfen am Ärmel gebeten, abzulassen. Darauf solle Voltaire gesagt haben: »Sie ziehen doch aber an meinem!« Unglaubhafte Geschichten.

Zweifellos ging es am Hof von Preußen vertraulicher zu, aber Voltaire wußte besser als irgend jemand sonst, daß Versailles nicht Potsdam war. Er war kühn in Worten, aber nicht unschicklich. Es gab tatsächlich einen Zusammenstoß, der sich aber ganz einfach durch den Ton erklären läßt, in dem Voltaire mit den Mächtigen sprach. Dieser Ton hatte nicht nur dem König mißfallen, auch Rohan hatte Ärger darüber bekundet. Aber Voltaire wäre nicht Voltaire, wenn er anders spräche. Sein Geist erstickt, wenn er sich nicht frei und zwanglos entfalten kann.

Fréron bekam Wind von diesem Scheitern und schrieb seine liebenswürdigen Glossen. Geben wir zu, daß sie in diesem Fall nicht unangebracht waren: »Man weiß im übrigen, daß er beim Bau seiner Tempel nie Glück hatte. Ich kenne vier von ihm: den Tempel des Geschmacks, den des Ruhmes, den des Glücks und den der Freundschaft. Wenn ich es wagte, würde ich dem Autor vorschlagen, einen fünften zu errichten: den Tempel der Eigenliebe.«

Voltaire war übrigens nicht nur ein Opfer seiner Kühnheit, sondern auch einer Laune Ludwigs XV. Der König war schüchtern. Er empfand ein gewisses Unbehagen bei Versammlungen, bei feierlichen Reden und bei in aller Öffentlichkeit vorgetragenen Phrasen. Er hüllte sich oft in ein hochmütiges Schweigen, eine Maske seiner Zurückhaltung oder seines Verdrusses. Voltaire war nicht das einzige Opfer seiner Wesensart. Seiner Gunst bei Hofe schadete der Vorfall nicht. Im Grund war ihm der ›Temple de la Gloire‹ gleichgültig. Er wußte, was solche Gelegenheitsstücke wert waren. Er wartete auf den ersten freien Platz in der Académie.

Madame du Châtelet sah mit Entzücken, daß Voltaire sich an den Hof band, und noch lieber sah sie, daß der Hof sich an Voltaire band. Sie glaubte, der Zauber von Berlin habe aufgehört zu wirken. Aber er wirkte auf andere. Friedrich hatte eine ›Aushebung‹ gemacht, eine Manie der preußischen Könige: der Vater füllte seine Kasernen, indem er brutal die Untertanen des Königs von Frankreich entführte; der Sohn zierte seine Akademie, indem er durch Gunstbeweise und Schmeichelei die Schriftsteller und Wissenschaftler von Paris entführte. 1745 raubte Friedrich Maupertuis, der die Akademie von Berlin leiten sollte. Versailles gab ihm seinen Abschied. Das hieß der Propaganda des Königs von Preußen dienen. Die Literaten und Wissenschaftler begannen ein Loblied auf einen König zu singen, der sie so gut empfing. Es war leicht daraus zu schließen, daß sie gingen, weil sie zu Hause schlecht behandelt wurden.

Da Voltaire vom Hofe noch nie so gut behandelt worden war wie damals, fand er ihn wunderbar: er lebte nur für den Hof, und selbstverständlich hätte er auch gern nur durch ihn gelebt. »Die Nägel! Die Nägel!« des Königs! Man bat ihn um eine zweite Fassung der ›Princesse de Navarre‹. Das war äußerst langweilig und ein wenig demütigend. Schon war er der Narr des Hofes, aber er willigte ein, die Flitterwochen waren noch nicht vorbei.

Anläßlich dieses mittelmäßigen Schauspieles trat eine neue Gestalt im Leben Voltaires und in der Literatur auf. Eine bescheidene, ja demütige Erscheinung. Wer konnte ahnen, daß dieser Unbekannte alles über den Haufen werfen würde? Auf dem Umweg über die Musik kam er in den Salon von La Popelinière. Er hieß Jean-Jacques Rousseau. Niemand kannte ihn. Dieser La Popelinière, der Prunk über alles liebte, hatte einen wahren Hofstaat, freilich einen recht gemischten: Adlige, Schriftsteller, Künstler, Schauspieler, die vornehme Gesellschaft, die mittlere . . . und die anderen. Man nannte diese Gesellschaft die ›Menagerie‹. Immerhin, ein Hühnerhof war sie nicht. Auch Richelieu vergnügte sich dort. Der große Mann des Hauses war Rameau. La Popelinière hatte ihm den Weg geebnet, und der Erfolg des Musikers entschädigte ihn für seine Mühe und seine Geduld. Geduld brauchte man, um diesen Bären zu ertragen. Gegen Ende des Jahres 1745 arbeitete Rameau mit dem unbekannten Rousseau zusammen, für den er die größte Verachtung zeigte. Jean-Jacques hatte eine Oper geschrieben, ›Les Muses rivales‹, die La Popelinière aufführen ließ. Rameau lobte beim Zuhören jede gute Stelle über alles, aber versicherte sogleich, der Komponist habe diese Stellen gestohlen. Der begeisterte Richelieu wollte die Oper in Versailles aufführen. Rameau geriet in Zorn, Madame de la Popelinière unterstützte ihn, worauf Richelieu sein Vorhaben aufgab. Trotzdem vertraute er Jean-Jacques die Umgestaltung

des unvollendeten Gedichts ›La Fête de Ramire‹ von Voltaire
an, das den Hof belustigen sollte. Aber man mußte die Verse
des Erlauchten antasten und Zwischentexte neu schreiben. Richelieu forderte Rousseau auf, Voltaire brieflich um diese Erlaubnis zu bitten. Rousseau schrieb zitternd einen Brief. Er
beginnt so: »Monsieur, seit fünfzehn Jahren arbeite ich, um
Ihrer Blicke würdig zu werden.« Für jemanden, der Höflinge
verabscheut, versteht er sich recht gut aufs Schmeicheln. Sein
Brief hätte auch ein weniger für Lob empfängliches Herz als
das Voltaires bewegt. Nach der Lektüre erteilte Voltaire diesem Anbeter der Sonne der Literatur die Erlaubnis. Der Anfang ihrer Beziehungen war höflich, und wie stets zeigte Voltaire eine bezaubernde Liebenswürdigkeit. Rousseau verfehlte
nicht zu bemerken, daß diese Höflichkeit eine ›höfische Niedrigkeit‹ gewesen sei. Voltaire sei nur liebenswürdig gewesen
aus Furcht, Jean-Jacques, der ausgezeichnet mit dem Duc de
Richelieu stand, werde diesen mit Voltaire auseinanderbrin-
gen. Welches Märchen! Voltaire hätte Rousseau gut behandelt,
um sich mit Richelieu gutzustellen? Jean-Jacques kannte sein
Paris schlecht, das sieht man. Wie konnte er sich einbilden,
daß Voltaire das Ansehen eines kleinen Unbekannten brauchte,
um den Duc de Richelieu an sich zu binden? Wie viel glaubte
er bei dem Herzog zu gelten, dieser arme Jean-Jacques? Schon
zeigt er seinen Charakter: demütig und kriecherisch, in Wahrheit aber unsinnig stolz.

Am 22. Dezember 1745 führte man schließlich ›La Fête de
Ramire‹ auf. Weder Voltaire noch Rameau waren zugegen.
Nur Rousseau war da, aber sein Name tauchte nicht auf. Rameau hatte sich geweigert, sein berühmtes Patronym neben
dem dieses Unbekannten zu sehen. Madame de La Popelinière
war daran nicht unschuldig. Voltaire schien es nicht zu kümmern.

Er nahm seine Aufgabe als königlicher Historiograph sehr
ernst. Er vergrub sich tagelang in den Archiven des Kriegsministers, um die Schlacht von Fontenoy zu rekonstruieren. Wie
immer arbeitete er gründlich. Aber man sollte es ihm auch
danken. Er wartete auf Lobsprüche für sein Herz und Pen-

sionen für seine Brieftasche. »Ich habe die Güte, unentgeltlich zu tun, was Boileau gegen gute Bezahlung nicht tat«, schreibt er. Er übertreibt. Boileau hatte zwar nicht viel getan. Aber er? Außer dem Gedicht über Fontenay? Und bekam er nicht seine Pension? Sie genügte ihm nicht. Er brauchte königliche ›Gnadengeschenke‹. »Sagen Sie doch dem König und Madame de Pompadour, daß sie mit dem Historiographen zufrieden sind«, schreibt er an d'Argenson, »ich bitte Sie um den Gefallen, dem König ein Wort über das Werk zu sagen, an dem sein Ruhm interessiert ist.« Der Autor war auch interessiert.

Und schon geht das Gerücht um, er sei in Ungnade gefallen. Er ist außer sich. Er protestiert, ereifert sich, schreit an allen Ecken. Wer wagt zu sagen, daß unter dem besten aller Könige der beste Dichter schlecht bei Hofe stünde! Seine Entrüstung ist, obwohl aufrichtig, so theatralisch, daß sie unecht wirkt. Er belustigt, er rührt nie. Seine Schauspielerei bremst das Mitleid.

Der Aufnahme in die Académie folgt ein trauriges Ereignis

Der Président Bouhier starb am 17. März 1746. Das scheint nicht wichtig: ein braver Mann tritt ab, ohne viel Gepäck zu hinterlassen. Für Voltaire war es ein Ereignis von höchster Bedeutung, denn der Hingeschiedene hinterließ wenigstens eine Leere: seinen Platz in der Académie. Und schon ist Voltaire vom Fieber gepackt. Er bebt vor Begierde und vor Furcht. Diese beiden Gefühle zerreißen ihn. Die Académie hatte ihn vor kurzem so abfahren lassen, daß er eine Anfrage scheut. Seine ›Engel‹ werden sie für ihn stellen. Er schreibt also d'Argental einen Brief. Welche Erfindungsgabe! Er schreibt ihm in der dritten Person, er bittet für einen anderen, einen Schüchternen, einen Kranken, einen Waffenlosen mit Namen Voltaire: »Voltaire weiß seit gestern von dem Tod des Président Bouhier, aber er vergißt alle lebenden und toten Präsidenten, wenn er Monsieur und Madame d'Argental sieht. Man hat

V. . . schon auf die Nachfolge hin angesprochen; V. . . ist krank; V. . . ist nicht imstande, etwas zu unternehmen; V. . . wachsen graue Haare, er kann nicht ehrlich an die Türen klopfen, obschon er mit dem Wohlwollen des Königs rechnet. Er dankt seinen verehrten Engeln. Es würde ihm sehr schmeicheln, erwünscht zu sein. Aber er fürchtet sich, selbst etwas zu unternehmen.«

Die ›Engel‹ werden also für ihn an der Tür schellen; sie haben den Dank im voraus. Er selbst stellt schriftlich und mündlich seinen katholischen Glauben und seine Liebe für die Jesuiten zur Schau. Außerdem erinnert er an den päpstlichen Segen: »Ich schmeichle mir, daß das erklärte Wohlwollen unseres gemeinsamen Vaters mir das seiner bedeutendsten Kinder sichert.« Das ist für die Prälaten in der Académie ein nicht zu widerlegendes Argument.

Ludwig XV. spricht sich zu seinen Gunsten aus: die Wahl ist im Grunde schon entschieden. Aber gewählt zu werden genügt ihm nicht mehr; er will erwartet, gerufen, gebeten und als Freund empfangen werden. Das ist nicht leicht für Monseigneur de Mirepoix und für manche andere. Man öffnet ihm die Académie, weil man nicht anders kann. Seine Feinde schweigen, mehr darf man von ihnen nicht verlangen. Das scharfe Wort Montesquieus zeigt die Temperatur des Empfangs: »Voltaire ist nicht schön, er ist nur hübsch; die Académie müßte sich schämen, wenn Voltaire zu ihr gehörte, und sie müßte sich eines Tages schämen, wenn er nicht zu ihr gehört hätte.« Grausames Dilemma! Die Académie konnte nur zwischen zwei gleich schmachvollen Dingen wählen: der augenblicklichen Schmach, Voltaire aufzunehmen und der späteren Schmach, ihn abgelehnt zu haben. Sie wählte die sofortige — vorübergehende — Schmach, um der anderen, bleibenden zu entgehen. Sie ist zwar nicht die Kirche, aber eine Kapelle, die die Gegenwart betrachtet, ohne die Zukunft aus dem Auge zu verlieren, denn sie arbeitet mit der Unsterblichkeit — ohne Garantie für irgend jemanden. Und so ergab sie sich, dem Urteil der Nachwelt zuliebe, kasteite sich und wählte ›Seine Turbulenz Voltaire‹.

Sofort erwachten in Paris die Neider. Voltaire hatte deren einige; die im Grunde unumgängliche Wahl schien sie zu vervielfachen. Die einen bellten und bissen, die anderen fauchten und spien Gift, je nach Veranlagung. Der schlimmste war ein gewisser Roi, der sich schon einmal gezeigt hatte. Zum zweiten Mal veröffentlichte er den ›Discours prononcé à la porte de l'Académie‹ vom Jahr 1743 und eine andere Schrift von 1736 ›Le triomphe de la Poesie‹, bereichert mit aktuellen Anmerkungen über das Leben Voltaires im Jahr 1746.

Dieser Roi hat für uns keinerlei Bedeutung. 1746 galt er als ausgezeichneter Dichter und als sehr unehrlicher Mensch. Er war im Gefängnis gewesen, nicht wegen der Kühnheit seiner Gedanken, sondern weil er Gerichtsakten gefälscht hatte; er war Richter im Châtelet.

Am Tage der Wahl Voltaires empfingen die Académie und die Salons das Paket mit den Scheußlichkeiten des Sieur Roi. Der Schlag war wohl vorbereitet. Voltaire konnte seine Freude nicht in Muße genießen, sie wurde sofort vergiftet. Er glaubte, vor Wut sterben zu müssen. Seit er Höfling und beim Lever des Königs zugegen, seit er vom Papst gesegnet worden war, hatte er geglaubt, vor Verleumdungen sicher zu sein. Welch ein Erwachen! Wieder hörte er das schreckliche Gelächter der Bande der Desfontaines, Frérons, La Beaumelles, die sich kannten und zusammen ihre Tränke brauten.

Aber warum dieser Haß Rois? Warum diese Frechheit? Weil man ihm Talent zuschrieb und er glaubte, welches zu haben, und weil er von der Königin Marie Leszczynska unterstützt wurde. Die Königin sagte nicht mehr ›armer Voltaire‹, denn Voltaire war längst im Lager der Favoritin — bei Teufel also. Aber auch die Königin hatte ihre Partei, und zu dieser gehörte der Feind Voltaires. Roi machte nun an Stelle Voltaires auf die Königin Gedichte. Er war durch eine einmalige Gunst in den Orden Saint-Michel aufgenommen worden. Das genügte der Königin, um Vertrauen zu ihm zu haben. Mit einem Wort, Roi war gefährlich wie alle Verbitterten und Neidischen, und ein Krebs nagte an ihm: er wollte in die Académie. Jeder freiwerdende Platz bereitete ihm Marterqualen, der Anblick eines leerstehenden Sessels in der Académie verursachte ihm die Schmerzen des Heiligen Laurentius auf dem Rost, die Ankündigung einer Wahl, die nie die seine sein würde, ließ ihn vor Wut rasen. Und er schrieb Abscheulichkeiten.

Vor zehn Jahren hatte Roi sich beworben. Fontenelle ließ antworten, niemand in der Académie würde einwilligen, sich neben ihn zu setzen. Sein schlechter Ruf war also wohl begründet. Der Unselige wurde oft gefangengenommen und geschlagen. 1754 ließ ihn der Comte de Clermont von seinem Neger derart durchprügeln, daß man erzählte, er sei daran gestorben; in Wirklichkeit starb er erst 1764. Vielleicht litt er zehn Jahre lang an den Folgen, aber es wird versichert, er habe nur zehn Tage lang im Bett gelegen, was einer Tracht Prügel angemessen ist. Sein Haß gegen Voltaire hatte sich verstärkt, weil er dem Hof ein Lustspiel — seine Spezialität — angeboten und der Hof ›La Princesse de Navarre‹ vorgezogen hatte. Ein unverzeihliches Verbrechen! Dann war eine Parodie auf das ›Poème de Fontenoy‹ von ihr erschienen. Voltaire hatte sich gerächt, indem er der Statue der Eifersucht auf dem Titelblatt des ›Temple de la Gloire‹ die Züge Rois geben ließ. Um ihn recht kenntlich zu machen, trug die Eifersucht das Band von Saint-Michel. Das sind die Niedrigkeiten Voltaires — sie kommen ihm teuer zu stehen. In diesem Falle häuft er sie so, daß er schließlich sein Gesicht und seinen Prozeß verliert, obwohl seine Feinde unwürdige Menschen sind.

Die kleinen Fische aus Rois Gesellschaft übergeht er und konzentriert seinen Groll und seine Rache auf ihn allein. Wir wohnen einem verblüffenden Schauspiel bei, wir sehen, wie Voltaire selbst die Verfolgungen seiner Verleumder und ihrer Verleger betreibt. Wir sehen, wie er, versteckt in einer Kutsche, das Kommen und Gehen der erbärmlichen Kolporteure überwacht. Wir sehen ihn vor den Schaufenstern lauern; wir sehen ihn, wie er selbst den Polizisten die Wohnungen und die Buchläden zeigt, die im Verdacht stehen, die verabscheute Schrift zu verbreiten. Er läßt einen Kolporteur verhaften, er führt die Polizei zur Tür seiner Dachkammer. Sie kommen zur unrechten Zeit: der Mann liegt im Sterben. Der Zwischenfall wird bekannt, man schimpft überall. Das neue Mitglied der Académie weist in höchsteigener Person den Polizisten den Weg, um — ein Gipfel der Unmenschlichkeit! — einen Sterbenden in seinem Bett zu verhaften! Aber das ist nur der Anfang...

Zwischen zwei Geschäften dieser Art schreibt Voltaire an seiner Laudatio in der Académie. Entgegen der Sitte verfaßt er eine wirkliche Rede. Bisher begnügte sich die Académie damit, das Lob des Kardinal de Richelieu zu singen, kurz und konventionell, gefolgt von einem noch kürzer gefaßten Lob des Chancelier Séguier, dann zum Abschluß, ein Lob des Vorgängers: Höflichkeit und Weihrauch. Die Sache war getan.

Voltaire hielt seine Rede in der Montagsversammlung, am 29. Mai 1746. Er hatte seine Ansprache sehr ernst genommen. Er erinnerte daran, daß die Académie die Bewahrerin der schönen und guten französischen Sprache sei und malte ein Bild von den Ursprüngen unserer Sprache, er unterstrich den Einfluß der großen Schriftsteller auf ihre Entwicklung und ihre Fixierung, er bestätigte ihren universalen Charakter. Das schien sehr neu und war es auch. Uns scheint es nicht ungewöhnlich, weil uns Voltaire viel näher steht als vielen seiner Zeitgenossen, vor allem denen, die in diesem Jahr 1746 in der Académie saßen. Er erwähnte die Ausländer, die französisch sprachen und schrieben. Man kann sich vorstellen, wie er nebenbei Friedrich, Katharina und Benedikt XIV. beweihräucherte, der in so gutem Französisch seine gotteslästerlichen Tragödien und ihren Autor gesegnet hatte. Den Weihrauch, den er für die Kronen und die Tiara verbrannte, entflammte er darauf noch schöner für die Mitglieder der Académie: für Montesquieu, Fontenelle, den Abbé d'Olivet, seinen alten Repetitor, und sogar für Crébillon, obwohl er ihn verabscheute und beneidete, was dieser ihm hundertfach vergalt. Alle wurden in den göttlichen Geruch des Lobes gehüllt. Er hätte gern auch Maupertuis geschmeichelt, aber der Hof strich die Stelle: unnötig, einen Überläufer zu rühmen. Das hätte ihn über die Gefühle des Hofes für die, die ihr Talent nach Berlin trugen, aufklären können. Er beweihräucherte auch Richelieu, nicht den Kardinal, das war bereits geschehen, sondern seinen

Großneffen, den Herzog, den Freund fürs Leben. Der Herzog empfing seine Lorbeeren, Voltaire wiederholte die Worte des Königs auf dem Schlachtfeld von Fontenoy: »Ich werde nie den Dienst vergessen, den Sie mir erwiesen haben.« Dieses Fontenoy war wirklich eine Goldgrube für Voltaire. Er hatte zwar nichts für die Schlacht getan, aber viel, um sie auszubeuten.

Endlich kam auch der König an die Reihe: »Könnte ich doch auf unseren öffentlichen Plätzen eine Statue dieses menschlichsten aller Monarchen sehen, geformt von einem unserer Praxiteles, umgeben von allen Zeichen des allgemeinen Glücks. Könnte ich zu Füßen dieser Statue die Worte lesen, die wir alle in unseren Herzen tragen: ›Dem Vater des Vaterlandes‹.«

Man mag sagen, daß solche Lobsprüche zu den Spielregeln gehörten. Man mußte sie nur gewählt ausdrücken, einige neu hinzufügen, nicht allzu genau hinschauen, und alle Welt war zufrieden. Wir wollen jedoch ein wenig genauer hinschauen. Der König wird hier nicht für seinen Sieg gelobt: er ist ›menschlich‹. Die Symbole, die sein Bild umgeben, sind keine Kriegstrophäen, es geht um ›Zeichen des allgemeinen Glücks‹. Hier zeigt sich etwas Neues, was ungewöhnlich hätte scheinen müssen. Und dieser Titel ›Vater des Vaterlandes‹? Er ist um mindestens fünfzig Jahre verfrüht. Um ihn zu verstehen, muß man auf das Fest der Fédération im Jahre 1790 warten.

Man sah nicht so weit voraus; die Rede stiftete Verwirrung, und wenn man in Paris etwas nicht verstand, so höhnte man. Selbst wenn Voltaire es war, der nicht ganz klar schien. Man bemerkte im übrigen, daß die Rede aus schlecht aneinandergereihten Teilen bestand. Wie hatte der Schüler der Jesuiten beim Aufbau versagen können? Das ist unverzeihlich: der hervorragendste Schüler der hervorragendsten Redner, die es gibt, versagt bei der akademischsten aller Übungen! Man vergnügte sich in den Salons damit, die Rede mit umgestellten Kapiteln zu lesen. Man fand, daß sich das Ganze nicht im mindesten änderte. Es war nur ein Spiel; aber geben wir zu, daß die Kritik scharfsinnig war.

Währenddessen fuhr die Polizei fort, die Komplicen Rois zu

verhaften. Das Schicksal traf einen gewissen Travenol, einen Geiger bei der Oper. Er haßte Voltaire und verbreitete so gut er konnte die Schmähschrift: ›Discours prononcé à la porte de l'Académie‹.

Als man Travenol verhaftete, ließen seine Frau und seine Tochter ein teuflisches Konzert hören: man nahm ihnen den Ernährer der Familie! Die Tochter war bettlägerig, aber welche Stimme! Statt schmachtenden Geigentönen gellten die Schreie einer Harpyie. Sie hätte fast einen Aufruhr verursacht.

Binnen sechs Tagen hatte sie ihren Geiger zurück. Er fand Unterstützung. In Paris wurde Voltaire allgemein beschuldigt, ein Henker kranker Mädchen zu sein. Wie wenig waren solche Grausamkeiten nach seinem Sinn, aber der Schein war gegen ihn. Wenn man ihm auch Gaunerei vorwerfen muß, so kann man doch bemerken, daß sein Gegner ihm darin überlegen war.

Travenol warf sich zu Füßen Voltaires. Aber dieser Travenol war nicht der Schuldige; der Travenol, der die Knie Voltaires umfing, war ein achtzigjähriger Greis, den die Polizei anstelle seines geflohenen Sohnes verhaftet hatte und der nun kam, um Gnade für den Flüchtling zu erbitten. Was darf man glauben? Was war vorgefallen? Sollte die Polizei den Vater verhaftet haben, als sie den Sohn nicht fand? Wo steckte der Geiger? Schließlich warf sich Voltaire, aus der Fassung gebracht durch diese Szene und unfähig, einen Greis zu seinen Füßen liegen zu sehen, selbst vor die Füße des Greises und vermischte seine Tränen mit denen des alten Mannes. Die Szene ist zu pathetisch, um nicht Theater zu sein. Aber die Bewegung Voltaires war so aufrichtig, daß er dem Greis alles versprach, was dieser wollte. Er lud ihn zu Tisch ein, sie sprachen und lachten zusammen. Travenol der Ältere ging gestärkt, mit Komplimenten versehen und hundertmal umarmt davon. Dann dachte Voltaire nach. Bald kam er zu dem Schluß, daß man ihn betrogen habe. Nicht zu unrecht: die Schmähschriften zirkulierten immer noch. Der unauffindbare Sohn fuhr mit seinem häßlichen Geschäft fort. Voltaire war außer sich vor Zorn. Würde der alte Geiger den nunmehr mißtrauisch gewordenen Ohren Voltaires dasselbe Klagelied noch einmal spielen? Nein, diesmal trug er es dem Abbé d'Olivet vor, der sich ebenfalls rühren ließ und zwischen Voltaire und dem so falsch spielenden Geiger vermitteln wollte. Er erhielt von dem alten Travenol einen Brief voller Selbstanklagen, Reue und Bitten um Erbarmen. Ein Beweis, daß die Travenols kein ruhiges Gewissen hatten und die Justiz fürchteten. Dieser Brief wurde Voltaire übergeben, er sollte ihn erweichen, aber Voltaire dachte noch an die Szene mit den Tränen. Und so erhob er, bewaffnet mit dem Brief, der ein Geständnis darstellte, Klage bei Gericht.

Die Travenols hatten einen gewissen Mannory als Anwalt. Einen Anwalt ohne eigene Praxis, der aus dem Prozeß einen sechzehn Monate dauernden Skandal machte. Voltaire in den Dreck zu ziehen ist kein schlechtes Mittel, sich einen guten oder schlechten Ruf zu schaffen! Mannory wollte sich an dem neuen Mitglied der Académie rächen. Er verzieh dem Dichter nicht, ihn mit ausweichenden Versprechungen hingehalten zu haben, als er sich von ihm einmal einen gewissen Betrag hatte borgen wollen. Voltaire war damals der Ansicht gewesen, daß Mannory die Summe nicht verdiene. Das war sein gutes Recht; im übrigen täuschte er sich nicht hinsichtlich dieses Winkeladvokaten. Trotzdem behauptete Voltaire, ihm Geld gegeben zu haben, ohne Hoffnung, es je zurückzuerhalten. Mannory sagte das Gegenteil. Voltaire rief entrüstet den Himmel und die Menschheit zum Zeugen an, es sei ein Verbrechen, die Wohltaten eines Mannes anzunehmen, den man anschließend entehre, indem man einen Travenol oder den Dichter Roi gegen ihn vertrete. Hat Mannory wirklich Geld von Voltaire bekommen? Es sieht nicht so aus. Aber Voltaire hatte Mannory dem Bruder Thiériots empfohlen, der ein Kleidergeschäft besaß und auf seine Kosten den stellenlosen Anwalt einkleidete, weil dieser sich beklagt hatte, er könne kein Plädoyer übernehmen, da er keinen ordentlichen Anzug besitze. Der Anzug schien nicht genug gewesen zu sein, man hätte noch seine Taschen füllen müssen. Wer kann Voltaire dieses Mal einen Vorwurf machen? Wenn man ihn zu nehmen weiß, ist er tatsächlich großzügig. Eben jetzt überließ er seinem Mitarbeiter Rameau alle seine Autorenrechte für den ›Temple de la Gloire‹. Dabei hatte er keinerlei Grund, mit dem Musiker zufrieden zu sein; trotzdem machte er ihm dieses Geschenk, und zwar in einer Form, die seinen Geist und sein Herz ehren. Hier sein Billet: »M. Rameau ist in seiner Kunst so überlegen, und dazu ist sein Vermögen seinen Talenten so unterlegen, daß es mir nur gerecht scheint, wenn der Gewinn ihm allein gehört.«

Er wartete sein Leben lang auf ein Wort des Dankes.

Das Urteil des Falles Travenol stellte niemanden zufrieden. Voltaire wurde nur mit Worten beruhigt, den Verleumdern hielt man eine Predigt. Er aber mußte die Prozeßkosten tragen. Er hatte die grausamsten Strafen für sie beantragt, der Wippgalgen war der geringste. Wie wurde er enttäuscht! Nach seiner Gewohnheit beklagte er sich laut. Begriffen die Richter denn nicht, daß der Fall Voltaires über seine Person hinausging? Er betraf doch die ganze Öffentlichkeit! Wußte man nicht, daß die gesamte Gesellschaft untergraben würde, wenn man Monsieur de Voltaire verleumdete? Und vom König bis zum letzten Polizisten wollte er alle Autoritäten des Reiches mobilisieren, um die heilige Sache zu verteidigen! Lassen wir diese Übertreibungen und diese halb aufrichtige, halb gespielte Raserei und kommen wir zu den Fakten. Der frisch entlassene Travenol begann sofort, schlechte Verse zu machen, um seiner Freude Ausdruck zu geben, daß er so billig davongekommen war. Von Mannory unterstützt hatte er die Stirn, Entschädigung für die Tränen und Schreie zu verlangen, die die Grausamkeit des »hochmütigen Dichterlings« seine Frau gekostet habe. Angesichts dieses Zynismus und dieser Unverschämtheit hätten weit geduldigere Leute als Voltaire ihre Ruhe verloren.

Travenol, von dem die Richter sagten, er sei unfähig zu schreiben, veröffentlichte wenige Zeit später einige boshafte Schriften, in denen Angriffe gegen die Freimaurerei stehen. Travenol als Verteidiger der Altäre! All das ist von sehr niedrigem Niveau. Travenol erinnert an Insekten, die in die Ferse stechen oder in Eingeweiden leben. Wahrscheinlich maß Voltaire dieser schlechten Geige mehr Wichtigkeit bei, als sie verdiente. Wieder einmal hatte er Zeit und Geld verloren.

Er fand, seine Rache reiche nicht aus. Mit großer Hartnäckigkeit brachte er es zu einem neuen Gerichtsverfahren. Nichts ist verzweiflungsvoller, als zu sehen, wie dieser überlegene Mann sich abmüht, um auf das Niveau der Travenols zu kommen. Travenol hatte ausgezeichnete Ratgeber hinter sich, und die Richter und die öffentliche Meinung waren für ihn. Die Richter hatten zu wählen zwischen der ruhmvollen, reichen, mächtigen, intelligenten Gottlosigkeit eines Voltaire und der Armut eines bescheidenen und frommen Künstlers, denn Travenol war seiner Aussage nach fromm. Seiner Aussage nach hatte er auch niemals Verse geschrieben, niemals beleidigende Schriften in seinem Besitz gehabt oder verteilt. Da Travenol den Prozeß nicht bezahlen konnte, streckte der Staatsanwalt selbst das Geld vor, um die Kosten zu decken. Die Parteien hatten ungleiche Chancen, die Richter waren voreingenommen. Sicher ist, daß Voltaire sie verärgert hatte und daß die öffentliche Meinung, aufgestachelt durch seine Erfolge und vor allem durch seine Feinde, die eifersüchtiger auf sein Vermögen als auf seinen literarischen Ruhm waren, gegen ihn stand. Er wurde von vornherein vom Publikum und von den Richtern verurteilt. Der arme Geiger galt als unschuldiges Opfer des Überflusses und der Gottlosigkeit.

Als die nicht bezahlten Lieferanten Travenols seine Einkünfte bei der Oper kassieren wollten, wurden sie von den Leuten vom Gericht abgewiesen. Die Parteilichkeit setzte nicht einmal mehr eine Maske auf. Dazu veröffentlichte Travenol noch eine Schmähschrift gegen seine Kollegen bei der Oper: seine Schurkerei war offenkundig, sein Talent, grobe Reime zu machen, ebenfalls, denn man verjagte ihn von der Oper. Das änderte nichts an der Meinung, die die Richter und das Publikum von Travenol haben wollten. Voltaire mußte den Prozeß verlieren. Voltaire verlor ihn also und zahlte alle Kosten. Travenol wurde freigelassen — immerhin ohne Glückwünsche und Pensionen — aber mit ein paar ermahnenden Worten. Rois

Bande brach in schallendes Gelächter aus, Voltaire knirschte mit den Zähnen, und Paris verachtete ihn.

Der Spitzbube ist besser, als er aussieht

Bei dieser peinlichen Affäre erkennt man die Komplexität und Widersprüchlichkeit in Voltaires Charakter: auf der einen Seite seine blinde und erniedrigende Streitsucht, auf der anderen seine Rührung vor einem Greis, der ihn betrügt. Voltaire war bereit, auf einen Prozeß zu verzichten, und nach einer zweiten tränenreichen Szene hätte er gewiß die kranke Tochter unterstützt. Hören wir einen Mann, der ihn nicht liebte, aber in Seelen zu lesen verstand: Marivaux. Er sagte von Voltaire: »Dieser Spitzbube hat ein Laster mehr als die anderen: er zeigt manchmal Tugenden.«

Nicht nur manchmal, sondern oft, und leider oft verquickt mit seiner ›Spitzbüberei‹. Das ist verwirrend. Um der Verwirrung zu entgehen, hat es manch einer allzu leichtfertig vorgezogen, nur die Spitzbüberei zu sehen: Charakter und Mensch werden über einen Kamm geschoren. Man sagt: »Er ist ein rechter Spitzbube.« Das ist allzu einfach und falsch. Und um wiedergutzumachen, fügt man zuweilen hinzu, daß er Talent habe. Doch sein Talent entschuldigt seine niedrige Handlungsweise nicht — seine Tugenden entschuldigen sie.

Eine Anlage weist untrüglich auf verborgene Tugenden der Arouets hin: er hat die Begabung, in der Freundschaft glücklich zu sein. Seine Grimassen, sein Haß, allzu oft von den Grimassen und dem Haß der ihn umgebenden Eifersucht hervorgerufen, entstellen sein Gesicht. Wischt man den höhnischen Zug fort, so leuchtet aus diesem Gesicht nicht nur eine wunderbare Klugheit, sondern auch Güte. Man muß sehen, wie gelöst Voltaire in der liebenswürdigen und höflichen Gesellschaft seiner Freunde ist. Er glänzt nur wirklich im Klima der Sympathie und Eleganz. Streitsucht macht häßlich, sie ist eine Krankheit, die den Geist so gut wie das Gefühl lähmt und entstellt. Gewiß, sein Haß hat ihn zu manchem Einfall inspiriert, aber das sind immer nur ›Aussprüche‹, eine blitzschnelle Zusammenstellung von Worten. Die großen Feuer seiner Intelligenz brennen woanders. Sie finden sich in den Briefen, die wir besitzen, und in seiner Unterhaltung . . . die verflogen ist. Wahrscheinlich konnte man dort die Geisteshaltung spüren, die sich in diesem Jahrhundert und in der Person Voltaires entfaltete. Eine vergängliche Blume, gewiß, denn die Stimme, der Ton, das Lächeln, der Blick, der Wortrhythmus, all das ist versunken in den dunklen Wohnungen des Nichts. Aber es hat existiert, wir besitzen die Aussagen derer, die von dieser Unterhaltung fasziniert wurden. Eine Unterhaltung, die ein ganzes Jahrhundert bezauberte und die nur in dem Klima der Freundschaft und der ausgesuchtesten Höflichkeit zur Vollendung gelangen konnte. So sieht seine Tugend aus, sie glänzt nur unter den Strahlen der Sympathie und der Intelligenz. Wenn er einer hochstehenden Seele begegnet, einem aufrechten Herzen, einem klaren Verstand, dann bewundert und liebt er. Er gerät in Begeisterung, er übertrifft sich selbst.

Eben darin sehen wir einen Beweis seiner moralischen Qualität. Spitzbüberei verbindet sich nicht mit Größe. Ein Spitzbube schreibt nicht an einen jungen Unbekannten Briefe, wie er sie an Vauvenargues schrieb. Für eine solche Begeisterungsfähigkeit braucht man Sinn für Tugend und Seelenadel. Er wurde geblendet von den Briefen dieses jungen Offiziers; überall sang er ein Loblied auf seine Verdienste als Schriftsteller und Philosoph. Sofort erkannte er die versteckten Tugenden Vauvenargues. In den wenigen melancholischen und stolzen Sätzen, die ihm der unbekannte, mittellose und kranke Offizier schrieb, spürte er seine moralische Größe. Er vermutete gleich eine unerschütterliche Seele. Viele ihrer Briefe sind verlorengegangen. Bei ihrem ersten Briefwechsel im Jahre 1743 schrieb ihm Voltaire, der schon sehr bekannt war, fast berühmt, in jedem Fall als der erste Schriftsteller Frankreichs anerkannt:

»Liebenswerter Mann, wunderbares Genie, ich habe Ihr erstes Manuskript gelesen, ich habe den Stolz einer großen Seele darin bewundert . . . Wären Sie einige Jahre früher geboren, so wäre dies meinen Werken zugute gekommen; doch bestärken Sie mich wenigstens am Ende meiner Laufbahn in dem Ziel, dem auch Sie folgen. Das Große, das Pathetische, das Gefühl sind meine ersten Lehrer gewesen: Sie sind der letzte.«

Es ist schön zu sehen, wie dieser Mann, der einundzwanzig Jahre älter ist als sein junger Briefpartner, sich zu seinem Schüler macht. Er liebt und achtet ihn. In einem Augenblick der Begeisterung spricht er mit dem Duc de Duras von ihm, und plötzlich ist er außer sich vor Glück, weil ihm der Herzog sagt, ehe er noch den jungen Offizier genannt hat: »Das ist Monsieur de Vauvenargues!« Er liest sein Manuskript öffentlich vor, er kommentiert es und zwar so, daß er seinen Wert noch hebt. Welch Vergnügen mußte es sein, dem Kommentar Voltaires zu Vauvenargues zuzuhören. Aber ach! Er verleiht das Manuskript (wie er die seinen verlieh). Sofort druckt man Passagen daraus im ›Mercure‹. Doch Vauvenargues wollte nicht veröffentlicht werden. Voltaire bittet ihn für seinen Leichtsinn um Verzeihung: »Ich wollte den Abdruck verhindern, aber man sagte mir, daß das nicht mehr möglich sei. Ich bitte Sie, schlucken Sie diesen kleinen abscheulichen Bissen hinunter, wenn Sie den Ruhm hassen.«

Als Vauvenargues sich durch seine schlechte Gesundheit gezwungen sah, die Armee zu verlassen, zog er nach Paris. Er traf ziemlich oft mit Voltaire zusammen. Ein anderer junger Mann, Marmontel, ebenfalls ein Schützling Voltaires, wohnte staunend ihren Zusammenkünften bei: »Die Unterhaltungen Voltaires mit Vauvenargues waren über alle Maßen reichhaltig und fruchtbar. Von Seiten Voltaires war es eine unerschöpfliche Fülle von interessanten Dingen und Geistesblitzen. Von Seiten Vauvenargues eine Beredsamkeit voller Gefälligkeit, Anmut und Weisheit. Niemals wurde eine Diskussion mit so viel Sanftmut, Geist und Vertrauen geführt. Am meisten bezauberte mich einerseits der Respekt Vauvenargues für das Genie Voltaires und andererseits die zärtliche Verehrung Voltaires für die Tugend Vauvenargues.«

Es ist ein wunderbares Verstehen auf einer Höhe der Gedanken und des Gefühls, die den einen wie den anderen ehrt. Die

Feinde Voltaires übergehen diese Augenblicke in seinem Leben. Der Mann, der sie durchlebte, ist nicht so schlecht, wie man uns glauben machen will.

Der junge Marmontel war vielleicht nicht fähig, sich auf ein so hohes Niveau zu erheben, aber er war fähig zu bewundern und zu verstehen. Besser als jeder andere konnte er die Freundschaft Voltaires und seine Aufgeschlossenheit für die Jugend beurteilen. Denn Voltaire war es, der den jungen mittellosen Mann aus dem Limousin nach Paris hatte kommen lassen, Voltaire war es, der ihm bei dem Minister Monsieur Orry eine Stelle gefunden hatte. Unglücklicherweise wurde Monsieur Orry entlassen, als Marmontel in Paris eintraf. Als Trost bot Voltaire dem jungen Provinzler eine Unterstützung an, die dieser schamhaft ablehnte. Voltaire war gerührt. Dies band ihn fester an Marmontel, und allmählich brachte er ihn durch sein freundschaftliches Zureden und die liebevolle Achtung, mit der er seine Schützlinge behandelte, dazu, die Unterstützung anzunehmen, die er Marmontel zu schulden glaubte, weil dieser auf seinen Rat hin nach Paris gekommen war. Erkennen wir also das zusätzliche Laster an, das Marivaux Tugend nennt.

Voltaire wechselt den Sekretär und das Wappen

Weder der Prozeß Travenol, noch die Krankheit, noch die Geschäfte, noch die Besuche bei Hofe und in der Stadt hindern ihn daran, eine Tragödie zu schreiben: ›Sémiramis‹.

Das Manuskript folgt den Reisen des Paares. Im August 1746 treffen wir Madame du Châtelet und Voltaire im Schloß von Anet bei der Duchesse du Maine. Im September sind sie mit dem Hof in Fontainebleau.

Dazwischen eine häusliche Katastrophe: alle Dienstboten von Madame du Châtelet räumen das Feld am selben Tag. Aus Solidarität schließen sich die von Voltaire an. Madame du Châtelet war hart und knauserig mit ihrem Personal. Voltaire sah sich oft gezwungen, das Räderwerk der Dienerschaft mit heimlichen Gratifikationen zu ölen. Schuld war nicht nur die Knauserigkeit Emilies, sondern auch ihre üblen Launen. Sie dachte nur in ihrem Studierzimmer und vor ihren Notizen philosophisch. Woanders war sie eigensinnig und jähzornig. Als ob er das Durcheinander habe vergrößern wollen, nutzte der Sekretär Voltaires die allgemeine Flucht, um zu sterben. Dieser Verlust traf den Dichter am härtesten; aber er erinnerte sich, daß auch der Verwalter Emilies zuweilen seine Manuskripte abgeschrieben hatte. Er sprach mit ihm und gab ihm die Stelle als Sekretär. Es handelte sich um einen Mann namens Longchamp, den Emilie von einer der zahlreichen Reisen nach Brüssel wegen ihres oft erwähnten Prozesses mitgebracht hatte. Longchamp hatte sich nicht ohne Mühe an die Gewohnheiten Emilies gewöhnt. Der brave Bursche brauchte lange, bis er es richtig fand, daß Madame du Châtelet ihr Hemd in seiner Gegenwart wechselte, »nackt wie eine Marmorstatue«. Da er nicht aus Marmor war, erregte ihn dies. Sie ließ ihn ihr Badewasser aufwärmen und legte sich hinein, als wäre sie allein. (Eine andere Dame, Madame d'Anville, ließ sich auch von ihrem Kammerdiener in das Badewasser legen, aber vorher ließ sie sich wenigstens in einen Sack einnähen.) Der arme Longchamp konnte sich nicht fassen: »Meine ganze Person war vor ihren Augen nicht mehr und nicht weniger als der Wasserkessel, den ich in der Hand hielt.« Das Traurige war, daß er ebenso kochte wie das Wasser in dem Kessel — aber vergebens.

Er entging diesen grausamen Prüfungen, indem er sich in den Dienst von Monsieur begab. Die Anfänge waren recht hart, die Eindrücke Longchamps sind aufschlußreich. Am ersten Morgen diente er gleichzeitig als Kammerdiener und Sekretär, da niemand anderes mehr im Hause war. Voltaire verlangt beim Aufwachen seine Brieftasche. Longchamp sucht; sie liegt vor seiner Nase, aber da er die Ordnung — oder die Unordnung — des Zimmers noch nicht kennt, kann er sie nicht finden. Voltaire wird ungeduldig und schreit: »Da ist sie doch, sehen Sie sie denn nicht!« und zeigt auf einen Stuhl.

Longchamp zittert am ganzen Körper. »Bringen Sie meine

Perücke in Ordnung!« befiehlt ihm Voltaire. Er bemüht sich, die Perücke zu kämmen und zu bürsten. Als er sie seinem Herrn vorweist, grinst dieser, macht sich über den Friseur lustig und schüttelt die Perücke: es ist zu viel Puder daran. Er will sie selbst kämmen. Longchamp solle ihm einen Kamm geben! Er reicht ihm den Kamm. Voltaire reißt ihn ihm aus der Hand, brüllt und wirft ihn auf den Boden; er will nicht diesen Kamm haben, er will den großen — doch es ist kein anderer da. »Heben Sie diesen hier auf. Geben Sie ihn mir.« Darauf stürzt er sich mit dem Kamm auf die Perücke, zerzaust sie schrecklich und stülpt sie sich völlig schief auf den Kopf. Wortlos schlüpft er in seine Kleider und geht mit seiner Emilie frühstücken.

Man könnte aus diesem getreuen Bericht Longchamps über die abscheuliche Laune Voltaires die härtesten Schlußfolgerungen ziehen. Doch lassen wir Longchamps das Wort, der es besser wissen muß als irgend jemand sonst. Er hatte sich anfangs fest vorgenommen, nicht lange zu bleiben. Aber er bemerkte sehr schnell, daß das, was er für Brutalität gehalten hatte, nur eine unkontrollierte Nervosität war, die sich sofort wieder legte: »Ich sah in der Folgezeit, daß seine Heftigkeit ebenso vergänglich und sozusagen oberflächlich war, wie seine Nachsicht und Güte haltbar und dauerhaft.«

Vorsichtig hatte sich Longchamp nur für die Dauer der Reise nach Fontainebleau verpflichtet. Diese Vorsicht erwies sich als überflüssig. Longchamp blieb von 1746 bis 1754 im Dienste Voltaires.

Bei Hofe mußte Voltaire seinen Beruf als Höfling ausüben. Er sagt uns, daß er ihn vernachlässigt habe: »Nun bin ich in Fontainebleau und nehme mir jeden Abend fest vor, zum Morgenempfang des Königs zu gehen. Aber jeden Morgen bleibe ich im Morgenrock bei ›Sémiramis‹.« Das ist nur zur Hälfte wahr. Der Zauber von ›Sémiramis‹ ließ ihn nicht ganz seine Pflichten vergessen, deren er sich ausgezeichnet entledigte. Danach fügte er Alexandriner an Alexandriner, und in Kürze entstand eine neue Tragödie. Sie war nur ein bißchen langweiliger als die anderen, aber seine Zeitgenossen liebten diese Art.

Am 22. Dezember 1746 erhielt er vom König sein Patent als ›Gentilhomme ordinaire de la Chambre‹. Ludwig XV. hatte sein Versprechen gehalten. Voltaire war nun endgültig Edelmann. Madame de Pompadour hatte die Dienste nicht vergessen, die er Madame Lenormand d'Etioles bei ihrem wunderbaren und schwierigen Aufstieg geleistet hatte. Ihr verdankte er den ersehnten Titel. Endlich konnte er sagen, daß in seiner Person die Arouets von Saint-Loup aus die Spitze der Gesellschaft erreicht hatten. Bei dieser Gelegenheit wischte er den Staub von seinem Wappen und änderte es ein wenig. Im Wappenbuch hatten die Arouets ›drei flammenspeiende Rachen auf Goldgrund‹, er machte ein eigenes Wappen für sich daraus mit ›drei goldenen Flammen auf blauem Grund‹. Er hatte nicht mehr das Rot, die Farbe des Heiligen Geistes, er behielt das Gold und übernahm die Farbe der Jungfrau.

Paris war an so manches gewöhnt, die neue Würde machte ihm nicht heiß noch kalt. Aber sie verursachte Erregung — wer hätte das gedacht? — in Saint-Loup, im Poitou, in der Wiege der Arouets, die sein Urgroßvater Hélénus 1620 verlassen hatte! Das war im Jahre 1746 immerhin hundertsechsundzwanzig Jahre her. Die großkopfigen Adligen in Saint-Loup gerieten in Zorn, weil ein kleiner Arouet geadelt und vom König empfangen wurde. Hier der Brief eines dieser Krautjunker: »On m'avertit, mon respectable oncle, que le roi insisté en aireurs par des malintentionés, grattifie du titre de gentilhomme de sa chambre un cuidam nomé Arouet, de Saint-Lou, fils d'un Domar qui s'est fet connaître du nom de Voltère. Le roi ne fera pae l'affront à la noblesse de dispancer ce cuidam de ses preuves, qui pour se les procurer se verait obligé de les chercher dans les parans de sa mère pars qui lest de la roture du côté paternel ce qui serait un dézhoneur pour des gentilshommes de nom et d'armes nobles de père en fils de tems imémorable. Je pri la décision mon cher oncle, après avoir pris l'avis des gentilshommes nos parans qui ne se doucie de dérogé qui li a lieux de fermer nos portes et nos titres à ce Voltère . . . etc. . . . Vous nous dirés votre avis dimanche au dîner de Vernay.«

Nach der schönen Geste »vor diesem Individuum seine Tür und seine Titel zu sperren«, kam der Kämpfer für den echten Adel wieder auf die Erde zurück und schloß: »Der Fuchs ist von dem Wettlauf gestern erledigt, hätte ich den Grauschimmel zu Hause, so wäre ich lieber selber gekommen, um mit Ihnen zu sprechen, statt Ihnen zu schreiben.« Die Unterschriften dieses hohen und mächtigen Herrn passen gut zu dem ländlichen Zauber des Briefes. Er unterzeichnet: »Seigneur du Cerisier d'une part et Seigneur de l'Hullière d'autre part.« Schreibt Molière mit seinen Farcen nicht Geschichte? »Monseigneur de l'Huillière«! Und welcher Hochmut gegenüber diesem Individuum, diesem ›Voltère‹, der zum Bürgertum gehört!

»Nieten in einer Gesellschaft«, sagt die Schlange

Die ersten Monate des Jahres 1747 sind ausgefüllt mit historischen Nachforschungen über den Krieg von 1741. Voltaire ist außerdem oft krank, obwohl er wunderbare Pillen gefunden hat, die de Staal heißen. Er empfiehlt sie überall und nimmt sie in Mengen, die einen starken Mann umbringen könnten. Er verfehlt nicht, wie ein richtiger ›Gentilhomme de la Chambre‹ Madame de Pompadour durch Briefe und Besuche seinen Hof zu machen. Er schickt der Duchesse du Maine eine Epistel über den Sieg von Lawfeld am 2. Juli 1747. Man sagt überall, die Schrift könne dem Gedicht über Fontenoy nicht das Wasser reichen. Und das ist wahr. Das Gedicht war ja auch für den König, die Epistel nur für eine vornehme Dame. Bei Hofe muß man alles je nach Rang dosieren, selbst den Aufwand an Talent. Die Herzogin ist nichtsdestoweniger höchst zufrieden und lädt Voltaire und Emilie ein, einige Zeit in Anet zu verbringen. Folgen wir ihnen.
Wir sind von ihrem Tun und Treiben auf die boshafteste und komischste Weise informiert durch eine Baronne de Staal, die auf dem Schloß lebte und, eine enge Freundin von Madame du Deffand, eine fast so spitze Zunge hatte und eine fast so gute Feder führte wie diese. Eine gute Empfehlung! Voller

Schrecken sieht sie der Ankunft des Paares entgegen. Man weiß nicht, warum, aber vor allem Emilie ist ihr unerträglich. Und so sitzen auch alle Hiebe. Sie erzählt uns, daß man den ganzen Tag lang auf den Dichter und die Physikerin gewartet habe. Sie brachten es fertig, um Mitternacht anzukommen »wie zwei Gespenster, mit dem Geruch von einbalsamierten Körpern, den sie aus ihren Gräbern mitgebracht zu haben schienen«. Die Baronin fügt hinzu, es seien aber jedenfalls »hungrige Gespenster« gewesen, man habe ihnen ein Abendessen und Betten richten müssen. Was jedem ganz normal vorkommen wird, außer der Schlange, die beschlossen hatte, alles ins Lächerliche zu ziehen. Man quartiert einen Edelmann der Herzogin aus, um die Ankömmlinge unterzubringen. Hatte man nichts für sie vorbereitet? Man bedauert den Unglücklichen, der noch nicht einmal seine Sachen mitnehmen konnte. Voltaire findet das Quartier ausgezeichnet, was den Ausgewiesenen in Wut bringt, weil er damit alle Hoffnung verliert, wieder in seine Wohnung zu kommen. Was Emilie betrifft, so sind die Dinge komplizierter. Sie klagt über ihr Bett. Man muß sie woanders unterbringen. Man gibt ihr zu verstehen, sie solle nicht die Prinzessin auf der Erbse spielen, sie sei gar nicht so zart. Man verspricht ihr ein besseres Zimmer, sobald der Maréchal de Maillebois abgereist sei, und wünscht, daß dies bald geschehen möge, da er immer nur auf die Jagd geht. Er hat nichts dazu beigetragen, die Langeweile der Stammgäste des Schlosses zu zerstreuen. Man hofft nun, aus Madame du Châtelet und Voltaire mehr Gewinn zu schlagen. Es wird beschlossen, eine Komödie Voltaires, eher eine Farce, mit dem Titel ›Boursoufle‹ aufzuführen. Die Baronin verfehlt nicht, Emilie für die Rolle der dicken Mademoiselle de la Cochonnière vorzuschlagen. »Mit solchen Waffen kämpft sie nicht«, fügt die Geschwätzige hinzu, um darauf hinzuweisen, daß Emilie mager ist. Voltaire als ›Boursoufle‹ ist ein wahrer Hohn: er gleicht einem Skelett.
Emilie wechselt innerhalb von drei Tagen dreimal ihr Zimmer. Die Baronin erspart ihr nichts; das letzte Zimmer hat sie verlassen, weil es dort rauchte. »Rauch ohne Feuer! Das scheint

ihr Sinnbild.« Man macht sich hinter den Fächern über ihre angebliche Arbeit lustig, die sie den ganzen Tag lang an ihren Schreibtisch fesselt. Sie liebt Stille nur am Tage, des Nachts zeigt sie sich und ist voller Bewegung. Voltaire hat bereits an die Gesellschaft gedacht und hier und dort einige galante Verse verteilt. Man wäre recht zufrieden mit ihm, wäre er nicht mit dieser Emilie behaftet.

Es stimmt, Emilie ist nicht eben erholsam. Sie hat schon alle Tische aus den anderen Zimmern an sich gerissen. Sie braucht sechs oder sieben, auf denen sie ihre Papiere ausbreitet, ihre Bücher, ihre Instrumente, ihren Schmuck, ihren Flitterkram, ihre Schminktöpfchen. Der Anblick ist ungeheuerlich, alles liegt wie in einem Schaufenster nebeneinander. Durch einen glücklichen Zufall, meint die Baronin, hat man ein Tintenfaß über ihre Algebra ausgeschüttet. Emilie bekommt einen Wutanfall, die Gesellschaft freut sich.

Da man sie nur zum Zeitvertreib hat kommen lassen, findet man, sie hielten sich zu sehr abseits. Die Tage sind endlos, und die beiden erscheinen erst am Abend: »Sie wollen weder spielen noch spazierengehen«, schreibt die Baronin, »sie sind Nieten in einer Gesellschaft, für die ihre gelehrten Schriften keinerlei Gewinn abwerfen.«

Aber beim Souper vergilt Voltaire in einer Stunde reichlich die Gastfreundschaft. Weil er selbst mit Vergnügen ›Boursoufle‹ spielt, vergnügt er auch die anderen aufs beste. Selbst Emilie ist ausgezeichnet in ihrer Rolle, sie singt bezaubernd. Das muß schon wahr sein, da man es anerkennt! Aber die Kritik läßt nicht auf sich warten. Emilie spielt Mademoiselle de la Cochonnière in einer Staatsrobe, geschmückt mit tausend ein wenig echten und ein wenig falschen Diamanten, die überall an ihr auffallend glitzern. Voltaire muß böse werden, damit sie sich bemüht, wenigstens in ihrer Aufmachung Mademoiselle de la Cochonnière ein wenig ähnlich zu sehen. Aber die Algebra bringt den Poeten zum Schweigen: »Sie ist die Herrscherin und er der Sklave«, schließt die Baronin. »Sie verspricht uns«, sagt sie, »noch tausend Seiten ihrer Lächerlichkeit preiszugeben, denn Lächerlichkeit verbreiten beide um sich, ohne es zu bemerken.« Wir haben an diesen genug. Bald darauf verläßt das seltsame Paar die Gesellschaft ihrer Gastgeber von Anet.

Sie können nicht an einem Ort bleiben. Rasch, rasch, packen sie ihre Sachen und Papiere wieder zusammen und eilen zu Richelieu, der nach Genua reisen muß und vor seiner Abreise noch eine Unterredung mit Voltaire haben will. Man kann ihm nichts abschlagen, daher kommt man schleunigst mit einem Berg von Gepäckstücken herbei. Zwei Tage später erhält die gute Baronin einen flehenden Brief von Voltaire, der in der Eile der Abreise das Manuskript von ›Boursoufle‹ verlegt hat. Man muß es um jeden Preis wiederfinden, ihm zurückschicken — aber ja nicht mit der Post, denn die Manuskriptdiebe würden es stehlen, um es den diebischen Verlegern zu verkaufen. Was die Rollen betrifft, die jeder abgeschrieben hatte, so ermahnte er sie dringend: »Man muß sie mit hundert Schlüsseln einschließen.« Und die sanfte, geschwätzige Dame verwundert sich: »Ich hätte gedacht, ein Riegel würde genügen, um diesen Schatz zu verwahren.«

Von der Gefahr,
das Wort »Schurke« auszusprechen und das Wort »Eroberung« zu schreiben

Am 14. Oktober 1747 sind die beiden wiederum am Hof von Fontainebleau. Man weiß, daß Emilie, die an Brot und Salz für ihre Dienstboten sparte, eine fanatische und natürlich unglückliche Spielerin war. Eines Abends, als sie bei der Königin spielte, begann sie schrecklich zu verlieren. Sie sah die vierhundert Louis, die sie bei sich hatte, in einem Augenblick in nichts vergehen. Sie hatte sich die Summe nur mit Mühe zusammengespart. Voltaire überwachte sie, ihre Verluste brachten ihn in Wut, denn er haßte es, seine Zeit und sein Geld sinnlos zu verlieren. Trotzdem lieh er ihr noch die zweihundert Louis, die er in der Tasche hatte. Sofort waren sie dahin. Er versuchte es mit Ermahnungen, aber wie die, die er über ihr

Theaterkostüm zu machen gewagt hatte, wurden sie grob abgewiesen. Er fügte sich und bat durch einen Lakaien einen Geschäftsmann um weitere zweihundert Louis, die dieser zu einem unmäßigen Zinssatz herlieh. Mademoiselle du Thil, die so geschickt mit den Abgesandten beim Papst unterhandelt hatte, war zugegen und lieh gern hundertachtzig Louis. Die göttliche Algebristin warf ganze Hände voller Münzen auf den Spieltisch, doch anstatt sich zu vervielfachen, verschwand die Summe vor ihren Augen bis auf den letzten Heller. Voltaire beschwor sie aufzuhören, sie fuhr ihn nur unfreundlich an und spielte schon während des Redens weiter . . . Und nun begann das Unglück! Sie verlor vierundachtzigtausend Livres; zuzüglich der neunhundert Louis also hundertdreitausend Livres. Monsieur du Châtelet war, wie man weiß, nicht sehr reich. Voltaire hatte das Spiel mit der stummen Wut und der Hellsichtigkeit desjenigen verfolgt, der alles voraussieht und doch machtlos ist. Er hatte sie ihrem Unglück wie eine Wahnsinnige entgegeneilen sehen. Beim letzten unglücklichen Coup konnte er sich nicht mehr zurückhalten — er hatte den Betrug gesehen! — und sagte halblaut auf Englisch: »Sehen Sie denn nicht, daß Sie mit Schurken spielen?« Zu jener Zeit gab es nur wenige Leute, die englisch sprachen. Doch es war zweifellos jemand zugegen, der verstanden hatte, denn Voltaire bemerkte mit Entsetzen, daß um sie herum geflüstert wurde und man sich das schreckliche Wort weitersagte, das er soeben ausgesprochen hatte. Es war sehr gefährlich, dieses Wort bei einem Spiel der Königin zu benutzen. Fürsten von Geblüt und die vornehmsten Damen des Reiches waren anwesend. Man mußte so schnell wie möglich verschwinden, bevor irgendwelche Zwangsmaßnahmen gegen ihn ergriffen wurden. Er hatte sich der Majestätsbeleidigung schuldig gemacht. War er im Unrecht? Gewiß nicht. Aber von den Lastern des Hofes

il faut parler de loin

Ou bien se taire.

Der Duc de Luynes schreibt in seinen Erinnerungen: »Man stiehlt weiterhin viel in Versailles . . .«, und er zählt mehrere Fälle auf. Madame du Deffand berichtet, daß bei einem Abendempfang eine vornehme Dame mit ihrem Liebhaber von einem Diener überrascht worden sei, wie sie einen Sekretär aufbrachen. Sie entschuldigten sich bei dem Gastgeber und sagten, es sei nur ein Scherz gewesen! Es war die Princesse de M... Ein anderes Mal wird in Versailles eine Rolle mit Louis von einem Spieltisch gestohlen. Dann wieder vertauscht man die echten Louis mit falschen. Die Herzoginnen schummeln — die Herzöge gewiß auch. Das durfte man jedoch nicht sagen, nicht einmal auf Englisch.

Sie fliehen beide in der ersten besten Postkutsche, doch da die Kutsche in schlechtem Zustand ist, bricht sie in Essonnes zusammen. Sie haben keinen Pfennig, um den Wagner zu bezahlen, der die Kutsche repariert: er hält sie als Gefangene fest. Ein Reisender fährt vorüber, erkennt sie, zahlt für sie, sonst säßen sie noch dort — falls die Wachen sie nicht aufgelesen hätten.

Voltaire hatte — mit gutem Recht — entsetzliche Angst vor der Rache der vornehmen Herren am Hofe. Ein Chevalier de Rohan in einem Menschenleben genügt! Er denkt bei der Duchesse du Maine in Sceaux Zuflucht zu finden. Aber er kann nicht ohne Erlaubnis und am hellen Tage zu ihr kommen. Daher versteckt er sich in einem Bauernhof und schickt der Herzogin ein Billet durch einen Tagelöhner, der sofort mit der Antwort zurückkehrt: eine liebenswürdige Einladung.

Um Mitternacht trifft er in Sceaux ein. Am Tor erwartet ihn ein gewisser Monsieur Duplessis, der in ›Boursoufle‹ mitgespielt hatte: das schafft eine Verbindung. In der Dunkelheit bringt man ihn zu einer versteckten Tür des Schlosses, eine heimliche Treppe führt ihn unters Dach, wo eine kleine Wohnung eingerichtet ist, von deren Existenz niemand etwas ahnt. Dort wird er in völliger Heimlichkeit zwei Monate lang bleiben.

Jede Nacht gegen zwei Uhr morgens erholte er sich. Er stieg wie ein Gespenst in das Zimmer der geistreichen Herzogin hinab. Alles schlief, außer einem Diener, der in das Geheimnis eingeweiht war und der einen Tisch in den Salon der Prinzessin stellte. An diesem Tisch genoß Voltaire in Morgenrock

und Nachtmütze die auserlesensten Gerichte, bedient wie beim
König. Während er das himmlische Manna verzehrte, hielt er
der sich auf ihre Spitzenärmel stützenden Herzogin die geist-
reichsten Reden der Welt. Sie war aufs höchste entzückt. Er
auch. Seine Einsamkeit machte ihm diese Stunde der Herzens-
ergießung noch wertvoller. Er fühlte sich geliebt und wundervoll verstanden. Er ließ alle Feuer seines Geistes für diese
einzige, aber so hochstehende Zuhörerin brennen, eine der gebildetsten und lebhaftesten Frauen der Zeit, von einer Voltaire
verwandten Intelligenz und einem unfehlbaren Geschmack.
Welches Zusammentreffen! Unter der — nach Versailles —
schönsten Deckenvertäfelung Frankreichs eine Königliche Hoheit, eine Fürstin des Geistes, verzückt vor dem intelligentesten Mann eines Jahrhunderts, das das intelligenteste in der
Geschichte der Menschheit war. Ein einmaliges Schauspiel im
Schein einer Kerze. Aber weiß man, was diese zitternde
Flamme erleuchtete? Aus welchen Papieren er der Herzogin
vorlas? Denn er las ihr des Abends, was er am Tage schrieb,
um ihr zu danken für ihre Gastfreundschaft, ihren Schutz. Er
schrieb mit einer Feder, die kaum das Papier berührte, schwere-
lose Geschichten: ein Hauch von Geist, ein Pinselstrich Gefühl,
eine Idee Moral, ein Körnchen Gelehrsamkeit unter einem
durchsichtigen Firnis von Geschichte, und wir haben die Erzählungen, die ›Babouc‹ heißen, ›Memnon‹, ›L'Ingénu‹, ›Micromégas‹, ›Zadig‹. Und sie sind für die Ewigkeit geschrieben,
obwohl sie nur erdacht wurden, um einen Abend lang einer
Herzogin zu gefallen, die fast eine Zwergin war, aber den
Teufel im Kopf hatte und ganz einfach mit jenem unvergleichlichen Lächeln der Pastells von La Tour einschlafen wollte.
Longchamp teilte seine Gefangenschaft, er schrieb ab. Sie hatten einen kleinen zwölfjährigen Savoyarden bei sich, der die
Einkäufe besorgte. Eines Tages konnte Voltaire nicht mit dem
Fuß in seinen Schuh kommen. Man schickte den Schuh zu
einem Schuster. Was entdeckte dieser? Einen Beutel voller
Geld in der Schuhspitze! Das Kind weint. Es glaubt, man habe
seine Ehrlichkeit auf die Probe stellen wollen. Es klagt, es
kehrt weinend und zitternd zurück, denn es fürchtet, den wert-

vollen Beutel im Schnee zu verlieren. Bei seiner Ankunft erzählt es alles; man lacht, man beruhigt und belohnt es. Auf welche Weise hatte Voltaire seine Louis verlegt? Er hatte seine Taschen geleert und den Inhalt, ohne ihn näher zu betrachten, in einen Schrank geworfen. Der Beutel war in einen Schuh gefallen, wo er sich eingenistet hatte und vergessen blieb. Ist dies das Verhalten eines Mannes, den man als schrecklichen Harpagon beschrieben hat? Die Harpagons ordnen wollüstig ihre Louis, sie werfen sie nicht in die hinterste Ecke eines Schrankes, und wenn sie sie verlieren, wenn sie nur einen Sou verlieren, dann hört man sie schreien, man sucht, man läßt suchen: »Haltet den Dieb!« Wir werden Voltaire, was das Delikt der Geldgier angeht, manchmal auf frischer Tat ertappen und nicht die Augen schließen. (Kurzsichtigkeit selbst seinen Fehlern gegenüber hieße ihn beleidigen.) Er hatte dafür Gründe, die ihm nicht immer Ehre machen, aber diese Gründe stimmen oft mit ›dem Recht‹ überein, und ›das Recht‹ kennt der Sohn Arouet, besonders wenn er glaubt, daß seine Feinde ihm schaden wollen.

Im Februar 1748 ist die Gefahr vorbei. Madame du Châtelet hat sich in Versailles und Paris eingeschaltet. Alles ist wieder in Ordnung. Man hat das ›Wort‹ vergessen, Voltaire kann sich zeigen. Bevor er auf der Bühne der Pariser Welt erscheint, zeigt er sich im Theater des Schlosses von Sceaux. Das ist ganz nach der Art Voltaires, wieder Kontakt mit dem Leben aufzunehmen: er spielt Theater. Mit Emilie, dem Vicomte de Chabot, dem Marquis de Courtanvaux, der ausgezeichnet tanzte, spielen sie zwei Komödien: ›La Prude‹ und ›Les Originaux‹. Unter den Tänzerinnen der Zwischenspiele ist ein kleines Mädchen, das alle Welt bewundert und das Guimard heißt — sie wird die berühmte Guimard werden, die wunderbarste Tänzerin ihrer Zeit.

Eine kleine Reiberei mit der Herzogin: nicht sie ist im Unrecht. Es war ihr Haus, und sie verabscheute Menschenmassen. Doch Monsieur de Voltaire, der dreimonatigen Einsamkeit müde, wollte vor den Augen eines möglichst großen Publikums erscheinen. Er erlaubte sich, die Einladungskarten zu vermehren, der Unverschämte! Die Herzogin war erstaunt über das Herbeiströmen von Eingeladenen. Sie beklagte sich. Was tat er, um Vergebung zu erlangen? Er organisierte eine zweite Aufführung mit dem Schwur, sie sei für die engsten Freunde reserviert. Es waren noch mehr Leute da als bei der ersten, und nicht nur die vornehmsten. Er hatte die Kaltblütigkeit, folgendes Billet zu verschicken: »Es komme wer mag, ohne weitere Förmlichkeit. Man finde sich punkt sechs Uhr ein und gebe Anweisung, daß die Kutschen zwischen halbacht und acht Uhr wieder im Hof sind. Nach sechs Uhr wird das Tor für niemanden mehr geöffnet.«

Diese Billets hatte man vor der Herzogin versteckt, aber sie sah sie später und fand sie »ungehörig in bezug auf ihre eigene Person«. Man kann ihre Geduld nur bewundern. Voltaire nimmt sich oft unzulässige Freiheiten mit Leuten heraus, die ihm ein wenig verzeihen, aber von Natur aus nicht geneigt sind, viel zu verzeihen. Er weiß das, er ist ein gebranntes Kind. Dennoch bleibt er dabei. Man braucht die Gründe dafür, daß er vom König und dem Versailler Hof immer kühler behandelt wurde, nirgends sonst zu suchen. Was die Duchesse du Maine betrifft, so bleiben ihr diese ›Einladungsbillette‹ in Erinnerung. Sie hatte von da an nicht mehr den gleichen vertrauten Umgang mit Voltaire; aber das ist kein Anlaß zu behaupten, wie einige Böswillige es tun, sie habe Voltaire vom Hof in Sceaux verjagt.

›Zadig‹ war von der Herzogin und von denen, die das Manuskript gelesen hatten, so bewundert worden, daß sie Voltaire das Versprechen abnahmen, es herauszubringen. Er gab den Anfang einem Drucker in Paris und sagte ihm, er bereite das Ende vor. Dann gab er das Ende einem Drucker in Rouen und sagte ihm, er ändere den Anfang um. Er ließ sich daraufhin die beiden Teile geben, band sie zu einer Auflage von zweihundert Exemplaren zusammen und schickte sie als Geschenk an die Duchesse du Maine, die sie verteilte. Das ließ beinah den Streit mit den Einladungen: ›Es komme wer mag‹, vergessen.

Aber man hätte die Wut der beiden Verleger sehen sollen, als plötzlich ein Werk zirkulierte, das jeder für sein Eigentum hielt. Die Auseinandersetzung war stürmisch. Voltaire bezahlte sowohl den einen wie den anderen reichlich und erlaubte ihnen nun, den Anfang und das Ende zusammen zu drucken. Hätte man nicht damit beginnen müssen?

Am Hofe führte man nur für den König und seine Vertrauten Voltaires ›Enfant prodigue‹ auf. Der Duc der Chartres, der Duc de Nivernais, der Duc de Gontaud und Madame de Pompadour spielten ausgezeichnet. Voltaire wurde nicht dazu eingeladen. Aber die Marquise hatte ihn schon darauf vorbereitet und erreichte vom König, daß in Zukunft die Autoren der im ›Cabinet‹ aufgeführten Stücke eingeladen würden. Voltaire sandte folgendes Madrigal:

Pompadour vous embellissez
La cour, le Parnasse et Cithère
Charme de tous les cœurs, trésor d'un seul mortel
Qu'un sort si beau soit éternel!
Que la Paix dans nos champs revienne avec Louis
Soyez tous deux sans ennemis
Et tous deux gardez vos conquêtes.

Dieses harmlos erscheinende Madrigal veranlaßte den Hof, ›conquête‹ auf ›tempête‹ zu reimen, auf die ›Stürme‹ also, die es wirklich entfesselte. Die Anhänger der Königin fanden es unziemlich, daß Voltaire von den Eroberungen des Königs und denen der Pompadour zu sprechen wagte.

Es scheint, daß die Erwähnung dieser allbekannten Wahrheit eine Schande war und Voltaire sich gegen Seine Königliche Majestät verging, indem er die königlichen Schwächen enthüllte. Der Lärm hätte sich rasch wieder gelegt, wenn sich nur die Königin und einige ehemalige Schönheiten aus ihrem Gefolge beklagt hätten. Aber auch die Töchter des Königs waren aufgebracht gegen die Favoritin und Voltaire. Der König aber liebte seine Töchter über alles, die diese Liebe erwiderten, und so erreichten sie durch Zärtlichkeiten von ihrem Vater, daß er Voltaire vom Hof entfernte. Es gelang ihnen damit, Madame de Pompadour in der Person ihres Lieblingsdichters zu kränken. Im übrigen erfahren wir, daß der Dauphin und die

Dauphine Madame de Pompadour privat: »Notre maman p...« nannten.

Was war geschehen? Der Hof grollte heimlich mit Voltaire. Wie gewöhnlich machte man in Paris aus diesem Murmeln einen ohrenbetäubenden Lärm; aber der Dichter, informiert von den Gerüchten, zog es vor, wieder einmal das Weite zu suchen, das heißt, die Straße nach Cirey. Madame de Pompadour hielt ihn nicht zurück. Seine Abreise dürfte sie erleichtert haben. Die Gedichtchen Voltaires waren kompromittierend geworden. Sie hatte eine Partie verloren und litt grausam darunter. Aber in Versailles wurde nur gemurmelt, einzig Paris machte Lärm.

Voltaire schreibt an d'Argental und den Président Hénault, um ihnen alles zu erklären und sie zu veranlassen, ihrer Umgebung mitzuteilen, daß alle Gerüchte falsch seien. »Ich kann offenbar, meine göttlichen Schutzengel, Paris nicht verlassen, ohne verbannt zu sein!« Natürlich handelt es sich nur um eine Vergnügungsreise (die freilich ein wenig überstürzt ist!). Darauf folgt ein Loblied auf die königliche Familie, das den Verdacht ablenken soll. Von dem Madrigal an die Marquise kein Wort. Er leugnet, an Madame la Dauphine geschrieben zu haben. Aber wer spricht denn von einem Brief an die Dauphine? Er allein. Um zu vermeiden, daß von dem wirklich Vorhandenen gesprochen wird, führt er auf eine falsche Fährte. Mit zwanzig Jahren verhielt er sich genauso; jetzt ist er vierundfünfzig! Als man ihn damals anklagte, das Gedicht ›Puero regnante‹ geschrieben zu haben, verteidigte er sich damit, nichts mit dem Gedicht ›J'ai vu‹ zu tun zu haben. Im Augenblick rollt er auf der Landstraße; er flieht, daran kann man nicht zweifeln.

Ein Hof verloren, ein anderer ersetzt ihn

Welch mühsame Reise, im Winter nach Cirey. Die immer originelle Emilie wollte nur des Nachts fahren. Wie gewöhnlich ist ihre Kutsche überladen. Es ist schrecklich kalt; der gefrorene Schnee auf den Straßen verdeckt die Schlaglöcher. Im Innern der großen Kutsche werden die beiden Liebenden, bedeckt mit allen ihren Pelzen, zwischen den bei jedem Stoß durcheinander rollenden Koffern und Bündeln fast erdrückt. Trotz ihrer Wohlhabenheit reisen sie mit der größten Unbequemlichkeit. Einige Meilen vor Nangis bricht die Achse. Mit einem Ruck senkt sich das schwere Gehäuse, schleift auf dem Pflaster, neigt sich, neigt sich, will umstürzen, aber setzt schließlich auf, ohne nach der Seite zu fallen, während der Dichter und die Physikerin wahnsinnige Schreie ausstoßen. Er schreit am lautesten, denn er ist eingeklemmt zwischen zwei Bücherkisten, er erstickt . . . er stirbt! Die Marquise liegt über ihm, aber sie bekommt noch Luft, die Zimmerfrau liegt über beiden. Man zieht sie alle drei heraus: er brüllt, also lebt er! Sobald er steht, findet er seine Ruhe und sein Denkvermögen wieder. Er läßt im Dorf Handwerker holen. Inzwischen richten sich Emilie und Voltaire am Rande des Straßengrabens ein. wo man auf den Schnee die Kutschenpolster ausgebreitet hat. Und, als wäre nichts geschehen, bewundern sie den sternenschimmernden und vor Frost glitzernden Himmel. Newton ist mit ihnen, in ihnen; selbdritt schwingen sie sich in die unendlichen Räume auf. Sie überlassen sich ihrer halb poetischen, halb astronomischen Trunkenheit; sie sind genauso ungezwungen wie in ihrer Galerie in Cirey; sie sind steif vor Kälte, aber hingerissen von dem wundervollen Forschungsobjekt, das der winterliche Himmel ihnen bietet. Sie verfallen in wissenschaftliche Schwärmerei. Geben wir zu, daß sie sich auf die Kunst, schlecht zu reisen und doch Vergnügen daran zu finden, verstehen.

»Ach! Warum haben wir das Fernrohr nicht mitgebracht?« rufen sie aus. Ja, sie hätten es nötig, um ihr in der Nacht auf dem Schnee verstreutes Gepäck einzusammeln! Aber daran denken sie nicht. Sie halten sich bei der Hand, die Augen auf die Sterne gerichtet, und sie reden . . . sie reden . . . sie reden beide, ohne sich auch nur zuzuhören. Was tuts, sie drücken dieselben berauschenden Gedanken aus. Das ist das Wesen ihrer Liebe.

Vier Bauern bringen den Wagen mit Stricken wieder auf die Räder. Die Ausbesserung ist äußerst schwierig. Die vier, in dieser sibirischen Nacht aus den Betten geholten Männer hatten sich auf eine hübsche Belohnung gefreut. Von den Sternen zurückgekehrt, zählt ihnen Emilie mit Bedauern zwölf ganze Livres auf. Sie murren beim Fortgehen. Man läßt sie murren, steigt wieder ein, und los geht es. Die Räder haben sich noch keine zehnmal gedreht, da bricht wieder alles auseinander. Man schreit, man ruft um Hilfe. Keiner hört. Man bittet, man fleht. Niemand rührt sich. Voltaire zieht seinen Beutel: das Gold blitzt im milden Schein der Sterne. So hätte man anfangen müssen! Die Lümmel zeigen sich wieder. Schließlich erreichen sie Nangis, wo sie die Kutsche lassen. Die beiden Reisenden bitten in einem nahe gelegenen Schloß um Gastfreundschaft. Sie rösten sich vor einem großen Feuer, essen, trinken und verkriechen sich im Morgendämmer in großen Federbetten. Sie bleiben dort zwei Tage lang, bis die Kutsche wieder heil ist. Und recht und schlecht langen sie ohne weitere Zwischenfälle in Cirey an.

Dort bleiben sie vier Monate. Gleich nach ihrem Erscheinen bildet sich die gewohnte Gesellschaft: Madame de Champbonin und die Nachbarn erscheinen. Die Koffer waren noch nicht ausgepackt, als man schon die Bretter für die Bühne zusammenschlug. Sofort wird Theater gespielt: man spielt ›Boursoufle‹.

Im Laufe desselben Winters, im Februar 1748, machen sie eine Reise an den Hof des Königs Stanislaus in Lunéville. Stanislaus war ein guter König und ein guter Mann. Die Lothringer, die seinetwegen erst gemurrt hatten, liebten ihn schließlich, wie Stanislaus sie liebte; seine Herrschaft ist eine der besten Zeiten in der Geschichte Lothringens geblieben. Er herrschte ohne zu herrschen; ein von Versailles bestimmter französischer Verwalter, Monsieur de la Galaizière, führte die Regierungsgeschäfte. Stanislaus war nicht der Mann, ihm die Macht streitig zu machen. Er reservierte sich nur das Recht, Gutes zu tun. Sein Hof war bezaubernd, man lebte dort wie in einer Familie, einer kannte den andern. Man war höflich und liebenswürdig, ohne so geschraubt zu sein wie in Versailles. Ein Miniaturhof, der wie alle anderen Versailles in seiner Eleganz nachahmte, aber seine strenge Zucht und seine Korruption ablehnte. Der Hof von Lunéville ähnelte den deutschen Höfen, die Voltaire so sehr liebte. König Stanislaus hatte alle damatis personae zu einer hübschen komischen Oper um sich. Da war zuerst die Maîtresse, eine der schönsten Frauen Europas, deren Berühmtheit jedoch weder ihrer Sanftmut noch ihrem Geist etwas anhaben konnte; es war die Marquise de Boufflers aus der Familie der Princes de Beauvau, die zu dem vornehmsten lothringischen Adel zählten. Als Gegenspieler fungierte ein jesuitischer Beichtvater, Pater Menou, eine zwielichtige Gestalt neben der Marquise, die eitel Licht war. Je nach Gelegenheit werden wir Voltaire mit oder gegen diesen Pater intrigieren sehen, »den intrigantesten und dreistesten Priester, den ich je kennenlernte«, sagt unser Dichter, der sich im Intrigenspiel ebenso gut auskannte wie in der Dreistigkeit. Er fügt hinzu, daß der König sein Herz zwischen diesen beiden Geschöpfen teilte, wobei der Jesuit ihm teurer zu stehen kam als die Favoritin. Menou hatte dem König mehr als eine Million abverlangt, hatte ein prächtiges Haus für seinen Orden bauen und sich zwölftausend Livres für seine Küche reservieren lassen. Dazu eine gleich große Summe, über die er nach Gutdünken verfügen konnte.

Dagegen erhielt die Favoritin von dem König »kaum das Nötige, um sich Röcke zu kaufen«, sagt Voltaire. Zweifellos handelte es sich um ausgezeichnete Röcke.

Natürlich war der Beichtvater eifersüchtig auf die Favoritin; er wollte sie aus der Hälfte des Herzens von Stanislaus vertreiben, in der sie sich niedergelassen hatte. Zwischen ihnen herrschte Krieg, und beim Verlassen der Messe hatte der gute König »rechte Mühe, seine Maîtresse und seinen Beichtvater wieder auszusöhnen«.

König Stanislaus hatte auch einen Zwerg, der so klein war, daß man ihn zuweilen in eine Pastete setzte, und wenn man diese dann bei Tisch aufgeschnitten hatte, ließ man das winzige Männlein zwischen Gläsern und Tellern seine Possen treiben. Dieser Zwerg durfte alles sagen, und manchmal bekam er Wutanfälle; sein Geschrei und seine Beleidigungen waren die Wonne des Hofes. Eines Tages verlor man ihn in einer Wiese, das Gras war ein Wald für ihn. Sogar in Versailles sprach man von dem Zwerg. Madame de Pompadour wunderte sich, daß er nie den Katechismus gelernt hatte und man ihm nie beibringen konnte, daß es einen Gott gibt. In diesem Milieu hätte der arme Zwerg eine ganze Menge Gnade gebraucht, um sich allein zu diesem Gedanken zu erheben! Er hieß Bébé. So sah der Hof von Stanislaus aus. All das beweist große Gutmütigkeit!

Nicht für Bébé hatten Voltaire und Emilie die Reise nach Lunéville unternommen. Diese Art von Unterhaltung unterhielt sie keineswegs. Madame du Châtelet hoffte vom König eine Pension zu bekommen für

> Son mari le capitaine
> Qui n'était jamais là,

wie P. J. Toulet sagen würde.

Der Marquis gehörte zu einer der ältesten, aber wenig begüterten Familie des Landes; Lothringen schuldete ihm wirklich eine Pension. Emilie wußte, daß sie von Stanislaus, der von dem Märchenleben in Cirey gehört hatte, gut empfangen würde. Der gute König wollte den Dichter und die Marquise — seine Untertanen —, die ihm einen liebenswürdigen Tribut ihres Geistes doch wahrhaftig schuldeten, an seinen Hof ziehen. Ohne sehr anspruchsvoll zu sein, war Stanislaus doch nicht immer geneigt, sich nur mit seinem Zwerg zu vergnügen, und die Intrigen seines Beichtvaters und seiner Favoritin schienen ihm monoton. Mit Voltaire würde sich alles ändern. Der Dichter war jedoch überzeugt, daß Stanislaus ihn aus einem ganz anderen Grunde ungeduldig erwartete. Das war pure Einbildung, aber kennzeichnet unseren Helden. Er erzählt allen Ernstes, da Pater Menou sich Madame de Boufflers zu entledigen wünschte, habe er an Madame du Châtelet als Nachfolgerin gedacht. Er, Voltaire, habe diese Intrige gleich bei seiner Ankunft gewittert. Die Sache ist unwahrscheinlich. Madame du Châtelet erfüllte nicht die Bedingungen, einmal wegen ihres autoritären Charakters, ihrer wissenschaftlichen Ambitionen, die Stanislaus abstießen, und ihres Alters, hauptsächlich aber, weil Stanislaus Madame de Boufflers sehr zärtlich liebte. Sagen wir es offen, daß weder Pater Menou, noch Madame du Châtelet, noch Stanislaus je an einen ähnlichen Plan dachten. Aber, um den Beichtvater anzuschwärzen, tat Voltaire, als wäre die Sache ausgemacht. Was ihn selbst betrifft, so kam er leichten Herzens. Er erwartete von Lunéville manche Freuden für seine Eitelkeit und vielleicht andere Vorteile. Er kostete vor allem die Befriedigung aus, von König Stanislaus verwöhnt zu werden. Da dessen Tochter, die Königin, ihn mehr oder weniger aus Versailles hatte fortjagen lassen, fand er es nicht unangenehm, daß Stanislaus durch sein Verhalten bewies, wie verleumderisch die Äußerungen über die Ungnade von Versailles waren. Gestehen wir auch, daß die Gesellschaft von Madame de Boufflers ihn entzückte, er bewunderte und beweihräucherte sie, er ließ sich von dem Zauber dieser wunderbaren Frau wiegen, die nicht gelehrt war und die man ›La dame de Volupté‹ getauft hatte. Für eine Favoritin gibt es keinen besseren Titel. Von unfehlbarem Geschmack in ihrer Unterhaltung und in ihren Urteilen, war ihre Eleganz die von Versailles. Sie besaß außerdem in Voltaires Augen eine fast übermenschliche Tugend: sie war auf die natürlichste Weise von jedem Gedanken an Sünde und von jedem religiösem Glauben losgelöst. Sie schuf für sich und ihre Umwelt eine Atmosphäre des Glücks ohne Schatten und ohne Reue, in der Voltaire mit vollen Lungen atmete. Sie hatte sich selbst ihre Grabinschrift geschrieben:

> Ci-gît dans une paix profonde
> Une dame de Volupté
> Qui, pour plus de sécurité
> Fit son paradis en ce monde.

Als unsere beiden Berühmtheiten den Hof von Lunéville vervollständigen kamen, war alle Welt begeistert — außer dem Beichtvater. Endlich würde man rauschende Feste haben, Theater und neue Intrigen. Gleich nach der Ankunft schlossen Madame de Boufflers und Emilie enge Freundschaft. Voltaire

eilte zum Wichtigsten, zum Theater. Sofort mußten die
Bretter für die Bühne zusammengenagelt werden. Man
wiederholte den Erfolg von Sceaux. Das Stück mußte für Stanislaus sogar zweimal gespielt werden, so sehr war er geblendet. Es folgte ›Mérope‹. Dabei weinte man so schrecklich, daß
Voltaire selbst in Tränen ausbrach, anstatt auf sein eigenes
Stück stolz zu sein. Nie hat eine Gesellschaft so voller Lebensfreude sich mit größerer Wollust den Tränen hingegeben.
Im Publikum gab es liebenswürdige und sogar talentierte Leute. Einer der Zuschauer wird sich nach vorn spielen und eine
der ersten großen Rollen übernehmen. Er ist schön, gut gewachsen, er hat einen angenehmen, aber kühlen Ausdruck,
der sein ganzes Wesen kennzeichnet, er kann Verse machen,
und ist überdies noch jung. Er heißt Marquis de Saint-Lambert. Außerdem ist er Oberst. Seine Gedichte lassen uns kalt, in
seinen Versen zeigt sich sein kühler Charakter. Er hält seine
Dichtung für tief, weil sie langweilig ist. Trotz dieser literarischen Schwächen findet sich dieser Dichter zweimal in die Geschichte der französischen Literatur des 18. Jahrhunderts verwickelt. Er trägt zweimal einen glanzvollen Sieg über die
beiden größten zeitgenössischen Dichter davon, über Voltaire
und J.-J. Rousseau. Er schuldet diese Siege nicht seinen literarischen, sondern anderen Talenten. Als erstes wird er mit Eclat
Voltaire Emilie entführen, als zweites wird er dem melancholischen Jean-Jacques Madame d'Houdetot nehmen, oder vielmehr, sie ihm nicht lassen. So sehen in der Literatur die Meisterwerke Saint-Lamberts aus, abgesehen von seinem Gedicht
›Les Saisons‹, das man von ferne grüßt.
Sofort bei seiner Ankunft in Lunéville hatte er sich an Madame
de Boufflers herangemacht. Er hätte Erfolg haben können; die
Marquise war nicht die Frau, einen brillanten Kavalier um
einen Sieg zu bringen, dessen Freuden sie durchaus bereit war
zu teilen. Aber es ergab sich, daß Saint-Lambert als Offizier
in den Diensten von König Stanislaus stand, der der Herr der
Marquise und zugleich der ihres eventuellen Liebhabers war.
Die Sache kam also nicht zustande, denn Stanislaus hatte in
diesem Punkte völlig andere Ansichten als die Marquise und

der schöne Offizier. Er wollte keinen Saint-Lambert als Rivalen. Madame de Boufflers, die am wenigsten widersprechende Frau der Welt, erkannte dieses königliche Recht mit vollendeter Liebenswürdigkeit an. Sie verweigerte lieber dem neuen Liebhaber die ihm noch unbekannten Freuden, als sie dem alten und untadeligen zu nehmen, der an sie gewöhnt war und ein Recht darauf hatte. Fügen wir hinzu, daß es auch noch einen anderen, konkreteren Grund gab: König Stanislaus teilte sich die Marquise bereits mit seinem Kanzler, Monsieur de la Galaizière. Diese Teilung war ganz in der Ordnung, wie die folgende Geschichte zeigt. Eines Abends, als die Marquise ein wenig betrunken und der Komplimente und Liebkosungen des alten Königs müde war, Liebkosungen voller Zärtlichkeit, gewiß, die aber um so weniger versprachen, sagte sie zu ihrem alternden Liebhaber: »Ist das alles?« Der gute König, den seine königliche Macht für solche Gelegenheiten nicht mächtiger machte, antwortete: »Nein, Madame, das ist nicht alles; mein Kanzler wird Ihnen das übrige sagen.« Er war der Ansicht, er habe das seine getan und überließ dem Kanzler, die Sorge zu vollenden — aber nur ihm. Zwei Liebhaber sind nur zwei Liebhaber, drei, das ist unübersehbar.

Daher blinzelte der abgewiesene Saint-Lambert sofort in Richtung von Madame du Châtelet. Er brauchte nicht lange zu blinzeln, sie warf sich in seine Arme. Das war fast unvermeidlich, sie war am Ende ihrer Kräfte. Voltaire war in seinen besten Augenblicken nie etwas anderes als ein ›Liebhaber kalt wie Schnee‹ gewesen; das Alter, die Krankheit, eine durch Sättigung ausgelöste Kälte, all das hatte ihn nun zu einem Liebhaber aus Eis gemacht. Es ist nur allzu sicher, daß Emilie seit Jahren schmachtete. Doch sie war nicht dazu geschaffen, auf diese Weise zu schmachten. Ihre Wutanfälle und Tränenausbrüche, ihre Spielleidenschaft finden vielleicht in diesem intimen Drama eine Erklärung. Zweifellos liebte Voltaire sie immer noch und ebenso sehr, wie er sie immer geliebt hatte, aber auf andere Weise. Schon 1742 machte sich Friedrich über ihn lustig, als Voltaire ihm anvertraute — er hätte besser geschwiegen — er unterhalte mit Emilie nur noch seelische und geistige Beziehungen. Das ist vielleicht wahr, aber man kann auch daran zweifeln. (In jedem Fall, wenn er 1742 kühl gegenüber Emilie war, so war er es nicht einer anderen gegenüber; wir werden noch von ihr sprechen. Wenn Emilie erfahren hätte, was wir wissen, welch ein Donnerwetter hätte es gegeben!) Gewiß ist, daß sie zu kurz kam und darunter litt.

Sie hatte natürlich Annäherungsversuche unternommen, aber sie waren allzu enttäuschend ausgefallen. Sie mußte sie aufgeben. Voltaire gibt in einem Gedicht voller Zartgefühl und Melancholie zu, daß er mit vierundfünfzig Jahren gewisse Kulte nicht mehr feierte. Er entschuldigt sich bei Emilie dafür, er tröstet sie und tröstet auch sich: In seinem Wettrennen um die Voluptas gerät Amor plötzlich außer Atem, er reicht darauf der Freundschaft die Fackel, die weiterläuft . . . gemessenen Schrittes; es ist kein Rennen mehr, sondern ein Spaziergang. Eine Allegorie der Resignation, es gibt keine rührendere und keine melancholischere.

> Du ciel alors daignant descendre
> L'Amitié vint à mon secours;
> Elle était peut-être plus tendre
> Mais moins vive que les Amours.
>
> . . . .
>
> Touché de sa beauté nouvelle
> et de la lumière éclairé,
> Je la suivis; mais je pleurai
> De ne pouvoir plus suivre qu'elle.

Deswegen weinte Emilie so viel, und deswegen hoffte sie, Saint-Lambert werde ihre Tränen trocknen. Die Operette wird ach! als Tragödie enden, aber da es Voltaire ist, der ein Wort in dem Stück zu sagen hat, wird er sich bis zu den Pforten des Todes einige Streiche nicht versagen können.

Diese ›Gleichgültigkeit‹ Voltaires war kein Geheimnis. Der Abbé de Voisenon sagte im Gedanken an die Haltung Voltaires gegenüber Madame du Châtelet, »er habe mehr Epigramme gegen die Religion als Liebesgedichte für seine Geliebte verfaßt.«

Und welche Trockenheit sogar in seinen Briefen! »Heute ist

der 42. Tag, an dem ich nichts von Dir erhalte. Multipliziere die Minuten mit 42, und Du wirst die Zahl meiner Martern haben.« Wenn diese dürre Arithmetik alles ist, was seine Ungeduld ihm eingegeben hat, dann besteht sein Herz aus Eis. Wir können wohl sagen: arme Emilie. Es bleibt ihr nur die durch den Frost belebte Begeisterung vor den Sternen, aber auch das ist eine frostige Ekstase!

Sie ist verliebt in ihn wie am Anfang. Sie hat mit all ihrer Leidenschaft geliebt, weit mehr, als sie geliebt worden ist. Von zweien gibt immer einer mehr. Sie eröffnet sich den Freunden d'Argental, und man ist gerührt über ihre Aufrichtigkeit und Verwirrung, wenn sie gesteht, daß sie eine jener zärtlichen und unwandelbaren Seelen habe, die ihre Leidenschaften weder verstecken noch mäßigen können, die weder ein Erkalten noch den Abscheu kennen und deren Hartnäckigkeit selbst der Gewißheit, nie geliebt zu werden, trotzt. »Ich war zehn Jahre lang glücklich durch die Liebe desjenigen, der meine Seele unterworfen hatte . . . als Alter, Krankheiten, vielleicht auch Sättigung seine Neigung abschwächten, habe ich lange gebraucht, dies zu bemerken. Ich liebte für zwei . . . Es ist wahr«, fügt sie hinzu, »daß ich nicht mehr in diesem glücklichen Zustand bin und daß mich diese Erkenntnis nicht wenige Tränen gekostet hat.« Da haben wir es! Sie erklärt alles. In dem Augenblick, als sie in Lunéville ankommt, hat sie genug davon, Tränen zu vergießen. Sie ist nicht mehr in dem glücklichen Zustand der Resignation. Sie braucht einen Liebhaber. Saint-Lambert kreuzt ihren Weg, sie nimmt ihn.

Schon im Mai 1747 ist Saint-Lambert ihr Geliebter. Wir wissen es durch ein Billett, in dem sie auch schreibt, daß alle Annäherungsversuche von ihr ausgegangen sind. Saint-Lambert, ein ziemlicher Geck, wird sich etwas darauf einbilden; arme Emilie! »Ich kann nichts bereuen«, sagt sie, »da Sie mich lieben. Nur mir habe ich das zu verdanken; hätte ich Sie nicht bei Madame de la Galaizière angesprochen, so würden Sie mich nicht lieben. Ich weiß nicht, ob ich mir auf eine Liebe etwas einbilden darf, die sich auf so wenig gründet.«

Die Zukunft wird uns zeigen, daß ihre Befürchtungen nicht

unberechtigt sind. Die Liebe ihres jungen Liebhabers, der dreißig Jahre zählt, während sie einundvierzig ist, gründet sich vor
allem auf das, was sie ihre ›Hartnäckigkeit‹ nennt. Trotzdem
sind die Anfänge berauschend, wenn auch im Grunde ohne
wahre Freude. Emilie wird sofort tyrannisch, sie hat Angst. Sie
zwingt ihn, auf eine Reise zu verzichten. Sie bietet ihm an,
alles zu opfern, wenn er alles opfere. Saint-Lambert verhehlt
ihr nicht, daß er nur teilweise Opfer annimmt und selbst nur
oberflächliche auf sich zu nehmen gedenkt. Wieder kann sie
nach ihrer pathetischen Formel sagen: »Ich liebte für zwei.«
Und Saint-Lambert ist nicht Voltaire, aber immerhin ist er
ein wirklicher Liebhaber und der ihre dazu.
Sie schreiben sich, obschon sie sich täglich sehen. In dieser Zeit
gehörten Briefe zur Liebe, sie schürten sie. Emilie versteckte
die ihren in der Harfe von Madame de Boufflers. Wenn die
Gäste fortgegangen waren, begab sich Saint-Lambert zu der
Harfe und holte das Billett des Tages: »Ich bete Sie an, und
es scheint mir, daß man kein Unrecht tut, wenn man liebt.«
Während des Karnevals organisierten Voltaire und Emilie Fest
auf Fest. Der Hof liebte sie, niemals hatte man sich so gut
amüsiert. Aber da sie in der Fastenzeit noch nicht einmal nach
außen hin so taten, als kämen sie den religiösen Gebräuchen
nach, erregten sie Anstoß. Die anderen dachten wie sie, aber
respektierten den Brauch. Was den König betrifft, so legte er
Wert darauf, daß jeder die Fasten einhielt, und zwar richtig
einhielt. Er erlaubte sich keinerlei Bemerkung, aber wir wissen,
daß man sich in Versailles erzählte, er sei durch die Haltung
Voltaires und Emilies verärgert gewesen.
Im Mai sieht sich Emilie gezwungen, nach Cirey zurückzukehren. Voltaire läßt sie fahren. Er reist kurz danach ab, am
15. Mai ist er in Versailles. Saint-Lambert wird von Emilies
Briefen überschüttet, die ihn nicht nur durch die Menge, sondern auch durch ihren wahnsinnigen Ton erschrecken. Sie ist
wahrhaft liebestoll; ihre Briefe sind unordentlich, dunkel. Andere Geschäfte stören sie in ihren Herzensangelegenheiten. Anstatt dem Marquis du Châtelet das Kommando zu übergeben,
wie Emilie gebeten hatte, übergibt Stanislaus es einem jünge-

ren Offizier. Sie ist verärgert. Sie schwört, nie wieder einen Fuß nach Lunéville zu setzen. Der gute König konnte nicht anders handeln, der Rivale hatte viel ansehnlichere Titel aufzuweisen als Monsieur du Châtelet, aber um kein Leid zu verursachen, schafft er eine Stelle für den Marquis und bestimmt eine Pension von dreitausend Ecus für ihn. Das war keine geringe Gunst. Emilie jubelt. Nicht nur wegen der dreitausend Ecus, sondern weil sie nach Nancy zurückkehren kann.

Voltaire beschäftigt sich in Paris hauptsächlich mit ›Sémiramis‹. In den Proben übertreffen die Schauspieler sich selbst. »Sie haben mich weinen, sie haben mich schaudern lassen«, sagt er. Das Stück hat auf uns keineswegs die gleiche Wirkung. Nach seiner Abreise vertraut er seine ›Tochter Sémiramis‹ den d'Argentals an. »Es ist etwas sehr Schönes, Waisen zu beschützen. Der Vater von Sémiramis würde ohne Sie vor Angst sterben.«

Und die beiden immer noch vereinten Liebenden kehren nach Lothringen zurück. Der Schatten Saint-Lamberts steht zwischen ihnen, aber unmerklich. Voltaire hegt keinerlei Verdacht.

Sémiramis wird ein Mißerfolg

Im Sommer 1748 hielt Stanislaus seinen Hof in Commercy, das er prächtig hergerichtet hatte. Dorthin begab sich Emilie mit Voltaire, um ihm für seine Großzügigkeit gegenüber dem Marquis du Châtelet zu danken. Aber ihre Reise verlief nicht ohne Zwischenfall. In Châlons bekam Emilie Lust, vor der Auberge de la Cloche eine Bouillon zu trinken, die sie sich an den Wagen bringen ließ. Die Wirtin, die wußte, mit wem sie es zu tun hatte, reichte ihr persönlich die Suppe in einer silbernen Terrine mit einem Porzellanteller. »Kostet einen Louis!« sagte die respektable Schankwirtin. Ohrenzerreißende Schreie der gelehrten Marquise, sie protestiert. Nichts zu machen: »Einen Louis«, wiederholt die Wirtin, ohne vom Preis herunterzugehen. Voltaire mischt sich ein. Bis dahin hat nur Emilie gezetert; als sich ihr auch Voltaire anschließt, übertönt die

Wirtin ihr Schreien mit wahrhaftem Gebrüll. Eine Menge bildet sich, den Reisenden in der Kutsche feindlich gesonnen, die unehrliche Wirtin unterstützend. Man hört die Meute grollen. Longchamp wirft einen Louis hin, und die Kutsche setzt sich in Bewegung. Es war höchste Zeit, Emilie hätte sich eher lynchen lassen als nachzugeben. Sie fuhr untröstlich davon. Mit diesem Louis hatte man ihr die Eingeweide ausgerissen. Der Zwischenfall erlaubt, die Forderungen des Volkes und seinen Respekt zu ermessen.

Voltaire war auf dieser Reise in Decken gewickelt wie ein Säugling, so krank fühlte er sich. Gleich bei seiner Ankunft in Commercy schreibt er d'Argenson, daß er im Sterben liege. Im Sterben lag Voltaire seit dem Tag seiner Geburt, und man muß zumindest zugeben, daß diese personifizierte Agonie von vierundachtzig Jahren einiges Aufsehen erregt hat.

Er feiert fröhliche Urständ, um Theater zu spielen, Verse zu machen, Brief auf Brief zu schreiben. Er läßt die d'Argentals durch König Stanislaus einladen. »Man lebt hier außerhalb der Zeit«, schreibt Madame du Châtelet, »es ist wahr, daß vierundzwanzig Stunden nicht zu viel sind, um zwei oder drei Opern und ebenso viele Komödien zu proben.« Streichen wir die Hälfte des Programms, es bleibt immer noch zu groß.

Die Königin von Frankreich lädt ihren Vater ins Trianon ein. Stanislaus verläßt Commercy Ende August, um zu seiner Tochter zu fahren. Voltaire beschließt, dem König zu folgen; auch er will seine Tochter, ›Sémiramis‹, wiedersehen. Die Unglückliche hatte ein schweres Leben, sie hatte Feinde. Vor allem Crébillon. Als Voltaire das Thema wählte, wußte er sehr gut, daß auch Crébillon eine ›Sémiramis‹ geschrieben hatte; er wollte seine Überlegenheit über den verabscheuten Rivalen zeigen! Aber dieser Rivale war gleichzeitig Zensor! Er konnte ›Sémiramis‹ in der Wiege erwürgen. Voltaire zitterte für sie. Crébillon strich nur einige Verse, aber Voltaire fand sich trotzdem sehr schlecht behandelt. Zu Unrecht, der König wollte immerhin die Dekoration zu ›Sémiramis‹ zahlen, weil Voltaire das Stück der Dauphine gewidmet hatte.

In der Premiere von ›Sémiramis‹ wandte sich Voltaire öffentlich gegen die Anwesenheit von Zuschauern auf der Bühne. Diese lästigen Personen störten das Schauspiel. Voltaire forderte die Abschaffung dieses Privilegs, das jedoch erst 1795 dank dem Comte von Lauraguais aufgehoben wurde. An dem Abend der Premiere geriet Voltaire in Wut: er hatte das Erscheinen eines Phantoms vorbereitet, das aus dem Grab des Ninus auf die Bühne kommen sollte; doch es waren dort so viele Zuschauer, daß das Phantom sich keinen Weg zwischen den ausgestreckten Beinen der Leute bahnen konnte. Und Voltaire begann zu rufen: »Messieurs, Platz für das Gespenst, bitte schön, Platz für das Gespenst!« Diese Intervention verschönte die Aufführung keineswegs. Im übrigen zerfiel der Saal in zwei Lager: das eine war von Crébillon, Piron und anderen Feinden Voltaires mobilisiert worden, das andere von Voltaire. Unser Poet war ein ausgezeichneter Stratege bei derartigen Schlachten. Er verfügte über vierhundert Plätze, er hatte gedungene Beifallklatscher, die gelegentlich auch Faust- und Stockschläge austeilten. Einer dieser ›Schrecken‹ des Parterres war ein gewisser La Morlière. Voltaire hatte ihn auf seine Seite gebracht. Sein Einfluß war so groß, daß ein von La Morlière verurteiltes Stück als totes Stück galt. Dieser brutale Kerl war nicht ohne literarische Bildung. Er lärmte aus Gewinnsucht, aber auch aus Neigung. Was ihm einen größeren Wirkungsgrad verschaffte, als einem gewöhnlichen Söldner. So sehen die Mittel zum Erfolg aus!

Trotz dem Eifer von La Morlière wurde ›Sémiramis‹ kein Erfolg. Und doch hatte Voltaire donnern lassen, ein Gespenst war erschienen, kurz, er hatte neue Regieeinfälle gehabt. Sie erheiterten nicht. »Das ist zwar ein Voltaire«, sagte irgend jemand, »aber ein schlechter.« Diese Äußerung scheint der Wahrheit nahe zu kommen. Aber Voltaire tobte. Er wollte über die wirklichen Gefühle des Publikums Gewißheit erlangen und benutzte dazu eine Verkleidung. Nochmals Theater! Der Abbé de Vieilleville lieh ihm seine Soutane, seinen Dreispitz und eine große Perücke, unter der das magere Gesicht des Dichters noch verhutzelter aussah. In diesem Plunder machte es sich der unkenntliche Voltaire in einer Ecke des Café Procope bequem, hinter einer aufgeschlagenen Zeitung, die er zu lesen vorgab, und lauschte. Die ganze dort versammelte Literatenzunft riß um die Wette ›Sémiramis‹ und ihren Autor in Stücke. Eine Stunde lang hörte er sich angeekelt die dümmsten und wildesten Kritiken an. Krank vor Zorn und Abscheu kehrte er nach Hause zurück.

Aber es war noch nicht zu Ende mit den Bitternissen von Paris. Sein Rivale Crébillon hatte soeben eine Tragödie mit dem Titel ›Catilina‹ geschrieben; er erreichte, daß er sie Madame de Pompadour vorlesen durfte. Dieser Schlag war hart für die Eifersucht Voltaires. Aber noch mehr traf ihn, daß der König heimlich zugehört hatte, begeistert war und wollte, daß man das Stück aufführe. Und nun wagte Madame de Pompadour nicht mehr ›Sémiramis‹ zu verteidigen, die der König nicht mochte.

Selbst die Leute von der Comédie benahmen sich abscheulich. Sie wiesen jede Kritik Voltaires zurück und schwärzten als erstes das Stück an, das sie nur ungern spielten. Die Lage war unerträglich. Bis dahin hatte er seine Autorenrechte seinen Interpreten überlassen, dieses Mal, angesichts der Undankbarkeit und Frechheit, schrieb er: »Ich opfere nichts von meinen Rechten für Leute, die es mir doch nicht zu danken wissen und dieses Opfers in jeder Hinsicht unwürdig sind.«

Aber die Einkünfte fließen nicht in seine eigene Tasche, er läßt sie Mademoiselle Clairon, Mademoiselle Dumesnil und dem Schauspieler Granval auszahlen. Seine Wahl ist ausgezeichnet.

Um ein wenig Balsam auf seine Wunden zu legen, unterrichtet ihn der Polizeileutnant davon, daß die sechs von der Zensur gestrichenen Verse wieder frei sind. Das war die ganze Befriedigung, die diese undankbare Tochter ihm bereitete.

Ein neues Zusammentreffen mit dem Tode

Vor Abscheu schüttelt ihn sogleich das Fieber, krümmen ihn die Koliken. Er erfährt, daß König Stanislaus am 10. September 1748 nach Lunéville zurückkehrt, und beschließt ebenfalls, Paris, sein Theater, seine Schauspieler, sein Publikum zu verlassen. Hätte er Erfolg gehabt, wäre seine Gesundheit blendend gewesen; befriedigt man seine Eitelkeit, so ist er wie aufgeputscht, wird aber seine Selbstliebe verletzt, dann verläßt ihn seine Lebenskraft. Er liegt im Sterben. Mit dem getreuen Longchamp rollt er wieder einmal auf der Straße nach Lothringen, eingemummelt, bleich und stöhnend. In Château-Thierry steigt das Fieber. Er ist völlig entstellt. Man sieht nur seine glänzenden Augen in dem fahlen Gesicht, den rötlichen Faden seiner schmalen Lippen und die Backenknochen, die Nase und das Kinn, die sich mit ihren spitzen Knochen fast durch die Haut bohren. Sie halten durch bis Châlons. Dort bekommt Longchamp Angst, Monsieur de Voltaire sieht aus wie ein Kadaver. Der Sekretär läßt den Bischof und den Bürgermeister herbeirufen und sagt ihnen, sein Herr liege im Sterben, er wolle nicht allein die Verantwortung für seinen Tod tragen. Aber Voltaire weigert sich, im Hause des Bischofs oder beim Bürgermeister zu wohnen. Er legt sich in einem Gasthaus ins Bett, empfängt einen Arzt, hört ihm höflich zu und weigert sich nicht weniger höflich, irgend etwas von dem zu tun, was ihm verschrieben wird. Er hat seit Paris nichts gegessen und bleibt dabei. Ein wenig Tee, ein wenig Brotwasser, wie man es Neugeborenen gibt, genügen, ihn zu erhalten. Wahrscheinlich kuriert er sich sehr gut, indem er nichts zu sich nimmt. Er ist so schwach, daß er keinen Fuß, keine Hand bewegen kann, aber er diktiert Billetts, die er mit einem zittrigen V unterschreibt. Wenn er spricht, so von dem infamen Crébillon, der unwürdigen ›Sémiramis‹, dem unverschämten Verleger, der ›Zadig‹ herausgegeben hat, von allen seinen Feinden, von allen seinen Mördern. Er bietet seine letzten Kräfte auf, sie zu verfluchen, ihnen die schrecklichsten Martern zu wünschen und Listen zu ersinnen, um sich in der Zukunft an ihnen zu rächen. Denn es gibt eine Zukunft für den Sterbenden, eine der Rache geweihte Zukunft. Dieser Gedanke tut ihm gut. Er bittet Longchamp, ihn nicht zu verlassen, damit wenigstens eine freundschaftliche Hand ein wenig Erde auf seine sterbliche Hülle streuen könne. Er sagt das in einem sehr pathetischen Ton, aber ohne die geringste Überzeugung.

Nach sechs Tagen des Dahinsterbens fand er, es sei an der Zeit, die Reise fortzusetzen. Er wollte nicht in dieser abscheulichen Stadt sterben, in der eine Schankwirtin seiner Emilie einen Louis gestohlen hatte. Er beschloß, woanders zu sterben. Sie langten des Abends in Nancy an. Er legte sich zu Bett, trank ein wenig Bouillon und betrachtete den armen Longchamp, der auch am Sterben war, aber vor Hunger und Müdigkeit. Der Sekretär ließ sich ein reichliches Mahl servieren: eine Hammelkeule, zwölf Drosseln, zwölf Rotkehlchen. Der sterbende Dichter betrachtete diese Lebensmittel mit einem seltsamen Ausdruck. Longchamp bot ihm an, davon zu versuchen. Voltaire nagte an zwei Rotkehlchen und trank einen roten Bordeaux. Worauf er einschlief und erst am nächsten Tag um drei Uhr nachmittags wieder aufwachte. Mit klarem Blick und tönender Stimme befahl er anzuschirren, und auf gings nach Lunéville.

Er fand dort Emilie wieder; er brach in ihren Armen zusammen, weinte vor Zärtlichkeit. Wiederbelebt durch die Freude, erschien er kurz danach, wenn auch nicht kräftig, so doch voller Geist und Lebhaftigkeit, und fragte, was man am Abend spiele. Und er brachte den Hof wieder auf die Bretter und sich selbst in sein Element: das Leben.

Fortsetzung und Ende einer Tragikomödie

Emilie war nicht glücklich in ihrer Leidenschaft für Saint-Lambert, sie lebte in ständigen Gewittern. Sie wurde mißtrauisch, fordernd, unausstehlich, und ihr Liebhaber ertrug sie nur schwer. Sie erlebten schöne Versöhnungen, aber die Zwischenakte waren wesentlich länger als die Akte. Das Stück nahm eine schlechte Wendung.

Voltaire wußte nichts von dem, was der ganze Hof wußte. Aber auch ihn umtobten Gewitter. In der Stille Lothringens erfährt er plötzlich, daß man sich in Paris gegen ihn verschwört. Die italienischen Komödianten wollen eine groteske Parodie seiner ›Sémiramis‹ spielen. Ein Graus, ein Gewebe aus Schlüpfrigkeiten und Verleumdungen, gerichtet gegen den Autor der langweiligen, aber edlen Tragödie. Und schon wird er wieder vom Fieber gepackt. Er fleht Stanislaus an, die Königin zu bitten, die Aufführung der infamen Parodie zu verhindern. Stanislaus erfüllt die Bitte, aber Maria Leszczynska kümmert sich nicht im mindesten darum, einen Dichter zu verteidigen, den sie nachgerade verabscheut: er ist für sie der Teufel. Das war er schon lange, aber sie hatte eben erst erfahren, daß dieser Dämon ein weiteres gottloses Buch veröffentlicht hatte: ›Zadig‹. Sie hat es nicht gelesen, wird es niemals lesen, sein bloßer Anblick ist eine Beleidigung für sie; sie wiederholt nur, was man ihr sagt. Man versichert ihr, sogar Voltaire verleugne dieses Werk, so unmoralisch sei es. Die fromme Königin wird ihre Seele nicht in Gefahr bringen, um die Anklage zu prüfen: in ihren Augen ist Voltaire verdammt. Sie antwortet Stanislaus, daß sie sich weder mit Literatur, noch mit Literaten beschäftige.

Voltaire wendet sich verärgert an andere, er klopft an alle Türen. Sein merkwürdigster Schritt aber ist der bei dem Polizeipräsidenten, dem Nachfolger von Monsieur Hérault, an den er sich so oft gewandt und dem er so viele Sorgen gemacht hatte. Er setzt ihm auseinander, daß es dringend nötig sei, den italienischen Komödianten die Aufführung der Parodie zu verbieten; und zwar aus folgendem überraschenden Grunde: Monsieur de Voltaire hat eine Nichte, Madame Denis, die Witwe geworden und nun dabei ist, sich mit einem ehrenwerten Mann wiederzuverheiraten. Durch die Aufführung der Parodie aber würde er, Voltaire, Onkel und Vormund der genannten Dame Denis, entehrt werden und ein Scheitern des Heiratsplanes verursachen. Der künftige Neffe würde keine Frau haben wollen, deren Onkel und Vormund durch die Gosse von Paris gezogen worden sei. So kommt, durch den Umweg über ›Sémiramis‹, die Nichte wieder ins Gespräch. Wir erfahren, daß sie Witwe ist, das ist wahr. Wir erfahren, daß sie wieder heiraten will, das ist falsch. Eine Wiederverheiratung von Madame Denis kommt gar nicht in Frage, Onkel und Nichte haben seit einiger Zeit andere Pläne im

Kopf. Aber Voltaire hat einen hübschen Grund, um die Parodie zu ersticken.

Der neue Präsident war voller Wohlwollen. Madame de Pompadour tat das ihre, der König legte keinen Wert darauf, daß man sich lustig machte über seinen Historiographen (der seit langer Zeit nichts historiographierte!), und die Parodie wurde nicht am Hofe gespielt. Aber in Paris wurde sie nicht verboten. Maurepas, der Voltaire haßte, autorisierte die Italiener. Es war ein unglaublicher Glücksfall, daß Richelieu und Madame de Pompadour sich in letzter Minute einschalten konnten, um die Aufführung zu verbieten. Der unglückliche Voltaire hatte wochenlang im Sterben gelegen. Warum? Wegen dieser dummen Parodie, eines Auswurfs des literarischen Lebens. Solche Dinge töten ihn und lassen ihn auch leben. Aber sein Gefühlsleben sollte noch weit grausamer in Unordnung gebracht werden als sein literarisches.

Eines Abends im Oktober 1748 in Commercy begibt sich Voltaire ohne Ankündigung in die Gemächer Emilies. Die Tür ist nicht verschlossen, er tritt ein. Kein Diener, um ihn anzumelden. Er geht weiter, öffnet eine andere Tür, niemand. Er öffnet die Tür des Boudoirs von Emilie: welcher Anblick! Seine Emilie und Saint-Lambert in einer Lage, die keinen Zweifel über den Grad ihrer Intimität läßt. Er stößt einen Schrei aus! Seine schreckliche Heftigkeit läßt ihn jede Kontrolle verlieren, er stampft mit dem Fuß, schreit Emilie Beleidigungen entgegen und bedroht sie. Eine peinliche und lächerliche Szene, die noch erniedrigender wird, als Saint-Lambert, äußerst gefaßt, sich zwischen Voltaire und Emilie schiebt und Voltaire eine Genugtuung durch Waffen anbietet. Ein schöner Mutbeweis! Voltaire war mit vierundfünfzig schon ein Greis, schwächlich und so ungeschickt mit dem Degen wie möglich; und der andere ein einunddreißigjähriger Kavalier, geübt und kräftig. Voltaire flieht, verletzt, gedemütigt, den Tod im Herzen. Er läuft in seine Gemächer, befiehlt Longchamp, für eine sofortige Abreise zu packen. Er sieht aus wie ein Wahnsinniger. Der verblüffte Longchamp geht sich erkundigen. Madame du Châtelet beschwört ihn, Ausflüchte zu suchen, die Abreise zu verzögern, zu verhindern. Sie ist entsetzt über die Folgen, die der stürmische Bruch mit Voltaire, ihrem offiziellen Liebhaber seit siebzehn Jahren, haben könnte. Wie würde ihre Lage am Hof sein, in der Gesellschaft, vor ihrer Familie? Und Monsieur du Châtelet? Was würde Monsieur du Châtelet sagen, daß seine Frau Monsieur de Voltaire mit einem neuen Liebhaber betrügt? Er würde es nicht ertragen. Dieser Bruch wäre ein absoluter Skandal, schlimmer als eine Scheidung. Man mußte ihn um jeden Preis verhindern.

Sie begab sich an das Lager Voltaires, der sich hingelegt hatte, gebrochen von dem Vorgefallenen. Sie setzte sich auf sein Bett; wenn ihre Liebe auch nicht mächtig genug schien, sie zu versöhnen, so blieb ihnen doch die Logik. Emilie war auf beiden Gebieten gleich erfahren. Longchamp tat so, als habe er in dem Zimmer zu tun. Emilie sprach englisch, er verstand nur kleine Kosenamen. Da er nicht mehr begriff und Voltaire immer noch ein saures Gesicht machte, ging er hinaus und legte sein Ohr an die Tür. Sofort sprach Emilie französisch.

Sie begann mit dem Argument aller Zeiten: Voltaires Augen hatten ihn betrogen. Er hatte schlecht, hatte doppelt gesehen. War er nicht auf einem Ohr fast taub? Seine Augen waren nicht besser. Voltaire fuhr auf und schwor, er sähe sehr deutlich und hätte das Gesehene sogar berühren können. Genauso war es, als der arme Musset in seinem Fieber sah, wie Doktor Pagello George Sand seine Sorge angedeihen ließ und er sich bei seiner guten Herrin zu beklagen wagte, die ihm klarmachte, er sei in seinem Fieber nur ein Opfer seiner Halluzinationen geworden. Aber Voltaire glaubte an seine schlechten Augen so wenig wie Musset an seine Visionen. Als Emilie die Dickköpfigkeit des Vaters von ›Sémiramis‹ und die Heftigkeit seines Zornes bemerkte, änderte sie ihre Taktik: sie gestand alles und sagte ihm, man müsse sich von nun an mit dieser Situation abfinden, um leben zu können, und um gut leben zu können. Es genüge, daß jeder das seine dazu tue.

Als sie dieses Grundprinzip dargelegt hatte, begann sie mit einer meisterlichen Beweisführung: Was war für sie das Wertvollste auf der Welt? Die Gesundheit Voltaires. Wenn sie von ihrem alten Liebhaber die zärtlichen und leidenschaftlichen Bemühungen verlangt hätte, die sie von ihm zu erwarten das Recht hatte, was wäre geschehen? Er wäre daran gestorben. Voltaire gab das zu. Hatte er dies nicht schon selbst erkannt? Und sie, was wäre aus ihr geworden beim Tod dieses in ihren Diensten umgekommenen Liebhabers? Sie wäre auch gestorben, vor Kummer. Wie hatte sie gelitten, als er in Preußen war; seine Abwesenheit allein hatte sie schon an den Rand des Grabes gebracht, der Tod ihres Liebhabers aber hätte sie gewiß hineingestürzt. Er gab dies ebenfalls zu. Wenn demnach Voltaire ein aktiver Liebhaber sein wolle, würde er sterben und sie ihn nicht überleben. Wäre er dies nicht, so würde sie vor Sehnsucht sterben, denn die für ihn tödlichen Leidenschaften der Liebe seien für sie lebensnotwendig. Also? Wolle er nun, daß sie zu einem Stern würde und die Seele aufgäbe? Er ließ ein Stöhnen hören. Wolle er den Tod seiner Emilie verschulden oder überlasse er einem anderen die Sorge, sie am Leben zu erhalten, damit sie ihn noch lieben könne? Grausames Dilemma! Die Lösung war schon gefunden, und Voltaire war bereit, sie anzunehmen.

Sie hatte also einen Liebhaber nur genommen, um die Gesundheit Voltaires und die ihre zu erhalten; dasselbe Rezept heilte den einen wie den anderen. Saint-Lambert war kein Rivale. Er war in Wirklichkeit der Arzt ihrer erlöschenden Liebe, er war ihr Retter.

Voltaire, der so viel Klarheit und Weisheit nicht widerstehen konnte, rief aus: »Ach! Madame! Sie haben immer recht. Aber wenn die Dinge nun einmal so sein müssen, so sollten sie doch wenigstens nicht unter meinen Augen geschehen.«

Das war wirklich die geringste Forderung, die er geltend machen konnte. Wenn Emilie diese Medizin nötig hatte, so sollte sie wenigstens beim Besuch des Arztes den Riegel vorschieben. Er weinte. Sie umarmten sich. Sie empfahl ihm, seiner Gesundheit zuliebe nicht mehr an diese Bagatellen zu denken, und zog sich zurück.

Nun war einer der Liebhaber beruhigt, es blieb der andere. Der aufschäumende Saint-Lambert war immer noch bereit,

Voltaire aufzuspießen. Sie hielt ihm eine kürzere Rede, weil ihr mit ihm andere Argumente zur Verfügung standen als die des Verstandes. Sie bewies ihm, daß er weder Ehre noch Vorteil daraus ziehen könne, einen schwächlichen Greis von vierundfünfzig Jahren umzubringen, der zu allem übrigen noch berühmt war, so daß man ihm dieses Duell leicht als Verbrechen auslegen könne. Außerdem sei Monsieur de Voltaire seinem Rivalen so gut wie nur irgend möglich gesonnen und würde sich freuen, Frieden zu schließen, wenn man ihm einen Besuch abstatte und sich ein wenig für die Heftigkeit der ausgetauschten Reden entschuldige. Der auf diese Weise manövrierte Saint-Lambert manövrierte geschickt: er fand sich bei Voltaire ein und murmelte einige Worte der Entschuldigung, die man ihn nicht beenden ließ. Zu Tränen bewegt fiel Voltaire in die Arme des Arztes, der ihm seine Emilie so gut erhielt. Und dann weinten beide zusammen. Man hätte gern das Gesicht Emilies in diesem Augenblick gesehen. »Mein Kind«, sagte Voltaire zu dem jungen Rivalen, »ich habe alles vergessen; ich bin es, der unrecht hatte. Sie sind in dem glücklichen Alter, in dem man liebt, in dem man gefällt. Genießen Sie diese kurzen Augenblicke; einem Greis, einem Kranken wie ich, sind diese Freuden nicht mehr zuträglich.«

Er trat seinen Platz ab! Zynismus? Weisheit? Warum hassen? Warum sich gegen das Unvermeidliche stemmen, wenn das Unvermeidliche das Alter und die Krankheit ist? War es nicht besser, sich die Zärtlichkeit Emilies zu bewahren, die unersetzlichen Erinnerungen aus siebzehn Jahren Liebe und harmonischem Leben, siebzehn Jahren gemeinsamer Arbeit, völliger geistiger Übereinstimmung? Es hatte Momente der Trunkenheit gegeben, die einst auch die des Alkovens gewesen waren, aber vor allem hatte ihre Intelligenz sie berauscht, eine Intelligenz, die sich zu den Sternen erhob, deren erhabene Bahnen von einem Gott gelenkt wurden, der Newton hieß.

Lassen wir also Saint-Lambert die Begeisterung der Jugend und bewahren wir uns die unwandelbaren Freuden des Herzens und des Verstandes.

Wir sehen, Voltaire ist sich im großen und ganzen sehr ähn

lich geblieben. Dieses Irrlicht ändert nur seine Strahlen; der Kern bleibt von der Geburt bis zum Tode der gleiche. Er vergibt Saint-Lambert, wie er Genonville für Mademoiselle de Livry vergeben hatte, dreißig Jahre früher. Er schickt folgende Verse an seinen Rivalen, um dessen Eroberung zu rühmen:

> Saint-Lambert ce n'est que pour toi
> Que ces belles fleurs sont écloses
> C'est ta main qui cueille les roses
> Et les épines sont pour moi.

Er gibt ihm sogar Ratschläge:

> Porte-lui vite à sa toilette
> Ces fleurs qui naissent sous tes pas.
> Et chante-lui sur ta musette
> Ces beaux airs que l'amour répète
> Et que Newton ne connut pas.

Er spielt wirklich gut, ein wenig zu gut. Er geht so weit, seinen Rivalen bei Friedrich II. zu loben, der gewiß gewaltig darüber lachte. Wie weit sind wir noch von jenen wilden romantischen Leidenschaften entfernt, von jenen Lieben, die ganz anders endeten! Man hat zuweilen gesagt, Voltaire und seine Zeitgenossen seien so gut mit ihren Lieben fertig geworden, weil sie kein Herz gehabt hätten. Man hat gesagt, sie hätten nicht wirklich geliebt. Sie liebten zweifellos nicht so sinnlich, wie man seitdem liebt, aber liegt das Beste vom Menschen wirklich in seinen Eingeweiden? Man kennt die Bemerkung, die Madame de Tencin Fontenelle gegenüber machte, der nicht eben durch Gefühlsüberschwang sündigte. Sie legte ihm einen Finger auf die Brust: »Sie haben dort kein Herz, Sie haben dort ein Gehirn, wie im Kopf.« Dieses Wort könnte man auch auf Voltaire anwenden. Er mischt seinen Verstand in alles, selbst in seine Leidenschaften.

Der Aufenthalt in Commercy wurde Ende Dezember 1748 durch eine plötzliche Reise nach Cirey unterbrochen, wohin Madame du Châtelet wegen dringender Geschäfte gerufen wurde. Um nicht in der Auberge de la Cloche in Châlons Halt zu machen, die in schlechter Erinnerung war, stiegen sie im bischöflichen Palast ab. Es regnete in Strömen. Während man die Pferde wechselte, schlugen die anwesenden Personen vor zu spielen. Emilie stürzte sich auf diesen Vorschlag. Sie spielte auf ihre Weise, sie verlor und konnte nicht aufhören. Alle Stunde ließen die Postillone, die im Regen standen, fragen, ob man nicht aufbreche. »Noch ein Spiel«, sagte sie. Voltaire verlor die Geduld. Aber sie wehrte sich so geschickt, daß man sich erst um acht Uhr abends zum Aufbruch entschloß. Seit acht Uhr morgens hatte sie dort gesessen!

Während ihres Aufenthaltes in Cirey traf sie eine verblüffende Neuigkeit. Die finster dreinschauende, unruhige und gehetzte Emilie gestand Voltaire, daß sie schwanger sei. Er nahm diese Nachricht sehr übel auf, es kam zu einem Wutanfall, dann zu Tränen, und schließlich folgte Gelächter. Gelächter? Ja, Voltaire lachte und wollte wissen, welchen Ausweg Emilie sich denke, damit Monsieur du Châtelet die Sache schlucke. Das war ein Problem. Monsieur du Châtelet war, wie man weiß, ein vorbildlicher Gatte, aber auch Vorbildlichkeit hat Grenzen, und Voltaire fürchtete, daß man im Begriff stehe, diese Grenzen zu überschreiten. Man ließ Saint-Lambert kommen; zu dritt findet sich eine Lösung leichter als zu zweit. Longchamp war nicht sicher, ob die Unterredung zwischen den beiden Männern gut ausgehen würde. Seiner lobenswerten Gewohnheit treu, lauschte er an der Tür. Sie sprachen lange. Schließlich hörte man sie in Lachen ausbrechen. Sie hatten die Lösung gefunden.

Man rief Monsieur du Châtelet unter dem Vorwand äußerst dringender Geschäfte herbei. Niemals wurde ein Krieger besser empfangen. Gewöhnlich waren die Berichte seiner Feldzüge so langweilig, daß man ihm nicht zuhörte; sobald er damit anfing, wurde es leer um ihn herum. Wir erinnern uns, daß er deshalb mit seinen Kindern aß. Für den auszuführenden Streich ließ man ihn an seinem eigenen Tisch thronen und löste seine schwerfällige militärische Zunge. Weder Emilie noch Voltaire konnten von seinen Heldentaten genug bekommen. Alle Details einer Belagerung mußten ausgebreitet, das kleinste Manöver der Artillerie mußte enthüllt werden. Emilie fiel fast in Ohnmacht vor Anteilnahme, Voltaire stieß heroische Schreie aus: Monsieur du Châtelet war unerschöpflich.

Seine Frau, in großem Décolleté, geschminkt, provozierend, bewies ihm eine Bewunderung, die der arme Marquis nie gekannt hatte; ihm wurde ganz heiß davon. Sie gab ihm so viele herausfordernde Winke, daß das Ehepaar, das seit siebzehn Jahren getrennt lebte, sich im ehelichen Bett wiederfand und den Zeitvertreib der Flitterwochen wieder aufnahm. Einige Wochen später gestand Madame du Châtelet ihrem Gatten, sie könne versichern, daß er noch einmal Vater werde. Der fünfzigjährige Krieger jubilierte. Man verbreitete die Neuigkeit, Monsieur du Châtelet ließ die Nachbarschaft unterrichten und unterrichtete die Bauern. Die Besuche begannen. Die ganze Umgebung wollte der Marquise für ihre Heldentat gratulieren. Die Bauern bereiteten ihrem guten Herrn ein Fest, Voltaire bezahlte es.

Saint-Lambert gesellte bescheiden seine Glückwünsche zu denen des erstaunten Volkes; Voltaire verstärkte den Beifall. Der Marquis schwamm im Glück: niemals hatte er sich so geliebt gefühlt, niemals waren ihm die Freunde seiner Frau geistreicher vorgekommen. Da jedoch das Wichtigste getan war, gab man ihm bald zu verstehen, daß sein Platz bei der Armee sei. Er verstand, bestieg sein großes Pferd und brach nach Schlesien auf. Und die Gesellschaft von Cirey zerstreute sich wieder, Saint-Lambert kehrte nach Lunéville zurück, und das Paar — das eigentliche, das heißt, Emilie und Voltaire — fuhr nach Paris. Der Marquis und Saint-Lambert waren die Gäste gewesen.

Voltaire und Friedrich schrieben sich immer noch. Friedrich bat Voltaire unermüdlich, nach Berlin zu kommen. Dieser sagte nicht Ja und nicht Nein und erfand Vorwände; vor allem verwies er auf seine schlechte Gesundheit. Er sagte, er sei halb tot von den Bädern von Plombières (wo er nicht gewesen war). Friedrich wartete auf seine Stunde. Er wußte, daß Emilie das eigentliche Hindernis darstellte.

Außerdem liebte Voltaire Lunéville und den guten König Stanislaus, und dieser liebte Voltaire trotz der Warnungen seiner Tochter und Pater Menous. Aber Stanislaus war wie jeder in diesem Jahrhundert: er schrieb. Er bewunderte alle, die schrieben, und niemand schrieb besser als Voltaire. Stanislaus schrieb: ›Un philosophe chrétien‹, ein Buch, das nach Voltaires Worten nicht viel taugte. Stanislaus hatte das Wort ›philosophe‹ benutzt, weil es Mode war, und ›chrétien‹, weil er Angst vor seinem Beichtvater hatte.

Von der allgemeinen Vorliebe für die Literatur und für Voltaire blieb nur ein einziger König unberührt: Ludwig XV., und gerade ihn hätte Voltaire gerne verführt.

Da der Frieden von 1748 eben unterzeichnet worden war, plante man große Festlichkeiten. Der König wollte alle Körperschaften des Staates in der großen Galerie des Versailler Schlosses empfangen; jede sollte Seiner Majestät eine kurze feierliche Rede halten. Die Académie wurde informiert, daß sie am 21. Februar 1749 an der Reihe sei. Voltaire bereitete eine Lobrede vor, die er binden und vergolden ließ, und die dem König bei der Zeremonie vom Duc de Richelieu übergeben werden sollte. Richelieu hatte Voltaire gebeten, die Rede zu verfassen; er wollte sie auswendig lernen, sie durfte also nicht zu lang sein! Am Morgen des 21. Februar wartete die Académie geschlossen auf das Vorbeigehen des Königs. Voltaire fehlte. Warum? Richelieu hatte in einer Fensternische halblaut seinen Vortrag wiederholt, als jemand hinter ihm seinen angefangenen Satz vollendete und den ganzen folgenden Text hersagte. Da zuckte ein Blitz durch den Geist Richelieus: Voltaire hatte ihm gewiß einen Streich gespielt, er hatte den Wortlaut der Rede verbreitet, um Richelieu lächerlich zu machen, um einen Herzog und Pair sein Gesicht verlieren zu lassen, der den Leuten von der Académie etwas vormachte, weil er selbst nicht »bäh!« sagen konnte, und der nur die Lektion wiederholte, die ein anderer ihm beigebracht hatte. Richelieu beschloß, lieber eine kurze Lobrede zu improvisieren, als sich lächerlich zu machen. Er zog sich ohne Schaden aus der Affäre. Aber anschließend schickte er Voltaire die Lobrede zurück, versehen mit einem Brief von seltener Unverschämtheit und Grausamkeit. Unser Dichter war außer sich vor Schmerz und Angst. Er stürzte sich auf ein Portrait Richelieus, riß es in Stücke und trampelte darauf herum. Aber sie kannten sich seit ihrer Kindheit, es gab zu viele Verbindungen zwischen ihnen, um es dabei bewenden zu lassen. Sie trafen bei einem Diner zusammen und gaben sich die nötigen Erklärungen. Voltaire hatte ihm den Streich nicht gespielt, aber Madame du Châtelet hatte eine Abschrift der Rede Madame de Boufflers gegeben, die sie verlieh, und von dieser waren wieder Abschriften gemacht worden usw. Man rezitierte die Rede mehrere Tage vor der Zeremonie in mehreren Salons. Richelieu nahm die Erklärung an, die beiden Freunde schlossen Frieden. Aber Voltaire bedauerte, daß seine schöne, so hübsch gebundene Lobrede zu nichts gut gewesen war.

> Cet éloge a très peu d'effet
> Nul mortel ne m'en remercie
> Celui qui le moins s'en soucie
> Est celui pour qui je l'ai fait.

Natürlich, der König hatte sie gar nicht gesehen! Keine Pension.

Sprechen wir vom Geld

In diesem Jahr 1749 standen die Geschäfte Voltaires nicht schlecht. Sein Sekretär Longchamp beschäftigte sich nicht nur damit, an Türen zu lauschen, Voltaire schickte ihn auch oft nach Paris, um bei Notaren und Banken die ihm zustehenden Gelder einzuziehen. Der Abbé Moussinot war immer noch sein Bevollmächtigter.

Beim Tod seines Bruders waren seine Einnahmen auf viertausend Livres gestiegen. Seine Tragödie ›Oedipe‹ hatte ihm nur wenig eingebracht; es waren die Subskriptionen für ›La Henriade‹, die ihn reich zu machen begannen. Aber das war nur ein Anfang, ein gutes Auskommen, aber nicht der Reichtum, der ihm erlaubte, nach seinem Geschmack zu leben, das heißt, wie seine Freunde, die vornehmen Herren.

Nach seiner Rückkehr aus England legte er sein Kapital bei einer Handelsgesellschaft in Cadiz an, die die Schiffe nach Westindien ausrüstete und ihm fünfundzwanzig Prozent brachte. Durch die Herren Pâris-Duverney hatte er die Aufsicht über die Ausrüstung der Armeen erhalten, ein Geschäft, was ihm hundert Prozent einbrachte. Was das übrige betrifft, so ließ unser Dichter seine Einkünfte nie ungenutzt. Er lieh Privatleuten. Hier eine Aufstellung der von Voltaire im Lauf des Jahres 1749 eingenommenen Zinsen. Wir erfahren gleichzeitig die Namen seiner Schuldner. Alle sind Leute von Stand.

Vertrag mit der Stadt Paris	14 023 livres
Vertrag mit M. le duc de Richelieu	4 000 livres
Vertrag mit M. le duc de Bouillon	3 250 livres
Pension an M. le duc d'Orléans	1 200 livres
Vertrag mit M. le duc de Villars	2 100 livres
Vertrag mit M. le marquis de Lezeau	2 300 livres
Vertrag mit M. le comte d'Estaing	2 000 livres
Vertrag mit M. le prince de Guise	2 500 livres
Vertrag mit M. le président d'Auneuil	2 000 livres
Vertrag mit M. Fontaine	2 600 livres
Vertrag mit M. Marchand	2 400 livres
Vertrag mit der Compagnie des Indes	605 livres
Einkünfte als Historiograph von Frankreich	2 000 livres
Einkünfte als Gentilhomme de la Chambre	1 620 livres
Vertrag mit M. le comte de Guebriant	540 livres
Vertrag mit M. de Bourdeille	1 000 livres
Vertrag mit der Königlichen Lotterie	2 000 livres
Vertrag mit M. Marchand	1 000 livres
Vertrag von 2s.	9 900 livres
Lebensmittel für die Armee in Flandern	17 000 livres
	74 038 livres

Dazu kommen die väterlichen Renten und verschiedene Einnahmen, die nicht auf dieser Liste stehen. Die Summe seiner Einnahmen mochte sich auf hunderttausend Livres belaufen. Während seines Aufenthaltes in Preußen legte er, wie man sagt, zweihunderttausend Livres bei einer von Friedrich gegründeten Schiffsgesellschaft in Emden an.

Das Originelle an diesem Vermögen ist, daß es nur aus Papieren besteht. 1750 besaß Voltaire noch nicht einmal ein eigenes

Haus. Dieser Reichtum, der durch seine dürren Hände ging, bestand aus einer Aufstellung von Zahlen und wurde nur aus tausend in ganz Europa verstreuten Kreditquellen gespeist. Monsieur de Voltaire war, wie man sieht, ein sehr moderner ›Kapitalist‹.

Man strengt sich an, man arbeitet, dann packt man seine Koffer

Mitten in den Kümmernissen der letzten Monate hatte Voltaire die Zeit gefunden, ›Sémiramis‹ umzuarbeiten. Das Stück war bereit, den leeren Platz des ›Catilina‹ von Crébillon einzunehmen, der trotz der Unterstützung durch den König und Madame de Pompadour durchgefallen war. Dieses Scheitern erfreute unseren Dichter; ein Erfolg seines Rivalen »hätte ihn umgebracht«. Dagegen begrüßte er den Erfolg Marmontels, er lehrte seinen Schützling sogar, wie man »einen Saal macht«, eine Kunst, in der der alte Fuchs ebenso geschickt war wie im Schreiben von Tragödien. Er hegt böse Gefühle nur für böse Leute. Gegenüber denen, die er liebt, ist er die verkörperte Güte.

Die Vorliebe, die der König und seine Favoritin für Crébillon zeigten, hatte ihn verletzt. Er gab die Hoffnung auf, jemals der brillanteste Höfling von Versailles zu werden. Hatte er nicht das Zeug dazu? War es nicht selbstverständlich, daß der Erste König in Europa den Ersten Schriftsteller seiner Zeit wählte, um sich loben zu lassen? Der von Eitelkeit und Ehrgeiz geblendete Voltaire sah nicht, daß die Rolle eines patentierten Lobsängers des Allerchristlichsten Königs sich nur schlecht mit seiner Rolle als Fürst der Philosophen und hohen Geister vertrug. Er hätte es ganz natürlich gefunden, wenn der König ihm seine Ungezwungenheit und sogar seine Respektlosigkeit gegenüber der Monarchie und der Religion verziehen hätte. Für Ludwig XV. aber war das ›philosophische Fürstentum‹ Voltaires nicht akzeptabel. Und so schmollte Voltaire wieder einmal mit dem Hof. Er holte die Erlaubnis ein, sein Amt als ›Gentilhomme de la Chambre du Roi‹ wieder zu verkaufen. Es existiert ein Brief des Königs, der ihm diese Erlaubnis gibt, in dem er ihn gleichzeitig autorisiert, den Titel zu behalten. Ein Zeichen besonderer Gunst, denn Voltaire hatte das Amt nicht gekauft. Der König hätte das Geschenk, das nicht mehr gefiel, zurücknehmen können. Voltaire verkaufte das Amt für sechzigtausend Livres, er behielt den Titel, ohne die Verpflichtungen zu übernehmen. Worüber beklagt er sich? Was will er mehr?

Er will eine ins Auge fallende Gunst, er will den ersten Platz in der Freundschaft, und selbst im Vertrauen des Königs. Das entspricht jedoch keinesfalls dem Stil des französischen Hofes. Voltaire verlangt das Unmögliche. Er wird es anderswo suchen. Aber er bleibt untröstlich, es nicht in Versailles gefunden zu haben.

Madame du Châtelet arbeitet wie eine Wahnsinnige. Man sieht sie am Hof und in der Gesellschaft, aber sie verbringt ihre Nächte über ihren Aufzeichnungen. Sie will zu Ende kommen mit Newton. Sie hat Angst zu sterben, bevor sie mit der Übersetzung seines monumentalen Werkes fertig ist. Warum fürchtet sie zu sterben? Sie weiß es nicht. Dabei hat sie nie so leidenschaftlich gelebt. Ihre eiserne Gesundheit, ihre natürliche Energie, ihre Liebe machen sie unermüdbar. Dabei ist sie nur eine arme, gequälte Frau. Ihre Briefe an Saint-Lambert sind erschütternd und nur schwer erträglich. Sie klagt sich an, sie fleht. Er gibt sie auf; wenn er schreibt, beklagt er sich nur, daß sie ihm nichts als Vorwürfe mache. Nachdem sie gestöhnt, gedroht hat, wird sie schwach, läßt sich rühren, vergibt und bittet um Vergebung. Sie liebt, aber sie liebt voller Unruhe. Sie leidet auch unter ihrer Mutterschaft. Sie weiß sehr gut, daß das Kind, das sie trägt, ein Eindringling ist, den sie in die Familie der Châtelet hineinbringt. Sie denkt an ihren ältesten Sohn, der zwanzig Jahre alt ist. Sie leidet unter dem Kummer, den er bei der Geburt dieses ›Nachkömmlings‹ fühlen wird, der ihm einen Teil seines Erbes nimmt. Sie ist zu aufrichtig, um nicht unter der Unehrlichkeit von all dem zu leiden. ›All das‹ ist letzten Endes Saint-Lambert. Sie ist aufgerieben, aber durch die Liebe, und trotz ihrer Qualen ist sie glücklich.

Der Herzog von Lothringen verbringt einige Zeit im Trianon. Im April 1749 wird auch Madame du Châtelet dorthin eingeladen. Sie glaubt, daß Stanislaus den Sommer dort verbringt und läßt sich ihre Sommergarderobe aus Lunéville schicken. Saint-Lambert wird zornig, er will nicht länger allein bleiben, er verlangt, daß sie zurückkehrt. Er liebt sie also? Man hat ihn noch nie so drängend, noch nie so bedrängt gesehen. Gewiß liebt er sie weniger, als sie ihn liebt, aber man muß doch annehmen, daß er an Emilie hängt. Endlich einmal ist der Zorn Saint-Lamberts süß für Emilie: sie hat seine Eifersucht gespürt, sein Begehren — und auch Zärtlichkeit. Er will bei ihr sein, wenn sie niederkommt. Sie muß nach Lunéville zurückkehren.

Sie nutzt ihre gute Beziehung zu Stanislaus aus, um von ihm eine Wohnung zu erbitten, die sie sich seit langem in Lunéville wünschte — das würde bequemer und angenehmer für die Besuche ihres Liebhabers sein —, mit einem Eingang durch den Garten und zwei Treppen. Stanislaus gewährt ihr galant die Wohnung und sogar das Mobiliar, um das sie nicht gebeten hatte.

Stanislaus kehrt Ende April nach Lothringen zurück, Emilie bleibt in Paris. Warum wirft sie sich nicht in die Arme ihres Liebhabers? Zwischen ihnen steht Newton. Sie fleht Saint-Lambert um Verständnis an. Sie muß fertig werden, und sie kann nur in Paris fertig werden. Wie kann er glauben, daß sie sich amüsiere? Sie arbeitet, und mit welcher Leidenschaft! Was liegt nur dieser verliebten, und zweifellos zum letzten Mal in ihrem Leben verliebten, Frau an der Physik Newtons? Sie ist keine Gelehrte, die anderen Frauen machen sich über ihre oberflächliche Wissenschaft lustig, und die meisten Franzosen wollen die Physik von Newton gar nicht. Dennoch ist es ihre Übersetzung, die die Ideen Newtons in Frankreich verbreiten wird; sie will sie zu einem guten Ende bringen und veröffentlichen. Dafür opfert diese Frau, deren Herz gleichzeitig gemartert und bezaubert wird, die letzten Wochen ihres Lebens und die letzten Freuden ihrer wahnsinnigen Leidenschaft für Saint-Lambert.

Sie wohnte mit Voltaire in einem gemieteten Haus in der Rue Traversière-Saint-Honoré, das sie das ganze Jahr hindurch unterhielten und das ihr Absteigequartier in Paris war. Dort arbeitete sie mit einem alten Gelehrten namens Clairaut. Sie vertieften sich in ihre Rechnungen und vergaßen die Zeit. Eines Tages erwartete Voltaire sie zum Abendessen im oberen Stockwerk. Er ließ sie rufen. Man bat ihn um eine Viertelstunde Aufschub. Eine halbe Stunde verging. Voltaire läßt sie noch einmal rufen. Man bittet um noch eine Viertelstunde. Voltaire wartet. Die Viertelstunde vergeht, kochend vor Ungeduld läßt er auftragen. Er wartet wieder, die Soßen dicken ein. Der Unglückliche kann sich nicht mehr halten, stürzt trotz der Gefahr, sich alle Knochen zu brechen, wie ein Wahnsinniger die Treppe hinunter, klopft, ruft, rüttelt an der Tür, versucht zu öffnen: Emilie und Clairaut haben den Riegel vorgeschoben! Die Wut übermannt ihn, er tritt die Tür mit den Füßen ein und stößt schreckliche Drohungen hervor. Schämt sie sich nicht, es mit diesem alten Lehrer zu treiben, während Saint-Lambert sich in Lothringen verzehrt? Welch ein Bild! Voltaire als Kämpfer für die Ehre des Liebhabers seiner eigenen Geliebten! Der arme Clairaut wäre am liebsten in einem Mauseloch verschwunden. »Ihr habt Euch wohl zusammengetan, um mich umzubringen!« schreit ihnen Voltaire entgegen. Das Lustspiel und die Tragödie berühren sich pausenlos.

Das Abendessen verlief schweigend. Nach dem letzten Bissen verschwand Clairaut. Die beiden Liebenden drehten sich den Rücken und gingen in ihre Zimmer. Am nächsten Morgen ließ Emilie bei Voltaire anfragen, ob er mit ihr Café trinken wolle. Er war einverstanden. Sie stieg mit ihrer schönen Tasse aus sächsischem Porzellan, einem erlesenen Stück, zu ihm herunter. Sie lenkte die Unterhaltung auf die Szene am Vorabend; sie berührte sie kaum, denn schließlich spielte sie mit dem Feuer, das wußte sie. Voltaire blieb eisig. Sie wird ein wenig kühner, dann noch ein wenig und wagt einen Vorwurf. Voltaire springt mit einem Satz auf, stößt an Emilie, die ihre schöne Tasse fallen läßt. Das wertvolle Porzellan lag in tausend Scherben vor ihren Füßen! Longchamp kam bei dem Geräusch herbei. Er konnte nur noch einige von Emilie ausgestoßene englische Worte aufschnappen, die den Vater von ›Sémiramis‹ zerschmetterten. Er blieb allein vor den Scherben zurück. Aber er faßte sich schnell und schickte Longchamp auf die Suche nach den schönsten Frühstückstassen aus sächsischem Porzellan in die besten Läden des Palais Royal. Der Sekretär brachte die sechs schönsten, aber keine glich der zerschlagenen. Voltaire behielt die teuerste. Man verlangte zehn Louis dafür. Er schrie, man bringe ihn um und er werde das Geld nicht bezahlen. Das nahm Zeit. Schließlich gab er die zehn Louis, was gewiß sehr teuer für eine Frühstückstasse aus Porzellan war, selbst für eine wertvolle! Er ließ sie Emilie bringen: sie lächelte. Sie kam herunter, um Voltaire zu danken, sie umarmten sich, weinten ein bißchen, und alles war wieder in Ordnung. Wieder heiter, kehrte er zu seiner Feder zurück und zu seinen drei in Arbeit befindlichen Manuskripten.

Er plante einen ›Catilina‹ (um den Crébillonschen ›Catilina‹ auszustechen), dann einen ›Oreste‹, schließlich warf er sich auf einen Komödienstoff, ›Nanine‹, ein Stück in Versen, das Züge der ›Pamela‹ von Richardson trägt. »Ich habe hundert Verse von ›Nanine‹ geschrieben«, sagt er, »aber ich liege im Sterben.« Wieder einmal.

Monsieur d'Argental hatte sich einige Bemerkungen zu diesem Stück erlaubt, und Voltaire hatte brav auf ihn gehört. Dann, eines Abends, nach einem Tag mit Besorgungen und Besuchen in Sceaux und bei verschiedenen Notaren, kam er erschöpft und wütend zu Madame d'Argental und überhäufte sie mit Vorwürfen, von denen sie nichts verstand. Warum hatte ihr Gatte sich eingemischt und den Schauspielern gegenüber, die ›Nanine‹ probten, seine Bemerkungen gemacht? Begriff man nicht, daß der Dichter nun ganz Paris abklappern mußte, um den Schaden, den man seinem Stück zugefügt hatte, wiedergutzumachen? Daß er auch morgen wieder herumrennen müsse? Kurz, man bringe ihn um, und die d'Argentals seien schuld daran. Die arme Madame d'Argental beruhigte ihn, so gut sie konnte. Voltaire ließ sich schöntun und lächelte schließlich über seinen Zorn; er weinte, erging sich in Entschuldigungen, er lachte und weinte noch einmal, dann umarmte er Madame d'Argental tausendmal und ging fort, übervoll mit zärtlichen Gefühlen für seine Engel. Die gute Frau war wie zerschlagen, sie hatte Überraschung, Kummer, Freude, Zärtlichkeit durchstanden. In einer Stunde hatte sie mehr Gefühlsregungen erlebt als viele Leute in einem Jahr.

Die d'Argentals brachten die Hälfte ihres Lebens damit zu, sich um Voltaire zu kümmern. Sie hatten eine grenzenlose Bewunderung und Freundschaft für ihn. Seine Kaprizen entzückten sie ebenso wie seine Schmeicheleien. Sie hätten sich ins Feuer geworfen, um ihm zu dienen. Aber Monsieur d'Argental war mehr als ein liebenswürdiger Bewunderer, er war ein verläßlicher, kluger Ratgeber, ein Mann von Geschmack, ein sehr einflußreicher Theaterliebhaber bei der Comédie-Française und, was nichts schaden konnte, äußerst geschätzt bei den Mächtigen der obersten Verwaltung.

Im Juni 1749 wird ›Nanine‹ aufgeführt. Das Publikum bereitet ihr keinen sehr guten Empfang. Während der Aufführung beginnen die Zuschauer an einer rührenden Stelle zu grinsen. Dieses freche Lachen erfüllt Voltaire mit Wut, und oben von seiner Loge herunter schreit er mit schriller Stimme: »Hört auf, Barbaren, hört auf!« Er bringt die Lacher zum Schweigen, was recht erstaunlich ist. Heute würde eine solche Einmischung zweifellos zu neuem Lachen reizen. Ein anderer seiner Sekretäre, Wagnière, sagt uns, daß er im Theater nicht gerne neben seinem Herrn gesessen habe. Dieser Platz war keineswegs geruhsam. Zuerst ganz ruhig, kam Voltaire nach und nach in Erregung. Es zuckte in seinem Gesicht, er schauderte, er lebte die Handlung mit, er öffnete und schloß den Mund, seine Augen blitzten, sein ganzer Körper nahm an dem Spiel der Schauspieler teil: »Seine Stimme, seine Füße, sein Stock ließen sich mehr oder weniger vernehmen; er erhob sich halb von seinem Sessel, setzte sich wieder, stand plötzlich aufrecht, erschien sechs Zoll größer, als er wirklich war — in diesen Augenblicken machte er den meisten Lärm. Die Berufsschauspieler fürchteten schon aus diesem Grund, vor ihm zu spielen.« Er war wirklich vom Dämon des Theaters besessen.

Da sein Stück ihn selbst nicht mehr befriedigt als das Publikum, gibt er ›Nanine‹ auf und will nach Cirey zurück. Im übrigen ist Emilie ungeduldig; sie hat Schluß gemacht mit Clairaut, sie hält es nicht mehr aus. Cirey bedeutet für sie eine (möglichst kurze) Station auf dem Weg nach Lunéville. Sie ist in dieser Zeit das Objekt der Aufmerksamkeit Friedrichs II. Er vervielfacht seine Angebote, damit man ihm Voltaire überläßt. Man wiederholt ihm, daß die Gesundheit des Dichters sehr schlecht sei; er antwortet nicht einmal mehr auf diese Vorwände. Friedrich ist davon überzeugt, daß Emilie das einzige Hindernis ist, und so schlägt er ihr einen Handel vor. Sie soll ihm den Dichter schicken, er schickt ihr dafür einen Geometer von seiner neuen Akademie. Wird sie annehmen? Voltaire antwortet, sie müsse erst niederkommen, ehe sie eine Entscheidung treffen könne, und Friedrich hat leichtes Spiel zu antworten: »Mme du Châtelet kommt im September nieder. Sie sind keine Hebamme, sie wird sehr gut auch ohne Sie niederkommen.« Und da er es müde ist, immer zu bitten, ohne etwas zu erhalten, fügt er hinzu: »Seien Sie im übrigen versichert, daß die Freuden, die man jemandem freiwillig macht, ohne sich dazu aufmuntern zu lassen, dankbarer aufgenommen werden und angenehmer sind als die, um die man so lange bitten muß.« Worauf Voltaire nicht ohne Festigkeit antwortet: »Weder M. Bartenstin noch M. Bastuchef, so mächtig sie auch sind, noch Friedrich der Große, vor dem sie zittern, können mich augenblicklich hindern, eine Pflicht zu erfüllen, die ich für unerläßlich halte. Ich bin weder Kindermacher, noch Arzt, noch Hebamme, aber ich bin Freund, und selbst Ihrer Majestät zuliebe werde ich eine Frau nicht verlassen, die im September sterben kann. Die Geburt scheint sehr gefährlich zu werden. Aber wenn sie gut davonkommt, dann verspreche ich Ihnen, Sire, im September zu kommen und Ihnen meine Aufwartungen zu machen.« Das war deutlich . . . »Ich bin Freund«; dagegen sind Könige nichts. Friedrich war gezwungen zu warten.

Im Augenblick, als Voltaire Paris verlassen will, kommt ein junger Abbé, von einer Verwandten und Freundin Madame du Châtelet empfohlen, und fleht den berühmten Schriftsteller an, eine Rede zu korrigieren, die er im Louvre vor der Académie und wichtigen Persönlichkeiten des Hofes halten muß. Diese Rede ist die Chance seines Lebens. Wenn sie Erfolg hat, wird er vielleicht eine Stelle bekommen. Das Thema: Lobpreisung Ludwigs des Heiligen. Jedes Jahr mußte ein Kandidat dasselbe Loblied auf dasselbe Thema vortragen. Die Schwierigkeit lag darin, einer Menge von Gemeinplätzen über den heiligen König den richtigen Ton und eine anmutige Wendung zu geben. Voltaire lehnt die Aufgabe ab, er ist beim Packen! Im übrigen kennt er diesen Heiligen nicht besser als die andern, man soll die Theologen der Sorbonne fragen! Emilie befiehlt ihm herrisch, die Lobrede zu verbessern. Er gibt nach, und am nächsten Tag ist die Rede, die er dem kleinen Abbé zurückgibt, völlig umgearbeitet. Er hat alles gestrichen, alles noch einmal gemacht; das hat ihn eine Nacht gekostet. Der Text war von einer beängstigenden Nichtigkeit. Als der kleine Abbé das Paket erhielt, wäre er fast in Ohnmacht gefallen und stieß einen Entsetzensschrei aus! Er kannte sein Werk nicht wieder. Er setzte seiner guten Verwandten so zu, daß Voltaire ihr versprechen mußte, die Rede noch einmal richtig zu schreiben. Er widmete ihr also eine zweite Nacht. Am nächsten Tag überreichte er eine völlig neue Rede. Trotzdem gab man ihm unfreundlich zu verstehen, daß er den Anfang nicht sauber vom ersten Punkt, den zweiten nicht vom dritten und den dritten nicht vom Schluß getrennt habe. Die ganze Arbeit des jungen Abbé bestand also darin, wie üblich an den Nahtstellen der verschiedenen Paragraphen ›Ave Maria‹ einzuflechten und ein sehr schönes ›Amen‹ als Schlußpunkt zu setzen. So sah sein Beitrag zu seinem ersten Meisterwerk aus. Er hatte durchaus recht, nicht daran zu rühren; die Lobrede brachte ihm bald ein Bischofsamt ein! Was beweist, daß die Versammlung besser einen Text zu beurteilen, als einen Bischof zu wählen verstand.

Letzte schöne Tage in Lothringen

Im Sommer 1749 hielt Stanislaus ohne großes Zeremoniell seinen Hof in Commercy. Dort empfing er auch unsere beiden Reisenden. Er hatte im Park kleine Pavillons bauen lassen, in denen er die Personen seiner Hofgesellschaft unterbrachte. Er fand sich bei dem einen oder anderen zum Essen ein, wobei er sich drei Stunden vorher anmelden ließ. Er war weder ein Feinschmecker noch ein Schlemmer; seine Mahlzeiten brachte er wie eine Arbeit hinter sich. Um sie schneller los zu sein, verlegte er die Stunde des Diners immer vor, so daß sein Kanzler, Monsieur de la Galaizière, ihm eines Tages sagte: »Sire, wenn Sie so weiter machen, werden Sie schließlich am Abend zuvor dinieren.« Sein liebster Zeitvertreib war das Spiel, und sein Lieblingsspiel hieß ›La Comète‹. Emilie pflegte dabei mit ihrer gewohnten Starrköpfigkeit zu verlieren.

Madame de Boufflers war immer noch die Zierde des kleinen Hofes. Sie empfing die Heimkehrenden mit größter Freude. Sie dichtete, ohne sich mit Philosophie zu belasten, und amüsierte sich über alles, selbst über den Hauslehrer ihrer Kinder, einen Abbé Porquet, der so schmal, so mager, so blutlos war, daß er selbst von sich sagte: »In meiner Haut steckt Stroh.« Madame de Boufflers machte sich in Versen über die Gefahr lustig, die er für die Tugend der Frauen darstellte:

> Jadis, je plus à Porquet
> Et Porquet m'avait su plaire
> Il devenait plus coquet
> Et je devenais moins sévère
> J'estimais son rabat
> J'admirais sa perruque
> Aujourd'hui j'en rabas
> Car je le crois eunuque.

Auch Saint-Lambert dichtete. Er bereitete seinen Gedichtband ›Les Saisons‹ vor, der ihn fast berühmt machte. Der Abbé de Bernis hatte dasselbe Thema gewählt. Man mußte ihn schnellstens einholen, denn Madame de Pompadour würde ihren Favoriten mit aller Kraft unterstützen und alles unternehmen, um den Rivalen zu begraben. Dieser Wettlauf ließ den freundlichen lothringischen Hof ein wenig fiebern. Auch Voltaire fand seinen Feind: Pater Menou, der ach! den Schatzmeister des Königs und seine Frau, das Ehepaar Alliot, zu seinen Diensten abgerichtet hatte. Voltaire erwies ihnen tausend Höflichkeiten, aber vergebens. Vor allem die Frau war überzeugt, Voltaire sei der Teufel in Person. An einem gewittrigen Tag bat sie ihn, aus dem Hause zu gehen, denn sie glaubte ihn durchaus fähig, den Blitz anzuziehen. Voltaire, der sich ebenso wie sie vor Blitzen fürchtete, protestierte heftig und sagte Madame Alliot, er denke von unserem Allmächtigen Herrn mehr Gutes, als sie je aussprechen könne.

Ihr Streit wurde giftig wegen der Essenszeiten und gewisser Speisen, die der zarten Gesundheit des Poeten nicht bekamen. Die Zänkereien nahmen kein Ende, man konnte glauben, man sei in einem Pensionat. Der Dichter ließ seinen Titel eines ›Gentilhomme de la Chambre‹ und die wiederholten Angebote des preußischen Königs recht laut erklingen. Der Kamm schwoll ihm: sollte er in Commercy durch diesen Alliot schlechter behandelt werden als in Versailles oder Berlin?

Monsieur Alliot benahm sich weiser und würdiger, er antwortete voller Mäßigung auf die entrüsteten und fordernden Briefe des an Verstopfung leidenden Dichters. Dieser spielte keine sehr schöne Rolle. Man hatte ihm stets »sein Brot, seinen Wein und seine Kerze« serviert und tat es auch weiterhin. Aber das genügte ihm nicht. Der Dichter wollte, daß man ihn auf eine ganz besondere Weise serviere. Wollte er eine Prozession?

Diesem Kleinkrieg um Löffel und Gabeln wurde durch sehr viel grausamere Ereignisse ein Ende gesetzt.

Drei Witwer und eine Waise

Madame du Châtelet verlebte in diesem Monat August des Jahres 1749 ihre letzten Tage. Sie gab sich allen Vergnügungen hin, die ihr Zustand ihr noch zu genießen erlaubte, aber sie hatte dunkle Vorahnungen. Ihr Charakter änderte sich, sie wurde sanft! Sie ärgerte sich nicht mehr und nahm alles mit Freundlichkeit entgegen. Nie wurde ein Mann feinfühliger und tiefer geliebt als Saint-Lambert. Sie hatte ihre Papiere geordnet, die einen zu Bündeln geschnürt, die anderen versiegelt; sie hatte Briefe geschrieben, die ›hinterher‹ ihrem Gatten und ihren besten Freunden ausgehändigt werden sollten. Jedesmal, wenn Saint-Lambert sie verließ, war der Abschied herzzerreißend; sie fürchtete, nicht mehr am Leben zu sein, wenn er zurückkehrte.

Trotz dieser Befürchtungen brachte sie am 4. September 1749 ohne Schmerzen ein kleines Mädchen zur Welt. Die Entbindung entband sie auch ihrer traurigen Befürchtungen. Sie glaubte sich gerettet. Voltaire jubelte! Er hatte solche Angst gehabt! Von der Furcht wechselte er zu einer halb wahnsinnigen Freude über. Er teilte die Angelegenheit d'Argental in lustigem Tone mit: »Als Mme du Châtelet über Newton brütete, fühlte sie ein kleines Bedürfnis: sie rief ihre Kammerfrau, die gerade noch die Zeit hatte, die Schürze aufzuhalten und ein kleines Mädchen zu empfangen, das man in eine Wiege legte. Die Mutter hat mittlerweile ihre Papiere weggepackt, und all das schläft wie ein Murmeltier in dem Augenblick, da ich Ihnen schreibe.«

Dem Kind ging es sehr gut, es wurde getauft und einer Amme übergeben. Emilie ging es auch sehr gut, als sie — auf ihre Weise — eine Unvorsichtigkeit beging. Es war heiß, sie hatte Durst, sie trank ein großes Glas eisgekühlter Mandelmilch, um das sie gebeten und das man die Schwäche gehabt hatte, ihr zu geben. Fast im gleichen Augenblick wurde sie von schrecklichen Schmerzen gepackt. Die Ärzte stürzten herbei. Es schien ihr besser zu gehen. Mademoiselle du Thil, die auch zugegen war, ermutigte ihre Freundin. Der Tag verging recht und schlecht, die Kranke war sehr schwach. Am nächsten Tag die gleiche Erschöpfung; sie schien zu schlummern. Am Abend zogen sich Monsieur du Châtelet, Voltaire und andere Besucher, die das Zimmer gefüllt hatten, zu Madame de Boufflers zurück, wo sie zu Abend aßen. Nur Saint-Lambert, Mademoiselle du Thil und Longchamp blieben. Fast im gleichen Augenblick begann die Unglückliche zu röcheln. Sie hatte die Besinnung verloren. Man rief Monsieur du Châtelet, Voltaire und Madame de Boufflers zurück. Als sie anlangten, war Emilie schon tot. Man hatte vergessen, einen Priester herbeizurufen! Voltaire schreibt: »Sie hat die Schrecken des Todes nicht kennengelernt. Es waren ihre Freunde, die sie fühlten.«

Voltaire und Saint-Lambert blieben allein bei der armen Emilie. Voltaire war völlig vernichtet, er begann verstört im Palast umherzuirren, er stolperte am Ende einer Treppe, fiel in der Nähe des Schilderhäuschens einer Wache und verletzte sich die Stirn auf dem Pflaster. Saint-Lambert, der ihm folgte und ihn so fand, wollte ihm helfen aufzustehen. Daraufhin sagte Voltaire schluchzend: »Ach! Mein Freund, Sie sind es, der sie mir getötet hat.« Dann, gepackt von einer jener tragischen Anwandlungen, die ihm ebenso angeboren waren wie seine Hanswurstereien, richtete er sich wie eine Statue des Fluchs auf und, die hageren Hände eines Zauberers dem versteinerten Saint-Lambert entgegenschleudernd, schrie er: »Monsieur, wie konnten Sie sich unterstehen, ihr ein Kind zu machen?«

Er, Voltaire, hatte sich natürlich nie unterstanden, seiner Maîtresse ein Kind zu machen. Hätte er es versucht, wäre vielleicht Saint-Lambert nicht auf so traurige Weise erfolgreich gewesen . . . Die schreckliche Neuigkeit mußte denen mitgeteilt werden, die man in tändelndem Ton von der Geburt unterrichtet hatte. Doch trösten wir uns: in dem Ozean der vergossenen Tränen ertrank niemand. Die Komödie verlor nicht alle ihre Rechte:

Voltaire erinnert sich plötzlich an einen Ring, den Emilie immer getragen und unter dessen beweglicher Fassung man ein Miniaturportrait des Dichters entdecken konnte. Er bittet Longchamp, unverzüglich diesen Ring vom Finger der Toten abzuziehen. Longchamp antwortet, man habe ihn schon Monsieur du Châtelet gegeben. Voltaire will verhindern, daß Monsieur du Châtelet die Fassung verschiebt und sein Portrait entdeckt. Er schickt Longchamp nach Erkundigungen aus, während er vor Ungeduld hin- und herläuft. Beruhigen wir uns, Madame de Boufflers hatte bereits den Ring geöffnet und das Portrait herausgenommen. Es war nicht das Voltaires, sondern eines von Saint-Lambert! Nun ist unser Dichter ruhig, aber um so verletzter: »Oh Himmel!« ruft der enttäuschte Liebhaber aus, »so sind nun einmal die Frauen! Ich hatte Richelieu den Platz genommen, Saint-Lambert hat mich hinausgetrieben. Ein Nagel verdrängt den anderen. So gehen die Dinge dieser Welt.«

Bei traurigen Ereignissen ist Philosophie recht nützlich. Für uns ist das Traurige, daß die riesige Korrespondenz zwischen Voltaire und Emilie verschwunden ist; wahrscheinlich wurde sie in diesen dunklen Tagen von Saint-Lambert vernichtet. Wir hätten Voltaire gesehen, wie er Emilie erobert, verführt, wie er sie zur Philosophie bekehrt hat, zu Newton, zum Atheismus. Wir hätten ihn in diesen Briefen ungezwungener gesehen denn je. Doch alles ist in Rauch vergangen . . .

In Paris wurde der Tod der ›göttlichen Uranie‹ mit Spott gefeiert. Man liebte Emilie keineswegs; sie war den meisten Klatschtanten, mit denen sie verkehrte, überlegen. Voltaire liebte man aus den gleichen Gründen nicht, es kamen bei ihm nur noch andere hinzu. Der Neid sickerte überall durch, am Hofe, in der Stadt, im Theater, in den Zeitungen und in der Gosse.

Einer schreibt: »Ich erfahre, daß Mme du Châtelet gestern im Kindbett gestorben ist. Man muß hoffen, daß sie sich damit zum letzten Mal aufspielt: in ihrem Alter im Kindbett sterben heißt wirklich etwas Besonderes sein wollen. Wieder einmal will sie nichts so machen wie die anderen.«

Und hier ein Epitaph, das bei einem Souper inmitten von Lachsalven vorgelesen wurde. (Man schreibt es Friedrich II. zu. Warum nicht? Er war wirklich würdig, zu diesen ›Schöngeistern‹ zu gehören.)

> Ci-gît, qui perdit la vie
> Dans le double accouchement
> D'un traité de philosophie
> Et d'un malheureux enfant.

On ne sait précisément
Lequel des deux l'a ravie.
Sur ce funeste événement
Lequel des deux doit-on suivre?
Saint-Lambert s'en prend au livre
Voltaire dit que c'est l'enfant.

Emilie hatte manche Fehler, aber sie war unendlich mehr wert als diese Leichenschänder. Nicht einer spricht von ihrer monumentalen Übersetzung Newtons! Nicht einer hat Achtung vor der wunderbaren, siebzehnjährigen Freundschaft zwischen diesen beiden schwierigen Charakteren, die sich in jener Zärtlichkeit verbanden, die mehr aus gegenseitiger Achtung und Bewunderung bestand als aus Sinnlichkeit.

Voltaire ließ folgende Verse unter das Portrait seiner Göttin schreiben: L'Univers a perdu la sublime Emilie.

Elle aima les plaisirs, les arts, la vérité.
Les dieux en lui donnant leur âme et leur génie
N'avaient gardé pour eux que l'immortalité.

Zweifellos hat die Liebe recht: die wirkliche Emilie ist die Voltaires. Die Jahre der Freundschaft waren die glücklichsten und mit die fruchtbarsten im Leben Voltaires. Emilie wird immer unersetzlich bleiben. Die arbeitsame Einsamkeit von Cirey riß ihn aus den Gefahren von Paris; die Disziplin und Eleganz im Leben dieser großen Dame vermochten seine Exaltationen zu bändigen; er entging nicht allen Fallen, aber doch den gefährlichsten. Emilie unterhielt um ihn herum die Atmosphäre der guten Gesellschaft und des Luxus, des Luxus der Seele wie der äußeren Einrichtung. Sie brachte ihm Frieden, Ordnung und »Überfluß, den so notwendigen«; Dinge, die der Entfaltung eines Genies wie dem Voltaires unentbehrlich sind.

Die Kunst zu leiden und zu trösten

Was würde werden aus ihm? Mit fünfundfünfzig Jahren war er zum ersten Mal in seinem Leben ohne Hilfe und Zuflucht. Niemals zuvor schien das Universum einen Mann so entvölkert, der nur von der Gesellschaft lebte und für den Emilie den Rest der Welt zu ersetzen verstanden hatte. Stanislaus verhielt sich wieder einmal wunderbar: er bereitete Emilie ein prachtvolles Begräbnis. Dreimal am Tage besuchte er den niedergedrückten Dichter in seinem Zimmer; sie weinten zusammen. Aber was sollte in Zukunft aus Voltaire werden? Er hatte immer geglaubt, er werde jung sterben und Emilie werde ihn überleben. Er hatte sich vorgestellt, sie werde ihm die Augen in Cirey schließen. Wohin nur? Er dachte zuerst daran, sich bei den Benediktinern von Senones zurückzuziehen, wo die Châtelets einen Freund hatten, Dom Calmet, den Voltaire liebte. Er dachte auch daran, nach England zu Lord Bolingbroke zurückzukehren. Doch er tat weder das eine noch das andere. Er kehrte mit dem anderen Witwer — dem rechtmäßigen — nach Cirey zurück. Finstere Rückkehr zu der ehelichen Behausung! Er fürchtete sich vor diesem Wiedersehen. Alles ging gut: in Cirey fand er seine Emilie wieder, lebendig, glücklich, wie er sie immer gesehen hatte. In Lunéville war sie gestorben, dort hatte er sie tot gesehen. In Cirey war sie unsterblich. Er schreibt an d'Argental: »Ich habe nicht eine Geliebte, ich habe die Hälfte meiner selbst verloren, eine Seele, für die die meine gemacht war, eine Frau, die zwanzig Jahre lang meine Freundin und bei deren Geburt ich zugegen war. Der zärtlichste Vater liebt seine einzige Tochter nicht anders. Ich liebe es, überall den Gedanken an sie wiederzufinden; ich liebe es, mit ihrem Gatten, ihrem Sohn zu sprechen. Mit einem Wort, Schmerzen sind immer wieder anders, und so auch der meine.«

Ein schmerzlich aufrichtiges und aufschlußreiches Geständnis! Und doch ist diese »väterliche Liebe« nicht ganz frei von Sinnlichkeit. Es sieht nicht so aus, als habe Voltaire je zwischen väterlicher, onkelhafter und sonstiger Zärtlichkeit unterscheiden können. Auf welche Weise liebte er seine Nichte, Madame Denis? Er hatte für Familienbande sehr merkwürdige Gefühle. Bald wird er uns Grund geben, die Frage nicht nur zu wiederholen, sondern auch darauf zu antworten.

Im Augenblick stellen sich uns andere Fragen. Hätte die brennende Leidenschaft Emilies für Saint-Lambert ihr erlaubt, Voltaire zu halten, wie sie Monsieur du Châtelet hielt? Und hätte sich der zuletzt Dazugekommene ewig mit diesem Dreigespann abgefunden? Hätte seine Liebe für Madame du Châtelet sehr lange diese schiefe Lage ertragen oder sich daran gewöhnt? Und die öffentliche Meinung? Gewiß, der Gatte und die Öffentlichkeit waren sehr tolerant gewesen, sie hatten sogar das berühmte und ein wenig berüchtigte Paar in Schutz genommen, weil es um Emilie und weil es um Voltaire ging. Aber Saint-Lambert? Es sieht ganz so aus, als wäre die Zukunft für Emilie traurig geworden. Saint-Lambert war jung, zu jung, er wäre schnell davongeflogen und hätte Emilie untröstlich gelassen. Sie wäre auf alle Fälle ein Opfer geworden. Sie löste alle Probleme, indem sie starb.

Mit Hilfe von Monsieur du Châtelet zog Voltaire um. Alles, was er aus Cirey mitnehmen wollte, wurde eingepackt: Bücher, einige Möbel, Bilder und Statuen, die man in mit Stroh vollgestopften Tonnen unterbrachte. Als der riesige Konvoi abfuhr, blieben Monsieur du Châtelet und sein Sohn in einem zur Hälfte von Möbeln geräumten und völlig entseelten Haus zurück. Voltaire überließ ihnen alles, was er für die Einrichtung und Reparatur ausgegeben hatte. Zwischen ihm und Monsieur du Châtelet wurde nicht im geringsten gehandelt.

Er weinte zum Steinerweichen, als er Cirey verließ: er verlor Emilie ein zweites Mal. Außerdem war er krank, sehr krank, und seine Krankheit war nicht gespielt. Er glaubte zu sterben und wollte nicht in Paris begraben werden. Er schrieb an den Abbé Voisenon: »Ich habe eine schreckliche Abscheu davor, in Paris begraben zu werden; ich werde Ihnen später einmal die Gründe dafür sagen.« Wir erraten sie: in Paris würde man ihm ein christliches Begräbnis verweigern. Er hätte das Schicksal der Adrienne Lecouvreur: der Schrecken des Massengrabes verfolgte ihn. Er reiste in kleinen Etappen. Er korrigierte ›Catilina‹. Bei seiner Durchreise durch Reims entdeckte er einen ausgezeichneten Abschreiber. Er nahm ihn mit, denn dieser originelle Schönschreiber hatte ihm begeisterte Verse über die düstere Tragödie gemacht, die er nun liebevoll abschrieb.

In Paris richtete er sich in der Rue Traversière ein. Um ihm an Großzügigkeit nicht nachzustehen, überließ ihm Monsieur du Châtelet seine Rechte auf den Teil des Hauses, den Emilie bewohnt hatte. Da Voltaire sehr allein und krank war, wollte er eine Etage vermieten. Er bot sogar einem Freund an, sein Leben und sein Haus mit ihm zu teilen. Doch das Angebot schien nicht verlockend und blieb ohne Antwort.

Er war wie eine Seele im Fegefeuer, der Kummer lähmte ihn. Er irrte durch die Zimmer und sprach dabei laut mit seiner Emilie. Er vertraute seinen Schmerz seinen Freunden an. Friedrich lachte nur, er glaubte nicht an die Aufrichtigkeit dieses Schmerzes: »Voltaire deklamiert zu viel in seinem Leid, was mich glauben läßt, daß er sich schnell trösten wird«, schreibt der Salomon des Nordens. Zweifellos. Aber Friedrich verwechselt zwei Dinge: die Aufrichtigkeit und die Heftigkeit der Gefühle Voltaires. Voltaire flammt auf, er läßt Blitze zukken, die die Eigenschaft haben zu blenden und kurz zu dauern. Aber es ist pure Bosheit, ihn in diesem Augenblick der Heuchelei zu verdächtigen. Wir wissen, daß er von Natur aus nicht dazu gemacht ist, sich ewig in Kummer zu verzehren, aber wenn der Schmerz ihn bedrängt, so ist dieser unerträglich. Er wird sich von ihm befreien, aber noch ist der Augenblick nicht gekommen. Sein Sekretär fand ihn eines Nachts wie von Sinnen, stöhnend, strauchelnd, immer wieder hinfallend und den Namen der Toten murmelnd. Daraufhin beschloß Longchamp, seinen Herrn von dem ihm übertrieben erscheinenden Kummer zu heilen, indem er ihm die Briefe zeigte, die Emilie angeblich an Saint-Lambert geschrieben hatte und in denen sie sich über Voltaire lustig machte. Der Unglückliche fühlte nach den Worten Longchamps eine so brennende Enttäuschung, daß seine Tränen auf der Stelle versiegten. Die Wirksamkeit dieses grausamen Heilmittels scheint wenig überzeugend. Voltaire war fähig, sich selbst zu heilen. Hatte er im übrigen nicht schon einigen Trost? Trost, den niemand vermutete, aber den wir kennen ...

Er war allein? Nicht so allein, wie Longchamp sagte. Er empfing die d'Argentals, Richelieu, Marmontel, den Abbé Mignot, seinen Neffen — und auch seine Nichte, Madame Denis. Die gute Nichte wohnte nicht weit, sie kam oft. Und nicht nur das, sie kam für immer. Um ihrem Onkel dieses umfangreiche Geschenk zu machen — sie war nicht gerade schlank —, wartete Madame Denis bis Weihnachten. D. h. sie wartete, bis der von Emilie freigelassene Platz ein wenig weniger warm war. Der Trost war sie!

Natürlich war es vor allem das Theater, das Voltaire aus seinem Kummer riß. Er hatte ›Catilina‹ in ›Rome sauvée‹ umgetauft. Er wollte, daß die Tragödie gespielt würde, um Crébillon zu zeigen, daß sein dasselbe Thema behandelnder Rivale triumphierte, während Crébillons ›Catilina‹ durchgefallen war. Würde Crébillon darüber krank werden, so würde Voltaire gleich von der großen Trauer zu Halbtrauer übergehen, das ist gewiß. Aber welch seltsame Rechnung! Derselbe Crébillon war ja Zensor, und von ihm erwartete Voltaire die Erlaubnis, eine Tragödie zu spielen, die offensichtlich gegen die seine geschrieben war? Voltaire stattete ihm einen Besuch ab und erklärte ihm, ein purer Zufall habe seine Feder auf dieselben Wege geführt, auf denen der illustre Zensor schon den Lorbeer Catilinas gepflückt habe usw. Das ist eine kaum erträgliche Speichelleckerei. Crébillon stellte sich dumm und gewährte die Erlaubnis.

Die Premiere war nicht brillant. Das Publikum langweilte sich. Man sprach, man schneuzte sich, man hörte nicht zu. Voltaire in seiner Loge stellte sich tot. Plötzlich erweckt eine Tirade die Aufmerksamkeit und fesselt den Saal. Der Beifall bricht los. Voltaire springt auf, lehnt sich zum Parterre hinunter und ruft: »Mut Athener! Das ist Sophokles!« Die Athener ließen es damit bewenden. Das Stück wurde ein halber Mißerfolg. Voltaire notierte die ausgepfiffenen Passagen und arbeitete sie um. Er ging zu seiner Interpretin, Mademoiselle Clairon, und bat sie zu entschuldigen, wenn er an seinem Stück andere Veränderungen vornähme als die von ihr vorgeschlagenen. Er behandelte die Prinzessinnen der Bühne ebenso respektvoll wie die Königlichen Hoheiten. Sie hatten auch einen weitaus schlechteren Charakter.

Diese unzähligen Korrekturen veranlaßten Fontenelle zu dem Wort, Voltaire sei ein »sehr eigenartiger Autor, er schreibe seine Stücke während ihrer Aufführung«.

Man erzählt, er habe seinen gedungenen Beifallklatschern eigenhändig das Zeichen zum Applaus gegeben, und beim Anblick eines mit untätigen Händen dasitzenden Zuschauers habe er ihn angeredet, um ihn zum Beifall zu zwingen. Dieser antwortete ihm trocken, er verspüre nicht die geringste Lust dazu.

»Wie heißen Sie?« schrie Voltaire ihm zu.

»Rousseau«, antwortete der andere.

»Welcher Rousseau, der kleine Rousseau?«

All das mitten in der Aufführung! Plötzlich stand eine große, männlich aussehende Frau vor ihm, und indem sie dem kleinen verknitterten Gesicht des Dichters eine riesige, zum Wäscheklopfen geeignete Hand näherte, versprach sie ihm die größte Ohrfeige der Welt, wenn er nicht schweige. Voltaire floh, der Saal brach in Gelächter aus. Er tat gut daran zu fliehen, denn er hätte zweifellos von dieser Frau, Madame Le Bas, der Gattin des berühmten Kupferstechers des Königs, einem Mitglied der Académie des Beaux Arts, die Ohrfeige erhalten. Sie war nicht weniger bekannt als ihr Gatte, aber im Parterre der Comédie, und zwar wegen ihrer Tiraden und wegen der Ohrfeigen, die sie austeilte.

Madame Denis tritt auf den Plan und bleibt

Nach dieser fehlgeschlagenen Attacke redete Voltaire sich ein, der Rousseau, der ihn verspottet hatte, sei Jean-Jacques gewesen. Dieser jedoch war unschuldig; aber man erzählte ihm davon, und er schrieb Voltaire, um die Schuld von sich zu weisen. Er sei an jenem Tag nicht in dem Saal gewesen und wolle auch sonst Voltaires Mißfallen nicht erregen. Jean-Jacques war im Januar 1750 noch fast unbekannt. Einige Monate später sollte er berühmt werden.

So kam vier Monate nach dem Tod Emilies dank dem Theater

das Leben wieder zu seinem Recht. Friedrich II. traf nur die eine Schuld: er hatte zu früh von Trost gesprochen.

Weihnachten 1749 richtete sich die Witwe Denis in der Rue Traversière ein. Ihr Gatte war im Jahre 1744, fünf Jahre vorher, gestorben. Seit fünf Jahren hatte sie sich schon getröstet, ihre Tränen waren reichlich, aber nicht lange geflossen. Sie fand ihren Onkel einigermaßen wiederhergestellt. Sie vereinten also recht und schlecht ihre jeweiligen Witwenschaften. Madame Denis hatte zuvor bei Baculard d'Arnaud Ersatz gesucht, der sie heiraten wollte. Sie gaben sich erst Artigkeiten mit Wort und Feder hin, dann weniger platonischen, die von selbst zu einem Ende kamen.

Voltaire schwärmte sehr für seine Nichte. Die Zeitgenossen zeigten sich weniger begeistert. Ihr Onkel schrieb ihr Geist zu, aber sie war nur geschwätzig und indiskret. Sie bildete sich etwas auf ihre Ungezwungenheit und ihre Freiheiten ein und verfiel in Schamlosigkeit. Mit leidlichen Manieren, Schönheit — oder Charme — und ein wenig Witz hätte sie, wie viele andere, mit einigem Ruhm und Profit durchs Leben kommen können. Aber diese himmlischen und nicht zu erlernenden Tugenden fehlten der Nichte. Sie war gefräßig, genüßlich, sie stopfte alles in sich hinein und wurde bald schwammig. Mitleidlos zählten die Jahre für sie doppelt. Und wenn diese Gans ›Zaïre‹ spielte, geriet ihr Onkel in Begeisterung! (Er hatte seine Gründe, dieser Onkel, der seine Maîtressen wie ein Vater liebte.) Jemand, der dem Onkel schmeicheln wollte, beglückwünschte eines Tages die Nichte, so gut zu spielen. Sie zierte sich und tat bescheiden: »Jung und schön müßte man sein!« Worauf ein anderer hinzufügte: »Sie sind wirklich der Beweis des Gegenteils.«

Marmontel, der doch ganz Honig, ganz Zucker mit dem Paar war, sagte, sie sei »eine liebenswürdige Frau, trotz ihrer Häßlichkeit«. Zweifellos haben die Portraitisten ihr geschmeichelt. Sie äffte die Manieren ihres Onkels nach, was ihr einen Schein von Geschmack und Redegewandtheit gab und ihre ursprüngliche Gewöhnlichkeit etwas überdeckte.

Unglücklicherweise wollte auch sie ihre Feder nutzen und Komödien schreiben. Diese Neigung beunruhigte Voltaire, denn wenn eine Komödie geschrieben ist, will man sie aufführen, und wenn die Zuschauer nicht lachen, dann weinen der Autor, die Schauspieler und der Onkel. Er erstickte also das entstehende und wenig versprechende Talent.

Der Hof, Paris und das Volk waren versessen auf Theater. Überall errichtete man Bühnen. Der König und die vornehmen Herren spielten in Versailles in den ›cabinets‹. Man spielte auf Plätzen, Jahrmärkten, in Hinterhöfen, Salons und sogar unter den Dächern. Ein junger Schauspieler fiel Voltaire bei einer dieser Aufführungen auf; sein Spiel erschien ihm erstaunlich treffsicher, kraftvoll und lebendig. Er lud ihn ein, in die Rue Traversière zu kommen. Er fiel ihm um den Hals, erquickte ihn mit Café und Schokolade und sprach ihm von seinem Talent mit einer Wärme, die den jungen Mann berauschte. Voltaire hatte Le Kain entdeckt, einen der begabtesten Schauspieler, den es in Frankreich je gab. Le Kain war häßlich, von einer ausdrucksvollen Häßlichkeit, die ihm aber dennoch ein Hindernis war und die er durch Talent und Arbeit ausgleichen mußte. Er sagte Voltaire, er habe ein wenig Vermögen, das er aber ganz dem Theater opfern wolle, denn er fühle, daß er nur auf den Brettern leben könne. Entsetzt und entzückt durch dieses Opfer, rief Voltaire: »Ach, glauben Sie mir, es ist besser, das nie zu tun! Spielen Sie Theater zu Ihrem Vergnügen, aber machen Sie nie Ihren Beruf daraus.« Und er lieh dem Jungen augenblicklich zehntausend Livres, damit er sich niederlassen könne. »Sie geben mir die Summe zurück, wann es Ihnen paßt.«

Es handelte sich nicht um ein Almosen. Mit welcher Spontaneität bot er dem jungen Mann das Geld an! Selbst J.-J. Rousseau, der ihn wenig liebte, erkannte an, wie schön diese Anwandlungen von Großmut waren: »Ich kenne keinen Mann in der Welt, dessen erste Regungen schöner sind.« Rousseau weist zwischen den Zeilen darauf hin, daß es auch andere Regungen gab; aber sie löschen die ersten nicht aus. Sagen wir, daß es die zweiten Regungen genauso gab wie die ersten, daß diese aber von Böswilligen allzu leicht vergessen werden.

Le Kain war verblüfft von so viel Großzügigkeit. Bevor Voltaire ihn gehen ließ, bat er ihn, einige Verse zu rezitieren. In seiner Verwirrung wählte der Schauspieler einen Text von Piron. Voltaire erkannte schnell seinen schrecklichen Rivalen und rief heftig: »Nein! Keinen Piron! Keine schlechten Verse. Rezitieren Sie Racine.« Le Kain rezitierte ihm eine Tirade Abners. Voltaire konnte nicht bis zum Schluß zuhören. Er brach in Tränen aus, die Bewunderung erstickte ihn, er nahm Le Kain in seine Arme und schwor ihm, er werde eines Tages ganz Paris verzaubern, wie er ihn selbst in diesem Augenblick verzaubert habe.

Um Racine und Le Kain unter seinem Dach zu haben, ließ er auf dem Speicher ein kleines Theater einrichten. Trotzdem begann er damit, seine eigene Tragödie ›Mahomet‹ vor Richelieu, den d'Argentals, seiner Nichte und den Hausangestellten aufführen zu lassen. Eine junge Naive, die Palmire spielte, säuselte, sich zierend, schreckliche Verse. Der Autor unterbricht sie aufgebracht: »Mademoiselle, stellen Sie sich vor, daß Mahomet ein Lügner ist, ein Betrüger, ein Verbrecher, der Ihren Bruder hat erdolchen lassen, der eben Ihren Vater vergiftet hat und nun, um seine guten Werke zu krönen, unbedingt mit Ihnen schlafen will. Wenn das Ganze Ihnen irgendwie Freude macht, ja, dann haben Sie recht, es so aufzuziehen, wie Sie es tun, aber angenommen, es stößt Sie ab, dann müssen Sie es so machen . . .« Und der schmächtige Dichter springt auf die Bühne und deklamiert und brüllt und benimmt sich wie ein Rasender, wobei er den höchsten Grad von Abscheu und Verzweiflung ausdrückt. Die Arme ist zu Tode erschrocken, aber die Lektion war nützlich. Sie dachte immer daran, wurde besser, und Le Kain hielt sie später für eine gute Schauspielerin.

Voltaire hatte sich in den Kopf gesetzt, in der Rue Traversière seine Tragödie ›Rome Sauvée‹ aufzuführen. Mit Eifer widmeten sich Le Kain und seine Freunde diesem Plan. Der allmächtige Richelieu ließ die Dekorationen und Kostüme der Comédie-Française, die der König für Crébillon bezahlt hatte, auf den Speicher bringen. Diese Liste der Eingeladenen war erlesen: zwei Herzöge, Richelieu und La Vallière, ferner d'Alembert, Diderot, Marmontel, dann drei Abbés, darunter zwei Mitglieder der Académie, und zahlreiche Personen vom Hof und vom Klerus. Vor diesem Publikum wurde das Stück ein Erfolg. Die Kunde davon verbreitete sich schnell in Paris, und die Tatsache, daß nur wenige eingeladen worden waren, bauschte den Erfolg noch auf. Der Speicher Voltaires wurde in einem Tag zum elegantesten und unerreichbarsten Ort von Paris. Man mußte die Aufführung wiederholen, nicht einmal, zehnmal. Voltaire ließ Bänke und andere Sitzgelegenheiten an die Seiten zwischen die Dachbalken stellen; das waren die Logen. Es gelang ihm, hundert Leute unterzubringen. Die Minister, die Botschafter ließen um Einladungen bitten; sie erhielten sie nicht ohne Mühe.

Voltaire fand an diesem Erfolg ein sehr vielseitiges Vergnügen, bei dem die Rache nicht fehlte. Die Leute von der Comédie tobten. Hatten sie nicht seine ›Rome Sauvée‹ verschmäht? Und nun hob das schwierigste Publikum das Stück in den Himmel. Selbst der Hof lächelte ihm zu; Madame de Pompadour wählte ›Alzire‹ zur Aufführung in den ›cabinets‹ aus. Zum ersten Mal spielte man eine Tragödie in einem so intimen Theater. ›Alzire‹ wurde ein Erfolg. Zu der zweiten Aufführung geruhte man Voltaire einzuladen. Der König sagte laut: »Es ist erstaunlich, daß der Autor von ›Alzire‹ auch der von ›Oreste‹ ist.« Das war freundlich ›Alzire‹ gegenüber, aber erinnerte an den Mißerfolg von ›Oreste‹. Ludwig XV. liebte dieses Spiel der Seitenhiebe, auf das sich Voltaire so glänzend verstand. Es war der Stil der Zeit, oft war er grausam.

»Sie altern«, sagte der König eines Tages zu einem Höfling. »Wo soll man Sie begraben?«

»Zu Füßen Ihrer Majestät«, erwiderte der Höfling.

Der König ließ es sich gesagt sein. Das Lächeln des Hofes für Voltaire war nie sehr warmherzig.

Geburt einer Schlange

Der furchtbare Abbé Desfontaines hinterließ bei seinem Tod ein vergiftetes Erbe. Er vermachte Voltaire einen gewissen Fréron, der den Dichter überwachte und quälte, ihn des Schlafes beraubte, krank machte und ihn so in Wut brachte, daß er die unwürdigsten Schmähschriften schrieb; kurz, Fréron existierte nur, »um ihn umzubringen«. Keiner der Feinde Voltaires hatte so großen Erfolg dabei wie er. Er verdient also eine Erwähnung.

Fréron wurde im Jahre 1719 in Quimper geboren. Er war von den Jesuiten erzogen worden und hatte auch das Gymnasium Louis-le-Grand besucht, wo er in dem pädagogischen Staub die leuchtenden Spuren des Schülers Arouet wiederfinden konnte. Er erwies sich übrigens als bemerkenswerter Lehrer. Fréron hatte Geschmack, Sinn für Maß, Geschicklichkeit. Er war abgerichtet auf alle Finessen der gelehrten Abhandlung. Daß er von Desfontaines und seiner Umgebung zur Kritik erzogen worden war, sagt alles über die literarische Aufrichtigkeit und die Gefühle, die er Voltaire gegenüber hegte . . . Es fehlte ihm weder an Verschlagenheit, Boshaftigkeit noch an Starrköpfigkeit. Seine reichen, erworbenen oder angeborenen Talente stellte er in den Dienst der traditionellen Überzeugungen, die er jedoch weniger liebte, als er die neuen Ideen haßte. Er griff diese ebenso in den Philosophen selbst wie in ihren Werken an, und die sichtbarste aller seiner Zielscheiben war Voltaire.

Für diesen guten Kampf schloß er sich dem zweifelhaften Banner Desfontaines an, mit dem er die ›Observations sur les écrits modernes‹ und die ›Jugements sur quelques ouvrages nouveaux‹ verfaßt hatte. Dann gründete er selbst eine Zeitschrift: ›Lettres à la Comtesse de X sur quelques écrits modernes‹, in der er die Berühmtheiten auf so niedrige Weise angriff, daß die Polizei, ohne den »guten Absichten« des Autors Rechnung zu tragen, dieses Blatt 1746 verbot. 1749 ersetzte er es durch die ›Lettres sur les écrits de ce temps‹, die 1754 den Namen ›Année littéraire‹ erhielten. In diesem Blatt durchbohrte er Voltaire grausam mit Pfeilen, die immer trafen.

Dieser Fréron hatte einen Sohn, der sich während der Revolution zu einem Vorkämpfer für Ideen machte, die denen völlig widersprachen, die sein Vater gegen Voltaire verteidigte. Er verfolgte seine Kämpfe mit der gleichen Starrköpfigkeit, nur daß es dabei um etwas anderes als Literatur ging. Er war Mitarbeiter an dem ›Orateur du Peuple‹, einem Blatt von seltener Leidenschaftlichkeit, ausgezeichnet hat er sich vor allem als einer der Organisatoren des 10. August und der Massaker vom September. Da er zweifellos in Paris gut massakriert hatte, schickte man ihn aus, die Massaker in Toulon zu organisieren. Mit einem Wort, er war ein Fanatiker wie sein Vater, er hätte sehr wahrscheinlich Voltaire für die entgegengesetzten ›Prinzipien‹ guillotiniert, für die Fréron, der Vater, ihn gehängt hätte.

Wie begann der Krieg zwischen Voltaire und Fréron? Mit ein wenig Eifersucht. Fréron hatte zum Ruhme des Königs ein Gedicht über den Sieg von Fontenoy gemacht, Voltaire hatte es durch das seine verdrängt. Das Ressentiment Frérons kam nicht offen zum Ausdruck, er war zu geschickt. Er lobte sogar Voltaires Gedicht; aber wie kann man unparteiisch urteilen, ohne auch Kritiken wiederzugeben? Er druckte also die Angriffe gegen Voltaire ab, diskutierte sie, walzte sie aus, kurz, aus diesem merkwürdigen Lob ging das Gedicht völlig zerpflückt hervor. Da Desfontaines ihm seine Archive überlassen hatte, druckte Fréron auch sehr alte Angriffe nicht nur gegen das Werk, sondern gegen die Person des Autors ab. Unter anderen hübschen Dingen konnte man folgende Zeilen lesen, die 1735 gegen Voltaire geschrieben worden waren: »Durch seine Vertraulichkeit mit den Großen entschädigte er sich für die Hemmungen, die er mit seinesgleichen empfand; er war sensibel ohne Zuneigung, wollüstig ohne Leidenschaft, umgänglich ohne Freunde, offen ohne Ehrlichkeit, manchmal freigebig ohne Originalität.« Wahres und Falsches, wobei man das Wahre weniger gern hört als das Falsche. Voltaire vergaß den giftigen Autor nie wieder, obwohl er für einige Jahre von der literarischen Bühne verschwand. Denn Fréron wurde 1746, nach dem Verbot der ›Lettres à la Comtesse X . . .‹, verbannt, weil er in dem Blatt einen Abbé angegriffen hatte, »das jüngste Mitglied der Académie in Frankreich . . . einen wegen seiner Geburt und zweier kleiner Oden berühmten Abbé«, der sich »beim Verlassen der Schule zur höchsten literarischen Würde erhob«. Die ›Comtesse‹ Frérons sagt, als sie von ihrem rosigen, bartlosen Abbé spricht: »Ich war weniger böse denn je, Frau zu sein.« In dem Opfer Frérons hatte alle Welt ›Babet, das Blumenmädchen‹ wiedererkannt, Abbé de Bernis, den Günstling der Madame de Pompadour.

Fréron kam 1749 aus Bar zurück und ließ eine neue Zeitschrift erscheinen. Sofort wittert Voltaire Gefahr. Er fragt d'Argental, ob die Gefängnisse voll seien, ob es nicht einen Platz für Fréron gäbe. Seine Befürchtungen sind begründet: schon in der ersten Nummer greift Fréron an. Er greift ein Stück an, das Voltaire nicht unterzeichnet hatte, aber niemand läßt sich täuschen. Voltaire kann sein Stück weder anerkennen, noch verteidigen. Er schweigt, aber die Wut erstickt ihn fast. Fréron, kühn geworden, tritt wieder auf. Voltaire ruft den Polizeipräsidenten um Hilfe an. Man solle Fréron einsperren, man solle ihn schnell einsperren! Er wendet sich direkt an Monsieur d'Argenson, an alle seine Freunde, um den Minister zu bedrängen. Von morgens bis abends soll der Premierminister Frankreichs nicht mehr vom Krieg zu Lande und zu Wasser, nicht mehr von den Schulden und Steuern sprechen hören, sondern nur noch von fünfzehn Zeilen, die ein Sieur Fréron geschrieben hat, um Monsieur de Voltaire am Schlafen zu hindern.

Ein neues Verbrechen Frérons, nicht weniger entsetzlich: hatte er nicht die Frechheit gehabt, sich vom König von Preußen als Korrespondent, Berichterstatter und Lieferant von Büchern und Schmähschriften anwerben zu lassen? Fréron soll durch seine Berichte die Meinung Friedrichs über das Pariser Leben und vor allem das der literarischen Republik informieren? Als Voltaire diese Neuigkeit erfuhr, wurde er krank vor Entrüstung: zu wagen, sich ohne Voltaires Vermittlung an Friedrich zu wenden, sich ihm anzubieten, obgleich er der Feind seines ›modernen Vergils‹ war, welche Ohrfeige! Fréron wo⸢

die Freundschaft untergraben, die ihn mit dem philosophischen König verband! Man kann sich die Heftigkeit der Reaktionen Voltaires vorstellen. Sein Interesse, seine Eigenliebe, sein Snobismus, alles war grausam von Fréron verletzt worden. Ach! Das war kein ungeschickter Feind, der dem Dichter unterlegen war! Fréron wußte, wo er zuschlagen mußte. Noch grausamer wurde die Beleidigung dadurch, daß Freund Thiériot bereits bestallter Berichterstatter Friedrichs war. Zwei Jahre vorher hatte Voltaire ihm diese Stelle besorgt. Daß er nun verdrängt werden oder einen Nebenbuhler bekommen sollte, hieß ebenfalls Voltaire ›umbringen‹. Nicht daß dieses Amt ertragreich gewesen wäre, der arme Thiériot hatte nach zweijähriger Tätigkeit noch nichts von Seiner Preußischen Majestät bekommen, die nur mit Worten zahlte. Voltaire erinnerte Friedrich oft an seine Schulden gegenüber Thiériot, an die geschickten Berichte und die gekauften Bücher. Nach zwei Jahren Taubheit hörte Friedrich schließlich und schickte zwölfhundert Livres; man hatte mit zweitausend Livres pro Jahr gerechnet. Die Differenz war betrüblich. Thiériot schrieb Voltaire: »Ich habe Ihnen noch mehr zu sagen; soweit ich den Charakter Seiner Preußischen Majestät kennengelernt habe, liebt er nicht, daß man ihn bittet.« Voltaire glich das Defizit aus. Daß er Thiériot bezahlen mußte, war ihm gleichgültig, wenn nur Fréron dessen Stelle nicht bekam. Nach viel Aufregung und Angst erfuhr man, daß Friedrich nicht die geringste Lust verspüre, Fréron an sich zu binden. Voltaire atmete auf, aber sein Ressentiment Fréron gegenüber verschwand nicht mit dieser Sorge. Bei der ersten Gelegenheit würde der Elende mit dem glühenden Eisen gekennzeichnet werden.

Das Theater auf dem Speicher der Rue Traversière wurde nicht leer. Voltaire ließ Eintrittskarten drucken, er liebte es, den Leuten, denen er Plätze reservierte, auch die Liste der Geladenen zu schicken. Schließlich konnte er nicht mehr an sich halten: es genügte ihm nicht mehr, Stücke zu schreiben, er wollte sie selbst spielen. Im Jahre 1750, mit sechsundfünfzig Jahren, stieg er auf die Bretter, und man konnte diesen schwächlichen, schon greisenhaften Mann dank der Magie des Textes und der Bühne, dank der Macht der künstlerischen Halluzination, sich wieder aufrichten und eine kriegerische Haltung einnehmen sehen, konnte ihn mit tiefer, eindrucksvoller, wenn auch nicht melodiöser Stimme sprechen hören. Er deklamierte wie ein Stentor mit dieser Stimme, die zuweilen dem Knarren einer Klapper glich, verausgabte sich, ohne es zu merken, und brach am Ende erschöpft und begeistert zusammen. Die Bravorufe ließen ihn erröten, Flammen der Jugend belebten seine pergamentenen Wangen, seine Augen blitzten Funken eines übernatürlichen Glücks. Seine beiden Nichten, Madame Denis und Madame de Fontaine, folgten ihm auf die Bretter. Die Leute von der Comédie beunruhigte diese ›Speichermode‹. Wenn die Autoren von nun an ihre neuen Stücke selbst spielten, wie Voltaire, dann würden den Theaterleuten nur noch die Ladenhüter des Spielplanes bleiben. Voltaire ließ ihnen auf ihre Bitte hin zwei Plätze für vier Vorstellungen übergeben. Wie man sagt, waren sie entzückt, Schauspielen Beifall klatschen zu dürfen, die sie zweifellos zwei Monate früher abgelehnt hätten. Das beweist zumindest, daß sie gute Schauspieler waren.

›Rome Sauvée‹ hob er sich als besten Bissen bis zum Schluß auf. Er hatte sich in den Kopf gesetzt, das Stück in Sceaux zu spielen. Aber die Herzogin war ein wenig gealtert, es fehlte ihr an Schwung, und sie konnte nicht vergessen, wie Voltaire ihr Schloß Horden von unerwünschten Gästen ausgeliefert hatte. Noch immer war sie verstimmt, aber sie liebte auch noch immer Gesellschaft und Theater. Mit seiner wohlbekannten Nonchalance tat Voltaire, als habe er schon die Erlaubnis und kündigte der Herzogin an, man werde ›Rome Sauvée‹ bei ihr spielen, und zwar so bald wie möglich. Die Antwort, die er erhielt, war nicht sehr ermutigend. Daher begab er sich am 8. Mai 1750 nach Sceaux, ließ sich dort nieder und belagerte die Herzogin. Seine geistreichen, ausgelassenen Reden brachen den Widerstand bald. Aber in einem Punkte gab die Herzogin nicht nach: es widerstrebte ihr, die Schauspieler bei sich zum Schlafen zu behalten. Also gut. »Ich nehme meiner Beschützerin auch noch die Unterbringung der Histrionen ab«, sagte er. Der Handel war noch nicht zu Ende: er würde die Schauspieler nach Paris zurückfahren lassen, wenn sie die Kutschen stellte. Sie willigte ein.

Man führte die Tragödie am 22. Juni 1750 auf, sie wurde ein glänzender Erfolg. Voltaire als Nero übertraf alle, das sagte Le Kain; und er verstand sich darauf, aber vielleicht ließ ihn die Dankbarkeit übertreiben. Wahr ist, daß Voltaire auf der Bühne so gut spielte wie im Leben. In Wirklichkeit war Le Kain unvergleichlich, und das sagte Voltaire.

Im feindlichen Lager spottete man über ihn und seine ›Rome Sauvée‹. »Er macht es wie die Bäcker«, wurde gesagt, »die Kuchen, die sie nicht verkaufen können, essen sie selber.« Man beschuldigte ihn auch, das Stück, das Madame de Graffigny in diesem Augenblick aufführte, zum Scheitern gebracht zu haben; es hieß ›Cénie‹. Das ist pure Bosheit, er stand sehr gut mit der lieben Graffigny und wünschte ihr nur Erfolg. Aber sie hatte beim Theater nicht mehr Erfolg als im Leben.

Der Erfolg hatte für ihn einen großen Vorteil: er brachte ihm die Comédie-Française zurück. Es lag ihr plötzlich mehr daran, die Stücke Voltaires anzunehmen, als sie ständig abzulehnen: das Publikum wollte sie nun einmal. Außerdem hatte Voltaire den Schauspielern bewiesen, daß er leichter ohne sie auskommen konnte, als sie ohne seine Stücke.

Die Sirene von Potsdam kann mehr als ein Lied

Seit dem Tod Emilies wurde Friedrich drängender. Die schönen Tage ihrer anfänglichen Begeisterung schienen wieder aufzuleben. Voltaire war gerührt: »Ich fühle bei der Lektüre Ihres Briefes, daß ich sofort aufbrechen möchte, und weilten Sie auch in Königsberg; aber ich bin nicht gesund.« Und es ist Winter: für einen Mann, der mitten im Sommer fröstelt, nicht der Zeitpunkt, auf deutschen Straßen zu rollen. Er verspricht abzufahren, sobald es Frühling wird. Baculard d'Arnaud, der zu Friedrich nach Berlin fahren wird, belädt er mit Gedichten. Er hofft, daß Baculard, der ihm verpflichtet und ein Freund von Madame Denis ist, ihm bei Friedrich nützen kann. Dieser mittelmäßige Schreiberling war 1718 in Venaissin geboren, er starb 1805. Ungefähr ein Jahr lang blieb er in Preußen. Seine Stücke waren äußerst finster, er liebte das Grausige und hatte beim Publikum eine Zeitlang Erfolg damit. Nichtsdestoweniger endete er im Elend; er hatte nun das Finstere selber im Hause.

Voltaire hatte ihm bei seinem Debüt mit Ratschlägen und Geld geholfen. Folgendermaßen wurde er dafür belohnt: Thiériot unterrichtete Voltaire, wozu Friedrich und Baculard ihr dichterisches Talent benutzten. Sie verfaßten Verse über den Niedergang Voltaires! Friedrich versicherte, er ziehe von nun an »dem Untergehen eines schönen Tages (Voltaire) eine schönere Morgenröte vor (Le Baculard)«! Berauscht antwortete dieser: A ce prix j'ose me flatter
D'égaler l'éclat de Voltaire.

Als Thiériot diese Neuigkeiten brachte, lag Voltaire im Bett. Baculard besaß Friedrichs Gunst! Und wem schadete er damit? Seinem Wohltäter! »Zeigen Sie die Verse«, rief der beleidigte Dichter. Als er zu der Stelle »Untergehen« und »Morgenröte« kam, schoß er aus seinem Bett, rannte kampfbereit im Zimmer umher, hüpfte, mager wie er war, hin und her, trampelte mit den Füßen und beschuldigte Friedrich. »Soll er doch beim Regieren bleiben«, sagte er immer wieder. Er fühlte sich so bedroht, daß er schwor, nach Berlin zu gehen, um die Ideen des Königs von Preußen über den französischen Parnaß wieder in Ordnung zu bringen. Was weder die Bitten noch die verlockendsten Angebote vermocht hatten − eine Verletzung der Eigenliebe schaffte es. Marmontel verdächtigt Friedrich, Voltaire wissentlich diesen Stich versetzt zu haben, um ihn zur Abreise und zu einer Selbstverteidigung zu bringen. Wenn das stimmt, so war Friedrich ein bewundernswerter Psychologe, der seinen Voltaire haargenau kannte. Denn die Strategie gelang, und das Erstaunlichste dabei ist, daß Voltaire sogar seinen Ärger über Friedrich vergaß. Dieser hatte sich nämlich geweigert, ihm tausend Louis zu leihen. Voltaire brauchte die Summe nicht im mindesten, aber die Absage wurmte ihn. Jetzt aber ging es nicht mehr um Geld, sondern um seine literarische Eitelkeit. Der ›Ruhm‹ sollte Voltaire wieder einmal in die weite Welt führen.

Die Abreise erfolgte nicht Hals über Kopf. Die beiden Geizhälse gaben sich ihrer gewohnten Feilscherei hin. Das Objekt war die Nichte. Friedrich wollte Voltaire gern in allem freihalten, aber er wollte keine Nichte. Doch Voltaire lag daran, sich von Madame Denis begleiten zu lassen. Wenn Friedrich schon Emilie nicht gewollt hatte, so gewiß nicht, um sich jetzt mit der dicken Denis zu belasten. Er konnte mit dieser Art Zierde nichts anfangen, weder an seinem Hof, noch bei seinen Akademien, noch in seinem Bett. Wenn sie kommen will, so soll sie ihre Ausgaben selbst tragen! Wenn es nicht anders geht, wird man sie empfangen, aber sie soll nicht darum bitten, daß ihre Unkosten gedeckt werden. Was Voltaire betrifft, so zählt er genau auf, welche Auslagen er bei dieser Reise haben wird, er legt detailliert seine Forderungen für die Kutsche, die Unterhaltung seines Haushalts in seiner Abwesenheit dar (wovon soll Madame Denis leben, wenn man sie allein zurückläßt?), ohne die Kosten zukünftiger unvermeidlicher Krankheiten zu vergessen. »Ich will Ihnen nicht zur Last sein«, schreibt er dem König. Und er bittet um viertausend Dukaten als Vorschuß. Er verpflichtet sich, die Summe zurückzuzahlen. Wenn Friedrich einverstanden ist, so wird er in vier Tagen abreisen. »Mein Körper mag noch so sehr leiden, ich werde ihn zum Funktionieren bringen«, fügt er hinzu. Ist man nicht gerne Stoiker für viertausend Dukaten aus königlicher Hand?

Welches Gesicht machte Friedrich? Einem reichen und zahlungsfähigen Freund diesen Vorschuß zu verweigern, würde den Bruch mit ihm bedeuten. Die Summe zahlen, welch ein Verdruß! Und wenn Voltaire später ein saures Gesicht macht und nicht zurückzahlen will, kann ein König einen Dichter belangen? Ganz Europa würde über den König lachen. Es scheint, daß Voltaire mit einem Zögern rechnete. Er erwartete fast eine Absage, und da seine Wut verraucht war, eilte es ihm nicht mehr so, nach Preußen zu kommen. Er würde nur fahren, wenn sich aus dieser Reise ein gutes Geschäft machen ließe. So sind die beiden Freunde, sie sind nicht immer erhaben.

Friedrich ist einverstanden. Er versteckt sein verärgertes Gesicht unter einem Schleier mythologischer Dichtung. Er vergleicht sich mit Jupiter, Voltaire ist seine Danaë. Voltaire grinst und ist gern Danaë, wenn er die viertausend Dukaten einstecken kann:

> Votre très vieille Dannaë
> Va quitter son petit ménage
> Pour le beau séjour étoilé
> Dont elle est indigne à son âge.

Die alte Kokette wagt zu bekennen, sie liebe:

> Son Jupiter et non sa pluie
> Mais c'est en vain que l'on médit
> De ces gouttes très salutaires
> Au siècle de fer où l'on vit
> Ces gouttes d'or sont nécessaires.

Diese Feilscherei um einen Sack Golddukaten läßt nicht allzu viele Illusionen über die Liebe zwischen Jupiter und Danaë. In der Tat entschloß sich Voltaire ohne Begeisterung zu der Reise. Er wartete bis zum letzten Augenblick auf ein Zeichen des Hofes, das ihn zurückhielte. Doch weder der König noch die Favoritin rührten sich. Er hatte zu verstehen gegeben, daß er mit Eifer, mit Freude das Amt eines ›Intendant des plaisirs du Roi‹ ausüben würde, aber der Duc de la Vallière tat dies bestens, und man brauchte seine Bosheiten nicht zu fürchten. Recht viele Menschen waren Voltaires müde. Seine letzten Streitereien hatten auch seinen Freunden mißfallen. Selbst Madame de Pompadour hatte über Vertraulichkeiten Voltaires zu klagen. Eines Tages, als man Wachteln aß, wagte die Marquise das Wort ›grassouillette‹. Voltaire machte sie darauf aufmerksam, daß das Wort von der Straße käme und nicht bei Hofe gebraucht werden könne. Und mit allzu lauter Stimme, denn man mußte bis zum Ende des Tisches brillieren, improvisierte er die beiden Verse:

Grassouillette, entre nous, me semble un peu caillette
Je vous le dis tout bas, belle Pompadourette.

Man verfehlte nicht, die Marquise wissen zu lassen, daß der
König nur mit Ärger von der Vertraulichkeit Voltaires hören
würde. Und wie hätte der König nicht davon erfahren sollen?
Als Voltaire die Hoffnung auf ein Veto des Hofes aufgegeben
hatte und Ludwig XV. um die Erlaubnis bat, das Königreich
zu verlassen, antwortete ihm der König, er könne es verlassen,
wann er wolle, und drehte ihm den Rücken.
Die Marquise nahm den Abschied des Dichters nicht ganz so
kühl auf. Obwohl sie wußte, daß Friedrich sie haßte, bat sie
Voltaire, dem König von Preußen ihre Grüße zu sagen, und
zwar so liebenswürdig, wie er nur könne. Friedrich antwortete
ihm trocken: »Ich kenne sie nicht.« Und um Pompadourette
nicht traurig zu machen, gab Voltaire ihr auf seine Weise
einen Rechenschaftsbericht von der Abfuhr. Er nannte Friedrich Achill und schrieb an Madame de Pompadour, daß der
König ihn beauftragt habe, ihr zu danken:

J'ai l'honneur de la part d'Achille
De rendre grâces à Vénus.

Das ist aus dem brutalen »Ich kenne sie nicht« geworden!
Trotz seinem Talent, seinem Charme, seinen Schmeicheleien
war es Voltaire nicht gelungen, Versailles zu verführen: seine
Abreise erleichterte alle, das muß gesagt werden.
Aber es war doch nicht ganz so einfach. Ein Voltaire verläßt
die Bühne nicht wie ein Maupertuis oder ein Baculard
d'Arnaud. Bei seinem Weggehen bleibt eine Leere.
Allein die d'Argentals mißbilligten die Abreise. Sie hofften,
daß es sich nur um einen Seitensprung nach Berlin handele,
wie er schon andere gemacht hatte. Sie waren ganz und gar
gegen eine endgültige Ansiedlung in Preußen. Ein völliger
Bruch des Dichters mit Frankreich mißfiel ihnen, und sie
schrieben Voltaire, der daraufhin wieder einmal krank wurde.
Doch die ›Krankheit‹ verging, und er bestand auf seinem Plan.
Die d'Argentals tadelten nicht als einzige seine lärmende Abreise, das Ansehen Voltaires bei Hof und in Paris litt darunter.
Man schien zwar recht zufrieden, ihn los zu sein, aber man

war schockiert darüber, daß er am Hof von Potsdam brillieren wollte. Als Friedrich Ludwig XV. darum bitten ließ, ihm Voltaire zu überlassen, antwortete Ludwig, er könne ihn gern behalten. Zu einigen Vertrauten sagte der König, es sei nun ein Verrückter weniger an seinem und einer mehr an Friedrichs Hof. Sein Amt als Historiograph wurde Voltaire entzogen und Duclos gegeben. Der König, immer ein großer Herr, ließ ihm jedoch seine Pension von zweitausend Livres. Aber die scheinbare Sorglosigkeit des Königs und Madame de Pompadours konnte ihre Verstimmung nicht ganz verbergen; das Verhalten Voltaires schien ihnen weniger feindlich als unschicklich. Diese Ansicht breitete sich rasch aus, was Voltaire – nicht grundlos übrigens – schreiben läßt: »Es ist lustig, daß die Literaten, die mich vor einem Jahr ausrotten wollten, nun gegen mein Fortgehen protestieren und es Desertion nennen. Es sieht so aus, als sei man verärgert, sein Opfer verloren zu haben.« Er war richtig informiert, man behandelte ihn wirklich als Deserteur.

Der Hof und Paris waren unwillig über den ›Deserteur‹. Er hatte die Geduld der Leute zwar auf eine harte Probe gestellt, viele haßten oder beneideten ihn, aber selbst seine Feinde bewunderten sein Talent und seine Intelligenz, und selbst die Zornigsten waren der Ansicht, er gehöre nach Paris. Sie fanden geradezu, seine Flucht vor ihren Verfolgungen sei ein Verrat an ihnen. Voltaire übertrieb kaum, wenn er sagte, seine Abreise habe sie um ihr Opfer gebracht. Man stellte ihn auf groben Kupferstichen mit einer Bärenfellmütze dar. »Voltaire, der Preuße, einen Sou!« schrien die Verkäufer auf der Straße. Die einen beschuldigten ihn, aus Geiz gehandelt zu haben und am preußischen Hof die Pension einer Favoritin zu beziehen. Das hieß Friedrich schlecht kennen, der wohl seinen Favoriten Danaë nennen mochte, sich dadurch aber nicht zu einer Ausgabe verleiten ließ. Andere, wie Lord Chesterfield, suchten nach einem Grund und konnten ihn nicht finden. Die wahren Beweggründe zur Desertion, welchen Profit Voltaire auch immer daraus ziehen mochte, fanden sie absurd. Paris mit Berlin auszutauschen schien Chesterfield der Schritt eines Narren.

Dennoch erriet der Lord als kluger Mann, daß Voltaire sich von jetzt an nicht mehr im Zaum zu halten brauchte. Er entging gleichzeitig der Zensur und seinen Feinden. Seine Gedanken durften nun mit aller Kühnheit aufsteigen, und seine Feder konnte schärfer denn je werden, gefährlicher denn je für das Land und seine Institutionen, dessen Kontrolle er sich entzogen und das ihn verärgert hatte ziehen lassen.

Chesterfield hatte richtig gesehen. Versailles tat unrecht, das ›enfant terrible‹ nicht zurückzuhalten. Paris absorbierte mit seinen nichtigen Zänkereien viel von der Streitbarkeit Voltaires. Seine lächerlichen Wutanfälle, seine unwürdigen Schmähschriften gegen Leute wie Desfontaines und Fréron drängten seinen Haß gegen die verschiedenen Arten der Tyrannei, der Ungerechtigkeit und des Fanatismus in den Hintergrund. Von nun an konnte er in seinem goldenen Exil, geschützt von einem königlichen Philosophen, seiner Aggression freien Lauf lassen.

Aber um sich anders zu verhalten, hätte Versailles nicht Versailles sein dürfen — das heißt, der Hof hätte aus weniger vornehmen, weniger hochmütigen, dafür geschickteren Herren bestehen müssen. Dann hätten sie Voltaire mit dem überschüttet, was er nach der Arbeit am meisten liebte: mit Ehren, Orden, Schmeicheleien. Er wäre unverschämt geworden? Was hätte das geschadet? Seine Worte wären nicht über die Spiegel und die Vergoldungen hinausgedrungen. Ludwig XV. hätte ihn zum Theaterintendanten ernennen müssen, zum Oberintendanten der kleinen Vergnügungen und selbst der großen, zum obersten Leiter des Balletts, der Reden und der Umzüge. Voltaire hätte in edler und ehrenvoller Aufmachung sämtliche Körperschaften des Staates am Thron vorüberdefilieren lassen. Die Mitglieder der Académie hätten sich in der gravitätischen Harmonie eines Balletts gedreht, und Voltaire hätte dem Abbé d'Olivet Blicke des Einverständnisses, dem ›Âne de Mirepoix‹ Blicke der Ironie zugeworfen. Er hätte an allen Kreuzungen von Paris Theater eingerichtet, in allen Markthallen von Frankreich, auf allen Kirchplätzen und — Gott vergebe ihm — auch auf allen Altären. Und den protestierenden Gläubigen

hätte er grinsend gesagt: »Meine Komödie ist die Eure wert.«
Der Klerus, der Adel und der dritte Stand hätten auf diese
Weise eine harmonische soziale Einheit in Form einer universalen Oper gebildet, unterbrochen von Deklamationen Racines
und musikalischen Zwischenspielen Rameaus und von allen
Guimards Frankreichs getanzt. Berauscht von Theater und
Ehren, Höfling bis zum Wahnsinn, eingehüllt in die königliche Gunst, hätte Voltaire gegen den Hof und die Kirche nur
mit Bändern geschmückte Pfeile gesandt. Aber ...
Aber er sollte einem anderen Schicksal gehorchen. Große Männer haben oft mehrere zur Auswahl. Dasjenige, dem Voltaire
folgte, schloß Friedrich II. ein. Es geht für ihn nicht mehr um
die Frivolitäten des Hofes, in denen er untergegangen wäre,
es geht von nun an nur noch darum, klarer und weiter zu
sehen als die anderen, zu reden und überall in Europa kleine
Schriften zu veröffentlichen, die sich wie Funken verbreiten
und Feuer in die überkommenen Ideen, den Aberglauben, die
törichte Selbstgefälligkeit und die Ungerechtigkeit tragen
würden.
Der Bruch mit Versailles, mit Paris, ist der große Bruch im
Leben Voltaires. Der Tod Emilies hatte ihn von den stärksten
Banden mit Frankreich gelöst, sie hatte die große Abreise vorbereitet. Im Frühling 1750, als er sechsundfünfzig Jahre alt
wird, ist es so weit: er geht fort ... Handelt es sich um Flucht,
Desertion, Verrat oder ein Ausweichen? Man nenne es, wie man
wolle, die Abreise ist jedenfalls nicht ohne Pathos. Voltaire, das
Kind von Paris, wird kein Pariser mehr sein. Erst am Ende seines Lebens kommt er wieder in seine Stadt, er kehrt wie ein Idol
zurück und wird sie als Mumie verlassen. Es ist zu Ende mit
Paris ... Weiß er das? Hat er den Riß in seinem eigenen
Fleisch gespürt?
Nach dieser Loslösung wird Voltaire nicht mehr nur Franzose
sein. Wenn er aus Preußen zurückkehrt, wird er ein Franzose
ohne Frankreich sein, ein Franzose ohne Grenzen, ein Franzose des Geistes. Er wird Europäer sein, und dadurch ein vorbildlicher Mensch — ein immer menschlicherer Mensch.

Zweiter Teil

Europa hatte zwei Könige

Europa hatte zu dieser Zeit zwei Könige, den König von Preußen und König Voltaire. Sie wohnten zusammen und waren, so unglaublich es klingen mag, Freunde. Der erste lenkte die Politik der anderen Herrscher nach seinem Wunsch. Er zwang ihnen Krieg oder Frieden auf, er warf ihre Bündnisse über den Haufen und raubte Höfen und Kanzleien den Schlaf. Gott und selbst der Papst waren ihm gleichgültig. Außerdem schrieb er französische Verse.

Der zweite, Voltaire, hatte anfänglich nur über das Theater geherrscht und veranstaltete auch weiterhin in Paris und in anderen Hauptstädten manch schönen Abend, der der französischen Tragödie gewidmet war. Dann aber sicherte er sich eine heimliche, tiefwurzelnde Macht, indem er ganz Europa, seine Könige, seine Schriftsteller und seine vornehme Gesellschaft die Kunst zu sprechen und zu schreiben lehrte, bis diese schließlich mit der Sprache des Meisters auch seine Gedanken übernahmen. Europas Elite war also um die Mitte des Jahrhunderts die ergebene, und zwar freudig ergebene, Untertanin eines Dichters und Philosophen, der der am wenigsten majestätische, aber der interessanteste Mann der Welt war.

Der erste dieser beiden Könige besaß die Gewalt der Waffen, der zweite die des Geistes. Aber der König der Waffen war klug genug, den Wunsch zu verspüren, auch Geist in sein Spiel einzubeziehen. Friedrich verhielt sich mit Voltaire wie mit anderen Herrschern; er bemühte sich, seine schönste Provinz zu annektieren: seine Sprache und seinen Stil.

Voltaire war so verrückt, sich die Gunst der Könige zu wünschen, und da er keinen besseren fand, wünschte er sich die Friedrichs. Der weiseste von beiden war also nicht der Philosoph. Es mangelte Voltaire nicht an ausgezeichneten Maximen, aber er handelte oft wie ein Hofdichter; er mußte es büßen.

Des einen wie des andern Königtum hatte immerhin diesen gemeinsamen Zug: sie waren in den Augen des konservativen Europas gleich ärgerniserregend und gleich unangreifbar.

Lange bevor sie Könige wurden, hatten sie sich gegenseitig

als solche erkannt. Jeder hatte die Überlegenheit des anderen gespürt und ihn als Bruder und Komplicen akzeptiert, was sie unwiderstehlich zueinander zog. Voller Klugheit und zuweilen Genialität, mit fast ebensoviel Eitelkeit, Begehrlichkeit, Zynismus und Schmeichelei, die durch ständige Zweideutigkeiten gewürzt wurden, vergrößerten die beiden großen Männer ihren Ruhm noch dadurch, daß sie zwischen sich die feinsten und unentwirrbarsten Bande einer merkwürdigen Beziehung woben, die die Geschichte mangels eines besseren Ausdrucks Freundschaft nennt. Wir werden ihren verschlungenen Fäden folgen.

Voltaire verläßt Paris am 18. Juni 1750. Nach verpaßten Anschlüssen, nach Miseren in schlechten Unterkünften, nach den lachenden Landstrichen Westfalens und der langweiligen Umgebung Magdeburgs langt er am 10. Juli in Potsdam an.
Er ist in derselben Verfassung wie zwanzig Jahre früher, als er nach London kam. Er findet: »Alles ist groß, alles ist schön, alles ist an seinem rechten Platz« in diesem Königreich der Vorsehung. Hören wir ihn selbst: »Hundertfünfzigtausend siegreiche Männer, keine Prokuratoren, dafür Oper, Schauspiel, Philosophie, Poesie, ein Held, der Dichter und Philosoph ist, Größe und Anmut, Grenadiere und Musen, Trompeten und Geigen, platonische Gastmähler, Gesellschaft und Freiheit! Wer würde das glauben? All dies ist wahr . . .« Ein Begeisterungsrausch. Sein Ausruf: »Wer würde das glauben?« scheint die Antwort zu fordern: »Niemand!«
In Wahrheit war Potsdam eine riesige Kaserne und ähnelte nicht den Gärten des Akademos. Friedrich führte Krieg und bereitete ihn pausenlos vor. Vom einfachen Soldaten bis zu den königlichen Prinzen hatte in Potsdam niemand das Recht, die Stadt ohne einen Ausweis des Königs zu verlassen. Und er unterschrieb deren nur sehr wenige. Alle Welt war wie gefangen. Fünf Bataillone fanden sich so in den Mauern von Potsdam eingeschlossen. Die wenigen Frauen, die dort wohnten, konnten ihre Wohnungen nicht verlassen; man sah sie nie. Bei Hofe erschienen nur sehr wenige. »Das ist kein Hof«, wird

Voltaire ein wenig später sagen, »sondern eine Klausur, aus der die Frauen verbannt sind.« Man erzählt, daß junge Leute in dieser Klausur vor Sehnsucht starben. Aber Voltaire sah all dies nicht sofort oder bemühte sich, es nicht zu sehen. Friedrich — »mein Friedrich der Große« — nahm ihn in Beschlag. Er opferte seinem Idol selbst die Korrekturen, die er an ›Rome Sauvée‹ anbringen wollte. Niemals hatte er, selbst nicht für die göttliche Emilie, seine Arbeit geopfert. »Er nimmt mir meine Zeit und meine Seele«, schrieb unser Dichter außer sich.

Und plötzlich Feste! Riesige, ruinöse Feste, die unverständlich sind, kennt man den Geiz Friedrichs. Aber die Armee stellte die Statisten und Handwerker. Diese prunkvollen Darbietungen waren mehr dazu bestimmt, Europa zu blenden als die Berliner. Sie waren Friedrichs Publizität bei den diplomatischen Gesandtschaften und den ausländischen Höfen. Voltaire stand dabei im Vordergrund: er verbreitete überall, Ludwig XIV. weile jetzt an den Ufern der Spree. Eine solche Propaganda erwartete man von Voltaire und den viertausend Dukaten. Er sollte sehen und dann sprechen und schreiben, was er reichlich tat. Durch seine Festkommentare war er das Entzücken der Prinzen und der Würdenträger des Hofes. Bei seinen Beschreibungen vervielfachte er die Zauber der Darbietungen. Friedrich hatte sich mit einem Werbefachmann erster Güte verbunden, dem besten der Zeit. »Sechsundvierzigtausend chinesische Laternen erleuchteten den Platz, auf dem das Ringelstechen stattfand. Die Ordnung war so untadelig wie die Ruhe, die Organisation ohne Fehl. Ein Märchenland. Hier sieht man, was ein einziger Mann vermag.«

Friedrich wußte, daß Voltaire mit seiner Reise zu ihm ein erhebliches Opfer gebracht hatte. Auch fürchtete er ständig eine Änderung seines Entschlusses; er kannte seinen Freund so gut! Um ihn endgültig an sich zu binden, nutzte er die Eitelkeit und Habgier des Dichters aus. Was die Eitelkeit betrifft, so genügten Schmeicheleien und einige Orden. Friedrich ernannte ihn zu seinem Kammerherrn und zum Ritter des Pour-le-mérite. Was das Geld anbelangt, so gewährte er ihm eine Pension von zwanzigtausend Livres und versprach Madame Denis viertausend Livres Leibrente, wenn sie bereit sei, den Haushalt ihres Onkels in Berlin zu führen. Die Rechnung Friedrichs war geschickt, die Anwesenheit seiner Nichte hätte dem flatterhaften Onkel mehr Stabilität gegeben.

Das war die Grundlage der Verbindung Friedrichs zu Voltaire. Aber unterschätzen wir die Kleinigkeiten nicht, die das tägliche Brot ihrer Freundschaft ausmachten: den Briefwechsel von Zimmer zu Zimmer, die Schmeicheleien, die kleinen Aufmerksamkeiten — Kleingeld einer höfischen Freundschaft. Die königliche Familie, insbesondere Friedrichs Brüder, behandelte Voltaire wie einen König auf Reisen. Mehr als alle Vorteile, mehr als alle Ehren war es diese Illusion, fast auf gleichem Fuße mit einem Dichter-König zu leben, die Voltaire berauschte; fühlte er sich doch von Geburt an als König der zeitgenössischen Dichter, was er ja auch tatsächlich war.

Er fühlte sich an Friedrich, an Berlin gebunden. Er glaubte, sein Leben sei für immer festgelegt. Daher entschloß er sich, Madame Denis kommen zu lassen. Doch diese verbarg ihren Widerwillen gegen die illusorischen Reize Berlins nicht, und ihr Onkel, verärgert über so viel Unwissenheit, antwortete ihr: »Wer hat Ihnen nur gesagt, daß Berlin so ist, wie Paris es zu Zeiten von Hugues Capet war?« Sie solle nur kommen und sehen, sie würde nicht wieder fortfahren wollen.

Aber Madame Denis herrschte in einem Pariser Salon, in dem die Freunde Voltaires verkehrten und seinen Kult feierten. Sie führte ein freies Leben. Ein sehr freies Leben, sagt uns Longchamp. Zuerst sah man bei ihr einen riesenhaften deutschen Musiker, von dem sich Madame Denis bezaubern ließ, jedoch nicht ihr Onkel, der ihn hinauswarf. Sobald Voltaire abgereist war, trat der musikalische Riese wieder auf den Plan. Sie musizierten recht harmonisch miteinander, als ein Italiener auftauchte, der hinreißend eine andere Melodie sang. Madame Denis fand ihn angenehmer, und der Deutsche wurde verabschiedet. Der Italiener übernahm seinen Platz, doch das Einverständnis zerbrach wieder; sei es, daß der Sänger im Privatleben zornig war, sei es, daß Madame Denis sich von ihm — wie er es schwört — erhebliche Gelder geliehen hatte, ohne sie zurückzuzahlen. Der Bruch war heftig und geräuschvoll. Long-champ mußte sich einschalten. Damit der Skandal zu einem Ende kam, schickte Voltaire die ausstehende Summe, um den Italiener für seine Lieder zu entschädigen. Dieser steckte das Geld ein und verschwand. Madame Denis hing an diesem Treiben, sie war nicht sicher, in Berlin ein Äquivalent zu finden.

Longchamp war auch nicht eben bieder. Er stahl Manuskripte, schrieb sie ab und verkaufte sie an Verleger. Das war mehr als Diebstahl, er beraubte seinen Herrn nicht nur, sondern brachte ihn auch in eine gefährliche Lage. Die Behörden wurden unruhig. Woher kamen diese Manuskripte? Madame Denis übernahm es, Erkundigungen einzuziehen. Man brachte die Manuskripte wieder an sich, und Longchamp beschuldigte Madame Denis, ihn zu unrecht beschuldigt zu haben. Sie wollte ihn nicht mehr, seit er sich zwischen den Sänger und sie gestellt und sich von Voltaire die Summe verschafft hatte, um den Brutalen abzufinden. Vielleicht war Madame Denis ihm nicht so dankbar für diese besonderen Dienste, wie er es erwartet hatte. All das sieht der Nichte sehr ähnlich, trotzdem kann man nicht bestreiten, daß sich Longchamp, der bisher ehrlich und ergeben gewesen war, äußerst taktlos benommen hat. Gewiß erlag er den Angeboten gewisser zweideutiger Verleger, die auf einen großen Gewinn aus den Manuskripten Voltaires hofften. So ging das Leben in Paris weiter und hielt die dicke Denis so fest, daß sie Berlin niemals sah.

Sobald Voltaire seine Koffer geöffnet hatte, war seine erste Sorge das Theater; er spielte seine Stücke mit den Brüdern des Königs. Dann verwandte er seine Zeit darauf, eine Person, die Schatten auf ihn warf, aus seiner Sonne zu drängen. Es handelte sich um den kleinen Baculard d'Arnaud. Voltaire verzieh es Friedrich nur schwer, den Autor von ›Zaïre‹ mit der ›untergehenden Sonne‹ verglichen zu haben, aber Baculard vergab er noch weniger, dem König geglaubt und vor allem sich selbst für eine ›aufgehende Sonne‹ gehalten zu haben. Eines Abends spielte Baculard mit den Prinzen und Voltaire die Tragödie ›Mérope‹. Voltaire hatte ihm nur eine winzige Rolle gegeben. Baculard entledigte sich seiner Verse mit so wenig Anmut, daß Voltaire wütend herbeikam. Der eitle Tropf beging in seinen Augen ein doppeltes Verbrechen: er behandelte Voltaire *und* das Theater mit Herablassung. Der Krieg brach auf der Bühne aus, er ging immer und überall weiter, und schließlich bat Voltaire den König, Baculard zurückzuschicken; als Vorwand gab er an, Baculard habe Fréron in einem Brief von antifranzösischen Äußerungen geschrieben, die er, Voltaire, in Berlin getan habe. Da Baculard nicht das Format hatte, sich mit Voltaire in der Hochschätzung Friedrichs zu messen, wurde er zurückgeschickt. Friedrich nutzte die Umstände aus, um ihm seine Rückreise nicht zu bezahlen. So ging die Sonne Baculards unter, ehe sie wirklich aufgegangen war.

Baculard suchte Schutz bei dem Herzog von Sachsen, der ihn so freudig aufnahm, daß Voltaire eifersüchtig wurde. Er schrieb der Markgräfin von Bayreuth die schlimmsten Dinge über Baculard; sie solle sich hüten, ihn aufzunehmen und ihn von allen Höfen Deutschlands verjagen lassen. Die Mühe war überflüssig, Baculard konnte sowieso nur in Paris leben. Er kehrte bald freiwillig zurück. Er brachte die Volksmassen mit Stücken von unerhörter Traurigkeit zum Weinen, Stücken, die die düstere Wonne der neuen ›Empfindsamkeit‹ waren.

Nachdem er Paris recht zum Weinen gebracht hatte, schloß Baculard Frieden mit Voltaire. Er erinnerte sich der Dienste, die ihm Voltaire zu Beginn seiner Laufbahn erwiesen hatte, tat öffentlich Abbitte, und Voltaire, unfähig einem Zeichen von Reue oder einem Beweis der Freundschaft zu widerstehen, vergab ihm seine Bosheiten von Potsdam.

Die Menagerie des Königs von Preußen

Die Gesellschaft, mit der sich Friedrich II. umgab, war nur durch die Zahl und die Berühmtheit der in Potsdam versammelten Schriftsteller und Wissenschaftler außergewöhnlich.

Andere deutsche Höfe hatten sich schon lange vor ihm eine französische Gesellschaft geschaffen. Man wollte überall die Luft von Versailles atmen und den Ton des einzigen Königs nachahmen, den es in Europa zu Beginn des Jahrhunderts gab: Ludwigs XIV. »Meine Herren, der König ist tot«, verkündete Friedrich-Wilhelm von Preußen, als der Sonnenkönig gestorben war. Die deutschen Höfe waren so französisiert, daß ein französischer Reisender, der beim Fürsten von Zoll zum Essen eingeladen war und unter den zwölf Tischgenossen elf Franzosen sah, ausrief: »Wahrhaftig, Monsieur, das ist sehr spaßig, hier sind nur Sie ein Ausländer.« Eine verblüffende — geistreiche oder naive? — Bemerkung eines Franzosen in Deutschland am Tisch eines deutschen Fürsten.

Als Voltaire kam, hatte Friedrich II. bereits den Marquis d'Argens, Maupertuis, La Mettrie, Algarotti, den Italiener und Bekannten aus Cirey, und einen Engländer, Lord Tyrconnel, um sich versammelt. Man sprach nur französisch. Friedrich konnte nur sehr schlecht Deutsch, gerade genug, um seine Bedienten zu schelten und seine Truppen zu befehligen. Als er einmal eine Übersetzung Racines auf Deutsch lesen wollte, konnte er dies nur, indem er dem französischen Text folgte. In seinem Geist war er Franzose, in seinem Charakter glich er Voltaire; wir haben im Vorangegangenen zwischen den beiden Freunden recht auffällige Ähnlichkeiten feststellen können.

Mit wem speiste Voltaire des Abends in Sanssouci? Da war der Marquis d'Argens, den Friedrich sehr liebte. Er verdiente es. Sohn eines Staatsanwaltes am Gericht von Aix-en-Provence, warf er die Robe und den viereckigen Hut, die ihm sein Vater schon bei seiner Geburt vermacht hatte, zum Kehricht. Er entwischte und gab sich allerlei Dummheiten hin. Er trat in die Armee ein und desertierte sofort wieder, um einer Schauspielerin nach Spanien zu folgen, die er heiraten wollte. Seinem Vater gelang es, die Heirat zu verhindern. Aus Verzweiflung füllte sich der junge d'Argens den Magen mit zerstampftem Glas; man rettete ihn, indem man ihn mit Öl füllte. Er floh in die Türkei, brach in den Serail ein, tat sich gütlich an

einer Tänzerin, wurde überrascht, geschlagen, gefesselt und
aufgefordert, zwischen dem Islam und der Marter am Pfahl
zu wählen. Er wählte die Flucht nach Holland. Wie alle Welt
schriftstellerte er. Später kehrte er nach Aix zurück und wurde
Anwalt, seinem Vater zu Gefallen. Man glaube aber nicht,
daß seine extravaganten Zerstreuungen ihn daran hinderten,
sich zu bilden. Sein Hunger nach Kenntnissen kam nur noch
seinem Hunger nach Vergnügungen gleich. Die Wissenschaft
zog ihn an, aber die Malerei passionierte ihn so, daß er nach
Rom reiste, um sich durch das Kopieren von Meisterwerken zu
üben. Beim Roulette machte er einen schicksalhaften Gewinn,
der ihm erlaubte, die Ewige Stadt sechs Monate lang zu bewundern. Ein junger Franzose schleppte ihn zu einem Mädchen, in das er sich verliebte. Unglücklicherweise war sie noch
verliebter in ihn als er in sie. Als er von dieser zu einer anderen
überging, schickte ihm die Eifersüchtige zwei Raufbolde auf
den Hals, die ihn fast umgebracht hätten, während die schöne
Römerin im Schatten stand und ihn darauf aufmerksam
machte, daß, was an einem Tag fehlgeschlagen, an einem anderen gelingen könnte. Er floh Rom und die Römerinnen.
In Frankreich nahm er seinen Dienst in der Armee wieder
auf. Er wurde verwundet und für untauglich erklärt. Um ein
wenig Geld zu verdienen, verkaufte er den Verlegern in Holland seine Aufsätze, in denen er alles berührte und nichts vertiefte, in denen jedoch nichts dumm oder gar gleichgültig war.
Diese Schriften gefielen Friedrich, denn, wie man sich denken
kann, waren sie ganz und gar gottlos. Er lud d'Argens ein,
der mit einer impertinenten Aufrichtigkeit gestand, er würde
sich in Preußen sicher nicht wohlfühlen, da er die traurige
Gewohnheit der Könige dieser Länder kenne, mit Gewalt Ausländer in die Armee zu stecken, deren Gestalt und Haltung
ihnen einigermaßen kriegerisch vorkämen. Nach Berlin kommen? »Kann ich es denn ohne Gefahr, ich, der ich fünf Fuß
und sieben Zoll messe und recht gut gewachsen bin?« Eine
solche Gefahr drohte freilich Voltaire nicht. Sobald Friedrich
König war, beruhigte er d'Argens. »Fürchten Sie die Wach-
bataillone nicht mehr. Mein lieber Marquis, kommen Sie und

trotzen Sie ihnen in Potsdam.« Er versprach ihm einen Haufen Geld, auf das d'Argens zwei Jahre lang warten mußte. Aber bevor der Marquis Berlin ausprobierte, ließ er sich zum Geschäftsträger des Königs von Preußen beim Herzog von Württemberg machen. Da der Herzog tot war, hatte d'Argens es mit der regierenden Herzogin zu tun. Sie empfing ihn gut, zu gut, nach Aussagen der Chronisten. D'Argens selbst gesteht, daß ihn die Lebhaftigkeit der Gefühle dieser herzoglichen Dame erschreckt habe. Er war nicht der Mann, vor Gefahren dieser Art zurückzuweichen, aber ob er nun die Illusion hegte, die Sache mit einigen Höflichkeiten abtun zu können, oder ob diese Höflichkeiten die Herzogin noch mehr entflammten und ganz außer sich brachten, anstatt sie abzukühlen, die Laune der Dame verschlechterte sich, und die Auseinandersetzungen der beiden Liebenden wurden zum Gesprächsstoff der deutschen Höfe. D'Argens suchte Zuflucht bei Friedrich, bei dem er sicher war, daß keine Gefahr dieser Art auf ihn lauerte. Aber wenn er in Stuttgart unter einem Übermaß von Gefühl gelitten hatte, so litt er in Potsdam unter dem Mangel. Um seiner Bußzeit ein Ende zu machen, heiratete er eine Schauspielerin aus ehrenwerter Familie. Aber Friedrich mochte das keineswegs, und es bedurfte hunderterlei Listen, um ihm die Heirat beizubringen und seine Zustimmung zu erlangen, die er nicht ohne Vorwürfe gab. D'Argens setzte die Gunst, die er genoß, aufs Spiel. Er bewahrte sie sich; aber sie war matter geworden, und auf die Dauer nutzte sie sich ab. Friedrich schenkte ihm ein Haus und ließ die Wände mit Heldentaten d'Argens' bemalen, eine Aufmerksamkeit, die mehr Bosheit als guten Geschmack verrät. Man sah ihn im Krieg auf der Flucht vor dem Feinde; man sah ihn beim Großtürken bedroht mit dem Pfahl; man sah, wie ein Chirurg ihn an einer Stelle seines Körpers unters Messer nahm, der Venus übel mitgespielt hatte. D'Argens, der sich im Morgengrauen erhob, um sein Haus zu bewundern, glaubte vor Wut wahnsinnig zu werden. Er rief Maler, die alles übertünchten. Friedrich machte diese Wut großen Spaß, er vergnügte sich damit, d'Argens seine vergangenen Heldentaten ins Gedächtnis zurückzurufen.

D'Argens war sehr abergläubisch, wie viele Freigeister, die angesichts der Heiligen Sakramente grinsen, aber vor einem umgeschütteten Salzfaß erbleichen. Derselbe d'Argens erzählt uns, daß er an einem Abend mit dem berühmten Maupertuis, dem anderen Freigeist aus Paris, das Zimmer teilte. Ehe Maupertuis sich ins Bett legte, kniete er nieder und sprach ein Gebet. Verblüfft über so viel Schwäche, sagte d'Argens zu ihm: »Maupertuis, was machen Sie?« — »Mein Freund, wir sind allein«, begnügte sich der Mathematiker zu antworten. Atheismus ist für die Öffentlichkeit — und für Friedrich! Man weiß nicht, ob d'Argens den Mathematiker nachahmte, in jedem Fall trug er ihm seine Frömmigkeit nicht nach. Wir werden sehen, daß La Mettrie, der wildeste Materialist des Jahrhunderts, wie Espenlaub zitterte, sobald der Donner grollte, und tausenderlei Altweiberhokuspokus ausführte, um die Gefahr zu beschwören.

D'Argens war wohlerzogen, ein Mann von Bildung und Geschmack. Er war wie La Mettrie gegen die Religion und abergläubisch, aber mehr Ähnlichkeit bestand zwischen ihnen nicht. Julien Offray de La Mettrie war am 25. Dezember 1709 in Saint-Malo geboren, wie Maupertuis, der ihm geholfen und ihn Friedrich empfohlen hatte. Er war ein exaltierter und ein wenig verrückter Mann, dessen Ansichten ebensogut genial wie verschroben sein konnten. Immer brodelten tausend verschiedene Ideen in ihm, und der Wein hatte nicht wenig mit diesem Gärungsprozeß zu tun. Er trat in ein Kloster ein, nur um es wieder zu verlassen. Dann wurde er Arzt. Sezieren liebte er über alles, und er gab sich dieser Tätigkeit auf Gedeih und Verderb hin, indem er Militärarzt wurde; der Krieg stellte ihm das Material für seine Kunst. Es sieht nicht so aus, als hätten menschliche Gefühle ihn dabei gestört. Eines Tages erzählte er bei Tisch, ohne sich um die zuhörenden Diener zu kümmern, daß er sich gerne gewissen Experimenten an Bedienten und Soldaten widme, an denen er die von ihm erfundenen Heilmittel ausprobiere. Verrückt wie er war, mußte man vermuten, daß seine Pharmakopöe mehr Verwüstungen verursacht habe als die kleinen Phiolen der Borgia. Eines Tages, als er an das Bett eines kranken Stallknechtes kam, war er nicht wenig erstaunt, von den Kameraden des Unglücklichen mit Mistgabeln empfangen zu werden. Der Kranke glaubte beim Anblick La Mettries den Toa selbst zu erblicken. Natürlich schrieb auch er. Im Jahre 1746 machte er eine Zeitlang von sich reden durch sein Werk: ›La politique du médecin Machiavell ou Le chemin de la fortune ouvert aux médecins‹. Das Buch wurde beschlagnahmt und auf gerichtlichen Beschluß hin verbrannt. Friedrich war der Ansicht, daß dies eine unvergleichliche Empfehlung für einen Autor sei, er ergötzte sich an der Lektüre des beschlagnahmten Buches und ließ La Mettrie kommen. Dem Werk mangelt es weder an pittoresken Einzelheiten noch an Schwung. Die größten Ärzte der Zeit werden darin mit grausamer Lustigkeit und einer für die Betroffenen tödlichen Komik beschrieben. Aber es war ein anderes Buch, ›L'Homme machine‹, das ihn durch die Auseinandersetzungen, die es hervorrief, bei dem philosophischen Clan und bei anderen berühmt machte. Er vertrat die Ansicht, es gäbe keine Seele und der Gedanke sei nur das Produkt eines Gehirn genannten Organes, das Produkt eines ›Mechanismus‹. Selbst Holbach und der gute Diderot waren entsetzt angesichts solcher Kühnheit. Friedrich fand all das vortrefflich. Um den Skandal noch zu würzen, hatte La Mettrie eine teuflische Idee. Er widmete sein Werk einem gelehrten, sanften, lauteren, furchtsamen Professor namens Haller, der in aller Stille die Zierde der Universität Göttingen war. Als der Unglückliche sah, daß sein Name so viel Infames deckte, protestierte er im ganzen gelehrten Europa, bei den Höfen und Botschaften, und schwor, er kenne La Mettrie nicht, und die Widmung sei ein Betrug. La Mettrie hatte nicht geahnt, daß sein kleiner Scherz einen solchen Erfolg haben würde. Daher gedachte er nun, ihn zu vergrößern und ganz Europa zum Lachen und den armen Haller zur Verzweiflung zu bringen. Er schrieb die ›Souvenirs de Haller‹, den er ebensowenig kannte wie dieser ihn. Seine Freude am Skandal und der Wunsch, Panik in den Reihen der Wohlmeinenden auszulösen, ließen ihn eine groteske Erzählung erfinden, in der er Haller darstellte, wie er im Bordell der Stadt seine wissenschaftlichen Vorlesungen hielt. Der tugendsame Gelehrte erging sich in tiefgründigen Reflektionen und gab sich vor dem Publikum der ›Damen‹ erstaunlichen Herzensergießungen hin, unterstützt von La Mettrie und einem dritten Genossen. Man stelle sich vor, wie den armen Haller bei der Lektüre dieses schrecklichen Werkes der Blitz traf! Der Unschuldige versuchte sich reinzuwaschen, er bewies mit unerträglicher Genauigkeit, Schwerfälligkeit und Aufrichtigkeit Punkt für Punkt, daß La Mettrie ein Lügner sei und er die Rolle der Heiligen Jungfrau spiele. Ganz Europa zweifelte nicht im geringsten daran. Aber man amüsierte sich sehr über die Schrecken des guten Herrn Haller.

In Potsdam wurde am boshaftesten gelacht. Maupertuis fühlte Mitleid mit Haller und sagte ihm, die Schrift La Mettries gefährde ihn nicht, da ihr Autor ein zu leichtfertiger Mann sei. Worauf Haller antwortete, an seiner Stelle würde Maupertuis die Verleumdungen eines großen Schurken gewiß nicht so harmlos finden. Was Voltaire betrifft, so war er der Meinung, eine so schwerfällige und so dumme Tugendhaftigkeit wie die Hallers verdiene nicht, verteidigt zu werden; da die Verwirrung und das Leugnen des Einfaltspinsels weit komischer seien als die Lügen La Mettries, müsse man ihn schreien lassen und ordentlich über sein Geschrei lachen. Abgesehen von dieser Geschichte gab es nichts Gemeinsames zwischen Voltaire und La Mettrie.

Ein Chevalier de Chasot, 1716 in Caen geboren, gereichte der Sammlung Friedrichs nicht zur Unehre. Er war im übrigen eine recht angenehme Erscheinung, sowohl moralisch wie auch physisch. Er hatte einen Mann im Duell getötet, und das hatte man ihm verübelt; er mußte aus Frankreich fliehen. Friedrich nahm ihn auf und gab ihm seinen Orden ›Ohne Furcht und Tadel‹. Chasot rettete Friedrich in der Schlacht von Mollwitz das Leben. Er war außergewöhnlich mutig im Krieg, er glänzte durch seinen Geist und durch seine Fröhlichkeit und spielte hinreißend Flöte. In Potsdam gab es jeden Tag ein Konzert. Der König übte täglich seinen Part und komponierte jeden Morgen am Cembalo, während ihn sein Friseur frisierte. Am

Abend musizierte man im runden Saal, der ganz mit Holz getäfelt und mit einem sehr schönen Kamin aus rotem Marmor und einem riesigen Kristallüster geschmückt war. Es wurden nur die Vertrauten geladen, für die diese Einladung eine ganz besondere Ehre bedeutete. Friedrich spielte seine Sonaten selbst. Er liebte nur die Flöte, die anderen Instrumente waren ausschließlich dazu da, ihn zu begleiten. Chasot glänzte im Konzert ebenso wie auf dem Schlachtfeld. Friedrich bewunderte den Chevalier in allem, nur nicht in einem Punkt: Chasot liebte Frauen.

Voltaire konnte mit Chasot nicht warm werden; er zerstritt sich mit ihm, als er später seinen Prozeß in Berlin führte. Sie unternahmen zusammen eine Reise durch Deutschland, aber Voltaire ertrug die Gegenwart des Chevaliers nur ungern. Friedrich hatte ihm Chasot aufgezwungen, um für ihn zu sorgen. In Wirklichkeit, um Voltaire zu überwachen und seine Unkosten zu bezahlen, mit anderen Worten, um die Ausgaben des Dichters zu kontrollieren und zu mäßigen. In einer Stadt reichte man Voltaire das Goldene Buch mit der Bitte, einen Gedanken hineinzuschreiben. Er las, was der Reisende vor ihm geschrieben hatte: »Wenn Gott mit uns ist, wer kann gegen uns sein?« — »Die preußischen Bataillone«, schrieb Voltaire als Antwort. Chasot berichtete Friedrich von dieser Eintragung. Selbst auf Reisen durfte man nicht vergessen, ihm seinen Hof zu machen und mußte die Propaganda des königlichen Freundes im Auge behalten.

Trotzdem knirschte Friedrich bei der Rückkehr, als Chasot ihm die Liste mit den Ausgaben vorlegte, mit den Zähnen. Eine Rubrik vor allem entriß ihm einen Wutschrei: »Seifenklistiere Monsieur de Voltaires im Laufe von zwei Monaten, jedes zu zwei Kreuzern.«

»Welch eine Apothekerrechnung!« schrie Friedrich, drauf und dran, die Ausgabe zu streichen. »Ich gehe keinen Pfennig herunter, Sire«, sagte Chasot sehr ernst, denn er hatte die Kosten vorgeschossen. »Meine Rechnung ist von größter Genauigkeit.«

Signor Algarotti war eine alte Bekanntschaft von Voltaire und Madame du Châtelet. Er hatte als Bote Friedrichs und Schüler Newtons im Jahre 1736 mehrere Wochen in Cirey verbracht. Einen sanfteren, freundlicheren jungen Mann als ihn gab es nicht. Voltaire nannte ihn: »Den Schwan von Padua«, und Friedrich machte ihn zum Grafen. Algarotti widersprach niemals und hatte nie eine Geste, ein Wort, die mißfallen konnten. Er lächelte. Wenn man ihn befragte, antwortete er mit größtem Geschick genau das, was der andere seinem Gefühl nach erwartete. Er war äußerst elegant, anmutig und sogar schön, außerdem ein ehrlicher Mann von unantastbarer Rechtschaffenheit. Kurz, er hatte am Hofe keinen Feind: ein Wunder! Ohne Ehrgeiz zu zeigen, machte er im stillen und mit größter Geschwindigkeit seinen Weg in der Gunst Friedrichs. Aber vernünftig bis ins Mark, nahm er weder Ämter, Aufträge noch Verantwortung an. Friedrich warf ihm dies vor. Er akzeptierte nur Ehrentitel und Pensionen . . . unverbindlich. Er kam zu einigem Ruhm durch eine unbedeutende Schrift: ›Newton expliqué aux dames‹. Madame du Châtelet fand sie recht schwach und süßlich. Sie fühlte sich gekränkt, als sie sah, wie tief man ihren Gott Newton sinken ließ, um ihn der weiblichen Intelligenz zugänglich zu machen. Die verwegene Emilie sagte, sie wolle auf allen Gebieten als Mann behandelt werden — nur nicht im Bett. Algarotti behandelte sie als Puppe, wenn er in seinem Werk schreibt: »Die Liebe eines Liebhabers nimmt ab wie der Kubus der Entfernung von seiner Maîtresse und wie das Quadrat der Länge seiner Abwesenheit.« Diese schöne Sprache sollte den Schönen das Geheimnis der Gravitation verständlich machen. Emilie bediente sich Gleichungen wie ein Mathematiker. Algarotti war für sie nur ein dummer Junge. Um 1747 wurde er Friedrich einmal untreu, als dieser ihm ein wichtiges staatliches Amt anvertrauen wollte. Algarotti ahnte die Gefahr und zog sich an den Hof des Großherzogs von Sachsen zurück, der König von Polen war und ihn zum Kriegsrat ernannte! Das war recht verwunderlich. Madame du Châtelet schrieb damals: »Welch friedfertige Seele hat dieser gute König! Den Krieg dem gebildetsten, dem liebenswürdigsten, dem sanftesten Mann der Welt anzuvertrauen!«

Gleich nach seiner Ankunft in Potsdam fiel Voltaire ein anderer stiller und diskreter Franzose auf, der nur als Kammerdiener und Sekretär Friedrichs diente: Monsieur Darget. Er erriet, daß dieser Mann wichtiger war als alle Prinzen und Marschälle. Darget war Sekretär des französischen Botschafters, Monsieur de Valori, gewesen. Er hatte seinem Herrn unter tragischen Umständen mit einem Mut das Leben gerettet, der Friedrich in Erstaunen gesetzt und ihn bewogen hatte, diesen Mann an sich zu binden. Er hatte guten Grund, sich dazu zu beglückwünschen. In der Tat war Darget der einzige Mensch, dem Friedrich völlig vertraute. Darget waren alle Geheimnisse zugänglich, doch er bildete sich nie etwas darauf ein und nutzte auch seinen grenzenlosen Kredit kaum aus. Uneigennützig und hochintelligent, schätzte er Voltaire. Er diente ihm, so gut er konnte, ohne jedoch sein Freund zu werden. Voltaire bezahlte ihn mit leichtem Lob:

> Adieu Monsieur le Secrétaire
> Soyez toujours mon tendre appui
> Si Frédéric ne m'aimait guère
> Songez que vous paieriez pour lui.

Zu Friedrichs Kreis gehörten auch Engländer oder genauer Schotten, so die Brüder Keith und der französische Botschafter Lord Tyrconnel, ein Irländer in Diensten Ludwigs XV. Die Keiths waren wegen Treueverletzung gegenüber den Stuarts aus England verbannt und mit dem Strang bedroht worden. Um den von ihm gehaßten George III. von Hannover zu ärgern, tat Friedrich sein Bestes zugunsten der Jacobiten. Einer der Keiths war bekannt unter dem Titel Milord Maréchal und galt als großer Freund Jean-Jacques Rousseaus. Voltaire spricht von ihm mit kühlem Wohlwollen. Als man Milord zum Minister des Königs von Preußen in Paris ernennt, schreibt Voltaire seiner Nichte und bereitet sie auf eine Begegnung mit ihm vor. Keith reist in Begleitung einer jungen Türkin, einer Kriegsbeute, die ihn niemals verläßt, »obwohl er sie nicht allzu nötig zu haben scheint«. Die kleine Türkin ist eine gute Muselmanin und erfüllt pünktlich ihre religiösen Pflichten. Keiths Kammerdiener ist »ein Tartar, der die Ehre hat, Heide zu sein«. Was den Marschall betrifft, so »glaube ich, daß er Anglikaner oder so etwas ist. All das bildet einen lustigen Verein, der beweist, daß alle Menschen sehr gut miteinander leben könnten, obgleich sie verschieden denken.« Vorausgesetzt, daß man Voltaire oder Milord ist! Nachdem man die religiöse Frage erläutert hat, hier die politische: »Was sagen Sie zu dem Schicksal, das einen Irländer als französischen Minister nach Berlin schickt und einen Schotten als preußischen Minister nach Paris? Es klingt wie ein Scherz.« Es klingt vor allem wie ein Kapitel aus ›Candide‹.

Was Lord Tyrconnel betrifft, so hatten ihn Voltaire und Friedrich recht gern. Epikuräer, ein guter Esser, ein guter Trinker, offen und sogar brutal, war er genau das Gegenteil von dem sanften Italiener. »Seine Rolle besteht darin«, sagt Voltaire, »bei Tisch zu sein. Seine Rede ist knapp und scharf, er hat eine gewisse Offenheit, die Engländer oft auszeichnet, die aber Leute seines Berufes sonst keineswegs haben.« Das ist ein strenges Urteil den Diplomaten gegenüber und recht lustig aus der Feder Voltaires, der sich für die Diplomatie höchst geeignet glaubte.

Es gab bei Friedrich auch etwas sehr Rares: einen Deutschen, den Baron Pöllnitz. Friedrich liebte sein Volk, aber er verkehrte nicht mit ihm. Wenn er einen Deutschen in seinen intimen Kreis aufnahm, so unter der Bedingung, daß er sein Deutschtum in der Garderobe lasse. Pöllnitz hatte natürlich das seine schon lange abgelegt und auch seine Aufrichtigkeit, seine Redlichkeit und sogar dreimal seine Religion. Moralisch war er ein Freibeuter. Von 1712 an findet man ihn am französischen Hof. Die Pfalzgräfin verehrte ihn; ausgelassen sagten sie sich die schlimmsten Dinge über Frankreich. Die Prinzessin stellte ihn dem alten König vor, der ihn sehr gut empfing, so gut, daß er ihm durch den Duc de Duras, den ersten Gentilhomme de la Chambre, den Titel eines Colonel anbieten ließ, falls er sich zum Katholizismus bekehre. Aber Pöllnitz war beleidigt und schwor, nie abzuschwören. Drei Monate später konvertierte er mit großen Feierlichkeiten. Er eilte selbst nach Rom, um eine Belohnung des Papstes zu erhalten; er brachte seinen Segen mit zurück. Als er nach Paris kam, war Ludwig XIV. gestorben und die öffentliche Frömmigkeit auch. Am Hofe des Regenten wurde der neugebackene Katholizismus Pöllnitz' mit Gelächter empfangen. Da man fand, er habe außer seinem lächerlichen Benehmen keine Verdienste, wurde er weder Colonel noch bedachte man ihn mit einer Pension. Daher beschloß er zu heiraten.

Er wurde bald die Wonne einer Marquise von siebzig Lenzen und achtzigtausend Livres Rente. Aber sie hatte zwei Söhne, die großen Lärm schlugen und den Bund aufhielten, der eine so schöne Liebe krönen sollte. Ach! als sie von den Freuden der Ehe vor der Ehe kosten wollte, starb die arme liebe Marquise in den Armen des trefflichen Pöllnitz. Verzweifelt über die Ungerechtigkeit des Schicksals und die Undankbarkeit Frankreichs ging Pöllnitz nach Holland — mit dem Schmuck der Marquise.

Aber er kehrte zurück, als er von Law reden hörte. Er verbrachte Tag und Nacht im Kot der Rue Quincampoix, wo man Vermögen aufsammelte. An einem Glückstag schrie er, indem er seine mit wertvollen Papieren vollgestopften Taschen zeigte: »Da sind eine Million vierhunderttausend Livres drin!« Drei Tage später besaß er nur noch Papier.

Einmal jedoch hatte er Glück; er gewann zwar nichts, aber behielt sein Leben. Er saß eines Tages in einem Gasthaus bei Etampes. Ein junger, vornehmer Mann bat ihn um die Erlaubnis, sich an seinen Tisch setzen zu dürfen. Pöllnitz forderte ihn auf, Platz zu nehmen und war sofort hingerissen von den temperamentvollen und geistreichen Worten seines Tischgenossen. Sie sprachen beide von ihren Reisen und ihren Plänen, als plötzlich ein kleines Mädchen unter dem Fenster ein altes Ritournelle zu singen begann. Der Unbekannte erhob sich augenblicklich, grüßte kaum, warf einen Louis auf das Tischtuch, ging hinaus, bestieg sein gesatteltes Pferd, das vor der Tür stand, und man hörte den wilden Galopp sich auf der Landstraße verlieren. Einige Monate später wurde bekanntgegeben, daß man den berühmten Banditen Cartouche gefangen habe. Man setzte ihn in einen Käfig und stellte ihn aus. Die vornehme Gesellschaft ging, um Cartouche im Käfig zu betrachten. Auch Pöllnitz kam. Er erkannte seinen Tischnachbarn. Cartouche erkannte ihn ebenfalls: »Ich habe mit Ihnen in Etampes gespeist, Monsieur«, sagte ihm der Brigand, »einige Töne eines Liedes unterrichteten mich, daß die Gendarmen mich verfolgten, und ich war gezwungen, Sie plötzlich zu verlassen. Sonst wären Sie ein toter Mann.«

So hatte Pöllnitz seine alte Marquise verloren, seinen Schatz an Papieren, seinen lutherischen Glauben und die Achtung der Welt, aber er hatte sein Leben gerettet und sein Vaterland wiedergefunden. Friedrich ließ ihn seine Käuflichkeit teuer zu stehen kommen: er machte ihn zu seinem Prügelknaben. Man fragt sich, warum er ihn an seinem Tisch speisen ließ, wenn er ihn so offensichtlich verachtete. Aus Freude am Sadismus, denn Pöllnitz litt, und das interessierte Friedrich. Pöllnitz besserte sich nicht. Um nach Preußen zurückzukehren, hatte er auf den Katholizismus verzichtet und seinen lutherischen Glauben wieder angenommen. Eines Tages sagte Friedrich im Spaß, es sei schade, daß Pöllnitz nicht mehr katholisch sei, denn eine wohlbezahlte Domherrnpfründe in Schlesien könnte ihn reichlich für seine Leiden entschädigen. Pöllnitz konvertierte nach diesen Worten eiligst zum drittenmal und kam zu Friedrich zurück, um ihm zu sagen, er sei bereit für die Pfründe. Friedrich machte sich grausam über ihn lustig: es würde niemals katholische Pfründen für ihn geben. Das hinderte Friedrich nicht, schreckliche Forderungen an Pöllnitz zu stellen: Verbot, Berlin zu verlassen; Verbot, Potsdam zu verlassen; Verbot, das Schloß zu verlassen; Verbot, zu leihen und zu verleihen; Verbot, zu empfangen; Verbot, Ausländer außerhalb der königlichen Gesellschaft zu sehen. Wenn Pöllnitz krank war und dem König auf einer Reise nicht folgen konnte, mußte er sich sagen lassen: »Konnten Sie Ihrer Krankheit nicht sagen, sie solle warten, bis ich zurück bin?«

Aber Verachtung hat Friedrich nie gehindert, seine Gunst zu gewähren. Hier, was er Algarotti 1749 über Voltaire schrieb, als Madame du Châtelet gerade gestorben war; er vervielfachte damals seine Angebote und Schmeicheleien, um den

Dichter an sich zu ziehen: »Es ist sehr schade, daß eine so feige Seele mit einem so schönen Genie vereint ist. Er hat die Freundlichkeit und die Bosheit eines Affen. Ich werde Ihnen erzählen, worum es sich handelt, wenn ich Sie wiedersehe; trotzdem, ich tue so, als wenn nichts wäre, denn ich brauche ihn für die französische Eloquenz. Man kann gute Dinge von einem Schurken lernen. Ich will sein Französisch können, was kümmert mich seine Moral.«

Als Pöllnitz starb, sagte Friedrich zu Voltaire: »Der alte Pöllnitz ist gestorben, wie er gelebt hat, das heißt, indem er noch am Vorabend seines Todes gaunerte. Niemand wird ihm nachtrauern, außer seinen Gläubigern.«

Man kann bedauern, daß Friedrich sich Freunde wählte, die solche Leichenreden verdienten. Aber vielleicht hatte er mehr Freude daran, sie zu verfassen, als andere, das Loblied der Verstorbenen zu singen.

Das sind also die Männer, mit denen sich Friedrich umgab. In dieser merkwürdigen Brüderschaft nimmt Voltaire seinen Platz ein — den ersten. Man wird bemerken, daß alle, trotz der Verschiedenheit ihrer Charaktere, ihrer Abstammung, ihrer Laufbahn, ihrer Begabungen Talent, ja sogar mehrere Talente besaßen. Sie hatten alle etwas zu sagen, sei es in der Wissenschaft, der Geschichte, der Politik, den Künsten, sei es über ihre erstaunlichen Erfahrungen in der Welt, und alle waren nicht nur gebildet, sondern fähig, mit ihrem Wissen zu glänzen. Unter diesen Lichtern erschien Voltaire. Er war wie eine Sonne.

Friedrich und Voltaire tagtäglich

Die ersten Monate seines Aufenthaltes waren der Höhepunkt von Voltaires Herrschaft in Potsdam. Sein Ansehen war so groß, daß die Prinzen der königlichen Familie und die hohen Würdenträger des Hofes um Audienz bei ihm baten. Die Brüder des Königs fühlten sich geschmeichelt, mit Voltaire Schach zu spielen; sie ließen ihn immer gewinnen. Voltaire hielt Hof mit der größten Selbstverständlichkeit, er war liebenswürdig und fröhlich. Kaum merklich nuancierte er durch Geist und exquisite Höflichkeit eine gewisse Herablassung, die einige dennoch fühlten und als Kränkung empfanden. Der König bewilligte ihm jeden Tag sechs Gedecke für seine Tafel. Oft hatte er mehr Gäste. Seit jeher liebte er es, zum Essen einzuladen. Dies war Anlaß für viele Streitereien mit den königlichen Küchen. Er sagte lässig: »Kommen Sie und essen Sie den Braten des Königs.« Friedrich, der alles überwachte, fand, Voltaire mache sich mit solchen spöttischen Einladungen über ihn lustig.

Das Gezänk um Kerzen, Wein, Café und Zucker erinnerte bald an die Szenen, zu denen es in Lunéville gekommen war. Voltaire beschwerte sich, daß man ihm weniger Kerzen pro Abend gäbe, als man ihm vertraglich schulde. Der Sohn des Notars Arouet hatte alles schriftlich festlegen lassen! Die Dienerschaft dagegen beklagte sich, daß der Dichter jeden Abend die Kerzenreste aus den Leuchtern nähme, auf die sie ihrerseits ein Recht hatte . . . ebenfalls durch Vertrag. Sie beschuldigte ihn, die Stummel weiterzuverkaufen. Diese Geschichten vergifteten die Beziehungen zu den Leuten des Königs. Voltaire sagte außerdem, der ihm gelieferte Tee und Café sei ›mariniert‹, er sei mit Meerwasser in Berührung gekommen und dadurch verdorben. Friedrich wurde durch Voltaire selbst von diesem Guerillakrieg der Küchen unterrichtet. Er schien Anteil daran zu nehmen, tat aber nichts, um die Bedienung zu verbessern. Er fand es wohl lustig, den ›Affen‹ um ein Stück Zucker und einen Kerzenstummel hüpfen, keifen und Grimassen schneiden zu sehen. Dieser hatte eine Kriegslist ersonnen, um seine Lichtration zu vergrößern. Er war es gewohnt, sich des Abends vor dem Essen ohne weitere Förmlichkeiten in die Gemächer des Königs zu begeben. Hinzu erleuchtete man seinen Weg, zurück leuchtete er sich selbst mit einer möglichst großen Kerze, die er aus dem Zimmer des Königs mitnahm. Wenn er nun zwei- oder dreimal am Abend dieses Hin und Her wiederholte, gewann er drei fast ganze Kerzen. Anschließend gab er sich auf Kosten Friedrichs und seiner Dienerschaft wahren Lichtorgien hin, was ihm eine große Befriedigung bereitete. Diese Schliche blieben nicht unbemerkt von Friedrich, der überall knauserte. Das Manöver erschien ihm infam. Aber er sagte nichts. Noch genoß Voltaire alle Rechte, selbst das, unerträglich zu werden.

Zum Ausgleich tat Voltaire Friedrich mancherlei Gefallen; er befreite ihn von seinen Brüdern. Er beschäftigte sie, ließ sie Theater spielen: »Meine Brüder histrionieren«, sagte Friedrich erleichtert. Während dieser Zeit intrigierten sie nicht.

Voltaire beschäftigte auch die Königin Marie-Christine. Man braucht sie kaum zu erwähnen, sie existierte nicht. Friedrich, der sie widerstrebend geheiratet hatte, sah sie nie. Die Unglückliche litt schrecklich; zum Glück liebte sie das Studium. Voltaire ließ sie den ›Dictionnaire‹ von Bayle lesen, der nicht eben fromm ist. Da die Königin dies im höchsten Grade war, stellte er ihr nur die ›guten‹ Artikel vor, während ihr Gatte vor allem die ›bösen‹ las. So teilte Voltaire die Lektüre des königlichen Paares, wodurch beide zusammengenommen Bayle auswendig konnten.

Aber Voltaire erschien nur kurz bei der Königin, wo er, wie alle Welt, vor Langeweile, Kälte und Hunger fast umkam. Sie lebte von nichts. Man erzählte, sie habe einmal, sei es aus Zerstreutheit oder aus Geiz, der Frau eines Marschalls zum Abendessen nur eine eingemachte Kirsche vorgesetzt.

Die Königin-Mutter war weitaus amüsanter, und Voltaire machte ihr wesentlich lieber den Hof. Im übrigen wärmte und ernährte sie ihre Gäste menschlich. Eines Tages wurde er in Berlin ganz plötzlich zum Diner bei der Königin-Mutter gebeten. Da sie in Trauer war, brauchte er einen schwarzen Anzug, doch seine Garderobe befand sich in Potsdam. Sein Kammerdiener kam auf den Gedanken, einen Anzug bei einem ihm bekannten, reichen Kaufmann auszuleihen. Der Kaufmann jedoch war wesentlich korpulenter als unser Dichter, der in dem Anzug förmlich schwamm. Man brachte ihn zu einem Schneider, um die Nähte enger zu machen. Dieser tat sein Bestes und schnitt den Anzug nochmals zu, bis er Voltaire ausgezeichnet paßte; aber als er ihn seinem Eigentümer zurückgab, kam dieser nicht mehr hinein. Er lachte darüber. Voltaire erfuhr nie, was der Schneider getan hatte und konnte den Schaden nicht wiedergutmachen. Er wußte noch weniger, daß ganz Berlin sich darüber lustig machte und seine Feinde sich gierig auf die Anekdote stürzten, die sie als einen abermaligen und auffälligen Beweis seines Geizes und seiner Unehrlichkeit ansahen.

Der Hof Friedrichs reiste oft von Berlin nach Potsdam und umgekehrt. Das Allerheiligste aber war Sanssouci. Voltaire verglich die kleine Gesellschaft, die den König umgab, gerne mit einer durch Gottlosigkeit verbundenen Bruderschaft. Der Abt war der König, dann kam der Lieblingsbruder Voltaire, dann die übrigen uns bekannten Mönche. Sanssouci ist von Potsdam nicht weit entfernt. Man ging zu Fuß dorthin. Das Schloß liegt auf einem Hügel, zu dessen Füßen die Havel fließt. Es verkörpert in königlichen Dimensionen das, was die französischen Adligen dieser Zeit ›une folie‹ nannten. Es besteht nur aus dem Erdgeschoß. Der Zentralpavillon ist rund und wird von einer Kuppel überdacht. Die Dächer der Seitenflügel bilden Terrassen. Man steigt auf einer großen, sehr majestätischen, ein wenig theatralischen Treppe in französische Gärten hinab. Das Ganze sieht jedoch eher italienisch aus. In dem runden mittleren Raum befand sich ein großer Marmorsaal, dessen Kuppel vergoldet war. Zur linken Seite trat man in das Speisezimmer, in dem man ein Porträt der Duchesse de Châteauroux erblickte, über das Friedrich oft spottete. Er nannte sie »Cotillon Ier — Unterrock I.«, denn sie hatte die Herrschaft der öffentlichen Maîtressen Ludwigs XV. eröffnet. Daneben lag das Schlafzimmer, in dem hinter einer Silberballustrade ein Prunkbett stand. Aber Friedrich schlief hinter einem Paravent auf einem schmalen, harten Gurtbett, auf dem sich tagsüber die kleinen Hunde Seiner Majestät wälzten. Er trug manchmal einen von ihnen in seinem Ärmelaufschlag. Dort stand auch die Pendeluhr, die er jeden Abend eigenhändig aufzog und die in seiner Todesstunde stehenblieb: um zwei Uhr zwanzig am 17. August 1786. Die Wände seines Kabinetts tapezierten Bücher; kein einziges deutsches war dabei. Im anderen Flügel lagen die Gastzimmer. Das von Voltaire hatte einen Ausgang auf die Terrasse und einen herrlichen Blick auf die stufenartig angelegten Gärten. Dorthin kam man, wenn man ihn besuchen wollte — falls er sichtbar war. »Meine Gesundheit ist ungefähr so wie in Paris, und wenn ich Koliken habe, schicke ich alle Könige des Universums zum Teufel. Ich habe auf die göttlichen Soupers verzichtet und fühle mich ein wenig besser . . .« Er spielt den Überdrüssigen, in Wahrheit fehlte er nur selten bei diesen göttlichen Soupers, deren Seele er war; das wußte er sehr gut, aber es schmeichelte ihm zu schreiben: »Es sind dort zu viele Generäle und Prinzen.« An den Abenden der kleinen Soupers fand er Friedrich unvergleichlich: »Mit Caesar speise ich, mit Marc-Aurel, mit Julian, zuweilen auch mit dem Abbé de Pure. Ich finde dort den Zauber der Zurückgezogenheit, die Freiheit der Natur (welch geharkte Natur!) mit allen Annehmlichkeiten des Lebens, die ein Schloßherr, der König ist, seinen ergebenen Tischgenossen bieten kann.«

Die Zauber der Zurückgezogenheit sind ein Palast, Pensionen, Ehren, ein königlicher, hochintelligenter Freund, eine glänzende Bruderschaft; und hinter dieser Fassade zehn Millionen Untertanen, die arbeiten und kämpfen für den Ruhm des Königs und die ›kleinen Annehmlichkeiten‹ von Monsieur de Voltaire. Ein wahres Paradies! Es ist die Zeit der Lebensfreude. Aber dazu mußte man Voltaire und Friedrich sein und einander begegnen. Glücklicherweise hatte Voltaire ein gewisses Gefühl für das unglaubliche Vorrecht, das er genoß: »Meine Aufgabe ist, nichts zu tun. Ich genieße meine Muße. Ich widme dem König von Preußen ein oder zwei Stunden pro Tag, um seine Arbeiten in Prosa und in Versen ein wenig abzurunden; ich bin sein Grammatiker und nicht sein Kämmerer. Der Rest des Tages gehört mir, und der Tag endet mit einem angenehmen Souper.«

Diese Soupers boten ihm Gelegenheit, alle Funken seines Geistes sprühen zu lassen. Friedrich verstand die Kunst, zu widersprechen, Ideen gegen Ideen zu setzen und die Gesprächspartner aufeinander zu hetzen. Er neckte und spottete bis zur Grausamkeit. Das erregte das Selbstgefühl der ›Brüder‹, die lebhafter brillierten, wenn sie Feinde wurden. Manchmal ließ der König seine Schöngeister unter sich und soupierte allein mit einem Offizier, den er sehr liebte, einem Monsieur de Balby. Diese geheimnisvollen Unterhaltungen ärgerten Voltaire, der auf alle Vorlieben des Königs eifersüchtig war, und wenn man ihn fragte: »Was macht der König heute abend?«, so antwortete er säuerlich: »Er balbytiert«.

Trotzdem gibt es einen Brief mit vielen ›aber‹. In Potsdam ist alles gut, »aber . . .« Es wird gut Theater gespielt, »aber . . .« Die Stadt hat schöne Alleen, »aber . . .« Die Brüder sind sehr geistreich, »aber . . .« Und er beendet diese Folge der ›aber‹, die er beileibe nicht rechtfertigt, mit einem Satz, der alles über den Klimawechsel nach einigen Monaten Aufenthalt sagt: »Das Wetter beginnt hübsch kalt zu werden.« Der ›Abt‹ ist auf der Hut. Und die Abkühlung ist so spürbar, daß Voltaire nicht mehr sagt: »Ich runde die Sätze des Königs ab.« Er sagt, er »rupfe« sie. Welche Nuance!

Was Maupertuis betrifft, so ist Voltaire schon ein wenig verärgert. Hat er es nicht gewagt, bei der Lesung von ›Mérope‹ zu unterbrechen, um eine recht gemeine Bemerkung zu machen? Welche Frechheit! Man wird es ihm beibringen, diesem Professor, die ›Herrscher‹ zu respektieren.

Der Geruch von Geld ist nicht immer gut. . .

Voltaire selber gab seinen Feinden die beste Gelegenheit, ihn anzugreifen. Die folgende Geschichte war so schlecht eingefädelt, daß auch seine Freunde ihn nicht verteidigen konnten. Er hängte sich an einen Berliner Händler, einen Juden namens Hirsch oder Hirschell, um mit ihm ein illegales Spekulationsgeschäft zu machen. Es gibt nichts Zweideutigeres als seinen Kompagnon und diese Verbindung. Durch die beiderseitigen Lügen ist die ganze Affaire höchst verworren. Hier die Tatsachen: nach seinem Krieg mit Sachsen hatte Friedrich das Land gezwungen, alle Preußen, die im Besitz einer Anleihe des sächsischen Staates waren, zu entschädigen. Doch obwohl diese Papiere weit unter ihren Nominalwert gefallen waren, forderte Friedrich, daß Sachsen ihren Subskriptionspreis zahle. Sofort begann man zu handeln: die Preußen kauften in Sachsen die Papiere zum niedrigen Preis und ließen sich als Preußen den hohen Preis zurückzahlen. Voltaire wollte Anteil an dem guten Geschäft haben, er beauftragte Hirsch, nach Sachsen zu gehen und ihm zum niedrigsten Satz Papiere zu kaufen, die er sich als begünstigter Schützling Seiner Preußischen Majestät zu dem hohen Preis auszahlen zu lassen hoffte. Er hatte kalkuliert, daß bei diesem Geschäft sein Kapital ihm nach Abzug aller Kosten, Hirsch inbegriffen, in wenigen Wochen 35 % bringen würde. Daher vertraute er seinem Kompagnon das nötige Kapital an, einen Teil in bar, einen Teil als Wechsel der Stadt Paris im Werte von 40 000 Ecus. Alles in allem wahrscheinlich 1 200 000 NF! Als Garantie überließ ihm der Jude einen Posten Diamanten. Wir hätten nichts von all dem erfahren, wenn es ein gutes Geschäft geworden wäre, denn gute Geschäfte haben keine Geschichte. Dieses hier hat eine: sie ist beschämend.

Kaum war Hirsch mit dem Geld Voltaires nach Dresden abgereist, als man den Dichter davon unterrichtete, daß sein Mann nicht zuverlässig und sein Geld äußerst gefährdet sei. Außer sich ließ Voltaire sofort den Wechsel sperren. Als Hirsch diesen in Dresden vorwies, verweigerte man ihm die Auszahlung. Er wurde von tiefem Mißtrauen gepackt und kehrte augenblicklich nach Berlin zurück, fest entschlossen, sich an Voltaire zu rächen. Hirsch kaufte also keinerlei Wertpapiere, aber er hatte immer noch das Geld Voltaires. Man begann nun auf beiden Seiten zu erpressen. Hirsch forderte Schadenersatz für seine Reise und den verlorenen Gewinn. Voltaire behandelte ihn von oben herab und pochte auf den Schutz des Königs. Der Jude wollte wissen, wie weit die Protektion ginge, denn Voltaire hatte sich eingebildet, das Geschäft mit Friedrichs Unterstützung machen zu können. Die Sache wurde schnell ruchbar, Voltaire und Hirsch schrien einer so laut wie der andere. Hirsch, um seine Entschädigung zu fordern, Voltaire, um zu leugnen, daß er ihn je mit dem Geschäft beauftragt habe. Warum hatte er ihm dann eine so ansehnliche Summe gegeben? »Um Pelze zu kaufen«, sagte Voltaire. Unglücklicherweise gab es in Dresden keinen Pelzmarkt. »Um Diamanten zu kaufen«, sagte er dann. Doch Diamanten handelte man in Holland. Wie dem auch sei, der Jude sollte die Summe zurückgeben, die er in Händen hatte. Hirsch jedoch wollte nichts zurückgeben. Daraufhin ließ Voltaire die Diamanten schätzen und erfuhr, daß sie falsch waren. Seine Wut kannte keine Grenzen mehr. Er machte seinem Kompagnon einen Prozeß. Dabei zeigte es sich, daß Hirsch, getreu seinem Ruf, ein unehrlicher Mann war. Er wurde vor Gericht mehrmals der Lüge überführt. Aber sein Kompagnon stand in keinem besseren Licht. Er mußte zugeben, Hirsch mit einer verbotenen Spekulation beauftragt zu haben. Friedrich hatte Voltaire nicht nur nicht unterstützt, er mißbilligte sein Vorgehen aufs heftigste.

Voltaire war nicht geneigt, in einen Vergleich einzuwilligen, wie Chasot hoffte, der sich eingeschaltet und die Gegner einander gegenübergestellt hatte. Voltaire war außer sich gewesen und hatte Hirsch erwürgen wollen. Diese Heftigkeit verdarb alles. Chasot mußte Friedrich einen Bericht vorlegen, was ihm unser Dichter nie verzieh. Der König ließ es zu einem außerordentlichen Skandal kommen, er befahl Darget, Voltaire augenblicklich davon zu unterrichten, daß er Preußen innerhalb von vierundzwanzig Stunden zu verlassen habe! Darget beschwor den König, noch zwei Tage zu warten, bis das Urteil gesprochen sei. Die Verhandlung sollte am 4. Januar 1751 stattfinden, Voltaire hatte im November Klage erhoben: man sieht, die Sache wurde gründlich behandelt. Es waren schon zahlreiche Klagen wegen des Handels mit Wertpapieren aus Sachsen an Friedrich gekommen. Er begriff, daß die Affaire Voltaire, die diese Spekulationen vor aller Öffentlichkeit ausbreitete, ihn dem Tadel aller Großstädte aussetzte und man Berlin als einen Ort ansehen würde, an dem die Autorität des Königs die übelste Börsenspekulation deckte. Die ungeschickte und indiskrete Handlungsweise Voltaires brachte ihn in eine unangenehme Lage. Außerdem fand er es recht kühn von Vol-

taire, sich auf seinen Schutz zu berufen und seine Gastfreundschaft auszunützen, um sich zu bereichern. Zahlte er ihm nicht
genug?

Voltaire, dem man von diesem Zorn berichtete, rührte sich
nicht in seiner Höhle. Schluß mit den Briefchen von Zimmer
zu Zimmer und den Kerzenbesuchen! Er begnügte sich damit,
Darget zu schreiben. Er suchte Vermittlung bei den Richtern,
klagte, rief um Hilfe, weinte und wütete. Es war weniger das
verlorene Geld, das ihn erboste, als die unwürdigen Manieren
seines Maklers. Die Schurkerei trieb seinen Zorn auf die Spitze,
und wenn er ›Gerechtigkeit‹ schrie, so sagt uns das Echo:
›Rache!‹ Aber wem konnte er die Schuld zuschieben, wenn
nicht sich selbst? Er hatte sich diesem Unbekannten auf Gedeih und Verderb ausgeliefert. Schließlich wagte er es, Friedrich zu schreiben. Der Brief klingt nicht sehr munter; man
fühlt den eisigen Polarwind der Ungnade vorbeistreichen. Er
weiß nur zu flehen und zu versichern, daß ihm hienieden nichts
bleibe, als »das Glück, Sie zu lieben und Sie zu bewundern«.
Aus der Nähe oder aus der Ferne? Er mußte alles fürchten.

Er unternahm einen Bittgang zu Monsieur Formey, dem Kanzler. Ein seltsamer Bittgänger! Verstört und wie irre trat er in
das Vorzimmer, in dem viele Leute saßen, die er noch nicht
einmal sah, stürzte auf Monsieur Formey zu, nahm ihn bei der
Hand, zog ihn mit Gewalt in ein Nebenzimmer und trug ihm
atemlos seine ganze Geschichte vor. Diese Szene sagt alles über
seinen Nervenzustand; er war nicht ganz bei sich, dem Wahnsinn nah. Er sprach mit betäubender Schnelligkeit, er flehte
und forderte schließlich Monsieur Formey auf, seinem Richter,
Monsieur de Jariges, den Befehl zu erteilen, ihn seinen Prozeß
gewinnen zu lassen. Die kleine Tochter Monsieur de Formeys
betrachtete den seltsamen Besucher und war entzückt von dem
diamantenen Kreuz des Pour-le-mérite. Als sie es anfassen
wollte, sagte Voltaire plötzlich: »Eine glitzernde Bagatelle,
mein Kind!« und verschwand.

Vor Gericht machte der Gegner Voltaires einen so schlechten
Eindruck, daß seine Sache etwas weniger schlimm zu stehen
schien. Einige Feinde Voltaires erzählten, im Augenblick, als

er auf die Bibel schwören sollte, habe er gesagt: »Wie, auf ein Buch, das in einem so schlechten Latein geschrieben ist? Homer oder Vergil ginge noch an.« Das ist unwahrscheinlich. Es war ihm nicht mehr zum Spaßen zumute, denn er wußte, daß sein Schicksal von den Richtern abhing. Gewiß legte er seinen Schwur sehr brav ab.

In Paris wußte man von all dem. Ludwig XV., dem man von den niederen Spekulationen Voltaires berichtet hatte, sagte zu seinen Vertrauten: »Dieser große Dichter steht immer mit einem Bein auf dem Parnaß und mit dem anderen in der Rue Quincampoix.«

Voltaire beklagte sich bei der Markgräfin von Bayreuth: »Bruder Voltaire ist in Pönitenz, er hat einen üblen Prozeß mit einem Juden und, wie das Alte Testament sagt, wird es ihn noch etwas kosten, bestohlen worden zu sein.« Er wußte nicht, wie recht er damit hatte; er gewann seinen Prozeß, aber sah sein Geld nie wieder und mußte noch draufzahlen.

Die gute Markgräfin erhielt als Antwort auf die Bitte, die sie zugunsten Voltaires an ihren Bruder gerichtet hatte, folgenden Brief:

»Sie fragen mich, was es mit dem Prozeß Voltaires mit dem Juden auf sich hat? Es handelt sich um das Geschäft eines Schurken, der einen Gauner betrügen will. Es geht nicht an, daß ein Mann vom Geiste Voltaires einen solchen Mißbrauch mit diesem Geist treibt. Die Sache ist in Händen des Gerichts, und in wenigen Tagen werden wir durch das Urteil erfahren, wer von beiden der größere Gauner ist. Voltaire ist heftig geworden, er hat sich auf den Juden gestürzt, und es fehlte nicht wenig, daß er Monsieur de Cocceji beleidigt hätte. Kurz, er benimmt sich wie ein Verrückter. Ich warte, bis diese Sache zu Ende ist, um ihm den Kopf zu waschen und zu sehen, ob man ihn im Alter von sechsundfünfzig Jahren wenn nicht vernünftig, so doch zumindest ein wenig ehrlicher machen kann.« Voltaire mußte diesen Respekt vor der Unabhängigkeit der Richter bitter empfinden: der König hatte sich nicht eingeschaltet.

Nach dem Richtspruch, der nur in der Form günstig für ihn war, schrieb er Friedrich in reuigem, untergebenem Ton. Die

Sache hatte ihn gebrochen — im Augenblick. Er wird sich wieder aufrichten, noch liegt er am Boden ...»Und ich in meinem Alter habe einen fast unglaublichen Fehler begangen. Ich habe mich nie von dem verwünschten Trieb befreien können, in allen Dingen zu weit zu gehen ... Ich wollte um jeden Preis beweisen, daß ich im Recht war gegen einen Mann, bei dem es nicht erlaubt ist, recht zu haben. Glauben Sie also, daß ich voller Verzweiflung bin und daß ich noch nie einen so bitteren Schmerz gefühlt habe. Ich habe mich mutwillig des einzigen Gutes beraubt, um dessentwillen ich gekommen bin ... Ich habe dem einzigen Mann mißfallen, dem ich gefallen wollte.«

Das ist die Zerknirschung vor der Rückkehr in den Gnadenstand. Natürlich hatte er kein Wort des Bedauerns für den Grund allen Übels: die unerlaubte Spekulation.

Voltaire konnte der versprochenen Kopfwäsche nicht entgehen. Sie war hart. Hier die Vorwürfe Friedrichs — man ist fern vom ›französischen Vergil‹, von ›Danae‹ und anderen Grazien. Die Worte sind niederschmetternd, unvergeßlich: »Ich war sehr froh, Sie bei mir aufzunehmen: ich schätzte Ihren Geist, Ihre Talente, Ihre Kenntnisse, und ich mußte glauben, daß ein Mann Ihres Alters, müde, sich mit Autoren herumzuschlagen und sich Gewittern auszusetzen, hierher gekommen sei, um sich in einen ruhigen Hafen zu flüchten; aber Sie haben zuerst auf merkwürdige Art von mir verlangt, Fréron nicht damit zu beauftragen, mir Neues zu berichten. Ich hatte die Schwäche oder Gefälligkeit, Ihnen dies zu gewähren, obwohl es Ihnen nicht zustand zu entscheiden, wen ich in meinen Dienst nähme. D'Arnaud hatte Ihnen unrecht getan; ein großzügiger Mann hätte ihm verziehen, ein rachsüchtiger Mann verfolgt die, die er haßt. Kurz, obgleich ich mich über d'Arnaud nicht beklagen konnte, mußte er Ihretwegen Berlin verlassen. Sie sind zum russischen Minister gegangen, um mit ihm von Dingen zu sprechen, in die Sie sich nicht einzumischen hatten, und man glaubte, ich hätte Ihnen den Auftrag dazu gegeben. (Das ist richtig: Voltaire war bei dem russischen Botschafter gewesen, er hatte sich für eine Rangfrage eingesetzt, die ihn nichts anging, so als täte er dies in Friedrichs Auftrag.) Sie haben sich

in die Angelegenheiten von Frau Benteck gemischt, obwohl
diese sicherlich nicht in Ihr Ressort fielen. (Diese Benteck war
eine brave, ein wenig verrückte Frau, die Schwierigkeiten mit
ihrem Mann hatte. Voltaire ergriff stürmisch ihre Partei und
wandte sich taktlos an Friedrich, der ihn zu seiner Literatur
zurückschickte.) Sie machen die übelsten Geschäfte mit einem
Juden. Sie haben in der ganzen Stadt einen schrecklichen Lärm
verursacht. Die Affaire mit den sächsischen Wertpapieren ist
so bekannt in Sachsen, daß man sich bitter bei mir beklagt hat.
Was mich betrifft, so konnte ich bis zu Ihrer Ankunft Frieden
in meinem Hause bewahren, und ich warne Sie: wenn Sie
eine Leidenschaft für Intrigen und Ränkespiele haben, so sind
Sie bei mir an der falschen Adresse. Ich liebe freundliche und
friedfertige Menschen, die ihr Benehmen nicht nach den heftigen Leidenschaften der Tragödie ausrichten; wenn Sie sich entschließen könnten, wie ein Philosoph zu leben, wäre ich sehr
froh darüber, Sie bei mir zu sehen. Aber wenn Sie sich den
Ausbrüchen Ihrer Leidenschaften überlassen und aller Welt
grollen, so machte mir Ihr Kommen keinerlei Vergnügen und
Sie könnten ebenso gut in Berlin bleiben.«
Die Peitsche Friedrichs mußte an mehr als einer Stelle die
empfindliche Haut des Dichters aufreißen. Was danach auch
immer geschehen mochte, wie sehr man einander auch schmeichelte, nach solchen Erklärungen konnte es nie wieder zu der
glühenden Freundschaft des Anfangs kommen. Und diese
Freundschaft, die schon Blei in den Flügeln hatte, vermochte
sich von dieser Wunde nie mehr ganz zu erholen.
Für den Moment beugte sich Voltaire . . . »Sire«, schrieb er,
»wenn ich alles reiflich überlege, so war es ein schwerer Fehler,
einen Prozeß mit einem Juden zu führen, und ich bitte Ihre
Majestät, Ihre Philosophie, Ihre Güte um Verzeihung . . . All
das hindert nicht, daß ich Ihnen mein Leben geweiht habe.
Tun Sie mit mir, was Ihnen beliebt. Ich habe die Markgräfin
von Bayreuth wissen lassen, daß Bruder Voltaire in Pönitenz
ist. Haben Sie Erbarmen mit Bruder Voltaire.«
Die Affaire war am 27. Februar 1751 beendet. Voltaire weilte
erst seit achtzehn Monaten in Preußen. Friedrich gab ihm die

Erlaubnis, wieder in Potsdam zu erscheinen, wobei er ihn jedoch an die wenig ruhmreichen Vorgänger des Juden erinnerte: an den Verleger Jore, den Geiger von der Oper, den anderen betrügerischen Juden . . . »Diese Namen dürften nicht neben dem Ihren auftauchen.« Das scheint einleuchtend, und doch begreift Voltaire dies nur in manchen Augenblicken — wenn alles schief geht. Danach eilt er neuen Gefahren entgegen.

Und seine Natur bricht sich wieder Bahn

Voltaire, der in London so gut Englisch gelernt hatte, machte keinerlei Bemühungen, Deutsch zu lernen. Er sagte, es gäbe kein Buch in dieser Sprache, das sich zu lesen lohnte. »Glauben Sie nicht, daß ich ernsthaft die deutsche Sprache erlerne, ich beschränke mich klugerweise darauf, das zu wissen, was ich brauche, um mit meinen Leuten und meinen Pferden zu reden.« Friedrich dachte nicht anders.

Während seines Prozesses, der auf deutsch vor sich ging, nahm er einen Dolmetscher zu Hilfe. Er geriet an einen vornehmen, aber mittellosen jungen Mann, der der berühmte Dichter Lessing werden sollte. Aber bevor er es wurde, verursachte er einen großen Zorn Voltaires und natürlich einen neuen Skandal.

Lessing war so stolz darauf, für den von ihm vergötterten Voltaire zu arbeiten, daß er den Sekretär des Dichters anflehte, ihm das eben beendete Manuskript des ›Siècle de Louis XIV‹ zu zeigen. Voltaire hatte also, mitten in den Schrecken des Prozesses, das Werk vollendet. Er war so leistungsfähig, daß er zweigleisig fahren konnte. Als Lessing gesehen hatte, wollte er auch lesen; er bat so inständig, daß der Sekretär sich erweichen ließ und ihm einen Teil des Manuskriptes anvertraute. Lessing, dem man eine Stelle in Württemberg angeboten hatte, verließ Berlin in aller Eile und nahm das wertvolle Heft mit. Wieder einmal suchte ein unveröffentlichtes Werk Voltaires das Weite! Als Voltaire erfuhr, daß sein Manuskript auf fernen Straßen rollte, schlug er großen Lärm. Er zweifelte keinen Augenblick daran, daß es sich in den Händen eines Diebes befinde. Wer will ihm sein Mißtrauen vorwerfen? Zur gleichen Zeit verfolgte auch in Paris Madame Denis den ehrlichen Longchamp wegen Manuskriptraubes. Man kann sicher sein, daß er seine Klage nicht geheimhielt; der Dieb wurde gerichtlich verfolgt. Sobald Lessing von dem Skandal hörte, schickte er das Manuskript zurück. Er wollte es nur zu Ende lesen, er dachte nicht daran, es zu stehlen. Aber das Gerücht hatte sich verbreitet. Voltaire vergaß Lessing, aber Lessing vergaß niemals den beleidigenden Brief, den Voltaire ihm geschrieben hatte, um das »gestohlene Manuskript« zurückzufordern, er vergaß nie, daß man den König davon unterrichtete und Voltaire schuld war, daß man ihn in ganz Deutschland für einen Dieb gehalten hatte.

Auf diese Weise schaffte sich Voltaire einen neuen, unversöhnlichen Feind. Und doch half er dem unbekannten Dichter, ohne es zu wollen, denn er machte seinen Namen bei allen deutschen Höfen bekannt. Als Lessing seine Gedichte veröffentlichte, wollte alle Welt die Verse des Manuskriptdiebes lesen.

Im Lauf des Jahres 1751 verließ Voltaire Sanssouci, um einige Zeit in dem Haus des Marquis d'Argens zuzubringen, der sich damals in Frankreich aufhielt. Er sagte, dieses Haus tue seiner Gesundheit gut; zweifellos hielt er es für richtig, sich ein wenig zu entfernen, um die Temperatur wieder etwas ansteigen zu lassen.

Doktor Purgon hatte nie einen besseren Patienten

In der — sehr relativen — Einsamkeit kurierte er sich. Seine Krankheiten hatten sich verdoppelt während der schrecklichen Prozesse. Er lebte fast nur noch im Bett, dort empfing er auch.

Nie traf der Vergleich Molières: »Der Körper, dieser Lumpen« auf jemanden besser zu als auf Voltaire. Er wußte, daß der seinige ein ›Lumpen‹ war, pflegte sich aber dennoch mit peinlicher Sorgfalt. Man möchte nicht schwören, daß es diese Sorgfalt war, die ihn am Leben erhielt. Die Kuren Voltaires waren in gewissen Punkten himmelschreiend, aber sie zeigen uns nicht nur die Unwissenheit der Ärzte mitten im Jahrhundert der Aufklärung, sondern auch Voltaires Privatleben.

Er hatte keinen Bart. Daher benützte er kein Rasiermesser, sondern zupfte sich die vereinzelten Haare aus, die hier und da sproßten. Während er sich dieser Jagd hingab, sprach er; er hatte auf dem Kamin oder in seinen Taschen immer Pinzetten zu diesem Zweck.

Wenn seine schrecklichen Magenkrämpfe ihn befielen, legte er sich hin und diktierte seinem Sekretär; zuweilen dichtete er, ohne zu schreiben, und notierte später, was er sich während seines Anfalles zurechtgelegt hatte. Keine Zeit verlieren!

Als er die Blattern hatte, ließ man ihn acht Dosen Brechweinstein nehmen und zweihundert Pinten Limonade. Welch ein Magen! Trotzdem blieb er am Leben, wenn auch voller Narben und anfälliger als vorher.

Er machte sich keine Illusionen über die Medizin seiner Zeit. Er sagte: »Die Medizin besteht darin, Drogen, die man nicht kennt, in einen Körper einzuführen, den man noch weniger kennt.« Trotz dieses Widerspruches zwischen seinen Ideen und seinem Verhalten, ein Widerspruch, den man oft bei ihm beobachten kann, nahm er ungeheuer gern Medizinen und probierte alle Modearzneien, alle Hausmittelchen aus. Früher calmierte er sich gern mit dem ›Ruhebalsam‹ des Pater Aignan, eines Kapuziners, und ließ sich mit ›Eau de Rahel‹ und ›Balsam Varenger‹ einreiben. All das war vergessen. Er versuchte es dann mit den Brunnen: die von Forges brachten ihn fast um, sie hatten die Wirkung von Vitriol auf ihn; die von Plombières ebenfalls. Aber er machte auch Kuren mit Buttermilch und Zimtextrakt, die ihn nicht vergifteten. Das genügte schon, um sie hoch zu loben. Ein beliebter Scharlatan ließ ihn, um seinen Stuhl anzuregen, gekörntes Eisen schlucken, denn, sagte der Scharlatan, auf diese Weise spült man schmutzige Flaschen. Es kam zu einer Katastrophe: er litt entsetzlich, und nur durch ein Wunder starb er nicht.

In einem Monat nahm er, laut seinem Rechnungsbuch, acht

Abführmittel und zwölf Klistiere; und er hielt dieses Regime jahrelang aus. Aber man muß wissen, daß die Klistiere ihm durch einen vortrefflichen Apparat verabreicht wurden, den er aus England mitgebracht hatte. Ein Wunderding, ein Kleinod, von dem er sich auf seinen Reisen nie trennte. »Es ist ein Meisterwerk der Kunst«, schreibt er, »Sie könnten ihn in Ihre Uhrtasche stecken. Sie können ihn immer und überall benutzen.« Er beraubte sich dieses Vergnügens nie, selbst nicht in der Kutsche.

In Berlin entdeckte er die Pillen von Stahl. Er war so versessen darauf, daß er den ganzen Tag lang welche nahm. Zurückgekehrt nach Frankreich, konnte er es nicht ertragen, ohne seine lieben Pillen zu leben. Er bat Friedrich II., ihm ein Pfund davon zu schicken, von den frischen, wirklich echten! »Man kann mit den Pillen, um die Sie mich bitten, ganz Frankreich abführen und alle seine drei Akademien töten«, schreibt Friedrich. »Ich habe Darget beauftragt, Ihnen das Mittel zu schikken, das einen solchen Ruf in Frankreich genießt und das der verstorbene Stahl von seinem Kutscher herstellen ließ . . .« Er sagte nicht, woraus, aber diese Äußerung ›Salomons‹ bewirkte, daß die Pillen keine Wirkung mehr auf Voltaire hatten. Er nahm sie nicht mehr.

Mit den Jahren alterte er schneller. Keine der unaufhaltsamen Etappen des physischen Verfalls blieb unbemerkt; was er so gut bei Ninon de Lenclos beobachtet hatte, beobachtete er jetzt an sich selbst. Nur zwanzig Jahre früher. Er verlor schnell alle seine Zähne, wodurch er jenen eingefallenen und zurückliegenden Mund bekam. Seine Augen wurden schlecht, er litt an Schwindelanfällen, er hörte schwer, seine Stimme brach beim Deklamieren . . . aber er lebte. Er las, sprach und lachte zwischen zwei Koliken. Er lachte jeden Tag, sobald er einen Augenblick Ruhe hatte.

Aus Angst vor Koliken hielt er eine gewisse Diät ein. Aber er unterlag manchen Versuchungen. Er liebte recht fette, mit Hackfleisch gefüllte Pasteten, außerdem Süßigkeiten. Sobald er welche sah, aß er davon. Anschließend mußte er für seine Naschhaftigkeit büßen, aber er war es zufrieden. Zuweilen trank er am Nachmittag zwanzig Tassen Café, aber er aß wenig. Zum Frühstück machte er sich eine seltsame Mischung von Café und Schokolade. Als der Schauspieler Le Kain zum ersten Mal bei ihm speisen durfte, schlürften sie als ganzes Menü zwölf Tassen dieses Getränkes. Seine beste Mahlzeit nahm er des Abends gegen neun Uhr, zuweilen später. Er ließ sich oft Linsen servieren, die er über alles liebte! Man konnte ihm kein schöneres Geschenk machen als einen Sack Linsen. Er aß wenig Fleisch, am liebsten Hammel. Seine Diät bestand aus Eiern und Milch. »Es gibt sehr alte Gerichte«, schreibt er, »und sehr gute, die allen Weisen der Antike wohl bekommen sind. Ich gestehe, daß mein Magen sich nicht an die neue Küche gewöhnen kann. Ich kann nun einmal Kalbsmilch nicht leiden, die in einer salzigen Soße schwimmt. Ich kann kein Frikassee aus Pute, Hase und Kaninchen essen, das einem als eine einzige Fleischsorte vorgesetzt wird. Ich mag keine auf dem Rost gebratenen Tauben und kein Brot ohne Kruste. Ich trinke maßvoll Wein und finde die Leute merkwürdig, die essen, ohne zu trinken, und die noch nicht einmal wissen, was sie essen. Was die Kochkunst betrifft, so kann ich nicht ausstehen, wenn man Speck ausläßt oder mit einer Unmenge von Pilzen, Pfeffer und Muskatnüssen den Geschmack von in sich würzigen Gerichten übertönt, ja ich möchte noch nicht einmal, daß man das Fleisch spickt. Ich will, daß das Brot beim Bäcker gebacken wird und nicht zu Hause. Ein nicht gewürztes Abendessen, wie ich es vorschlage, läßt auf einen ganz sanften Schlaf hoffen, den kein unangenehmer Traum stören wird.«

Sobald er sich vom Essen erhob, legte er sich hin. Vier oder fünf Stunden Schlaf genügten ihm, aber er blieb fünfzehn oder sechzehn Stunden am Tag im Bett. Des Nachts brannten immer mehrere Kerzen. Bücher und Papiere bedeckten in beabsichtigter Unordnung sein Bett. In Reichweite befanden sich auf einem Tisch frisches Wasser, Café, weißes Papier, Federn und Tinte; alles war immer elegant aufgebaut.

Er war, was seine Person, seine Kleider, seine Gegenstände und seine Wohnung angeht, von einer für die Zeit beispielhaften Sauberkeit; ein geputztes Eichhörnchen! Aber er fröstelte so

leicht, daß er sich auch mitten im Sommer in riesigen Federbetten verkroch. Sein Körper lebte dann in verlangsamtem
Tempo, sparsam; alle seine Energie wurde dem außergewöhnlichen Nervenapparat zugeleitet, der die so gut genutzten
Kräfte verbrauchte. Darin liegt zweifellos das Geheimnis seines langen Lebens und seiner verblüffenden Magerkeit.

Während seines Aufenthaltes im Haus des Marquis d'Argens
fand ihn ein Besucher im Bett liegend: »Ich habe vier tödliche
Krankheiten«, vertraute ihm Voltaire an. »Ihre Augen sehen
sehr gut aus«, antwortete ihm der Besucher, der sich nicht
täuschte. Sein Teint glich Pergament, die Haut auf den spitzen
Knochen war faltig, aber seine Augen leuchteten wie die eines
Zwanzigjährigen. Das Kompliment des einfältigen Besuchers
ließ ihn auffahren. Wie konnte er zu sagen wagen, daß seine
Augen gut aussähen, wenn er behauptete, er läge im Sterben?
Er richtete sich in seinem Bett auf, und mit jener Stimme, die
ein ganzes Theater füllte, kreischte er: »Sie wissen wohl nicht,
daß man an Skorbut mit glänzenden Augen stirbt?« War es
erlaubt, nicht zu wissen, daß Monsieur de Voltaire Skorbut
hatte und am Verscheiden war, wie es sein vor Lebenseifer blit-
zender Blick anzeigte?

So lebte er in Pelzen und Daunen, fröstelnd mitten im Sommer, fröstelnd mitten im Winter vor einem Feuer, das ihn
röstete. Sein ganzes Leben lang zitterte er vor Kälte oder aus
Angst vor Kälte.

Die Schale einer bitteren Orange!

Von seinem Bett aus schrieb er nach Paris, um die bösen Ge-
rüchte über die Ungnade Friedrichs zu zerstreuen. Er sagte,
Friedrich sei nie liebevoller, nie großmütiger ihm gegenüber
gewesen. Während er tief in seinem Federbett steckte und seine
Brotsuppe schluckte, machte er glauben, er erlebe ein ewiges
Bankett:

On mange, en Janvier, des pêches, des fraises, des ananas.

Aber die d'Argentals ließen sich nicht täuschen. Als Freunde ahnten sie Gefahr und beunruhigten sich. Sie spürten, daß die Lage Voltaires heikel war und daß sie gefährlich werden konnte. Er beruhigte sie, aber sie glaubten keine seiner schönen Lügen. Sie flehten ihn an, zurückzukehren. Paris sei die einzige Stadt der Welt, in der er die Gesellschaft fände, die er brauche. In Berlin gäbe es zwar einen König und einige Schöngeister, aber keinen wirklichen Hof und im Grunde auch keine richtige Stadt. Wenn einen in Paris der Hof enttäusche, so bleibe einem die Stadt. Wenn diese kühl sei, breite Versailles die Arme aus. Er erwiderte, er sei aus Paris geflohen, um dem Neid zu entfliehen. Aber hatte er etwas anderes in Preußen gefunden? Sollte man nicht auf den Gedanken kommen, daß der Jude Hirsch nur so frech und stark geworden war, weil er von den Feinden Voltaires und vielleicht auch unter der Hand von Friedrich unterstützt wurde? Voltaire war nach Preußen gegangen, um die Freiheit zu finden. Doch er lebte dort gebunden wie ein Hausangestellter. Er konnte bei Tisch von tausend verbotenen Themen sprechen, aber durfte er, abgesehen von diesen brillanten und geheimgehaltenen Reden, etwa handeln? Konnte er fort? Auf Reisen gehen? Besuchen, wen er wollte? Voltaire mußte zugeben, daß die d'Argentals nicht unrecht hatten, aber die Zeit, auf sie zu hören, war noch nicht gekommen. Das Wunder hatte noch nicht alle Kraft verloren.

Madame Denis fügte ihre Klagen und Ratschläge denen der d'Argentals hinzu, aber sie ertrug die Abwesenheit des Onkels besser. Sie empfing die preußischen Reisenden, die Voltaire ihr empfahl. Sie empfing den diplomatischen Agenten Preußens in Paris mit so viel Wärme, daß er Angst bekam! Sie bot ihm den Platz an, den der Italiener leergelassen hatte. Er lehnte ab. Dabei hatte sie ihn fürstlich untergebracht, ihn mit Leckerbissen genährt, ihn in einer Kutsche durch ganz Paris gefahren und in ihrer Loge ganz Paris vorgestellt. Das Verhalten dieses Preußen ermutigte sie nicht dazu, in Preußen zu leben.

Sie hatte gehofft, den Marquis de Ximénès, einen vornehmen, ein wenig verrückten Herrn, zu heiraten. Der Marquis schien nicht so entschlossen wie sie. Voltaire riet von ferne von der Heirat ab. Ximénès hatte eine Neigung für Backfische, und es ist wahrscheinlich, daß die lederne, blaustrümpfige Pute, die schon oft gerupft worden war, ihn nicht inspirierte.

Nach einigen Monaten schien sich Friedrich zu besänftigen. Schüchtern kam es wieder zu Schmeicheleien. Mit verzogenem Gesicht spielte man sich die Komödie der wiedergefundenen Freundschaft vor. Das genügte anscheinend dem einen wie dem anderen. Voltaire schrieb d'Argental, daß er diesen Zustand den Angriffen Frérons und der Verachtung Versailles vorziehe. Er lachte noch viel mit La Mettrie. Sie waren so verschieden, daß sie nicht eifersüchtig aufeinander sein konnten. La Mettrie war nur den Ärzten, Voltaire nur den Literaten böse, und gemeinsam fielen sie über die Leute von der Kirche her. Die Gunst des Königs für La Mettrie störte Voltaire nicht, er hielt sie für einen Spaß. Dabei liebte Friedrich La Mettrie sehr und vertraute ihm weit mehr an als Voltaire. Er spielte mit La Mettrie, das wagte er nicht mit Voltaire, denn das Spiel mit ihm konnte leicht gefährliche Folgen haben. Außerdem hatte La Mettrie ein Herz, ein bretonisches Herz, das sich gegen Ende der Mahlzeiten öffnete. Er hatte Heimweh, er wollte Saint-Malo wiedersehen, und wenn er für seine Bretagne schwärmte, wurde er gesprächig, und Voltaire brachte ihn durch Fragen dazu, ihm alles zu sagen, was Friedrich ihm bei ihrem Zusammensein anvertraut hatte. Wie wünschenswert wäre es, nicht zu wissen, was unsere ›Freunde‹ in unserer Abwesenheit über uns sagen! Der Narr La Mettrie goß, ohne es zu wollen, Gift in das Herz Voltaires. Er vertraute ihm an, Friedrich habe ihm nicht verheimlicht, daß das Publikum sich hinsichtlich der angeblichen Gunst Voltaires täusche. Diese Gunst gab es nicht! Und La Mettrie wiederholte den schrecklichen Satz Friedrichs: »Ich brauche ihn höchstens noch ein Jahr: man preßt die Orange aus und wirft die Schale weg.«

Das sind unverzeihliche Worte. Von diesem Augenblick an war das Unglück geschehen. Voltaire fühlte sich nicht mehr sicher in Potsdam. Die beiden Freunde begegneten sich noch lächelnden Auges und mit blumigen Worten, doch Voltaire vergaß weder die Beleidigung noch die Drohung. Er schrieb seiner Nichte: »Ich träume immer von Orangenschalen, ich gleiche

dem, der im Traum von einem Kirchturm fiel, und, als er sich
recht wohl in der Luft fühlte, sagte: wenn es doch so bliebe!«
Er paßte sich also seiner prekären Lage an, die andere an seiner Stelle mit ihrem Abschied beendet hätten. Er blieb; vielleicht brauchte er Friedrich noch.

Der Schlag war so grausam, daß er zuweilen nicht daran glauben konnte. Er versuchte, sich davon zu überzeugen, daß der
betrunkene La Mettrie unter der Wirkung des Weines geredet
habe. Aber ach! La Mettrie wiederholte immer genau denselben Satz und beschrieb immer genau dieselbe Szene. Der
Satz klang wie eine Ausweisung. Voltaire ließ ihn sich oft wiederholen. Eines schönen Tages entzog sich La Mettrie seinen
Fragen und starb an überladenem Magen. Er hatte Lord
Tyrconnel behandelt, der leidend war. Der Kranke behielt seinen Arzt zum Souper da. La Mettrie ließ sich zu zehn Gerichten verführen und verschlang zum Schluß eine mit Speck und
Ingwer gefüllte Pastete. Wonach er einen Erstickungsanfall
bekam. Man wollte ihn behandeln, er aber wies jedes Mittel
von sich, außer dem Aderlaß, »um die Verdauungsstörung an
den Aderlaß zu gewöhnen«, wie er sagte. Trotz des ärztlichen
Befehls weigerte sich die Verdauungsstörung, sich an den Aderlaß zu gewöhnen, und La Mettrie starb. Sein Körper schwoll
erstaunlich an, und seine Seele verließ ihn ohne weitere Förmlichkeit. Friedrich brach in Lachen aus, als er von diesem ›philosophischen‹ Ende vernahm: »Ich bin sehr froh darüber«,
sagte er. Und Voltaire fügte hinzu: »Der Kranke tötete den
Arzt, der ihn behandelte.«

Man war dabei, das ›Siècle de Louis XIV‹ in Deutschland zu
veröffentlichen. Vielleicht hinderte dies Voltaire daran, Friedrich zu verlassen. Er erfuhr, daß man in Breslau und Frankfurt Nachahmungen seines Werkes druckte. Zu Recht regte er
sich auf. Er kannte die Gefahren dieser Fälschungen, die nicht
nur den Autor um seine Rechte, sondern ihn auch durch das
Vorhandensein eines gefälschten Textes ins Gefängnis bringen
konnten. Voltaire wandte sich an Friedrich, um Gerechtigkeit
zu erhalten. Friedrich verbarg ihm nicht, daß er der Bittschriften, der Klagen und der Affairen Voltaires überhaupt müde

sei. Unser Dichter brach zusammen. Aber es ging um sein Werk; er flehte nochmals und nahm sich vor, was auch immer komme, jenen Gaunern das ›Siècle de Louis XIV‹ zu entreißen. Und er hatte Erfolg.

Die erste Ausgabe erschien 1752 in Berlin durch Monsieur de Francheville, Hofrat des Königs von Preußen. Freunde und Bewunderer beglückwünschten Voltaire zu diesem erstaunlichen Werk, das das geltende Geschichtsbild umstieß. Die größte Originalität des Buches besteht darin, ›wahr‹ zu sein. Alle Tatsachen sind verifiziert, alle Zeugnisse authentisch. Die Arbeit, der sich Voltaire, der er seine Freunde, seine Berichterstatter, seine Sekretäre unterzogen hat, ist unglaublich. Und all das inmitten von Scherereien, Unternehmungen aller Art, Prozessen, Verfolgungen und dem anregenden Trubel der Gesellschaft. Eine andere Originalität des Werkes liegt darin, alle ›Leuchten‹ der Zeit um eine Zentralfigur gruppiert zu haben. Der König ist erlaucht, weil die Zivilisation seiner Zeit erlaucht ist. Der König und das Genie seines Jahrhunderts sind eins. Die großen Männer des Jahrhunderts haben dem Jahrhundert und ihm das Gesicht gegeben. Zum ersten Mal verherrlicht man einen König nicht, indem man seine übermenschliche Natur preist, sondern indem man seine Umgebung rühmt. Künste, Literatur, Wissenschaft haben aus Ludwig die Sonne Europas gemacht. Mit einem Wort, der Erste des ›Jahrhunderts‹ ist zwar symbolisch gesehen der König, in Wahrheit aber sind es die Kultur und der menschliche Geist.

Der immer ausgezeichnete Kritiker Lord Chesterfield fand alles an dem Werk wunderbar — außer der Orthographie! Wenn man darüber lächelt, so muß man wissen, daß der alles umwälzende Voltaire sich angeschickt hatte, die Orthographie zu vereinfachen. Er gibt als erster die großen Buchstaben auf; das verursachte ein derartiges Geschrei, daß er sie wieder einsetzte. Er schrieb ›Français‹ und nicht ›François‹, weil alle Welt ›Français‹ sagte. Man hätte ihm recht geben können, doch die Böswilligen verbreiteten, er verändere die Orthographie, um desto schneller Corneille und Racine aus der Mode zu bringen, deren Ruhm ihn am Schlafen hindere. Welch niedrige Dumm-

heit! Aber noch mitten im zwanzigsten Jahrhundert entflammte das heilige Feuer die Zöglinge des Klosters Marie-
d'en-Haut in Grenoble, so daß sie sich weigerten, ›Français‹ zu
schreiben, weil die Endung ›ais‹ durch den »ruchlosen Voltaire«
in Gebrauch gekommen sei.

Ein schwefeliger Schatten

Der Erfolg des ›Siècle‹ brachte ihm einen neuen, genauso hartnäckigen Feind ein, wie die Desfontaines und Frérons es gewesen waren. Es handelte sich um einen Unbekannten, der
Berühmtheit erlangte durch seinen Haß auf Voltaire, seine
Unehrlichkeit und Bosheit, die, wie gewohnt, von den Schreien
und Antworten seines Opfers begleitet wurden. Voltaire behandelte ihn wie seinesgleichen; sein Partner, der nicht mit
dieser Anerkennung gerechnet hatte, zog allen nur möglichen
Nutzen aus dieser außergewöhnlichen Publizität.
Er nannte sich Monsieur de la Beaumelle; sein richtiger Name
lautete Angliviel. Er wurde 1726 als Kind einer protestantischen Familie in Südfrankreich geboren. Zu dem Zeitpunkt,
als er sich mit so viel Gehässigkeit äußerte, war er also erst
siebenundzwanzig Jahre alt. Bescheidenen Ursprungs, hatte er
es, um ›voranzukommen‹, mit einer Konversion zum Katholizismus versucht. Doch trugen ihn die Priesterröcke vergeblich
in ihre Listen ein, da er sich gleich danach nach Genf begab,
um wieder in die Quellen des Calvinismus einzutauchen.
1750 ging er nach Dänemark, wo er Lehrer in einem Gymnasium wurde, kleine Schultexte schrieb und eine Zeitung mit
dem Titel ›La Spectatrice danoise‹ gründete. Er machte sich
bekannt — recht wenigen Leuten im übrigen — mit der Veröffentlichung eines kleinen Buches ›Mes pensées ou Qu'en dira-
t-on?‹ Man sagte sehr wenig darüber, denn seine ›Pensées‹ veranlaßten niemanden zum Denken. Aber sein Stil war scharf,
sarkastisch und zeitgemäß. Von Kopenhagen aus schrieb er
höflich dem in Potsdam weilenden Voltaire und bat ihn um
Erlaubnis, im Auftrag des dänischen Königs seine Werke zu

veröffentlichen. Wir kennen Voltaire: sobald ihm ein junger Schriftsteller sagt, daß er ihm alles verdanke und sich im Namen eines Königs vorstellt, ist er gewonnen.

1753 kam La Beaumelle nach Berlin. Voltaire empfing ihn freundlich, nicht ahnend, daß er nur kam, um ihn auszuhorchen und bei einer Schuld zu ertappen. Zweifellos war La Beaumelle von Eifersucht zerfressen, er beneidete den Dichter, aber weniger um sein Talent, als um sein Vermögen und seinen sozialen Erfolg. Er erkannte keine der Qualitäten an, die Voltaire zu diesem Erfolg verholfen hatten: seine Höflichkeit, seine großzügige Gastfreundschaft, seine unvergleichliche Unterhaltung.

La Beaumelle hatte sofort in Maupertuis einen Verbündeten gewittert. Er besuchte ihn, vertraute ihm seinen Haß für Voltaire an und war entzückt, daß Maupertuis ihn teilte. Maupertuis erkannte augenblicklich, daß der ehrgeizige, verbitterte junge Mann ihm nützlich sein könne; und so tat er sein Bestes, das Verhältnis zwischen Voltaire und dem kleinen Neider zu vergiften. An Gelegenheiten fehlte es nicht.

La Beaumelle rühmte sich, die ›Mémoires de Madame de Maintenon‹ zu schreiben, wobei er sich auf angeblich unveröffentlichte Briefe stützte, die er dem Sohn Racines abgekauft habe. Niemand glaubte an diesen Kauf, denn La Beaumelle war nicht reich, und wenige hielten die Existenz dieser Briefe für wahrscheinlich, wenn er auch mit beeindruckender Sicherheit davon sprach. Diese ›Briefe‹ machten die Gesellschaft von Potsdam recht neugierig. Friedrich sagte eines Abends beim Souper, da La Beaumelle sie weder von der Familie, noch von den Freunden der Favoritin bekommen habe, sei er wohl auf unehrliche Weise in ihren Besitz gekommen. Die Äußerung machte Voltaire große Freude, denn diese ihm unbekannten ›Briefe‹ beunruhigten ihn sehr. Er fragte sich mit der Angst des Historikers, ob diese Quellen, die ihm unzugänglich gewesen waren, nicht das, was er von dem König und Madame de Maintenon in seinem ›Siècle de Louis XIV‹ geschrieben hatte, entkräften könnten? Wer ist seiner Quellen je sicher? Später konnte er sagen, daß »Madame de Maintenon alles unterzeichnet hätte, was er von ihr schrieb«. Aber als La Beaumelle ihm zu verstehen gab, er werde sich über die von ihm begangenen Irrtümer wundern, wenn er erst ›Les Mémoires de Madame de Maintenon‹ vor der Nase habe, wurde er von den grausamsten Zweifeln geplagt. Das war es, was La Beaumelle wollte: den Autor quälen und sein wunderbares Werk herabsetzen.

Sobald das ›Siècle de Louis XIV‹ erschienen war, schrieb La Beaumelle, das Buch bestünde nur aus ›Armseligkeiten und gedanklichen Irrtümern‹. Das war keine Kritik mehr, sondern eine Beleidigung. Voltaire nahm sie um so übler auf, als sein Feind ankündigte, er werde den Dichter des Irrtums und der Lüge überführen, da er, La Beaumelle, die authentischen und von Voltaire vernachlässigten Dokumente besitze. Nichts konnte Voltaire mehr schmerzen, der in diesem historischen Werk den Ehrgeiz gehabt hatte, ›wahr‹ zu sein.

Ein neuer Krieg begann. Voltaire war immer hoch erstaunt, wenn sich ihm ein Feind entdeckte. La Beaumelle hätte ihn schon durch mehrere Hinweise mißtrauisch machen müssen. So gab er ihm sofort nach seiner Ankunft in Potsdam seine ›Pensées‹ zu lesen, und der Autor des ›Siècle‹ erlebte die unangenehme Überraschung, eine boshafte Bemerkung gegen sich selbst darin zu finden. La Beaumelle schrieb, »daß es größere Dichter als Voltaire gegeben habe, aber keine besser bezahlten«. Es folgte eine Aufstellung der Pensionen, die der Dichter bezog. Voltaire machte ein Eselsohr in die betreffende Seite und wollte wissen, warum man ihn angreife. Ohne zu zögern sagte La Beaumelle, Voltaire habe ein Lob mißverstanden.

»Ich kann wohl nicht lesen«, erwiderte Voltaire.

»Vielleicht doch«, antwortete der Unverschämte und versuchte, ihn mit der niedrigsten Speichelleckerei zu beruhigen. Voltaire zwang sich, bleich und bebend vor Zorn, zur Ruhe. Die Rache würde später kommen.

La Beaumelle, der keine Unterstützung, kein Vermögen, keinen Namen hatte, fehlte es nicht an Kühnheit, als er den berühmtesten Schriftsteller der Zeit angriff, der auch in Berlin ein mächtiger Mann war. Er wußte wohl, daß dieser so höfliche

Dichter wild werden konnte, wenn man sich gegen ihn stellte und, wie die gute Graffigny zitternd sagte, »fähig, einen Toten ausgraben zu lassen, um ihn zu hängen«.

Ein Mißgeschick La Beaumelles sollte Voltaire bei seinen Racheplänen helfen. Beim Verlassen der Oper lernte La Beaumelle eine schöne Frau kennen, der er so wirksam den Hof machte, daß sie auf der Stelle ein Rendezvous mit ihm vereinbarte. Er war ein hübscher Junge, kühn und feurig. Erregt von dem Abenteuer, kümmerte er sich äußerst wenig um den Gatten, der, drei Schritte von seiner Frau entfernt, sich nicht im geringsten für sie zu interessieren schien. Es war ein gewisser Oberst Coccheim, ein Haudegen mit hängendem Schnurrbart und Säbel, schwarz behaart und schrecklich, ohne einen Funken von Intelligenz. La Beaumelle eilte zu dem Stelldichein, und ohne weitere Reden schickte er sich an, der Dame die Glut seiner Gefühle zu bekunden. Ein Schrank öffnete sich, und der Haudegen trat in Erscheinung. La Beaumelle glaubte sich schon tot. Aber der Oberst hatte es nur auf seine Börse abgesehen; unterstützt von der galanten Dame, plünderte er La Beaumelle aus. Eine magere Ausbeute! Die Gauner wollten sich rächen, der Haudegen erhob Klage wegen Ehebruchs. La Beaumelle wurde mit unglaublicher Schnelligkeit gefangengenommen und eingesperrt. Er schrie und schrieb. Ganz Berlin amüsierte sich über das Abenteuer. Maupertuis schaltete sich bei Friedrich ein, die Erpresser kamen ins Gefängnis und La Beaumelle verließ es.

Wie hätte Voltaire sich aus diesem Skandal heraushalten können? Es schien ihn nicht das geringste anzugehen, aber sein Schicksal ist es nun einmal, in alles verwickelt zu sein. Eine liebenswürdige Dame erbot sich, Voltaire und La Beaumelle wieder auszusöhnen, und sobald La Beaumelle wieder frei war, erzählte sie ihm, Voltaire habe ihn verteidigt, er habe ihn durch den französischen Minister befreien lassen, er habe alle Franzosen zu einem Eingreifen beim König veranlaßt; kurz, er habe sich als vollendeter Freund aufgeführt. Und sie schickte La Beaumelle zu Voltaire, um sich zu bedanken. Unser Held, seiner Natur treu, öffnet beim Anblick eines zerknirschten, sanften, honigsüßen La Beaumelle seine Arme, drückt ihn an sich, lobt ihn und nennt ihn seinen Sohn. Voltaire fragt sich gar nicht, ob er wirklich all das getan hat, wofür La Beaumelle ihm dankt. Er sieht in der Versöhnungsszene nur eine ›Szene‹. Was kümmert ihn, weswegen La Beaumelle zu seinen Füßen liegt, er liegt nun einmal dort. Man muß ihn schnell aufrichten, und da er Voltaire offenbar liebt, soll niemand sagen, daß Voltaire ihn nicht auch liebt. Kann man jemandem in der Freundschaft nachstehen?

Kaum hatte sich La Beaumelle von den Umarmungen Voltaires erholt, als er einen ganz anderen Bericht hörte. Man sagte ihm, der erboste Dichter habe geäußert, wenn La Beaumelle im Gefängnis sitze, so sei er da ganz am rechten Ort, und die Franzosen in Berlin hätten nichts zu schaffen mit den Affären eines Mannes, der nicht Franzose sei. Und wenn er allenfalls beweisen könne, daß er durch Geburt Franzose sei, so sei er es doch jetzt nicht mehr, da man ihn aus Frankreich verbannt habe. Und wenn er wirklich nicht aus Frankreich verbannt worden sei, so habe man ihn gewiß aus Dänemark verbannt. Kurz, sein Fall sei, wie man es auch wende, aussichtslos, denn selbst, wenn man ihn nirgends verbannt habe, sei er nichts anderes als ein schlechter Christ. (Ein merkwürdiger Ausspruch aus dem Munde Voltaires!) Diese Tatsache verhindere jeden Schritt zu seinen Gunsten, denn es sei unwürdig, einen Minister seiner Allerchristlichsten Majestät einzuschalten, um einem schlechten Untertanen und einem schlechten Christen zu helfen.

Bei diesem hübschen Bericht flammte der ganze Haß La Beaumelles wieder auf. Von da an herrschte Krieg auf Leben und Tod. Doch scheint es wirklich eine Verleumdung, Voltaire solche Reden in den Mund zu legen. Wie soll man glauben, daß er die Eigenschaft eines schlechten Christen angeführt hat, um La Beaumelle seinem Schicksal zu überlassen? Am Hof Friedrichs war dies doch ein Ruhmestitel! Sicher ist, daß Voltaire nichts zur Befreiung La Beaumelles tat und seine Zufriedenheit nicht verbarg, den frechen Schreiberling im Finstern und vor allem in der Stille zu wissen.

Voltaire hatte nicht verfehlt, Friedrich den Angriff La Beaumelles in den ›Pensées‹ vorzulesen. Der König war ärgerlich darüber gewesen, und La Beaumelle hatte davon erfahren. Er entschuldigte sich bei Darget und beklagte sich vor allem darüber, daß man dem König die Stelle vorgelesen habe. Als ganze Antwort ersuchte Darget ihn, Preußen so bald wie möglich zu verlassen. Das war deutlich, die Karriere La Beaumelles in Berlin war beendet. Er verließ das Land mit dem einzigen Erfolg, Voltaire auf glühende Kohlen gesetzt zu haben, denn die berüchtigten Briefe der Madame de Maintenon raubten ihm noch immer den Schlaf.

La Beaumelle floh nach Gotha, wo er nicht mehr Erfolg hatte. Da er Voltaire nicht schaden konnte, ließ er sich von einer Kammerzofe lieben, die mit ihm floh — und mit dem ganzen Schmuck ihrer Herrin. Voltaire erfuhr sofort davon. Er machte die Nachricht bekannt und verbreitete sie an allen deutschen Höfen. La Beaumelle kam endgültig in Mißkredit. Dennoch waren rechtschaffene Leute der Ansicht, Voltaire beschmutze sich selbst, indem er diesen Schmutz veröffentliche.

La Beaumelle wußte genau, wem er die gefährliche Berühmtheit, die ihn überall vertrieb, verdankte. Er wurde von Voltaire selbst unterrichtet, der ihm keineswegs seine Berichte an die deutschen Höfe über die Art, wie Sieur de la Beaumelle Dienstboten und gestohlene Schmuckkästen entführte, verheimlichte. Um sich selbst treu zu bleiben, machte Voltaire kurz danach in einer seltsamen Kehrtwendung Annäherungsversuche an La Beaumelle. Er bot ihm Frieden an und bat ihn, das ›Siècle de Louis XIV‹ nicht mehr schlecht zu machen. Welche Demütigung und welcher Fehler! Das hieß, Zeit und Würde verlieren. La Beaumelle sah in dieser Erniedrigung nur einen Wink, hartnäckig an einem Feind zu bleiben, der um Gnade bat. Im Jahre 1753 veröffentlichte er in Frankfurt mit einer Unverfrorenheit und Verlogenheit, die in der an Bubenstücken und Fälschungen so reichen Verlagsgeschichte des 18. Jahrhunderts unerreicht ist, ein ›Siècle de Louis XIV‹, vermehrt um zahlreiche Bemerkungen und Beweisstücke von M. de la B.!! Als man ihn darauf hinwies, er mache sich des Diebstahls und der Fälschung schuldig, klagte er nur darüber, daß der Verleger die Unvorsichtigkeit begangen habe, das Werk mit la B. zu unterzeichnen und dadurch den Autor zu verraten. Doch sein Ärger war nicht groß, denn der beste Lohn seines Verrates bestand nicht in den fünfzehn Florins, die er vom Verleger erhielt, sondern in der Befriedigung darüber, daß Voltaire wußte, wer den Schlag geführt hatte. Er war so zufrieden, daß er das Verfahren mit anderen Werken Voltaires — besonders mit ›La Henriade‹ — noch einmal begann.

Wie groß wäre seine Freude gewesen, wenn er — anstatt es sich nur vorzustellen — das verzerrte Gesicht Voltaires gesehen hätte, als dieser das von Lügen und Schamlosigkeiten entstellte ›Siècle de Louis XIV‹ sah. Sein ganzes Quellenstudium, seine intellektuelle Aufrichtigkeit und Liebe für das Jahrhundert der Klassik, die Ehre eines Schriftstellers und der Ruhm einer Epoche, all das war geohrfeigt und in den Schmutz gezogen worden. Voltaire glaubte vor Kummer sterben zu müssen.

Wie seltsam war seine Haltung während dieser zuweilen so erniedrigenden Streitereien. Wir sehen ihn seinen elenden Feinden mit eben den niederträchtigen Waffen begegnen, mit denen sie ihn angegriffen hatten. Aber bei Voltaire handelt es sich nur um einen Fehltritt, das Verbrechen der Niedrigkeit ist bei ihm immer nur ein Verbrechen aus Leidenschaft. Wir wissen, daß der Bezauberer nach der Krise wieder neu geboren wird.

Unterdessen löste sich die Gesellschaft in Potsdam auf. Die Streitereien mit La Beaumelle interessierten nur Maupertuis. Lord Tyrconnel, der seinen Arzt getötet hatte, folgte ihm bald ins Grab, und zwar aus dem gleichen Grund: er hatte zu viel gegessen. »Sie haben sich umgebracht«, sagt Voltaire, »weil sie glaubten, Gott habe den Menschen nur zum Essen geschaffen —. und sie dachten auch, er habe ihn geschaffen, um Böses zu reden.« Er selbst redete mehr Böses als sie, aber aß weniger. Er starb sieben- oder achtmal die Woche an Koliken oder vor Wut, aber er begrub die Gesunden. »Wer hätte gedacht, daß Lord Tyrconnel, dieses dicke, so frische, so starke und so kräftige Schwein, vor mir im Sterben läge!«

Darget starb nicht, aber kehrte im März 1752 nach Frankreich zurück. Er wollte sich in Paris behandeln lassen, denn er war krank. In Wahrheit war sein größtes Leiden eine tiefe Sehnsucht. Er hatte seine zärtlich geliebte Frau verloren, und alle Schmeicheleien Friedrichs konnten die liebevolle Gattin und das ferne Vaterland nicht ersetzen. Gute Seelen verbreiteten, Darget verlasse Berlin, weil er sich durch die Gegenwart Voltaires herabgesetzt fühle! Welche Dummheit und welcher Irrtum! Die beiden Männer verstanden sich gut, wenn auch nur, weil Voltaire sein Bestes tat, um in Darget eine wachsame Stütze gegen Friedrich zu haben.

Die Sehnsucht nach der Heimat war allgemein. Selbst der Kammerdiener Voltaires, der aus der Picardie stammte, weinte, weil sein Herr nicht nach Frankreich zurückkehren wollte. Außerdem konnte er den Spott der Preußen über seine kleine Gestalt nicht ertragen. Voltaire tröstete ihn und bewies ihm, daß Friedrich II. noch kleiner war als er, und Caesar und Alexander auch. Worauf der arme Junge antwortete, daß sie aber keine Pikarden gewesen seien.

In Paris hatten die d'Argentals und Madame Denis ein Mittel gefunden, Voltaire zurückzuholen: sie willigten nur ein, sich um ein Aufführung von ›Rome sauvée‹ zu kümmern, wenn er zurückkehre. Da er hartnäckig blieb, gaben sie nach. Sie ließen die Tragödie aufführen, die ein sehr großer Erfolg wurde. Wer hätte das gedacht? Seine Abwesenheit diente ihm besser als seine Intrigen. Le Kain war es, der den größten Erfolg errang und zum ›Schauspieler des Königs‹ ernannt wurde. Madame Denis wollte außerdem in ihrer Eigenschaft als Nichte des großen Dichters ihr eigenes Stück ›La Coquette punie‹ spielen lassen. Sie war allein mit diesem Wunsch. Sofort begann sie zu intrigieren, sie flehte, weinte, tat schön. Nur die ›Freunde‹, die sie beherbergte, ermutigten sie, ihr Genie auf der Bühne glänzen zu lassen. Die Schauspieler weigerten sich, die aus ihrer Gänsefeder geflossenen Albernheiten zu spielen. Voltaire lag nicht im geringsten daran, daß man solche Banalitäten aufführte, und er war nicht böse, als er erfuhr, man werde ›La Coquette punie‹ nicht spielen. Madame Denis zum Spott führte die Comédie eine ›Coquette corrigée‹ von La Noue auf. Voltaire hoffte, diese Beleidigung werde sie auf den Weg der Bescheidenheit, wenn schon nicht der Tugend zurückführen. Als Kokette hatte sie immer nur ein einziges Opfer, aber als Komödiendichterin — unmöglich! Auf offener Bühne wäre die ganze Welt von ihr angeekelt worden.

Voltaire also blieb weiterhin in Potsdam, vielleicht weil Potsdam Voltaire noch nicht alles Gift gezeigt hatte. Nach dem Prozeß mit dem Juden, nach der — bitteren — Orangenschale, nach dem schrecklichen La Beaumelle machte er noch eine ebenso bittere und böse Entdeckung: den Verrat eines Freundes. Man muß zugeben, daß der Gast Friedrichs im Laufe von zwei Jahren viele Mißgeschicke hatte.

In Berlin war ein Verräter...

Maupertuis war Bretone und stammte aus Saint-Malo. Er war dort 1698 geboren. Sein Vater vertrat seine Stadt bei der Versammlung der bretonischen Stände und legte dem König die Eingaben seiner Provinz vor. Maupertuis war ein außergewöhnlich intelligentes Kind, und sein Vater ließ ihn trotz seines Geizes hervorragend ausbilden. Danach aber wollte der junge Mann Matrose werden; seine Mutter weinte. Er wurde Soldat; seine Mutter weinte wieder. Nach zwei Jahren verließ er die grauen Musketiere und wurde, um die Tränen seiner Mutter zu trocknen, Physiker. Er ging nach Paris, verkehrte in wissenschaftlichen Kreisen, wo er wohl empfangen wurde. Er hatte ein übertriebenes, naives Selbstbewußtsein, das sein Debüt eher hinderte, denn er mußte seine Eitelkeit oft zurückschrauben. Nichtsdestoweniger wurde er, da er wirklich intelligent war, im Jahre 1723, mit fünfundzwanzig Jahren, in die Akademie der Wissenschaften aufgenommen. 1728 verbrachte er einige Zeit in England, entdeckte Newton, wurde ein Fanatiker des Gravitationsgesetzes und beschloß, die neue Theorie in Frankreich einzuführen. Er versuchte dies auf jede Art und Weise. Alle Verfahren einer lärmenden Publizität waren ihm recht, um die Aufmerksamkeit auf sich und den Newtonismus zu ziehen: am liebsten wäre er als öffentlicher Ausrufer, begleitet von Trommelwirbeln und einem mit Schellen behängten tanzenden Affen auf die Straße gegangen. Er war wahnsinnig ehrgeizig, und da er sich nun einmal vorgenommen hatte, den Vorhang zu zerreißen, zerriß er ihn und sprang auf die vorderste Bühne mitten in das Rampenlicht. Aber er zahlte mit eigener Person: als es darum ging, am Polarkreis den Meridian zu messen, zeigte er viel Mut und Schwung, übernahm die unangenehmsten Aufstiege und richtete sich mit einer teuflischen Ausgelassenheit, ohne mit der Wimper zu zucken, in Schnee und Eis ein, in Tran und Eskimoschweiß. Abgesehen davon waren seine Berechnungen auch richtig. Durch ihn wurde die wissenschaftliche Expedition ein Erfolg. Außer genausten Messungen brachte er noch erfrorene Füße und seine beiden Lieblingseskimofrauen mit nach Hause, die er in Paris ausstellte. Eine Zirkusnummer sicherte seinen wissenschaftlichen Arbeiten die Publizität. Er hatte auch einen Neger namens Orion. Seiner Eskimofrauen entledigte er sich, indem er die eine mit einem Mann aus der Normandie verheiratete — das schlechteste Geschäft, das ein normannischer Roßtäuscher je machte! — und die andere in ein Kloster steckte, nachdem er sie pflichtgemäß bekehrt hatte. Was den Neger betraf, so folgte ihm dieser überall hin, selbst nach Preußen. Der treue Diener nahm sich mit seinem Herrn solche Freiheiten heraus, daß er laut sagte, wenn sein Herr, aufschneidend wie ein Gascogner, seine Heldentaten bei Tisch erzählte: »Ich frage mich wirklich, ob die Ihnen das glauben!«

Von seinem Neger flankiert, zog Maupertuis außerdem durch seine Aufmachung die Blicke der Leute auf sich: er trug eine runde, rote Perrücke, die er gelb puderte. Das Volk lief zusammen, Gaffer umgaben ihn, wenn er öffentlich sprach. Dieser Wissenschaftler führte sich auf wie ein Scharlatan. Aber für seine Eitelkeit hatte er noch andere Trümpfe als grobe Farcen; er war ein sehr schöner Mann, ein guter Kavalier, er beherrschte die Umgangsformen und besaß eine für das Jahrhundert unschätzbare Gabe: er konnte eine brillante Unterhaltung führen. Es fehlte ihm weder an Leichtigkeit, noch an Schlagfertigkeit oder Schärfe. Auf diese ausgezeichneten Empfehlungen hin, zog Friedrich ihn nach Berlin. Ludwig XV. machte keinerlei Schwierigkeiten, ihm seinen Abschied zu geben. Maupertuis erstattete ihm seine Pension von viertausend Livres zurück; Friedrich sicherte ihm eine von fünfzehntausend Livres. 1740 wurde die Geometrie in Potsdam besser bezahlt als die Poesie. Als Voltaire anlangte, brachte er die Poesie-Preise zum Steigen. Mauerpertuis gefiel Friedrich; sein Geometer begleitete ihn auch in den Krieg. Voltaire erzählt (nach ihrem Streit), Maupertuis sei dem König auf einem Esel gefolgt, da Friedrich nicht das Geld für ein Pferd habe ausgehen wollen. Bei der Schlacht von Mollwitz konnte Maupertuis nicht so schnell fliehen wie sein Herr, der bei dieser Gelegenheit den Namen ›Der Läufer von Mollwitz‹ erhielt, er wurde von den Österreichern eingeholt, geschlagen, geplündert und ohne Esel und Kleider gefangengenommen. Als der Hof von Wien von dem Mißgeschick des Geometers von Saint-Malo erfuhr, überhäufte er ihn mit Geschenken. Die Regierungen dieser wenig emanzipierten Völker hatten so ihre Höflichkeiten! Er kehrte nach Frankreich zurück, wo er zum Mitglied der Académie Française gewählt wurde. Aber seine lästige Eitelkeit, seine Verachtung für Descartes und sein Lob Newtons machten ihn unerträglich. Er ging wieder nach Berlin. Dort kannte man weder Descartes noch Newton, und niemand diskutierte die Behauptungen unseres Wissenschaftlers. ›Seine Wichtigkeit‹ wurde wohl empfangen. Er heiratete eine junge Preußin von höchstem Adel. Ihre Familie verzog ein wenig das Gesicht, sie hätte sich weniger Geometrie und mehr Genealogie gewünscht. Er setzte sich also mit aller Kraft in der Berliner Gesellschaft fest, wurde zum Präsidenten der Preußischen Akademie ernannt und herrschte tyrannisch über die Intelligenz des Landes. Aber er war ein aufgeklärter Tyrann, er leistete ausgezeichnete Arbeit, die Friedrich ehrend anerkannte. Maupertuis wußte zu gefallen; er war oft in Cirey gewesen, er hatte Madame du Châtelet in die Physik Newtons eingeführt, und man weiß, daß Emilie ihn ebenso wegen seiner Einsicht als wegen seines

freigebigen Temperamentes schätzte. Er war zwanzig Jahre
lang der Freund Voltaires gewesen.
In Potsdam mißfielen sie sich. Sie waren zu nahe beisammen,
sie wurden Rivalen. Voltaire sagte: »Er ist mit viel Geist und
Talent geboren, einzig seine übertriebene Eigenliebe hat schließlich aus ihm einen sehr lächerlichen und sehr bösen Menschen
gemacht.« Aber Friedrich sagte: »Ich lebe lieber mit Maupertuis als mit Voltaire. Er hat einen zuverlässigeren Charakter
und unterhält besser als Voltaire, der, wenn Sie es recht betrachten, stets dogmatisiert.« Das ist ein Wort aus schlechter
Laune während des Prozesses mit dem Juden. Nichts aber
konnte den Haß Voltaires für den Mathematiker mehr schüren
als zu wissen oder zu ahnen, daß Friedrich es wagte, ihn mit
Maupertuis zu vergleichen. Es kam zum Streit, weil ihre beiden, durch Friedrichs Spiel gereizten Eitelkeiten sich immer
wieder aneinander rieben. Ein in Potsdam lebender Zeuge
erklärte: »Der eine ist zu despotisch, der andere zu ungeduld-
dig. Maupertuis wollte herrschen, Voltaire erdrückte ihn.«

Und der Krieg begann

Als Voltaire in Potsdam ankam, umarmten sich die beiden
Freunde. Schlaue Leute gaben sich keinen Illusionen hin: innerhalb von sechs Tagen oder sechs Monaten würde der Streit
losbrechen. Buffon sagte, die beiden Männer seien nicht dazu
gemacht, sich zusammen in einem Zimmer aufzuhalten. Und
Potsdam war nicht viel größer als ein Zimmer. Voltaire tat das
Seine während der ersten Monate. Aber liebenswürdig sein
mit einem Menschen, der selber nicht mehr liebenswürdig ist,
kann man nur, wenn man sich selten sieht. In Potsdam sahen
sie sich jeden Tag, ein wahres Martyrium! »Ich ertrage Maupertuis, da ich ihn nicht freundlich stimmen kann«, schreibt
Voltaire. Damit weist er auf den Bruch hin, denn Voltaire ›erträgt‹ nichts auf der Welt. Er ist ein unerträglicher Mensch,
der nichts erträgt.
La Beaumelle, den seine Bosheit dumm machte, sagte, Voltaire

habe Maupertuis sein Amt als Präsident der Akademie entreißen wollen, um es selbst einzunehmen. Voltaire hatte nie diesen Ehrgeiz. Der Mißmut des Geometers brachte ihn in Wut, nicht seine Titel und Ämter. Er hätte mit diesen Ruhmestiteln nichts anzufangen gewußt, er besaß genug davon. In dem Vipernnest Potsdam war Friedrich keine der harmlosesten Schlangen — es mißfiel ihm nicht, Verleumdungen in die Welt zu setzen, üble Nachrede zu wiederholen und anzuhören. In der Umgebung des Königs sagte man ungeniert: »Wenn Voltaire seinen Prozeß gegen den Juden verliert, wird er gehängt, wenn er ihn gewinnt, so wird er verjagt.« Friedrich hörte und ließ reden. Wenn ein König etwas nicht ausdrücklich mißbilligt, so kann dies als Ermutigung gelten. Diese beunruhigende Haltung, die den grausamen Eindruck der Orangenschale bestätigte, machte Voltaire drei Tage lang krank. Bei den Soupers verlor er seine Waffen. Eines Abends war er verdrießlich gewesen und Maupertuis hatte geglänzt. Durch einen unglücklichen Zufall kehrten sie in derselben Kutsche nach Hause zurück. Aufgebläht sagte Maupertuis: »Man muß zugeben, daß der Abend heute reizend war.« Voltaire, zusammengeschrumpft in seinen Pelzen, in der hintersten Ecke, möglichst weit von Maupertuis entfert, brummte: »Ich habe nie einen blöderen erlebt.«

Man hat gesagt, daß diese Antwort den Streit ausgelöst habe. Doch er entstand durch alles, was schon in ihnen aufgespeichert war, und durch ihre Umgebung. Jeder begann, für oder gegen Voltaire oder Maupertuis Partei zu ergreifen und den Streit zu schüren.

Der Krieg brach offen aus wegen Professor Koenig. Maupertuis hatte Koenig zuerst protegiert, obschon dieser Anhänger von Leibniz und Gegner Newtons war, was ein Verbrechen bedeutete. Maupertuis hatte sogar Emilie und Koenig versöhnen wollen, als diese sich wegen Newton verzankten. Das Resultat war gewesen, daß Emilie sich auch mit dem Versöhner zerstritt. Koenig hatte sich erlaubt, einige Bemerkungen zu einem von Präsident Maupertuis veröffentlichten Memorandum zu machen. Diese Bemerkungen waren ebenso frei von jeder Bosheit wie ihr Autor, aber Maupertuis antwortete mit unglaublicher Heftigkeit und erhob gegen den naiven Koenig Klage vor der Akademie von Berlin, die nach dem gnädigsten Willen ihres Präsidenten in einen Gerichtshof verwandelt wurde. Maupertuis hatte sich geschworen, Koenig vor dem ganzen wissenschaftlichen Europa herabzusetzen und ihn seine Titel, seinen Posten und seine Pension als Bibliothekar in Den Haag verlieren zu lassen. Friedrich ließ Maupertuis gewähren. Voltaire waren Leibniz und sein Verteidiger egal, aber als er sah, wie Maupertuis, seine Autorität mißbrauchend, die Mitglieder der Akademie nach seinem Willen sprechen und abstimmen ließ und sie behandelte wie Friedrich seine Truppen, das heißt, mit dem Stock, ergriff er Partei gegen die offensichtliche Ungerechtigkeit gegenüber dem armen Wissenschaftler. Die Gelegenheit schien ihm günstig, den Dünkel des Mathematikers Maupertuis zu dämpfen, der vor der Nase des ›Fürsten des Geistes‹ vermessen den Schöngeist spielen wollte.

Es war nur allzu wahr, daß Maupertuis sich an Koenig rächte. Der brave Mann, der seit fünfundzwanzig Jahren sein Freund gewesen war, erwies ihm nicht alle die Ehren, die der Präsident der Akademie von Berlin von ihm erwartete. In einer vertraulichen Unterhaltung wandte sich Koenig eines Tages mit folgenden Worten an den Präsidenten: »Aber, mein armer Freund, bedenken Sie doch . . .« Bei diesen Worten erstickte Maupertuis fast vor Entrüstung. Mit ihm in diesem Tone zu sprechen! Wer war denn eigentlich dieser dumme Leibniz-Anhänger, dieser verhungerte Kerl mit seiner winzigen Bibliothekarspension? Koenig nahm den kindischen Zorn nicht ernst und druckte seine ›Observations‹ trotzdem. Er hatte im übrigen Maupertuis um die Erlaubnis gebeten, der ihn sogar hinterlistig zu dieser Veröffentlichung aufgefordert und damit den Einfältigen in die Falle gestoßen hatte. Koenig erfuhr kurz nach dem Erscheinen seiner Schrift, daß diese durch die Akademie von Berlin verurteilt worden war. Er wandte sich an Maupertuis, der ihm antwortete, er sei schuldlos an der Sache, die Akademie habe in aller Freiheit gerichtet. Der arme Mann starb fast vor Scham und Kummer; er schrieb seine eigene Verteidigungsrede, sie war würdig, mutig und wahrhaftig. Man warf sie zu den alten Papieren der Akademie. Aber die Verteidigung Koenigs fand wenigstens einen erlesenen Leser: Voltaire. Und der Kampf der Truthähne der Berliner Akademie nahm augenblicklich eine andere Wendung.

Maupertuis war krank; das machte ihn nicht liebenswürdiger. Er litt unter einer Brustentzündung und trank große Mengen Branntwein. Der König empfahl ihm, seiner Gesundheit wegen weniger zu trinken. Seine Krankheit schnitt ihn jedoch nicht von der Welt ab, und er erfuhr von dem Eintreten Voltaires für Koenig. Voltaire hörte bald darauf, Maupertuis verbreitete aus Rache gefährliche Verleumdungen »gegen die«, wie er sagt, »es keinen Schutz und Schild gibt«. Wie lauteten diese für unseren Poeten so gefährlichen Verleumdungen? »Maupertuis hat unter der Hand das Gerücht verbreitet, ich fände die Werke des Königs äußerst schlecht.« Das war schlimm, denn Friedrich war ebenso Schriftsteller wie Voltaire. Er hätte eine Bemerkung Voltaires über seine Neigung für schöne Uniformen geduldet, aber Spott über seine schlechten Verse litt er nicht. Doch das war noch nicht alles. Maupertuis flüsterte einem Dutzend wohlausgewählter Leute in die Ohren, Voltaire habe eines Tages, als er die zu korrigierenden Verse des Königs erhielt, vor mehreren Zuhörern folgende ›merkwürdige Worte‹ gesagt: »Wird er es denn nie müde, mir seine schmutzige Wäsche zum Waschen zu schicken?«

Handelte es sich wirklich um eine Verleumdung, wie Voltaire versichert? Alle Welt war vom Gegenteil überzeugt. Im übrigen wird die angebliche Verleumdung durch ein anderes Zeugnis bestätigt: als Voltaire gerade die Verse eines deutschen Freundes namens Manstein korrigierte, brachte man ihm einen Packen mit Entwürfen des Königs, der ihn um Korrektur bat. Voltaire sagte darauf zu Manstein, indem er ihm seine Verse zurückgab: »Mein Freund, auf ein ander Mal, der König schickt mir seine schmutzige Wäsche zum Waschen, die Ihre wasche ich anschließend.«

Dieser Ausspruch machte am Hof in einer Stunde die Runde, in der Stadt in einem Tag. Alles in allem wog die ›schmutzige

Wäsche‹ die ›Orangenschale‹ reichlich auf. Zwischen unseren guten Freunden bedeutete das: Auge um Auge, Zahn um Zahn. Aber Maupertuis spielte ein gefährliches Spiel, indem er diese Dinge verbreitete. Mit Gift darf man nicht ohne Vorsichtsmaßnahmen umgehen! Das Spiel war ebenso gefährlich für Voltaire wie für Maupertuis. Beide sollten sie die Gefahren erkennen, die Angriffe auf die Mächtigen mit sich bringen; Voltaire bedauerte bald seine Pfeile gegen den König, Maupertuis die seinen gegen Voltaire.

Am 18. Dezember 1752 erhielt Maupertuis zu seinem größten Mißvergnügen eine kleine anonyme Schrift: ›Réponse d'un académicien de Berlin à un académicien de Paris‹. Sie enthielt eine Verteidigung Koenigs, aber vor allem einen heftigen Angriff gegen Maupertuis selbst. Ganz Berlin konnte sich denken, wer der Autor war: Voltaire. Friedrich mißfiel es höchlich, daß man den von ihm unterstützten Präsidenten seiner Akademie anzugreifen wagte. Er verbarg seinen Zorn nicht, aber da er vorgab, den Namen des Autors nicht zu kennen, fuhr er fort, Voltaire mit Lob zu überhäufen, wenn er ihn bei Hofe traf. Und Voltaire, der seinerseits tat, als wüßte er nicht, daß Friedrich wußte, gab ihm Lächeln und Schmeicheleien zurück. So verlogen war die Luft, in der man in Potsdam lebte.

Die beiden berühmten Protagonisten entfalteten ihre schauspielerischen Talente — die bedeutend waren — um Basilius zu spielen. Friedrich übertraf sich in seiner Rolle, indem er ach! seine Rolle als König opferte. Er paßte sich ganz und gar dem Voltaire böser Tage an. Er brauchte sich keine Mühe zu geben, sie waren einander in vielen Punkten so ähnlich! Friedrich griff also zur Feder und schrieb gegen die Schrift Voltaires eine anonyme Entgegnung: ›Lettre d'un académicien de Berlin à un académicien de Paris‹. Friedrich wollte Maupertuis verteidigen, der von Voltaire als gemeiner Schurke dargestellt worden war. Niemand außer Maupertuis kannte den Autor der Erwiderung. So feurig und scharf der Angriff Voltaires gewesen war, so wenig überzeugend erschien die königliche Antwort, die schwerfällig ein Loblied auf Maupertuis sang. Man dachte allgemein, wenn Maupertuis und seine Freunde nichts

Besseres zu seiner Verteidigung gefunden hätten, so sei die ganze Geschichte ein Schlag ins Wasser. Das sagte man überall, und Voltaire spottete als erster und in aller Öffentlichkeit über den dummen Autor der Schrift. Friedrich hörte sich seinen Spott an; man kann sich denken, mit welchen Ohren.

Voltaire wußte also nicht, woher die Schläge kamen; Friedrich dagegen wußte sehr gut, wen er schlug. Die Antwort des Königs enthielt für seinen lieben Vergil Grobheiten folgender Art: »Dieser armselige Autor einer böswilligen Schrift, dieser talentlose Libell-Schreiber und verächtliche Feind eines verdienstvollen Mannes! Die Sterilität seiner Einbildungskraft (verhindert ihn jedoch nicht) ein unnützes Verbrechen zu begehen, das den Gipfel der Bosheit darstellt.« Natürlich könnten ehrliche Leute nur Mitleid und Verachtung haben für »diesen Unseligen und seinesgleichen«, für »ihren Leichtsinn, ihre Ruchlosigkeit und ihre Unwissenheit . . .« Voltaire zuckte die Schultern, der Angriff konnte nur von einem unbedeutenden Schreiberling kommen. Friedrich machte sich die sadistische Freude, die Schrift noch einmal drucken zu lassen. Er unterschrieb nicht, aber ließ sein Wappen darunter setzen. Das kam auf eines heraus. Er schickte sie Voltaire, der vor Angst und Ärger zu sterben vermeinte, hauptsächlich vor Angst.

Zwischen einem Fieber- und einem Wutanfall schrieb Maupertuis im Laufe seiner durch Branntwein belebten Meditationen extravagante ›Lettres‹ über wissenschaftliche Fragen. Das Werk eines leicht phantasierenden Mannes, der dem Publikum seine pseudowissenschaftlichen Visionen preisgibt. Einige waren grotesk. So wollte er: die Pyramiden mit Minen in die Luft sprengen, um zu sehen, was sie enthielten; eine Stadt gründen, in der nur Latein gesprochen werden und in die die Jugend aller Länder kommen sollte. Andere waren schockierend: er predigte die Vivisektion der zum Tode Verurteilten und legte dar, man werde den Mechanismus der Leidenschaften entdecken, wenn man das Gehirn eines lebenden Menschen aufschnitte. Der Branntwein hatte einen Schüler La Mettries aus ihm gemacht. Bei den Maupertuis war Vivisektion eine angeborene Neigung: sein Bruder schnitt lebende Katzen auf. Die

Duchesse d'Aiguillon, die sich über die Grausamkeit eines Menschen wunderte, der Katzen über alles liebte, erhielt folgende Erklärung von ihm: »Madame, man nimmt minderwertige Katzen für diese Art von Versuchen.«

Seine bizarren und anmaßenden Visionen trugen Maupertuis eine Antwort Voltaires ein, deren Echo von Potsdam bis nach Paris, nach Rom, nach London, nach Wien, nach Den Haag und nach Sankt-Petersburg hallte: die ›Diatribe du docteur Akakia, médecin du pape‹, eine Schrift, die den hochmütigen Präsidenten der Berliner Akademie fällte. Der groteske Name ließ Maupertuis die allgemeine Achtung verlieren. Die Diatribe war mit einem teuflischen Feuer, elegant und so amüsant wie möglich geschrieben; alle Welt brach in Lachen aus. Es geht um einen gewissen Doktor Akakia, den angeblichen Arzt des Papstes, der einen törichten, unwissenden und eingebildeten jungen Mann ausschimpft, weil er gewagt hat, die ›Lettres‹ zu schreiben und sich für den gelehrten Präsidenten einer Akademie auszugeben. Schön dumm, wer glaubt, daß ein wirklicher Präsident so tief sinken könnte! Man sieht die Bosheit. Maupertius wurde nicht in seiner Eigenschaft als Präsident angegriffen, sein Titel wurde wenigstens zum Schein respektiert; man hob sogar sein Amt in den Himmel, um desto besser sein Werk in die Gosse ziehen zu können. Nach diesen Vorsichtsmaßnahmen machte sich Voltaire ungestüm ans Werk, und, heiter kreuz und quer durch die Dummheiten der ›Lettres‹ eilend, mordete er Maupertuis mit der gefährlichen Leichtigkeit seiner Feder, während Europa sich vor Lachen bog.

Der erste Leser dieser Schrift, der, der am meisten lachte und nicht wollte, daß andere nach ihm darüber lachen könnten, war Friedrich. Voltaire hatte ihm das Manuskript vorgelesen; sein Witz war unwiderstehlich, und der König widerstand nicht. Aber nach einiger Überlegung erinnerte er sich, daß er Maupertuis und seine eigene, in der Gestalt des Präsidenten seiner Akademie geohrfeigte Autorität verteidigen müsse. Sein Talent als Pamphletist kam in dem glänzenden Wurf Voltaires nicht besser weg als das Maupertuis', da Voltaire den Verteidiger von Maupertuis ebenso lächerlich machte wie diesen selbst. Voltaire hatte seine ›Diatribe‹ dem König nur zitternd vorgelegt. Was wäre geschehen, wenn Friedrich, anstatt zu lachen, Partei für Maupertuis ergriffen hätte? Der ›Salomon des Nordens‹ wäre durchaus fähig gewesen, die ›Diatribe‹ und ihren Autor streng zu verurteilen. Das Risiko war groß. Zum Glück vermochte der ›homme d'esprit‹ in Friedrich den Zorn des Königs zu besänftigen. Aber nachdem er sich vor Lachen gekrümmt hatte, bat er Voltaire, das Manuskript zu zerstören. Er sprach mit pathetischen Worten von ihrer Freundschaft. Eine rührende Szene! Er verstand zu zeigen, daß er die Größe des verlangten Opfers wohl erkenne, er pries den Dichter, sein leuchtendes Genie, seinen unvergleichlichen Ruhm ... Voltaire konnte diesem Sirenengesang nicht widerstehen, man beglückwünschte, man umarmte sich, man hob sich gegenseitig in den Himmel, ›Salomon des Nordens‹ und ›Vergil‹ tauchten wieder in ihrem Vokabular auf. Die Trunkenheit der Worte besiegte Voltaire, er versprach seinem königlichen Philosophen alles, und als Friedrich ihm der größeren Sicherheit wegen sagte: »Verbrennen Sie Ihr Pamphlet«, antwortete Voltaire in einer Aufwallung: »Verbrennen wir es!« Als gewissenhafte Literaten lasen sie eine Seite nach der anderen, lachten nochmals und weinten schließlich, während sie sie ins Feuer warfen. Welches Bild! Es war eine der besten Komödien, die sie sich je spielten.

Aber Voltaire hatte mehrere Exemplare der bereits heimlich gedruckten ›Diatribe‹ in Sicherheit gebracht. Er ließ sie nach Sachsen schleusen, während Friedrich augenblicklich den Bestand, der in der Druckerei lag, beschlagnahmte. Man schwor mündlich und schriftlich, daß es keine ›Diatribe‹ mehr unter dem Himmel Preußens gäbe. Böse, mißtrauische Leute wagten die Vermutung, daß Voltaire noch mehrere Exemplare der ›Diatribe‹ in Reserve haben könne. Er erhob entrüstet Protest »gegen diese schreckliche Verleumdung« und verkündigte: »Ich verlange Gerechtigkeit oder den Tod.« Oh Brutus!

Währenddessen vernachlässigte der Hof von Potsdam die kleinen intellektuellen Freuden nicht ganz. Friedrich hatte beim Souper die Idee, gemeinsam ein Buch zu schreiben. Jeder der Tischgenossen sollte ein Kapitel über eine Idee, eine Tatsache, einen Menschen, je nach Wahl, schreiben. Voltaire begann begeistert sofort am nächsten Tag mit der Abfassung seines Artikels. Er wählte Abraham; der Glauben des heiligen Propheten wurde nicht sehr geschont. Der Zufall wollte es, daß er im Alphabet fortfuhr und einige Tage später den Artikel ›Atheismus‹ schrieb. Er war der einzige, der das Spiel spielte, und auf diese Weise entstand der ›Dictionnaire philosophique‹. So stark ist sein Bedürfnis, schöpferisch zu sein, so stark seine unermüdliche Aktivität, sein unvergleichliches Gespür für neue Ideen. Es waren bei diesen Soupers geistreiche, gelehrte und unternehmende Leute, doch keiner hatte die Feder ergriffen, um auch nur zwanzig Zeilen zu schreiben. Voltaire aber verstand es, aus der Anregung Friedrichs eines der gescheitesten und fruchtbarsten Werke seines Jahrhunderts zu machen. Publizistik? Es lebe die Publizistik! Dieser Terminus, der pejorativ sein will, schadet den Werken nicht, die er herabzusetzen meint, und verringert nicht das Aufsehen, das sie erregten. Als Voltaire seinen Artikel vorstellte, nannte er sich selbst einen ›Theologen Beelzebubs‹ und kündigte an, daß dieses kleine, recht wenig christliche Stück noch zu den orthodoxen gehöre; die folgenden also versprachen ganz und gar ketzerisch und gottlos zu werden. Der Unglaube seiner reifen Jahre setzte sich durch, verhärtet, verstärkt, aggressiv. Friedrich fand wieder ›seinen‹ liebsten Voltaire.

Ungeachtet dieser Spiele mit Beelzebub bewegte sich die Affäre Maupertuis in Schlangenwindungen unterirdisch weiter fort. Voltaire verlor sie nicht aus den Augen.

Ein französischer Reisender, der in diesem Jahr 1752 durch Berlin kam, bemerkte, daß Voltaire sich Sorgen machte. Er lebte in seinem Nest wie ein Hase und zitterte. Er erschien nur auf ausdrückliche Bitten bei den Soupers und brillierte auf Befehl. Er schmeichelte auf einen Wink hin und lächelte, wenn er mußte. Dazu hatte er eine glänzende Veranlagung, aber außerhalb des Theaters verabscheute er diesen Zwang. Die Gesellschaft von Potsdam bedrückte ihn; die Furcht schnürte ihm die Kehle zu.

Friedrich war recht zufrieden, daß Voltaire ihm zugestanden

hatte, seine ›Diatribe‹ zu verbrennen. Alles in allem hatte er zugunsten seines Schützlings Maupertuis einen schönen Sieg über den ›Modernen Vergil‹ davongetragen. Er informierte den Präsidenten persönlich von der Gefahr, die ihn bedroht hatte, und gab ihm zu verstehen, was dieser ihm schulde. Maupertuis, der nahe daran war, seine Seele auszuhauchen, kam durch die Güte des Königs wieder auf die Füße. So sagte wenigstens La Beaumelle. Friedrich tat noch mehr: in dem Gefühl, daß Voltaire ihm ausgeliefert sei, wollte er ihn noch tiefer demütigen und bat ihn, feierlich und mit eigener Hand das Versprechen niederzuschreiben, daß er nie wieder etwas gegen Frankreich, Friedrich und Maupertuis sagen werde. Man mag sich fragen, was Frankreich hier soll. Es wurde nur aufgeführt, um zum Namen von Maupertuis überzuleiten. Voltaire unterschrieb, was der König ihm vorlegte. Er hatte schon so manches geschrieben, gesehen und gehört ... Man möchte wetten, daß er, als er den Wisch unterzeichnete, entzückt an die Exemplare der ›Diatribe‹ dachte, die sich in Sachsen vermehrten.

Um seine Opfer recht zu rühren oder einzuschläfern, bevor er sie vernichtete, schrieb Voltaire einen demütigen, klagenden Brief an seinen angebeteten König, den dieser nicht versäumte, Maupertuis zu lesen zu geben. Der Dichter sei bereit, alles zu tun, was der König verlange. Hatte er nicht schon einen herzzerreißenden Beweis gegeben? Er würde selbst den grausamsten Befehlen gehorchen, wenn man ihn nur am Hofe liebte und ertrüge. (Wir wissen, daß er im selben Augenblick zu fliehen versuchte.) Er bitte um nichts anderes, als sein Idol betrachten zu dürfen! Was sei denn er: »ein von Krankheiten und Schmerzen geplagter Greis (er ist achtundfünfzig!), aber Ew. M. immer noch ebenso verbunden wie an dem Tag, da ich an Ihren Hof kam.«

Friedrich und Maupertuis schliefen über diesen süßen Worten ein. Aber so schnell wie man von Berlin nach Potsdam fährt, so schnell war die ›Diatribe‹ wie der Phoenix aus der Asche erstanden und in jedermanns Hand. Man sprach und lachte nur über Maupertuis, man lachte über das Opfer, aber man fürchtete für den Autor. Selbst seine Feinde glaubten, er werde grausam bestraft werden. Wenn ein preußischer Untertan sich auch nur ein Viertel der Frechheiten Voltaires erlaubt hätte, so hätte er das Tageslicht in seinem Leben nicht wiedergesehen. Voltaire wußte das. Aber es war ihm ebenso unmöglich zu schweigen, wie seine Schriften verschwinden zu lassen. Was tun? »Da mir in dieser Welt nicht hundertfünfzigtausend schnurrbärtige Soldaten zur Verfügung stehen, lege ich keinen Wert darauf, Krieg zu führen. Ich denke nur daran, ehrlich zu desertieren . . .« Angesichts der fürchterlichen Gefahr war für den Dichter Flucht die einzige Rettung. Madame Denis schrieb er am 18. Dezember 1752: »Ich sehe wohl, da man die Orange ausgepreßt hat, muß man darauf bedacht sein, die Schale zu retten.« Um sich abzureagieren, plante er ein kleines Wörterbuch für den Umgang mit Königen:

›Mein Freund‹ bedeutet ›Mein Sklave‹.

›Mein lieber Freund‹ soll heißen: ›Sie sind mir mehr als gleichgültig.‹

›Ich werde Sie glücklich machen‹ ist zu verstehen als: ›Ich dulde Sie, solange ich Sie brauche.‹

›Soupieren Sie heute abend mit mir‹ bedeutet: ›Ich werde mich heute abend über Sie lustig machen.‹

Für ihn wie für den Ziegenbock der Fabel bestand die Schwierigkeit darin, aus dem Brunnen wieder herauszukommen. Seit zwei Monaten suchte er nach Möglichkeiten. Er verwies auf seine schlechte Gesundheit. Friedrich hörte nicht mehr auf solche Ausreden. Wer konnte dem Dichter noch glauben, wenn er behauptete, er wolle im November in die Bäder von Plombières? Friedrich schickte ihn in die Bäder Böhmens. »Sie sind ausgezeichnet«, sagte er, »und ich werde Sie begleiten lassen.« Aber Voltaire hatte nicht mehr Lust auf die böhmischen Bäder als auf die ›Schutzengel‹ Friedrichs.

Außer sich vor Wut ließ Friedrich die ›Diatribe‹ von der Polizei beschlagnahmen; das Buch wurde auf der Stelle dazu verdammt, zerrissen und am 24. Dezember 1752 um 10 Uhr morgens auf dem Gendarmenmarkt verbrannt zu werden. Ein hübsches Weihnachtsgeschenk für einen Ungläubigen! Angeblich witzelte er über diese ›Verbrennung‹, berichtet uns Collini, sein damaliger Sekretär. Das ist unwahrscheinlich; er wurde zum Mäuschen vor der großen Katze, die sich die Lippen leckte und ihre Krallen an der verbotenen Ausgabe der ›Diatribe‹ versuchte.

Um Maupertuis wegen der empfindlichen Beleidigung zu trösten, die Voltaire ihm wiederum zugefügt hatte, schickte ihm Friedrich einen reizenden Brief und eine Prise Asche der ›Diatribe‹, ein besänftigendes Pulver für entzündete Herzen! Die ›Gazette de Berlin‹ berichtete von der entehrenden Verbrennung und nannte den Autor mit Namen, obwohl auf dem strafbaren Buch kein Verfasser stand. Friedrich sagte, daß die Strafe der Verbrennung in Preußen entehrender sei als in Frankreich. Voltaire wäre so viel lieber in Frankreich entehrt worden! Er konnte Preußen nicht mehr ausstehen. Doch Maupertuis fühlte sich durch die Entehrung Voltaires noch nicht genug gerächt; er bat Friedrich, der Beleidigung noch die grausamsten Strafen hinzuzufügen. Friedrich gab diesen Bitten nicht nach, er schrieb seiner Schwester, der Markgräfin von Bayreuth: »Ein wenig zu viel Eigenliebe hat ihn (Maupertuis) zu empfindlich gegenüber den Manövern eines Affen gemacht, den er hätte verachten müssen, nachdem man ihn auspeitschte . . .« Der ›Affe‹ fürchtete die Verachtung von Maupertuis nicht, aber er fürchtete körperliche Strafen und Gefängnis. Ein verbranntes Buch war wenig für einen Maupertuis, der einen Menschen bei lebendigem Leibe aufgeschnitten hätte. Ach! Wie gerne hätte der Vivisektor die Grimassen des gefolterten Seidenäffchens gesehen, wie gerne seine schrillen Schreie gehört! Die Gelüste von Maupertuis amüsierten Friedrich sehr, aber er brachte Voltaire nicht auf den Rost. Dieser fühlte sich schon durch die ›Verbrennung‹ grausam verletzt, denn das einzige Buch, das Friedrich je durch Gerichtsbeschluß verbrennen ließ, war das Voltaires. Ein solches Privileg vergißt man nicht.

Die Kunst, eine brüchige Freundschaft zu beenden

Man mußte ein Ende machen, denn so ging es nicht weiter. Voltaire schickte Friedrich am 1. Januar 1753 als Neujahrsgeschenk ›die Schellen und die Narrenkappe‹ zurück, das heißt, das Kreuz und den goldenen Schlüssel, Insignien seines Amtes als Kammerherr Seiner Majestät. Aber Friedrich wollte sie nicht annehmen und ließ sie Voltaire mit einem Billett zurückgeben, das vorsichtig auf die Zukunft anspielte. Er versicherte dem Autor des verbrannten Buches, er lebe lieber mit ihm als mit Maupertuis. Der mißtrauisch gewordene Voltaire schrieb seiner Nichte: »Ich will weder mit dem einen noch mit dem anderen leben.« Der ganze Hof sprach von dem Hin und Her der ›brimborions‹, wie Voltaire die Insignien seiner Würde bezeichnete. Man sagte, er habe sie auf den Boden geworfen und seinem Diener zugeschrien: »Befreien Sie mich von diesen beschämenden Zeichen der Knechtschaft.« Man sagte, er habe, wild vor Zorn, das Zimmer des Königs verlassen und sein Kreuz und seinen Schlüssel an die Türklinke gehängt. Das stimmt nicht. Aber man erfand im Grunde sehr mögliche Dinge. Er gehorchte dagegen einem anderen Zug seines Charakters, er folgte seiner Begabung zum Höfling und ließ respektvoll die ›brimborions‹ mit folgendem Vierzeiler abermals zurückbringen:

> Je les reçus avec tendresse
> Je vous les rends avec douleur
> C'est ainsi qu'un amant, dans son extrême ardeur,
> Rend le portrait de sa maîtresse.

Kurz, man schloß wieder an ›Danae‹ und die ›Kokette‹ an — mit welcher Aufrichtigkeit! Währenddessen suchte Voltaire Unterstützung, da er sich nicht mehr sicher fühlte. Er erinnerte sich daran, daß es in Versailles einen König gab, den seinen, den einzig wirksamen Beschützer, falls Friedrich den wahnwitzigen Bittschriften Maupertuis' nachgeben würde. Der französische Minister, Monsieur le Chevalier de la Touche, war die gegebene Stütze für ihn. Aufdringlich machte Voltaire ihm seinen Hof. Dennoch wurde er weiterhin zu den Soupers Fried-

richs eingeladen. Er lehnte jedesmal ab. »Ich, soupieren?« rief
er aus. Nach dem, was man ihm angetan hatte? Wußte man
nicht, daß er im Sterben lag? Wer wagte zu behaupten, daß
sein Fieber auf seinen eigenen Befehl hin gekommen sei?
»Muß ich denn sterben, um mich zu rechtfertigen!« sagte er.
Er versuchte es damit, ohne mehr Erfolg zu haben als früher.
Dafür blieb er vierzehn Tage lang im Bett. Aber er verschloß
niemandem seine Tür, er empfing im Bett. Er arbeitete, ernährte sich von Brotsuppe und Café, stopfte sich voll mit Pillen und vervielfachte seine Klistiere. Er machte seine Rechnungen, beunruhigte seine Schuldner, seine Verleger, seine Pariser
Freunde.

Nachdem Friedrich Voltaire einen Monat lang entbehrt hatte,
hielt er es nicht mehr aus; er kam ihm entgegen. Er gab ihm
seine Wohnung in Sanssouci zurück, er schickte ihm seine
Kutsche. Voltaire jubelte und, ohne irgend etwas anzunehmen,
unterrichtete er Monsieur de la Touche davon und bat ihn, die
Neuigkeit in Paris zu verbreiten. Er tat das Seine, und wie
wirkungsvoll! Briefe gingen in alle Richtungen. Hatte man
nicht in Paris die unangenehme Nachricht von seiner Ungnade
verbreitet? Die Verleumdung seiner boshaften Feinde ging so
weit, daß sie behaupteten, er habe mit Friedrich gebrochen.
Er, in Ungnade? Wo der König ihm doch seine Kutsche schickte,
ihm die Türen seiner Wohnung wieder öffnete, die mit den
königlichen Gemächern in Verbindung stand! Was dachte
man sich da aus? Und doch ließ er sich in dem Augenblick, da
er verkündigte, nie so gut bei Hofe gestanden zu haben, eine
Wohnung in Leipzig mieten, um dorthin zu fliehen. Warum also die falsche Versöhnung? Warum diese Grimassen?
Weil es Grimassen waren, weil er als guter Schauspieler der
Commedia dell'Arte Grimassen als solche liebte; und weil er
sie für nützlich hielt. Er wollte fort, aber er wollte nicht im
Streit fort. Es sollte nicht so aussehen, als fliehe er oder als
habe man ihm gar den Abschied gegeben. Man mußte sich vom
»Salomon des Nordens nach einer wohlgelungenen Abschiedsszene« trennen. Man würde nicht an Versen, an Umarmungen
oder Tränen sparen. Befand man sich nicht auf einem Theater,

das Europa aufmerksam betrachtete? Die beiden Könige der Aktualität durften sich nur mit den ausgesuchtesten Höflichkeitsbeweisen und den blumigsten Ergießungen aufrichtiger Freundschaft trennen.

Da Friedrich nach dem gleichen Maß geschnitten war, konnte er sich mit der gleichen Leichtigkeit, dem gleichen Vergnügen und ohne Illusionen über die Aufrichtigkeit des Partners auf das Spiel einlassen. Aber Friedrich wollte keine Abschiedsszene, er wollte Voltaire behalten. Er versuchte nochmals, ihm zu schmeicheln. Da angeblich nur die Krankheit den Dichter verhinderte, seinen Platz bei Hofe wieder einzunehmen, schickte der König ihm Chinarinde zur Genesung. Voltaire aber rief außer sich, indem er die Chinarinde von sich wies: »Nicht das brauche ich, ich brauche meinen Abschied.« Und er ging nicht mehr nach Sanssouci.

Er wohnte in einem Vorort Berlins, in einem Haus mit einem großen Garten, wo er mit seinem Sekretär, dem guten und feinsinnigen Florentiner Collini, spazierenging. Er ging heimlich spazieren, denn man glaubte, er liege im Sterben. Wenn er sich seinen Träumereien überlassen wollte, sagte er zu Collini, der ihm schweigend folgte: »Und jetzt lassen Sie mich träumen.« Und in der Tat, während er einen Rundgang im Garten machte, träumte er, und zwar von einem Fluchtplan: er stellte sich vor, wie er in der Verkleidung eines Schäfers floh, auf einem Heuwagen sitzend, den Collini fuhr. Dieser unterbrach ihn und versicherte, er könne nicht fahren und der Wagen würde umkippen. Voltaire lachte und dachte sich tausend unerwartete Ereignisse der Flucht aus. Er sagte zum Beispiel, er würde seine Tochter in Leipzig besuchen. Zwar wußte er sehr gut, daß er phantasierte . . . aber diese Phantasien machten ihm Spaß und erlaubten ihm, das zu träumen, was er sich am meisten wünschte: die Abreise.

Schließlich war es Friedrich müde, ihm entgegenzukommen, um sich antworten zu lassen: »Ich will nach Plombières«, und er gab ihm seinen Abschied. Aber in welchem Ton! »Es war nicht nötig, daß Sie Ihr Bedürfnis nach einer Brunnenkur in Plombières vorschützten, um Ihren Abschied von mir zu erbitten. Sie können meinen Dienst verlassen, wann Sie wollen; aber lassen Sie mir vor Ihrer Abreise Ihren Dienstvertrag, Kreuz und Schlüssel und den Gedichtband zurückbringen, den ich Ihnen anvertraute.«

Die schöne Abschiedsszene schien sehr gefährdet. Nun gut. Versehen mit dem schroffen Abschied Friedrichs, beschloß Voltaire, unverzüglich das Weite zu suchen. Dann besann er sich und bat den König um eine Audienz. Der Abbé de Prades vermittelte sie ihm. Friedrich empfing ihn. Sie blieben zwei Stunden lang in dem königlichen Kabinett eingeschlossen, man hörte sie durch die Tür lachen. Sie berauschten sich mit gegenseitigen Lobsprüchen, aber warum lachten sie so viel? Sie lachten über Maupertuis! Collini sagt uns, daß sie sich auf dem Rücken des Präsidenten der Akademie versöhnten. Voltaire tat nichts anderes, als sich weiter an seinem Feind zu rächen; aber Friedrich? Was soll man von seiner Haltung bei dieser Affäre denken?

Und mit welcher Leichtigkeit erneuerte Voltaire die Freundschaft mit seinem gefährlichen Freund! Er schien die Spiele ihrer besten Tage wiederaufzunehmen, gerade als es ihn drängte, hastig zu fliehen. Er ging mit zum Souper; er zitterte dabei. Er war nicht sicher, ob er nicht beim Verlassen des Tisches in Ketten gelegt würde. Er nannte seine letzten Mahlzeiten: »die Soupers des Damokles«.

Nach sechs Tagen wagte er wieder von Abreise zu sprechen. Trotz seiner Verachtung für den Charakter Voltaires war Friedrich immer noch fasziniert von seiner Intelligenz und seinem Talent. Er hätte ihn gern behalten. Er hatte alles unternommen, um ihn in diesen sechs Tagen nochmals zu verführen. Alles schien darauf hinzuweisen, daß ihm dies gelungen war. Doch eines Morgens, als Friedrich die Parade abnahm, kündigte ihm Voltaire an, daß er abreisen werde, wie man es ihm versprochen hatte. Friedrich sagte kalt: »Nun gut, Monsieur de Voltaire, Sie wollen unbedingt fort?«

»Sire, unaufschiebbare Geschäfte und meine Gesundheit zwingen mich dazu.«

»Monsieur, ich wünsche Ihnen eine gute Reise.«

Und er drehte ihm den Rücken. Die schöne Abschiedsszene fand nicht statt.

Ärgerliche Folgen eines schlecht begonnenen Bruches

Voltaire warf sich in eine große Kutsche und, ohne weitere Besuche zu machen, floh er. Er schrieb Briefchen, um Abschied zu nehmen . . . seine Gesundheit, sein Alter, nicht wahr . . . Alles war seit langem vorbereitet. Die Kutsche wurde manchmal von vier, manchmal von sechs Pferden gezogen, je nach dem Zustand der Straßen. Das Innere war geräumig wie ein Zimmer, vollgestopft mit Kisten voll Manuskripten, Büchern, Koffern und Pelzen. Bei ihm war Collini, der auf der Reise Notizen machte, zuhörte und mit seinem Herren sprach und lachte. Es war unerläßlich für die Hygiene Voltaires, andere zum Lachen zu bringen und selbst zu lachen. Wenn er einen Augenblick Ruhe hatte, kamen ihm über alles und jedes drollige Einfälle.

Sobald Voltaire abgefahren war, näherte sich Friedrich wieder Maupertuis, und die beiden Spießgesellen begannen den fliehenden Voltaire weit mehr zu fürchten, als sie den in Berlin verankerten und überwachten gefürchtet hatten. Friedrich bekam Angst vor den Epigrammen und Indiskretionen, die Voltaire zweifellos verbreiten würde, um die Höfe Europas auf Kosten ›Salomons‹ zu amüsieren. Vor allem aber fürchtete er die Kritik, mit der Voltaire seine Gedichte bedenken könnte. Die ›schmutzige Wäsche‹ hatte die ›Orangenschale‹ gerächt, aber man war noch nicht am Ende. Friedrich kannte die Beharrlichkeit seines ›Freundes‹.

Sobald Voltaire den Fuß nach Leipzig gesetzt hatte, verfaßte er einen Zusatz zu seiner ›Diatribe‹. Er schrieb ihn im gleichen Ton wie den ersten Teil, nur gab er sich, seiner Neigung zur Farce folgend, einer gröberen Komik hin, damit ein größeres Publikum auf Kosten von Maupertuis lachen könnte. Die Erweiterung ähnelt in ihrem Charakter ›Pourceaugnac‹ und dem ›Médecin malgré lui‹ — es kommen Klistiere hinzu. Maupertuis, der sofort benachrichtigt wurde, schrieb wütend einen Drohbrief, der folgendermaßen endete: »Danken Sie es meinem Respekt und meiner Gehorsamkeit, daß ich bisher meinen Arm zurückgehalten und Sie vor dem schlimmsten Abenteuer bewahrt habe, das Ihnen je begegnet ist.« Maupertuis schwang seinen großen Säbel. Sein Gegner lachte sich ins Fäustchen, von fern.

Um das Publikum noch besser zu unterhalten, veröffentlichte Voltaire den Brief Maupertuis', aber er trug Sorge, das Ende etwas herzurichten. Er ließ die letzte Zeile aus, die eine versteckte, aber äußerst unangenehme Anspielung auf seine vergangenen Mißgeschicke enthielt, die Stockschläge von Rohan, die Stockschläge von Beauregard, die Bedrohungen des Autors . . . Er schnitt den Satz einfach nach »zurückgehalten habe« ab, dadurch wurde die Drohung deutlicher, doch durch den Zusatz »Zittern Sie!« machte er aus dem Ganzen eine lächerliche Prahlerei. Gleichzeitig antwortete er Maupertuis in einem Brief, den er zirkulieren ließ, und dessen Ende folgendermaßen lautete: »Da es fünfzig bis sechzig Leute gibt, die sich die Freiheit genommen haben, Sie gewaltig zu verspotten, erlauben sich diese zu fragen, an welchem Tag sie sie zu morden gedenken.«

Maupertuis wurde wütender denn je und beschwor Friedrich, ihn zu rächen. Er beschwor einen ebenfalls wütenden Friedrich, denn Voltaire hatte es unterlassen, ihm das Kreuz, den (goldenen) Schlüssel und den Gedichtband zurückzugeben. Warum lag Friedrich so viel an seinem Gedichtband? Weil er gewisse Verse über Personen an seinem Hof oder an anderen Höfen enthielt? Waren sie so geheim, diese boshaften Verse? Man hatte das Buch in einem Zimmer von Sanssouci in einer Auflage von fünfhundert Exemplaren drucken lassen, die zum größten Teil verteilt worden waren. Die Berichterstatter der ausländischen Höfe hatten gewiß ihren Teil schon an sich genommen. Diese Geheimnisse in einer Auflage von fünfhundert Exemplaren, die sicher von mindestens fünftausend Personen gelesen wurden, machen uns lachen. Und die Verse hatten, wenn auch von Voltaire ›gewaschen‹, nichts Imponierendes.

Der Wunsch zu verletzen ließ sich erkennen, aber die Pfeile blieben stumpf. Friedrich glaubte sich um seine Ehre gebracht — um seine Ehre als französischer Schriftsteller —, wenn Voltaire seine Gedichte, mit irgendeinem giftigen Kommentar versehen, herausgab . . . Kurz, die beiden ›Freunde‹ hatten Angst voreinander. Der König von Preußen hatte Angst vor der Zunge und Feder des Königs des Parnaß, und dieser hatte Angst vor den Gefängnissen des Königs von Preußen. Trotzdem waren die Parteien nicht gleich stark, denn der König von Preußen konnte zweihunderttausend ›Schnurrbärte‹ mobilisieren und fast genauso viele Polizisten.

Voltaire war sich seiner schwachen Position wohl bewußt. Er zitterte am ganzen Leibe. Aber sein Geist setzte den leichtsinnigen Tanz fort. Er gab weder das Kreuz, noch den Schlüssel, noch das Buch zurück. Warum nicht? Aus Provokation? Man weiß es nicht. Und warum ließ Friedrich ihn ziehen, ohne sie noch einmal gefordert zu haben?

In Leipzig erhielt Voltaire einen sehr harten Brief von Friedrich, der ihm nicht verbarg, daß er sich durch sein angebliches Bedürfnis nach den Brunnen von Plombières habe täuschen lassen. »Ihre Absicht war, nach Leipzig zu gehen, um neue Beleidigungen gegen das Menschengeschlecht drucken zu lassen.« In der Philosophie und der ›Empfindsamkeit‹ begann das Wort ›Menschengeschlecht‹ Fortune zu machen. In unserem Fall bezeichnete es einfach Maupertuis. Die reinste Heuchelei für den, der weiß, daß Friedrich zwei Stunden lang auf Kosten von Maupertuis gelacht hatte, der plötzlich, weil seine schlecht stehende Sache dessen bedurfte, das Menschengeschlecht verkörperte. Und Friedrich fügte hinzu: »Aber da ich ein großer Bewunderer Ihrer Geschicklichkeit bin, wollte ich mir das Schauspiel Ihrer Künste nicht versagen, und ich amüsierte mich, daß Sie mir ganz ernsthaft die Notwendigkeit Ihrer fabelhaften Reise zu den Bädern von Plombières vortrugen.«

Dieser verächtliche Spott für seine schlechte Komödie mußte Voltaire demütigen, denn unter Komödianten gibt man sich nichts nach. »Ich zweifle nicht daran, daß Sie wiederhergestellt sind; anscheinend haben die Drucker dieser Stadt (Leipzig) Sie von einem Überfluß an Galle purgiert. Ich appelliere an Ihr Gewissen, wenn Sie eines haben . . . Gestehen Sie, daß Sie geboren wurden, um Premierminister Cesare Borgias zu werden«, schreibt Friedrich in dem Ton eines rechtschaffenen, erschrockenen Mannes. Er bewunderte Voltaire und seine Doppelzüngigkeit mit einer verächtlichen Ironie. Tatsächlich hatte der Dichter den Drohbrief von Maupertuis in die Hände der Leipziger Justizbeamten gelegt. Für Friedrich war es nicht schwer, ihn zu fragen: »Haben Sie auch die gegen ihn gerichtete Schmähschrift dort hinterlegt?« Der Hieb sitzt, aber Voltaire hätte erwidern können: Haben Sie mich nicht mündlich und schriftlich schwören lassen, daß ich nichts zu tun habe mit dem, was man gegen Maupertuis druckte, obwohl Sie doch sehr gut wußten, daß ich der Autor war? Sie griffen mich ja persönlich in Ihrer anonymen Schmähschrift an! Sie haben gelogen, Sire, und Sie lügen noch heute, wie ich damals log und wie ich es weiterhin tun werde. Lügen wir also beide, soviel wir wollen, aber halten Sie mir um Himmels willen keine Predigten im Namen des Menschengeschlechtes, das Sie von Herzen verachten.

Es wäre schwierig, Voltaire ganz weiß waschen zu wollen, alle Wasser der Spree vermöchten dies nicht. Aber daß Friedrich den ehrlichen Mann spielt, kann nicht ernst genommen werden. Dennoch schießt er als gelehriger Schüler folgenden Pfeil auf Voltaire ab: »Bis jetzt waren Sie mit der Justiz in Streit, aber durch eine einzigartige Geschicklichkeit finden Sie ein Mittel, sich diese zunutze zu machen. Das nennt man, seine Feinde zu seinen Zwecken einsetzen.« Ein ausgezeichnetes Rezept, das Voltaire gewiß nicht verachtete und dessen Anspielung auf seine gerichtlichen Auseinandersetzungen er nicht übersehen konnte. Wieviel Galle, wieviel Gift in wenigen Worten! Was Friedrich betraf, so wußte er sehr gut, wovon er sprach; »seine Feinde zu seinen Zwecken einzusetzen« war ihm kein unbekanntes Manöver; auf ihn und seine Taktik war ja der Ausdruck gemünzt: »Faire la guerre pour le roi de Prusse.« Nach diesem Brief hatte Voltaire Grund, sich auf das Schlimmste gefaßt zu machen.

Er schickte seine Bücherkisten nach Hamburg voraus und nahm selbst die Straße nach Gotha. Dort machte er eine bezaubernde Rast bei der Prinzessin Dorothea von Sachsen-Meiningen. Voltaire sagt, sie habe ebenso viel Geist wie die Duchesse du Maine, aber mehr Anmut, eine bessere Tafel, und vor allem mache sie keine Gedichte. Was hieß, daß er sie nicht lesen und nicht loben mußte. Sie bezauberte ihn so, daß sie ihm das Versprechen abnahm, die Annalen des Kaiserreichs zu schreiben, einen dicken historischen Wälzer über die Länder Deutschlands seit der Zeit Karls des Großen. Sie wollte ein Äquivalent des ›Siècle de Louis XIV‹ für das Kaiserreich. Aber natürlich majestätischer. Niemals bekam ein Dichter ein langweiligeres Pensum. Er machte sich auf der Stelle an die Arbeit und begann die riesigen Archive durchzukämmen. Er hielt sein Versprechen: die ›Annales de l'Empire‹ wurden geschrieben, aber sie erinnern nur ganz entfernt an die brillanten Erfolge des ›Siècle de Louis XIV‹ und der ›Histoire de Charles XII‹. Das Herz, oder vielmehr der Geist waren nicht bei der Sache.

Am 25. März schlug er die Straße nach Straßburg ein mit dem Plan, unterwegs einige Tage in Frankfurt zu verbringen. Einen Augenblick lang erwog er, einen Umweg zu machen und bei seiner Lieben Markgräfin von Bayreuth um Asyl zu bitten. Aber dann wurde ihm klar, daß er sich wieder in die Reichweite Friedrichs begäbe, wenn er bei seiner Schwester wohnte. Und die Markgräfin fürchtete diesen Besuch ein wenig, und trotz des großen Vergnügens, das ihr eine Unterhaltung mit Voltaire gemacht hätte, war sie erleichtert, als er vorbeifuhr.

Eine merkwürdige Schicksalsfügung. Er umging Bayreuth, um der Gefahr auszuweichen, und eilte nach Frankfurt, wo die Gefahr ihn erwartete. Zwischen Gotha und Frankfurt machte er halt in Kassel. Der Landgraf von Hessen und sein Sohn waren Fürsten nach seinem Herzen. Es wurden nur Lobreden und Schmeicheleien ausgetauscht; es gab Opern, Ballette, Tragödien. Doch fiel ein Schatten auf dieses gelobte Land: der von Pöllnitz. Man unterrichtete Voltaire davon, daß sich der furchtbare Pöllnitz, der Vertraute, Spion und Handlanger Friedrichs, in Kassel aufhalte. Folgte er dem Dichter? In Berlin hatte man sich eine entsetzliche Anekdote erzählt. Pöllnitz habe eines Tages zugehört, wie Friedrich, Maupertuis und einige andere über Voltaire herzogen. Sie beschuldigten ihn aller möglichen Verbrechen, deren schlimmstes war, ihren Schlaf durch seine vergifteten Pfeile zu stören. Pöllnitz habe darauf in schönem Eifer ausgerufen: »Sire, befehlen Sie, und ich werde ihn beim Verlassen der Stadt erdolchen.« Sagen wir zum Ruhme Friedrichs, daß er sich über das Angebot seines Hausfreundes entrüstete und ihn vor die Tür setzen ließ. Doch Friedrich konnte seine Meinung geändert haben, und Voltaire mochte sich nicht allzu sicher fühlen, wenn ihm dieser ›Schutzengel‹ folgte.

Es war noch nicht zu Ende mit den unangenehmen Überraschungen. Erfuhr er nicht, daß man Maupertuis in Kassel gesehen habe? Das war zu viel. Seine Feinde folgten ihm auf den Fersen. Würde man ihn nicht an einem Waldrand erwürgen? In Wahrheit kam Maupertuis nicht mit einem Dolch bewaffnet, sondern mit einer neuen Schmähschrift. Dieser Konsum von üblen Nachreden und Verleumdungen im 18. Jahrhundert scheint uns ebenso extravagant wie der von Brechweinstein und Klistieren. Maupertuis hatte unter dem Namen La Beaumelles eine neue Schmähschrift drucken lassen. La Beaumelle selbst saß damals in der Bastille. Ungeniert bediente sich Maupertuis seines Namens, um Voltaire anzugreifen; La Beaumelle würde nichts dagegen einzuwenden haben; wenn die Hiebe nur träfen, wäre er gewiß entzückt. Niemand ließ sich von der Unterschrift täuschen. Aber das Publikum empfand eine so gierige Freude an all diesen Lügen, daß die Autoren sich noch nicht einmal die Mühe nahmen, sie wahrscheinlich zu machen. Die Tirade Beaumarchais über die Verleumdung zeigt sehr deutlich einen Zug der Zeit: Verleumdung brachte tatsächlich etwas ein. Man fragt sich, ob die Zeitgenossen wirklich von dieser Tirade ebenso betroffen waren wie wir; wahrscheinlich sahen sie in ihr nur eine Binsenwahrheit. Im 18. Jahrhundert gehörten Verleumdungen zum täglichen Brot der literarischen Republik.

Voltaire wußte sehr gut, daß La Beaumelle in der Bastille saß.

Er hatte sogar versucht, das Seine zu dieser Einkerkerung beizutragen. Auf seinen Rat hin war Madame Denis in die
Vorzimmer der Minister gelaufen, um sie anzuflehen, La Beaumelle gefangenzusetzen. Dieser erfuhr von Voltaires Aufmerksamkeiten durch einen gewissen Sabatier, der das Geheimnis
von einem gewissen Abbé wußte; der Abbé hatte sich im Büro
Monsieur d'Argensons aufgehalten, als Madame Denis dem
Minister darlegte, daß ein La Beaumelle in Freiheit den Ruin
Frankreichs bedeute. Voltaire, der über alles Bescheid wußte,
erfuhr von der Geschwätzigkeit Sabatiers. Doch nicht Voltaire,
der nicht mehr viel Kredit in Versailles genoß, brachte La
Beaumelle ins Gefängnis, und auch nicht Madame Denis, die
weder Beredsamkeit noch Charme besaß, sondern der Duc
d'Orléans. Wie dem auch sei, Voltaire hatte durchaus die Absicht gehabt, ihn dorthin zu bringen.

Madame Denis intervenierte nicht zum ersten Mal gegen die
Feinde ihres Onkels. Im Jahr davor hatte sie Monsieur d'Argenson gebeten, das Blatt Frérons zu verbieten, in dem Voltaire grausam mitgespielt wurde — weniger dem Schriftsteller
als dem Menschen. D'Argenson gab ein vollendetes Urteil ab:
»Die Kritik ist gut, die Invektive ist übertrieben.« Und das
Blatt wurde sechs Monate lang verboten. Man sagte, Voltaire
selbst habe sein Wiedererscheinen gefordert. So viel Großzügigkeit scheint unglaubwürdig; man könnte sich Voltaire vorstellen, wie er die Familie Frérons in der Not unterstützt, aber
man kann schwerlich annehmen, daß er sich eingeschaltet hat,
um dieser Viper wieder die Möglichkeit zu geben, die ›Henriade‹, ›Zaïre‹, ›Mahomet‹ und Voltaire selbst zu beißen.

Machen wir uns wieder auf die Reise. Am 30. April 1753 übernachtete Voltaire in Marburg. Er brach am nächsten Morgen
wieder auf. Einige Meilen von der Stadt entfernt bemerkte er,
daß er seine goldene Tabaksdose in seinem Zimmer vergessen
hatte. Collini wurde sofort auf die Suche nach der wertvollen
Dose geschickt; zum Glück fand er sie auf dem Nachttisch, niemand hatte sie entdeckt. Voltaire und sein Reisetroß machten
viel Aufhebens um diese Geschichte; die durch den Verlust der
Dose verursachte Aufregung, die übermäßige Freude, sie wie-

dergefunden zu haben, die Unruhe, die Kommentare lassen uns das gegenseitige Mißtrauen der Gastwirte, der Reisenden und Bediensteten ermessen. Die Anständigkeit der guten alten Zeit scheint zweifelhaft.

Um acht Uhr abends fuhren sie in Frankfurt ein. Dort wurden sie erwartet.

Neues Attentat gegen einen Dichter und gegen die persönliche Freiheit

Voltaire erzählte auf seine Weise von dem Frankfurter Abenteuer, lange danach, im Jahr 1759, als er seine ›Mémoires‹ schrieb. Die Sarkasmen, die seinen Bericht begleiten, sind weniger tragisch als amüsant. Er wollte sich für die Beleidigungen nur durch Spott rächen. Welch andere Rache stand ihm auch gegenüber einem allmächtigen Monarchen zur Verfügung? Da sein Zorn verraucht war, gab er aus Schicklichkeit kein allzu finsteres Bild von der Geschichte, und doch war die Wirklichkeit sehr finster. In seinen nicht von ihm veröffentlichten ›Mémoires‹, deren Manuskript 1768 von Madame Denis und La Harpe gestohlen wurde, wollte er Europa nur zum Lachen bringen; er machte sich lustig auf Kosten von Freytag, des Polizeischergen Friedrichs in Frankfurt, des ›Henkers‹, und auf Kosten von Friedrich selbst, der sich nicht besser aufgeführt hatte. Die ›Mémoires‹ erschienen erst 1784. Aber Voltaire erzählte in seinen Briefen und Unterhaltungen so viel von seinem schrecklichen Aufenthalt in Frankfurt, und sein Sekretär Collini, der zu sehen und zu schreiben verstand, berichtete so anschaulich über das Vorgefallene, daß wir fast Stunde um Stunde diese unseligen Tage miterleben können, die auch komisch waren, denn bei Voltaire gehört Komik immer dazu.

Friedrich hatte durch seinen Sekretär Fredersdorff, der Voltaire haßte, an seinen Agenten in Frankfurt, einen Mann namens Freytag, schreiben lassen, er wünsche, daß Monsieur de Voltaire angehalten und durchsucht werde. Man muß dazu sagen, daß Frankfurt eine Reichsstadt war und Friedrich nicht das geringste Recht hatte, irgend jemand anzuhalten. Freytag sollte die Insignien und Orden des abgesetzten Kammerherrn, seine Pensionspapiere und vor allem den Gedichtband und die Manuskripte an sich nehmen. Fredersdorff wies den ehrlichen und ergebenen Diener Friedrichs darauf hin, daß Seine Majestät den größten Wert darauf lege, die Gedichte wiederzubekommen. Man sagte ihm vor allem, daß er es mit einem starken Gegner zu tun habe, daß der Verdächtigte die Bosheit und Schlauheit in Person sei und er rigorose Vorsichtsmaßregeln treffen müsse, um Ausreden, Flucht oder Schlimmeres zu verhüten. Der bestürzte Freytag war überzeugt, es gelte, einen gefährlichen Staatsfeind zu verhaften, der sich des Diebstahls von äußerst wichtigen Geheimnissen schuldig gemacht habe. In der servilen Furcht, einem unerbittlichen Herrn wie Friedrich zu mißfallen, entfaltete Freytag seinen ganzen Eifer, um seinen Auftrag zu erfüllen. In solche Hände war der König der Dichter und Freund des Königs gefallen.

Er konnte nicht entwischen; seit mehreren Tagen schickte Freytag Spione in die Gasthöfe, die fragten: »Haben Sie einen französischen Herrn namens Maynvillars gesehen?« Das war eine List, es gab keinen Franzosen dieses Namens, aber man wollte, daß die Gastwirte antworteten, sie beherbergten einen anderen Franzosen. Und am 31. Mai 1753 berichtete der Gastwirt des ›Goldenen Löwen‹ in Frankfurt, daß er eben Monsieur de Voltaire aufgenommen, der eine schöne Wohnung bestellt und sich mit seinem Sekretär, Monsieur Collini, dort bequem eingerichtet habe. Die Reisenden schliefen in diesem guten Gasthof der guten Kaiserstadt unter dem Schutz der habsburgischen Adler.

Wenn auch das Opfer einen friedlichen Schlaf hatte, so schlief doch sein ›Henker‹ äußerst schlecht. Er wußte nicht, wie er es mit seinem Auftrag halten sollte. Man hatte ihm gesagt, daß der Verdächtigte vielleicht ein großes Geschrei erheben würde, doch Seine Majestät wolle, daß man ihn ohne Lärm verhafte. Was tun? Freytag ließ sich von einem tatkräftigen Polizisten begleiten, einem Koloß, der kein Französisch verstand, aber den man bat, Beistand zu leisten, wenn Voltaire schrie oder sich wehrte.

Freytag war sehr unruhig, man hatte ihn gewarnt, wenn Voltaire schreie, höre man es bis London und Sankt-Petersburg. Diese Art von Empfehlung konnte gut und gern zu einer diskreten Erdrosselung Voltaires führen, und es ist wahrscheinlich, daß Freytag dies für die einfachste Lösung hielt. Brutal war er sicher, aber auf weniger dumme Art, als Voltaire erzählte. Beunruhigend wurde dieser Mensch dadurch, daß er nicht recht wußte, welchen Verbrechens sich Voltaire schuldig gemacht hatte. Er fühlte, daß der Fall merkwürdig und seinem Haudegenverstand zu hoch war. Um neun Uhr morgens präsentierten sich Freytag und sein Polizist in dem Zimmer Voltaires. Nach einigen Höflichkeitsfloskeln teilte er ihm die Wünsche Seiner Gnädigsten Preußischen Majestät mit. Der Dichter sackte in seinem Sessel zusammen, schloß die Augen und wurde halb ohnmächtig.

Freytag hätte zweifellos lieber den Auftrag gehabt, einen Schurken festzunehmen als diesen kleinen, erschreckend mageren Mann, dessen Blick und gellende Stimme ihm diabolisch scheinen mußten und der plötzlich wild gestikulierend umhersprang und -tanzte, Stühle umwarf und ihn gleichzeitig in Wut und Verwirrung brachte. Ein Wesen, bei dem man nicht wußte, wie man es packen sollte, und das man doch um jeden Preis packen mußte. Voltaire war rasch wieder bei sich und rief nach Collini, der die Koffer öffnete, darin wühlte und alle Papiere übergab, die er fand. Aber Freytag war immer noch nicht fertig damit, die Forderungen seines Königs darzulegen, denn Voltaire hatte ihn durch seine Ohnmacht den Faden verlieren lassen. Er nahm die Papiere, worauf Voltaire zum zweitenmal die Sinne schwanden. »Er sieht völlig wie ein Skelett aus«, sagt Freytag an dieser Stelle seines Berichtes. Aber der Diener Seiner Majestät — Voltaire sagt, Friedrich habe ihn gewiß aus dem Gefängnis geholt, wo er die Karre geschoben habe — war so mißtrauisch, daß er die Koffer nochmals öffnen ließ und selbst suchte. Und mit welcher Genauigkeit! Die um neun Uhr morgens begonnene Durchsuchung dauerte bis um fünf Uhr nachmittags. Voltaire war mit seinen Nerven am Ende. Freytag fragte ihn, ob weiter nichts da sei. Voltaire schwor hundertmal, daß er sonst nichts habe. »Und das Gedichtbuch des Königs?« entgegnete Freytag. Eine furchtbare Geschichte: das Buch war in einem der Ballen, die Voltaire nach Hamburg geschickt hatte. Freytag sagte ihm, er lasse ihn nicht frei, bis das Buch in seinen Händen sei. Voltaire wurde zum drittenmal ohnmächtig. Als er den Bericht seiner Abenteuer niederschrieb, machte er sich über den Akzent Freytags lustig. Wie amüsant mußte es gewesen sein, ihn reden zu hören und gestikulieren zu sehen. »C'est Monsir l'œuvre de poëhsies de mon grâcieux maître.« Das war es, was Freytag die ›Schätze der Krone Brandenburgs‹ nannte, die man Voltaire beschuldigte gestohlen zu haben. Der ›Henker‹ richtete an ihn, wie es scheint, das folgende Billett:

»Monsir, sitôt le gros ballot de Leipsieck sera ici où est l'œuvre de poëhsies du roi mon maître que S.M. demande et l'œuvre de poëhsies rendu à moi vous pourrez partir où vous paraîtra bon. A Francfort 1er juin 1753. Signé: Freytag, résident du roi mon maître.«

Worauf Voltaire mit eigener Hand einen »bon pour l'œuvre de poëhsies du roi mon maître« schrieb. »Freytag schien sehr zufrieden damit«, fügt er sarkastisch hinzu. Seine Erbitterung war aufs höchste gestiegen, mit Recht. Aber man hat das Billett Freytags wiedergefunden, sein Französisch ist korrekt. So rächte sich der Dichter an seinem ›Henker‹. Voltaire sah nach der Durchsuchung so armselig aus, daß Freytag Mitleid mit ihm fühlte. Er hatte sich vorgestellt, er müsse dem Teufel Trotz bieten und hatte nur einen Sterbenden gefunden. Er ließ ihm den besten Arzt der Stadt schicken, er bot ihm Wein aus seinem Keller an, er schlug ihm sogar vor, ihn in den Parks der Stadt spazierenzufahren (mit einem Polizisten hinter sich). Er war so naiv, der arme Freytag, daß er glaubte, Voltaire werde sich allein durch den Gedanken einer Spazierfahrt mit seinem liebenswürdigen Gefangenenwärter trösten. Es ist wahr, daß Voltaire wie zerschmettert war. Wann würde man den Ballen mit den nach Hamburg expedierten Büchern finden? Würde man ihn überhaupt eines Tages finden? Wie lange sollte diese Haft dauern?

Freytag schrieb nach Berlin, um neue Instruktionen zu erhalten. Er wollte, daß man ihm einen in dieser Art ›Poëhsies‹-Schriften spezialisierten Sekretär schicke, denn er besaß kein Vertrauen zu seinem poetischen Spürsinn und fürchtete, wichtige Schriften bei seinen langsamen, weil blinden Durchsuchungen übersehen zu haben. Um seinen von ›le roi mon maître‹ so gewünschte Sinn für Sparsamkeit herauszustreichen, notierte er. Voltaire habe verlangt, man solle ein Express-Schreiben nach Hamburg schicken, um die sagenhaften Ballen zu erhalten, und macht geltend, daß man bereits drei Louis Nebenkosten in dieser Sache ausgegeben habe. Er benützte also die normale Post. Ach! Der gute Diener! Voltaire würde acht Tage länger in Haft bleiben. Auch fand er, daß die Ausgaben, die unternommenen Schritte, die Nachforschungen in keinem Verhältnis zu dem schmalen Bändchen der Versübungen des ›roi son maître‹ standen. Der Unglückliche wußte nicht, daß ihn dieser gute Gedanke ins Zuchthaus bringen konnte!

Bei dieser ersten Szene wundert man sich, daß der Hitzkopf Voltaire nicht gleich Funken und Flammen spie. Die Mäßigung gleicht unserem Unerschrockenen so gar nicht. Wir haben ihn oft auf frischer Tat ertappt, wenn er zornig war. Er schien dann jegliche Kontrolle und Würde zu verlieren. Man hat ihn auch richtiggehend lächerlich gesehen. Doch verlor er in solchen Fällen seine Selbstkritik keineswegs. Seine Zornesausbrüche sind für ihn weniger wichtig als für seine Zuschauer. Wie alle seine Emotionen sind sie spektakulär, aber gleichzeitig oberflächlich. Aller Lärm ist äußerlich, der Sturm kräuselt nur die Oberfläche. Der Beweis ist, daß er gleich nach der Krise wieder Atem schöpft, seine Arbeit aufnimmt und sich mühelos konzentriert. Seine Nerven sind gespannt, aber nur oberflächlich gereizt. Was nicht heißt, daß diese Reizung nicht brennt und ihn unerträglich quält. Er mißt seinen Wutausbrüchen nicht dieselbe Bedeutung bei wie der mehr oder weniger bösgesinnte Zuschauer. Er kann sich nicht vorstellen, daß er sich um die Achtung der Leute bringt, weil er weiß, daß diese plötzlichen Zornentladungen nichts anderes bezwecken als Lärm und Spektakel. Sie beeinträchtigen weder seine Meditationen noch seine Pläne, seine Freundschaften, seinen Haß. Seine heftigen Auftritte täuschen nur Dummköpfe, die sich durch Grimassen etwas vormachen lassen. Sein eigentliches Wesen zeigt sich in seiner unveränderlichen Hartnäckigkeit, im Grunde ist er aus dem Granit der Arouets gehauen. Man könnte glauben, daß er am Abend dieses schrecklichen Tages eine ausgezeichnete Gelegenheit gehabt hätte, sich seinem Naturell zu überlassen. Nichts dergleichen: er blieb ruhig. Der Fall war zu ernst, um Wut zu verdienen. Er war der andere Voltaire, einer der anderen, zweifellos der tiefste, der wahrste, der große Voltaire: er arbeitete den ganzen Abend und fast die ganze Nacht hindurch. Er vertiefte sich in die ›Annales de l'Empire‹, um der liebenswürdigen Markgräfin von Gotha zu gefallen und um seiner Leidenschaft für arbeitsame Disziplin treu zu bleiben. Darin liegt seine Größe und seine Tugend.

Die wahren Freuden dieses erstaunlich leichtsinnigen Menschen sind ernsthafter Natur. Collini bemerkte dies voller Bewunderung, und Voltaire schrieb in Erinnerung an diese Nacht in Frankfurt:

> Quand sur les bords du Main deux écumeurs barbares
> Epuisaient contre moi leurs lâches cruautés
> Le travail occupait ma fermeté tranquille;
> Des arts qu'ils ignoraient leur antre fut l'asile.

Das war die beste Art, sich zu trösten und zugleich zu rächen.

Da der Vorhang vor der Frankfurter Bühne nun einmal geöffnet war, sollte es rasch im Rhythmus einer Tragikomödie weitergehen. Man spielte das Stück mit dem Eifer, der Lebhaftigkeit und der Improvisationsgabe des italienischen Theaters. Auch Collini hatte seine kleine Rolle. In allen Widerwärtigkeiten war er seinem Herrn eine wunderbare Stütze. Die Freundschaft seiner Diener ehrt Voltaire. Sie nützten ihn aus, aber sie liebten ihn, und er vergab ihnen, weil er sich geliebt fühlte und weil er liebte. Wieder einmal wurde durch die Hilfe Collinis das Drama nicht allzu ernst, nicht weil es an sich nicht wichtig war, sondern weil Voltaire, flankiert von seinem Florentiner, nicht ernst wirkt. Im Leben Voltaires scheinen viele Ereignisse des Ernstes zu entbehren, aber sein Leben ist viel tiefgründiger als man meint. Große Erlebnisse großer Menschen haben immer etwas Schwerfälliges, Steifes, etwas Pathetisches, aber Voltaire tanzt, springt und hüpft. Nicht Würde zeigt sich bei ihm, sondern etwas ganz anderes: die Lebhaftigkeit der Intelligenz.

Da die Nachricht von seiner Gefangennahme sich in der Stadt verbreitet hatte, empfing er Besuche. Es gab unzählige Neugierige, darunter den Verleger Van Duren aus Den Haag, der allen Grund hatte, seine Neugierde zu bereuen. Voltaire war von dem Verleger betrogen und bestohlen worden, als er den ›Anti-Machiavell‹ herausgab; er trug ihm dies immer noch nach. Van Duren aber zeigte sich vermessen genug, Voltaire sein verhaßtes Gesicht zu zeigen, das der Dichter mit zwei schallenden Ohrfeigen bedachte. Der Salpeter hatte Feuer gefangen. Was folgte, drohte mörderisch zu werden. Van Duren schien Miene zu machen, den kleinen Mann zwischen seinen großen Diebeshänden zu zermalmen, doch Collini begann zu reden, zu reden, mit so vielen Gesten zu reden, daß er schließlich den Grobian besänftigte. All dies spielte sich in einem Kreis von Neugierigen ab, die in das Zimmer Voltaires eingedrungen waren. Niemand lachte. In dieser Stadt waren alle grauenhaft ernst. Dabei wäre Grund zum Lachen gewesen schon allein der Auftritt Collinis, der dem Verleger mit schwindelerregendem Brio bewies, die eben empfangenen Ohrfeigen seien ihm von der Hand eines so großen Mannes erteilt worden, daß er darin eine glückliche Fügung des Schicksals sehen könne, deren nicht jeder teilhaftig werde. Zufriedengestellt durch diese ›glückliche Fügung‹ verließ Van Duren ohne weiteren Skandal den Gasthof. Er sollte wieder auftauchen.

Die anderen Besucher waren friedfertig. Liebenswürdige Leute aus Frankfurt befreundeten sich mit dem Dichter. Höflich und zum Scherzen geneigt wie er war, machte er sich ein Vergnügen daraus, in wenigen Tagen einen Freundeskreis und gute Gesellschaft um sich zu sammeln. Selbst aus einem Kerker hätte er einen Salon gemacht.

Diese Art von Erfolg beunruhigte Freytag. Wenn Voltaire

Frankfurt für seine Fahne anwarb, was würde er, Gesandter eines ›ausländischen‹ und sehr unbeliebten Herrschers, in dieser Kaiserstadt tun? Die Ohrfeige Van Durens ließ darauf schließen, daß die Haltung Voltaires vielleicht nicht immer die eines Sterbenden sein würde. Im übrigen wollten die Frankfurter den Rat der Stadt zugunsten Voltaires einschalten. Das hätten sie gleich zu Anfang tun sollen, da ja Friedrich die Rechte der Stadt mißachtet hatte. Voltaire bat darum, dem Herzog von Meiningen seine Aufwartungen machen zu dürfen, und erhielt ein höfliches Verbot Freytags. Er wollte ein anderes Hotel nehmen: höfliches Verbot Freytags. Voltaire brauste auf: »Wie kann mich Ihr König in einer Kaiserstadt festhalten? Warum hat er es nicht auf seinem Staatsgebiet getan? Sie sind ein Mann ohne Barmherzigkeit, Sie schicken mich in den Tod. Gewiß werden Sie alle beim König in Ungnade fallen.«

Freytag beunruhigte sich nicht sehr darüber, Voltaire in den Tod geschickt zu haben, er beunruhigte sich weit mehr über die Drohung, die der Schlußsatz enthielt. Er fragte sich, ob sein Diensteifer nicht zuletzt zu seinen Ungunsten ausschlüge. Nie brachte eine Beute ihren Jäger in größere Verlegenheit. Freytag bat um neue Instruktionen. Voltaire schrieb seinerseits an den Kaiser und flehte um seinen Schutz in einer Stadt, die zum Reich gehörte. Er bat nicht, eine Armee gegen Preußen zu entsenden, aber er bat, Freytag verständlich zu machen, daß er seine Befugnisse überschreite; und er nahm seinen Kehrreim wieder auf, daß er im Sterben liege und man ihn umbringe. »In diesem grausamen Zustand wirft sich ein Totkranker zu Füßen Seiner Heiligen Majestät, um Sie anzuflehen, Sie möchten mit der Güte und der Verschwiegenheit, die eine solche Situation mich zu erflehen zwingt, zu befehlen geruhen, daß man in Ihrer kaiserlichen Stadt Frankfurt hinsichtlich meiner Person nichts gegen die Gesetze unternehme ...« Er erinnerte daran, daß die Mutter des Kaisers, die Duchesse de Lorraine und Schwester des Regenten Philippe d'Orléans, ihm Wohlwollen bewiesen hatte und hoffte, Seine Majestät werde nicht unempfindlich für diese Erinnerungen sein. Sobald er dank dem allmächtigen Eingreifen Seiner Kaiserlichen

Majestät wieder frei sei, werde er sich nach Wien begeben und Seine Kaiserliche Majestät mit Themen unterhalten, die Seiner Majestät Ruhm und Macht beträfen. Damit sagte er deutlich, daß er sich, befreit von jeglicher Bindung an den undankbaren Friedrich, in die Dienste Seiner Kaiserlichen Majestät begeben wollte. Verraten von dem König von Preußen, war er bereit, diesen an den Kaiser zu verraten. Der Vorschlag ist verblüffend. Aber wenn wir uns seine Nervosität und seine Bedrängnis vorstellen, die Wut- und Angstanfälle, die ihn schier toll werden ließen angesichts eines so mächtigen und skrupellosen Feindes, entschuldigen wir dann nicht einen Mann in einer so verzweifelten Lage?

Seine Angst war nicht eingebildet. Ein Frankfurter Bürger kam zu ihm und sagte ihm, er habe alles zu befürchten. Außer sich schrieb er sofort an den vertrauten Ratgeber Seiner Kaiserlichen Majestät, man möge ihm gestatten, an seine Tür zu schreiben: »Monsieur de Voltaire, Kammerherr Seiner Kaiserlichen Majestät«, und er sei gerettet. Das war ein völlig unsinniger Schritt. Warum sollte der Kaiser ihm diesen Titel geben? In Versailles und in Potsdam hatte er ihn erst nach Jahren des Höflingsdienstes und nur durch Unterstützung mächtiger Freunde erhalten. Gleichzeitig schrieb er resigniert und abgeklärt an die d'Argentals. Vielleicht wollte er sie aus Freundschaft nicht beunruhigen. »Mein lieber Engel, man muß zu leiden verstehen, der Mensch ist hauptsächlich dazu geboren.« Warum bat er nicht in Versailles um Hilfe? Fürchtete er, schlecht empfangen zu werden? Er irrte sich nicht, man hatte weder seine tollen Streiche vergessen, noch sein Weggehen, noch sein übertriebenes Lob Potsdams, in dem man mehr Spott für Versailles als Lob für Friedrich ahnte.

Eine Unterstützung — freilich nur fürs Gemüt — erhielt er jedoch durch seine Nichte, Madame Denis. Sie wußte über alles Bescheid, sie hatte ihr Bestes bei Lord Keith, dem preußischen Minister in Paris, getan, um ihren Onkel zu befreien. Lord Keith war Mylord-Marschall, ein Freund Voltaires in Sanssouci, den Madame Denis in Paris empfangen und ihren Freunden vorgestellt hatte. Man glaubte mit seiner Hilfe rechnen zu können. Es fand sich jedoch, daß der Lord sich nur so lange als Freund Voltaires ansah, wie dieser ein Freund Friedrichs war, und daß seine Freundschaft ebenso schnell dahinschmolz wie das Ansehen Voltaires. Er besaß Geist genug, um den Voltaires zu bewundern und bei den Soupers seine Partei zu ergreifen. Aber das war nur ein Spiel für ihn gewesen. Er zeigte sich nicht bereit, auch nur einen Bruchteil seiner Gunst aufs Spiel zu setzen, um einen in Ungnade stehenden Mann zu retten. Im übrigen war Lord Keith ›empfindsam‹ und Anhänger Rousseaus geworden, das heißt, er steckte voller Gefühle, doch jeder weiß, daß die ›philosophische Empfindsamkeit‹ einzig darin bestand, hochherzig zu weinen. Er verbarg Madame Denis nicht, daß, wenn sie ihren berühmten Onkel in Freiheit sehen wolle, man damit beginnen müsse, dem preußischen König das zu geben, was er verlange. Gegen diesen Anfang kann man nichts einwenden, aber die Fortsetzung seines Briefes an Madame Denis ist zynisch und zwischen den Zeilen äußerst beunruhigend. Er sagt, Voltaire solle alles zurückgeben, nur auf diese Weise »würde er den Tadel der ganzen Welt vermeiden«. Und als sehr realistisch eingestellter Mann fügt er hinzu: »Er muß es in seinem eigenen Interesse tun: Könige haben lange Arme.« Das ist deutlich; Voltaire war dabei, die Länge des königlichen Armes und vielleicht die einer Galgenschnur zu ermessen. Der Lord weist darauf hin, daß Voltaire, falls er eigensinnig bleibe, sich alle Länder verschließen würde — außer Frankreich, wo er leben könne, wenn er sich still verhielte, und fügt hinzu, um witzig zu sein: »Er ist zu alt, um nach China zu gehen und Mandarin zu werden.« Er bemerkt außerdem, daß, falls Voltaire nach Frankreich zurückkehre und Epigramme gegen ›le roi mon maître‹ losließe, Mylord nur ein Wort in Versailles zu sagen brauche, um den rachsüchtigen Dichter ins Exil zu bringen. So ist dieser Freund! Doch nicht genug damit. Der Freund ist auch literarisch gebildet und ›empfindsam‹ und beweist es, indem er mit einer Geschichte schließt, die wir lesen müssen, um zu verstehen, daß Voltaire nicht vor Chimären zitterte. Die Prophezeiungen Lord Keiths waren durchsichtig und unheilverkündend.

»Als es zwischen den spanischen Eroberern Perus zu Zwietracht
kam, gab es in Cusco eine Dame (ich hätte lieber einen Dichter
für meine Geschichte), die zornige Reden gegen Pizarro führte.
Ein gewisser Caravajal, ein Anhänger Pizarros und Freund
der Dame, riet ihr, sich in ihren Worten zu mäßigen. Sie
schimpfte noch mehr. Nachdem Caravajal vergeblich versucht
hatte, sie zu beruhigen, sagte er: ›Alte Tratsche, ich sehe, um
eine Frau zum Schweigen zu bringen, muß man ihr die Kehle
zudrücken.‹ Und er ließ sie im selben Augenblick auf dem
Balkon aufhängen.«
Das ist die Geschichte. Für den Fall, daß Madame Denis zu
gut erfaßt haben sollte, welche Rolle der in Frankfurt festgehaltene Dichter übernehmen könnte, fügt der Lord folgende
heuchlerische Warnung hinzu: »Der König, mein Herr, hat
allerdings nie solche bösen Taten begangen, und den möchte
ich selbst unter seinen Feinden sehen, der ihm auch nur eine
zur Last legt.« Gut, aber seine lieben Diener schienen doch
wohl daran gedacht zu haben, solche Missetaten auf einen
Wink ihres Herrn und Königs auszuführen. Es folgt eine
grausame Drohung: »Ja, wenn irgendein ›Preißer‹, beleidigt
von den Reden Ihres Onkels, ihm einen Schlag auf den Kopf
gäbe, so würde er ihn zermalmen.« Und das wäre dann ein
reiner Zufall, ein Reiseunfall, und der König wäre an nichts
schuld, nicht mehr als sein ›empfindsamer‹ Ratgeber! »Ich
schmeichle mir, daß Sie überzeugt sein werden, wenn Sie gelesen haben, was ich Ihnen schreibe. Hindern Sie Ihren Onkel
daran, Dummheiten zu begehen, er versteht sich darauf ebensogut wie aufs Verseschreiben.« Alles ist da, selbst eine vergiftete, aber gut servierte Höflichkeit zum Schluß.
Dieser Brief läßt über dem Frankfurter Zwischenfall plötzlich
eine eisige, unheimliche Luft wehen, die Luft finsterer Gefängnisse, in denen gewisse Gefangene plötzlich sterben. Er ist
belastend für Friedrich, Mylord-Marschall läßt den abscheulichsten Verdacht auf seinen Herrn fallen. Dabei ist es letzten
Endes gar nicht sicher, ob Friedrich je so schreckliche Absichten
hatte. Sicher ist nur, daß Lord Keith sie gehabt und ausgedrückt hat — ob er sie wirklich ausgeführt hätte, ist fraglich,

obschon sein Brief uns glauben läßt, daß er ihre Ausführung ohne Entrüstung akzeptiert hätte. So sehen die Entdeckungen aus, die man bei einem Schüler Jean-Jacques machen kann. Dieser Neophyt des Gefühls führt sich auf wie ein Vertrauter der Borgia.

Lord Keith empfahl Madame Denis außerdem, den Brief Voltaire nicht zu zeigen (das war in der Tat klug), aber ihm die darin enthaltenen Ideen zu predigen, als kämen sie von ihr selbst. Nach dieser erschreckenden Lektüre, nach einer aufreibenden Reise kam Madame Denis in Frankfurt fast genauso krank wie ihr Onkel an. Sie erstickten fast vor Schmerz, als sie sich wiederfanden.

Als sie sich genug umarmt und genug miteinander geweint hatten, mußten sie an das Praktische denken. Schwierig war ihre Lage dadurch, daß sie den von Friedrich unterzeichneten Anstellungsvertrag Voltaires verloren hatten. Madame Denis glaubte, sie habe ihn in Frankreich. Aber wo? Wer konnte ihn wiederfinden? Und wann? Voltaire entschloß sich, seinen formellen und absoluten Verzicht auf alle seine Rechte aus allen Ämtern und Pensionen des Hofes von Preußen schriftlich niederzulegen. Madame Denis schrieb, Voltaire diktierte. Man bot alles an: Papiere, Gedichte, Gepäck, Versöhnung, Unterwerfung. Sie fügte hinzu, daß der Onkel im Sterben läge und nur nach Frankreich zurückzukehren wünsche, um dort seinen letzten Atemzug zu tun. »So viel guter Wille wird Ihre Majestät entwaffnen.« Sie erinnerte an die alte Freundschaft, die Schwüre, die Versprechen. Sie hätte Friedrich an den Brief erinnern können, den er 1750 schrieb, um ›Danae‹ zu verführen. »Welche Knechtschaft, welches Unglück, welchen Wechsel und welche Unbeständigkeit Ihres Glücks können Sie in einem Land fürchten, wo man Sie ebenso wie in Ihrem Lande schätzt, und bei einem Freund, der ein dankbares Herz hat. (Ach! Herzen verändern sich!) Wie! Weil Sie in meinem Haus Zuflucht suchen, sollte mein Haus ein Gefängnis für Sie sein? Wie? Weil ich Ihr Freund bin, würde ich Ihr Tyrann? Ich gestehe, daß ich diese Logik nicht begreife . . .«

Man schrieb nach Versailles, an den Freund und Minister

d'Argenson. Dieses Mal führte Collini die Feder, Madame Denis diktierte. Sie hatte nicht mehr die Kraft zu schreiben, sie war zweimal zur Ader gelassen worden. Voltaire war ohne Stimme und ohne Feder; er stellte sich tot, doch er leitete das Spiel. Man dramatisierte ein wenig, wie es der Art des Hauses entsprach, das muß man zugeben. Endlich ein Hoffnungsschimmer! Am 18. Juni 1753 traf aus Hamburg der Ballen mit ›l'œuvre de poëhsies du roi mon maître‹ ein. Voltaire erstand auf. Er glaubte, am Ende seiner Mißgeschicke zu sein.

Doch Freytag brachte ihn zum zweitenmal um. Man würde den Ballen nicht öffnen, bis man nicht neue Instruktionen des ›roi mon maître‹ empfangen hätte. Und Berlin ließ auf sich warten. Freytag, nicht wissend, wie er die Ungeduld seines Gefangenen zurückhalten sollte, brachte Fredersdorff wieder ins Spiel, der sein Bestes tat, um die Sache zu vergiften, und ihm antwortete: »Sie haben nur darauf zu achten, was Monsieur de Voltaire in seiner Ungeduld äußert, Sie haben fortzufahren, wie Sie begonnen haben.« Aber Freytag wußte eben nicht, wie fortfahren. Er hatte seinem Gefangenen die Freiheit gegen die Übergabe der ›Poëhsies‹ versprochen. Nun waren sie da! Voltaire forderte seine Freiheit, aber man zwang ihn zu bleiben. Er geriet außer sich. Wer würde an seiner Stelle nicht außer sich geraten? Die Ruhe, die er bisher trotz seiner reizbaren Natur gezeigt hatte, war dahin. Es kam zu Geschrei, Fußstampfen, mißhandelten Türen, Nervenkrisen. Freytag wußte nicht mehr, wie er einem Mann Vernunft beibringen sollte, der keine mehr hatte. Er schrieb, er schmeichelte ihm, beglückwünschte ihn zu seiner Resignation, die er ihn bis zum nächsten Boten aus Berlin zu bewahren bat. Was, warten, noch länger warten? Das war eine Falle. Mit jener hitzigen Einbildungskraft, die ihn charakterisiert, malte sich Voltaire aus, man erwarte einen Würger aus Berlin. Fast hätte ihm Madame Denis auch noch die Geschichte Mylord-Marschalls vorgesetzt. Man errät, in welchem Zustand er sich befand. Madame Denis schrieb daraufhin nach Berlin an jenen Abbé Prades, den Voltaire bei Friedrich hatte anstellen lassen. Dieser würde sich vielleicht der vergangenen Wohltaten erinnern. Sie schloß ihren Brief: »Ich hätte vor drei Jahren nicht vermutet, daß der König von Preußen seinen Tod verschulden würde.« Niemals wurde ein Mann öfter ›umgebracht‹, durch Worte, schriftlich und in Gedanken, und nie vergeblicher. Zweifeln wir nicht daran, daß recht oft die Absicht derer, die seinen Tod wünschten, aufrichtig war.

Das Drama war ohne Ausweg. Voltaire aber fand einen; er wählte die Lösung einer Komödie: er beschloß zu fliehen. Nichts schien weniger ratsam. Und doch wäre der Plan fast gelungen. Collini mietete eine Postkutsche. Voltaire kleidete sich in schwarzen Samt und schlüpfte in die Kutsche, die man vor ein anderes Hotel gestellt hatte. Und fort ging's! Es gelang ihnen, durch die Tore zu kommen, sie glaubten sich gerettet. Sie hatten nur einige wertvolle Papiere und eine Kassette voller Geld mitgenommen. Madame Denis war mit dem großen Gepäck als Geisel zurückgelassen worden. Eine halbe Stunde danach wurde Freytag durch einen Spion die Flucht gemeldet. Der Unglückliche meinte wahnsinnig vor Schreck zu werden. Er glaubte, mit seinem Gefangenen seine Stelle und vielleicht auch sein Leben zu verlieren. Er schickte Reiter auf alle Straßen, versah sich mit einem nicht eben zart besaiteten Hofrat namens Schmidt als Amtsgehilfen und verlangte vom Bürgermeister einen Haftbefehl. Dieser weigerte sich zuerst, er war ein Untertan des Kaisers. Schließlich gab er doch nach. Österreich beugte schon den Nacken. Man holte die Flüchtlinge gerade noch ein, als sie das Territorium von Frankfurt verlassen und in das von Mainz hinüberfahren wollten. – Bei dieser Geschichte gab das Schicksal Voltaire einen Nasenstüber, ein Detail, wie es in ›Zadig‹ oder ›Candide‹ vorkommen könnte: auf der Fahrt durch die Stadt war ihm sein Notizbuch abhanden gekommen und er war umgekehrt, um es zu suchen. Auf diese Weise hatte er vier Minuten verloren. Diese vier Minuten lieferten ihn seinem Kerkermeister aus.

Freytag genoß nicht gleich alle Früchte seines Sieges. Er wurde zunächst betäubt und niedergeschmettert von den Reden seiner Flüchtlinge; er stand vor ihnen als Angeklagter, ja sogar als Schuldiger. Collini und Voltaire, im schönsten Einvernehmen, beschuldigten ihn öffentlich, für ihre Flucht tausend Taler angenommen zu haben. Voltaire schleuderte ihm seine Anklage entgegen, während Collini diese mit einer verwirrenden Frechheit durch Beweise stützte. Niemals hatte der ehrliche Freytag einen Sekretär mit solcher Vollendung lügen hören. Die Kunst des Sekretärs kam der des Meisters gleich. Und dieser Meister war Voltaire.

Man brachte sie ins Hotel zurück. Während Freytag sich um den Haftbefehl bemühte, verbrannte Voltaire seine Papiere. Freytag wollte sich dem widersetzen und beschloß, seinen Gefangenen mit sich zu nehmen, um ihn besser überwachen zu können. Voltaire weigerte sich. Er forderte, daß man ihn in aller Form verhafte, damit die Angelegenheit überall bekannt würde und er wie jeder willkürlich festgehaltene Gefangene das Recht zur Flucht habe. Freytag wurde gänzlich kopflos durch diese Reden. Er ließ Voltaire in der von Wachen umstellten Kutsche einschließen und, um sicherer zu gehen, setzte er sich neben seinen Gefangenen. Die ganze Stadt defilierte an der Kutsche vorbei, und Voltaire hatte die seltsame Befriedigung, dem Volk zu zeigen, daß der Gesandte des preußischen Königs genauso gefangen war wie der von ihm gehütete Gefangene. Das vergrößerte nicht das Prestige Freytags und auch nicht das ›du roi son maître‹. Aber alles in allem blieb Freytag doch der Stärkere, und er war nicht wenig stolz darauf.

Das Ergebnis so vieler Scherereien war, daß der Wirt des ›Goldenen Löwen‹ sich weigerte, einen so unbequemen Gast wie Voltaire länger zu beherbergen. Man brachte ihn nach vielem Hin und Her zu Hofrat Schmidt: Wechsel der Kulissen.

Herr Schmidt hatte schon mit Madame Denis ein Hühnchen zu rupfen gehabt. Sie verteidigte ihren Onkel wie eine Tigerin, der schreckliche Preuße flößte ihr keine Angst ein. Sie antwortete ihm mit einer Kühnheit, die er ihr nicht verzeihen konnte. Und da sie gleichzeitig in die Salons der Stadt eilte, um einen Kreuzzug gegen Preußen zu predigen, ließ Schmidt sie ebenso wie Collini festnehmen. Freytag schrieb seelenruhig nach Berlin, man habe Madame Denis festgenommen, »weil sie fast unsere Sache verdorben hätte«. Er war wirklich kein

Kind Machiavells! Man vereinte die drei Dämonen und sperrte sie in den ziemlich üblen Gasthof ›Zum Bockshorn‹ ein.

Während der endlosen Redereien, während des Kommens und Gehens und der Umzüge, findet Voltaire Gelegenheit, einen in seinem Charakter der Farce und dem Ballett ähnelnden Sketch zu spielen. Als Bühne dient der große Empfangsraum des Hofrats Schmidt. Frau Schmidt, eine große, dicke rothaarige Preußin, ihre Zofen, mehrere Nachbarn, Diener und Kutscher fungieren als stumme Personen. Frau Schmidt weiß, daß Voltaire ein Verschwörer, Spion und Staatsverbrecher ist. Als sie jedoch den kleinen, schmächtigen Mann erblickt, betrachtet sie ihn abfällig von oben bis unten; fast hätte sie ihn beleidigt. Freytag führt seine Gefangenen vor, streicht sein Verdienst heraus, sie wieder eingefangen zu haben, und zeigt auch die Beute. Zuerst kommt das Geld dran, sie bestehlen Voltaire und teilen sich vor seinen Augen den Inhalt der Kassette; dann nehmen sie die Taschen an die Reihe, dann den Schmuck. Voltaire fleht, man möge ihm seine Tabaksdose lassen oder zumindest den Tabak, der ein Heilmittel für ihn ist. Die Anwesenden zeigen kein Mitleid und nehmen sogar den Tabak. Collini will protestieren, man bedroht ihn mit dem Kerker. Voltaire fühlt seine Sinne schwinden in dem Schrecken über die Einigkeit dieser großen Dummköpfe, die bereitwillig zu grausamen, feigen, unwissenden Sklaven eines Tyrannen werden — zu Sklaven alles dessen, was er verabscheut. Er erblickt eine halb offene Tür. Im gleichen Augenblick saust der kleine, halbtote Mann blitzschnell, wie eine plötzlich durch Wärme aus ihrer Erstarrung gelöste Eidechse davon, sein kleiner Körper entspannt sich, er reckt sich auf und verschwindet durch den Türspalt. Folgt Geschrei, Verwirrung, Durcheinander. Die dicke Schmidt ist die Schnellste. Sie wirft ihre Fleischmassen hinter der kleinen Eidechse her, sie rollt, sie stampft, gefolgt von ihren Dienstmädchen, und mit kolossalen Schritten holt sie den Flüchtling ein. Armer Voltaire! Er war in einen Hof ohne Ausgang geflohen. Nun war er umzingelt und gefangen. Die Megären kamen näher, sie wollten gerade Hand an ihn legen, als der Vater von ›Mérope‹, aufgerichtet auf seinen mageren Sporen,

Maurice Quentin de La Tour, Voltaire, 1736
Schloß Ferney (Foto Jean Arlaud)

François Boucher, Madame de Pompadour
(Historia-Foto)

Versailles
Aufführung von Voltaires »La princesse de Navarre«, 1745
(Historia-Foto)

Louis Tocqué, Le Duc de Richelieu
(Foto Wildenstein & Co. Inc., New York)

Jean-Marc Nattier, La Marquise du Châtelet
Schloß Ferney (Foto Jean Arlaud)

Friedrich II. und Voltaire
Stich nach einem Gemälde von André Monsiau
(Foto Staatsbibliothek, Berlin)

Schloß Cirey
Lithographie (Foto Bibliothèque Nationale, Paris)

Jean Huber, Voltaires Lever
Leningrad, Eremitage

Jean Huber, Voltaire empfängt Gäste
Leningrad, Eremitage

Jean Huber, Voltaire in einer Theaterszene
Leningrad, Eremitage

Léon-Baptiste Pigalle, Voltaire, 1772
Orléans, Musée des Beaux Arts (Foto Bulloz)

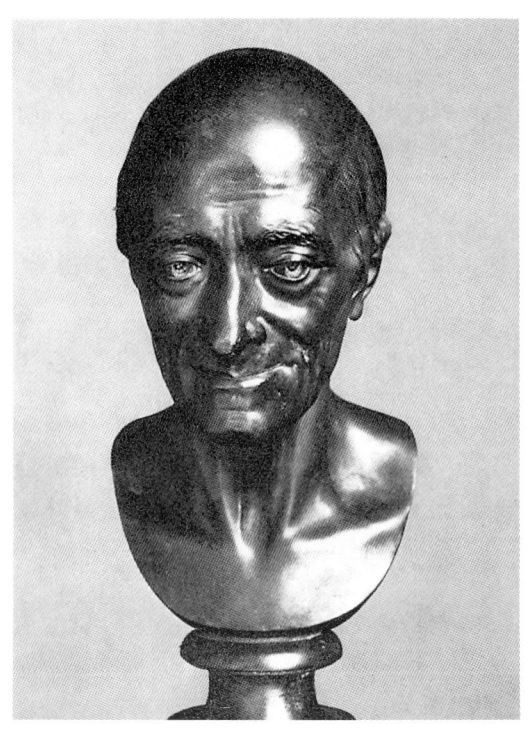

Jean-Antoine Houdon, Voltaire
(Foto Bulloz)

mit hochmütiger Miene verächtlich sagte, indem er mitten im
Drama eine Farce vollendet improvisierte: »Kann ich denn nicht
einmal den Bedürfnissen der Natur nachkommen?« Drehte
sich zur Mauer und schickte sich an, sie zu begießen.
Doch ach! Seine Verfolger ließen nicht von ihm ab und bildeten
in einiger, kaum dem Respekt genügenden Entfernung einen
Kreis um ihn. Er aber beugte sich vornüber und lehnte, von
schrecklichen Schmerzen gepackt, seinen Kopf gegen die Mauer.
Collini näherte sich beunruhigt seinem guten Herrn. Er sah
seine Augen voller Tränen, die aber nicht der Schrecken über
seine Lage ihm entlockte, sondern die Anstrengung, die ihn
der Versuch gekostet hatte, sich mit Hilfe von zwei in den
Mund gesteckten Fingern zu übergeben. Collini fragte angst-
voll: »Ist Ihnen nicht gut?« Worauf sein guter Herr in der
Sprache Scapins murmelte: »Fingo, fingo!« (Ich tue nur so!)
Er hatte die Nummer so vollendet gespielt, daß selbst der
Florentiner darauf hereingefallen war.
So viel Kunst wurde nicht belohnt, man brachte ihn in den
Saal von Hofrat Schmidt zurück, der ausrief: »Unseliger, man
wird ohne Mitleid und Schonung mit Ihnen verfahren.«
Währenddessen trat Herr Dorn ein. Er spielte nur eine unter-
geordnete Rolle, aber die abscheulichste. Er war Notar. Voltaire
erzählt, er sei aus dem Amt gejagt worden, wie er von Freytag
sagt, er sei aus dem Zuchthaus gekommen. Nichts beweist dies.
Warum einer so dunklen Geschichte noch Lügen hinzufügen?
Doch diese Lügen erleichterten Voltaires Haß. Als Dorn den
Bericht der Flucht hörte, rief er aus: »Wenn ich ihn auf der
Straße erwischt hätte, so hätte ich ihm eine Kugel in den Kopf
gejagt.« Er glich völlig der von Lord Keith herbeigesehnten
Person. Zum Glück hatte man ihn in die verkehrte Richtung
geschickt. Freytag selbst sagte, wenn er Voltaire jenseits der
Grenze des Territoriums eingeholt hätte, so hätte er lieber auf
ihn geschossen, als unverrichteter Sache vor ›le roi mon maître‹
zu treten. »So sehr hatte ich die königlichen Briefe und Schriften im Herzen!« Friedrich wurde gut gedient. Fast hätte der
›Salomon des Nordens‹ den Mord an seiner ›Danae‹ auf dem
gehabt, was er sein Gewissen nannte.

Man übergab Voltaire die Quittungen für das ihm Gestohlene, und der Notar Dorn — was hat ein Notar hier zu schaffen? — wurde beauftragt, die Gefangenen im ›Bockshorn‹ einzusperren. Sie hatten jeder drei bewaffnete Wachen vor der Tür. Freytag schwor später, Voltaire lüge. »Es waren nur zwei da«, versicherte er entrüstet. Collini brüllte vergeblich, er habe mit der ganzen Sache nichts zu tun, er sei ein Untertan des Kaisers; doch man sperrte auch ihn mitleidlos ein. »Wenn ich jahrhundertelang lebte, nie würde ich diese Greuel vergessen«, notierte er.

Madame Denis hatte der letzten Szene nicht beigewohnt, man beaufsichtigte sie noch im ›Goldenen Löwen‹. Aber, der bequemeren Überwachung wegen, wurde auch sie durch Dorn in das ›Bockshorn‹ überführt. Er machte dies sehr geschickt. Er bot ihr seinen Arm, um sie in das Zimmer ihres Onkels zu bringen. Beruhigt durch dieses gute Benehmen, folgte sie bis zur Tür des ›Goldenen Löwen‹, wo drei Soldaten sich ihrer bemächtigten und sie zum ›Bockshorn‹ schleppten. Die Unglückliche, die bisher von allen Annehmlichkeiten des Luxus umgeben gewesen war, glaubte ihre letzte Stunde in dem elenden Loch gekommen, wo sie ein schlechtes Bett fand und »wo vier Soldaten mit Bajonetten ihr als Vorhang und Kammerfrau dienten.« Dorn ließ sich vor ihren Augen sein Souper bringen und begoß die Nahrungsmittel reichlich. Um das Abenteuer zu vervollständigen, fügt Voltaire hinzu, Dorn habe, erhitzt von seinem Festessen, seine Nichte vergewaltigen wollen; von ihren Schreien erschreckt, habe er jedoch auf »seine kriminelle Absicht« verzichtet. Glauben wir nichts davon. Voltaire hätte besser daran getan, auf diese Ausschmückung zu verzichten. Aber sie paßte zur Szene, wie hätte er sie außer acht lassen können?

Schließlich traf die Antwort Friedrichs ein. Er dankte Freytag für seinen Eifer, aber befahl ihm ausdrücklich, Voltaire freizulassen. Unter einer Bedingung: Voltaire mußte sich schriftlich verpflichten, kein Exemplar der Schriften Seiner Majestät zu behalten. Andernfalls habe er sich, in welchem Land auch immer, als Gefangener Seiner Majestät anzusehen. Das bedeutete eine

Extravaganz mehr bei diesen an und für sich schon so unsinnigen Streitereien. Die Danksagungen an Freytag waren nicht allzu herzlich, und man muß annehmen, daß, wenn er und Dorn Voltaire den Schädel eingeschlagen hätten, der ihre auch nicht allzu sicher auf ihren Schultern gesessen hätte. Merkwürdig ist, daß Friedrich nicht sofort das ›Poëhsie‹-Buch verlangte. Er begnügte sich mit einem Rückgabeversprechen. Warum also die Festnahme, die Haft, die Diebstähle, die rohe Behandlung? Es scheint, daß Fredersdorff allzu viel Eifer gezeigt hatte. Der Beweis dafür ist, daß er, als die Sache weiter ging als er dachte, nichts mehr damit zu schaffen haben wollte und Freytag ohne Instruktionen ließ. Freytag aber mochte nicht weniger tun, als man von ihm erwartete, und tat ein wenig mehr. Friedrich, der seinem Opfer darin sehr ähnelte, hatte also in einer Laune allzu schnell mündliche Befehle erteilt. Er hätte die Angelegenheit genauer verfolgen sollen. Als er Ende Juni zu wissen verlangte, wie es Voltaire ginge, war er nach Abflauen seiner Zornesaufwallung sehr erstaunt zu erfahren, daß sein ›moderner Vergil‹ immer noch in Frankfurt in Haft saß. Natürlich hatte er das unselige Abenteuer ausgelöst, aber die, die seine Befehle interpretierten, waren schlimmer als er, und der verächtlichste von allen war Lord Keith.

Doch Voltaire war immer noch nicht zu Ende mit seinen Henkern. Sie wollten, daß er seine Freiheit bezahle. Freytag brachte ihm die Rechnung für seine Unterbringung: man ließ ihn für sein Gefängnis aufkommen! Die Rechnung war so aufgestellt. daß alles draufging, was Voltaire an flüssigem Geld besaß. Man muß dazu sagen, daß Freytag sich wohl gehütet hatte, ihm von dem Freilassungsbefehl des Königs etwas zu erzählen. Das erklärt den peinlich demütigen und degradierenden Brief Voltaires an Freytag, für dessen Gefangenen er sich immer noch hielt. Die Gefangenschaft endete mit einer schmutzigen Feilscherei. Dorn stattete den Gefangenen Besuche ab, er spielte den Liebenswürdigen, was sie mißtrauisch hätte machen müssen. Eines Tages schob ihm Voltaire einen Louis hin; Dorn wurde übertrieben höflich. Man schob ihm zwei hin, er wurde serviler als ein Stallknecht.

Am 25. Juni 1753 erhielt Freytag einen von Friedrich unterzeichneten Brief, der ihm dringend befahl, der Sache ein Ende zu machen und Voltaire unverzüglich nach Plombières abreisen zu lassen. Aber Freytag hatte dem König wenige Tage zuvor geschrieben und wollte die Antwort auf diesen Brief abwarten, ehe er dem vom 25. Juni gehorchte. Und er wartete.

In der Stadt murrte man darüber, daß Freytag seine Macht mißbrauchte. Dieses Murren drang bis zu Voltaire, der durch den Bürgermeister einen Bericht nach Berlin sandte. Freytag bekam Angst. Schon rechtfertigte er sich. Er schickte die Schildwachen fort, er gab das Gepäck zurück. Voltaire spürte, daß der Wind drehte. Freytag und Schmidt baten empfangen zu werden: er lehnte ab. Sie hatten ein so schlechtes Gewissen, daß sie ihm seinen Degen wiedergaben. Sie boten ihm an, ihm sein Geld, abzüglich der Kosten für seinen Zwangsaufenthalt, zurückzugeben: er verlangte sein ganzes Geld. Man schickte den Notar Dorn zu ihm, honigsüß präsentierte er ihm den Rest des Geldes in der einen und eine Quittung in der anderen Hand. Beim Anblick dieses verhaßten Mannes reagierte Voltaire wie beim Anblick Van Durens. Er warf sich auf ihn, eine Pistole in der Hand, spannte den Hahn und schickte sich an, den Schurken zu töten. Es gelang Collini seinen Herrn zu entwaffnen, ihn fortzuziehen und wie einen Wahnsinnigen im Nebenzimmer einzusperren. Voltaire erzählt die Szene anders: er sagt, Dorn habe nur so getan, als bringe er das aus seinen und Collinis Taschen gestohlene Geld zurück; was die Pistole betrifft, so war sie, wenn man ihm glaubt, außer Gebrauch und enthielt weder Pulver noch Kugeln.

Dorn verbreitete urbi et orbi die Nachricht von dem Mordversuch, dem er fast zum Opfer gefallen sei. Um sich zu entschädigen, behielt er das, was man Voltaire weggenommen hatte: seine wertvollen Papiere, seine Ringe, einen Sack mit Goldkarlinen, eine goldene Schere und seine diamantenen Schuhschnallen. Wenn der Mordversuch echt war, so war es der Diebstahl auch.

Collini erzählt, Dorn habe sich auf der Flucht vor der Pistole Voltaires auf der Treppe fast alle Knochen gebrochen, und er beglückwünscht den Notar für seine Vorsicht, denn dieser wäre sonst Gefahr gelaufen, daß Voltaire ihm mit der Pistole den Schädel eingeschlagen hätte.

Seine gerechtfertigte Angst ließ sich Dorn teuer von Voltaire bezahlen. Er erhob Klage, und Freytag schickte am 6. Juli 1753 einen Bericht an den König, in dem man lesen kann — lächelnd oder entrüstet — Sieur de Voltaire habe »etwas Geld« bei Freytag und dem Hofrat Schmidt deponiert, und es scheine gerecht, wenn dieses Geld dazu diene, die Frau und Tochter Dorns zu entschädigen. Beide seien bettlägerig und schwer krank durch die Aufregung, die sie bei der Nachricht empfunden hätten, daß ihr Gatte und Vater fast durch Voltaire umgekommen sei. Wieder einmal gefühlvolle Herzen! Man muß anerkennen, daß Friedrich die bewegte Frau und ihre Tochter nicht im geringsten beachtete.

Am 2. Juli erneuerte Friedrich den Entlassungsbefehl. Er spielte noch nicht einmal auf den Fluchtversuch des Dichters an, den er als lächerlich empfunden haben mußte. Der nichtsnutzige Freytag verbreitete überall, er sei mit größtem Eifer darum bemüht, seine Gefangenen zu befreien. Eine doppelte Dummheit: das hieß einmal, daß sie noch nicht befreit waren, wie es hätte geschehen sollen, und es hieß zum anderen, daß sie eingesperrt waren, wie es nicht hätte geschehen sollen. Friedrich legte absolut keinen Wert auf diese Art von Publizität.

Am 9. Juli antwortete schließlich ein knapper Befehl auf alle Berichte Freytags: »Sie müßten doch längst die Order empfangen haben, ihn und seine Nichte gehen zu lassen, wohin er will.« Was heißt: ich habe genug von Ihrem Voltaire und Ihren lästigen Berichten.

Freytag spürte das wohl und machte sich Sorgen, doch Fredersdorff beruhigte ihn: daß Voltaire noch hinter Schloß und Riegel ist, was tut's; wenn er schreit, lassen Sie ihn schreien; wenn er sich auf seinen Titel »Gentilhomme de la Chambre« beruft, so schlagen Sie ihm vor, ihn nach Versailles zu schicken, die Bastille erwartet ihn; wenn er droht, sich in Berlin zu beklagen, so seien Sie sicher, daß die Verleumdungen Voltaires Sie nicht treffen werden. Man sieht, daß Friedrich nicht der Schuldigste

war. Er schrieb sogar an Freytag, Voltaire all sein Geld, seine
Wertsachen, sein Gepäck und seine Papiere wiederzugeben.
Als der Brief eintraf, war Voltaire leider schon abgereist. Er
nahm nur mit, was er auf dem Leibe trug. So sieht die Bilanz
seines Aufenthaltes in Preußen aus. Es gibt noch eine andere.

Bilanz eines schlechten Geschäftes

Die Verhaftung in Frankfurt war für den Charakter Voltaires
von großer Bedeutung. Mit den Stockschlägen Rohans hatte er
Abschied von der Jugend genommen, mit der Mißhandlung
Freytags und der preußischen Polizisten trat er ins Greisenalter. Die Angelegenheit war schwerwiegend für ihn dadurch,
daß ein freier Mann in einem freien Gebiet von Agenten einer
ausländischen Regierung willkürlich gefangengenommen werden konnte. Alles andere kümmerte ihn wenig, es handelte
sich lediglich um einen Streit zwischen empfindlichen und
reizbaren, außerordentlich rachsüchtigen Literaten, deren einer
zum Unglück für den anderen König von Preußen war. Der
Letztere aber hatte das kleine Spiel der Schmähschriften, der
Epigramme und frechen Worte — täglich Brot der mündlichen
oder gedruckten Verleumdungen — verdorben und das Schwert
geschwungen. Gegen einen Dichter und Freund! Man konnte
ihn entschuldigen, er hatte Maupertuis und Voltaire ertragen
müssen, dann Voltaire ohne Maupertuis, dann Voltaire und
seinen Juden, dann Voltaire und La Beaumelle, dann Voltaire
und seine Kerzen, seinen verwässerten Tee und seine Koliken,
schließlich immerzu Voltaire . . . Voltaire . . . Man kann nicht
daran zweifeln, Voltaire war für diesen König so unausstehlich
wie ein König gewesen.
Aber warum ertrug er ihn? Warum hatte er versucht, ihn noch
in der letzten Minute zu halten? Weil er nicht auf Voltaire
verzichten konnte, weil Voltaire ihn wirklich faszinierte. Ihre
Freundschaft war ungewöhnlich. Friedrich, der unerbittlich
klar sah, wußte so gut wie Voltaire, woraus diese bizarre, kno-
tige und komplexe Verbindung bestand: wahre Gefühle und

Eigennutz verflochten sich in ihr. Die Freunde waren beide ungewöhnlich intelligent und ungewöhnlich empfindlich, sie besaßen die feinsten Antennen, um jeden Verdacht aufzunehmen, jede Botschaft eines gärenden Geistes — sie besaßen so viel Phantasie, daß sie aus allem Intrigen machten, manchmal aber auch Meisterwerke.

Bei dem Frankfurter Abenteuer zeigt sich alles, nur keine Größe — außer im Skandal. Und in Wahrheit gab es nur für Voltaire Skandal. Für Friedrich handelte es sich lediglich um einen Streit; er hatte dem frechen Voltaire eine Lektion erteilt, und Voltaire wollte daraus eine Staatsaffäre machen. Tat er unrecht? Er war verhaftet, beraubt und mit dem Strick bedroht worden. Die groben Hände der Sbirren Friedrichs, die ihn packten, zeichneten ihn für sein ganzes Leben. Er spürte, daß er, Voltaire, von dem das ganze aufgeklärte Europa Orakel erwartete, der sich seit dreißig Jahren der Berühmtheit erfreute und nicht nur ein vergänglicher Star war, der die Kultur eines Jahrhunderts und der reichsten und fortschrittlichsten Nationen der Welt verkörperte, in den Händen der Agenten des preußischen Königs nicht mehr galt als ein Schurke. Was wogen unter diesen Bedingungen die Person, die Güter, das Leben eines gewöhnlichen Menschen? Vor den subalternen Agenten des preußischen Königs hatte er sich plötzlich erschreckend zerbrechlich gefühlt; er war kein Individuum mehr gewesen, sondern ein Ding. Mehr als ein Attentat gegen Monsieur de Voltaire, erschien ihm das Frankfurter Abenteuer ein Verbrechen gegen die Menschheit.

Das ist es, was er von seinem Aufenthalt in Preußen mitbrachte: eine große Bitterkeit und eine unvergeßliche Demütigung. Beides war schwer zu tragen.

Friedrich hatte das bessere Geschäft gemacht. Voltaire war ihm nicht allzu teuer gekommen, er hätte keinen besseren Reklameagenten finden können und keinen billigeren. Er verstand, ihn mit ›Tand‹ und jenen ›brimborions‹ zu bezahlen, die er sich zurückgeben ließ, und mit Schmeicheleien, die er wieder vergaß. Die Eitelkeit Voltaires trug alle Kosten ihrer Verbindung. Voltaire hatte Friedrich immer sehr hoch eingestuft, um sich selbst in die Höhe zu ziehen. Er pries ihn oft, indem er die anderen Könige herabsetzte, vor allem den seinen. Ludwig XV. hätte leichtes Spiel gehabt, dem verhafteten Voltaire mit einer jener Repliken zu antworten, deren er durchaus fähig war: wenden Sie sich doch an Ihren neuen Herrn, den Sie in ganz Europa ›Cato‹ genannt haben, ›Salomon des Nordens, königlicher Philosoph, Vorbild der Monarchen‹, wenden Sie sich doch an ihn, um jene Gerechtigkeit zu finden, die Sie in Berlin entdeckten und die es in Ihrem Vaterland nicht gab.

Aber die Jahre, die Voltaire schmeichelnd, soupierend, sich wie zum Vergnügen demütigend und gewaltsam gedemütigt verbrachte, werden für ihn keine verlorenen Jahre sein, denn er verliert seine Zeit nie. Frankfurt hat der Persönlichkeit des Dichters den letzten Schliff gegeben. Der ›Alte König Voltaire‹ erscheint. Er wird die Höfe und selbst die Städte meiden. Einsamkeit und Arbeit werden ihm zum täglichen Brot. Und so verließ Monsieur de Voltaire Frankfurt sehr niedergeschlagen, aber der Philosoph in ihm war durch das Abenteuer gestärkt und gehärtet worden.

In Frankreich erfuhr er, daß alle während der Frankfurter Affäre auf seiner Seite gestanden hatten. Selbst der ehrliche Mylord-Marschall Keith tat sein Bestes, um zu dementieren, was das Gerücht über eine angebliche Festnahme Voltaire in Frankfurt und einen angeblichen Bruch mit ›le roi mon maître‹ verbreitete. Voltaire hatte Friedrich aus freien Stücken verlassen, kannte man nicht seine Kaprizen? Selbst der ›loyale‹ Fredersdorff wollte Madame Denis überzeugen, daß niemand Voltaire so sehr liebte und niemand so viel für ihn getan habe wie er; das Vorgefallene sei auf ausdrücklichen Befehl des Königs geschehen. Wir besitzen die Briefe von beiden, welch Lügenkonzert! Jeder belügt jeden, das ist die einzige Wahrheit dieser Hexenküche. Letzten Endes hatte niemand Voltaire festgenommen, Friedrich liebte ihn wie in ihrer schönsten Zeit und, oh Wunder!, Freytag ging aus all dem unschuldig hervor, sanft und klagend. Der arme Mann!

Madame Denis fühlte sich von Schwindeln erfaßt. Es kam wohl vor, daß auch sie log, aber sie log wie ein kleines Mädchen im Vergleich zu diesen Virtuosen der Doppelzüngigkeit. Sie war erschüttert von dem Frankfurter Schwabenstreich zurückgekehrt und fand nun Trost bei einem Publikum, das angeblich entrüstet darüber war, wie sehr die Tatsachen durch Feigheit und Lügen gefälscht wurden. Man sagt, daß großer Kummer große Dummköpfe manchmal auf gute Gedanken bringe. Madame Denis äußerte ihrem Onkel gegenüber den folgenden: »Wir tun gut daran zu schweigen, das Publikum redet genug.« Sie befolgten diesen Rat, und das war richtig.

Friedrich war weniger heiter. Er schrieb seiner Schwester in Bayreuth und später Mylord-Marschall, wie sehr er die brutale und im übrigen unnütze Geschichte bedaure. Wenn man dieses Wort zu benützen wagte, um von den Gefühlen eines Friedrich II. zu sprechen, so würde man sagen: er bereute.

Er bereute mit Recht. Weder sein unbestreitbarer Ruhm noch seine unbestreitbare Größe würden in dem freudlosen Leben Friedrichs ganz die Gegenwart und Freundschaft Voltaires ersetzen können. Er rühmt sich, Voltaire besser zu verstehen als irgend jemand sonst. Und Voltaire konnte sagen, daß sein treuster, sein brüderlichster Schüler der brillanteste König des Jahrhunderts war. Friedrich behielt sein Leben lang eine Sehnsucht nach den Soupers von Sanssouci, nach diesen Ausschweifungen der Intelligenz. Und obwohl Voltaire immer noch an seinem Groll herumkaute, vergaß er doch nie jenen König, der eines Abends nach einem seiner brillanten Einfälle bewundernd aufstand und ihm die Hand küßte. Es gab zwischen ihnen immer ein heimliches Verstehen, eine magnetische Anziehung der Intelligenz. Dazu Eifersucht, Parteilichkeit, Argwohn, wie bei allen Brüdern, ob es sich um leibliche oder Brüder im Geiste handelt.

Das – fast – wiedergefundene Vaterland

Aus Frankfurt am 6. Juli 1753 abgereist, langten Voltaire und Madame Denis am 7. in Mainz an. Ihre Ankunft wurde zu einem kleinen Triumph, das ganze Rheinland bereitete ihnen ein Fest, um sie die in Frankfurt erlittenen Beleidigungen vergessen zu lassen. Voltaire fand das gute Deutschland wieder, das seinem Herzen so lieb war. Er ließ sich trösten, er umarmte viel. Er brauchte nur das, um wieder obenauf zu sein. Schon ist er fröhlich, voll der zärtlichsten Komplimente für jedermann, übersprudelnd und zum Lachen aufgelegt. In diesem Hafen des Wohlwollens verbringt er drei Wochen, um, wie er sagt, »seine vom Schiffbruch durchnäßten Kleider« zu trocknen. Und er arbeitet. Die ›Annales de l'Empire‹ sind weit fortgeschritten, er schreibt seiner lieben Herzogin: »Nicht daß es hier keine schönen Messen gäbe, aber es gibt keine Herzogin von Gotha.« Am 28. Juli ist er auf dem Weg nach Mannheim. Er übernachtet in einem Gasthof in Worms und macht sich einen Spaß daraus, sich bei dem toskanisch sprechenden Gastwirt als Italiener auszugeben. Was zeigt, daß er gut Italienisch konnte. Einige Briefe an Madame Denis beweisen dies ebenfalls. Während des Soupers erzählt er zahllose phantastische Geschichten, über die sich die ganze Tafelrunde zu Tode lacht. Gestern war er in Frankfurt dem Tode nah, heute bringt er einen ganzen Gasthof zum Lachen. Er ist neunundfünfzig Jahre alt, seinem Charakter nach scheint er achtzehn zu sein, seinem physischen Äußern nach siebzig.

In Mannheim ein neuer Triumph. Der pfälzische Kurfürst überschüttet ihn mit Festlichkeiten, Opern, Komödien. Dieser Hof ist einer der literarischsten, einer der liebenswürdigsten Deutschlands. Voltaire fühlt sich heimisch dort und schwimmt im Glück. Man umarmt sich pausenlos, berauscht sich an schöner Sprache und gutem Wein. Der Kurfürst stellt dem Dichter seine großen Archive zur Verfügung, die die ›Annales‹ bereichern, was der Autor sofort voller Freude an die Herzogin von Gotha schreibt. In dieser Oase des Friedens, der Höflichkeit und der Intelligenz konzipiert er ein neues Werk, das erste seit seiner Abreise aus Frankreich. Preußen hatte ihn nicht inspiriert. Er schreibt an d'Argental: »Der Kurfürst hat mir die Artigkeit erwiesen, vier meiner Stücke zu spielen. Das hat mein altes Feuer wieder entzündet, und ich habe mich, dem Tode nahe, wie ich mich fühle (immer noch!), daran gemacht, den Plan eines neuen Stückes zu entwerfen, das voll von Liebe sein wird. Ich schäme mich fast über diese Träumereien eines alten Narren.«

Dieses Stück ist natürlich eine Tragödie, eine charmante Tragödie, die schrecklich sein will und zu der Schrecken doch nicht paßt. Sie will voller Liebe sein, aber diese Liebe leuchtet und brennt nicht. Dafür steckt das Stück voller geistreicher Einfälle und ähnelt dadurch mehr der Operette und der weltlichen Komödie. Mit einem Wort, sie ist von Voltaire, geschrieben mit seiner besten Tinte, so daß alles an ihr funkelt. Es handelt sich um ›L'Orphelin de la Chine‹. Das Stück kann als Beitrag unseres Dichters zur damals herrschenden Chinamode gelten. Die einen malten chinesische Grotesken auf Fayence und Porzellan, die anderen auf lackierte Paravents; Voltaire machte seine Tragödie chinesisch, indem er sich an den Erinnerungen eines in China lebenden Missionars namens Pater de Prémare inspirierte. Auf diese Weise wollte auch er seinen Chinesen in das Gebiet der Literatur einführen; dieser ähnelt China ebenso sehr wie Madame de Pompadour einem Mandarin.

Nachdem Voltaire sich von den Freuden der Pfalz losgerissen hatte, kam er am 16. August nach Straßburg. Er stieg in einem kleinen Gasthaus in einem wenig angenehmen Viertel ab. Natürlich hört man raunen: welch ein Geiz! wenn er selbst zahlen muß, haust er in Spelunken, lädt man ihn ein, lebt er in Schlössern. Wieder einmal sind die bösen Zungen im Unrecht, denn er wählte das ärmliche Gasthaus aus purer Güte. Er hatte unterwegs einen jungen Kellner getroffen, der Madame Denis und ihm gegenüber so zuvorkommend gewesen war, daß er ihn ausfragte. Er erfuhr, daß der junge Mann aus Straßburg stammte und sein Vater dort den ›Weißen Bären‹, einen blühenden Gasthof, führe. Der junge Kellner bat ihn dringend, seinen Vater zu besuchen. Voltaire versprach, im ›Weißen Bären‹ abzusteigen, um dem guten Sohn seine Dankbarkeit zu zeigen und auf diese Weise auf Kosten seiner Bequemlichkeit und vielleicht auch seiner Gesundheit für den Gasthof des Vaters Reklame zu machen. Die Liebe des Jungen zu seinem Vater hatte Voltaire gerührt. Er hielt Wort, aber er konnte es nur ein paar Tage in dem ›Weißen Bären‹ aushalten.

In Straßburg traf er mehrere Leute, mit denen er im Briefwechsel stand. Wo er hinkam, bildete sich fast augenblicklich eine ihm freundschaftlich verbundene und eine ihm feindlich gesonnene Gesellschaft. Unter den Freunden war der Gelehrte Schöpflin, der es übernahm, die Aufzeichnungen Voltaires zu den ›Annales de L'Empire‹ durchzusehen. Auch hier lernte und arbeitete Voltaire. Während er seine Umgebung unterhielt, war er tätig; seine Arbeit glich dem Spiel der Kinder, sie endete nie, sie bereicherte ihn, sie fiel ihm leicht. Wahrscheinlich wurde er deshalb nie müde von ihr.

Er fuhr kreuz und quer durch das Elsaß. Er suchte ein Nest. Er fühlte das Bedürfnis, sich niederzulassen. Seit Cirey war er ohne Asyl. Er hatte die fürstliche, königliche oder herzögliche Gastfreundschaft satt. Er wollte ein eigenes Dach, er wollte nicht mehr kampieren, selbst nicht unter vergoldeten Deckenschnitzereien. Diesen neuen Wunsch hatte er aus Preußen und Frankfurt mitgebracht.

Er suchte ein Besitztum zu kaufen, ein schönes Schloß, umgeben von ausgedehnten Ländereien. Im rechten Augenblick bot sich ihm in Horburg ein hübsches Stück Land an, das dem Herzog von Württemberg gehörte und auf das Voltaire bereits eine Hypothek hatte, die ihm in Form einer Lebensrente ausgezahlt wurde; eines seiner unzähligen Geschäfte. Er hatte eine Schwäche für Lebensrenten. Der Herzog von Württemberg zahlte nicht sehr regelmäßig, und der fürstliche Schuldner war schwierig im Umgang. Man brauchte sehr viel Geduld, aber, wer würde es glauben? die Geduld Voltaires mit seinen Schuldnern war erstaunlich. Und sie trug ihm etwas ein. Er schaute sich also das Land an, das für die riesige, dem Herzog geliehene Summe als Garantie diente. Es gab dort Weinberge, wunderbare Weinberge, und ein Schloß, ein ehrwürdiges, imposantes und fast verfallenes Schloß. Aber Voltaire erfuhr, daß wegen dieses Besitzes ein Prozeß gegen den Herzog angestrengt wurde. Das machte ihn vorsichtig. »Ich werde mir keine Zufluchtsstätte bauen«, sagte er, »die einen Prozeß als Grundlage hat.« Man sieht, Monsieur Arouet, der Vater, war nicht ganz tot.

Ein gefährlicher Nachbar, Ärger und eine frevelhafte Komödie

Er läßt sich in Kolmar nieder, besichtigt die Umgebung, interessiert sich einen Augenblick lang für die Papierfabrikation der Gegend und verteidigt sich gegen eine kleine Verschwörung von Jesuiten, die ihn aus dem Elsaß vertreiben wollen. Der feindliche Clan ist schon in Aktion. Die vereinzelten Feinde schließen sich zusammen, sobald er erscheint. Die Ruhe, die er bei seiner Rückkehr genoß, ist schon zu Ende, der Krieg wird wieder beginnen.

Hat nicht ein Verleger aus Den Haag namens Neaulme ohne Wissen Voltaires seinen ›Abrégé de l'Histoire Universelle‹ gedruckt und ausgeliefert, eine Schrift die seit 1740 unveröffentlicht geblieben war? Wer hatte dem Verleger das Manuskript ausgehändigt? Es gab nur sechs Exemplare davon. Eines befand sich bei Friedrich, es war unvollständig, voller Fehler und scharfer, boshafter Seitenhiebe. Eben dieses Manuskript wurde gedruckt. Es war bei der Niederlage von Sohr im Jahre 1745 mit dem Gepäck Friedrichs gestohlen worden, der sich in aller Eile aus dem Staube gemacht hatte. Es kam in die Hände eines Kammerdieners von Charles de Lorraine, der es Neaulme verkaufte. Die Veröffentlichung geschah zu einem schlechten Zeitpunkt, denn Versailles war noch immer böse auf Voltaire. Bei seiner Rückkehr aus Deutschland hatte er sich wohl gehütet, nach Paris zu gehen. Er war nach Frankreich zurückgekehrt, aber blieb an den Grenzen. Weit davon entfernt, Voltaire zu unterstützen, hatte das Kabinett von Versailles ihm Paris verboten, um sich Friedrich gegenüber höflich zu erweisen. Wie d'Argenson sagt, wollte der Hof Friedrich in einer kleinen Sache gefallen, um ihm in großen zu mißfallen. Voltaire war die ›kleine Sache‹!

Die Herausgabe des ›Abrégé de l'Histoire Universelle‹ war skandalös, weil sie nicht von Voltaire durchgesehen worden und weil sie gefälscht war. Die Kirche konnte die im Text enthaltenen Beleidigungen nicht dulden, und die Könige wurden nicht besser behandelt als die Kirche.

Madame Denis erhielt Brief auf Brief von ihrem Onkel, der sie mahnte, die Minister und einflußreichen Freunde anzuflehen, die nicht von ihm stammenden ›Abrégé‹ zu verbieten; sie sollte auf der Stelle erwirken, daß der Drucker, der Verleger, die Buchhändler und selbst die Leser verfolgt und bestraft würden. Madame Denis, mit anderen Sorgen belastet und dieser Unternehmungen müde, erreichte nie etwas. Voltaire wurde ärgerlich, denn seine Nichte, die nichts aus den Ministern herausholte, verstand es, aus den Schuldnern ihres Onkels beträchtliche Summen für ihre kleinen Freuden herauszuholen. Sie lebte, wie man weiß, recht verschwenderisch, und zwar auf dumme Weise. Sie bildete sich ein, den Rang einer Herzogin einnehmen zu müssen, weil sie ›die Nichte‹ war. Sie nahm die Zurechtweisungen des Onkels übel und antwortete ihm scharf: »Der Geiz tötet Sie«, dann strich sie diese noch lesbare Formulierung wieder aus und ersetzte sie durch »Die Liebe zum Geld treibt sie um«. Sie bewies ihm, wie erwartet, daß sie jene großen Ausgaben nur für ihren Onkel gemacht habe; sie bereite seine Rückkehr nach Paris vor. Wer könne sie verdächtigen, so viel Geld nur für sich selbst ausgegeben zu haben? Doch Madame Denis wußte besser als irgend jemand sonst, daß Voltaire Paris verboten war. Der König selbst hatte den Wunsch geäußert, Voltaire solle so lange wie möglich an den Grenzen bleiben. Madame Denis beendete ihren peinlichen Brief mit folgendem Satz: »Zwingen Sie mich nicht, Sie zu hassen. Sie sind, was Ihr Herz betrifft, der niedrigste Mensch. Ich werde die Laster Ihres Herzens verbergen, so gut ich kann.«

Hätte Voltaire ein bißchen weniger Herz gehabt, so wäre seine Nichte nach diesem Brief endgültig verabschiedet worden. Aber er ertrug sie, wie er Thiériot ertrug. Und sie nahm ihn weiterhin aus, zum Schaden für ihre eigene Schwester, die genauso ›Nichte‹ war wie sie und wesentlich vornehmer.

Voltaire war sehr unglücklich über diesen Auftritt. Er vertraute seinen Kummer nur den d'Argentals an, er verbarg ihn anderen und nahm Madame Denis in Schutz. Er sagte, sie »sei halb tot von der groben Behandlung in Frankfurt«. Es war recht lange her, daß sie diese vergessen hatte. Er aber vergaß den Kummer nicht, den sie ihm verursachte, und schrieb: »Ich wäre lieber exkommuniziert worden, als die Ungerechtigkeiten zu ertragen, mit denen eine Nichte, die mir lieb wie eine Tochter war, mein Unglück vergrößert.«

Der ehrliche Kummer kann uns nicht über seine wahre Natur hinwegtäuschen, denn die Nichte, die »ihm lieb wie eine Tochter« ist, wird für uns die merkwürdigste ›Tochter‹ der Welt sein, wenn wir das Geheimnis dieses Zweigespanns entdecken.

Was tat er? Er senkte den Kopf. Denen gegenüber, die er liebte, war er schutzlos. Er vergab: sie triumphierte. Sie lief wieder zu den Bankiers. Er sagte danke für das Geld, das sie ihm abzwackte.

Aber er wäre so gerne nach Paris gefahren! Ein Augenblick dort würde genügen! Man hatte ihm mitgeteilt, daß man ihn überwachen ließe. Wenn er sich in seinen Worten, seinen Schriften und seinem Benehmen als guter Untertan erwiese, würden die Gefälligkeit eines Ministers und das Wohlwollen seiner mächtigen Freunde ihm die Rückkehr ermöglichen. Es ist im März des Jahres 1754. In Kolmar, wo er immer noch mit Collini wohnt, überwacht man ihn ebenfalls. Ostern naht. Wird er seine Pflichten als Christ und ergebener Sohn der Kirche erfüllen? Seine Freunde unterrichten ihn davon, daß man diese Wendung von ihm erwarte. Er weiß, was ihm zu tun bleibt. Eines Tages fragt er Collini ganz nebenbei, ob er Ostern feiere. Collini sagt, das sei seine Absicht. »Nun gut!« antwortet Voltaire, als ob ihm gerade der Gedanke käme, »wir werden es zusammen feiern.« Man ruft einen Kapuziner, der sie zu Hause vorbereitet. Collini verschwindet bei der Beichte seines Herrn. Am Tage darauf gehen sie zum Altar. In Collini brennt weniger das heilige Feuer als Neugier für das Verhalten seines Herrn. Er bittet Gott um Vergebung für diese Unaufmerksamkeit, trotzdem tut er so, als hebe er die Augen zum

Himmel, während Voltaire die Hostie empfängt, um den Gesichtsausdruck des Ungläubigen in diesem bewegenden Augenblick aufzufangen. »Er zeigte seine Zunge«, schreibt Collini, »und sah den Priester mit weit aufgerissenen Augen ins Gesicht. Ich kenne diese Blicke.« Wir auch. Wenn er nicht dumm war, so mußte der mit diesem glänzenden und zweifellos spöttischen Blick fixierte Priester seine Hand, die die Hostie verteilte, zittern spüren. Als Dank schickte Voltaire dem Kapuziner zwölf Flaschen Wein und einen Kalbsbraten.

Spitze Zungen in Paris erzählten, man habe eben eine gute Neuigkeit aus Kolmar erhalten: Voltaire feiere seine erste Kommunion. Er war sechzig Jahre alt. »Paris ist eine Kommunion wert«, hätte er sagen können. Er sagte Schlimmeres: »Ich begreife, daß ein Teufel in die Messe geht, wenn er sich auf päpstlichem Boden, wie in Nancy oder Kolmar, befindet.« (An den Marquis d'Argens.) Und an d'Argental: »Wenn ich hunderttausend Mann hätte, wüßte ich schon, was tun. Aber da ich sie nicht habe, gehe ich Ostern zum Abendmahl, und Sie können mich einen Heuchler nennen, soviel sie wollen.«

Zwanzig Jahre später wiederholt er diese frevelhafte Komödie, die d'Alembert schockierte. Er wird seinem Freund, der ihm diese Biegsamkeit vorwirft, schreiben: »Was sollen die Weisen tun, wenn sie von barbarischen Feinden umringt sind? Es gibt Zeiten, wo man ihre Verrenkungen imitieren und ihre Sprache sprechen muß . . . Es gibt Leute, die sich fürchten, Spinnen anzufassen, und es gibt andere, die sie verschlucken.« Der Gedanke ist der Montaignes, aber der Ton ist härter und wird noch härter werden. Der Frankfurter Schock war nicht unschuldig an diesem Prozeß. Voltaire ertrug die an und für sich bedeutungslosen Verfolgungen von Kolmar weniger gut als früher. Früher schrie er vor Schmerz, von nun an schreit er vor Haß. Der Fanatismus gebiert einen neuen Fanatismus mit entgegengesetztem Vorzeichen. Als ihn sein Sekretär Wagnière fragt, was er getan hätte, um in Spanien unter dem Auge und den Krallen der Inquisition zu überleben, antwortet er: »Ich hätte einen großen Rosenkranz gehabt, ich wäre jeden Tag in die Messe gegangen, ich hätte die Ärmel aller Mönche geküßt und versucht, Feuer in ihre Klöster zu legen.«

Das ist grausam. Aber man muß wissen, daß in dem Augenblick, als er ruhig in Kolmar lebte, Monseigneur de Porrentruy, der Bischof von Basel, gegen ihn predigen ließ; daß er an Pater Menou, den Beichtvater von Stanislaus, schreiben mußte, um ihn zu bitten, diese Angriffe zu verhindern; daß diese Verfolgung zu der von Versailles hinzukam, zu der bitteren Erinnerung an die Beleidigungen in Frankfurt, zu der Untreue und Begehrlichkeit seiner Nichte. Und er wußte nicht einmal alles ...

Gewiß spielte Voltaire keine sehr brillante Rolle, als er am Ostertage des Jahres 1754 kommunizierte — oder komödierte. Aber wie viele, die aufgestachelt von Monseigneur de Porrentruy Voltaire von oben herab behandelten, wären an seiner Stelle früher als er im Beichtstuhl gewesen!

Weiß man, daß 1735 Monseigneur de Porrentruy, unter dessen Rechtsprechung sich Kolmar — und Voltaire — befanden, einen Goldschmied zum Tode verurteilen ließ, weil er um eine Revision der Statuten seiner Zunft zu bitten gewagt hatte? Nach der Sitte mußte ihm zuerst die Zunge durchbohrt werden. Der Bischof besaß die Güte, ihm diese Formalität zu ersparen und ihm nur den Kopf abhacken zu lassen. Man meint, eine Geschichte aus dem 12. Jahrhundert zu hören.

Voltaire bewies, daß er weder ein Held noch ein Märtyrer war, daß er aber zuweilen ein ehrlicher und mutiger Mann sein konnte. Er ließ sich nichts vormachen, vor allem nicht von sich selbst, von seinen Grimassen und Dummheiten. Während einer Reise nach Sachsen vor einigen Jahren war er von so heftigen Koliken gepackt worden, daß er zu sterben meinte, und diesesmal log er nicht. Er ließ sofort einen Priester rufen, beichtete, erhielt die Sakramente, doch er erholte sich wieder; das ist die Regel. Als er seine Sinne wieder beisammen hatte, sagte er seinem Sekretär, Monsieur Dièze, ebenso verwirrt von der Agonie wie von den Sakramenten und der Auferstehung: »Mein Freund, Sie haben die Schwäche des Menschen gesehen.«

Der gute Benediktiner wird verraten,
Friedrich gibt ein Zeichen, man antwortet ihm

Kolmar war, nach Voltaire zu urteilen, ein Aufenthaltsort für
›Asseln‹ geworden; sein Arzt, Monsieur Gervasi, hatte ihn verdammt, dort zu leben, weil ihm die Brunnen von Plombières
anscheinend nicht guttaten. Er hatte gemerkt, daß Voltaire
an Wassersucht litt! Zweifellos handelte es sich um einen sehr
trockenen Fall von Wassersucht. Wo hätte dieser arme, ausge-
mergelte Mann sein Wasser untergebracht! Voltaire schreibt an
d'Argental: »Gervasi ist der Meinung, daß Wasser nicht gut
für Wasser sei. Er hat mich zu einer Assel-Kur verdammt, ich
war schon mehrmals in meinem Leben zu Tieren verdammt.«
Da die d'Argentals die Absicht haben, nach Plombières zu
gehen, vergißt Voltaire augenblicklich seine Wassersucht und
erklärt sich bereit, wenn nicht die Brunnen, so doch die Luft
Plombières in Gesellschaft seiner ›Engel‹ auf sich wirken zu
lassen. »Mein Engel, Plombières ist ein häßliches Loch, der
Aufenthalt dort ist scheußlich, aber es wird für mich zum Garten Armidas werden.«
Madame Denis, die zeigen will, daß sie wieder in Gnade ist,
wird auch kommen. Am 8. August 1754 reist Voltaire allein
aus Kolmar ab und läßt Collini den Druck der ›Annales de
l'Empire‹ überwachen. Unterwegs macht er halt bei den Benediktinern von Senones, wo er den lieben Dom Calmet wiederfindet. Seit Cirey schon wollte er sich einmal nach Senones
zurückziehen. Eine glückliche Unterbrechung, die ihm erspart,
auf Maupertuis zu stoßen, der sich eben zu jener Zeit in Plombières aufhält. Und nun spielt der Teufel den Eremiten; wir
sehen ihn vor uns — er braucht nicht Theater zu spielen, er ist
ganz er selbst — wir sehen diesen Priesterzögling, diesen antiklerikalen Priesterzögling, diesen durch und durch katholischen
Katholiken, geformt aus Katholizismus und Rebellion, wir sehen ihn bei sich zu Hause. Er atmet die Luft seiner arbeitsamen Kindheit, die Luft seiner wahren Familie, die Luft des
Louis-le-Grand. Die Bibliothek berauscht ihn; sie ist ebenso
reich wie die von Saint-Germain-des-Près! Die Frugalität des

Refektoriums, die Sauberkeit, die reine, fromme gelehrte Spra-
che der Mönche entzücken ihn. Disziplin, Arbeit, Frieden,
Freundlichkeit: all das ist sein Ideal, er findet es in Senones.
Er sagt, er habe dort wundervoll gelebt. Er sagt nicht: fromm.
Niemand hat ihn dort nach seiner Frömmigkeit gefragt.

Man hat in den Reihen der Atheisten nicht versäumt, über den
frommen Zufluchtsort zu spotten. Man mag sich beruhigen,
Voltaire verriet ihre Sache nicht, aber er verriet vielleicht die
guten Benediktiner. Er suchte in der Bibliothek »nicht Vesper
oder Frühmette«, wie er sagt, sondern das Material für die
irreligiösen Artikel, die er während seines Aufenthaltes bei den
Benediktinern für die ›Encyclopédie‹ verfaßte. Und er schrieb
der Herzogin von Gotha, die sich wunderte, ihn im Gewand
des Heiligen Benedikt zu sehen: »Es ist eine recht gute Kriegslist, zu seinen Feinden zu gehen und sich mit Geschützen gegen
sie zu versehen.«

Friedrich ließ ihm durch den Abbé de Prades schreiben. Voltaire hatte die briefliche Verbindung mit dem König nicht
aufgegeben. Er fuhr fort, Entschädigungen für die grobe Behandlung in Frankfurt zu verlangen. Friedrich nutzte die Gelegenheit, ihm antworten zu lassen, daß seine neue Frömmigkeit ihn diese häßliche Sache doch hätte vergessen lassen
müssen, und erkundigte sich boshaft nach dem Kruzifix, mit
dem sich Voltaire bei seinem frommen Rückzug ausstaffiert
hatte. Der Dichter fragte sich wütend, woher Friedrich von
diesem, der Wahrheit entsprechenden Detail wußte. Er fand
keine bessere Antwort, als das Kruzifix einpacken und an
Friedrich schicken zu lassen. Das Geschenk mußte auf den
Freund von Potsdam die gleiche Wirkung haben, wie wenn
man ihn in einen Weihwasserkessel gesteckt hätte. Die Herren des Atheismus pflegten solch liebenswürdige Aufmerksamkeiten auszutauschen, um sich ihre Gottlosigkeit zu beweisen.

Man sieht, die beiden Komplicen hatten nicht endgültig gebrochen. Verwunderlicher ist, daß Friedrich Voltaire so genau
überwachen ließ und damit Anlaß zu Ärger und pikanten
Koketterien gab, wie die Geschichte mit dem Kruzifix zeigt.
Friedrich langweilte sich. »Die Gicht ist ein schlimmes Übel«,

schrieb er an Darget, »aber Wassersucht ist das schlimmste von allen. Sie haben mir einen großen Gefallen damit getan, mir Neues von Paris und dem Dichter zu erzählen; sein Charakter tröstet mich über die Sehnsucht nach seinem Geist hinweg. Ich bin einsamer, als ich möchte.« Seit der Abreise Voltaires hatte er nichts Geistreiches gehört, nichts gesagt, was ihm gefallen hätte, nicht ein einziges Mal gelacht.

Was Voltaire betrifft, so machte er, so unglaublich es klingen mag, Friedrich seinen Hof durch Mittelspersonen. Er brachte es fertig, vor dem Abbé de Prades und der Markgräfin von Bayreuth demütig zu winseln, nicht aus Vergnügen, sondern aus Eigennutz. Er wußte mittlerweile, daß die grausamen Prophezeiungen Mylord-Marschalls der Wahrheit entsprachen. Er wußte, daß nur der preußische Botschafter ihm die Erlaubnis, nach Paris zurückzukehren, erteilen konnte. Er würde die Gunst von Versailles nur durch Friedrich wiedererlangen. Und weil es ihn quälte, nicht nach Paris zu können, demütigte er sich, so sehr er konnte, um von Friedrich das Losungswort zu erhalten. Und Friedrich amüsierte der Handel. Das einzige, was ihm zu jener Zeit Spaß machte, war die Lektüre der Briefe von Voltaire und Maupertuis, in denen jeder weiterhin seine Sache vertrat und den anderen durch die Gosse schleifte. Diese Fluten von Beleidigungen veranlaßten Friedrich zu sagen: »Sie halten mich für eine Kloake, in die sie ihre Abwässer fließen lassen.« Man könnte es nicht besser ausdrücken.

»Er ist nur zur Lektüre gut, im Umgang ist er gefährlich«, sagte Friedrich von Voltaire. Aber warum hatte er ihn dann so angefleht, zu kommen oder sogar zu bleiben? Der Ton Friedrichs ist ärgerlich, aber nicht haßerfüllt. Man spürt seine Sehnsucht, obschon noch nicht ein Jahr seit Frankfurt vergangen ist. »Sie ehren die Menschheit zu sehr mit Ihrem Genie, als daß ich mich nicht für Ihr Schicksal interessieren könnte.«
Unvergeßlicher Voltaire!

Die Brunnen von Plombières

In dem winzigen Flecken Plombières lebte man dicht gedrängt und äußerst unbequem. Gleich nach der Ankunft Voltaires scharte sich eine kleine amüsante Gesellschaft um ihn, zu der auch ein Richter des burgundischen Gerichtshofes gehörte, Monsieur de Ruffey, der lebhaft, geistreich und hilfsbereit war. Voltaire und seine Umgebung liebten ihn sehr. Die Anwesenheit des Dichters ließ eine Menge von Versen und Liedern entstehen, die nicht immer genial, aber oft amüsant waren. Ruffey besaß so viel Schwung, daß er das sechzigjährige Temperament Voltaires ein wenig auslöschte. Und der Fürst des Geistes war schwach genug, eifersüchtig auf seinen Rivalen zu sein. Er schmollte. Vor Ruffey wurde er stumm und ließ die Lippen hängen. Schließlich renkte sich alles wieder ein, als man ihn bat, bei einer Zwistigkeit den Schiedsrichter zu spielen. Der Comte de Lorge und die Comtesse Belestat beschuldigten einander, beim Spiel zwölf Francs gestohlen zu haben. Voltaire wurde beauftragt, das Urteil zu fällen; er zog sich mit einer Galanterie aus der Affäre. Er legte in Versen dar, daß man der Gräfin nichts gestohlen habe, denn sie sei es, die die Herzen raube und das ihre nur allzu gut verteidige. Auf diese Weise wurde sie verurteilt und war dennoch entzückt:

> Votre cœur attaqué sait trop bien se défendre
> Et la Mère des Jeux, des Grâces et des Ris
> Vous condamne à le laisser prendre.

Wie sollten Voltaires Gicht und Harngrieß einem so erlesenen Heilverfahren widerstehen?

Er verließ Plombières Anfang September 1754 und kehrte nach Kolmar zurück. Madame Denis begleitete ihn. Sie befahl, sie dirigierte, sie bestimmte die Pausen. Sie thronte auf der Spitze eines Berges von Koffern und Paketen, der über dem schwächlichen Dichter zusammenzubrechen drohte, falls die Kutsche kippen sollte, wie es fast jedesmal geschah. Die Nichte hatte ihn gezähmt. Was der Adler von Preußen nicht vermochte, das gelang der Pute aus der Rue Traversière.

Wohin gehen? Voltaire hatte immer noch kein Dach, um Schutz zu suchen. Reich wie ein florierender Bankier und nicht wie ein Literat, wußte er mit seinen sechzig Jahren nicht, wo unterkommen. Heutzutage, wo das Nomadentum reicher Leute eine bekannte Tatsache ist, verwundert diese seltsame Lage nicht so sehr wie im 18. Jahrhundert. Es mag sein, daß sein Wanderleben einer der Gründe für das Fehlen von Würde und Ansehen war, das Voltaire zu seinen Lebzeiten so schadete. Er war ein großer Schriftsteller, der größte seiner Zeit, aber er war noch nicht der Herr eines Schlosses, eines Dorfes, er besaß noch keine Ländereien und keine Manufakturen, er lebte im Wohlstand, aber er war noch nicht die prunkvolle Persönlichkeit, die er werden sollte.

Als er sich später in den vier festen Mauern eines reichvertäfelten und mit Tapisserien ausgeschlagenen Schlosses niedergelassen hatte, als er inmitten eines großzügigen herrschaftlichen Besitzes thronte und über Ländereien und Vasallen regierte wie über die Literatur, da wurde sein Name gewichtig, seine Person geachtet. Man beherbergte ihn nicht mehr: er beherbergte. Er machte keine Besuche mehr: er empfing. Er läutete nicht mehr an fürstlichen Türen: er öffnete Fürsten die seinen und verschloß sie auch gelegentlich. Die Gesellschaft brauchte, um einem Mann ihre Achtung entgegenzubringen, handgreifliche Beweise seiner Größe. Man mußte, wie man sagte, ein Gesicht haben. Ein großer Hut aus Ziegeln und Schiefer auf einem stattlichen Schloß war so etwas wie eine Krone, die die Gesellschaft dem reichen Parvenu gern zuerkannte. Ein Gesicht! Die Tiefe des Geistes war nebensächlich.

Er sucht. Zuerst in der Schweiz, in Bern. Dann in Lausanne, wo man ihm ein sehr schönes Besitztum anbietet. Gerade will er das Geschäft abschließen, als man ihm meldet, die Markgräfin von Bayreuth erwarte ihn zum Souper in einem Gasthof im Kolmar. Er kann es kaum glauben, er zögert, dann eilt er zu ihr. Es handelt sich wirklich um sie und ihren Gatten. Man erstickt ihn mit Komplimenten, Geschenken, man hätschelt ihn, man will Frankfurt wiedergutmachen. Die Markgräfin bezaubert ihn. »Schließen wir daraus, daß Frauen mehr wert sind als Männer«, sagt er nach dem Souper. Sagen wir, daß Wilhelmine mehr wert war als Friedrich. Er schreibt hundert Leuten, daß die Markgräfin gekommen sei, ihren Bruder zu entschuldigen, und daß sie Madame Denis an ihrem Tisch akzeptiert habe. Das soll man glauben! In Wirklichkeit entschuldigte man sich nicht, aber man wollte, daß die Sache vergessen würde. Sobald er eine königliche Hoheit streift, fiebert er ein wenig. Was Wilhelmine betrifft, die nicht allzu sicher war, ob ihr gefürchteter Bruder ihr Verhalten billigen würde, gab sie von dem Treffen einen ganz anderen Bericht und machte Voltaire ein wenig lächerlich. Alles in allem hatte der Besuch nur für die Eitelkeit des Dichters Bedeutung. Die Markgräfin zerstreute sich einen Augenblick lang bei ihrer Rast in Kolmar.

Ein anderer Geist aus alter Zeit taucht wieder auf: Richelieu. Man kennt ihn, brillant, eitel, egoistisch, gelegentlich hart, die eroberten Länder plündernd, im übrigen der munterste, der galanteste Mann, der vornehmste Herr der Welt. Trotz ihrer verschiedenen Geburt bestand zwischen Voltaire und ihm eine wirkliche Treue und Verwandschaft — ganz wie bei Friedrich. Diese drei Männer verkörpern ihr Jahrhundert. Voltaire gleicht Richelieu durch seine Sprache und seine Manieren in der großen Gesellschaft. Sie sind in diesem Punkte von einer verblüffenden Ähnlichkeit, man könnte meinen, sie ahmten einander nach. Sie hatten dieselbe Ausbildung im Louis-le-Grand genossen, dieselben Herzoginnen hatten sie eingeweiht. Sie stammten aus derselben Luft. Sie sagten einer von dem anderen die fürchterlichsten Dinge, doch ihre Streitereien dauerten nie lange. Voltaire lieh dem Herzog Geld. Dieser zahlte schlecht zurück, aber wutentbrannt zahlte er schließlich doch. Der Herzog setzte sich bei Hofe für seinen Freund ein. Diese Aufgabe war nicht immer einfach, doch lehnte er sie nie ab. Sobald sie miteinander sprachen, sich schrieben, begannen ihre Antennen zu vibrieren, und alle Sterne, alle Sonnen der brillantesten Zivilisation entzündeten sich zwischen ihnen.

Solange Voltaire Miene gemacht hatte, Friedrich anzugehören, hatte Richelieu Miene gemacht, Voltaire zu vergessen. Der

Anstand und der Arrivismus diktierten einem vollendeten Höfling Ludwigs XV. diese Haltung. Doch als Voltaire nach dem Frankfurter Abenteuer wie im Puppentheater mit seiner knarrenden Klapper wieder auftaucht und schreit: »Hier bin ich wieder, ich komme zurück, ich bin dem Menschenfresser entwischt. Wer liebt mich noch?« antwortet Richelieu plötzlich: »Ich habe nie aufgehört, Sie zu lieben, es hat mir nur die Gelegenheit gefehlt, es Ihnen zu sagen.« Und er lädt ihn zur Ständeversammlung des Languedoc ein, wo er präsidieren soll. Das war zu weit von Kolmar! Man würde sich in Lyon treffen. Madame Denis würde mitkommen. Selbstverständlich waren es zwei Todkranke, die sich den Gefahren dieser Reise aussetzten: »Madame Denis behauptet, Sie würden uns bei der Ankunft beerdigen«, schreibt Voltaire. Der Herzog machte sich nicht die geringste Sorge darum.

Im Augenblick der Abreise benahm sich unser Sterbender recht unfreundlich gegenüber dem netten Collini. Da sie zuviel Gepäck hatten, wollte Voltaire Collini zwingen, seine ganzen Kleider zu verkaufen und mit einem kleinen Wäschebündel in die Kutsche zu steigen. Collini weigerte sich, Voltaire wurde wütend. Collini bat um seinen Abschied und Voltaire machte ihm seine Rechnung. »Ich schulde Ihnen neunzehn Francs, hier haben Sie einen Louis. Behalten Sie den Rest.« Verletzt durch dieses Vorgehen, antwortete Collini: »Ich schulde Ihnen hundert Sous, nehmen Sie, ich kann mit dem Geschenk nichts anfangen.« Madame Denis wohnte der Szene bei, sie sah Collini fortgehen, ohne ein Wort zu sagen, und gewiß schalt sie ihren Onkel. Dieser bot ihm daraufhin reuig noch einen Louis an, aber Collini lehnte wieder ab. Schließlich redete man und redete . . . bis man sich wieder versöhnte. Collini packte seine Koffer noch einmal, und alle drei machten sich höchst vergnügt auf den Weg.

In Dijon fühlte sich Voltaire, falls dies möglich war, todkranker denn je. Er schickte Collini, um Monsieur de Ruffey seine Aufwartung zu machen und sich dafür zu entschuldigen, daß er dies nicht selbst tun könne. Monsieur de Ruffey besuchte den todkranken Dichter in seinem Zimmer, und sofort wurde er wieder fröhlich und lebhaft. Man bestellte ein Souper, Ruffey ließ aus seinem Keller feurige Weine holen. Man aß, man trank, man sprach. Monsieur de Ruffey brillierte, Voltaire sprühte Funken . . . man lachte, man lachte bis nach Mitternacht, man schwor wiederzukommen und acht Stunden bei Tische zu bleiben. Wieder einmal wurde eine Agonie durch Fröhlichkeit aufgehoben.

Am 15. November 1754 kamen sie in Lyon an. »Der Scherz geht doch zu weit, wenn ein Kranker hundert Meilen zurücklegt, um in Lyon mit Monsieur le Maréchal de Richelieu zu plaudern. Seine Maîtressen hat er nie einen so weiten Weg machen lassen, obwohl er weit mit ihnen gegangen ist.«

Sofort beim Wiedersehen wirkte der gegenseitige Zauber, und Voltaire bedachte den Herzog mit einst für Friedrich reservierten Schmeicheleien. Er nannte ihn ›mein Held‹ oder ›Theseus‹, wie in Fontenoy. Voltaire, den man vernachlässigt hatte, wurde zur ›auf Naxos verlassenen Ariadne‹. Als Richelieu nach fünf Tagen verbaler Trunkenheit abreiste, um die Ständeversammlung zu leiten, ließ er ›Ariadne‹ beim Zusammenfluß der Rhône und der Saône zurück.

Nach dem Adel machte Voltaire dem Klerus seine Aufwartungen. Auf dem Bischofsstuhl von Lyon saß der Kardinal de Tencin, der ein Onkel der ›Engel‹ d'Argental war und ein Bruder jener Madame de Tencin, die man zur selben Zeit wie Voltaire in die Bastille gesperrt hatte. Das waren zu viele Gründe, als daß der Prälat nicht einige Devotion Voltaires verdient hätte. Der Aufwand zahlte sich nicht aus. In seidenem Gewand begab sich der Dichter in das Vorzimmer des Kardinals, in dem sich viele Leute befanden, und ließ sich anmelden. Man empfing ihn gut. Kaum war er jedoch eingetreten, als Collini ihn eilig wieder hinauslaufen sah, sich am Arm gepackt und fortgezogen fühlte. »Gehen wir«, sagte er, »dieses Land ist nicht für mich gemacht.« In der Kutsche erzählte er Collini, daß der Kardinal plötzlich zu ihm gesagt habe: »Sie stehen nicht gut mit dem Hof, ich kann Sie nicht zum Diner dabehalten.« Das war, nach Voltaire, ein Satz, der eines Sklaven würdig war. Er brach die Verbindung augenblicklich ab.

Da die Markgräfin in Lyon weilte, ließ er sich von ihr die vom Kardinal zugefügte Wunde verbinden, der im übrigen, wie Voltaire sagt, Simonie betrieb. Das war keine Verleumdung, der Kardinal stand im Verdacht, ein Spitzel zu sein.

Der kommandierende Offizier der in Lyon stationierten Armee empfing ihn nicht besser als der Prälat; der Säbel wie der Weihwedel rochen den Zunder. Es blieb ihm nur das Theater. Sein Erscheinen dort wurde ein Triumph, man jubelte ihm wie wahnsinnig zu. Worüber beklagte er sich? Ein Maréchal de France, eine Königliche Hoheit und das Volk waren für ihn. Gegen ihn: ein schlechter Priester und ein schlecht avancierter Offizier. Auch die Akademie von Lyon bereitete ihm einen prunkvollen Empfang. Der Direktor bedachte ihn mit einer endlosen Lobrede, wobei weder die Langsamkeit noch die Schwerfälligkeit den Dichter störten, so sehr entzückten ihn die Schwaden des Weihrauchs, den man reichlich verbrannte. Seine Eitelkeit bereitete ihm zweifellos oft Kummer, aber wenn er sie genoß, so trübte nichts seine Freude.

Eine Königliche Hoheit, selbst lutherischen Glaubens, vermag viel über einen höfischen Kardinal, und so versöhnte die Markgräfin den simonistischen Kardinal und den libertinistischen Dichter. Sie trafen sich, gratulierten sich und umarmten sich vier Tage nach dem Bruch. Der Kardinal gestand — Demut war nicht seine Schwäche —, daß er Voltaire weniger übelnehme, mit dem Hof zerstritten zu sein, als im ›Siècle de Louis XIV‹ das Konzil von Embrun ein ›kleines Konzil‹ genannt zu haben. Dieses Konzil von Embrun, das fast niemand kennt, diese konzilähnliche Vereinigung zu Füßen eines Berges, der ein Mäuschen hervorbrachte, dieses ›kleine‹ Konzil war von Monseigneur de Tencin geleitet worden! Voltaire stimmte sogleich zu: das Konzil würde ›groß‹ werden, grandios sogar. Es würde das große Konzil Tencins sein. Und er schrieb an den Drucker in Paris, daß man ›klein‹ in den folgenden Auflagen des ›Siècle‹ fortlasse. Sofort verkündete der Kardinal, Voltaire sei der genialste Mann der Zeit, und in der Diözese von Lyon wisse man nichts von seiner Ungnade. Er empfahl ihn Monsieur Tronchin, einem soliden Bankier in Genf, der, obschon

strenger Kalvinist, ein Vertrauensmann des Kardinals war,
was beweist, daß der Prälat, da er beachtliche Güter zu verwalten hatte, seiner Orthodoxie Grenzen zu ziehen verstand.

Genf: seine Freuden und seine Pastoren

Die Gesellschaft von Lyon wurde immer angenehmer, aber die
Unterkunft war schlecht. Man mußte daher sehen, ob das, was
man von den Tronchins sagte, stimmte und ob der Besitz in
Lausanne ein gutes Geschäft war. Sie langten in Genf an, als
die Sonne schon untergegangen war; die einflußreiche Familie
der Tronchins hatte erreicht, daß man mit dem Schließen der
Tore bis zu ihrer Ankunft wartete. Das Diner fand bei Tronchin
statt, sie wohnten im Château de Prangins als Gäste des
Schloßherrn Monsieur Guiguer. Man sagte Voltaire, daß die
Besitzung, die ihn in Allaman gelockt hatte, nicht zu verkaufen sei. Er blieb also in Prangins, wo es ihm gefiel. Collini gefiel es dort gar nicht. Collini wollte nach Paris. Voltaire auch.
Aber Voltaire war sechzig Jahre alt, und der dreißig Jahre
jüngere Collini resignierte zehnmal schwerer. Die Genfer empfingen Voltaire gut, die Regierung in Bern protegierte ihn, die
Notablen von Genf zeigten sich entzückt, einen Mann aufzunehmen, der dem Papsttum die Wahrheit sagte. Voltaire ließ
sich verführen und beschloß, sich in einem Lande niederzulassen, in dem man nicht um den Ausweis seines Glaubens gebeten wurde. Doch ach! er erfährt, daß man als Katholik in der
kalvinistischen Republik keine Güter erwerben kann. Das entmutigt ihn nicht: er intrigiert, damit man eine Ausnahme
macht und er sein Traumschloß kaufen kann. Er findet etwas
Geeignetes in Morion; doch das Haus ist alt und hat keinen
Garten. Er wird es trotzdem kaufen . . . Unmöglich, er ist
Katholik. Die Tronchins beschaffen ihm eine Aufenthalts-
genehmigung, das ist ein Fortschritt. Collini freut sich über
diese Schwierigkeiten, er wäre am liebsten des Landes verwiesen worden. Plötzlich jedoch realisiert sich der Traum, der Besitz ist gefunden: vor den Toren der Stadt, auf einer Terrasse,

die das Rhônetal und den See beherrscht und von der man im Süden den Mont-Blanc sieht. Dieses Besitztum heißt Saint-Jean und wird von dem Sohn der Markgräfin bewohnt. Schon tauft er es um, Saint-Jean klingt ein wenig zu sehr nach Sakristei. Er nennt es ›Les Délices‹, ein Name, der seinem Gefühl entspricht und den das berühmte Haus behalten wird. Er zahlt für das schöne, fast neue quadratische Haus und die umliegenden Ländereien siebenundachtzigtausend Livres; ein stolzer Preis! Dank den Tronchins sind die Formalitäten nicht schwierig, der Staatsrat gewährt ihm alle nur möglichen Erleichterungen.

Und nun packt ihn das Fieber des Umbauens. Er beginnt wieder mit der einst in Cirey unternommenen Arbeit. Er ruft Bataillone von Handwerkern aller Zünfte zusammen. Selbst der Garten wird verändert. Man fällt, man versetzt Bäume, man pflanzt neue. Er macht sich überall zu schaffen. »Diese ›Délices‹ sind zur Zeit meine Qual. Madame Denis und ich sind damit beschäftigt, Unterkünfte für unsere Freunde und für unsere Hühner zu bauen. Wir lassen Karotten ziehen und Schubkarren herstellen, wir pflanzen Orangenbäume und Zwiebeln ... Alles fehlt uns ... Karthago ist zu gründen.«

Er ist erschöpft und wie im Delirium: endlich hat er ein Zuhause. Und schon kommt der erste Besucher: Le Kain. Man schickt eine Kutsche nach Lyon, um den Schauspieler zu holen. Le Kain ist das personifizierte Theater. Ist es ratsam, sein Haus in einer Stadt, in der Theater verboten ist und als Eingang zur Hölle betrachtet wird, von einem Schauspieler einweihen zu lassen? Aber, da man ihn so wohl empfing, hatte sich Voltaire eingeredet, er sei bereit, den dortigen Geschmack in allem zu teilen. Er hätte sich in acht nehmen müssen. Ein Professor namens Jacob Vernet schrieb ihm, er solle vorsichtig sein, da einige über seine Anwesenheit beunruhigte Kalvinisten ihn beobachteten. Wieder einmal wurde er überwacht! Man hatte bemerkt, daß seine Ideen gegen die Religion als solche gerichtet waren und nicht nur gegen das Papsttum. Um in Genf aufgenommen zu werden, würde Neutralität nicht genügen. Man erwartete von ihm Hilfe für den Glauben und hoffte, er werde die Jugend von der zunehmenden Irreligiosität abhalten. Das hieß viel von ihm verlangen. Der Gips an den ›Délices‹ war noch nicht trocken, als sich schon alle Anzeichen eines Streites mit Genf abzeichneten.

Voltaire antwortete am 5. Februar 1755 in liebenswürdigstem Ton: »Mon cher Monsieur, was Sie über die Religion schreiben ist äußerst vernünftig. Ich verabscheue mangelnde Toleranz und Fanatismus und respektiere Ihre religiösen Gesetze. Ich liebe und respektiere Ihre Republik. Ich bin zu alt und zu krank und ein wenig zu streng für junge Leute. Sie täten mir einen Gefallen, Ihren Freunden von den Gefühlen zu sprechen, die mich innig binden . . .« Das hieß sich lustig machen. Aber er war an Leute geraten, die diese Art von Spaß nicht verstanden.

Fürs erste ließen sich die Genfer vor allem von seinen großen Ausgaben beeindrucken und rechneten mit dem Kommen reicher Besucher. In der Ansiedlung Voltaires sahen sie hauptsächlich ein gutes Geschäft. Sie bekamen von ihm eine Rente von hunderttausend Francs, dazu das Geld, das sich aus der Abwicklung seiner Geschäfte ergab. All das war ein Goldregen für die Republik. Stanislaus hätte gern den Dichter und sein Geld nach Lunéville gezogen, er machte ihm mehrere Angebote, doch keines wurde von Voltaire beachtet.

Endlich traf Le Kain ein. Die Nachricht von seinem umwerfenden Erfolg in Dijon und Lyon ging ihm voraus. Er hatte alle Provinzen, durch die er kam, zum Weinen gebracht. In den ›Délices‹ war das Theater genauso schnell eingerichtet worden wie die Küche. Voltaire sagte sehr hübsch, daß Le Kain, der den Vater ›Méropes‹ wiederzufinden glaubte, nur einen Steinmetz und Gärtner fand. Aber man spielte sofort ›Zaïre‹. Niemals waren so viele Tränen in Genf geflossen. Berauscht von diesen Tränen sagt Voltaire: »Niemals waren die Kalvinisten so gefühlvoll.« Und er schrieb den Tronchins in Lyon: »Kalvin ahnte nicht, daß die Katholiken die Hugenotten sogar in Genf zum Weinen brächten.« Es liegt eine gewisse Herausforderung in diesen Worten, wie auch in dem Versuch einer solchen Unternehmung überhaupt. Voltaire glaubte sich sehr stark, da ihn die mächtige Familie der Tronchins unterstützte und beschützte. Er vergaß, daß die Tronchins nicht ganz Genf waren. Sie waren der marschierende, der fortschrittliche Flügel der Stadt Kalvins. Am meisten liebte Voltaire den Arzt Tronchin, den brillantesten, den mondänsten, den europäischsten Vertreter der Familie. Als Neuerer hatte er gegen die Autorität der Sorbonne und gegen den Rat der Ärzte, die ihn haßten, den Impfzwang durchgesetzt. Er war geistreich, lebhaft, er wußte sich zu benehmen und glich ein ganz klein wenig einem einfallsreichen, liebenswürdigen Hochstapler. Er paßte gut in seine Zeit. Die besten Patienten Europas kamen zu ihm, er heilte sie nicht immer, aber er bezauberte sie. Er hatte in England (er war entfernt mit Lord Bolingbroke verwandt) und in Leyden studiert, wo er der Schüler des berühmtesten Arztes seiner Zeit, Boerhave, gewesen war. Mit einer holländischen Heirat hatte er mehr Erfolg als mit der Medizin: er ehelichte die Enkelin des Ratspensionärs Jean de Witt. Da er sich weigerte, Wilhelm von Oranien zu gehorchen, verließ er Amsterdam, wo er eine große Rolle gespielt hatte, und kehrte nach Genf zurück, das ihn voller Freude wieder aufnahm. Als Voltaire ihm die Sorge um seine Gesundheit anvertraute, wurde sein Name an alle Höfe Europas getragen. Voltaire machte ausgezeichnet Reklame für ihn: »Gelehrt wie Äskulap und schön wie Apoll«, schreibt er, »niemand spricht besser und hat mehr Geist.« Voltaire ahnte vielleicht nicht, daß der bewunderte Arzt seinen berühmten Kranken nicht so bewunderte, wie dessen bewundernde Äußerungen den eitlen Poeten glauben machten. Hören wir Tronchin über seinen berühmten, so umschmeichelten Kranken reden: »Was kann man von einem Mann erwarten, der stets mit sich selbst im Widerspruch ist und dessen Herz immer von seinem Verstand betrogen wird? Seine moralische Verfassung war seit seiner frühsten Jugend so wenig natürlich und so unerfreulich, daß sein Wesen jetzt gekünstelt und uneinheitlich wirkt.«

Er beschuldigte ihn außerdem, sich allzu sehr bereichert zu haben. Das ist wahr, Voltaire hatte schon sehr jung begriffen, daß einem mangels einer vornehmen Abstammung nur ein großes Vermögen die Freiheit sichern kann. Aber dieser Vorwurf von seiten eines Tronchin, Sprößling einer Genfer Bankiersfamilie, selbst Modearzt und seine Louis d'or in langen Jahren aufeinander häufend, scheint uns die reinste Bosheit. Wie sollte er an der Gesundung eines armen Poeten Interesse zeigen, dieser tugendhafte Tronchin?

Er beschuldigte ihn weiterhin, durch Lobsprüche verdorben worden zu sein. Das ist wiederum wahr, Voltaire ließ sich durch Schmeicheleien berauschen. Der Rausch verflog schnell wieder, aber Tronchin? Schmeichelte er nicht Voltaire und förderte damit sein Laster? Bediente er sich nicht seiner Eitelkeit mit einer auffälligen Heuchelei? Das Portrait Voltaires ist nicht liebenswürdig, es ist nicht sehr fein, die großen Züge sind zwar richtig, aber da sie zu allgemein gesehen sind, stimmen sie doch nur teilweise.

Der gelehrte Doktor Tronchin sah nicht das Blitzen der Spiegel, das den Charakter Voltaires kennzeichnet. Dieses Blitzen mußte den realistischen Geist des Genfer Bankierssohnes verwirren. Voltaires Charakter wäre ihm faszinierender und verständlicher erschienen, wenn er ihn sich vorgestellt hätte wie die tausend Facetten eines Diamanten, die tausend bunte Funken sprühen. Aber diese tausend nicht einzufangenden Funken sind bei Voltaire nichts anderes als das eine und unteilbare Licht, die unzähligen, changierenden Facetten sind ein und derselbe unvergleichliche und unnachahmliche Verstand. Durch ihn ändert alles seine Form, und doch bleibt Voltaire von der Schule bis zum Tod derselbe.

Wenn der gelehrte Tronchin, statt viel in Leyden zu lernen, in Florenz in ein humanistisches Gymnasium gegangen wäre, hätte er weniger von Medizin, aber wesentlich mehr von der Psychologie Voltaires verstanden. Mit einem Wort sagte d'Alembert mehr über Voltaire als Tronchin. Er nannte ihn: »Monsieur le Multiforme«.

Was die Krankheit Voltaires betrifft, so geben wir folgendes Urteil Tronchins wieder: »Eine ständig gereizte Galle, die auf seine ständig gereizten Nerven wirkt, ist die dauernde Ursache aller seiner Leiden.« Das ist das Wort eines Meisters. Er sah deutlich, daß Voltaire keinen organischen Schaden hatte und daß es sich bei ihm nur um ein schlechtes Gleichgewicht der Säfte handelte. Unsere Ärzte würden zweifellos von einem unausgeglichenen Hormonhaushalt sprechen, von einer unregelmäßigen Funktion der Drüsen. Warum war auch, abgesehen von seinen Kopfhaaren, sein Haarwuchs nicht entwickelt?

Der Dichter beendete inmitten der Gipsbrocken sein Stück ›L'Orphelin de la Chine‹, in dem der grauenhafte Dschingis-Khan vorkommt. Er vertraute sein Werk Le Kain an und empfahl ihm, recht wild zu sein und die Verse ordentlich zu brüllen. Doch Le Kains Stimme blieb zu sanft: man mußte dabei weinen. Bei Dschingis-Khan aber soll man zittern, vor Entsetzen schreien. Um sich verständlich zu machen, sagte Voltaire: »Sie müssen sich einprägen, daß ich einen Tiger malen wollte, der, während er seine Tigerin liebkost, ihr seine Krallen in die Seiten gräbt.« Es ist zu befürchten, daß die Qualität des Textes nicht das gleiche Niveau hatte, wie der von Voltaire erteilte dramatische Unterricht. Wenn Le Kain ein wenig blökte anstatt zu brüllen, so deshalb, weil die Verse Voltaires nicht in den Steppen der Mongolei erdacht waren, sondern in mit Satin überzogenen Sesseln aus der Zeit Ludwigs XV.

In Genf tauchte währenddessen eine äußerst mißliebige Person aus Voltaires Vergangenheit auf. Man erinnert sich vielleicht daran, daß Pimpette, als Voltaire sich von ihr trennte, ihre Gunst einem gewissen Guyot, genannt de Merville, gewährte, der anstatt brav den von dem jungen Arouet leergelassenen Platz einzunehmen, seinen Vorgänger heftig angriff. Später, unter dem Banner der Desfontaines und des alten J.-B. Rousseau, hatte er die ›Henriade‹ auf häßliche Weise kritisiert. »Dieser Guyot, Sohn eines Postkutschers, schrieb, als wäre er nie aus den Pferdeställen seines Vaters herausgekommen«, notierte der Abbé Voisenon. Voltaire hatte nichts von all dem vergessen. Nun sah er ein armseliges, demütiges, geducktes, reuiges Wesen erscheinen, das kam, um seine Verzeihung zu erflehen. Guyot bot an, vier Bände dithyrambischen Lobes auf Voltaire zu schreiben und alle Angriffe gegen ihn aus seinen früheren Werken auszumerzen. Er verpflichtete sich auch, den

Druck aller künftigen Schriften Voltaires zu überwachen. Voltaire blieb eisig. »Die Widmung Ihrer Werke, die Sie mir anbieten, würde deren Qualität nicht verbessern. Ich widme die meinigen nur meinen Freunden. Daher, Monsieur, wenn Sie einverstanden sind, lassen wir es beim alten.«

Der Unglückliche weckte das abscheuliche Gespenst Desfontaines auf. Voltaire schloß angeekelt die unheilbringende Gruft wieder zu. Zwei Wochen später warf sich Guyot in den See. So nahm dieses schmutzige Geschäft der Erpressung ein finsteres Ende.

Montesquieu starb am 10. Februar 1755, während Voltaire sich in den ›Délices‹ einrichtete. Trotz ihrer Streitereien und Eifersüchte waren sie weder Freunde noch Feinde gewesen. Voltaire ehrte den großen Schriftsteller: »Man wird immer ein schönes und tiefes Genie in ihm sehen, das denkt und zum Denken anregt. Sein Buch sollte denen ein Brevier werden, die berufen sind, andere zu regieren. Er wird bleiben, und die Zeitungsschreiber wird man vergessen.« Man kann nicht sagen, daß dies eine sehr überzeugte oder feurige Huldigung ist. Montesquieu hatte gewisse Äußerungen über Voltaire getan; er hatte gesagt: »Der gute Geist ist mehr wert als der Schöngeist.« Voltaire ärgerte sich, wenn man die Tiefe Montesquieus lobte, die oft der Oberflächlichkeit und Brillanz seiner eigenen Werke gegenübergestellt wurde. Als die Duchesse d'Aiguillon ihn um vier Verse für das Grab Montesquieus bat, antwortete ihr Voltaire, sie bestelle Verse bei ihm wie man Brötchen bestelle, sein Ofen sei nicht angeheizt, sein eigenes Bedürfnis nach Epitaphen sei größer als seine Lust, welche für andere zu machen. Warum bekam Montesquieu kein Epitaph? Weil er über Verse und Versemacher gespottet hatte. Voltaire vergaß diese verächtliche Haltung nicht. Keine Verse für Feinde der Lyra ...

Man möchte glauben, daß die Einrichtung der ›Délices‹, der er sich mit Leidenschaft widmete, ihm wirklich Freude machte und er endlich jene Heiterkeit genoß, die das Alter, der Frieden Genfs, das bequeme und elegante Leben ihm hätten geben können. Doch eine solche Heiterkeit ist ihm fremd. Schon zeigt sich am Horizont ein neues Gewitter. Es ist die ›Pucelle‹, die es auslöste. Niemals wurde das Kind eines Poeten so zärtlich von seinem Autor geliebt wie dieses eher burleske Epos; und niemals bereitete ein ungezogenes Kind seinem Vater größeren Kummer. Seit Kolmar weiß er, daß etwas im Gange ist. Er hatte unzählige wohlsituierte Freunde, er hatte auch besoldete Berichterstatter — Spione —, die oft in Verbindung mit der Polizei standen. Er konnte zuweilen an den Minister schreiben, indem er fast wörtlich die Polizeiberichte über sich wiedergab.

Und nun veröffentlicht man eine skandalöse Wiederauflage der ›Pucelle‹. Die Umstände sind wie immer: ›man‹ hat ihm das Manuskript gestohlen. Wer? Man verdächtigt Mademoiselle du Thil, die Freundin Emilies, die angeblich in Cirey bei den Papieren ein im übrigen unvollständiges Manuskript der ›Pucelle‹ gefunden und es den Verlegern verkauft habe; diese hätten es im Namen Voltaires mit Zoten, Gotteslästerungen und schlechten Versen ergänzt. Das monströse Werk wird unter der Hand verkauft, man liest es zwar heimlich, aber man liest es überall und spricht davon. Obwohl sich Voltaire in fremdem Territorium befindet, zittert er. Er beauftragt Madame Denis, in Paris den Minister anzuflehen und alle seine Freunde einzuschalten. Und was erfährt sie? Daß das Manuskript ihr selbst von ihrem Liebhaber Ximénès, dem sie so viel Gunst erwiesen hatte, gestohlen worden war. Sie also ist die Ursache für den Skandal. Und dieses Ungeheuer Ximénès fordert einen Platz in der Akademie und wagt um den Schutz Voltaires in einem Augenblick zu bitten, in dem er ihn ›umbringt‹! Das Schlimmste ist, daß d'Argenson fest glaubt, Voltaire habe selbst den Neudruck beauftragt und profitiere nun von dem Gewinn des Geschäftes; denn die Sache ist ein Geschäft, und ein sehr einträgliches. Der uns schon bekannte La Morlière, den Voltaire als Strohmann, Spion und Claqueur benutzt, rühmt sich nämlich, für fünfzig Louis eine hübsche Abschrift der ›Pucelle‹ zu verkaufen. Daher verdächtigt d'Argenson den Dichter, der sich in Genf außer Schußweite befindet, seinen Anteil bei dem Handel zu fordern. Das stimmt nicht, aber Voltaire muß sich trotzdem reinwaschen.

Er hat eine Idee: da man diese Flut von falschen ›Pucelles‹ nicht mehr eindämmen kann, muß man einfach ihre Anzahl vervielfältigen und lawinenartig neue, aber so plumpe Fälschungen herstellen, daß man die Behörden zwingt zuzugeben, Voltaire könne nicht an einer so monströsen Fälschung seines eigenen Werkes beteiligt sein. Er führt seinen Plan aus und hat Erfolg. Man kommt zu dem Schluß, er könne nur das Opfer und nicht der Autor der falschen ›Pucelle‹ sein. Man läßt sich von seiner Unschuld überzeugen, als er selbst den Skandal organisiert!

Ein gewisser Grasset, Verleger in Genf und Händler in Paris, ist, wie man Voltaire mitteilt, eben dabei, ein Manuskript der ›Pucelle‹ zu kaufen. Noch eines! Voltaire nimmt Verbindung mit Grasset auf, schmeichelt ihm, weist ihn darauf hin, daß das Manuskript gefälscht sei, daß er in Schwierigkeiten kommen und es nicht verkaufen werde. Doch Grasset ist fest davon überzeugt, daß er aus der Veröffentlichung Gewinn schlagen kann. Da Briefe nicht genügen, lädt man Grasset in die ›Délices‹ ein, man speist dort, man läßt sich eine Seite der Fälschung zeigen: entsetzlich! Eine Ansammlung von Unflat! Voltaire sieht rot, springt Grasset an die Kehle und will ihn erwürgen. Grasset macht sich von der mageren Harpye los und würgt ihn seinerseits. Als Voltaire sich gepackt fühlt, wo er selbst zupacken wollte, schreit er laut: Haltet den Mörder! Haltet den Dieb! und die Menge der Schreiner, Steinmetze, Gärtner läuft herbei. Grasset flieht und vermeidet haarscharf, daß man ihn in Stücke reißt.

Voltaire erhebt Klage bei den Genfer Richtern, schwingt das obszöne Blatt, das man mit seinem Namen zu drucken beabsichtigt, beruft sich auf die Tugend, auf das Bürgerrecht, auf die Bibel, und Grasset wird verhaftet. Ein wenig später läßt man ihn wieder frei und verjagt ihn aus Genf. Voltaire findet, daß es in diesem Land an Foltern fehlt.

Als er von Madame Denis erfuhr, wie sich der Diebstahl des ersten Manuskriptes zugetragen hatte, meinte er vor Wut zu sterben und sie vor Angst, denn sie verstand, daß er ihr nur halb glaubte und sie verdächtigte, selbst das Manuskript für sechshundert Livres verkauft zu haben. Er liebte sie, seine Nichte, aber er hatte keine Achtung vor ihr. Und er schrieb an seine ›Engel‹ von der bitteren Enttäuschung, die Madame Denis ihm bereitete. Wir erfahren auf diese Weise den Betrag, den sie von seinen Bankiers abgehoben hatte. »Sechshunderttausend Francs zu verbrauchen und für sechshundert Francs ein entwendetes Manuskript zu verkaufen, das ist ein merkwürdiger Beweis dafür, daß einen der Ruin bedroht.« Er hatte Grund, bitter zu sein. Doch Madame Denis kam auch diesesmal davon. Aber sie wird rückfällig werden. Noch einmal enthob man sie gnädig allem Zweifel: vielleicht war Ximénès wirklich der Dieb.

Voltaire wurde von den Behörden nicht angegriffen, aber er ließ seine Federn bei der Sache. Paris hatte erneut von einem durch Voltaire ausgelösten Skandal widergehallt. Die Minister und die Polizei hatten ebensoviele Sorgen wegen der ›Pucelle‹ gehabt wie wegen einer Armee Landstreicher. Die Freunde waren erschöpft durch die wiederholten, indiskreten und widersprüchlichen Bittgänge von Madame Denis. Auch nach Genf war das Gerücht von dem Skandal gedrungen, durch die Affäre Grasset war es aufgebauscht worden, man hatte das obszöne Blatt gelesen, dann abgeschrieben, dann weitergegeben. Und die brave Stadt begann zu murmeln, daß die Nachbarschaft des großen Mannes die reine Luft, die man einst dort atmete, verdorben habe.

Es war jedoch nicht alles schwarz: ›L'Orphelin de la Chine‹ wurde ein großer Erfolg. Mademoiselle Clairon spielte göttlich. Le Kain war, wie vorauszusehen, zu sanft, aber bei der zweiten Aufführung wurde er wirklich ein ›Tiger‹. Der König wollte das Stück sehen, und da sich der Hof in Fontainebleau aufhielt, spielte man es dort. Die Königin Marie, deren heilige Einfalt mit dem Alter wuchs, sagte dem König, man habe ihr mitgeteilt, daß sich in dem Stück Anspielungen auf die Ausschweifungen im Trianon fänden. Der König erwiderte, sie möge nur sagen, was gestrichen werden solle, man werde es tun. Sie aber antwortete, sie wisse nicht, was man streichen müsse. ›L'Orphelin‹ wurde also ohne irgendeine Amputation gespielt und triumphierte vor dem Hof, so wie er war. Voltaire jubelte; die Befriedigung ließ ihn alle Kümmernisse vergessen.

Collini weilte in Paris. Voltaire hatte ihn gehen lassen, um die ›Pucelle‹ zu verteidigen und seine Nerven zu entspannen. Er amüsierte sich dort sehr und, obwohl die Sache langsam einschlief, sprach er nicht von Rückkehr. Voltaire insistierte nicht und schrieb ihm freundlich: »Wenn Sie satt von Paris sind, lassen Sie es mich wissen, lieber Collini . . . Holen Sie sich einen Vorrat an Vergnügen und kehren Sie zurück, wenn Sie nichts Besseres mehr zu tun haben. Ich umarme Sie.«

Madame Denis beschwor ihn ebenfalls, sich zu sättigen, denn einmal nach Genf zurückgekehrt, beginne die Fastenzeit. Sie wußte, wovon sie sprach. Sie sagte, der kleine Collini sei schrecklich mit Frauen; er sei ihr eines Tages brutal zu Leibe gerückt. Armer Collini, er haßte Genf. Jung und feurig wie er war, lebte er zwischen einer dicken Frau und einem Greis, und gegenüber erblickte er das Eis des Mont-Blanc. Das war nicht seine Sache. Voltaire verstand ihn sehr gut.

Verschiedene Ereignisse in Genf und ein Erdbeben in Lissabon

Die Pastoren schienen nicht allzu zufrieden mit dem Leben, das man in den ›Délices‹ führte. Die Lage komplizierte sich dadurch, daß viele Genfer davon entzückt waren. Sie erboten sich, Theater zu spielen, und sie spielten ausgezeichnet. Das Konsistorium versammelte sich und verbot am 31. Juli 1755 die Theateraufführungen. Es ging um eine alte Geschichte: während der Unruhen von 1732 und 1739 stellten ausländische Truppen in Genf die Ordnung wieder her und richteten dort ein Theater ein. Dieses Theater hatte einen unglaublichen Erfolg bei der Bevölkerung. Eben dieser Erfolg aber erschreckte das Konsistorium. Es erkannte mit unversöhnlicher Logik, daß die Genfer sich diesem Vergnügen nicht hingeben durften, weil sie zuviel Vergnügen dabei empfänden. Was heißt, daß nur recht langweilige Zerstreuungen erlaubt waren. Die Pastoren versicherten — und das mag wahr sein —, die verderbliche Macht des Theaters vervielfache sich, wenn es auf tugendhafte Naturen wirke. In Paris verdarb das Theater niemanden mehr, da alle Welt verdorben war. Das schien so einleuchtend! In Genf hatte man ›Polyeucte‹, ja ›Polyeucte‹! am 18. März 1748 verboten. Gibt es ein Stück, in dem Gott besser gelobt, in dem ihm besser gedient wird — in dem die, wenn auch heidnischen Tugenden edler, barmherziger, ja christlicher sind, und selbst Leidenschaft eher eine Exaltation des Opferwillens ist? Und doch! In Genf galt ›Polyeucte‹ als nicht rein. Wenn man Jean-Jacques Rousseau und seine Schmähschrift gegen das Theater verstehen will, so muß man sie nicht in Paris, sondern in Genf hören. Man sieht, wohin Voltaire geraten war mit seinem Haustheater, seinen Maskeraden, seinen boshaften Einfällen und seinen frevlerischen Äußerungen.

Er versprach, brav zu sein. Er hatte von den Tronchins und seinem Freund, dem Pastor Vernes, eine Predigt erhalten. Er schwor, man werde nie wieder in seinem Haus Theater spielen und er sei verzweifelt, so tugendhaften Persönlichkeiten mißfallen zu haben. Nichts macht uns mißtrauischer als diese feierlichen Versicherungen. Er gedachte, die Schwierigkeit zu umgehen, indem er nachgab. Für ihn war Theaterspielen die schönste aller Freuden, aber Theater zu spielen und dabei noch die Frommen und Dummen zu verspotten, das war eine geradezu göttliche Freude.

In diese kleinen Zänkereien brach das schreckliche Unglück von Lissabon herein. Die Hauptstadt Portugals war vernichtet worden, und die ganze Erde hatte gebebt. Seit Herculanum und Pompeji hatte die Geschichte keine vergleichbare Naturkatastrophe verzeichnet. Empfänglich wie er war für diese Art von Ereignissen, bei denen die Ordnung der Natur und die Ordnung der Menschen miteinander in Streit geraten, verlor Voltaire die Fassung. Er lief in seinem Zimmer hin und her und murmelte: »Das ist ein schreckliches Argument gegen den Optimismus.« Und an d'Argental schrieb er: »Das ›Alles ist schön‹ Popes ist ein wenig aus der Ordnung geraten, und ich wage nicht mehr, mich über meine Koliken zu beklagen.« Aus

dieser Erschütterung heraus entstand das ›Poème sur le désastre de Lisbonne‹. Er widerspricht Pope, er greift den Optimismus an, die Vorsehung wird gerüffelt, und die römische Kirche
jammert. Trotzdem weist er es von sich, ein Gegner des Chri-
stentums zu sein. Zum Unglück für sein Leugnen hatte der
Drucker, da der Band etwas schmal schien, seine ›Réligion
naturelle‹ angehängt. Nichts ist weniger orthodox als diese
äußerst unreligiöse Religion. Der Band wurde verurteilt und
im Jahr 1759 verbrannt. Umsonst schrieb er ein schönes Vorwort, um seinen Eifer als Katholik und Franzose in einem
protestantischen Land zu rühmen, das Etikett, das er auf das
Buch klebte, veränderte seinen Inhalt nicht, der antikatholisch
und sogar antichristlich blieb.

Mit diesem Gedicht begann sein Streit mit Jean-Jacques Rousseau. Seit ihrer losen Zusammenarbeit anläßlich von ›Ramire‹
im Jahre 1745 waren ihre Beziehungen höflich und sogar respektvoll von Seiten Rousseaus gewesen. Dieser schickte Voltaire seine Schrift ›Discours sur l'origine de l'inégalité parmi
des hommes‹, worauf ihm Voltaire am 30. August 1755 mit
dem bekannten Brief antwortete: »Sie werden den Menschen,
denen Sie die Wahrheit über sich sagen, gefallen, aber Sie werden sie nicht verbessern . . . Man hat nie so viel Geist aufge-
boten, um uns dumm zu machen, und man hat nicht übel Lust,
auf vier Beinen zu laufen, wenn man Ihr Werk liest. Da ich
jedoch seit mehr als sechzig Jahren diese Gewohnheit verloren
habe, fühle ich unglücklicherweise, daß es mir unmöglich ist,
sie wieder aufzunehmen, und ich überlasse diesen natürlichen
Gang denen, die würdiger dazu sind als Sie und ich . . . Ich
begnüge mich damit, ein friedlicher Wilder in der Einsamkeit
zu sein, die ich in der Nähe Ihrer Heimat, in die Sie kommen
sollten, gefunden habe.« Und er lud ihn nach Genf ein, um
»die Milch unserer Kühe« zu trinken und »unser Gras zu fres-
sen«. Rousseau schien von diesem ländlichen Programm nicht
verlockt worden zu sein. Er sah in Paris einen besseren Ort,
seinen Ruhm aufzubauen, obwohl er Gefahr lief, seine unan-
fechtbare Tugend dort zu verlieren. Rousseau antwortete
freundlich auf diesen Brief. Aber alles änderte sich 1755, nach

dem ›Poème sur le désastre de Lisbonne‹. Die Pastoren waren nicht weniger empört als die Priester; ein Genfer Pastor bat Rousseau eine Widerlegung der unfrommen Thesen Voltaires zu schreiben. Und Jean-Jacques zog los, gegen Voltaire und für die Vorsehung: »Voltaire hat, obschon er immer so tat, als glaube er an Gott, nie an jemand anderen als an den Teufel geglaubt, denn sein Gott ist nur ein böser Geist, dem es seiner Meinung nach nur Freude macht zu schaden.« Jean-Jacques schrieb noch oft, daß Voltaire reich sei und kein Recht habe, sich zu beklagen. Das schmeckt nach Neid und ist kein philosophisches Argument. Schied das Erdbeben von Lissabon zwischen Reichen und Armen, wie Jean-Jacques es tat? Was sich bei diesem ersten Scharmützel zeigte, war die grundsätzliche Verschiedenheit der beiden Männer. Außerdem versäumte der gute Jean-Jacques die Gelegenheit nicht, um zu moralisieren und sich etwas auf seine gute Tat einzubilden. Angeblich behandelte er Voltaire nur schlecht, um ihn zu bessern, um die Zahl seiner schlechten Werke zu verringern und seinen Ruhm zu vergrößern. Ach! welch gute Seele! Und so gar nicht verlogen, obschon er die Dinge etwas fälschte. Er dankte Voltaire, ihm sein Gedicht geschickt zu haben, obwohl Voltaire es ihm gar nicht geschickt hatte; was er im übrigen selbst sagt. Er erhielt es von einem gewissen Roustand. Aber diese Wendung erlaubte ihm zu danken und tausend höfliche Dinge zu sagen, damit Voltaire den ›Teufel‹ schlucke. Rousseau wagte es nicht, seinen Brief direkt an Voltaire zu schicken, er gab ihn Tronchin. Seine Kühnheit erschreckte ihn ein wenig, er zögerte und schrieb Tronchin: »Wenn er (Voltaire) weniger Philosoph ist als ich annehme, so schicken Sie mir den Brief zurück.« Das war absurd. Tronchin gab sich keinen Illusionen hin; man konnte nicht hoffen, daß Voltaire ein Verehrer der Vorsehung würde, weil Jean-Jacques ihn geschulmeistert hatte. »Man gesundet nicht mit sechzig Jahren von Übeln, die mit achtzehn beginnen«, sagte Tronchin.

Voltaire schluckte die Pille ohne zu reagieren. »Ihr Brief ist sehr schön«, schreibt er, aber er pflege seine Nichte, der es äußerst schlecht gehe, er selbst sei »zu krank, um es wagen zu können, mit Ihnen zu denken.« Die Angelegenheit war noch nicht erledigt, sie war aufgeschoben.

Voltaire maß dieser ihm müßig erscheinenden Polemik anfänglich nicht viel Bedeutung bei. Rousseau mochte predigen, wenn ihm das Spaß machte. Voltaire fand, er verliere nur seine Zeit mit der Sache, denn sie war ihm lästig.

Er hatte Verse zu schreiben, Briefe zu erledigen, er hatte Freunde, Besuche, Geldgeschäfte, seinen Besitz, den er sehr gut führte. Aus diesen verschiedenen Gründen mußte Rousseau auf eine Antwort warten. Sie kam später, in einer Form, die Rousseau überraschte und die er sofort erkannte: »Sie ist nicht anders«, sagt er in seinen ›Confessions‹, »als der Roman ›Candide‹, von dem ich nicht sprechen kann, weil ich ihn nicht gelesen habe.« Und woher wußte er, daß es sich um die Antwort auf seine Verteidigung des Optimismus handelte? Und wem wollte er glauben machen, daß er ›Candide‹ nicht gelesen hatte, wenn er doch wußte, daß er dort die Widerlegung seiner eigenen These zugunsten des Optimismus finden würde?

Aber die ›Confessions‹ wurden wesentlich später geschrieben. Fürs erste gab er sich mit dem höflichen Brief Voltaires zufrieden. Er hatte so große Angst vor dem Dichter der ›Délices‹ gehabt, daß ihn einige höfliche Sätze von ihm über Gebühr entzückten: »Ein Mann, der meinen Brief aufgenommen hat wie er, verdient den Titel eines Philosophen, und man kann nicht geneigter sein, als ich es bin, zu der Bewunderung, die ich immer für seine Schriften fühlte, auch die Achtung und Freundschaft für seine Person hinzuzufügen.« Das heißt unbesonnen reden, und Jean-Jacques wird es merken.

Koketterien und Grimassen eines Affen.
Der verliebte Collini errät die geheime Liebe
seines Herrn

Da der Winter nahte und es kalt in den ›Délices‹ wurde, siedelten der Onkel und die Nichte nach Montriond über, das am andern Ende des Sees vor den Toren Lausannes lag. Dort verkrochen sie sich mitten in den Weinbergen, geschützt vor den Nordwinden, und warteten auf den Frühling. Aber sie vergaßen ihre Türen zu schließen, und die ganze Stadt defilierte an ihnen vorbei. Sie waren entzückt darüber. Die Leute von Lausanne erschienen ihnen ebenso liebenswürdig wie die aus Genf. Voltaire nannte dies »den See an beiden Enden halten«.

Am 10. März 1757 kehrten sie wieder in die ›Délices‹ zurück. Sofort verschwand Voltaire nach Bern. Der verwunderte Collini hätte gern den Grund gewußt. Später erfuhr er ihn: Voltaire traf gewisse geheime Gesandte einer gewissen Macht, die ihm eine Mission bei Friedrich II. vorschlugen — falls es nicht überhaupt Friedrich selbst war, der ihn rufen ließ, um ihn mit einer Mission zu beauftragen. Er gestand Thiériot in verschleierten Worten, man habe ihn aus seiner ›Abbaye de Thélème‹ holen wollen, um ›ihn in einen Palast zu bringen‹. Und er vertraute dem Herzog von Württemberg an: »Es liegt nur an mir, in ein Land zu gehen, wo ich einst Ihrer Hoheit den Hof machte, doch möchte ich Ihnen nicht wieder in diesem Land meine Ehrerbietung erweisen.« Das ist schon klarer: es handelte sich um Preußen.

Zwei Monate später lud ihn Kaiserin Maria-Theresia ein, nach Wien zu kommen. Er hütete sich anzunehmen. Schluß mit der Liebe für königliche Ehren. Frankfurt hatte ihn geheilt. »Ich schelte lieber meine Gärtner, als daß ich Königen meinen Hof mache.«

Trotzdem tauschte er mit Friedrich noch Koketterien aus. Er vervielfachte seine Botschaften an die Markgräfin, an Darget, die voller Komplimente für Friedrich waren und ihm weitergeleitet wurden. Keiner von beiden ließ sich täuschen. Aber man stand noch immer in Verbindung, das war die Hauptsache. Beide warteten sie mit der gleichen Neugier auf die Worte und Gesten des anderen. Getrennt waren sie unzertrennlich.

Aber um für seinen noch immer bestehenden Groll ein Ventil zu haben, nahm Voltaire kleine Rachen. Sie zeigen uns sein Privatleben. Er hielt in einem Käfig einen Adler, den er oft voller Befriedigung betrachtete: es war das Wappentier des Königs von Preußen. Zuweilen führte er ihn vor: Sehen Sie diesen Schnabel, sehen Sie diese Krallen. »Wie der andere«, sagte er, ohne irgendjemanden zu nennen. Er verspottete Friedrich, davon wurde ihm besser. Er besaß außerdem einen kleinen Affen, einen gräßlichen, kleinen Affen, den er ›Luc‹ nannte, so scheußlich und böse wie nur möglich; er hatte seinen Herrn schon dreimal gebissen, und zwar so heftig, daß dieser an Krücken gehen mußte. Nun wußte man im Kreise der Vertrauten, daß ›Luc‹ auch der Spitzname war, den Voltaire Friedrich gegeben hatte. Warum? fragte man ihn. »Weil er alle beißt.« Sein Sinn für Komik trieb ihn noch weiter. Als ihm ein Bekannter sagte, wenn er ›Luc‹ schreibe, wisse man nicht immer, ob er Friedrich oder den Affen meine, antwortete Voltaire: »Wenn ich Friedrich meine, muß man ›Luc‹ verkehrt herum lesen, um mich richtig zu verstehen.«

All das schadete weder Friedrich, noch nützte es Voltaire. Sicher ist jedoch, daß es unseren Helden amüsierte.

Auch sein Haus amüsierte ihn sehr. Er war stolz darauf. Er fand es schöner als das Popes in Twickenham, das ihm einst wunderbar erschienen war. Schauen wir uns sein Gefolge an: vier Kutschen, ein Kutscher, ein Postillon, zwei Lakaien, ein Kammerdiener, ein französischer Koch, ein Knecht, ein Küchenjunge, eine Kammerfrau für Madame Denis und der Sekretär Collini. Die Speisen waren immer auserlesen und reichlich und seine Tafel sehr geschätzt.

Aber Collini, der sich immer langweilte, wurde unerträglich. Madame Denis und Voltaire schonten und verwöhnten ihn, doch das genügte nicht. »Er liebt Frauen wie ein Verrückter, und das ist kein Verbrechen«, schreibt Madame Denis, die nur böswillig eine Neigung hätte tadeln können, die sie so stark in ihrer Umgebung förderte. »Aber die Frauen wenden den Kopf von ihm ab, und das gibt ihm diese unwirsche Miene, die er sogar seiner Herrschaft zeigt.«

Die Vorsehung, die Voltaire so trefflich abstritt, trat unter seinem eigenen Dach zugunsten Collinis in Erscheinung, und zwar in Form einer Dame aus Burgund, die von ihrem groben

Gatten mißhandelt wurde. Sie suchte Schutz bei dem französischen Minister in Genf. Da es ihr weder an Schönheit noch an Geist mangelte, dachte der Minister, sie könne das Haus des Dichters zieren, und vertraute sie ihm an. Voltaire nahm sie glanzvoll auf, tröstete sie und machte ihr Komplimente. Man bemerkt seine Großzügigkeit gegenüber einer Fliehenden, von der er nichts anderes zu erwarten hatte als die Freude, sie aufzunehmen. Sie weinte manchmal nicht ohne Anmut und wußte so unaufdringlich von ihrem Unglück zu berichten, daß man weich wurde, aber nicht traurig. Ihre Blicke sagten weit mehr als ihre traurigen Worte. Ohne Zögern zeigte ihr Collini, daß der Unglücklichste er sei und nicht sie. Er war Florentiner und ein guter Schüler seines Herrn, geschickt in Worten und Gesten. Die Dame, die gelitten hatte, ließ sich überzeugen, daß es recht grausam sei, diesen Unschuldigen leiden zu lassen. Und so vermischten sie ihre beiden Kümmernisse und machten daraus eine große Freude. Sie waren einer mit dem anderen so zufrieden und zeigten dies so deutlich, daß von dem Küchenjungen bis zu Voltaire alle in den ›Délices‹ an ihrer Verzückung teilnehmen konnten. Trotz der Toleranz Voltaires für alle Kulte konnte er nicht lange ertragen, daß sein Haus ein Tempel der Venus wurde. Er bat die Dame, wieder nach Burgund zurückzukehren. Collini verlor vor Schmerz die Fassung. Voltaire schalt ihn nicht allzu sehr, aber Madame Denis machte Bemerkungen ihm gegenüber. Collini, der zum Glück für die Biographen eine offensichtliche Neigung zu übler Nachrede hatte, verdoppelte daraufhin seine Boshaftigkeiten gegenüber Madame Denis. Er nannte sie eine ›alte Hexe‹ und machte sich über sie lustig, weil sie eifersüchtig auf ein junges Mädchen aus Genf war, das Voltaire eine billige Mütze geschenkt hatte, die Voltaire die schönste der Welt fand. Die Nichte wütete. Sie schenkte ihm ihrerseits eine Mütze, die »eines Sultans würdig« gewesen wäre. Aber ihr Onkel tat, als sähe er sie nicht. Als sie sie ihm direkt unter die Nase hielt, sagte er kaum danke. Sie explodierte. Bei dieser Gelegenheit war es, daß Collini Madame Denis verdächtigte, auf Voltaire Rechte zu haben, die nur durch gewisse Gunstbeweise verliehen werden, die man

sich gewöhnlich nicht zwischen nahen Verwandten gibt. Dieser
Verdacht Collinis schien lange Zeit ungerecht und böswillig.
Wir sind heute besser unterrichtet als Collini und wissen, daß
die junge Witwe sich seit fast vierzehn Jahren ganz ihrem
Onkel Voltaire überlassen hatte. Gewiß, das erscheint extravagant. Voltaire galt zu dieser Zeit als krank und gab sich
dafür aus. Man brauchte ihn nur anzusehen, um ihm recht
zu geben. Es ist also durchaus verständlich, daß man nicht an
ihre Liaison hat glauben wollen. Nichts erlaubte diesen Verdacht, denn Voltaire war in seinem Verhalten wie in seinen
Worten von einer ungeheuren Zurückhaltung und Scham. Man
weiß, daß seine Vertrauten selbst Madame du Châtelet gegenüber nie ein zweideutiges Wort oder eine zweideutige Geste
erhaschen konnten. Ganz im Gegensatz zu seinem Sekretär, der
in aller Öffentlichkeit seine Gefühle ausbreitete, zeigte Voltaire
seine Liebesaufwallungen nie der Außenwelt. In der Öffentlichkeit liebte er die Frauen mit den Augen, den Ohren und
mit Worten. Er liebte die Atmosphäre, die sie um ihn verbreiteten. Seine Leidenschaften waren nie sehr feurig, wir wissen
es, er hatte so wenig Fleisch zwischen den Knochen und der
Haut! Aber er war nicht unsinnlich und auch nicht impotent.
Das Spiel Voltaires mit den Frauen gibt Aufschluß über seine
innerste Natur: er liebte die Frauen, weil sie kultivierter waren als die Männer. Liebe ist für ihn keine Leidenschaft, sondern Freundschaft, sublimiert durch Intelligenz und Zärtlichkeit und gefärbt durch Sinnlichkeit.
Kurz, man muß es zugeben, Voltaire war der Liebhaber seiner
Nichte. Theodore Bestermann veröffentlichte Briefe, die aus
dem Verdacht Collinis eine Gewißheit machen. Diese Briefe
sind meist auf Italienisch geschrieben, wodurch sie nicht weniger feurig werden. Der Augenblick ist gekommen, die Verbindung der Nichte und des Onkels aufzuklären. 1746 schrieb er
ihr: »Mir liegt mehr an einem Ihrer Haare als an allen Locken
Belindas.« In seinem Brief vom 15. Oktober 1746 lesen wir
(Ach! Wenn Emilie das gewußt hätte!): »Aber ich bitte Sie,
enthaltsam zu sein und mich enthaltsam zu machen. Ich bitte
Sie um Erlaubnis, ihnen meine Schwäche bringen zu dürfen.

Er wäre besser zu . . ., aber ob ich nun . . . oder nicht, ich werde Sie immer bewundern, und Sie werden der einzige Trost meines Lebens sein.«

Im Oktober 1747 hält diese Schwäche an. Er klagt über seine schlechte Gesundheit, die seinen guten Absichten schade. Er findet, Liebe sei schön:

> Mais il faudrait se mieux porter
> Pour en parler et pour le faire.

Trotzdem spricht er davon, und sogar sehr viel: »Die Natur, die mich mit einem der zärtlichsten Herzen beschenkte, hat vergessen, mir einen Magen zu geben. Ich kann nicht verdauen, aber ich kann lieben. Ich liebe Sie und werde Sie bis zum Tage meines Todes lieben. Ich umarme Sie tausendmal, meine liebe Virtuosin, Sie schreiben Italienisch besser als ich. Sie verdienen es, bei der Accademia della Crusca zugelassen zu werden. Mein Herz und mein . . . machen Ihnen die zärtlichsten Komplimente.«

Und immer mischt sich die Krankheit in seine Aufwallungen. »Ich hoffe, Sie trotz der Koliken zu sehen. Ich liebe Sie und werde Sie mehr als mein Leben lieben.«

Weniger arzneiwütig wäre der Galan liebenswürdiger, aber nicht weniger drängend gewesen: ». . . und ich fühle jeden Tag, daß ich Ihnen die letzten Tage meines Lebens weihen muß, und daß Sie allein mir nach einem tollen Frühling, einem gewittrigen Sommer und einem sehnsüchtigen Herbst die Strenge des Winters versüßen können.«

Halten wir fest, daß dies am 1. Februar 1748 geschrieben ist. Emilie war nicht tot, und nichts ließ ahnen, daß sie als erste sterben würde. Er gedachte also sein Leben mit seiner Nichte zu beenden. Man versteht nun, daß diese Nichte handfeste Gründe hatte, ihren Ehrgeiz auf den Onkel und sein Vermögen zu richten. Sie hatte wiederholt Zusicherungen erhalten: »Ich fühle wirklich, daß ich nicht mehr lange zu leben habe. Heißt das, daß ich die letzten Tage meines Lebens nicht mit Ihnen verbringen, daß ich nicht das Glück genießen werde, es in Ihren Armen zu enden? Schreiben Sie mir, trösten Sie mich, mein Herz braucht Ihre Briefe mehr als Ärzte.«

Es schien unausdenkbar, Emilie zu verlassen. Im übrigen hätte sie nicht eingewilligt. Also? Ein Trio? Emilie, er und die Nichte? Unannehmbar. Niemals hätte Emilie Madame Denis auch nur von ferne ertragen. Man sieht, daß ihr Tod eine Situation beendete, die drohte, eine schlechte Wendung zu nehmen.

Trotz seiner Schwäche begeisterte ihn die opulente Madame Denis mehr als einmal: ». . . und wenn mein unseliger Gesundheitszustand es mir erlaubt, so werde ich mich zu Ihren Füßen werfen und alle Ihre Schönheiten küssen. Bis dahin drücke ich tausend Küsse auf Ihre runden Brüste, auf Ihre entzückenden Schenkel, auf Ihre ganze Person, die mich so oft zum . . . gebracht und mich in einen Strom der Freuden getaucht hat.«

Was fesselte ihn an Madame Denis? Vielleicht diese sinnliche Erregung, die Emilie ihm nicht mehr geben konnte und die er bei keiner anderen Frau fand? Er machte sich keinerlei Illusionen über die Uneigennützigkeit seiner Nichte. Schon 1740 hatte er anläßlich eines Versehens ihre Begehrlichkeit erkannt. Als sie über das Testament diskutierten, das Voltaire zu machen gedachte, wollte sie sich schon ihr Erbe sichern und schrieb ihm, wenn er ihr noch bei Lebzeiten seinen ganzen Besitz vermache, würde sie dafür sorgen, daß er trotzdem Herr über alles bliebe. Das gute Mädchen! Doch anstatt zu schreiben »Herr über alles«, schrieb sie »Herrin über alles«. Schlau wie er war, fand der gute Onkel den Fehler sehr aufschlußreich. Sie wurde nicht so schnell Herrin des Vermögens, aber Herrin — Maîtresse — ihres Onkels wurde sie bereits im Jahre 1744 nach dem Tod ihres Gatten. Das ist der Zeitpunkt, zu dem die Leidenschaft des Dichters für Emilie einer zärtlichen Freundschaft Platz machte. Als seine Nichte zu ihm nach Frankfurt kam und sie von Friedrich verhaftet wurden, brachte sie in seine Gefangenschaft heimliche Wonnen. Später wußte sie den von ihr gebotenen Trost geltend zu machen, und wenn sie nicht wieder heiratete, so tat sie dies in Erwartung der Erbschaft; die jedoch später kam, als sie hoffte.

Man sieht, der Verdacht Collinis war nicht unbegründet. Das machte ihn nicht freundlicher gegenüber Madame Denis. Er

schrieb grausame Wahrheiten über sie und hatte die Ungeschicklichkeit, einen Brief herumliegen zu lassen. Eine Kammerfrau übergab ihr diesen, sie reichte ihn in einem Wutanfall
Voltaire weiter und forderte den Abschied des Schuldigen. Voltaire gab nach. Er warf Collini hinaus, ohne Haß . . . In seinen
Erinnerungen bereute Collini, die Wohltaten seines Herrn
nicht immer verstanden zu haben, und der Bericht, den er über
ihre Trennung gibt, ehrt beide. Voltaire gab ihm eine Rolle
mit Goldstücken. Collini sagte ihm, er habe Geld genug. »Nehmen Sie, nehmen Sie«, erwiderte Voltaire, »man weiß nicht,
was geschehen kann. Diese Szene unterscheidet sich sehr von
der in Kolmar. Collini schreibt: »Nichts ist weniger begründet,
als der Vorwurf des Geizes, den man diesem großen Mann
macht . . . Voltaire verstand die Kunst, sein Vermögen zu nutzen und zu vergrößern.« Und er schließt: »Ich habe nie einen
Mann gesehen, den seine Diener so leicht hätten bestehlen
können. Ist das ein Geizkragen? Ich wiederhole, er geizte nur
mit seiner Zeit.« Eine ausgezeichnete Formulierung. Er hatte
wirklich Grund, mit seiner Zeit zu geizen; für Voltaire war
Zeit Arbeit: der wahre Reichtum.

Liebenswürdige Besucher
und die weittragenden Konsequenzen
eines berühmten Besuches

Besucher aus dem Ausland beginnen die Straße nach den ›Délices‹ einzuschlagen. Im Jahre 1755 sind es zwei längst vergessene Dichter, Palissot und Patru. Man liest ihre Berichte mit
Vergnügen. In einem Brief an den berühmten englischen Schauspieler Garrick schreib Patru, er habe eben bei Voltaire acht Tage
verbracht, »die zu den angenehmsten meines Lebens gehören«.
Er spricht mit Begeisterung von Voltaire, »dem großen Mann«.
»Stellen Sie sich einen Sterbenden vor und trotzdem das Feuer
der ersten Jugend und die glänzendsten und liebenswürdigsten Erzählungen! Wenn ich die Fehler bedenke, die Laster
sogar, die man M. de V. auf Grund seines angeblichen Geizes

zuschreibt, so scheinen mir seine Verleumder recht gemeine und niedrige Geschöpfe zu sein. Nie hat man eine prächtigere Tafel gesehen, und dazu die höflichsten, die freundlichsten, die verbindlichsten Manieren. Genf ist entzückt, ihn zu haben...«
Im August 1756 verbringt ein bedeutender Gast einige Zeit in den ›Délices‹: d'Alembert. Die beiden Männer kannten sich seit 1746 und hatten die besten Beziehungen zueinander. D'Alembert war ein außerordentlich bedeutender und dazu sehr rechtschaffener Mann. Er litt unter seiner unrechtmäßigen Geburt. Dabei hatte ihn die gute Gesellschaft nicht abgewiesen, ganz im Gegenteil. Aber diese zarte und stolze Seele war von den Schwierigkeiten seiner Kindheit gezeichnet worden. Sein Gesicht schien wenig liebenswürdig, aber sein Herz war nicht bitter. Was ihn ganz an Voltaire band, war die ›Encyclopédie‹. Dieses gigantische Unternehmen begeisterte Voltaire. Die Titanenarbeit erregte ihn schon allein durch ihre Ausmaße, denn Voltaire war immer voller Bewunderung für riesige Unternehmungen. Aber vor allem berauschte ihn der Geist, der die ›Encyclopédie‹ belebte. Man kann sagen, daß sie die außerordentlichste Kriegsmaschine war, die je gegen die traditionellen Autoritäten und die alte Ordnung der Dinge eingesetzt wurde. Voltaire teilte seine Bewunderung zwischen Diderot und d'Alembert. »Paris ist voll von Schwätzern, aber an beredten Philosophen kenne ich nur Sie und ihn.« Er vergaß Jean-Jacques, den beredtesten von allen — aber Jean-Jacques würde nicht verfehlen, sich ihm ins Gedächtnis zu rufen.
Von 1752 an stellte sich Voltaire in den Dienst dieses »ungeheuren und unsterblichen Werkes«. Er tat dies so, wie man es tun mußte, er reihte sich ganz in die Gemeinschaft ein, ohne sich jedoch ausschließlich der Sache zu widmen wie Diderot oder d'Alembert. Seine Berühmtheit vergessend, verstand er es, anonyme Bausteine zu dem grandiosen Werk beizutragen. Er sagte mit einer uns rührenden Bescheidenheit, daß er »ein Geselle in dieser riesigen Werkstatt« sein wolle. Er folgte den Befehlen; d'Alembert war Chef der Mannschaft, ihm stand es zu, die Artikel zu kritisieren, zu korrigieren, zu kürzen, aus ihnen eine Einheit zu machen, so daß jeder Artikel, frei von

aller Eigenart des Autors, sich in das Ganze einfügte. Voltaire verpflichtete d'Alembert, alle persönlichen Meinungen abzulehnen und nur die zu übernehmen, über die die vernünftigen und gebildeten Leute einig seien. »Ich habe Ihre Befehle nach bestem Vermögen befolgt«, schreibt er; »ich habe weder die Zeit, noch die Kenntnisse, noch die Gesundheit, um so zu arbeiten, wie ich es möchte. Ich überreiche Ihnen diese Essays nur als Material, das Sie zur Errichtung des unsterblichen Gebäudes noch bearbeiten müssen. Fügen Sie hinzu, streichen Sie, ich bringe Ihnen meine Steinchen, damit Sie sie in irgendeine Mauerecke stopfen . . .«

D'Alembert wurde ein vollendeter Empfang nicht nur in den ›Délices‹ sondern auch in Genf bereitet, und vor allem von den protestantischen Pastoren. Die wichtigsten führten sehr vertrauliche Gespräche mit ihm. Bei seiner Rückkehr nach Paris schrieb d'Alembert seinen Artikel ›Genf‹ für die ›Encyclopédie‹. Es kam zu einem schönen Krach! Er hatte geglaubt, ein Loblied auf die Pastoren zu singen, doch in der Stadt Kalvins verstand man dieses Lied nicht. Und die Pastoren waren nicht im Unrecht. Aus Haß gegen das Papsttum hatte sich d'Alembert dem Kalvinismus verbunden gefühlt. Die Äußerungen der Pastoren gefielen ihm, weil diese den römischen Riten und Dogmen feindlich gegenüberstanden. Er schloß daraus, daß sie ohne Glauben waren. Bei der Lektüre des Artikels stießen die Herren vom Konsistorium laute Schreie aus. Für was hielt man sie? Für Ungläubige? Voltaire, dessen Rolle bei der Angelegenheit keinen Zweifel ließ, stand zwischen seinem lieben Enzyklopädisten und den Genfer Pastoren. »Diese drolligen Leute wagen es, sich über das Lob, das Sie ihnen zu machen geruhen, zu beklagen . . .« Monsieur d'Alembert hatte ganz schlicht vergessen, daß diese »drolligen Leute« einen Glauben besaßen, und zwar den christlichen. Das Lob, das er ihnen spendete und das hauptsächlich als Waffe gegen Rom dienen sollte, hatte verletzt, was allen Christen gemeinsam ist: den Glauben an die Göttlichkeit Jesu Christi. Aber für d'Alembert war alles Aberglauben. Nun hatte er alle Welt zum Feind: Rom und Genf. Es blieben ihm die ›Délices‹ und ihr Teufel.

Voltaire schaltete sich zwischen die ›Encyclopédie‹ und die Pastoren. Tronchin bat aufs höflichste um eine Berichtigung: er erhielt nur große enzyklopädische Höflichkeiten.

Es gab noch einen anderen wunden Punkt. D'Alembert hatte von dem heiligen Schrecken Genfs vor dem Theater gesprochen. Wer konnte glauben, daß Voltaire unschuldig an dieser Passage war? Jean-Jacques Rousseau schien von Voltaires Einfluß so überzeugt, daß er am 28. Oktober 1758 Pastor Vernes davon unterrichtete. Was die religiöse Polemik anbelangte, so predigte Jean-Jacques dem Pastor Mäßigung, aber gegen das Theater mußte man kämpfen. Jean-Jacques war entrüstet über diese »Schliche, seine Heimat zu verführen«. In dieser Entrüstung schrieb er die berühmte ›Lettre à d'Alembert sur les spectacles‹, in der alle Theaterschriftsteller streng ins Gericht genommen werden. Liebster Jean-Jacques, sollte man dir zu Gefallen den Scheiterhaufen Michael Servets wieder entzünden, um den Autor von ›Zaïre‹ darauf zu verbrennen? In seinem Brief vom 4. Juli 1758 an Pastor Vernes bekennt er: »Der Artikel d'Alemberts hat meinen Eifer geweckt, denn ich habe deutlich gesehen, daß er sich keinen Skrupel daraus macht, auf unsere Kosten M. de V. zu hofieren. So sind Autoren und Philosophen . . .«

Das ist es also? Wenn d'Alembert nur die Göttlichkeit unseres Herrn Jesus Christus verspottet und nicht M. de V. seinen Hof gemacht hätte, wäre er dann nicht von dem Eifer Jean-Jacques geweckt worden? Voltaire ahnt noch nicht, welches Gift sich gegen ihn sammelt.

Kleine Freuden, kleine Scherereien und die unglaubhafte Erscheinung eines Kardinalshutes

Mit ebensoviel Sinn für Intrige wie für Profit wirft sich Voltaire auf eines jener Geschäfte, über dessen Natur er sich nicht mehr Gedanken macht als seine Zeitgenossen: er läßt Schiffe ausrüsten. Ob man nun mit Café, Baumwolle, Ebenholz oder anderen Waren handelt, niemand kümmert sich darum. Im übrigen soll den Jesuiten in Paraguay der Krieg gemacht werden. Und schon zappelt Voltaire vor Vergnügen darüber, daß er sein Geld in eine Expedition gegen die guten Patres stecken und gleichzeitig hübsche Zinsen von Seiner Allerkatholischsten Majestät einnehmen kann, denn — o Geheimnis der Politiker! — der König von Spanien, der König des Landes der Inquisition und Ignatius von Loyolas, will die Jesuiten angreifen. »Der König von Spanien schickt vier Kriegsschiffe gegen die ehrwürdigen Patres. Das ist ebenso wahr, wie daß ich, der ich mit Ihnen spreche, eines dieser Schiffe ausrüste . . . Und um das Abenteuer wirklich zu einem Witz zu machen, heißt dieses Schiff ›Le Pascal‹, es fährt aus, um die lockere Moral zu bekämpfen . . .« Das ist fast zu schön.

Ein anderes Geschäft: im Januar 1756 erfährt er, daß Madame de Pompadour, die bei ihrem königlichen Liebhaber gewisse Voltaire wohlvertraute Ausfallserscheinungen konstatierte, zu fürchten begann, daß sich diese und noch größere auch bei ihrer Gunst am Hofe bemerkbar machen könnten. Voltaire war von dieser Präambel weniger überrascht als von dem weiteren Verlauf, den die Marquise der Sache geben wollte. Durch eine jener ›combinazzioni‹, deren Geheimnis nur die Höfe besitzen, sollte Voltaire in die delikate Angelegenheit eingeschaltet werden. Madame de Pompadour versuchte sich ihre recht profanen Vorrechte mit der Hilfe Gottes und seiner Diener zu bewahren. Der Umweg scheint groß, doch wir werden zu einem Ende kommen. Die Marquise hatte eigentlich damit gerechnet, daß ihr Gatte, Monsieur Lenormand, sie wieder zu sich nähme. Sie hätte auf diese Weise mit dem Rest ihres Ansehens ein Amt bei Hofe behalten. Sie wäre nicht mehr ›Maîtresse‹, sondern ›Conseillière‹ gewesen. Sie rechnete mit der Macht der Gewohnheit, die den König jedem neuen Gesicht gegenüber mißtrauisch machte. Doch Monsieur Lenormand wollte nichts von all dem wissen. Sie war enttäuscht, sie hatte geglaubt, mit ihm rechnen zu können. Schrieb er ihr nicht zu Beginn ihrer Karriere in Versailles: »Sie sollen von meiner ganzen Schwäche wissen, ich werde Sie wieder nehmen, wenn Sie zu mir zurückkehren.« Sie hatte dieses Billett dem König gezeigt, der ihr bedächtig sagte: »Heben Sie es auf, man weiß nie, was geschehen wird.« So wahr ist es, daß Herrschen Voraussehen heißt.

Da ihr Gatte sie nicht mehr wollte, blieb ihr nur ihr Beichtvater. Er gab ihr ausgezeichnete Ratschläge. Zuerst, die Fasten einzuhalten. Sie tat dies an drei Tagen in der Woche, nachdem sie sich versichert hatte, daß dies ihrer Gesundheit nicht schaden könne. Dann schrieb er ihr erbauliche Lektüre vor. Es fehlte ihm nicht an Werken, aber die Konversion der Favoritin würde glanzvoller und ihre mystische Begeisterung origineller erscheinen, wenn sie die erbauliche Literatur durch neue und brillante Werke bereicherte. Der Stil der Mode glänzte nur in libertinistischen Werken. Warum sollte er es nicht auch in frommen tun? Man dachte sofort an Voltaire, um die heilige Lektüre zu erneuern, die die Pompadour zur Seligkeit führen sollte.

Der Duc de La Valière wurde beauftragt, den Vorschlag zu unterbreiten. Er schrieb Voltaire am 1. März 1756, um ihn zu bitten, »auf seine Weise die Psalmen Davids in Verse zu bringen«. Man bat weniger um Texttreue, als um eine liebliche Paraphrase. »Sie werden Rousseau auslöschen, Sie werden zur Erbauung anregen, und Sie werden mir ermöglichen, Madame . . . (der Name taucht nicht auf) die größte Freude zu bereiten. Wir brauchen nicht mehr ›Mérope‹, sondern ein wenig David (ist dies ›ein wenig‹ nicht rührend?). Ahmen Sie ihn nach, bereichern Sie ihn.« Das ist die Höhe. David bereichern! Dieses Jahrhundert war respektloser vor dem Heiligen, wenn es dieses zu respektieren schien, als wenn es es angriff.

Aber das Unglaublichste ist damit noch nicht gesagt. Kann man sich vorstellen, an welchen Lohn man dachte, falls Voltaire in Kollaboration mit König David ein Meisterwerk schriebe? Man hatte ihm den Kardinalshut versprochen! Voltaire Kardinal! Es gibt keinen schriftlichen Beweis für diesen Vorschlag, aber er wurde gemacht und bekannt. Ein so bedächtiger und kluger Mann wie Condorcet spielt darauf in seiner ›Vie de Voltaire‹ an. »Voltaire konnte nicht zum Heuchler werden, selbst nicht um des Kardinaltitels willen, auf den man ihn kurz danach hoffen ließ.«

Es wäre ein hübsches Schauspiel gewesen, auf den Bänken des Heiligen Kollegiums einen Kardinal de Tencin, einen Kardinal de Bernis und einen Kardinal de Voltaire zu sehen! Aber Voltaire lehnte ab. Auf diese Weise kamen die Gläubigen um die Psalmen »auf seine Art« und das Heilige Kollegium um die Anwesenheit des Heiligen Geistes.

In diesem Jahr 1756 erlebte er auch die Freude, den Sieg seines Freundes Richelieu bei Port Mahon zu feiern. Er hatte ein wenig kühn diesen Sieg in ein paar Versen vorausgesagt, als Richelieu die Führung des Feldzuges gegen die Engländer auf den Balearen übernahm. Unglücklicherweise ließ der zu früh besungene Sieg auf sich warten, und man begann über die Prophezeiungen Voltaires zu lachen. Schließlich aber schlug Richelieu die Engländer, und alles ging gut aus für ihn und seinen Kumpanen. Aber es ging schlecht aus für die Engländer und vor allem für Admiral Byng, der den feindlichen Feldzug führte. Die Engländer hatten wie Voltaire und mit ebenso viel Prahlerei den Sieg vorzeitig besungen. Die Nachricht ihrer Niederlage wirkte auf sie wie ein Verrat. Und Admiral Byng wurde gerichtet und zum Tode verurteilt, dem Stolz des Volkes geopfert. Voltaire hatte ihn bei seinem Exil in London kennengelernt. Richelieu und er nahmen Anteil an dem ungerechten und barbarischen Schicksal. Der Herzog schrieb den Richtern seines unglücklichen Gegners einen bewundernswerten Brief, Voltaire fügte ein einfaches, würdiges und bewegendes Billett bei. Sie erhielten nur vier Stimmen für Byng. Der König verweigerte seine Begnadigung.

Dieser Schritt ehrt Voltaire. Zwischen seinen oft lächerlichen kleinen Sorgen sieht man den großen Mann auftauchen, groß nicht nur durch sein Talent, sondern durch seine Menschlichkeit.

Er hätte gern Kardinalshut und -purpur für eine Aufenthaltserlaubnis in Paris eingetauscht. Er lebte gut und genoß die Freuden seiner ›Délices‹, obschon er selbst gesungen hatte: »Ein immerwährendes Vergnügen ist kein Vergnügen.« Doch die Freuden Genfs waren immer nur die des Exils und hatten trotz allem einen bitteren Nachgeschmack. In Paris hätte er diese Freuden nicht so genießen können, wieviel zweideutiger, bedrohter, bitterer, wieviel dramatischer und verderblicher wären sie gewesen, aber es wäre Paris gewesen, seine Stadt, sein Leben, sein Blut. Durch einen der absurden Einfälle des Schicksals war es möglich, daß der größte Heide seines Jahrhunderts eher Kardinal werden und eher in der Kapitale des Protestantismus residieren konnte, als daß es Monsieur de Voltaire, einem Pariser und Schriftsteller, gestattet war, wie ein guter Bürger in der Rue Traversière Saint-Honoré zu wohnen. Wie hätte er angesichts so vieler Absurditäten nicht ›Candide‹ schreiben sollen?

Der König von Preußen hat die Bühne nicht verlassen

Im Jahr 1757 erleidet Friedrich einige Schicksalsschläge. Seine Politik erregt in Europa starkes Mißfallen, dafür wird die Kaiserin Maria-Theresia sehr beliebt. Voltaire vergöttert Maria-Theresia! Als er von einer Niederlage Friedrichs erfährt, beginnt er zu tanzen, zu springen und schallend zu lachen. Er fühlt sich noch besser gerächt als durch ›Luc‹. Jemand war taktlos genug, ihn zu fragen: »Sie haben wohl das Lob vergessen, mit dem sie ihn einst bedachten?« Er antwortet, Frankfurt sei unvergessen.

Die Gesellschaft von Lausanne stellt ihm merkwürdige Leute vor. Er trifft mit einem originellen Pastor zusammen, der so gut kalvinistisch ist wie Voltaire katholisch. Im Wohlgefühl seiner Ungläubigkeit schreibt dieser Monsieur Pollier de Bottens Artikel für die ›Encyclopédie‹. Sein Ton ist scharf, ungezwungen und so libertinistisch, daß d'Alembert sich weigert, seinen Artikel ›Liturgie‹ aufzunehmen, der den ganzen ›Laden‹ ins Gefängnis gebracht hätte. Voltaire bittet Pollier, nicht den Mut zu verlieren; darauf schreibt der Pastor mit derselben Tinte den Artikel ›Magier‹. Dieses Spiel amüsiert Voltaire sehr. Polliers Kühnheiten entzücken ihn besonders, weil sie von einem Pastor kommen. D'Alembert ändert die nicht publizierbaren Artikel um und verpflichtet Voltaire, den Pastor auf seinem guten Weg zu ermutigen, aber, sagt er: »Wir bitten Ihren Häretiker um samtene Pfoten an den Stellen, an denen er zu sehr seine Krallen gezeigt hat.« Voltaire antwortet nonchalant: »Wenn mein Priester Ihnen Sorge macht, verbrennen Sie seinen Plunder.«

Durch Vermittlung Pastor Bottens nimmt er Verbindung mit einem Pastor Bertrand aus Bern auf. Ein vornehmer und rechtschaffener Mann und ein gelehrter Naturforscher, der einen Aufsatz über Fossilien geschrieben hat. Auch er schickt Artikel an die ›Encyclopédie‹. Und sein Artikel über das kanonische Recht trägt ihm folgendes Kompliment Voltaires ein: »Sie opfern das Pfaffengesindel der Wahrheit und dem öffentlichen Interesse: Ihr Werk erheischt ebensoviel Respekt wie Ihr Geist wohlgeraten ist.« Kein Fossil hatte Monsieur Bertrand je ein solches Lob eingebracht.

Aber all das ist nur Zeitvertreib: er will nach Paris. Nochmals mobilisiert er alle seine Freunde und startet einen neuen Angriff auf die Minister. Sie sind schwer zu überzeugen. Voltaire hatte so oft versprochen, vernünftig zu sein, kaum betrat er jedoch Paris, so entstanden unaufhörlich Skandale. Die Mächtigen zeigen sich taub. Er versucht es daraufhin mit Richelieu, dem er eine Taktik zur Wiederherstellung seiner Gunst bei Hofe vorschlägt. Man muß ihn vor allem von der angeblichen Bindung an Friedrich freisprechen, die ihm am französischen Hof so geschadet hat. Hören wir ihn; was er schreibt, ist recht erstaunlich: »Wenn ich einen Augenblick von mir zu sprechen wagte, würde ich Ihnen sagen, daß ich nie begriffen habe, warum man mir wegen meiner Koketterien mit dem König von Preußen grollt. Wenn man wüßte, daß er mir eines Tages die Hand, so mager sie ist, geküßt hat, um mich bei sich zu behalten, dann würde man mir verzeihen, daß ich es geschehen ließ.«

Gegen dieses Argument kann man nichts sagen, geben wir es zu. Wer in dieser niedrigen Welt könnte einem König widerstehen, der einem die Hand küßt? »Und wenn ich Ihnen sagte, daß man mir in diesem Jahr angeboten hat, mir alle Vollmachten zu geben (Anspielung auf die heimlichen Angebote in Bern), so wird man zugeben müssen, daß ich von meiner Leidenschaft geheilt bin.«

Dies war es also, was Richelieu bei Hofe darlegen sollte. Man hätte über Voltaire gelacht, ohne seine Treulosigkeit zu vergessen, denn das Gedächtnis Ludwigs XV. war ausgezeichnet. Und zum Schluß einen Schuß Weihrauch für den Herzog: »Wer kennt den Zeitpunkt und die Art und Weise, gewisse Dinge anzubringen, besser als Sie?«

Währenddessen flattern weiterhin Koketterien in Richtung Berlin. Friedrich tut das Seine; zwischen zwei verlorenen Schlachten komponiert er eine Oper nach ›Mérope‹. Als Voltaire diese berauschende Nachricht erhält, ist er außer sich. ›Mérope‹ von einem König verballhornt, welch göttliches Entzücken! »Er hat mir nie ein galanteres Geschenk gemacht«, schreibt er der Herzogin von Gotha, damit sie es weitersagt. Aber in seinen Memoiren liest man zu demselben Thema: »Das ist unbestreitbar das Schlechteste, was er je gemacht hat.«

Man spricht von einem Krieg zwischen Österreich und Preußen. Frankreich werde sich mit Österreich verbünden. Voltaire tut so, als verstünde er nichts von diesen Bündnissen, aber wenn dieser Krieg mörderisch ausgeht, »so soll wenigstens Herr Freytag gehängt werden«. Endlich ein Krieg, der nützlich ist.

»Der König von Preußen hat mir eben einen zärtlichen Brief geschrieben, seine Angelegenheiten müssen recht schlecht stehen«, schreibt er am 4. Februar 1757 an Richelieu. Er macht sich keine Illusionen über die Art dieser Zärtlichkeit, aber der Gedanke, daß Friedrich ernste Sorgen hat, verschafft ihm eine wirkliche Befriedigung. Und er faßt die beiden Lösungen ins Auge, die der Krieg für Friedrich haben kann, und die Konsequenzen, die sich für ihn jeweils daraus ergeben könnten. »Meine alte Neigung für ihn wird gerechtfertigt sein«, falls Friedrich siegreich ist. »Falls er geschlagen wird, werde ich gerächt sein.« Alles steht also bestens. Um die Wahrheit zu sagen, er hätte gern die Niederlage Friedrichs gesehen und die Flagge dafür gehißt. Zu dieser Zeit gibt sich Voltaire einer erstaunlichen Beschäftigung hin: er erfindet einen Kriegswagen, der die preußische Armee zunichte machen soll. Es geht nicht um eine dichterische Träumerei, die Pläne sind entworfen, die Maschine existiert auf dem Papier. Natürlich ist sie literarischen Ursprungs: bei einer Beschreibung der Kriegswagen des Assuerus kam ihm die Idee zu seiner modernen Kriegsmaschine. Er legt seinen Plan Monsieur de Florian vor, einem talentierten Offizier, der ihn studiert und dem Minister präsentiert. Richelieu interessiert sich einen Augenblick dafür — oder tut so. Kurz, während die Büros den Plan durchblättern und dieser die Akten wechselt, vernichtet die österreichische Infanterie die preußische Armee bei Kolin. Und der papierne Wagen wird Voltaire-Assuerus zurückgegeben. Was nicht hindert, daß die Berichte Monsieur de Florians und anderer Offiziere ernst gemeint sind. Man hat sogar ein kleines Modell gebaut, für das Voltaire sich begeistert. »Man fertigt sie jetzt in klein an. Es wird eine hübsche Maschine werden. Man wird sie dem König zeigen. Gelingt das, wird man sich gewiß darüber totlachen, daß ich der Autor dieser Zerstörungsmaschine bin. Ich wollte, Sie befehligten die Armee und töteten eine Menge Preußen mit meinem kleinen Geheimnis.« Der Kriegswagen zerstörte nichts, aber die Kriegsspiele taten dem Groll Voltaires gut. Nach seiner Niederlage bei Kolin befand sich Friedrich in ernster Gefahr. Seine zerstreute Armee erlaubte ihm nicht mehr, Herr der Lage zu werden. Richelieu, der in Deutschland weilte und so gut er konnte zu der Niederlage Friedrichs beitrug, erhielt folgenden Brief von Voltaire: »Wenn Sie über Frankfurt kommen, so fleht Madame Denis sie inständig an, ihr die vier Ohren zweier Spitzbuben zu schicken; es handelt sich um einen namens Freytag, Gesandter des Königs von Preußen in Frankfurt, der nie andere Gagen bekommen hat als die, die er mir gestohlen hat, und um einen anderen, namens Schmidt, einen feilschenden Schurken und Ratgeber des Königs von Preußen; beide haben die Dummheit begangen, die Witwe eines königlichen Offiziers, die mit dem Paß des Königs versehen war, einzusperren. Die beiden Schurken ließen Bajonette auf ihren Leib richten und durchwühlten ihre Taschen. Vier Ohren sind wahrhaftig nicht zu viel für ihre Verdienste.«

Seine Absicht war ernsthafter, als es der Ton glauben macht. Er hoffte auf Bestrafung und eine substantielle Entschädigung. Der Beweis dafür ist, daß er an Collini schrieb, der damals Hauslehrer in Straßburg war: »Sie werden bei der Sache nicht leer ausgehen.«

Nichts schien Friedrich vor der Koalition retten zu können. Und er bereitete sich darauf vor, auf edle Weise als ein Mann zu sterben, der Marc Aurel gelesen und im Umgang mit Voltaire die Grundbegriffe des Inszenierens gelernt hatte. Voltaire jubelte, als er bemerkte, daß sich der Augenblick der Rache näherte. Plötzlich aber änderte sich seine Haltung. Als er Friedrich verloren sah, dachte er nur noch an den Freund, an den wunderbaren ›Salomon‹, an seinen glühenden Bewunderer, an die geküßte Hand, an die unvergleichlichen Lobsprüche, die von den königlichen Lippen in die bezauberte Seele des ›französischen Vergils‹ gefallen waren. Er weinte, er rief um Hilfe, er schrieb der Markgräfin verzweifelte Briefe: »Man erkennt seine Freunde erst im Unglück«, antwortete sie ihm. Und sie schickte ihm ein Billett Friedrichs: »Ich habe erfahren, daß Sie an meinen Erfolgen und an meinem Unglück Anteil nehmen. Es bleibt mir nur noch, mein Leben teuer zu verkaufen.«

Nur ein sofortiger Frieden konnte Friedrich retten. Österreich wollte die völlige Vernichtung Preußens. Frankreich war zugänglicher. Friedrich bot Madame de Pompadour das Fürstentum von Neuchâtel als persönliches Geschenk an, wenn sie Friedensverhandlungen einleitete. Für ihn war das die Rettung, Neuchâtel galt nichts für ihn. Sie, die er ›Cotillon II‹ nannte, würde Fürstin von Neuchâtel werden, und wenn schon! Er würde König von Preußen bleiben und bessere Tage vorbereiten. Madame de Pompadour lehnte stolz ab. Voltaire verfolgte die Verhandlungen und brannte darauf, sich einzuschalten. Er schrieb der Markgräfin — ›Sœur Guillemette‹ —, sich an Richelieu zu wenden. »Ich wage diesen Gedanken nicht als einen Vorschlag vorzubringen und noch weniger als einen Rat, sondern einfach als Wunsch, der nur meinem Eifer entspringt.«

Merkwürdiger Eifer! Nachdem er ganz Europa gegen diesen Barbaren aufgehetzt hat, der Bajonette auf den Leib seiner lieben Denis richten ließ, will er ihn retten! Wie soll man diesen Umschwung verstehen? Vielleicht auf die einfachste Art der Welt: er liebte Friedrich immer noch. Vielleicht war auch Eigennutz im Spiel. Wenn es Richelieu gelänge, einen Separatfrieden mit Friedrich abzuschließen, wem hätte man diesen Erfolg zu verdanken? Voltaire! Richelieu würde sich gewiß diesen Dienst vergelten lassen. Denn Richelieu würde nicht für nichts verhandeln, er verstand es, sich bezahlen zu lassen, er verstand es, wenn nötig, zu plündern, er, den die Armee beredt ›Le Père la Maraude‹ nannte. Kurz, wir erkennen Voltaires alten Ehrgeiz, eine politische Rolle spielen zu wollen, sich in große oder kleine Affären zu mischen und es mit allen literarischen Gattungen zu versuchen. Durch Versailles von der Weltbühne entfernt, versuchte er nun hinter den Kulissen zu spielen.

Voltaire wiederholte Richelieu, was er eben Friedrichs Schwester geschrieben hatte; und Friedrich, der wußte, daß Richelieu durch Voltaire informiert war, erkannte, daß er einen ausgezeichneten Rat erhalten hatte. Sich über seinen Stolz hinwegsetzend, schrieb er an Richelieu: »Ich bin überzeugt, daß der Neffe des großen Kardinal de Richelieu ebenso fähig ist, Verträge zu unterzeichnen wie Schlachten zu gewinnen . . . Es ist eine Bagatelle, Monsieur, Frieden zu schließen, wenn man es nur will . . .« Der Rest entspricht dem Vorangegangenen. Friedrich beweist souveräne Geschicklichkeit, Würde und Ungezwungenheit. Dieser Schüler Voltaires ist wirklich ein König. Aber seine Vorschläge blieben ohne Folge.

Inzwischen erhält Voltaire zu seiner größten Freude ein Gedicht seines geliebten Königs: ›Les Adieux à la vie‹. Eine gute Propaganda. Er rechnet damit, daß Voltaire es in ganz Europa verbreiten wird. Es ist rhetorisch, konventionell, für ein akademisches Publikum gemacht, für das Theater der Kanzleien und für die Geschichte der Diplomatie. Aus alter Gewohnheit korrigiert Voltaire die Fehler, und er schreibt an Friedrich, um ihn von seinem verhängnisvollen Entschluß abzubringen. Mit einem Wort, er möchte ihn gern geschlagen sehen — und das ist er —, aber lebendig. Er rät ihm also, als Philosoph zu leben: »Ein Philosoph kann auf seine Staaten verzichten.« Friedrich mußte den Vorschlag spaßig finden. Aber es ist gewiß richtig, daß der Plan einer Selbstvernichtung Voltaire schockierend erschien. Verzweifelte und grandiose Worte sind nur auf dem Theater erträglich, im Leben wirken sie übertrieben und, sagen wir es, unangebracht. Das Verhalten antiker Helden in unsere Zeit zu transportieren, kann nur zu lächerlichen Situationen führen. Kurz, für Voltaire sind weder er selbst noch Friedrich Helden, sondern Menschen, die sie im Namen des guten Geschmacks und der Menschheit als Menschen aufführen müssen und nicht als Aufschneider. »Es ist eine Pflicht für einen Mann wie Sie, sich den Ereignissen zu erhalten.« Seien wir sicher, Friedrich dachte an seine Statue, als er die beiden folgenden Verse — vielleicht seine wenigst schlechten — schrieb:

Je dois en affrontant l'orage

Penser, vivre et mourir en roi.

Da Voltaire nie den Mut verliert, sucht er einen anderen Ausweg. Er denkt an den Kardinal de Tencin, der durch seine Laster und seine Gerissenheit gut bei Hofe steht. Er schickt ihm Tronchin, den Bankier, den er den Beichtvater des Kardinals nennt. Die Welt ist wirklich fügsam, wenn sie sich fügen muß. Der Kardinal findet den Vorschlag vorteilhaft und beschließt, sich die Hand — königlich — schmieren zu lassen. Das Argument Voltaires zugunsten des Friedens scheint ihm ausgezeichnet. Hier ist es: eine Schwächung des Hauses Österreich! Welch ein Fund mit hundert Jahren Verspätung! Voltaire will also Maria-Theresia stürzen, die er drei Monate zuvor noch liebte.

Inzwischen war der Abbé de Bernis zum Minister ernannt worden. Sofort erkannten die Freunde Voltaires, daß der Augenblick gekommen war, um nach der ersehnten Rückkehrerlaubnis zu fragen. Bernis antwortete, der Hof habe die Flucht nach Berlin noch nicht vergessen und sähe voller Mißtrauen die beharrliche Korrespondenz Voltaires mit Preußen. Man muß zugeben, daß der äußere Schein nicht zugunsten des Dichters sprach. Er flirtete schamlos mit dem Herrscher eines Landes, das Krieg mit dem seinen führte. Er verfehlte nicht zu antworten, er opfere sich für die Interessen seines Landes, indem er die Verbindung zu Preußen aufrecht erhalte, und statt ihm dies vorzuwerfen, müsse man ihn dafür belohnen. Versailles hielt eine Antwort nicht für nötig.

Voltaire verlor seine Mühe, weil die französische Politik zu diesem Zeitpunkt Österreich freundlich gesonnen war. Bernis war ein Geschöpf Madame de Pompadours und konnte nur die Politik der Marquise betreiben, die Friedrich haßte. ›Cotillon II‹ hätte die Annektierung Schlesiens verziehen, aber sie vergab nicht, ›Cotillon II‹ genannt zu werden. Sie unterstützte Österreich nach Kräften. Voltaire schwamm gegen den Strom. Maria-Theresia schien von den Verhandlungen Voltaires nichts zu wissen, denn sie ließ am 17. Dezember 1758 in Wien ›L'Orphelin de la Chine‹ aufführen. Voltaire wußte davon: »Ich schreibe nichts, was die Höfe von Wien und Versailles nicht mit Erbauung lesen können«, sagte er vorsichtig.

Immer noch suchte Voltaire in der verwirrten europäischen Diplomatie den Faden, der Friedrich retten könnte. Das in den verhängnisvollen siebenjährigen Krieg verwickelte Frankreich hatte, in Kanada und anderswo, England und dazu noch den Kontinentalkrieg auf dem Hals. Es hätte sich gerne seiner Angelegenheit mit Deutschland entledigt. Daher kam Voltaire auf den Gedanken, Preußen könne als Verbündeter Englands zwischen Versailles und London vermitteln und Frankreich als Verbündeter Österreichs zwischen Berlin und Wien.

Der Intrigen müde, überließ sich der Kardinal de Tencin indessen dem Tod. Voltaire glaubte, er sei aus Kummer darüber gestorben, daß er sein letztes Geschäft — bei dem er doch nur eine Marionette gewesen war — nicht zu einem guten Ende hatte bringen können. »Ich empfand insgeheim die Befriedigung, Zwischenhändler bei dieser großen Sache zu sein, und vielleicht genoß ich auch das Vergnügen, daß mein Kardinal sich große Unannehmlichkeiten bereitete. Meine Absicht war, mich über ihn lustig zu machen, ihn zu kränken, aber nicht, ihn zu töten.« Er lügt, er hatte wirklich an den Erfolg der

Sache geglaubt. Hinterher schwärzte er sich absichtlich an und spielte den Bösewicht. Wenn ihn seine Feinde zuweilen einen Spitzbuben nannten, so muß man zugeben, daß er selbst ihnen das beste Material dafür lieferte.

Und was tut Freund Bernis? Er schweigt. Keine Zeile als Antwort auf die Schmeicheleien des Philosophen der ›Délices‹. Und dabei versucht man, ihn durch d'Argental in Trab zu bringen. »Sie können sich denken, wie unangenehm sein Schweigen für mich ist nach der Anfrage, zu der Sie mir geraten haben, und nach der Art, wie ich ihm schrieb.« Eine schreckliche Not! Nicht das kleinste Billett des Ministers, das er den Genfern zu lesen geben könnte! Was will er? »Ein ehrliches Wort . . . Nicht auf einen Brief zu antworten ist eine Beleidigung, die man einem Mann nicht antun darf, mit dem man gelebt hat und der einem Einsichten vermitteln konnte.« Was soll das heißen? Es heißt, daß Voltaire, sich selbst treu, versucht hat, dem neuen Minister seine ›Einsichten‹ über den Hof von Wien, den von Berlin und über die Markgräfin mitzuteilen. Und wieder einmal ist ihm Versailles nicht dankbar dafür. Bis zu ›Babet dem Blumenmädchen‹, das sich hart zeigt wie ehemals der Kardinal de Fleury.

Endlich erhält er ein Billett. Entzückend zurechtgeputzt, parfümiert, verziert. Sofort ist die Bitterkeit verflogen, Voltaire jubelt und teilt seine Freude mit d'Argental: »Mein lieber, respektabler Freund, ich erhalte einen Brief von Babet, der seinen Blumenkorb gegen das Portefeuille des Ministers ausgetauscht hat. Ich bin entzückt.« Er findet bei der Lektüre der blumigen, eitlen Zeilen, daß kein Minister je einen besseren Stil gehabt habe. »Ich danke Ihnen, mir den Strauß der dicken Babet besorgt zu haben.« Auch Madame de Pompadour schreibt ihm, und Babet wird nochmals schreiben. Nichts als Blumen, höfische Blumen. Voltaire weiß es . . . »Bernis«, sagt er, »beweist mir ›immer‹ dieselbe Freundschaft, Madame de Pompadour hat ›immer‹ dieselbe Güte für mich. Es ist wahr, daß es ›immer‹ einige Fromme gibt, die mich schief ansehen, und daß der König ›immer‹ meine Kammerherrnwürde auf dem Herzen hat.«

Der König sorgte sich recht wenig um den Kammerherrn des preußischen Königs. Aber er hat Voltaire nie gemocht; er hatte ihn ertragen, sah ihn nun nicht mehr und zeigte keinerlei Lust, ihn wiederzusehen.

Die ersten Freuden sind die besten

In den ›Délices‹ hielt man immer noch offene Tafel. Viele Reisende kamen nach Genf, um Tronchin zu konsultieren, dessen Ruf sich, zum Teil dank Voltaire, ausbreitete; die Pilger schauten sich die beiden Orakel, das der Medizin und das der Philosophie, gleich auf einmal an.

1757 empfing Voltaire zwei Damen, die ihn sehr amüsierten. Die eine, Madame de Montferrat, war nicht allzu interessant, aber sie war, wie er sagt, »ein merkwürdiges Sammelsurium aus Koketterie und Frömmigkeit«, das ihn zum Lachen brachte. Die andere war die berühmte Madame d'Epinay, die Freundin Grimms. Etwa zu dem Zeitpunkt, als Voltaire die Dame empfing, entzweite sich Grimm mit Jean-Jacques. Da Grimm nicht verfügbar war, reiste Madame d'Epinay mit ihrem Gatten, ihrem Sohn und einem Hauslehrer. Voltaire lud alle zusammen ein: sie waren entzückt. Voltaire lieh ihnen seine Kutsche. Sie schrieben sich auf Spielkarten charmante Briefchen. »Ihre Cartons sind für mich, geschmückt von einem Wort ihrer Hand, wie die Cartons Raffaels.« Madame d'Epinay, ein schlaues Weib, wußte wohl, daß Voltaire imstande war, sie mit Blumen zu bedecken und sich anschließend über sie lustig zu machen. Aber sie spielte das Spiel mit: »Er hat sich umgebracht, um liebenswürdig zu sein, und es fällt ihm nicht schwer, dies zu erreichen. Trotzdem möchte ich nach dem ersten Eindruck lieber mit Monsieur Diderot leben, der hier nicht so geschätzt wird, wie er es verdient.«

Diderot wird hier sehr geschätzt, aber der große Mann ist D'Alembert. Sie hätte diesen Zustand gern geändert und sucht sich Gehör zu verschaffen. Man schluckt alles, was sie sagt. »Wenn ich rede, stehen ebenso viele Augen und Münder offen wie Ohren, das ist etwas ganz Neues und bringt mich zum Lachen.« Trotzdem sollte sich die Pariserin auf Reisen in acht nehmen. Voltaire ist, obschon im Exil, ebenso Pariser wie sie. Und seine naive Miene? Sie sollte sich hüten!

Sie gibt uns ein Portrait der Nichte: »Über die Nichte Monsieur de Voltaires kann man sich totlachen. Sie ist eine kleine dicke Frau, ganz rund, ungefähr fünfzig Jahre alt, so sehr Frau, wie man es nicht sein darf, häßlich und gutmütig, verlogen, ohne es zu wollen und ohne Bosheit; ohne Geist, aber sich gebärdend, als hätte sie welchen, keifend, bestimmend, politisierend, reimend, vernünftig, unvernünftig, und all das, ohne viel Anspruch und ohne irgend jemanden zu schockieren; mit einem kleinen Firnis Männerliebe, die durch die Zurückhaltung schaut, die sie sich auferlegt. Sie betet ihren Onkel an, sowohl als Onkel wie auch als Mann. Voltaire liebt sie zärtlich, macht sich über sie lustig, verehrt sie: mit einem Wort, dieses Haus ist der Unterschlupf einer Sammlung von Widersprüchen und ein charmantes Schauspiel für die Zuschauer.«

Sie nimmt es nicht allzu ernst, dieses Schauspiel, aber wir sind klüger geworden durch sie. Madame Denis ist durchschaut, das schlaue Weib hat sofort gesehen: sie liebt ihn als Onkel und als Mann. Der Zauberer nimmt Madame d'Epinay so sehr in Beschlag, daß sie drei Tage lang nicht an Grimm schreiben kann. Daher bittet sie Voltaire um Erlaubnis, dies tun zu dürfen. Er willigt ein unter der Bedingung, daß »ich vor ihm sitzend schreibe, damit er sehen kann, was meine Augen beim Schreiben sagen. Er sitzt vor mir, er stochert im Feuer, er lacht, er sagt, ich mache mich lustig über ihn und ich sähe so aus, als kritisiere ich ihn. Ich antworte ihm, daß ich alles schreibe, was er mir sagt, weil seine Worte mehr wert sind als alles, was ich denke.«

Das ist es, was Voltaire über alles liebt: die Gesellschaft der elegantesten und intelligentesten Frauen, die feinste Blüte der feinsten, der gebildetsten Gesellschaft.

Er empfing außerdem eine Dichterin, die zu ihrer Zeit berühmt war: Madame du Bocage. Alle Akademien Frankreichs und der übrigen Welt hatten sie gekrönt. Sie war einfach, bescheiden und schön, sie war sittsam und liebte ihren Gatten. Voltaire überließ ihnen sein Bett. Sie schreibt von ihrem Gastgeber: »Er fügt zu der Eleganz eines Höflings die spontane Liebenswürdigkeit, mit der Geist Höflichkeit zu begleiten pflegt, und er scheint mir jünger, zufriedener und gesunder als vor seinem Aufenthalt in Preußen. Seine Unterhaltung hat nichts von ihrem Reiz verloren, und seine Seele, die freier geworden ist, mischt noch mehr Fröhlichkeit hinein.«

Der Aufenthalt wurde ein wenig abgekürzt, da Voltaire auf die dringenden Bitten des pfälzischen Kurfürsten im Juli 1758 eine Reise nach Mannheim unternahm. Bei dieser Gelegenheit erwies ihm Bernis eine Gefälligkeit. Damit der Dichter einen seiner würdigen Paß besäße, hatte Bernis diesen mit dem Titel des ›Gentilhomme de la Chambre de S.M.‹ ausstellen lassen. Es war lange her, daß das Amt verkauft war . . . Aber Babet wußte liebenswürdig zu sein.

In den ›Délices‹ hatte er seine beiden Nichten gelassen, Madame Denis und ihre Schwester, Madame, de Fontaine. Sie lernten Rollen für eine Komödie, die sie nach der Rückkehr des Onkels spielen wollten.

Bezaubernde Aufenthalte in Karlsruhe bei dem Markgrafen von Baden-Durlach, dann bei der Markgräfin von Hessen-Darmstadt, die sein Portrait in Pastell malen lassen wollte. Sie schrieb ihm nach seiner Abreise: »Ich überlasse mich dem reizenden Gedanken, daß dieses Portrait Sie hindern wird, eine Frau zu vergessen, die Sie gewonnen haben. Es ist vielleicht eine Illusion, aber rauben Sie sie mir nicht, Monsieur, sie entzückt mich zu sehr.« Wie hätte er sein liebes Deutschland nicht lieben sollen!

Er traf den Kurfürsten nicht nur der Komplimente, Opern und Soupers wegen. Er wollte gewisse finanzielle Abmachungen hinsichtlich seines und Madame Denis' Vermögen treffen. Wieder handelte es sich um Lebensrenten. Er legte sein Geld gegen Renten an, deren Zinsen um so beträchtlicher waren, als man bei seinem Anblick fest glaubte, sie nur noch sehr kurze Zeit zahlen zu müssen. Seine Gläubiger meinten ein ausge-

zeichnetes Geschäft zu machen, wenn sie von einem Sterbenden liehen. Der Kurfürst blieb sein Freund, obwohl er ihm
noch zwanzig Jahre lang eine unmäßige Rente zahlen mußte.
Er schrieb ihm: »Seien Sie überzeugt von der außerordentlichen Hochachtung, die ich mein Leben lang für den ›Petit
Suisse‹ fühlen werde.« So lautet der Spitzname, den man Voltaire gegeben hatte.

Ein Winter in Lausanne

Entzückt von der Reise und von der Aussicht, sein Heim wiederzufinden, kehrte Voltaire am 24. August nach Genf zurück
und traf augenblicklich Vorbereitungen für einen bequemen
Winter. Da Montriond etwas außerhalb von Lausanne lag,
kaufte er ein Haus in der Stadt, Rue du Grand-Chêne Nr. 6.
»Es hat fünfzehn Fenster auf der Vorderseite, und ich werde
von meinem Bett den schönen Genfer See und ganz Savoyen
sehen, dazu noch die Alpen. Madame Denis besitzt das Talent,
Häuser einzurichten und gut darin zu kochen; fügt man noch
ihr Talent für Musik und Deklamation hinzu, so ist sie wirklich eine Nichte, die einen ganz und gar glücklich machen
kann.«
Wir werden noch auf die künstlerischen Talente der Nichte zu
sprechen kommen. Mit den guten Bürgern pflegte er geselligen
Verkehr, die ›Herrscher des Landes‹ kamen zu Fuß, um bei
ihm zu speisen. Einer sagte: »Warum machen Sie so viele
Verse? Das führt doch zu nichts! Mit Ihrem Talent könnten Sie
es zu etwas bringen. Sehen Sie mich an, ich bin Amtmann.«
Das entzückte ihn. Aber diese guten Freunde verstanden sich
nicht auf gewisse Scherze, die doch gerade zu den Lieblings-
sünden des Herrn der ›Délices‹ gehörten. Der Amtmann warnte ihn und sagte frei heraus: »M. de V! M. de V! Man erzählt,
Sie hätten gegen den lieben Gott geschrieben, das ist nicht
recht, aber ich hoffe, er wird Ihnen verzeihen; man sagt, Sie
hätten gegen die Religion geschrieben, das ist auch nicht recht;
man sagt, Sie hätten gegen unseren Herrn Jesus Christus ge-

schrieben, das ist sehr, sehr unrecht, aber er wird Ihnen in seiner großen Güte vergeben. M. de V., hüten Sie sich, gegen unsere Exzellencen, gegen unsere obersten Herrn zu schreiben, denn die werden Ihnen niemals vergeben.« Voltaire las diese Äußerung öffentlich vor und ahmte dabei den Tonfall und die Stimme des Amtmanns nach. Seine Gäste bogen sich bei diesem Schauspiel vor Lachen. Er hätte die Drohung lieber beachten sollen.

Die große Attraktion aber war das Theater, das man in einer angrenzenden Scheune eingerichtet hatte; von dieser gab es durch eine durchbrochene Trennwand eine Verbindung zu dem Salon. Seine Lausanner Gäste waren genauso entzückt darüber wie er. Der Engländer Gibbons, der in seiner Jugend einen Winter in Lausanne verbrachte und ein Theaternarr war, bestätigt, was wir von Voltaire als Schauspieler wissen. »Er trug seine Deklamationen mit dem Pathos und den Kadenzen des klassischen Theaters vor; er zeigte dabei mehr Begeisterung für die Poesie, als daß er natürliche Gefühle ausdrückte.«

Der junge Engländer, der so gut zu urteilen verstand, spendete ohrenbetäubenden Beifall. Seine Begeisterung wurde bemerkt, und er erhielt eine Eintrittskarte für alle Vorstellungen. Er stellte fest, daß »der Geist und die Philosophie M. de V's, seine Tafel und sein Theater fühlbar dazu beitrugen, Lausanne zu verfeinern und seine Sitten zu glätten . . .«

Der berühmte venezianische Abenteurer Casanova erzählt, daß die schönen Genferinnen Voltaire haßten, weil er sie durch seine Wutausbrüche reizte. Das kann nicht gut stimmen. Zwar ist es nur allzu wahr, daß Voltaire wegen Kleinigkeiten in Wut geriet und sich zu Verwünschungen und den erstaunlichsten Gebärden hinreißen ließ, aber es scheint, daß es zu den unterhaltsamsten und geschätztesten Schauspielen gehörte, einem Wutausbruch Voltaires beizuwohnen. Seine Lebhaftigkeit, sein Gestikulieren, seine affenähnlichen Grimassen beeinträchtigten vielleicht seine Würde, aber wirkten äußerst komisch. Die deutschen Prinzessinnen waren außer sich vor Vergnügen, wenn ihn die Erregung packte. Um so mehr, als sich in seinen Schimpfsalven die ungewöhnlichsten Ausdrücke fanden, die ihn schließlich selbst wieder heiter stimmten. Als erster lachte *er* über seine Grimassen. Sein bester Zuschauer war wahrscheinlich, nach Friedrich, er selbst. Um Geist und Witz bei einem anderen zu sehen, muß man selber welche haben. Niemand amüsierte sich je so sehr über sich selbst wie Voltaire.

Der unverbesserliche Freund der Intrige will Europa den Frieden bringen

Durch den unfähigen Soubise in Roßbach gerettet, fand Friedrich wieder Geschmack am Leben. Sterben kam nicht mehr in Frage. Er hatte eben die Schlacht bei Küstrin gewonnen und wendete sich nun in spielerischem Ton über die Köpfe der blöden Menge hinweg an Voltaire: »Ich bin dem Philosophen der ›Délices‹ sehr verbunden für seine Anteilnahme an den Abenteuern des nordischen Don Quichotte. Dieser Don Quichotte führt das Leben der Provinzkomödianten und spielt, dann und wann belacht, mal in dem einen, mal in dem anderen Theater. Ich weiß nicht, was bei all dem herauskommen wird, aber ich glaube mit unseren guten Epikuräern, daß die im Zuschauerraum Sitzenden glücklicher sind als die, die auf den Brettern stehen.«

Ein schwerer Schlag trifft Friedrich, der einzige, der diesem harten Herzen eine Klage entreißen kann. ›Sœur Guillemette‹ stirbt, die liebevolle Markgräfin von Bayreuth. Sie lebte nur für ihren Bruder, und Friedrich wußte, daß sie zweifellos der einzige Mensch auf der Welt war, der ihn wirklich liebte. Er bittet Voltaire um ein Gedicht zur Verewigung ihres Gedächtnisses, und Voltaire schreibt: »Ombre illustre, ombre chéri, âme héroique et pure . . .« Wieder ein kaum beredtes, geschraubtes, konventionelles Gelegenheitsgedicht. Arme Guillemette! Sie würde in der Nachwelt mit diesem kärglichen Reisegeld nicht weit kommen. Friedrich äußert sich kritisch und bittet um ein anderes Gedicht. Voltaire, der besser als irgend jemand die Schwäche seiner Ode kennt, mahlt seine Mühle zum zweiten Mal. Friedrich gibt sich mit dem Ergebnis zufrieden. »Gewiß wird sie (die Ode) Ihnen keine Unehre einbringen«, sagt er, »ich bitte Sie, sie drucken zu lassen und sie überall in der Welt zu verbreiten.« Er hatte ihm schon gesagt: »Europa muß mit mir eine noch zu wenig bekannte Tugend beweinen.« Wenn das nicht Schmerz ist, so ist es gewiß Publizität.

Die Ode, die weder Europa noch einen anderen Kontinent zum Weinen brachte, näherte sie einander wieder ein wenig. Es war sechs Jahre her, daß der Schatten Freytags sich zwischen sie geschoben hatte. Aber Friedrich wagte wieder von Maupertuis zu sprechen, und bat Voltaire, einen Mann nicht mehr zu quälen, der im Sterben liege. Voltaire explodierte. Maupertuis im Sterben? Eine schöne Lüge! Er wisse, daß sein Feind in Basel sei, wo man – dem Himmel sei Dank! – einen häßlichen Prozeß wegen eines Mädchens gegen ihn anstrenge, dem er ein Kind gemacht habe. Und jetzt sollte er im Sterben liegen! »Wollte Gott!« rief Voltaire, aufrichtig wie nie, »wollte Gott, ich könnte einen solchen Prozeß haben!« Und der Brief endet in einem völlig anderen Ton, bewegt und pathetisch: »Ich bin es, der bald sterben wird, ohne Sie noch einmal gesehen zu haben. Sie machen sich keinerlei Gedanken deswegen, und ich werde versuchen, mir auch keine zu machen. Ich liebe Ihre Verse, Ihre Prosa, Ihren Geist, Ihre kühne und entschlossene Philosophie. Ich konnte weder ohne Sie noch mit Ihnen leben. Ich spreche nicht zu dem König, zu dem Helden, das ist Sache der Herrscher; ich spreche mit dem, der mich bezaubert hat, den ich liebte und dem ich immer noch grolle.« Welch gewundene und gequälte, aber im Grunde unauslöschliche Freundschaft! Voltaire spricht wie zu seinesgleichen. Er spricht nicht die Sprache eines Höflings, die seine ist einfacher, stärker, wahrhaftiger. Es ist der König Voltaire, der Sehnsucht nach seinem Freund, dem König Friedrich, fühlt. Doch Friedrich zeigt sich nicht empfänglich für diese Aufrichtigkeit. Er erkennt nur sein eigenes Königtum an und rügt den Ton Voltaires mit harten Worten. »Lernen Sie in Ihrem Alter, in welchem Ton Sie mir zu schreiben haben. Verstehen Sie, daß man Literaten und Schöngeistern Freiheiten gestatten kann, daß es aber auch untragbare Frechheiten gibt. Werden Sie endlich

Philosoph, das heißt vernünftig. Möge Ihnen der Himmel, der Ihnen so viel Geist verliehen hat, auch ebensoviel Einsicht geben.«

Das ist streng. Der sich anschließende Rückblick in die Vergangenheit klingt nicht liebevoller: »Ich weiß wohl, daß ich Sie vergöttert habe, solange ich Sie weder für einen Plagegeist noch für einen Bösewicht hielt. Aber Sie haben mir so oft und so übel mitgespielt . . . sprechen wir nicht mehr davon. Ich habe Ihnen aus christlichem Herzen vergeben. Schließlich haben Sie mir doch mehr Vergnügen als Kummer bereitet. Ich unterhalte mich mehr mit Ihren Werken, als daß ich unter Ihren Kratzwunden leide.«

Man kann sagen, daß diese Bosheiten für die sehr relative Empfindsamkeit Voltaires oder Friedrichs nicht allzu dramatisch waren. Beeinflußt durch die Romantik fühlt sich die unsere gewiß stärker getroffen. Daher erscheint uns diese Zuneigung, die nicht sterben will und nur in einer Art geistiger Grausamkeit weiterlebt, schmerzlicher, als sie zweifellos Voltaire und Friedrich erschien. Auf jeden Fall fügten sie sich ganz gut darein.

Wegen solcher Liebenswürdigkeiten zerstritten sie sich nicht. Mitten im siebenjährigen Krieg kann man sie Witze über die französischen Niederlagen austauschen sehen. Das schockiert uns. Aber wenn die französische Armee geschlagen wurde, so handelte es sich für Voltaire nicht um Frankreich, sondern um die Armee des Königs, dem ganz recht geschah. Vergessen wir nicht, daß halb Paris offen dem Sieg Friedrichs zujubelte. Voltaire ging nicht so weit, im Gegenteil. Er schrieb Thiériot: »Der König von Preußen schickt mir fortwährend Verse, während er Schlachten liefert. Aber seien Sie sicher, daß ich mein Vaterland doch mehr als seine Verse liebe und daß ich alle Gefühle habe, die man haben muß.« Wir sind trotz allem erleichtert, daß er es sagt.

Die Sympathie Voltaires für seinen beunruhigenden Freund brachte ihn 1759 dem französischen Hof gegenüber in eine gefährliche Lage. Friedrich schickte ihm immer noch ›seine schmutzige Wäsche‹. Also schickte er ihm auch ohne weitere

Vorsichtsmaßnahmen einen Packen Verse, in denen Ludwig XV. und Madame de Pompadour äußerst schlecht behandelt und so beleidigt wurden, wie man nur von einem niedrig stehenden Pamphletisten beleidigt werden kann. Als Voltaire das Päckchen erhielt, hatte er den nicht unrichtigen Eindruck, daß es geöffnet worden sei. Dies war keine Seltenheit. Voltaire schauderte vor Entsetzen. Wenn man in Versailles erfuhr, daß er solche Scheußlichkeiten korrigierte, würde man ihn dann nicht verdächtigen, sie womöglich selber geschrieben und angeregt zu haben? Er übergab das kompromittierende Paket dem französischen Gesandten in Genf, der es dem Minister zukommen ließ. Auf diese Weise hoffte er, jedem Verdacht zu entgehen. Friedrich äußerte sich folgendermaßen über Ludwig XV.:

> Jouet de la Pompadour
> Flétri par plus d'une marque
> Des opprobres de l'Amour ...

Und über die Favoritin, den »unwürdigen Sproß eines geächteten Finanzbeamten« schrieb Friedrich:

> Et ces charmes divins que nous n'aurions connus
> Qu'en quelque temple obscur sous les lois de Vénus.

Voltaire verbirgt Friedrich nicht, daß er sich fürchtet, an diesem Meisterwerk mitzuarbeiten. Er sagt ihm mit dem gesunden Menschenverstand der Arouets: »Man braucht nicht nur Genie, man muß auch an der Spitze von 150 000 Mann stehen, um so etwas zu schreiben; wenn man nur ein Arouet ist, kann man sich weder erlauben, solche Dinge zu schreiben, noch sie zu lesen, besonders wenn man von der Polizei überwacht wird.« Die Ängste Voltaires brachten Friedrich zum Lachen. Er fand ihn reichlich furchtsam: »Man kann alles, was man will, durchaus ungestraft schreiben, ohne 150 000 Mann zu haben, wenn man sich nicht drucken läßt.« Und wenn die Verleger drucken, ohne daß man davon weiß? Im Namen des Autors? Aber Friedrich fuhr fort und bewies, daß man Schärferes schreibe als seine Verse: »Ein Beweis ist Ihre ›Pucelle‹.« Schlau und argwöhnisch wie er war, ahnte er eine Indiskretion Voltaires und gab ihm dies zu verstehen. Der Philosoph der ›Délices‹ protestierte. Wie konnte man ihn eines solchen Verrates verdächtigen? Und er erklärte: »Meine unselige Nichte, die beim bloßen Anblick der Schrift zitterte, hat sie verbrannt, es bleiben nur einige Spuren davon in meinem Gedächtnis zurück, das nur die drei schönsten Strophen behalten hat.«

Diese Nichte war also manchmal zu etwas nütze, sie diente dazu, Friedrich über das Schicksal seiner Verse zu beruhigen. Drei unvergeßliche Strophen! Selbst zu Asche verbrannt stirbt ein Meisterwerk nicht ganz. Beruhigen wir die Manen Friedrichs: sein Meisterwerk lebte als Ganzes, aber es befand sich auf dem Tisch des Premierministers, Monsieur de Choiseul. Monsieur de Choiseul war ein geschickter Schreiber. Er übernahm es, selbst auf die Beleidigungen Friedrichs zu antworten, und zwar mit einer Ode, in der die Fehler und Laster des preußischen Königs zu einem hübschen Strauß gebunden sind. Wir zitieren den letzten Hieb. Friedrich machte sich über Versailles, über die Herrschaft des ›Cotillon‹ lustig; es war unmöglich, ihn für die gleiche Schwäche zu tadeln. Man tadelte ihn also für etwas anderes. Was sich ›Pompadour‹ in Versailles nannte, reimte sich auf ›Tambour‹ in Potsdam. Man servierte Friedrich folgendes Gedicht:

> De la nature et des amours
> Peux-tu condamner la tendresse
> Toi qui ne connus l'ivresse
> Que dans les bras de tes tambours.

Monsieur de Choiseul machte glauben, daß dieses neue Meisterwerk von ihm komme, wir wissen jedoch, daß es von Palissot, einem Modedichter, stammt. Auch Voltaire bekam ein paar Kratzer ab, man warf ihm seinen ›schuldigen Weihrauch‹ vor, aber nur an einer Stelle. Alles andere gefiel dem Dichter sehr. Er bezog sich darauf in seinen gegen Friedrich geschriebenen ›Mémoires‹, aber ersetzte die für ihn unrühmliche Stelle durch eine Strophe auf seine Weise. Er tat dies ohne irgendeinen Skrupel. So waren die literarischen Sitten der Zeit.

Wir sehen, daß Friedrich, wie Voltaire sagt, bald Alexander, bald Abbé Cotin war. Doch Voltaire hatte es öfter mit Friedrich-Cotin als mit Friedrich-Alexander zu tun. Friedrich wußte als Mann seiner Zeit und auch schon der unseren, daß die

Feder Cotins dem Schwert Alexanders helfen konnte und daß man einen Feind durch Propaganda treffen und seiner Sache ebenso wie durch Granaten schaden konnte.

Da das Rad Fortunas sich dreht, ist Friedrich von neuem bedroht. Er wünscht sich Frieden; Voltaire wünscht ihn ebenfalls und versucht, sich einzuschalten. Er schreibt d'Argental, ob er nicht Choiseul dazu bewegen könne, ihn als Aushorcher Friedrichs zu benutzen. Choiseul erlaubt ihm, Friedrich zu schreiben. Das ist wenig, aber immerhin muß er nun nicht mehr wegen seiner Korrespondenz mit ihm zittern. Er hofft auf mehr: er wünscht sich, mit einer geheimen Mission betraut zu werden und Friedensverhandlungen zu führen. Er hat bestimmte Ideen, die d'Argental in Anspielungen und Andeutungen dem Minister vorlegen wird. Hier, was er schreibt: »Luc wird den Frieden wollen. Wäre es so schlimm, ihm diesen Wunsch zu erfüllen und in Deutschland ein Gegengewicht zu lassen?« Er fügt hinzu: »Luc ist ein Taugenichts, ich weiß, aber soll man sich ruinieren, um einen Taugenichts zu vernichten, dessen Existenz notwendig ist?« Sein Gedanke ist, Frieden zu schließen und Deutschland ungeteilt zwischen Deutschland und Österreich zu lassen, so daß Preußen ein Gegengewicht zum Hause Österreich darstellt. Das ist das ›notwendige Übel‹. Voltaire hält sich immer noch an die Politik Richelieus und hinkt der Zeit damit ein wenig nach. Für den Augenblick beschränkt sich seine Rolle darauf, Choiseul die Briefe Friedrichs und Friedrich die des Ministers zu lesen zu geben. Doch Österreich beginnt etwas von diesen von ihm gefürchteten Verhandlungen zu ahnen. Es wird vereinbart, daß Friedrich mit ›Mademoiselle‹ Pestris, wohnhaft in Gotha‹ unterzeichnet (die Markgräfin von Gotha dient als Briefkasten). Wenn ›Mademoiselle Pestris‹ von ihren ›Geschäften‹ spricht und um den Rat des ›Bankiers‹ bittet, hat man darunter Choiseul zu verstehen. Voltaire spielt den Bescheidenen, man würde sagen, ein Chorknabe, der Liebesbriefchen austrägt. »Ich gestehe, Madame, (die Markgräfin) daß ich nichts von dieser Art von Geschäften verstehe. Ich beschränke mich darauf, zum Wohle zweier oder dreier Familien schlicht und getreu ein paar Worte weiterzugeben . . .« Ehrgeiz, Ruhmsucht, Eitelkeit und Eigennutz, es zeigt sich alles bei diesem Spiel, wichtig aber ist vor allem das Spiel selbst, die Freude an der Maske, das ewige Theater, diese sublimierte Form des Lebens.

Aber die ›Pestris‹ wird wegen der kleinsten Kleinigkeit böse. Sie ist argwöhnisch, säuerlich wie ein altes Mädchen. Man kann nichts aus ihr herausholen, dafür reißt sie alles an sich. Voltaire beklagt sich darüber bei der Herzogin von Gotha. Man treibt Diplomatie für das Hôtel de Rambouillet, man zergliedert Europa und nicht die Leidenschaft der Liebe, aber das Verfahren ist das gleiche. Man verliert sich auf den vereisten Feldern Böhmens wie im Lande der Liebe. Welcher ein wenig erfahrene Spion würde sich von diesen Maskeraden täuschen lassen?

Voltaire schreibt der Markgräfin: »Wenn mein kleiner Handel mit der bewußten Person ein wenig dornenvoll ist, so wird er mir doch einige Blumen Ihrer Hoheit eintragen. Ich halte sie für ein wenig kokett. Natürlich spreche ich nicht von Ihnen, Madame, sondern von der Schönen, deren Reizen und Absichten Ihre Hoheit geneigt ist. (Voltaire mußte sich die Seiten vor Lachen halten, wenn er in diesem Ton von der schönen Friedrich-Pestris sprach . . .) Sie hat einem ihrer Vertrauten von ihrer Liebe (für Schlesien) erzählt, aber der Vertraute besitzt kein zärtliches Herz, und ich glaube, daß ihr Liebhaber etwas abgekühlt sein könnte . . .«

Man kann annehmen, daß der abgekühlte Liebhaber Choiseul ist und der wenig verständnisvolle Vertraute Pitt, der schreckliche englische Minister.

Von aller Spielerei abgesehen, wünscht sich Voltaire sehr, daß der absurde und ruinöse Krieg zu einem Ende kommt. Er sieht Frankreich überall verlieren. Für ein schlecht begonnenes und noch schlechter geführtes Geschäft kann es keinen glücklichen Ausgang geben — und mit Geschäften kennt er sich aus. Schließlich hat er gegen den siebenjährigen Krieg ein Argument, dessen Aufrichtigkeit man nicht bezweifeln kann: Voltaire haßt Krieg in jeder Form — als Krieg. Krieg ist zerstörerisch, grausam und vor allem dumm. Krieg verherrlicht genau das Gegenteil von all dem, was er liebt. Er zerstört, was er verehrt, er verordnet, was er haßt. Der Krieg ist die Anti-Natur Voltaires. Die wahre Natur des Menschen, sein eigentliches Klima ist für Voltaire die gesittete und höfliche Gesellschaft, Vernunft, Wissenschaft, Kunst und Luxus — kurz: der Geist inmitten eines glücklichen Lebens — und dieses Klima ist das des Friedens.

Er zählt fest auf Choiseul. Der Duc de Choiseul hat eine schöne Seele, sagt er, was bedeutet, daß er dieselben Ideen hat wie Voltaire. Er ist nicht eben schrecklich tugendsam, aber er ist kein Fanatiker: er ist menschlich. Er will das öffentliche Wohl und natürlich auch sein eigenes, aber ohne Bitterkeit, und er ist liebenswürdig, das heißt, ausgezeichnet erzogen. Er ist des Voltair'schen Gartens würdig.

Trotzdem antwortet er ›Mademoiselle Pestris‹ nicht regelmäßig. »Diese«, sagt Voltaire, »schreibt vier Briefe auf einen des liebenswürdigen Herzogs.«

Alle diese Mühe wurde zunichte gemacht durch ein Manöver der Feinde Voltaires oder der Feinde Friedrichs, mit einem Wort, durch Leute, die weiter Krieg führen wollten. Man ließ in Paris ›Les Oeuvres du Philosophe de Sans-Souci‹ drucken. Diese Texte waren nur wenigen Intimen der Soupers von Sanssouci vorbehalten, sie waren nicht für die Öffentlichkeit bestimmt und recht wenig erbaulich. Wenn man sie mitten im Kriege verbreitete, so war die Absicht, Friedrich in Mißkredit zu bringen und eine kriegsfreundliche Meinung zu schaffen, die einen Krieg auf Leben und Tod begrüßt hätte.

Für die, die den Krieg nicht wollten, war der Schlag hart. Zudem hatte sich Voltaire Illusionen über Choiseul gemacht. Auch der Minister wollte den Frieden nicht. Er hätte die Ausgabe der ›Oeuvres‹ Friedrichs vernichten können, doch er ließ die Verleger gewähren. Und Voltaire wurde beschuldigt, die Publikation vorbereitet zu haben. Das scheint absurd, denn sie machte alle seine Bemühungen und Hoffnungen zunichte. Selbst Friedrich verdächtigte ihn, er war schnell mit dem Verdacht bei der Hand. Im übrigen nahm ›Mademoiselle Pestris‹ die Sache nicht schwer: »Ich wäre glücklich, wenn alles Böse, das man mir zugefügt hat, sich auf diese unerlaubte Herausgabe meiner Verse beschränkte.« Aus Skrupel oder aus Scham hatten die Herausgeber der Ausgabe die größten Gottlosigkeiten gestrichen. Weniger skandalös, verlor sie auch fast alles Interesse. Wahrhaftig, die Feinde Friedrichs in Versailles benahmen sich nicht geschickter in der Polemik als auf dem Schlachtfeld.

Zu diesem Zeitpunkt kam Voltaire zu der Auffassung, daß die ›Mademoiselle Pestris‹ erwiesenen Dienste dadurch belohnt werden könnten, daß ›Seine Preußische Majestät‹ ihn, Voltaire, für die in Frankfurt erlittene Unbill entschädigte. Friedrich, der kein so gutes Gedächtnis hatte wie Voltaire, antwortete ihm, daß er nichts von einer angeblichen Unbill wisse und daß der Dichter sich an Schmidt wenden solle, wenn er eine Entschädigung haben wolle. Der Hieb war grausam. Aber warum an Schmidt und nicht an Freytag? Weil der rechtschaffene Freytag eben verschieden war. Und hier die Leichenrede, die ihm sein Herr hielt: »Er muß sich sehr gewundert haben, eines natürlichen Todes gestorben zu sein.« Das wirft auf den treuen Diener ein merkwürdiges Licht. Hatte er den Strick verdient?

Mit einem Wort, keine Entschädigung. ›Mademoiselle Pestris‹ verschwand. Von nun an wurde offen gesprochen. Mit entblößtem Gesicht liebkoste und kratzte man sich. Die Hauptsache war, die Verbindung nicht zu verlieren. Friedrich meldete ihm den Tod Maupertuis, den er nicht ohne Bosheit mit vielen Blumen bedeckte, was ebenso viele Nadelstiche für Voltaire waren. Der König verfehlte nicht, ihn an seine Grausamkeiten gegenüber dem untadeligen Präsidenten der Berliner Akademie zu erinnern:

> Et gémissez de la noirceur
> De votre Cœur incorrigible.

Voltaire erwiderte: »Ich denke selbst nur ans Sterben, und meine Stunde naht. Stören Sie sie nicht durch ungerechte Vorwürfe ... Sie haben mir Leid genug verursacht; Sie haben mich auf immer mit dem König von Frankreich entzweit, Sie haben mich mein Amt und meine Pensionen verlieren lassen, Sie haben mich in Frankfurt mißhandelt, mich und eine unschuldige

Frau, eine angesehene Frau, die man durch die Gosse geschleift und in ein Gefängnis gesteckt hat. Und nun, da Sie mich durch Ihre Briefe beehren, stören Sie die Süße dieses Trostes durch bittere Vorwürfe. Ist es möglich, daß Sie mich so behandeln, während ich mich seit drei Jahren, wenn auch vergeblich, bemühe, Ihnen zu dienen und keine andere Absicht verfolge, als meine Gedanken zu verwirklichen.«

Nichts konnte unterhaltsamer für Friedrich sein als solche Klagen, die er zu seinem Vergnügen hervorrief und an denen er sich ergötzte. Bedeuteten diese Anklagen das Ende? Keineswegs, alles blieb beim alten. Friedrich antwortete ihm, »wenn er nicht wie toll in sein Genie verliebt gewesen wäre«, hätte die Sache in Frankfurt sehr schlecht für den Dichter ausgehen können. Voltaire schauderte. Man sieht, daß die, die über seine Frankfurter Verhaftung lachen, recht leichtsinnig lachen. Am wenigsten aber ertrug Friedrich bei den heftigen Vorwürfen Voltaires die Anspielung auf die von ihm verabscheute Nichte, diese »Nichte, deren ich überdrüssig bin«. Mit dieser Ansicht stand Friedrich nicht allein. Die Nichte verdroß viele. Voltaire sprach zu viel von ihr, nahm sie zu wichtig. »Man spricht von der Magd Molières, doch niemand wird von der Nichte Voltaires sprechen«, versetzte ihm Friedrich.

Mitten in diesen Zänkereien träumte man immer noch vom Frieden. Aber weder London noch Paris wollten etwas davon wissen. Voltaire und Friedrich waren die einzigen, die sich Frieden wünschten. Im April 1760 empfing Voltaire in den ›Délices‹ einen Sohn des berühmten englischen Redners Fox. Als dieser höflich der Friedenshymne, die ihm Voltaire sang, zugehört hatte, erklärte er kurz und bündig, solche Wünsche seien unfruchtbar. Voltaire war schockiert. Als er nachgedacht hatte, mußte er zugeben, daß sein Besucher besser informiert war als er. Der Krieg würde weitergehen. Voltaire hatte Zeit und Mühe verloren, aber er hatte eine hübsche Unterhaltung gehabt.

Die ›Délices‹ werden vergiftet,
ein neuer Luftwechsel

Im Jahr 1758 brachte ihn eine unangenehme Affäre um seine Ruhe und ließ ihn seine Vorliebe für Lausanne verlieren. Sagen wir gleich, daß er sich wieder einmal in Dinge mischte, die ihn nichts angingen. Ein Genfer namens Saurin hatte es für richtig befunden, nach Frankreich zurückzukehren, von wo seine Eltern anläßlich der Widerrufung des Edikts von Nantes verbannt worden waren. Und er war nicht nur in den Schoß seines Vaterlandes, sondern auch in den der katholischen Kirche zurückgekehrt, was die Genfer Kalvinisten veranlaßte, Blitze gegen den Renegaten zu schleudern. Voltaire ergriff seine Partei, unterstützt von drei Pastoren, darunter Pollier. Das Schlimmste war, daß die Kalvinisten versuchten, sich an den in Genf gebliebenen Eltern Saurins zu rächen. Man beschuldigte den alten Vater Saurins, vor vierzig Jahren einen Diebstahl begangen zu haben! Die Anklage schien etwas verspätet. Hätte man sie erhoben, wenn der Sohn nicht nach Frankreich zurückgekehrt wäre? Voltaire und die drei Seelenhirten stellten sich gegen die Ankläger Saurins. Hier nun tauchte der verlogene Grasset wieder auf. Er betrat den Schafstall, fest entschlossen, sich zu rächen und ergriff die richtige Partei. Er veröffentlichte eine Schmähschrift mit ungedruckten Texten Voltaires und Widerlegungen, die den Genfern zeigen sollten, wer ihr berühmter und gefährlicher Gast sei. Voltaire fühlte die Gefahr und versuchte, Grasset wieder in die Verbannung zu schicken. Dabei rechnete er mit der Hilfe eines äußerst berühmten und ehrbaren Gelehrten Albrecht von Haller, der in Bern wohnte. Wir kennen ihn, es handelt sich um den guten und tugendsamen Herrn von Haller, der nach der Verleumdungskampagne des verrückten La Mettrie Deutschland verlassen hatte. Damals hatten die Verleumdungen und die Verzweiflung Hallers Voltaire sehr amüsiert. Haller hatte das nicht vergessen, er liebte Voltaire nicht. Er fand auch, die Eleganz des Dichters werde im Vergleich zu seinem schwerfälligen Wissen zu gut belohnt. Kurz, er war eifersüchtig und verbreitete sehr unfreundliche Äußerungen über den unerwünschten Gast von Genf, während Voltaire, sehr geschickt, des Lobes über die Wissenschaft und die Tugend des berühmten Haller nicht müde wurde. Ja, ein Reisender, der die zornigen Äußerungen des verbitterten Gelehrten gehört hatte. traute seinen Ohren nicht, als er die Lobsprüche Voltaires über Haller vernahm und sagte dem Dichter:

»Wie können Sie so viel Gutes von Haller sagen, wenn er so viel Schlechtes von Ihnen sagt?«

»Wahrscheinlich, weil wir uns alle beide täuschen«, antwortete Voltaire.

Haller also entgegnete, als Voltaire den friedfertigen Gelehrten bat, ihm Grasset verbannen zu helfen, wenn man Philosoph sei, müsse man solch kleine Angriffe philosophisch ertragen können; Monsieur de Voltaire, dem von Gott Ruhm und Reichtum verliehen sei, habe — damit er ein wenig leide — eine besondere Empfindlichkeit für Beleidigungen erhalten; man müsse diese Dinge mit Gleichmut ertragen. Voltaire hätte den alten Prediger gern erwürgt, aber dieser war zu mächtig in Bern, als daß Voltaire ihm im gleichen Ton hätte antworten können. Er tat sanft und erneuerte seine Bitte. Haller antwortete, in der Schweiz genüge das Gesetz, um die dort lebenden Bürger zu verteidigen, und das Gesetz würde, wenn nötig, auch Voltaire beschützen. Dies schien nicht allzu sicher. Sicher war nur die Demütigung Voltaires. Haller spielte ihm außerdem den üblen Streich, seine Briefe zu veröffentlichen, damit, wie er sagte, niemand den Text verändern könnte. Gleichzeitig lag Voltaire mit den Genfern und selbst mit Pollier und den drei Pastoren in Streit. Die letzteren warfen ihm vor, sie in eine Angelegenheit verwickelt zu haben, die durch seinen Namen und seine Kühnheiten auch außerhalb von Genf großes Aufsehen erregte. Genf selbst war tief gekränkt durch diese ärgerliche Publizität. Pollier und seine Freunde wurden von der guten Gesellschaft und den Pastoren mit Bann belegt und machten Voltaire dafür verantwortlich. Wieder einmal bekam Voltaire Schläge. Die Haltung der Pastoren gegenüber dem armen Saurin hatte ihn entrüstet, aber den Ruhm erntete

Grasset. Literarischen Diebstahl duldete man. Amsterdam und Den Haag bereicherten sich mit Fälschungen, auch Genf begann an dem kleinen Geschäft Gefallen zu finden. Warum hätten die Genfer Gerichte einen Verleger verurteilen sollen, der Schmähschriften veröffentlichte, die der Republik Gewinn brachten? Voltaire ärgerte sich, der Zauber Lausannes war zerstört. Er zog um. Wahrhaftig, Frieden war nicht sein Schicksal.

Wohin sollte er gehen? Er suchte heimlich einen anderen Unterschlupf. Lothringen breitete noch immer die Arme aus. Stanislaus offerierte ihm Schlösser und Ländereien. Madame de Mirepoix und Madame de Boufflers boten ihm das herrliche Schloß von Caon an. Er sagte weder ja noch nein, aber tauschte kleine Koketterien mit Pater Menou aus, dem er gestand, daß sich bei einem in »unseren Häusern« erzogenen Mann die religiösen Gefühle immer einmal regten, daß er sich eine Pflicht daraus mache, nicht in Genf zu sterben, und daß er fünfhunderttausend Livres für einen Besitz anlegen wolle. Diese beiden Betrachtungen mochten dem Pater und seinem königlichen Beichtkind zu denken geben. Stanislaus hätte gern einen Mann aufgenommen, der gleichzeitig Gott so wohlgesonnen, so berühmt . . . und so reich war. Trotzdem fragte er Versailles um seine Meinung. Choiseul, der Bernis vertrat, antwortete ihm, man sähe die Rückkehr nach Lothringen nicht allzu gerne. All das nahm Zeit, und Voltaire faßte andere Entschlüsse.

Er empfing in den ›Délices‹ einen italienischen Abbé namens Betinelli aus Nancy, der durch Pater Menou über die laufenden Verhandlungen unterrichtet war. Er war voreingenommen gegenüber Voltaire, und weder er noch Pater Menou ließen sich von den frommen Protesten des Autors der ›Henriade‹ täuschen.

Voltaire beunruhigten die Gefühle des Abbés keineswegs. Er sprang ihm um den Hals. »Was! Ein Italiener! Ein Jesuit! Ein Betinelli! Das ist zu viel Ehre für meine Hütte. Ich bin nur ein Bauer, wie Sie sehen«, sagte er und zeigte seinen Stock, ein Gartenmesser in der einen und eine Hacke in der anderen Hand. »Mit diesen Geräten säe ich meinen Weizen und meinen

Salat, Samen für Samen, und die Ernte ist reichlicher als die, die ich in den Büchern für das Wohl der Menschheit säe.«

Eine hübsche Szene, ein hübsches Gaukelspiel. Sein Besucher hatte folgenden Eindruck: »Seine seltsame, groteske Gestalt machte auf mich einen Eindruck, auf den ich nicht vorbereitet war. Unter der schwarzen Samtmütze, die ihm bis an die Augen reichte, sah man eine dichte Perücke, die drei Viertel seines Gesichtes bedeckte (es war eine Perücke, die in Voltaires Jugend Mode gewesen war, sie stammte von 1715, aus der Zeit Ludwigs XIV.), wodurch seine Nase und sein Kinn noch mehr hervortraten als auf seinen Porträts. Sein Körper war von Kopf bis Fuß in einen Pelzmantel gehüllt; sein Blick und sein Lachen waren sehr ausdrucksvoll.«

All das ist gut gesehen und nicht karikiert, denn Voltaire hatte wirklich in seiner Erscheinung gewisse Züge einer Karikatur. Im übrigen hob er selbst seine Besonderheiten hervor und übertrieb seine Kostümierung, denn er lebte ›auf der Bühne‹. Alles an seiner Person war außerordentlich ausdrucksvoll, alles grub sich ein in das Gedächtnis des Besuchers — sagen wir, des Zuschauers. Dieser Betinelli war kein Dummkopf, er war literarisch gebildet, ein guter Schriftsteller, poliert von der großen Gesellschaft, Erzieher des jungen Prinzen von Hohenlohe. Er war ängstlich zu seinem Gastgeber gekommen, doch er wurde nur mit Lächeln empfangen und erhielt Komplimente für die Gedichte, die er Voltaire vorlegte. Der bezauberte Abbé fühlte sich zum Anhänger Voltaires werden. Er lud Voltaire ein, einmal nach Verona zu kommen. Der Dichter erwiderte: ich werde mich hüten, »in Ihr Land zu gehen und dort den Brüdern der Inquisition zu begegnen«. Und er fügte hinzu: »Sie werden billigen, daß ich nicht in ein Land reise, in dem man an den Stadttoren die Bücher beschlagnahmt, die ein armer Besucher in seinem Koffer hat.« Er dachte an Frankfurt.

Betinelli übergab dem ›Bauern der Délices‹ einen Brief von Stanislaus. Der schlaue Greis wußte, schon bevor er ihn öffnete, daß der Abbé kam, um wegen seiner Niederlassung in Lothringen zu verhandeln. Im höflichsten Ton, kaum das Thema berührend, sicher, verstanden zu werden, sagte Voltaire dem

Abbé: »Ach! mein Lieber! Bleiben Sie bei uns, man atmet hier die Luft der Freiheit, der Unsterblichkeit. Ich habe eben eine recht große Summe aufgewandt, um eine kleines Besitztum ganz nahe von hier zu kaufen. Ich denke nur noch daran, mein Leben fern von Spitzbuben und Tyrannen zu beenden.«
Das kleine Besitztum war Ferney. Stanislaus kam zu spät.

Ein ›kleines Besitztum‹ namens Ferney und ein kleines Buch namens Candide

Er kauft Ferney Anfang November 1758. In Paris versteht man nicht, was es mit diesem Kauf, den er durch Thiériot bekanntgeben läßt, auf sich hat. Im selben Jahr kauft er dem Président de Brosses in einem sehr komplizierten Handel den in der Nähe gelegenen Herrensitz Tournay ab, ein Schloß mit Ländereien. Im Jahr zuvor hatte er noch kein Dach über dem Kopf, 1758 besitzt er vier Schlösser. Er legt Wert auf die Nachbarschaft von Genf, aber nicht auf Genf selbst. »Es gibt dort Priester, wie überall.« Er ist sehr zufrieden, daß er in Tournay alle Herrenrechte genießt und den mit den Ländereien verbundenen Grafentitel führen kann. Zu Ferney gehören zwar auch einige Herrenrechte, aber kein Titel. Von seinen Ländereien hat er einen Gewinn von ca. 5%. Sein übriges Kapital bringt ihm drei- oder viermal so viel ein, aber das Land macht aus ihm einen Lehnsherrn, und das amüsiert ihn — und beschäftigt ihn ganz ernsthaft. Als er Tronchin-Lyon mitteilt, er werde Genf verlassen, sagt er ihm: »Ihre Stadtväter sind respektable Leute, sie sind brav, die gute Gesellschaft wiegt die von Paris auf, aber Ihr Volk ist arrogant und Ihre Priester ein wenig gefährlich.« Nehmen wir die Floskeln fort, so bleibt: Ich fühle mich nicht mehr frei und nicht mehr sicher in Ihrer Stadt. Sein Herz bleibt in der Schweiz, aber er bringt seine Person in dem zu Frankreich gehörenden Ferney in Sicherheit. Und wenn Versailles ihn beunruhigt, findet der Geächtete seine Freuden in den ›Délices‹.
Man weiß nicht genau, warum ihm Tournay gefiel. Tournay

liegt nahe bei Ferney, die Besitztümer könnten vereinigt werden«. . . . das Schloß ist ein altes Gemäuer, gut für Eulen; eine Grafschaft, aber zum Lachen; ein Garten, in dem es nur Schnecken gibt . . . Die beiden Grundstücke grenzen fast an meine ›Délices‹. Ich habe mir in einer Republik ein recht hübsches Königreich geschaffen.«

Die ›Grafschaft zum Lachen‹ erlaubt ihm, sich mit dem Grafentitel zu schmücken, was sehr schön seinen unvergessenen Titel eines ›Gentilhomme de la Chambre‹ ergänzt. Er trägt beide, mitsamt dem prächtigen Zobelmantel, den Katharina II. ihm soeben geschickt hat. Er strahlt, das merkt man in einem Brief an Thiériot. »Sie irren sich, mein alter Freund, ich habe vier Füße und nicht nur zwei: einen Fuß in Lausanne in einem sehr schönen Haus für den Winter; einen Fuß in den ›Délices‹ bei Genf, wo mich die vornehme Gesellschaft besucht; das sind die beiden Vorderfüße. Die hinteren sind in Ferney und in der Grafschaft von Tournay, die ich in Erbpacht dem Président de Brosses abgekauft habe.« Bei diesem Geschäft wollte der Sohn des Notars und Schreiber Maître Alains dem Präsidenten des burgundischen Gerichtshofes, der ein schlauer Fuchs war, eins auswischen. Seine Advokatenschliche sollten ihm teuer zu stehen kommen.

Der Vertrag von Ferney ist noch nicht unterzeichnet, als er schon seine lehnsherrlichen Rechte gegen den Pfarrer von Moens geltend macht, der seine Leute verfolgt. Er übernimmt ihre Verteidigung. Ist er nicht ihr Landesherr? Ein Genfer hat sein Land über einen Weg hinaus ausgedehnt: er soll den Weg wieder in Ordnung bringen. Der neue Lehnsherr schreibt dem Finanzminister und bittet ihm um Steuererlaß. Sobald Voltaire erscheint, kehrt Leben in das Gebiet zurück, das in Routine und Armut eingeschlafen war.

Um die Leute glücklich zu machen, muß man sie bereichern. Das ist sein Prinzip. Als erstes amüsiert er sich mit seinem Zuchthengst. Er besitzt sechs prächtige Stuten zur Zucht. Aber der dänische Zuchthengst ist ebenso alt und kühl wie sein Herr. Die unbeschäftigten Stuten scheinen ihm widersinnig. Sie brauchen einen aktiven Hengst. Daher schreibt er dem

Oberaufseher der königlichen Pferdeställe: »Mein Serail ist bereit, Monsieur, es fehlt nur noch der Sultan, den Sie mir versprochen haben.« Das ist für die Pferde. Für sich selbst verlangt er den pompösen Titel: »Lieutenant des Harras pour le pays de Gex«. Der Oberaufseher antwortet ihm liebenswürdig, was den Titel beträfe, so könne er ihn nicht bekommen, da man ihn einem Pferdezüchter und keinem Literaten versprochen habe, aber was den Zuchthengst anbelange, so könnten die Stuten ihn bald haben. Seit Voltaire Lehnsherr ist, bombardiert er d'Argental, Monsieur de Chauvelin, den Duc de Lavrillère, Madame de Pompadour mit Briefen und Bittschriften zugunsten seiner Leute und Ländereien. Er bittet mit einer Kunst, zudringlich und lästig zu sein, die letzten Endes doch das Widerstreben der anderen überwindet, weil er sich auch darauf versteht, zu lächeln und lächeln zu machen.

In den Ministerien hört man von Ferney ebensoviel reden wie von Kanada. Ist das nicht selbstverständlich? Ist Ferney nicht der Mittelpunkt der zivilisierten Welt?

Abgesehen von seinen Leibschmerzen fühlt sich Voltaire mit sechzig glücklicher als mit dreißig. »Oh! die gute Zeit des Eisernen Zeitalters!« wiederholt er des öfteren in seinen in diesem Jahr geschriebenen Memoiren. »Alle Bequemlichkeiten des Lebens finden sich in meinen beiden Häusern, eine freundliche und aus geistreichen Leuten bestehende Gesellschaft füllt die Augenblicke, die das Studium und die Sorge um meine Gesundheit mir lassen.«

Es ist dieser besondere, häusliche, durch das ungeheure Unglück der Welt betroffene ›Optimismus‹, der die Grundlage für ›Candide‹ bildet. Das Buch wird im März 1759 in Genf veröffentlicht. Friedrich dankt ihm im April dafür. Seit langem schon trägt Voltaire den Keim zu diesem Buch in sich. Die 1748 veröffentlichte ›Vision de Babouc‹ zeigt bereits den gleichen Geist; das ›Poème sur le Désastre de Lisbonne‹ bringt die Philosophie, aber, um es richtig zu sagen, Voltaire war schon von seiner Geburt an ganz und gar Candide. Dieses Buch ist er; nie zeigte ein Werk in gleichem Maße das Bild seines Autors. Es enthält alle seine Gedanken, seine Verschrobenheiten, seine Ticks, es enthält auch die Antwort auf den Brief Jean-Jacques Rousseaus über die Vorsehung. Während er die Freuden genießt, die das Ergebnis von geduldiger, vernünftiger Arbeit und von Luxus sind, bedrängt und entrüstet ihn das Schauspiel der ihn umgebenden Welt: die Katastrophe von Lissabon, der Siebenjährige Krieg, der Europa, Kanada, Indien verwüstet; Frankreich ist ruiniert, Deutschland ist getränkt vom Blut aller europäischen Armeen, in Spanien und in Italien entzünden sich Autodafés, deren Hauch wie ein teuflischer Weihrauch in den Himmel des ›Jahrhunderts der Aufklärung‹ aufsteigt. Voltaire fragt sich, ob sein Glück in dieser Welt eine Absurdität sei, oder ob das Absurde in diesem grenzenlosen und grundlosen Elend liege, dem die Welt zum Opfer gefallen ist. In jedem Fall zeigt sich ein Ärgernis für die Vernunft, und die grausame Absurdität kann nicht mit dem Namen der Vorsehung geschmückt werden. Aus diesem allgemeinen und unabänderlichen Ärgernis macht er ›Candide‹ — eine rasche, elegante Erzählung, die man für allzu frei hielt. Ja, er selbst schämte sich ihrer ein wenig und nannte sie einen ›schlechten Spaß‹, um glauben zu machen, daß sie weniger ernst sei, als es scheine — doch ist sie ein Werk von fast abgrundtiefer Verzweiflung. Fast abgrundtief, denn wenn sie es ganz wäre, hätte dies übertrieben gewirkt und gegen die Wohlanständigkeit und den guten Geschmack der Menschheit verstoßen, die selbst in ihrer Verzweiflung maßvoll zu sein hat. Wäre die Verzweiflung übertrieben, so wäre sie falsch. Doch der Ton ›Candides‹ ist rein wie Kristall. Man kann dabei lächeln, und dadurch rettet sich die Menschheit vor der Verzweiflung. Der Mensch ist schwach, zerbrechlich, er ist das Opfer grausamer Gottheiten oder Schicksalsfügungen — trotzdem kann er über sie spotten, denn sie sind sinnlos. Für den Menschen ist dieses Spiel zwar furchtbar, aber entehrt ist nur das sinnlose Schicksal. Wie wurde dieses lautere Buch mißverstanden! Im 19. Jahrhundert sah Madame de Staël ein teuflisches Lachen darin. Natürlich, für sie konnte ein Buch, das voller Verzweiflung das menschliche Schicksal betrachtet, nur inmitten von Gewittern und Gespenstern erdacht sein, von einem wilden, bleichen, brüllenden Barden, dessen mißtönende Harfe herzzerreißende Klagen hören ließ, die ihr der Sturm entriß. Viel Lärm in den Wind hinein . . .

›Candide‹ verkörpert die Anmut des Geistes, es ist das unübertreffliche Meisterwerk nicht nur eines Menschen, sondern einer bereits tausendjährigen Sprache, die ihren Höhepunkt erreicht hat und nun einige Seiten lang atmet, bevor sie wieder absinkt. ›Candide‹ zeigt außerdem eine vollendete Unbekümmertheit, jene heitere Unbekümmertheit, die nur in einem Menschen entstehen kann, der sein ganzes Elend verstanden und der von allem verstanden hat, daß er es nur durch Heiterkeit überwinden kann. In dieser Erzählung haben sich ein- für allemal die illusionslosen, aber nicht unanmutigen und nicht mutlosen Einsichten einer Kultur kristallisiert, die im Untergehen begriffen war — und die ›Candide‹ plötzlich für die Ewigkeit gerettet hat.

Die Welt macht sich auf den Weg nach Ferney . . .

Bauvorhaben, Anpflanzungen, Stuten und Hengste füllen nicht seinen ganzen Tag aus. Er sammelt Unterlagen für seine ›Histoire du Tsar Pierre le Grand‹. Der sechsundsechzigjährige Greis — so alt ist er 1760, und zu jener Zeit ist man damit ein Greis — umgibt sich wieder mit einem Hauch der Jugend, indem er sich an einer neuen Tragödie mit dem Titel ›Tancrède‹ berauscht. Begonnen am 22. April 1759, beendet er sie am 18. Mai desselben Jahres. Im Oktober 1759 läßt er sie dreimal in dem Theater spielen, das er in dem ›alten Gemäuer‹ von Tournay eingerichtet hat. Sie ist Madame de Pompadour gewidmet. Zweifellos berauscht er sich selbst mehr an ›Tancrède‹, als er andere damit berauscht. Er lebt wie in den schönen Tagen von ›Zaïre‹.

Im Mai 1760 erhält er Besuch von dem liebenswürdigen Marmontel, der von einem sensiblen, feinsinnigen Freund namens Gaulard begleitet wird. Nutzen wir den glücklichen Zufall, besuchen wir Ferney in ihrer Gesellschaft.

Bei ihrer Ankunft läßt ihnen der Hausherr sagen, daß er zu

Bette liege und sie gerade recht kämen, um seiner Sterbestunde beizuwohnen. Werden sie wieder abreisen, ohne ihn gesehen zu haben? Voltaire läßt zwar warten, weil er im Sterben liegt, aber er hat seinen Freunden noch nie deswegen die Tür verschlossen. Er wird also vor ihren Augen sterben. Da liegt er in Nachtmütze und Morgenrock in seinem Bett. Er begrüßt sie laut, gerät in Erregung und findet sofort seine Kraft und sein Feuer wieder. Seine Besucher, sagt er, kommen gerade recht, um einen außergewöhnlichen Mann kennenzulernen. Kennen Sie ihn? Es ist der Zahnarzt des polnischen Königs; er ist gekommen, um die gute Madame Denis zu behandeln, die wegen der fehlenden oder wackligen Zähne die Verse des Onkels nicht mehr recht aufsagen kann. Kennen Sie Delécluse? Marmontel kennt einen Delécluse, den Schauspieler an der Opéra Comique. Sehen Sie, eben derselbe. Man ist ein wenig verwirrt durch den Übergang von der Zahnheilkunde zur Oper. Voltaire legt keinen Wert auf den Zahnarzt, der Schauspieler ist es, der ihn interessiert. Er findet ihn unvergleichlich, wenn er seine Gassenhauer vorträgt. Und der Sterbende schwenkt Nachtmütze und Spitzenvolants, richtet sich in seinem Bett auf und ahmt Delécluse nach, indem er mit den skelettartigen Händen den Takt schlägt und die ›Chanson du Remouleur‹ trällert:

Je ne sais où la mettre
Ma jeune fillette
Je ne sais où la mettre
Car on me la . . .

Diese Ankunftsszene allein ist die Reise wert. Eilig springt er aus dem Bett, man zieht ihn an. Und alle Welt begibt sich zu Tisch. Monsieur Delécluse ist zugegen, verwöhnt, umworben, erhitzt; er singt. Voltaire schwebt im siebenten Himmel. Die Besucher klatschen vor allem Beifall, um ihrem Gastgeber Freude zu machen. Der Sänger ist weit weniger amüsant als Voltaire bei seiner Nachahmung.

Man geht in dem neuen Garten spazieren, man spricht von Paris. Es fällt der Name des augenblicklichen schwarzen Schafes: Le Franc de Pompignan. Es gibt immer ein schwarzes

Schaf, das geschoren werden muß. Das gehört zur Hygiene Voltaires. Zu einer bestimmten Stunde lachen, anschließend in Wut geraten und dann der Dummheit mit Bissen und Krallen ans Leder zu gehen. Er sagt ihnen, daß ihm sogar sein Arzt geraten habe, »des Morgens ein bis zwei Stunden Jagd auf Pompignan zu halten.«

Gaulard spielt höflich Schach mit Voltaire, der dieses Spiel über alles liebt, aber schrecklich ungern verliert. Gaulard weiß zu verlieren, daher findet Voltaire nur gute Eigenschaften an ihm. Marmontel singt ein begeistertes Loblied auf die wunderbare Schauspielerin Mademoiselle Clairon. Voltaire unterbricht ihn: »Oh, mein Freund! Ganz wie Madame Denis! Sie hat unglaubliche, erstaunliche Fortschritte gemacht!« Verwirrt schweigt Marmontel. Man versteht, daß Friedrich Voltaire gebeten hatte, über die Talente seiner Nichte zu schweigen. Wie konnte ein Mann von diesem Niveau sich so lächerlich machen, Madame Denis mit Mademoiselle Clairon zu vergleichen: die Pute mit dem Phönix!

Durch Marmontel lernen wir zwei Genfer aus Voltaires Bekanntenkreis kennen: Cramer, den Buchhändler, und Huber, den Maler. Cramer war wertvoll für das Theater, er war der liebste Partner von Madame Denis. Wir wissen nicht, ob er ebensoviel Talent besaß wie sie. Was Huber anbelangt, so verstand er sich auf die Kunst, die Silhouetten der Leute aus schwarzem Papier zu schneiden. Er führte die Schere mit einer unvergleichlichen Geschicklichkeit und traf die Ähnlichkeit vollendet. Er war so geübt, daß es ihm gelang, seinem Hund, dem er eine Käsescheibe zwischen die Zähne geschoben hatte, diese ruckartig und so wohl überlegt aus dem Maule zu ziehen, daß in der Käsescheibe die Silhouette Voltaires zurückblieb. Diese Nummer grenzte ans Wunderbare. Er schnitt die Silhouetten der Gäste ohne hinzusehen, indem er die Hände hinter dem Rücken hielt. In Ferney fehlte es, wie man sieht, nicht an Attraktionen.

Voltaire zeigt seinen Freunden die Grafschaft Tournay. Unterwegs spricht Marmontel von Versailles, wo er von Madame de Pompadour empfangen worden ist. »Sie liebt Sie noch immer«, aber sie hat sehr viel von ihrer Macht verloren, der König löst sich von ihr. »So soll sie nach Ferney kommen«, ruft Voltaire aus, »ich werde königliche Rollen für sie schreiben, und sie wird mit uns Tragödie spielen. Sie kennt das Spiel der Leidenschaften.« Marmontel erwidert, daß sie vor allem das Leid und die Tränen kenne. »Um so besser! Um so besser!« antwortet Voltaire und klatscht in die Hände. »Genau das brauchen wir!«

Was kümmert ihn die Wirklichkeit, für ihn zählt nur das Theater!

Am letzten Abend beschließen die Besucher, da sie im Morgengrauen abreisen wollen, sich gar nicht erst zu Bett zu legen. Voltaire tut desgleichen. Die ganze Nacht lang läßt er seinen Geist funkeln, er ist voller Fröhlichkeit und witziger Einfälle und liest ihnen mehrere Gesänge der ›Pucelle‹ vor. Ihr Entzücken nimmt kein Ende. Marmontel bemerkt jedoch, daß seine Diktion zu sehr mit tragischer Emphase überladen ist und monoton wirkt. Er bemängelt dies nicht als erster. Dagegen ist Voltaire unvergleichlich, wenn er schnelle, leichte Verse spricht. »Seine Stimme, sein Lächeln, seine Augen hatten einen Ausdruck, den ich nur bei ihm gesehen habe.« In diesem Punkt scheint sich alle Welt einig.

Er hat ein Theater in Tournay eingerichtet. Die Bühne ist winzig, neun Schauspieler füllen sie so aus, daß sich niemand mehr bewegen kann. Dazu kommen noch die Lanzen, Helme und Schilde, die zur Aufführung von ›Tancrède‹ notwendig sind. Aber welch ein Spiel, wenn man ihm glauben kann! »Ich wünschte von ganzem Herzen, daß das Stück in Paris so gespielt würde wie in meinem alten Gemäuer.« Die Hauptschwierigkeit liegt für ihn darin, die zweihundert Leute unterzubringen, die aus Genf herbeieilen. Die Genfer haben eine Leidenschaft für das Theater, das ihnen verboten ist. Es gibt auch unlösbare Probleme wie das, Monsieur Pictet auf die Bühne zu bringen, der mit seiner Größe von sechs Fuß und einem Zoll, geschmückt mit dem anderthalb Fuß messenden Helmbusch Tankreds die Decke durchbohrt, die Dekorationen umstößt und bis zum Orchester hinüberreicht; doch man spielt trotzdem. Und Voltaire bedauert die Pariser: sie haben nur die Clairon! In Ferney aber hat man die Denis! Mehrmals wiederholt er dieses niederschmetternde Lob. Und er wagt es, Mademoiselle Clairon davon zu schreiben, die, sechsunddreißigjährig, auf dem Höhepunkt ihres Talentes und Ruhmes stand. Sie ertrug dies eine Zeitlang, was beweist, daß sie einen guten Charakter und viel Intelligenz besaß. Allmählich aber bat sie Voltaire, so erzählt man, seine Nichte für die Gegend um den Genfer See zu reservieren und nicht mehr von ihr zu sprechen.

Um 1760 begannen Besucher die Straße nach Ferney einzuschlagen und Pilgerfahrten dorthin zu unternehmen. Der Präsident von Burgund kam mit fünfzig Leuten. Sie schluchzten tapfer, als sie Madame Denis hörten, aber sie aßen noch tapferer. Monsieur de Chauvelin, der französische Botschafter in Genf, fand sich ebenfalls mit seinem Gefolge ein. Sie klatschten Beifall, sie weinten, dann aßen sie mit derselben Begeisterung bei dem anschließenden Souper zwanzig Pfund schwere Forellen. Auch der Duc de Villars, Gouverneur der Provence, Sohn des Marschalls und der lieben Herzogin, die sich einst über den jungen Arouet ein wenig lustig gemacht hatte, unterbrach seine Reise in Ferney. Er besaß die guten Eigenschaften seiner Eltern nicht, er war feige und voller Laster. Aber er hatte eine Tugend, die in den Augen Voltaires alles andere wettmachte: er liebte das Theater über alles und war ein guter Partner für Madame Denis. Als der Herzog und Pair spielte, blieb man unter sich: es wurden keine Gäste aus Genf zugelassen.

Da das Konsistorium sich seit langem nicht beschwert hatte, begann Voltaire auch wieder mit Aufführungen in den ›Délices‹. Jeder kam auf seine Kosten, die Genfer hatten ein Theater vor ihren Toren. Doch ach! Am 20. Oktober 1760 erschien ein Bericht des Konsistoriums über die Unziemlichkeit Sieur de Voltaires, der trotz des 1755 gegebenen Versprechens in Saint-Jean Theater spielen lasse. Im November 1760 eine neue Klage des Konsistoriums. Voltaire erklärte, all das geschehe nur seinen Gästen zu Gefallen, und er habe durchaus nicht die Absicht, die Genfer Gesetze zu übertreten und das Feuer des Himmels auf eine Stadt zu ziehen, die er keineswegs zu verderben beabsichtige. Denn das war der Kern der Anklage. Zum Glück waren die Ansichten im Konsistorium geteilt. Die einen wollten Bestrafungen, die anderen, die mit den ersten nur im Prinzip einig waren, wollten lediglich die Aufführungen einstellen, ohne Streit mit Voltaire ... und seinen mächtigen Freunden in der vornehmen Gesellschaft. Voltaire konnte also immer noch in Tournay spielen, obwohl einige Erregte forderten, man solle den Genfern verbieten, sich in fremdes Territorium zu begeben, um sich verderben zu lassen. Aber wer ging denn nach Ferney? Die mächtigsten Bürger Genfs. So schlief die Affäre also ein.

Auf dem Scheiterhaufen verbrannt, entfacht die Encyclopédie den Krieg mit Le Franc de Pompignan

Es kam zu einem großen Streit, der über Le Franc de Pompignan und selbst Voltaire hinausging. Um ihn zu verstehen oder gar zu beurteilen, muß man die Luft der Zeit atmen, in der er entstand.

Am 6. Februar 1759 wurde die ›Encyclopédie‹ durch das oberste Gericht zum Scheiterhaufen verurteilt. Bis dahin hatten die Artikel, dank dem Schutz Malesherbes und des Chancelier d'Aguesseau, ungestraft erscheinen können. Die Enzyklopädisten hatten, allzu selbstsicher, nicht wenig triumphiert, denn viele, selbst unfromme Leser spürten, daß über die Religion hinaus die gesamte soziale Ordnung untergraben wurde. Die Verurteilung betraf nicht nur die ›Encyclopédie‹, sondern auch andere Werke von geringerer Bedeutung. Unter ihnen befand sich Voltaires Gedicht ›La réligion naturelle‹. Ins Feuer! Bis nach Genf fühlte er die Brandwunde. Und schon ist der Krieg ausgebrochen! Er verlangt, daß d'Alembert ihm die Namen derer schickt, die an dem Urteil mitgewirkt haben; desgleichen Hinweise auf ihre Werke, ihre Talente, ihre Stellung ... Und Monsieur de Voltaire wird alles nach einem Rezept regeln, das sein persönliches Geheimnis ist. Er findet den ewigen Boyer wieder, ›l'âne de Mirepoix‹, der sich weinend zu Füßen des Königs geworfen hatte: »Sire, die Religion ist verloren, wenn die ›Encyclopédie‹ weiter erscheint.« Dabei hatte er selbst die Zensoren bestimmt, die die für die ›Encyclopédie‹ vorgeschlagenen Artikel prüfen, reinigen oder verbrennen sollten. Was hatten diese eigentlich getan? Waren die Theologen mit Blindheit geschlagen? Oder legten ihnen die Enzyklopädisten harmlose Artikel vor und ließen andere drucken? Das behaupteten viele. Der eine der Zensoren, Abbé Tamponet, war ein Chicaneur ohnegleichen, er sagte — oder Voltaire läßt ihn dies sagen: »Ich kann auch im Text des Pater Noster Ketzereien finden.«

Zu diesem Zeitpunkt entspann sich der Streit Voltaires mit den Jesuiten. Das von den guten Patres verfaßte ›Journal de Trévoux‹ wies auf verderbliche Literatur hin, mehr oder weniger salbungsvoll. Voltaire hatte die Patres nicht immer loben können, aber bisher hatte er seinen alten Lehrern eine solche Dankbarkeit bewahrt, daß er ihnen nur mit Nadelstichen den Krieg machte. Noch 1749 schrieb er an Pater Vionet: »Seit langem lebe ich unter der Standarte Ihrer Gesellschaft. Sie haben kaum einen schmächtigeren Soldaten, aber auch keinen treueren.« Zehn Jahre waren verflossen. Voltaire hatte sich sehr über die Religion geärgert. 1749 sprach er noch nicht von ›l'Infâme‹, 1759 spricht er davon. Sie ist zu einer fixen Idee geworden. ›L'Infâme‹? Wer ist ›l'Infâme‹? Die römische Kirche, sagen die einen. Das hieße nur an das Nächstliegende denken. Die Sache scheint komplizierter, doch hat Voltaire sich nie dazu geäußert. Wahrscheinlich, weil der Sinn umfassender ist, als man gemeinhin annimmt. ›L'Infâme‹ ist zuweilen die römische Kirche, aber sie hat nicht das Monopol der Infamie. ›L'Infâme‹ ist die Intoleranz, der Fanatismus, die Verfolgung, der mit Amuletten geharnischte ›Aberglauben‹, der, mit vergifteten Spießen bewaffnet, auf der riesigen ›Dummheit‹ reitet.

Pater Berthier wurde in seiner Eigenschaft als Direktor des ›Journal de Trévoux‹ als erster ausgepeitscht. 1759 konnte der Pater, wie ganz Paris, eine dreißigseitige anonyme Schrift lesen, die den Titel trug: ›Relation de la maladie, de la confession, de la mort et de l'apparition du Jésuite Berthier‹. Dabei starb er erst im Jahr 1782! Der Unglückliche mußte den Titel zweimal lesen, um wieder zur Besinnung zu kommen. Der Scherz auf Kosten des Paters war äußerst amüsant und boshaft. Kaum hatte er wieder Atem geschöpft, als eine zweite Schrift erschien: ›Relation du voyage du frère Garassise, neveu du frère Garassise, successeur du Père Berthier‹. Ein einziger Schrei erhob sich: das war in den Küchen von Ferney zusammengebraut! Voltaire gestand nicht und leugnete nicht, was zum völligen Bruch mit den Jesuiten führte. Er war vorsichtig genug zu sagen, er habe den Krieg nicht gewollt, er habe sich nur verteidigt. »In jedem Krieg«, schreibt er an Palissot am 24. September 1760, »hat vor Gott und den Menschen nur der Angreifer unrecht.« Was Gott angeht, so ist Voltaire recht kühn, ihn in seinen Streit zu mischen, aber was die Menschen angeht, so sagte er die Wahrheit, der arme Berthier war vielleicht wirklich im Unrecht. Jedenfalls machte sich alle Welt über ihn lustig.

Dieser Kreuzzug gegen die ›Encyclopédie‹ fand einen Kämpfer in der Person eines Justizbeamten aus Montauban, Le Franc de Pompignan, der eine oberflächliche Kenntnis von Literatur besaß. Sein Streit mit Voltaire brach nicht sofort aus, wir wissen, wie sich solche Feindseligkeiten entwickeln: die Schlange ist in ihrem Ei, unverdächtig, man brütet sie aus, man wärmt sie mit Höflichkeiten, mit Lobsprüchen, mit Freundschaft. Bald kommt es zu einem Kratzer aus Eitelkeit, und die Schlange richtet sich auf, zischt und spuckt ihr Gift — ein Wutausbruch folgt. Es hat Desfontaines gegeben, Fréron, Maupertuis, der eben gestorben ist. Schon ist der Nachfolger da. Immer muß es einen amtlichen Anti-Voltaire geben. Der Anti-Voltaire von 1760 hieß Le Franc de Pompignan.

Er war ein rechtschaffener Edelmann aus Montauban, reich, literarisch gebildet und sehr zufrieden mit sich selbst. Er hielt sich dafür bestimmt, der Dichter seines Jahrhunderts zu sein. Aber dieser Platz war schon besetzt, als Gott sein mittelmäßiges Genie an den Ufern des Tarn erblühen ließ. Er fand diese

Usurpation ärgerlich und wagte zu sagen, der Platz sei von einem schlechten Dichter belegt. Zum Unglück für ihn war dieser schlechte Dichter, der Voltaire hieß, ein ausgezeichneter Prosaschreiber. Schon 1739 sagte Le Franc, die Tragödien Voltaires würden niemals etwas anderes sein als eben Tragödien Voltaires. Das ist vielleicht wahr, aber solche Dinge darf man nicht sagen, wenn man in Frieden leben will. Monsieur de Pompignan wollte Voltaire ausstechen, aber er hatte nur den Ehrgeiz, ihn in der Fadheit und der servilen Imitation Racines zu übertreffen. Von der Höhe seines Triumphes aus ließ Voltaire seinen olympischen Blick auf die Niederungen fallen, wo die Provinzdichterlinge keuchten. Aber man weiß, der er nur selten die Gebote der Höflichkeit vernachlässigte; als er Le Franc 1739 bei La Popelinière begegnete, behandelte er ihn höflich und sogar freundschaftlich. Er schrieb ihm einige liebenswürdige Billetts und empfing dafür gewisse Kritiken, die er nicht zu verstehen schien. Er streute in seine Briefe Lobsprüche von der Art, wie er selber welche zu erhalten liebte. »Alle Menschen haben Ehrgeiz«, schrieb er an Le Franc, »der meine, Monsieur, besteht darin, Ihnen zu gefallen, manchmal Ihren Beifall und immer ihre Freundschaft zu erhalten.«

Es hing nur von Le Franc ab, sich diese ausgezeichnete Verbindung zu bewahren. Voltaire liebte nichts so sehr, wie geliebt zu werden; er lächelte, damit man ihn anlächelte. Wenn man ihn aber nach seinem liebenswürdigen Entgegenkommen schlecht behandelte, so war er im tiefsten Herzen gekränkt und wurde wild. Trotzdem war seine erste Regung immer, Frieden anzubieten: »Jeder Literat, der kein Gauner ist, ist mein Bruder. Ich habe eine Leidenschaft für die schönen Künste, ich bin ganz versessen darauf. Deswegen war ich so betrübt, als die Literaten mich verfolgten, denn ich bin ein Bürger, der den Bürgerkrieg verabscheut und ihn nur gegen seinen Willen führt.«

Le Franc beging die Unvorsichtigkeit, Voltaire zu provozieren; er entfesselte selbst den Krieg. Einige kleine Erfolge berauschten ihn. In Paris wurde ein solcher Rausch recht schnell von dem Rausch anderer in Grenzen gehalten, aber Le Franc kehrte in seine Provinz zurück, ehe er den Rausch seines ersten Erfolges ausgeschlafen hatte. In Montauban stieg ihm dieser zu Kopf. Kleiner Versemacher in Paris, glaubte er auf der Place du Marché-Vieux Vergil zu sein. In seiner Eigenschaft als Gerichtspräsident, reicher Mann, Standesperson und Dichter machte er 1758 einen ersten Versuch bei der Académie Française. Er wurde abgelehnt, aber man entmutigte ihn nicht. Im Jahr 1760 wurde er schließlich auf den Platz von Maupertuis gewählt. Ein schicksalhafter Platz für die Feinde Voltaires! Da er sich um die Stelle des Prinzenerziehers bewarb und man, um dem Dauphin zu gefallen, äußerst fromm sein mußte, machte er aus seiner Antrittsrede eine heftige Beschwerde gegen die Gottlosigkeit, gegen die ›Encyclopédie‹, gegen die Literatur und selbst gegen die Académie, die die schlimmsten Feinde des Glaubens schütze. Er sprach brutal, ohne jede Nuancierung. Noch nie erhielt eine Akademie als Danksagung einen solchen Verweis.

Er hielt seine Rede mit der Kraft des Ehrgeizes und der ganzen Wärme seines Montaubaner Akzentes. Die Frommen hörten ihm fromm zu. Duprés de Saint-Maur verglich ihn mit Moses! Und der Bruder Le Francs, der Bischof des Puy, mit Aaron... Er sagte, Gott habe sie beide auserwählt, um Wunder ›in Israel‹ zu tun — das heißt, an den Ufern der Seine.

Eine beängstigende Lachsalve empfing an den Ufern des Genfer Sees die Rede Le Francs und die Kommentare dazu. Bei diesem Lachen Voltaires hätte Le Franc gezittert. Er sollte durch Schmähschriften und durch das Publikum ein gewisses Echo davon hören.

Die philosophische Horde rottete sich sofort gegen das neue Mitglied der Académie zusammen. Voltaire fühlte sich um so verletzter, als Le Franc das Lob Maupertuis' gesungen hatte. Le Franc ahnte nicht, daß seine schlechte Lobrede ihm die Tore der Unsterblichkeit öffnen würde: wir sprächen nicht mehr von ihm, wenn Voltaire ihn nicht öffentlich, in Versen und Prosa, ausgepeitscht hätte.

»Er durfte nicht«, schreibt Voltaire, »einen von der Welt zurückgezogenen Greis beleidigen, vor allem nicht in der Meinung, mein Rückzug sei mir auferzwungen; denn das hieß, im Unglück beleidigen, und das ist sehr feige. Ich weiß nicht, wie die Académie es dulden konnte, daß eine Lobrede einer Satire glich.«

Da Le Franc den Umgang Voltaires mit den Enzyklopädisten unterstrichen hatte, waren Voltaires Chancen für eine Rückkehr nach Paris wirklich gefährdet. Währenddessen blähte Le Franc sich auf, er hatte schon fast den doppelten Umfang. Er erzählte, der König habe seine Rede gelesen und gut gefunden. Gestärkt durch diese Zustimmung, verlangte er von Malesherbes, daß seine Rede mit einem lobenden Satz des Königs gedruckt würde. Malesherbes weigerte sich zu drucken, da er den Befehl des Königs abwarten wollte. Doch Le Franc setzte sich darüber hinweg, trug seinen Text in die königliche Druckerei, schüchterte die Drucker ein und ließ setzen. Malesherbes zerstörte den Satz mit folgendem Motiv: »Aus der Tatsache, daß die Enzyklopädisten strafbar sind, folgt nicht, daß ihre Gegner keinerlei Gesetzen unterworfen wären.« Man sieht die Vermessenheit dieses Mannes; sobald er nur einen Bruchteil von Berühmtheit erlangt, muß alles vor ihm kriechen. Das war genau das, was Voltaire verabscheute.

Nun sollte er für seinen ersten Erfolg zahlen müssen. Eine scheinbar harmlose Schrift mit einem durch seine Seltsamkeit eindringlichen Titel begann sich plötzlich in Paris zu verbreiten. Man fand sie in allen Händen, in den Salons, in den Cafés und auf den Straßen, wo man sie verkaufte. Es handelte sich um: ›LES QUAND, notes utiles sur un discours prononcé à l'Académie le 10 mars 1760‹. Keine Unterschrift. Der Angriff war vom besten Voltaire — das heißt, vom schlimmsten für das Opfer. Kurze Paragraphen folgten aufeinander wie Bibelverse, und jeder begann mit *Wenn*. Diese Wiederholung hatte eine bestechende Wirkung, jeder Vers war ein Dolchstoß. Die Wespe sticht hier, sticht dort, bedrängt den Unglücklichen, und durch ihre Flinkheit, ihr Hochfliegen, ihr Zurückkehren belustigt sie den Leser, macht ihn zum Komplicen ihres grausamen Spiels. Alles ist lesenswert; mehrere Maximen aber sollte man sich merken:

»*Wenn* man seinem Jahrhundert durch seine Werke keine Ehre macht, ist es eine merkwürdige Kühnheit, sein Jahrhundert zu beschreiben.«

»*Wenn* man kaum Literat und nicht im geringsten Philosoph ist, schickt es sich nicht zu sagen, daß unsere Nation nur eine falsche Literatur und eine nichtige Philosophie habe.«

Man bemerkt die schlaue Position Voltaires, der sich von der französischen Nation, Literatur und Philosophie verteidigen läßt, die dieser »Le Franc, der so wenig frank ist«, beleidigt.

Er sagt ferner, es zieme sich keineswegs für einen Gläubigen, ein Loblied auf die Frömmigkeit eines Maupertuis zu singen, der als Helfershelfer des Teufels und dessen Schüler Friedrich bekannt sei. Man sieht, Voltaire hatte leichtes Spiel, Le Franc zu rupfen.

Zu guter Letzt ein Ratschlag: »*Wenn* man in eine ehrwürdige Gemeinschaft aufgenommen wird, sollte man in seiner Antrittsrede den frechen Stolz, der das Erbteil aller Hitzköpfe und mittelmäßigen Talente ist, unter den Schleiern der Bescheidenheit verbergen.«

Man wußte zunächst nicht, woher dieses Hagelwetter kam, denn Voltaire galt damals für tot. Ein guter Freund hatte die Neuigkeit verbreitet, man begrub ihn nicht zum ersten Mal. (1753 erzählte man sich, er sei in Kolmar verschieden. Er hatte dies selbst einem Gläubigen sagen lassen, der ihn mit Briefen bombardierte und ihn aufforderte, zu konvertieren. Voltaire beschwor den Mann, nicht mehr an ihn zu schreiben, da er gestorben sei. Ermahnte ihn aber, weiterhin für ihn zu beten. Das war weniger lästig.)

Auf schnellstem Wege beruhigt er seine Freunde in Paris. Er ist nur allzu lebendig. »Mein lieber Philosoph«, schreibt er an d'Alembert, »ich gestehe, daß ich nicht tot bin, aber ich kann nicht sagen, daß ich lebe. Berthier geht es gut, und ich bin krank. Chaumex verdaut, und ich kann nicht verdauen. Daher schreibt Ihnen auch nicht meine Hand, sondern mein Herz . . .«

Und schon wagen es schamlose Verleumder, ihm die Vaterschaft der ›Quand‹ zuzuschreiben. Er protestiert in aller Unschuld: »Ich weiß nicht, warum man mich in alle diese Streite-

reien hineinzieht, mich, den Landarbeiter, den Schäfer, die
Ratte, die sich von der Welt in einen Schweizer Käse zurückgezogen hat. Ich begnüge mich damit, zu grinsen, ohne mich
in irgend etwas hineinzumischen . . .« Die Entschuldigung, angestrengt zu arbeiten, wäre für jeden anderen in seiner Lage
gültig gewesen, denn er wird wahrhaftig von den verschiedensten Aufgaben aufgefressen: Landwirtschaft, Pferdezucht,
Maurerarbeit in Ferney und in Tournay. Jeder andere wäre
erschöpft von diesen Arbeiten, zu denen die Bittschriften kommen, die Prozesse, die Geldgeschäfte und die Gäste. Das sind
tausenderlei drängende Sorgen, von den erdverbundensten,
wie dem Düngen der Felder, bis zu den spitzfindigsten
Feilschereien mit den Behörden. Doch damit noch nicht
genug, man muß sich um Vergnügungen kümmern, um
den Salon, die Tafel, das Theater. Vergessen wir nicht
die Koliken an vier Tagen der Woche. Wer kann glauben,
daß er Mittel und Wege fand, die Schmähschrift ›Quand‹ zu
schreiben?
Und doch wird er immer die Zeit finden, zu polemisieren und
zu grinsen, wie er sagt: »Ich will lachen, ich bin alt, krank, und
ich lege Wert auf Fröhlichkeit. Das ist ein sichereres Heilmittel
als alle Rezepte meines lieben Tronchin. Ich werde mich, so
lange ich kann, über die Leute lustig machen, die sich über
mich lustig gemacht haben. Das erheitert mich und schafft
nichts Böses. Ein Franzose, der nicht lustig ist, ist ein Mann
außerhalb seines Elements.«
Was ihn betrifft, so hat er sein Element mit nach Genf gebracht; es ist ihm vielleicht nicht gelungen, es doch zu akklima-
tisieren, aber er hat sich selbst akklimatisiert. Die Welt Voltaires entsteht überall dort, wo Voltaire lebt.
Bei seinem Streit fand er einen Verbündeten: den Abbé Morellet. Ebenso scharf wie er, fühlte sich Voltaire diesem merkwürdigen Priesterrock verwandt. Er war theologischer Berater
der ›Encyclopédie‹ und nur allzu glücklich, Le Franc de Pompignan eins draufgeben zu können. Voltaire, in Schwung geraten durch die ›Quand‹, wurde rückfällig mit den ›Si‹. Alle
bösen Lacher aus Paris und Europa — und das waren eine

Menge, eine auserlesene Menge — verbrachten schöne Stunden. Le Franc aber hatte böse Nächte. Nach den ›Si‹ erschienen auch noch die ›Pourquoi‹.

Die ›Pourquoi‹ stammen von Abbé Morellet. Sie sind ausgezeichnet, selbst in den Augen Voltaires, der sie die ›Mordsles‹ nennt. Diese Bezeichnung ist schon ein Portrait des Abbé, er besteht nur aus Zähnen! »Ich dachte mir«, sagt der Abbé in seiner unschuldigen Bosheit, »daß man Monsieur de Pompignan durch alle Partikel schicken müsse.« Partikel nennt er die ›Si‹, die ›Quand‹, denen die ›Qui‹, die ›Quoi‹, die ›Car‹, die ›Ah! Ah!‹ folgten. Armer Le Franc! Würde er unter diesem Geschwader von Pfeilen zusammenbrechen? Man frischte auch sein Gedächtnis wieder auf; er war ja nicht immer ein fader Höfling gewesen, er war nur aus Ehrgeiz fade geworden. 1756 hatte er den König und die Steuern kritisiert: »Haben Sie Mitleid mit einem ausgelaugten Volk, treten Sie aus der Umfriedung Ihrer prächtigen Paläste, und Sie werden ein Reich sehen, das bald eine Wüste sein wird . . . Die Äcker werden mit Tränen gesät.« Damals versuchte er noch nicht, dem König und dem Dauphin zu gefallen. »Warum widerspricht sich dieser Mann?« fragt Morellet. »Nicht, weil die Lage des Volkes sich verbessert hätte, sondern weil die seine sich verändert hat.«

In den ›Car‹ sagt er folgendes: »Sagen Sie dem König nicht mehr in einer Bittschrift, daß er seine Untertanen wie Sklaven behandele, *denn* es ist keine Bittschrift mehr, es ist nur noch eine Schmähschrift.«

Seine Rede kam Monsieur de Pompignan teuer zu stehen. Was blieb von dem hohen Justizbeamten, dem Mitglied der Académie, dem Herrn eines Dorfes, dem von seinen Bauern geschmeichelt wurde, übrig? Es blieb ein falscher Christ, ein Ehrgeizling, ein Schmierfink, der sich seines falschen Glaubens, seines falschen Talentes, seiner Angeberei bediente, um sich zu einem Rang zu erheben, der ihm nicht zukam. Voltaire ging so weit, ihn des ›Deismus‹ anzuklagen. Wie willkommen war seiner Feder dieses Thema! Wehe dem, der den Eremiten von Genf anzugreifen wagte!

Le Franc starb nicht daran, er schrieb eine Entgegnung. Er schmeichelte sich, Voltaire aus der Académie vertreiben lassen zu können. Sofort zirkulierte in Paris der folgende Witz: »Wenn man Monsieur de Voltaire aus der Liste der Vierzig entfernte, würde man die Ziffer streichen: es bliebe nur die Null.«

Alles wandte sich gegen den salbungsvollen Dummkopf. Wenn man Voltaire aus der Académie ausschlösse, würden Monsieur d'Alembert und Duclos die Académie verlassen. »In diesem Fall würde man die Kapuziner nehmen, um die Académie zu besetzen«, schreibt Favart am 22. Mai 1760.

An diesem Streit zeigt sich, daß 1760 einige Schriftsteller schon in der Lage sind, die Meinung aufzustacheln, selbst von Leuten, die nicht unbedingt Anhänger ihrer Ideen sind. Wir würden sagen, daß die Meinung ›sensibilisiert‹ ist durch diese Polemiken, die leicht von der Literatur auf das politische Leben übergreifen. Die Macht und Pompignan, der sie töricht in den Streit hineingezogen hat, können bei der Auseinandersetzung nur verlieren. Selbst der den neuen Ideen so wenig günstig gesonnene Wiener Hof findet Le Francs Verhalten ungeschickt und ist der Meinung, er hätte als Angreifer, wie Voltaire sagt, nur mit Bescheidenheit die Ehren entgegennehmen sollen, mit denen die Académie sein bescheidenes Talent auszuzeichnen geruhte.

Der gequälte Pompignan ist jedoch noch nicht von seiner Eitelkeit geheilt. Er beweihräuchert sich selbst, rühmt seine Verdienste und sein Talent und, von Paris geohrfeigt, will er wenigstens in seinem Dorf herrschen. Er veröffentlicht eine ›Relation du voyage de M. le Marquis Le Franc de Pompignan depuis Pompignan jusqu'à Fontainebleau‹. Ja, eine triumphale Reise, würdig der Comtesse d'Escarbagnas, ja, der König hat ihn in Fontainebleau gesehen, er hat ihn sogar betrachtet und ist ungefähr fünfzehn Sekunden lang stehen geblieben, um ihm zu sagen, daß er seine Verdienste kenne. Und nun erst Montauban! Er wagt zu schreiben: »Ich wurde in Montauban mit so außergewöhnlichen Ehren empfangen, daß die Erinnerung daran noch lange in mir und der Provinz weiterleben wird.« Das ist möglich, aber diese Art ländlicher Eitelkeit hat Paris immer zum Lachen gebracht. Der Reisebericht ist angeblich an den ›Procureur Fiscal du village de Pompignan‹ gerichtet. Der reinste Molière, Molière des ›George Dandin‹.

Und Voltaire, dessen Haß noch nicht gesättigt ist, nimmt den Kampf wieder auf. Das Jahr 1760 hallt wider von dem Gefecht mit dem unglücklichen Herrn von Pompignan. Voltaire läßt ihn in einem ›Poème sur la Vanité‹, das Le Franc nie geschrieben hat, das aber der gute Apostel von Genf ihm zuschreibt, folgendes sagen:

> Je prétends des plaisants réprimer la licence.
>
> . . . .
>
> Pour trouver bons mes vers il faut faire une loi
> Et de ce même pas je vais parler au roi.

Voltaire schlug zwei Fliegen mit einer Klappe: er machte den Eitlen lächerlich, und zugleich brachte er den König gegen ihn auf, denn Le Franc hatte bereits den König um Schutz gegen seine Verleumder gebeten. Welcher König würde es vernünftig finden, Strafen gegen einen Dichter auszusetzen, der ganz Paris auf Kosten eines Lächerlichen zum Lachen brachte und gleichzeitig einen Herrscher mit Schonung behandelt? Am Ende des Gedichtes erinnert Voltaire an Piron, der wenigstens einmal recht hatte, als er auf seinen Grabstein gravieren ließ: »Hier liegt Piron, der nichts war«, und er zieht die Moral daraus.

> Humains, faibles humains, voilà votre devise.

Da er die unerträgliche Eitelkeit seines Feindes zerstören will, fragt er, nachdem er die verschwundenen Reiche heraufbeschworen hat, die Herrscher der Vergangenheit, die den Göttern näher standen als den Menschen, und von denen doch nur Asche geblieben ist, wo sich das Grab Alexanders befinde? Wo das Caesars? Und er schießt auf den Herrn von Pompignan einen letzten Todespfeil ab:

> César n'a point d'asile où son ombre repose
> Et l'ami Pompignan veut être quelque chose.

Selbst der Dauphin, der sonst kaum lachte, lachte, obwohl er der Beschützer Pompignans war. Le Franc wurde nicht Prinzenerzieher. Dabei war die Umgebung des Dauphin von größter Frömmigkeit und man ächtete dort Voltaire. Man sagte häufig, er verdiene die schlimmsten Foltern, und wenn der Dauphin eines Tages regiert hätte, so wären genug Ratgeber zugegen gewesen, diese auch auszuführen. Eine gewisse Madame du Hausset, die zu diesem kleinen Hof gehörte, beunruhigte sich über die Intoleranz, die dort herrschte, und bangte für die Zukunft. Wäre Le Franc Prinzenerzieher geworden, so dachte sie, dann hätte er gewiß nicht verfehlt, den Haß der Prinzen gegen Voltaire und die Philosophen zu schüren. Zusammen mit seinem Bruder, dem Bischof des Puy, hätte er eine Ära der Verfolgungen eröffnet. »Ich billige wirklich Voltaire und seine Jagd auf Pompignan; der Bürger-Marquis (ja, Le Franc war erst kürzlich geadelt worden) wäre, hätte Voltaire ihn nicht lächerlich gemacht, Prinzenerzieher geworden und hätte es zusammen mit seinem Bruder Georges so weit getrieben, daß Scheiterhaufen entzündet worden wären.«

Madame du Hausset wollte keine Scheiterhaufen — Voltaire noch weniger. Man berichtete unserem Dichter, Mirabeau habe gehört, wie der Dauphin Le Franc selbst den letzten Vers: »Et l'ami Pompignan . . .« vortrug und sich über ihn lustig machte. Dieses Detail stimmte den Herrn von Ferney sehr freudig: »Da sieht man, wozu Verse manchmal gut sind. Man zitiert sie bei großen Gelegenheiten.«

Die große Gelegenheit war, daß man Pompignan den Erzieherposten abschlug. Das war eine ungeheuerliche Befriedigung für Voltaire, aber vielleicht nicht die größte; diese nämlich bestand darin, seinem unglücklichen Rivalen bei lebendigem Leib die Haut abzuziehen.

Voltaire fand, daß der Gehäutete noch ein wenig Salz und Essig in seinen offenen Wunden vertragen könnte. Er verfaßte eine weitere Schmähschrift, aus der man erfuhr, daß Le Franc wahnsinnig geworden sei, durch die Straßen Montaubans laufe und schreie: Jehovah! Jupiter! Herr! Das heißt, daß er das Verbrechen des Deismus beging. Dann schrieb er Lieder, die die Leute in Anwesenheit Le Francs trällerten. Einmal vereinte ein Theaterplakat aus purem Zufall ›Didon‹ von Monsieur Le Franc de Pompignan und ›Le fat puni‹. Das rief Gelächter hervor. Auf den Straßen zeigte man mit dem Finger auf den Eitlen. Voltaire fand, daß Paris sehr spaßig sei, Le Franc aber fand, es sei die Höhle der Dämonen. Was konnte er tun? Er konnte nur aus dieser unerträglichen Stadt abreisen und wieder in seine Provinz zurückkehren. Voltaire verfolgte ihn bis dorthin.

Wie aus einem ›armen Teufel‹ eine Kampfarmee wird

Aus einem Akt der Güte machte der Philosoph von Ferney einen Akt der Rache. Er nahm einen armen Schlucker bei sich auf, einen heruntergekommenen Kerl, begabt und klug, aber steril und unbrauchbar. D'Alembert hatte ihn Voltaire empfohlen. Sofort wurde der Unglückliche in den ›Délices‹ untergebracht und verwöhnt, wofür er den Gastgeber mit dem Bericht seiner Abenteurerlebens erfreute. Seine Erzählung war die vollkommene Illustrierung der Idee, die sich Voltaire von der Absurdität der Welt und der Albernheit der Vorsehung machte. Über das armselige Leben dieses Mannes schrieb er ein Gedicht, ›Le Pauvre Diable‹, dem er den Untertitel hätte geben können: Die Anti-Vorsehung in Aktion. Sein bedauernswerter Held hieß Simon Valette. Da aber Valette in Montauban geboren war, traf man aufs neue mit Pompignan zusammen und konnte ihm im Vorübergehen ein paar Kratzwunden versetzen. Außerdem hatte Valette, als er sein Unglück durch Paris schleifte, die Bekanntschaft Frérons gemacht. War es nicht die Vorsehung, die ihm diesen ›armen Teufel‹ schickte und die beiden Feinde Voltaires wieder seinen rächenden Krallen auslieferte? Er ließ den armen Teufel also reden, der unter der Feder Voltaires wie der Teufel in Person sprach. Valette war, halb tot vor Hunger, in Paris einem merkwürdigen Individuum begegnet:

Cet animal se nommait Jean Fréron.

. . . .

Il m'enseigne comment on dépeçait
Un livre entier, comme on le recousait . . .
Je m'enrôlai, je servis le corsaire
Je critiquai sans esprit et sans choix
Impunément le théâtre, la chaire
Et je mentis pour dix écus par mois.

Auf diese Weise verdiente man sich also sein Brot und eine
gewisse Berühmtheit bei dem Unternehmen Fréron und:

Je fus connu, mais par mon infamie

Er begriff schließlich, welche Rolle man ihn spielen ließ, und
verließ Fréron:

Triste et honteux je quittai mon pirate
Qui me vola pour fruit de mon labeur
Mon honoraire en me parlant d'honneur.

Diesem Wespenloch entronnen, fiel er in ein anderes:

Manquant de tout dans mon chagrin poignant
J'allai trouver Le Franc de Pompignan
Ainsi que moi, natif de Montauban.

Der prachtliebende Dichter fand nichts Besseres, um seinen
Landsmann aus dem Unglück zu ziehen, als ihm ein Exemplar
seiner ›Poèmes Sacrés‹ zu vermachen:

Votre dur cas me touche
Tenez, prenez mes cantiques sacrés
Sacrés ils sont, car personne n'y touche!

Dieser Hieb verbreitete sich wie ein ansteckendes Lachen. Der
Satz wurde sprichwörtlich. Le Franc stöhnte vor Schmerz. Voltaire ließ ihn noch sagen:

C'est un trésor, allez et prospérez.

Versehen mit diesem Schatz, blieb dem Unglücklichen nichts
anderes übrig, als des Hungers zu sterben. Voltaire rettete ihn,
aber auf Kosten Le Francs und Frérons.

Le Franc lebte zurückgezogen in seinem Dorf, wo er in aller
Stille 1784 starb, in jener Stille, die er nicht hätte verlassen
sollen, wohl installiert in dem Sessel der Académie, wo niemand je seinen Halbschlaf gestört hätte.

So wurde dieser Dichter mit der Strafe des Exils belegt durch den König Voltaire, der auf diese Weise seine sarkastische Herrschaft festigte. Er schmeichelte sich, weit vom Lärm und den Aufregungen der Welt zu leben; doch er hörte nie auf, daran teilzunehmen. Er spürte jeden Umschwung der öffentlichen Meinung, er war von allem unterrichtet, mischte sich in die Intrigen, den Klatsch, die Spekulationen. Er wußte, verstand und erriet alles, litt oder freute sich an allem, was die Welt empfand oder zustande brachte. In Wahrheit besaß ihn die Welt, die er von sich gewiesen zu haben behauptete, mehr denn je. Er rühmte sich, den Seelenfrieden gefunden zu haben, aber eben der fehlte ihm am meisten. Voltaire ist ganz der alte.

Die Vernichtung Le Francs schien den Feindseligkeiten Voltaires ein Ende zu setzen. Doch er hörte nicht auf, weniger wichtige Herren der Literatur zu verfolgen.

In dem eben erwähnten Gedicht ›Le pauvre Diable‹ bekam auch Gresset, der Autor von ›Vert-Vert‹, einige Hiebe ab. Voltaire konnte ›Vert-Vert‹, das er oberflächlich und spielerisch fand, nicht leiden. Der allzu schnelle Erfolg Gressets ärgerte ihn mehr als dessen Papagei. Er warf dem Autor vor, sein Epos erinnere an einen Schulaufsatz und er genieße das doppelte ›Vorrecht‹:

> D'être au Collège un bel esprit mondain
> Et dans le monde un homme de Collège.

Die Kritiken Voltaires werden, ob gerechtfertigt oder nicht, stets so ausgedrückt, daß sie genauso tief in das Gedächtnis des amüsierten Publikums eindringen wie in das lebendige Fleisch der vor Schmerz heulenden Opfer. Voltaire hätte Gresset nicht angreifen müssen, der friedlich in seiner Geburtsstadt Amiens wohnte, wohin er sich, angeekelt von den Sitten der literarischen Republik, zurückgezogen hatte. Aber Gresset hatte den Fehler begangen, einen Augenblick lang sich dieser Ruhe zu begeben, um gegen das Theater zu schreiben. Ein solches Verbrechen konnte Voltaire nicht ungestraft lassen. Gresset las Voltaires Angriff jedoch erst vierzehn Jahre später, so sehr lebte er außerhalb der literarischen Streitereien. Er antwortete nicht darauf. Aber man fand nach seinem Tode ein Portrait

Voltaires, von dem wir einige Züge bringen: »Voltaire, der sich für den Eroberer der Literatur hält, ist nur ihr Don Quichotte . . . Er hat sich alle Ergebnisse der Künste, der Moral, der Gefühle, der Natur zusammengesucht, er hat sich alles, was er geplündert hat, angeeignet. Die Unwissenden sind überzeugt, daß alles sein Eigentum ist . . . der ewige Plagiator. Er hat als eigen ausgegeben, was woanders und oft überall vorhanden war. Er wird ganz und gar sterben«, lautet Vert-Verts Urteil.

Prophezeit niemals, ihr Propheten der Literatur! Vor allem nicht, wenn euer Haß euch auf den Dreifuß steigen läßt. Vert-Vert hätte beinahe richtig gesehen. Der offizielle Voltaire, das Mitglied der Académie, der tragische Dichter ist tot — selbst der, den Vert-Vert angreift, lebt nicht mehr. Seine Zeitgenossen sahen und schätzten fast ausschließlich den geschickten, modischen Versemacher. Aber Vert-Vert vergaß den anderen Voltaire: den der Schmähschriften, der ›Contes‹ und ›Romans‹, der ›Lettres‹, des ›Essai sur les Mœurs‹, des ›Dictionnaire philosophique‹ . . . er vergaß Voltaire, den großen Mann seines Jahrhunderts, die unsterbliche Verkörperung einer Kulturepoche. Wenn Vert-Vert Voltaire vorwarf, sein Material von überallher genommen zu haben, so sah er richtig, aber er urteilte falsch. Diese Eigenschaft machte nicht die Schwäche, sondern das Genie Voltaires aus. Was er von woanders nahm, war nichts, solange er nicht etwas Intelligentes und Menschliches, etwas Voltairesches daraus gemacht hatte.

Ein neues Opfer des Augenblicks ist der Abbé Trublet. Es fehlte ihm weder an Bildung noch an Feinsinnigkeit, aber er wollte, wie man sagte, mehr davon zeigen, als Gott ihm zuerteilt hatte. »Der Geist, den man haben will, verdirbt den, den man hat.« Er putzte seine Verse übertrieben heraus, »er verwandte auf seinen kleinen Stil die Sorgfalt, die die Koketten ihrem Schmuck angedeihen lassen«. Er rühmte sich seines Glücks, und da er Priester in Saint-Malo war, verbarg er nicht, daß der Beichtstuhl ihm einigen Erfolg verschafft hatte. Ein solches Geständnis läßt uns an seinem Feingefühl zweifeln. Er sagte d'Alembert, daß er mit seinen Predigten allen Frauen von Saint-Malo den Kopf verdrehe. »Vielleicht wenden sie ihn bloß ab«, antwortete ihm d'Alembert. Das war mehr als eine witzige Entgegnung, denn Trublet war abstoßend häßlich. Grimm sagte von ihm, seine Gestalt und seine Gesichtszüge seien unangenehm und gemein, und dazu sei er noch schmutzig gewesen, so daß »seine Person mehr verachtet wurde als seine Werke«. Um zu zeigen, was er sich auf seine Verdienste einbildete, führen wir eine Eigenart des Abbés an: er behauptete, seine Kunst, Kommata zu setzen, grenze ans Erhabene. Worauf ihm Grimm folgenden Hieb verpaßte: »Er war ein Tier mit viel Geist.« Trotzdem sahen die Leser in seinen Schriften eher den Geist als das Tier, und er hatte Bewunderer, zu denen auch Voltaire gehörte . . . bis zu dem Tage, als der Abbé über die ›Henriade‹ schrieb: »Ich weiß nicht warum, aber ich gähne, wenn ich sie lese.« Trublet hatte im Grunde nicht allzu unrecht, wenn er hinzufügt: »Es war nicht der Dichter, der mich zum Gähnen brachte, sondern die Poesie, oder vielmehr die Verse.« Wie dem auch sei, das Verbrechen war offenkundig, der Schuldige mußte sterben.

Als Voltaire erfuhr, daß Trublet bei der Lektüre seines epischen Gedichtes einschlief, weckte er ihn wieder auf:

Vous m'avez endormi, disait ce bon Trublet
Je réveillai mon homme à grands coups de sifflet.

Armer Abbé!

L'abbé Trublet avait alors la rage
D'être à Paris un petit personnage.

Eine so kleine Persönlichkeit, daß der Abbé de Voisenon von ihm sagte, er sammle die Reste der Unterhaltungen und seiner Lektüre, um seine Bücher zu verfassen: »Er ist der Lumpensammler der Literatur.« Voltaire bemächtigte sich dieses liebevollen Urteils:

Au peu d'esprit que le bonhomme avait
L'esprit d'autrui par supplément servait
Il entassait adage sur adage
Il compilait, compilait, compilait
On le voyait sans cesse écrire, écrire
Ce qu'il avait jadis entendu dire
Et nous lassait sans jamais se lasser.

Immer wieder machten sich die Autoren gegenseitig den Vorwurf des Plagiats. Niemand war übrigens im Unrecht, denn jeder plünderte jeden. Nur die Art, wie man plünderte und die Beute zurechtstutzte, variierte. Und das war das Entscheidende.

Wer wunderte sich über diese Prügel? Durchaus nicht der Abbé, der sie lächelnd empfing, denn er fühlte sich dadurch ein wenig berühmter. Er wurde in die Académie aufgenommen und schickte Voltaire den Text seiner Rede mit einem schmeichelhaften Brief. Voltaire war entwaffnet. Er antwortete höflich und ein wenig ironisch, aber die Antwort klang liebenswürdig. Er konnte gutem Benehmen nicht widerstehen. Der Abbé, der nur Frieden wollte, gab nach und dankte Voltaire ganz ehrlich für seinen freundlichen Brief: »Tausend Dank, Monsieur und berühmter Mitbruder, für die Antwort, mit der Sie mich beehrt haben. Sie ist ebenso einfallsreich wie verpflichtend, und was noch mehr gilt, sie ist sehr lustig. Sie ist ein Beweis Ihrer guten Gesundheit; nur Sie müssen sie noch unter Beweis stellen. Mögen Sie sie lange bewahren und mit ihr den ganzen Charme und das Feuer Ihres Genies. Das ist der Wunsch selbst Ihrer Feinde, denn wenn diese auch nicht Sie selbst lieben, so lieben sie doch Ihre Werke; es gibt keine Ausnahme; wehe denen, die man ausnehmen müßte.« Nach diesem Brief wurde der Schuldige begnadigt, Voltaire gab ihm seine Rechte auf Leben und literarisches Talent zurück.

Aber es blieben andere ›Verbrecher‹, die unbußfertigen, die rückfälligen, deren schlimmster immer noch Fréron war. 1759 hatte Fréron ›Candide‹ übel mitgespielt. Wie kann man ›Candide‹ übel mitspielen! Wehe denen, die man von der Menge der Bewunderer trennen muß! Ein Jahr später tat Voltaire so, als entdecke er eine alte Nummer von Frérons Zeitschrift ›L'Année Littéraire‹, die seit 1754 erschien. »Ich war erstaunt, letzten Dezember ein Blatt einer periodischen Broschüre ›L'Année Littéraire‹ zu erhalten, von deren Existenz ich in meinem Schlupfwinkel absolut nichts wußte . . .« Ach! der heilige Eremit, der in der Einsamkeit nichts von der Welt erfuhr! »Und ich habe gesehen, daß es sich um eine Schrift handelt, in der die berühmtesten Männer . . . beleidigt werden.« Es folgen einige vage Äußerungen über den kleinlichen Geist, der sich als Zensor über die Werke anderer aufschwingt. Der Gedanke, den Autor des Blattes zu beschuldigen, liegt ihm fern, diesen Autor, »der ihm absolut unbekannt ist«. Fréron Voltaire unbekannt! »Wenn man mir auch sagt, daß er seit langem mein Feind ist, ich versichere Ihnen, daß ich nichts davon weiß.« Diese unbestimmte Ausdrucksweise ließ nichts Gutes für den ›Unbekannten‹ ahnen.

Fréron hatte leichtes Spiel, die falsche Naivität Voltaires zu entlarven. Er sammelte Beweise, die zeigten, daß der Eremit des Sees seit langem die ›Année littéraire‹ und ihren Redakteur kannte. Im übrigen konnte der zitierte Brief nicht von Voltaire sein, es handelte sich ›wahrscheinlich‹ um einen jener falschen, die man ihm zuschrieb, denn er hatte weder seinen Stil noch seinen Geist. Das saß! Voltaire verhielt sich ruhig.

Währenddessen ließ er ›L'Ecossaise‹ aufführen, ein sehr mittelmäßiges Stück. Man schrieb es Voltaire zu, der jedoch behauptete, es sei nur eine Übersetzung aus dem Englischen, er könne für nichts, der Autor Jérôme Carré fordere die Vaterschaft. Fréron schrieb eine scharfe Kritik, und das war gerecht. Als man ihn darauf hinwies, daß eine Figur des Stückes Frelon hieß und sein Portrait war, antwortete er geschickt, er halte Voltaire nicht für fähig, so schlecht und so niedrig zu schreiben — wenn er sich auch erinnerte, daß derselbe Voltaire in Berlin die Neuigkeit verbreitet hatte, Fréron sei zur Galeere verurteilt.

›L'Ecossaise‹ ist gut und gern von Voltaire. Sie hatte Erfolg, und er freute sich darüber. Die Zuschauer suchten in dem Stück Beleidigungen gegen Fréron. In derselben Art schrieb er anschließend ein zweites Stück, eine Tragödie mit dem Titel ›La mort de Socrate‹, in der nichts antik ist. Man findet darin seine Feinde Berthier, Chaumeix und den Abbé Nonnotte wieder. Das Ganze ist niedrig und keineswegs brillant, eine traurige Sache. Auch die ›Ecossaise‹ ließ er wieder aufführen, wobei er jedoch den Namen Frelon in ›Guêpe‹ (Wespe) änderte. Angestachelt durch den Streit, auf dessen ergötzliche Folgen man hoffte, füllte ganz Paris den Saal, um zu sehen, wie Fréron seiner eigenen Hinrichtung beiwohnte. Alles war bereit. Diderot und Sedaine hatten die Freunde der ›Encyclopédie‹ und Voltaires mobilisiert, um die Tiraden zu beklatschen, in denen Fréron verrissen wurde. Worte wie Spinne, Stutzer, Spitzbube, Viper, Schuft schmückten den Text, der ›Monsieur Guêpe‹ schilderte. Der philosophische Clan war begeistert. Fréron erstaunte alle Welt durch seine Unbekümmertheit. Man wagt sich kaum die Wut, die Schreie, den Spott, die Nervenkrisen Voltaires unter den gleichen Umständen vorzustellen! Voltaire war enttäuscht über diese Gelassenheit, wie auch über den kurzen und bissigen Bericht des Stückes, den Fréron gab. Er erzählt: »Da dieser Fréron die Unachtsamkeit beging, sich zu erkennen, erkannte ihn das Publikum ebenfalls.« Und er fügt hinzu, daß laut Fréron das Stück nur triumphiert habe »dank einer Clique von zwölf- bis fünfzehnhundert Leuten, die ihn alle haßten und weidlich verachteten«. Fünfzehnhundert Personen, die gekommen waren, ihn zu beleidigen: das zeigt, wie sehr Fréron in Paris geschätzt wurde. Jérôme Carré traf man, wie Voltaire erzählt, am Ausgang, wo Madame Fréron ihn mit zwei von Dankbarkeit beflügelten Küssen bedachte: »Wie dankbar bin ich Ihnen«, sagte sie, »meinen Mann bestraft zu haben, aber Sie werden ihn nicht bessern.«

All das klingt sehr unwahrscheinlich, und doch fälschte Voltaire nur einen wirklichen Zwischenfall. Madame Fréron wohnte tatsächlich der Aufführung bei und war tief betroffen von den Angriffen, deren Opfer ihr Gatte war. Irgend jemand sagte ihr, um sie zu trösten: »Nicht doch, Madame, es handelt sich ja gar nicht um Ihren Gatten. Er ist weder ein Denunziant, noch ein Fälscher, noch ein Verleumder.« Worauf die Unglückliche in aller Unschuld den schrecklichen Satz von sich gab: »Ach! Monsieur, Sie haben gut reden, man erkennt ihn doch immer.«

Ganz Paris balgte sich mündlich oder schriftlich um die ›Ecossaise‹ — das armselige Stück wurde ein Erfolg. Man spielte es auch in der Provinz. Die Schauspieler planten, es im folgenden

Winter wieder aufzunehmen; man war damals im August 1760. Der Sommer strahlte über den Ufern des Sees, der alte Dichter auch. Fréron war geschlagen. Das hieß, sich über einen recht mittelmäßigen Sieg freuen. »Mein alter Corpus, mein alter Stamm hat dieses Jahr einige Früchte getragen, die einen sind süß, die anderen ein wenig bitter.« Die süßen sind die Früchte der Rache. Wenn er in seinem Leben nur diese ›Ecossaise‹ zum Reifen gebracht hätte, überließen wir ihn gern seiner grämlichen Freude. Aber verlieren wir den Mut nicht schneller als er. Wünschen wir ihm schönere, brillantere Rachen. Er ruht sich aus: »Mein Lebenssaft ist fort, ich habe keine Früchte, keine Blätter mehr, man muß der Natur gehorchen und sie nicht ausschelten. Die Dummköpfe und Fanatiker werden diesen Herbst und Winter eine gute Zeit haben, aber Achtung vor dem Frühling!«
Das ist typisch er! Der Gedanke, daß die Dummköpfe und Fanatiker zu seinen Lebzeiten Ruhe haben könnten, läßt ihn aus der seinen fahren wie einen Teufel aus dem Weihwasserbecken.

Erfolg des erhabenen ›Tancrède‹

Diese mittelalterliche, schreckliche, zärtliche, edle und erhabene Tragödie, deren Erhabenheit so erhaben ist, daß sie ans Lächerliche grenzt, hatte großen Erfolg und war von besserer Qualität als die ›Ecossaise‹. Um sich in solche Höhe zu erheben, brauchte Voltaire nur vier Wochen und fünf Akte, die er vom 22. April bis zum 18. Mai 1760 schrieb. Das Stück wurde am 13. September 1760 gespielt. Glauben wir nicht, daß er sechsundzwanzig Tage lang nur auf den Gipfeln der Kühnheit, der Liebe und des Schreckens verweilte, er stellte sich dazwischen wieder mit beiden Füßen auf die Erde, um Fréron, seine Gärtner, seine Steinmetze, seine Verleger zu quälen und halb Europa von ferne Zeichen seiner Freundschaft zu senden. Zuweilen schrieb er bis zu vierzig Briefe am Tag. Die andere Hälfte Europas, die, der er nicht schrieb, besuchte ihn.

Dieses Meisterwerk der klassischen Tragödie bereitete nicht nur Madame Denis und den Genfern in dem ›alten Gemäuer‹ von Tournay schöne Abende, sondern auch den anspruchsvollsten Parisern. Die Zeitgenossen Voltaires versanken in Bewunderung vor ›Tancrède‹. Der Erfolg maß sich an der Fülle von Tränen. Das Schluchzen war so allgemein, daß selbst die Clique Frérons, die die ›Guêpe‹ zu rächen gekommen war, zu pfeifen vergaß und wie alle Welt in Tränen badete. Das war der wahre Triumph, wie damals bei ›Zaïre‹!

Madame d'Epinay, die von Natur aus nicht sehr zart besaitet war, schreibt, sie habe »Mittel gefunden, ›Tancrède‹ zu sehen und in Tränen auszubrechen. Man stirbt dort, auch die Prinzessin stirbt, aber welch schöner Tod! Das Stück ist von einer bewegenden Neuheit und reißt einen mit zu Schmerz und Beifall. Mlle Clairon hat Wunder vollbracht. Es gibt dort ein gewisses ›Nun gut! mein Vater!‹ Ach! meine Jeanne, sagen Sie mir nie in diesem Ton ›Nun gut!‹, wenn Sie nicht wollen, daß ich sterbe. Im übrigen, falls Sie einen Liebhaber haben, so lösen Sie sich gleich morgen von ihm, wenn er kein Paladin ist, nur diese Leute können den Frauen Ehre machen.«

Man erzählte dies Monsieur de Voltaire, der darüber weinte, manchmal über den unseligen Ruhm der Paladine, öfter noch über den blühenden Ruhm Voltaires. Aber er weinte nur mit einem Auge. Mit dem anderen überwachte er Fréron und seine Sippschaft. »Man sagt, daß Satan in der Gestalt Frérons im Saale war, und als die Träne einer Dame auf die Nase des Unseligen fiel, machte er psch! psch! als wäre es Weihwasser.« Voltaire erwartete einen rächenden Artikel ›Satans‹, aber er bekam nur Lob, versehen mit einigen berechtigten Einschränkungen über die Komposition und die Aufeinanderfolge der Szenen. D'Argental hatte ihn auch schon auf diesen Fehler aufmerksam gemacht, aber Voltaire glaubte, wenn er nur das Publikum recht zum Weinen bringe, würde es weniger klar sehen und die Fehler nicht entdecken. Er hatte richtig gedacht, außer in einem Punkt: Fréron weinte nicht und sah klar. Diderot machte ebenfalls einige Einschränkungen. Man erzählte Voltaire davon, der Diderot dringend bat, offen seine Kritik

zu äußern. Ein gefährliches Unterfangen, die Neugierde des
›Alten vom Berge‹ zu befriedigen! Diderot fürchtete seine Empfindlichkeit, er wickelte seine winzigen Tadel in Lob, und alles
ging gut. »Ach! mein lieber Meister! Wenn Sie sehen könnten,
wie die Clairon über die Bühne geht, gebrochen sich an die sie
begleitenden Henker lehnend, während die Knie ihr den Dienst
versagen, mit geschlossenen Augen, die Arme hängend wie bei
einer Toten, wenn Sie den Schrei hörten, den sie beim Anblick
Tankreds ausstößt, so wären Sie mehr denn je davon überzeugt,
daß Schweigen und Pantomime zuweilen etwas Pathetisches
haben, das alle Möglichkeiten der Redekunst nie erreichen.«
Das Wort ist gesagt: das Pathetische. Diderot spürt schon die
Kraft der Empfindungen und den Sensualismus des Theaters.
Der klassische Geschmack ist im Schwinden, und Voltaire, sein
Segel nach dem Winde richtend, folgt bereits der neuen Mode.
Wahrscheinlich bejahte er sie jedoch nur, weil man ›Tancrède‹
deswegen bewunderte, bei anderen Autoren hätte er sie gewiß
mißbilligt.
Um Madame de Pompadour zu danken, die ihn bei seinen
Bittschriften zugunsten der Herrensitze von Ferney und Tournay unterstützt hatte, wollte ihr Voltaire ›Tancrède‹ widmen.
Und er machte sich schon daran, eine Widmungsepistel zu verfassen, wie er sie so gut zu formulieren wußte. D'Argental jedoch gab ihm zu verstehen, daß seine Epistel Gefahr laufe,
nicht so gut aufgenommen zu werden, wie er hoffte. Er fürchtete die Wirkung einiger amüsanter, ein wenig familiärer und
impertinenter Stellen, für die Voltaire so begabt war, an denen
sich gewisse Hoheiten und wichtige Persönlichkeiten aber stoßen könnten, die, ohne wirkliche Hoheiten zu sein, Wert auf
den hohen Rang in der Gesellschaft legten. Voltaire beruhigte
ihn und sandte ihm die Widmung. Die d'Argentals lasen sie
mit der Lupe, untersuchten und erforschten sie: konnte man
dieses Wort doppelsinnig auslegen? Konnte jene Schmeichelei
zweideutig verstanden werden? Das Volk des Hofes ist spitzfindig, vor allem in der Bosheit. Zur größeren Vorsicht legte
man die Widmung auch dem Minister, dem Duc de Choiseul
vor, der sie der Favoritin nur überreichen sollte, wenn er sie

untadelig fände. Man startete das Unternehmen nicht unbesonnen. Alle Welt billigte schließlich den Text, selbst der König. Voltaire hatte rückhaltlos geschmeichelt, ohne allzu viel Feinheit, ohne viel Brillanz, im Staube kriechend. Er läßt drucken, er schickt ein prächtiges Exemplar mit seiner Widmung und er wartet, wartet.

Nach sechs Monaten beginnt er sich zu wundern. Er wird unruhig. Keine Antwort. Nur Madame de Pompadour und der König wußten den Grund, doch legten sie keinen Wert darauf, ihn bekannt zu machen. Die Favoritin hatte einen anonymen Brief erhalten. Man flüsterte ihr zu, Voltaires Lob sei nicht ehrlich; da die Favoritin kein Lob verdiene, sei der Dichter bereits auf eine Entschuldigung denen gegenüber bedacht, die ihm vorwerfen würden, eine unpopuläre Favoritin zu beweihräuchern. Eine Polemik um die Widmung fürchtend und sich trotz allem vor Voltaire hütend, begrub Madame de Pompadour lieber die Sache, ehe sie ins Rollen käme. Sie begrub sie in aller Stille mit der Billigung des Königs. Und Voltaire fand, der Hof sei recht kapriziös und nur in einem beständig: in der Undankbarkeit.

Das war jedoch kein Grund, sich noch weiter mit Versailles zu verfeinden. Daher protestierte Voltaire, als ein Engländer namens Lord Lyttleton in einem Vorwort schrieb, Voltaire lebe in der Schweiz im Exil. Er fürchtete, der Hof könne ihn verdächtigen, den Märtyrer zu spielen, um die mangelnde Toleranz des Ministeriums zu zeigen. Und er schrieb dem Lord: »Ich lebe auf meinen Ländereien in Frankreich (und nicht in der Schweiz!). Die Zurückgezogenheit (verwechseln Sie sie nicht mit dem Exil) ziemt dem Alter; sie ziemt sich um so mehr, wenn man auf seinen eigenen Besitzungen lebt (ist er nicht Lehnsherr?). Wenn ich auch ein kleines Landhaus bei Genf (die ›Délices‹!) habe, so liegen doch meine Güter und meine Schlösser in Burgund (ist das bei einem Verbannten möglich?), und da mein König die Güte gehabt hat, die Privilegien meiner Besitzungen zu bestätigen, die steuerfrei sind, (das ist die Vergünstigung, die die Favoritin für ihn erhalten hat) bin ich ihm um so mehr verbunden.« Lord Lyttleton ließ das Exil und die

Schweiz in seinem Vorwort streichen; trotzdem lud der König Voltaire nicht nach Versailles ein.

Wenn der König sich auch wenig liebenswürdig gegenüber dem Eremiten von Ferney benahm, so tat es doch eine Schankwirtin aus der Rue Croix-des-Petits-Champs an seiner Stelle. Dame Bourette war ihr Name; sie verkaufte Limonade und Wein im Krug und verfertigte geschickt kleine, freundliche Gedichtchen, die niemand weh taten und doch der Dichterin große Freude machten. Sie schickte ihre Verse berühmten Dichtern. Dafür sandten diese ihr eines ihrer Werke oder gar ein Geschenk in Naturalien oder in Geld. Alles wurde von der Limonadenmuse wohl empfangen. Madame Denis hatte ihr einen schönen Fächer geschenkt. Als Dame Bourette wiederum einen Packen Lieder schickte, beauftragte Voltaire seine Nichte, ein neues Geschenk zu machen. Man dachte zuerst an eine Karaffe für sechzig Livres, dann ging man herunter auf ein Geschenk für sechsunddreißig Livres und blieb schließlich bei einer goldgestreiften Tasse, die nur die Hälfte kostete. Dame Bourette war sehr stolz auf sie. So stolz, daß sie das Literatenvolk einlud, die Tasse Monsieur de Voltaires zu bewundern und sogar Café daraus zu trinken. Aber ihr Angebot brachte ihr folgende Antwort des tugendhaften Jean-Jacques ein: »Ich werde Sie besuchen, Madame, und Café bei Ihnen trinken, aber ich bitte Sie, nicht aus der goldenen Schale Voltaires, denn ich trinke nicht aus der Schale dieses Mannes.«

Er enthielt sich und tat gut daran. Er wäre, aus der goldenen ›Schale‹ trinkend (warum nennt er sie nicht eine Tasse?) Gefahr gelaufen, den Bazillus der Höflichkeit einzufangen und sich eine entsetzliche Infektion zu holen, die man den Geschmack am Luxus nennt. Er trank also seinen Café aus seinem rustikalen Becher und seine Seele blieb rein wie seine Prinzipien.

Mademoiselle Rodogune erheitert Ferney,
doch böse Menschen betrüben sie

Ohne Prinzipien, aber großmütig nahm Voltaire (anstatt seine
Kinder nach seinen ›reinen‹ Prinzipien auf die Straße zu setzen
wie Jean-Jacques) ein junges Mädchen auf, das den großen
Namen Corneilles trug, aber unglücklich war. Der Gedanke
war ihm unerträglich, daß die Großnichte des Autors von ›Polyeucte‹ ohne Brot und Erziehung dahinvegetierte.
Sie stammte von einem Bruder des Vaters des großen Corneille
ab, der Pierre hieß wie der Dichter. Dieser hatte einen 1662
geborenen Sohn, der also ein richtiger Vetter Corneilles und
sein Patenkind war und ebenfalls den Namen Pierre trug. Er
arbeitete, wie die meisten Corneilles, als Rechtanwalt in Rouen
und wurde von einem unehrlichen Klienten, für den er als
Bürge auftrat, ruiniert. Er hinterließ fünf Kinder, deren eines
einen Sohn mit Namen Jean-François hatte, der 1714 geboren
wurde. Dieser Jean-François nun war der Vater des jungen,
von Voltaire aufgenommenen Mädchens. Er war außerdem
ein Vetter Fontenelles durch dessen Mutter Marthe Corneille,
eine Schwester des Dichters des ›Cid‹. In all seiner Armut und
Unwissenheit wußte Jean-François noch nicht einmal etwas
von seiner Verwandtschaft mit Fontenelle. Als man ihn davon
unterrichtete, beschloß er, sich seinem berühmten Onkel vorzustellen und ihn um Hilfe zu bitten. Unglücklicherweise war
Fontenelle fast hundert Jahre alt und sein Gedächtnis voller
Lücken, er hatte vergessen, daß es zwei Pierre Corneille gegeben hatte, und als man ihm den Enkel Pierre Corneilles vorstellte, behandelte er ihn wie einen Betrüger. Kurz, Fontenelle
starb und hinterließ sein Vermögen seinen Nichten. Jean François strengte einen Prozeß gegen sie an, den er verlor. Die Nichten hatten Mitleid mit ihm, sie zahlten die Kosten des gegen
sie geführten Prozesses und machten ihm ein Geschenk. Aber
sie rissen ihn damit nicht aus der Misere. Er verdiente mit
Holzschnitzereien vierzig Francs im Monat, davon mußte er
fünf Personen ernähren. Dann begann man in Paris von ihm
zu sprechen. Und Fréron war es — jetzt bewegen wir uns wie-

der in bekannten Gefilden –, der als erster seine Sache in die Hand nahm. Das erste Zeichen der Großzügigkeit kam von der Comédie-Française, die eine Tragödie und eine Komödie spielte und die Einnahmen Jean-François überließ. Er hatte nur um die Tageseinnahmen eines wenig besetzten Saales gebeten, die Schauspieler aber gaben ihm die eines voll besetzten Hauses, das heißt die der Vorstellung vom Montag. Er bekam fünftausend Livres, bezahlte seine Schulden und brachte seine älteste, achtzehnjährige Tochter in einem Pensionat unter. Doch er mußte sie bald wieder fortnehmen, weil er das Pensionsgeld nicht mehr bezahlen konnte. Sie wurde von den Nichten Fontenelles aufgenommen, wo ein Dichter, Le Brun, sie sah und Voltaire ihre traurige Geschichte in Versen schrieb. Er brauchte nur dreiunddreißig Strophen, um den Philosophen um Hilfe für die Unglückliche zu bitten. Freilich fügte er einen langen Brief hinzu, um die Allegorien und dunklen Stellen seiner Verse zu erklären. Das war herrlich: Voltaire weinte.

»Es schickt sich, daß ein alter Soldat des großen Corneille versucht, der Enkelin seines Generals nützlich zu sein.« Seine Entscheidung war getroffen. Sofort regelt er alles mit dem gewohnten Eifer. Mademoiselle Corneille wird in Lyon bei den Tronchins absteigen, wohin er eine Kutsche schickt, um sie nach Ferney zu bringen. »Wenn es so recht ist, bin ich zu Ihren Diensten, und ich hoffe, Ihnen bis zu meinem letzten Tag dafür danken zu können, daß Sie mir die Ehre verschafft haben, das zu tun, was M. de Fontenelle hätte tun sollen. Ein Teil der Erziehung der jungen Dame wird darin bestehen, uns zuweilen die Stücke ihres Großvaters spielen zu sehen, und wir werden sie Szenen aus ›Cinna‹ und dem ›Cid‹ sticken lassen.«

In seiner Begeisterung sieht er sich schon als Erzieher und vergißt, sich über den Grad ihrer Verwandtschaft zu informieren, über das Mädchen selbst und über ihren Vater. Dieser so mißtrauische Mann, der so durchtrieben in Geschäften ist, öffnet ohne Vorsichtsmaßnahmen einem armen Mädchen sein Haus, das der Schein eines großen Namens umgibt: sein Herz hat gesprochen. Er stellt sich rührende Fragen: wird sie ihn lieben? Wird sie nicht Angst vor ihm haben? Was hat man ihr von dem ›Alten vom Berg‹ erzählt? Von diesem Gottlosen! Diesem Helfershelfer Satans? Er bietet ihr »alle Erleichterungen, alle nur mögliche Hilfe für die Pflichten der Religion«. Er bietet ihr alle Lehrer, die sie nur will: »Wir werden einen Lehrer kommen lassen, der sich sehr geehrt fühlen wird, der Enkelin des großen Corneille etwas beizubringen, aber ich werde es noch mehr als er sein dadurch, daß sie bei mir wohnen wird.« Nachdem er nachgedacht hat, wird er unruhig. Er weiß nichts von ihr. Und dieser Le Brun, der sie ihm empfohlen hat, ist der zuverlässig? (Wenn er wüßte, daß Fréron mit der Sache zu tun hat!) Er bittet Madame d'Argental, sie zu besuchen. Sie ist ihm verläßlicher als Le Brun. Wenn dieser auch dreiunddreißig Strophen über die Tochter der Corneilles geschrieben hat, so ist er doch ein wenig jung, um die Anstandsdame junger Mädchen zu spielen. Madame Denis bereitet indes eine prächtige Aussteuer vor.

Mademoiselle Corneille kam im Dezember 1760. Sie war freundlich und lebhaft, fröhlich und naiv und gefiel. Sie brachte ihre gesunde und anmutige Jugend mit. Voltaire nannte sie ohne weiteres Rodogune. »Wir sind sehr zufrieden mit Mlle Rodogune, wir finden sie fröhlich, natürlich und aufrichtig. Ihre Nase ähnelt der von Mme de Ruffec, von ihr hat sie auch das hübsche Gesichtchen einer jungen Dogge, sie hat die schönsten Augen, eine schöne Haut, einen großen, recht appetitlichen Mund mit zwei Perlenreihen darin.«

Er schrieb dem Vater, das war nicht leicht; bei solchen Gelegenheiten sieht man, wer Voltaire war. »Alle, die sie sehen, sind sehr zufrieden mit ihr. Sie ist fröhlich und sittsam, freundlich und fleißig. Sie hat die besten Anlagen. Ich beglückwünsche Sie zu Ihrer Tochter, Monsieur, und danke Ihnen, sie mir überlassen zu haben.«

Wer ist der Verpflichtete, wer der Überlegene? Voltaire, der dankt, der Wohltäter, der glücklich ist, Gutes tun zu können. Es ist schön beides, Umgangsformen und Herz, zu besitzen.

Seine Feinde, die Frommen und Fréron, werden angreifen, was unantastbar ist: seine Großzügigkeit. Fortgerissen von seiner Eitelkeit, veröffentlicht der dumme Le Brun seine dreiunddreißigstrophige Ode, und ohne Erlaubnis fügt er auch den Brief bei, in dem Voltaire ihm dankt, das Schicksal Rodogunes enthüllt zu haben. Fréron wirft sich auf den Köder und antwortet, Mademoiselle Corneille diene nur als Vorwand für Voltaire, um sein Ansehen zu vergrößern, und Le Brun sei sein Reklameagent. Seit er von Voltaires Interesse für das Mächen wisse, habe er, Fréron, es für gut befunden, sich nicht mehr für sie zu interessieren. Im übrigen sei der Vater nur ein Nichtsnutz, »der Vater des Fräuleins ist eine Art kleiner Postbeamter mit fünfzig Livres im Monat, seine Tochter hat ihr Kloster verlassen, um bei ihm die Ausbildung eines Jahrmarktgauklers zu erhalten.« Und von Ferney sprechend, wo sie Voltaire, die Denis und Sieur Delécluse, Zahnarzt und Schauspieler, antreffen wird, fügt die ›Guêpe‹ hinzu: »Man muß zugeben, daß Mlle Corneille, wenn sie aus ihrem Kloster scheidet, in gute Hände fällt.« Als Voltaire diese Beleidigung las, wurde er wütend, um so mehr, als das hübsche Aussehen Rodogunes ihr einen sehr ehrenvollen Heiratsantrag von einem Edelmann der Gegend eingebracht hatte, der zwar arm (Voltaire würde Rodogune jedoch mit einer Mitgift versehen), aber sehr respektabel ist. Als die Familie des Bewerbers den Artikel Frérons las, gab sie den Heiratsplan auf.

Und Voltaire sammelte alle Blitze von Paris auf das Haupt des abscheulichen Fréron. Er schrieb an D'Argental, Monsieur de Malesherbes, Monsieur de Sartine, den Polizeipräsidenten. Le Brun erhob Klage wegen übler Nachrede. Aber da er den Prozeß nicht abwarten konnte und Rache haben wollte, ging er in die Wohnung Frérons und hinterließ ihm, da er nicht zu Hause war, folgendes Billett: »Monsieur Le Brun hat die Ehre gehabt, bei Monsieur Fréron vorbeizukommen, um ihm etwas zu geben.« Dieses Billett brachte die Pariser zum Lachen. Man hätte sich gewünscht, daß ihm dieses ›Etwas‹ in aller Öffentlichkeit gegeben worden wäre. Fréron, dem es nicht an Kaltblütigkeit fehlte, antwortete: »Ich bin sehr empfänglich für die Aufmerksamkeit Monsieur Le Bruns, er kann versichert sein, daß er sich keinem Undankbaren verbindlich erweist. Ich bin zu redlich, um nicht hundertfach zurückzuerstatten, was er mir geben

will. Aber da ich sehr beschäftigt bin, kann Monsieur Le Brun
es sich sparen, mir seine Geschenke zu Hause zu überreichen.
Ich gehe jeden Tag zwischen zwölf und ein Uhr aus, seine Freigebigkeit wird glanzvoller sein, wenn man ihre Wirkung in
der Öffentlichkeit sieht.«
Unglücklicherweise legten weder Monsieur de Malesherbes
noch Monsieur de Sartine Wert darauf, Fréron auf die Bitte
Voltaires hin zu verfolgen. Voltaire roch man die ›Encyclopédie‹
schon von ferne an, und Malesherbes hielt sich ein wenig zurück, weil er sich bereits allzu sehr kompromittiert hatte.
Schließlich war auch die Affäre der ›Ecossaise‹ noch nicht vergessen, und die Prozesse Voltaires kamen allen ungelegen. Die
Richter wollten nichts mehr davon hören. Madame Denis
schrieb Brief auf Brief und erinnerte daran, daß sie eine vornehme Dame, Gattin des Sieur Denis, eines in königlichen
Diensten verstorbenen ›Ecuyer du Roi‹ sei, Voltaire ein Edelmann und Herr über Ferney und Tournay, Delécluse nur gelegentlich Zahnarzt, im übrigen aber Herr eines wenig bekannten, aber wirklichen Besitzes im Gâtinais und Mademoiselle
Corneille ein vornehmes Fräulein, da die Familie Corneille seit
dem 16. Jahrhundert durch ihre Stellung bei dem Gericht der
Normandie geadelt worden und sie zudem noch die Nichte des
berühmtesten tragischen Dichters Frankreichs sei. Nichts half.
Monsieur de Sartine zitierte Fréron, »um ihm seinen Esels-
kopf zu waschen«, wie Le Brun sagt, und das war alles, was
sie erreichen konnten.
Der andere Streit hätte weit schlimmer enden können. Er ist
noch abscheulicher. Wir haben gesehen, wie sorgfältig Voltaire
sich der Erziehung ›Rodogunes‹ annahm. Er wachte darüber,
daß sie ihre religiösen Pflichten erfüllte; er korrigierte sogar ihre
Stilübungen. »Die erste Sorge muß sein, daß sie ihre Sprache
mit Einfachheit und Adel spricht. Wir lassen sie jeden Tag
schreiben, sie schickt mir ein kleines Billett, das ich korrigiere,
sie berichtet mir von ihrer Lektüre . . . Wir lassen ihr keinen
schlechten Ausdruck und keine fehlerhafte Aussprache durch-
gehen: durch Übung erreicht man alles. Wir vergessen auch
die Handarbeiten nicht, es gibt bestimmte Stunden für die

Lektüre und andere für die Stickerei. Ich berichte Ihnen genau von allem. Ich darf nicht auslassen, daß ich selbst sie in die Messe unseres Sprengels führe. Wir müssen ein Beispiel geben, und wir tun es.«

Rodogune befand sich also in guten Händen. Voltaire machte seine Gottlosigkeit nicht zu einem Kapitel der Erziehung. Ganz im Gegenteil. In diesem Punkte konnten ihn seine Feinde nicht angreifen. Gottlosigkeit ist ein Luxusartikel für ihn, sie darf nicht in Reichweite des Volkes und der Kinder sein. So sehr er sich auch über die großen Einfaltspinsel mokiert, die Tartuffe spielen, so sehr übt er Zurückhaltung vor Kindern — und vor dem Volk, das im Zustand der Kindheit lebt. Aufgeklärte Menschen der höheren Schichten sind intellektuell erwachsen, für sie ist Frömmigkeit lächerlich, ein Zeichen der Infantilität, für das Volk aber ist sie notwendig. »Wir müssen ein Beispiel geben, und wir tun es.« Er hielt es für nützlich, daß der Herr von Ferney mit seinem Zögling am Arm in die Messe der Gemeinde ging — und so tat er es.

Die Frommen waren noch nicht zufrieden. Gute Seelen machten sich Sorgen darüber, ob diese Corneillesche Seele nicht in die Höhle Luzifers geraten sei. Und so fragte man sich zerknirschten Herzens: soll man sie verderben lassen oder sie, ehe es zu spät ist, fortholen? Bis dahin hatte sich niemand darum gekümmert, ob der letzte Franzose, der den berühmten Namen Corneilles trug, reich genug war, seine Kinder zu ernähren. Man sorgte sich um Mademoiselle Corneille erst, als Voltaire die Geste tat, die der König hätte tun sollen. Und man sprach davon, sie ihm wegzunehmen. Was wollte man mit ihr tun? Ihr die Haare scheren und sie in ein Kloster stecken? Das wäre gewiß das bequemste für die besorgten Seelen gewesen! Man tat Äußerungen in dieser Richtung beim Lever des Königs, das machte sie so gefährlich. Eine weitere Versammlung fand bei Madame la Présidente Molé statt. Dort kam es zu einem Stöhnkonzert über das bedauernswerte Los der Nachfahrin Corneilles. Wie es scheint, wagte irgend jemand zu protestieren: »Warum tut Ihr nicht für sie, was Voltaire tut?« Niemand antwortete. Voltaire, dem man einen Bericht von dieser erbaulichen

Versammlung gab, schreibt: »Nicht eine bot auch nur zwei Ecus an. Beachten Sie, daß Madame Molé eine Mitgift von elf Millionen hatte und daß ihr Bruder Bernard, Oberintendant bei der Königin, mir durch seinen Bankrott zweihunderttausend Ecus schuldet, wovon mir die Familie nie auch nur einen Sou gezahlt hat.« (Brief an Diderot, Dezember 1760)

Daher kommen also die tugendhaften Lektionen! Wenn Voltaire sich in eine seiner unwürdigen Streitereien stürzt, so bedauern wir dies; nichts ist unerfreulicher als sein Benehmen in solchen Fällen. Aber wenn er, um sich zu verteidigen, diese opulente Gemeinheit, diese heuchlerische Bosheit angreift, so kann man nur auf seiner Seite stehen. Das Unangenehme ist, daß er sich, ob es sich nun um einen guten oder einen bösen Krieg handelt, der gleichen Waffen bedient. Auch diesesmal läßt er eine Schmähschrift niedrigster Qualität zirkulieren: die ›Anecdotes sur Fréron‹. Er schwört bei allen seinen Göttern, daß seine Feder nichts damit zu tun habe. Der Beweis dafür sei, daß er den Autor der ›Anecdotes‹ kenne: »Es ist La Harpe«, schreibt er ohne Skrupel. Er will sogar das Manuskript in der Hand La Harpes gesehen haben! Und natürlich versichert er, daß »alle Tatsachen wahr sind«.

Le Brun nimmt an der Schlacht teil und veröffentlicht: ›L'Ane littéraire‹ — den literarischen Esel — in Anlehnung an: L'Année littéraire‹ von Fréron, der, wie man sagt, diese literarischen Eseleien mit unvorstellbarem Ärger las. Voltaire erfreute sich daran, aber er freute sich noch mehr über den Ärger Frérons. Die einzige, die bei der Sache verlor, war Rodogune. Sie sah ihren Verlobten nicht wieder.

Ferney: ein großes Unternehmen für den Frieden und ein kleiner Krieg mit den Nachbarn

Weder der Triumph von ›Tancrède‹, noch die ›Ecossaise‹, noch die Tochter der Corneilles, noch die schlecht verdaute Widmung an die Favoritin, noch die Schmähschriften genügten, um die Tage des unvergleichlichen Eremiten von Ferney auszufüllen.

Er baute das Schloß wieder auf. Man hatte das alte, eine
›gothische‹ Ruine, die die Landschaft verdeckte, abgerissen. Er
ließ das jetzige Schloß von Ferney errichten, das man heute
noch fast intakt sieht, äußerlich zumindest. Voltaire baute nach
seinem Geschmack und dem der Zeit. Es findet sich dort kein
Überfluß, nichts Majestätisches, sondern schlichte Vornehmheit
und die Gediegenheit einer aufrichtigen und unverdorbenen
Kunst. Nichts von einem Parvenu. Ein reicher, vernünftiger
Gutsherr ließ sich nieder. Er berücksichtigte die Landschaft
und sorgte für sein Wohlergehen. »Ohne Geschmack kommt
nichts zustande«, sagte Voltaire.

Die Kunst ist nicht alles für unseren Philosophen, aber sie ist
der Gipfel von allem. Man braucht alles übrige, um sie auf
einen Höhepunkt zu bringen; dieses unerläßliche »Übrige« ist
der Reichtum. Und der sicherste, der wahrste, der einzigste
Reichtum ist die Arbeit. Man muß also arbeiten und arbeiten
lassen, um das Land von Ferney zu bereichern, das schön ist,
aber arm. Er hat ein schönes Schloß gebaut, er braucht auch
ein schönes Dorf – ein Dorf mit gesunden, fröhlichen, fleißigen
und im Reichtum lebenden Bauern. »Ich verbinde mit der
Freude, ein schön gebautes Schloß zu besitzen und ganz besondere Gärten angelegt zu haben, das solide Vergnügen, dem
Land, das ich zu meinem Alterswohnsitz gewählt habe, nützlich zu sein. Ich habe von dem Rat die Erlaubnis zur Trockenlegung der Sümpfe erhalten, die die Gegend verpesteten und
unfruchtbar machten. Ich habe die riesigen Heiden urbar gemacht, mit einem Wort, ich habe die Theorie meiner ›Epître‹
in die Praxis umgesetzt.«

All das ist wahr. Diese Arbeiten haben ihn ungeheure Summen und zahllose Bittschriften gekostet, Scherereien ohne Ende.
Man brauchte die Hartnäckigkeit der Arouets, um die Wider-
stände des Bodens, des Klimas, der Leute und der Verwaltung
zu überwinden. Das Schlimmste war die Verwaltung. Nichts
ist schwieriger, als von Büros die Erlaubnis zu erhalten, Gutes
zu tun. »Außer Holzhacken gibt es keine Tätigkeit, die ich nicht
verrichte«, schreibt er. Zum Glück hatte Voltaire mächtige Beschützer, darunter den schon genannten und schon ausgenütz-

ten Choiseul. Er machte aus dem armseligen Dorf ein Schla-
raffenland. Selbst im Jahrhundert der Aufklärung konnte ein
Dummkopf hinter einem Schreibtisch, bewaffnet mit einem
Stempel, die Aktivität eines Voltaires lähmen. Aber niemand
konnte ihn zum Schweigen bringen.

Das Schloß hatte allerdings nicht nur Bewunderer. Die einen
hätten es gerne prächtiger gehabt, andere fanden, der Salon
sei zu klein, um die feine Gesellschaft Europas zu empfangen.
Es scheint, daß Voltaire, der sein eigener Architekt war, die
Dicke der Mauern abzurechnen vergessen hatte; die Dimensionen des Raumes wurden dementsprechend kleiner.

Einen der ersten Kriege in Ferney führte er mit dem benachbarten Priester von Moens, der die Bauern Voltaires aussaugte
und von ihnen einen seit Jahren nicht gezahlten Zehnten verlangte. Nach einem langen Prozeß, der in Dijon zugunsten des
Priesters entschieden wurde, kamen die Gerichtsdiener und
pfändeten die Dorfbewohner. Die Bauern hatten sich keinerlei
Mühe gemacht, ihre Sache zu verteidigen, während der Priester nach Dijon gegangen war, um die Richter zu umgarnen.
Der Priester verlangte die rückständigen Beträge mehrerer
Jahre, zuzüglich seiner Reisekosten. Ein einziger Entsetzensschrei erhob sich im Dorf. Voltaire schlug dem Priester vor, ihm
die Hälfte der Schulden zu bezahlen unter der Bedingung, daß
er die Bauern in Frieden ließe. Der Priester lehnte ab. Voltaire
schrieb an den Bischof von Annecy, dem der Priester von Moens
unterstand, denn Ferney lag, was die königliche Verwaltung
anging, in Burgund; in kirchlichen Dingen unterstand es Savoyen. Voltaire hatte gemeint, einen sehr erbaulichen Brief geschrieben zu haben, indem er die Propheten zitierte und sich
auf die Kirchenväter berief, aber sein Brief ähnelte eher einer
Lektion, die er dem Prälaten erteilte. Außerdem sagte er, was
der Priester täte, würde sich kein Pastor zu tun erlauben, und
man müsse ihn auf den Weg der christlichen Nächstenliebe zurückführen. Der Herr von Ferney merkte ein wenig spät, daß
er sich den Bischof von Annecy zu einem erbitterten Feind gemacht hatte.

Daraufhin schrieb er dem Président de Brosses in Dijon, um

das Urteil gegen die im Elend lebenden Leute von Ferney aufzuheben. Nichts zu machen: der Priester bekam Recht auf der ganzen Linie, die Bauern mußten zahlen, sich pfänden lassen oder ins Gefängnis. Voltaire konnte das nicht ertragen, er zahlte aus eigener Tasche zweitausendeinhundert Livres an den Priester. Das Volk atmete auf. Der Priester steckte das Geld ein. Er ahnte nicht, daß er dem Herrn von Ferney einen weitaus höheren Zehnten würde zahlen müssen.

Dieser Priester war zweifellos nicht vom Geist des Evangeliums durchdrungen, wie uns folgende Geschichte lehrt: Einige junge Leute machten auf der Rückkehr von der Jagd bei einer nicht ungeselligen Witwe halt, in die der Priester von Moens verliebt war. Als er von der Kühnheit der jungen Leute hörte, war er außer sich vor Eifersucht und ließ das Haus der Witwe von Handlangern umstellen, die er selbst befehligte. Er drang mit Gewalt hinein und tötete als erstes den Hund eines der Jäger, der sich wehrte und dafür mit einem Knüppel halb tot geschlagen wurde. Seine beiden Freunde erlitten dasselbe Schicksal. Der eine von ihnen rief, ehe er in Ohnmacht fiel: »Muß ich denn ohne Beichte sterben?« — »Stirb wie ein Hund!« antwortete ihm der Rasende in der Soutane. Am nächsten Tag großer Skandal. Der Priester hielt die Messe und — so schreibt der Vater eines der verprügelten Jungen — »er zögerte nicht, Gott in seinen Mörderhänden zu halten.«

Voltaire ließ den Priester nicht auf den Lorbeeren ausruhen. Nichts konnte seinen antiklerikalen Eifer so sehr entflammen wie eine solche Verderbtheit. Er wollte den Vater zwingen, Klage zu erheben, der dies jedoch nicht wagte. Der am schwersten Verwundete war in das Schloß gebracht und von Voltaire verbunden worden. Der Dichter wütete genauso gegen den Vater, der nicht zu klagen wagte, wie gegen den verbrecherischen Priester, der weiterhin seine Messe las. Der Verwundete hing zwischen Leben und Tod, doch der Vater weigerte sich, immer noch jammernd, die Klageschrift zu unterzeichnen.

»Sie werden mich töten«, winselte er. »Um so besser«, sagte Voltaire, »das wird Ihre Sache sehr fördern.«

Währenddessen »bemühte sich Voltaire nach allen Kräften,

dem Priester eine Arbeit auf den Galeeren zu verschaffen«. Diese Aussicht erfreute ihn, aber der Priester war keineswegs ein einfältiger Verbrecher und verstand sich darauf, der ›Arbeit‹ zu entgehen, zu der Voltaire ihn drängte. Er hatte Stützen, und so wurden seine Handlanger verhaftet, ihm jedoch, der zuerst geschlagen hatte, geschah nichts. Diese Rechtsverweigerung brachte Voltaire in Wut. Er redete zuviel, betrieb sein Gesuch mit allzuviel Leidenschaft und schadete damit den Opfern. Der Président de Brosses, mit dem er noch gut stand, gab ihm gescheite Ratschläge. Der Bischof von Annecy aber wollte den Priester selbst richten. Doch Voltaire protestierte laut, daß Ferney in Frankreich liege und die Angelegenheit den königlichen Gerichten unterstehe. All das verursachte viel Lärm im Lande von Gex. Die Behörden wollten nichts anders als die Parteien versöhnen und die Angelegenheit begraben, doch Voltaire hörte nicht auf zu schreien: Auf die Galeeren! Auf die Galeeren! Schließlich erhielt das Opfer, das dem Tod nur knapp entgangen war, einen Schadensersatz von tausendfünfhundert Livres, worauf Voltaire erwiderte, es koste nichts, einen Menschen zu töten, wenn man Priester von Moens sei. Der Priester wurde außerdem gezwungen, den Zehnten zurückzugeben, den Voltaire ihm gezahlt hatte. Er war fuchsteufelswild auf den Dichter, der ihn mit unerhörter Kühnheit daran hinderte, seine Gemeinde zu ruinieren und sie sogar zu verprügeln.

Während dieser traurigen Auseinandersetzungen hatten sich gewisse dienstfertige Unterhändler eingemischt, um den Priester zu beraten, den Vater des Opfers einzuschüchtern und den Richtern eine Lektion zu erteilen. Es handelte sich um die Jesuiten von Ornex. Voltaire, der ihr Treiben verfolgte, ließ mit der Antwort nicht auf sich warten.

»Ich habe schreckliche Geschichten auf dem Hals«, schreibt er an d'Argental im Januar 1761. »Ich jage die Jesuiten aus einem widerrechtlich von ihnen in Besitz genommenen Gebiet, ich verfolge einen Priester mit einem Strafprozeß, ich konvertiere eine Hugenottin, und mein schwierigstes Unterfangen ist, Mlle Corneille die Grammatik beizubringen, die keinerlei Begabung für diese erhabene Wissenschaft zeigt.«

Um was ging es bei der Angelegenheit mit den Jesuiten? Sie waren seine Nachbarn. Seinem natürlichen Drang folgend, unterhielt Voltaire anfänglich die besten Beziehungen zu ihnen. Immer geneigt, sich einen Freundeskreis aus höflichen und literarisch gebildeten Menschen zu schaffen, lud er sie ein und schmeichelte ihnen; entzückt von dem unerhofften Zusammentreffen entdeckten sie voller Freude das brillanteste Produkt ihrer ›guten Häuser‹ wieder. Man las ihm die Messe, wenn er Lust hatte, sie zu hören. Alles ging gut. Dann ging plötzlich alles schlecht.

Sie waren ihrer vier, der eine schien die anderen anzuführen. Er hieß Pater Jean Fessi. Er war es, der nach Dijon ging, um das Urteil der Richter wieder in die rechten Bahnen zu lenken, falls diese die Absicht hätten, gerecht sein zu wollen. Sie besaßen in der Nähe von Ferney große Ländereien, die für ihren Geschmack nicht groß genug waren, weshalb sie die Güter einer verarmten adligen Familie annektieren wollten, die aus sieben Brüdern bestand, den Herren de Prez de Crassier. Die Ländereien dieser Familie waren auf Grund ihrer Schulden veräußert worden, aber die Herren de Prez hatten sich das Vorkaufsrecht bewahrt, wenn sie auch ihre Besitzungen vorläufig nicht zurückkaufen konnten. Die Patres aber verständigten sich mit den Genfer Gläubigern der Herren de Prez, und da sie die notwendigen Verhandlungen mit dem größten Geschick führten, wurden sie plötzlich Herren und Besitzer der Ländereien der Crassiers. Diese, sämtlich Offiziere, waren im Krieg. Zwischen zwei Schlachten erfuhren sie die schmerzliche Nachricht, daß ihr Besitz unwiderruflich verloren sei.

Und nun bricht der Don Quichotte von Ferney seine Lanze für die sechs Waisenkinder, die vielleicht Helden in der Schlacht, aber waffenlos gegenüber vier mit rechtlichen Eigentumsansprüchen versehenen Mönchen sind. Sofort wird Pater Jean Fessi aus Kriegsnotwendigkeit zum Pater ›Jean Fesse‹. Voltaire schlägt solchen Lärm um die widerrechtliche Besitzergreifung, daß die Patres es für richtiger halten zu verzichten. Eines Tages muß er erfahren, daß er umsonst schreit: die Jesuiten sind in aller Stille zurückgetreten, und die Herren de Prez können den

Genfer Gläubigern wieder ihre Besitztümer abkaufen. Voltaire hat gesiegt. »Ich wiederhole Ihnen«, schreibt er, »daß man sich vor diesen Füchsen (den Jesuiten) nicht weniger fürchten sollte als vor den jansenistischen Wölfen. Man muß diese stinkenden Tiere kühn vertreiben. Sie sollen nur brüllen, daß wir keine Christen seien, ich werde ihnen bald beweisen, daß wir bessere Christen sind als sie.«

So sieht seine neue Entdeckung aus: man muß christlicher sein als Jesuiten und Jansenisten zusammen. Als übrigens die Jesuiten aus Frankreich verjagt wurden, konnten die Brüder de Prez nicht nur ihre Güter zurückkaufen, sie kauften auch noch die der Jesuiten. Und Voltaire sagte endlich einmal, daß man die göttliche Vorsehung anerkennen müsse. Er glaubte erst an sie, als die Priester ihr Opfer wurden.

Seit er Herr über Ferney ist, spricht er mit souveräner Offenheit. In seinem Gebiet fühlt er sich absolut unabhängig, seine Kühnheit verdoppelt sich. Er wird streng gegenüber den Furchtsamen wie Fontenelle, der, obgleich er dieselben Ideen vertrat, bis zu seinem Tode zu jenen »vorsichtigen Greisen gehörte, die leben, als ob sie immer noch ihr Glück aufzubauen hätten . . . Wer solche Greise schätzt, darf sich nicht an mich halten.« Er wird sich mit fünfundsechzig Jahren seiner Stärke bewußt — wir würden sagen, er wird militant. Bisher hatte er seine Gottlosigkeit nur als Amateur vertreten, jetzt wird er ›l'Infâme‹ mit seiner ganzen Leidenschaft angreifen. Trotzdem fühlt er sich als Christ. Er verteidigt die ›wahre‹ Religion gegen die Priester, die sie an sich gerissen und ihr Wesen verändert haben. »Ja, bei Gott, ich diene Gott, weil ich die Jesuiten und Jansenisten verabscheue: weil ich mein Vaterland liebe, weil ich jeden Sonntag in die Messe gehe, weil ich Schulen gründe, weil ich Kirchen baue, weil ich ein Krankenhaus einrichten werde, weil es bei mir trotz der Steuereinnehmer keine Armen mehr geben wird. Ja, ich diene Gott, ich glaube an Gott und ich will, daß man dies weiß.«

Dieses verblüffende Glaubensbekenntnis ist keine rhetorische Floskel. Alles, was er sagt, ist wahr. Ferney hat sich in wenigen

Jahren verwandelt. Es gibt keine Armen mehr auf den Besitzungen Voltaires. Er hat gebaut, er hat gepflanzt, selbst die Religion wird respektiert. All das ist sichtbar. Was seinen Glauben angeht, so lassen wir ihn bei seiner Behauptung. Dieser Gott, dessen erstes Gebot es ist, den Priestern den Krieg zu machen, scheint auf den ersten Blick etwas streitsüchtig. Hat er nicht vielleicht denselben Charakter wie sein Anbeter? Was seine Feinde betrifft, die seinen Atheismus auf frischer Tat ertappen wollen, so wird er ihnen einen bösen Streich spielen: er wird Ostern feiern! 1761 ist das große Jahr! Es gibt das Jahr des Kometen, es wird nun auch das Jahr geben, in dem Monsieur de Voltaire prunkvoll mit Madame Denis und Mademoiselle Corneille Ostern begangen hat. Wie erbaulich das sein wird! Das entzückte Volk kann die Nichte und Herrin am Arm des Onkels, gefolgt von dem Zögling mit dem berühmten Namen, vor dem Altar der herrschaftlichen Kirche von Ferney knien sehen. Er droht, wenn man ihn zum Äußersten treibe, das ›Tantum ergo‹ in Verse zu setzen! Wer könnte dann noch an seiner Frömmigkeit zweifeln! Wieder eine Szene aus der Komödie Voltaire.

Er spielt sie, wie geplant. Ein Kapuziner kam im März 1761 nach Ferney und nahm allen die Beichte ab. Madame Denis, Mademoiselle Corneille, den Kammerfrauen, den Dienern, den Köchen, den Kutschern, den Gärtnern. Alle erhielten die Absolution. Der Kapuziner wollte sich zurückziehen. Er traf Voltaire im Gemüsegarten in einer Unterhaltung mit dem Gärtner. »Pater, Sie haben eben so viele Absolutionen erteilt, geben Sie mir auch eine, mir, der ich hier vor Ihnen und vor Zeugen beichte, daß ich niemandem Böses tue, zumindest nicht wissentlich?«

Der Kapuzinerpater begann zu lachen und gab ihm die Absolution. Wenn sie ebenso summarisch war wie die Beichte, mußte sie nicht viel wert sein. Das war jedoch nicht die Meinung Voltaires, der, die Hand des Paters drückend, ihm einen Ecu von sechs Livres hineingleiten ließ. Der bewegte Pater sprach den Wunsch aus, daß der gute Herr von Ferney noch lange Zeit seinem Kloster seine Güte erweisen möge, wo der

Name Voltaire gesegnet sei. Für sechs Livres! Ein merkwürdiges ›Confiteor‹ zwischen Kopfsalat und Rüben, zwischen einem verblüfften Gärtner und einem gutmütigen Kapuziner. Merkwürdige Ostern.

In dieser Woge der Begeisterung baute Voltaire eine Kirche! Auch das ist wahr: diese Kirche kann man sehen und bewundern. Sie ist immer noch da. Es war recht schwierig, eine Kirche zu bauen. Zuerst mußte man abreißen, das Bauen war der zweite Akt. Die alte Kirche droht wie das Schloß in Trümmer zu fallen. Er wollte, daß die neue Kirche heller, klarer, mehr nach der Art Voltaires würde. Im übrigen blockierte die alte Kirche (dies sei nebenbei bemerkt) die Straße zum Schloß. Seine Herrscherrechte gebrauchend, ließ er das Gebäude einreißen und nutzte die Bauarbeiten, um den Verlauf der Friedhofsmauer zu verändern. Auf diese Weise gewann er einige Fuß Boden. Die Erderbeiter mußten, wie erzählt wurde, einige alte Knochen beiseite räumen. Da in der Mitte des Friedhofs ein großes Kreuz stand, das seine großen Arme bis vor die Fenster des Schlosses streckte, ließ er es an einen anderen Ort versetzen. »Schafft mir diesen Galgen fort!« sagte er.

Und nun begann ein dunkles Grollen in den Sakristeien der Umgebung. Der gütige Priester von Moens, der Verprügler seiner Gemeindekinder, rühmte sich, Voltaire binnen kurzem ins Gefängnis zu bringen. Voltaire nahm dies lachend auf. Doch die Drohung des Priesters war weit ernster als die Voltaires, ihn auf die Galeeren zu schicken. Was Voltaire auf seinem Besitztum tat, hatten unzählige Besitzer vor ihm getan, und niemandem war eingefallen zu protestieren. Aber diese Landherren waren nicht Voltaire, sie hatten nicht den Priester von Moens und einen Bischof auf den Fersen, der hinter dem Priester versteckt ihm auflauerte. Diese Herren hatten sich geschworen, den Kirchenbauer zu verderben.

Man verlangte zuerst von ihm, sich für das abscheuliche Wort ›Galgen‹ zu rechtfertigen, mit dem er das Kreuz bezeichnet hatte. Er schwor, es nicht gesagt zu haben. Sechs Arbeiter waren zugegen; die vier ersten bestätigten, daß das Wort nicht ausgesprochen worden sei, die anderen, inzwischen taubstumm geworden, konnten nichts sagen. Schließlich erklärte man dem Priester, daß in der Schreinersprache die Verbindung von Holzteilen in Form eines Kreuzes ›Galgen‹ heiße. Das Wort hatte also nichts Beleidigendes, es war ›technischer‹ Natur. Technisch oder nicht, Voltaire hielt es für unschuldig; die anderen fanden es ketzerisch. Die Technik kümmerte sie wenig, sie suchten etwas Beleidigendes für das Kreuz und einen Galgen für Voltaire. Der Priester von Moens spielte fast genauso gut Komödie wie sein Gegner. Die Bevölkerung unterstützte Voltaire, aber sie war gläubig und beeinflußbar. Der Priester ließ mit großem Pomp die heiligen Sakramente aus den Trümmern der alten Kirche hinaustragen und brachte sie in einer Prozession zu seiner Kirche. Das gute Volk glaubte zu verstehen, Voltaire verjage Gott aus seinem Land. Man benachrichtigte den Offizialrat des Landes Gex, die kirchlichen Richter begaben sich nach Ferney, um die schrecklichen Taten des gottlosen und ketzerischen Herrn zu untersuchen.

Voltaire nahm die Sache auf die leichte Schulter, die Zerstörung der alten Kirche interessierte ihn weniger als der Bau der neuen, mit dem er sehr zufrieden war. »Ich habe eine recht hübsche Kirche gebaut, deren Fassade aus einem Stein besteht, der ebenso teuer ist wie Marmor . . . Ich gründe eine Schule.«

Was wirft man ihm noch vor? »Man strengt einen Strafprozeß gegen ihn an wegen anderthalb Fuß Friedhof und wegen zwei Hammelkoteletts, die man für ausgegrabene Gebeine hält.« So nennt er die von den Erdarbeitern verlegten Knochen. Er sagt auch, man beabsichtige ihn zu exkommunizieren, weil er einem Holzkreuz einen anderen Platz habe geben wollen. Er hat sich nicht mit dem Wollen begnügt, er hat gut und gern das Kreuz forträumen lassen . . . Hören wir ihm lieber zu, wenn er aufrichtig ist: »Da ich leidenschaftlich gern den Herrn spiele, habe ich die ganze Kirche zusammenschlagen lassen als Antwort auf die Klagen, ich hätte die Hälfte abgerissen.«

Anschließend sammelte er Glocke, Altar und Taufbecken zusammen und veranlaßte die Gläubigen, eine Meile weit entfernt in die Messe zu gehen. Man kam, um den Fall zu untersuchen, doch er schickte die Leute zum Teufel und sagte ihnen, sie seien Esel. Dann informierte er den Staatsanwalt von Dijon. Wenn es einen Prozeß geben sollte, so wollte er sich von der Justiz des Königs richten lassen, er pfiff auf die Priester und den Offizialrat, und er schreibt voller Optimismus und Nächstenliebe: »Ich glaube, ich werde meinen Bischof zur Strecke bringen, wenn er nicht vorher an Verfettung stirbt.«

Woher nimmt er diese Zuversicht? Er hatte dem Papst geschrieben! Er hatte unter dem Deckmantel Monsieur de Choiseuls und des literarisch gebildeten und ein wenig philosophisch veranlagten Kardinals Pasionei dem Papst geschrieben. Er hoffte, daß das, was einmal im Falle der Widmung von ›Mahomet‹ gelungen war, wieder Erfolg haben würde. Von der pontifikalen Intervention erwartete er sich enorme Befriedigungen, deren geringste die Vernichtung des kleinen kämpferischen Priesters von Moens war. Unglücklicherweise ging dieser merkwürdige Brief verloren. Er erreichte weder den Papst noch den Kardinal. Er verirrte sich in dem Labyrinth des Vatikans, in der Gleichgültigkeit, Verachtung und vielleicht auch Lächerlichkeit. Schade! Er sagt uns, er habe einen amüsanten Bericht seiner Ketzereien gegeben. Einerseits um Monsieur de Choiseul zu gefallen und andererseits, um das Heilige Kollegium zum Lachen zu bringen. Er war überzeugt, daß er bei den Kardinälen mit seinen Hanswurstereien und Verbalpirouetten Erfolg haben würde. Stellte er sich vor, das Heilige Kollegium sei nur mit Bernis und Schülern Voltaires bevölkert? Warum nicht? Hatte man ihm nicht den Kardinalshut angeboten? Warum sollten sich im Heiligen Kollegium nicht andere Kardinäle gleichen Schlages befinden? Auf sie hatte er gebaut. Mehr als auf den damaligen Papst, »einen Ochsen«, wie er sagt, »der kein Wort Französisch kann«. Ist es möglich, Pontifex Maximus zu sein und weder die französische Sprache noch Voltaire zu kennen? Er nennt ihn den Sieur Rezzonica. So teuer kommt es einem zu stehen, wenn man Sieur Arouet in den Papierkorb wirft.

Er wußte nicht, daß seine Sache in Dijon äußerst schlecht stand und daß er nahe daran war, verhaftet und verurteilt zu werden. Hätte man das alte Recht auf ihn angewendet, wie es die Herren vom Gericht manchmal taten, so hätte man ihm die Zunge ausgerissen und die Hände abgehackt! Voltaire ohne Zunge und Feder! . . . Es wäre ihm sein wunderbarer und schrecklicher Blick geblieben: dieser Flammenwerfer, dieser Ideenwerfer!

Sein Freund Tronchin, der sich damals in Dijon aufhielt, sagt, man habe in der burgundischen Hauptstadt nur noch von dem merkwürdigen Prozeß gesprochen. Es gelang ihm, die Richter zu beruhigen. Weit entfernt, Voltaire günstig gesonnen zu sein, wie dieser in aller Naivität glaubte, gaben sie nur Tronchin nach, der wesentlich mehr Ansehen bei ihnen genoß als Voltaire. Dank Tronchin verlor sich der gegen den Herrn von Ferney angestrengte Strafprozeß im Sande . . . Dieser Prozeß wäre eine Ungerechtigkeit mehr und eine Quelle des Unglücks für Voltaire gewesen. Der kalvinistische Ketzer Tronchin leistete den Priestern, denen er Schande, und dem Anti-Priester, dem er grausame Strafen ersparte, einen ungeheuren Dienst.

Der Hexenmeister von Genf

Sein Streit mit den Jesuiten von Ornex, sein Strafprozeß mit dem Bischof von Annecy hinderten ihn nicht an einem Scharmützel mit den Protestanten aus Genf. Diese lebten in seinen Augen im Zustand dauernder Sünde: der Sünde gegen das Theater. Die Beleidigung seines Theaters in den ›Délices‹ und in Tournay war unvergeßlich. Aus Rache versuchte er, vor den Toren von Genf — aber auf savoyischem Territorium — in Carrouges eine Truppe von französischen katholischen Schauspielern anzusiedeln. Er bat die französische Botschafterin in Turin, Madame de Chauvelin, die Erlaubnis dafür einzuholen. Sie erhielt sie, und er freute sich darüber. »Wir werden eine Truppe mit Gauklern in der Nähe der ›Délices‹ haben, das macht zwei mit der unseren.« Für das Konsistorium waren es zwei zuviel; und die von Carrouges war eine richtiggehende Provokation.

Im Jahr 1761 erschien die ›Nouvelle Héloïse‹ von Jean-Jacques, die einen außerordentlichen Erfolg hatte. Sie war mehr als ein bewundernswertes Buch, sie war die Enthüllung einer schon undeutlich geahnten Welt, die sich jetzt ganz offenbarte: der Welt des Gefühls. Jean-Jacques hatte sich nicht getäuscht: »In der Gesellschaft war man einer Meinung, und vor allem die Frauen berauschten sich sowohl am Buch wie am Autor. So sehr, daß es wenige gab, selbst hohen Ranges, die ich nicht erobert hätte, wenn ich es versucht haben würde.« Und er fügt hinzu: »Es ist merkwürdig, daß dieses Buch in Frankreich größeren Erfolg gehabt hat als im übrigen Europa, obwohl die Franzosen, Männer wie Frauen, nicht sehr gut darin wegkommen.«

Man weiß, daß Jean-Jacques und Voltaire sich bereits mit der Feder einige Hiebe versetzt hatten. Voltaire fühlte mit dem Menschen Rousseau eine Art verächtlichen Mitleids. Dem Schriftsteller und seinen Ideen begegnete er verständnislos. Die beiden Männer gehörten verschiedenen Rassen an; sie waren einer für den anderen undurchsichtig. Während Jean-Jacques schreibt: »Das Land der Chimären in dieser Welt ist einzig würdig, bewohnt zu werden«, beschäftigt sich Voltaire vierundzwanzig Stunden am Tag damit, zu ackern, zu entwässern, zu pflanzen, zu bauen, auf dem Lande und dem Wasser Handel zu treiben, zu spekulieren, dreißig Personen ein Diner zu geben, ein Mädchen zu verheiraten, einen Unschuldigen zu verteidigen, einen Brutalen zu bestrafen, kurz: er hetzt sich ab, um eine Welt zu bauen, die möglichst wenig chimärisch ist, damit positives menschliches Glück entstehen kann. Das erlaubte ihm, ruhig zu versichern: »Das irdische Paradies ist dort, wo ich bin.« Wenn er sich über den Wert der Neuheiten befragt, die das 18. Jahrhundert hat entstehen sehen und die den Wohlstand — das, was man kurz als Fortschritt bezeichnet — vergrößert haben, so schreibt er: »Bewirken sie, daß man glücklicher ist? Ich glaube es bestimmt; gute Häuser, gute Kleidung, gutes Essen zusammen mit guten Gesetzen und Freiheit sind mehr wert als Hungersnot, Anarchie und Sklaverei.« Jean-Jacques antwortet aus der Ferne mit jenem unerhörten, umwälzenden Satz: »Es gibt nichts Schöneres als das, was nicht existiert.«

Der Herr von Ferney hätte sich mit dieser Torheit abgefunden, wenn ihn der Tor nicht angegriffen hätte. Voltaire verschonte Rousseau lange Zeit, denn er hielt ihn für einen intellektuell verwirrten und gesellschaftlich unannehmbaren Mann. Es schien ihm nicht dem guten Ton zu entsprechen, sich zu viel mit Jean-Jacques abzugeben, der außerhalb der Welt lebte, in der Voltaire sechsmal in der Woche sich inspirierte und sich verausgabte, lachte und sich verstellte, arbeitete und im Sterben lag. »Sie haben geruht, gegen den verrückten Jean-Jacques mit Vernunftgründen zu kämpfen«, schreibt er d'Alembert, »doch ich mache es wie der, der als einzige Antwort auf Argumente in entgegengesetzte Richtung zu marschieren anfing. Jean-Jacques beweist, daß das Theater in Genf unmöglich ist, ich aber baue eins.«

Nichts ist verletzender als diese Art von Verachtung. Der unglückliche Jean-Jacques war so überempfindlich, daß ihn die Haltung Voltaires wie mit feurigen Zangen quälte. Und so schrieb er ihm am 17. Juni 1760, anläßlich eines Briefes von 1756 über das ›Désastre de Lisbonne‹, auf den Voltaire nur durch ›Candide‹ geantwortet hatte, einen aggressiven Brief, in dem man seinen Haß spürt: »Ich liebe Sie keineswegs, Monsieur, Sie, der Sie mir die empfindlichsten Schmerzen zugefügt haben . . .« Was sind das für Schmerzen? Voltaire hatte die Genfer mit Rousseau entzweit. Auf welche Weise? Mit seinem Theater gelang es ihm, die Genfer zu verführen; sie ließen sich verderben, so daß sie sich über den tugendhaften Rousseau ärgerten, der sie ihrer verderbten Vergnügungen berauben wollte. Die Unseligen, die nicht mehr ohne das Gift Voltaires auskommen konnten, wiesen ihren tugendhaften Mitbürger ab. Daher schreibt Rousseau: »Sie sind es, durch den ich in fremder Erde sterben werde, beraubt allen Trostes der Sterbenden, auf einen Schindanger geworfen.« Er schrieb das in dem Augenblick, als er in Monmorency von der Aristokratie verhätschelt wurde und Paris ihm einen Triumph bereitete. Es folgt eine Litanei von »Ich hasse Sie . . .«, die mit dem Satz endet: »Kurz, ich hasse Sie, weil Sie es so gewollt haben.« Das ist nicht wahr, ihm Jahr 1760 interessierte sich der opulente

Herr von Ferney nicht im geringsten für ihn. »Aber ich hasse Sie wie jemand, der würdiger wäre Sie zu lieben, wenn Sie es gewollt hätten.« Dieses sentimentale, verworrene Geschwätz konnte Voltaire nur ärgern. Dabei zeigte es, daß Rousseau leidenschaftlich auf die Billigung Voltaires Wert gelegt hätte, »wenn Sie es gewollt hätten«, wie er sagt. Er versteht nicht, daß Voltaire nichts von ihm wollte: weder Haß noch Liebe. In dieser verächtlichen Gleichgültigkeit liegt für Rousseau das Hauptverbrechen Voltaires. Alles übrige ist nur Vorwand. Der Brief Rousseaus grenzt an Hysterie; der geschlagene Hund fletscht die Zähne und winselt dabei. Ein solches Verhalten erweckt ein undefinierbares Unbehagen und wirkt abstoßend.

Voltaire antwortete nicht auf den Brief. Eine merkwürdige Reaktion. Wir wissen, daß er seine Wut nicht zurückhalten konnte. Er war also nicht wütend. Vor allem, weil Rousseau und sein winselnder Haß ihm keiner Antwort würdig schienen. Aber es spielte noch etwas anderes mit. Der Brief Rousseaus verwirrte ihn. Fast ebenso oft, wie er welche schrieb, empfing er Briefe, beleidigende Schmähschriften — aber sie hatten nie den sentimentalen Ton von Rousseaus Brief. Dieser weichliche, klagende, tugendsame Haß zog ihn in eine indezente Welt, die er nicht kannte und die er nicht kennenzulernen wünschte. Es scheint, daß man in diesem Sinne den Vorwurf gegen Voltaire, er sei ›beschränkt‹, verstehen muß. In diesem Punkt war er es: Rousseau verkörperte das Seltsame, das Ungestalte, das Unschickliche; in solche Gefilde wagte sich ein rechtschaffener Mann noch nicht. Man kann nicht daran zweifeln: Voltaire empfand eine Art Abscheu vor der Empfindsamkeit Rousseaus, weil er sie nicht verstand. Das sind seine Grenzen. Er wußte nicht, mit wem er es zu tun hatte, und er hätte schallend gelacht, wenn man ihm gesagt hätte, Rousseau sei die Zukunft. Rousseau eine Sonne? Eine schlecht geputzte Kerze allenfalls. So vermag der intelligenteste Mann, eingeschlossen in seine Intelligenz, in gewissen Fällen nicht besser zu sehen als der größte Dummkopf, eingeschlossen in seine Dummheit.

Rousseau jedoch warf Voltaire mit allem Nachdruck vor, in Genf Böses zu tun. Er versteckte hinter der Vaterlandsliebe ein anderes, tieferes Gefühl, das er nicht zugeben wollte: den Neid. Der Erfolg Voltaires in Genf war ihm unerträglich. Wenn man Voltaire in Berlin und Wien vergöttert hätte, das wäre noch angegangen, aber in Genf, in der Heimat Jean-Jacques, die ihren berühmten verlorenen Sohn nicht anerkennen wollte — das war unannehmbar für Rousseau. Voltaire war in seinen Augen in Genf nur ein Eindringling. Mit welchem Recht hatte er der Elite des Kalvinismus bald getrotzt, bald sie bezaubert? Mit welchem Recht empfing er dort die Elite Europas? Dieser Platz, der erste in der Stadt Kalvins, kam nach der Ansicht des in Paris berühmt gewordenen Rousseau von Rechts wegen ihm selbst zu. Dort, wo Voltaire herrschte, war aber nicht Platz für zwei. Rousseau wußte dies, und er wußte auch, daß er keineswegs aus dem Holz geschnitzt war, aus dem man Könige macht; deswegen haßte er Voltaire. Es handelte sich nicht um einen Haß zwischen Literaten, es war bei Rousseau ein Haß, der aus seinem Innersten kam, ein angeborener Haß. Es gab kein Heilmittel dagegen. Er äußerte sich folgendermaßen: »Sie sprechen mir von diesem Voltaire? Warum beschmutzt der Name dieses Possenreißers Ihre Briefe? Der Unselige hat mein Vaterland verdorben. Ich würde mich noch mehr hassen, wenn ich ihn weniger haßte. Ich sehe in seinen großen Talenten nur einen Schandfleck mehr, der ihn entehrt durch den Gebrauch, den er davon macht. O Genfer! Er zahlt euch gut für das ihm gewährte Asyl, denn er wußte nicht mehr, wohin er gehen sollte, um Böses zu tun. Ihr werdet seine letzten Opfer sein. Ich glaube nicht, daß viele andere Menschen die Lust verspüren, einen solchen Gast aufzunehmen.«

Dieser Fluch ist etwas kindisch, sein prophetischer Ton falsch und gegen Rousseau selbst gerichtet. Er ist es, der kein Asyl mehr findet, der überall verjagt werden, sich mit allen seinen Wohltätern entzweien und ohne Freunde leben und sterben wird. Voltaire litt eher unter einem Übermaß an Freunden. Er hatte es nicht nötig, um Asyl zu bitten. Sein Haus war das fürstliche Asyl der Intelligenz und der Freundschaft.

Der Haß Rousseaus hat etwas Ungesundes. Man erinnert sich

daran, daß er es abgelehnt hatte, aus einer von Voltaire geschenkten Tasse zu trinken. Als er schutzlos, zerstritten mit den Engländern und ohne einen Heller aus England zurückkehrte, bot ihm ein im Elsaß lebender Monsieur Barth seine Gastfreundschaft an. Der Ort war schön und so romantisch wie möglich. Jean-Jacques war drauf und dran anzunehmen, lehnte aber strikt ab, als er erfuhr, daß Voltaire sich 1753 in Munster aufgehalten hatte. Der Ort schien verseucht. Noch im Jahr 1767!

Nach dem Brief der ›Ich hasse Sie‹ schrieb Voltaire ganz ruhig an Thiériot: »Ich habe einen langen Brief von J.-J. R. erhalten. Er ist völlig verrückt geworden. Schade.« Als die ›Nouvelle Héloïse‹ erschien, schickte ihm Jean-Jacques das Buch nicht zu. Voltaire verschaffte es sich selbst und las es. Die Lektüre langweilte ihn sehr. »Ich habe es zu meinem Unglück gelesen«, sagte er. »Und es wäre sein Unglück gewesen, wenn ich die Zeit gehabt hätte zu sagen, was ich von diesem unausstehlichen Werk halte.« Er behielt den Verriß der ›Nouvelle Héloïse‹ für sich. Warum dieses Schweigen? Weil es Ferney gab, das ihn mehr fesselte als die sentimentalen Deklamationen von Saint-Preux. »Denn ein Steinmetz, ein Landwirt, ein Hauslehrer Mlle. Corneilles und Verteidiger einer unglücklichen, durch die Priester bedrängten Familie hat nicht die Zeit, von Romanen zu sprechen.« Dennoch sah er auch Schönheiten in dem Buch: »Es steht eine wunderbare Stelle über den Selbstmord darin, die einem Lust zum Sterben macht.« Eine ganz platonische Lust: Voltaire bejahte das Leben; und sogar ein kompliziertes Leben, denn im selben Augenblick, als er versicherte, er werde nichts zu der ›Nouvelle Héloïse‹ sagen, ließ er von Thiériot vier mit verschiedenen, erdachten Namen unterzeichnete Briefe verbreiten, in denen er nach bestem Vermögen das Buch und seinen Autor heruntermachte. Man unterschrieb einen dieser Briefe mit dem Namen des Marquis de Ximénès — ja, eben derselbe. Nach den Streitereien, Diebstählen und Diffamierungen hatte man sich wieder versöhnt, und er war sogar in Ferney empfangen worden. War das Vergessen von Beleidigungen nicht ein christlicher Zug? Ganz unserem Vol-

taire gemäß, der christlicher sein wollte, als Jesuiten und Jansenisten zusammen? Als Dank für die Gastlichkeit lieh der
gefällige Marquis seinen Namen aus. Der Maréchal de Luxembourg, der damals Jean-Jacques beschützte, nannte Ximénès
einen Schurken, obschon er wußte, daß der wahre Schuldige
Voltaire war. Auch eine Schurkerei!

»Ich habe ein wenig Gutes getan, das ist mein bestes Werk«

Zur gleichen Zeit erweist er sich wunderbar großzügig gegenüber Mademoiselle Corneille. Er drängt die Académie, ihre
Ausgabe der französischen Klassiker zu beenden. Er bietet
sich selbst an, die endgültige Ausgabe der Werke Corneilles zu
korrigieren. Er will sie sogar auf eigene Kosten drucken lassen,
er will Subskribenten suchen, und der Erlös wird für die Aussteuer seines Zöglings sein. Welch schönes Brautgeschenk, ›Le
Cid‹, ›Polyeucte‹, ›Cinna‹ — in Goldschnitt! Und präsentiert
von dem Autor von ›Mérope‹, ›Zaïre‹ und ›Candide‹. Er schafft
eine günstige Stimmung für die Tochter dieses Jean-François,
Tischler und Neffe Corneilles. Der König subskribiert zweihundert Exemplare, Katharina II. ahmt ihn nach, die Kaiserin
tut desgleichen, Voltaire nimmt hundert, die Marquise de
Pompadour fünfzig, Choiseul ebenfalls. Die hohen Herren stehen nicht nach, ihre Freunde folgen ihrem Beispiel, die englischen Edelleute sind an der Spitze. Voltaire bietet als großer
Herr den Literaten, die nicht subskribieren können, ein kosten-
loses Exemplar. Er ist der Voltaire der großen Tage.
Er liest Corneille aufs neue und schreibt ein Vorwort. Er liest
ihn mit seinem durchdringenden Blick und einem mit racine-
scher Süße erfüllten Herzen. Der alte Meister scheint ihm zuweilen rauh, und die Bewunderung läßt ein wenig nach. Aber
Corneille ist eine Gottheit. Soll man ein Idol in ihm sehen und
ihn mit geschlossenen Augen anbeten? Keine Abgötterei, Voltaire wird sagen, was er denkt. »Ich behandele Corneille zuweilen wie einen Gott, zuweilen wie ein Zugpferd.« Das sind

die Rechte und Tugenden eines klaren und freien Geistes.»Ich habe die Wahrheit über Ludwig XIV. gesagt, ich werde sie nicht über Corneille verschweigen.«

Die Einschränkungen und Beanstandungen Voltaires kränkten die abgöttischen Anbeter Corneilles bitter. Der erste französische tragische Dichter war eine der erzenen Säulen des Tempels der Literatur. Die kleinste Schramme wirkte wie eine Schändung. Wieder klagte man Voltaire des Frevels an. D'Alembert drückte in gemäßigter Form die Meinung der Académie aus, die sich verletzt fühlte:»Es kam uns so vor, als wenn Sie nicht immer genügend bei den Schönheiten des Autors verweilten, sondern manchmal zu sehr bei seinen Fehlern, die vielleicht nicht jedermann als solche erscheinen. An Stellen, an denen Sie Corneille kritisieren, müssen Sie so einwandfrei recht haben, daß niemand anderer Meinung sein kann: andernfalls sollte man entweder nichts sagen oder sich nur zweifelnd äußern.« Der Rat scheint ausgezeichnet formuliert und sehr vorsichtig.

Die Wahrheit ist, daß er mit siebenundsechzig Jahren Corneille neu entdeckte. Er erinnerte sich nur der enthusiastischen Bewunderung seiner Jugend. Als er ihn, die Feder in der Hand, mit den Augen des Siebenundsechzigjährigen wiederlas, sah er Unebenheiten, Schwächen, Schwerfälligkeiten, Naivität . . . Er machte darauf aufmerksam; es folgte ein Skandal. Die Anbeter, die Corneille seit der Schule nicht wieder gelesen hatten, sprachen von ihrer Bewunderung. Was war sie wert? Man wiederholte nur das in der Schule gelernte Lob. Die Aufrichtigkeit Voltaires war eine weit größere Anerkennung als die Schmeicheleien der Dummköpfe; Corneille ging als großer Mann, als genialer Dichter aus diesem kritischen Examen hervor. Welches Werk würde so bestehen?

Zu dieser Zeit schrieb er innerhalb von sechs Tagen ›Don Pèdre‹. Ein Rekord. »Die Rage bemächtigte sich meiner eines Sonntags und verließ mich erst am kommenden Samstag wieder, ich ging nur noch reimend, nur noch vor mich hin murmelnd einher. Das Thema trug mich mit vollen Segeln davon.« Sofort schickte er seine fünf Akte den D'Argentals. »Kurz, in sechs Tagen habe ich das verfaßt, was ich Ihnen schicke. Lesen und urteilen Sie, aber weinen Sie.« 20. Oktober 1761. Sie weinten in der Tat, aber über die Schwächen des Stücks.

Während man versuchte, seine Tragödie auszubessern, schrieb er eine Komödie: ›Le droit du Seigneur‹. Er war nicht sicher, ein Meisterwerk geschaffen zu haben, und ließ sie daher einem Monsieur Le Goux zuschreiben, einem jungen Untersuchungsrichter am Gericht von Dijon, der keinen Arg in diesem Vorgehen sah. Aber sein Onkel, der Président de la Marche, ein Freund Voltaires, gab ihm zu verstehen, daß dieses Versteckspiel nicht nach seinem Geschmack sei. Voltaire ließ sich nicht entmutigen, man würde einen anderen ›Vater‹ für die Komödie finden. Monsieur de la Marche suchte ihn selbst aus, man einigte sich auf Monsieur Picardet von der Akademie in Dijon. »Picardet wird meine Sache übernehmen«, antwortete Voltaire. So sah sich Picardet plötzlich als Autor einer Komödie, die er nie geschrieben oder gelesen hatte. Man ersetzte den alten Titel durch ›L'Ecueil du Sage‹. Crébillon, der neunzigjährige Theaterzensor, machte tausenderlei Schwierigkeiten wegen der Erlaubnis: er witterte den wahren Autor. Schließlich, nach vielen Schwindeleien, kam dem Greis der kapriziöse Einfall, dem Stück eine komische, selbst erfundene Szene anzufügen. Voltaire platzte fast vor Wut. Erstaunlicherweise wurde die Mißgeburt mit Erfolg aufgeführt.

Da glückliche Überraschungen nie allein kommen, erfuhr er, daß der König ihm seine seit seiner Abreise nach Preußen eingestellte Pension wieder zahlen wolle. In Paris lief sogar das Gerücht, Voltaire werde zurückgerufen. Das stimmte nicht. Ludwig XV. vergaß nicht, aber er ließ sich herab zu zahlen. Den negativen Bescheid voraussehend, schrieb Voltaire vor dessen Bekanntmachung überall hin, daß er Ferney nicht zu verlassen wünsche: »Ich versichere Ihnen, das Leben, das ich hier führe, ist köstlich. Ich verdanke dem Glück, das ich genieße, die Konservierung meiner zerbrechlichen Maschine.«

Crébillon starb kurz darauf. Voltaire beeilte sich – unter einem geliehenen Namen –, ein Loblied auf den Verstorbenen zu veröffentlichen, um das ihn niemand gebeten hatte. Selbstverständlich war es voller Gift. Diese Art, einen Toten anzugreifen, mißbilligten seine Freunde, die ihn unter dem falschen Namen erkannten. Diderot war schockiert. D'Alembert ließ ihn seine Meinung wissen, indem er tat, als kenne er den wirklichen Autor der unschicklichen Leichenrede nicht. »Obwohl ich ganz genauso über das Verdienst Crébillons denke wie der Autor der Broschüre, bin ich doch sehr ärgerlich, daß man den Zeitpunkt seines Todes gewählt hat, um Steine auf einen Kadaver zu werfen; man hätte ihn von selbst verfaulen lassen sollen, und das hätte nicht lange gedauert.« Das heißt, Unmögliches verlangen. Voltaire konnte seine Feinde nicht verfaulen lassen; er erweckte sie wieder zum Leben, um sie anzugreifen und ließ sie durch seine Hartnäckigkeit weiterleben.

Das schöne Leben
konserviert die zerbrechliche Maschine, aber
verbraucht das robuste Vermögen

In Ferney und in den ›Délices‹ ging das fürstliche Leben weiter, obgleich er sich beklagte, daß die beiden Häuser, der Krieg der Engländer und der Verlust Indiens ihn um ein Drittel seiner Einkünfte gebracht hätten. Seine Ausgaben zeigen nicht, daß ihm dieses Drittel fehlte. Es ist schön, reich zu sein, vor allem, wenn man es auf so gute Art ist. Im Sommer 1762 installierte sich der kranke Duc de Villars mit seinem Gefolge in den ›Délices‹. Hier der Tagesspiegel der ›Gazette d'Utrecht‹ vom 17. Oktober 1762: »Genf, am 6. Oktober 1762. Unsere Stadt gehört zur Zeit zu den brillantesten. M. le Duc de Villars, M. le Comte d'Harcourt, Mme la Comtesse d'Anville, aus dem Haus der Rochefoucauld, M. le Duc, sein Sohn, und zahlreiche andere Ausländer von Rang. M. le Maréchal-Duc de Richelieu kam vorgestern hier an. Mit einem Gefolge von vierzig Personen stattete er am 1. dieses Monats M. de Voltaire in Ferney einen Besuch ab.« Er stieg in den ›Délices‹ ab, wurde von zwei Mitgliedern des Rates empfangen, und Voltaire ließ eine Tragödie für ihn spielen. »Dieser Herr ist gestern nach Lyon abgereist.«

Man stelle sich ein Haus nach der Abreise solcher Besucher vor! Man stelle sich vor, daß es — wenn auch nicht alle Besucher in solchen Mengen kamen — doch ein ständiges Vorbeidefilieren gab, und man ziehe die Konsequenzen für die Ausgaben des prächtigen Gastgebers. Denn die Unterkunft war gut. Der von Tronchin behandelte und von Voltaire logierte, ernährte und unterhaltene Duc de Villars fuhr geheilt und strahlend wieder ab.

Dann kam der Comte de Lauraguais. Voltaire hatte ihn als Kind bei seiner Großmutter, der Duchesse de Lauraguais, kennengelernt. Eine seltsame Figur, dieser Edelmann. Er schrieb Tragödien. Diderot wunderte sich darüber, daß so gute Verse aus einem so verrückten Kopf kommen konnten. »Wo haben Sie sie her?« fragte er, indem er den Sekretär des Grafen fixierte, der Clinchant hieß und sich darauf verstand, Verse zu schreiben. Der Graf nahm weder die Frage noch den Seitenblick übel. Die Tragödie war nur eins seiner Hobbies; er bewunderte die Chemie ebenso, wie er Verse liebte, das heißt, er hatte zwei bezahlte Chemiker. Er schloß sie in einem kleinen Haus in Sèvres ein und sagte ihnen: »Ihr kommt hier nicht heraus, ehe ihr mir eine Entdeckung gemacht habt.« Niemand weiß, welche Entdeckung sie machten und ob sie jemals herauskamen. Er interessierte sich nicht weniger lebhaft für die Schauspielerin Mademoiselle Arnoud, aber ohne Vermittler. Voltaire las eine der Tragödien von Lauraguais und bedachte ihn mit so viel Lob, daß er den Grafen fast verrückt vor Freude machte. Diese Tragödie hieß ›Oreste‹. Voltaire hatte ebenfalls einen ›Oreste‹ verfaßt, der darauf wartete, den Schauspielern übergeben zu werden. Er berauschte Lauraguais nur, um ihn davon zu überzeugen, daß er mit der Aufführung seines Stückes warten müsse, bis man das Voltaires gespielt hätte; dann erst könne der ›Oreste‹ Monsieur de Lauraguais' die Tragödie Voltaires verdunkeln. Lauraguais wartete so lange, daß er sein Stück niemals aufführte. Es entschwand seinem leichtsinnigen, aber keineswegs dummen Kopf. Er wurde vorzüglich in Ferney aufgenommen. Voltaire umarmte ihn hundertmal und erwies ihm alle Ehren des Schlosses und des

Gartens, in dem Lauraguais zu seiner Verwunderung einen grasenden Esel fand:

»Erkennen Sie Fréron nicht wieder?« fragte ihn sein Gastgeber.

»Tatsächlich«, antwortete der Graf, »er hat wirklich etwas von ihm in der Gestalt . . . Und das Gesicht ist geradezu frappierend. Ich glaubte nicht, daß Sie so gut mit Fréron stünden.«

»Ich brauche manchmal etwas Zorn, und dieses Gesicht verhilft mir immer dazu.«

Wir kennen die Regel der Hygiene Voltaires schon.

Er führte den Grafen in seine Kirche, wo er ihm Weihwasser anbot und ihm die Inschrift zeigte, die man heute noch lesen kann: ›Deo erexit Voltaire‹; sie erregte großen Skandal. Er hatte sie absichtlich gewählt, um den Klerus gegen eine allein zum Ruhme Gottes errichtete Kirche aufzubringen. »Die Kirche, die ich habe bauen lassen, ist die einzige Kirche des Universums, die Gott allein geweiht ist. Alle anderen sind Heiligen geweiht. Was mich betrifft, so baue ich lieber dem Herrn eine Kirche als seinen Dienern.«

Mit solchen Äußerungen brachte er seinen Bischof zur Verzweiflung. Seine Respektlosigkeit ist unvorstellbar. Man schickte ihm aus Rom Reliquien für seine Kirche und aus Paris Dekorationen für sein Theater. »Ich habe eine Kirche und ein Theater gebaut, aber ich habe schon ein Mysterium in meinem Theater zelebriert und noch keine Messe in meiner Kirche gehört. Ich habe am selben Tag die Reliquien des Papstes und das Portrait von Madame de Pompadour erhalten . . .« Er schreibt seiner Nichte, Madame de Fontaine d'Hornoy, anläßlich ihrer Wiedervermählung: »Ich bin wirklich ärgerlich, daß ich Sie nicht in meiner Kirche trauen kann in Gegenwart eines großen Jesus, der golden ist wie ein Abendmahlskelch und aussieht wie ein römischer Kaiser und dessen dümmliche Physiognomie ich beseitigt habe.«

Ein englischer Besucher erzählte, er habe dem großen goldenen Jesus seine eigene Physiognomie geben lassen, um sein dümmliches Aussehen zu beseitigen.

Die Wiederverheiratung von Madame de Fontaine mit dem

Marquis de Florian entzückte ihn. Florian war der Offizier, der versucht hatte, die von Voltaire zur Vernichtung der preußischen Infanterie ersonnenen assyrischen Kampfwagen unterzubringen. Die Heirat legalisierte eine alte, zärtliche Freundschaft. »Es gibt nichts Süßeres und Weiseres, als seinen intimen Freund zu heiraten«, schrieb der gute Onkel seiner liebenswürdigen Nichte. Die Marquise de Florian war die ältere der Demoiselles Mignot. Sie hatte sich ihrem Onkel nicht wie ihre Schwester Madame Denis widmen können, denn sie war Mutter zweier Söhne und wurde erst 1756 Witwe. Man bedauert dies ein wenig: sie war künstlerischer veranlagt, lebhafter und uneigennütziger als ihre Schwester. Sie hatte ein recht nettes Talent zum Malen und konnte sich äußerst witzig und anregend unterhalten, was niemand auch nur im entferntesten vulgär fand. Das zeigt, daß sie zwar weniger Geist als ihr Onkel besaß, aber wesentlich mehr als ihre Schwester.

Monsieur le Président de Brosses gewinnt sechs Bündel Holz, aber verliert seinen Sitz in der Académie

Im Jahre 1761 wurde Voltaire Mitglied der Akademie von Burgund. Nicht wegen des glanzvollen Titels nahm er den Sitz an, aber da er ständig Prozesse führte und die Richter alle Mitglieder waren, fand er zweifellos gewisse Vorteile darin, die Richter mit: ›Lieber Mitbruder und lieber Freund‹ anzureden. Die erstaunlichste Persönlichkeit dieser Akademie war der Président de Brosses. Wir kennen ihn durch seine unterhaltsame ›Voyage en Italie‹ aus dem Jahr 1739. Er war einer der repräsentativsten Männer seiner Zeit. Gelehrt ohne Schwerfälligkeit, tändelnd und doch ernsthaft, beherrschte er seine Gelehrsamkeit und bewegte sich spielend mit prickelnder Lebendigkeit innerhalb seiner weitreichenden Kenntnisse. Nichts verwirrte ihn. Er bildete sich über das, was er las, ein schnelles und sicheres Urteil. Burgunder und Gallier, machte ihm die Wirklichkeit niemals Angst. Und auch die gröbsten Scherze wurden von ihm mit derselben Leichtigkeit behandelt wie eine dreigliedrige Lobrede auf das römische Recht. Er verstand es, zu leben und zu denken. Was sein Äußeres angeht, so war er von kleiner Statur, aber außergewöhnlich temperamentvoll und kräftig: das reinste Quecksilber. Diderot schreibt von ihm: »Der Président de Brosses, vor dem ich in gewöhnlichen Kleidern Respekt habe, bringt mich in seiner Robe aus der Fassung, und ich kann ein Hochziehen der Mundwinkel nicht unterdrücken, wenn ich sehe, wie sich sein kleines, ironisches, fröhliches, satirisches Gesicht in der Ungeheuerlichkeit eines Haarwaldes verliert, der rechts und links hinabfallend, drei Viertel des restlichen kleinen Antlitzes verdeckt.« Dieser kleine Richter, den seine Perücke von Kopf bis Fuß hätte bekleiden können, war jedoch ein schrecklicher Mann. Und Voltaire behielt im Kampf mit ihm nicht das letzte Wort.

Ihr Verhältnis begann im Jahr 1756 mit einem Honigmond. Sie waren dazu geschaffen, einander zu verstehen, selbst mit halben Worten, was sie nicht hinderte, bei ihrem ersten Zusammentreffen von neun bis ein Uhr zu reden. Sie umarmten sich beim Abschied, schrieben sich und waren nach ihren eigenen Worten die schönsten Leuchten ihres Jahrhunderts.

Diese schöne Begeisterung Voltaires für den Präsidenten wuchs durch eine ebenso große für dessen Besitz von Tournay. Der Präsident wollte ihn verkaufen, Voltaire ihn erstehen. Das war einfach — scheinbar. Man begann mit blumigen Reden: Voltaire sagte, er habe nicht genug Geld, um Tournay zu bezahlen. Der Präsident erwiderte, er gäbe seine Ländereien und seine Grafschaft dem berühmtesten Schriftsteller des Jahrhunderts auch umsonst. Nach diesen Worten konnte sich die Spitzfindigkeit der Arouets und die des burgundischen Richters frei entfalten. Voltaire machte, so gut er konnte, die Fehler des Besitzes geltend, um den Preis herabzusetzen — Fehler, die tatsächlich vorhanden waren: denn das Land war unfruchtbar, versumpft, unbebaut, zerteilt durch wertlose Wälder, und das Schloß ein ›altes Gemäuer‹. Der Präsident erwiderte, daß mit den Ländereien alle Feudalrechte, der Grafentitel und vor allem die Gerichtsbarkeit verbunden seien. Voltaire war bereit, für das ungesunde Heideland und die Ruine den Preis eines Palastes zu zahlen. Er hatte dies schon allzu oft gezeigt und wollte es nicht noch mehr betonen. Der Präsident beabsichtigte, sich des Besitzes zu entledigen, der nur eine Belastung für ihn war, und außer Voltaire gab es niemanden, der sich mit einer solchen Bürde beladen hätte. Auf den Wunsch Voltaires bauend, der so gerne den Herrn einer Ortschaft spielen wollte, ließ der Präsident geschickt den Preis steigen. Er machte auch seine eigenen Gefühle geltend, die ihn an diese seit langem im Besitz der Familie befindlichen Ländereien banden; seine Vorfahren hatten ihre Kinder dort großgezogen und, wer hätte es für möglich gehalten?, dieser Besitz brachte nicht nur den Grafentitel, er garantierte auch — wenigstens beinah — die Unsterblichkeit. Ein in dem Schloß begrabener Talisman ließ seine Bewohner bis zu hundert Jahre alt werden. Und der Präsident erzählte Ammenmärchen und breitete mit größter Ernsthaftigkeit alte Stammbäume aus. Kurz, die beiden Herren feilschten um die Wette; der Präsident noch besser als Voltaire. Das Geschäft wurde schließlich zu einem übermäßigen Preis abgeschlossen, außerdem schränkten gewisse Klauseln des Vertrages die Rechte des Käufers noch ein, der alte Besitzer bewahrte sich einige Vorrechte und sogar das des Wiederkaufes. Das Gut wurde mit kostspieligen Dienstleistungen belastet: der Käufer mußte die Reparaturen des Schlosses übernehmen und in den drei dem Kauf folgenden Jahren wenigstens zwölftausend Livres für die Erhaltung ausgeben.

Nach dem Brauche mußte der Käufer nach der Unterzeichnung des Vertrages ein Geschenk machen. Voltaire verehrte der Gattin des Präsidenten einen prächtigen, mit einer Sämaschine kombinierten Pflug. Sie glaubte vor Wut zu platzen und wies den Pflug zurück. Sie hatte auf Perlen, auf Pelze oder eine Geldsumme gehofft. Man fragt sich, was Voltaire sich dabei dachte; er mußte wohl in Ferney unter den neuen, eben erstandenen Maschinen einen übrigen Pflug gehabt haben. Angesichts der Vorhaltungen des Präsidenten nahm er den Pflug wieder an sich und schickte Madame fünfzig Louis, ein Geschenk, das sie mehr würdigte als die Landmaschine, da sie den Winter in Paris zuzubringen gedachte.

Schließlich wurde Voltaire am Tage der feierlichen Einsetzung in seine Grafschaft belohnt. Man empfing ihn mit allen alten Gebräuchen, die einem neuen Herrn zukommen. Glockenläuten überall, Messe, Gewehrsalven, Vorbeidefilieren der Bevölkerung an einem Thron, auf dem unter einem Baldachin der Landesherr saß, flankiert von seinen mit Diamanten geputzten Nichten. Selbst der Adel der Nachbarschaft hatte sich zu kommen bemüht, was in Ferney nicht so gewesen war. Von diesem ländlichen Prunk berauscht, vergaß Voltaire für einen Augenblick den Preis und die Belastungen. Es war ein schöner Tag.

Am nächsten Morgen änderte sich alles. Einer der Bauern von Tournay, dem man Nüsse stahl, legte sich mit einem alten Säbel bewaffnet auf die Lauer, überraschte den Dieb und verwundete ihn am Arm, ohne ihn zu töten. Sofort wurde der Säbelschwinger verhaftet, eingesperrt, fast sollte er gehenkt werden. Alles oblag dem Lehnsherrn Voltaire. Die Richter, die wußten, daß es einen Bürgen gab, machten einen möglichst komplizierten und kostspieligen Prozeß. Der verwirrte Dichter schrie und schrieb und wandte sich an alle nur möglichen Justizbehörden in Genf, Gex und Dijon. Er wollte nicht mehr Gerichtsherr sein, denn er bemerkte, daß Feudalprivilegien eine ruinöse Ehre sind. Die Richter ließen ihn stöhnen — er würde ja zahlen. Zu dem Prozeß luden sie zweiundfünfzig Zeugen! Zweiundfünfzig Zeugen auf Kosten Voltaires für sechs gestohlene Nüsse und einen Säbelhieb von der Hand eines Dummkopfes auf den Arm eines Spitzbuben! Das trug sich just in dem Augenblick zu, als der Priester von Moens ihm so viele Unannehmlichkeiten bereitete. Man kann sich vorstellen, daß der Präsident, die Richter und die Staatsanwälte unter den Klagen, Beschuldigungen, Bittschriften und Hilferufen des unglücklichen Comte de Tournay schier zusammenbrachen. Er hatte Lehnsherr sein wollen — sollte er es sein und zahlen! Er kam zu dem Schluß, daß Feudalherrschaft eine schreckliche Sache sei. Eitelkeit übrigens auch.

Der Präsident beglückwünschte sich, die ruinösen ›Privilegien‹ auf Voltaire abgewälzt zu haben. Da dieser Brennholz brauchte und geschlagenes Holz auf seinem Besitz Tournay fand, ließ er es holen und in seinem Kamin verbrennen. Hätte er seinen Vertrag gut gelesen, so hätte er sehen können, daß dieses Holz dem alten Besitzer gehörte, oder zumindest dessen Verwalter, einem gewissen Charlot. Charlot reklamierte seine Holzbündel. Voltaire fuhr ihn an, er solle sich um andere Herrensitze kümmern als um den von Tournay. Charlot unterrichtete den Präsidenten. Dieser war bereits auf dem laufenden. Im übrigen hatte er Voltaire schon mit höflichen, aber genauen Worten zu verstehen gegeben, daß man zu viele Bäume schlage, daß man die vorgesehenen Reparaturen nicht ausführe, daß . . . daß . . . Charlot diente dem Präsidenten als Spion auf einem Gut, das, obschon es Voltaire gehörte, von seinem alten Besitzer bewacht wurde. Der Ton verschärfte sich. Der geizige Präsident verlangte 281 Livres für jedes Bündel Brennholz, doch Voltaire war fest entschlossen, lieber sein ganzes Leben lang zu prozessieren, als das Geld zu zahlen. Beide Parteien waren gleich streitsüchtig, hartnäckig und zäh. Voltaire ging so weit, zu sagen und zu schreiben, daß alle Richter Burgunds Monsieur de Brosses in seiner Eigenschaft als Präsident hörig seien und ein unter dem Einfluß des Präsidenten gefälltes Urteil nur ungerecht sein könne. Zorn des Präsidenten, der Voltaire gerichtlich mahnte, Charlot zu bezahlen. Monsieur de Brosses würde Charlot angreifen, wenn dieser ihm das Geld nicht gäbe. Charlot blieb also nichts anderes übrig, als sich gegen Voltaire zu wenden. Das war es, was der Präsident wollte, der auf diese Weise dem Herrn von Tournay durch eine Mittelsperson den Prozeß machen konnte. Der berühmte und steinreiche Voltaire konnte so vor Gericht von einem zweifelhaften Gutsverwalter geschlagen werden. Es würde dem Gericht zur Ehre gereichen, einem reichen Schieber die sechs Holzbündel zu entreißen, die er einem armen Mann gestohlen hatte.

Und all das für 281 Francs! Die Unehrlichkeit, die Zanksucht dieser beiden kleinen, vom Teufel besessenen Männer, die — der eine vergraben in seiner Perücke, der andere unter seiner

Pelzmütze — wütend ihre bösartigen Klagen hinkritzeln, ist ein bestürzendes Schauspiel. Alle beide steinreich, stellten sie sich vor der Öffentlichkeit bloß für einige Arme voll Holz, die ihre Bedienten in den Kamin warfen, ohne auch nur darauf zu achten. Die Erbitterung Voltaires war auf ihrem Höhepunkt angelangt, denn er fand keinerlei Unterstützung mehr durch die Gerichte in Dijon. Selbst wenn der Präsident oder sein Bevollmächtigter nach dem Gesetz Recht auf die Bündel hätten, so fand Voltaire doch, man habe ihn genug für die Besitzung zahlen lassen und könne sie ihm überlassen. Dies riet man auch dem Präsidenten: »Das heißt also«, erwiderte er, »daß man sie (die Holzbündel) ihm geben muß, weil er unverschämt ist. Dazu sagt man noch, er sei ein gefährlicher Mann. Und deswegen sollte man ihn ungestraft böse sein lassen? Gerade solche Leute müssen bestraft werden. Ich fürchte ihn nicht, ich bin nicht Pompignan.«

Schließlich schalteten sich so viele Leute ein, daß der Prozeß vermieden wurde. Voltaire zahlte die 281 Livres den Armen, und der Präsident gab ihm eine Quittung, so als habe man ihm die Bündel bezahlt. Es wurde Frieden geschlossen. Währenddessen starb die Gattin des Präsidenten. Voltaire schickte sich an, sein Beileid zu bekunden, aber schließlich tat er es doch nicht. Er fand, der Frieden sei noch zu neuen Datums.

Wir kennen unseren Helden gut genug; ein Ausbleiben seiner Rachsucht beruhigt uns nicht. Und wirklich: der Präsident, der Talent und Verdienste hatte, schielte nach einem Sitz in der Académie. Er ließ Erkundigungen einziehen, um zu erfahren, ob seine Kandidatur akzeptiert würde. Monsieur de Voltaire aber nahm sich der Sache an und gab ihm zu verstehen, daß ihm seine sechs Holzbündel unwiderruflich die Tür der Académie versperrt hätten.

All dies ist nicht sehr rühmlich. Lassen wir es also genug sein mit dem kleinen Arouet, dem Sprößling der Justizbeamten von Saint-Loup, und seinem Prozeß. Kommen wir wieder zu Voltaire, dem großen und großzügigen Verteidiger der wahren Gerechtigkeit, der Freiheit und der Würde des Menschen; lassen wir die sechs Holzbündel in Asche zerfallen und leben wir mit dem Helden einer unglaublichen, unerklärlichen Geschichte, der Affäre Calas, die ebensogut die Affäre Voltaires ist.

Die Affäre Calas

In der Geschichte des modernen Europa ist die Affäre Calas ein Markstein. Durch seinen Triumph über eine schreckliche Ungerechtigkeit erwarb sich Voltaire unvergleichlichen Ruhm. Alle Menschen, die nach der Rehabilitierung von Calas leben, schulden Voltaire in einem gewissen Sinne eine bessere, hellsichtigere und menschlichere Gerechtigkeit.

Wie viele analoge Fälle zur Affäre Calas hat es gegeben? Wie viele Justizmorde wurden begangen? Vielleicht gab es sie, vielleicht wird es sie geben und vielleicht gibt es sie heute noch. Doch der Unterschied liegt darin, daß vor Voltaire die Calas immer im Unrecht, die Richter immer im Recht waren. Das Opfer blieb, einmal verurteilt, für immer schuldig. Voltaire jedoch sagte zu dem Justizverbrechen: nein.

Die Affäre ist in ihren großen Umrissen bekannt; doch spricht man seit zweihundert Jahren davon, ohne alles erhellt zu haben. Der Hintergrund bleibt dunkel — und sogar beunruhigend. Hier, was man von dieser unglücklichen Familie weiß: Es handelte sich um eine Hugenotten-Familie, höchst ehrenwerte Kaufleute. Sie bewohnte in Toulouse, in der Rue des Filatiers, ein Haus, das es heute noch gibt. Das Rez-de-Chaussée diente als Tuchladen, darüber befand sich die Wohnung, wo der Vater, die Mutter und ihre Kinder lebten.

Am 13. Oktober 1761 hielt sich Vater Calas mit seiner Frau und seinen beiden Söhnen, dem ältesten, Marc-Antoine, und dem jüngeren, Pierre, im oberen Stock auf. Sie hatten einen dritten Sohn namens Louis, der katholisch geworden war und kaum noch im väterlichen Hause verkehrte. Der jüngste Sohn der Familie hieß Donat und war in Nîmes, die beiden Töchter verbrachten den Tag auf dem Lande bei einer befreundeten Familie. An jenem Abend befand sich bei den Calas ein junger Mann namens La Vaysse, der gerade von Bordeaux kam und sein Elternhaus verschlossen gefunden hatte, da seine Eltern verreist waren. Daher luden ihn die Calas zum Abendessen ein, und zwar in das große Zimmer im ersten Stock. Nach dem Essen erhob sich der älteste Sohn, ging in die Küche, sagte dem Dienstmädchen, es sei ihm zu heiß und er wolle hinausgehen, um frische Luft zu schöpfen. Die andern plauderten noch ein wenig, aber da der kleine Pierre fast einschlief, erhob sich La Vaysse, um zu gehen. Calas und Pierre nahmen eine Kerze und brachten ihn zur Tür, die auf die Straße führte. Plötzlich hörte die Mutter, die allein geblieben war, Schreie und Jammern im Parterre. Sie wagte nicht nachzusehen und schickte das Dienstmädchen, das nicht wieder kam. Daraufhin stieg sie selbst hinunter und begegnete La Vaysse, der ihr den Durchgang versperrte und sie bat, wieder umzukehren. Das tat sie, aber da sie es oben nicht mehr aushielt, kam sie wieder herunter und erblickte unten ihren ältesten Sohn Marc-Antoine auf der Erde liegend. Sie hielt ihn für ohnmächtig. Ein sofort herbeigerufener Arzt sagte, er sei tot — erwürgt oder erhängt. Tatsächlich hatten Calas und sein Sohn, als sie hinunterkamen, zu ihrem Erstaunen bemerkt, daß die Tür nach der Straße offen stand. Wer hatte sie aufgemacht? Sie näherten sich der Tür und entdeckten den Körper des jungen Marc-Antoine an einem Balken hängend, auf den man Kattunballen zu legen pflegte. Sie nahmen ihn ab, doch es war schon zu spät. In Anwesenheit des Arztes sagte der Vater Calas, aus seiner Erstarrung erwachend, zu Pierre: »Verbreite nicht, daß sich dein Bruder umgebracht hat, rette die Ehre deiner unglücklichen Familie.« Im 18. Jahrhundert wurde der Leichnam eines Selbstmörders mit zur Erde gewandtem Gesicht wie ein Mörder gerichtet. Die Äußerung des Vaters ist daher verständlich. Sie sollte ihn jedoch verderben, obwohl sie außerhalb jeden Verhörs ausgesprochen wurde, in einem Augenblick, als es weder einen Angeklagten noch einen Prozeß gab. Als man sie beschuldigte, gelogen zu haben, um den Selbstmord zu verbergen, sagten die Calas die Wahrheit. Zu spät. Ihre Lüge wurde als Beweis ihrer Schuld angesehen. In dem Augenblick, als die Mutter die Leiche ihres Sohnes entdeckte, stieß sie solche Schreie aus, daß die Nachbarn und Vorübergehenden vor dem Haus zusammenliefen. Die ›Capitouls‹ (städtische Beamte) wurden unterrichtet. Einer von ihnen, David de Beaudrige, sollte eine schreckliche Rolle spielen. La Vaysse, der die Polizei holen wollte, fand bei seiner Rückkehr das Haus von vierzig Soldaten umstellt, die ihm den Eintritt verweigerten. Er sagte, er sei ein Freund des Hauses und habe gerade dort zu Abend gegessen. Er ahnte nicht, daß er sich damit dem Verderben auslieferte. Man ließ ihn durch die erregte Menge hindurch, die wissen wollte, wie der junge Mann umgekommen sei. Schon sagte man: »Wer hat ihn getötet? Wer hat ihn getötet?« als plötzlich eine Stimme erklärte: »Marc-Antoine ist von seinen hugenottischen Eltern getötet worden, weil er zum katholischen Glauben übergetreten war.« Diese anonyme Stimme aus einer hysterischen Menge, diese schreckliche Anschuldigung war das Todesurteil für Calas. Sie kam zu Ohren des Capitoul Beaudrige, der sie sich zu eigen machte. Ohne den geringsten Beweis sah er Schuldige dort, wo es noch nicht einmal Angeklagte gab. Ohne Nachforschungen, ohne Untersuchung, ohne auch nur den Ort besichtigt zu haben, ohne Auftrag ließ er jeden, der an jenem Abend im Haus war, greifen und gefangensetzen. Er durchsuchte noch nicht einmal das Haus. Die Mörder — wenn Mord vorlag — hätten sich dort verstecken können. Er bemühte sich nicht zu erfahren, ob es zu einem Streit gekommen war: läßt sich ein junger kräftiger Mann erwürgen, ohne sich zu wehren? Wäre es wahr gewesen, daß Marc-Antoine konvertieren wollte, so hätte man in seinem Zimmer Bücher, Hinweise auf seine bevorstehende Konversion gefunden. Noch nicht einmal die Papiere, die in seinen Taschen steckten, wurden dem Richter vorgelegt. Man warf sie fort. Es waren, sagte man, obszöne Verse. Um nichts machte man sich Gedanken. Die Calas glaubten, man werde ihre Aussage entgegennehmen und sie wieder nach Hause schicken. Pierre ließ am Eingang eine Kerze brennen, um Licht bei der Rückkehr zu haben. Beaudrige gab Auftrag, sie zu löschen. »Sie werden nicht so schnell zurückkommen«, sagte er. Er hatte sich also seine Meinung gebildet. Zum Unglück bildete sich die Menge nach drei im Vorübergehen erhaschten Worten dieselbe Meinung — eine Meinung, die durch nichts bestätigt wurde.

So kam es durch die Dummheit der Menge und den Ehrgeiz eines Capitouls, der mit einer aufsehenerregenden Affäre sein Glück zu machen gedachte, zu diesem verblüffenden Prozeß. Er ahnte nicht, wie weit sein Echo dringen würde. Mit dreister Stirn erklärte Beaudrige selbstsicher: »Ich nehme alles auf mich.« Er richtete diese Worte an einen anderen Capitoul, der ihn zu mehr Vorsicht ermahnte, und fügte hinzu: »Es geht hier um die Religion.« Das läßt schaudern. Er beklagte sich, daß ihn seine Kollegen nur schwach unterstützten: sie waren sich ihres guten Rechtes weniger sicher als er. Ahnte der Minister in Versailles, der den Bericht las, nicht, daß er es mit einem Rasenden zu tun hatte? Schrieb denn niemand einen Gegenbericht? Dabei war Beaudrige in Toulouse berüchtigt, in seiner Umgebung hütete man sich vor ihm. Er hatte mit einem Mann unserer Bekanntschaft ein Hühnchen zu rupfen gehabt, mit La Beaumelle, den er auf unrechtmäßige Weise entwaffnen und verhaften ließ. Er hatte seinem Haß nachgegeben. Das sieht einem guten Justizbeamten nicht ähnlich.

Aber wer war Marc-Antoine? Warum sollte er Selbstmord begangen haben? Er war achtundzwanzig Jahre alt und galt als besonnener, fleißiger Junge. Er hatte mit Erfolg Jura studiert und wollte eine brillante Advokatenlaufbahn einschlagen. Dazu mußte man nachweisen, daß man katholisch war. Man erhielt einen solchen Ausweis mühelos. Genauso war es dem Vater seines Freundes La Vaysse gegangen, der tatsächlich und dem Herzen nach Protestant war, aber ›katholisch auf dem Papier‹. Doch der Priester von Saint-Etienne in Toulouse wollte keinen Ausweis ausstellen ohne einen Beichtzettel. Das hieß viel von einem Protestanten verlangen. Marc-Antoine war verzweifelt darüber. Er gestand einem seiner Mitschüler, daß es mit seiner Karriere vorbei sei, da er sich nie zum Katholizismus bekehren werde. Das widersprach genau dem, was die blöde Menge glaubte.

Er widmete sich daraufhin dem Handel, für den er jedoch eine Abneigung fühlte. Auch dort hatte er einen Mißerfolg: er wollte sich mit einem Kompagnon verbinden, um das Geschäft zu vergrößern, aber er verpaßte die Gelegenheit, da er die notwendige Summe nicht zur rechten Zeit aufbringen konnte. Das waren zwei Fehlschläge nacheinander. Außerdem war er eitel und liebte es aufzufallen, doch sein Vater mißbilligte diese, den Eltern wenig gemäße Neigung. Der Vater weigerte sich sogar, sich mit Marc-Antoine zu assoziieren, der seiner Meinung nach keine Begabung zum Kaufmann hatte. Eine neue Enttäuschung. Um dem Kummer zu entfliehen, gab er sich Ausschweifungen hin und spielte in einem Café, das man ›Quatre Billards‹ nannte. Er liebte das Theater, deklamierte gut und mit Vorliebe Tiraden, die den Tod zum Thema hatten. Man bemerkte später seinen Hang zu den ›Stances de Polyeucte‹, dem Monolog des Hamlet und einer Tirade Gressets aus dem Stück ›Sidney‹, die eine Apologie des Selbstmordes darstellt.

All das hätte den Richtern helfen können, das Drama zu erklären, wenn diese Richter Gerechtigkeit gewollt hätten. Aber man zog es vor, dem Volk zu gefallen, das in Marc-Antoine einen Märtyrer seines neuen Glaubens sah. Die Priester verlasen von der Kanzel drei Sonntage lang einen Mahnbrief des Bischofs, der eine exemplarische Strafe forderte und um alle Zeugenaussagen bat, die der Justiz helfen könnten. Aber man hielt sich nur an die für Calas ungünstigen Zeugenaussagen.

Drei Wochen nach dieser Pseudo-Untersuchung wartete der in Kalk konservierte Leichnam Marc-Antoines immer noch. Seine Macht auf erschreckende Weise mißbrauchend, verfügte Beaudrige, daß Marc-Antoine katholisch begraben werden müsse, da er katholisch gewesen, in die Kirche gegangen sei und der Messe beigewohnt habe. Er besaß keinerlei Beweis dieses Katholizismus. Der Priester von Saint-Etienne, der ihm den Nachweis des katholischen Glaubens verweigert hatte, hätte sich sträuben müssen, diesen Mann, von dem er wußte, daß er Protestant war, in seiner Kirche zu begraben. Und was soll man zu der pompösen Beerdigung des Unglücklichen sagen, dessen sterbliche Hülle behandelt wurde wie die eines Märtyrers? Man gedachte auf diese Weise gleichzeitig den katholischen

Glauben des Opfers und die Schuld des vermeintlichen Mörders zu proklamieren — eine unerhörte Freveltat. Man konnte sehen, wie die beiden Priester, der der Kathedrale Saint-Etienne und der der Kirche du Taur, sich den unseligen Kadaver streitig machten: den eines Häretikers und Selbstmörders. Man stritt sich, wem die Ehre zukäme, ihn zu begraben. Vierzig Priester, angeführt von weiß gekleideten Büßermönchen, umgaben seinen Sarg, denn man sagte, Marc-Antoine habe in ihren Orden eintreten wollen. Keine Spur dieser Vokation konnte aufgezeigt werden. Das hinderte die Mönche nicht, in ihrem Kloster eine Messe zu halten, zu der drei andere Bruderschaften eingeladen waren. Ein Leichengerüst erhob sich in ihrer Kapelle, auf dessen Spitze ein Skelett Marc-Antoine darstellte, der in einer Hand die Märtyrerpalme, in der anderen eine Inschrift trug: »Ich schwöre der Ketzerei ab.« Man sagte, der bereits konvertierte Bruder Louis habe den Büßermönchen versichert, daß sein Bruder das Gewand ihres Ordens nehmen wollte. Später widerrief er seine Behauptung. Dieser Louis ist eine seltsame Gestalt, er hatte seinen Vater vor Gericht laden lassen, um sich von ihm eine Pension als Konvertierter zahlen zu lassen. Das Gesetz erlaubte ihm einen solchen Schritt, wenn auch nicht die Moral. Welches Vertrauen kann man zu einem Sohn haben, der sich nur noch an die Seinen wandte, um Geld aus ihnen herauszupressen?

Der Anwalt von Calas, Ducoux, wurde so geschickt in die Falle gelockt, die ihm die von Beaudrige angeführten Capitouls stellten, daß man ihn für drei Monate seines Amtes enthob und er öffentlich vor den Richtern bereuen mußte. Dadurch wurde jeder andere Verteidiger entmutigt. Der Rechtsanwalt Sudre versuchte, auf die Calas entlastenden Fakten hinzuweisen, aber man geruhte ihn nicht anzuhören.

Fünf Personen waren angeklagt: der Vater Calas, seine Frau, ihr Sohn Pierre, La Vaysse und die Dienerin Jeanne Viguière. Ihre Macht wiederum mißbrauchend, beschlossen die Capitouls, Calas, seine Frau und Pierre zu foltern. Dieses Recht stand nur souveränen Gerichtshöfen zu. Die Capitouls wußten das sehr gut, sie gaben sich also wissentlich dem schrecklichen Vergnügen des Folterns hin. Was La Vaysse und die Dienerin anbelangte, so hatten sie ein Recht auf die ›Befragung‹, die Halbfolter. All dies 1761, mitten im Jahrhundert der Aufklärung! Man machte La Vaysse zum Komplicen und sogar den Vater von La Vaysse; reiner Fanatismus! Der Vater von La Vaysse war so tolerant, daß er sogar eigenhändig den Nachweis des Katholizismus seines Sohnes unterzeichnet hatte, und um zu zeigen, wie weit die Toleranz der Familie ginge, hatte er seinen Sohn bei den Jesuiten erziehen lassen. Man versteht, daß bei der Beschuldigung der Familie La Vaysse alle Protestanten, und der gemeinsamen Ehre halber auch viele Katholiken vor Entrüstung bebten.

Die unglückliche Dienerin wurde wegen der blinden Treue zu ihrer Herrschaft zur Komplicin erklärt. Die Richter wollten nicht zugeben, daß eine so hingebungsvolle Dienerin an dem Mord des Sohnes unbeteiligt sein könne! Sie hätten in Betracht ziehen müssen, daß Jeanne eine eifrige Katholikin war, jeden Morgen die Messe hörte und zweimal in der Woche kommunizierte; sie hatte sogar die Konversion von Louis begünstigt. Wie hätte sie den Mord des anderen Sohnes gebilligt, weil dieser katholisch werden wollte? Sie hätte eher, wenn es nötig gewesen wäre, das Verbrechen bekanntgemacht. Sie erlitt die Folter der ›Befragung‹, gestand nichts und fuhr fort zu beichten und zu kommunizieren. Wenn sie, wie die Richter ihr vorwarfen, mit einer Zeugenaussage einen Meineid begangen hätte, so wäre ihr die Absolution nicht erteilt worden und sie hätte im Gefängnis nicht kommunizieren können. Doch sie tat dies, und ihr Beichtvater konnte ihr nichts vorwerfen. Voltaire war es, der beim Studium der Prozeßakten dieses Argument gegen die Mitwisserschaft der Dienerin und schließlich gegen das Vorliegen eines Verbrechens überhaupt fand.

Der Prozeß kam vor das Gericht von Toulouse. Die dortigen Herrn waren sehr gelehrt, sie wußten, wie ein Prozeß vor sich zu gehen hatte, und machten sich eine sehr christliche Idee von der Rechtsprechung. Doch verhielten sie sich wie ein Volkstribunal, das unter Drohung und von Leidenschaften verblendet handelt. In der Tat teilten sie den Fanatismus, der sich der ganzen Stadt bemächtigt hatte. Ein einziger Schrei erscholl in den Straßen: »Calas ist ein Mörder!« Der Schrei einer von schlechten Hirten fanatisierten Herde. Nur ein Richter, Monsieur de la Salle, wagte die Unschuld Calas' zu verteidigen. Worauf ein anderer Richter ihm entrüstet zuschrie: »Monsieur, Sie sind ganz Calas!« Doch Monsieur de la Salle antwortete ihm: »Monsieur, Sie sind ganz Volk!« Die Antwort zeigt deutlich, in welcher Atmosphäre sich der Prozeß abwickelte: eine hysterisch gewordene Stadt wollte den Tod von Calas. Wenn Dummheit ein Verbrechen ist, so gibt es Fälle, in denen sich dies in besonders erschreckendem Maße zeigt. Etwa dreißig Jahre nach diesem Prozeß sollten die Volkstribunale, immer noch im Namen des Gefühls, die Söhne und Enkel dieser Präsidenten, dieser Richter, dieser Staatsanwälte, die so stolz auf ihre Titel waren, auf die Guillotine schicken.

Dorthin brachte sie ihr falscher Ruhm. Jean Calas wurde also dazu verurteilt, die gewöhnliche und die außergewöhnliche Folter zu erleiden. Der Unglückliche mußte allen Vorbereitungen der Instrumente beiwohnen, die dazu dienten, seine Zehen- und Fingerglieder zu enthäuten, zu verbrennen und zum Platzen zu bringen. Danach wurde er barhäuptig und barfüßig auf einem Karren vom Gefängnis zur Vorhalle der Kirche Saint-Etienne gefahren. Dort bat er kniend, eine gelbe Kerze in der Hand, Gott, den König und die Justiz um Verzeihung. Ein schrecklicher Augenblick für einen Unschuldigen. Dann brachte man ihn wieder auf dem entehrenden Karren auf einen Platz, wo ein Schafott aufgerichtet war. Er wurde auf ein Rad gebunden. Die eisernen Stangen brachen ihm die Arme, die Beine und das Kreuz. Das Gesicht zum Himmel gekehrt, hörte er eine Stimme, die ihm bedeutete, »er werde in Qual und Bereuung seiner Verbrechen so lange leben, wie es Gott gefiele, ihn am Leben zu lassen«. Gott in diese teuflische Angelegenheit zu verwickeln, scheint der Gipfelpunkt des Sakrilegs. Und zum Schluß, denn der Unglückliche war nahe am Sterben, erwürgte ihn der Henker, warf seinen Körper auf einen brennenden Scheiterhaufen, und seine Asche wurde in alle Winde zerstreut.

So endete Calas, ein guter Gatte, ein guter Vater, ein ehrlicher Kaufmann und ein guter Untertan des Königs. Sein Mut, seine Gelassenheit, seine Größe bei diesem Tod waren verblüffend. Pater Bourges, der ihn bei der Tortur ermahnte, sein Verbrechen zu gestehen, sagte er: »Wie, mein Vater, auch Sie glauben, daß man seinen Sohn töten kann?« Man drängte ihn, seine Komplicen zu nennen: »Es gibt kein Verbrechen, es kann also auch keine Komplicen geben.« Und sein letztes Wort: »Ich habe die Wahrheit gesagt. Ich sterbe unschuldig.«

Beaudrige schrie noch in dem Augenblick, als ihn der Henker erwürgte, er solle gestehen. Der finstere Capitoul hätte wahrlich dieses Geständnis gebraucht, um sein Gewissen von den schrecklichsten Qualen der Reue zu entlasten. Hat er sie empfunden? Als er dem Minister vom Tode Calas', von der lebenslänglichen Verbannung des Sohnes und der Frauen berichtete, schrieb er: »Dieses Urteil hat nicht verfehlt, alle Welt zu verwundern, die auf ein strengeres Urteil gefaßt war.« ›Herr Jedermann‹ wollte also noch mehr Hinrichtungen! Sollte man auch die Mutter und Pierre Calas auf das Rad binden? Und wen noch? Die Familie La Vaysse? Wenn man sie so sieht, ist die Menschheit etwas Entsetzliches. Dieser Beaudrige ist keineswegs eine Figur aus den ›Mystères de Paris‹, er ist kein soziales Monstrum, sondern ein angesehener, wohlinstallierter, ehrbarer und gelehrter Mann, eines der ›Häupter‹, ein Capitoul der Hauptstadt des Languedoc. Und die anderen? Was waren sie wert? Gewiß, Beaudrige wurde nach der Rehabilitierung von Calas seines Amtes enthoben. Man führte als Grund an, er habe sich bei der Beerdigung zweier 1764 in Toulouse gestorbener Engländer ungeschickt benommen. Der Minister, Monsieur de Saint-Florentin, erkannte ein wenig spät den niedrigen Ehrgeiz dieses Mannes. Es scheint, daß er sich nach seiner Absetzung seines Verbrechens bewußt wurde – er mußte dazu erst wahnsinnig werden. In seinem Delirium verfolgten ihn Scheiterhaufen, Torturen und Henker. Sein Enkel, David d'Escalonne, der sich den Ausschreitungen der ›Terreur‹ widersetzen wollte, starb 1794 auf dem Schafott; man sagt, er habe nicht den Mut von Calas bewiesen.

Man hört in Ferney
von der aufsehenerregenden Affäre

Voltaire wußte anfänglich von der Affäre nur das, was alle
Welt sagte: Calas hat seinen Sohn umgebracht, um sich seiner
Konversion zu widersetzen. Das war eine Art Ritualmord, der
Schrecken aller Schrecken für einen Geist wie Voltaire. Er
schreibt mit verächtlicher Gleichgültigkeit: »Wir sind nicht viel
wert, aber die Hugenotten sind schlimmer als wir, und außerdem predigen sie gegen das Theater.« Das ist ganz unser Held,
jeder Mensch, der fähig ist, das Theater zu hassen, ist auch
fähig, seinen Sohn umzubringen. Jean-Jacques zum Beispiel
griff das Theater an, also war auch er zu allem fähig.
Bei dieser Haltung blieb er nicht. Man weiß, wie schnell und
sicher er sich informierte. Ein Monsieur Audibert, der aus Toulouse kam, gab ihm einen ausführlichen Bericht des Prozesses.
Voltaire verbringt daraufhin schlaflose Nächte. Die Infamie
hat sich in den Dienst der ›Infâme‹ gestellt. Man muß hinter
das Geheimnis kommen, denn offensichtlich gibt es eines. Weder die Schuld noch die Unschuld Calas' sind geklärt, nichts
ist bewiesen, da man keine Untersuchungen angestellt hat. Voltaire beschließt, nach Beweisen für die Schuld von Calas zu
suchen. Wenn es keine gibt, haben sich die Richter geirrt, und
man muß ihn rehabilitieren. Kurz: er macht sich die Arbeit,
die die Richter sich nicht gemacht haben. Er ist sich anfänglich
der Unschuld Calas' keineswegs sicher — und darin liegt sein
Verdienst —, er findet nur, daß man seine Schuld nicht bewiesen
hat. Wir wissen, daß er ein Gerechtigkeitsfanatiker ist; dieses
Mal mehr denn je, er ist ganz besessen von seinem großen Plan.
Aber anstatt sich heftiger Polemiken zu bedienen, verfolgt er
seine übermenschliche Aufgabe mit einer Geduld, einer Hartnäckigkeit, einer Kaltblütigkeit und einem Spürsinn, die zweifellos in direkter Linie von allen Arouets aus Saint-Loup stammen. Er fragt den Kardinal de Bernis, was zu halten sei von
der »schrecklichen Geschichte dieses Calas, der in Toulouse auf
dem Rade gefoltert wurde, weil er angeblich seinen Sohn gehängt habe. Denn hier behauptet man, er sei völlig unschuldig

und habe Gott zum Zeugen aufgerufen. Die Sache liegt mir am Herzen, sie betrübt mich bei meinen Vergnügungen und verdirbt sie. Entweder muß man das Gericht von Toulouse oder die Protestanten mit Grausen betrachten.« Bernis, den nichts bei seinen Vergnügungen betrübte, antwortet nicht. Daraufhin wendet sich Voltaire an Richelieu, den Gouverneur von Guyenne. Er fühlt, daß sein Gewissen von der Angelegenheit vergiftet wird. Währenddessen trifft er die Kinder von Calas, die in Genf im Exil leben. Und er schreibt nochmals an Bernis, der ihm schließlich, ohne Partei zu ergreifen, weltmännisch antwortet, er sei weder gegen die Richter, noch gegen ihr Opfer voreingenommen. Er glaube an nichts, noch nicht einmal an die Ungerechtigkeit. Babet das Blumenmädchen pflückt die Rosen, ohne sich die Finger zu zerstechen. Ein Justizirrtum geht ihn nichts an.

Ein Monsieur Ribotte aus Montauban, der sich auf Reisen befindet, könnte bessere Informationen geben. Dieser Ribotte ist ein vornehmer Mann, der mit Buffon, Necker und Jean-Jacques in Briefwechsel steht. Wie schwierig ist es, etwas zu erfahren! »Die, die uns am besten aufklären könnten, hüllen sich feige in Schweigen«, schreibt Voltaire. Das tut auch Richelieu, der Voltaire zuliebe gerne eine Untersuchung in Toulouse vornimmt, sich aber hütet, ihm die Resultate mitzuteilen, denn er hat eine schreckliche Wahrheit erkannt — eine jener Wahrheiten, die man besser lebendig begräbt! Er rät Voltaire, sich seiner Ruhe zuliebe um andere Dinge zu kümmern. Er solle seinen Garten und seine Poesie in Ferney pflegen. Voltaire scheint einen Augenblick lang bereit, sich ruhig zu verhalten.

Tronchin ist es, der alles wieder in Bewegung bringt. Er beweist Voltaire mühelos, daß sich Richelieu beim Gericht von Bordeaux erkundigt hat, das seine Informationen wiederum vom Gericht in Toulouse erhält. Die Herren vom Gericht können keinerlei Interesse daran haben, sich selbst zu schaden. Von ihnen ist nichts zu erwarten. Dieser Verdacht wird bestätigt durch den Président de Brosses, der zur selben Zeit die Meinung der anderen Gerichte aus vollen Kräften unterstützt. Tronchin gibt Voltaire zu verstehen, daß der in der Justiz sehr stark ausgebildete Klassengeist sich unweigerlich gegen ihn selbst wenden und er alle Gerichte Frankreichs und Navarras auf dem Hals haben werde, falls er das Toulouser Urteil anfechten wolle. Es gibt genug Gründe, um zu zögern. Doch gerade in diesem Augenblick ist Voltaire mehr denn je von der Notwendigkeit überzeugt, den Toulouser Prozeß wieder aufzurollen. Sofort tritt er in Verbindung mit den Kaufleuten und den Rechtsanwälten des Languedoc, die nach Genf zu kommen pflegen. Er befragt sie. Er konfrontiert den Sohn von Calas mit den Zeugen. Sobald man ihm die Anwesenheit eines Reisenden aus Toulouse meldet, kommt er von Ferney nach Genf: »Bestimmen Sie eine Zeit, ich werde mich bei Ihnen oder bei Tronchin zu der von Ihnen festgesetzten Stunde einfinden«, schreibt er an einen von ihnen. Er steht den Calas ganz zur Verfügung.

Man hat in seinem Wunsch, ihre Sache zu verteidigen, nichts als antiklerikale Leidenschaft sehen wollen. Damit bringt man die Angelegenheit auf ein recht niedriges Niveau. Man weiß, daß er nicht milder mit dem protestantischen Fanatismus verfährt als mit jedem anderen. Wir dürfen auch nicht vergessen, daß die Gedanken Voltaires außerordentlich nuanciert und beweglich sind. Schwören wir bei ihm auf nichts, außer auf die ehrliche Leidenschaft für Gerechtigkeit, Wahrheit . . . und das Theater.

Es handelt sich nicht um eine romantische Leidenschaft, es geht um eine Leidenschaft der Vernunft. Seine Sympathie für die Angelegenheit der Calas ist keineswegs spontan. Plötzliche, oft unbewußte Regungen des Herzens sind keine Schwäche der Arouets. Er läßt sich den jungen Donat Calas vorstellen. Er befragt ihn und quetscht ihn äußerst argwöhnisch aus. Der andere Bruder, Pierre, hat, nach den Aussagen der Richter, dem Erhängen beigewohnt; das ist eine kühne Behauptung! In jedem Fall war er dabei, als man den Leichnam abnahm, er ist der nächste Zeuge, ein Verdacht umgibt ihn. Voltaire behandelt ihn mit größtem Mißtrauen: er läßt ihm vier Monate lang nachspionieren. Welche Geduld! Welch ein Eifer! Er beweist eine vorbildliche Gewissenhaftigkeit, die eigentlich die Richter von Toulouse hätten zeigen müssen. Er beurteilt Pierre

Calas nach dem, was man ihm berichtet. Aber im Gegensatz zu der Menge, die toll wird durch ihre Leidenschaft für die Ungerechtigkeit, macht ihm seine Leidenschaft für die Gerechtigkeit einen klaren Kopf.

Er erfährt schließlich alles, von jedem Mitglied der Familie. Bei seinen Befragungen stellt er ihnen äußerst geschickte Fallen. Nach mehreren Wochen dieser meisterlich geführten Untersuchung schreibt er: »Es gibt nichts, was ich nicht unternommen hätte, um hinter die Wahrheit zu kommen: ich habe den Calas mehrere Leute auf die Spur gesetzt, um mich über ihre Gewohnheiten und ihr Verhalten zu unterrichten. Ich habe sie selbst sehr oft befragt. Ich wage es, ihrer Unschuld so sicher sein wie meiner eigenen Existenz.« 13. Februar 1763.

Jetzt gilt es, die Welt von dieser Unschuld zu überzeugen. Zur Belagerung des Ministers, Monsieur de Saint-Florentin, mobilisiert er Richelieu, die Duchesse d'Anville, den Duc de Villars, einen Beamten, Monsieur Meynard – ja selbst den Arzt des Ministers. Dieser wird beauftragt, seinem Patienten jeden Morgen eine Dosis Brechmittel und eine Dosis Calas zu verabreichen. Er hetzt den Kanzler, Monsieur de Lamoignon, und den Premierminister, Monsieur de Nicolai, auf. Er hängt sich an Madame de Pompadour, er erinnert an die Vergangenheit, er tut schön, er amüsiert, er rührt. Man muß die Wahrheit retten, wenn man auch das Leben von Calas nicht hat retten können.

Die Richter sind ihrer selbst nicht mehr sicher. Das Ende von Calas hat mehr als einen von ihnen verwirrt: es war das Ende eines Unschuldigen. Das Verbrechen scheint unwahrscheinlich. Wie hätte der zweiundsechzigjährige alte Mann allein einen kräftigen Burschen von siebenundzwanzig Jahren hängen sollen? Hatte er einen Komplicen? Wenn ja, dann konnte es nur Pierre, sein zweiter Sohn gewesen sein. Warum also war dieser freigesprochen worden? Und die Komödie der Verbannung? Man läßt den Verbannten aus der Porte Saint-Michel heraus und durch ein anderes Tor wieder hineinkommen. Man bringt ihn bei den Jakobinern unter und verspricht ihm die Freiheit, wenn er konvertiert. Wie wenig überzeugend ist das alles! Er akzeptiert, und vier Monate später ist er in Genf bei seiner Mutter und dem kleinen Donat. Welchen Wert hat diese Konversion? Wer hat ein Unrecht begangen? Der, der abschwört, oder der, der unter solchen Umständen abzuschwören zwingt?

Man mag sich darüber wundern, daß das erste Hindernis, das Voltaire zu überwinden hatte, die Abneigung von Madame Calas gegen eine Rehabilitierung war. Ihre Gefangennahme, das ›Verhör‹, der gräßliche Tod ihres Gatten hatten sie aufgerieben. Um sie zu überzeugen, wandte sich Voltaire an ihr mütterliches Herz. Man erinnert sich, daß die Calas auch zwei Töchter hatten, die nicht in das Drama, das ihre Familie zerstörte, hineingezogen wurden. Sie waren in ein Kloster gesteckt worden. Nur die trügerische Hoffnung, sie wiederzusehen, erhielt die Mutter am Leben. Doch solange Calas schuldig war, würden die Töchter für das väterliche Verbrechen leiden müssen und eingesperrt bleiben. Falls man den Vater jedoch rehabilitierte, würden die Mädchen ihrer Mutter zurückgegeben. Auf diese Weise erhielt Voltaire die Zustimmung der armen Frau. Man zog sie aus ihrer jämmerlichen Wohnung, aus ihrer Trauer, ihrer Scham und ihrer Verzweiflung und ließ sie nach Paris kommen. Die Welt sollte diese Verkörperung des Schmerzes und der gemarterten Unschuld sehen. Um die Menge zu überzeugen, mußte die Unglückliche mit eigener Person zahlen, sie mußte sich ausstellen, und der Anblick ihres Elends mußte als Propaganda für ihre Sache dienen. Das Publikum forderte solche Schaustellungen: um mir Tränen zu entlocken, mußt du weinen. Als die Pariser zu schluchzen begannen, fühlte Voltaire, daß er gesiegt hatte. Voltaire allein präsentierte nur die Gerechtigkeit, die Wahrheit, die Intelligenz und die Großmut; das war sehr wenig in den Augen der fanatischen Richter. Aber ein Publikum im Trancezustand ist eine Macht. Die Richter von Toulouse hatten Calas nach den Schreien auf der Straße: »Calas muß sterben!« gerichtet. Um zu retten, was noch zu retten war, sollte die Menge in Paris schreien: »Rehabilitiert Calas! Gerechtigkeit für Calas!« Das ist der Lauf der Welt.

Dank der mächtigen Freunde Voltaires und seiner Geschicklichkeit bereitete man Madame Calas in Paris einen sehr herzlichen Empfang. Die d'Argentals übertrafen sich. Voltaire schrieb ihnen: »Was fordern wir? Doch nichts anderes, als daß die Justiz nicht ebenso stumm ist wie blind. Sie soll sprechen, sie soll sagen, warum sie Calas verurteilt hat. Wie schrecklich ist ein heimliches Urteil, eine Verdammung ohne Motiv! Gibt es eine abscheulichere Tyrannei, als nach eigenem Ermessen Blut zu vergießen, ohne einen Grund dafür anzugeben? ›Das ist nicht der Brauch‹, sagen die Richter. ›Oh! Ihr Ungeheuer! Es muß Brauch werden. Ihr schuldet den Menschen Rechenschaft über das Blut der Menschen.‹«

Diese letzten Sätze enthalten im Keim die grundlegende Reform der Justiz. Der Mensch hat das Recht, über sein Leben und über seine Freiheit zu verfügen — oder wenigstens das Recht, zu wissen, warum ›eine Autorität‹ darüber verfügt.

Madame Calas wohnte in Paris — traurige Ironie des Schicksals! — am Quai des Morfondus. Sie war mittellos; Voltaire kam für alle ihre Ausgaben auf, ebenso wie für die der Gegenuntersuchungen. (Und der berühmte Geiz Voltaires?) Da Interesse (oder Neugierde) wieder Interesse hervorruft, da Erfolg wieder Erfolg nach sich zieht, vermehrten sich die Freunde Madame Calas', und von überall kam Hilfe. Man eröffnete für sie ein Konto bei der Bank Mallet, auf das die Zahlungen ihrer Beschützer einliefen. Die arme Frau bemerkte schließlich, daß die öffentliche Meinung ihr günstig gesonnen war. Der Kampf zwischen Voltaire, der die Führung aller seiner Freunde übernahm, und dem Gericht von Toulouse konnte beginnen.

Einige Schwierigkeiten schienen immer noch unüberwindlich. Der Rechtsanwalt Mariette, der Madame Calas verteidigte, konnte nicht an die Prozeßakten von Toulouse herankommen. Diese Unterlagen waren unerläßlich. Das Gericht antwortete nicht. Kein Gerichtsdiener des Toulouser Gerichtshofes wollte sich dazu verwenden, die Unterlagen zu beschaffen. Dies geschah zu dem Zeitpunkt, als die Gerichte dem König Widerstand leisteten. Das Publikum glaubte, sie verteidigten die Rechte der Nation, während sie nur die Privilegien der Gerichte verteidigten, die zum Schlupfwinkel des borniertesten Konservatismus geworden waren. Kurz, der Augenblick war ungünstig für eine Revision. Selbst der Vater des jungen La Vaysse, der Rechtsanwalt war, zitterte vor der Initiative Voltaires. Er hätte lieber die ganze Stadt von dem Gericht und den Capitouls einnehmen lassen, als die schreckliche Geschichte wieder aufzurollen, bei der sein Sohn fast gehängt worden wäre. Ehe man den Stein auf ihn wirft, möge man sich daran erinnern, mit welcher beunruhigenden Leichtigkeit diese Richter von Toulouse die Nebenangeklagten der ›Befragung‹ unterzogen hatten. Als Anwalt wußte er besser als irgend jemand sonst, welches Risiko er einging. Im Gegensatz dazu scheint uns der Mut Voltaires um so bewundernswerter.

In schwierigen Fällen weiß Voltaire mehr als ein Lied zu singen. Da das der Gerechtigkeit La Vaysse nicht zu verführen vermag, singt er ihm das des Vorteils vor. Maître La Vaysse soll nach Paris kommen. Dort wird er vor den bösen Richtern sicher sein, er wird mit deutschen Prinzen, mit wichtigen Persönlichkeiten Frankreichs, Englands und der Niederlande zusammentreffen, die beträchtliche Summen für die Affäre Calas gezahlt haben. »Und diese Summen werden Sie verwalten, Monsieur La Vaysse.« Voltaire fügt hinzu, daß diese angesehenen Leute nicht nur Calas, sondern tausenderlei weniger aufsehenerregende, weniger gefährliche, aber lukrativere Dinge als die Rehabilitierung eines Unschuldigen im Kopf hätten. Als er dies hört, fühlt La Vaysse in sich einen Funken Liebe für die Gerechtigkeit erwachen.

Das Erstaunliche bei Voltaire ist diese Verbindung von Idealismus und gesundem Menschenverstand und sein Geschick, sich seiner Freunde und Beziehungen zu bedienen. Er muntert die Schüchternen auf, aber er mäßigt die Begeisterten, deren Eifer schädlich sein könnte. Er weiß, was man gewissen Leuten sagen, und was man ihnen verschweigen muß. Vermeiden wir es vor allem, uns durch ungeschickte Erklärungen Feinde zu schaffen. »Zerstreiten wir uns mit niemandem, wir brauchen Freunde.« Er braucht vor allem die Hilfe der Calas, die keinerlei Vermögen haben. Madame Calas wird plötzlich schwach, sie verzichtet auf den Kampf. Das erbittert Voltaire im höchsten Grade: sie soll weinen, schreien, brüllen. »Mir scheint«, sagt er ihr, »daß ich ein wenig lauter schreien würde, wenn man meinen Vater gerädert hätte.« Wir glauben das gern, wir haben ihn schon wegen kleinerer Kratzwunden schreien hören. Wegen dieses Verbrechens, das ihn nichts angeht, hören wir ihn noch zwei Jahrhunderte später schreien.

Als er annahm, daß die öffentliche Meinung ihn anzuhören bereit sei, wandte er sich an sie. Er veröffentlichte im August 1762 eine kleine Schrift: ›Histoire d'Elisabeth Canning et de Calas‹. Auf zwanzig Seiten informierte er das Publikum mit einer Objektivität, Klarheit, Logik und Lauterkeit, die vorbildlich waren. Dieser Veröffentlichung folgte eine ›Lettre des frères Calas‹ über den Prozeß ihres Vaters, der einen großen Widerhall fand, worauf die Anwälte Elie de Beaumont und Mariette ihrerseits eine Denkschrift veröffentlichten. So wurde das Ganze zu einem Diskussionsthema der Öffentlichkeit, hörte auf, Prozeß Calas zu sein, und wurde zur ›Affäre Calas‹. In dem engen Spielraum zwischen zwei Ausdrücken kann eine Meuterei entstehen, eine Reform und sogar eine Revolution. Dank dieser kleinen Veröffentlichung wurde der Skandal in ganz Frankreich bekannt, er überschritt sogar die Grenzen. Das aufgeklärte Europa wurde sich der völligen Verderbtheit seiner mittelalterlichen Rechtsprechung bewußt. All das verursachte einen großen Lärm, dem gegenüber die Herren vom Gericht jedoch völlig taub blieben. Was bedeuteten für diese Bornierten die Schmähschriften eines Dichters und Hansdampf-in-allen-Gassen, die Denkschriften der Söhne und Advokaten anläßlich einer irrtümlichen Hinrichtung? Gegen ihre Urteile konnte keine Berufung eingelegt werden! Der König selbst vermochte sie nicht zu beugen. Ein Gerichtsbeamter sagte lachend, die Kampagne sei völlig bedeutungslos, weil es in Frankreich mehr Richter als Calas gebe. Dieses Wort ist vielleicht amüsant, aber es stammt von einem Dummkopf, der nicht begriffen hatte, daß ›Calas‹ so viel wie ›Voltaire‹ bedeutete und daß ein einziger Voltaire, der Lärm schlug und die Perücken der Richter zauste, alle Gerichte Frankreichs aufwecken konnte — Monsieur de Brosses inbegriffen.

Um seiner Rehabilitierungskampagne mehr Gewicht zu geben,

veröffentlichte Voltaire 1763 einen ›Traîté de la Tolérance‹ ohne Unterschrift. Er wollte glauben machen, er stamme von einem guten Priester. Folgendes sagte er am 24. Januar 1763 seinem Freund Damilaville: »Man kann nicht verhindern, daß Jean Calas gerädert wird, man kann nur seine Richter verabscheuungswürdig machen, und das ist es, was ich ihnen wünsche . . . Hüten Sie sich, diese kleine bald erscheinende Schrift über die Toleranz Laien zuzuschreiben. Sie stammt, ich bekenne Ihnen dies, von einem guten Priester. Es gibt darin Stellen, die schaudern machen, andere, bei denen man sich vor Lachen biegt, denn Gott sei Dank ist Intoleranz genauso schrecklich wie absurd.« An dieser Verbindung zwischen dem Schrecklichen und dem Absurden, dem Ernsthaften und dem Komischen erkennt man die tiefgründige Eigenart des voltaireschen Geistes.

In seinem ›Traîté‹ betrachtet er die Dinge von einer höheren Warte aus, die Affäre Calas wird zu einer Angelegenheit der Menschheit, die er für alle Zeiten und für alle Völker regelt. Jeder erkannte hinter der Schrift einen großen Geist, ein großes Herz, einen großen Schriftsteller und nannte Voltaire. Das kleine Buch erschütterte die öffentliche Meinung, der ›Traîté‹ war es, der den Prozeß um die Rehabilitierung gewann. Choiseul begann die Partei der Calas zu ergreifen. Das war viel. Doch die Gerichtshöfe, besonders die des Südens, waren zum Aufstand bereit, wenn man an das Urteil von Toulouse rührte.

Schließlich wurde das fatale Urteil im Rat für ungültig erklärt; es waren mehrere Minister zugegen, der Duc de Choiseul, der Duc de Praslin und drei Bischöfe. Der Rat bestätigte den Entschluß einer Versammlung von achtzig Richtern, die am 4. Juni 1764 einstimmig das Urteil von Toulouse für ungültig erklärt hatten. Unter ihnen befanden sich auch einige Richter aus Toulouse. Einer von ihnen wandte sich ziemlich beschämt, gleichsam entschuldigend, an den Duc d'Ayan und sagte: »Monsieur, auch das beste Pferd kann straucheln . . .«

»Ja, aber . . . ein ganzer Pferdestall!« erwiderte der Herzog.

Madame Calas wurde in Versailles empfangen. Sie sah den König, aber der König sah sie nicht, denn als er gerade vorbeiging, glitt jemand aus und fiel hin, was einen großen Lärm verursachte, der alle Aufmerksamkeit auf sich zog; der König war schon vorüber.

Ein Protestant, Berichterstatter der Versammlung der Richter, schreibt: »Welcher Unterschied zu dem Volk von Toulouse! Die Dienstboten aller Richter, aller ihrer Beschützer betrachten sie (Madame Calas) voller Respekt und Bewunderung. Es gibt nicht einen, der nicht alle ihre Denkschriften gelesen hätte . . .«

Während ihres Aufenthaltes im Kloster war eine der Töchter Calas, Nanette, einer außergewöhnlichen Hilfsbereitschaft in der Person einer Nonne begegnet. Nachdem diese ihre Gefährtin befragt und beobachtet hatte, glaubte sie fest an die Unschuld der Familie. Sie schrieb dem Kanzler de Lamoignon einen durch seine Klarheit, seine Richtigkeit und Feinfühligkeit bemerkenswerten Brief. Voltaire, der ihn gelesen hatte, sagte: »Es scheint, daß die tugendhafte Schlichtheit und Güte dieser Nonne der ›Heimsuchung‹ aufs schärfste den blutdürstigen Fanatismus der richterlichen Mörder aus Toulouse verdammt.« Aber als Nanette ihre Dankbarkeit Voltaire ausdrükken wollte, rief die gute Nonne erschreckt aus: »Kann es etwas Großes in einem Manne geben, der sich dem Schöpfer seiner selbst widersetzt?« Für die gute Schwester war Voltaire der Teufel. Das Schicksal wollte es aber, daß sie mit ihm bei einem guten Werk zusammengearbeitet hatte, vielleicht, weil er ebensowenig ein Teufel war wie Calas ein Mörder.

Hier, wie die Neuigkeit von der Kassation des Urteils, das die Rehabilitierung abschloß, nach Ferney gelangte: Pierre Calas war zugegen. Man brachte einen Brief d'Argentals, der die gute Nachricht verkündete, die Belohnung so vieler Mühen, so vielen Aufwands an Geld, Zeit und Intelligenz zugunsten der in der Person des unglücklichen Calas geohrfeigten Menschheit. Der Greis und der junge Mann fielen sich in die Arme und vergossen Ströme von Tränen: »Wir vergossen Tränen der Rührung, der kleine Calas und ich, meine alten Augen brachten ebenso viele hervor wie die seinen. Wir erstickten fast, liebe Engel . . . Und dabei ist es die Philosophie allein, die diesen Sieg davongetragen hat.«

688

Es war vor allem Voltaire, der den Sieg davontrug. Er hatte der Philosophie die Waffen geliefert, die Hartnäckigkeit, das Geld, die Intelligenz. Ohne sie hätte die Philosophie nur Phrasen hervorgebracht.

Doch die Affäre war noch nicht zu Ende. Das Gericht von Toulouse machte alle möglichen Schwierigkeiten bei dem Verfahren. Nachdem es mit Aufstand gedroht hatte, weigerte es sich, die Prozeßakten herauszugeben. Der König selbst forderte es durch den Rat dazu auf. Man antwortete ihm, man werde eine Kopie herstellen, aber die Kosten müßten von Madame Calas bezahlt werden. Für die Kopie benötigte man fünfundzwanzig Buch Stempelpapier. Das kostete eine enorme Summe. »Was?« rief Voltaire aus. »Im 18. Jahrhundert, da Philosophie und Moral die Lehrmeister der Menschen sind, rädert man einen Unschuldigen bei einer Mehrheit von acht Stimmen gegen fünf und verlangt hundert Livres, um das Gekritzel eines ekelerregenden Gerichts abzuschreiben? Und man verlangt, daß die Witwe dafür aufkommt?« Wieder waren es Voltaire und seine Freunde, die für die Witwe zahlten. Zuweilen wollte sie alles aufgeben, dann erinnerte Voltaire sie an ihre Töchter im Kloster, und sie fand ihre Kräfte wieder. Sie brauchte diese Kräfte, denn nach der Ungültigkeitserklärung mußte, wie es das Verfahren forderte, der ganze Prozeß wieder von seinem Ausgangspunkt an begonnen werden. Man verhaftete die Angeklagten von neuem, man steckte sie ins Gefängnis, um sie wieder hinauszulassen und vor den Richter zu führen. Man kennt das Bild, das die im Gefängnis vereinte Familie Calas populär gemacht hat, eine Gefangensetzung der Form halber in der Conciergerie. Warum erweckte die Gerechtigkeit nicht auch Calas zum Leben? Wieviel Verderbtheit bei der ganzen Affäre! Bei dieser uns bekannten Affäre. Wir schaudern, wenn wir die Zahl derer bedenken, die ebenso verbrecherisch waren und die man nicht kennt. Schließlich wurde am 9. März 1765 einstimmig das endgültige Urteil gefällt. Es rehabilitierte alle beschuldigten Calas, ihre Namen mußten aus den Gefangenenregistern gestrichen werden. Die Gerichtsschreiber hatten dieser Verfügung unter Androhung gerichtlicher Zwangsmittel nachzukommen. Trotzdem gehorchten die Richter von Toulouse nicht. Nur der Vater La Vaysse konnte als Anwalt während der Ferien in die Kanzlei eindringen und eigenhändig den Namen seines Sohnes ausstreichen. Die Rehabilitierten hatten das Recht, von den Richtern, die sie ungerechtfertigt verurteilt hatten, Reparationen und Entschädigungen zu verlangen. Sie wagten dies nicht, denn die Richter hätten sie ausgelacht und ruiniert, und selbst der König konnte daran nichts ändern. Man brauchte eine Revolution, um sich von ihren unmäßigen Vorrechten zu befreien. Die Gerichtshöfe spielten im 18. Jahrhundert eine abscheuliche Rolle, vor allem durch sie kam es zu den Mißbräuchen der damaligen Zeit und folglich zu den Gewalttaten derer, die sich gegen diese Mißbräuche wandten. Der König war es, der der Familie Calas eine Entschädigung auszahlen ließ, und er tat es rasch. Die Königin, die sonst wenig dazu neigte, ›Ketzern‹ zu gratulieren, empfing Madame Calas und ihre Töchter. Das war wirklich eine Rehabilitierung. Der Thron zeigte sich liberaler als seine Gerichtshöfe.

Das, was Voltaire für die Calas, für die Gerechtigkeit, die Freiheit und die menschliche Würde tat, würde genügen, ihn unsterblich zu machen. Gewiß entzückt uns sein Geist und verführt uns auf wunderbare Weise, aber er ist auch eine Waffe, die friedlichste, die wirksamste aller Waffen. Diderot war hingerissen von der Handlungsweise Voltaires: »Ach, meine Freundin! Welch schöne Verschwendung des Genies! Dieser Mann muß Seele, muß Empfindsamkeit haben, daß ihn die Ungerechtigkeit so empört und er die Anziehung der Tugend so stark empfindet.« Und in seiner Begeisterung endete der temperamentvolle Enzyklopädist mit einer schönen Gotteslästerung, die jedoch von Herzen kam: »Wenn es einen Christus gäbe, so versichere ich Ihnen, Voltaire würde gerettet.«

Im Februar 1765 hatte Voltaire die Befriedigung zu erfahren, daß der unheilvolle Beaudrige seines Amtes enthoben worden war. »Ich hoffe, daß er das Blut Calas' teuer bezahlen muß«, sagte er.

Und er erschien selbst am Ende des Stückes, bevor der Vorhang fiel, um die Schauspieler und das Publikum zu beglückwünschen. Er schrieb: »Sie sind also in Paris, mein lieber Freund, wenn der letzte Akt der Tragödie Calas glücklich endet. Das Stück entspricht den Regeln, es ist meiner Meinung nach der schönste fünfte Akt, den es überhaupt geben kann.«

Wir bedauern, daß ihm der Hof nicht die Erlaubnis erteilte, zu diesem Schlußakt nach Paris zu kommen. Das Stück hat uns bewegt, bereichert und begeistert. Wir fühlen uns mit allen Calas der Welt rehabilitiert.

Chronik von Ferney

Während der ›Affäre‹ war das Leben in Ferney weder langsamer noch weniger brillant oder arbeitsam weitergegangen. »Wenn man jung ist, muß man lieben wie ein Verrückter, wenn man alt ist, muß man arbeiten wie ein Teufel.« (Wendete man diese Maxime auf Voltaire an, so wäre er immer alt und immer ein Teufel gewesen.)

Er ließ sein Theater restaurieren. Zu diesem Zweck rief er Handwerker aus Lyon herbei; sie hatten gerade das dortige Stadttheater ausgemalt. In Ferney malten sie ihm eine so gelungene Perspektive, daß man meinen konnte, die Schauspieler seien eine Meile weit entfernt, während man sie direkt vor der Nase hatte. Bei der Aufführung von ›Olympie‹ sah man einen Scheiterhaufen auf der Bühne, der richtig brannte! Voltaire war entzückt. Die Genfer Pastoren wiesen seine Einladungen griesgrämig ab, aber sie schickten ihre Töchter. »Ich habe Genfer und Genferinnen fünf Akte lang weinen sehen«, schrieb er am 9. Januar 1762, »ich habe nie ein so gut gespieltes Stück gesehen. Und dann das Souper mit den zweihundert Zuschauern und dann der Ball! Auf diese Weise habe ich mich gerächt.«

Die Pastoren sollten bedauern, daß sie nicht ins Theater gingen. — Aber zweihundert Gäste! Welch ein Lebensstil! Er war jetzt wirklich König Voltaire.

Auch der Schauspieler Le Kain tauchte wieder in Ferney auf;

Voltaire hatte ihn seit 1755 nicht mehr gesehen. Er war dicker geworden. »Er sieht aus wie ein dicker Domherr«, sagte Voltaire. Sein Talent hatte seinen Höhepunkt erreicht. Le Kain war sehr häßlich, aber er schien Voltaire beim Spiel seiner eigenen Stücke schön. Erst in den Zwischenakten bemerkte er seine Häßlichkeit wieder. Am Ende seines Aufenthaltes fand er ihn jedoch weniger hervorragend, weil Madame Denis nicht neben ihm bestehen konnte. Das nicht vorhandene Talent der Nichte hätte fast das von Le Kain in Gefahr gebracht! Voltaire war darin unglaublich naiv. Er stellte auch Mademoiselle Corneille auf die Bühne. Trotz seiner Geduld scheint es kein Erfolg gewesen zu sein: »Ihre Stimme ist leise, harmonisch und zärtlich . . .«, sagt er. Das war zu wenig für eine Tragödin, genügte aber für ein junges, heiratsfähiges Mädchen.

Die Heirat von ›Cornélie-Chiffon‹

Man hat gesehen, daß die erste Verlobung Mademoiselle Corneilles nicht sehr erfolgreich gewesen war. Voltaire wollte, daß sie glücklich würde, und bemühte sich sehr um ihre Heirat; er erwartete sich von diesem Ereignis ein gewisses Aufsehen, für das seine Eitelkeit empfänglich war, er erwartete auch das Glück seines Zöglings, denn er liebte das Mädchen. Ein Jahr nach ihrer Ankunft war sie neunzehn Jahre alt, sie beherrschte einigermaßen die Orthographie, sie war heiratsfähig. D'Argental wurde beauftragt, den Zukünftigen ausfindig zu machen. Er entdeckte ihn in der Person eines sechsundzwanzigjährigen Obersten, Henri-Camille de Colmont, der sich auch Veaugrenant nannte. Voltaire war zu vielen Konzessionen bereit, vorausgesetzt, daß der Anwärter sich als ehrlicher und etwas philosophischer Mann erwiese. Er würde sogar so weit gehen, den Schwiegersohn in Ferney zu behalten, wenn seine Philosophie wirklich von gutem Schrot und Korn sein sollte. Der Verlobte ließ auf sich warten, er erschien schließlich im Dezember 1762. Der scharfsinnige Arouet entdeckte sofort, daß dieser Oberst nur zur Hälfte Philosoph war und es haupt-

sächlich auf die Mitgift von Cornélie-Chiffon abgesehen hatte. Voltaire hätte seinen Zögling lieber mit etwas anderem als mit einer halben Portion Philosophie verheiratet, denn er zog Erkundigungen ein und erfuhr: »Dieser halbe Philosoph ist nicht nur halb arm, er ist es ganz und gar.« Außerdem hatte er einen Vater, der nichts geben wollte: »Sein Vater ist nicht nur halb hart, er ist die reinste Eisenstange.« Er würde zu dreitausend Livres bereit sein, wenn Voltaire vierzigtausend zahlte. Das schien übermäßig. Voltaire garantierte seinem Zögling tausendvierhundert Livres Rente und die Rechte auf ›Les Commentaires de Corneille‹; das waren die Einnahmen von vierzigtausend Livres Kapital. Er versuchte noch, den Oberst mit einer diplomatischen Mission betrauen zu lassen, doch dieser sah die Notwendigkeit dazu nicht ein. Er hatte sich in Ferney niedergelassen und führte sich schon als schmarotzender Schwiegersohn auf, mit so viel Geschick, daß die väterliche ›Eisenstange‹ die Pension, die sie dem Sohn zahlte, strich. Was blieb übrig? Ein anmaßender Bewerber ohne Vermögen, ohne Skrupel und ohne Liebe zu Rodogune, die auch nicht viel für ihn empfand. Er hatte nur eine schön geschnittene Nase, sonst war er brummig, seine Verlobte fand ihn »düster, wenig höflich, wenig angenehm«. Man muß dazu sagen, daß die Familie Colmont sich keine der Illusionen Voltaires über den Ruhm machte, Mademoiselle Corneille zu heißen. Für die Colmonts würde ihr Sohn, der adlig und Oberst war, die aus Mitleid aufgenommene Tochter eines Postbeamten heiraten. So etwas läßt man sich bezahlen. Die Colmonts gaben ihren Sohn und weiter nichts — und mit welchem Widerwillen! »So daß ich nicht nur halb in Verlegenheit bin«, schließt Voltaire. »Wenn Hochzeiten in den Himmel geschrieben sind, so ist die zwischen Monsieur de Colmont und unserem Schätzchen gestrichen.« Das Schwierigste blieb noch zu tun. Man mußte den Oberst davon überzeugen, daß diese Heirat, die ihm so widerstand, seiner Verlobten ebenso widerstand. Er hatte sich in Ferney eingenistet, er wurde nicht ohne Mühe wieder hinausgesetzt.
Ein anderer kam. Man hatte schon einen Ersatzbräutigam: einen Monsieur Dupuits de la Chaux, dreiundzwanzig Jahre

alt, Fahnenjunker seines Regiments, achttausend Livres gute
Renten, Besitzungen nahe bei Ferney. Voltaire regelte die
Dinge »wie ein großes Souper. Ich werde Bräutigam und Braut
bei mir behalten, ich werde Patriarch, wenn Sie einverstanden
sind«, schreibt er im Januar 1763 den d'Argentals. Dieses Mal
fängt Rodogune im Kontakt mit ihrem Dupuits Feuer. Voltaire bewundert diese jugendliche Glut: »Sie lieben sich leidenschaftlich, das macht mich fröhlich, aber hindert doch nicht,
daß meine Augen ganz geschwollen sind . . . Ich wünsche mir,
Gevatter Corneille kehrte auf die Erde zurück, um zu sehen,
wie Gevatter Voltaire die einzige Person seines Namens in die
Kirche führt.« Dieses Bild entspricht wenig der verzerrten Idee,
die man sich oft von Voltaire macht. Er ist glücklich über dieses Glück, das nur dank ihm besteht.

Damit der Vater Rodogunes an der allgemeinen Freude teilnehmen konnte, schickte ihm Voltaire fünfundzwanzig Louis.
Der arme Mann war weder sehr stattlich, noch sehr interessant; Voltaire hatte ihn schon 1762 in Ferney empfangen und,
ihn mit dem großen Corneille vergleichend, dessen Kommentare er vorbereitete, schrieb er d'Argental: »Zu diesem hier
wird man nie einen Kommentar schreiben, oder ich müßte
mich ganz gewaltig irren.« Mademoiselle Corneille lag nicht
im mindesten daran, ihren Vater zur Schau zu stellen, aber
dieser legte Wert darauf, sich neben seiner Tochter zu zeigen.
Er wollte der Hochzeit beiwohnen und gedachte die fünfundzwanzig Louis Voltaires für die Reise nach Ferney zu benutzen. Sofort ein Brief an die d'Argentals, die den Vater daran
hindern sollten, Paris zu verlassen: »Es ist merkwürdig, daß
ein Vater bei einer Hochzeit stören kann, aber es ist nun einmal so! . . . Gott beschütze uns vor ihm. Wir werfen uns in die
Arme unserer Engel, damit sie ihn daran hindern, bei der
Hochzeit dabeizusein.« Voltaire fürchtete den schlechten Eindruck, den der Vater auf die Familie Dupuits machen könnte,
und den Spott der Gäste — hauptsächlich der Franzosen. Und
er fügte hinzu: »Wenn ich nur mich befragte, so hätte ich
nichts dagegen, aber nicht jeder ist so philosophisch wie Ihr
Diener; patriarchalisch gesprochen wäre ich sogar sehr froh,

den Vater und die Mutter zu Zeugen des Familienglücks zu machen.«

All dies ist sehr menschlich und zugleich sehr weise. Es wäre großzügig gewesen, auch den Vater einzuladen, aber wie grausam, dem Mädchen zu zeigen, daß die Gäste seinen eigenen Vater verspotten und verachten. Um dem Hochzeitsbild einen letzten sentimentalen Anstrich zu geben, erhellen wir es mit der Freude, die die Neffen und Nichten Voltaires bekundeten, die doch in einem gewissen Maße ihre Interessen als rechtmäßige Erben beschnitten sahen. Die Hochzeit Mademoiselle Corneilles war wirklich von den besten Wünschen aller begleitet. Voltaire schien recht erstaunt darüber: »Statt zu murren ist meine Familie entzückt. Das klingt fast ein wenig wie ein Roman.« Man könnte es nicht besser ausdrücken. Die Söhne von Notaren sind immer überrascht, wenn Erben einer Meinung sind.

Die Hochzeit hatte andere Folgen. Sofort senkte sich eine aus allen vier Winden Frankreichs kommende Wolke kleiner und allesamt armseliger Corneilles auf Ferney. Dies war sehr ärgerlich für Voltaire, der stets verkündet hatte, sein Zögling sei die einzige und letzte Person des Namens Corneille. Als erster meldete sich ein Deserteur, der direkt von dem großen Corneille abstammte. »Man bedroht uns«, sagte Voltaire, »mit einem Dutzend anderer Cornillons (kleine Krähen) — direkte Vettern von Pertharite —, die einer nach dem anderen kommen und auch einen Schnabel voll abhaben wollen.« Das war zuviel. Eine Corneille war herrlich, aber eine Schar Corneilles glich schon einer Schar von Raben. Voltaire gab ihnen zu verstehen, das Schicksal habe seine Tücken, und sie müßten zugeben, daß eine Nachfahrin Corneilles über Nacht ihr Glück machen könne, ohne daß die anderen Cornillons davon befreit würden, betteln zu gehen. Gegen ihren Willen zu Philosophen geworden, erhoben sich die Cornillons wieder und flogen ihrem traurigen Schicksal entgegen.

Monsieur de Voltaire bricht eine Lanze mit ›l'Infâme‹

Die antichristlichen Gefühle Voltaires verschärften sich im Laufe der Jahre, die er in Ferney verbrachte. Warum wurde er mit dem Alter heftiger, anstatt sich zu beruhigen? Zweifellos aus ganz persönlichen und mit der damaligen Gesellschaft zusammenhängenden Gründen. Was ihn selbst betraf, so wußte er, daß er die Fortdauer seines Exils mehr den Priestern als den Ministern verdankte. Die Minister gehen, ihr Eifer ist oft leichtfertig und ihr Gedächtnis kurz für Dinge, die nicht direkt mit ihren Interessen zu tun haben. Der Klerus dagegen hat ein besseres Gedächtnis. Man muß hinzufügen, daß nach 1750 die Verfolgung der Ungläubigen strenger, die Intoleranz spürbarer geworden war. Als die Religion an Boden verlor, wurde sie kleinlicher, ja aggressiv. Die Gerichte des 18. Jahrhunderts verfuhren strenger mit dem Unglauben als die des 17. Jahrhunderts; die Verfolgung wurde zur Provokation. Die Calas auferlegten Torturen waren eine Herausforderung des Zeitgeistes. Als Gegenschlag wurden auch die Angriffe der Philosophen schärfer. Ausdrücke wie ›Fanatismus‹ und ›Aberglauben‹ bezeichneten jetzt unzweideutig das Christentum. ›L'Infâme‹ war ein häufig gebrauchter Begriff in philosophischen Kreisen geworden. Wie hätte Voltaire dem Fluß dieser Ideen widerstehen können, die er so oft genährt hatte? Friedrich schrieb ihm 1759 einen nicht sehr liebenswürdigen Brief, in dem er ihm seine Lauheit vorwarf: »Sie streicheln l'Infâme mit einer Hand, und Sie kratzen sie mit der anderen; Sie behandeln sie, wie Sie mich und alle Welt zu behandeln gewohnt sind.« Friedrich wollte die Religion nicht nur kratzen, er wollte sie ganz zertreten. Er fand, Voltaire kratze zwar ausgezeichnet, aber er treffe nie tödlich. Was nicht ganz falsch ist. Voltaire war ein frecher und rebellischer Sohn der Kirche. Dieses tobende Kind biß seine Mutter, aber es tötete sie nicht. Zweifellos, weil ihm dies nicht möglich, vielleicht aber auch, weil es nicht seine Absicht war. Er stand zur Kirche wie zur Medizin: er hielt die Ärzte für unwissend, aber stopfte sich voll mit Medikamenten und machte die lächerlichsten Kuren. Er schrieb zwar ›Ecrasons l'Infâme‹ und unterzeichnete seine Briefe zu dieser Zeit mit Monsieur Ecrelinf (›Ecrasez l'Infâme‹). Die Zensoren seiner Korrespondenz, die die Briefe öffneten und nicht wußten, wer Monsieur Ecrelinf war, hatten immerhin bemerkt, daß er gut schrieb, was zeigt, daß sie nicht schlecht lasen. Trotzdem fand derselbe Voltaire: »Es geht nicht darum, unsere Lakaien zu hindern, die Messe oder die Predigt zu besuchen, es geht darum, die Familienväter der betrügerischen Tyrannei zu entreißen und ihnen den Geist der Toleranz einzuflößen.« Für das Volk ist die Religion notwendig. »Es ist meiner Ansicht nach der größte Dienst, den man der Menschheit leisten kann, das dumme Volk für immer von den besseren Kreisen zu trennen. Man sollte die Frechheit derer nicht dulden, die uns sagen: ich will, daß Sie wie Ihr Schneider und Ihre Wäscherin denken«, schrieb er 1765 an d'Argental. Die Ideen Voltaires sind weit entfernt von der Gleichmacherei des guten Jean-Jacques. Als er Monsieur de La Chalotais für die Zusendung seines ›Essai d'Education nationale‹ dankte, sagte er ihm: »Ich danke Ihnen, daß Sie ein Studium der Arbeiter ablehnen. Ich, der ich das Land bebaue, möchte Sie darum ersuchen, mir Arbeiter zu schicken und keine geschorenen Gelehrten. Senden Sie mir vor allem unwissende Brüder, die meine Pflüge führen und anspannen können.«

Wenn es sich auch um einen anderen Zusammenhang handelt, so ist der Gedanke doch klar; das Volk soll nicht gebildet werden. Sein Freund Damilaville fand diese Denkweise recht wenig philosophisch und war der Meinung, daß die wahre Philosophie eine Belehrung des Volkes wünsche. Worauf Voltaire erwiderte: »Ich zweifle daran, ob diese Sorte von Bürgern jemals Zeit findet, sich zu bilden; sie stürben hungers, ehe sie Philosophen würden.« Man muß also logischerweise die Leute daran hindern, hungers zu sterben, bevor man sie bildet.

Voltaire will dem Volk die Bildung nicht aus Unmenschlichkeit verwehren, sondern aus gesundem Menschenverstand. Er ist davon überzeugt, daß nur ein Träumer eine Erziehung der Menge im Elend für möglich halten kann. Wir sind im 18. Jahrhundert, der Lebensstandard war noch sehr niedrig. Selbst in

Frankreich gab es Hungersnot. Auch in Ferney war es Voltaires erste Sorge, den Leuten Brot zu geben, Arbeit, gesunde Wohnungen und trinkbares Wasser – nicht Schulen. Sein Vokabular schockiert uns, er spricht von der ›Canaille‹, das klingt nicht sehr hübsch. Aber er drückt sich noch schärfer aus, wenn er·vom Hof und den Gerichten redet. Er verweigerte dem Volk die Bildung, aber nicht aus Verachtung, er verweigerte sie, weil sie utopisch war. Die Gesellschaft seiner Zeit war materiell zu arm, um eine weitverbreitete Schulbildung zu ermöglichen. Die Volksbildung wurde der Luxus der reichen Nationen des 19. und 20. Jahrhunderts. Im 18. Jahrhundert mochte man davon träumen, aber niemand konnte sie realisieren. Voltaire träumte nicht einmal davon und fand – zu Recht oder zu Unrecht –, daß man mit einem solchen Traum seine Zeit verliere. Er glaubte sogar, daß diese Utopie den Fortschritt in Gefahr bringe. Er wußte wohl, daß die Menschheit voranschritt, aber sie tat dies vorsichtig, langsam, auf Umwegen. Die Kühnheiten Jean-Jacques erschreckten ihn und schienen ihm dazu angetan, die sicheren Errungenschaften des Weisen von Ferney zu vernichten. Der Sohn der von Bauern aus dem Poitou abstammenden Kaufleute und Notare glaubte an den Fortschritt, aber sein Glaube war vorsichtig und respektierte die langsame Entwicklung dieses Fortschritts.

Hüten wir uns jedoch, diesen kleinmütigen Glauben an den Fortschritt mit den obskurantistischen Gedanken eines Krautjunkers zu verwechseln. Ein gewisser Monsieur Linguet, der in seinem Sinne zu sprechen glaubte, indem er vertrat, daß die Belehrung des Volkes den Tod der Gesellschaft bedeute, zog sich eine Antwort zu, die uns wieder einmal zeigt, wie beweglich, nuanciert und wechselnd die Gedanken Voltaires sind. Er antwortete diesem Kämpfer für die Unwissenheit des Volkes, indem er ihm als Beispiel die Genfer Gemeinschaft vor Augen stellte, in der das Volk lesen konnte und es den Leuten besser ging als in Frankreich. »Nein, Monsieur, es ist nicht alles verloren, wenn man dem Volk die Möglichkeit gibt zu erkennen, daß es einen Geist hat. Im Gegenteil, alles ist verloren, wenn man es wie eine Herde von Stieren behandelt, denn frü-

her oder später bekämpfen sie einen mit ihren Hörnern . . .«
Das ist deutlich und prophetisch.

Sein Freund Damilaville war, wenn auch kein großer Geist, so
doch ein Freigeist. Er besaß zwei sehr gute Eigenschaften: er
vertrat unerschütterliche philosophische Überzeugungen und
empfand eine große Bewunderung für Voltaire. Er hatte sogar
noch eine dritte: er leitete seit 1760 das Büro des ›Zwanzigsten‹
und überwachte sozusagen die Erhebung dieser wichtigen
Steuer. Daher verfügte er über das Siegel des Ministers, um
seine Korrespondenz — Briefe und Pakete — freizumachen.
Wenn Voltaire seinen Freunden gern behilflich war, so verlangte er doch als Gegenleistung von ihnen auch viele Dienste.
Man versteht, welches Interesse er an dem Freunde hatte, durch
den er unzensiert Briefe, Bücher und Pamphlete zirkulieren
lassen konnte. Er benutzte und mißbrauchte dieses für einen
Dichter so unschätzbare Vorrecht, dessen Korrespondenz aus
Prinzip als verdächtig galt. Diderot und andere Enzyklopädisten bedienten sich desselben Schutzmantels. Aber was soll
man von einem hohen Angestellten der Krone sagen, der sich
in den Dienst der Feinde des Königs stellt?

Der Vorwurf Friedrichs, daß er ›l'Infâme‹ zugleich streichle
und kratze, hatte Voltaire offenbar getroffen. Er suchte nach
einem Vorwand, um die Feindseligkeiten wieder zu eröffnen.
Er erinnerte sich daher, daß Thiériot ihm das Manuskript eines
Landpfarrers namens Jean Meslier besorgt hatte, der 1733
gestorben war. Dieser Unglückliche verlor seinen Glauben;
trotz dieses traurigen Umstandes übte er aus Angst vor der
Misere und dem Druck seiner Vorgesetzten sein Priesteramt
weiter aus. Vor seinem Tode schrieb er ein Bekenntnis und
offenbarte seinen Haß gegen die Menschen, die Gesellschaft und
die Religion. Was Voltaire interessierte, waren hauptsächlich
die Argumente Mesliers gegen den Glauben und die Heilige
Schrift. Er benutzte das schreckliche Manuskript 1762 in einem
Pamphlet: ›Extrait des sentiments de Jean Meslier‹. Man errät, wie es um die mit der Würze Voltaires bereicherten Gefühle dieses schlechten Priesters bestellt war. Voltaire, stolz
auf seinen Fund und dessen Nutzung, schrieb an d'Alembert,

um sich zu beglückwünschen, ehe man ihn beglückwünschte: »Alle, die die Schrift lesen, werden überzeugt sein; dieser Mann beweist und diskutiert. Er spricht im Augenblick des Todes, in dem Augenblick, in dem Lügner die Wahrheit sagen: das ist das stärkste Argument . . . Jean Meslier muß die Erde bekehren . . .« Dieses Argument ist eher schwach. Wenn Sterbende nur die Wahrheit sagten, wären wir dann nicht schon lange, nämlich seit es Menschen gibt, die sterben und sprechen, belehrt? Sterbende sagen nur ›ihre‹ Wahrheit oder das, was sie für ihre Wahrheit halten. Sein Argument ist das Argument einer einfältigen Seele, das die Kirche leicht gegen die Ungläubigen wenden könnte, und sie tut es, indem sie den vorbildlichen Tod und das gottselige Hinscheiden vieler Menschen rühmt. Die Visionen der letzten Stunde erleuchten nur die Erleuchteten und enttäuschen nur die Enttäuschten. Aber Voltaire war begeistert und fügte hinzu: »Wie lau seid Ihr doch in Paris! Ihr laßt das Licht unter dem Scheffel.« Er fand, daß die Enzyklopädisten nicht genug Aufhebens um seinen ›Jean Meslier‹ machten, er wollte, daß die Philosophen in Ekstase gerieten, daß seine Schrift einschlüge und Jean Meslier von den Ungläubigen kanonisiert und zur Rechten des Vaters Voltaire gesetzt werde. Worauf d'Alembert mit kluger Vorsicht antwortete: »Sie werfen uns Lauheit vor, aber ich glaube Ihnen schon gesagt zu haben, daß die Furcht vor dem Scheiterhaufen sehr abkühlend wirkt.« Außerdem erinnerte er den zwischen zwei Grenzen in Sicherheit sitzenden Herrn von Ferney daran, daß es genauso schlecht sei, mit einem Schlage die Wahrheit zu enthüllen, wie den an Dunkelheit gewöhnten Augen plötzlich das Licht zu zeigen. Kurz: er schlug Voltaire mit seinen eigenen Waffen. »Das menschliche Geschlecht ist heute nur aufgeklärter, weil man Sorge getragen hat, es allmählich aufzuklären. Wenn die Sonne sich plötzlich in einem Keller zeigte, würden die Bewohner nur den Schmerz bemerken, den sie ihren Augen bereitete.«

Wie auch immer die schönen Maximen lauteten, Voltaire hatte keine Lust, vorsichtig zu sein. Da die Schrift geschrieben war, mußte sie erscheinen, gelesen werden und Skandal verursachen.

Der Literat in ihm brachte den Philosophen zum Schweigen. Um zu sehen, wie Jean Meslier die Leidenschaften entfesselte, war er bereit, dem Scheiterhaufen Trotz zu bieten. Die Vorsicht d'Alemberts? Man kennt sie: »Er ist kühn, aber nicht wagemutig; er ist dazu geboren, die Heuchler zittern zu machen, aber nicht, sich vor ihnen bloßzustellen.« Voltaire dagegen stellte sich gern bloß, er provozierte — aber anschließend erklärte er, daß sich Ungerechtigkeit und Verleumdung zu Unrecht auf ihn stürzten. Der ›Extrait des sentiments de Jean Meslier‹ erschien zu Beginn des Jahres 1762. Damilaville empfing sein Exemplar am 4. Februar. Das Werk wurde durch das Urteil des Pariser Gerichtshofes verurteilt, verbrannt zu werden. Die römische Kurie verurteilte es am 8. Februar 1765.

Einige Monate danach zirkuliert ein neues Libell: ›Le Sermon des Cinquante‹. Damilaville erhält im Juli auch davon ein Exemplar. Voltaire hat es gelesen und findet es wunderbar. Der Autor ist unbekannt, was dem Eremiten von Ferney erlaubt, in aller Freiheit sein Loblied zu singen. Er schreibt an Damilaville: »Der ›Sermon des Cinquante‹ wird La Mettrie zugeschrieben oder Dumarsais oder einem großen, sehr gebildeten Fürsten. Er ist durch und durch erbaulich. (Voltaire nennt unter den in Frage kommenden Autoren auch Friedrich.) In dem Erdenwinkel, in dem ich wohne, finden sich zwanzig Exemplare der beiden kleinen Werke. Sie haben viel Aufsehen erregt (durch wen?). Vier oder fünf Personen in Versailles sind im Besitz dieser heiligen Exemplare. (Woher weiß er das?) Ich für meinen Teil habe zwei erwischt und bin sehr erbaut davon.«

Die Schrift ist ein wütender Angriff gegen die Bibel, gegen die Grundpfeiler der jüdisch-christlichen Religion. Als kurz danach ›Le Vicaire Savoyard‹ von Jean-Jacques erschien, empfing die Religion einen neuen, schweren, weit gefährlicheren Schlag. Man sagt, Voltaire sei eifersüchtig auf die Verstärkung gewesen. Es sieht nicht so aus. Er schreibt dem Marquis d'Argens über Jean-Jacques: »Er führt im dritten Band des ›Emile‹ einen savoyardischen Vikar ein, der zweifellos Vikar des Priesters Jean Meslier war. Dieser Vikar beschimpft die Religion

mit viel Beredtsamkeit und Weisheit.« Wo ist Eifersucht in
diesem Zusammenhang? »Sein Vikar konnte Gutes bewirken . . .«, schrieb er 1764, mitten im Krieg mit Jean-Jacques,
»aber dieser Unglückliche ist wirklich unmöglich . . . Oh! Wie
wir diesen Verrückten geliebt hätten, wenn er kein falscher
Bruder gewesen wäre und nicht so dumm, die einzigen Menschen zu beleidigen, die ihm hätten vergeben können.«

Auch Le Pompignan mit
der Bischofsmütze wird verprügelt

Der falsche Bruder versäumte nicht, anläßlich eines wirklichen,
uns nicht unbekannten Feindes wieder von sich reden zu machen. Es handelt sich um den Bruder von Le Franc de Pompignan, Jean-Georges, Bischof des Puy. Getrieben von Unvorsichtigkeit, Kühnheit, Mut, Durst nach Martyrium oder Durst
nach Beförderung veröffentlichte der Prälat eine ausführliche
und pedantische ›Instruction pastorale‹, die er im Prinzip für
die Pfarrkinder des Puy und der umliegenden Berge geschrieben hatte. Das Ganze war sehr gelehrt und sehr fromm, ging
aber die guten Leute nicht das geringste an. Monseigneur berief sich auf Locke und Newton, über den sich niemand in
seiner Diözese Gedanken machte. Das Bravourstück war für
Paris geschrieben, für die kirchlichen Behörden und für die
Philosophen, deren Haß gegen ›l'Infâme‹ sicher neu aufflammen würde. Voltaire fühlte sich angegriffen. Monseigneur de
Pompignan hatte sich erlaubt, ihn mit Rousseau zu vergleichen
und Rousseau als würdigeren Feind und tieferen Philosophen
darzustellen. Da dies während des Streites mit Rousseau geschah, war der Zeitpunkt für einen boshaften Vergleich der
beiden vielleicht nicht schlecht gewählt. Pompignan hatte gut
gespielt: die beiden Philosophen gerieten, jeder auf seine
Weise, in sein Netz. Unvorsichtig dankte Rousseau dem Bischof für sein Lob und wagte zu schreiben: »Der maßvollste
aller meiner Widersacher, derjenige, den ich am meisten achte,
ist Monsieur l'Evêque du Puy; endlich einmal ein Mann, der

aufrichtig spricht . . . Ich habe mich wirklich von seiner Nächstenliebe und seiner guten Gesinnung aufrichten lassen.« So viel Lärm um nichts. Der Bischof hatte von Voltaire lediglich geschrieben: »Man darf von seinem poetischen Genie nicht die logische Gedankenfolge und die Tiefe erwarten, mit denen Jean-Jacques Rousseau seine Werke zu schreiben versteht.«

Um zu beweisen, daß er wohl fähig sei, seine Gedanken logisch aufeinander folgen zu lassen, schrieb Voltaire seine 1764 erscheinende ›Lettre d'un quaker à J.-G. de Pompignan, Evêque du Puy‹. Dieser Quäker ist ein sanfter Christ, naiv, rein, engelhaft. Aber er weiß sehr viel und schreibt wie Voltaire. Er erteilt dem Prälaten einen Verweis, weil er inmitten seiner armen Gemeindekinder den Schöngeist spielen will, hauptsächlich aber Dummheiten macht und auch noch darüber schreibt. »Wenn die Dummheiten erst gemacht sind, unterstützt man sie durch Verleumdung«, sagt der Quäker. »Man verliert die Nächstenliebe wie den Verstand: man verliert seine Seele, indem man sich dem Spott aussetzt.« Der Gedanke ist merkwürdig. Als ob das eine das andere nach sich ziehe, rückt Voltaire eine Verspottung durch die Kritik auf dieselbe Ebene wie den Verlust seiner Seele. Zweifellos weil Voltaire eine ganz und gar literarische Seele hatte. Wenn er dem Jüngsten Gericht vorstünde, kämen nur Dummköpfe in die Hölle.

Der gute Quäker betont, wie lächerlich es sei, den Schäfern des Velay von Locke und Newton zu sprechen. Und er fügt hinzu: »Es ist ein allzu gewagtes Unterfangen, gegen ein ganzes Jahrhundert schreiben zu wollen.« Man bemerkt, daß Voltaire und seine Gesinnungsgenossen fest davon überzeugt waren, ihre Zeit zu verkörpern und daß jeder, der ihnen Widerstand leistete, ihrer Meinung nach den Gang der Zeit aufhielt. Schließlich legt er dem unglücklichen Bischof das folgende Argument in den Mund: »Meine Brüder, alle klugen Leute und alle Gelehrten denken anders als ich, alle machen sich über mich lustig, glaubt also, was ich euch sage.«

Die Kirche und die Behörden fanden vielleicht, daß der arme Prälat genug unter der Feder Voltaires gelitten hatte, um eine Belohnung zu verdienen. Er wurde an den Bischofssitz in

Vienne an der Rhône versetzt. Voltaire hätte ihn fast berühmt gemacht.

Fast hätte er teuer dafür bezahlt. Sein ›Quäker‹ brachte ihn derartig in Gefahr, und er war sich dessen so wohl bewußt, daß er eine jener Pirouetten drehte, auf die er sich so gut verstand. Die beiden angegriffenen Pompignans waren nicht allein auf der Welt, sie hatten Brüder, die als Offiziere dem König dienten. Einer von ihnen, entrüstet darüber, daß die böswilligen Schriften Voltaires seinen Namen lächerlich gemacht hatten, verkündete, er werde bei seinem nächsten Urlaub extra über Genf fahren, um die Ohren des Patriarchen abzuschneiden. Die Ohren des Patriarchen erschraken ob dieser furchtbaren Nachricht. Voltaire erinnerte sich der Affären, bei denen seine schmächtige Person von den Stockschlägen des einen oder anderen malträtiert worden waren. Er hatte eine ganz besondere Empfindlichkeit gegenüber körperlichen Strafen zurückbehalten. Sofort wandte er sich mit folgendem Billett an Choiseul, das wirklich der Lektüre wert ist: »Monseigneur, ich weiß nicht, was ich den Brüdern Pompignan getan habe; der eine zerreißt mir die Ohren, der andere will sie mir abschneiden. Schützen Sie mich vor dem Mörder, Monsieur, ich übernehme den Zerreißer, denn ich brauche meine beiden Ohren, um die Kunde von Ihrem Ruhm zu vernehmen.«

In der ängstlichen Stimmung, in die ihn diese Drohung versetzt hatte, empfing Voltaire eines Tages in den ›Délices‹ seinen Genfer Verleger Cramer. Unser Held hatte eben eine Abhandlung über die Tapferkeit geschrieben, um diese edle Tugend zu rühmen, und schickte sich an, sie seinem Verleger vorzulesen. Dieser sagte ganz zufällig, man habe in der Stadt die Ankunft eines französischen Offiziers beobachtet, der tüchtig ausschreite, seine Sporen klingen lasse und seinen Schnurrbart drehe. Cramer sah plötzlich, ohne irgend etwas zu begreifen, wie Voltaire in seinem Sessel zusammensackte. Seine Knie und seine Hände zitterten auf höchst beunruhigende Weise. Madame Denis und die Dienstboten eilten herbei. »Man schließe schnell die Türen«, schrie der Dichter erschöpft. Dann wandte er sich an Cramer und sagte, völlig verwirrt: »Cramer, mein lieber Cramer, kehren Sie schnell nach Genf zurück und bringen Sie das Gerücht in Umlauf, ich sei soeben plötzlich gestorben.«

Und der Verleger eilte, sich seines Auftrages zu entledigen. Die Stadt vernahm die Nachricht vom Ende des Dichters. Währenddessen ließ Madame Denis diskret Nachforschungen nach dem Offizier anstellen. Er hieß Monsieur de l'Espine und war auf der Rückreise nach Avignon. Er hatte nichts mit dem Ohrenabschneider gemein.

Sofort öffnete man die Türen der ›Délices‹ wieder, und Tausende von Besuchern, die kamen, den Tod des Dichters zu beweinen, konnten ihm stattdessen zu seiner Auferstehung gratulieren.

Um dem Himmel für dieses Wunder zu danken, schrieb er seinen ›Saul‹, in dem er heftige Kritik am Alten Testament übte. Die Zeitgenossen waren sehr beeindruckt von diesem Angriff. Nicht wie sonst operiert Voltaire mit halb lustigen, halb scharfen Seitenhieben, sondern mit grausamster Schärfe. Der junge Goethe, der ›Saul‹ noch mit dem Glauben seiner Jugend las, war erschüttert: »Ich erinnere mich sehr gut«, schreibt er. »daß ich in meinem kindlichen Fanatismus Voltaire, wenn ich ihn zu fassen gekriegt hätte, wegen seines ›Saul‹ erwürgt hätte.« Man sieht, wie diese kleinen Libells wirkten, die durch Europa flatterten.

Voltaire hielt es für klüger, ›Saul‹ wie seine anderen Schmähschriften zu verleugnen. Er schrieb seinem Neffen d'Hornoy: »Ich weiß nicht, um welche mit Saul und David betitelte Farce es sich handelt ... man hat sie auf unwürdige Weise aus der Heiligen Schrift herausgerissen, angeblich ist sie von jenen Spitzbuben in England verfaßt, die das Alte Testament nicht mehr respektieren als unsere Flotten.«

Ein geschicktes Manöver: es sind die Engländer, die brennende Kugeln auf unsere Schiffe und auf das Alte Testament schießen. Andererseits verbarg er Damilaville nicht seine Befriedigung über den Erfolg von ›Saul‹. »Niemand hat ihn schlecht gefunden. Wirklich ein ekelhaftes Volk« (die Hebräer), schreibt er am 29. August 1763. Zum gleichen Zeitpunkt äußert er: »Je älter ich werde, um so unversöhnlicher werde ich gegenüber l'Infâme.« Dieses Geständnis scheint überflüssig nach den drei Schmähschriften, deren letzte die andern beiden noch an Heftigkeit übertrifft.

Vertrauter Umgang mit einem Jesuiten

Bald danach milderte sich seine Heftigkeit. Die Jesuiten waren 1762 aus Frankreich vertrieben worden. Voltaire und die Philosophen konnten diese Maßnahme als einen Sieg ansehen, daher stießen sie Freudenschreie aus. Voltaire applaudierte; aber er flaggte nicht. Dann bedachte er sich und applaudierte nicht einmal mehr. Wie man weiß, bestanden zwischen ihm und der Gesellschaft Jesu sentimentale Bande, Verwandtschaft in Geist und Geschmack. Die Streitereien und selbst der Bruch mit dem ›Journal de Trévoux‹ hatten nie auslöschen können, was unauslöschlich war. Am 2. März 1763 schrieb er dem Marquis d'Argens über die Vertreibung der Jesuiten: »Ich weiß nicht, ob das wirklich gut ist; diejenigen, die an ihre Stelle treten, werden sich für verpflichtet halten, noch größere Strenge und noch mehr Pedanterie an den Tag zu legen. Niemand war galliger und wilder als die Hugenotten, weil sie gegen eine verweichlichte Moral kämpfen wollten.«
Bei seinen guten Lehrern war er sicher vor Strenge und Pedanterie, die Neophyten aber machten ihm mit ihrer neuen und so ätzenden Tugend Angst. Seine Unruhe darüber zeigte sich oft, sie kam deutlich zum Ausdruck in einer kleinen Fabel mit dem Titel ›Les Renards et les Loups‹. Er trauerte darin den Füchsen nach und fürchtete die geistige Enge und Wildheit der Wölfe; er dachte wohl an seinen jansenistischen Bruder! Kurz: seine Gefühle angesichts der Austreibung der Jesuiten waren sehr komplex, und wenn man etwas Abschließendes sagen will, so findet man letzten Endes nur die uralte Weisheit: man weiß, was man verliert, man weiß nicht, was man findet.
Wer war in diesem Punkte einer Meinung mit ihm? Jean-Jacques! Wer hätte das gedacht? Auch Jean-Jacques sagte, die

Jansenisten brauchten nur Herren zu sein, um härter und intoleranter zu werden als ihre Feinde.

Da bei Voltaire nie etwas Theorie bleibt, so wurden seine Gefühle für die vertriebenen Jesuiten von der Realität sofort auf die Probe gestellt. Drei auf der Flucht befindliche Patres, unter ihnen ein Spanier, trafen in Ferney ein. Er fragte sie lachend, ob sie sich als Lakaien vorstellten. Der spanische Pater, der nicht lachen konnte, nahm seinen Vorschlag an. Man hat den Eindruck, daß sie sehr naiv oder sehr arm sein mußten — oder alles beides —, um an diese Tür zu klopfen. Voltaire ließ sie hinausgeleiten und gewährte ihnen Hilfe.

Wenn man seinem Brief an Damilaville vom Februar 1763 Glauben schenkt, so spielte er mit den drei Besuchern ein wenig Theater; aber es sieht nicht so aus, als dürfe man blind alles glauben, was er erzählte, um einem Freigeist zu imponieren. Er brachte sie in dem Salon von Ferney dazu, ihren Glauben zu verleugnen: »Verzichten Sie auf alle Ihre Privilegien, auf alle Bullen, auf alle die lächerlichen oder gefährlichen Ansichten, die ihnen die Gesetze des Staates vorwerfen? Schwören Sie, niemals Ihrem General oder dem Papst zu gehorchen, wenn dies zu den Interessen oder Befehlen des Königs im Widerspruch steht? Schwören Sie, daß Sie in erster Linie Bürger sind und nicht Jesuit? Schwören Sie ohne restrictiones mentales?« Diese Fragen stellte ihnen Voltaire, und alle beantworteten sie angeblich mit ja. Er gestand ihnen zu, daß sie zwar von dieser Stunde an unschuldig seien, aber für ihre vergangenen Sünden verdammte er sie dazu, auf dem Grab des großen Arnault mit den Steinen von Port Royal gesteinigt zu werden. Das brachte ihn zum Lachen, aber sein Lachen war schneidend. Er vollführte eine seiner tausend Pirouetten. Hier eine andere:

Im Jahre 1764 nahm er — nun wirklich als Gast — einen Jesuitenpater auf, einen Professor aus Dijon, den er in Kolmar flüchtig kennengelernt hatte. Es war Pater Adam, der sich völlig mittellos in die Höhle des Dämons flüchtete. Er richtete sich darin ein und machte sich klein. War er so unbedeutend wie es schien? So unbedeutend, wie sein Interesse es erforderte? Man weiß es nicht. Voltaire nahm ihn nicht ernst. Er sagte vor und von ihm: »Das ist Adam, der erste und der letzte Mensch.« Am 12. Februar 1764 schrieb er: »Ich vergaß Ihnen zu sagen, daß wir einen Jesuiten haben, der uns die Messe liest, er ist eine Art Hebräer, den ich nach der Auswanderung nach Babylon aufgenommen habe. Er ist keineswegs störend, er spielt sehr gut Schach, er liest seine Messe sehr anständig; kurz, ein Jesuit, mit dem ein Philosoph auskommen könnte.«

Seine Hauptanziehungskraft bestand darin, gut, und sogar ein wenig zu gut Schach zu spielen. Voltaire hatte eine Leidenschaft für dieses Spiel. Es war mehr wegen des Schachspiels als wegen der Messe, daß der Kaplan von Ferney dreizehn Jahre im Schloß blieb. Voltaire gab zu, daß Pater Adam ihn oft besiegte. Er schien die Überlegenheit seines Partners anzuerkennen, in Wahrheit aber war sie ihm sehr unangenehm. Voltaire verlor schrecklich ungern, denn er glaubte dann, seine Zeit verloren zu haben. Doch seine Spielleidenschaft war so groß, daß er immerzu Schach spielte: »Ich tue es gern, ich begeistere mich dafür, und Pater Adam, der ein Esel ist, besiegt mich pausenlos, erbarmungslos! Alles hat seine Grenzen! Warum ist Pater Adam beim Schach für mich der erste Mensch der Welt? Warum bin ich beim Schach für ihn der letzte Mensch? Alles hat seine Grenzen . . .« Vor allem die Geduld Voltaires. Adam besiegte ihn ohne Mitleid, aber nicht ohne Unruhe. Er versuchte sogar, sich schlagen zu lassen, denn ihm waren schon mehrere Mißgeschicke zugestoßen. Wenn die Partie schlecht für Voltaire zu stehen begann, schickte er sich an, eine Art ›Trallala‹ vor sich hinzusingen, das Pater Adam nichts Gutes verhieß. Mehr als einmal sah man den Pater hastig entfliehen, bombardiert von Schachfiguren, die ihm in der Perücke hängen blieben. Zuweilen, wenn man ihn mit dem Stock verfolgte, versteckte er sich in einem Schrank. Das Gewitter verging schnell, Voltaire fragte: »Adam ubi es?« Adam zeigte sich wieder. Man hatte ihm seinen unfreiwilligen Sieg verziehen.

Adam leistete außerdem den Besuchern Gesellschaft und ging mit ihnen im Park spazieren. Er erwies seinem Beschützer sogar einen beträchtlichen — heimlichen — Dienst. Voltaire hatte große Schwierigkeiten, sich eine enorme Schuld zurückzahlen zu lassen, resultierend aus einem jener äußerst komplizierten, äußerst ertragreichen Darlehen, die er dem Herzog von Württemberg gewährt hatte. Der Fürst bezahlte seinen Gläubiger lediglich mit ausgesuchten Höflichkeiten, für die Voltaire nicht unempfänglich war, doch auf die Dauer packte ihn die Unruhe. Aber wie einen herrschenden Fürsten zum Zahlen bringen? Er kam auf den Gedanken, sich Pater Adams bei einem Geschäft recht à la Voltaire zu bedienen, bei dem der Teufel und der liebe Gott um die Wette im Interesse des Herrn von Ferney arbeiteten. Voltaire bewies Adam, daß es seine Pflicht sei, dem Beichtvater des Herzogs zu schreiben — seinem Bruder in Loyola —, Voltaire lebe keineswegs so gottlos, wie man meine, der Beweis sei, daß er, Pater Adam, zu einer Zeit einen Unterschlupf in Ferney gefunden habe, zu der man die Jesuiten überall vertreibe. Er sei Kaplan, Vertrauter und Beichtvater des verleugneten Mannes. Die Gerechtigkeit wolle also, daß man ihm seine Schulden pünktlichst bezahle, andernfalls sei man kein guter Christ und kein guter Katholik. Mit einem Wort, man mußte dem Beichtvater des widerspenstigen Herzogs nahelegen, seinem Beichtkind Angst zu machen, daß er die Hölle riskiere, wenn er sich Voltaire zu bezahlen weigere; zahle er jedoch, so diene er der verfolgten Gesellschaft Jesu, der Gerechtigkeit und der Kirche und bereite sich einen Platz im Paradies. Gegen das Versprechen Adams, dem Beichtvater diesen Brief zu schreiben, verpflichtete sich Voltaire, der Messe Pater Adams beizuwohnen. Wir kennen die geheimen Wege dieser erbaulichen Verhandlungen nicht, aber wir kennen den Abschluß: der Herzog bezahlte Voltaire.

Als Pater Adam Voltaire an sein Versprechen erinnerte, hatte der Philosoph die Worte des Geschäftsmannes vergessen. Er grinste und nahm weiterhin die Messe des ›ersten und letzten Menschen‹ nicht zur Kenntnis.

Das gastliche Haus Voltaires zierte sich außerdem mit einer weniger ansehnlichen, aber voluminöseren und lärmenderen Person als Pater Adam. Es handelte sich um eine Schweizerin namens Barbara, die außerordentlich fleißig und dreist war und die vollkommenste Verachtung für die angebliche Intelligenz ihres Herrn zur Schau stellte. Sie sagte ihm, sie könne es nicht begreifen, daß es so viele Dummköpfe auf der Welt gäbe, die unter großen Mühen und Kosten die lange Reise nach Ferney machten, um einen Mann zu betrachten, der allem Anschein nach kein Körnchen gesunden Menschenverstand besitze. Diese Vorhaltungen entzückten Voltaire.

Wettstreit zwischen den Besuchern und der Arbeit

Ferney war im Jahre 1763 auf dem Wege, zu einer höchst luxuriösen Karawanserei zu werden, in der die intellektuelle Elite Europas — mit oder ohne Einladung — ihre Zeit zu verbringen suchte.

Erstaunlich ist, daß Voltaire zugleich die Kosten dieses Lebensstils, die Mühe und den Zeitverlust auf sich nahm, die dieses ununterbrochene Défilé von Besuchern verursachte. Wie teuer es ihm auch immer kommen mochte, er sorgte für alles, denn wie viele Menschen dieser Zeit liebte er Gesellschaft, das heißt: Unterhaltung in kleinen Gruppen, Gastfreundschaft, Aufwand und gesellschaftliche Repräsentation. Dieses Bedürfnis, sich zu versammeln, hat nichts mit dem Herdentrieb gemein: seine Zirkel waren Zirkel von Auserwählten. Die konventionelle, von einer zweiten, strengeren Auswahl als der der Geburt verstärkten Hierarchie filterte die Besucher von Ferney. Mit einem großen Namen, einem großen Ruf oder — wenn dies nicht vorhanden war — mit Empfehlungsschreiben erwarb man sich den Zugang. Andernfalls walteten die Portiers ihres Amtes. Trotzdem waren die Besucher hohen Ranges oft so zahlreich, so platzfüllend, daß es die Kräfte des Dichters überstieg. Aber als großer Herr empfing er doch immer diejenigen, die das Recht hatten, empfangen zu werden. So forderte es die Gesellschaft, so war Voltaire, der hierin völlig seiner Zeit und seiner gesellschaftlichen Klasse glich. Eines der Geheimnisse seiner erstaunlichen Berühmtheit war, daß er mit Vollendung das repräsentierte, was die besten seiner Zeitgenossen von einem Mann erwarteten, den sie als die verfeinertste Intelligenz ihrer Zeit ansahen. Seine Genialität liegt vielleicht nicht in der Tiefe und Originalität seiner Gedanken, sondern in der erstaunlichen Fähigkeit, das Menschheitsideal seiner Zeit zu verkörpern und so zu denken, zu fühlen und zu reden, wie alle hochstehenden Leute gern gedacht, gefühlt und geredet hätten.

Es entzückte ihn, bewundert zu werden. Aber der Ansturm von Bewunderern erwies sich bald als lästig. Die Verehrung wurde ein Verbrechen, weil sie den Dichter am Schreiben hinderte. Um sich wieder an Reflektion und Arbeit zu gewöhnen, machte er sich an eine Komödie, die nicht neu war, der er aber erst in Ferney den letzten Schliff gab. Seit 1764 beschloß er, nicht mehr bei den Diners zu erscheinen. Er wollte seine Besucher gern ernähren, aber nicht mit seiner eigenen Substanz. Madame Denis und die Köchin würden ohne ihn dafür sorgen. Im Salon von Ferney gebärdete sich die Nichte als Theaterkönigin; das war ihre Wonne. Er aber arbeitete, in seinem Alkoven kauernd, weit ab von Lärm und Kälte, und pflegte seine Krankheiten. Wenn er sich im Salon aufhielt und von einem Neuankömmling überrascht wurde, rief er in sein Zimmer fliehend aus: »Mein Gott! Rette mich vor meinen Freunden, ich übernehme meine Feinde!« Wenn man einen ungelegenen Gast ankündigte, schrie er: »Schnell, schnell, etwas Tronchin!« Das bedeutete, daß er krank sei, in den Händen seines Arztes und unsichtbar. Seine Schliche waren bekannt.

So kommen bestens empfohlene Engländer. Er ist bereit, sie zu beherbergen, sie zu ernähren, doch er will ihnen nicht begegnen. Sie aber haben die Reise nur unternommen, um das Phänomen zu sehen. Man sagt ihnen, er sei krank. Sie wollen ihn krank sehen. »Sagt ihnen, ich sei dem Tode nahe«, stöhnt er aufgebracht. Sie wollen den Leichnam sehen. »Sagt ihnen, daß der Teufel mich geholt hat«, schreit er zornig. Und er läßt ihnen sein Zimmer öffnen, in das sie sich stürzen, denn gerade den Teufel wollen sie ja sehen.

Es gab auch Eindringlinge, denen zu schmeicheln man sich nicht versagen durfte, selbst wenn man wirklich bis zum Hals ›im Tronchin‹ steckte. So richteten sich der Duc de Lorge und

der Duc de Randon mit eigenen Schauspielern in Ferney ein,
um in dem kleinen Theater zu spielen. Aufgebracht durch
diese schauspielerischen Herzöge traf Voltaire eine heroische
Entscheidung: er ließ das kleine Theater schließen und in
Wohnräume verwandeln. Ein schrecklicher Entschluß!
Zwischen so viel Kommen und Gehen, mitten in der Affäre
Calas, in den Scherereien mit Uhrmachern, Gärtnern, Geldleuten, Pompignans, Jean-Jacques, war er wie immer krank
und schrieb an manchen Tagen der Agonie in seinem Bett bis
zu vierzig Freundschafts- und Geschäftsbriefe. 1763 verfaßte er
außerdem eine Tragödie mit dem Titel ›Olympie‹. Er ließ sie
ankündigen, aber zeigte sie nicht vor. Er gab sie den d'Argentals zu lesen, die sie nicht allzu gut fanden, so daß er sich
nochmals damit beschäftigte. Er redete aber unentwegt von
ihr, und Fréron schrieb, mit einem Wortspiel, das Publikum
nenne diese Tragödie, die es nie zu sehen bekomme, ›O l'Impie‹.
Voltaire verteidigte sich mit der Behauptung, seine Tragödie
sei so fromm, daß sie von Nonnen am Geburtstag ihrer Äb-
tissin gespielt werden könne. Sie wurde am 17. März 1764
aufgeführt. Man pfiff sie nicht aus, aber man verlangte sie
auch nicht nochmals zu sehen. Das Publikum von 1764 war
nicht mehr das von 1730, der Geschmack hatte sich gewandelt,
und die tragische Flamme Voltaires, die niemals sehr heiß
brannte, war kaum noch lau. Um sie wieder zu erwärmen, ging
er an ein neues Thema, das Crébillon auch schon behandelt
hatte. Er unterzeichnete die Tragödie nicht und schrieb sie
einem mittelmäßigen, obskuren Dichterling namens Poisinet
zu, der heftig protestierte. Das ›Triumvirat‹ wurde am 5. Juli
1764 im Théâtre Français unter dem Titel ›Octave et le Jeune
Pompée‹ gespielt. Dieses Mal zeigte das Publikum, daß die
Seichtheit des Stückes es gelangweilt hatte. Der Schlag war
grausam, aber nicht entmutigend. Voltaire nahm sein mittelmäßiges Stück zurück und veränderte es. Er versprach ein
Meisterwerk, doch er lieferte nur eine Willensübung.
Seine mißlungenen Tragödien hinderten ihn nicht, den berühmten Kommentar zu Corneille zu schreiben. Corneilles erhabene Schönheiten begeisterten ihn, er bewunderte sie vor-

behaltslos. Sobald sich der Advokat aus Rouen aber in seine verschlungene Beredtsamkeit verwickelte, sobald sein Stil holperig wurde, dunkel, sich ›barbarisierte‹, wie Voltaire sagte, verlor der Kommentator die Geduld . . . Die Verse Racines erklangen dann vor seinem Ohr, die Musik der ›Phädra‹ und der ›Iphigenie‹ entzückte ihn von neuem. Die Lauterkeit, das Licht und die unerklärliche Vollendung Racines drängten sich ihm auf und brachten ihn zu einem Vergleich, der auf Kosten Corneilles ging. Voltaire verfuhr manchmal streng mit Corneille, er war zwar gerecht und gemäßigt, aber mit Corneille war es damals wie mit Jeanne d'Arc: sie galten als heilig und unantastbar. Bei Corneille einen Verstoß gegen die Regeln, unklare Stellen und Unausgewogenheiten zu entdecken, hieß, das Theater Shakespeare ausliefern und das Vaterland den Barbaren — hieß, das Rad, das Feuer, den Galgen verdienen, und man verbarg ihm dies nicht.

»Diesem Pierre Corneille verdanke ich eine üble Viertelstunde; ich bin zornig auf ihn, er ist wie die Steinböcke und Gemsen unserer Berge, die auf steile Felsen klettern und in Abgründe hinabspringen.« Wenn er an Racine denkt . . . »Es ist der Gipfel der Frechheit, nach diesem großen Mann eine Tragödie zu schreiben. Daher kenne ich auch nach ihm nur schlechte Stücke und vor ihm nur einige gute Szenen.« Nun wissen wir es. Nur Racine ist groß, und um so mehr, als er es nie sein will. Er ist nicht nur groß, er ist vollkommen. »Ich vertraue Ihnen an, daß ich Racine anzubeten beginne, während ich Corneille kommentiere. Ich kann Schwulst und übernatürliche Größe nicht vertragen«, schreibt er 1763 dem Abbé de Voisenon.

Angenehme Besuche

Inzwischen gebar die Großnichte Corneilles — nicht einen Kommentar, aber ein kleines Mädchen, das Voltaire Chimène-Marmotte nannte. Da sie wie ihre Mutter eine dunkle Haut und schwarze Haare hatte, nannte man sie auch Rodogune, was sich auf ›brune‹ reimte.

Dann machte der Chevalier de Boufflers einen Besuch in Ferney. Er war kaum achtzehn Jahre alt und besaß alle guten Eigenschaften: er war schön, liebenswürdig, intelligent, phantasievoll, fröhlich, lebhaft, er zeichnete entzückend, schrieb Verse, kurz: er bezauberte alle Welt und war so, wie sich Voltaire die Menschheit erträumte.

Im Andenken an seine Mutter, die glanzvolle Marquise, wurde er mit offenen Armen empfangen. Voltaire behandelte ihn wie einen Altersgenossen, und der vornehme Chevalier wurde besonders von der Schlichtheit und Natürlichkeit Voltaires beeindruckt. Der prächtige und großzügige Empfang, den man ihm in Ferney bereitet hatte, berührte ihn nur in zweiter Linie, aber er war nicht unempfänglich dafür. Um Land und Leute besser kennenzulernen, reiste er ohne Aufwand; zuweilen gab er sich als reisender Porträtmaler aus und bezahlte die Gastfreundlichkeit in den Schlössern mit einem Porträt der Damen. Er machte ihnen auch den Hof und bemerkte, daß die prüden Schweizerinnen ihm nur der guten Sitte wegen widerstanden. In Ferney beendete er seine Rundreise, von der er eine Menge hübscher Notizen über die helvetischen Sitten heimbrachte. Voltaire hörte ihn besonders gern über sein so frisch und auf so anmutige Weise erworbenes Wissen erzählen, und eines Tages, als er ihn fragte:»Sie, der Sie die Schweiz so gut kennen, was halten Sie von diesen Leuten?« entgegnete Boufflers: »Es sind Leute, die offensichtlich viel Geld und viel Geist haben, aber weder das eine noch das andere jemals zeigen.«

Folgendes schrieb Boufflers seiner Mutter über den Schloßherrn von Ferney: »Sie können sich keine Vorstellung machen von seinen Ausgaben und von seinen Wohltaten. Er ist der König und der Vater des von ihm bewohnten Landes, er macht seine Umgebung glücklich und ist ein ebenso guter Familienvater, wie er ein guter Dichter ist . . . Seine Verleger mögen sich noch so sehr anstrengen, er wird selbst immer die beste Ausgabe seiner Werke sein . . . Im übrigen ist das Haus bezaubernd, seine Lage wundervoll, das Essen delikat, meine Wohnung entzückend.«

Der Chevalier machte auch eine Zeichnung von Voltaire; ein

schwieriges Unterfangen, denn der Dichter bewegte sich unaufhörlich, lächelte und schnitt Grimassen. Er war buchstäblich nicht einzufangen, weder im Physischen noch im Geistigen. Aber dafür fing er seinen Maler ein. Der freundliche Chevalier dachte nicht mehr daran, Ferney zu verlassen. »Sie können sich nicht vorstellen, wie liebenswert das Herz diesese Mannes ist; er wäre der freundlichste Greis der Welt, wenn er nicht schon der bedeutendste Mann wäre. Sein einziger Fehler besteht darin, sehr verschlossen zu sein«, schreibt er seiner Mutter. Die Freundschaft zwischen diesem sehr jungen Mann und dem Greis ist von besonderer Schönheit; das Alter spielte keine Rolle zwischen ihnen. Bei einer solchen Verbindung kommt es allein auf den Geist an, der alterslos ist, auf Feinfühligkeit und Benehmen — Boufflers war wie Voltaire aus Diamant geschnitten: darin lag das Geheimnis ihrer Sympathie.

Im Sommer 1763 kam der Prince de Ligne nach Ferney. Zu seinem und unserem Vergnügen schrieb der Fürst alle seine Eindrücke nieder. Als er sich anmeldete, kannte ihn Voltaire noch nicht. Es ging nicht an, diesen großen europäischen Edelmann abzuweisen, aber da Voltaire fürchtete, er könne langweilig sein, befiel ihn vorsichtshalber die ›Tronchinsche Krankheit‹ und er legte sich mit einem Klistier zu Bett. Voltaire gestand dem Prinzen später selbst, er fürchte sich so vor lästigen Besuchen, daß er auf jeden Fall seine Medizin nähme, bevor er diejenigen empfinge, die ihm mutmaßlich Zeit stehlen würden. Auf diese Weise sei er zum Abzug gezwungen, wenn er das Herannahen der Langeweile . . . oder der Wirkung des Klistiers spüre.

Voltaire und der Fürst verstanden sich prächtig und führten heftige Diskussionen. Als Voltaire ihm Madame Dupuits vorstellte, die dunkle Tochter der Corneilles, fragte er den Fürsten, was er von der jungen Frau halte: ›nigra‹, aber nicht ›formosa‹ antwortete er. Dafür fand er die Schwester Monsieur Dupuits sehr charmant, so charmant, daß er, fasziniert von dem Décolleté der ihm gegenüber sitzenden schönen Dupuits, den Worten Voltaires nicht mehr zuhörte. Dem Herrn von Ferney waren solche Ablenkungen schrecklich, und säuerlich

rief er die Abgelenkten zur Ordnung. Als die rundlichen
Schweizerinnen an einem heißen Tag des Sommers 1763 frische
Sahne auftrugen — weniger frisch und weniger weiß jedoch
als ihre Schultern und Brüste —, lenkten sie den Fürsten wiederum ab, während Voltaire sprach und sich heiser schrie, um
seinen Gast aus der Verzückung zu reißen. Die Fassung ver-
lierend, stürzte er sich auf die erste beste Dienerin, packte ihre
Brust und schrie wie ein Verrückter: »Busen hin, Busen her!
Zum Teufel mit euch!« Und als ob nichts geschehen wäre,
setzte er sich wieder neben seinen Gesprächspartner, dessen
Aufmerksamkeit er endlich wiedergewonnen hatte.

Das beste Porträt, das wir in dieser Zeit von dem Dichter haben, stammt vom Prince de Ligne. »Er trug immer graue
Schuhe, stahlgraue aufgerollte Strümpfe, eine weite, bis zum
Knie reichende Leinenjacke, eine lange Perücke und eine kleine
Mütze aus schwarzem Samt. Sonntags zog er zuweilen einen
schönen, einfarbig braunroten Überrock an. Jacke und Hosen
waren aus dem gleichen Material, doch die Jacke hatte lange,
mit goldenen, geschweiften Tressen und Silberplättchen verzierte Schöße und weite Spitzenärmel, die bis zu den Finger-
spitzen reichten, denn das gibt den Menschen, so sagte man,
ein vornehmes Aussehen.«

Es scheint, daß diese Kleidung altmodisch war; man zog sich
so im Jahre 1725 an, nicht aber 1764. Voltaire blieb der Mode
seiner Jugend immer treu. Seine Allongeperücken stammten
aus der Zeit der Régence, 1764 trug man eine Haarschleife.
Diese riesigen Perücken verdeckten sein Gesicht, das nur faust-
groß und runzelig war, und trugen nicht wenig dazu bei, ihm
jenes karikaturale, theatralische Äußere zu geben, das seine
Besucher so verwunderte.

Der Fürst, dem nichts entging, schreibt, die Äußerungen Voltaires seien fast ausnahmslos freundlich gewesen, immer liebevoll seiner Umgebung gegenüber, immer schmeichelhaft und
drollig und zum Lachen reizend. Wie wenig das dem ›säuerli-
chen‹ Voltaire ähnelt! Dem Vergifter des gesellschaftlichen Rufes, dem Beschmutzer der Tugend . . . Eines Tages hielt er den
Klavierstimmer, der gekommen war, um das Instrument von

Madame Denis zu reparieren, für den Schuster. Als er seinen Irrtum bemerkte, errötete er und rief aus: «Ach! Monsieur, Sie sind ein Künstler, ich verwies Sie an meine Füße. Ich bin es, der Ihnen zu Füßen liegt.«

Der Fürst erzählt uns auch, daß die Unterhaltungen Voltaires mit seinen Bauern von unwiderstehlicher Komik waren. Er versäumte dieses Schauspiel nie und ergötzte sich stets daran ... Voltaire sprach mit seinen Bauern wie mit Botschaftern. Er erhob sie alle in den Adelsstand und brachte den Stil ›Zaïres‹ in die Unterhaltungen mit seinem Jagdhüter. Statt ihm zu sagen, er sei erstaunt darüber, keinen Hasenpfeffer mehr zu essen, redete er ihn folgendermaßen an:

»Mein Freund, die Migration der Tiere führt wohl nicht mehr von meiner Besitzung Tournay in das Gebiet von Ferney?« Der Fürst und der Dichter konnten sich vor Lachen kaum halten.

Voltaire war immer bereit, sich mit dem ersten Besten zu unterhalten, und der Fürst sagt uns, man müsse gesehen haben, mit welchem Witz und Geist er die gewöhnlichsten Unterhaltungen führte. Deswegen dachte seine dicke Schweizerin wohl auch, er sei nicht ganz richtig im Kopfe, denn nicht alle fanden, wie der Prince de Ligne, Voltaire sei «bereit, das Schöne und Gute zu sehen und zu glauben, übersprudelnd in seinem Geist und fähig, die anderen zum Übersprudeln zu bringen.«

Als er mit Rousseau Krieg führte, äußerte er in Anwesenheit des Prince de Ligne: »Man schickt einen Mann wie ihn nicht ins Exil, man verbannt ihn, das ist vornehmer.« Und er fügte hinzu: »Wenn er nirgends ein Asyl findet, so soll er hierher kommen, alles, was ich habe, steht zu seiner Verfügung.« Streichen wir die Begeisterung des ersten Impulses aus diesen schönen Worten, es bleibt doch das Gefühl des Mitleids und der Solidarität. Hätte Rousseau an die Tür von Ferney geklopft, so wäre sie ihm geöffnet worden.

Er verschoß auch einige Giftpfeile. Nicht ohne Grund war er damals wütend auf die Gerichte und ihre unruhigen Präsidenten. Daher sagte er, als er seinen Esel traf, der in den Parkalleen hin- und herlief: »Bitte schön, gehen Sie nur vorbei, Herr Präsident.«

Der Fürst wurde Zeuge einer unvergeßlichen Szene, bei der er glaubte, im Theater zu sein. Ein Unbekannter verschaffte sich Einlaß in den Salon und stürzte sich auf Voltaire, dem er um jeden Preis graue Schuhe verkaufen wollte. Voltaire bemühte sich, den lästigen Mann loszuwerden, aber dieser flehte ihn an:

»Monsieur! Monsieur! Ich bin der Sohn einer Frau, für die Sie Verse geschrieben haben.«

»Hm, das glaube ich, ich habe für so viele Frauen Verse geschrieben«, und er floh in sein Kabinett; der andere ihm nach.

»Monsieur! Monsieur! Es ist Madame de Fontaine-Martelle!« Voltaire blieb augenblicklich stehen und sagte:

»Ach! Monsieur! Sie war sehr schön.«

Der Händler merkte, daß das Spiel gewonnen war, und ergriff sofort wieder das Wort:

»Monsieur, woher haben Sie nur den guten Geschmack, den man in diesem Salon bemerkt? Ihr Schloß ist bezaubernd.« Voltaire kehrte in den Salon zurück.

»Oh, ja, alles stammt von mir, ich habe alle Pläne selbst gemacht. Sehen Sie diese Treppe . . .« Er läßt den Gast sein Werk in allen Einzelheiten bewundern.

»Monsieur«, beginnt der andere von neuem, »wissen Sie, wer mich in die Schweiz gebracht hat? Monsieur Haller.« Man weiß, daß Voltaire den alten Gelehrten nicht ausstehen konnte. Als er diesen Namen hörte, wandte er sich um und kehrte in sein Kabinett zurück. Aber der Händler besann sich:

»Oh! Monsieur! All das muß Sie viel gekostet haben. Welch reizender Garten!« Voltaire, äußerst interessiert, kehrte wieder in den Salon zurück.

»Ich habe alles selbst gemacht«, antwortete er, »mein Gärtner ist ein Esel.«

»Das glaube ich. Dieser Haller, Monsieur, ist ein großer Mann.« Voltaire vollführte eine Pirouette und eilte in sein Kabinett.

»Ach! Monsieur, wieviel Zeit braucht man, um ein so schönes Schloß zu bauen wie dieses hier?« Und Voltaire kehrte zu dem Mann zurück, der endlich das Spiel gewonnen hatte.

Der Fürst versichert, Voltaire sei der unterhaltsamste Freund der Welt gewesen. War er es unbewußt? In jedem Fall spielte er mit dem Leben und den Lebenden nach seinen Launen, seinen Kaprizen, seinen Interessen. Bald Literat, bald großer Herr, immer fesselnd — manchmal bewegend. Der Prince de Ligne hat viel gelacht, aber er hat es auch verstanden, diesem überlegenen Geist seine Huldigung darzubringen, diesem Geist, der »die zum Sprechen und Denken brachte, die dazu fähig waren; der den Unglücklichen Beistand gewährte, für die armen Familien Wohnungen baute und den Seinen ein guter Hausherr war; ein guter Herr seines Dorfes, ein guter Herr und ein großer Mann gleichzeitig, eine Verbindung, ohne die man weder das eine noch das andere richtig ist, denn das Genie gibt der Güte eine größere Weite und die Güte dem Genie mehr Natürlichkeit.«

Auch Mademoiselle Clairon wurde ein glänzender Empfang bereitet. Die erhabene Tragödin volbrachte mit ihrer Ankunft ein Wunder: das Theater wurde wieder geöffnet. Was sollte man sonst für sie tun? Sie spielte dort Tragödie — aber es war auch eine Tragödie, sie spielen zu lassen, denn sie war krank. Tronchin, den zu konsultieren sie gekommen war, garantierte nicht für ihr Leben, wenn sie weiter spielte. Doch sie tat es trotzdem. Die Sterbende spielte für einen Sterbenden, denn am Tage ihrer Ankunft war Voltaire nahe daran, seine Seele auszuhauchen. Dieses Mal war seine Agonie nicht geheuchelt. Wenn er nur etwas Leben in sich gehabt hätte, wäre er für die Clairon aufgestanden, aber an diesem Tag konnte er nur noch röcheln. Sie erblickte ein armseliges Skelett, eingehüllt in Pelze, sie sah unter der Nachtmütze schlecht gepuderte Haare hervorschauen, pergamentene Ohren, in dem knochigen, wachsbleichen Gesicht waren zwei tiefe Augenhöhlen, in denen die Flamme dieser unauslöschlichen Intelligenz zu verlöschen schien, eine fast, aber nicht ganz tote Flamme; die Flamme des Lebens und des Mutes, die stärker ist als Leiden. Vor der Schwäche dieser armseligen ›Maschine‹, dieser unverwüstlichen ›Maschine‹, nahm die erschütterte Clairon, da sie nicht durch ihre bloße Gegenwart das Wunder der Auferstehung vollbringen konnte, Zuflucht zur Poesie und zu ihrem wunderbaren Talent. Sie deklamierte vor dem kadaverähnlichen Dichter ›L'Orphelin de la Chine‹. Die himmlische Musik ihrer Stimme und ihrer Worte verfehlten nicht ihre Wirkung: das Skelett bewegte sich, die Augen öffneten sich und glänzten. Der Dichter richtete sich in seinem Bett auf, er weinte, er deklamierte, und das Abbild des Todes antwortete der Clairon. Das war wunderbar; es war so ungewöhnlich, so verwirrend, daß die Anwesenden in Lachen ausbrachen. Er schwieg plötzlich: das Lachen mißfiel ihm. Er legte sich augenblicklich wieder nieder, vergrub sich in den Decken und wollte, daß man ihn wirklich für tot halte. Er grollte.

Trotz seiner heftigen Ischiaskrise wollte er kurze Zeit danach im Salon erscheinen. Er kam mit Krücken herunter, gestützt von zwei Damen, klagend, den Kopf auf die Schulter gelehnt. Man installiert ihn in einem Sessel, die Unterhaltung kommt ohne ihn in Gang, bald nimmt er teil; er ereifert sich, animiert die anderen, jeder läßt seinen Worten freien Lauf. Plötzlich springt er von seinem Sitz auf, elektrisiert durch die Gesellschaft, seine Krücken in der Hand, und mit der Leichtigkeit und Ungezwungenheit eines geborenen Schauspielers mimt, springt, tanzt er, so daß er ein allgemeines Gelächter auslöst, das ihn zur Wirklichkeit seines Ischias zurückruft. Augenblicklich nimmt er seine Krücken wieder, stöhnt und fleht, man möge ihn ganz vorsichtig zu seinem Sessel zurückbringen.

Die Begegnung mit Mademoiselle Clairon wurde populär durch einen Stich, den man davon machte. Man erzählte, sie hätten einander so bewundert, daß sie manchmal vor einander auf die Knie fielen und sich umarmten. Aber diese Ergüsse mußten selten gewesen sein, denn unser Dichter war anscheinend, wenn er auch noch auf die Knie fallen konnte, doch nicht mehr fähig, sich zu erheben. Eines Tages, als er niederfiel, mußte man ihn wieder aufrichten. So ist unser Held: einen Augenblick lang erhaben, gleich danach sehr komisch. Auf Krücken schleppte er sich vom Salon in sein Zimmer; doch damit noch nicht genug: eines Tages fand man ihn mit seinen Krücken weit fort auf den Feldern im Morast stecken, wo er allein spazieren zu gehen pflegte, inspizierend, tief atmend, meditierend, Komplotte schmiedend, rechnend, dichtend, trällernd (schrecklich falsch). Sein Arzt traf ihn zuweilen auf dem Felde, eigenhändig einen leichten Einspänner fahrend. Eine äußerst gefährliche Spazierfahrt, denn er hatte ein ungestümes Pferd, das er entgegen aller Vernunft anspannte. Der Arzt richtete folgende Worte an ihn: »Altes Kind, was tun Sie da?« Am Abend empfing er ein Billett seines Kranken: »Das Schauspiel eines jungen, siebzigjährigen Bücherwurms hat man nicht alle Tage. Ich wollte zu Ihnen . . . aber Sie werden nicht auf ihre grausame Art daraus folgern, daß es mir gut geht und ich aus Eisen bin . . . Verleumden Sie mich nicht und lieben Sie mich.« Er fürchtete, sein Arzt könne glauben, er erfreue sich guter Gesundheit. Wenn er ihn für verrückt hielt, das ging noch an, aber nicht wohlauf! Zu sagen, daß es ihm gut geht, heißt ihn verleumden. Um ihm zu gefallen, muß man über seine Magerkeit und Schwäche erschrecken, man muß ihn älter und verbrauchter machen, als er ist, seine Leiden beklagen und sein Ende befürchten. Zu glauben, daß er stirbt, heißt sein Leben verlängern: das ist sein Aberglauben.

1766 präsentierte sich der Schotte Boswell in Ferney. Er reiste nur, um sich zu bilden, zu beobachten und seinen Spleen zu vergessen. Er verstand zu sehen, und in einem undefinierbarem Gemisch von Aufrichtigkeit und Humor läßt er uns einige Tage in Ferney miterleben. Seine Ehrlichkeit kann nicht in Zweifel gezogen werden, nichts ist durchdringender als der Blick Boswells.

Bei seiner Ankunft in Basel stieg Boswell in einem Gasthof ab, dessen Wirt Imhof ihm erzählte, Voltaire habe bei seiner Rückkehr aus Deutschland bei ihm Station gemacht. Er hatte sich sogleich ins Bett gelegt. »Möchte Ihr Herr etwas essen?«, fragte Imhof den Diener Voltaires. »Ich weiß nicht, vielleicht ja, vielleicht nein.« Imhof ließ auf alle Fälle eine Suppe und ein Hühnchen zubereiten. Einen Augenblick später erwachte Voltaire und beklagte sich, daß er vor Hunger sterbe. Imhof servierte ihm die Suppe. Voltaire roch daran, dann schob er sie beiseite. Doch gleich nahm er sie wieder und probierte. »Eine ausgezeichnete Suppe«, sagte er entzückt. Ein anderer inzwischen eingetretener Gast aß die Hälfte des Hühnchens. Man brachte Voltaire die andere Hälfte, er nahm sie, roch daran, schob sie fort und nahm sie wieder. »Ein ausgezeichnetes Hühnchen«, sagte er. Aber er bedauerte, nicht das ganze Hühnchen bekommen zu haben und, sein halbes Hühnchen verschlingend, brummelte er pausenlos vor sich hin: »Ein halbes Hühnchen ist kein Hühnchen, ein halbes Hühnchen ist kein Hühnchen, ein halbes Hühnchen . . .«

Bei seiner Ankunft in Ferney bemerkte der äußerst religiöse Boswell sofort auf der Fassade der Kirche die Inschrift »Deo erexit«. »Das Schloß ist schön, ich wurde von zwei oder drei Lakaien empfangen, die mich in einen sehr eleganten Salon geleiteten.« Er übergab sein Empfehlungsschreiben. Der Diener kehrte zurück: »Monsieur de Voltaire bedauert sehr, unpäßlich zu sein, er liegt im Bett.« Boswell blieb enttäuscht im Salon zurück, andere Besucher trafen ein, man plauderte, man vertrieb sich die Zeit. Es war wie im Vorzimmer eines Fürsten. Plötzlich öffnete sich die Tür, Voltaire erschien. Boswell riß die Augen auf. »Er empfing mich mit jener Würde und jener weltmännischen Art, die die Franzosen so vollendet beherrschen. Er trug einen Morgenrock aus schönem schiefergrauem Wollstoff, der wie ein Mantel geschnitten war, und eine geflochtene Perücke. Er saß aufrecht auf seinem Stuhl und schnitt Grimassen beim Sprechen.«

Der Morgenrock war seit Ferney die Uniform Seiner Ferneyschen Majestät. Er dinierte, er soupierte und er empfing im Morgenrock. Sechs- bis achtmal am Tag stand er auf und legte sich wieder nieder, der Morgenrock vereinfachte die kleinen ›Levers‹ und die großen ›Couchers‹. Er hatte sehr prunkvolle Morgenröcke.

Man sprach von Schottland. Boswell erzählte, man habe eben eine Malerakademie eröffnet, aber sein Land sei nicht günstig für die Malerei. Worauf Voltaire antwortete: »Um zu malen, muß man warme Füße haben, es ist schlimm, an den Füßen zu frieren.« Voltaire und die bildenden Künste hatten immer ein merkwürdiges Verhältnis zueinander, wie dieses Beispiel zeigt. Boswell sagte ihm auch, er habe die Absicht, die Hebriden im Norden von Schottland zu besuchen. Voltaire schauderte bei dem Gedanken an die dortige Kälte und rief aus: »Sehr schön, aber ich bleibe hier. Erlauben Sie mir hierzubleiben?« — »Gewiß.« — »Also, reisen Sie, ich widersetze mich keineswegs.« Boswell fragte ihn, ob er noch englisch spreche.

»Nein«, sagte Voltaire, »um englisch zu sprechen muß man die Zunge zwischen die Zähne stecken, und ich habe keine Zähne mehr.«

Dann trat Pater Adam ein, immer noch rüstig, trotz seiner weißen Haare. Voltaire stellte ihn auf englisch vor, er hatte seine Zähne wiedergefunden und seine Bissigkeit gegenüber dem Pater.

»Hier haben Sie einen jungen Mann, Monsieur, einen Gelehrten, der Ihre Sprache lernt, einen entlaufenen Soldaten der Kompagnie Jesu.«

»Ach!« sagte der Pater traurig, »ein junger Mann von sechzig Jahren.«

Voltaire dinierte nicht, aber er bat Boswell, mit Madame Denis und den anderen zu Mittag zu speisen. Sie schmeichelte dem schönen, sehr schüchternen, aber sehr entflammbaren jungen Mann. Er war entzückt von der Nichte: sie gab ihm zwei Portionen Pastete. Er dankte ihr am nächsten Tag mit einem begeisterten Brief und bat sie inständig, ihn auch zum Schlafen nach Ferney einzuladen. Er werde sich mit einer Dachstube begnügen. Er sei kräftig, er halte Kälte gut aus, aber er ertrage nicht, von Voltaire und seiner unvergleichlichen Nichte getrennt zu sein; er fügte hinzu: »Ich werde niemals meinem Glauben, meinem Freund, meiner Herrin und meiner Pastete entsagen.« Und er versicherte, falls es keine Dachstube gäbe, könne er auch auf zwei Stühlen schlafen, am liebsten jedoch im Zimmer einer der Dienerinnen, die beim Mittagessen serviert hätten. Man weiß, daß Voltaire sich gut von der Natur bedachte Mädchen aus den Bergen holte, und Boswell war sehr beeindruckt von einer von ihnen. Er sprach vor allem von den Schweizer Brüsten; außerdem sagte er, er wolle seine Nachtmütze mitbringen, denn er fürchte, wenn man ihm die Voltaires gäbe, werde sein Kopf nicht fähig sein, eine solche Ehre zu ertragen. Sein Brief amüsierte die Gastgeber von Ferney so, daß man ihn einlud, nicht nur auf zwei Stühlen, sondern in einem guten Bett zu schlafen.

Am nächsten Tag begegnete er dem Chevalier de Boufflers, den er »lebhaft, gut aussehend und sehr einfallsreich« fand. Er war erstaunt über das viele Personal im Schloß: fünfzig Personen, deren Kinder alle von Voltaire erhalten wurden.

Zwischen sieben und acht Uhr kündigte man den Besuchern, die im Salon versammelt waren, das Erscheinen Voltaires an. Um diese Stunde pflegte der Dichter in seinem Zimmer den Dienstboten zu klingeln und zu schreien: »Sucht mir den Pater Adam.« Es war die Zeit des Schachspiels, die Stunde der Folter für den Pater. Boswell setzte sich zu Voltaire. Sie sprachen gleichzeitig französisch und englisch.

Boswell wunderte sich über die Beredtsamkeit Voltaires auf englisch. »Meiner Treu, es ist erstaunlich!« ruft er aus, »wenn er unsere Sprache spricht, scheint ihn ein Bretone zu animieren. Er hatte kühne Einfälle, Humor, eine gewisse extravagante wunderliche Derbheit in seinem Stil, den der komischste unserer dramatischen Autoren nicht übertreffen könnte.«

An einem anderen Abend sang Voltaire ein Loblied auf die englischen Gesetze. Dann wurde von Religion gesprochen, und die Stimmung war verdorben. Er geriet in Zorn, während Boswell mit der Bibel in der Hand jeden Fuß breit verteidigte. Ihre Heftigkeit war die gleiche, aber Voltaire machte sich mit seiner Rage lächerlich. Er übertrieb derartig, daß er am ganzen Körper zitterte, und plötzlich rief er aus: »Oh! Ich bin krank, mein Kopf dreht sich.« Und er ließ sich in seinen Sessel fallen. Schließlich kam er zu sich und wandte sich weniger schrecklichen Themen zu.

Wieder besänftigt, gestand Voltaire seinen ›Deismus‹, seine Verehrung für das ›Etre suprême‹, seinen Wunsch, dem ›Schöpfer aller Güte‹ zu ähneln. Was die Unsterblichkeit der Seelen anlangte: nichts, weder dafür noch dagegen. Diese Frage durfte man nicht stellen, wenn der Streit nicht wieder beginnen sollte. Der lautere Boswell wollte nun einmal, daß Voltaire an die

Unsterblichkeit der Seele glaube, doch der alte Fuchs schüttelte unerbittlich den Kopf. Boswell beschwor ihn; er konnte nicht zugeben, daß dieser große Mann sich so von seiner göttlichen Seele lossagte.

»Sind Sie wenigstens aufrichtig?« fragte er ihn. »Ja, ich bin es vor Gott«, antwortete Voltaire und fügte hinzu: »Ich leide, ich leide sehr, ich leide geduldig und resigniert, nicht wie ein Christ, sondern wie ein Mensch.«

Das ist das aufschlußreichste Wort bei seiner Unterhaltung mit dem tapferen, schlauen Schotten.

Sie sprachen von Shakespeare. Voltaire sagte: »Oft zwei gute Verse, niemals sechs. Ein gottbegnadeter Narr! Ein Jahrmarktsnarr!« Und er deklamierte auf Teufel komm raus einige Tiraden.

Boswell: »Ich werde Ihnen sagen, warum wir Shakespeare bewundern.«

Voltaire: »Weil Sie keinen Geschmack haben.« Boswell versuchte, seine Sache zu verteidigen.

Voltaire: »Ganz Europa ist gegen Sie, Sie haben Unrecht.«

Boswell: »Das kommt daher, daß wir eine ganz außergewöhnliche Phantasie haben.«

Voltaire: »Eine ganz zügellose.«

Boswell: »Was halten Sie von unserer Komödie?«

Voltaire: »Viel Witz, viel Intrige, viel Bordell.«

Boswell: »Johnson ist ein ganz und gar orthodoxer, aber sehr gebildeter Mann. Er ist genial.«

Voltaire: »Dann ist er ein Hund! Ein abergläubischer Hund! Kein achtenswerter Mann war je abergläubisch.«

Boswell: »Johnson sagt, Friedrich II. schreibe wie Ihr Stallknecht.«

Voltaire: »Dann ist er ein kluger Mann. Werden Sie den Prätendenten in Rom besuchen?« (Es handelt sich um Jakob Stuart, den englischen Thronanwärter, der in Rom im Exil lebt.)

Boswell: »Nein, das wäre Landesverrat (für die Dynastie der Hannoveraner).«

Voltaire: »Ich verspreche Ihnen, daß ich es Ihrem König nicht sagen werde. Ich verrate Sie nicht. Sie werden einen Fanatiker sehen, einen armen Kerl. Sein Sohn ist noch schlimmer, er ist alle Tage betrunken, er schlägt die Frauen und sollte lieber selbst geschlagen werden.«

Sie gehen zur Politik über.

Voltaire: »Sie haben die beste Regierung der Welt. Wenn sie schlecht wird, werfen Sie sie in den Ozean! Der Ozean, der Sie umgibt, ist dazu da. Sie sind Sklaven der Gesetze, die Franzosen sind Sklaven der Menschen. In Frankreich ist der Mensch entweder Amboß oder Hammer. Entweder schlägt er gern, oder er muß geschlagen werden.«

Boswell: »Aber es ist ein leichter, freundlicher Hammer.«

Voltaire: »Ja, ein Taschenhammer. Wir sind zu unwichtig, als daß die Regierenden uns den Kopf abschnitten. Wir sind nur in Erdhöhe, sie laufen über uns hinweg.«

Boswell, der Pater Adam an der Türschwelle erblickte, fragte ihn, was er von der Religion Voltaires denke. Er erhielt folgende Antwort: »Ich bete jeden Tag zu Gott für Monsieur de Voltaire. Vielleicht wird Gott sich zufrieden geben, sein Herz zu rühren und ihm die wahre Religion zu zeigen. Es ist schade, daß er nicht gläubig ist. Er hat so viele Tugenden und eine so schöne Seele. Er ist großzügig, hilfsbereit, aber ganz und gar gegen die christliche Religion. Wenn er ernst ist, versuche ich ihm ein Wort zu sagen, aber wenn er in der Stimmung ist, seine Pfeile abzuschießen, so halte ich mich ruhig.« Um so mehr, als er auch seinen Stock und die in Reichweite befindlichen Gegenstände auf ihn abschießt und der Pater keine Berufung zum Märtyrer fühlt.

Bevor Boswell Ferney verließ, schüttete er noch einmal sein Herz aus.

Boswell: »Als ich kam, dachte ich, einen großen, aber einen sehr bösen Mann zu finden.«

Voltaire: »Sie sind recht aufrichtig.«

Boswell: »Ja, dieselbe Aufrichtigkeit zwingt mich aber auch zuzugeben, daß ich mich getäuscht habe. Doch Ihr ›Dictionnaire Philosophique‹ verwirrt mich, vor allem der Artikel Seele.«

726

Voltaire: »Der Artikel ist gut.«

Boswell: »Nein, verzeihen Sie. Ist die Unsterblichkeit nicht angenehm für die Einbildungskraft? Ist sie nicht edler?«

Voltaire: »Ja, Sie könnten aber auch den edlen Wunsch haben, König von Europa zu sein und sagen: ich wünsche es mir. Und ich würde Sie sogar um Ihren Schutz bitten; aber all das ist unwahrscheinlich.«

Zur Seele:

Voltaire: »Bevor wir sagen, daß diese Seele existiert, müssen wir wissen, was sie ist. Ich kann mir kein Urteil erlauben . . . Wir sind Unwissende. Wir sind das Spielzeug der Vorsehung. Ich bin ein armer Hanswurst.«

Boswell: »Sie halten nichts von einem öffentlichen Gottesdienst?«

Voltaire: »Doch. Ich wünsche ihn mir von ganzem Herzen. Versammeln wir uns viermal im Jahr in einer großen Kirche mit Musik, danken wir Gott für alle seine Wohltaten. Es gibt eine Sonne, es gibt einen Gott. Lassen Sie uns eine Religion haben, dann werden alle Menschen Brüder sein.«

Am Tag der Abreise war Voltaire sehr krank. Boswell ließ ihm seine Empfehlungen ausrichten und bat ihn um die Erlaubnis abzureisen. Voltaire schickte ihm Grüße und sagte ihm, daß er ihn vor seiner Abreise noch sehen werde. Er kam im Morgenrock herunter. Der Abschied dauerte eine Viertelstunde. Boswell war entzückt, Voltaire auch, denn Boswell sagte ihm, er habe alle ihre Unterhaltungen aufgeschrieben. Der alte Philosoph wäre es noch weit mehr gewesen, wenn er gelesen hätte, was wir im Tagebuch Boswells nach seinem Aufenthalt in Ferney lesen können: »Ich habe das Schloß in einer ganz und gar außergewöhnlichen Stimmung verlassen. Ich dachte tief nach und fragte mich, ob ich nach meiner Rückkehr nach Schottland noch meine kindlichen Vorurteile beibehalten könnte.« Welch ein Sieg!

Du hast es gewollt, Jean-Jacques...

Mit seinen Nachbarn in Genf ging alles gut. Man suchte keinen Zank mehr mit ihm wegen des Theaters. Die ganze vornehme Gesellschaft unterstützte ihn. Die Pastoren blieben feindlich, aber sie waren ein wenig besänftigt, weil er die ›Henriade‹ verleugnet hatte. Wie unwichtig, da sie nie von ihm unterzeichnet worden war! Er hatte auch ›Candide‹ verleugnet, der noch weniger seinen Namen trug. Hier, was er von den Pastoren dachte: »Es gibt in der Stadt Kalvins nur noch wenige Schufte, die an die Konsubstantiation glauben. Man denkt in aller Öffentlichkeit so wie London. Das — Sie wissen schon was — wird verhöhnt.« »Das — Sie wissen schon, was« ist ganz einfach die Göttlichkeit Christi — die Religion oder kurz: ›der Aberglaube‹. Da Genf ›l'Infâme‹ lächerlich machte, schrie er: es lebe Genf! Das war ein wenig voreilig.

Der Streit mit Jean-Jacques, den man seit langem grollen hörte, sollte das Verhältnis Voltaires zu einem Teil der Stadt Kalvins trüben. Als der ›Emile‹ 1762 verbrannt und Rousseau verbannt wurde, wußte der Unglückliche nicht, wohin, denn er war in seiner eigenen Heimat unerwünscht. Er redete sich ein, Voltaire habe alles getan, um dies zu erreichen. Das entsprach 1762 noch nicht der Wahrheit, aber es wurde in der Folgezeit wahr, denn Rousseau schien geradezu darauf versessen, sich hassenswert zu machen. Voltaire war unschuldig an der am 18. Juni 1762 in Genf ausgesprochenen Verurteilung des ›Emile‹, die dem Pariser Verbot folgte. Trotzdem behauptete Rousseau überall das Gegenteil. Voltaire fühlte sich tief verletzt durch diese Verleumdung. Er selbst war so oft verfolgt worden. Konnte er zum Komplicen kalvinistischer Machenschaften werden, um den von ihm noch nicht gehaßten Jean-Jacques zu belasten, während der Unglückliche in Paris von einem jansenistischen Gericht verurteilt wurde? Die Jansenisten hatten durch die Vertreibung der Jesuiten ihren schönsten Sieg errungen, sie schuldeten es sich zu zeigen, daß die Herrschaft der ›lockeren Moral‹ vorbei sei; sie proklamierten, die Gottlosigkeit solle sich ja in acht nehmen, man werde die

Scheiterhaufen wieder anzünden. Jean-Jacques erfindet nichts, wenn er sagt, man habe gehört, wie die Herren vom Gericht verkündeten, es nutze nichts, die Bücher zu verbrennen, man müsse auch die Autoren verbrennen.

Anstatt dem verfolgten Rousseau zu grollen, ließ ihm Voltaire, wie man weiß, ein Asyl anbieten. Rousseau sagte manchmal, dieses Angebot sei nie gemacht worden, manchmal, er habe es vergessen, und manchmal, er wäre lieber Hungers gestorben, als die Gastfreundschaft Voltaires anzunehmen. Die letzte Äußerung ist die aufrichtigste. Verschiedene Zeugen erinnern sich des Angebots. Ein Freund Rousseaus — und Feind Voltaires — namens Deluc notiert, Voltaire habe ihm aufgetragen, Rousseau dazu zu bewegen, in Ferney in ein Haus zu ziehen, das er für ihn einrichten lassen wolle. Aber Deluc und Rousseau glaubten an eine Falle! Trotzdem schwankte Deluc; Voltaire hatte ihm so zugeredet, daß er sich zuweilen fragte, ob dieser nicht wirklich Rousseau liebe. Er war nahe daran, ihm zu glauben. Niemals wäre dieser Gedanke Rousseau gekommen, der so zufrieden war, gehaßt zu werden, daß er den Haß hervorrief, um in seinem Element zu sein.

Wenn Voltaire mit dem Menschen Rousseau nur Mitleid hatte, so hegte er doch auch eine ehrliche Bewunderung für den Autor des ›Vicaire Savoyard‹. Monsieur de Végobre, ein Rechtsanwalt, der sich im Auftrag Voltaires um die Calas kümmerte, erzählt, er habe in Ferney zwischen Madame Denis und Voltaire beim Cafétrinken gesessen, als man die Post aus Paris brachte. Voltaire öffnete sie, »seine Physiognomie veränderte sich, er wurde finster« und reichte die Papiere dem Rechtsanwalt. Dieser las die Nachricht von der Verurteilung des ›Emile‹. »M. de Voltaire konnte nicht mehr an sich halten, er brach in Tränen aus und rief in dem ihm eigenen feierlich-dumpfen Ton mehrmals aus: er soll kommen! er soll kommen! Ich werde ihn mit offenen Armen aufnehmen, er wird hier mehr Herr sein als ich, ich werde ihn wie meinen eigenen Sohn behandeln.« Man kann natürlich sagen, daß Voltaire wieder einmal Theater spielte. Aber wir kennen ihn gut genung, um ihm notfalls zu mißtrauen. In diesem Fall scheint

er, abgesehen von Übertreibungen, aufrichtig zu sein. Wenn er
Rousseau gehaßt hätte, wie Rousseau sich dies einbildete, so
hätte er diese Szene nicht gespielt. Wir wissen, daß sein Haß
sich mit großer Heftigkeit äußerte. Kann man sich ihn bei
einer solchen Tränenszene vorstellen, wenn Fréron verbannt
worden wäre? Oder der andere Rousseau? Oder La Beaumelle?
Nein, Jean-Jacques schürte den Haß, bis er schließlich auf-
loderte. Wir geben zu, daß Voltaire ein ausgezeichnetes Brenn-
material war.

Bei jedem entgegenkommenden Schritt Voltaires antwortete
Jean-Jacques, Voltaire habe Interesse daran, sich mit ihm auszusöhnen. Denn Jean-Jacques war nach der ›Nouvelle Héloïse‹,
nach ›Emile‹ eine Persönlichkeit geworden, eine literarische
Persönlichkeit. Aber sein Stolz machte ihn blind. Welch falsche
Auffassung hatte er von der Gesellschaft! In der Gesellschaft
war Monsieur de Voltaire, der Herr von Ferney, die wichtigste
Persönlichkeit. Sein Ruhm war älter, tiefer, ›offizieller‹, wenn
man will. Voltaire konnte keinerlei Interesse daran haben, sich
Jean-Jacques zu nähern. Wenn Voltaire sich Jean-Jacques zu-
wandte, so konnte er nichts gewinnen. Doch Jean-Jacques
stieß die Angebote dieses Mannes zurück, den er einen ›Hanswurst‹ nannte, einen ›Verworfenen‹, den ›Schüler der Jesuiten‹,
den ›reichen Herrn von Ferney‹.

Ein Genfer namens Moultou, der Jean-Jacques unterstützte
und Voltaire haßte, obwohl er bei ihm verkehrte, schrieb Rousseau, Monsieur de Ferney zeige eine außerordentliche Leidenschaft, sich zu versöhnen, und man liefe Gefahr, sich von seinen schönen Worten einfangen zu lassen. »Ich verstehe nichts
von alledem«, schrieb er, »er ist ein sehr geschickter Komödiant, ich hätte geschworen, daß er Sie liebt.« Auf diese Weise
begünstigten die guten Freunde die Wiederversöhnung.

Rousseau jedenfalls spielte eine Rolle, die er nicht aufgab.
»Wenn Voltaire aufrichtig ist, so öffne ich ihm meine Arme,
denn ich schwöre Ihnen, daß das Vergessen von Beleidigungen
von allen christlichen Tugenden diejenige ist, die mich am wenigsten kostet.« Man muß lächeln. Wenn er Beleidigungen
vergaß, warum eilte er nicht nach Ferney, das ihm offenstand?

Voltaire sagte nicht, er habe die Beleidigungen vergessen. Beleidigungen vergißt er niemals. Nur die, die er Rousseau zugefügt hat, hat er vergessen. Aber er hatte Rousseau ja auch gar nicht beleidigt, nur bedauert. Schlimmer in den Augen Jean-Jacques war jedoch, daß Voltaire seine — Rousseaus — Beleidigungen noch nicht einmal als solche empfand. Voltaire sah in ihnen nur die Zügellosigkeit eines sehr unglücklichen und ein wenig verrückten Mannes. Die ›Ich hasse Sie‹ schienen ihm die Schreie eines kranken und vor allem schlecht erzogenen Kindes. Auf die mitleidige Nachsicht Voltaires antwortete Rousseau: »Kein Entgegenkommen! Das wäre Feigheit.« Aber es war Voltaire, der ihm entgegenkam! Und ohne Furcht, sich zu entehren. Er neigte sich zu Rousseau, er erniedrigte sich nicht. Er kam ihm auf die natürlichste Weise der Welt entgegen — vielleicht, weil dies gegenüber einem Jean-Jacques nicht von Bedeutung war. Und Jean-Jacques verhärtete sich, gequält von Stolz und Neid auf all das, was Voltaire verkörperte und was er nicht war. Er brüstete sich mit seinem Elend und seinem Ruhm und sagte in seinem Größenwahn: »Es ist sicher, daß er nichts Besseres zu seinem Ruhm tun kann, als sich mit mir auszusöhnen.«

Im Jahre 1764 ging Rousseau in seinen ›Lettres écrites de la Montagne‹ zum Angriff über. Er warf Voltaire öffentlich vor, schuld daran zu sein, daß man ihm sein Vaterland verboten habe. Dabei war es Rousseau selbst, der aus Trotz auf seine Bürgerrechte in Genf verzichtete. Er fand damals auch Freunde dort, die ihn unterstützten und Voltaire angriffen. Das zeigt, wie unterschiedlich man selbst in Genf einen gottlosen Ausländer — Voltaire — und einen gläubigen und tugendhaften Genfer — Rousseau — behandelte. Warum? Weil der eine reich war und der andere arm. Das scheint die wahre Ursache dieses vergifteten Streites, denn Voltaire fiel es ja nicht schwer zu beweisen, daß man auch die ›Henriade‹, ›Candide‹ und sein Theater verurteilt hatte. Währenddessen schwärzte Rousseau bei den Behörden ›Saul‹ an, den schlimmsten Angriff Voltaires auf die Bibel. »Da seht Ihr«, sagte er den Genfern, »wen Ihr aufnehmt, wem Ihr Ehre erweist. Und ich, Euer Sohn, ich, der

ich meinem Vaterland diene, mir versperrt Ihr Eure Türen.«
Und Genf teilte sich in zwei Lager. und der Aufruhr brach los
zwischen den Anhängern Jean-Jacques und denen Voltaires.
Denn es gab einen Aufruhr.

Die niederträchtigen Enthüllungen Rousseaus entsetzten Voltaire und ließen seinen Haß aufflammen. Die schändliche Art
des Vorgehens machte ihn zum rasenden Feind Jean-Jacques.
In einer Zeit der Verfolgung einen Konkurrenten oder auch
einen persönlichen Feind. der doch im Grunde im gleichen Lager stand, an die repressive Autorität zu verraten, schien ihm
der schlimmste Fall von Verrat. Von nun an nannte er Jean-
Jacques den ›falschen Bruder‹. Von nun an wurde dieser wie
die Frérons und Desfontaines zum Ziel jeder Rache. Einem
Verräter gegenüber ist jeder Verrat erlaubt. Voltaire stöhnte
nicht; er wandte sich an die Genfer. die immer von guten Prinzipien und schlechten Büchern sprachen und den Gegenstand
des Streites außer acht ließen. Voltaire brachte ihn auf eine
weniger idealistische Ebene zurück: »Im Grunde verhält sich
die Sache so, daß einige Ihrer Bürger zornig darüber sind, daß
ein Bürger aus seinem Vaterland verbannt worden ist und ein
Fremder ein Besitztum in Ihrem Territorium hat. Das ist der
Stein des Anstoßes.«

Es gab immer noch viele Leute. die es ihrem Konsistorium nicht
verziehen. einem katholischen Ausländer erlaubt zu haben,
sich in der Stadt Kalvins niederzulassen. Aber das schüchterte
Arouet den Jüngeren nicht ein. Er erinnerte in demselben
Brief daran. daß er Franzose sei, daß er seinen Besitz bezahlt
habe (sehr hoch!), daß seine Besitzansprüche ihm gesetzlich
bestätigt und seine Louis d'or auf der Stelle naturalisiert worden seien und daß bei ihrem Anblick niemand gefragt habe,
ob es sich um den Autor von ›Candide‹ oder ›Zaïre‹ handele.
Und er schließt: »Die jüngsten Bemühungen meiner Feinde
müssen Ihnen ebenso verächtlich erscheinen wie mir. Ich
glaube, man sollte dieses kleine Scheingefecht übergehen. Ein
Skandal. der mich kompromittierte. würde mich zwingen, einen
anderen Skandal zu verursachen.«

Das ist Voltaire auf Kriegspfaden: er schlägt Frieden vor und faßt Krieg ins Auge. Und da seine, wenn auch verhüllten Drohungen niemals eitel sind, werden die widerstrebenden Genfer bald den ihnen versprochenen Skandal haben. Schon hat er seine Vorbereitungen getroffen und seine Verbündeten gezählt: den französischen Gesandten in Genf, den französischen Botschafter in Turin und den Premierminister, den Duc de Choiseul. In der Mitte der Festung verfügt er über die Tronchins und die wichtigsten Familien von Genf.

Ohne neue Beleidigungen abzuwarten, gibt er seine erste Salve ab. Er hatte einige 1752 in Berlin begonnene Artikel unter dem Titel ›Dictionnaire philosophique portatif‹ vereinigt. Dieses Buch läßt er in Amsterdam drucken und überschwemmt damit Genf. Er trifft die Vorsichtsmaßnahme, dem Konsistorium zu melden, man habe ihn informiert, daß eine scheußliche Schmähschrift, die — so glaube er — den Titel ›Portatif‹ trage, in Ferney zirkuliere. Böse Menschen hätten sie ihm zugeschrieben, es handele sich jedoch um eine so offensichtliche Verleumdung, daß er Genf vor dieser schädlichen Veröffentlichung warnen wolle. Um seinen guten Willen zu beweisen, sei er in der Lage, den Behörden in Genf den Hinweis zu geben, daß ein Ballen der Broschüre an dem und dem Tag, zu der und der Stunde, durch das und das Tor in die Stadt komme. Wirklich wurde der Ballen wie vorhergesehen beschlagnahmt. Wer würde Voltaire verdächtigen, zur gleichen Zeit sechs andere Ballen durch sechs andere Tore der Stadt bringen zu lassen und überdies noch der Autor der Schrift zu sein? Die Stadt wurde überschwemmt davon, man verkaufte die Schmähschrift auf den Bücherständen vor dem Temple de la Madeleine. Das war wirklich Provokation.

Den Bewohnern Ferneys waren solche Publikationen wohlbekannt. Die Uhrmacher, die Voltaire aus Genf geholt und bei sich installiert hatte, waren wie versessen darauf. Sie sammelten die Heftchen, doch in aller Heimlichkeit, denn man mußte Haussuchungen befürchten, was gefährliche Folgen haben konnte.

Währenddessen wütete unser Pamphletist gegen den Denunzianten Rousseau: »Wenn der Hund des Diogenes und die Hündin der Erostrata ein Junges hätten, so wäre es Jean-Jacques.« Die Beleidigungen in privatem Kreis waren nur ein Abreagieren der Galle, er brauchte öffentliche Beleidigungen. Im Dezember 1764 veröffentlichte er ›Le Sentiment des Citoyens‹, eine neue Broschüre, die auf die ›Lettres de la Montagne‹ antwortete. Der Eremit von Ferney zeigt sich darin in einem unerwarteten Licht, er wird zum Verteidiger Jesu Christi und der guten Pastoren gegen Jean-Jacques. »Ist es einem in unserer Stadt geborenen Manne erlaubt, unsere Pastoren so zu beleidigen, die doch zum größten Teil unsere Verwandten und Freunde und manchmal unsere Tröster sind?« Der Autor fragt, wer denn eigentlich Jean-Jacques sei: ein Gelehrter? Ein großer Schriftsteller? »Nein, er ist der Autor einer Oper und zweier ausgepfiffener Komödien.« Voltaire vergißt das übrige: ›Le Discours sur l'Inégalité‹, ›La Nouvelle Héloïse‹, ›Emilie‹. Ist er wenigstens ein guter Mann? Genauso wenig. »Wir gestehen schmerzvoll und errötend, daß er ein Mann ist, der immer noch die finstern Zeichen des Lasters trägt und als Possenreißer verkleidet, von Dorf zu Dorf, von Berg zu Berg die Unselige mit sich schleift, deren Mutter er in den Tod geschickt und deren Kinder er vor der Tür eines Hospitals ausgesetzt hat, indem er die Hilfe abwies, die eine barmherzige Person ihnen anbot, allen natürlichen Gefühlen abschwor und alle menschlichen und religiösen verleugnete.« Das ist böse und entspricht beinahe der Wahrheit.

Aber es kommt noch schlimmer. Er lenkt die Aufmerksamkeit des Rates nicht nur auf den Autor ungesunder Romane, er weist ihn auf einen sozialen Feind hin, der nicht nur den Glauben, sondern die Grundfesten der Gesellschaft angreift: der guten, wohlhabenden, heiter auf ihren Geldtruhen sitzenden Genfer Gesellschaft. Hier geht es nicht mehr um Literatur, Philosophie oder Metaphysik, es geht um Aufwiegelung. Und Voltaire schießt folgenden tödlichen Pfeil ab: »Aber man muß ihm beibringen, daß man einem gottlosen Romancier zwar nur eine leichte Sühne auferlegt, einen gemeinen Aufwiegler jedoch strengstens bestraft.« Ohne Zögern gibt Voltaire Rousseau dem Henker preis . . . Du hast es gewollt, Jean-Jacques . . . Da hast du ihn, deinen Haß!

Dieses Pamphlet schadete Jean-Jacques sehr. Er schrieb es anfangs nicht Voltaire zu, sondern dem Pastor Vernes aus Genf, und ohne einen anderen Beweis als »sein unfehlbares Gefühl«, wie er sagte, griff er den Unschuldigen an. Voltaire ließ ihn gewähren. Rousseau fuhr außerdem fort, Voltaire in allen seinen Briefen zu zerreißen. Erschreckt von der Heftigkeit Jean-Jacques, versuchte Buffon ihn zu mäßigen und ihn zu veranlassen, einen so gefährlichen Bruder in Ruhe zu lassen. Aber Rousseau wollte den Krieg, er wollte verfolgt werden. »Wenn mich der Inquisitor Voltaire verbrannt hat, so wird das nicht angenehm für mich sein, das gebe ich zu; aber gestehen Sie auch, daß es für die Sache nichts Besseres geben könnte.« Die Hartnäckigkeit, mit der er auf Prügeln bestand, verdiente wirklich eine Belohnung.

Der Stern der Semiramis bringt den Stern Salomons zum Verblassen, ohne ihn auszulöschen

»Mein lieber Philosoph«, schreibt Voltaire im August 1764 an Pastor Bertrand, »ich habe Gott sei Dank jeden Verkehr mit Königen aufgegeben.« Nichts entspricht der Wahrheit weniger. Seit 1761 antwortet Friedrich zwar nicht mehr auf Voltaires Briefe, dafür kokettiert der Dichter jedoch mit der Zarin Katharina II. Wenn er gezwungen ist, das Schmollen Friedrichs zu ertragen, so nennt unser Philosoph das: »Auf die Eitelkeit dieser Welt verzichten.«

»Ich kenne nur noch die Zurückgezogenheit, ich überlasse es Madame Denis, Mahlzeiten für sechsundzwanzig Personen zu bereiten und Theater zu spielen für die Präsidenten, Intendanten und blinden Passagiere, die man nie wieder sehen wird. Ich lege mich mitten in all dem Trubel ins Bett und schließe meine Tür.« Das tut er, damit er desto besser mit seiner Kaiserin kokettieren kann, mit der ›Semiramis des Nordens‹, die dabei ist, den erblassenden ›Salomon des Nordens‹ zu verdrängen. (Der sei in Ungnade gefallen, sagt König Voltaire.) Die Idylle mit den Herrschern von Sankt Petersburg begann

mit einer ›Histoire de Pierre le Grand‹, die Voltaire schreiben
wollte, und die er auch wirklich schrieb; unter schlechten Voraussetzungen, denn er besaß wenig Dokumente, aber mit den
schönsten Gefühlen, denn er war fest entschlossen, Peter noch
größer zu machen, als er war. Die Russen, die doch an dem
Werk interessiert sein mußten, schickten ihm, immer mit ent-
mutigender Verspätung, nur spärliche Auskünfte. Voltaire
machte sich sehr viel Mühe für ein mittelmäßiges Resultat. Das
Buch erschien 1759 und wurde 1763 wieder aufgelegt. Ein aus
Rußland zurückkehrender Reisender wies ihn darauf hin, daß
seine ›Vie de Pierre le Grand‹ voller Irrtümer stecke. Er antwortete, eine Pirouette drehend: »Mein Lieber, sie haben mir
warme Pelze gegeben, und ich bin sehr verfroren.« Man sieht,
daß dieses Werk nicht die gleiche Bedeutung für ihn hatte, wie
sein ›Siècle de Louis XIV‹. Dennoch wäre er glücklich gewesen,
wenn er erfahren hätte, daß die damalige Zarin Elisabeth, die
Tochter Peters des Großen, zufrieden damit war. Dagegen zeigt
uns ein Brief Friedrichs, einer der letzten vor dem Schmollen,
wie sehr es ihn ärgerte, daß Voltaire seine Zeit mit der Geschichte eines barbarischen Herrschers verlor. Voltaire beklagte
sich darüber bei d'Alembert: »Luc läßt mich wissen, er sei ziemlich entsetzt darüber, daß ich die Geschichte der Bären und
Wölfe schreibe; in Berlin waren sie doch ganz wohlerzogen.«
Er beklagte sich sogar bei dem russischen Botschafter, dem Grafen Schuwalow: »Monsieur, ich muß Ihrer Umsicht und Güte
anvertrauen, daß der König von Preußen es mir sehr übel genommen hat, an der Geschichte Peters des Großen und an dem
Ruhm Ihres Kaiserreichs gearbeitet zu haben. Er hat mir darüber in äußerst harten Worten gesprochen, und sein Brief
schont weder Ihre Nation noch den Historiker . . . Aber ich
schmeichle mir, daß Ihre erhabene Kaiserin, die Tochter Peters
des Großen, ebenso zufrieden mit dem zum Ruhm ihres Vaters
errichteten Denkmals sein wird, wie der König von Preußen
verärgert darüber war.« 2. Dezember 1760.
Der Höfling Voltaire zeigt hier eine kleine Probe seines Talentes. Er gibt zu verstehen, daß jenes ›Denkmal‹, das ihm den
Haß des Königs von Preußen einbringt, ihm zur Belohnung

einige Gunstbeweise der Tochter Peters des Großen einbringen könnte. Was man in Berlin verliert, hat man das Recht, von Sankt Petersburg zu erwarten.

Ein anders Scharmützel mit Friedrich, der zweifellos sehr tyrannisch war und es nicht vertrug, daß Voltaire ›Tancrède‹ Madame de Pompadour widmete. Diese vom 22. April bis zum 18. Mai 1759 geschriebene Tragödie wurde im Théâtre Français am 3. September 1760 gespielt. Friedrich stampfte vor Wut mit dem Fuß auf, als er die Widmung las. Dazu war wirklich kein Grund vorhanden. Er schrieb Voltaire einen harten, verächtlichen Brief, warf ihm seine Seichtheit und seine Rückfälligkeit vor und erinnerte ihn an gewisse Verse aus der ›Henriade‹ über die verabscheuungswürdige Favoritin. All das war nicht unrichtig . . . Aber kam es Friedrich zu, Voltaire diesen Vorwurf zu machen? In einem Brief an d'Argens schrieb Friedrich von dem Philosophen: »Alles, was er schreibt, berührt mich nicht im geringsten.« (Das war nicht wahr, er ließ ihn überwachen und sich von allen Schritten Voltaires unterrichten.) »Lassen wir diesen Elenden sich prostituieren durch die Käuflichkeit seiner Feder, durch die Perfidie seiner Intrigen und die Verdorbenheit seines Herzens.«

Friedrich litt darunter, daß Voltaire sich Versailles wieder näherte und daß er mit der Zarin flirtete, die seinen Platz einnahm. Elisabeth sandte dem Dichter ihr in Diamanten gefaßtes Porträt; man stiehlt es unterwegs! Was tut's, allein die Freundschaft der Zarin zählt! »Ich habe immerhin eine Herrscherin über zweitausend Meilen Land auf meiner Seite«, schrieb er ganz ausgelassen, »das tröstet mich über das Geschrei der Gassenbuben hinweg.« März 1761. Einer der Gassenbuben hieß Friedrich II.

Ein Jahr nach diesem schönen Anfang starb die Zarin Elisabeth. »Ich habe einen großen Verlust erlitten«, schrieb er seiner Nichte, der Marquise de Florian. Er machte ihn unverzüglich wieder gut. Die Zarin ist tot? Es lebe die Zarin! Das war Katharina II. Man verlor nicht bei dem Tausch, aber der Wechsel ging nicht ohne gewisse Schwierigkeiten vonstatten. Morde, Laster, Komplotte, undurchsichtige Bubenstücke . . .

Was hatte die Philosophie auf der moskovitischen Galeere zu schaffen? Man mußte auf die Art des Herrn von Ferney Philosoph sein, um über alles hinwegzugehen und tändelnd die erschreckende russische Politik mit Freundschaft und Bewunderung . . . und philosophischen Prinzipien zu vereinen. All das vertrug sich schließlich bestens, Eigennutz und Eitelkeit schafften die Verbindung.

Um auf den Thron zu gelangen, ließ Katharina als erstes ihren Gatten, den Zaren Peter III., umbringen. Dieser war wohl ein Säufer, ein Verrückter, ein würdeloses Geschöpf; er störte seine Gattin, die ihn am 9. Juli 1762 absetzen und acht Tage später vergiften und erwürgen ließ. Unsere Philosophen sahen darin nichts Böses. Bei den Höfen und der feinen Gesellschaft der europäischen Nationen genoß Katharina II. keinen so guten Ruf wie bei den Pariser Philosophen. Katharina, die eine überlegene Frau war, nicht nur in der Kunst, über den Leichnam ihres Gatten hinweg auf den Thron zu gelangen, sondern auch durch außergewöhnliche Klugheit, Bildung und Geschmack, kannte Voltaire sehr gut. Sie hatte seine Werke gelesen, und wie alle Welt wußte sie von ihm durch Berichte von Reisenden und Diplomaten. Sie bekam noch genauere Auskünfte durch ihren Genfer Sekretär, Pictet, der zu den Stammgästen der ›Délices‹ gehört und dort Theater gespielt hatte. Außerdem informierte sie sich bestens bei dem französischen Botschafter in Petersburg, Monsieur de Breteuil, der ein Neffe Emiliens war und den Voltaire schon als Kind gekannt hatte, wie er die ganze Familie Breteuil kannte. Nach und nach entstand in dem Gehirn der furchtbaren Katharina die Idee, daß Voltaire der geeignetste Dichter Europas sei, um die betrübten Geister der Nationen über das Verhalten und die Tugenden der russischen Kaiserin aufzuklären, die anscheinend nicht überall ihren ungeheuren Verdiensten entsprechend geschätzt wurde.

Pictet hatte Voltaire in diesem Sinne geschrieben. Voltaire, der die feinsten Antennen der Welt besaß, um Nachrichten schon in dem Augenblick aufzufangen, in dem das Ereignis entstand, hatte nicht gezögert, Pictet einen lobenden Brief zu schreiben, um seiner Freude über die glückliche Verkettung der Umstände auszudrücken, die in einer schicksalhaften Fügung Katharina II. auf den Thron brachte.

Aus Unachtsamkeit zweifellos ließ Pictet diesen Brief herumliegen, so daß er vor die Augen der Kaiserin kam. Sie fand ihn von äußerst gutem Geschmack; aber sie war nicht die Frau, sich mit Schmeicheleien zufriedenzugeben, sie wollte — um unseren modernen Jargon zu gebrauchen — eine ›Pressekampagne‹, die in allen Hauptstädten Europas von Voltaire geführt werden sollte. Herrscher müssen sich die Hand reichen.

Da Pictet auf seinen ersten, überredenden, aber in verhüllten Worten geschriebenen Brief keine Antwort erhielt, schrieb er einen zweiten. Voltaire hielt sich als schlauer Fuchs zurück. Es eilte ihm nicht, öffentlich das Lob einer Frau zu singen, die ihren Mann ermordet hatte. In Ferney wußte man so gut wie an allen informierten Höfen, daß es einen Rivalen Katharinas gab, einen Thronanwärter namens Iwan, der nicht ohne Grund behauptete, mehr Anspruch auf den Thron zu haben als sie. Man wußte, daß er Anhänger hatte und ein Teil des Volkes ihm ergeben war. Daher schien vielen — und auch Voltaire — die russische Krone nicht recht fest auf dem Haarknoten Katharinas zu sitzen. Es schien ihm besser zu warten, bis der Erfolg sich gefestigt hatte, ehe er zu ihrer Hilfe eilte. Hier, was er am 13. August 1763 anläßlich des Todes Peters III. an den Botschafter Schuwalow schrieb: »Man spricht von einer heftigen Kolik, die Peter von der kleinen Unannehmlichkeit befreite, ein Reich von zweitausend Meilen verloren zu haben.« Da der Zar nun einmal auf diese Weise fortgeschafft war, hören wir die Gefühle Voltaires über sein Ende: »Ich gestehe, daß ich ein recht verderbtes Herz haben muß, um über diese Szene nicht so entsetzt zu sein, wie es ein guter Christ sein sollte. Es kann sich etwas sehr Gutes aus diesem kleinen Übel ergeben. Die Vorsehung tut, was ehedem die Jesuiten taten, sie stellt alles in ihren Dienst.« Man könnte nicht mehr Nonchalance aufbringen, um Katharina zu rechtfertigen, und da ihr Botschafter nicht versäumte, ihr die Gefühle Voltaires zu übermitteln, wußte sie, daß sie mit ihm rechnen konnte.

Um ihn zu verführen, ließ sie ihn um Tragödien bitten, die man am Hofe spielen wollte — nicht im Theater. Vornehme Edelleute würden Voltaire spielen! Er solle alles schicken, was er habe, auch das Unveröffentlichte. Man gelobte ihm Verschwiegenheit. Sie schrieb ihm mit eigener Hand, daß sie nur die Feder ergreife, um Monsieur de Voltaire zu bitten, sie nicht mehr zu loben, bis sie dies verdient habe.

Er war besiegt, obwohl er noch zögerte, den Ruhm Katharinas an allen Höfen Europas zu verkünden. Inzwischen aber ließ sie Iwan ermorden. Ihr Thron war gesichert, aber ihr Ruf erbärmlich. Voltaire sagte im privatem Kreise, Erfolg sei ein Wundermittel, das alles einrenke. Er lobte Katharina in Briefen und Unterhaltungen, seine Äußerungen wurden weitergegeben. Doch nicht alle waren seiner Ansicht: »Ich fürchte, Monsieur de Praslin liebt meine Kaiserin von Rußland nicht. Ich fürchte, daß man sie mir herunterreißt; es bleibt mir nur noch dieses gekrönte Haupt, ich brauche sie unbedingt«, schrieb er Ende Juni 1763. Wie sollte man leben, ohne mit einem Herrscher vertrauten Umgang zu haben, nicht wahr?

Er war nicht der einzige Philosoph, der die Verbrechen der Zarin verschleierte. D'Alembert, den Katharina an ihre Seite rief, verfuhr nicht strenger mit ihr; trotzdem lehnte er die Einladung ab. Voltaire sagte von d'Alembert, ein so guter Geometer er auch gewesen sei, er hätte niemals das Problem des russischen Hofes lösen können, und er fügte hinzu: »Die Affäre Iwan wurde auf so grausame Weise bereinigt, daß man geschworen hätte, die Bigotten hätten es getan.«

Um Katharina dafür zu bestrafen, daß sie die Affäre des armen Iwan auf so grausame Weise bereinigte, ließ sie Voltaire sechs Monate lang auf die Zusendung des von ihr erbetenen ›Dictionnaire philosophique portatif‹ warten. Doch auch er blieb sechs Monate ohne Brief von ›Semiramis‹. Das war mehr, als ein von der Welt zurückgezogen lebender Philosoph ertragen konnte. ›Semiramis‹ ihrerseits fand, Voltaire sechs Monate lang zu entbehren, hieße den Mord des stupiden Iwan zu teuer bezahlen, dieses Iwan, von dem sie Rußland und das ›Jahrhundert der Aufklärung‹ befreit hatte.

D'Alembert nahm Voltaire die letzten Skrupel, als er ihm das Sprichwort zitierte: »Es ist besser, den Teufel zu töten, ehe er uns tötet.« Trotz alledem fand Voltaire es doch recht ärgerlich, daß ihre Schülerin Katharina sich so vieler Leute hatte entledigen müssen. Diese Serienverbrechen waren schlecht, nicht für die Moral, sondern für den Ruf der philosophischen Sekte, deren Zierde Katharina war. »Ich bin ganz Ihrer Ansicht, daß sich die Philosophie nicht allzusehr solcher Schüler rühmen sollte, aber was wollen Sie? Man muß seine Freunde mit ihren Fehlern lieben.«

Natürlich, vor allem wenn sie nur liebenswerte Fehler haben! Man konnte die Nachsichtigkeit der Freundschaft nicht weiter treiben. Und Voltaire verkündete: »Ich bin ihr Ritter für und gegen alle. Ich weiß wohl, daß man ihr einige Bagatellen bezüglich ihres Gatten vorwirft, aber das sind Familienangelegenheiten, in die ich mich nicht einmische . . . und ihr garstiger Gatte hätte keine der großen Taten getan, die meine Katharina jeden Tag vollbringt.«

Als Madame du Deffand diesen Brief las, mußte sie es zweimal tun, um sicher zu sein, daß er sie richtig verstand. Sie antwortete Voltaire, daß bei der Lektüre dieser ›Bagatellen‹ und ›Familienangelegenheiten‹ selbst Peter III. gelacht hätte, wenn er hätte auferstehen können. Walpole, der Liebhaber Madame du Deffands, war strenger: »Es graust mir vor Voltaire und seiner Katharina. Welch schönes Thema zu Scherzen: der Mord eines Gatten . . .«

Die Zarin war, wie man sieht, ›meine Katharina‹ geworden; das schien ihm bald nicht mehr vertraulich genug, und sie wurde im Salon von Ferney und außerhalb zu ›meiner Käthe‹. ›Meine Käthe‹ gewann Europa: so verbreitete sich die Legende einer aufgeklärten, liberalen, menschlichen, guten und selbst zärtlichen und sentimentalen Herrscherin — die so gar keine Umstände machte! Die Meinung Walpoles verbreitete sich ebenfalls: Katharina wurde von vielen beschimpft und Voltaire mit ihr.

Die Duchesse de Choiseul wurde wütend über die zynische Tändelei Voltaires mit ›seiner Käthe‹. »Plötzlich ist sie so makellos wie Schnee, sie ist die Liebe ihrer Untertanen, der Ruhm ihres Reiches, die Krone der Schöpfung, das Wunder aller Wunder.« Madame du Deffand sagte der Herzogin, sie habe Voltaire aufgefordert, sich seines Verhaltens zu schämen. »Könnte er wenigstens darüber erröten«, rief die gute Dame aus. Es scheint nicht, daß ihr Wunsch erhört wurde.

Als die Zarin Diderots Bibliothek kaufte und ihm eine Pension zahlte, um Bibliothekar seiner eigenen Bücher zu sein, war Voltaire außer sich vor Freude: »Hätte man je geahnt, daß die Skythen eines Tages Tugend, Wissenschaft und Philosophie, die man bei uns so unwürdig behandelt, in Paris so edel belohnen würden? Erhabener Diderot, glauben Sie an meine überschwengliche Freude.« Was sie auch tat, ›seine Käthe‹ hatte immer recht. Die Polen versklavt? — Eine Bagatelle! Hatte denn die Philosophie nicht auch ein Wörtchen mitzureden? Wozu? Die Polen waren im Unrecht, sie liebten ›Semiramis‹ nicht.

Als sie gegen die Türken in den Krieg zog, gab es keine Folter, die Voltaire dem Sultan nicht gewünscht hätte. Alles sollte ›seiner Käthe‹ gehören, und vor allem die Balkanländer! Sie sollte diese nur an sich reißen! ›Semiramis‹ als Befreierin von Sophokles' Vaterland, welch berauschender Plan! Sollte sie doch Istanbul einnehmen, Konstantinopel wieder zum Leben erwecken und ihre Hauptstadt daraus machen! Nichts war zu groß oder zu schön für ›seine Käthe‹. Er bedauerte, siebzig Jahre alt zu sein, sonst . . . er gibt zu verstehen, daß er für sie kämpfen würde.

Man erinnert sich seiner Kriegsmaschinen, seiner assyrischen Kampfwagen, die auf seinen Vorschlag hin von dem Artillerieoberst Monsieur de Florian nachgebaut, aber dann nach näheren Untersuchungen von dem Kriegsminister abgelehnt wurden. Diese Ablehnung Versailles hatte ihn verletzt. Er verhehlte nicht, daß die französischen Niederlagen im Siebenjährigen Krieg von dem Fehlen seiner Wagen in der französischen Armee herrührten. Jetzt bot er seine Kriegsmaschinen Katharina II. an. Er tat dies mit einer Leidenschaft und Hartnäckigkeit, auf die Ihre Kaiserliche Majestät schließlich . . . eine sehr ausweichende Antwort gab. Er wollte nicht einsehen, daß sie ihm damit eine höfliche Absage erteilte. Er tat so, als leite ihr Brief Verhandlungen ein. In seiner Antwort an Katharina versprach er ihr alle nur möglichen Siege über den Großtürken und ließ seiner komödiantischen Phantasie freien Lauf. Er sah sich schon als Anreger und Werkzeug des Sieges seiner Zarin. Er, der so geschickt darin war, die Sprache des Hofes zu lesen und zu interpretieren, ließ sich von den Rampenlichtern blenden, weil er vor einer unvergleichlichen Zuschauerin spielte: Katharina II., Kaiserin aller Reußen. Jeder Mensch hat seinen Spleen, selbst der so vernünftige François Arouet. Und so wurden seine in Versailles geschlagenen Kampfwagen zum zweiten Mal in Sankt Petersburg besiegt. Aber diese Niederlage blieb geheim.

Seine Diplomatie zugunsten ›seiner Käthe‹ erlitt in Genf eine weit schmerzlichere, da öffentliche Niederlage. Katharina hatte sich in den Kopf gesetzt, ihre Untertanen zu zivilisieren. Sie kopierte und übernahm, so viel sie nur konnte, die Einrichtungen und Sitten der westlichen Länder. Sie hatte auch die Idee, Erzieherinnen zur Ausbildung von Kindern russischer Aristokraten zu importieren. Sie wählte dazu Schweizerinnen, die Französisch sprachen, und beauftragte Voltaire, sich für diese pädagogische Aushebung bei den Genfer Behörden einzusetzen.

Der russische Botschafter verbrachte 1765 einige Zeit in Ferney, um sich selbst um diese Aushebung zu kümmern. Man hatte eine Anzahl junger Mädchen gefunden, die mit dem Einverständnis ihrer Eltern bereit waren, ihr Licht in die Steppen — oder Paläste — Rußlands zu tragen. Aber ›Semiramis‹ und ihr Kaiserreich hatten in Genf bei weitem keine so gute Presse wie in Ferney. Der Rat der Republik Genf zeigte dies deutlich, denn er widersetzte sich in aller Form der Abreise der Erzieherinnen und rief die wieder zurück, die schon unterwegs waren. Voltaire wandte sich daraufhin wütend an Tronchin. Der berühmte Arzt antwortete ihm kurz: »Monsieur de Voltaire, der Rat sieht sich als Vater aller Bürger an, und folglich kann er es nicht dulden, daß sich seine Kinder in einem Land niederlassen, dessen Herrscherin unter dem dringenden Verdacht steht, ihren Gatten ermordet zu haben, und in dem die lockersten Sitten zügellos herrschen.«

Voltaire sah die Dinge anders, er berief sich auf das Recht der Menschen, über sich selbst zu verfügen. Er wagte zu sagen, daß man die Mädchen ohne Widerspruch nach Frankreich oder England gehen lasse . . . Man machte sich noch nicht einmal die Mühe, ihm zu antworten, daß Frankreich und England nicht Rußland seien. Der Rat ließ ihn reden, und Katharina blieb ohne die Erzieherinnen, die Voltaire ihr versprochen hatte, als mache er selbst die Gesetze in Genf. Auf diese Weise erteilte die kleine Republik der großen Zarin eine Lektion, die der große Philosoph von Ferney ihr nicht zu geben vermocht hatte. »Ich war um so verärgerter«, sagte er, »als der Graf von Schuwalow sich bei mir aufhielt.« Der Botschafter war enttäuscht; Voltaire hatte sich einmal wieder in Angelegenheiten gemischt, die nur die Genfer angingen. Aber was hätte er für ›seine Käthe‹ nicht alles getan!

Als Ersatz für die Lehrerinnen lieferte er Katharina eine unveröffentlichte Tragödie — einen Ladenhüter —, damit die jungen adligen Mädchen Theater spielen könnten. Sie trägt den Titel ›Les lois de Minos‹. Es gibt keine Liebe in diesem Stück — so wenig wie Genialität. Er wies vorsichtshalber darauf hin, daß das Stück von einem unbekannten, aber sehr begabten jungen Mann sei. Und er sprach wieder von seinen Kampfwagen: »Nochmals, ich bin kein Mörder, aber ich glaube, daß ich dazu würde, wenn ich Ihnen damit dienen könnte.« Ein pazifistischer Philosoph, der aus Liebe zu ›Semiramis‹ blutdürstig wird!

Während er ›katharinierte‹, wie er sagte, nahm er die Gelegenheit wahr, wieder mit ›Luc‹ anzuknüpfen. Da er erfahren hatte, daß der König von Preußen krank war, schrieb er ihm. Es kam eine Antwort, nicht sehr überschwenglich, aber immerhin besser als nichts. »Ich glaubte Sie so damit beschäftigt, l'Inf. zu zertreten, daß ich nicht annehmen konnte, Sie dächten an etwas anderes«, schrieb ihm Friedrich. Von nun an folgten sich ihre Briefe rasch und regelmäßig. Es kam sogar vor, daß der alte Zauber sich wieder zeigte und Friedrich sich ihm ergab. Er schrieb: »Nein, es gibt keinen lustigeren Greis als Sie . . . Sie haben sich die ganze Fröhlichkeit und Liebenswürdigkeit Ihrer Jugend bewahrt.« Und folgendes klingt noch begeisterter: »Sie bringen, wo Sie sich aufhalten, neue Lebewesen hervor. Sie sind der Prometheus von Genf. Wenn Sie noch hier wohnten, so wären wir jetzt etwas.« Merkwürdig und rührend das ›wir‹, und was ist dieses ›etwas‹? Hatte Friedrich nicht großen Erfolg gehabt? Glaubte dieser außergewöhnliche Mann, dieser Herrscher, der im 18. Jahrhundert nicht seinesgleichen hatte, sein Leben verfehlt zu haben? »Ein Schicksal, das die Dinge des Lebens lenkt, hat nicht gewollt, daß wir uns so vieler Vorzüge erfreuen.«

Welcher Ausdruck des Bedauerns, der Sehnsucht! Nach so vielen Streitereien und Boshaftigkeiten wurden sie immer noch wie durch einen Magneten von einander angezogen. Voltaire würde ihm antworten, ihn aufs neue faszinieren und sich selbst fest an Friedrich binden, weil er wußte, daß er niemanden so faszinierte wie den König von Preußen. Keiner seiner unzähligen Bewunderer war für Voltaire eine so betörende Beute, wie dieser harte, grausame, aber überlegen intelligente König. Die Rückkehr Friedrichs erfüllte ihn mit Vertrauen und Heiterkeit: »Dieser Fürst schreibt mir alle zwei Wochen, er tut alles, was ich will«, schrieb er im Jahr 1767 dem Marquis de Florian.

Eine andere zwielichtige Affäre

In dem Augenblick, als die Affäre Calas mit einem Triumph für Voltaire und den philosophischen Clan zum Abschluß kam, informierte man den Dichter über eine andere, ähnliche Geschichte, die in derselben Gegend die Gemüter erschütterte. Man möchte fast glauben, daß eine mysteriöse Macht die Richter des Languedoc bei ihren abscheulichen Geschäften ermutigte.

Es handelt sich um die Affäre Sirven, die schon 1760 in der Gegend von Mazamet begann. Die hugenottische Familie Sirven bestand aus dem Vater, einem Landvermesser, seiner Frau und drei Töchtern, deren älteste verheiratet war. Die eine der beiden jüngeren, Elisabeth, galt als etwas einfältig. Eines Tages verschwand sie. Nachdem man einen Tag lang nach ihr gesucht hatte, wurde der Vater auf das Bischofsamt zitiert, wo man ihm mitteilte, seine Tochter habe um Asyl gebeten und wolle konvertieren; man habe sie augenblicklich in das Kloster ›Des Dames Noires‹ gebracht. Es ist merkwürdig, daß ein einfältiger Geist so viel Entschlossenheit zeigen konnte. Alles erklärt sich jedoch, wenn man erfährt, daß die Schwester des Bischofs die Beraterin des jungen Mädchens war. Diese Person gab sich einer Tätigkeit hin, die damals Mode war und die darin bestand, verlorene Seelen zu sammeln. Man fischte dabei ziemlich aufs Geratewohl. Der Vater machte keinen Hehl daraus, daß ihm diese Flucht (oder Entführung) schmerzlich war. Dennoch erklärte er sich bereit nachzugeben, wenn die Vokation seiner Tochter aufrichtig sei.

Das ins Kloster gesperrte Mädchen wurde in kurzer Zeit völlig verrückt. Sie hatte Halluzinationen, zog sich nackt aus und flehte, man solle sie auspeitschen. Die Damen des Klosters erfüllten diese Bitte nicht, statt ihrer tat es jedoch eine mitleidige Dienerin. Sofort brüllte das Mädchen, es werde gemartert. Kurz: es blieb bald nichts anderes übrig, als ihr die Zwangsjacke anzuziehen und sie in ihre Zelle zu sperren. Da die Büßerin untragbar wurde, gab man sie am 7. Oktober 1767, nach sieben Monaten dieses Regimes, ihrer Familie zurück. Dort gebärdete sie sich nicht weniger verrückt. Ihre fixe Idee war die Heirat. Jeden, dem sie begegnete, fragte sie: Heiraten Sie mich? Doch sie fand niemanden, weder katholischen, noch protestantischen Glaubens. Ihre Eltern waren verzweifelt. Das Mädchen bekam zuweilen Wutanfälle und warf sich auf Vater und Mutter, so daß man sie anbinden mußte. Als der Vater den Zustand sah, in dem man ihm seine Tochter zurückgegeben hatte, konnte er sich nicht halten und beschuldigte die ›Dames Noires‹, seine Tochter verrückt gemacht zu haben. Diese Worte wurden weiter getragen. Die Nonnen und der Bischof beschlossen, sich zu rächen.

Die Nonnen ließen gegen Sirven Klage erheben, er quäle seine Tochter, weil sie sich zum Katholizismus bekehren wolle. Von da an wurde der Unglückliche von dem fatalen Räderwerk erfaßt, das Calas zermalmt hatte. Man zwang ihn, selbst seine Tochter zu den Gottesdiensten des Klosters zu führen. Auf einer kurzen Reise zu einem Schloßherrn, dessen Land er vermessen wollte, erfuhr er, daß seine Tochter verschwunden sei. Er kehrte zurück, fand sein Haus voller Leute und seine Frau von Schmerz zerrissen. Man erzählte ihm, daß sich die Verrückte um Mitternacht mit den Worten erhoben habe, es sei Tag und sie werde Holz holen. Sie war nicht wieder erschienen. Der Vater ließ nach ihr suchen, doch man konnte sie nicht finden. Der Priester des Ortes aber sagte: »Dort, wo das arme Mädchen ist, geht es ihr besser als bei ihren Eltern.« Ein schicksalhafter Satz! Ein Gegenstück zu dem feindlichen Geschrei, das die Menge gegen den Mörder Calas ausgestoßen hatte.

Für den Pfarrer bedeutete der Satz, daß das Mädchen aufs neue von den kirchlichen Behörden entführt und ins Kloster gesteckt, nicht aber wie man annahm, ermordet worden war. Auch die Sirvens glaubten dies. Eines Tages jedoch entdeckten Kinder ihren Leichnam in einem Brunnen der Ortschaft. Niemand zweifelte an Selbstmord.

Aber der alles vergiftende Fanatismus entstellte die Tatsachen. Nach und nach fand das Gerücht von einem Verbrechen Glauben. Man behauptete, Sirven habe lieber seine Tochter getötet, als sie konvertieren zu lassen. Da Sirven jedoch am Abend des ›Verbrechens‹ nicht zu Hause war, sagte man, es sei die Mutter gewesen. Die Mutter aber hatte um Hilfe gerufen, als die Verrückte fortgelaufen war. Schließlich erzählte man, es sei die ältere Schwester gewesen, die, obschon schwanger, ihre Schwester getötet und sie bis zum Brunnen geschleift habe. Und man führte die Argumente an, die so großen Erfolg bei Calas gehabt hatten: die Protestanten seien ihrem Glauben nach Verwandtenmörder, ein Dogma ihrer Sekte befehle, ihre katholischen Kinder umzubringen. Und schon hatte man es mit einem Ritualverbrechen zu tun! Das entsetzliche Gerücht fanatisierte die Menge. Man fand einen für die versteckten Drohungen empfänglichen Richter, der angehalten wurde, denjenigen, den man ihm anzeigen würde, für schuldig zu erklären. Er konnte ohne Furcht verurteilen, denn er hatte die Stimme des Volkes und die Unterstützung verborgener, aber mächtiger Autoritäten auf seiner Seite. Man machte einen Staatsanwalt namens Trinquier in Mazamet ausfindig, einen ehemaligen Kaufmann, der pleite gemacht hatte und der zum Richter gewählt worden war. Er war ein Hungerleider, der, um leben zu können, das Gehalt eines Schullehrers empfing — ohne Schule zu halten. Man ließ den ärztlichen Bericht ändern, der nicht nach dem Geschmack des Richters war, um sein schon vorbereitetes Urteil fällen zu können. Da die erste Änderung nicht genügte, ließ man den Bericht ein zweites Mal zurechtstutzen. Ungeachtet dieses Entgegenkommens dauerte der Prozeß vier Jahre! Es war trotz allem schwierig, einen so unschuldigen Mann wie den Vater der armen Irren zu verurteilen.

Die Leute standen bereits den Sirvens günstiger gegenüber, als man diesen zu ihrer Verblüffung mitteilte, sie liefen Gefahr, gefangengenommen zu werden, und sollten fliehen. Sie ließen alles im Stich und versteckten sich die Nacht über bei Schlamm und Regen auf den Feldern. Unter schrecklichen Bedingungen gelang es ihnen, in fünf Stunden sechs Kilometer zurückzulegen. Man beschlagnahmte ihren ganzen Besitz. Gerettet, gingen sie jeder in eine andere Richtung. Dem Vater gelang es, wie ein Vagabund zu Fuß 1762 Lausanne zu erreichen. Die Frauen versteckten sich in Nîmes. In Mazamet verdoppelte der Richter seinen Eifer und bediente sich aller Mittel, um belastende Zeugenaussagen zu erhalten. Ein sehr merkwürdiges Ereignis erschwerte den Fortgang des Prozesses. Der in der Bürgermeisterei deponierte Leichnam verbreitete einen so schrecklichen Geruch, daß die Wachen fortliefen. Man — wer? — nutzte dies aus, um den Kadaver zu stehlen. Es ging also um einen Mord ohne Kadaver, doch man sprach trotzdem das Urteil aus: der Vater und die Mutter wurden zum Strang verurteilt, die beiden überlebenden Töchter sollten der Hinrichtung ihrer Eltern beiwohnen und dann verbannt werden. Da sich die ›Schuldigen‹ glücklicherweise auf der Flucht befanden, wurde der Richtspruch fünf Monate nach dem Urteil in effigie ausgeführt. Das Fest fand auf der Place du Plô in Mazamet statt. Es wird erzählt, daß das versammelte Volk es nicht allzu sehr genoß.

Sirven wurde Voltaire durch Moultou vorgestellt. Merkwürdig, dieser Moultou, dieser enge Freund Jean-Jacques, der Voltaire haßte und ihn anschwärzte, warum brachte er Sirven zu einem ›Hanswurst‹, einem ›Freund der Jesuiten‹, einem ›Verworfenen‹? Warum führte er ihn nicht zu Jean-Jacques? Sollte die Freundschaft Voltaires für die Unglücklichen wirksamer, aufrichtiger und wärmer sein als die des »tugendhaftesten und besten aller Menschen«?

Als Voltaire den Bericht von dem unwürdigen Prozeß in Mazamet hörte, faßte er ihn folgendermaßen zusammen: »Stellen Sie sich vier Schafe vor, die Sirvens, die von den Metzgern angeklagt werden, ein Lamm gefressen zu haben: das habe ich gesehen.«

Sirven warf sich zu Füßen Voltaires und flehte ihn an, nicht weniger großzügig mit ihm zu verfahren als mit Calas. Und Voltaire nahm den Kampf nochmals an. In einer fröhlichen Kampfbereitschaft, die ihn beflügelte, schrieb er: »Die Affäre Sirven liegt mir am Herzen; sie wird nicht dasselbe Aufsehen erregen wie die von Calas, denn unglücklicherweise ist niemand gerädert worden. Daher brauchen wir nur Beaumont (seinen Anwalt), der mit seiner Redekunst ausgleichen kann, was der Katastrophe fehlt.« 7. November 1765.

Voltaire war wohlunterrichtet und wußte bereits, daß man vor der Rehabilitierung Berufung beim Gericht von Toulouse einlegen mußte, weil der Prozeß von einem niederen Richter entschieden worden war. Wieder Toulouse! Das traf sich wirklich unglücklich. »Wenn Sie nach Toulouse gehen, ist dann nicht zu befürchten, daß die erzürnten Richter die armen Sirvens rädern, hängen, verbrennen, um sich wegen der Beleidigung der Affäre Calas zu rächen?« Diese Vermutung war nicht unberechtigt. Die Herren vom Gericht schienen fähig, die Schützlinge Voltaires von vornherein zur Höchststrafe zu verurteilen.

Zum Glück hatte man die alten Richter von 1760 durch neue ersetzt. Der Président de Bastard war weit davon entfernt, ihm feindlich gesonnen zu sein. Voltaire ließ sich geschickt über alle Richterhüte und -roben Auskunft geben und war sehr getröstet durch das, was er erfuhr. Die Sirvens würden Glück haben.

Doch die d'Argentals waren unzufrieden mit ihm. Die Affäre Sirven ermüdete sie. Sie fanden, der Eremit von Ferney werde allzu unruhig und beschwerlich. In seinem Alter noch eine Don-Quichotte-Unternehmung! Er solle sich ausruhen und seine Freunde in Ruhe lassen, die er natürlich gegen die Richter von Mazamet mobilisiert hatte. Voltaire bat um Verzeihung. Die Dinge kamen von selbst zu ihm, er suchte sie nicht. »Es gibt zu viele Prozesse um Verwandtenmorde«, wird man sagen, »aber meine göttlichen Engel, wer ist schuld daran?« Nicht er und nicht die Verwandtenmörder, da es keine sind, sondern die Richter. Also: auf die mörderischen Richter! »Sirven ist bei mir, er kritzelt einen Bericht über seine Unschuld und die Westgoten-Barbarei nieder, wir machen Schluß, die Zeit drängt.« 22. April 1765. Die Justiz stellte einer Revision alle nur möglichen Hindernisse entgegen. Die arme Mutter Sirven starb vor Kummer, was Voltaire wegen ihrer Zeugenaussage bedauerte. »Sehen Sie, welch schreckliches Unglück der Fanatismus verursacht«, sagte er.

Seine Aktivität in diesem Jahr 1765 war schwindelerregend. Die Zahl derer, die er sah, denen er schrieb, denen er Berichte gab und die er um Berichte bat, die er ernährte, unterhielt, komplimentierte und umarmte, ist unglaublich. Außerdem befreite er einen Protestanten, der auf den Galeeren arbeitete, weil er eine geheime Predigt angehört hatte. Voltaire war überglücklich über diesen Erfolg; sofort wies man ihn auf andere, ähnliche Fälle hin. Und er begann von neuem mit seinen Bemühungen, die Unglücklichen zu befreien. Choiseul hatte sich bereit erklärt, den ersten zu begnadigen, er weigerte sich jedoch bei den anderen. »Was man gestern konnte, kann man morgen nicht«, sagt der Minister dem Anwalt Voltaires, Végobre. Und Végobre fügte hinzu: »Er hätte gern die Galeeren von allen dort befindlichen Protestanten geleert, aber das hinderte ihn nicht, die grausamsten Scherze über Kalvin und seine Diener zu machen.«

Abbeville schwimmt im Blut; Voltaire flüchtet sich nach Utopia

Der Süden hatte sich durch zwei abscheuerregende Affären hervorgetan; der Norden stand ihm nicht nach. Mit einer einzigen wog er die Schrecken der Prozesse in Toulouse und Mazamet auf. Ein merkwürdiges Jahrhundert! Das zivilisierteste, das raffinierteste, dasjenige, das die Lebenskunst zur Vollendung brachte, ergab sich einer Barbarei, die uns verblüfft. Das Jahrhundert der Aufklärung und des Atheismus war auch das des dunkelsten Aberglaubens. Die dümmste Scharlatanerie konnte sich in den aufgeklärtesten Kreisen entfalten. Die religiösen Streitereien nahmen groteske Formen an: die Jansenisten ergaben sich ihren hysterischen Konvulsionen und ließen an törichte Wunder glauben. Die Leuchten dieses Jahrhunderts glänzten im Grunde nur auf den Gipfeln, die Ebene blieb in Schatten getaucht, und in unzähligen Höhlen wimmelte es noch von den bösen Geistern der Finsternis.

Voltaire täuschte sich nicht darüber: »Ich sehe überall nur die barbarischsten Ungerechtigkeiten, Calas und der Chevalier de la Barre erscheinen mir zuweilen in meinen Träumen. Man glaubt, unser Jahrhundert sei nur lächerlich, doch es ist schrecklich. Die Nation gilt als eine hübsche Truppe von Affen, aber unter diesen Affen gibt es Tiger, und es hat sie immer gegeben.«

Im August 1765 empfing die Polizei von Abbeville den Befehl, drei junge Männer der Stadt zu ergreifen. Den Chevalier de la Barre, Gaillard d'Etallonde und den kleinen Moisnel. Gaillard floh, La Barre und der kleine Moisnel wurden gefangen. Warum diese Verfolgung? Am Morgen des 7. August 1765 hatten die Bewohner von Abbeville bemerken können, daß ein auf dem Pont-Neuf befindliches Kruzifix beschädigt worden war:

mit einem scharfen Instrument hatte man viermal in seine
Seite geschlagen, eine Fußzehe war abgebrochen. Ein anderes
Kruzifix, das auf einem Friedhof stand, hatte man mit Kot
besudelt. Die Leute waren entrüstet. Ihr Schmerz ging in Zorn
über, und sie forderten strenge Strafen für die Urheber des
Sakrilegs. Die Untersuchung begann, das ganze Volk war erregt. Siebzig Zeugen wurden vorgeladen, doch keiner konnte
einen Hinweis geben. Schließlich fiel der Verdacht auf die drei
jungen Männer, die bereits durch gottlose Aufschneidereien
und grobe Äußerungen über die Religion aufgefallen waren.
Inzwischen eilte der von den Bewohnern Abbevilles gerufene
Bischof von Amiens in eigener Person herbei, barfüßig und
einen Strick um den Hals, um vor dem entweihten Christus
öffentlich Abbitte zu tun, denn er wollte die Strafen abwen-
den, die der Himmel zu verhängen nicht verfehlen könne, um
sich an der Stadt zu rächen. Man glaubt zu träumen, Christus,
der sich wie Zeus oder Neptun rächt, und an einer unschuldigen Bevölkerung? Der Bischof, der im übrigen ein heiliger
Mann war, wandte sich an die göttliche Nachsicht zugunsten
der Entweiher und flehte sie an, »ihnen die Strahlen ihrer
Gnade zu senden«. Er hatte ach! weniger christliche Worte
gebraucht, als er von denen sprach, die sich »der schlimmsten
Foltern dieser Welt würdig« erwiesen hätten. Natürlich behielt die Menge diese rächenden Worte, sie wiederholte sie den
Richtern, und da diese nicht allzu geneigt waren, die Schuldigen »den schlimmsten Foltern« auszuliefern, lieferte das Volk
sie selbst aus.
Man verhörte Moisnel; er war siebzehn Jahre alt und brach
zusammen. Er gab alles zu, was man wollte, er belastete sich
bis zum Exzeß, er erfand noch neue Verbrechen, die er begangen haben wollte. Er war von unsagbarem Schrecken erfaßt,
und seine Antworten grenzten an Wahnsinn.
La Barre war erst zwanzig, aber er war weit mehr Herr seiner
selbst. Er gab nur kleine Sünden zu, gottlose Äußerungen, wie
man sie am Tisch seiner Tante, der Abbesse de Willancourt,
bei der er wohnte, hören konnte. Er sah kein großes Verbrechen darin, die Äußerungen von würdigen Kirchenfürsten und

Personen von Stand zu wiederholen, die von der Abbesse empfangen wurden. Man fand wenig erbauliche Bücher bei ihm, unanständige Geschichten und den ›Dictionnaire philosophique‹ von Voltaire. Auf diese Weise wurde der Name des Dichters in die Angelegenheit verwickelt. Es erhoben sich Stimmen, die forderten, Voltaire solle als Komplice und Anstifter der Freveltat festgesetzt und wie die Ausführenden der ›Befragung‹ unterzogen werden. Das Echo dieser Stimmen gelang bald nach Ferney, und ein Entsetzensschauder ließ den mageren Körper des Dichters zu Eis erstarren. Die Folter funktionierte so gut, daß La Barre, der sie erlitt, gestand. Wenn einem Staatsanwalt der Einfall gekommen wäre, Voltaire gefangenzunehmen und ihm die ›Befragung‹ durch Wasser, Eisen und Feuer zu stellen, so wäre dies gut und gern geschehen, und viele Leute hätten bei der Folter Beifall geklatscht.

Man führte den Prozeß auf regelwidrige Weise; einer der Richter wurde von einem Monsieur de Belleval beeinflußt, dem die Abbesse einst ihre Tür verschlossen hatte. Dieser Herr schob La Barre die Verantwortung für den bösen Streich zu. Er drehte die Sache so, daß der kleine Moisnel sich reinwusch und La Barre und andere junge Leute seines Freundeskreises anschwärzte; doch der kleine Moisnel gehorchte so gut, daß er auch den eigenen Sohn Bellevals belastete, den man daraufhin einsperrte. Es handelte sich um Jungen, die durch frühreife Lektüre verdorben waren und die man vor allem zu früh sich selbst überlassen hatte in einer Gesellschaft Erwachsener, die ihnen das schlechteste Vorbild gaben — das war der Fall La Barres, der keine Eltern mehr hatte. Warum litt es die Abbesse, daß sich ihr Neffe nächtelang auf der Straße und in Kneipen herumtrieb? Warum wußte Monsieur de Belleval nicht, daß sein Sohn ein Mitglied der Bande war? Es geht um ein altes Problem. La Barre und seine Freunde gehörten zur ›jeunesse dorée‹ der Zeit. Sie verdienten zweifellos die Rute und eine Arbeitskur. Vor allem aber hätten sie Eltern und Ratgeber gebraucht, die würdig waren, sich mit ihnen zu beschäftigen.

Das Tribunal von Abbeville stellte sich nicht so viele Fragen. Am 28. Februar 1766 verurteilte man La Barre und d'Etal-

londe dazu, öffentlich vor dem Portal von Saint-Wolfram
Buße zu tun. Den Strick um den Hals, sollten sie auf einem
Karren dorthin gebracht werden und anschließend die Zunge
abgeschnitten bekommen. So feierte diese mittelalterliche Strafe
im Jahr 1766 ihre Auferstehung! Danach sollten sie auf den
Platz geführt, enthauptet und ins Feuer geworfen werden.

Der junge d'Etallonde erlitt die Hinrichtung nur in effigie. Für
Moisnel, den Sohn Bellevals und zwei andere wurde Aufschub
gewährt, aber die Verurteilung schwebte über ihnen. Doch
La Barre . . .

Sagen wir, um die Bevölkerung Abbevilles etwas zu entlasten,
daß niemand an die Vollstreckung des Urteils glaubte. Man
zweifelte nicht daran, daß es nur der Form halber gefällt war.
La Barre, seine Familie, seine Freunde und die guten Bürger
der Stadt waren überzeugt, daß das Pariser Gericht das Urteil
von Abbeville nicht bestätigen würde. Der Président d'Ormes-
son, ein Verwandter der La Barre, nahm dies so sicher an, daß
er, um dem abscheulichen Prozeß keine Publizität und Wichtigkeit zu geben, nichts unternahm, um die Bestätigung des
Urteils zu verhindern. Doch ein gewisser Pasquier, dem man
schon den Kopf Lally-Tollendals zugestanden hatte, verlangte,
daß man ein Beispiel statuiere, um der fortschreitenden Gottlosigkeit entgegenzuwirken und erreichte, daß das Urteil von
Abbeville vollstreckt wurde.

Man begann daraufhin auf die Gnade des Königs zu hoffen,
doch sie kam nicht. La Barre starb mit großem Mut. Besser
erzogen, wäre er zweifellos nach seinen Jugendtorheiten ein
Mann von Wert geworden. Um ihn zu verteidigen, machte Voltaire aus ihm ein werdendes Genie; das war etwas hoch ge-
griffen. Immerhin bewies La Barre einen festen Charakter und
eine hohe Intelligenz. In seinen letzten Augenblicken empfand
er eine grausame Enttäuschung beim Anblick der Menge, die
die Fenster und den Platz füllte und seiner Hinrichtung beiwohnen wollte wie einem Schauspiel. Voller Schmerz erkannte
er in den ersten Reihen die, »die ich für meine Freunde hielt«.
Dieselben, die bei der Lektüre der ›Nouvelle Héloise‹ weinten!
Man verzichtete darauf, ihm die Zunge auszureißen, denn er

drohte, um sich zu schlagen und sich zu wehren, wenn man die schreckliche Metzgerei ausführte. Daher ging man sofort zur Enthauptung über. Man näherte sich ihm, um ihm die Haare zu scheren. »Will man einen Chorknaben aus mir machen«, sagte er. Er fragte den Henker, ob er es gewesen sei, der Lally in Paris so schlecht enthauptet habe. Der Henker antwortete, er sei es wirklich gewesen, aber die Schuld habe Lally, der seinen Kopf schlecht auf den Bock gelegt habe. »Hab' keine Angst«, sagte La Barre, »ich werde mich richtig legen und kein Kind sein.« Er legte sich richtig, und der Henker verfehlte ihn nicht. Er ließ diesen jungen fähigen Kopf von zwanzig Jahren mit einem bemerkenswerten Schwung in die Luft springen. Beim Anblick von so viel Geschicklichkeit applaudierte die Menge . . . Vorhang.

So ist die Geschichte eines Verbrechens, für das eine ganze Gesellschaft die Verantwortung trug. Die jungen Leuten sagten und taten nur, was ihre Umgebung sie gelehrt hatte. D'Alembert wußte, daß ausgerechnet dieser Pasquier, der ein ›Beispiel‹ forderte, eine philosophische Bibliothek besaß, Atheist war und bei Diners die irreligiösesten Äußerungen tat.

In Ferney hatte sich die Furcht, die den Philosophen gepackt hatte, noch nicht gelegt. Voltaire war sehr unruhig, er erkundigte sich überall, um zu erfahren, welche Wendung die Sache nehmen würde. Er hatte den Wunsch zu fliehen, er fühlte sich verfolgt. »Ich bin versucht, in einem Land zu sterben, wo die Menschen weniger ungerecht sind. Ich schweige. Ich habe zu viel zu sagen«, schrieb er im Juli 1766. Er sprach von einer Quelle in der Gegend von Vaud, der ›Source Rolle‹, deren »Wasser gut sind für sieche Greise, die Balsam und Ruhe in ihr Blut bringen müssen«. Man weiß, was das heißt: er suchte ein verstecktes Asyl. Er flehte, daß man ihn über alles unterrichte, was in Abbeville geschah. Er hatte Angst, doch seine Energie war davon ebenso unberührt wie seine Streitsucht.

Manchmal träumte er: »Es kann sein, daß die Herrschaft der Vernunft und der wahren Religion bald kommt und Verderbtheit und Wahnsinn zum Schweigen bringt.« Aber kurz darauf war er wieder soweit, daß er alles von der verrückten Welt be-

fürchtete, in der er lebte: er sah sich gefangen, in einen Graben geworfen, mit einem Hemd bekleidet, barfüßig durch die Gassen geschleift, einen Strick um den Hals, eine Kerze in der Hand, öffentlich Abbitte tuend vor der sadistischen Menge, die fähig war, den zu steinigen, dem sie bei ›Zaïre‹ Beifall geklatscht hatte. Seine schreckliche Einbildungskraft, seine erregten Nerven ließen ihn die Todesangst einer Hinrichtung erleben. Er stand so grausame Ängste aus, daß er zu rasen begann wie an dem Tag, als er in der Furcht, wegen der ›Pucelle‹ gefangengenommen zu werden, die Halluzination eines Verlieses hatte und fast den Verstand verlor. Er trampelte mit den Füßen, wälzte sich auf der Erde und versuchte, die Vorhänge hinaufzuklettern, während er vor Schrecken brüllte. Es gelang Tronchin, ihn zu beruhigen. Er faßte sich wieder und sagte dem Arzt: »Wahrhaftig, mein Freund, ich bin verrückt.« Der vernünftigste aller Menschen hatte seinen latenten Wahnsinn.
Er bat daraufhin Friedrich, ihm ein Asyl in seinem Fürstentum von Kleve zu gewähren. Der König war, obschon überrascht, einverstanden. »Dieses Asyl wird Ihnen immer offenstehen. Wie könnte ich es einem Mann verweigern, der der Literatur, seinem Vaterland, der Menschheit, mit einem Wort, seinem Jahrhundert so viel Ehre erwiesen hat?« Trotzdem war Friedrich nicht so entrüstet über das Urteil von Abbeville wie Voltaire. Er fand, daß Gesetze da seien, um eingehalten zu werden. Wenn sie in ein anderes Jahrhundert gehörten, so oblag es dem Fürsten, sie zu ändern. Aber solange sie existierten, mußten die Gerichte sie respektieren. Seiner Meinung nach blieb nach dem Skandal von Abbeville nichts anderes übrig, als die Gesetze, die Gerichte und den Fürsten zu ändern. Das war im Grunde das, was das 18. Jahrhundert hoffte, ohne es so einfach gesagt zu haben wie der König von Preußen.
Voltaire fuhr also in die Bäder von Rolle, um sich zu verstecken – und zu träumen. Er träumte – so groß war sein Abscheu vor der Gesellschaft – von einem klösterlichen Leben, einer Philosophenkolonie, die sich in Kleve niederlassen und den Gesetzen der Vernunft gehorchen würde. Das wäre das Empyreum, Diderot würde der oberste Priester sein, d'Alem-

bert und Damilaville die Chorführer. Dort könnte man alles sagen, alles schreiben, sogar predigen (nur nicht über die christliche Religion). Man sieht, was er sich in seiner Furcht ausmalte: eine wahre Utopie. »Man muß imstande sein, ein Gefängnis zu verlassen und frei und ehrenvoll zu leben.« War das Gefängnis Ferney? Und er schrieb Diderot: »Sie würden nicht allein dort sein, Sie würden Gefährten und Schüler haben. Sie könnten einen Lehrstuhl einrichten, der der Lehrstuhl der Wahrheit wäre. Ihre Bibliothek würde auf dem Wasserweg dorthin gebracht, man müßte nur vier Meilen auf dem Lande zurücklegen. Kurz: Sie würden die Knechtschaft mit der Freiheit vertauschen.« Aber war Preußen denn ein Land der Freiheit? Hatte er Frankfurt vergessen? Damilaville bot er in seiner Utopie eine Druckerei und eine »Manufaktur der Wahrheit« an. Merkwürdig, diese Leute, die die Wahrheit herstellen, sind fast ebenso zu fürchten wie die, die sie zerstören. »Seien Sie sicher«, fügte er hinzu, »man wird alles verlassen, um zu uns zu kommen.« Man? Wer? Die Aufgeklärten, die Müßigen, die Schwätzer? Eine schöne Illusion eines Dichters! Wußte er nicht besser als irgend jemand sonst, daß die Pariser Philosophen Paris nur verlassen würden — falls sie es überhaupt verließen —, um schleunigst wieder zurückzukehren und von seinem süßen Gift zu leben? Grimm? D'Holbach? Voltaire glaubte sicher, daß sie herbeieilen würden, überglücklich, zur philosophischen Phalanx zu gehören.

In ganz Paris erzählte man sich von dem sonderbaren Einfall des Patriarchen von Ferney. Zweifellos geht es abwärts mit ihm, dachte man. Sobald man mit ihm von seinem Plan sprach, dementierte er ihn und behauptete, er werde verleumdet. Um unauffällig von ihm reden zu können, nannte er ihn den Eingeweihten gegenüber die ›Manufaktur‹. Die Eingeweihten mokierten sich über seine ›Manufaktur‹, sie waren Anhänger der Philosophie unter der Bedingung, das diese in Paris bliebe. Außerhalb der Tore der aufgeklärten Stadt gab es keine ›Aufklärung‹ für sie. So blieb er auf seiner ›Manufaktur‹ sitzen. Man kann sich im übrigen mit Recht fragen, wie lange er selbst daran glaubte. Offen gestanden wollte

Friedrich dieses turbulente Volk auch nur empfangen, wenn es gemäßigt und friedlich lebte. Voltaire versprach ihm alles, was er wollte. Kann man sich diesen turbulenten Hofstaat vorstellen? Die Meinungsverschiedenheiten, die Eitelkeit, die durch das Zusammenwohnen gesteigerte Empfindlichkeit, die Eifersüchteleien, die Kaprizen, die Launen, die Aufwallungen der philosophischen Sippe, all diese durch die Enge überhitzte Intellektualität? Innerhalb von zwei Wochen wären die Philosophen tödlich beleidigt gewesen: sie hätten sich an die Richter von Abbeville gewandt, um sich wieder trennen zu können.

Als diese so wenig seinem Charakter gemäße Manufaktur gescheitert war, kehrte Voltaire, alle Furcht vergessend, im frühen Herbst nach Ferney zurück. Er fand sein ›Loch‹ und seine Zobelpelze wieder und hatte alle Muße, sich anderen, weniger chimärischen Manufakturen zu widmen — den Manufakturen Ferneys.

Man muß seinen Garten bestellen

Zu den Freuden Voltaires gehörte es, sich aus dem Schloß zu entfernen und bei jedem Wetter über die Felder zu laufen. Er überwachte die Anpflanzungen und die Aussaat. Er hatte ein eigens ihm reserviertes Feld, das er selbst zu bebauen versuchte. Er gab diese Übung erst 1772 auf — mit achtundsiebzig Jahren!

Auf diesem Feld säte er selbst und probierte die verschiedenen Dünger und Samen aus. Er liebte den Boden, den Ackerbau und selbst die landwirtschaftlichen Geräte; er schrieb sogar ein dithyrambisches Loblied auf seine neue Sämaschine. »Ehre dem, der die Erde fruchtbar macht«, rief er aus. Außerdem verfaßte er eine lange Beschreibung eines Modellbauernhofes, in der sich jedoch weder die lyrische Schönheit noch der magische Schwung der Sprache Jean-Jacques zeigt, deren Harmonie und lautere Musik die Seele trotz der falschesten Ideen zu erschüttern vermag. Ungeachtet vieler Mißerfolge bemühte sich Voltaire, neue Kulturen einzuführen. Seine Hartnäckigkeit verhalf ihm manchmal zum Erfolg. Dann rief er nicht: welch Wunder! sondern: an die Arbeit!»Ich habe die Strenge des Klimas nicht besiegen können. Monsieur le Contrôlleur Général hat mich aufgefordert, Krapp zu ziehen, ich habe es versucht, doch ohne Erfolg. Ich habe mehr als zwanzigtausend Bäume gesetzt, die ich aus Savoyen habe kommen lassen, alle sind eingegangen. Ich habe viermal die breite Straße mit Nußbäumen und Kastanien bepflanzt, aber alle sind verdorrt oder von Bauern ausgerissen worden. Trotzdem habe ich den Mut nicht verloren und, so alt und schwach ich auch bin, ich werde doch heute pflanzen in der Gewißheit, morgen zu sterben. Andere werden den Nutzen davon haben.«

Das ist ein ganz anderer Voltaire als der ›Hanswurst‹ der einen oder das ›Seidenäffchen‹ der anderen. Unter hundert Gesichtern ist er immer Voltaire. Der Herr von Ferney setzt das Gesicht eines arbeitsamen, großzügigen, seinen Nächsten nützlichen und respektablen Bürgers auf.

Trotz der Liebe, mit der er den Ackerbau betrieb, war Ferney zur Armut verdammt. Ein rauhes Klima, ein undankbarer und stellenweise sumpfiger Boden konnten nur mittelmäßige Ernten hervorbringen. Allein die Trockenlegung eines riesigen, verpesteten Sumpfgebietes kostete Voltaire viele Jahre und ein Vermögen. Diese Wohltat hätte genügt, ihn in Ferney unsterblich zu machen.

Damit seine Leute in dem bescheidenen Wohlstand leben konnten, auf den alle Arbeitenden seiner Meinung nach ein Recht hatten, wollte Voltaire dem versagenden Ackerbau die Hilfsquelle der Industrie hinzufügen. Das war es, was er seine Manufakturen nannte.

Im Augenblick der Streitereien mit Genf und dem Konsistorium hatte er geschickt die Uhrmacher aus der Stadt Kalvins nach Ferney zu ziehen gewußt. Als er sich während des Prozesses von La Barre bedroht fühlte, glaubte er alles verloren, denn wenn er seine Manufakturen im Stich gelassen hätte, so wären sie zugrunde gegangen. Sobald das Gewitter vorüber war, ging er mit neuem Schwung an seine Industrie. Man weiß, wie sehr er das Theater liebte, doch zögerte er nicht, das seine in einen Ort zu verwandeln, wo man Seidenraupen züchten konnte. Er wollte selbst in Ferney Seide herstellen, spinnen und weben. Und er hatte Erfolg. Das erste Paar seidener Strümpfe, das aus seiner Fabrik kam, war für die Duchesse de Choiseul bestimmt. »Es sind meine Seidenwürmer, die mir das Material zu diesen Strümpfen gegeben haben, es sind meine Hände, die zusammen mit dem Sohn Calas gearbeitet haben, um sie bei mir herzustellen, es sind die ersten seidenen Strümpfe, die man in diesem Lande gemacht hat. Geruhen Sie, Madame, sie anzuziehen, und zeigen Sie dann Ihre Beine wem Sie wollen, und wenn man nicht zugibt, daß meine Seide schön ist und stärker als die der Provence und Italiens, so gebe ich mein Handwerk auf. Überlassen Sie sie anschließend einer Ihrer Frauen, sie werden ein Jahr lang halten«:

> Je me mets à vos pieds, j'ai sur eux des desseins
> Je les prie humblement de m'accorder la joie
> De les savoir logés dans ces mailles de soie
> Qu'au milieu des frimas je formai de mes mains.

Dann will er Spitzen herstellen — Seidenspitzen, genannt ›les blondes‹. Er hat schon eine ausgezeichnete Arbeiterin, bald wird er sechs haben, dann zwölf. Man solle ihm schnell Aufträge und Modelle schicken. Er würde sie vollendet kopieren lassen — und ganz umsonst! Sagen wir: zum halben Preis.

Madame de Saint-Julien übernimmt es, seine Seidenspitzen zu vertreiben. »Die ›blonden‹, Madame, müssen gefördert werden. Ich weiß nicht, ob Sie nicht lieber Blondköpfe förderten, aber es geht hier nicht um schöne Damen oder schöne Jungen . . .« Es geht nicht um einen Scherz, sondern darum, Spitzen zu verkaufen, um Pflüge, Sämaschinen anzuschaffen und anständige Häuser für die Bevölkerung von Ferney zu bauen.

Das Meisterwerk Voltaires war die Uhrenindustrie. Bisher hatte Genf eine Art Monopol in der Herstellung feiner Uhren gehabt. Diese unvergleichlichen Uhren, die Europa in Genf kaufte, kamen aus den Händen von Arbeitern, die von dem Genfer Bürgertum äußerst schlecht behandelt wurden und unter dem Namen ›natifs‹ bekannt waren. Als sie mit ihren Brotherren in Streit gerieten, öffnete Voltaire ihnen sein Herz, seine

Häuser und seinen Kredit. Auf diese Weise brachten sie ihre wertvolle Industrie nach Ferney. Madame de Choiseul hatte wiederum das Vorrecht, die ersten Uhren französischer Herstellung zu erhalten. Diese Uhren sollten in Spanien verkauft werden, der französische Botschafter würde dies übernehmen; selbstverständlich hatte Voltaire den verehrten Duc de Choiseul gebeten, die notwendigen Anordnungen zu treffen. Ohne die Mithilfe seiner mächtigen Freunde wäre diese Industrie vielleicht nicht so erfolgreich gewesen, aber Voltaire hätte sie trotzdem aufgebaut . . . Die Schwierigkeit lag nicht in der Herstellung, sondern im Verkauf der Ware. Er mußte sich zum Handelsreisenden und Reklamechef machen: doch bei welcher Kundschaft! Bei den Königen Europas, den großen Herren, Ministern und Botschaftern — er schreibt, er schreibt noch einmal, er insistiert, er drängt und erhält schließlich die Bestellung. Dieser Mensch hat tausend Stimmen, denen tausend Echos antworten. Man hört ihn überall seine Uhren rühmen; der Kardinal de Bernis muß einen Kasten voll nach Rom bringen und an alle Kardinäle verkaufen, das Heilige Kollegium wird sich nach der unfrommen Stunde Voltaires richten! Sankt Petersburg: Katharina soll sich beeilen, Konstantinopel einzunehmen, Byzanz wieder erstehen zu lassen, damit die ganze griechische Kirche mit Uhren aus Ferney versehen werden kann.

Wer könnte sich den schlechten Geschmack leisten, diese Uhren zu verachten? Sehen Sie den reinen Schmelz des Zifferblattes, das feine Räderwerk, die Genauigkeit der Unruhe, das solide, luxuriöse Gehäuse! Öffnen Sie! Ein Emailleporträt Ihres süßen Liebchens wird Sie anlächeln, und all das für einen niedrigeren Preis als den der Genfer Uhren. Schließlich bittet er seine Kundschaft, in Betracht ziehen zu wollen, daß dies philosophische Uhren seien, die Uhren des Jahrhunderts, das Zifferblatt der Avantgarde, das die Stunde der Zukunft anzeige. Und er verkauft, lebt und läßt seine Leute leben.

Seine Uhren sind wirklich von bester Qualität. Voltaire kann mit Worten mogeln, bei der Arbeit nie. Er faßt eine Art Rundbrief ab, der durch Choiseul allen Mitgliedern des diplomati-

schen Korps in Paris überreicht wird. Selbst in seinen Reklame-
texten kann er nicht umhin, einige witzige Bemerkungen ein-
zustreuen. Hier der Anfang des Rundschreibens: »Monsieur,
ich habe die Ehre, Eure Exzellenz davon zu unterrichten, daß
die Bürger von Genf unglücklicherweise einige ihrer Mitglieder ermordet haben und daher mehrere Familien guter Uhrmacher in ein kleines Dorf geflohen sind, das ich im Lande Gex
besitze . . .« Es folgt ein Lob der Uhren und der guten kalvinistischen Uhrmacher, und man kann den folgenden Satz lesen: »Sie verdienen um so mehr den Schutz Eurer Exzellenz,
als sie den größten Respekt vor der katholischen Religion haben.« Monsieur de Voltaire liebt zu scherzen.

Überqueren wir das Meer und verkaufen wir die Uhren auf
der anderen Seite. »Ich wäre M. de Praslin sehr verpflichtet,
wenn er geruhte, die Uhren dem Dey und der Miliz von Algier
und dem Bey und der Miliz von Tunis zu schicken.« Der Duc
de Duras kauft ihm einen Kasten Uhren ab, die er bei der
Hochzeit des Comte d'Artois verschenken will. Katharina legt
sich ein Lager davon an. »Ich werde sie alle nehmen«, schreibt
sie ihm begeistert. Er antwortete: »Wir wünschen brennend,
daß uns alle Stunden günstig sind und der Mustafa (der Sultan
und Feind Katharinas) schlechte Viertelstunden verbringt.«

Zur gleichen Zeit läßt er seine Uhren Mustafa selbst anbieten,
der den Brief Voltaires an ›seine Käthe‹ glücklicherweise nicht
liest. Im Jahre 1770 sind die Zarin und er noch mitten in den
Flitterwochen. Sie schickt ihm ein Kästchen aus Elfenbein und
Gold, das sie selbst verfertigt hat. Als er den Deckel öffnet,
wird er geblendet von dem Porträt der ›Semiramis des Schnees‹
(gefaßt in Diamanten!) Das ist etwas für die Augen und das
Herz des Dichters! Für seine fröstelnden Schultern schickt sie
einen Zobelpelz. Wahrhaftig eine Freundschaft, die ihm Herz
und Knochen wärmt. Sofort gerät er ins Delirium und macht
sich zum Kämpfer für das Kreuz: wenn Katharina doch siegte,
das Kreuz auf die Hagia Sofia pflanzte und die Kinder des
Sophokles und Demosthenes befreite! Verzeihen wir ihm; ein
Zobelmantel kann einen Philosophen schon ins Delirium versetzen, wenn gar die russische Kaiserin ihn schickt!

Wenig später empfing er in Ferney den Besuch eines jungen italienischen Edelmannes namens Gorani, der ungestüm, geistreich und ein wenig hochstaplerisch war. Voltaire hörte ihm zu, amüsierte sich über die mehr oder weniger erfundenen Berichte des Italieners und behielt ihn einige Tage bei sich. Beim Zuhören durchfuhr ihn plötzlich ein wunderbare Idee: er erkannte die Möglichkeit, bei der Restauration des byzantinischen Reiches unter dem Szepter ›seiner Käthe‹ zu helfen. Man kann fragen, welche Beziehung Signor Gorani zu solch hochfliegenden Plänen hatte. Nein, Gorani war nicht der Sohn Theodoras, aber seine Schwester hatte eben in Wien den letzten der Komnenos geheiratet (im 18. Jahrhundert gab es schon einen letzten der Komnenos!). Dieser Komnenos und Graf Alexis stammte in direkter Linie von den Kaisern von Byzanz und Trapezunt ab. Als er diese Namen hörte, schauderte Voltaire — ein literarisches, historisches und politisches Schaudern, das die Menschen kennen, die zu viel gelesen haben. Er stürzte sich auf Gorani, flehte ihn an, auf der Stelle nach Sankt Petersburg zu reisen, die Kaiserin warte nur auf ihn, sie brauche diesen Komnenos für den Thron von Konstantinopel . . . In seiner Phantasie sah er am Himmel ein großes Licht entstehen, das nach Osten wies. Der verdatterte Gorani gestand, daß sein Schwager ein Nichtsnutz sei, dann faßte er sich und sagte, der Nichtsnutz könne den Namen geben, während seine Schwester und er selbst sich um das Reich kümmern würden. Das Ganze war ein Strohfeuer. Gorani fuhr ab, um seine Schwester zu holen, doch er kam nie wieder. Voltaire kehrte zu seiner Aussaat und seinen Uhren zurück, und der gesunde Menschenverstand der Arouets trat wieder in seine Rechte.

Währenddessen hatte Katharina II. dieselbe Idee. Sie ließ das griechische Volk durch geheime Boten aushorchen, um zu wissen, ob ihnen ein griechisches, von den Zaren geschütztes Reich angenehm wäre. Man muß zugeben, daß der Traum der Kaiserin nicht mehr Folgen hatte, als der des Dichters von Ferney.

Voltaire mischt sich in Genfer Geschäfte
und wird auf die Finger geschlagen

Zur Zeit des Streites um ›Emile‹ teilten sich zwei Parteien die Stadt Kalvins; die des Rates, der über die Stadt regierte und sie (wenn nötig) tyrannisierte, und die der Bürger. Eine dritte Gruppe, die der Arbeiter, hatte keinen Anspruch auf das Bürgerrecht. Voltaire prahlte damit, einiges Ansehen in der Republik zu genießen, was auch — durch seine Freundschaft mit einigen mächtigen Familien — der Wahrheit entsprach. Doch es gab Bürger, die die Einmischung Voltaires in die lokalen Streitigkeiten unerträglich fanden. Jederzeit bereit, seine Nase in anderer Leute Geschäfte zu stecken, bot er sich als Vermittler an, als die Genfer Parteien miteinander in Streit gerieten: »Ich bin weit entfernt zu glauben, daß ich nützlich sein könnte, aber ich erkenne, daß es nicht unmöglich ist, die Geister einander zu nähern. »Er öffnete sein Haus für eine Versöhnung des Rates, der die Autorität verkörperte, mit den Bürgern, die diese abschütteln wollten. »Ich sehe unter den augenblicklichen Umständen nicht, daß es unangebracht wäre, wenn zwei Ihrer verhandlungswilligsten Abgeordneten mir die Ehre erwiesen, zum Diner nach Ferney zu kommen und dort mit zweien der gemäßigtsten Bürger zusammenzutreffen.«

Er lud sie, die Gabel in der Hand, an seinen ›runden Tisch‹. Die Bürger hatten die Partei des ›Emile‹ und Rousseaus ergriffen, der Rat hatte das Buch verdammt und verteidigte die angeblich beleidigte Religion.

Sofort gab Voltaire Versailles zu wissen, (das ihn um nichts gebeten hatte) daß er sich Verhandlungen um den Genfer Frieden und dem Ruhme Frankreichs widme.

Doch die Herren des Rates verschmähten die Vermittlung Ferneys. Als Voltaire sah, daß der Rat ihm grollte, während er doch sonst bei ihm immer Hilfe und Unterstützung gefunden hatte, schlug er sich auf die Seite der Bürger, von denen er einst beleidigt worden war. Er bereitete einen Friedensplan vor, damit es in Zukunft zu keinem Aufruhr der Parteien mehr käme, und trug Sorge, diesen Plan zur Prüfung und Billigung

nach Versailles zu schicken. Außerdem versprach er, sich von
nun an still zu verhalten: »Ich werde mich in nichts mehr hin-
einmischen. Ich tue nichts anderes als den Herren die Wege zu
ebnen.« Er beklagte sich gleichzeitig, daß ihn der Krieg viel
Zeit koste, daß er oft nach Genf fahren müsse, daß er krank
sei . . . Was bedeutete, daß niemand seine Vermittlung wollte.
Was tat's, er würde sie trotzdem anbieten.

Als Voltaire den Rat davon unterrichtete, daß er seinen Plan
den Bürgern vorgelegt und man ihn gut aufgenommen habe,
stießen die Stadträte Verwünschungen aus. Um sie zu besänftigen, vollführte Voltaire eine neue Kehrtwendung und griff die
Bürger an. Nun schrien diese Verrat; damit auch sie sich wieder
beruhigten, versetzte er dem Rat einige Hiebe. Für den Vertreter Frankreichs in Genf, Monsieur Hennin, der in Ferney
verkehrte und Voltaire bewunderte, war dessen ungeachtet der
Eifer des beharrlichen Alten sehr hinderlich. Er rief ihn respektvoll zur Ordnung, doch Voltaire lachte nur. Monsieur
Hennin lachte auch, aber nicht ohne Unruhe, denn Voltaire
betrachtete die Sache wie gewohnt als einen Scherz. Der Vertreter Frankreichs schrieb seinem Minister: »Weder die einen noch
die anderen (die Genfer) verstehen einen Scherz.« Es wurde
deutlich, daß sich Voltaire mit aller Welt verfeinden würde.

Da trat ein merkwürdiger Wechsel ein. Als Jean-Jacques erfuhr, daß Voltaire die Bürger unterstützte, riet er seinen Freunden, seine Vorschläge anzunehmen. »Ich rate und ermahne
euch, ihm euer Vertrauen zu schenken, sobald ihr ihn genügend
ausgeforscht habt. Mit einem Wort, da er eure einzige Rettung
ist, weist sie nicht ab. Liefert euch also tapfer und offen ihm
aus und gewinnt sein Herz durch dieses Vertrauen.« 30. Dezember 1765.

Jean-Jacques entschloß sich nicht leichten Herzens dazu, die
Unterstützung des Mannes anzunehmen, den er am meisten
haßte. Im Grunde riet er seinen Freunden, sich an Voltaire
wie an eine verfaulte Planke zu hängen, die jedoch immer noch
schwimmt. Welchen Einfluß übte Voltaire aus, und welches
Vertrauen setzte man in seine Geschicklichkeit!

Voltaire erfuhr von diesem Brief. Er war gerührt, er fand, man solle Rousseau, der sich in London aufhielt, zurückholen und ihn bitten, gewisse Schriften zu vergessen. »Sie wurden geschrieben, ehe ich seine Gefühle kannte.«

Voltaire mit seiner lebhaften Phantasie sah sich schon auf dem Weg zur Versöhnung. Er bot Rousseau sogar an, ihm zu helfen, die Bürgerrechte in seinem Vaterland zurückzugewinnen. Das war es, was die Pseudo-Versöhnung in Scherben gehen ließ. Was? Einen solchen Dienst von Voltaire annehmen, wo Rousseau noch nicht einmal eine von ihm geschenkte Tasse anrührte! Entrüstet antwortete Rousseau: »Sie haben wohl gedacht, daß ich Monsieur de Voltaire meine Wiederaufnahme verdanken wollte . . . Aber alle Fehler liegen doch bei ihm! Er ist es, der alle entgegenkommenden Schritte tun muß, und das wird nie geschehen. (Immerhin hatte er gerade einige getan...) Er will verzeihen und schützen, aber wir sind noch nicht am Ende unserer Abrechnung.«

Als Versailles sah, daß sich die Lage in Genf verschlechterte, beschloß es, einen Unterhändler zu schicken. Voltaire flehte, daß man ihn dazu bestimme. Doch der Duc de Praslin hütete sich, ihm diese Rolle anzuvertrauen, um ihm einen Fehlschlag zu ersparen. Man ernannte Monsieur de Beauteville. Kaum war er eingetroffen, als Voltaire sich auf ihn stürzte. »Ich decke ihm den Tisch«, sagte er. Der Botschafter hatte nicht die Zeit, Widerstand zu leisten, schon war er verführt und gefangen. Obwohl dem Tode nahe, verließ Voltaire das Bett, um bei Tisch zu präsidieren, er erschien in großer Perücke und einem prächtigen Morgenrock aus schwerem, in steifen Falten herabfallenden, durchwirkten, azurblauen Satin, der mit goldenen Sternen übersät war.

Nach recht versöhnlichen Debatten blieb es bald nicht aus, daß Monsieur de Beauteville von beiden Parteien mit Vorwürfen überhäuft wurde. Ihre gutmütigen patriarchalischen Mienen verbargen störrische Hartnäckigkeit, und eines Tages antwortete ihnen Beauteville mit zornigen Worten und schickte sie hinaus, ohne einer der streitenden Parteien Recht zu geben. Das verursachte einen schönen Skandal, aus dem sich Voltaire ausnahmsweise heraushielt.

Die ›natifs‹, von denen wir schon gesprochen haben, waren Söhne oder Nachkommen von Ausländern, die nach Genf geflüchtet waren. Sie galten nicht als Bürger. Sie hatten nicht das Recht, gewisse Berufe auszuüben und keinen Zugang zur Verwaltung. Dafür waren sie überladen mit Steuern und wurden mit christlicher Nächstenliebe verachtet. Sie profitierten von der Auseinandersetzung zwischen Bürgern und Rat und versuchten, ihren unglücklichen Zustand zu verbessern. Sie waren zahlreich, und sie arbeiteten. Die anderen verwalteten den Reichtum Genfs, sie jedoch produzierten ihn. So die Uhrmacher. Einige von ihnen konnten lesen — und reden. Sie beschlossen, sich zusammenzuschließen und ihre Rechte geltend zu machen. Sie verfaßten ein Memorandum und verlangten das Bürgerrecht. Dieses Memorandum brachten sie wie zufällig zu Monsieur de Voltaire, denn sie hatten seine Stimme gewählt, um sich Gehör zu verschaffen. Voltaire fand das Memorandum verworren und ließ es nochmals schreiben, aber weit entfernt, sie zu entmutigen, nahm er es gerne an, der Vorkämpfer des Genfer ›Proletariats‹ zu werden. Daß die Forderungen der ›natifs‹ gerechtfertigt waren, ist sicher, daß Voltaire als Ausländer sich zu ihrem Kämpfer gemacht und die Unordnung in der Stadt vergrößert hat, scheint ebenso sicher. »Meine Freunde«, sagte er zu ihnen, »ihr macht den größten Teil eines freien und arbeitsamen Volkes aus, und ihr lebt in der Knechtschaft. Ihr bittet nur darum, in den Genuß der euch zustehenden Rechte zu gelangen, es ist gerechtfertigt, daß man euch eine so gemäßigte Bitte erfüllt. Ich werde euch mit allem meinem Ansehen bei den bevollmächtigten Herrn dienen, und wenn man euch zwingt, ein Vaterland zu verlassen, das ihr durch eure Arbeit reich macht, so könnte ich euch immer noch dienen und euch anderwo beschützen.«

Das war eine große Verpflichtung. Er ließ die Vertreter der ›natifs‹ zu sich kommen und verfaßte für sie eine Empfehlung an den französischen Botschafter. Aber die ganze Angelegenheit verlief nicht sehr glücklich. Die vier Abgeordneten kamen zu dem von dem Botschafter anberaumten Zusammentreffen anderthalb Stunden zu spät. Sie hatte sich erschreckend zurechtgemacht, frisiert und gepudert. Der eine hatte zu Hause die Empfehlung vergessen, die er ablesen sollte, und stotterte vor dem verärgerten Botschafter herum, dann ging er plötzlich zu heftigen Anschuldigungen über. Der Botschafter antwortete ihnen, daß er nicht beauftragt sei, ihre Streitigkeiten mit dem Rat zu schlichten. Das war das Ende ihres ersten Zusammentreffens. Sie kamen und erzählten Voltaire von ihrem Mißgeschick; er machte sich über sie lustig, trotzdem versprach er ihnen eine Bittschrift unter der Bedingung, daß sie nie seinen Namen in ihre Angelegenheiten mischten. Er bildete sich ein, seine Rolle könne geheim bleiben! Und er sagte ihnen: »Lest sie euren Leuten vor und begnügt euch damit zu sagen, sie stamme von einem mächtigen geheimen Manne. Das Volk liebt solche Worte.« Und Monsieur de Voltaire solche Spiele. Fünfzehnhundert ›natifs‹ versammelten sich also, um die Botschaft des geheimen Beschützers ihrer Klasse anzuhören. Doch die ›natifs‹ waren schockiert von dem Stil der Bittschrift, von dem Titel ›Messeigneurs‹ und dem glatten, schranzenhaften Ton. Voltaire blieb, obwohl er sich bei Proletariern als Demagoge gebärdete, seiner höfischen Sprache treu. Daher wollten die ›natifs‹ seine Bittschrift nicht und behaupteten, sie verletze die Bürger und den Rat, die nur den ›republikanischen Stil‹ duldeten. Diese Haltung gibt zu denken: bisher hatten es die ›natifs‹ ertragen, als Parias im ›republikanischen Stil‹ behandelt zu werden. Doch sie protestierten, als man sie im ›aristokratischen Stil‹ befreien wollte. Wie gut wäre es gewesen, wenn Voltaire dieser Versammlung hätte beiwohnen können! Um ein Haar wäre der ›mächtige Beschützer‹ ebenso von den ›Sklaven‹, die er befreien wollte, beschimpft worden, wie die ›Bürger‹, die sie zu Sklaven machten. Die Abgeordneten waren etwas unsicher, als sie wieder zu Voltaire kamen. Sie dachten, wenn er erführe, was geschehen war, so würde er sie vor die Tür setzen lassen. Keineswegs: als guter Demagoge nahm Voltaire das Urteil des Volkes an. Er änderte den Stil und machte die ganze Bittschrift, die die Abgeordneten von Haus zu Haus tragen sollten, noch einmal. Aber weder die Bürger, noch der Rat, noch die ausländischen Botschafter gedachten sich danach

zu richten. Die ›natifs‹ waren ungeschickt, unsicher und unter
sich in drei Parteien geteilt! Nach jeder Niederlage kamen sie
zu Voltaire und stöhnten ihm etwas vor. Ihre Haltung war so
entmutigend, daß er ihnen eines Tages folgende illusionslose
Antwort gab, die für alle ›natifs‹ in Genf und anderwo gilt:
»Meine Freunde, ihr ähnelt nicht wenig jenen kleinen fliegen-
den Fischen, die außerhalb des Wassers von den Seevögeln
gefressen und kaum sind sie untergetaucht, von den großen
Fischen verschlungen werden. Ihr steht zwischen zwei gleich
mächtigen Parteien, ihr werdet ein Opfer der Interessen der
einen oder der anderen werden, oder vielleicht beider zusammen.«
Was auch geschah. Als die Bürger und Mitglieder des Rates
sahen, daß die ›natifs‹ sich rührten, einigten sie sich, um sie
zur Vernunft zu bringen — wieder wurden die kleinen fliegen-
den Fische das Opfer.
Trotzdem schlugen sie noch Lärm. Als der Rat erfuhr, daß sie
der französische Botschafter empfangen hatte, regte er sich
sehr auf, um so mehr als die ›natifs‹ sich gerühmt hatten, von
dem Botschafter das Versprechen für energische Hilfe erhalten
zu haben. Erzürnt durch diese Lüge rief der Botschafter die
vier Abgeordneten zusammen und bedrohte sie mit Gefängnis.
Sie waren zu Tode erschrocken und gaben zu, gelogen zu
haben.
— Wer hat eure Bittschrift abgefaßt, fragte er sie barsch.
Sie wollten das Voltaire gegebene Versprechen halten und antworteten, man müsse armen Arbeitern nachsehen, so schlecht
und so geistlos geschrieben zu haben.
— Nicht weil es ihr an Geist fehlt, zweifle ich daran, daß die
Bittschrift von euch ist, sondern gerade weil ich zuviel darin
finde, bin ich überzeugt, daß jemand euch seine Feder geliehen
hat.
Sie schwiegen. Der Botschafter wurde wütend.
— Wißt ihr, daß ich euch in einem Gefängnis verfaulen lasse,
wenn ihr es wagt, die Wahrheit zu verbergen?
Daraufhin verrieten sie Voltaire. Und der Botschafter lächelte.
Er sah Monsieur de Ferney im blaugoldenen Morgenrock vor

sich, die fünfzehn Lakaien beim Diner und alle Dienste, die Voltaire unberufenerweise kreuz und quer in der Diplomatie leisten wollte und die bei weitem nicht den gleichen Wert hatten, wie die, die er der Literatur leistete.

Nach solchen Gedanken überkam Monsieur de Beauteville der Zorn. Der Rat war nicht weniger wütend auf den Autor von ›Candide‹, der die Rolle eines Agitators gespielt und versucht hatte, die Plebs aufzuwiegeln. Trotzdem erkannte er in seiner Sitzung vom 30. April 1766 an, daß der Botschafter mit der Sache nichts zu tun und sich loyal gegenüber Genf verhalten habe; er gab sogar mit offensichtlicher Befriedigung zu, daß dieser streng mit Voltaire verfahren sei. »Er hat ihm den Kopf waschen lassen (von Monsieur de Taulès, Sekretär der Botschaft), der dies bestens besorgt hat. Er hat geweint, gestöhnt und alles versprochen, was man wollte.« Ausgezeichnet! Monsieur de Voltaire mußte sich mit einer Narrenkappe in die Ecke stellen: nun weint er.

Die Härte des Tadels war von dem Botschafter übertrieben worden, um die Stadträte von Genf zu beruhigen. In seinem Brief an den Minister, Monsieur de Praslin, schwächte er den Verweis ab, ohne das Tadelnswerte an der Haltung Voltaires ganz zu verschweigen. Er sagte, der Patriarch habe voller Kummer seinen Fehler eingesehen. Hier, wie der Patriarch selbst von diesem Kummer sprach:

»Etwa zwanzig ›natifs‹ sind zu mir gekommen wie die Fischweiber von Paris, die mir früher dieselbe Ehre erwiesen haben. Ich verfaßte ihnen damals ein kleines Empfehlungsschreiben an den König, das gut aufgenommen wurde. Für die ›natifs‹ schrieb ich auch eines, das jedoch nicht so gut aufgenommen wurde: offensichtlich, weil die Herren der fünfundzwanzig (der Rat) vornehmer sind als der König. Ich weiß nicht, ob die Fischweiber mehr Vorrechte haben als die ›natifs‹«. 30. April 1766.

Schwamm darüber. Eine unwichtige Angelegenheit. Im Vorübergehen eine kleine Ohrfeige für den Rat: das ist die Kunst Voltaires sich reinzuwaschen ... Dem französischen Botschafter in Genf schrieb er: »Ich bin ein armer Landarbeiter und Gärtner, Besitzer von zweiundsiebzig und einem halben Jahr,

krank, unfähig auszugehen (aber man kommt zu ihm) mich
damit vergnügend, einen äußerst säuberlichen und keineswegs
luxuriösen Grabstein in meinem Friedhof aufstellen zu lassen.
Ich bin tot für die Welt (dabei tönt die Welt von dem Lärm
wider, den er verursacht), ich brauche nur noch ein De Profun-
dis . . . «

Dies schrieb er als Einleitung für seinen Bericht über den Besuch der ›natifs‹, den er jedoch erst einen Monat nach dem
Skandal gab. Und warum waren die ›natifs‹ zu ihm gekommen? »Um mich zu bitten, ein langweiliges Empfehlungsschreiben zu kürzen. Ich nahm meine Académie-Schere und
schnitt das Empfehlungsschreiben zurecht.« Und das ist alles:
man hat einen ungeheuren Lärm vollführt für einen Schnitt
mit der Schere in ein schlechtes Papier. »Ich weiß nicht, wer am
meisten im Unrecht ist, die Bürger, der Rat oder die ›natifs‹.
Ich habe mit keiner ihrer Aktionen etwas zu tun.« Ach! der
weise Eremit! Er ist noch nicht einmal auf dem laufenden über
die Angelegenheiten von Genf. Welchen Anteil könnte er daran nehmen?

Nein, er weinte nicht über seine Fehler. Trotzdem wartete er
mehrere Monate, ehe er sich wieder auf die Straßen Genfs
wagte. Er schickte Madame Denis, »um ihn zu Füßen des Botschafters zu legen«. Was die ›natifs‹ betraf, die auswandern
wollten, so ließ er sie wissen, daß er diejenigen aufnähme, die
sich auf die Uhrmacherkunst verstünden. Auf diese Weise
diente seine diplomatische Niederlage aufs beste der Einführung der Uhrenindustrie in Ferney, das heißt in Frankreich.
Eine gute Tat, die man zuweilen vergißt.

Der widerspenstige Pastor

Pastor Vernet war ein Mann von Verdienst, großem Wissen
und Mitglied des Genfer Rates. Er schrieb. Seine Feder war
vielleicht für die Feder eines Dieners des Evangeliums etwas
zu schwungvoll, als sie das Porträt Voltaires schrieb, das veröffentlicht wurde und auf den Philosophen die Wirkung eines

Wespenstiches hatte. Damit weiß man, welcher Rache sich der unvorsichtige Pastor aussetzte.

Vernet und Voltaire hatten sich 1722 in Paris kennengelernt. Der Anfang ihrer Beziehung war wie stets Milch und Honig. Vernet war damals geistreich, er hatte gerade ein witziges Pamphlet geschrieben: ›Lettre à la lune pour la prier de ne pas se montrer les soirs d'illuminations‹. Fontenelle schätzte ihn. Im Jahre 1744, als Voltaire seinen ›Essai sur l'Histoire universelle‹ veröffentlichte, verteidigte ihn Vernet gegen seine Verleumder, und Voltaire war ihm dankbar dafür. In Genf unterhielten die französischen Botschafter freundschaftlichste Beziehungen zu Vernet. Montesquieu beauftragte ihn, den Druck des ›Esprit des Lois‹ zu überwachen. Pastor Vernet war also nicht irgendwer.

Als Voltaire in Wut gegen ›l'Infâme‹ geriet, als er seinem ›Essai sur l'Histoire‹ spöttische Bemerkungen über das Alte und Neue Testament hinzufügte, als Pastor Vernet sah, daß Kalvin ebenso schlecht behandelt wurde wie die römischen Prälaten, da protestierte Vernet, und Voltaire beschuldigte ihn, das zu verbrennen, was er bewundert habe. Als Voltaire sich in den ›Délices‹ einrichtete, gehörte Vernet zu denen, die Bedenken über die Qualität des neuen Zuwachses äußerten. 1761 veröffentlichte Vernet die ›Lettres critiques d'un voyageur anglais‹, die vor allem eine Kritik Voltaires waren und das entsetzliche Porträt enthielten. Der Anfang war nicht sehr boshaft: man gestand dem Patriarchen dichterisches Talent zu, aber verweigerte ihm philosophisches.

Dann wurden die Hiebe bösartiger: »Wenn er wirklich der Autor eines so profanen, so satirischen, so obszönen Gedichtes wie der ›Pucelle‹ ist, so halte ich ihn für einen ehrlosen Mann; aber man darf ihm nicht zuschreiben, was er verleugnet.« Als Voltaire diese ›Lettres‹ las, verzog er das Gesicht vor Schmerz. Es kam noch schlimmer . . . »es handelt sich um einen Schriftsteller, der geboren ist, um zu gefallen, aber es heißt sich über die Welt lustig machen, wenn man ihn, wie es seine Anhänger tun, zu einem Gelehrten oder Weisen macht, der geboren sei, um zu belehren. Je mehr Geist er zeigt, um so gefährlicher wird er durch den Mißbrauch, den er damit treibt.«

Offensichtlich konnte Monsieur Vernet keinen Mißbrauch mit seinem Geist treiben, da er vorsorglich den, den er in seiner Jugend besaß, fortgepackt hatte. Voltaire, der immer noch jung war, reagierte wütend auf diese Angriffe. Er warf Vernet das vor, dessen er am wenigsten schuldig war: er nannte ihn einen Dieb und Fälscher von Papieren. Einen Mann, dessen Rechtschaffenheit unantastbar war! Der Arme fühlte sich so getroffen, daß er den Rat um ein Zeugnis seiner Ehrlichkeit bat, das er auf der Stelle erhielt, aber er empfand es als bittere Erniedrigung, darum bitten zu müssen. Folgendermaßen berichtet unser Philosoph von dem Zwischenfall: »Der Theologe Vernet hat sich beim Rat beklagt, daß man sich über ihn lustig mache; der Rat stellte ihm ein Zeugnis über seine Lebensführung und seine Sitten aus, wonach er nicht auf öffentlichen Straßen und noch nicht einmal aus Taschen gestohlen hat. Dieser letzte Teil des Zeugnisses scheint recht gewagt.« 18. Juli 1766. Die Schlagfertigkeit und Unverschämtheit dieser Behauptung sind offensichtlicher als ihre Aufrichtigkeit. Voltaire brauchte eine bessere Rache als diesen Wespenstich: er veröffentlichte also, ohne Nennung des Autors, eine Schmähschrift mit dem Titel ›Eloge de l'Hypocrisie‹, die 1766 in Carrouges bei Genf erschien.

> Mais si j'avise un visage sinistre
> Un front hideux, l'air empesté d'un cuistre
> Un cou jauni sur moignon perché
> Un œil de porc à la barre attaché
> (Miroir d'une âme à son remords en proie
> Toujours terni de peur qu'on ne la voie)
> Sans hésiter, je vous déclare net
> Que ce magot est Tartuffe ou Vernet.

So sehen die Rachen dieses zweiundsiebzigjährigen Greises aus. Wünschen wir ihm, daß sie ihm ebensoviel Befriedigung verschafften, wie sie ihm Haß eintrugen. Das ist wahrscheinlich, denn er blieb dabei mit einem Eifer, der über das Vergnügen, das sie ihm bereiteten, nicht hinwegtäuschen kann.

Neuer Schabernack mit Genf

Kaum war dem turbulenten Patriarchen von dem Botschafter der Kopf gewaschen worden, als er mit teuflischer Freude eine neue Gelegenheit erspähte, Genf in Wut zu bringen. Um seine Stadtväter und Institutionen lächerlich zu machen, bediente er sich dieses Mal einer kleinen Skandalgeschichte. Folgendes hatte sich ereignet: ein gewisser Robert Covelle erschien vor dem Konsistorium, weil er einer zu den ›natifs‹ gehörigen Dame namens Cathérine Ferloz ein Kind gemacht hatte. Er erkannte seine Unzucht, jedoch nicht das Kind an. Dame Cathérine erkannte sowohl ihre Unzucht wie das Kind an, dazu noch den Vater des Kindes in der Person Covelles.

Die Pastoren, entrüstet über dieses noch nie dagewesene Verbrechen, verboten Covelle das heilige Abendmahl und verurteilten ihn dazu, Gott auf Knien um Verzeihung zu bitten.

Covelle erbat sich acht Tage Zeit, darüber nachzudenken, ob er niederknien wolle. Der Aufschub wurde gewährt.

Die Pastoren verwiesen die Angelegenheit wieder vor den höchsten Rat. Nachdem Covelle — und andere mit ihm — nachgedacht hatte, vertrat er die Meinung, die Pastoren seien keine Richter und nicht befugt, Strafen zu verhängen, und verweigerte den Kniefall. Durch einen Zufall, den Voltaire allein hätte erklären können, begann eine 1768 in London gedruckte Broschüre in Genf zu zirkulieren, die wörtlich den Titel trug: ›La Guerre Civile de Genève ou les Amours de Rob. Covelle‹.

Der Rat ließ sie beschlagnahmen. Sie enthielt »für das Konsistorium beleidigende Ausdrücke und schien zum Ziel zu haben, die öffentliche Ruhe zu stören.« Sie verhinderte jedenfalls, daß Covelle niederkniete. Als man den Unzüchtigen verhörte, um zu erfahren, wer ihn so gut belehrt und wer die Broschüre geschrieben habe, gestand er ohne Umschweife, es sei Voltaire gewesen. Zu allem Überfluß hatte die Hartnäckigkeit dieses so gut beratenen Nichtsnutzes schließlich noch Erfolg: nach dieser Farce wurde 1769 der ›Kniefall‹ abgeschafft. Da sieht man, wozu eine Marionette gut sein kann, wenn die Fäden von dem Hanswurst in Ferney gezogen werden.

Covelle war durch Genfer, die dem Eindringen der Pastoren in die Justiz ein Ende machen wollten, nach Ferney gebracht worden. Er war für Voltaire nur ein Spielzeug gewesen, doch der Nichtsnutz hielt sich bald für eine wichtige Persönlichkeit. Er betrachtete sich als Sieger über die religiöse Tyrannei und hielt Monsieur Hennin, dem französischen Botschafter, eine Rede, bei der er alles durcheinanderbrachte: Cathérine, sein Heldentum, das Konsistorium, die Unzucht und die Tyrannei. Der Botschafter amüsierte sich zuerst über diese Hanswurstereien, dann bemerkte er, daß der Hanswurst nach Alkohol roch. Und er beschloß seinen Bericht über den Besuch Covelles folgendermaßen: »Er hatte, glaube ich, Bacchus mehr gefeiert als Mademoiselle Cathérine.« Voltaire schrieb seinerseits dem Botschafter: »Sie sind glücklich zu preisen, daß sie Covelle den Unzüchtigen gesehen haben, das ist ein gutes Vorzeichen; er ist ein Auswurf der Menschheit, denn er macht der Häßlichsten in Genf Kinder und trinkt den schlechtesten Wein, als wäre es Chambertin, im übrigen hat er hochtrabende politische Ansichten, die wenig gesunden Menschenverstand beweisen.« Um die Pastoren in Wut zu bringen, gab Voltaire selbst ein Fest zu Ehren Covelles. Er ließ ihn als ›Herrn Unzüchtler‹ ankündigen, was man mit großer Feierlichkeit tat. Voltaire sagte, es handle sich um ein kürzlich in der Republik der Pastoren geschaffenes Amt. Man bat den Herrn Unzüchtler, wie man den Herrn Botschafter oder die Frau Amtmann bat. Und Covelle gebärdete sich wie ein Pfau.

Er wurde schnell lästig, und um sich seiner Besuche zu erwehren, ließ Voltaire ihm sagen, er sei gestorben. Damit er dies glaube, ließ er ihn ebenfalls wissen, daß er ihm eine Rente von dreihundert Livres vermache, eine Rente, die dem Unzüchtler wirklich ausgezahlt wurde! Wenn das Zynismus ist, so ist es zumindest der eines vornehmen Mannes. Einem offiziellen Unzüchtigen der Genfer Republik eine Rente zu zahlen, ist eine nicht ganz gewöhnliche Geste.

Voltaires Beziehungen zu Genf wurden bald so schlecht, daß sogar die zu den Tronchins aufhörten, gut zu sein. Tronchin hatte genug von den Pirouetten Voltaires und war es müde, ihn zu entschuldigen. Es nützte nichts, daß Voltaire den Tronchins gegenüber jede Einmischung in die internen Angelegenheiten Genfs abstritt. »Ich stehe mit Genf, als wäre ich hundert Meilen davon entfernt«, schrieb er. Niemand konnte ihm glauben. »Ich folge genau dem Rat des Phytagoras: im Sturm sollt ihr das Echo anbeten.« Das entsprach ganz und gar nicht der Wahrheit: im Sturm entfachte er das Feuer.

Als Tronchin nach Paris fuhr und sich an das Bett der Dauphine begab, begegnete er dem König, der ihn fragte, ob er immer noch der Freund Voltaires sei. »Ich bin nicht der Freund eines Gottlosen«, soll er geantwortet haben. Diese Worte wurden Voltaire augenblicklich berichtet, doch er wollte nicht daran glauben.

Um den Rat bei seinen Sorgen etwas aufzuheitern, ging an einem Februarabend des Jahres 1768 das auf einem Genfer Platz errichtete Holztheater in Flammen auf. Dieses Theater war die Freude Voltaires, er hatte es selbst zum großen Ärger Jean-Jacques und der Stadt Kalvins akklimatisiert. Bei jeder Aufführung war der Saal ausverkauft. Als man ›Tartuffe‹ spielte, klatschte das Publikum überall dort Beifall, wo die religiöse Heuchelei kritisiert wurde. 1766 spielte man die ›Olympe‹ von Voltaire. Er war entzückt darüber, hatte er doch für dieses schlechte Stück dieselbe Schwäche wie ein Vater für sein krankes Kind.

Der Scheiterhaufen begeisterte das Publikum — vielleicht mehr als die Verse. »Der Scheiterhaufen verdreht alle Köpfe«, sagte Voltaire, »es waren viel weniger Leute am Scheiterhaufen Jean-Servets, als fünfundzwanzig Schurken ihn in Brand setzten.«

Als man an jenem Winterabend große Flammen zum Himmel aufsteigen sah, liefen die Leute mit ihren Wassereimern herbei, und als sie merkten, daß es das Theater war, sagten sie: »Nun, meine lieben Herren, sollen es doch die, die es gewollt haben, löschen.« Und sie ließen es brennen. Voltaire fand das Volk recht wetterwendisch und undankbar. Er hätte verstanden, wenn man solche Worte von einer brennenden Kirche gesagt hätte, aber von einem Theater! Welche Rohheit! »Ach! dieses Genf«, schrieb er, »wenn man glaubt, es zu halten, entwischt es einem; unfrisierte Köpfe oder Perücken, alle sind sie gleich.« Er versicherte, daß man das Theater absichtlich angezündet habe. Doch man fand den Schuldigen nicht. Voltaire hatte gleich einen zur Hand: für ihn war der Brandstifter Jean-Jacques. Wahrscheinlich erschien dem Philosophen des Val-Travers das in Brand gesteckte Theater wie eine Reinigung seiner besudelten Vaterstadt.

Moralisten und Metaphysiker zu Voltaire und seiner Moral

Unter den von Voltaire genannten berühmten Persönlichkeiten oder Marionetten findet sich eine für Genf ungewöhnliche Gestalt, einer jener unbeeinflußbaren, strengen, untadeligen Hugenotten. Obschon völlig intolerant, war er ehrlich genug, Voltaire das Manuskript vorzulegen, das er gegen den Gottlosen zu veröffentlichen gedachte. Es handelt sich um Deluc, den alten Deluc, wie Voltaire ihn nannte, einen Freund Rousseaus und wilden Feind Voltaires. Er schlug dem Dichter vor, sich als Sohn Abrahams zu bekennen, auf seine Gottlosigkeit zu verzichten und die Göttlichkeit Christi zu verkünden, worauf er, der Prophet Deluc, die Veröffentlichung seiner Angriffe einstellen werde. Man kennt die Szene, in der Molières Don Juan Monsieur Dimanche empfängt, ihn mit Komplimenten überhäuft und entzückt, aber mit leeren Händen wieder fortschickt. Voltaire verfuhr ebenso mit dem alten Propheten, er wickelte ihn in Lob ein, in Beweise der Freundschaft, des Respekts, der Bewunderung, zitierte aus seinen Werken, kommentierte sie, hob sie in den Himmel, berief sich auf das Gesetz und die Propheten, glänzte in der Exegese, und all dies so lange und so gut, daß der alte Mann glaubte, er habe sich oder man habe ihn über Voltaire getäuscht.
Er gestand daraufhin dem Dichter, daß er ihm sieben Kapitel gewidmet habe, um ihn herunterzumachen. »Hier sind sie!« sagte er und begann das riesige Bündel vorzulesen. Erschreckt über den Umfang der Bußlektüre, flehte Voltaire ihn an, sein

Manuskript dazulassen, er werde es in einem Tag lesen. »Ich lasse es drei Tage hier«, sagte der unversöhnliche Hebräer, »und Sie werden es drei Mal lesen.« Voltaire versprach dies, um der Folter der Lektüre zu entgehen. Er brachte seinen ehrlichen Henker zur Türe, indem er ihn zärtlich umarmte. Er hütete sich, auch nur eine Zeile dieser unerträglichen Kritik zu lesen. Er sagte, Deluc sei »ein unwissender Gläubiger, der den Aposteln gleiche« (vor der Ausgießung des heiligen Geistes natürlich).

Deluc war so langweilig, daß selbst J.-J. Rousseau ihn nicht ertragen konnte, obschon er ihn in den Himmel hob, weil er Voltaire angriff. »Ich empfinde Freundschaft, Ehrfurcht, Hochachtung für ihn«, schrieb er, »aber ich fürchte mich jedesmal, ihn zu sehen. Immerhin habe ich ihn etwas weniger langweilig als in Genf gefunden. Er hat mir zwei Bücher dagelassen. Guter Gott! Welche Aufgabe. Ich, der ich nicht schlafen kann, habe Opium für mindestens zwei Monate.«

Dieser Deluc führte sich wie ein Volkstribun auf und wollte eine Art biblischer Republik gründen. Er war der Zündstoff der Bürgerkriege in Genf. Voltaire machte ihn verantwortlich für die schlechte Lebensmittelversorgung der Stadt, die an Hungersnot grenzte. Was galt es Deluc, wenn die Leute nichts zu essen hatten, solange er ihnen predigen konnte? Er ging von Tür zu Tür und predigte in den Wohnungen; er gehörte zu den von Voltaire so gehaßten Leuten, die vorgaben, ihre Mitmenschen ins Paradies zu führen, indem sie ihr Leben auf der Erde abkürzten und das aus ihr machten, was sie sein soll: »ein Tal der Tränen«. Für den Philosophen von Ferney, der schuftete wie ein Besessener, um aus diesem Tal einen Garten der Freuden zu machen, war das das Richtige! Für ihn, der bereit gewesen wäre, auf das Paradies zu verzichten.

Es ist aufschlußreich, Voltaire durch diese Delucs und seine Gefährten — die Gegenkräfte — hindurch zu betrachten. Er hatte noch einen anderen Feind namens Bonnet, einen vornehmen, klugen und sehr religiösen Mann, dem Voltaire aufgrund seiner gottlosen Scherze ein Abscheu war. Gleich bei seiner Ankunft in Genf hatte Voltaire Besuche abgestattet. Da

Bonnet den Teufel nicht bei sich empfangen wollte, kam er lieber zu ihm in seine Höhle. Er verkehrte also in den ›Délices‹; mit welchem Widerwillen und mit welcher Hartnäckigkeit! Ist es erlaubt, hienieden in den ›Délices‹ zu wohnen? Dieser Voltaire war eine Herausforderung für den Geist der Buße, der Demut und der Einfalt. Daher verkehrte Bonnet auch nur bei ihm, um ihn besser beobachten zu können und ihn bei einer schlüpfrigen, unwissenden oder gar verbrecherischen Äußerung zu ertappen. Als er ein Buch Condillacs auf einem Tisch liegen sah, stellte Bonnet ihm eine Falle: »Was halten Sie von diesem Werk?« Voltaire antwortete, daß er es noch nicht aufgeschlagen habe, daß er sich jedoch nicht in die Philosophie mische und sich damit begnüge, seine schlechten Verse zu machen. Bonnet fand, er sei verlegen gewesen. Die Antwort klingt jedoch eher gleichgültig. Condillac langweilte Voltaire, falls es nicht Bonnet war — oder alle beide. Sie gingen in ein angrenzendes Zimmer, in dem Monsieur de Beaumont gerade von Condillac sprach. Voltaire hörte zu, der schwerhörige Bonnet folgte der Unterhaltung nicht. Kurz darauf wandte sich Voltaire Bonnets Ohr zu und sprach ihm mit einer erstaunlichen Begeisterung von seinem Condillac. Bonnet war verblüfft. Monsieur de Beaumont traf Bonnet einige Tage später und fragte, ob er sich bei Voltaire amüsiert habe. Bonnet erwiderte, er habe sich sehr für das interessiert, was der Dichter über Condillac gesagt habe. »Und ich noch mehr als Sie«, sagte Monsieur de Beaumont lachend und erzählte ihm, wie es dazu gekommen sei.

Bonnet, der ein Freund Hallers war, Deluc und andere gelehrte Theologen taten ihr Bestes, um das Gerücht zu verbreiten, Voltaire sei unwissend. Trotz seiner gewaltigen Lektüre war er zweifellos nicht so bewandert in der Metaphysik wie Bonnet oder Deluc, aber die Breite seiner Bildung ist unbestreitbar. Und Bonnet, der sie in Frage stellte, war in den Naturwissenschaften, im Englischen und Italienischen, in Geschichte, Finanzwesen, Politik, Landwirtschaft, Jura und sogar im Lateinischen ein Unwissender neben Voltaire.

Was man dem Herrn von Ferney vorwarf, war sein herrliches Leben, seine Fröhlichkeit, Leichtfertigkeit und Ungezwungenheit. Man wollte nicht zugeben, daß Genialität liebenswürdig, gesellschaftlich und elegant sein kann. Man war — für die Bonnets — nur überlegen, wenn man langweilig war. »Ich wollte um diesen Preis keines der vielen Talente Voltaires besitzen: er ist meiner Ansicht nach eines der unglücklichsten Wesen, das es auf unserer Erdkugel gibt.«

Das ist Jeremias! Und wer sagt Ihnen, armseliger Bonnet, daß Monsieur de Voltaire seine Talente gegen die Ihren eintauschen möchte, um auf Ihre Weise glücklich zu sein? Hinter der Emphase und der Dummheit erscheint der Neid. Leben begeisterte Voltaire: alles machte ihm Spaß, selbst die Dummen, die ihn in Wut brachten, denn er konnte sich über seinen eigenen Zorn lustig machen.

Als man den ›Dictionnaire philosophique‹ verbrannte, welch ein Freudenausbruch bei Monsieur Bonnet! Und mit welcher Heftigkeit und welch schlechtem Geschmack äußerte er sich! Er sprach von »dem abscheulichsten Buch dieses verpesteten Autors« und sagte dann noch besser: »Es ist für das Bewußtsein das, was Arsen für die Eingeweide ist.«

Dennoch bemerkte auch Bonnet, daß »solche Verbrennungen keine andere Wirkung haben, als den Erfolg des Buches zu vergrößern.« Was nicht falsch ist. Und er machte ein betrübtes Gesicht, als er sah, wie Voltaire über die Verbrennung seines Buches grinste. Dann aber packte ihn der Zorn: »Dieser Mann bringt nur Exkremente hervor, und es gibt eine Unzahl von Menschen, die sie verschlingen.« Pfui, Herr Pastor! Ihre Feder ist in den Nachttopf gefallen!

Monsieur Bonnet beweist größeren Scharfsinn, wenn er bemerkt, daß man die von aller Welt gelesenen Schmähschriften Voltaires durch monumentale Werke widerlegte, die niemand öffnete. »Man müßte auch das Gegengift in kleine hübsch vergoldete Kästchen tun.« Ausgezeichnet gesagt, Monsieur Bonnet. Es fehlt Ihnen nur das Gold für die Kästchen und die Kunst, sie zu ziselieren.

Als d'Holbach sein materialistisches Buch ›Système de la Nature‹ veröffentlichte, wunderte sich Bonnet, daß Voltaire d'Holbach mit Argumenten für eine Existenz Gottes widerlegte; er

war überrascht und entzückt. Weil er nämlich Voltaire schlecht kannte, der kein Materialist war. In einem Vers, der zum Sprichwort geworden ist, sagt Voltaire: »Wenn Gott nicht existierte, müßte man ihn erfinden.« Die Existenz Gottes ist für das Universum, so wie Voltaire es begreift, eine Notwendigkeit. Dennoch war er ein eigensinniger Feind aller Dogmen, aller Riten und offenbarten Religionen, all das wurde von ihm in Bausch und Bogen unter dem entehrenden Namen ›Aberglauben‹ abgelehnt, denn es ist der Aberglauben, der zum mörderischen Fanatismus führt. Es lebte jedoch in Voltaire eine Sehnsucht nach dem Glauben; die Religion hatte seine Kindheit begleitet. Warum baute er eine Kirche in Ferney? Ein Atheist hätte ruhig die alte in Trümmer zerfallen lassen, er hätte dann weniger Scherereien mit seinem Bischof gehabt. Voltaire war ein heftiger Gegner des Klerus, der Bibel, der Theologie, der Metaphysik, aber er war Deist und Spiritualist. Eines Tages starteten Condorcet und d'Alembert während eines Diners einen heftigen Angriff gegen die Existenz Gottes. Voltaire befahl den Dienstboten hinauszugehen und sagte seinen Freunden: »Nun, meine Herren, können Sie mit Ihren Äußerungen gegen Gott fortfahren, aber da ich heute nacht nicht von meinen Dienstboten erwürgt werden will, ist es besser, wenn sie nicht zuhören.« Gott ist die unerläßliche Grundfeste der Voltaireschen Moral. Als einer ihm entgegnete, daß auch die frommen Damen ihre Ehemänner betrögen, erwiderte er verärgert durch das Argument: »Aber ich kenne eine, die die Gottesfurcht zurückgehalten hat — und das genügt mir.«
Er legte großen Wert auf diese von der Gottesfurcht inspirierte Moral. »Der Atheismus ist ein verderbliches Ungeheuer in denen, die regieren, er kann — was sie auch immer sagen — einen Nero, einen Alexander ermutigen. Die entgegengesetzte Auffassung kann sie zurückhalten. Ohne diesen Zügel wären die Könige und ihre Minister für mich wilde Tiere . . .« Er wunderte sich mit sechsundsiebzig Jahren darüber, daß die Menschen mit der größten Leichtfertigkeit das wichtigste Thema der Welt angehen. »Die Existenz Gottes ist das, was das Menschengeschlecht am meisten angeht.«

Sein Geist ist religiös, aber er hat keine Religion: »... Warum sind wir? Warum gibt es Lebewesen? Was ist der Gedanke? Oh ihr Atome eines Tages, oh ihr meine Gefährten in der unendlichen Kleinheit, die ihr wie ich entstanden seid, um alles zu dulden und nichts zu wissen, gibt es unter euch solche Narren, die glauben, alles zu wissen? Nein, es gibt sie nicht, nein, im Grunde eures Herzens fühlt ihr eure Nichtigkeit wie ich, der ich der meinen Gerechtigkeit widerfahren lasse, aber ihr wollt in eurem Stolz, daß wir uns mit euren dunklen Systemen befassen.«

Um seinen Deismus zu unterstreichen, ließ er als erstes in seiner Kirche die Inschrift anbringen: Dei soli. Was die Seele anbelangt, so wissen wir, daß er nicht an sie glaubte. »Das ›ich weiß nicht was‹, das man Materie nennt, kann ebenso denken wie das ›ich weiß nicht was‹, das man Seele nennt ... Man untersucht seit jeher, wie die Seele auf den Körper wirkt. Man müßte zuerst wissen, ob wir überhaupt eine haben ... Warum sollen wir um jeden Preis eine haben? Vielleicht aus Eitelkeit. Wenn ein Pfau sprechen könnte, so würde er sagen, daß er eine Seele habe und daß seine Seele in seinem Schwanz stecke.«

Zuweilen, wenn er die Großen im ewigen Leben strafen will, tut er so, als glaube er an eine Seele und die Verdammnis: das ist nichts als eine vorübergehende Befriedigung. Sein ständiger Gedanke ist, daß man nicht an das ewige Leben zu glauben brauche, um tugendhaft zu sein. Es gibt für ihn eine universelle Moral, die nicht von Religionen und Rassen abhängt. »Es gibt Taten, die die ganze Welt schön findet: ein Freund weiht sich dem Tode für seinen Freund. Ein Algonkin würde, wie ein Franzose oder ein Chinese, sagen, daß dies schön ist.« Die Weisen, die ehrbaren Leute der ganzen Welt bilden die tugendhafte Gesellschaft; alle vertreten sie dieselben Prinzipien: Wahrheit, Freiheit, Mannhaftigkeit.

Und er beruft sich auf die wahren Heiligen dieser Moral: »Richten wir unsere Gebete an den heiligen Zeno, den heiligen Epikur, den heiligen Marc Aurel, den heiligen Epiktet und den heiligen Bayle.« Er hat eine Vorliebe für die heiligen

Stoiker, »die die menschliche Natur fast göttlich machten«. D'Holbach hatte zu schreiben gewagt, es sei gefährlich, von einem Menschen Tugend zu verlangen, wenn diese ihn unglückliche mache, und er fügte hinzu: »Sobald das Laster glücklich macht, muß er das Laster lieben.«

»Diese Maxime ist abscheulich«, antwortet Voltaire, »wenn es wahr wäre, daß ein Mensch nicht tugendsam sein könnte, ohne zu leiden, so müßte man ihn doch dazu ermutigen. Die Befriedigung darüber, seine Laster bezwungen zu haben, ist hundertmal größer, als ihnen erlegen zu sein, erlegen einem immer vergifteten Vergnügen, einem Vergnügen, das zum Unglück führt. Man sagt einem Soldaten, um ihn zu ermutigen: ›Denke daran, daß du zum Regiment Champagne gehörst.‹ Man sollte jedem einzelnen sagen: ›Erinnere dich deiner menschlichen Würde.‹«

Es wäre nicht richtig, gewisse leichtfertige Äußerungen Voltaires für eine Laxheit seines Moralbegriffes anzusehen. Es wäre auch falsch, seinen Antiklerikalismus mit Immoralität zu verwechseln. Seine Gedanken sind so veränderlich, so schillernd, daß der Kern seiner Weisheit schwer faßbar ist. Als Zadig versicherte, um weise zu sein, müsse man keine Leidenschaften haben, antwortet ihm der alte Eremit — zweifellos der von Ferney: »Sie sind die Winde, die die Segel des Schiffes blähen; zuweilen lassen sie es untergehen, aber ohne sie könnte es sich nicht fortbewegen.«

Und für Voltaire ist es weit wichtiger, sich ›fortzubewegen‹, als Epikuräer, Stoiker . . . oder Christ zu sein. Man muß sich fortbewegen, das heißt: erfüllte Tage, erfüllte Menschlichkeit und ein erfülltes Leben haben. Vielleicht liegt in diesem Lebenselan das Geheimnis seiner Moral. Und wenn man nicht an seine Moral im üblichen Sinn glauben will, so muß man doch anerkennen, daß er als würdiger Sohn der Arouets und würdiger Schüler des Louis-le-Grand eine im Tiefsten verwurzelte Moralität besitzt.

Der Patriarch und sein Volk

Voltaire liebte die Gesellschaft von jungen Menschen und verstand es, ihnen ein angenehmes Leben zu bereiten.

Er empfing den jungen Mallet du Pan, der aus einer ausgezeichneten Genfer Familie stammte und ›Emile‹ ebenso verteidigt hatte wie den ›Dictionnaire philosophique‹, was keinen geringen Mut beweist. Voltaire brachte ihn als Hauslehrer am Hof des hessischen Landgrafen unter. Der junge Mallet lehrte Geschichte und Literatur. Er war so naiv zu glauben, daß die Fürsten fähig seien, die neuen Ideen zu verstehen, nur weil sie sich als Freunde der Philosophen ausgaben. Man bedeutete ihm jedoch, daß er den ›Dictionnaire philosophique‹ vergessen und sich an die überkommenen Ideen halten müsse. Er kehrte nicht mit Ruhm beladen, aber mit gewinnbringenden Erfahrungen nach Genf zurück.

Ein anderer junger Mann, eine Art Wunderkind, verkehrte auch in Ferney: Johannes von Müller. Mit siebzehn Jahren beherrschte er alle Wissenschaften seiner Zeit. Er sah aus wie fünfzehn und machte sich so alt wie nur möglich, indem er eine riesige Perücke trug, die seine Kinderwangen verbarg und nur Nase und Augen sehen ließ. Sein erster Besuch in Ferney war eine Enttäuschung, er bekam den Dichter nicht zu sehen, der an diesem Tag im Sterben lag. Er soupierte mit Madame Denis und anderen enttäuschten Besuchern. Das nächste Mal ließ er sich von einem lobenden Brief Tronchins ankündigen. Keine Krankheit mehr: ein begeisterter, lebhafter, charmanter Greis empfing ihn. Der junge Müller konnte es kaum glauben, er war hingerissen. Man meldete an jenem Tag die Ankunft eines Amerikaners, der reiste, um sich zu bilden. Ein solches Objekt war selten in dieser Zeit. Man fand ihn charmant und untersuchte ihn von oben bis unten. Voltaire stellte ihn mit folgenden Worten vor: »Meine Damen, Sie sehen einen Mann, der aus dem Land der Wilden kommt und gar nicht danach aussieht.« Das war es nämlich, was die Damen am meisten verwunderte; man bedauerte, daß er nicht hier oder dort einige Federn an sich stecken hatte. Den jungen Müller, der aussah wie ein Kind, fragte Voltaire: »Wo ist Ihr Erzieher?« Und er fügte hinzu: »Dieser junge fünfzehnjährige Mann ist sein eigener Erzieher, und gleichzeitig ist er Historiker der Schweiz.«

Dieses süße Leben wurde durch die Folgen des Genfer Krieges getrübt. Versailles war es müde, die Launen der beiden Parteien zu ertragen. Als Monsieur de Beauteville mit seiner Mission gescheitert war — man nannte ihn nur noch Monsieur de Brouilleville —, ließ Choiseul Genf während des Winters 1766/67 von einer Armee umstellen, die es zum Nachdenken bringen sollte. Und Voltaire bemerkte, daß das erste Opfer dieser Belagerung Ferney war. Genf wurde aus Savoyen versorgt, während Ferney Hunger litt. »Ich habe dreißig Dragoner um einen Hühnerstall namens Tournay stehen. Ich habe keine Armee in Ferney, aber ich denke mir, daß man in diesem Krieg mehr Wein trinken wird, als Blut vergießen«, schrieb er Richelieu im Januar 1767. Die Soldaten fällen Bäume, um ihr Feldgeschirr zum Kochen zu bringen, und stehlen, um es zu füllen. Was den von ihnen getrunkenen Wein betrifft, so bezahlen sie ihn nicht. Und daher »kann Mama Denis keinen guten Ochsen mehr auf ihrem Tisch haben und muß eine Kuh in Gex holen lassen«. Kuhfleisch für die schönen Offiziere des Königs, die man nach Ferney einlädt! Dieser Winter des Jahres 1767 ist schrecklich, der Schnee schmilzt nicht. »Alles fehlt uns, nur nicht Schnee. Weiß Gott, an diesem Erzeugnis mangelt es uns nicht, wir könnten ganz Europa damit beliefern. Er liegt etwa zehn Fuß hoch in den Gärten und dreißig in den Bergen.« Der Kehrreim ist: »alles fehlt uns . . . Und diese Genfer essen gute Hühnchen aus Savoyen. Man bildet sich ein, sie bestraft zu haben, aber man bestraft uns.«

Er schreibt dem Minister und wagt sogar, ihn zu bitten, die militärischen Maßnahmen aufzuheben, die seine Tafel so karg machen. Man erwidert, er solle den Minister nicht belästigen — aber man schickt ihm einen illimitierten Paß, damit er in Genf trotz der Blockade Lebensmittel einkaufen kann. Voltaire darf passieren, um sich in der belagerten Stadt seine Vorräte zu holen! Er schreibt an Monsieur de Beauteville: »Der Herzog schließt mich aus der allgemeinen Regel aus, weil ich auch in seinem Herzen eine ganz große Ausnahme bin. Ich habe einen illimitierten Paß für mich und meine Leute. Kommen Sie, kommen Sie, Mama wird Ihnen ein feines Essen machen, jetzt haben wir gutes Ochsenfleisch und keine Kuh mehr.«

Von nun an überschwemmten die Besucher wieder Ferney — aber Voltaire zeigte sich immer weniger. Zuweilen ließ er sich an der Biegung einer Allee überraschen; die Besucher sahen seine große Perücke, seine Mütze, seinen weiten Überrock, der an seine hölzernen Waden schlug. Wenn ihm ein Name gefiel, kam er näher und spielte den Bezauberer, was ihm sofort gelang. Er liebte es sehr, auf diese Weise den kühlen, unfreundlichen Empfang vergessen zu machen.

Außer der Menagerie der vornehmen Gäste hatte Ferney seinen Hühnerhof, dessen schönste Zierde Madame Denis war. Sie war cholerisch geworden, und während ihrer Wutanfälle kam ihre ursprüngliche Dummheit und Vulgarität wieder deutlich an die Oberfläche. Wenn die Pute keifte, brachte ihr Geschrei den Onkel derartig auf, daß er sie zuweilen die ›dicke Sau‹ nannte. Sie war wahrscheinlich die einzige Frau, mit der Voltaire sich so umzugehen erlaubte. Das war eines der Vorrechte der Pute Denis: sie hatte andere, für ihren unersättlichen Geldhunger substantiellere. Es gab in diesem Hühnerhof den Cousin Daumart, ein armseliges Wrack, das Voltaire neun Jahre lang bis zum Tode des Unglücklichen beherbergte, verpflegte und — nur mühsam ertrug. An Parasiten, dem sicheren Zeichen des Wohlstandes, fehlte es in Ferney nicht. Es lebte dort auch ein gewisser Gallien, ein vergiftetes Geschenk Richelieus. der seinem Beschützer hundert üble Streiche spielte. Außerdem gab es einen anderen Nichtsnutz, den kleinen Bruder Bastian, der aus einem savoyischen Kloster entlaufen war und den das Volk von Ferney nur unter dem Namen Ricard kannte; er verschwand eines Tages mit Schmuck, Geld und Manuskripten Voltaires. Voltaire ließ ihn laufen, es wäre ihm ein leichtes gewesen, ihn festzunehmen: »Er trägt noch den roten Rock, den ich ihm gegeben habe«, sagte Voltaire.

Einer der Pensionäre, der Madame Denis Angst einflößte, war der rätselhafte Pater Adam. Einige glaubten, er sei nur schwerfällig und naiv und hauptsächlich darauf aus, die Freuden des Lebens in einem Schloß zu genießen. Madame Denis beschuldigte ihn der Heuchelei; seine Friedfertigkeit war in ihren Augen nur eine Maske, und sie flüsterte zitternd, wenn man den Dingen ihren Lauf ließe, so würde Voltaire eines Tages seinem ›Kaplan‹, das heißt den Jesuiten ausgeliefert sein. Selbst d'Alembert beschlich ein Argwohn. La Harpe haßte Pater Adam, der das Spiel des Neuankömmlings wohl allzu gut durchschaute. In dem übervölkerten Bienenstock gab es Rivalitäten und Abneigungen. Voltaire mußte das sehr vergnüglich finden. Diese brummenden Wespen boten ihm gewiß Schauspiele nach seinem Geschmack.

Wenn Voltaire den Pater im Salon lächerlich machte, blieb der Pater unbeweglich. »Das ist Pater Adam«, sagte Voltaire, »er war Jesuit, und Sie werden ihn bei allen meinen Possen über ›l'Infâme‹ lachen sehen. Nun ja, ich nehme an, daß der Spitzbube Christ ist, da er ein Heuchler ist.«

Der Pater stand sehr schlecht mit seinem Orden. Als er nach Dijon ging, um wieder Kontakt mit seinen Vorgesetzten aufzunehmen, wollte ihn niemand empfangen. Trotzdem las er regelmäßig die Messe. Voltaire sprach immer von ›meinem Kaplan‹, ›meiner Kapelle‹, ›meiner Messe‹. Einige Gäste griffen ihn an: »Was machen Sie hier? — Ist dies wirklich Ihr Platz?« Pater Adam pflegte heiter zu erwidern: »Ich gedulde mich, ich warte auf den Augenblick der Gnade.« Er wartete vor allem auf die Mahlzeiten. Und Voltaire war sehr zufrieden, einen Jesuiten zum Hausgebrauch zu haben. Das Pikante bei dieser Verbindung entzückte ihn.

Manchmal war Pater Adam auch weniger friedfertig. Es gab in Ferney einen dritten Abschreiber namens Monsieur Bigex. Der Koch Voltaires hatten diesen Bigex auf einer Reise nach Paris bei Grimm getroffen und für Ferney angeheuert. Bigex war Savoyarde und ein Arbeitstier; nach seinem Sekretariatsdienst schlüpfte er in die Livree des Kammerdieners. Voltaire ließ ihn außerdem noch in die Schmähschrift ›L'Oracel des fidèles‹ schlüpfen: der Name Simon Bigex prangte auf dem Umschlag. Pater Adam begann daraufhin, ihn mit seinem

Haß zu verfolgen. Er, der niemals ein Wort sagte, sprach plötzlich, um etwas sehr Häßliches zu sagen: er beschuldigte Bigex, im Garten Obst zu stehlen. Bigex nahm dies sehr schlecht auf, er erhob Klage und verlangte, daß ein Prozeß angestrengt würde. Er verfaßte lateinische Verse, um Pater Adam lächerlich zu machen; eine Schmähschrift wanderte vom Keller bis zum Speicher Ferneys. Voltaire ließ es geschehen und war mit einem Prozeß einverstanden. Die Unterlagen sind verloren, man weiß nicht, was geschah. Man weiß nur, daß Bigex sich aus dem Staube machte und Pater Adam seinen Platz behielt. Man brauchte einen neuen Abschreiber; es war ein Schachspieler, der den Posten erhielt.

Der Köter und die Pute
werden aus der Menagerie vertrieben

Welche Geduld hatte Voltaire mit allen seinen Leuten! Was konnte er von ihnen erwarten? Ein wenig Zerstreuung, ein wenig Freundschaft und die Befriedigung, ihnen zu helfen. Unter den Gästen des Winters 1768 waren La Harpe und Chabanon. Sie waren lustig, jung und machten Verse — deswegen liebte sie Voltaire. Chabanon war ihm von d'Alembert empfohlen worden. Er hatte eine dichterische, musikalische und philosophische Begabung. La Harpe war eifersüchtig auf ihn und sagte, er spiele besser auf der Geige als auf der Lyra. Überdies hatte Chabanon eine gute Erziehung genossen — im Gegensatz zu La Harpe. Er trug einen Schatz in seinem Koffer: eine Tragödie! Voltaire war im siebenten Himmel, als er sah, daß die jungen Leute der alten tragischen Muse neue Energien einbliesen. Er glaube, daß La Harpe und Chabanon den Erfolg von ›Zaïre‹ und ›Mérope‹ weitertragen würden, wie er, Voltaire, den von Racine weitergetragen hatte. Wenn aber diese freundlichen Dichter auch Talent genug besaßen, um zwölf Silben so oft aneinanderzureihen, wie es nötig war, um fünf Akte zu füllen, so genügte dies jedoch nicht, um ›Phèdre‹ oder auch nur ›Zaïre‹ zum Leben erwecken.

Der alte Dichter trampelte vor Vergnügen mit den Füßen, als er ihren Plattheiten zuhörte. Trotzdem sagte er zu Chabanon: »Kochen Sie all dies noch einmal.« Was deutlich zeigt, daß die Küche noch nicht ganz in Ordnung war.

Er ließ sie eine seiner Tragödien spielen, die ›Les Scythes‹ hieß, und übernahm selbst eine Rolle. Aus Höflichkeit sagte Chabanon, er könne das Spiel Voltaires nicht beurteilen, weil er gleichzeitig spiele und ihn nicht beobachte. Selbst auf seinem eigenen Theater mußte Voltaire zu seinem Kummer feststellen, daß ›Les Scythes‹ keinerlei Erfolg hatte. Sie spielten auch ›Adelaïde‹, die nicht mehr wert war, aber allgemein gelobt wurde. Voltaire fragte sich, warum man sie den ›Scythes‹ vorziehe: sie war etwas weniger langweilig.

Trotzdem war der Saal brechend voll: es kamen Offiziere des Königs und Gäste aus Genf (die man durch die Blockade gelassen hatte). Die Grenadiere des Regiments von Condé traten als Statisten auf. Voltaire fand sie prächtig, ließ ihnen ein Souper servieren und befahl, man solle ihnen eine Gratifikation in der von ihnen selbst gewünschten Höhe auszahlen. Das war der Rausch des Theaters, der oft Gefahr lief, von einer schrecklichen Depression gefolgt zu werden, die sechs, zwölf oder vierundzwanzig Stunden dauerte; nur eine gute Nachricht, ein liebenswürdiger Brief, eine hübsch erzählte Geschichte oder ein wohltuender Besuch konnten ihn davon befreien. Ein Grenadier machte das Glück des Dichters vollkommen, indem er das Geld ablehnte. »Wir nehmen nichts an«, sagte er, »wir haben Monsieur de Voltaire gesehen, das ist unsere Bezahlung.« Voltaire freute sich so darüber, daß er ihnen sein Schloß anbot: »Kommen Sie zum Essen, wann immer Sie mögen, tapfere Grenadiere! Kommen Sie, der Tisch wird für Sie gedeckt sein, und wenn Sie gerne arbeiten möchten, so bekommen Sie den Lohn, um den Sie bitten.«

Voltaire hatte das beste Verhältnis zu den Herrn Offizieren. Dieser Antimilitarist liebte die Armee. Die Soldaten plünderten ein wenig, aber dafür besserten sie seine Wege aus und pflanzten Bäume, um die zu ersetzen, die sie verbrannten. Madame Denis, deren Gatte Lebensmittelkommissar in Lan-

dau und in Wien gewesen war, fand sich mit Vergnügen in die
Garnisonszeit zurückversetzt. Aber Voltaire mußte eine Enttäuschung erleben. Der Colonel de Chabrillant und seine Offiziere, die im Schloß beköstigt und untergebracht worden waren, verließen Ferney ohne ein Wort des Dankes für ihren
Gastgeber. Voltaire empfand diesen Mangel an Höflichkeit
bitter. Er beklagte sich darüber beim Minister. Der Duc de
Choiseul bat ihn, die Offiziere zu entschuldigen, und dankte
ihm statt ihrer. »Ich nehme es auf mich«, schrieb der Herzog,
»Ihnen für Ihre Aufmerksamkeit den Offizieren gegenüber
und für das Obdach, das Sie den Soldaten gewährt haben, zu
danken.« Voltaire hatte auch das Geld für den Sold vorge-
streckt. Er schrieb an Madame du Deffand: »Die Offiziere dienen dem König so gut, daß sie noch nicht einmal die Zeit gefunden haben, Madame Denis oder mir zu schreiben.«
Er legte großen Wert auf die Höflichkeit, die man Madame
Denis schuldete. Die brutale Behandlung der Frankfurter Sbirren warf er Friedrich immer wieder vor. Sie war wirklich unersetzlich! O nein, ihre ›begeisternden Reize‹ begeisterten den
Onkel nicht mehr, sondern ihre Begeisterung für das Tragische. Nur sie liebte ›Les Scythes‹ und verstand sie. In Paris
hatte man viermal unter ohrenbetäubendem Lärm versucht,
die Tragödie aufzuführen. Voltaire sagte, niemand verstünde
etwas davon, dabei sei die Tragödie wunderbar. Madame Denis beweise dies, da sie die ganzen fünf Akte lang geweint
habe — geweint zum Steinerweichen. »Sie ist voller Entsetzen
über die Geschehnisse und kann sich nicht fassen«, versicherte
er. Der Kritiker Collé schrieb nicht ohne Grausamkeit: »Dies
ist nicht ein Werk seines Alters, sondern ein Werk seines Verfalls.« Voltaire schickte das Stück trotzdem an Friedrich.
Das Ehepaar La Harpe spielte in den ›Scythes‹. La Harpe
hatte ein recht nettes schauspielerisches Talent, dazu eine hübsche Frau, die Tochter eines Schankwirts. Er hatte ihr mit so
viel Eifer den Hof gemacht, daß seine Leidenschaft zugleich
von der Hochzeit und der Taufe gekrönt wurde. Voltaire bedauerte nicht, sie eingeladen zu haben, denn Madame La
Harpe sprach gut Verse und weinte fast ebensoviel wie Ma-

dame Denis. Außerdem rollte sie ganz entzückend ihr ›r‹ und verstand zu liebäugeln. Kurz, Voltaire fand sie besser als Mademoiselle Clairon, die nur sparsam weinte.

Diese Frau diente als Trumpf bei dem Spiel, das La Harpe mit dem Philosophen von Ferney zu spielen gedachte. La Harpe war literarisch begabter als Chabanon, und Voltaire baute hauptsächlich auf ihn. »La Harpe hat ein paar Tage in meiner Eremitage verbracht«, schrieb er seinem Freund Cideville, »und da ich sehr gern die Jugend verderbe, habe ich ihm geraten, die abscheuliche Laufbahn eines Versemachers einzuschlagen. Er ist ein Mann. Er wird gewiß gute Verse schreiben, dafür wird er jedoch Hunger leiden, verachtet und verfolgt werden, aber jeder muß seinem Schicksal folgen.«

Er warf seinem Schützling vor, nicht genügend zu arbeiten. Doch das Leben in Ferney war zu vergnüglich, die Tage von Geselligkeit zu sehr ausgefüllt. Nur Voltaire brachte es fertig, inmitten dieser Menagerie, die er anregte und magnetisierte, zu arbeiten. Alle Welt sprach viel, warf mit Ideen um sich und glaubte sich trunken von Intelligenz. Voltaire zog sich mit seinem Sekretär zurück, diktierte, schrieb, dachte. Unvermutet erschien er wieder, versprühte seine Funken und verschwand. Wenn La Harpe auch nicht schrieb in Ferney, so genoß er doch andere Vorteile. Voltaire wollte ihm einen Preis der Académie zukommen lassen. Er schrieb d'Alembert, flüsterte ihm das Losungswort zu, das ihm La Harpe gegeben hatte, damit man sein Manuskript unterscheiden könne, und La Harpe bekam den Preis. »Ich setzte meinen Ruhm für den Ruhm meiner Schüler ein, und ich erwarte viel von ihm.« Er würde von diesem Schüler etwas erhalten, das er nicht erwartete.

Man hatte nicht zu sagen versäumt, daß Voltaire seine Schützlinge, wenn er sie so großzügig mit Lob bedachte, nur verspotten wollte. Man hat sogar behauptet, er schmeichle ihnen böswillig, um ihr Scheitern noch grausamer zu machen. Die Bosheit liegt in dem Verdacht, nicht in der Haltung Voltaires. Warum sollte er sich so für den Erfolg seiner Schützlinge einsetzen, wenn er sich nur an ihrem Scheitern ergötzen wollte? Bei seinen Bemühungen sollte man lieber die Aufrichtigkeit beachten. Im Jahre 1733, als er noch nicht reich genug war, um einen Herrensitz aufzubauen und junge Schriftsteller zu unterstützen, schrieb er: »Ich habe lieber Freunde als Überfluß, und ich ziehe einen Literaten einem guten Koch und zwei Pferden vor einer Kutsche vor.« Er half damals dem dikken faulen Linant und einem Freund, der wenig später an Schwindsucht starb: er tat es ohne Profit.

Dieser La Harpe zeigte nicht das Benehmen des Hofes, er war empfindlich, hochfahrend, zuweilen aggressiv. Er erlaubte sich, Voltaire Vorhaltungen zu machen wie ein kläffender Köter, dessen Gestalt und Bissigkeit er auch hatte. Voltaire warf ihm seine Unhöflichkeit nur auf der Bühne vor, dann vergaß er sie und sah nur noch Madame La Harpe. So grobschlächtig La Harpe war, so höflich zeigte sich Voltaire, wenn er seinen Schüler ermahnte: »Danke, mein Sohn, aber Sie bringen mich um, wenn Sie diese Metapher nicht ändern.« Die Langmut Voltaires erstaunte seine Umgebung. Im Familienkreis nannte er La Harpe liebevoll ›Petit‹. Er bat ihn eines Tages, ihm eine Szene vorzulesen; La Harpe weigerte sich ungezogen. Voltaire lachte und beschränkte sich darauf zu sagen: »Ah! Petit ist böse!« Man setzte sich zu Tisch, der Köter grollte. Da er empfänglicher für gutes Essen als für gute Manieren war, beugte er sich tief über seinen Teller und schlug sich voll. Wie konnte Voltaire die Thiériots, die Linants und jetzt La Harpe ertragen? Diese Flegel waren das Gegenteil von allem, was er liebte.

Eines Tages nannte ihn La Harpe, um auf ›Petit‹ zu antworten, ›Papa‹. Voltaire sagte nichts. Dann änderte ›Petit‹ Verse in einer Tragödie Voltaires. Voltaire dankte ihm. ›Petit‹ fühlte sich so stark, daß er einen Scherz wagte, der ihm fast teuer zu stehen gekommen wäre. Bei Tisch rezitierte er einige Verse, ohne den Verfasser zu nennen. Voltaire ging sofort in die Falle und begeisterte sich dafür. Er fragte, wer der Autor sei. »Le Franc de Pompignan«, antwortete der Köter. Einen Augenblick lang herrschte Verblüffung. Voltaire erbleichte; alle hatten die Augen auf den Patriarchen gerichtet. »Wiederholen Sie mir die Strophe!« sagte er schließlich. Er lauschte mit beängsti-

gender Ruhe. »Es läßt sich nicht leugnen, die Strophe ist schön.«
So zog er sich aus der Affäre. Und La Harpe auch.

Voltaire war ihm so wenig böse, daß er zu seinen Gunsten
etwas unternahm, was La Harpe sein Leben lang unbekannt
blieb: da La Harpe keine Pension erhielt, schrieb Voltaire dem
Generalkontrolleur der Finanzen, um ihn zu bitten, ihm die
Hälfte seiner eigenen Pension auszuzahlen. Er bat den Minister, nichts davon zu verraten. »Er wird sich wie alle Welt
leicht davon überzeugen lassen«, fügte Voltaire hinzu, »daß
diese Pension der gerechte Lohn für die Dienste ist, die er der
Literatur erwiesen hat.«

Der Plan konnte nicht verwirklicht werden, aber die Geste Voltaires ist unbestreitbar. Das war im Jahr 1767. Zur gleichen
Zeit ließ Voltaire in einem Brief an d'Alembert seine Unruhe
wegen La Harpe durchblicken: »Seine Talente werden ihn aus
der größten Armut reißen, das ist alles, was er erwarten kann.«
Dann sprach er von der Notwendigkeit einer Pension, ohne zu
sagen, auf welche Weise er sich bemühte, sie La Harpe zukommen zu lassen. Wenn Voltaire auch versäumte, sich für die
Unverschämtheiten seines Zöglings zu rächen, so verfehlte dieser doch nicht, sich für die Wohltaten seines Beschützers zu
rächen, indem er ihn bestahl und verriet.

Als Voltaire sein burleskes Gedicht ›La Guerre de Genève‹
schrieb, wollte er lediglich einige Genfer lächerlich machen; er
hatte keinerlei Illusionen über den literarischen Wert seines
Gedichtes, das für seine Freunde vorbehalten war und sie zum
Lachen bringen sollte. Er bildete sich ein, daß die Schrift — wie
viele andere — den Kreis von Vertrauten nicht verlassen würde.
Hundertmal hatte ihn die Erfahrung gelehrt, daß nichts, was
unter seiner Feder entstand, geheim bleiben konnte. Dennoch
wurde er nicht klüger: mit vierundsiebzig Jahren erhielt er zum
hundertsten Mal einen Beweis seines Leichtsinns. Er erfuhr,
daß sein burleskes, beleidigendes Gedicht in Paris und in Genf
zirkulierte. Man errät das Weitere: Wut, Verwünschungen,
Fieber, Agonie. Im Bett denkt er nach. Wer ist der Schuldige?
Wie kann man das Gedicht verleugnen? Welche Gefahren
drohen ihm? Und die Furcht — die Furcht vor Verfolgungen!

Er verdächtigt als ersten Bruder Bastian. Man ergreift den Unschuldigen, man schleppt ihn vor Voltaire; man beschimpft, man verflucht ihn. Er schreit, er heult, er verteidigt sich und – er rechtfertigt sich. Eine Wiederholung der schrecklichen Szene mit Madame de Graffigny in Cirey. Es bleibt ihnen nichts anderes übrig, als zusammen zu weinen, sich zu umarmen, zu vergeben, zu vergessen ... und den Schuldigen anderswo zu suchen. Voltaire führte die Untersuchung selbst. Nach und nach präzisierte sich der Verdacht. Je näher er der Wahrheit kam, um so weniger wollte er an sie glauben. Schließlich drängte sich ihm die Gewißheit auf: der Schuldige war La Harpe, Madame Denis seine Komplicin. La Harpe hatte nicht nur gestohlen; um die Schuld von sich zu wälzen, hatte er sogar gelogen. Er beschuldigte einen jungen Pariser Bildhauer, ihm das gestohlene Manuskript übergeben zu haben. Voltaire ließ sofort den Bildhauer befragen: die Antwort traf ein. Er gab gutwillig zu, das Manuskript gesehen zu haben – aber in den Händen La Harpes, der es ihm gezeigt hatte. Als Voltaire ihm diesen Beweis unter die Nase hielt, »befiel La Harpe eine Blässe, die nicht die der Unschuld ist«, wie sein Beschützer, der nun sein Richter geworden war, voller Kummer feststellte.

Voltaires Strafe bestand einzig darin, La Harpe fortzuschicken; noch hatten ihn die schriftlichen und mündlichen Unverschämtheiten seines Schützlings, der ihm in sein Zimmer boshafte Billetts sandte, nicht auf den Gipfel seines Zornes gebracht.

Dafür kam es mit Madame Denis zu einer schrecklichen Szene. Wie vermochte der zerbrechliche Greis solche Aufregungen auszuhalten? Seine Nichte war äußerst erstaunt, als man ihr, nach der letzten Wendung der Dinge, den Abschied gab. Das war doch unerhört: sie sollte ihre Koffer packen und sich aus dem Staube machen? Voltaire war ihres Geschreis müde, ihrer Betrügereien und ihrer Dienstmädchenallüren. La Harpe sollte dasselbe tun; und um Ferney völlig durchzulüften, würden ihnen die kleine Corneille und ihr Gatte Dupuits folgen.

Nach dem Bericht des Sekretärs Wagnière zogen am 3. März 1768 sieben Personen aus. Einige Gäste, die sich zum Zeitpunkt des Scharmützels in Ferney aufhielten, beschlossen, den Abreisenden zu folgen. »Trotz der ausgesuchten Höflichkeit Voltaires ihnen gegenüber bemerkten sie, wie sehr er nach der Erregung und Unruhe, in die ihn dieses Ereignis versetzt hatte, der Ruhe und Einsamkeit bedurfte. Innerhalb weniger Tage fand er sich allein in dem Schloß mit mir und seinen Leuten.« Er vergißt Pater Adam, der überlebt hatte, indem er sich an sein Schachbrett klammerte.

In Genf, in Dijon, in Paris erfuhr man schnell von dieser Palastrevolution im Königreich Ferney: die Nichte verschmäht, der Dauphin La Harpe auf die Landstraße verstoßen. Was hatte zu einer so vollständigen Umwälzung führen können? Unterwegs schwor Madame Denis jedem, der es hören wollte, sie wisse nichts von dem Diebstahl, sie sei unschuldig, sie werde den Schuldigen entlarven und ihrem Onkel die Papiere wiederbringen. Tatsächlich hatte man ihm nicht nur das Gedicht über Genf gestohlen, sondern − was schwerer wog − die ›Mémoires secrets sur le roi de Prusse‹. Zum Glück ließen die Diebe diesen Rachetext nicht veröffentlichen.

In Paris verbreitete man hundert boshafte Dinge und tausend Dummheiten: man sagte, er habe sich selbst bestohlen, um einen Vorwand zu finden, alle Leute zu vertreiben. In Ferney ergriff Monsieur Hennin die Verteidigung La Harpes. Voltaire hörte ihm schweigend zu, sein Urteil war gefällt. »Er hat es (das Manuskript) aus meiner Bibliothek genommen, ohne etwas zu sagen. Diese Unvorsichtigkeit hat für mich sehr unangenehme Folgen gehabt. Ich vergebe ihm von ganzem Herzen, er hat keineswegs aus Bosheit gesündigt. Ich habe ihm einiges zu Gefallen getan, ich werde es weiterhin tun, solange ich am Leben bin.« So wurde der Diebstahl, die Lüge, die Undankbarkeit La Harpes einige Monate später unter der Feder Voltaires zu einer ›Unvorsichtigkeit‹. Man könnte nicht diskreter, nicht zuvorkommender sein; seine Nichte schien dieses gute Benehmen nicht zu begreifen.

Für Madame Denis handelte es sich nicht um ein Probestück. Im Jahr 1755 hatte sie schon einmal dem Onkel gestohlene Manuskripte verkauft; und der Onkel hatte ihr vergeben. Nun war sie die einzige, die Lärm um diese neue Affäre schlug, während ihr Onkel sich darum bemühte, sie zu vertuschen. Er beschuldigte seine Nichte niemals des Diebstahls. Richelieu schrieb er, daß die Gesundheit von Madame Denis sich nicht mehr mit dem strengen Klima Ferneys vertrage. Es gäbe keinen Arzt mehr, kurz und gut . . . »Zwanzig Jahre Abwesenheit haben mein Vermögen in Unordnung gebracht und das ihre nicht gerade geordnet. Meine Tochter Corneille begleitet sie nach Paris, wo sie sehen wird, wie man die Stücke ihres Onkels verhunzt; was mich betrifft, so bleibe ich in meiner Einöde.«

Wir kennen diese Vorwände. Einmal ist es die Krankheit, ein andermal der Ruin. Dieses Mal mußte er, da der Fall ernst war, alle beide anführen. Es ist wahr, daß er gewisse Schwierigkeiten mit seinen Schuldnern hatte. Die Lebensrenten wurden schlecht gezahlt. Er wollte glauben machen, daß Madame Denis nach Paris gehe, um die schlechten Zahler zum Zahlen zu bringen. Wen sollte das überzeugen? Man wußte, daß Madame Denis geldgierig war, und zwar auf törichte Weise. Sie nahm alles Geld, dessen sie habhaft werden konnte, aber sie verplemperte es sinnlos oder vergrub es wie eine Bäuerin. Ihre ungeordneten Ausgaben waren genau das Gegenteil von denen ihres Onkels, der sehr großzügig sein konnte und trotzdem genau Buch führte. In Wahrheit hatte das Vermögen des Onkels nicht aufgehört, sich zu vergrößern, und um 1768 besaß er achtzigtausend Livres aus Lebensrenten, vierzigtausend Livres aus beweglichen Gütern und sechshunderttausend Livres aus Wechseln. Was ein Kapital von ungefähr zehn Millionen NF darstellt. Unter den schlecht zahlenden Schuldnern war der Freund aller Zeiten, der prachtliebende und äußerst geldgierige Duc de Richelieu; ihm klagte Voltaire seine Armut.

Um die Abreise Madame Denis' schicklich zu erklären, schrieb er am 4. April 1768 seiner anderen Nichte, der Marquise de Florian: »Es ist richtig und notwendig, daß ich ehrlich mit Ihnen spreche, meine lieben Picarden. Sie sehen, welch traurige Folgen Launen haben können. Sie wissen, wie sehr sich Madame Denis auch mit Ihnen hat gehen lassen. Erinnern Sie sich der Szene, die Monsieur de Florian mit ihr durchzustehen hatte. Sie hat mir eine noch grausamere gemacht. Es ist trau-

rig, daß weder ihre Vernunft noch ihre Sanftmut diese heftigen
Gewitter aus ihrer Seele fernhalten, die die Gesellschaft in
Bestürzung und Verzweiflung bringen. Ich bin überzeugt, daß
die heimliche Ursache ihrer Wutanfälle, die sie von Zeit zu
Zeit überkommen, ihre angeborene Abneigung für das Land-
leben ist, eine Abneigung, die nur überwunden werden konnte
durch einen Überfluß an Gästen, Festen und Pracht. Dieses
unruhige Leben schickt sich weder für mein Alter von vierundsiebzig Jahren, noch für die Anfälligkeit meiner Gesundheit.«
Keine Rede von Diebstahl. Die Ausrede, die er gibt, ist plau-
sibel: Madame Denis liebt das Land nicht, sie wird also wieder
nach Paris zurückkehren. Der Vorwurf, allzu sehr am gesellschaftlichen Leben zu hängen, ist nur ein Notbehelf, denn
jeder weiß, daß der Onkel die Gesellschaft ebenso liebt wie die
Nichte. Wenn Ferney zu einer Herberge für ganz Europa geworden ist, so ist es nicht Madame Denis, die dies gewollt hat,
sondern der Onkel. Er bemüht sich nur, jede böswillige Erklärung der plötzlichen Abreise Madame Denis' im Keime zu
ersticken.
Voltaire hat sich bei dieser Geschichte sehr würdig und großzügig verhalten; wir haben ihn so oft sein Gesicht verlieren
sehen, daß es ungerecht wäre, ihm nicht zu seiner besten Rolle
Beifall zu klatschen: zu der des Freundes.

Die Schelmenstreiche
des alten Philosophen lassen den Priester von Ferney
an einer Kolik sterben und entrüsten Europa

Einem Mönch, der Ferney während der heiligen Woche des
Jahres 1768 besuchte, sagte Voltaire unvermittelt: »Des guten
Beispiels wegen möchte ich Sonntag Ostern begehen, ich denke,
daß Sie mir dazu die Absolution erteilen?« — »Sehr gern«,
antwortete der Mönch verbindlich, »ich erteile sie Ihnen.« Sie
speisten zusammen zu Mittag, und der Mönch ging seiner
Wege.
Am Ostertag setzte sich Voltaire in den Kopf, seinen Pfarr-

kindern eine Predigt über den Diebstahl zu halten, da man
auf seinen Besitzungen des öfteren Mundraub beging. Obwohl
Wagnière Protestant war, machte er ihn darauf aufmerksam,
daß er nicht das Recht habe, den Gläubigen in der Kirche zu
predigen. Voltaire kümmerte sich nicht darum. Während der
Ostermesse erlebte der Priester die Überraschung, Voltaire mit
jener pathetischen und theatralischen Stimme, die er zuweilen
annahm, zu den Gläubigen sprechen zu hören. Nach der ersten
Verblüffung stieg der Priester die Stufen des Altares wieder
hinauf und fuhr fort, die Messe zu lesen. Voltaire bedachte ihn
mit einigen honigsüßen Komplimenten, um Vergebung zu erhalten. Aber der Priester achtete nicht darauf. Und das Echo
dieser unangebrachten Predigt tönte sehr weit. Man schmückte
die Geschichte aus und sagte, Voltaire sei, eskortiert von ker-
zentragenden Jagdaufsehern, in die Kirche gekommen, man
zitierte einige gänzlich erfundene, aber skandalöse Sätze seiner Predigt. Andere fügten hinzu, er sei von Trommlern begleitet und das merkwürdigste sei sein zerknirschtes Benehmen gewesen. Der Bischof von Annecy wurde sofort von diesen
Heldentaten informiert und ebenso der Hof.
In Versailles nahm man die Neuigkeit anfänglich gut auf, man
glaubte an eine Bekehrung. Als man jedoch die Einzelheiten
erfuhr, wandte sich alle Welt gegen Voltaire. Die Gläubigen
schrieben: Gotteslästerung! die Philosophen: Verrat! Er verteidigte sich und erzählte d'Argental, er stehe zwischen zwei
dummen, fanatischen Bischöfen aus dem 16. Jahrhundert und
sei gezwungen, mit den Wölfen zu heulen. Man merkte, daß
all dies falsche Argumente waren. In Wirklichkeit hatte er
Lust verspürt, auf einer Bühne, die die Kirche war, vor einem
vollbesetzten Haus eine Rolle zu spielen; er hatte seiner Neigung nachgegeben, sich öffentlich zu produzieren und eine
andere Person darzustellen. Der Greis war ein unausstehliches
Kind geblieben.
Der Bischof von Annecy schrieb ihm voller Würde und Mäßigung. »Da Sie Ostern von sich aus begangen haben, halte ich
Sie für aufrichtig; ein anständiger Mensch würde sich, selbst
wenn er ungläubig wäre, nicht einer solchen Komödie hin-

geben, ohne sich zu entehren. Sie sind also Christ, ich kann Sie nicht als Feind der katholischen Religion betrachten. Dennoch sind Sie ohne Reue zur Kommunion gegangen, ohne für Ihre Schriften und Ihre vergangenen Taten Abbitte zu tun, Sie hätten sich also dem heiligen Altar nicht nähern dürfen, ohne einen Beweis Ihrer Aufrichtigkeit zu erbringen, und kein Priester würde Sie leichtfertig dazu autorisieren.«

Voltaire gab ihm eine ausweichende Antwort, doch der Bischof nahm es genau. Voltaire bat als braves Kind, daß man für ihn bete, und beteuerte seine guten Absichten. Der Bischof antwortete, er begnüge sich nicht mit Worten, er wolle Taten sehen. »Den Glauben sieht man an den Werken.« Das war deutlich. Voltaire fand es zu deutlich: dieser Bischof verstand nicht zu spielen. Voltaire hätte gerne in spöttelndem Ton ein theologisches Techtelmechtel mit dem Bischof gehabt, um ihn aufs Glatteis zu führen und lächerlich zu machen. Doch er war an die falsche Adresse geraten. Der Bischof, der seinem berühmten Briefpartner mißtraute, schickte seine eigenen Briefe und die Antworten Voltaires nach Versailles. Voltaire schrieb daraufhin d'Argental ebenso übellaunig wie ungerechtfertigt: »Ich konnte mich nicht von meiner Überraschung erholen, als man mir mitteilte, daß dieser fanatische Dummkopf von Annecy, dieser angebliche Bischof von Genf, der der Sohn eines sehr schlechten Steinmetzen ist, seine Briefe und meine Antworten dem König geschickt hat. Diese Antworten sind die Briefe eines Kirchenvaters, der einen Dummkopf belehrt.«

Irrtum. Der Dummkopf war in diesem Fall nicht der Bischof, sondern der Kirchenvater aus Ferney, der sich wie ein altes Kind aufführte. Einmal in Fahrt, war ihm alles recht, um den Bischof in Verruf zu bringen. Er erzählte, der Prälat habe einen Haftbefehl gegen den Herrn von Ferney angefordert, und schwärzte ihn, so gut er konnte, an: »Ein auswärtiger Bergbauer, der geeigneter wäre, Kamine zu kehren als Seelen zu leiten.«

Der Bischof, sagte er, habe den König angefleht, »ihm den Gefallen zu tun, einen fünfundsiebzigjährigen, sehr kranken Greis aus dem Haus zu jagen, das er gebaut habe, von den

Feldern, die er habe urbar machen lassen, und ihn hundert Familien zu entreißen, die nur durch ihn leben könnten. Der König fand die Bitte sehr unehrenhaft und wenig christlich und ließ dies dem Elenden sagen.«

Welch armer Greis, und so fromm! Doch er vergaß zu erwähnen, daß er vom König einen Brief bekommen hatte, der ihn wegen seiner übermäßigen Frömmigkeit und seiner unangebrachten Dienstleistungen tadelte. Er hielt diesen Brief hübsch geheim, aber der Bischof machte ihn bekannt. Denn wo wäre die Strafe, wenn man ihn nicht in aller Öffentlichkeit tadelte? Stillschweigen hätte ausgesehen wie Billigung. Wütend über die Haltung des Bischofs, gelobte sich Voltaire, nächste Ostern besser zu spielen.

Und in der Tat, an einem Märztag des Jahres 1769 erblickte er von seinem Bett aus auf der Allee seines Gartens zwei Spaziergänger. Er schickte Wagnière, damit er sich nach ihnen erkundige: es war der Priester von Ferney in der Begleitung eines armen Kapuziners, der ihm bei den Beichten der heiligen Woche half. Die fromme Bevölkerung drängte sich bereits vor der Tür des Beichtstuhls, um sich auf Ostern vorzubereiten. Nichts inspiriert den Teufel besser als militante Frömmigkeit. Voltaire fühlte sich plötzlich erleuchtet.

»Ist es wahr, daß der Bischof von Annecy verboten hat, mir die Beichte abzunehmen und mir die Kommunion zu erteilen?« fragte er Wagnière. Er wußte dies sehr gut, da er selbst das Gerücht ausgestreut hatte, aber er wollte zeigen, daß er nicht zu viel sagte. In diesem Sinne muß man auch das folgende verstehen: es ging nicht um ein Sakrileg, sondern um Empörung.

»Nun gut! Wenn es so steht, so werde ich trotzdem beichten und kommunizieren. Ich will nicht in die Kirche gehen, sondern es soll sich alles in meinem Zimmer und in meinem Bett abspielen, damit er zufrieden ist. Das kann sehr lustig werden, und man wird sehen, ob der Bischof oder ich den Sieg davontrage. Gehen Sie diesen Kapuziner holen. Haben Sie Geld bei sich?« — »Ja.« — »Legen Sie mir einen neuen Ecu so auf den Nachttisch, daß ihn der Bruder sehen kann.«

Ein kleiner Theatertrick, um den heiligen Mann in Versuchung zu führen. Vorhang auf: Wagnière führt den Kapuziner herein. Voltaire spielt seine beste Rolle und setzt die Miene eines Sterbenden auf. Sein Blick wird glasig, die Grabesstimme des alten Lusignan erlischt fast auf seinen Lippen, seine mageren Hände, diese Hände eines Taschenspielers, diese geschwätzigen Hände zerknüllen nervös die Spitzen. Seine Worte sind nicht weniger bewegend: »Mein Vater, die heilige Zeit der Ostern naht, auch ich möchte daher meine Pflichten als Franzose, Würdenträger des Königs und Herr einer Gemeinde erfüllen, aber ich bin zu krank, um mich in die Kirche zu begeben. Ich bitte Sie, mich hier anzuhören.«

In diesem Augenblick legte er den Ecu in die Hand des Kapuziners, der sie über der handgreiflichen Schlußfolgerung einer so schönen Rede ohne zu zögern schloß. Der Mönch war wie versteinert. Schließlich entschuldigte er sich, nicht auf der Stelle tätig werden zu können, weil ihn mehrere Leute in der Kirche erwarteten, aber er versprach, in drei Tagen wiederzukommen, wenn Gott den guten Herrn bei seinen augenblicklichen frommen Vorsätzen erhalte. Er machte sich zitternd aus dem Staube, so als rette er sich aus den Klauen des Bösen. Und Voltaire schloß daraus, daß er einen schönen neuen Ecu zu sechs Livres verloren habe.

Er blieb standhaft. Drei Tage lang ließ er bekanntgeben, er sei dem Tode nahe. Kein Kapuziner kam. Man brauchte Beweise, man ließ den Chirurgen Dugros holen, der seinen Puls fühlte. Er fand ihn ausgezeichnet, der Niederträchtige! und beglückwünschte den Kranken. Dieser richtete sich auf und befahl Dugros mit schrecklicher Stimme, das Fieber zu finden. Man fühlte nochmals den Puls. Der des Chirurgen ging schneller als der des Kranken, aber er hatte verstanden: »Hohes Fieber«, schloß er. »Bei Gott, ich wußte es genau«, sagte Voltaire, »seit drei Tagen bin ich dem Tode nah. Sagen Sie es sofort dem Priester, er muß wissen, was er bei einem Kranken in Todesgefahr zu tun hat.«

Trotz des beharrlichen Drängens des Arztes vergingen weitere drei Tage, ohne daß der Kapuziner erschien. Voltaire sandte ein drohendes Billett. Er berief sich auf die Gesetze des Reiches und nicht mehr auf die Nächstenliebe. »Die Verordnungen besagen, daß man einem Kranken beim dritten Fieberanfall die Sakramente gibt. Monsieur de Voltaire hat bereits acht heftige Anfälle gehabt, er unterrichtet den Herrn Priester von Ferney davon.«

Keine Antwort. Die Priester hatten Befehle des Bischofs erhalten und warteten einen Gegenbefehl ab, ehe sie etwas unternahmen. Sie hatten eilig einen neuen Boten nach Annecy gesandt, sie verloren den Kopf und wußten nicht, wem sie sich weihen sollten: dem lieben Gott, der in Annecy wohnte? oder dem Teufel, der vor ihrer Tür lauerte? Der liebe Gott war mächtig, gewiß, aber der andere so nah! Was war das auch für ein Beruf, Priester Voltaires zu sein! Nach weiteren drei Tagen ließ Voltaire um ein Uhr nachts alle seine Dienstboten aufstehen und schickte sie zu dem Priester, um ihn anzuflehen, zu ihrem Herrn zu kommen: »Monsieur wird sterben und will seine Seele in Frieden bringen.« Wagnière begleitete sie; falls der Priester sich weigerte, sollte der Sekretär ihm feierlich die Gesetze des Reiches, die Urteile des Gerichtshofes und die Satzungen der Kirche ins Gedächtnis rufen. Er sollte dem Priester versichern, daß sein Herr bereit sei, alle Erklärungen, alle Versprechungen zu geben, die die Kirche von ihm verlangte — in aller Öffentlichkeit, wenn man wolle. Er versprach dies in einer schriftlichen Erklärung, die von Wagnière und dem Teufel selbst unterzeichnet war. Doch weder der Priester noch der Kapuziner rührten sich.

Am folgenden Tag schickte ihnen Voltaire einen Gerichtsvollzieher und eine Mahnung, die sie wegen Verweigerung der Sakramente mit gerichtlichen Verfolgungen bedrohte. Man verhaftete die armen Geistlichen, und der Priester, Monsieur Bert, wurde das Opfer einer so schrecklichen Kolik, daß er nicht mehr gesundete und einige Monate später starb. Er wiederholte immerfort, er fühle, daß er sich nie wieder von der Bestürzung über die Verfolgung Voltaires erholen würde. Worauf Voltaire antwortete, er sei nur ein ekelhafter Säufer, der sich daran gewöhnt habe, seinen Meßwein zu trinken. Das war die heilige Wegzehrung für den armen Priester von Ferney. Aber nach dem Gefecht schenkte ihm Voltaire eine schöne Monstranz.

Vorerst lag er jedoch in seinem Bett, bereitete sich, wie es die gute Sitte erforderte, auf den Tod vor und flehte durch den Gerichtsvollzieher die stiefmütterliche römische Kirche an, ihn zu versorgen. Er würde sie vor einem Notar überzeugen. Er ließ Maître Roffo kommen, den Notar von Ferney, und bat ihn, ein Bekenntnis des katholischen Glaubens von unanfechtbarer Orthodoxie niederzuschreiben, das von Pater Adam (S. J.) unterzeichnet wurde. Während dieses Hokuspokus traf die Antwort Monseigneurs von Annecy ein. Die Priester erhielten die Erlaubnis, sich an das Bett des Sterbenden zu begeben. Eine Erlaubnis, die zweifellos von zahllosen Ratschlägen begleitet war.

Der Kapuziner zitterte vor Angst. Voltaire begann damit, sich wie ein Kind aufzuführen, er tat so, als habe er sein Credo (das er eben dem Notar diktiert hatte!), sein Confiteor und das Apostolische Glaubensbekenntnis vergessen. Man sprach ihm den Text vor, er wiederholte ihn mit zerknirschter Miene. Der Kapuziner war so verwirrt, daß er zuweilen die Texte verwechselte. Monsieur de Voltaire hatte die Güte, ihm wieder einzuhelfen.

Dann sprach er ein Glaubensbekenntnis, das nur ein Bekenntnis seines Deismus und nicht seines Katholizismus war: »Ich bete Gott in meinem Zimmer an. Ich tue niemandem Böses.« Dieses Mal hatte der Kapuziner Waffen; er akzeptierte diese Albernheiten nicht, denn er trug in der Tasche eine fix und fertige Glaubenserklärung, die Voltaire unterzeichnen sollte. Daraufhin gab Voltaire sein Koma auf und bewies dem Mönch mit hinreißendem Schwung, daß das apostolische Glaubensbekenntnis schon ›Alles‹ enthalte! Mit einem anderen Bekenntnis würde man Gefahr laufen, Neuerungen einzuführen, die der Orthodoxie dieser herzbewegenden Zeremonie schaden könnten. Doch der Kapuziner ließ nicht locker, er wollte nun einmal, daß der Sterbende sein Papier unterzeichnete. Erzürnt über so viel Starrköpfigkeit richtete sich Voltaire auf, legte symbolisch die Kleider Scapins ab und zog den großen Mantel des ›Adlers von Meaux‹ über. Er tönte wie Donner, seine dramatische Stimme schwang sich empor, flog in die Höhe, kreiste über den Gipfeln der Beredsamkeit, seine Sätze entfalteten sich, breiteten sich mit pathetischer Weitschweifigkeit aus. Bilder leuchteten auf; ein strahlender Blitz durchfuhr die Zuhörer. Nach den Worten Wagnières ein erhabener Anblick. Alle waren besiegt. Der illustre Schauspieler überwachte aus dem Augenwinkel die Wirkung seiner Tirade, und als er den Kapuziner bereit glaubte, schrie er ihm mit donnernder Stimme zu: »Erteilen Sie mir augenblicklich die Absolution!« Der Kapuziner war geschlagen und sprach stammelnd, sein Papier und alle Instruktionen des Bischofs vergessend, vor Zeugen die Absolutionsformel. Voltaire streckte sich auf seinen Kissen aus. Sein Gesicht strahlte. Die Priester gingen schwankend hinaus, gestützt von dem Arzt, Wagnière und dem Notar.

Vorhang, Zwischenakt. Der Notar und der Priester kehrten zurück. Der Priester gab Voltaire die Kommunion. Maître Roffo verfertigte das Protokoll und notierte die Erklärung des berühmten Büßers: »Gott in meinem Munde, vergebe ich aufrichtig denen, die dem König Verleumdungen gegen mich geschrieben haben und keinen Erfolg mit ihren bösen Absichten hatten.«

Das Publikum flutete ins Zimmer. Kaum hatte der letzte Besucher die Schwelle wieder überschritten, als Wagnière seinen Herren aus seinem Bett springen sah, in dem er einen Augenblick zuvor noch wie ein Leichnam gelegen hatte. »Ich hatte etwas Mühe mit diesem komischen Kapuziner, aber es war trotzdem vergnüglich und hat gut getan. Machen wir einen Rundgang im Garten.«

Der Hygiene wegen gibt er sich also solchen Spielen hin. Damit vergnügt sich ein großer Mann, wenn er seine zänkische und blutschänderische Nichte verabschiedet!

Endlich einmal sind die Feinde und Freunde Voltaires einer Meinung, selbst d'Argental ist entrüstet. Paris und Versailles lachen höhnisch, schimpfen oder knirschen mit den Zähnen. Die Mißbilligung ist allgemein.

Tronchin schreibt: »Man hat mir das Glaubensbekenntnis Voltaires geschickt, er muß alles Schamgefühl verloren haben. Wen glaubt er mit solch albernen Geschichten einzufangen? Die Dummköpfe? . . .« Voltaire wollte eigentlich nur den Bischof von Annecy auf die Schippe nehmen, aber ganz Europa hatte seinen Schelmenstreichen beigewohnt. »Um sich in Sicherheit zu bringen, hat er sich der niedrigsten, der lächerlichsten Mittel bedient.« Irrtum: er beabsichtigte nicht, sich bei der Kirche und den Behörden einzuschmeicheln, er hatte ihnen nur trotzen wollen — und dabei einen bedauerlich schlechten Geschmack bewiesen.

Als er erfuhr, was man von seinen Schelmenstreichen dachte, schrieb er, um sein Verhalten zu erklären und sich zu rechtfertigen. Doch er hatte keinen Erfolg. »Ich habe trotz allen Neides tapfer die heilige Wegzehrung entgegengenommen, ich habe ausdrücklich erklärt, daß ich in der Religion des Allerchristlichsten Königs und meines französischen Vaterlands sterben möchte.«

Aber warum unterschrieb er dann seine Briefe mit ›Ecrasons l'Infâme‹? Seine Geschichte ist sehr unerfreulich. Als Schauspieler war er ausgezeichnet, aber welch schlechtes Stück! Friedrich schrieb ihm sehr streng nach dieser Maskerade. Trotzdem fuhr Voltaire mit dem Spiel fort: er ließ sich bei Tisch das ›Petit-carême‹ von Massillon vorlesen. »Der Stil ist sehr gut«, sagte er in scheinheiligem Ton. Dann brach er plötzlich die Lektüre ab, rief: »Fort mit Massillon!« und stürzte sich in die Unterhaltung, lachend, schrecklich, unverbesserlich jung.

Der wiedergefundene Frieden:
der junge Greis versucht sich an der Komischen Oper

Die folgende Zeit war äußerst fruchtbar; die Lektüre Massillons ersetzte die mangelnden Gespräche, denn das Haus war sehr still geworden. Voltaire hatte nun weit mehr Zeit zum Diktieren und zum Schreiben. Er schrieb die köstliche Geschichte ›L'homme aux quarante écus‹, deren boshafte Anspielung ihn mit dem Generalpächter der Steuern entzweite. Er schrieb das Meisterwerk der Feinheit und Eleganz ›La Princesse de Babylone‹, von dem er Madame du Deffand in einem Brief vom 3. März 1768 erzählte. Er veröffentlichte 1769 die ›Lettres d'Amabaal‹ und unzählige Episteln, deren eine, ›L'Epître à mon Vaisseau‹ einem Reeder aus Nantes gewidmet war, der eines seiner Schiffe ›Voltaire‹ genannt hatte. Was den immer auf der Lauer liegenden Piron zu folgendem liebenswürdigen Distichon inspirierte:

Si j'avais un Vaisseau qui se nommât Voltaire
Sous cet auspice heureux j'en ferais un corsaire

Sechs andere schnell hingeworfene Werke schlossen sich an: ›La canonisation de Saint-Cucufin‹ und eine bedeutendere Schrift mit dem Titel: ›Histoire du Parlement de Paris‹, die er auf den Wunsch des Ministers schrieb, um die Ansprüche der Gerichtsbeamten herabzusetzen. Er unterzeichnete das Werk nicht, aber jeder erkannte den Autor. Er verleugnete es stets, denn er fürchtete den Zorn der Gerichte.

Am 7. Juli 1769 schrieb er d'Argental: »Was das historische Werk angeht, von dem Sie mir sprechen, lieber Engel, so kann ich unmöglich der Autor sein, es kann nur von einem Mann stammen, der zwei Jahre lang staubige Archive durchstöbert hat.« Und da ihn die Angst bedrängte, schrieb er zwei Tage später an d'Alembert: »Es scheint absurd, mir ein Werk zuzuschreiben, in dem es zwei oder drei Passagen gibt, die man nur aus einer staubigen Gerichtskanzlei holen kann, in die ich weiß Gott keinen Fuß gesetzt habe; aber Verleumdung nimmt es nicht so genau.« Wir kommen noch einmal auf diese Angelegenheit zurück, die ihn in die Politik seiner Zeit verwickelte.

Er verfaßte außerdem eine neue Tragödie mit dem Titel ›Les Guébres‹, für die er nur sechs Tage brauchte, die aber ebenso langweilig ist wie die ›Scythes‹. Nach seinen Worten sein bestes Stück, aber wir wissen es bereits: das zuletzt geschriebene ist immer das beste. Die Entdeckung dieses Jahres aber war die Komische Oper. Bisher verachtete er die Gattung, die er als Jahrmarktstheater ansah, seit der Jahrmarkt von Saint-Germain sich über ihn lustig gemacht hatte. Nun, mit fünfundsiebzig Jahren, lernte er den liebenswürdigen Grétry kennen, der in Ferney einen Besuch machte, und verliebte sich in die Komische Oper. Das Zusammentreffen war charmant. Voltaire strahlte, einen Musiker entdeckt zu haben: »Sie sind Musiker, Sie haben Geist, das ist zu selten, Monsieur, als daß ich nicht das lebhafteste Interesse an Ihnen hätte.«

Grétry verstand es, über die Spitze gegen die Geistlosigkeit der Musiker zu lächeln. Und sie kamen überein, zusammen eine Komische Oper zu schreiben. Voltaire fragte ihn, welche Oper er im Augenblick komponiere. ›Den philosophischen Schuhflicker‹, antwortete Grétry. »Ach, das ist, als wenn man sagte, den philosophischen Fréron«, erwiderte Voltaire.

Sie beschlossen, als Stoff für die künftige Oper ›L'Ingénu‹ zu nehmen, der zu diesem Zweck den Namen ›Le Huron‹ erhalten würde.

Eines Tages, als Voltaire sehr melancholisch war, wie es zuweilen nach seinen Exaltationen geschah, ließ er nach Genf die Truppe einer Komischen Oper kommen. Man mußte der reiche Voltaire sein, um sich eine Truppe von neunundvierzig Schauspielern und Musikanten leisten zu können. Sie kamen nach Ferney und spielten eine nach der anderen vier komische Opern!

Voltaire schrieb außerdem das Libretto für eine Komische Oper mit dem Titel ›Le Baron d'Otrange‹. Die Dialoge waren zur Hälfte italienisch, zur Hälfte französisch. Grétry schlug sie den italienischen Komödianten vor, die sie gern gespielt hätten, doch wollten sie keinen italienischen Text. Grétry sollte ihnen sagen, das Stück sei von einem jungen Mann aus der Provinz, der nichts ändern wolle. Daraufhin lehnte man das Stück ab. Hätte Grétry den Namen des Autors nicht verschwiegen, so wäre es gewiß von den Komödianten gespielt worden, aber er wagte nicht, den Befehl zu übertreten. Auf diese Weise erhielt der junge fünfundsiebzigjährige Anfänger keine Huldigung der Opéra Comique.

Scharmützel mit einem gelehrten Jesuiten:
Monsieur de Buffon ist beleidigt

Ein irländischer Jesuit namens Pater Niedham, ein gelehrter
Mann und Freund und Mitarbeiter Buffons, war arglos und
kühn genug, einige Ideen des ›Dictionnaire philosophique‹ zu
widerlegen. Der ›traurige Bonnet‹ aus Genf, den er kannte,
hatte ihn nicht vor diesem gewagten Unternehmen gewarnt.
So zog ein Jesuit in den Krieg, der sich erwachsen genug
glaubte, seine wissenschaftlichen Erfahrungen gegen einen
Polemisten zu verteidigen, der schließlich nur ein Poet war.
Das hieß Voltaires Universalgenie vergessen, dessen wissenschaftliche Bildung durch sein siebzehnjähriges Zusammen-
leben mit Madame du Châtelet und ihre gemeinsamen Arbeiten die der Dichter oder Philosophen seiner Zeit weit übertraf.
Daher bekam Pater Niedham Schläge, und auch sein Freund
Buffon ging nicht leer aus. Monsieur de Voltaire schätzte es
nicht, wenn man der Freund seiner Feinde war.
Da Buffon gleichzeitig der Freund Pater Niedhams und der
des Président de Brosses war, mußte er sich auf einiges gefaßt
machen. Doch hatte er einen ausgeglichenen Charakter und
verstand es, den Streit nicht giftig werden zu lassen, indem er
Voltaire einfach nicht antwortete; aber er machte sich keine
Illusionen über die Gefühle des Philosophen von Ferney. »Da
ich keine der Dummheiten Voltaires lese, habe ich nur durch
Freunde von den bösen Dingen erfahren, die er von mir zu
sagen geruht ... Er ist ärgerlich darüber, daß Niedham mir
seine Mikroskope geliehen hat und ich gesagt habe, er sei ein
guter Beobachter. Das ist der besondere Grund; zusammen mit
dem allgemeinen und immer bestehenden Grund, nämlich seinen Anspruch auf Universalität, und seiner Eifersucht auf jeden berühmten Mann, reizt er seine durch das Alter empfindlich gewordene Galle, so daß es scheint, als wolle er alle seine
Zeitgenossen zu seinen Lebzeiten begraben.« Dies mußte dem
Président de Brosses, an den die Worte gerichtet waren, großes
Vergnügen bereiten. Voltaire hatte Buffon vorgeworfen, sich
von den ›Aalen‹ Niedhams täuschen zu lassen, die dieser aus

Mehl entstehen ließ, das er mit dem Saft gekochter Hammel begoß. Eine solche ›Wissenschaft‹ machte Voltaire lachen, das war Hexerei für Chorknaben! Der arme Jesuit schien sehr traurig darüber, daß Monsieur de Voltaire nicht an seine Aale glaubte. Niedham und Voltaire zankten sich auch über das Vorkommen von versteinerten Muscheln auf Bergen. Beide stellten sie Hypothesen auf, die Träumereien glichen. Voltaire wollte beweisen, daß die Schöpfungsgeschichte ein Blödsinn sei; seine Streitsucht gegenüber der Tradition verleitete ihn zu einem neuen Fanatismus. Doch blieb die Polemik höflich.

Voltaire war sicher, der beste der denkenden Köpfe seines Jahrhunderts zu sein, weit überlegen den Montesquieus oder Buffons. Jemandem, der Buffons monumentale ›Histoire naturelle‹ lobte, antwortete er: »Pas si naturelle que cela.«

Ende 1768 erhielt er eine angenehme Nachricht. Der König von Dänemark hatte in Fontainebleau vor dem König und dem mißbilligenden Hof die Kühnheit gehabt zu sagen: »Voltaire hat mich denken gelehrt.« Das machte unserem Eremiten ebensoviel Freude wie die Absolution des Kapuziners.

Kurz darauf betrübte ihn ein Trauerfall: sein Freund Damilaville starb am 13. Dezember 1768. Es wird erzählt, Damilaville habe, als er von dem Todesurteil der Ärzte hörte, seine Möbel verkauft, seine Freunde versammelt, ihnen Champagner angeboten, heiter mit ihnen zum letztenmal getrunken, und sei einige Stunden darauf gestorben. Das ist jedoch eine Fabel. Er starb in seinem Bett an einer schrecklichen Krankheit und hinterließ eine Frau, von der nie jemand irgend etwas gehört hatte und die nur erschien, um die Sachen ihres verstorbenen Gatten an sich zu reißen. Er hinterließ nichts, nicht einmal genug, um seinen treuen Diener zu bezahlen, was Voltaire übernahm. So zahlte der Dichter noch eine Pension mehr! Er war es, der das Beileid derer entgegennahm, die von seiner Freundschaft für Damilaville wußten. »Ich werde Damilaville mein Leben lang nachtrauern«, schrieb er an d'Alembert, »ich hoffte, er werde einmal meine Zurückgezogenheit mit mir teilen.« Aber Damilaville war erst siebenundvierzig Jahre alt. Grimm, der Schmerz heuchelte, um Voltaire zu gefallen,

schrieb: »Der Trauernde in den Alpen hat den Brief des böhmischen Propheten (Grimm) erhalten. Sie weinen zusammen,
wenn auch hundert Meilen voneinander entfernt, der beharrliche Verteidiger der Vernunft und der tapfere Feind des Fanatismus. Damilaville ist tot, und Fréron ist dick und fett.«

Der Heilige Vater muß über die
Perücke Pater Adams lächeln

Pater Adam war kahlköpfig, und während des Winters 1769
erkältete er sich oft bei der Messe (die Priester hatten nicht das
Recht, die Messe mit einer Perücke zu lesen).
Voltaire übernahm es, Pater Adam während des Gottesdienstes
mit einer Perücke zu bedecken, doch dazu mußte man einen
pontifikalen Dispens haben. Sofort begann unser Atheist wieder mit dem Heiligen Stuhl zu kokettieren. Der Kardinal de
Bernis wurde mit der delikaten Mission betraut, denn er re-
sidierte damals in Rom, unmittelbar am Tatort. Das Konzil
hatte gerade den neuen Papst Clemens XIV. gewählt. Hier der
Brief, den Voltaire dem Kardinal am 12. Juni 1769 schrieb.
»Ich glaube nicht, daß Clemens XIV. ein Bembo ist, aber da
er von Ihnen gewählt wurde, verdient er gewiß das Plätzchen,
das Sie ihm gegeben haben. Doch, Monsieur, da man an kleinen Plätzen kleine Gefälligkeiten erweisen kann, so sollte man
mir eine erweisen, und ich bitte Sie um Ihren Schutz . . . Es
handelt sich nur um die Erlaubnis, eine Perücke tragen zu
dürfen. Ich bitte Sie nicht für mein eigenes armes Hirn um
diese Gnade, sondern für das eines anderen Greises . . .« Es
folgt ein Portrait Pater Adams, des perfekten fröstelnden
Schloßkaplans. »Er wird vor Gott aus ganzem Herzen für Ihre
Eminenz beten, wenn Sie die Güte hätten, die Autorität
des Stellvertreters Jesu Christi dafür einsetzen, den Schädel
eines armen Teufels zu bedecken. Ich wäre Ihnen äußerst
verpflichtet, Monsieur, wenn Sie geruhten, mir sobald wie
möglich ein hübsches Perücken-Breve zu schicken.« Ferney,
am 12. Juni 1769

Die Antwort ließ auf sich warten. Voltaire geriet in Verzweiflung, nicht wegen des Schädels des ›ersten und letzten Menschen‹, sondern wegen seines Spaßes an der Verhandlung. »Ich war in Verhandlung mit dem Papst wegen einer Perücke, ich sehe, daß ich scheitern werde«, schrieb er an d'Argental.

Er scheiterte keineswegs: er bekam sein Perücken-Breve. Der Pater aber mußte es von seinem Bischof bestätigen lassen, und der Bischof war der unnahbare Monseigneur von Annecy. Daher verzichtete man auf die Bestätigung, und Voltaire war glücklicher über die Perücke als über die Krone des Heiligen Kaiserreichs. Er verfaßte ihr zu Ehren zahlreiche Gelegenheitsgedichte. Zum Beispiel dieses, das er an Bernis richtete:

> Quand on est couvert de lauriers
> On peut donner une perruque
> Prêtez-moi quelques rimes en uque
> Pour orner mes vers familiers
> Nous n'avons que celle d'eunuque
> Ce mot me conviendrait assez;
> Mais ce mot est une sottise
> Et les beaux princes de l'Eglise
> Pourraient s'en tenir offensés.

Es ist ein Mann von sechsundsiebzig Jahren, der so scherzt! Er schreibt Bernis im gleichen spöttischen Ton: »Meiner Treu, Ihr Papst scheint mir ein guter Kopf. Warum hat er eigentlich, seit er herrscht, noch keine Dummheit begangen?« Das Unwahrscheinlichste ist, daß Bernis den Brief dem Papst zeigte, den Voltaire ohne weiteres mit seinem Familiennamen Ganganelli nannte. Und der Papst lachte. »Seine Heiligkeit«, antwortet Bernis, »hört diesen Scherz mit Vergnügen an, sie spricht lobend von der Überlegenheit Ihrer Talente; wenn Sie als guter Kapuziner endeten, würde der Papst Sie ebenso zu lieben wagen, wie er Sie schätzt.« Das sind Prälaten nach dem Herzen Voltaires, im Gegensatz zu seinem Bischof, dem Sohn eines Steinmetzen, der das Priesteramt ernst nimmt, das lächerlichste der Welt!

Was die Anspielung ›als ein guter Kapuziner enden‹ betrifft, so war sie nicht unbegründet. Es handelt sich hier um eine andere Geschichte, die, so unwahrscheinlich sie klingen mag, wahr ist.

Voltaire war soeben Kapuziner geworden — ja, Ehrenkapuziner, wenn man will, aber doch Kapuziner. Und er konnte dem Kardinal antworten: »Ich versage mir nicht, Ihnen meinen Segen zu erteilen. Empfangen Sie ihn mit ebensoviel Herzlichkeit, wie ich ihn gebe. Wenn Sie Kardinal sind — ich bin Kapuziner.«

Tatsächlich, der Oberste des Franziskanerordens hatte dem Herrn von Ferney soeben die Urkunde darüber geschickt, als Dank für die Gefälligkeiten, die er den Kapuzinern von Gex, seinen Nachbarn, stets erwies. Die benachbarten Jesuiten waren schlecht von ihm behandelt worden, aber den armen Franziskanern hatte er geholfen. Sie waren so harmlos! Über ihre Dummheit wie auch über seine Beförderung mußte er lachen, bis ihm die Tränen kamen. Friedrich beglückwünschte ihn in säuerlichem Ton, entzückt, wie er sagte, ihn in so guter Gesellschaft zu sehen. Während Voltaire auf die Kanonisierung wartet, teilt er ihm jedoch mit: »Der Heilige Vater läßt Sie in Rom verbrennen.« Das war wahr. Man verbrannte in Rom viele seiner Schmähschriften. Und während dieser Verbrennung zog er das Gewand des heiligen Franziskus an! Er lachte. Aber angesichts der römischen Farce lachten viele ehrliche Gallikaner nicht mehr.

Große Affären des großen Voltaire und kleine Geschichten des kleinen

Im Jahr 1771 erfuhr Voltaire zu seiner größten Freude, daß seine Bemühungen, die Familie Sirven zu rehabilitieren, belohnt worden waren. Die unglückliche Familie kam nach Ferney, um ihm zu danken. Ohne ihn hätte sie ihr erdrückendes Kreuz bis zum Tode getragen. Aber wieviel Mühe, Zeit und Geld hatte dies gekostet. »Bedenken Sie, daß es nur zwei Stunden gebraucht hat, um diese Familie zu verurteilen, aber neun Jahre, um der Unschuld Gerechtigkeit widerfahren zu lassen.«

Er hatte den schrecklichen Fratzen der Dummheit, der Eitelkeit und des Fanatismus Trotz geboten, um die verbrecherischen Autoritäten, die folternde Justiz und die willkürlichen Gesetze zu besiegen.

Er wäre fast gescheitert. Das Wichtigste war gewesen, die öffentliche Meinung günstig für diesen Kampf zu stimmen. Er hatte die Welt wissen lassen, daß es unschuldige Menschen gab, die das Gesetz wie Verbrecher behandelte. Die ausländischen Herrscher sandten Hilfe. Katharina II. schickte ihren Anteil mit der Bitte, er möge geheim bleiben. Doch da Voltaire wußte, daß die Zarin nur gab, um ihr Ansehen bei dem philosophischen Clan zu pflegen, verbreitete er mit Trompetenstößen die Großzügigkeit seiner ›Käthe‹. Bei Friedrich verfuhr er ebenso. Der dänische und der polnische König schlossen sich ihnen an, was Voltaire sagen ließ: »Ich habe vier Könige im Spiel, ich muß es gewinnen.«

Am schwersten war es, den armen Sirven dazu zu bringen, sich den Richtern von Toulouse auszuliefern, damit man mit dem Prozeß wieder von vorne beginnen könnte. Die Richter waren durchaus fähig, ihn zu foltern. Und Folter ist schmerzhaft, selbst wenn sie nur vorbeugend angewandt wird. Schließlich ließ sich der arme Mann bereden. Er mußte wirklich Vertrauen zu seinem Verteidiger haben. Dieser war nicht so ruhig, wie er glauben machte, und stand vor einem schrecklichen Gewissenskonflikt: er fragte sich angstvoll: »Und wenn die Richter Sirven der Folter unterziehen?« Seine Hartnäckigkeit und sein Eifer machten ihn jedoch unbesiegbar, und er gewann.

Andere ebenso schreckliche, aber weniger aufsehenerregende oder weniger bekannte Affären kamen ihm zu Ohren. Ein Bauer wurde zum Tode verurteilt von einem Landrichter, der dem Pariser Gerichtshof die Prozeßunterlagen übergab. Diese Herren, die den Anspruch erhoben, in ganz Frankreich Recht zu sprechen, bestätigten die Entscheidung, ohne nur einmal in die Akten zu schauen! Sonst hätten sie gefunden, daß der arme des Mordes verdächtigte Mann nur mit einem einzigen Zeugen konfrontiert worden war, der erklärt hatte: »Der ist es nicht.« — »Ah!«, sagte der Unschuldige, »der erkennt mich ja

nicht wieder.« Auf diesen ungeschickten Ausruf hin sprach man
ihn schuldig. Er wurde, während er seine Unschuld hinaus-
schrie, lebendig gerädert. Nach einem Jahr verhaftete man
einen Vagabunden, der unter anderen Verbrechen das gestand,
wofür der Unschuldige gerädert worden war. Voltaire erreichte
eine Revision des Prozesses. Die Familie des Unschuldigen war
entehrt, ruiniert, zugrundegerichtet nach Ungarn geflohen.
Eine Rehabilitierung wurde niemals ausgesprochen.
Dann folgte die Affäre Montbailli. Dieses Jahrhundert, dessen
Fassade so glänzend ist, sieht hinter den Kulissen schaurig aus.
Das Ehepaar Montbailli wird eines Morgens von einer Arbeiterin geweckt, sie möchte mit der Mutter sprechen, die im
Zimmer nebenan schläft. Man klopft, man tritt in das Zimmer
der Mutter: sie liegt auf der Erde, am Kopf verwundet von
ihrem Fall gegen ein Möbel. Montbailli stößt einen Schrei aus:
»Oh! mein Gott, meine Mutter ist tot!« Und er wird ohnmäch-
tig. Die Nachbarn eilen herbei, ein Arzt stellt den Tod fest.
Der Sohn kommt wieder zu sich. Die allgemeine Böswilligkeit
bemächtigt sich der Sache und erklärt: die Alte trank, sie war
mit ihren Kindern in Streit geraten, daher hatten sie sie umgebracht. Das war absurd, denn die Alte hinterließ nur Schulden, die Kinder hatten keinerlei Interesse an ihrem Tod, im
Gegenteil. Die Werkstatt, die sie unterhielten, ging auf den
Namen ihrer Mutter, ihr Tod brachte sie um ihren Verdienst.
Wie dem auch sei, sie wurden gerichtet, wenn man das so
nennen kann, gefoltert, verurteilt: der Mann sollte auf dem
Rad sterben, nachdem man ihm die Hände abgehackt hatte,
die Frau würde man hängen, beide sollten anschließend verbrannt werden. Als man dem Mann die Hand abhackte, sagte
er: »Dies ist nicht die Hand eines Muttermörders.« Bis zu
seinem letzten Atemzug beteuerte er seine Unschuld. Da die
Frau schwanger war, mußte man mit ihrer Hinrichtung sechs
Monate lang warten. Eine schöne Situation, um ein Kind aus-
zutragen! Zu diesem Zeitpunkt schaltete sich Voltaire mit
Hilfe von Maupeou ein. Der Rat von Arras, »edler und stolzer
als das Gericht von Toulouse«, sprach die Überlebenden einstimmig frei und »beklagte das nicht wieder gutzumachende

Unglück, einen Unschuldigen in den Tod geschickt zu haben«. Die Frau kehrte in ihr Dorf zurück. Die blöde Menge, die sie ins Verderben gestürzt hatte, zündete Freudenfeuer an.

Voltaire versuchte auch, die Rehabilitierung von Lally-Tollendal zu erreichen; dann beschäftigte ihn eine Affäre Morangies — dann die Befreiung der Leibeigenen von Saint-Claude im Jura. All diese verwickelten Prozeßakten gleichen einem unheimlichen Labyrinth: der Sohn der Arouets verstand, ihre Fäden zu entwirren — und sie notfalls auch zu verwirren, wenn dies im Interesse der Opfer war, die er verteidigte. Er setzte sich ein Ziel, dann arbeitete er sich wütend, nagend und grabend voran, bis zum Sieg. Diese unterirdische Arbeit führte zum Licht. Aber welche Titanenarbeit!

Nicht in niedrigen Gefühlen fand er die notwendige Energie für diese Aufgaben, die er weder aus Eigennutz noch aus Eitelkeit oder Neid übernahm. Ein steinreicher und hochberühmter achtzigjähriger Mann handelt nicht mehr aus mittelmäßigen Motiven. Er hatte zwar so oft — und so gut — gelogen und geschmeichelt, daß man zuweilen an seinen Absichten zweifeln kann. Aber man darf es nicht immer. Man darf weder seine Großzügigkeit in Frage stellen, noch seinen Gerechtigkeitssinn oder sein Gefühl für Menschlichkeit.

War er wirklich der Mann mit dem ›greulichen Lächeln‹, wie der freundliche Musset sagte?

Im 19. Jahrhundert galten allein Menschen, die dem Homais Flauberts ähnelten, als wirkliche Schüler Voltaires, und da der Dichter Musset in Mode war, mußte er auf Voltaire schimpfen, ohne im übrigen ein besserer Christ zu sein als er. Als Voltaire den folgenden Brief schrieb, zeigte er da sein ›greuliches Lächeln‹? Er wandte sich am 4. März 1772 wegen Sirven an seinen Notar. »Ich bitte Herrn Delaleu, die Güte haben zu wollen, die Prozeßkosten für die Angelegenheit des Sieur Sirven und seiner Familie, die wieder in ihre Rechte eingesetzt worden sind, zu zahlen. Ich wäre ihm sehr verbunden.« Man muß nämlich wissen, daß Sirven, obwohl man ihn rehabilitiert hatte, die Kosten des Prozesses zahlen sollte, der ihn zu Unrecht verurteilt hatte. Voltaire schrieb demselben Notar am 13. April

1773: »Wenn noch mehr Geld nötig ist, so werden wir das Erforderliche geben.« Dieser Mann, der hochgestellten Leuten schmeichelt, der in der Gesellschaft seine Possen treibt, ist von unerschöpflicher Großzügigkeit, wenn es die Freiheit und Gerechtigkeit zu verteidigen gilt.

Im Jahr 1772 herrschte Hungersnot im Lande Gex. Er ließ Weizen aus Sizilien kommen, den er unter dem Einkaufspreis verkaufte. Er rühmte sich dessen nicht, er hat nie von dieser guten Tat gesprochen. Er quälte Monsieur Arnelot, den Intendanten von Dijon: »Ich bin am Ende«, sagte er, »ich habe achtzig Leute zu ernähren.« Andere Hungrige aus der Franche-Comté kommen dazu. Was tun? Er bat um die Erlaubnis, beschlagnahmten Lagerweizen zu kaufen, der zu nichts gut war, und legte die Sache in allen Einzelheiten dar. Concordet sagte Turgot, als er den Antrag Voltaires weiterleitete: »Ich möchte, daß man ihn im Rat diskutiert; der König soll sehen, daß der größte Schriftsteller der Nation auch einer der wohltätigsten Menschen und der beste Bürger ist.«

Neben dem großzügigen Voltaire lebte jedoch immer noch der, der sich von seinen Feinden auf das Niveau der Frérons und der La Beaumelles herunterziehen ließ. Seine Freunde predigten ihm Mäßigung und Gleichgültigkeit gegenüber den Leuten, die d'Alembert die ›Raupen‹ nannte. Aber er hatte noch einige Lanzen mit ihnen zu brechen.

Er mußte neue Angriffe La Beaumelles über sich ergehen lassen, der nach mehreren Aufenthalten in der Bastille sich lange still — und vorsichtig — verhalten hatte. Ein Regen anonymer Briefe entlud sich auf Ferney. Schon beim ersten wußte Voltaire, woher der Wind kam. Die Briefe kamen aus Lyon, sie folgten einander mit unerbittlicher Regelmäßigkeit — jeder brachte einen vergifteten Dolchstoß. Er erhielt vierundneunzig, und beim fünfundneunzigsten verlor er den Verstand. Er bekam eine Art epileptischen Anfalls, der seine Umgebung in Furcht versetzte. Dann, als er sich wieder gefaßt hatte, warf er sich auf seine Feder und schrieb Monsieur de Sartine, dem Polizeiintendanten in Paris, und dem Minister, Monsieur de Saint-Florentin. Dieser war überzeugt, daß der Briefschreiber

La Beaumelle sei, der inzwischen die Schwester der La Vaysse (ja, der Freund der Calas) geheiratet hatte und in der Grafschaft Foix wohnte. Dieser La Vaysse, den Voltaire dem Gefängnis und der Folter entrissen hatte, war in das feindliche Lager übergewechselt! Wetten wir, daß der Elende die Briefe schrieb, die ihm La Beaumelle diktierte. Der Minister beauftragte den Intendanten der Grafschaft Foix, La Beaumelle den Befehl zu erteilen, Voltaire in Ruhe zu lassen, andernfalls müsse er schwere Strafen gewärtigen. La Beaumelle schwor, seit dem Verlassen des Gefängnisses nichts gegen Voltaire veröffentlicht zu haben; natürlich, denn die anonymen Briefe waren mit der Hand geschrieben. Kurz: die Sache blieb ohne Folgen. Dabei bereitete La Beaumelle einen ›Commentaire des Œuvres de Voltaire‹ vor, der das Ziel hatte, dem Autor von ›Candide‹ für viele Nächte den Schlaf zu rauben. Aber La Beaumelle starb im Laufe des Jahres 1773 und hatte nicht mehr die Zeit, die ›Henriade‹ zu verreißen. Voltaire gelang es, die Veröffentlichung des Kommentars zu unterbinden. Trotzdem konnte dieser Verriß dank der aufmerksamen Sorge Frérons im Jahr 1775 erscheinen, der sie mit einer ›Vie de Voltaire‹ aus seiner eigenen Küche bereicherte.

Im selben Jahr starb Piron im Alter von dreiundachtzig Jahren. Voltaire beweinte ihn nicht. Dieses Jahr befreite ihn von zwei Feinden — Fréron blieb. Dieser, stets wachsam, fand einen guten Grund, Voltaire zu ärgern und ihm das Vergnügen zu verderben, das der Tod Pirons ihm bereiten konnte. Er streute das Gerücht aus, Voltaire, der nicht gewagt habe, Piron bei Lebzeiten anzugreifen, würde nicht versäumen, seinen Leichnam zu beleidigen, wie er es bei Crébillon getan hatte . . . Um ihn für diese posthumen Beleidigungen zu bestrafen, hinterließ Piron für den Fall, daß Voltaire ihn angriffe, eine Zeitbombe. Er übergab seinem Erben eine Kassette mit hundertfünfzig Epigrammen gegen Voltaire und beauftragte ihn, jede Woche eines in Richtung Ferney loszulassen. »Das wird drei Jahre lang die Einsamkeit des ehrwürdigen Greises erfreuen.« Eine teuflische Idee.

Erfuhr Voltaire von diesem Plan und richtete sich danach?

Jedenfalls ist uns keiner der hundertfünfzig vergifteten Pfeile erhalten geblieben. Aber vor seinem Tod hatte Piron mehr als einen wirklichen Pfeil auf Voltaire abgeschossen; er warf ihm unter anderem vor, er habe Friedrich abgeraten, ihn nach Berlin einzuladen. Das ist sehr möglich. Voltaire sagte zu seiner Verteidigung, er habe mit Friedrich nie von einem Dichter gesprochen, den er in früheren Zeiten dreimal gesehen habe und den er im übrigen nicht kenne. Um sein Gedächtnis aufzufrischen, ließ Piron folgendes Epigramm zirkulieren:

> Sur l'auteur dont l'épiderme
> Est collé tout près des os
> La mort tarde à frapper ferme
> De peur d'ébrécher sa faux.
> Lorsqu'il aura les yeux clos
> Car si faut-il qu'il y vienne
> Adieu renom, bruit et los
> Le Temps jouera de la sienne.

Piron wünschte sich den Tod Voltaires; Voltaire freute sich über den von Piron. Das kommt auf eins heraus. Immerhin hatte Voltaire vor seinem toten Feind den Vorteil, am Leben zu bleiben. Dazu gelang es ihm, wenigstens einmal weise zu sein und vor dem Sarg Pirons zu schweigen.

Paris... Paris immer gegenwärtig in Ferney

Mit der prächtigen Pension, die ihr Onkel ihr zahlte, führte Madame Denis in der Rue Bergère ein schönes Leben. Trotzdem war sie ungeduldig, Unruhe quälte sie: sie fürchtete, bei einer so langen Trennung könne jemand anders Einfluß auf den Philosophen gewinnen. Sie machte sich diese Sorgen nicht wegen der ›Philosophie‹, sondern wegen ihrer Erbschaft.

Sie fühlte sich bedroht und widersetzte sich mit allen Kräften einem Übereinkommen, das Voltaire mit dem Herzog von Württemberg zu treffen gedachte, der sein größter Schuldner war. Voltaire wollte den Herzog als Alleinerben einsetzen und ihn veranlassen, ihm eine — königliche! — Leibrente zu zahlen. Diese Vereinbarung hätte Voltaire erlaubt, sich aller seiner Schuldner zu entledigen, deren Schulden auf den Herzog übergehen würden. Für seine Ruhe wäre dies ausgezeichnet gewesen. Doch Madame Denis hatte nicht die Ruhe ihres Onkels im Sinn, sondern sein riesiges Vermögen, das ihr bei dieser katastrophalen Vereinbarung zu entgleiten drohte. Das war der Grund ihrer heftigen Auseinandersetzungen in Ferney, denn der Plan war schon mehrere Jahre alt. Es war sogar die Rede davon gewesen, Ferney zu verkaufen.

Der Verkauf Ferneys hätte eine Rente für Mama Denis ermöglicht — aber die liebe Mama wollte Ferney, wie es war, zuzüglich des Kapitals und der Renten. In Paris ging sie von Notar zu Notar, um zu versuchen, den Onkel von seinem verhängnisvollen Plan abzubringen.

Sie bat hundertmal darum, ihren Platz in Ferney wieder einnehmen zu können — ohne Erfolg. Doch schließlich hatte sie Glück: Voltaire erlaubte ihr im Oktober 1769 zurückzukehren. Ihr Exil hatte anderthalb Jahre gedauert. Die Rückkehr verlief so gut wie möglich. Voltaire nahm sie ausgelassen in die Arme, sie weinten pflichtgemäß zusammen und setzten die Unterhaltung fort, die sie im Vorjahr abgebrochen hatten.

Das Leben kam wieder in Schwung — wenn es auch nie ganz schwunglos gewesen war, denn da, wo Voltaire sich aufhält, tanzt alles, braust alles, glänzt alles. Die Besucher wurden zahlreicher; jeden Tag war der Tisch gedeckt. Voltaire versteckte sich immer mehr, zuweilen gab er seine seltsamen Auftritte in dem überfüllten Salon, lebendig wie eine Eidechse, gekleidet in goldglänzenden Brokat oder ›kaiserliche‹ Pelze.

In Paris vergaß man ihn nicht; Madame Necker, die Genferin war, sammelte 1770 die besten philosophischen Köpfe um sich, die gleichzeitig auch am besten die Gabel führten. Am Ende eines reichhaltigen Mahles wunderte sich jemand darüber, daß Voltaire noch kein Denkmal habe. Jeder war entrüstet. Man beschloß, sich dafür zu verwenden, daß eine Statue des Patriarchen von Ferney aufgestellt würde. Pigalle, der größte Bildhauer seines Jahrhunderts, den Voltaire den ›französischen Phidias‹ nannte, wurde dazu ausersehen. Eigentlich sollten nur

Schriftsteller subskribieren, aber da sie zu jener Zeit weder sehr zahlreich noch sehr wohlhabend waren und viele nicht zu den Freunden Voltaires gehörten, ließ man auch wichtige Persönlichkeiten unterzeichnen, die zwar keine Literaten waren, aber doch welche hätten sein können, wie Richelieu, der fünfzig Louis zahlte. Man sagte ihm, er erdrücke mit der Höhe des Betrages die Nachfolgenden in der Liste, daraufhin ging er auf zwanzig Louis herunter. Das Minimum waren zwei Louis. Zwei Könige unterzeichneten: der König von Dänemark und Friedrich, der vorsichtig fragte, wieviel man geben müsse: »Ihren Namen und einen Ecu«, wurde ihm geantwortet. Er schrieb über Voltaire: »Das heidnische Griechenland hätte ihn zum Gott gemacht, man hätte ihm einen Tempel gebaut: wir errichten ihm nur eine Statue als schwache Entschädigung für alle Verfolgungen, die er erlitten hat.«

Pigalle fuhr nach Ferney, und fast wäre der Plan gescheitert. Der Bildhauer wollte Voltaire ›auf antik‹ darstellen, das heißt: nackt und mit einem Peplon drapiert. Entzückt von der Idee, eine Statue zu werden, war Voltaire erschreckt von dem Gedanken, daß er Modell stehen müsse. Was sollte er da zeigen? Die Trümmer eines Mannes, der vor dreißig Jahren Voltaire gewesen war? Und dazu noch nackt! Er war bestürzt und schrieb Madame Necker, daß er sechsundsiebzig Jahre alt sei und ihn seine letzte Krankheit endgültig verwüstet habe. »Monsieur Pigalle soll kommen, so sagt man, um mein Gesicht zu modellieren, aber, Madame, ich müßte dazu ein Gesicht haben, man errät kaum, wo es ist. Meine Augen liegen drei Daumen tief, meine Wangen sind altes Pergament, das schlecht auf den Knochen klebt, die von nichts mehr gehalten werden. Die wenigen Zähne, die ich hatte, sind dahin . . . Man hat noch nie einen armen Mann in einem solchen Zustand modelliert.«

D'Alembert beruhigte ihn in einem sehr schönen Brief. »Das Genie hat, solange es atmet, immer ein Antlitz, das von dem Genie seines Mitbruders erfaßt werden kann, und Monsieur Pigalle wird von den beiden Karfunkeln, aus denen die Natur Ihre Augen gemacht hat, das Feuer nehmen, mit dem er seine Statue belebt. Ich kann Ihnen nicht sagen, mein lieber und verehrter Mitbruder, wie geschmeichelt Monsieur Pigalle ist, daß man ihn erwählt hat, um dieses Monument zu Ihrem, zu seinem und zum Ruhm der französischen Nation zu errichten.« Währenddessen betrachtete Voltaire seinen Spiegel, doch was er sah, überzeugte ihn nicht. Er versuchte sich zu entziehen. Er verwöhnte Pigalle, feierte ihn, ließ ihn seine Zeit verlieren, dann kam ein Tag, an dem er sitzen mußte. Voltaire konnte sich nicht ruhig verhalten, wie immer war er lebhaft, beschäftigt, schnitt Grimassen, diktierte Wagnière, kam und ging und kaute trockene Erbsen, die er in die Luft blies wie als Schüler. Pigalle war erschöpft und entmutigt. Am Abend vor seiner Abreise hatte er noch nichts Gutes zustande gebracht. Schließlich, bei der letzten Sitzung, kam die Unterhaltung auf das goldene Kalb der Bibel. Voltaire vertrat die Ansicht, daß diese Geschichte wie alle anderen nur eine Lüge sei und man keine Statue in vier Stunden gießen könne. Pigalle erklärte ihm, wie man eine Statue gieße und daß man dazu sechs Monate brauche. Gefesselt von den Erklärungen des Künstlers, an seinen Lippen hängend, gebannt vor Aufmerksamkeit, gab er Pigalle die unerhoffte Gelegenheit, ihn zu modellieren. Der Bildhauer war entzückt, Voltaire auch, aber aus anderen Gründen: er schrieb, daß der biblische Text eine Lüge sei und daß ihm Pigalle eben einen neuen Beweis dafür geliefert habe:

Als Pigalle sein Meisterwerk in Paris zeigte, fanden es die einen wunderbar, die anderen schrecklich. Diderot, der die antike Aufmachung befürwortet hatte, triumphierte, für ihn war die Statue unvergleichlich. Voltaire lobte sie etwas gezwungen, er wäre lieber in dezenter Kleidung erschienen. Nicht ohne Grund fürchtete er den Spott. Er versuchte, sich über sich selbst lustig zu machen, aber Bösgesinnte taten dies besser:

J'ai vu chez Pigalle aujourd'hui

Le modèle vanté de certaine statue

A cet oeil qui foudroie, à ce rire qui tue

A cet air si chagrin de la gloire d'autrui

Je me suis écrié: Ce n'est pas là Voltaire,

C'est un monstre!... Oh! m'a dit certain folliculaire

Si c'est un monstre, c'est bien lui!

Er war äußerst empfindlich gegenüber diesen boshaften Bemerkungen und verfluchte die Statue: »Eine Statue tröstet nicht, wenn so viele Feinde sich zusammentun, um sie mit Schmutz zu besudeln.« Und der grausame Satz:
S'il n'avait pas écrit, il eût assassiné
traf ihn sehr schmerzhaft.

Dafür verteidigten ihn seine Freunde auf rührende Weise. Mademoiselle Clairon empfing dienstags in der Rue du Bac die beste Gesellschaft von Paris. An einem Dienstag im September 1773 ließ sie sich für einen Augenblick bei ihren im Salon versammelten Freunden entschuldigen. Kurz darauf erschien sie wieder und bat, man möge in das Nebenzimmer kommen. Man erblickte dort einen Altar, auf dem hell erleuchtet eine Büste Voltaires stand, die eine Göttin mit Lorbeer krönte, wobei sie zum Lobe des Dichters eine Ode rezitierte, die der treue, liebenswürdige Marmontel verfaßt hatte. Eine Passage war gegen den Neid gerichtet:

> Tu le poursuis juquà la tombe
> Noire Envie, et pour l'admirer
> Tu dis: Attendons qu'il succombe
> Et qu'il vienne enfin expirer ...

Die fast religiöse Feierlichkeit der Zeremonie, die Leidenschaftlichkeit der Ode und die Schönheit der Sprechenden, wie auch der Rang und die Bewunderung der Anwesenden, erregten großes Aufsehen. Es erhoben sich Stimmen, die ein Sakrileg, eine Vergötterung darin sahen ... viele andere aber waren der Bewunderung voll. Voltaire geriet vor Freude außer sich. La Harpe schrieb ihm. An dem Ton, in dem der Patriarch ihm antwortete, kann man erkennen, daß der Streit vergessen war. Voltaire hatte für den ›Köter‹ nur noch freundliche und hingebungsvolle Gefühle. »Mein lieber Nachfolger, man hat also an meinem Bild ausprobiert, was man eines Tages mit Ihrer Person tun wird. Das Haus Mademoiselle Clairons ist also zum Tempel des Ruhmes geworden? Ihr kommt es zu, Lorbeern zu verteilen, da sie ganz davon bedeckt ist.«

Er ist neunundsiebzig Jahre alt. Wie liebenswürdig kann er sein, wenn er Mademoiselle Clairon schreibt, um ihr zu danken:

Les plus beaux moments de ma vie
Sont donc ceux que je n'ai point vus!
Vous avez orné mon image
Des lauriers qui croissent chez vous
Ma gloire, en dépit des jaloux,
Fut en tous temps votre ouvrage.

Diese Zeremonie in der Rue du Bac kam ihm vor wie ein
Windhauch aus Paris und ließ ihn die Pest des Neides ver-
gessen; mit dem göttlichen Lob der Freundschaft drang das
Parfüm der Pariser Jugend zu ihm.

Versailles beruft einen neuen Minister, Voltaire bleibt bei seiner alten Politik

Am 25. Dezember 1770 erhielt Voltaire ein trauriges Weihnachtsgeschenk: er erfuhr, daß der Duc de Choiseul, sein Beschützer, aus dem Ministerium verjagt worden war. Madame
du Barry hatte endlich den Minister besiegt. In Versailles
wirkte dies wie ein Donnerschlag, und auch Voltaire in Ferney
bekam noch die Auswirkungen zu spüren. »Ich verliere sehr
viel mit Monsieur le Duc und Madame la Duchesse de Choiseul. Man kann sich auf nichts, was mit dem Hof zusammen-
hängt, verlassen. Der Erste Mann des Staates ist nie sicher, ob
er am Abend zu Hause schlafen wird.« Mutig machte er dem
gescheiterten Minister den Hof; das war eine Rolle, die ihm
gefiel: er erschien gern treu. Er war nicht der einzige. Am
Weihnachtstage stand das Vorzimmer von Madame du Barry
leer, doch die Straße von Chanteloup, wohin sich der Herzog
zurückgezogen hatte, quoll über von Kutschen. Wenige Freunde
Choiseuls verstanden es, auf so feinfühlige Weise ihre Treue
zum Ausdruck zu bringen wie Voltaire in einem Brief an
Madame du Deffand, die zu den Vertrauten des Ministers gehörte. »Kann ich mir schmeicheln«, schrieb er, »daß Sie die
Güte haben werden, ihm zu sagen, daß ich in der großen Zahl
seiner Diener der unnützeste und der traurigste bin und daß
ich, wenn ich mein Bett verlassen könnte, ihn um die Erlaub-

nis bitten würde, mich an das seine zu setzen, um ihm vorzulesen.«

Doch als Ludwig XV. und Maupeou die souveränen Gerichtshöfe ins Exil schickten, die Choiseul unterstützt hatte, da applaudierte Voltaire. Denn diese Maßnahme erfüllte alle seine Wünsche; ihretwegen hatte er 1769 seine berühmte ›Histoire du Parlement‹ geschrieben. Sie war hart gegenüber den Ansprüchen der Mitglieder, denn Voltaire vergaß nie deren Grausamkeit und Fanatismus. Frankreich in die Hand dieser Herren zu geben, hieß, unter dem Vorwand, die Vorrechte der Monarchie zu beschränken, Scheiterhaufen zu entzünden, Bücher und Autoren zu verbrennen, Feudalrechte aufzuerwecken, die langsam abstarben, und die veraltetsten Sitten wieder einzuführen. Voltaire hatte das Spiel dieser Richter durchschaut, die ohne Beweis versicherten, sie hätten den Auftrag der Nation, sich zu Gesetzgebern aufzuschwingen. Schon seit langer Zeit verfolgte er sie, die er in der Person seines Bruders Armand verkörpert sah, mit einem kräftigen Haß. Er hatte auch sehr gut verstanden, daß für das Frankreich der damaligen Zeit nur die Monarchie die Freiheit garantierte und daß diese Freiheit lediglich durch die Unterwerfung der Klassen und privilegierten Körperschaften unter die königliche Autorität gesichert sein konnte. In seinen Augen war die angebliche Justizreform nur ein absurder Rückschritt: die Rückkehr zur alten Tyrannei im Schoß einer anarchischen Verwaltung. Wenn er schon einer Tyrannei zustimmen mußte, so wollte er lieber die der Ordnung als die der Unordnung. Und er gab dieser Idee in einem typisch Voltaireschen Satz Ausdruck: »Ich gehorche lieber einem einzigen Tyrannen als dreihundert Ratten meiner Gattung.« Es sieht nicht so aus, als habe er viel von einer repräsentativen Regierung gehalten, aber den Fortschritt der Aufklärung, des Wohlstandes und der Freiheit unterstützte er mit aller Leidenschaft.

Bei diesem Kampf Voltaires gegen die Gerichtshöfe taucht auch der Abbé Mignot auf, der Bruder von Madame Denis und sein Neffe. Der Abbé war beauftragt, die Reden für den obersten Präsidenten, Berthier de Sauvigny, zu verfassen. Er verfaßte und soufflierte sie, denn Monsieur Berthier gelang es nicht, sie auswendig zu lernen. Ein mühseliges Unterfangen, denn Berthier war taub. In Gegenwart des Königs blieb Berthier eines Tages stecken, und hinter der gewaltigen Robe des obersten Präsidenten mühte sich der Abbé: alle Welt hörte ihn, außer Berthier. Der König fragte schließlich, wer dieser Mann sei, der sich hinter dem Präsidenten so anstrenge und solchen Lärm vollführe. Man sagte ihm, wer Abbé Mignot war und wozu er sich verwende. Der gute Abbé las viel und schrieb; er umschiffte die Klippe der Poesie nur, um an der der Geschichte zu zerschellen. Er verfaßte eine ›Histoire des Turcs‹, die wenig mit den Türken zu tun hatte, aber die Leute amüsierte. Grimm sagte, es gäbe nichts Gemeinsames zwischen dem Onkel und dem Neffen. Der eine war völlig fleischlos, der andere rund wie ein Faß; der Onkel hatte den Blick eines Adlers, der Neffe den eines Maulwurfs. Aber Abbé Mignot war ein rechtschaffener Mann. Er war so großzügig, daß er es übernahm, ein Kind zu erziehen, das einer seiner Freunde, der ohne Vermögen gestorben war, ihm anvertraut hatte. Er schnallte seinen Riemen enger und teilte seine Habe mit dem fremden Waisenkind, getreu dem Versprechen, das er dem Sterbenden gegeben hatte. Voltaire erfuhr von dieser geheimen Wohltätigkeit und bat beim Minister um eine Pension für Abbé Mignot. Dieser stand auf dem richtigen Platz, um Begünstigungen zu erhalten, denn er gehörte zum Lager des neuen Ministers, Monsieur de Maupeou, einem Feind der souveränen Gerichtshöfe; im Gegensatz zu dem anderen Neffen Voltaires, dem Sohn von Madame Dompierre d'Hornoy. Monsieur d'Hornoy gehörte zur feindlichen Partei — der der Justiz — und wurde verbannt. Dann drehte sich das Rad, und Monsieur d'Hornoy kam mit den Gerichtshöfen wieder in Gnade. Und Voltaire, der dachte, daß das Gericht, das Böses tue, dies auch wiedergutmachen könne, bat seinen Neffen, den jungen d'Etallonde zu rehabilitieren, der sich immer noch auf der Flucht befand. Diese Befriedigung wurde ihm jedoch nicht zuteil.

Die Haltung Voltaires dem Gerichtshof gegenüber wurde von den Choiseuls mißverstanden und verurteilt. Sie glaubten, der

Dichter sei so gemein, sich dem neuen Minister Maupeou zuzuwenden, ihm zu schmeicheln, um so dem vorigen Minister zu schaden, der wegen seiner justizfreundlichen Politik in Ungnade gefallen war. Die Wut und die Verachtung Choiseuls für Voltaire kannte keine Grenzen mehr, als er die Briefe las, die Voltaire dem neuen Minister schrieb, um ihn in seinem Kampf gegen die Gerichtshöfe zu ermutigen. Diese Briefe zirkulierten; Maupeou bediente sich ihrer, um seine Politik zu unterstützen. Die Choiseuls, die Voltaire so sehr geholfen hatten, sahen in seinem Vorgehen den schwärzesten Undank. Voltaire erfuhr von diesen Gefühlen durch Madame du Deffand. Sofort schrieb er nach Chanteloup, um seine Treue zu bezeugen. Doch er wurde nicht mehr angehört. Die Herzogin schrieb: »Der arme Voltaire weiß nicht mehr, wohin er gehört. Er hält es mit der Ziege und dem Kohl gleichzeitig. Da er weder von dem einen noch von dem anderen etwas zu befürchten oder zu hoffen hat, lobt er Monsieur le Chancellier und Monsieur de Choiseul gleichzeitig . . . Aber ich gestehe Ihnen, seit seinem ›Avis à la Noblesse‹ ekeln mich seine Briefe an, ich verstehe sie nicht mehr. Dieser hier scheint mir nur verworrenes Geschwätz zu enthalten.«

In Wahrheit kann man die Haltung Voltaires durchaus unterstützen: er liebt und verehrt den in Ungnade gefallenen Minister, aber er ist davon überzeugt — seit langem schon —, daß die Politik seines Nachfolgers mehr den Interessen der Nation entspricht, oder zumindest der Idee, die sich Voltaire davon macht. Auf der einen Seite ist er einem Menschen treu, auf der anderen einer politischen Meinung. Die Choiseuls, die unter dieser Treue leiden, nennen ihn einen Verräter und sagen, er schreibe ›verworrenes Geschwätz‹. Das ist einfacher, als sich zu bemühen, seine Lage oder seine Überzeugungen zu verstehen.

Außerdem hat Voltaire seine Kolonie von Ferney auf dem Hals. Wenn der Minister das Interesse an seinen Uhren und Strümpfen verliert, wer wird seinen hundert Arbeiterfamilien einen Verdienst verschaffen? Voltaire ist der Ansicht, daß einem Minister, der geht, ein anderer folgt, der, wer immer er auch sei, Ferney unterstützen muß.

Madame de Choiseul schreibt entrüstet: »Er war immer feige ohne Gefahr, unverschämt ohne Grund, gemein ohne Anlaß.« Das ist hart. Aber wenn er immer so gewesen ist, warum, Madame, haben Sie ihn bisher so gut behandelt? »Man muß ihn beweihräuchern und ihn verachten, das ist das Schicksal aller Kultobjekte«, sagt sie zum Schluß. Voltaire wehrt sich und schreibt der von den Justizverfechtern angesteckten Madame du Deffand: »Ich bleibe allen meinen Leidenschaften treu. Sie hassen die Philosophen, und ich hasse die bürgerlichen Tyrannen. Ich habe Ihnen immer Ihren Zorn auf die Philosophen vergeben, vergeben Sie mir den meinen auf die unzähligen Verhöre.« Und er sagt der Duchesse de Choiseul offen seine Meinung. Der Höfling macht dem Philosophen Platz, der sich für eine politische Meinung engagiert und nicht duldet, daß man gegenüber einer für die Nation gefährlichen Sekte Rücksicht übt: »Bis zu meinem Tode werde ich gleichzeitig Ihnen die einmal geschworene Treue bewahren und auch meinem Haß gegenüber Menschen, die mich, so sehr sie nur konnten, verfolgt haben und mich noch weiter verfolgen würden, wenn sie die Herren wären. Ich darf keinesfalls die lieben, die mir im Januar 1770 (Maßnahmen gegen seine ›Histoire du Parlement‹) einen so üblen Streich spielen wollten, die das Blut der Unschuld vergießen (Calas), die ihre Höflichkeit mit Barbarei vermischen (die Folter), die, einzig mit ihrer dummen Eitelkeit beschäftigt, ihre Grausamkeit skrupellos in die Tat umsetzen, indem sie hier Calas auf dem Rade opfern, dort nach Foltern einen jungen Edelmann (La Barre) hinrichten, der höchstens sechs Monate Saint-Lazare verdient hätte und mehr wert gewesen wäre als alle zusammen. Sie haben ganz Europa getrotzt, das über ihre Unmenschlichkeit entrüstet war; sie haben einen Generalleutnant (Lally-Tollendal) auf einem Schinderkarren geknebelt fortgeschleppt, der zwar mit Recht gehaßt wurde, aber dessen Unschuld sich mir durch die Prozeßakten erwiesen hat. Ich könnte zwanzig ähnliche Schandtaten anführen und den Abscheu der Nachwelt hervorrufen. Ich würde lieber in einem Land der Zuluneger oder bei den Samojeden sterben, als von solchen Landsleuten abzuhängen.«

Trotz seines unauslöschlichen Hasses gegen die Gerichtshöfe behauptete er, Choiseul seine unverbrüchliche Treue zu bewahren und verbreitete dies überall. Das half ihm wenig bei dem König und dem Kanzler. Was wollte man von ihm? Daß er seinen Ideen abschwor? Oder seinen Freunden? Choiseul ließ eine Silhouette von Voltaire in Blech schneiden, die er auf einem Dach befestigte, wo der Wind sie hin und her bewegte ... Paris amüsierte sich den ganzen Mai 1762 über Voltaire als Wetterfahne.

Die schönen Tage in Ferney
wiegen einen Paß nach Paris nicht auf

Im Lauf des Winters dieses Jahres schrieb er eine Tragödie mit dem Titel ›Les lois de Minos‹. Sie glich einer Kampfarmee gegen den Fanatismus; es ging um die veralteten Gesetze, die man abschaffen muß, sobald sie mit den Sitten nicht mehr übereinstimmen. Dieses Stück nahm ihm viel Zeit: einen Monat! Die anderen hatte er immer in sechs, acht oder zehn Tagen erledigt. Dennoch war dieses Stück ebenso langweilig wie die anderen. Nur nicht für ihn: er fand es erhaben, er war tief ergriffen, als er es noch einmal las. Wenn die Welschen davon nicht geblendet würden, so würde er sie auf ewig verstoßen! Um die Wahrheit zu sagen, die Welschen begannen 1772 genug zu haben von Tragödien — und von den seinen im besonderen. Er erwartete sich tosenden Erfolg, vermischt mit Skandal und heftigen Angriffen von Seiten Frérons und La Beaumelles. Es kam schlimmer: die Tragödie wurde nicht gespielt. Er schickte sie Katharina!

Voltaire kümmerte sich um alles, selbst darum, den Gatten seiner verstorbenen Nichte wieder zu verheiraten. Daher nahm er Monsieur de Florian auf, den Witwer von Elisabeth Mignot, die selbst die Witwe von Monsieur Dompierre d'Hornoy gewesen war. Voltaire liebte den guten Florian, der in einem Strom von Tränen ankam. Er schien untröstlich, man hätschelte ihn, und Voltaire zeigte ihm zum Trost eine liebenswürdige kleine Dame, Madame Rillet, die getrennt von ihrem brutalen Gatten lebte, der Kalvinist und Politiker in Genf war. Sie hinkte mit Anmut, sang, sprach, rezitierte, spielte Theater, lachte, weinte und war reizend eigenwillig. Monsieur de Florian wollte sie auf der Stelle heiraten. Aber man brauchte einen Dispens von Rom. Als Kalvinistin war die Holde, da ihr Gatte noch lebte, in einer schwierigen Lage. Florian stampfte mit dem Fuß vor Ungeduld. Madame Denis spielte die Empfindliche und fand es unschicklich, daß man so offensichtlich einen Ersatz für ihre verstorbene Schwester begünstige. Voltaire schien gerührt über die Rückkehr jugendlicher Leidenschaften in dem guten Florian. Er war, um die Wahrheit zu sagen, selbst nicht wenig entflammt für die kleine Rillet gewesen — entflammte von einem metaphorischen Feuer, das aber dennoch einen Nachgeschmack von Asche in empfindsamen Seelen hinterläßt. Doch da Voltaire Eifersucht auf diesem Gebiet nicht kannte, war er entzückt darüber, daß Florian erhielt, was er nicht erhalten konnte. Er hätte sie gern selbst verheiratet und ihnen ihr Bett bereitet. Aber er zog es vor, einen Dispens aus Rom einzuholen und Pater Adam die Messe lesen zu lassen. Wieder wandte er sich an Bernis und bat ihn, sich zu beeilen, da die Verliebten jeden Augenblick Gefahr liefen, der Todsünde zu verfallen, so groß sei ihre Begierde. Bernis antwortete ihm, über einen Dispens verhandele sich nicht so leicht wie über die Perücke Adams, und die Lage der Dame Rillet sei ein unüberwindliches Hindernis. Florian brachte seine Versprochene in lutherisches Gebiet, wo man sie nach nichts fragte; sie gingen nach Konstanz und verheirateten sich an den Ufern des Sees ›à la façon de Barbarie, mon ami‹.

»Ich hatte es Eurer Eminenz und Seiner Heiligkeit ja gesagt«, schrieb Voltaire an Bernis, »daß Sie beide an der Todsünde des armen Florian schuld sein würden. Er hat sich verheiratet, so gut es eben ging. Man behauptet, seine Heirat gelte nicht, aber die Vereinten haben sie sehr wirklich gemacht. Es lohnt sich wahrhaftig nicht, Papst zu sein, wenn man noch nicht einmal verheiraten kann, wen man will.«

Der ›kleine Zeisig‹, wie Voltaire die neue Marquise de Florian nannte, wurde jedoch krank. Sie ging mit ihrem Mann zur Behandlung nach Montpellier, während Voltaire ihr einen reizenden Pavillon in Ferney bauen ließ — ein Miniatur-Marly, das man heute noch am Wegrand sehen kann. Kaum hatte sich der ›kleine Zeisig‹ in seinem neuen Käfig niedergelassen, als er starb. Und wieder zerfloß Florian in Tränen. Sein gräßliches Unglück wurde mit dem gleichen Mittel geheilt wie das vorige: er heiratete eine Demoiselle Joly. Sie bewohnten den hübschen Pavillon, und bei der Rückkehr von einer Reise nach Paris überreichte die vierte Marquise de Florian Voltaire einen liebenswürdigen Brief Monsieur de Buffons zusammen mit der monumentalen Ausgabe seiner ›Histoire naturelle‹, die ihr der berühmte Gelehrte bei seiner Durchreise durch Montbard übergeben hatte. Das war der Frieden mit Buffon. Voltaire schenkte der charmanten Botin voller Freude eine goldene, bei ihm hergestellte Repetieruhr. Dann dankte er Buffon, indem er ihn ›Archimedes I.‹ nannte. Buffon antwortete und nannte ihn ›Voltaire I.‹. In Ferney hätte es fast ein Freudenfeuer gegeben.

Im Laufe des vorangehenden Jahres hatte Voltaire Le Kain nach Ferney kommen lassen: es gab große Theatertage in Ferney. Man weiß, daß sein altes Theater Seidenraupen beherbergte. Daher ließ er ein neues auf dem Weg nach Genf in Châtelaine bauen. Ende vorigen Jahrhunderts existierte das Theatergebäude noch; man hatte Fenster in die Mauern gebrochen, die ursprüngliche Einrichtung entfernt und es in Wohnungen aufgeteilt. Zur Zeit Voltaires spielte dort oft eine Truppe von Wanderschauspielern; nach Dijon verbrachten sie die längste Zeit in Ferney, denn sie fanden dort einen recht gut eingerichteten Saal und die reiche Genfer Kundschaft.

Die Genfer gingen zu Fuß dorthin, in der schönen Jahreszeit kehrten sie auch zu Fuß zurück, machten in kleinen Schenken Rast und fanden zuweilen die Tore der Stadt schon geschlossen. Sie organisierten daher nächtliche Ausflüge und kehrten erst bei Tage zurück. Schenken, ein Café, ein Billardsaal wurden bei dem Theater eingerichtet. Le Kains Kommen glich für Voltaire der Ausgießung des Heiligen Geistes; trotzdem zankte man sich zuerst über die Gage, die Le Kain forderte. »Ich bin ruiniert durch meine Häuser und mein Land, das Haus für Monsieur de Florian hat mir das Letzte genommen.« Le Kain ließ nicht mit sich handeln: Voltaire zahlte. Er bedauerte es nicht, er war außer sich vor Freude und Bewunderung. Es folgte ein Exodus der Genfer zu diesem Ort der Verdammnis.

All dies wurde sehr übel aufgenommen von dem Rat und auch von zwei Engländern, Lord Stanhope und seinem Sohn Lord Mahon, die in ihrem Haß für Frankreich die Genfer gegen das Theater, Voltaire, Ferney und Frankreich aufstachelten. Sie dingten einige Spitzbuben, die sie an den Toren der Stadt mit dem Auftrag aufstellten, die Leute, die von den Vorstellungen zurückkämen, zu beleidigen. Es kam zu einem schönen Skandal, denn unter den Beleidigten waren Mitglieder der ehrenwertesten Familien — und selbst ein englischer Botschafter. Der Rat fand das Vorgehen unwürdig, das Volk von Genf dachte desgleichen: endlich einmal waren sie einer Meinung. Die Genfer erklärten, wenn sie Lust hätten, das Theater zu verbrennen — und einige verbargen diese Lust nicht —, so wollten sie es allein tun, und sie gestatteten nicht, daß sich Ausländer in ihre Streitigkeiten mit Voltaire mischten. Die Reaktion zeigt deutlich, daß der Streit Voltaires mit Genf den Charakter eines Familienstreites annahm, wodurch er freilich nicht leichter zu schlichten war. Der französische Botschafter machte dem Rat, der ihn äußerst höflich empfing, einige Vorhaltungen, und die beiden Engländer erhielten einen Verweis, der ihren Eifer lähmte.

Nichts konnte dem Erfolg Le Kains etwas anhaben: er war so wunderbar, daß er wahrscheinlich den Vorurteilen Genfs gegenüber dem Theater ein Ende setzte. Auch Pastoren wohnten den Vorstellungen bei, und selbst unter den Voreingenommensten befanden sich einige, die die Größe, den Adel und die Würde der Tragödie anerkannten. Welch wunderbarer Erfolg für Voltaire! In einer der Bühnenlogen sitzend, versäumte er nicht eine der Vorstellungen. Und mit welcher Anteilnahme war er dort! Er konnte nicht ruhig auf seinem Platz bleiben; mit seinen achtundsiebzig Jahren sprang er noch zuweilen auf

die Bühne und lief zu den Schauspielern. In seinem Sessel
schrie, stöhnte und weinte er, schwenkte sein Taschentuch und
verlor die Besinnung. Die Schauspieler spielten nicht vor ihm,
sondern in ihm. Sein armes Knochengerüst war das eigentliche
Theater der antiken Helden, sie durchrüttelten ihn mit ihrem
Stampfen, mit ihren Schreien, ihre Dolche durchbohrten sein
Herz. Welch ein erhabenes Leben erlebte er mit! Wenn irgend
jemand sich im Parterre zu rühren wagte, sah man den Patriarchen mit vorgebeugtem Körper in Wut geraten, bereit, sich
hinabzustürzen. Er fuchtelte mit seinem Stock und brüllte:
»Geschätzte und geehrte Herren! Ich bin hier zu Hause, und
wenn Sie sich nicht ruhig verhalten, so lasse ich Ihnen die saf-
tigste Tracht Prügel verpassen, die Ihre Republik je bekommen hat.« Und das war nicht metaphorisch gesprochen, er
hatte an der Tür eine aus alten Soldaten bestehende Wache
aufgestellt, die mit ihren Knüppeln, die sie recht sichtbar für
das Publikum hielt, umzugehen verstand. »Mein lieber Engel,
ich bin in Verzückung über Le Kain«, schreibt er d'Argental,
»durch ihn habe ich ›Sémiramis‹ kennengelernt, die ich keineswegs kannte. Alle unsere Genfer haben vor Schmerz und
Freude geschrien, die Frauen sind ohnmächtig geworden und
waren recht froh darüber . . . Ich wußte nicht, welche Ehre er
meinen eigenen Werken antut und wie er sie neu erschafft . . .«
Welch wunderbares Lob für einen Schauspieler! Wenn man
jedoch annimmt, daß ihn seine Neigung zur Übertreibung
etwas weit führt, hier das Zeugnis eines Genfer Pastors, der
sich in die teuflische Höhle gewagt hatte. Er erzählt, daß die
Menge wie rasend nach Ferney eilte. In der Woche, in der man
›Mahomet‹ spielte, vergaßen die Genfer sogar die Lotterie!
Man sah die Leute einen Louis für eine Mietkutsche zahlen.
»Ich, der ich zu Ihnen spreche«, sagt dieser Antoine Mouchon
reuig, »habe an der allgemeinen Raserei teilgenommen.« Er
hatte anschließend zwei Tage lang arbeiten müssen, um die
in Ferney verlorene Zeit wieder aufzuholen. Hätte er doch wenigstens seine Angelegenheiten geregelt, ehe er seine Seele
und seinen Louis verlor! Er bemerkte in dem überfüllten Saal
mehrere andere Pastoren; welche Erleichterung! Und welcher

Schlag! Die guten Seelen versündigten sich also dutzendweise! »Ich sah so erhabene Dinge, daß sie noch die Vorstellung übertrafen, die ich mir von dem Ruhm dieses großen Schauspielers gemacht hatte . . . (Es folgt ein Lob Le Kains, das ebenso überschwenglich ist wie das Voltaires.) Das war der Triumph der Natur, die Ergriffenheit war allgemein.«

Welch unvergeßliche Stunden verschaffte Voltaire seinen Genfern! Sie verachteten ihn, aber er zeichnete sie. Sie hätten ihn gern zum Teufel geschickt, aber sie konnten nicht ohne ihn auskommen.

Und der ehrliche Mouchon beschrieb den unvergleichlichen Anreger: »Aber ein nicht geringer Teil des Schauspieles war Voltaire selbst, der vor der ersten Kulisse saß und wie ein Besessener applaudierte, indem er mit seinem Stock aufschlug oder laut etwas rief.« Plötzlich erhob er sich und ergriff die Hand eines Künstlers. Der Saal lachte, doch er sah und hörte nichts. Seine Strümpfe schlugen Falten um seine Schienbeine und hingen bis auf die Fersen herab, er trug ein Gewand aus der Zeit der Régence, und seine Knie zitterten. Er konnte sich alles erlauben, selbst grotesk zu sein. Als er rief: »Ich bin hier zu Hause«, meinte er nicht nur das Gebäude, sondern sein Königreich, das nicht ganz von dieser Welt war, das Königreich des Theaters, die betörende Fiktion der Bretter, diese verzauberte Welt, deren Zauberer er war.

Mitten in diesem Rausch ein schmerzhafter Schock: Freund Thiériot stirbt. Voltaire empfindet wirklichen Kummer, wenn dieser auch nur in seiner Einbildungskraft besteht. Er sieht den Jugendfreund wieder vor sich, die Lehrzeit bei Maître Alain, die lange Geschichte der Ränke und Treulosigkeiten Thiériots und der wiederholten Vergebungen Voltaires. In einem Brief aus dem Jahr 1764 an Damilaville äußerte sich Voltaire über Thiériot folgendermaßen: »Ich werde faul wie Bruder Thiériot, aber ich wechsele nicht wie er meine Vorgesetzten.« Thiériot flatterte umher wie ein Schmetterling, er diente denen, die ihn amüsierten und bezahlten. Seine Schutzherren wechselten, aber alle waren sie sehr reich. Er hatte seine Brötchen von den goldenen Tellern La Popelinières gegessen, er hatte die Ersparnisse der Comtesse de Fontaine-Martel geschmälert, er hatte sich bei dem Comte de Monmorency eingenistet; er war sogar der Parasit des Erzbischofs vom Cambray gewesen.

Voltaire löste sich nie von Thiériot, aber als der falsche Freund starb, wurde das Herz Voltaires nicht wirklich betroffen. Thiériot hatte sich zuviel zuschulden kommen lassen, um noch liebenswert zu sein. Aber es waren nicht seine Fehler, die die Freundschaft abkühlten, sondern die mangelnde Freundschaft auf Seiten Thiériots.

Plötzlich dachte Voltaire an die ernsten Folgen der Angelegenheit: Thiériot besaß zahllose Briefe, Manuskripte und unveröffentlichte Gedichte. All dies konnte in feindlichen Händen gefährlich werden. D'Argental wurde beauftragt, dieses Dynamit sicherzustellen, und zwar möglichst bald, denn eine Demoiselle Taschin, die ein intimes Verhältnis zu Thiériot hatte, könnte in Versuchung geraten, die Papiere in Geld umzusetzen. »Wie dankbar bin ich Ihnen, daß Sie Mlle Taschin darin gehindert haben, mich zu beerben! Denn das Fräulein, das Thiériot umgebracht hat, heißt Taschin ...« Wenn man ihm glaubt, so war Thiériot an einem Übermaß von Taschin gestorben. Es schmeichelte sich, länger zu existieren als sein Freund, weil er kein ›Taschin‹ hatte. D'Argental schlug vor, ihm welches zu schicken. Beruhigen wir uns, es handelte sich nur um einen leichten Scherz im tändelnden Geschmack der Zeit!

Währenddessen verbreitete sich ein Gerücht in Paris und Genf: als Voltaire sich mit einer jungen, hübschen und kühnen Frau in seinem Zimmer aufgehalten habe, sei er ohnmächtig geworden und fast gestorben, und diesesmal nicht wegen einer Magenstörung. Man erzählte die hübsche Geschichte, er habe mehrmals durch ein Übermaß an Gefühl die Besinnung verloren, er habe rosige Pfade eingeschlagen, um in die Hölle zu steigen, und sein Grab habe sich geöffnet, als er aus dem Bett stieg ...

Was ist wahr an dieser Geschichte? Daß ein junges Mädchen, die Nichte des berühmten Genfer Physikers Saussure, tatsächlich in sein Zimmer gekommen war, aber in Anwesenheit von Wagnière und Madame Denis, die mehrmals hintereinander

hinein- und hinausgegangen war und einen gewissen Ärger
über den Besuch gezeigt hatte. Mit einem Wort, so erzählt uns
Wagnière, nur die dumme Eifersucht der Nichte und ihre lächerlichen Äußerungen seien Anlaß zu dieser Geschichte gewesen. Sie hoffte auf diese Weise Monsieur de Saussure und Voltaire zu verärgern und die Besuche der hübschen Nichte des
Gelehrten zu unterbinden, die die häßliche Nichte des Dichters
in schlechte Laune versetzten. Richelieu fand die Fabel vom
besten Geschmack und bat Voltaire, ihm zu sagen, ob es sich
wirklich um eine Fabel handele. Dieses Reh im Bett des Patriarchen machte dem Faun Lust, eine Pilgerfahrt nach Ferney zu
unternehmen. Voltaire verbarg ihm nichts: diese Saussure war
eine Juno, sehr groß, sehr schön, sehr majestätisch und sehr
kalt. Wenn der Mont-Blanc seine Gletscher in seinem Zimmer
niedergesetzt hätte, so hätte der fröstelnde Poet nicht ärger
schaudern können. Er war tatsächlich ohnmächtig geworden,
aber vor Beklemmung. »Ich schwöre Ihnen, daß ich dieser schönen Frau eher eine Szene der Skylla gemacht hätte, als ein
Liebescouplet.«
Dieses ›Couplet‹, das er nicht singen konnte, würde er schreiben. Aber wem? Wir kommen aus dem Staunen nie heraus,
es gibt immer einen neuen Trick in seinem Zauberkasten. Er
schrieb es Madame du Barry. Voltaire ließ sich über die Intrigen in Versailles auf dem laufenden halten. Er war verärgert
über den König, hatte jedoch die Verbindung nicht ganz abgebrochen. Der König und die Philosophen standen durch Mittelspersonen in Beziehung: durch die Minister und die Favoritinnen. Das an Madame du Barry gerichtete Couplet dankte ihr
für eine liebenswürdige Botschaft, die sie ihm durch Monsieur
de la Borde, einen reisenden Bankier, hatte überbringen lassen.
Die Botschaft begleitete ein Medaillon, das ein Porträt der
schönen Gräfin enthielt. Monsieur de la Borde fügte hinzu,
daß die Favoritin ihm außerdem zwei Küsse für den Empfänger mitgegeben habe. Bei diesen Worten wäre der Empfänger
fast noch einmal in Ohnmacht gefallen. Er stürzte sich auf das
Medaillon, eilte zu seinem Schreibtisch und schrieb die folgende Danksagung:

Quoi deux baisers sur la fin de sa vie!
Quel passeport vous daignez m'envoyer!
Deux! C'est trop d'un, adorable Egérie;
Je serais mort de plaisir au premier!

So viel Vergnügen mußte irgendeinen Nutzen zur Folge haben. Er vergaß nicht, daß seine Kolonie keinen Beschützer mehr hatte, die Gelegenheit schien günstig, eine Beschützerin zu finden. Er schickte ihr eine schöne, mit Diamanten verzierte Uhr. »Die Uhr ist mit Diamanten verziert«, schrieb er der Favoritin, »und die Herren Ceret und Dufour, die sie unter meinen Augen gemacht haben, verlangen nur tausend Franc dafür.« Man weiß nicht, ob die schöne Gräfin begriff. Die Rechnung wurde jedenfalls unter ihren Papieren gefunden. Nichts weist daraufhin, daß sie bezahlt wurde. Aber vielleicht bestellte Madame du Barry gleich einen ganzen Kasten Uhren.

Doch Voltaire war nicht glücklich. Eine unheilbare Sehnsucht verschlimmerte seine Leiden immer häufiger: er brauchte Frankreich, brauchte Paris. Er ließ die Favoritin belagern, um eine Aufhebung des Aufenthaltsverbots zu erreichen. Doch ach! sie konnte ihm Medaillons und Küsse schicken, aber keinen Paß ausstellen lassen.

Richelieu und d'Argental bemühten sich. Sie waren nahe daran, Erfolg zu haben, als im Jahr 1773 ohne das Wissen Voltaires seine Tragödie ›Les lois de Minos‹ erschien, die von seinen Freunden d'Argental, Thibouville und anderen veröffentlicht worden war. Mit der besten Absicht der Welt hatten sie verändert, gestrichen, hinzugefügt, die Verse umgeschrieben. Trotz dieser Bemühungen protestierte die Zensur. Der Zensor, dem Voltaire schmeichelte, den er verwöhnte und unterstützte, wurde noch unverschämter. Er schrieb Voltaire einen unmöglichen Brief, an dem sich Voltaire jedoch nicht störte: um einen Paß zu bekommen, war er fähig, alles hinzunehmen. Der Zensor, der Marin hieß und ein mittelmäßiger und schrecklich eitler Schriftsteller war, terrorisierte die Literaten und ließ sich von Voltaire für die Académie Française vorschlagen. Zum Glück wurde er nicht gewählt. Um gerecht zu sein, müssen wir sagen, daß Voltaire die Kandidatur Marins nicht nur wegen eines Passes unterstützte, sondern auch um sich der Kandidatur des Président de Brosses entgegenzustellen. Es gibt Befriedigungen, die man sich nicht versagen kann . . .

Als sich Beaumarchais, dessen Verhaftung man beschlossen hatte, weiterhin ungestraft in Paris zur Schau stellte, wunderte sich Voltaire weit mehr über diese Straffreiheit als über den durchschlagenden Erfolg seines jungen Kollegen. Es schien ihm, daß die Behörden strenger mit einem verbannten Greis verfuhren als mit einem gefeierten jungen Autor. Tatsächlich war der Druck nicht mehr so stark wie am Anfang des Jahrhunderts, die Kraft des Staates war geschwächt, weit mehr, als Voltaire glaubte.

»Es ist lustig«, schrieb er, »daß ein Uhrmachergeselle mit einem Verhaftungsbefehl in Paris ist, ich aber nicht dort bin.« Er hatte nichts gegen Beaumarchais, im Gegenteil: »Die ›Memoires‹ Beaumarchais' sind der stärkste, der komischste, der interessanteste und der demütigendste Angriff auf seine Gegner, den ich je gesehen habe. Er kämpft zum Schluß gegen zehn oder zwölf Personen und wirft sie zu Boden, wie der wilde Harlekin einst eine Rotte von Wachtposten umwarf.«

Schließlich erfuhr er, daß er seinen Paß nicht bekommen hatte, weil er von Marin verraten worden war. Als der Zensor in Ungnade fiel, enthüllte Beaumarchais sein Treiben. Mademoiselle de Lespinasse, die ihn haßte, gab ihm den Namen ›monstre marin‹, und Beaumarchais nannte ihn das ›Nilpferd‹. Im Grunde brauchte Voltaire Marin nicht, um einen Paß zu erhalten, aber er hatte sich dem ›Nilpferd‹ ausgeliefert, das er auch in der Ungnade noch fürchtete, denn er war unvorsichtig genug gewesen, ihm gefährliche Papiere auzuvertrauen. Daher schrieb er an Condorcet: »Zu allem Überfluß muß ich schweigen, das ist sehr hinderlich, wenn man Grund zum Reden hat und gern reden möchte.«

Neue Gefahren: die Kröte des Parnaß und winterliche Bäder. Trost: Madame Denis wird vom Volk gewählt

Neue Feinde lösten die gestorbenen ab. Hier einer vom Schlage der Frérons und La Beaumelles: als Mensch war er eine Canaille, als Schriftsteller wesentlich besser. Er hatte Temperament, Schärfe, Geschmack. Er hieß Clément — Voltaire nannte ihn ›Inclément Clément‹. Mit siebzehn Jahren schon hatte er Briefe an Voltaire geschrieben, um ihn zu beweihräuchern und sich von ihm durch Ratschläge helfen zu lassen, und er hatte auch wirklich Hilfe und Rat erhalten. Er erhielt sogar dank Voltaire einen Posten als Lehrer in einem Pensionat in Dijon. Aber die ›kleine Kröte des Parnaß‹, wie Voltaire ihn später nannte, verlor ihre Stelle durch eine finstere Geschichte. Clément schrieb seinen Kollegen bei seinem Weggehen einen so infamen Kündigungsbrief, daß sie ihn dem Staatsanwalt übergaben, der einen Haftbefehl gegen den jungen Dichter erließ. Dieser glänzte schon in Paris. Er hatte La Harpe besucht, ihn auf Empfehlung Voltaires zu seinem Vorteil ausgenutzt und sich mit ihm zerstritten. Schließlich brachte ihn Fréron auf die richtige Fährte. Er griff als erstes den Abbé Delille an, dann Saint-Lambert, für den Voltaire die zärtlichste Freundschaft bewahrt hatte, und schließlich Voltaire. Clément schrieb, »die Tragödie Voltaires sei eine laterna magica«, er habe Racine beraubt und das Publikum sei derartig verdorben, daß es »das Flitterwerk Voltaires allem Gold Racines« vorziehe.

Saint-Lambert war kein sehr friedlicher Mann. Als er von den Angriffen Cléments erfuhr, ließ er nach ihm suchen, um ihn mit einer Belehrung zu bedenken, die nichts mit Grammatik zu tun haben würde. Er benachrichtigte auch den Minister. Die Schmähschrift wurde beschlagnahmt, der Autor ergriffen und in das Fort l'Evêque gesteckt, was ihm die Prügel ersparte. Daraufhin ließ Jean-Jacques empörte Schreie hören: ein Clément im Gefängnis! Er vollführte einen so großen und so philosophischen Lärm, daß Clément freigelassen wurde. Die Freiheit zu verteidigen ist lobenswert, und Jean-Jacques, der sich zum Kämpfer dafür machte, müßte gelobt werden, wüßten wir nicht, daß er die Freiheit Cléments nur verteidigte, weil Saint-Lambert ihn einsperren ließ, Saint-Lambert, der glückliche Liebhaber von Madame d'Houdetot, die die Huldigungen Jean-Jacques zurückgewiesen hatte. Rousseau rächte sich! Er sah in dem Leben Saint-Lamberts und Voltaires nur die Heuchelei der Zivilisation und eine abscheuliche Verderbtheit. Zwei unvereinbare Welten stießen jedesmal zusammen, wenn die Launen des Schicksals die beiden Männer einander gegenüberstellte. Benachrichtigt von Saint-Lambert, schrieb Voltaire diesem: »Er ist ordentlich stolz auf diesen kleinen Clément. Wie die Gerichtshöfe fällt er Urteile, ohne sie zu begründen. Ich werde die Ehre haben, ihm unaufhörlich in jedem Punkt Gerechtigkeit widerfahren zu lassen.« Und schon wurde Clément, der Unbekannte, durch den von Saint-Lambert verursachten Lärm und die Schmähschrift Voltaires ›Les Cabales‹, die 1773 erschien, berühmt. Alle Welt erkannte den, der diese Verse verdiente:

Je ne m'attendais pas qu'un crapaud du Parnasse
Eût pu dans son bourbier s'enfler de tant d'audace
Monsieur, écoutez-moi, j'arrive de Dijon
Et je n'ai ni logis, ni crédit, ni renom
J'ai fait de méchants vers et vous pouvez bien croire
Que je n'ai pas le front de prétendre à la gloire
Je ne veux que l'ôter à quiconque en jouit.
Dans ce noble métier l'ami Fréron m'instruit.
Monsieur l'abbé Propred (Mably) m'introduit chez les dames
Avec de beaux esprits nous ourdissons nos trames
Nous serons dans un mois l'un et l'autre ennemis
Mais le besoin pressant nous tient encore unis.
Je me forme sur eux dans le bel art de nuire
Voilà mon seul talent; c'est la Glorie où j'aspire.

Daraufhin zog Clément vom Leder. Er griff Voltaire persönlich an: »Mit welchem Scharfblick Sie alle die kleinen Rechnungen des Geizes aufgedröselt haben! Ich will die Klagen der Buchhändler, der Juden mit Schweigen übergehen, die erstaunt sind, in ihrer eigenen Kunst geschlagen zu werden.« Hier hat die Legende über den Geiz Voltaires, deren Opfer der Dichter wurde, ihren Ursprung; sie kommt von denen, die Hilfe von ihm erhielten. Was man ihm in dem Milieu der verhungerten Intriganten nicht verzieh, war sein Vermögen und sein Ruhm; das eine vergrößerte noch das andere. »Von allen Schöngeistern hat er die besten Renten.« Das war unerträglich.

Dann kam ein gemeines und vor allem absurdes Gerücht auf: Clément erzählte, daß Madame Mignot, die Schwester Voltaires, den Giftmischer Mignot geheiratet habe, von dem Boileau in seinen ›Satires‹ spricht. Folglich seien Madame Denis, der Abbé Mignot und Madame de Florian die Kinder dieses Giftmischers. Zu allem Überfluß fügte Clément noch hinzu, daß selbst Voltaire der Enkel eines Giftmischers sei. Da der Abbé Mignot Ratgeber beim Gerichtshof war, beklagte er sich beim Minister, der Clément vorlud, ihm eine Predigt hielt und ihn zwang, sich bei dem Abbé zu entschuldigen. Clément entledigte sich dessen auf unverschämte Art und erneuerte seine Angriffe.

Warum imitierte Voltaire nicht Buffon, der nie auf solche Verleumdungen antwortete? »Jeder hat seine Eigenheit«, sagte Buffon, »die meine besteht darin zu glauben, daß mich gewisse Leute nicht beleidigen können.« Das war leider keine von Voltaires Maximen.

Im Dezember 1776 wäre er fast gestorben — im Ernst. Man hatte ihm winterliche Bäder verschrieben. »Meine beiden spindeldürren Beine sind dick wie Fässer geworden.« Er erholte sich nur langsam. Während seiner Rekonvaleszenz erhielt er eine Nachricht, die ihm die Kraft gab, Freudensprünge zu vollführen: man sagte ihm, Fréron sei tot. Eine falsche Nachricht — Voltaire legte sich wieder.

Man hatte schon ins Auge gefaßt, was man im Falle seines Ablebens tun würde. Alles würde versiegelt werden, alle Papiere beschlagnahmt. Der Staat sollte alle Dokumente an sich nehmen, die mit den politischen Ereignissen zu tun hatten, in die sich Voltaire seit dem Ministerium des Kardinal Dubois gemischt hatte. Diese detaillierten Instruktionen wurden von Marly, wo sich der Hof im Juli 1774 befand, an den Intendanten von Burgund, den Subdeligierten von Gex und an Monsieur Hennin gesandt. Sie sind von Ludwig XVI. unterzeichnet: eine der ersten Unterschriften des jungen Königs. Unten auf der Seite steht der von ihm stammende Vermerk: gut.

Der Tod Ludwigs XV. berührte den Herrn von Ferney in keiner Weise, hatte er doch auch keinen Grund gehabt, den König zu loben. Er besaß die Schicklichkeit, sich nicht über seinen Tod zu freuen, aber wie viele Franzosen ließ er erkennen, welche Hoffnungen die kranke Nation auf den neuen König setzte. Trotzdem begünstigte Ludwig XVI. Voltaire keineswegs, als er Maurepas zum Minister wählte. Maurepas war einer seiner alten Feinde, gewitzt in allen Intrigenspielen des Hofes und der Stadt. Schließlich erschien Turgot. Man glaubte, daß das Licht des Jahrhunderts nun auch die Labyrinthe der Verwaltung und der Politik erhellen werde; eine große Hoffnung erwachte. Voltaire segnete sie von seinem Studierzimmer aus. Sie sollte bald sterben, wie man weiß.

Die Uhrenindustrie Voltaires schien aufs neue bedroht. Da der Frieden wieder in Genf eingekehrt war, wandte sich die Stadt ihren internen Streitigkeiten zu, und als man sich darüber Gedanken machte, wie unangenehm es sei, seine besten Arbeiter vertrieben zu haben, fand man, es sei Zeit, sie zurückzuholen und ihnen die Bedingungen einzuräumen, die sie seit langem forderten. Die Industrie von Ferney war nicht sehr solide: alles ruhte auf dem Willen und dem Gelde Voltaires und auf der Unterstützung, die er bei den Ministern fand — falls die Minister seine Freunde waren.

Madame Denis half ihm. Sie nahm sich der Arbeiterfamilien an, sie machte ›auf sozial‹, wie man heute sagen würde. Die Leute wußten, daß sie Ferney erben würde, bezeugten ihr Dankbarkeit und schmeichelten schon ihrer künftigen Herrin. Voltaire war achtzig Jahre alt und kränker denn je, die Herrschaft von Madame Denis schien bevorzustehen. Doch war sie es, die fast gestorben wäre. Große Aufregung. Als sie sich wieder erholt hatte, feierte die Bevölkerung ihr zu Ehren am 18. Mai 1775 ein großes Fest. Es gab einen Parademarsch, Infanterie und Kavallerie. Fahnen, Reichsbanner, Inschriften, Kokarden, begleitet von Militärmusik: Pauken, Trommeln und helltönende Fanfaren. Ein ländliches Mahl mit dreihundert Personen folgte dem Marsch: zum Nachtisch erhabene Lobreden, verfaßt von Monsieur de Florian. »Die Freude hat uns in Soldaten verwandelt«, sagte der Redner, »diese neue Dekorierung ziemt sich für Männer, die mit Freuden ihr Leben opfern, um das Ihre zu erhalten.« Madame Denis war trunken vor Wonne. Eine Träne im Auge lauschte sie der Schlußrede: »Geruhen Sie, Madame, stets mit Ihrer Güte diese junge Kolonie zu beehren, die der unsterbliche Voltaire gegründet hat; wir werden versuchen, uns durch unsere Arbeit und durch unsere Industrie würdig zu erweisen.«

Angenehme Besucher, angenehme Tage

Sobald Madame Denis auf den Beinen war, strömten die Besucher wieder nach Ferney. Einer der interessantesten Vögel, der sich in Ferney niederließ, war Madame de Suard. Sie kam mit ihrem Bruder, dem berühmten Panckouke aus Lille, der Voltaire den grandiosen Plan einer Gesamtausgabe seiner Werke vorschlug. Madame Suard wohnte in Paris und führte dort einen Salon, in dem sich die Elite des Bürgertums zusammenfand und man Voltaire verehrte. Diese liebenswürdige hübsche Frau war sanft ohne Geziertheit, gebildet ohne Pedanterie, voller Geschmack und Natürlichkeit. Sie bewunderte und liebte Voltaire über alles; als er sich jedoch erlaubte, vor ihr über Jesus Christus zu spotten, verstand sie es, ihn freundlich aber bestimmt zurechtzuweisen, ohne die Grenzen der Hochachtung zu überschreiten. Und Voltaire antwortete dem Tadel mit einem Kompliment. Wenn Voltaire einen der Getreuen ihres Salons angriff, so unterbrach sie ihn: »Das ist mein Freund, Sie beurteilen ihn nur nach dem Hörensagen, ich kenne ihn.« Und Voltaire fand dies sehr richtig: er spürte in ihr eine wahre Freundin. Daher genoß sie alle Rechte, die Freundschaft gewährt.
Am Tage ihrer Ankunft war sie so eingeschüchtert von dem Gedanken, ihrem Idol zu begegnen, daß sie beinahe wieder

umgekehrt wäre. Man sagte ihr, Voltaire sei im Park. Sie wartete mit anderen Leuten im Salon auf ihn und hatte Zeit, sich wieder zu fassen. Plötzlich trat er ein, einen Brief in der Hand, der ihm die Ankunft von Madame Suard ankündigte. Er näherte sich ihr mit den Worten:

»Wo ist diese Dame? Wo ist sie? Man sagt mir, Sie seien ganz Seele. Eine Seele suche ich.«

»Diese Seele, Monsieur, ist ganz von Ihnen erfüllt und sehnt sich seit langem nach dem Glück, der Ihren zu begegnen.«

Verwunderlich ist, daß Voltaire ihr nicht so mager, bleich und kadaverähnlich vorkam, wie man ihn ihr geschildert hatte. »Es ist unmöglich, die Feinheit seiner Augen zu beschreiben«, sagt sie, »die Anmut seines Gesichtes; welch bezauberndes Lächeln! Er hat keine Falte, die nicht Anmut zeigte! Ach! wie erstaunt war ich, als statt des verknitterten Gesichtes, das ich zu erblicken meinte, diese Physiognomie voller Feuer und Ausdruck erschien; als ich statt eines gebeugten Greises einen Mann in gerader, aufrechter, edler, wenn auch lässiger Haltung sah, mit einem sicheren und sogar noch leichten Gang, mit einer Ausdruckskraft und einer Höflichkeit, die, wie sein Genie, nur ihm eigen sind.«

Es besteht kein Zweifel, daß sie Voltaire mit den Augen der Gläubigkeit sah. Er hätte recht gelacht, wenn er erfahren hätte, daß jede seiner Falten Anmut zeige. Daß der wunderbare Ausdruck der Augen die Verheerung der Falten aufheben kann, ist sicher. Das Feuer des Genies verwandelt alles — ebenso wie die Freundlichkeit der Madame Suard. Hier ein anderes Porträt, gezeichnet von Grimm kurze Zeit vorher:

»Monsieur de Voltaire ist etwas kleiner als große Männer, das heißt, ein wenig größer als die mittelgroßen . . . Er ist mager, er hat einen nüchternen Charakter, eine empfindliche Galle, ein knochiges Gesicht, einen geistreichen, spöttischen Ausdruck und blitzende, schalkhafte Augen. All die Leidenschaftlichkeit, die Sie in seinen Werken finden, liegt in seiner Bewegung: er ist lebhaft, ja sogar leichtsinnig, er hat ein Feuer, das kommt und geht, das funkelt und einen blendet. Ein so veranlagter Mann muß zwangsläufig kränklich sein: die Klinge wetzt das

Futteral durch. Fröhlich von Natur, ernst in der Lebensführung . . .« Bis hierher kennen wir unseren Helden wieder, dann aber will Grimm tiefer gehen. »Offen ohne Ehrlichkeit, diplomatisch ohne Finesse, gesellschaftlich ohne Freunde, sieht er die Menschen und vergißt sie wieder.« Voltaire ohne Finesse? Und ohne Freunde? Die Feindseligkeit macht Grimm blind. »Er liebt Größe und verachtet die Großen . . . er ist ungezwungen mit ihnen, aber gehemmt mit seinesgleichen.« Weil er den Großen ebenbürtig ist und denen, die sich für seinesgleichen halten, überlegen. »Er beginnt mit Höflichkeit, fährt fort mit Kälte und endet mit Abscheu.« Er ist immer und mit jedermann höflich, aber nicht jeder ist seiner Höflichkeit würdig. Wenn ein Dummkopf sich befugt glaubt, ihm ins Gehege zu kommen, weil Voltaire höflich zu ihm war, so entmutigt er den Zudringlichen und tut nicht unrecht daran. »Er liebt den Hof und langweilt sich dort.« Wie alle Welt im übrigen; aber wenn er auch den dort herrschenden Ton, den Pomp und Aufwand liebt, so langweilen ihn doch die Frivolität und Heuchelei der Höflinge. »Er liebt nichts aus Prinzip, alles aus Laune.« Ja, er liebt alles und ist nur der Arbeit, dem Theater und seinen Freunden treu. Das dürfte genügen, um ihm seine Treue zu bescheinigen. »Sensibel ohne Bindung, wollüstig ohne Leidenschaft.« Das ist sicher. Mademoiselle de Livry hatte das begriffen, und Madame Denis könnte uns sagen, daß er ohne Leidenschaft und sogar ohne Zärtlichkeit ist; aber das geht nur sie etwas an. In der weiteren Schilderung zeigen sich deutlich die Krallen Grimms: »Eitel bis zum Exzeß, aber noch mehr auf seinen Vorteil bedacht, arbeitet er weniger für seinen Ruf, als für sein Geld: nach Geld hungert er, dürstet er . . . Kurz, er zwingt sich zur Arbeit, um sich zum Leben zu zwingen. Dabei ist er gemacht, um zu genießen, doch er will Schätze sammeln. So ist dieser Mensch.« Und so ist vor allem der Mensch Grimm. All dies ist überspitzt und sehr böswillig.

Am Tage nachdem Madame Suard das bewundernde Porträt Voltaires gezeichnet hat, erkennt sie ihr Modell nicht wieder. Ein Sterbender steht vor ihr. Schmerz und Erschöpfung haben sein Gesicht verwüstet, sein Blick ist erloschen. Sie wirft sich zu seinen Füßen und küßt ihm die Hände. Das ist ihre Manie: sie küßt ihm dreimal in einer Viertelstunde die Hände. Sie läßt sie nicht los; er glaubt sich verpflichtet, desgleichen zu tun. Was ist seit dem vergangenen Tag geschehen? Warum diese Todesmaske? Er gesteht ihr: am Abend hat er zu viele Erdbeeren gegessen und sich den Magen verdorben. Nun hält er strengste Diät. Er lebt von Sahne und Café — aber man hat immer Geflügel bereit, falls ihn ein plötzlicher Heißhunger überkommt. Im übrigen kommen und gehen die Bauern und Dorfbewohner in der Schloßküche aus und ein, die immer in Betrieb ist. Sie essen zu jeder Tageszeit dort, zuweilen bekommen sie noch eine Münze für ihre Mühe.

Während der ersten Tage war Voltaire nicht sicher, ob die Aufrichtigkeit der Komplimente und Handküsse Madame Suards von der ihrer Gefühle garantiert würde, daher hatte er sie auch nicht im Schloß unterbringen wollen. Sobald er ihrer Freundschaft jedoch sicher war, ließ er ihr ein Zimmer geben. Sie war so glücklich darüber, daß sie in der ersten Nacht nicht schlafen konnte. Von sechs Uhr morgens an pflanzte sie sich im Salon auf, um den Augenblick abzupassen, in dem man dem Patriarchen den Café und die Sahne brachte. Sofort ließ sie fragen, ob er sie empfange. Um acht Uhr kam sie mit dem Café in sein Zimmer. Sie fand Voltaire ganz aufrecht in seinem Bett sitzen, das Bett war einfach, sehr sauber und sehr ordentlich. Der Dichter trug eine seidene Weste, eine Nachtmütze, die er mit einem seidenen, schneeweißen Band befestigt hatte. In seinem Zimmer war alles außerordentlich sauber, Bücher und Papiere wohl geordnet. Er bat Wagnière um eine Akte: die dritte unter jenen anderen links. Wagnière fand sie sofort und brachte sie ihm. Der Dichter schrieb im Bett, ein Schachbrett auf seinen Knien diente als Schreibtisch. Auf dem Tisch lag eine Unzahl von Federn; sie bat ihn um eine — eine Reliquie des heiligen Voltaire! Er suchte die aus, die er am meisten benützt hatte: Begeisterung! Worauf man sich wieder die Hände küßte. Man sprach von Condorcet, dem verehrungswürdigsten Mann der Welt, den Voltaire bewunderte und schätzte. Er besaß Intelligenz, Bildung und Tugend. Er hatte gerade ein so schönes, so geniales Lob auf Pascal geschrieben, daß Voltaire erschüttert und erschreckt war. »Wenn Condorcet meint, daß Pascal wirklich gläubig ist«, sagt er, »so sind wir, die wir nicht so wie er denken können, große Dummköpfe. Daß Racine ein guter Christ war, ist nicht so erstaunlich, denn Racine war ein Dichter, ein Mann mit Phantasie, Pascal jedoch war ein Denker − solche Leute darf man uns nicht gegenüberstellen; er war im übrigen ein krankhafter Schwärmer und ebensowenig aufrichtig wie seine Gegner.« So lautet seine These: wenn ein Dichter gläubig ist, so ist das nicht wichtig, ein Phantast kann nichts beweisen; aber wenn ein Pascal, ein Mann mit einer denkenden Vernunft, ein Wissenschaftler seinen Glauben verkündet, so ist das schwerwiegend für den Atheismus. Er vergaß, daß ja auch die Phantasie Pascals erstaunlich war. Voltaire zog sich aus der Schlinge, indem er behauptete, die Begeisterung Pascals sei irgendwie krankhaft. Angesichts solcher Probleme wurde der guten Madame Suard ein wenig schwindlig. Sie ließ ihn reden und schwieg.

In seinem Alkoven entdeckte Madame Suard mit Rührung einen Stich, der die Familie Calas darstellte, wie sie von dem Vater vor der Hinrichtung des Unglücklichen Abschied nahm. Sie wunderte sich darüber, daß er in seinem Privatbereich eine so schmerzvolle Szene aufhänge. »Ach, Madame, elf Jahre lang war ich um die unglückliche Familie und um die der Sirvens besorgt, und während der ganzen Zeit habe ich mir auch das kleinste Lächeln, das mir entglitt, als Verbrechen ausgelegt.« Er sagte dies in so überzeugendem Ton, daß sie nicht umhin konnte, ihm wieder die Hände zu küssen. Neben dem Stich der Calas hing ein anderer, der Madame du Châtelet darstellte, die unvergleichliche, unvergeßliche Emilie.

Eines Abends erschien er in einem prächtigen Morgenrock mit einer sehr schönen Mütze. Es erhob sich ein allgemeiner Bewunderungsschrei der Damen. Madame Suard sagte, sie habe sich die Statue Pigalles angesehen, und sie finde ihn heute ebenso schön wie die Statue. Eine Dame bemerkte, er habe diese herrliche Robe nur angelegt, um ihr gegenüber galant zu sein. Sie war zu Tränen gerührt. Was sollte sie tun? Sie küßte ihm die Hände und erzählte ihm, als sie vor der Statue gestanden habe, habe sie auch dieser einen Kuß gegeben.«

»Sagen Sie mir, ob sie ihn erwidert hat«, rief Voltaire außer sich, »nein? . . . aber hatte sie Lust dazu?« Der russische Dichter Soltikow, der auch zu Besuch war, wunderte sich darüber, daß Voltaire so geliebt wurde, und als er ihn dazu beglückwünschte, flüsterte ihm Voltaire ins Ohr: »Ich verdanke das meinen achtzig Jahren.«

Er erzählte Madame Suard auch von dem Besuch des Gerichtspräsidenten Séguier: »Dort, Madame, an dem Platz, wo Sie sitzen, hat dieser Séguier gedroht, mich dem Gericht anzuzeigen, das mich verbrennen würde, wenn es mich kriegte.« — »Monsieur!«, schrie sie entsetzt, »sie würden es nicht wagen!«

»Und wer sollte sie daran hindern?« — »Ihr Genie, Ihr Alter, die Wohltaten, die Sie der Menschheit erwiesen haben, der Schrei Europas; alles, was es an Ehrenwertem gibt, alles, was Sie menschlich und tolerant gemacht haben, würde sich zu Ihrer Verteidigung erheben.« — »Nun, Madame«, antwortete er und zuckte mit den Schultern, »man würde zuschauen, wie man mich verbrennt und vielleicht am Abend sagen: es ist doch recht schade.«

Wir haben gehört, wie dem Henker von La Barre applaudiert wurde, also kommt uns die Auslegung Voltaires recht wahrscheinlich vor. Achtzehn Jahre nach dieser Unterhaltung würden die Pariser der Guillotine Beifall klatschen. Trotzdem war die gute Suard außer sich: »Nein, niemals würde ich das zulassen, ich würde den Henker erdolchen«, rief sie aus, Charlotte Corday vorwegnehmend. Voltaire konnte nicht ungerührt von dieser der Bühne würdigen Begeisterung bleiben. Er küßte ihr die Hand und sagte: »Sie sind ein liebes Kind, ja, ich zähle auf Sie.«

Es ist überflüssig hinzuzufügen, daß am Ende des Besuches bei der Trennung viel geweint wurde. Man drückte sich Brust gegen Brust, wie die gute Suard sagte, und gab sich tausend Beteuerungen der Freundschaft. Es war eine in allen Punkten gelungene Szene der ›Empfindsamkeit‹.

Eine ganz andere Musik

Madame de Genlis hatte da ein ganz anderes Naturell. Sie galt als gelehrte Frau, aber sie war hauptsächlich Pädagogin oder hatte zumindest pädagogische Ideen und Prinzipien, die sie für unumstößlich hielt; und sie verabscheute Voltaire. Trotz allem hatte sie den Anstrich der großen Welt. Hätte sie nicht die Erziehung ihres Milieus und Jahrhunderts gehabt, so wäre sie ungeachtet ihrer offensichtlichen Verdienste unausstehlich gewesen. Der Duc d'Orléans vertraute ihr die Erziehung seiner Söhne an, sie war also die Lehrerin des späteren Louis-Philippe.

Anläßlich eines Aufenthaltes in Genf brachte sie es auf drei oder vier Besuche in Ferney. Um sich eine Einladung zu verschaffen, richtete sie einen Brief voller Komplimente an Voltaire, wobei sie ihm jedoch zu verstehen gab, daß sie ihm gegenüber zu keinen Konzessionen bereit sei. Hatte er sie um welche gebeten? Um ihre Unabhängigkeit recht zur Schau zu stellen — die Voltaire nicht im mindesten bedrohte —, trug sie Sorge, ihren Brief mit ›Août‹ zu datieren und nicht mit ›Auguste‹, wie Voltaire es gern geschrieben sah. Sie erwartete, daß er eine Bemerkung dazu mache, und hatte sich sogar auf eine Erwiderung vorbereitet. Doch er bemerkte nichts. Ganz im Gegenteil, er empfing sie liebenswürdig und lud sie zum Diner ein. Er hatte seinen Morgenrock und seine Mütze abgelegt und erschien im Anzug. Sie hatte einen Plan für die Unterhaltung, die sie mit ihm führen würde, wußte, was sie sagen wollte, und wollte nur das sagen . . . Auch bemühte sie sich, vor dem Patriarchen weder erregt noch interessiert zu erscheinen. Sie wurde von einem deutschen Maler namens Ott begleitet, der seinerseits vor Begeisterung überfloß, was die Pädagogin der Prinzen von Orléans sichtlich ärgerte. Sie hatte sich derartig um die Lektion bemüht, die sie ihrem Gastgeber verabreichen wollte, daß sie vergaß, ihre Uhr zu befragen, und eine Stunde zu früh in Ferney eintraf. Madame Denis, die bei ihren hausfraulichen Pflichten so unvermutet überrascht wurde, schickte ihr einen anderen Gast, Madame de Saint-Julien, entgegen und bat diese, sie bis zur vereinbarten Stunde zu unterhalten. Die kleine Saint-Julien, in einfachem Rock und flachen Morgenschuhen, ließ die Pseudo-Maintenon den Hainbuchweg des Parkes entlangtrotten. Unglücklicherweise waren die Bäume für eine langbeinige Person im Hofkleid, die zwei Fuß hoch Federn und Blumen auf dem Kopf trug, zu tief geschnitten. Der Aufbau blieb an den Zweigen hängen, schwankte, löste sich auf und zwang Madame de Genlis, gebückt halb kauernd zu gehen, kurz: eine wahre Folter, um die sich die kleine Saint-Julien, die ganz mit ihrem Geschwätz beschäftigt war, nicht kümmerte.

Schließlich rückte die vereinbarte Stunde heran. Man brachte den Kopfputz wieder in Ordnung, man befestigte die losgerissenen Volants mit Nadeln und die Gesellschaft versammelte sich im Salon mit der Feierlichkeit, die Voltaire gern seinen Empfängen verlieh. Er küßte die Hand von Madame de Genlis mit der gewohnten Grazie, hüllte sie in Komplimente ein, und wie alle Welt eroberte er sie. Doch der Zauber war bald wieder gebrochen. Als man ein Bild mit der Jungfrau und dem Kinde bewunderte, machte Voltaire einige sehr unpassende Bemerkungen über die Jungfräulichkeit der Mutter und die Göttlichkeit des Kindes.

Madame de Genlis wandte ihm augenblicklich den Rücken. Er hatte nur darauf gewartet. In der Beschreibung, die sie von ihm gibt, spürt man noch diesen schlechten Eindruck. Sie sagt, er sei nur noch eine Ruine, die sich auf völlig veraltete Weise kleide, seine manchmal totenähnliche, manchmal schrille Stimme sei abscheulich, er ertrage keinerlei Widerspruch. Zum Schluß behauptet sie, die Einsamkeit habe ihn den Umgang mit der Gesellschaft verlieren lassen! Das ist der Gipfel der Böswilligkeit! Die Einsamkeit Ferneys! Die Vornehmsten Europas waren nach Ferney gekommen und hatten dort gewohnt, die Zimmer waren immer belegt, die Tafel immer vollbesetzt, ebenso wie das Theater. Was den gesellschaftlichen Umgang betrifft, so gestanden ihm selbst seine Feinde jene bezaubernde Höflichkeit zu, die er vielleicht schon von Geburt an besaß und die er bei seinem Umgang mit der großen Welt verfeinert hatte.

Es ist immer derselbe Voltaire, einmal von der außerordentlich wohlwollenden Madame Suard aus gesehen, einmal von der außerordentlich übelwollenden Madame de Genlis. Trotzdem kapitulierte auch sie vor seinem Blick, seine Augen faszinierten sie. »Sie waren wahrhaftig das Geistreichste, was ich je sah, aber sie hatten gleichzeitig etwas Samtenes, eine nicht auszudrückende Güte: die Seele Zaïres war ganz und gar in diesen Augen.« Sie kapitulierte ebenfalls vor den ungeheuren Arbeiten, die Voltaire in der Umgebung ausgeführt hatte und die sie bei einem Spaziergang sah. Und sie schreibt: »Er ist dort größer als in seinen Büchern, denn man sieht überall seine erfinderische Güte, und man kann einfach nicht glauben, daß dieselbe Hand, die so viel Gottloses schrieb, so edle und weise Dinge getan hat. Er zeigte das Dorf bereitwillig allen Ausländern, er sprach mit einfachen, freundlichen Worten davon und erwähnte alles, was er getan hatte; trotzdem schien er sich dessen nicht zu rühmen; ich kenne niemanden, der so viel Gutes bewirkt hat.«

In diesem Punkt hat sie völlig recht, aber letzten Endes versteht sie nichts von ihrem Gastgeber. Sie spricht von ihm, wie Balzac von dem ›Médecin de Campagne‹ schreiben wird, wie von einem ›guten Mann‹ aus der Restaurationszeit. Sie vergißt ganz einfach, daß er Voltaire ist, der Autor der ›Lettres Anglaises‹, des ›Dictionnaire philosophique‹, des ›Essai sur les Mœurs‹ und der Vater von ›Candide‹. Der größte Schriftsteller der Aufklärung gesehen mit den Augen einer tüchtigen Sozialfürsorgerin. Sie hat schon den bürgerlichen Geist des folgenden Jahrhunderts: sie zeigt schon den völligen Rückschritt gegenüber der Zeit der Aufklärung.

Die Geschichte eines schlechten Porträts

Ein Besuch folgte dem anderen, und doch waren sie nie gleich. Im August 1776 erhielt Voltaire folgendes Ultimatum: »Monsieur, ich fühle den heftigen Wunsch, Ihnen meine Huldigung darzubringen. Sie könnten krank sein, und das ist es, was ich fürchte. Ich weiß auch, daß Sie es oft absichtlich sind, und das ist es, was ich in diesem Augenblick nicht möchte. Ich bin Edelmann des Königs, und Sie wissen besser als ich, daß uns niemand je von seiner Türe weist. Ich berufe mich also auf alle Vorrechte, damit man mir diese sperrangelweit öffne.« Der Autor unterzeichnete mit Vivant Denon. Es folgten seine Titel, seine Verdienste, seine Reisen. Trotz des geschmacklosen Tones öffnete man ihm die Türen: man hoffte, sich zu amüsieren. Voltaire antwortete: »Monsieur und ehrwürdiger Kollege, ich kann nicht nur krank sein, ich bin es tatsächlich seit ungefähr achtzig Jahren. Aber tot oder lebendig macht mir Ihr Brief große Lust, mich Ihrer Güte zu erfreuen. Ich diniere nicht, ich soupiere ein wenig, ich erwarte Sie also zum Souper in meiner Höhle.«

Dieser Vivant Denon war von einer unbeschreiblichen Indiskretion. Er stellte sich dem König so lange in den Weg, bis Ludwig XV. ihn eines Tages fragte: »Was wollen Sie?« — »Sie sehen, Sire!« antwortete er ihm. Das Eis war gebrochen. Denon war geistreich und ein sehr hübscher Junge. Es gelang ihm, sich zwischen Madame de Pompadour und die Künstler zu schalten, denen sie Aufträge gab. Kurz, er richtete sich in Versailles ein. Mit zweiundzwanzig Jahren wurde er zum ›Gentilhomme du roi‹ ernannt. Man schickte ihn sogar mit einer Mission nach Sankt Petersburg, von wo er gerade zurückkehrte, als er den zitierten Brief an Voltaire schrieb. Die Revolution sollte ihn keineswegs stören; er fand sich als Baron des Kaiserreichs wieder. Ein Mann, den die Umstände nicht aus dem Gleis brachten.

Er unterhielt Voltaire und die Gesellschaft mit dem Bericht seiner Reisen und Klatschgeschichten aus Versailles und Sankt Petersburg. Er bat Voltaire, ihm eines seiner Porträts zu geben. Voltaire hatte keines und antwortete ihm wie allen, die die gleiche Bitte vorbrachten, und wie er sogar Pigalle geantwortet hatte: »Kopieren Sie meine Büste von Sèvres.« Voltaire liebte keines seiner Porträts, er haßte es, gemalt zu werden, er saß schlecht Modell, er wußte, daß er nicht ›faßbar‹ war, und wenn er sich sah wie er war, so hütete er sich, Narziß zu spielen. Man muß wissen, daß Voltaire wenig empfänglich für

Kunst war. Er sang sehr schlecht und hatte gar kein Gehör. In der Malerei liebte er die ›Sujets‹, in der Bildhauerei den ›Adel‹ und die ›Ähnlichkeit‹, was er das ›Natürliche‹ nannte. In der Architektur folgte er dem klaren, harmonischen Geschmack seiner Zeit; er war ihr sogar voraus, denn seine Vorliebe galt dem kalten und steifen Stil Ludwigs XVI., der schon zwanzig Jahre früher das Empire ankündigte – oder diesen Stil bereits verkörperte. Wie dem auch sei, Denon war verärgert durch die Weigerung Voltaires und verschwand aus Ferney. Mehrere Monate später empfing der Dichter einen Stich, der ihn darstellte. Denon hatte nach dem Gedächtnis ein Porträt Voltaires gemacht: ein Graus. Der allerhäßlichste Voltaire! Die gute Suard hätte geweint! Ganz Ferney brüllte vor Wut, das Idol war beleidigt worden. Voltaire wartete mit einer Antwort, bis sich sein eigener Zorn gelegt hatte. Er dankte Denon und schickte ihm ein kleines Buchsbaumkästchen, das ein geschickter Handwerker aus den Bergen angefertigt und mit einem Porträt Voltaires verziert hatte. »Erlauben Sie mir, Monsieur, daß ich Ihnen ein kleines, mit Schildpatt ausgelegtes Buchsbaumkästchen schicke, das in unserer Gegend gemacht worden ist. Sie sehen hier eine schickliche Haltung und eine vollendete Ähnlichkeit. Es ist ein großes Unglück, wenn man – in welcher Gattung es auch sein mag – das Außergewöhnliche sucht und das Natürliche meidet.« Damit stellte er einem ›Gentilhomme du roi‹ einen Bergbauern als Vorbild hin. Sofort begehrte dieser auf und antwortete ihm höchst unverschämt, während Voltaire ihn bat, seine Zeichnung zu korrigieren. Er ließ ihm sogar die Ratschläge eines römischen Bildhauers zukommen. Aber Denon kehrte sich nicht daran, er hatte seine schreckliche Karikatur vervielfältigen lassen und verbreitete sie in Paris, wo man darüber lachte, Voltaire ›häßlich wie die Sünde‹ zu sehen. So höflich wurde er zuweilen von seinen Gästen behandelt, die er so gut empfing.

In diesem Jahr 1776 zirkulierte außerdem ein Druck, den er schockierend fand: ›Das Frühstück Monsieur de Voltaires‹. Man sah ihn in seinem Bett, mager und Grimassen schneidend, die dicke Denis neben sich, rund und sogar aufgedunsen. Er konnte nur stöhnen. Glücklicherweise verfertigte ihm sein Handwerker aus den Bergen kleine Voltaires in Elfenbein, Buchsbaum, Gips, die ganz nach seinem Geschmack waren — und selbst nach dem wichtiger Persönlichkeiten, denn seine kleinen Büsten wurden in der Ferne an Katharina II. und den König von Polen verkauft, die sie dutzendweise erstanden.

Ein rechtschaffener Besucher

Im gleichen Jahr empfing er einen Engländer, Mister Sherlock, der Kaplan des Grafen von Bristol war. Mister Sherlock hat uns nicht seine Gedanken über Voltaire hinterlassen wie Madame de Genlis, aber wir besitzen durch ihn Entgegnungen von Voltaire. Als er das Schloß verließ, kehrte er in dem ersten besten Gasthaus ein und notierte die Äußerungen des Patriarchen, die er noch im Ohr hatte. Er sah ihn zum erstenmal auf den Arm seines Neffen, Monsieur d'Hornoy, gestützt; er war am Ende seiner Kräfte, seine Stimme fast erloschen. Trotzdem bot er seinen Besuchern an, einen Rundgang im Garten zu machen. »Er ist im englischen Stil«, bemerkte er, »das wird Ihnen Freude machen; ich war es, der diese Mode in Frankreich eingeführt hat.« Aber die Franzosen hätten die Proportionen verkleinert, fügte er hinzu. Sie sprachen von Shakespeare; Voltaire fand ihn schlecht übersetzt. Er liebe die Narrenpossen allzu sehr und habe diesen Geschmack aus Spanien, das zur Zeit Shakespeares in Mode gewesen sei. Dann kam Spanien selbst an die Reihe: »Es ist ein Land, von dem wir nicht mehr wissen, als von den wildesten Landstrichen Afrikas.« Man muß dazu sagen, daß die Inquisition seine Werke in Spanien verfolgte und daß dieses Land ihm noch rückständiger und gefährlicher erschien als Italien. Es konnte keine Verwandtschaft zwischen ihm und Iberien geben, sein Europa war Paris, London, Amsterdam, Brüssel, Berlin und Wien. Und er fügte hinzu: »Es verdient nicht, bekannt zu sein. Wenn ein Mensch dort reisen will, muß er sein Bett mitbringen. Wenn er in eine Stadt kommt, muß er in die eine Straße, um eine Flasche Wein, in eine andere, um ein Stück Maulesel zu kaufen, in einer dritten findet er einen Tisch, wo er soupieren kann. Ein französischer Herr, der durch Pamplona kam, schickte nach einem Bratspieß, doch es gab nur einen einzigen in der Stadt, und der war für eine Hochzeit ausgeliehen.«

Als sie durch das Dorf gingen, vertraute Voltaire seinem Besucher an: »Ja, wir sind hier frei. Überqueren Sie dieses Stückchen Erde, und Sie sind außerhalb Frankreichs. Ich habe um gewisse Vorrechte für meine Kinder hier gebeten, und der König hat mir alles gewährt und das Land Gex von allen Steuern der Generalpächter befreit, so daß das Salz, das man vorher für zehn Sols das Pfund verkaufte, augenblicklich nur vier kostet. Ich habe keinen anderen Wunsch mehr, außer dem zu leben.«

All dies stimmte. Er entriß das Land Gex der Habgier der Generalpächter. Das war keine Kleinigkeit, denn die Finanzpächter hatten im Ancien Régime eine beträchtliche Macht. Nach tausend Bemühungen gelang es ihm, seine unglücklichen Bauern dem ›Räubergesindel‹ wie er sie nannte, zu entziehen, indem er jährlich eine Summe von dreißigtausend Livres vorauszahlte. Verwirklicht wurde diese Wohltat erst richtig durch Turgot und Monsieur Trudaine. Voltaire hatte persönlich an der Ständeversammlung in Burgund teilgenommen, um die Modalitäten dieser Steuerbefreiung zu fixieren. Bei seiner Rückkehr kam die gesamte Bevölkerung ihrem Wohltäter entgegen. Die Bürger umgaben seine Kutsche zu Pferde, die Bauern gingen zu Fuß, schwangen Zweige und warfen Lorbeerblätter und Blumen in den Wagen. Madame Denis und er wären fast unter den Umarmungen erstickt. Er schluchzte vor Glück und nannte seine Dorfbewohner ›meine Kinder‹.

Dieser Erfolg brachte ihm Streit ein. Der Subdelegierte von Gex, Monsieur Fabry, der bis dahin freundlich und ergeben gewesen war, bekam Angst vor dieser Popularität. Er glaubte, man wolle ihm seine Stelle nehmen und Voltaire werde den ganzen Verwaltungsapparat an sich reißen. Andere Beamte dachten desgleichen: Voltaire handelte zu viel und zu gut. Sie verbanden sich mit denen, die fanden, Voltaire handele zu wenig und zu schlecht. Diese Ansammlung von Ratten suchte eine Stimme, um sich Gehör zu verschaffen: sie fand sie in der des Président de Brosses. Man überzeugte ihn leicht davon, daß Voltaire im Lande von Gex eine wahre Tyrannenherrschaft aufbaue, daß die Leute verängstigt seien und den Einfluß fürchteten, den ihr Brotherr bei den Ministern hatte, daß er die Macht des Königs lächerlich mache und die Autorität der königlichen Offiziere untergrabe, indem er an ihre Stelle trete. Nach ihren Aussagen war das Volk von Ferney durch Elend und Schrecken völlig zermürbt.

Zornentbrannt reiste der Président de Brosses, dem die mißlungene Wahl noch auf der Seele lag, nach Versailles und flehte den Minister an, Voltaire »mit allen Mitteln, über die die Obrigkeit verfügt«, zur Tatenlosigkeit zu zwingen. Monsieur de Malesherbes tat, was jeder Gerichtspräsident vor der Verurteilung eines Angeklagten tun sollte, er ließ die Klage des geistreichen und rachsüchtigen Brosses untersuchen. Monsieur Hennin, der französische Botschafter in Genf, gab einen so rühmenden Bericht über den Herrn von Ferney, daß Monsieur de Malesherbes nichts gegen ihn unternahm. Das genügte nicht: er hätte Voltaire beglückwünschen müssen.

Fahren wir fort mit dem Besuch Ferneys in der Begleitung des prächtigen Sherlock. Sie kamen in die Bibliothek, in die englische Abteilung. Es waren zahlreiche, ausgezeichnete Autoren vertreten. Einige von ihnen wurden im Vorbeigehen mit einem Wort bedacht. »Lord Chesterfield? Er hat sehr viel Geist. Lord Hervey? Seine Brillanz ist ebenso groß, aber er ist solider. Bolingbroke? Er sagte mir, Sie hätten keine gute Tragödie. Der ›Cato‹ von Addison ist gut geschrieben und mit viel Geschmack. Aber es besteht ein Abgrund zwischen dem Geschmack und dem Genie. Shakespeare hatte Genie, aber keinen Geschmack. Er hat zwei Jahrhunderte lang den Geschmack der Nation verdorben, und was zweihundert Jahre lang der Geschmack einer Nation war, wird es zweitausend Jahre lang bleiben; ein solcher Geschmack gleicht einer Religion. Es gibt in Ihrem Land viele fanatische Verfechter dieses Autors.«

Sherlock: »Die Engländer ziehen Corneille Racine vor.«

Voltaire: »Weil die Engländer nicht genug Französisch können, um die Schönheit der Racineschen Sprache und die Harmonie seiner Verse zu empfinden.«

Sherlock: »Und die englische Sprache?«

Voltaire: »Energisch, präzise und barbarisch. Die einzige Nation, die das ›a‹ als ›e‹ ausspricht.«

Dann stürzte er sich auf Swift und erzählte eine Anekdote von dem berühmten Irländer. Milady Cartwright, die damalige Gattin des Vizekönigs von Irland, sagte zu Swift: »Die Luft dieses Landes ist sehr gut.« Swift warf sich ihr zu Füßen: »Gnade, Milady, sagen Sie dies nicht in England, man würde eine Steuer darauf erheben.«

Dann fragte ihn Voltaire: »Wie haben Sie die Franzosen gefunden?«

Sherlock: »Liebenswürdig und geistreich, ich habe nur einen Fehler an ihnen gefunden: sie ahmen die Engländer zu sehr nach.«

Voltaire: »Wie? Sie finden uns würdig, selber originell zu sein?«

Sherlock: »Ja, Monsieur.«

Voltaire: »Und ich auch. Neidisch sind wir nur auf Ihre Regierung.«

Sherlock: »Ich habe die Franzosen viel freier gefunden, als ich glaubte.«

Voltaire: »Ja, ein Franzose ist ziemlich frei spazierenzugehen, zu essen, was er will, sich in seinem Sessel auszuruhen. Aber was die Steuern anbelangt! . . . Ach! Monsieur, wie glücklich sind Sie, Sie dürfen alles tun. Wir sind in der Knechtschaft geboren, wir sterben in der Knechtschaft; wir können noch nicht einmal so sterben, wie wir wollen, wir müssen einen Priester haben . . .«

Die Anglomanie hatte ihn gepackt: »Die Engländer verkaufen sich, was beweist, daß sie etwas wert sind. Wir Franzosen verkaufen uns nicht, wahrscheinlich, weil wir nichts wert sind.«

Sherlock mußte ein sehr feinsinniger Mann sein, denn er hütete sich vor der Versuchung, Voltaire bei seiner Verunglimpfung der Franzosen zu überbieten. Hätte er dies getan, so hätte ihm Voltaire wahrscheinlich unter die Nase gerieben, daß es den

Franzosen gefiele, sich selbst zu zerreißen und tausend schreckliche Dinge zu suchen, um sich anzuschwärzen, daß aber dies ein Geschäft sei, das sie allein verrichten wollten, da sie ein unvergleichliches Talent dazu hätten. In diesem Punkt gehörte Voltaire durchaus zur Nation der Welschen, über die er sich so lustig machte.

Sherlock: »Was halten Sie von der ›Nouvelle-Héloise‹?«

Voltaire: »In zwanzig Jahren wird man sie nicht mehr lesen.«

Sherlock: »Mlle de Lenclos hat doch ihre Briefe selbst geschrieben?«

Voltaire: »Sie hat nicht einen einzigen geschrieben, der unselige Crébillon war es.«

Und als die Italiener an die Reihe kamen, sagte Voltaire, sie seien »eine Nation von Trödlern, Italien sei ein Kleiderschrank, in dem man alte Gewänder von vollendetem Geschmack fände. Es bleibt zu prüfen«, fügte er hinzu, »ob die Untertanen des Großtürken oder die des Papstes gemeiner sind.«

Dann kamen sie wieder auf die Engländer zurück. »Wenn ich einen schlauen Engländer sehe, der Prozesse liebt, sage ich mir: das ist ein Normanne, der mit Wilhelm dem Eroberer gekommen ist; wenn ich einem sanften, höflichen Mann begegne: das ist einer, der mit den Plantagenets gekommen ist; ein Brutaler: das ist ein Däne; denn Ihr Charakter ist ebenso wie Ihre Sprache ein Gemisch.«

Nach dem Diner begaben sie sich in einen kleinen Salon, in dem sich Portraits und Büsten befanden. Sie bewunderten das Bild der Herzogin von Coventry, dann nahm Voltaire den Arm seines Gastes, zog ihn vor eine Büste und sagte: »Kennen Sie diese Büste? Sie stellt das größte Genie dar, das existiert hat. Wenn man alle Genies des Universums vereinte, so würde er die Gesellschaft anführen.« Es war Newton.

Auf der Tür des Salons bemerkte Sherlock das Wappen von Arouet-Voltaire, die drei goldenen Flammen auf blauem Grund; man fand sie auch auf dem silbernen Geschirr wieder. Die Dessertteller waren aus Vermeil. Bei jedem Essen gab es zwei Hauptgänge, fünf Bedienstete waren zugegen, davon drei in Livree. Kein ausländischer Dienstbote durfte dabei sein.

»An den beiden Tagen, an denen ich ihn sah«, notierte Sherlock, »trug er weiße Tuchschuhe, weiße Wollstrümpfe, zwei Westen und einen Morgenrock, dieser war aus blauem Leinen mit gelben Blumen und gelb gefüttert; er hatte eine graue, dreiteilige Perücke auf und darauf eine mit Gold und Silber bestickte seidene Nachtmütze.«

Das war nicht die Aufmachung eines kranken, grämlichen Greises. Nach seinem Besuch bemerkte er scharfsinnig: »Die Seele dieses Mannes ist außergewöhnlich; er wollte ein universaler Literat, er wollte reich, er wollte adlig sein, und alles ist ihm gelungen.«

Ein ›philosophischer Schmetterling‹
und eine Taube, die von einem losen Vogel aus Paris
aus dem Kloster gerettet wird

Wir kennen bereits Madame de Saint-Julien, die Madame de Genlis unter den niedrigen Hainbuchen Ferneys einhertrotten ließ. Sie nahm eine Vorrangstellung in der Freundschaft Voltaires ein. Auch bei den wohltätigen Unternehmungen in Ferney spielte sie eine wichtige Rolle. Und selbst, wenn sie nichts getan hätte, so wäre sie von Voltaire geliebt worden, denn sie war aus demselben Holz geschnitten wie alle die, die Voltaire im Laufe seines Lebens verführten. Er nannte sie ›philosophischer Schmetterling‹. Sie war lebhaft, munter, sportlich, unermüdbar. Ihr Onkel war jener Marquis de La Tour du Pin-Gouvernet, der Suzanne de Livry einst freite, als sie in einem Londoner Gasthof schmachtete. Sie hieß Diane, und nicht ohne Grund, denn sie jagte pausenlos und sehr erfolgreich. Sie schoß mit größter Treffsicherheit, ritt ganze Tage lang und kam nach ihren Ausflügen frisch, lebhaft, überschäumend vor Gesundheit und Intelligenz nach Ferney zurück. Voltaire vergötterte sie. Sie war belesen und konnte so gut wie nur irgend jemand von den Themen sprechen, die durch die Bücher der Zeit in Mode gekommen waren. Am Hof setzte sie alle ihre Freunde für Voltaire ein, und sie half ihm wirklich, besonders bei seinen Steuergeschichten. Als man in Ferney ein großes Fest anläßlich der Steuerbefreiung feierte, ließ Voltaire eine Goldmedaille mit dem Kopf Turgots prägen. Diese Medaille sollte den besten Schützen des Landes Gex belohnen. Die Arbeiter, die Voltaire sich aus Genf geholt hatte, schossen gern und ausgezeichnet. Dennoch gewann der ›Schmetterling‹ die Medaille. Die Arbeiter übergaben sie ihr im Triumph. Voltaire umarmte seinen ›Schmetterling‹ und sagte: »Das wiegt wahrhaftig einen Preis der Académie auf.«

Sie liebte ihre Medaille und steckte sie überall an. Madame de Genlis fragte sie, ob sie einen ausländischen Orden trage. Als sie die Wahrheit erfuhr, wechselte sie das Thema der Unterhaltung. Pfui! fast hätte sie sich für Nichtigkeiten interessiert!

Madame de Saint-Julien leistete Ferney noch ganz andere Dienste: sie empfahl einen jungen, verdienstvollen Priester aus einer armen Familie namens Rouph de Varicourt, der schließlich 1822 Bischof von Orléans wurde. Die Familie Varicourt hatte auch eine Tochter, Renée-Philiberte, die dem Kloster bestimmt war, vorher aber noch ein wenig Luft schnappen durfte. Sie begleitete ihre Eltern bei den Besuchen in Ferney. Die Späße des schalkhaften Greises, die sie dort hörte, machten sie keineswegs verlegen. Sie war achtzehn Jahre alt, hatte ein hübsches Gesicht, eine edle Haltung und einen liebenswerten Charakter: Voltaire war entzückt von ihr. Er beschloß, sie dem Kloster abspenstig zu machen, und bat die Eltern, sie ihm anzuvertrauen. Auf diese Weise begegnete sie dem jungen Marquis de Villette. Dieser lose Vogel amüsierte sich anfänglich über das Schauspiel, den Patriarchen in Ekstase vor seinem Zögling geraten zu sehen. »Die Zärtlichkeiten, mit denen er des Abends nicht spart, das ergriffene Gesicht, mit dem er diesem hübschen Mädchen die Hände küßt – Sie können sich nicht vorstellen, wie rührend dieses Bild ist«, schrieb Villette. Er war so gerührt, daß er um ihre Hand anhielt.

Aber wer war dieser Villette? Er war der Sohn eines unendlich reichen Financiers, der im Alter das Bedürfnis hatte, Marquis zu sein. Von einem gewissen Renteneinkommen an war es ziemlich einfach, einen solchen Ehrgeiz zu befriedigen. Er hatte kostspielige Laster und einen erbärmlichen Ruf. Das hinderte ihn nicht, hübsch zu reimen und eine Neigung zur Philosophie der Aufklärung zu haben. Er stand mit Voltaire im Briefwechsel, der seine Briefe einer höflichen Antwort nicht unwürdig fand.

Das Laster hatte jedoch sein liebenswürdiges, gesittetes und sogar sensibles Wesen nicht verändern können. Durch ihn erfahren wir von der Erregung und der Wut Voltaires, als er am Abend des großen Volksfestes erfuhr, daß man zwei zahme Tauben getötet, sie gekocht und mit den anderen zusammen gegessen hatte. Die Klagen des Patriarchen waren so pathetisch, daß der lose Vogel eine Träne über die hingerichteten Tauben vergoß.

Voltaire lieh sich seine Pinzetten aus. Beide hatten sie die Eigentümlichkeit, fast ohne Bart zu sein. Statt sich zu rasieren, zogen sie sich die spärlichen Haare aus, die diesen ersetzten. Ja, für Voltaire war dies ein beliebter Zeitvertreib: während er sprach, epilierte er sich. Da er weder in Genf noch in Lyon Pinzetten fand, bat er Villette um die seine: »Ich bin wie die Bewohner unserer Kolonien, die sich vor Ungeduld nicht mehr halten können, wenn sie von Europa Nadeln und Kämme erwarten. Kurz, kleine Geschenke erhalten die Freundschaft.« Die Pinzetten schafften zwischen ihnen eine geheime Komplizität, die dem alten Mann Spaß machte, wie alles, was er tat.

Villette behauptete gerne, daß Voltaire, der seine Mutter, Madame de Villette, gut gekannt hatte, sein Vater sei. Es gab Leute, die ihm auf den Leim krochen. Erzählte Voltaire in seiner Jugend nicht auch, sein wirklicher Vater sei der Abbé de Châteauneuf? In Ferney also begegnete Villette Mademoiselle de Varicourt und entdeckte in ihr die Schätze der Zärtlichkeit und Tugend, die Paris ihm nicht gezeigt hatte. Er beschloß auf der Stelle, sie zu heiraten, was drei Monate später geschah.

»Ich heirate im Schloß von Ferney eine junge Person, die Monsieur de Voltaire adoptiert hat; sie bringt mir als Mitgift ein reizendes Gesicht, eine schöne Figur, ein ganz unberührtes

Herz und einen gefälligen Geist. Ich ziehe dies einer ausgetrockneten Million vor, die ich in Genf fand. Die Kirchenväter hätten keinen Erfolg mit meiner Konversion gehabt; sie war dem weltlichen Pater der Kapuziner (Voltaire) vorbehalten, der heute der geistige Vater Europas ist.«

Der lose Vogel heiratete seine ›Hirtin der Alpen‹ um Mitternacht in der kleinen Kapelle Voltaires. »Es war lustig und vielleicht einzigartig zu sehen, wie er hinter sechs braven Onkeln, die alle Brüder waren, und deren einer zu den Rittern des heiligen Ludwig gehörte, einherschritt. Zwei von ihnen stützten den Patriarchen, der in dem schönen Pelz der Kaiserin von Rußland an einen großen Schloßherrn erinnerte, der seine Kinder verheiratet. In den Kirchentüren drängten sich seine Vasallen, die ihm Huldigungen darbrachten, wie Ludwig XII. sie von seinen Untertanen empfing.«

Voltaire war unbezahlbar in seiner Rolle. Er spielte mit seinem Sinn für Bühnenwirkung den alten Lusignan, aber nicht mehr den der Tragödie, sondern den eines bürgerlichen Dramas. Die Szene rührte ihn und schmeichelte ihm: »Unsere Hütte in Ferney ist nicht dazu gemacht, ihre Töchter zu behalten«, schreibt er. »Wir haben drei von ihnen verheiratet: Mlle Corneille, Mlle Dupuits und Mlle de Varicourt. Sie besitzt nicht einen Heller, aber ihr Gatte macht ein ausgezeichnetes Geschäft. Was tut's, M. de Villette hat hundertfünfzigtausend Livres Renten. Was mich betrifft, so bleibe ich allein in meinem Bett und fasele dort in Versen und in Prosa.« Und er fügte hinzu: »Die Jungvermählten beschäftigten sich Tag und Nacht damit, mir einen kleinen Philosophen hervorzubringen. Das erheitert mich inmitten meiner schrecklichen Leiden.«

Voltaire wird vom Geist Frérons
und Shakespeares verfolgt

Im März 1776 starb Fréron. Er war erst siebenundfünfzig Jahre alt. Voltaire gewann den Wettlauf mit dem Tode. Sein Gegner starb, so wird erzählt, an verdorbenem Magen. Als er sich von einem sehr reichhaltigen Souper erhob, erfuhr er, daß man soeben seine Zeitschrift ›L'Année Littéraire‹ verboten habe. In der schwierigen Lage, in der er sich befand, war dieser Schlag tödlich. Seine Frau lief fort, um den Minister anzuflehen; als sie zurückkehrte, lebte ihr Mann nicht mehr.

Voltaire hätte geschwiegen, wenn nicht eine merkwürdige Botschaft seinen Haß wieder geweckt hätte. In einem anonymen Brief wurde er gebeten, mit der Tochter Frérons Mitleid zu haben, die in armen Verhältnissen lebte. Was er für die Tochter Corneilles getan hatte, sollte er für das unschuldige Kind Frérons tun! Er begehrte auf und verdächtigte die Frau Frérons, die Urheberin dieser Erpressung zu sein. Seine Einbildungskraft war so rege, daß ihm der Verdacht zur Gewißheit wurde, und er verbreitete überall, daß die Witwe Frérons ihn um Unterstützung bitte. »Ich habe geantwortet, wenn Fréron ›Cid‹ oder ›Cinna‹ geschrieben hätte, so würde ich seine Tochter ohne Schwierigkeiten verheiraten.«

Die Söhne Frérons schrieben daraufhin einen scharfen und beleidigenden Artikel über den alten Narren, der sich einbilde, die Familie Frérons würde ein Almosen von ihm annehmen. In Wirklichkeit kam der Brief von irgendeinem Spaßvogel. Wenn man dreiundachtzig Jahre alt ist und sein ganzes Leben lang anonyme Briefe erhalten hat, so sollte man wissen, daß man sie als einzige Antwort auf der Stelle verbrennen muß. Ja, aber . . . Selbst wenn man dreiundachtzig Jahre alt ist, so ist man doch immer noch Voltaire!

Eine neue Gelegenheit, Feuer und Flammen zu werfen, wurde ihm dadurch geboten, daß man Racine anzugreifen und Shakespeare zu rühmen wagte! Eine angeblich getreue Übersetzung Shakespeares erschien 1773. Sie war nicht ganz so frei wie die Voltaires, aber kaum weniger. Othello scheint uns in der Übersetzung aus der Schäferwelt des Trianons zu kommen; aber die Wirkung war damals eine ganz andere. Man glaubte, die Barbarei des Grand Will werde über die galanten Gedichtchen der französischen Sprache herfallen und ein Wirbelsturm das edle klassische Theater verwüsten.

In der Stille seines Alkovens in Ferney fühlte sich Voltaire im tiefsten Herzen getroffen. Wut packte ihn, eine Wut, die absurd und doch großartig war. Mit dreiundachtzig Jahren sah man ihn am Rande einer Nervenkrise, weil ein Unbekannter gewagt hatte zu schreiben, das Shakespeare das größte Theatergenie sei. Er wandte sich an d'Argental: »Haben Sie wohl die beiden Bände dieses armen Tropfs gelesen, der will, daß wir Shakespeare als das einzige Vorbild der Tragödie ansehen? Er nennt ihn den Gott des Theaters.« Ist das nicht ein klar erwiesenes Verbrechen der Majestätsbeleidigung gegenüber Racine und Voltaire? Auf ihn, ihr Richter und Henker! »Er opfert seinem Idol alle Franzosen, wie man Ceres einst Schweine opferte. Er läßt sich nicht herab, Corneille und Racine auch nur zu nennen. Ist Ihr Haß diesem schamlosen Dummkopf gegenüber auch stark genug? Können Sie diese Frankreich zugefügte Beleidigung dulden? Sie und Monsieur de Thibouville sind zu weich. Es gibt in Frankreich nicht genug Strafen, Narrenkappen und Pranger für einen solchen Schuft! Mein Blut rauscht in meinen alten Adern, wenn ich von ihm spreche . . .«

Dieser Haß für Shakespeare ist erstaunlich, Voltaire gab sich ihm ganz hin. Grand Will war für ihn keineswegs ein großer Toter, ein verehrtes oder verachtetes Idol — nein, er war sein persönlicher Feind, ein Fréron, ein Desfontaines auf der anderen Seite des Kanals, gegenwärtig, kämpferisch, unerträglich. Für Voltaire gab es keine Toten, alles, was ihn interessierte, erwachte wieder zum Leben. Fand er nicht auch noch bei seiner Polemik mit Shakespeare, daß ein Italiener am Zunehmen der Berühmtheit Shakespeares schuld war? Ein gewisser Baretti, der shakespeareschen Eifer an den Tag legte, um sich schneller zu anglisieren und sich in England festzusetzen. Und wie vieler anderer Verbrechen hatte er sich noch schuldig gemacht, dieser Baretti! Es gab noch unverzeihlichere: hatte er nicht geschrieben, Voltaire könne kein Englisch, während doch Bolingbroke, Walpole und Hume entzückt von dem Englisch waren, das Voltaire sprach! Wagte er nicht zu versichern, Voltaire spreche schlecht Italienisch? Während Voltaire mit der Akademie von Bologna korrespondierte, die behauptete, sie sei verblüfft über das elegante Italienisch Voltaires. So war das Ungeheuer beschaffen, dem es einfiel, Shakespeare zu rühmen!

Was würde er dieser shakespeareschen Sturmflut entgegensetzen? Eine dreigegliederte Ansprache, die d'Alembert der Académie vorlesen sollte. Es wäre verwunderlich gewesen, wenn die Flut diesem Bächlein der Beredtsamkeit gewichen wäre, das d'Alembert zudem noch im Laufe seiner Lektüre tüchtig entwässerte. Er erlaubte sich nämlich, die meisten Zitate Shakespeares zu streichen, die Voltaire ausgewählt hatte, um die Grobschlächtigkeit dieses barbarischen Genies zu beweisen. Die Académie hätte niemals diese ungestümen Texte geduldet. Daher fand d'Alembert, wenn es auch gut sei, auf die Barbarei hinzuweisen, so sei es doch schlecht, Beweise zu bringen.

In Ferney beglückwünschte man sich nicht ohne Naivität zu dem Erfolg der Rede. Der also geschulmeisterte Grand Will, so dachte man, würde sich von nun an ruhig auf seiner Insel verhalten, während die Dummköpfe, die ihn zu bewundern gewagt hatten, sich ihres Irrtums schämen und zu Racine zurückkehren würden.

Das ist das Drama: Voltaire glaubte, wenn man Shakespeare liebe, so habe man einen schlechten Geschmack, den er nur mit einer Lektion vor dem ›Temple du Goût‹, das heißt: der Académie, zu korrigieren brauche. Doch im Grunde ging es um etwas anderes. Shakespeare zu lieben war schon eine Entscheidung für eine neue Welt. Eine Welt, in der ›Zaïre‹ und ›Mahomet‹ den Spott der Bösen und den Ekel der ›Romantiker‹ hervorrufen würden. Die Tragödie liegt in dem mangelnden Verständnis des sterbenden Jahrhunderts und des alternden Voltaires für einen Geschmack, der beiden fremd war. Voltaire glaubte an eine langsame Verwandlung der Welt; er glaubte nicht an eine Sintflut, die Werte begraben würde, die er für ewig hielt, wie die klassische Tragödie, die Ode, die Fabel und den Alexandriner Malherbes.

Daß er selbst als erster den Franzosen Shakespeare bekannt gemacht hatte, trieb seinen Zorn auf die Spitze. Er konnte sich nicht trösten, ihn in seinem Gepäck aus London mitgebracht zu

haben. Die Zeiten hatten sich geändert; 1734 war die Anglomanie eine originelle Eigenschaft, die er gern zur Schau stellte,
wenn auch nur, um die Franzosen zu ärgern. Aber 1776 hatten
sich die Kenntnisse erweitert. Viele Franzosen konnten Englisch lesen. Shakespeare fand, wie der englische Park und der
Tee, seine Anhänger. Fünfzig Jahre später würde Stendhal in
seinem ›Racine et Shakespeare‹ Ideen aufnehmen, die schon
1776 in der Luft lagen. Im Grunde sträubte sich Voltaire nicht
so sehr gegen eine neue, kaum weniger verräterische Übersetzung als die seine, sondern gegen eine neue Mode oder sogar gegen eine neue Kulturepoche. Wir würden lächeln über
seine greisenhafte Wut, wenn sie nur die Grimasse eines alten
Schauspielers wäre, aber sieht man auf den Grund seines erbitterten Herzens, so kann man dort ein Ahnen der giganti-
schen Tragödie erkennen, die die Gesellschaft und die Sitten
über den Haufen werfen wird. Der Schrei des Greises von Ferney angesichts des neuen Geschmacks ist der erste Schreckens-
schrei des Klassizismus vor dem Tode.

Das Klima von Ferney verschlechtert sich

Ein neuer, dieses Mal lebendiger Feind trat auf den Plan. Er
ersetzte nicht den unersetzlichen Fréron, aber weckte den alten
Kämpfer wieder auf. Es war ein verwirrender Feind: höflich,
ruhig, hochgebildet und viel wirksamer als seine Vorgänger.
Voltaire würde mit ihm außer Atem kommen. Sein Gegner
verfocht eine eigene Meinung und ging auf Spott nur ein,
wenn dieser sich auf unrichtige Tatsachen, gefälschte Texte
und falsche Daten stützte, die unter der Feder Voltaires nicht
selten vorkamen.
Als der Patriarch die ›Lettres de quelques Juifs portugais‹ erhielt, die auf seine Irrtümer bezüglich der biblischen Texte
hinwiesen, fragte er sich, wer der Autor sei. D'Alembert antwortete ihm: »Der Sekretär dieser Juden ist ein armer Christ
namens Abbé Guénée, einst Lehrer am Collège du Plessis,
heute Auskehrer oder Sakristan der Kapelle von Versailles.

Man sagt, seine ›Lettres‹ hätten ihm ein kleines Trinkgeld des Kardinal de la Roche-Aymon eingetragen, eines der vornehmsten Prälaten der Kirche Gottes, dem nur fehlt, daß er nicht lesen und schreiben kann.«

Voltaire antwortete d'Alembert am 8. Dezember 1776: »Der jüdische Sekretär ist nicht ohne Geist und Kenntnisse; aber er ist bösartig wie ein Affe, er beißt bis auf die Knochen, während er so tut, als küsse er die Hand.« Er verachtete also seinen Feind nicht, doch konnte er nicht gegen ihn aufkommen. Es sieht nicht so aus, als seien seine Waffen am Ende seines Lebens stumpf geworden. Schlimmer für seine Pfeile war, daß sie seine Gegner nicht mehr erreichten und verletzten, da sie keine Berechtigung mehr hatten. Die Mode und die Welt waren verändert — Voltaire nicht. Man altert nicht immer, weil man seine Fähigkeiten verliert, man altert oft, weil man sie behält in einer Welt, die sie nicht mehr so hoch einschätzt wie früher. Trotz seiner unveränderten Lebhaftigkeit war der Voltaire von 1776 ein Greis, denn er glich zu sehr dem Voltaire von 1730. Sein Geist mochte noch genauso jung, genauso glänzend sein, aber dieser Geist, der 1730 neu war, schien sechsundvierzig Jahre später alt. Daher kümmerte sich der kleine Abbé Guénée um die Giftpfeile Voltaires nicht mehr als ein Flugzeug um einen Schuß aus der Armbrust. Und als Voltaire versicherte, der Abbé werde »genauso gebissen, wie er beiße«, täuschte er sich.

Im übrigen tröstete er sich rasch. Er war krank, und in seinem Bett brachte er einen großen Plan zum Reifen. Er wollte Marie-Antoinette seinen Hof machen. Er beabsichtigte, sich unter ihren Schutz zu stellen, und flehte sie als erstes um eine Gunst an: er bat sie, ihm Le Kain auszuleihen. Er brauchte Le Kain; einige Stunden Tragödie waren unerläßlich für die Wiederherstellung seiner Gesundheit. Begeisterung, Tränen, schöne Bewegungen, edles Brüllen erhitzten sein Blut und gaben ihm für mindestens ein Jahr Leben. Er wandte sich an Monsieur de Hennin, ließ seinen Schritt vom ›philosophischen Schmetterling‹ ankündigen und schrieb: »Madame, Mme de Saint-Julien hat mir die Ehre erwiesen, mich wissen zu lassen, daß ich, wenn ich Le Kain der Königin abspenstig machen wolle, um Ihren Schutz bitten müsse; ich bin augenblicklich in den Tempel der Gnade geeilt, um mich Ihnen zu Füßen zu werfen . . .«

Und Le Kain langte in Ferney an. Wieder kam es zu einem Theaterrausch. Volksmengen aus Genf wogten herbei, um sich in das Theater von La Châtelaine zu stürzen. Man spielte auch in Ferney — die Seidenraupen waren wohl ausgezogen? Voltaire trat nicht auf, er hatte die Puste nicht mehr, er hatte keine Zähne mehr und artikulierte schlecht. Trotzdem schrieb er noch genausoviel. Er flehte d'Argental an, der Königin von Voltaire zu sprechen und Mittel und Wege zu finden, das Lob des Patriarchen von Ferney am gesamten Hof zu singen. Eine Gelegenheit ergab sich rasch: der Bruder des Königs, Comte de Provence, veranstaltete in Brunoy ein Fest für die Königin. Ihr Intendant wandte sich an Voltaire und bat ihn um einen Vorschlag für eine Lustbarkeit. Er nahm die Idee eines österreichischen Festes wieder auf, das Kaiser Leopold einst Peter dem Großen gegeben hatte, und schlug sein Stück: ›Le jeu de l'Hôte et de l'Hôtesse‹ vor. Dieser Gedanke war ausgezeichnet, um der Königin zu schmeicheln und sie an ihr Vaterland zu erinnern.

In der Gnade des Königs machte er, ach! viel langsamere Fortschritte. Ludwig XVI., der tief religiös und sehr schüchtern war, konnte einen Schriftsteller nicht lieben, von dem ihm seine Lehrer und seine Umgebung ein abscheuliches Bild gegeben hatten. Trotzdem schien Ludwig XVI. sich einfangen zu lassen, als Voltaire seinen ›Panégyrique de Louis XV‹ wieder veröffentlichte. Stellen wir uns nicht die Frage, ob dieses Loblied aufrichtig war, aber bewundern wir, wie gut der Augenblick für diese Veröffentlichung gewählt war. Ach, wann würde Versailles endlich seine Türen öffnen? Mußte er sterben, ohne dieses irdische Paradies wiedergesehen zu haben?

Im Jahr 1777 griff er wieder zu seiner journalistischen Feder. Im Auftrag von Monsieur de Praslin hatte er seit 1764 Artikel in der ›Gazette Littéraire‹ geschrieben. Er veröffentlichte in diesem Jahr die sehr strenge Kritik eines Werkes mit dem Titel:

›De l'homme ou des Principes et des Lois de L'influence de l'âme sur le corps et du corps sur l'âme‹. Der Autor war ein gewisser J.-P. Marat, Doktor der Medizin, der sich, wie man weiß, in der Kunst auszeichnen würde, die Menschen von ihrem Lebensekel zu heilen, ohne auf die Medizin zurückzugreifen. Diese anspruchsvolle und wirre Erklärung des Sieur Marat mißfiel Voltaire über alle Maßen. Es ist wahrscheinlich, daß sein Artikel ihm, wenn er etwa fünfzehn Jahre später gelebt hätte, ernstliche Schwierigkeiten bereitet hätte. In seinem Buch lobte Monsieur Marat vor allem sich selbst; er griff Voltaire an, denn nach seiner Theorie konnte ein kränklicher Körper nur ein mittelmäßiges Talent beherbergen; das Genie wohne nur in herkulischen Menschen!

Eine behäbige Dame, die Frau eines Generalpächters, glaubte das Recht zu haben, den Hausherrn zu sehen, und versicherte, sie werde vorgelassen werden, weil sie die Nichte des Abbé Terray sei, des früheren Finanzministers. Voltaire verabscheute diesen schlechten Minister. Als er den Wunsch und das Verwandtschaftsverhältnis der Dame erfuhr, ließ er ihr antworten: »Sagen Sie der Dame, daß ich nur noch einen Zahn habe und daß ich den als Waffe gegen ihren Onkel aufbewahre.«

Ein gewisser Abbé Goyer wollte, als er sich recht behaglich in der Höhle der Gottlosigkeit befand, diese nicht mehr verlassen. Um ihm seinen Abschied zu bedeuten, sagte Voltaire: »Sie wollen doch nicht Don Quichotte gleichen? Er hielt alle Gasthäuser für Schlösser, und Sie halten alle Schlösser für Gasthäuser.«

In Ferney blieb Voltaire mehr und mehr auf seinem Zimmer. Die Besucher vervielfachten sich, ihr Rang wurde niedriger und ihre Indiskretion wuchs dementsprechend. Viele kamen nur aus Langeweile. Madame Denis fuhr fort, zu Tisch zu laden, doch der Hausherr erschien nur sehr selten.

Zuweilen zwang man ihm lästige Personen auf. Aus Freundschaft für Monsieur Moultou aus Genf empfing er einen jungen Marseiller, der eigens aus seiner Heimatstadt gekommen war, um dem Patriarchen eine eben vollendete Komödie vorzulesen. Man behielt ihn zum Souper und gab ihm ein Bett —

aber zwischen Tisch und Bett mußte man die Lektüre ertragen.
Beim zehnten Vers schnitt Voltaire eine Grimasse, gähnte,
wurde unruhig, bald krümmte er sich vor Schmerzen . . . Der
Autor sah und hörte nichts. Am Ende des Aktes: eine tödliche
Stille. Der Autor begann mit der Lektüre des zweiten Aktes.
Voltaire rang nach Atem, wurde von Krämpfen gepackt und
verlor die Besinnung. Man trug ihn hinaus. Der Marseiller
war verzweifelt: seine Komödie hatte den Patriarchen getötet!
Aber der Patriarch hatte vielleicht die Berufung des Marseillers
zum Dichter getötet.

Madame Denis ließ Moultou herbeiholen und beschwor ihn,
den Marseiller, seine Komödie und sein Gepäck fortzuschaffen.
Im übrigen hatte sie schon alles in eine Kutsche bringen lassen.
Voltaire stampfte in seinem Zimmer mit den Füßen, knirschte
mit den Zähnen und drohte, dem angehenden Autor eine
Szene zu machen.

Am nächsten Tag, als Voltaire seine Ruhe wiedergefunden
hatte, empfand er Gewissensbisse, schrieb dem Marseiller tausend Komplimente und bot ihm an, die Lektüre wieder aufzunehmen. Doch das war nur höfisches Weihwasser. Der Unvorsichtige erschien wieder mit seinem Manuskript. Voltaire
sah ihn mit Entsetzen ankommen, nahm sich jedoch zusammen. Mit übermenschlicher Anstrengung hörte er sich nochmals den ersten Akt an, die Zähne aufeinander gebissen, ster-
bensbleich. Beim Beginn des zweiten Aktes rollte er auf die
Erde: ohnmächtig. Man brachte ihn wieder zu sich, er wurde
von Krämpfen befallen. Ein einziger Entsetzensschrei erhob
sich um ihn herum. Der Marseiller suchte verstört seine Papiere zusammen und floh. Voltaire öffnete ein Auge und sagte:
»Wäre Gott mir nicht zu Hilfe gekommen, so wäre ich verloren.« Oder die Kunst, vor dem dritten Akt in Ohnmacht zu
fallen.

Hoffnung auf einen Lichtblick,
gefolgt von Enttäuschung

Alle diese faden Besucher wogen nicht den auf, auf den er
heimlich hoffte. Dieser berühmte Besuch, den man ihm ankündigte, an den er nicht zu glauben vorgab, obwohl er ihn
mit der Ungeduld eines Kindes erwartete, dieser Besuch, der
sein altes Höflingsherz schlagen ließ, war der Josephs II., des
Bruders von Marie-Antoinette. Im Juni 1777 hielt sich Joseph II. in Versailles auf und sollte über Genf . . . das heißt
über Ferney nach Wien zurückkehren. Das war es zumindest,
was alle Welt verstanden zu haben glaubte, und Voltaire als
allererster. Dennoch schien es nicht gut, dies zuzugeben. Es genügte, die andern sagen zu lassen, und Gott weiß, daß man
es sagte, dieser Graf von Falkenstein — das war der Name,
unter dem Joseph II. reiste — wolle einen Besuch in Ferney
machen! Friedrich II. schrieb Voltaire am 17. Juni 1777: »Die
Zeitungen bringen zur Zeit nichts von Politik, es ist nur die
Rede von der Reise des Grafen von Falkenstein nach Paris.
Der junge Fürst ist dort sehr vom Publikum gefeiert worden;
man klatscht seiner Leutseligkeit Beifall und ist überrascht, so
viele Kenntnisse bei einem der Ersten Herrscher Europas zu
finden . . . Der angebliche Graf wird über Lyon und die
Schweiz nach Hause zurückkehren. Ich nehme an, daß er durch
Ferney kommt und die ›Ehre des Jahrhunderts‹, den Vergil
und Cicero unserer Tage sehen und hören will. Wenn dieser
Besuch stattfindet, so schmeichle ich mir, daß die neuen Be-
kanntschaften die alten nicht in Vergessenheit geraten lassen
und Sie sich daran erinnern, daß es in der Menge Ihrer Bewunderer einen Einsamen in Sanssouci gibt, den man von dem
großen Haufen unterscheiden muß.«
D'Alembert in Paris war überzeugt davon, daß der Kaiser in
Ferney halt machen werde. »Ich glaube, daß der Kaiser in
diesem Augenblick auf dem Weg in sein Land ist. Er ist gewiß über Genf gekommen, und ich denke mir, nachdem er so
viele Dinge gesehen hat, die der Mühe nicht wert sind, wird
er den Wunsch verspüren, auch den Patriarchen von Ferney

zu sehen, dem dieser kaiserliche Besuch mehrere Jahre schenken würde.«

Voltaire hoffte sehr auf diese kaiserliche Huldigung. Hatte man ihm nicht gesagt, daß bei einer Aufführung des ›Oedipe‹ ein Vers begeisterten Beifall für den anwesenden jungen Herrscher ausgelöst habe? Man muß sagen, daß Joseph II. auf seinen Reisen ein wenig Demagogie trieb und eine gewisse ungezwungene, leutselige Haltung zur Schau stellte. Das gefiel den einen und mißfiel den anderen. Kurz, als Jocaste deklamierte:

> Ce roi plus grand que sa fortune
> Dédaignait comme vous une pompe importune

erhob sich der Saal und applaudierte zu der Loge Josephs II. hin.

Diese guten Nachrichten ließen das Herz des Patriarchen höher schlagen, was ihn nicht hinderte, den Bescheidenen zu spielen. Er sagte: »Was sollte der Sohn der Caesaren in einer kleinen Kirche, er, der Sankt-Peter in Rom als Pfarrkirche haben müßte . . . Wie sollte er eine armselige Uhrenfabrik besuchen! Und was meine Manufaktur französischer Verse anbelangt, so liegt sie schon lange still.«

Wir wissen, was wir davon glauben dürfen. Aber letzten Endes war so viel Zurückhaltung nicht nutzlos, falls Joseph II. das Marschquartier Ferney überspringen würde. Wie sähe das aus, wenn man für einen nicht Anwesenden illuminierte? Man illuminierte nicht, aber ließ den Weg nach Ferney von Steinen befreien. Und Voltaire wartete . . . Er konnte die Bewohner Ferneys nicht hindern, ihren Sonntagsstaat anzulegen und stundenlang Spalier zu stehen. Abgesehen von dem Schloß, das vielleicht heimlich Vorbereitungen getroffen hatte, aber ruhig blieb, war das ganze Dorf wie vom Fieber erfaßt und erwartete den Herrscher wie eine Gewißheit — und wie etwas, das man dem berühmten Patriarchen schulde. Doch als der Postillon Joseph II. ankündigte, er werde nun durch Ferney fahren, rief dieser: »Die Peitsche, Kutscher!« Und seine Kutsche brauste wie der Wind durch das verblüffte Dorf und fuhr in die Schweiz hinüber. Die Bevölkerung empfand die Beleidigung noch weit mehr als Voltaire. Man hatte es ihrem Wohltäter gegenüber an Respekt fehlen lassen. Der Schlag war grausam, Voltaire fassungslos. Joseph II. hätte wahrscheinlich halt machen können, aber seine Mutter Maria-Theresia hatte ihm einen Besuch verboten, den man als eine Ermunterung zur Gottlosigkeit hätte auslegen können. So erklärte Friedrich hinterher sein Verhalten. Und Voltaire war so arglos gewesen zu glauben, Joseph II. sei ein aufgeklärter Herrscher! Der Patriarch hatte d'Alembert einige Jahre zuvor geschrieben: »Grimm versichert, daß der Kaiser einer der unseren sei, das trifft sich glücklich, denn die Herzogin von Parma, seine Schwester, ist gegen uns.« Und an Friedrich II.: »Ein sehr geistreicher Böhme namens Grimm hat mir gesagt, Sie hätten den Kaiser in unsere heiligen Mysterien eingeweiht.« In die der Gottlosigkeit, die anscheinend auch ihre Mysterien hat, und er fügte hinzu: »Sie haben mir auch geschmeichelt, der Kaiser sei auf dem Weg der Verdammnis, das ist ein schöner Zuwachs für die Philosophie.« Doch ach! der Zuwachs war desertiert!

Joseph hatte Ferney nicht nur übersprungen, weil seine Mutter ihn darum gebeten, sondern weil man ihm in Paris zu oft wiederholt hatte, er müsse in Ferney anhalten. In einer Lobrede, die Joseph II. unterwegs über sich ergehen lassen mußte, erteilte ihm ein allzu kühner Bewunderer Voltaires geradezu den Befehl, eine Pilgerfahrt nach Ferney zu unternehmen. Voltaire erhielt einen Bericht von dieser plumpen Ungeschicklichkeit und erklärte: »Ich bin jetzt fast sicher, daß der Kaiser nicht bei mir halt machen kann.« Er war verständiger als seine dummen Verehrer und hatte einen neuen Grund, das zu wiederholen, was er so oft sagte: »Mein Gott, schütze mich vor meinen Freunden, meine Feinde übernehme ich.«

Dennoch war das Vorgehen Josephs II. demütigend. Er hatte in Paris andere, weit unangebrachtere Besuche gemacht als den, den er in Ferney unterließ. Er hatte Mademoiselle Guimard gesehen, den Stern der Tänzerinnen — dagegen ist nichts zu sagen, doch, war sie fromm? Er hatte Madame du Barry in Louveciennes gesehen. War das höflich gegenüber Ludwig XVI.

und dem Hof, die sie nicht empfangen wollten? Da es sich um einen Herrscher handelt, einen Kämpfer für den Katholizismus, der seiner Mama so gut gehorchte, ist dieses Verhalten merkwürdig. Im Falle Voltaires handelte es sich wirklich darum, den Dichter zu beleidigen. Ein Detail beweist dies. Als er durch Ferney hindurchgefahren war und halt in Bern machte, stattete er Haller einen langen Besuch ab, dem bekannten unversöhnlichen Feind Voltaires. Dieser gelehrte und sehr würdige Mann empfing im übrigen den kaiserlichen Besuch, ohne irgendwie geschmeichelt zu sein; er ermangelte jeder Eitelkeit. Das hatte Joseph II. davon! Währenddessen schluckte Voltaire die Beleidigung, die ihm sehr zusetzte, herunter. Er bemühte sich, den Schimpf dem Publikum gegenüber abzuschwächen, indem er eine Geschichte verbreitete: »Zwei betrunkene Uhrmacher hätten die kaiserliche Kutsche angehalten und den Kaiser unhöflich über seine Reisen, seine Ideen ausgefragt, wobei sie ihn einfach ›Monsieur l'Empereur‹ genannt und gesagt hätten, hier sei man republikanisch. Dieser Zwischenfall habe Joseph II. veranlaßt zu rufen: ›Die Peitsche, Kutscher‹!« Es war ein übles Mißgeschick, um so mehr als sich seine Feinde darüber freuten und ihm keine Demütigung ersparten.

Durch die Tür der Comédie Française hält der Verbannte seinen Einzug in Paris

Was tat er, während er sich vor Ungeduld verzehrte? Er schrieb Tragödien. Seine ›Manufaktur französischer Verse‹ klapperte ununterbrochen. Mit dreiundachtzig Jahren verfaßte er ›Irène‹ und ›Agathocle‹, der jedoch nie vollendet wurde — was tat's. Was ›Irène‹ betraf, so lagen die Dinge anders. Er schrieb dem Marquis de Thibouville, der die Geschicke der Comédie-Française lenkte, er müsse sich bereit halten, ›Irène› zu empfangen, zu lesen und aufzuführen. Drei Akte seien erst fertig, doch die anderen folgten bald. Seit drei Monaten arbeitete er schon an dieser Tragödie. Wie lang das war! Zwanzig Jahre früher, als seine Manufaktur auf vollen Touren lief, verfertigte er eine

Tragödie in einer Woche. Er verkündete, das Thema von ›Irène‹ sei von unerhörter Neuheit und Kühnheit; es ginge um die Reue! Um die Gewissensbisse einer Frau, die den Mörder ihres Mannes weiter liebe. Fünf Akte über die Reue einer verliebten Frau ließen mehr als nur eine hohle Szene und recht viele unnütze Verse erwarten. Er wurde sich dessen bewußt, zerriß alles und fing wieder von vorn an, aber er begann auf dieselbe Weise.

Er arbeitete immer noch mit der Zuversicht der Jugend. »Das nimmt mich mit und demütigt mich«, schrieb er nach dem ersten Fehlschlag, »ein Vater ist nicht gerade froh, wenn er seinem Kind den Hals umdreht. Nun habe ich drei ganze Monate verloren, und in meinem Alter ist die Zeit kostbar.« Er fand Trost bei Madame Denis: sie hatte bei der Lektüre des Stückes geweint. Sie bekam nie genug von seinen Deklamationen. Doch sie vergoß nicht als einzige Tränen. Villette und Vieilleville weinten mit ihr. Vieilleville schrieb dies an Condorcet, der ›Irène‹ erhielt, sie las und nicht weinte. Er fand schöne Stellen darin, doch auch Längen und Fehler. Er war der Ansicht, man müsse das Stück umarbeiten. Und Voltaire tat dies. Doch welche Katastrophe! Es war von der Comédie-Française schon angenommen worden, Monsieur de Thibouville hatte es den Schauspielern übergeben, und die Rollen waren verteilt... Dennoch weigerte sich ein Schauspieler, ›Irène‹ zu spielen, ein einziger: Le Kain! Voltaire hatte die Rolle für ihn, für sein Idol geschrieben! Doch das Idol war unerbittlich. Es sagte nein und ließ nicht ab davon. Die Freunde Voltaires flehten, entrüsteten sich, drohten. Le Kain blieb unzugänglich — weit nämlich Le Kain in seinem reifen Alter verliebt war! Er wollte sich mit einer Dame Benoît wieder verheiraten, die jede ›Irène‹, ›Zaïre‹, ›Hermione‹ und ›Iphigénie‹ des Repertoires ausstach. Der einzige, der die verhängnisvolle Begeisterung Le Kains für ein anderes Objekt als das Theater verstand, der einzige, der ihm diese doch beleidigende Weigerung vergab, der einzige, der glauben wollte, daß sein Wahnsinn vergehen und Le Kain eines Tages seine Rolle in einer für ihn umgearbeiteten ›Irène‹ übernehmen würde, der einzige, der Le Kain nicht des Verrates und der Undankbarkeit beschuldigte, war Voltaire. Le Kain war ein Freund, also konnte man keinen Verdacht gegen ihn hegen. Voltaire fürchtete sogar, man könne zu streng mit Le Kain verfahren. Bestand nicht die Gefahr, daß Monsieur de Thibouville den lieben Freund vor den Kopf stieß? Man mußte ihn doch schonen; hatte nicht jeder Schauspieler das Recht, eine Rolle abzulehnen?

In Ferney brachte man ihm Beweise der Bewunderung und des Respektes entgegen, die ihm wohltaten. La Harpe, dessen Tragödie ›Les Barmécides‹ vor der Voltaires gespielt werden sollte, überließ dem Patriarchen seinen Platz. Voltaire lehnte zuerst dieses Entgegenkommen ab, schließlich zwang ihn La Harpe dazu, es anzunehmen. Das war kein geringes Opfer für einen jungen Autor. Eine andere, noch erstaunlichere Geste rührte den alten Dichter zu Tränen; sie kam von de Barthe, dem Marseiller, dessen Komödie den Herrn von Ferney durch ihre Langweiligkeit fast umgebracht hätte. Diese Komödie, ›L'Homme personnel‹, sollte im Théâtre Français gespielt werden, doch Barthe zog sich zurück, um ›Irène‹ den Weg freizugeben. Gewiß hatte der junge Autor tausend Dinge unternommen, um sein Stück zur Aufführung zu bringen; doch er war so großzügig, vor Voltaire zurückzutreten, dessen Empfang in Ferney er nicht in guter Erinnerung haben konnte.

Barthe schrieb bei dieser Gelegenheit an Monsieur de Thibouville: »Sie waren bereit, ›L'Homme personnel‹ zu spielen, doch sollten Sie sich entschließen, nicht mehr daran zu denken. Ich weiß, daß neue Stücke in der Reihenfolge ihres Eingangs gespielt werden und es Verfügungen darüber gibt, aber welcher Literat würde es wagen, sich in einem solchen Falle darauf zu berufen? Monsieur de Voltaire steht, wie ein Herrscher, über den Gesetzen. Wenn ich schon nicht die Ehre habe, zum Vergnügen des Publikums beizutragen, so will ich es doch wenigstens nicht aufhalten, und ich fordere Sie dazu auf, es sofort mit einem Werk des Autors von ›Zaïre‹ und ›Mérope‹ zu erfreuen. Könnte er doch wie Sophokles noch mit hundert Jahren Tragödien schreiben und wie Sie, Monsieur, inmitten des Beifalls leben.« Wir sind auf dem Wege Voltaires so viel Niedrigkeit und Bosheit begegnet, daß wir bei so viel Ehrerbietung, Bewunderung und Uneigennützigkeit aufmerken sollten.

Der Augenblick kam, in dem man mit oder ohne Le Kain ›Irène‹ spielen mußte. Voltaire war am Ende seiner Geduld und seiner Kräfte. ›Irène‹ würde der Vorwand für seine Rückkehr nach Paris sein. Er fragte sich zuweilen, warum er so lange gewartet hatte, denn es lag niemals ein Ausweisungsbefehl gegen ihn vor. Man hatte ihn wissen lassen — gründlich wissen lassen —, daß man strenge Maßnahmen gegen ihn ergreifen würde, wenn er nach Paris zurückkehrte: Gefängnis oder Exil — erst das eine, dann das andere. Aber all dies war nie schriftlich fixiert worden, was die Lage freilich nicht weniger gefährlich machte. Ludwig XV. konnte die Gegenwart des Dichters nicht ertragen. Dieser König, der so unbeständig in großen Dingen war, zeigte eine seltene Beharrlichkeit in seiner Strenge gegenüber Voltaire. Die berufensten — und selbst die ihm liebsten Stimmen sprachen zugunsten des Verbannten von Ferney. Stets war alles vergeblich. Madame de Pompadour, Madame du Barry, Richelieu, d'Argental und andere stießen sich an der Ablehnung des Königs. Und alle hatten dem Patriarchen ausdrücklich abgeraten, die Weisung zu übertreten und in Paris zu erscheinen.

Der neue König, Ludwig XVI., war Reformen geneigt. Man hatte das Recht, von ihm größere Milde gegenüber Voltaire zu erwarten. Doch ach! der Autor der ›Henriade‹ flößte auch ihm Abscheu ein. Von seiten der Königin Marie-Antoinette konnte der Dichter auf mehr hoffen, obwohl sie noch nicht den Einfluß hatte, den sie später erlangte. Schließlich blieb Turgot und die öffentliche Meinung, eine geräuschvollere, einflußreichere, Voltaire freundlichere Meinung als 1750. Turgot und die Öffentlichkeit waren die besten Trümpfe Voltaires. Doch mußte der Hof erst erkennen, wie mächtig sie waren.

Voltaire nannte Ludwig XVI. ›Sesostris‹. Unglücklicherweise hörte ›Sesostris‹ nicht auf diese Sprache und gab ihm kein Zeichen zu kommen. Dennoch hatte der Patriarch immer noch ein Recht auf seine Titel als ›Gentilhomme du roi‹ und ›Historiographe de France‹ und konnte darum bitten, seine Pflichten zu erfüllen. In Ferney stellte man sich Fragen und wurde unruhig. Je mehr Zeit verstrich, um so schmerzhafter wurde der Heißhunger nach Paris. Zuweilen brannte der Boden Ferneys unter den Sohlen des Onkels und der Nichte. Sie waren bereit, alles zu wagen, um nach Paris zurückzukehren. Die Ungeduld der Nichte war noch größer; ihr achtzehnmonatiger Aufenthalt in der Hauptstadt hatte sie nicht besänftigt, ganz im Gegenteil. Sie starb vor Langeweile und quälte ihren Onkel unaufhörlich. Fahren wir los! Fahren wir los! Sterben wir nicht hier! rief sie. Das war ganz die Meinung Voltaires, aber wenn er nur nach Paris sollte, um im Gefängnis zu sterben, so starb er doch lieber in seinem Bett in Ferney. Sie ging nicht dorthin, um zu sterben, sondern um zu leben.

Villette, d'Argental und Thibouville taten ihr Bestes, um die Freunde, und vor allem die Feinde und Behörden auszuforschen. Sie stellten ihnen Fragen: Was würde die Obrigkeit tun, wenn eines schönen Tages Voltaire in seiner Loge der Comédie erschiene? Wenn er sich in eine Sitzung der Académie begäbe? Wenn er zum Diner einlüde? Als die Schutzengel sicher waren, daß eine überwältigende Mehrheit Beifall klatschen und die Behörden tun würden, als sähen und hörten sie nichts, schrieben sie: »Kommen Sie«. Er ließ es sich nicht zweimal sagen.

Am 4. Februar 1778 bestieg er mit seinem Sekretär Wagnière die Kutsche. Madame Denis war schon vorausgefahren und seit zwei Tagen unterwegs. Die Freude über die Abfahrt konnte sich nicht voll entfalten, die Traurigkeit des Abschieds machte sie trübe. Das ganze kleine Volk Voltaires war in Tränen aufgelöst: seine Leute schienen überzeugt davon, daß ihr ›Vater‹ für immer abreise. Er versprach ihnen, in sechs Wochen zurückzukommen, er glaubte es selbst. Er glaubte so sehr daran, daß er alle seine Papiere, so wie sie waren, in seinem Zimmer zurückließ, er, der so ordentlich, so peinlich genau war! Ihm kam diese Reise zweifellos nur wie ein Ausflug vor, er wußte, daß ›seine Kinder‹ nicht ohne ihn leben konnten und er selbst glücklich sein würde, sein Ferney wieder zu sehen — nach seiner Rückkehr auf die Bühne von Paris und vielleicht sogar auf die von Versailles.

Er sagte: »Ich bereite eine kleine Reise nach Paris und in die Ewigkeit vor.« Er hatte so oft von seiner Abreise in die Ewigkeit gesprochen, daß er sie einmal unternehmen mußte.

Bei seinem Gepäck fehlte der Pater Adam. Man hatte ihn verjagt, auch das mußte einmal geschehen. Die gute Madame Denis tat ihr Bestes dazu. Pater Adam war zänkisch und anspruchsvoll geworden. Doch Voltaire ließ ihn nicht im Stich: er zahlte ihm eine Pension von siebenhundert Livres.

Am ersten Abend der Reise machte die Berline Voltaires in Nantua halt, wo man übernachtete. Der Wirt tauschte ein schlechtes Pferd aus, das man vor die Kutsche des Dichters gespannt hatte, und sagte zu dem Kutscher: »Fahr' du nur ruhig meine Pferde zuschanden, ich pfeife darauf; aber beeile Dich, Du fährst Monsieur de Voltaire.« Am 7. Februar langten sie in Dijon an. Die Nachricht von seiner Ankunft verbreitete sich rasch. Voltaire sah nur seinen Advokaten, der Professor der Rechte war, und einen anderen Juristen; sein Streit um seine Besitzungen in Tournay und Ferney waren immer noch nicht zu Ende. Am Abend, als er soupierte, schlichen sich junge Leute von Dijon in seinem Gasthof ein. Sie bestachen die Dienstmädchen, damit sie die Türen offen ließen, was den jungen Bewunderern erlaubte, den Patriarchen bei Tisch zu sehen. Einige von ihnen servierten statt der Kellner. In Joigny wurde die Gesellschaft durch einen Achsenbruch aufgehalten. Monsieur de Villette kam eigens aus Paris, um den Greis zu begleiten, den dieser Zwischenfall erregt hatte und der befahl, im Schritt zu fahren, damit er sicher sein könne, in gutem Zustand in Paris anzukommen. Am Abend des 10. Februar 1778 um sechs Uhr erreichten sie die Tore der Stadt. Beim Zollhaus: Kontrolle der Reisenden und der Waren. Dem Beamten, der ihn fragte, ob er nichts zu verzollen habe, antwortete Voltaire: »Meiner Treu, ich glaube, hier werde nur ich eingeschmuggelt.« Die Beamten erkannten ihn, was annehmen läßt, daß die Stiche von ihm, die selbst im Volk zirkulierten, einige Ähnlichkeit mit dem Modell hatten. Das erbitterte ihn: »Man stellt mich als Affen dar«, stöhnte er, »häßlich wie der Teufel und Fratzen schneidend wie die Sünde.« Der ewige Widerspruch zwischen dem, was ein Mensch von sich selbst sagt, und was er wirklich denkt! Tausendmal hatte Voltaire von seiner Magerkeit, seinen Falten, seinem zahnlosen Mund gesprochen. Aber er glaubte es nur mühsam, er wollte nicht, daß man ihn beschrieb und vor allem nicht, daß man ihn malte, wie er war. Wie dem auch sei: man erkannte ihn sehr gut.

»Das ist, weiß Gott, Monsieur de Voltaire!« riefen die Zollbeamten aus. Immer höflich, schickte er sich an auszusteigen, um sie seine Kutsche durchsuchen zu lassen, aber sie baten ihn zuvorkommend, seine Reise fortzusetzen.

Madame Denis und Villette hatten alles organisiert. Voltaire begab sich in das Hôtel des Marquis de Villette in der Rue de Beaune, wo man ihm aufs prächtigste eine Wohnung bereitet hatte: dorthin würde sich Paris drängen, um sein Idol anzubeten — und es zu töten.

Paris: die Trunkenheit des Ruhmes
hebt die Gebrechlichkeit des Alters nicht auf

Der erste Besuch Voltaires galt d'Argental, doch er war ausgegangen. Kaum war der Dichter in die Rue de Beaune zurückgekehrt, als d'Argental zu ihm kam. Die beiden Freunde waren gleichaltrig, seit ihrer Kindheit verband sie eine Freundschaft, die auch nicht einen Tag lang ausgesetzt hatte. Sie sahen sich nur gelegentlich und hörten doch nie auf, ihr Leben zu teilen. Die Szene ihres Wiederfindens hätte Greuze in dem sentimentalen, pathetischen Geschmack der Zeit malen müssen. Als sie ihre riesigen Taschentücher entfaltet und wieder zusammengelegt hatten, ihre Freudentränen getrocknet und ihr Schluchzen heruntergeschluckt, begannen sie zu reden. D'Argental erzählte ihm die letzte Neuigkeit von Paris: Le Kain war am Vorabend gestorben! Voltaire stieß einen lauten Schrei aus und stellte seinen Schmerz mit allem Talent, das das Ende eines so großen Schauspielers erheischte, zur Schau. Jeder beeilte sich, mit seinen eigenen Tränen den Kummer des Patriarchen zu ertränken, der von einem Arm in den anderen sank. Das ergab

gleich anfangs eine sehr schöne Szene der ›Empfindsamkeit‹.
Man teilte ihm mit, daß Le Kain seine Seele nach der Aufführung von ›Adélaïde Duguesclin‹ ausgehaucht hatte. Das Debüt
des Schauspielers war ›Brutus‹ gewesen, seine mit Voltaire begonnene Laufbahn endete also auch mit Voltaire. Der Dichter
stieß einen neuen Schrei aus, denn er glaubte, Le Kain sei gestorben, während er ›Adélaïde‹ spielte. Nein — das wäre zu
schön gewesen! Tronchin riß ihn aus seinem Irrtum. Le Kain
war nicht an ›Adélaïde‹ gestorben, sondern an Madame Benoît.
Der Arzt sagte ihm, der Schauspieler sei der durch diese Dame
inspirierten Erregung erlegen, die für einen achtundfünfzigjährigen Mann weitaus gefährlicher sei als die durch ›Adélaïde
Duguesclin‹.
Das Vorbeidefilieren der Pariser begann augenblicklich. Alles
war organisiert. Diese für das soziale Leben und die Repräsentation so wunderbar begabte Gesellschaft verstand es, auf natürliche und anständige Weise den Ausdruck ihrer Gefühle,
die Reihenfolge der Besuche und selbst ihre Heuchelei zu regeln. In einem ersten Salon empfingen Madame Denis und
›Belle et Bonne‹, wie man Madame de Villette nannte, die all
ihre Anmut und Liebenswürdigkeit aufbot. Die dicke Denis
repräsentierte die Familie. Sie war im Vorzimmer des Ruhmes,
an der Nichte probierte man die für den Onkel bestimmten
Komplimente aus; mit einem Wort, bevor man eintrat, wischte
man die Schuhe ab.
Dieses Vorspiel gab einem Kammerdiener Zeit, Monsieur de
Voltaire über den Rang des antichambrierenden Gastes aufzuklären: er bereitete sich vor. Monsieur de Villette und Monsieur d'Argental empfingen darauf die Besucher aus den Händen der Damen und führten sie ein. Zwischen zwei Besuchen
ging Voltaire zu Wagnière ins Zimmer nebenan und diktierte
ihm einen Brief oder Korrekturen zu ›Irène‹.
Die früh begonnenen Tage gingen spät zu Ende, ausgefüllt,
erregt, den Greis zwingend, hundert verschiedene Themen anzuschneiden, Meinungen zu äußern, jedem sein Kompliment
zurückzugeben, Namen zu finden, Gesichter wiederzuerkennen,
sich auf Erinnerungen zu besinnen, die unter tausend anderen

versteckt waren, kurz: er mußte sich, ohne Müdigkeit oder Unaufmerksamkeit zu zeigen, der erschöpfendsten Tätigkeit hingeben, um zu gefallen und zu brillieren. All dies gelang ihm meisterlich, denn so war nun einmal sein Genie veranlagt, und er hatte eine fast hundertjährige Übung in diesem Spiel der Gesellschaft. Aber mit vierundachtzig Jahren . . .

Der Advokat Linguet schrieb damals: »M. de V. hat plötzlich die Wälder Ferneys, die er gepflanzt hat, die Häuser Ferneys, die er gebaut hat, die Ruhe Ferneys, die ihm so gefiel, verlassen zugunsten des Schmutzes, des Lärms und des Weihrauchs von Paris. Er allein wird nach einiger Zeit sagen können, ob er einen guten Tausch gemacht hat.«

Die Académie schickte eine Abordnung, bestehend aus Monsieur le Prince de Beauvau und den Herren Saint-Lambert und Marmontel, um ihn davon zu unterrichten, daß sie für ihn eine außerordentliche Versammlung abhalten würde — was ohne Beispiel war. Er zeigte sich zu Tränen gerührt und bat Monsieur de Beauvau, der Académie seine Dankbarkeit auszudrücken. Er würde ihr selbst danken, sobald seine Gesundheit dies zuließe.

Auch Tronchin erschien, aber er kam nicht von sich aus. Er wartete, bis Voltaire ihn rief. Der Dichter war der Freundschaft Tronchins so wenig sicher, daß er einen Augenblick lang fürchtete, der berühmte Arzt würde sich nicht bemühen. Seine Befürchtungen waren nicht unbegründet, doch er zog es wie immer vor, der Freundschaft zu vertrauen und empfing Tronchin mit offenen Armen. Bei diesem ersten Besuch fand der Arzt Voltaire bei sehr guter Gesundheit. Er würde bald seine Meinung ändern.

Dann kam Gluck, der berühmte Musiker, um das Genie zu begrüßen. Das war keine geringe Huldigung, denn der Komponist glaubte, daß es auf der Erde nur ein einziges Genie gäbe, und das heiße Gluck. Voltaire verstand es, ihn fühlen zu lassen, daß ihn sein Kompliment berührt habe. Es gab zu dieser Zeit einen Streit zwischen den Anhängern Glucks und denen Piccinis. Mit seinem Geschick, die Gelegenheit für ein Kompliment zu erfassen, sagte Voltaire Gluck in dem Augen-

blick, als er ging und man Piccini anmeldete: »Piccini nach
Gluck, das ist in der Ordnung.«

In den Salons, selbst in den Geschäften sprach man nur von
der Rückkehr Voltaires. Seine Anwesenheit erregte die Öffentlichkeit. Sie beunruhigte auch einige Fromme und einige Behörden, die in der Haltung Voltaires und seiner Bewunderer
eine gewisse Provokation zu sehen glaubten. Sie hofften, sie
brauchten sich nur auf den Anweisungsbefehl zu berufen, um
den Patriarchen wieder in die Verbannung zu schicken, denn
alle Welt glaubte an die Existenz eines solchen Befehls. Man
suchte ihn vergeblich. Und wenn man ihn gefunden hätte?
Hätte man den berühmten Greis aus einem Paris getrieben,
dessen Ruhm er ausmachte? Das scheint unwahrscheinlich.
Durch eine derartige Maßnahme wäre es zu Meuterei in den
Straßen und zu heftigen Polemiken in den Salons gekommen.
Trotzdem fürchteten sich Voltaire und seine Freunde sehr.

Sie dachten daher an Marie-Antoinette und ließen sie durch
die Princesse de Polignac anflehen, den alten Dichter zu beschützen. Die Fürstin entledigte sich ihres Auftrages und kam
selbst in die Rue de Beaune, um den Patriarchen zu beruhigen.
Man feierte sie wie den Messias.

Am 14. Februar empfing Voltaire eine Delegation der Comédie
Française, angeführt von Madame Vestris, die ›Irène‹, an der
er noch arbeitete, spielen sollte. Dieser Besuch erlaubte ihm,
der Schauspielerin folgendes Kompliment zu machen: »Madame, ich habe für sie heute nacht gearbeitet wie ein junger
Mann von zwanzig Jahren.« Der Schauspieler Bellecour deklamierte vor ihm eine Lobrede in erdrückend pompösem Stil.
Sie schien ihm von überirdischer Anmut. Er antwortete im gleichen Ton, und als jemand bemerkte, das Lob wäre besser, wenn
es weniger berauschend wäre, erwiderte Voltaire: »Ja, aber wir
haben uns gegenseitig sehr gut Komödie vorgespielt.«

Am Montag darauf sollte er in die Comédie kommen, wo die
Schauspieler versprochen hatten, für ihn zu spielen. Doch ach!
er erkrankte an einer heftigen Blasenentzündung. Tronchin
verbot Theater und Besuche. Man gehorchte, was das Theater,
nicht aber, was die Besuche betraf.

Die Nachricht von der Krankheit rief wiederum einen Andrang Neugieriger hervor. War es nicht interessanter, sich den Zugang durch eine sich schließende Tür zu erzwingen, als durch eine offene? Der Salon wurde den ganzen Tag nicht leer. Ein schreckliches Gedränge! Man defilierte wie an einer Reliquie vorbei, man grüßte, man schaute und überließ anderen den Platz. Madame Denis befand sich im siebenten Himmel. Sie hatte sich danach gesehnt, Leute zu sehen, jetzt sah sie genug. Villette teilte ihren Triumph; er war plötzlich berühmt geworden. Viele, die nach seinen tollen Streichen das Gesicht verzogen hatten, kamen anläßlich des Aufenthaltes von Monsieur de Voltaire in der Rue de Beaune wieder zu ihm und baten, empfangen zu werden. Zynisch sagte Villette: »Um Voltaire zu sehen, muß man sich an mich wenden. Sie wollen Voltaire: bitte. Aber verbeugen Sie sich zuerst vor Villette . . .«

Madame Necker machte ihren Besuch mit Widerwillen. Als Generin kannte sie die Familie der Varicourt, und es mißfiel ihr, daß eine Demoiselle de Varicourt mit diesem Stutzer von Villette verheiratet war. Voltaire kümmerte sich nicht um ihre herablassende Miene: war sie nicht die Gattin des Finanzministers? Die Größe ihres Mannes genügte, um sie liebenswürdig erscheinen zu lassen.

Er empfing auch den amerikanischen Staatsbürger Doktor Franklin. Sie umarmten sich philosophisch und weinten natürlich. Hatten sie nicht dasselbe Alter und denselben Abscheu vor der Religion? Voltaire sprach englisch. Irgend jemand tadelte ihn deswegen. Sofort antwortete er: »Ich bitte um Verzeihung, ich habe der Ehre nachgegeben, dieselbe Sprache wie Franklin zu sprechen.«

Franklin hatte seinen fünfzehnjährigen Enkel mitgebracht und bat den Patriarchen, dem Jungen seinen Segen zu geben. Welche Szene! Voltaire stieg auf seinen Dreifuß und spielte seine Rolle als Hoherpriester ausgezeichnet; er streckte seine mageren Hände über dem Kopf des Knaben aus und sagte: »Gott und Freiheit: God and Liberty.« Zwanzig Personen betrachteten erschüttert die Szene. Man weinte reichlich. Nichts war feuchter als dieses ›philosophische Klima‹.

Voltaire litt sehr unter seiner Blasenentzündung. Ein berühmter Pianist bannte einen Augenblick lang seine Schmerzen, als er auf dem Cembalo von Madame de Villette spielte. Am Ende des Tages aber erschien Voltaire erschöpft, seine Beine waren angeschwollen. Tronchin zeigt sich unzufrieden, er sagte es und ließ es auch bekanntgeben. Madame Denis und Villette benahmen sich abscheulich: sie dachten nur an ihr Vergnügen, während sie den alten Mann umbrachten. Das war nur allzu sichtbar. Tronchin gab sich keinen Illusionen über die Umgebung Voltaires hin und sicherte sich ab. Er ließ im ›Journal de Paris‹ folgende Notiz veröffentlichen: »Ich hätte Monsieur le Marquis de Villette gern persönlich gesagt, daß Monsieur de Voltaire seit er in Paris ist, von dem Kapital seiner Kräfte lebt, während doch alle seine wirklichen Freunde wünschen sollten, daß er nur von seiner Rente lebe. So wie die Dinge gehen, wird er seine Kräfte bald verbraucht haben und, wenn wir nicht gar Komplicen sind, so werden wir Zeugen des Todes von M. de Voltaire sein.«

Tronchin übte sein Handwerk aus, er sprach goldene Worte, aber niemand hörte. Kaum waren die Beine Voltaires wieder abgeschwollen, als der infernalische Rhythmus weiterging. Man mußte jetzt ohne zu zögern mit ›Irène‹ zu Ende kommen und die Rollen verteilen. Der Duc de Richelieu wollte erzwingen, daß eine von ihm begünstigte Schauspielerin, Madame Mollé, die Rolle der Irène bekam. Voltaire aber hielt große Stücke auf Mademoiselle Jainval. Es war sehenswert, wie die beiden Gespenster aus der alten Zeit aufeinander losgingen und für die Vorzüge ihrer Favoritinnen kämpften: der eine im damastenen Morgenrock und bebänderter Mütze, der andere mit Gold und Dekorationen bedeckt, beide gleich hartnäckig und durchtrieben. Der Marschall trug den Sieg davon. Voltaire konnte einem Kindheitsfreund, einem Beschützer – einem Schuldner! keine brutale Absage erteilen . . . Aber er drehte die Sache so, daß er selbst nicht das Gesicht verlor. Er machte Madame Mollé wunderbare Versprechungen: er würde ihr eine noch schönere Rolle als ›Irène‹ schreiben, wenn sie auf diese verzichte. Sie gab nach. Um alles bestens ins Gleis zu bringen, fiel eine dritte Schauspielerin vom Himmel: Mademoiselle Arnould. Sie war von erster Qualität und zog daher auch ›Irène‹, den Autor und den Marschall in ihren Bann. Wenn man eine Vorstellung davon hat, wieviel Worte, Mühen, Unruhe und Nervenkrisen ein solcher Rollenwechsel verursachen kann, so wird man zugeben, daß der Tageslauf Voltaires erdrückend war. Wenn er auch über alle Gaben des Himmels verfügte, um ein solches Leben zu führen, so empfing er doch nebenbei noch zweihundert Menschen am Tag, hatte eine blutige Blasenentzündung und fast ein Jahrhundert auf dem Buckel.

Wagnière beklagte sich, nicht einmal Zeit zum Anziehen zu finden. Was seinen Herrn betraf, so blieb er im Morgenrock. Immerhin mußte er eine Perücke und einen Anzug anlegen, um Madame du Barry zu empfangen. Man weiß nicht, was sie sich sagten, aber Voltaire verglich hinterher die wirklich natürliche Natürlichkeit Madame de Villettes mit der künstlichen der großen Favoritin. Die Siegespalme erhielt ›Belle et Bonne‹. Immerhin erkannte er an, daß die Favoritin sich wunderbar auf ihr Metier verstand. Es war ein Experte, der dies sagte.

Koketterie mit unserer Heiligen Mutter Kirche und eine unheilvolle Warnung

Am 20. Februar empfing Voltaire den Brief eines gewissen Abbé Gautier, der bat, empfangen zu werden. Der Brief war würdig, bescheiden, und verbarg nicht, daß der Abbé dem Unfrommen zu helfen beabsichtigte, seine Seele zu retten, daß er für ihn bete und seine Antwort erwarte, ohne ihn dazu zwingen zu wollen.

Dieser Brief rührte Voltaire. Er lud den Abbé ein und erinnerte ihn in seiner Antwort an die Zeremonie, mit der er dem Enkel Franklins den Segen erteilt hatte. Das war nicht sehr orthodox gewesen — aber er ließ seine Tür offen. Der Abbé war ein ehemaliger Jesuit. Voltaire hatte wahrhaftig immer einen Sohn des Ignatius auf den Fersen! So viele Zufälle sind keine Zufälle mehr: ziehen sich Wesen derartig an, so ist es für das Leben und selbst für das Jenseits. Wenn er das Wort Jesuit hörte, so regte sich etwas in ihm. Das Kind, das seine Mutter nicht gekannt und weder seinen Vater noch seinen Bruder geliebt hatte, war von seinen Lehrern geliebt worden und hatte sie geliebt. Er war das rebellische Kind geworden, aber er blieb ihr feinfühligster, ihr kraftvollster und auch ihr stolzester Sohn! Was hätten sie tun sollen, diese guten Lehrer, um ihn zu halten? Das Unmögliche. Sie hätten seinen Streichen und seinen Freveltaten Beifall klatschen müssen.

Doch die guten Patres verwiesen ihn auf seinen Platz. Darüber ärgerte er sich, um so mehr, als er davon überzeugt war, daß die meisten unter ihnen sich nicht mehr Illusionen über die ›heiligen Mysterien‹ machten als er selbst.

Die erste Unterhaltung mit Abbé Gautier war herzlich. Voltaire fragte ihn sofort, wer ihn geschickt habe. Der Abbé versicherte ihm, daß er von sich aus gekommen sei, verbarg ihm aber nicht, daß er seinem Vorgesetzten, dem Abbé de Fersac, Priester von Saint-Sulpice, Rechenschaft von seinem Besuch ablegen werde. Diese Offenheit gefiel Voltaire. Drei Personen unterbrachen die Unterhaltung; Monsieur de Villette mußte sich zurechtweisen lassen: »Nun, Monsieur, lassen Sie mich bitte mit meinem Freund, dem Abbé, allein, er schmeichelt mir nicht.« Aber auch Madame Denis und Wagnière traten unter verschiedenen Vorwänden ein. Schließlich sagten sie, der Besuch ermüde Voltaire, denn er beunruhigte sie selbst. Abbé Gautier kam wieder. In der Zwischenzeit erschien ein anderer Priester, Abbé Marthe, der Illuminat war. Er näherte sich Voltaire brüsk und sagte ihm: »Sie müssen mir sofort beichten, unbedingt, es gibt kein Zurück, ich bin nur dazu hier.« Man gab ihm höflich zu verstehen, daß er sich fortpacken solle. Doch kehrte er mehrmals zurück, um sein Glück zu versuchen, oder vielmehr zu erzwingen. Voltaire machte sich seine Gedanken darüber: er erkannte, daß die verschiedenen Parteien sich um seine Seele stritten. Er wußte nicht, wer sie als Siegesbeute davontragen würde, wenn eine Schwäche ihn überkäme, daher beschloß er, sie für sich selbst zu behalten. Aber dazu durfte man nicht krank sein. Er aber war es, und mehr, als er glaubte. Aber er war auch trunken von Weihrauch; daher ermaß er weder seine Kräfte noch seine Schwäche.

Auch Madame du Deffand tauchte zweimal auf. Voltaire hatte auf das Billett, das sie ihm gleich nach seiner Ankunft geschickt hatte, geantwortet: »Ich treffe tot ein, aber ich will wieder auferstehen, um mich Madame la Marquise du Deffand zu Füßen zu werfen.« Sie war es, die kam, obwohl sie fürchtete, in die Gesellschaft all der schöngeistigen Schauspieler von Paris zu geraten. Wie recht sie hatte! Ein Monsieur Wiart, der seinen Besuch am Tag zuvor machte, traf dort dreihundert Personen. »Der ganze Parnaß war anwesend, vom Morast bis zum Gipfel: er wird diese Anstrengung nicht überstehen; es hätte sein können, daß er gestorben wäre, ehe ich ihn sah.« Madame du Deffand beeilte sich also, Voltaire zu sehen — oder vielmehr, ihn zu hören, denn wie man weiß, war sie blind. Sie traf Madame Denis: »eine Schlampe«, Villette: »platte Figur aus einer Komödie und sogar aus einer schlechten Komödie«. Obwohl blind, sah sie klar. Voltaire ließ sie eine gute Viertelstunde warten, ehe er aus seinem Zimmer kam. War es die Blasenentzündung? ›Irène‹? Er sprach nur noch von ›Irène‹. »Er hat nur das im Kopf«, sagte die Marquise. Er erzählte von dem Besuch Abbé Gautiers. Villette wollte statt seiner erzählen, aber Voltaire hieß ihn schweigen und behauptete, er erzähle schlecht. Es scheint, daß er Villette in Paris weniger gut vertrug als in Ferney.

Man brachte ihm eine gute Nachricht: der König hatte Pigalle beauftragt, eine Büste von Voltaire zu machen. Er glaubte, die Gnade wieder erlangt zu haben. Doch es handelte sich ach! nur um einen umfassenden Auftrag für Büsten, unter denen man auch die Voltaires litt. Der König hatte nichts damit zu tun.

Am 25. Februar, als er im Bett lag und Wagnière Briefe diktierte, befiel ihn ein heftiger Husten, und ein Blutsturz kam ihm aus Nase und Mund. »Oh! Oh!« rief er aus, »ich spucke Blut!«

Madame Denis ließ Tronchin holen. Voltaire übergab Wagnière ein Billett, um Abbé Gautier herbeizurufen. Wagnière warf es fort. Am 26. Februar bestellte Voltaire den Abbé zu sich. Er befahl ihm zu schreiben, und sagte zu den Leuten, die sein Zimmer füllten: »Wenigstens sind Sie Zeugen, meine Herren, daß ich darum gebeten habe zu erfüllen, was man hier seine Pflichten nennt.« Er fügte hinzu, er wolle nicht, daß man seinen Körper auf einen Schindanger werfe.

Dann gab man ihm eine junge Krankenpflegerin, und ein Arzt schlief jeden Tag in seinem Zimmer. Es scheint, daß seine Umgebung endlich die Gefahr begriffen hatte.

Abbé Gautier kam erst am nächsten Tag. Als er eintrat, begegnete er dem alten Teufel Richelieu, der ihm freundliche Ratschläge gab und ihn bat, seinen »kleinen Kameraden vom Louis-le-Grand« nicht zu erschrecken. Voltaire empfing den Abbé sehr gut. Er erinnerte ihn daran, daß er versprochen habe zu beichten, bevor er sterbe. Da der Augenblick gekommen schien, fügte er hinzu: »Wenn Sie wollen, werden wir gleich dieses kleine Geschäft erledigen.« Der Abbé antwortete, der Priester von Saint-Sulpice habe ihn zwar ermächtigt, aber er verlange vorher einen Widerruf. Voltaire war einverstanden und bat die Zeugen, sich zurückzuziehen. Nach seiner Gewohnheit legte Wagnière sein Ohr an die Tür, die nur aus einem mit Leinen und Papier bespannten Holzrahmen bestand. Wagnière sagt uns, etwas für einen ehrenwerten Sekretär höchst Ehrbares erfindend, daß er sich ungehorsam vorgekommen wäre, wenn er dem Befehl seines Herrn gehorcht und ihn allein gelassen hätte. Seine Aufgabe sei es, ihn niemals zu verlassen. Kurz: indem er ihm nachspioniere, erfülle er strikt seine Pflicht. Und der ehrliche Sekretär geriet in Verzweiflung, als er hörte, was der Abbé von seinem Herrn verlangte. Wagnière erregte sich derartig, daß er die andern zu hören hinderte, denn er war nicht allein hinter der Tür: mit ihm horchten Abbé Mignot und Monsieur de Vieilleville. Aber sie schämten sich wenigstens ihrer Indiskretion. Voltaire rief Wagnière herein und bat um ein Schreibgerät. Der Sekretär hätte am liebsten das Tintenfaß zerbrochen. Er reichte es zitternd. Ohne zu zittern schrieb Voltaire seinen Widerruf. Die Herren Mignot und Vieilleville traten ein und unterzeichneten ihn.

Man bat Wagnière höflich, auch zu unterschreiben, aber er

sträubte sich. Er wurde gefragt, warum er so heftig sei; er antwortete, er sei Genfer und Protestant. Daraufhin entschuldigte man sich bei ihm und bat ihn um nichts mehr. Als Wagnière mit seinem Herren allein war, flehte er ihn an, ihm seine wahren Gedanken zu enthüllen. Was würde man zu seinem Widerruf sagen? Was könnte sein treuer Sekretär vorbringen, um sein Andenken zu verteidigen? Voltaire nahm ein Blatt Papier und schieb: »Ich sterbe Gott anbetend, meine Freunde liebend, meine Feinde nicht hassend und den Aberglauben verabscheuend.« Wahrhaftig die Resolution eines konzilianten Konzils.

Voltaire kommunizierte nicht. Er entzog sich, nach Wagnière, indem er dem Abbé sagte: »Monsieur l'Abbé, denken Sie daran, daß ich Blut spucke und daß man sich hüten muß, mein Blut mit dem Blut des lieben Gottes zu vermischen.« D'Alembert schrieb Friedrich II. etwas Ähnliches, aber weitaus Derberes; Voltaire habe ihm gesagt, daß er die Kommunion verweigere, »weil ich Blut spucke und leicht etwas anderes spucken könnte«. Friedrich verlangte alle Einzelheiten zu erfahren. D'Alembert gab ein sympathisches Porträt von Abbé Gautier: es handele sich um einen armseligen Priester, der aus purer Herzensgüte gekommen sei, um die Seele Voltaires zu retten. Diese Güte hatte ihm das Herz Voltaires geöffnet. Als jedoch zwei Tage später der Abbé wieder erschien, ließ man ihm sagen, der Kranke sei nicht imstande, ihn zu empfangen. Er glaubte zu verstehen. Er glaubte, der Schlag komme von mehreren ›Philosophen‹, die er im Salon erblickt hatte. Der arme Abbé täuschte sich gründlich: der Schlag kam von dem Priester von Saint-Sulpice. Monsieur de Fersac hatte gefunden, daß sein Untergebener zu weit und zu schnell vorgegangen war. Er beklagte sich darüber bei Monsieur de Villette und bei Monsieur de Voltaire. Der Ruhm, eine so gottlose und berühmte Seele wieder aufzufischen, sollte dem Priester selbst zukommen. Voltaire ahnte sofort, daß sich die Angelegenheit vergiften würde, und um Frieden zu haben, drängte er Pater Gautier hinaus. Der Pater hatte versichert, er habe nur mit der Erlaubnis seiner Vorgesetzten gehandelt — sie aber leugneten dies. Wem soll man glauben? Der Priester von Saint-Sulpice erschien allein am 13. April und verbarg seinen Kummer nicht, daß ein unbedeutender Abbé ihm zuvorgekommen war. Und der Portier des Hôtel de Villette erhielt den Befehl, keinen anderen Priester mehr vorzulassen als Monsieur le Curé de Saint-Sulpice.

Da die Beichtväter Monsieur de Voltaire weniger ermüdeten als die Histrionen des Parnaß, besserte sich seine Gesundheit. Er erfuhr, daß Abbé Gautier sich um ein anderes Beichtkind kümmerte, einen Libertin names Attaignant, der im Sterben gelegen, widerrufen und gebeichtet hatte, dann aber wieder gesund geworden war. Da der Abbé Anstaltsgeistlicher der ›Incurables‹ war, brachte man die Beichte der beiden Libertins und die Funktion des Abbé in Beziehung:

L'honneur des deux curés semblables
A bon droit était réservé
Au chapelain des Incurables.

Als er sich besser fühlte, bedauerte Voltaire seinen Widerruf. Aber er konnte sich nicht freimachen von jener Angst, die ihn sein ganzes Leben lang verfolgte: die Angst, wie ein Hund begraben zu werden. »Im übrigen«, sagte er, »will ich nicht, daß man meinen Körper auf den Schindanger wirft; dieses Priestervolk wird mir lästig, ich bin nun einmal in ihre Hände geraten, ich muß mich wirklich daraus befreien. Sobald ich reisen kann, werde ich abfahren. Ich hoffe, ihr Eifer wird mich nicht bis nach Ferney verfolgen. Wäre ich dort gewesen, so wäre mir das nicht passiert.«

All das ist nicht sehr würdig. Freilich sind wir an diese Grimassen gewöhnt, aber die schicksalhafte Lösung ist so nah, daß das Wort Komödie uns nicht mehr gefällt: jedes Ende ist tragisch. Man zieht sich nicht aus der Affäre mit einer witzigen Bemerkung wie: »Wenn man in Surate stirbt, hält man sich an einem Kuhschwanz fest«; wenn man in Paris stirbt, so könnte man zumindest die Türen schließen und in der Stille sterben. Aber auf Stille darf man bei ihm nicht hoffen. Er hat im Lärm gelebt und wird im Lärm sterben.

Der Streit der Priester wurde noch komplizierter durch einen Streit der Ärzte. Monsieur de Villette, der Tronchin nicht mochte, ließ einen Modearzt namens Lorry rufen. Die beiden Ärzte trafen sich und einigten sich im Interesse des Kranken, aber Villette wollte Tronchin nicht mehr sehen. Trotzdem war es Tronchin, der Villette vor die Tür des Krankenzimmers setzte.

An manchen Tagen waren die Streitereien zwischen den Ärzten, Madame Denis, Villette und verschiedenen Besuchern so heftig, daß das Zimmer Voltaires einem Gasthaus glich. Wie hätte er in einer solchen Atmosphäre gesunden sollen? Es ging ihm besser, aber er spuckte immer noch Blut. Die Besuche hatten wieder angefangen. La Harpe las ihm einen Akt aus einer Tragödie vor, die er gerade geschrieben hatte. Es handelte sich um eine Kampfszene: La Harpe brüllte, hieb mit dem Säbel, stampfte mit den Füßen. Die Leute auf der Straße standen still, um dem Lärm zuzuhören. Der Kranke ertrug ihn bis zum Schluß. Am Ende sagte er: »Meine Herren, Sie sollten für mich um das Kreuz des heiligen Ludwig bitten.« Man glaubte, er spreche im Fieber: »Keineswegs«, sagte er, »aber ich habe es verdient, da ich mit so viel Mut diese grausame Schlacht durchgestanden habe.«

Zu den verschiedenen Gefühlen, die wir für Voltaire im Laufe der Zeit empfunden haben, gesellt sich ein anderes, völlig neues: das Mitleid. Er verdient es, denn es gibt keine verlassenere, keine in der Einsamkeit des Schmerzes grausamer behandelte Kreatur als ein Idol, das seinem Publikum geopfert wird.

So sterbenskrank er auch war, träumte er doch noch von einem neuen Erfolg: er wollte nach Versailles! Der Traum seines Lebens, die Krönung seines Ruhms! Es gab in Europa Könige, Kaiser, Kaiserinnen, aber es gab vor allem den König, den wirklichen, den seinen. Und der König grollte. Das war unerträglich − fast ebenso, wie ohne ein christliches Begräbnis zu sterben. Ein Lächeln, ein Wort des Königs, bevor er starb . . . Alle seine Freunde versuchten, ihn zu entmutigen. Alle, die in Versailles wie zu Hause waren, sagten ihm, der Hof sei der verschrobenste Ort der Welt, der König wisse ihm nichts zu sagen, die Königin . . . Monsieur . . . Madame . . . kurz, alle diese Leute hätten keinen Geschmack. Vielleicht. Aber in seinen

Augen war sein Ruhm nur ein Bastard, weil der König von Frankreich ihn nicht anerkannte. Die Haltung dieses Mannes, dem man nicht ohne Grund nachsagte, er habe jede Autorität abgeschüttelt, zeigt uns deutlich, wie stark der Glaube an die Monarchie wenige Jahre vor der Revolution noch war.

Man konnte von Versailles lediglich erreichen, daß der König weiterhin die Anwesenheit Voltaires ›ignorieren‹ würde, bedauern wir, daß der König eines so aufgeklärten Landes eine solche ›Ignoranz‹ zeigte.

Neuer Aufschub,
ein Lächeln von Paris und häuslicher Streit

Kaum war er auf den Beinen, als ihm Madame Denis sein turbulentes Leben als Star wieder aufzwang. Tronchin erneuerte seine Warnungen. Er riet, den Alten einzupacken und nach Ferney zu schicken. Doch man tat nichts dergleichen, sondern öffnete die Türen weit, und das Vorbeidefilieren begann von neuem.

Außerdem begannen die Proben für ›Irène‹, was ihn auf gefährliche Weise erregte. Er nahm nicht an allen teil, aber die, denen er beiwohnte, erschöpften ihn sehr. Die Schauspieler spielten ohne Schwung, kein ›Teufel im Leib‹ wie zu Zeiten von Mademoiselle Duclos! Die wahrhaft unersättliche Madame Denis wollte sogar im Zimmer ihres Onkels proben lassen. Das hieß ihn zu Grunde richten. Sie dachte nur noch an die siegreiche Premiere. Was lag ihr an der Gesundheit, an den Leiden des alten Mannes? Er besaß die Kraft, sich zu weigern. Mademoiselle Clairon besuchte ihn, er beklagte sich bei ihr, daß man ›Irène‹ schlecht spiele, und las ihr mit einer für einen Sterbenden unglaublich volltönenden Stimme einen Akt vor. Mademoiselle Clairon antwortete ihm, es gäbe keine Schauspielerin, die so spielen könne, und wenn man Ähnliches von Madame Vestris verlange, so bringe man sie um.

»Das eben beabsichtige ich, Mademoiselle, ich will dem Publikum diesen Dienst erweisen«, erwiderte der unversöhnliche Autor.

Ein Herzog sagte ihm leichthin, er fände das Spiel der Schauspieler sehr gut. »Es ist vielleicht gut genug für einen Herzog, aber für mich taugt es nichts«, antwortete er ihm. Er machte sich solche Sorgen und mußte so viel tadeln, daß er wieder krank wurde. Vier Tage lang war er dem Tode nahe, und seine Freunde verließen sein Bett nicht. Den Besuchern flüsterte er zu: »Voltaire stirbt, Voltaire spuckt Blut«, und er versank von neuem in seine Erschöpfung. Dann erwachte er wieder zum Leben, aber nach vier Tagen war er um zehn Jahre gealtert. Er kam aus seinem Bett wie ein Gespenst aus einem Grab.

Währenddessen tönte ganz Paris von seinem Lob wider: Schmeicheleien, Gedichte, Artikel und vor allem dithyrambische Ergüsse. Auch einiger anonymer Unrat kam mit der Post zu ihm. Er bemerkte sehr philosophisch, daß er in Ferney Beleidigungen unfrankiert erhalten habe, während in Paris das Porto für den Abfall bezahlt war. »Ich gewinne bei dem Tausch«, sagte er.

Am 14. März fand die Aufführung von ›Irène‹ statt. Noch nie wurde eine Premiere in der Comédie-Française mit solcher Feierlichkeit begangen. Die Königin, die Prinzen, der ganze Hof und die Botschafter waren anwesend; das Parterre bot einen ebenso prunkvollen Anblick wie die Logen. Es war überwältigend. Man weiß nicht, was man mehr bewundern soll, den Ruhm Voltaires oder die Freundlichkeit des Publikums, das auf jeden Fall einen Triumph aus einem Stück machen wollte, welches schwach war — und dies nicht verbarg. Die unentbehrliche Denis vertrat in einer Loge den berühmten Onkel, der zu Bett lag. Man sagte, die Königin habe Bleistiftnotizen gemacht. In jeder Pause lief in gestrecktem Galopp eine Stafette in die Rue de Beaune, um dem Sterbenden die Siegesnachricht zu überbringen. Nach dem ersten, nach dem zweiten Akt fand man das Stück erhaben; nach dem dritten und vierten verhielt sich der Saal höflich. Die letzten Akte waren so platt, daß die Geduld des Publikums das eigentliche Meisterwerk des Abends darstellte.

An den folgenden Tagen stellten Villette und Madame Denis wiederum das Gespenst Voltaires aus. Die beiden Marionetten blähten sich auf, als wären die Komplimente des Publikums ihnen selbst bestimmt. Der Duc de Praslin stattete dem Dichter einen reizenden Besuch ab. Die Académie schickte ihm eine neue Abordnung, und er bat die Gesellschaft respektvoll, die Widmung von ›Irène‹ anzunehmen. Er legte seinen Kollegen außerdem den Text vor und ersuchte sie, ihn zu korrigieren. Sie brachten einige leichte Retouchen an und waren begeistert von diesem Vorgehen. Alles ging gut auf dieser Seite.

Was die Blasenentzündung anbelangte, so hatte sich sein Zustand gebessert, und er fühlte sich wieder zum Leben erwachen. Er verlangte nach Pferden und einer Kutsche. Nicht zufrieden, Besuche zu empfangen, wollte er sie auch erwidern. Am 21. März lernte er Paris erneut kennen. Als erstes lag ihm daran, die Place Louis XV. zu bewundern, die jetzige Place de la Concorde, die er noch nicht gesehen hatte. Das Werk Gabriels erfüllte ihn mit großer Freude; das war die Architektur seines Jahrhunderts, sein Geschmack, edel, rein, klassisch. Die Menge erkannte ihn und begleitete ihn in die Rue de Beaune zurück.

Bei seiner Rückkehr fand er zu seiner Freude eine Abordnung der ›Loge des Neuf-Sœurs‹ vor, die ihn erwartete. Monsieur de Lalande, der Meister vom Stuhl der Loge, lud ihn ein. Er erfuhr, daß die Freimaurer in ihrer Versammlung Verse deklamiert hatten, die von einem von ihnen zum Ruhme Voltaires gedichtet worden waren, und daß sie auf seine Gesundheit getrunken hatten. Voltaire war kein Freimaurer, aber seine Liebe für Freiheit und Toleranz, sein Kampf gegen Ungerechtigkeit und Fanatismus machten ihn zum Freimaurer des Herzens. Seine Spazierfahrt hatte ihn fröhlich gestimmt, Monsieur de Lalande fand natürliche und warmherzige Worte zu seinem Lob, und mit einem Schlag holte der Dichter die zehn Jahre wieder auf, die er verloren hatte. Er war spritzig, ungezwungen, scharf und doch zärtlich. Er sagte jedem der Mitglieder ein Kompliment, das sie glauben ließ, er kenne sie seit langem. Er versprach ihnen, sie in der Loge zu besuchen, und man trennte sich als Freunde — fast schon als ›Brüder‹.

Nach diesen Liebenswürdigkeiten: ein Gewitter. Bevor sich

Voltaire ›Irène‹ in der Comédie ansah, wollte er den Text nochmals lesen — den Text, den die Schauspieler gelernt hatten und sprachen. Irgendwie war er mißtrauisch geworden. Um wirklich den gleichen Text wie die Schauspieler zu haben, ließ er den Souffleur um den seinen bitten. Doch ach! die Lektüre war niederschmetternd. Man hatte ohne sein Wissen die abgeschmacktesten Korrekturen angebracht, Verse gestrichen, verändert. Eine unsinnige Wut überfiel ihn; sie war weitaus gefährlicher für seine gebrechliche Gesundheit als für die Schuldigen, aber er konnte sich nicht mehr beherrschen. Er ließ seine Nichte rufen. Erschreckt von seinem Geschrei und seinen Drohungen gab sie zu, daß man auf ihr Anstiften ›Irène‹ entstellt hatte. Wagnière sagt, in vierundzwanzig Jahren habe er Voltaire nie in solcher Wut gesehen. Er stürzte sich auf seine Nichte und stieß sie so heftig zurück, daß sie rückwärts in die Arme eines Monsieur Duvivier fiel, der auf einem Sessel saß. Sie fiel gut! Dieser Monsieur Duvivier war es, den sie ein wenig später heiraten sollte. Um die Wahrheit zu sagen, fiel sie nicht zum erstenmal in die Arme dieses Mannes, aber sie tat es zum erstenmal in der Öffentlichkeit. Der Zwischenfall ermöglichte später Madame Denis zu sagen, sie habe Duvivier geheiratet, weil sie von ihrem Onkel in seine Arme gestoßen worden sei.

Die Korrekturen an ›Irène‹ hatten vielleicht nicht ein Meisterwerk entstellt, aber sie brachten Voltaire fast um. Unglücklicherweise hatten sich auch d'Argental und Thibouville an dem Text zu schaffen gemacht. Aus Vorsicht versteckte man sie während des Wutanfalls. Doch als d'Argental hörte, daß auch sein Name ins Spiel kam, beging er die Unvorsichtigkeit zu erscheinen, und der Sturm brach wieder los. Voltaire warf ihm andere Korrekturen vor, die er vor vierzig Jahren gemacht habe, und forderte angeblich entwendete und von ihm verschacherte Manuskripte zurück. Madame Denis wurde angehalten, sie sofort zu holen, und zwar zu Fuß. Es regnete. Um so besser, dann sollte sie sie eben im Regen holen!

»Man hat mich behandelt«, rief sie aus, »wie man den jungen Barthe nicht behandeln würde.« Katastrophe! Monsieur Barthe war anwesend, versteckt hinter anderen, denn die Szene spielte sich während des Vorbeidefilierens der Besucher ab; es gab dreißig Zeugen. Voltaire brach erschöpft zusammen. Man trug ihn hinaus. Doch nun fühlte sich der Marseiller Barthe beleidigt, begann mit den Füßen zu trampeln und zu brüllen: »Rache! Man halte mich zurück!«, und er wollte sich mit dem Sterbenden schlagen. Voltaire erschien wieder, schmeichelte Monsieur Barthe, es sei nichts Verletzendes in den Worten gewesen, ganz im Gegenteil. Alle lachten. Monsieur Barthe auch.

Am nächsten Tag entschuldigte er sich bei d'Argental: »Verzeihung, lieber Engel, mein vierundachtzigjähriger Kopf ist fünfzehn Jahre alt . . .« Wie konnte man ihm böse sein, wenn man d'Argental war? Dieselben Liebkosungen für Thibouville. Das Gewitter war vorüber.

Er besuchte auch ›meinen Sully‹, das heißt Turgot. Condorcet sagt uns, die Bewunderung Voltaires für Turgot habe sich in allen seinen Äußerungen gezeigt. Er sah in Turgot den Beweis dafür, daß sein Jahrhundert nicht so dekadent war, wie man es ihm vorwarf. Er küßte die Hand des Weisen und rief mit einer von Schluchzen unterbrochenen Stimme: »Lassen Sie mich diese Hand küssen, die das Heil des Volkes unterzeichnet hat.« Beim Hereinkommen hatte er gesagt: »Wenn ich M. Turgot sehe, so glaube ich die Statue des Nebukadnezar zu erblicken.« — »Ja«, sagte der Minister, der gerade in Ungnade gefallen war, »aber auf tönernen Füßen.«

»Und mit einem goldenen Kopfe! Mit einem goldenen Kopfe!« rief Voltaire aus.

Apotheose

Am 30. März wurde er wirklich der König Voltaire, geweiht und gekrönt von Paris.

Bevor er sich ›Irène‹ ansah, machte er einen Besuch in der ›Académie‹, die damals ihren Sitz im Louvre hatte. Er bestieg seine schöne Kutsche, die mit einem blauen Stoff mit goldenen Sternen ausgeschlagen war. Der Wagen konnte kaum vorwärtskommen in der Menschenmenge, die sich gegen Pferde und

Räder preßte und dem Dichter zujubelte. Im Hof des Louvre warteten Tausende von klatschenden Menschen auf ihn. Dann sah man die Académie Française geschlossen ihm entgegengehen — ein erstaunliches Schauspiel! Diese Ehre hatte die Versammlung noch nie jemandem erwiesen. Verstehen wir uns recht: einige fehlten — die Prälaten waren ferngeblieben. Voltaire mußte den Platz des Vorsitzenden einnehmen, der ihm nach einstimmigem Beschluß der Anwesenden angeboten wurde. D'Alembert verlas eine Lobrede auf Boileau und verstand es, einige Huldigungen für den berühmten Kollegen einzuflechten, der seit achtundzwanzig Jahren nicht mehr unter ihnen gesessen hatte. Er endete mit einem Panegyrikus, der das Auditorium in Erregung brachte und in dem das Genie Boileaus, Racines und Voltaires verglichen wurde.

Voltaire dankte mit seiner gewohnten Gewandtheit, und da die Zeit drängte, begab er sich in die Comédie-Française. Der Weg bis dahin war nicht einfach, da die Menge sich vergrößert hatte und ihre Begeisterung auch. Es wurde ein Triumphzug — Schritt für Schritt — bis zur Tür des Theaters — ein volkstümlicher Triumph, voller Freundlichkeit, ohne Förmlichkeit, aber echt und herzlich. Man kletterte auf die Räder, auf die Wagenfedern, man versuchte, durch die Portiere zu schlüpfen. Ein Mann bat um die Erlaubnis, dem Dichter die Hand zu küssen, und ohne die Antwort abzuwarten, ergriff er auf gut Glück eine Hand und küßte sie. »Meiner Treu«, rief der Bursche aus, »das ist eine recht mollige Hand für einen Mann von vierundachtzig Jahren.« Es war die Hand von Madame Villette. Er hatte vielleicht besser gewählt, als er zu glauben vorgab. Die Bewunderung der Frauen war am heftigsten; sie rissen händeweise die Haare aus seinem Pelz — dem Zobel der Zarin!

Er hatte sich prächtig gekleidet, aber wie man es in der Zeit der Régence tat. Er schien fast aus einem anderen Jahrhundert zu kommen, er entsprang den Memoiren Saint-Simons. Seine monumentale Perücke, die er seit 1720 trug und selbst jeden Morgen kämmte, hätte zum Lachen reizen können. Aber nichts ist lächerlich an einem durch den Ruhm zur Statue gewordenen Menschen. Als er in den Saal trat, kam es zu einer nicht mehr enden wollenden Ovation. Er nahm die Loge der ›Gentilshommes de la Chambre‹ ein, neben der von Monseigneur le Comte d'Artois. Madame Denis und Madame de Villette belegten die vorderen Plätze, er wollte sich nach hinten setzen, aber das Parkett forderte mit lautem Rufen, er solle vorn Platz nehmen. Also ließ er sich zwischen den beiden Damen nieder. Der Saal war erregt, wie elektrisiert, die Menge tobte und begann plötzlich zu rufen: der Kranz! der Kranz! Ganz Paris wußte von dem heimlichen Plan, Voltaire an jenem Tag zu krönen. Im gleichen Augenblick erschien der Schauspieler Brizard neben Voltaire und setzte ihm einen Lorbeerkranz auf den Kopf. Das Publikum war wie im Delirium, ein Donner von Bravo- und Vivatrufen brach los. Voltaire murmelte außer sich, lachend und weinend: »Ach! Mein Gott! Wollt ihr mich denn mit all dem Ruhm umbringen?« Es ist unbestreitbar, daß die Nerven des ruhmreichen Greises zwischen einem Wutanfall wie dem des Vorabends und einer solchen Freude starken Belastungen ausgesetzt waren. Er nahm den Kranz und setzte ihn Madame de Villette auf den Kopf, doch das Publikum protestierte brüllend. Daraufhin trat der Prince de Beauvau in die Loge, nahm ›Belle et Bonne‹ den Kranz ab und setzte ihn Voltaire wieder auf, der sich jedoch wehrte. Das Publikum murrte, der Dichter mußte nachgeben, der Fürst trug den Sieg davon. Der Lärm war ohrenbetäubend, der Saal völlig eingenebelt durch die Staubwolken, die das Trampeln der Menge emporwirbelte. In den Gängen und Kulissen drängten sich Menschen. Schließlich hob sich der Vorhang; auch die Bühne war mit Zuschauern voll besetzt.

›Irène‹ hörte man kaum an, man vernahm nur das Klatschen. Man war nicht wegen des Stückes, sondern wegen des Autors gekommen. Jeder fühlte, daß es sich um ein großes Finale handelte, um ein feierliches Senken des Vorhangs, das um jeden Preis ein Erfolg werden mußte. Man weiß nicht, wie es geschah, aber irgend jemand erinnerte sich der kleinen Zeremonie, die Mademoiselle Clairon einige Jahre zuvor veranstaltet hatte. Man holte die Büste Voltaires mitsamt ihrem Sockel herbei und stellte sie mitten auf die Bühne. Der Saal wurde wieder von seinem Delirium ergriffen. Man fühlte, daß das, was man erwartete, geschehen würde. Mademoiselle La Chassagne war es, der der Einfall zu der richtigen Geste kam, einer jener rituellen Gesten, die jeder Kult hervorbringt. Sie wand Blumengirlanden um die Büste, die Schauspieler bildeten einen Halbkreis, wie Priester, und Brizard erschien im Gewand eines Mönches. Man warf Händevoll Blumen auf die Gottheit. Voltaire hatte sich wie von Schrecken ergriffen in den hintersten Winkel seiner Loge versteckt. Mit ohrenbetäubendem Lärm rief ihn der Saal so lange, bis er erschien. Das war zuviel. Er fühlte sich zermalmt. Er kam nach vorne, doch er konnte den Schreien, der Erregung, dem magnetischen Strom, der von dem Saal ausging, keinen Widerstand entgegensetzen. Er senkte den Kopf, die Stirn auf dem Geländer der Loge, wie niedergeschmettert. Schließlich erhob er sein Gesicht wieder, das von Tränen überströmt war.

Darauf trat Madame Vestris mit einem Blatt in der Hand auf die vorderste Bühne. Sie rezitierte die folgenden, von Monsieur de Saint-Marc improvisierten Verse:

> Aux yeux de Paris enchanté
> Reçois en ce jour un hommage
> Que confirmera d'âge en âge
> La sévère postérité
> Non, tu n'a pas besoin d'atteindre au noir rivage
> Pour jouir de l'honneur de l'Immortalité.
> Voltaire, reçois la couronne
> Que l'on vient de te présenter
> Il est beau de la mériter
> Quand c'est la France qui la donne.

Madame Vestris mußte wiederholen. Sie las von neuem die Verse, die der Saal im Handumdrehen auswendig lernte. Hingerissen von ihrer Begeisterung küßte eine Schauspielerin die Büste Voltaires. Alle anderen ahmten sie nach. Im Saal herrschte eine unbeschreibliche Raserei. Wäre ein Ausländer in diesem Augenblick in das Theater gekommen, so wäre er überzeugt gewesen, daß die Franzosen völlig den Verstand verloren hätten.

Anschließend spielte man eine mittelmäßige Komödie: ›Nanine‹. Doch es kam nicht auf den Text an, das Klatschen erstickte ihn. Als Voltaire hinausging, durchschritt er die Gänge zwischen zwei Reihen von strahlenden Frauen, die sich vor ihm verbeugten. Wirklich der Auszug eines Herrschers! Kein Herumstoßen: er fühlte sich von Bewunderung, Ehrerbietung und Zuneigung umgeben.

Im Theater hielt der Respekt die Leute auf Entfernung, aber kaum war er auf der Straße, als sich die Menge auf ihn stürzte. Fast wäre er erdrückt worden. Anstelle des Herrn umarmten die Leute seine Pferde. Man wollte seine Kutsche abschirren und sie ziehen. Aber er fürchtete sich vor der Menge und flehte, man möge ihn mit seinen Pferden heimfahren lassen. Die Kutscher verhandelten mit den Erregten und versprachen, im Schritt zu fahren, so daß jeder Voltaire unterwegs sehen könne. Inmitten einer unvorstellbaren Meute kam er schließlich mit heiler Haut in der Rue de Beaune an. Er weinte lange; das löste die nervliche Anspannung, die ihn völlig erschöpfte. Er hatte nicht die Kraft, auch nur ein Wort zu sagen, und fiel in einen tiefen, todesähnlichen Schlaf.

Vom Olymp herabgestiegen nimmt er seinen gewohnten Lebensrhythmus wieder auf

Am Tag danach war der Rausch verflogen. Er wußte, welcher Wert einem solchen Trubel zukam. »Ach! mein Freund«, schrieb er, »Sie kennen die Franzosen nicht, sie haben genausoviel für Jean-Jacques getan . . . dann hat man einen Haftbefehl gegen ihn erlassen, und er mußte fliehen.« Das sind die Schwankungen einer nervösen Natur, der Begeisterung folgt Niedergeschlagenheit.

Er erfuhr, daß die Königin, die am Vorabend in der Oper war, die Absicht geäußert hatte, in die Comédie zu kommen, um Voltaire dort zu sehen. Ein Befehl des Königs hatte ihr dies verboten. Am 2. April wurde ›Irène‹ am Hofe gespielt. Voltaire war nicht eingeladen. Es wäre besser für den Hof gewesen, ›Irène‹ nicht zu spielen. Ganz Paris kommentierte diese neue Ungeschicklichkeit des Hofes: der König demütigte das Idol der Hauptstadt. Das war kein Beweis von Kraft, sondern kleinliche Mißgunst. Voltaire fühlte, daß er die schönsten Stunden seiner Reise bereits erlebt hatte, und daß es klug wäre, seinen Aufenthalt abzukürzen.

Doch man mußte sich nach Madame Denis richten, die sich höchlich amüsierte und das Fest verlängern wollte. Als von Rückkehr gesprochen wurde, fuhr sie auf. Sie wurde von d'Argental, Thibouville und dem philosophischen Clan unterstützt, der den Erfolg seines großen Mannes gründlich auszunützen gedachte. »Mein Gott, beschütze mich vor meinen Freunden.«

Es gab andere, die die Voltaire drohende Gefahr erkannten; Tronchin und Monsieur Dupuits, der Gatte von Mademoiselle Corneille, mahnten zur Rückkehr nach Ferney. Sie besorgten ihm sogar eine ›Dormeuse‹ genannte Kutsche, die dem Patriarchen ermöglicht hätte, die Reise unter den besten Bedingungen zu machen. Madame Denis verzieh dies Tronchin nie, doch sie gab sich noch nicht geschlagen. Sie hatte eine unbesiegbare Verbündete: die Eitelkeit Voltaires. Wenn er sich schwach fühlte, wollte er abreisen, aber dann war er nicht reisefähig; wenn er sich besser fühlte, konnte er reisen, aber wollte nicht fort. In beiden Fällen blieb er. Madame Denis errang den Sieg. Es gelang ihr sogar, ihn zum Kauf eines prächtigen Hauses mit Garten zu bewegen, das in der Rue de Richelieu neben dem Madame de Saint-Juliens und gegenüber dem Choiseuls lag. Es gehörte Villarceaux.

Am 6. April begab er sich in die gewöhnliche Sitzung der Académie. Er ging zu Fuß. Die Leute sprachen mit ihm, er antwortete ihnen. Man gab ihm das Geleit. Am Eingang der Tuilerien verkaufte eine Frau auf einem flachen Korb Bücher. Sie lief zu ihm und flehte ihn an: »Mein guter Monsieur de Voltaire, schreiben Sie mir Bücher, geben Sie sie mir zum Verkauf, und mein Glück ist gemacht. Sie haben es auch anderen verschafft, ich bin eine arme Frau.« Die guten Leute waren überzeugt, daß er wie ein Wundertäter Wohltaten erweisen könne. Merkwürdig dieser Widerspruch zwischen seinem Ansehen beim Volk, das ihm Güte und Großzügigkeit zuschrieb, und seinem Ruf in gewissen literarischen und offiziellen Kreisen, die ihn für böse und habgierig hielten.

Er tat so, als glaube er, daß er nach Ferney zurückkehren werde. Er sagte, er wolle nur zwei Monate in Paris bleiben. Der Duc de Condé, Gouverneur von Burgund, erwartete ihn schon in Lyon, um ihn zu feiern. Der ›philosophische Schmetterling‹ hatte versprochen, ihn zu begleiten. Warum hielt er sein Programm nicht ein? Tronchin sagte, wenn er sein Einsiedlerleben weitergelebt hätte und zurückgekehrt wäre, so hätte er noch zehn Jahre leben können.

Große und kleine Freuden von Paris

Am 7. April erwiderte er der ›Loge des Neuf Sœurs‹ den liebenswürdigen Besuch, den die Brüder ihm abgestattet hatten. Es war eigentlich kein Besuch, sondern eine wirkliche Zeremonie. Die Loge befand sich in der Rue Pot-de-Fer, nahe Saint-Sulpice, in dem ehemaligen Novizenhaus der Jesuiten. Welch ein Zufall! Seine neue Religion wohnte in den Mauern seiner alten, er mußte wohl einen Vertrag mit dem heiligen Ignatius geschlossen haben. Bruder Cordier de Saint-Firmin meldete der Loge, daß er die Ehre habe, ihr als Freimaurerlehrling Monsieur de Voltaire vorzustellen. Der ehrwürdige Bruder de Lalande hatte zuvor die Meinung des sehr respektablen Bruders Bacon de la Chevalerie, des obersten Redners der Großloge ›Grand-Orient‹ eingeholt, ebenso wie die aller anderen Brüder, die mit dem Vorschlag Bruder Cordiers einverstanden waren. Die sehr respektablen Brüder Comte Strogonof, Cailhava, Président Meslay, Marquis de Lort, Brinon, Abbé Roney usw. hatte man bestimmt, den Kandidaten zu empfangen und vorzubereiten.

»Nachdem er Worte, Zeichen und Griffe erhalten hatte, wurde Bruder Voltaire östlich neben den Meister des Stuhls gesetzt. Einer der Brüder der Säule der Melpomene hat ihm einen

Lorbeerkranz auf den Kopf gesetzt, den er schnell wieder abnahm. (Welcher Verbrauch an Lorbeer in einer Woche!) Der Meister des Stuhls hat ihm die Schürze des Bruders Helvétius umgebunden, die die Witwe des Philosophen der Loge der neun Schwestern gebracht hatte.« Auch der Marquis de Villette war zugegen. Als man Voltaire Damenhandschuhe übergab, reichte er sie Villette: »Da sie einer zärtlichen, ehrbaren und verdienstvollen Person gehören sollen, bitte ich Sie, sie ›Belle et Bonne‹ zu schenken.« Das war sehr galant; ob es sehr freimaurerisch war? Monsieur de Lalande hielt eine schwungvolle Lobrede auf Voltaire:

»Daher, mein lieber Bruder, waren Sie Freimaurer, noch bevor Sie die Erkennungszeichen erhielten, und Sie erfüllten die Aufgaben, noch ehe Sie eigenhändig die Verpflichtungen eingegangen waren.«

Es folgte Lobpreisungen und Danksagungen. Mehrere Brüder baten um die Erlaubnis, Verse vorzutragen. Jeder trug die seinen vor, einer folgte dem anderen, alle rezitierten sie ihr Bestes, alle waren sie bemerkenswert durch ihre Weitschweifigkeit. Voltaire gab seiner Dankbarkeit Ausdruck, denn der Weihrauch, den man so reichlich vor ihm abbrannte, machte ihn brav. Nach dieser reichlichen Lektüre hörte man Symphonien. Schließlich wandte man sich dem Bankett zu. Für Voltaire bestand dieses Liebesmahl darin, einige Löffel Saubohnenpüree zu löffeln. Das war ein Allheilmittel, das eine schöngeistige Frau ihn gelehrt hatte.

Das Festmahl war weniger reichlich als die Lobreden, und endlich konnte er in die Rue de Beaune heimkehren. Er zeigte sich auf dem Balkon zwischen d'Argental und Thibouville, um die Menge zu entschädigen, die den ganzen Tag lang auf der Straße und dem Quai herumgestanden hatte. Man spendete ihm lange Beifall.

Alle Welt gab zu: sobald er erschien, strahlten die Leute vor Freude. Madame du Deffand, die alles wußte, schrieb — mit Bedauern —, daß ganz Frankreich Voltaire zujubele. Außer dem Hof. Das war etwas Neues in Frankreich. Der Hof grollte der Nation. Grollt man einem Mann, der das Idol der Nation ist, wenn man diese regiert? Man läßt sich von ihm vergöttern! Und wie leicht wäre das gewesen! Voltaire wartete nur auf ein Zeichen. Man kann sich ausmalen, wie Voltaire Ludwig XVI. in seine Loge der Comédie-Française geführt hätte; wie wäre dem König Beifall geklatscht worden! Der Ruhm des Patriarchen hätte auch den König mit einem Heiligenschein umgeben, doch die Verachtung des beliebten Dichters rief einen allgemeinen Ärger gegen den Thron hervor.

Am Abend ging er zu einer großen Dame, der Comtesse de Montesson, von der man sagte, sie sei heimlich mit dem Duc d'Orléans verheiratet. Sie führte einen der prächtigsten Salons in Paris. Wie hätte es Voltaire bei ihr nicht gefallen sollen? Man spielte Theater. Madame de Montesson war eine vollendete Schauspielerin, und ihrer Truppe fehlte es nicht an Talent. Das erinnerte Voltaire an die Theaterorgien in Ferney — vielleicht in besserer Ausführung. Die Anmut, der Geist, die Höflichkeit der glanzvollsten und schönsten Gesellschaft, die je existiert hat, boten Voltaire ein günstiges Klima, um seine Talente zu entfalten. Das war das ideale Leben für ihn. Wie hätte er an diesem Abend daran denken sollen, nach Ferney zurückzukehren? Der Tag war voller Befriedigung für ihn gewesen. Er fühlte sich wohlauf. Er zeigte eine bestrickende Lebendigkeit, die Gräfin empfing ihn wie einen angebeteten Herrscher. Also: es lebe Paris! Das Fest würde dauern, solange es dauerte . . .

Schon seit einem Monat schuldete er Madame du Deffand einen Besuch. Sie erwartete ihn und fand, daß es ihm keineswegs eile. Sie empfing ihn in einem Kloster, in das sie sich zurückgezogen hatte. Es waren nur sie, ihre Sekretärin und eine Dame aus dem Kloster anwesend. Was geschah? Tat Voltaire unvorsichtige Äußerungen über die Religion, die von der Freundin Madame du Deffands weitergetragen wurden? Erschien den frommen Damen, die dort wohnten, seine Anwesenheit als ein Frevel? Wie dem auch sei, Madame du Deffand mußte die empörten Vorwürfe der zornigen Damen über sich ergehen lassen. Als sie am Todestag Voltaires erfuhren, daß man dem Gottlosen eine christliche Beerdigung verweigert hatte, kamen sie und verursachten großen Lärm unter den Fenstern der blinden Marquise. Diese hatte freilich schon anderes ertragen und nahm nichts übel; gewiß amüsierte sie sich im Grunde über die unverschämte Lektion, die man ihr − in ihrem Alter − wegen ihres schlechten Umgangs erteilte.

Der muntere, gottlose kleine Greis trottete weiter durch die Pariser Straßen. Ende April, als er gerade Monsieur de Villarceaux auf Trab gebracht hatte, der sich nicht schnell genug entschließen konnte, ihm sein Haus in der Rue de Richelieu zu verkaufen, kam ihm der Einfall, einen Rundgang im Palais Royal zu machen. Er sah dort zwei hübsche Kinder, die mit ihrer Gouvernante spielten, und als er sie beobachtete, fiel ihm die Ähnlichkeit auf, die eines von ihnen mit dem Regenten zeigte, den er, wie man sich erinnert, etwa sechzig Jahre früher in demselben Garten getroffen hatte. Er erfuhr, daß der Knabe Monsieur de Valois war, der Sohn des Duc d'Orléans und Urenkel des Regenten. Dieses Kind war damals fünf Jahre alt, es sollte unter dem Namen Louis Philippe Ier, König der Franzosen, eine glänzende Karriere machen. Erinnerte es sich später daran, daß Voltaire es 1778 ins Ohr kniff? Die Gouvernante ließ Voltaire in den Palast treten, um die anderen Kinder zu bewundern, die schliefen. Als die Duchesse d'Orléans, die sich gerade frisieren ließ, erfuhr, daß Voltaire ihre Kinder wiegte, kam sie in Frisiermantel und Unterrock mit aufgelösten Haaren herbeigelaufen; sie war außer sich vor Freude bei dem Gedanken, Voltaire kennenzulernen, dem sie ein Kompliment zu machen verstand, das zwar nicht höfisch war, aber um so besser aufgenommen wurde. Der Herzog war nicht zu Hause, worüber die Herzogin dem Patriarchen ihr größtes Bedauern ausdrückte. Solche Überraschungen erlebte man in Paris. Voltaire war hoch erfreut, ebenso wie die Herzogin, Gattin des vornehmsten Prinzen von Geblüt, die ihre Friseuse im Stich ließ, um den ersten Schriftsteller des Jahrhunderts in der Kinderstube zu beglückwünschen, wo er die schlafenden Prinzen betrachtete. So reizend familiär waren die Sitten am Ende des Ancien Régimes.

In demselben Stadtviertel kletterte er die Treppen zu Sophie

Arnould hinauf, einer Theaterprinzessin, die in seinen Augen ebensoviel galt wie die anderen, denn die Hauptsache war, Prinzessin zu sein. Er machte andere Besuche oder Pilgerfahrten zu Personen, die, wie er, aus einem anderen Jahrhundert stammten. Auf diese Weise traf er eine alte Comtesse de Ségur, die begann, ihm von Gott und seiner Kirche zu sprechen. Da er einen guten Tag hatte, das heißt, in Frieden mit seinem Organismus lebte, führte er sich als Teufel auf. Er schickte sich an, mit jener Lebhaftigkeit, jener brandstiftenden Beredsamkeit, jener Frechheit, die die einen bezauberte und die anderen entrüstete, alle seine Funken sprühen zu lassen. Mehr als sechzig Personen waren versammelt und bildeten einen Kreis, um ihm zuzuhören. Man verlor nicht ein Wort, und viele wurden an die richtigen Stellen weitergetragen. Unverbesserlicher Voltaire!

»Ich bin erst fünfzehn Jahre alt«, sagte er schalkhaft. Vor einigen Tagen erst hatte er gebeichtet und ein Sündenbekenntnis unterschrieben, jetzt schleuderte er in aller Öffentlichkeit Blitze gegen die Priester, die ihn aufgenommen und denen gegenüber er Abbitte getan hatte. Der Grund für die Nichtbeachtung seines Widerrufes ist nicht in finsteren Komplotten zu suchen; sicherlich informierte man sofort den Erzbischof von seiner brillanten Schmährede gegen die Religion. Das genügt, um die folgenden Ereignisse zu erklären. Als er fertiggeredet hatte, fand er seine angeborene Liebenswürdigkeit wieder und leistete der armen Gräfin, die an tödlicher Schwäche litt, einen guten Dienst. Da man ihn selbst über die heilsamen Eigenschaften von Saubohnenpüree belehrt hatte, belehrte er nun seinerseits die alte Dame über ein unfehlbares Mittel, mit Hilfe dessen er in Ferney eine gefährliche Mattigkeit überwunden hatte: man brauchte nur mehrere Eigelb in Kartoffelmehl angerührt zu schlucken. Die Kartoffel war damals die Spitze des Fortschritts, die sensationelle Neuerung.

Es blieb ihm noch, Madame la Marquise de La Tour du Pin-Gouvernet zu besuchen, Suzanne de Livry, die er einst im Schatten Sullys pflückte und nach Paris brachte wie eine Hekkenrose, deren frische und naive Anmut sie auch besaß. Man weiß, daß sie nach ihren traurigen Londoner Abenteuern den Marquis heiratete und, da sie ihre schauspielerischen und galanten Anfänge vergessen wollte, Voltaire ihr Tür verbot. Er hatte diese Beleidigung vergeben; sie auch, ja sie wollte ihn sehr gern empfangen. Tänzelnd eilte er zu seiner Suzanne! Doch welche Katastrophe! Sie erkannten sich beide nicht mehr. Ihr völliger Verfall entsetzte sie gegenseitig. Er hatte sich immerhin seinen funkelnden Blick, seine Mimik oder zumindest seine Grimassen bewahrt; von der wilden Rose blieb nichts, nur eine beklagenswerte Ruine. Sie vermochten kaum einige Worte zu wechseln. Über einem Möbel erblickte er das Porträt eines Intelligenz ausstrahlenden, ein wenig unverschämt dreinschauenden jungen Mannes: das war er, gemalt von Largillière. Diesen jungen Mann dachte Suzanne wiederzusehen; sie fand nur die Asche des Phönix. Verstört trennten sie sich. Doch machte sie eine schöne Geste: sie ließ das Porträt Largillières, das sie bei sich gehabt und vielleicht geliebt hatte, zu Monsieur de Villette bringen.

Für sie war es das Bild eines Toten. Für uns ist es das beste Porträt Voltaires, das wir besitzen. In unseren Augen ist es weit lebendiger als in denen Suzannes. Was Voltaire betrifft, so kam er von dem Besuch zurück, als habe er zweimal den Tod geschaut: den seinen und den Suzannes.

»Je reviens d'un bord du Styx à l'autre«, sagte er.

Sobald er den Kauf des Hôtel Villarceaux am 29. April abgeschlossen hatte, schickte er Wagnière nach Ferney mit dem Auftrag, die Rückkehr des Patriarchen vorzubereiten. In dem allgemeinen Ruhmeskonzert vernahm er einen Mißton. Der Abbé de Beauregard, der in Versailles predigte, griff die Philosophen heftig an und wies darauf hin, daß man ihnen für ihre Gottlosigkeit Kränze flechte. Der Schlag war direkt. Mesdames, die Tanten des Königs, führten die Partei der Frommen an, unterstützt von Ludwig XVI. Diese Partei fragte sich, warum seit der Rückkehr Voltaires nicht ein einziger Angriff auf die Gottlosigkeit veröffentlicht worden war. Tatsächlich hatte der Justizminister, Monsieur de Miromesnil, dem allgemeinen Frieden zuliebe beschlossen, daß während des Aufenthaltes

Voltaires in Paris nichts gegen den Fürsten der Gottlosigkeit gedruckt würde. Erschreckt durch den Ruf zur Ordnung, der von so hoch oben kam, hob er die Befehle auf, die er der Zensur gegeben hatte. Voltaire fragte sich, was er tun sollte. Nach Ferney abreisen? Das hieße, vor dem Weihwedel des Abbé de Beauregard fliehen. Er beschloß zu bleiben. Außerdem hatte er damit einen guten Vorwand, den Ärzten nicht zu gehorchen. Er fühlte sich wohl; das Leben lächelte ihm in Paris zu, selbst wenn ihm Versailles Grimassen schnitt.

Er ging sogar heimlich wieder ins Theater. An einem Tag, als man seine ›Alzire‹ gab, hörte er, in dem hintersten Winkel einer Loge versteckt, voller Begeisterung zu. Beim vierten Akt konnte er sich nicht mehr halten, stürzte an den Rand der Loge und rief aus: »Wie schön das ist! Ach! wie schön!« Das Publikum erkannte ihn und klatschte ihm Beifall. Der fünfte Akt wurde ein Triumph; angefeuert durch die Begeisterung des Publikums und die Anwesenheit Voltaires übertrafen sich die Schauspieler. Abgesehen von dem Kranz erlebte er eine ebenso lärmende Apotheose wie bei ›Irène‹. Er kehrte trunken und völlig erschöpft nach Hause zurück.

Letzte Arbeiten

Nachdem er ›Irène‹ abgeschlossen hatte, beschäftigte er sich ernsthaft mit der Académie. Man kann sagen, daß er seine letzte Mühe und seine letzten Kräfte der größten Aufgabe der Académie, dem ›Dictionnaire‹, widmete. Er nahm pünktlich an den Sitzungen teil und zeigte seinen Kollegen, was die Aufgabe der berühmten Versammlung sei. Mit einem Eifer, der alle erstaunte, drängte er sie, sich an die Umgestaltung des großen Werkes zu machen. Er bewies, daß die französische Sprache mangels neuer Worte verarme. Dieser so reine, so ›konservative‹ Klassiker sagte: »Unsere Sprache ist eine Bettlerin, man muß ihr ein Almosen geben, auch wenn sie es nicht will.« Es oblag der Académie, die neuen Wörter auszuwählen, die die Sprache verjüngen sollten. Er nannte als Beispiel das

Wort ›tragédien‹, das nicht im Sinn: Schauspieler, der Tragödien spielt, zugelassen war. Er entwarf einen so umfangreichen
Arbeitsplan, daß seine Kollegen entsetzt waren. Es gab dort
hohe Herren, die keineswegs beabsichtigten, sich in eine Tätigkeit einspannen zu lassen, die Jahre dauern würde, wenn sie
auch nicht umhin konnten, den unternehmenden Geist, die
Unerschrockenheit, die Hartnäckigkeit und Klarsichtigkeit
eines vierundachtzigjährigen Mannes zu bewundern, der Pläne
entwarf, als wäre er dreißig. Er gab sich nicht damit zufrieden,
Pläne zu schmieden, sondern ging mit gutem Beispiel voran
und verteilte die Aufgaben. Man hatte ihn anfangs bewundert,
als man ihn aber zur Tat schreiten sah, war man erst erstaunt,
dann beunruhigt. Als er schließlich jedem seine Aufgabe zu-
erteilte, murrte man. Im übrigen gab er sich selbst die schwierigste, nämlich den Buchstaben ›A‹, den umfangreichsten Ab-
schnitt des ›Dictionnaire‹. Jedes Wort mußte aufgenommen,
hinsichtlich seiner Etymologie und der verschiedenen Bedeu-
tungen untersucht und mit Beispielen guter Autoren belegt
werden; man mußte auf die Konjugation der unregelmäßigen
Verben verweisen — ein ›Littré‹ hundert Jahre vor Littré.
Schließlich siegte sein Eifer über die Gleichgültigkeit seiner
Kollegen, und sie stimmten seinem Plan zu. Als jeder einen
Buchstaben übernommen hatte, sagte er: »Meine Herren, ich
danke Ihnen . . . im Namen des Alphabets.« — »Und wir danken Ihnen im Namen der Literatur«, antwortete ihm elegant
der Chevalier de Chastellux. Er kehrte erschöpft in die Rue de
Beaune zurück und trank fünf Tassen Café.
Das hinderte ihn nicht, zwei Tage später in eine Sitzung der
Akademie der Wissenschaften zu gehen. Die Nachricht von
seinem Kommen hatte sich verbreitet, die schönen Damen eilten herbei. Wieder wurde es eine prachtvolle, aber erschöpfende
Sitzung. Dieser Besuch erinnerte ihn an die Zeit in Cirey, als
er sich mit einem Aufsatz über die Natur des Feuers um einen
Sitz dort beworben hatte. Der Zufall gab dieser Sitzung noch
mehr Glanz, denn auch Franklin erschien. Die beiden berühmtesten und ›philosophischsten‹ Greise der Zeit fielen sich wieder
einmal in die Arme.

Monsieur d'Alembert ergriff das Wort und sang ein Loblied auf Trudaine, der ein Freund von Voltaires Freund Turgot war. Er benutzte die Gelegenheit, den Namen Trudaines mit dem Voltaires in Verbindung zu bringen, der einen Teil von dem Ruhm des Toten abbekam. Das Publikum war begeistert. Doch das Ende der Sitzung wurde stumpfsinnig: man hörte die Lesung eines — wenn man so sagen kann — wissenschaftlichen Aufsatzes über ›die Art, mit unreifen Trauben einen Wein zu machen, der nicht unreif schmeckt‹. Das Publikum schlief ein, Voltaire ebenfalls, und dank der unreifen Trauben kehrte er ziemlich frisch in die Rue de Beaune zurück.

Am nächsten Tag nahm er seine Besuche in der Gesellschaft wieder auf. Er begab sich zu der Maréchale de Luxembourg, die Jean-Jacques beschützte. Voltaire hegte keinerlei Groll mehr gegen ihn. Man sprach vom Krieg mit England. Jeder war beunruhigt über diese nicht enden wollenden, auslaugenden, unnützen Kriege. Aber wie sollte man ein Ende machen? Die Maréchale war für den Frieden um jeden Preis. Voltaire aber fühlte seine alten Knochen vor Zorn beben, und blitzenden Auges, mit seinem rächenden Finger auf den Degen des neben ihm stehenden Maréchal de Broglie zeigend, rief er aus: »Madame, das ist die Feder, mit der man den Frieden unterzeichnen muß.« Auch er war für den Frieden, aber nicht für einen beschämenden Frieden.

In den ersten Tagen des Mai konnte er nicht in die Académie kommen, da er sich nicht zu erheben vermochte. Er wurde unruhig, denn er ahnte, daß seine Kollegen seinen Plan nur in einem vorübergehenden Anfall von Begeisterung und Höflichkeit angenommen hatten.

Voltaire im Kampf
gegen Ärzte, Apotheker und Freunde

Am 11. Mai ging er wieder aus, doch ohne Lust. Er traf Madame de Saint-Julien und Madame Denis und sagte ihnen, er werde sich zu Hause hinlegen. Er litt unter heftigen Nierenschmerzen und klagte über Harnverhaltung. Um sich wieder in Schwung zu bringen, trank er an jenem Tag fünfundzwanzig Tassen Café, erzählt uns Wagnière.

Madame de Saint-Julien sah ihn zwei Tage später, fand ihn schlecht aussehend und riet, Tronchin zu rufen. Madame Denis hätte dies tun sollen, aber sie war Tronchin böse und unterließ es. Zwei Tage später, als der Zustand des Kranken sich verschlechtert hatte, begnügte sich Villette damit, den Apotheker des Viertels zu holen. Dieser bot Voltaire einen von ihm bereiteten Trank an, den er jedoch glücklicherweise ablehnte. Madame de Saint-Julien, die ihn kaum versuchte, bekam eine verbrannte Zunge davon und konnte nicht soupieren. Am Abend kam der Duc de Richelieu und riet ihm ebenfalls zu einem opiumhaltigen Trank, den er zu nehmen pflegte, wenn er Schmerzen hatte. Voltaire, der schreckliche Qualen litt, bat ihn darum. Die Anwesenden wagten zu sagen, daß der Trank Richelieus gefährlich sei und Voltaire ihn nicht vertragen werde. Doch Madame Denis und Villette schworen auf das Mittel. Villette fügte sogar hinzu, Voltaire liefe nur Gefahr, ein paar Tage lang verrückt zu sein, dann aber werde er genesen. Seine fürsorgliche Nichte und Villette verabreichten ihm also eine starke Dosis des Trankes. Die einen sagten, Villette habe anschließend die Flasche zerbrochen, andere erzählten, Voltaire habe sich aufgerichtet und vor den Augen Villettes den ganzen Inhalt der Flasche getrunken. Worauf Madame de Saint-Julien entrüstet geantwortet haben soll: »Und Sie haben nichts getan, um ihn daran zu hindern?« All diese Klatschgeschichten sind ungenau und nicht verläßlich. Was keinen Zweifel läßt, ist die Haltung von Madame Denis und Villette, die man nicht gerade liebevoll nennen kann. Ohne so weit zu gehen, Wagnière zu glauben, der behauptet, das Mittel habe seinen Herrn getötet, kann man doch annehmen, daß er sehr schlecht gepflegt wurde. Zweifellos war er am Ende seiner Kräfte, aber man tat nichts, um ihn zu erhalten oder zu erleichtern. Ganz im Gegenteil. Nicht die ganze Schuld kommt seiner Umgebung zu. Gewiß waren die Besuche, die angenehmen und heftigen Erregungen, die Triumphe äußerst schlecht für ihn, aber im Grund entsprach doch gerade dieses Regime sehr seinem Lebensrhythmus. Voltaire starb letztlich an dem, was ihn leben ließ: an seiner Ruhelosigkeit. Da er mit dieser Ruhelosigkeit vierundachtzig Jahre lang wunderbar gelebt und bis zuletzt so viel Freude aus ihr geschöpft hat — soll man es bedauern, daß er an ihr auch starb? Er war sehr krank, aber noch nicht tot; noch hatte er einiges zu sagen.

Als er die Droge Richelieus eingenommen hatte, wurde sein Zustand furchtbar. Er fühlte sich von der Kehle bis in die Eingeweide von einem Feuerstrahl durchlaufen. Zwei Tage lang raste er. Da er glaubte, daß Richelieu ihn vergiftet habe, nannte er seinen Kindheitsfreund nur noch ›Bruder Kain‹. Wohl oder übel mußte man Tronchin rufen. Dieser konnte das Unheil nur noch feststellen, doch er beruhigte den Kranken ein wenig. Das Übermaß an Opium hatte eine Lähmung des Magens hervorgerufen. Voltaire konnte nichts Festes oder Flüssiges mehr zu sich nehmen. Seine Schwäche wurde erschreckend. Immer wieder verlangte er nach Wagnière, den man daraufhin zurückholen wollte. Doch Madame Denis widersetzte sich. Monsieur d'Hornoy war es, der ihn schließlich gebieterisch verlangte. Als sie dies sah, schrieb sie Wagnière und beauftragte ihn, sich um alle kleinen häuslichen Sorgen zu kümmern und um »alles, was mir gehört«, wie sie sich in ihrer gewohnten Uneigennützigkeit ausdrückte. Sie versicherte ihm, daß es Voltaire besser gehe. Das war wirklich das Gegenteil der Wahrheit, aber auf diese Weise würde Wagnière nicht überstürzt zurückkehren und Zeit haben, alle von ihr verlangten Dinge mitzubringen, vor allem das Silber.

Während Voltaire halb ohnmächtig in seinen Qualen lag, flüsterte man ihm eine erstaunliche Nachricht zu: der Sohn von Lally-Tollendal hatte die Aufhebung des Urteils erreicht, das seinen Vater verdammte. Voltaire richtete sich auf. Sein Blick belebte sich. Er diktierte drei Zeilen: »Der Sterbende erwacht zum Leben (wie oft hatte er solche Formulierungen gebraucht!), als er die große Neuigkeit erfährt, er umarmt Monsieur de Lally sehr zärtlich, er sieht, daß der König der Verteidiger der Gerechtigkeit ist, er wird zufrieden sterben.«

Man sieht, wie weit die Leidenschaft für Gerechtigkeit bei diesem Manne ging. Er war halbtot, er hatte jeden Tag nur noch einige lichte Augenblicke. Das, was bei diesem Verfall überlebte, war die Liebe zur Gerechtigkeit. Auf ein Papier, das man vor ihm an die Wand heftete, ließ er schreiben: »Am 26. Mai 1778 wurde der von Gerichtsrat Pasquier an der Person Lallys begangene Justizmord (es hat die Namen behalten, das Gedächtnis des Sterbenden!) durch den König gerächt.« Trotz seines Grolls hielt er dem König bis zum letzten Atemzug die Treue.

Wie kann man behaupten, daß er sich in die schrecklichen Kämpfe gegen die Ungerechtigkeit und den Fanatismus nur stürzte, um seine Eitelkeit, seinen Ruhm, sein Bedürfnis nach Schauspielerei zu befriedigen? Nehmen wir an, daß man vierundachtzig Jahre lang heucheln kann — wenn man sich vor Schmerzen auf seinem Totenbett krümmt, heuchelt man nicht mehr. Als Ganzes gesehen ist sein Leben keineswegs ein kontinuierlicher und gleichbleibender Betrug, er hat nur in tausend Details betrogen, das Ganze jedoch, der Kern, ist hell und wahr — er ist der Voltaire der Freiheit und der Gerechtigkeit. Dieses kleine, an seinem Totenbett befestigte Papier ist ein Schrei nach Wahrheit, sein letzter Schrei. Er ist es, der in uns widerhallt.

Das Ende des Idols

Seit es ihm so schlecht ging, stellten ihn Madame Denis und Villette nicht mehr aus. Aber die Besuche hörten nicht auf; Madame Denis behielt sie für sich. Sie saß auf ihrem Thron, »dick wie ein Faß«, nahm den Weihrauch entgegen und gebärdete sich schöngeistig, während ihr Onkel unter den schrecklichsten Bedingungen im Sterben lag. Man hatte ihn in ein kleines Haus im Garten des Hôtel de Villette geschafft, weitab von den Blicken. Die Nichte sorgte sich nur um eines: alle Papiere fortzunehmen, die er in Augenblicken der Beruhigung vollkritzelte. Sie starb vor Angst, er könne das Testament widerrufen, das sie als Alleinerbin einsetze. Was Villette betraf, so dachte er schon an die Scherereien, die ihm das Ableben seines Gastes verursachen würden; berühmt zu seinen Lebzeiten, würde er tot zu einem Gegenstand der Mißbilligung und des Ärgers werden. Villette fragte sich, wie er sich auf schickliche Weise des Leichnams entledigen könne.

Man begann damit, Zeit zu gewinnen, und täuschte die öffentliche Meinung. Man ließ glauben, daß Monsieur de Voltaire an einer seiner häufigen Beschwerden leide, von denen er sich immer erholte. Um das Publikum zu amüsieren, erfand man sogar lustige Äußerungen, die er getan haben sollte. Aber das Publikum wurde unruhig, es fand die Pause zu lang und wollte, daß der Star wieder erscheine und seine Nummer zeige.

In der dunklen Hütte, in der er unter der Aufsicht zweier von Madame Denis ausgewählter Frauen dahinstarb, der Köchin Bardy und der Krankenpflegerin Roger, die schwatzten, lachten und tranken, empfing er zuweilen den Besuch Tronchins, der nur feststellte und nichts mehr tat, denn es war nichts mehr zu tun. Er hätte zumindest verlangen können, daß sein Freund Voltaire auf anständige Weise starb und von diesen Harpyen befreit wurde. Aber Tronchin stellte Überlegungen an, die keineswegs freundschaftlich waren. Er erinnerte sich, daß Voltaire gesagt hatte: »Wenn ich kann, werde ich lachend sterben.« Dieser Satz gab das Thema zu seinen spöttischen Bemerkungen: »Wenn er fröhlich sterben sollte, wie er versprochen hat, so müßte ich mich sehr täuschen: er wird sich vor seinen Nächsten nicht zusammennehmen, er wird sich seinen Launen überlassen, seiner Feigheit, der Angst, die Ungewißheit mit der Gewißheit zu vertauschen . . . Das Ende wird für Voltaire ein erbärmlicher Augenblick werden. Wenn er sein Bewußtsein bis zum Schluß behält, wird er ein jämmerlicher Sterbender sein.«

Es ist lehrreich, alles über einen so beobachteten, so belauerten, so umschmeichelten und so gehaßten Mann wie Voltaire zu hören. Man muß die Wahrheit dort erkennen, wo sie ist, in den Blumen und im Mist. In den Äußerungen Tronchins findet sich beides. Wie komisch wird für Monsieur Tronchin die letzte

Grimasse sein, die der Tod diesem Grimassenschneider abzwingt! Ist das alles, was er zu sagen hat angesichts der Agonie des Mannes, der die brillanteste Intelligenz seines Jahrhunderts, der der Verteidiger von Calas war, eines Glaubensgenossen Tronchins? War das schon vergessen?

Die Wahrheit über den Zustand Voltaires sickerte schließlich durch. Abbé Gautier erfuhr davon, schrieb Voltaire und erklärte sich bereit, seine Beichte nochmals entgegenzunehmen und den Kranken auf einen guten Tod vorzubereiten. Da Voltaires Neffe, der Abbé Mignot, anwesend war, bot er sich an, Abbé Gautier zu holen und ihn an das Bett des Sterbenden zu führen. Dieses Mal hatte der Abbé vorgesorgt. Er brachte einen Widerruf mit, der vollständiger war als der erste, samt öffentlicher Abbitte und detailliertem Glaubensbekenntnis. Außerdem verlangte er, daß er von Abbé Fersac begleitet würde; der erste Verweis hatte gewirkt. Abbé Mignot war mit allem einverstanden. Als Villette Priester bei sich sah, verlangte er den Widerruf zu sehen, las und billigte ihn. In was mischte er sich ein? Man führte die beiden Priester zu dem Kranken. Voltaire erkannte den Priester von Saint-Sulpice nicht, aber er erkannte Abbé Gautier, nahm seine Hände und begrüßte ihn freundschaftlich. Als man ihm von einem Widerruf sprach, wiederholte er immer wieder: »Abbé Gautier begrüßt Abbé Gautier . . .« und andere zusammenhanglose Sätze. Der Abbé glaubte, er rede irre, zog sich zurück und sagte, er werde wiederkommen, wenn Voltaire bei sich sei. Das geschah am Nachmittag des 29. Mai 1778. Am übernächsten Tag teilte man dem Abbé mit, Voltaire sei am Vorabend um elf Uhr gestorben. »Wenn ich gedacht hätte, daß er so schnell sterben würde«, sagte er, »so hätte ich ihn nicht verlassen, ich hätte mir alle Mühe gegeben, ihm zu helfen, gut zu sterben.« Endlich ein Wort der Nächstenliebe! Sie sind selten bei dieser Angelegenheit.

La Harpe und Grimm geben eine andere Version des frommen Besuches. Sie waren nicht dabei, aber erhielten einen genauen Bericht. Es sieht so aus, als hätte der gute Abbé Gautier nicht alles gesagt, oder nicht alles gesehen und verstanden. Das Delirium Voltaires war nicht so tief, wie er glaubte. Als er ihn fragte: »Erkennen Sie die Göttlichkeit Jesu Christi an?« antwortete der Kranke: »Jesu Christi? Jesu Christi? Lassen Sie mich in Frieden sterben!« Und er machte eine Bewegung, als wolle er den Abbé entfernen. Der Priester von Saint-Sulpice war so geistesgegenwärtig zu sagen: »Sie sehen wohl, daß er nicht bei Sinnen ist!« Und sie gingen hinaus. In diesem Augenblick streckte ihnen Voltaire die Hände entgegen und rief: »Ich bin tot.«

Dieser Bericht klingt wahrscheinlich. In der Folgezeit stutzte man Voltaires Worte zurecht und erzählte, als die Rede auf die Göttlichkeit Jesu Christi kam, habe er geantwortet: »Sprechen Sie mir nicht von diesem Mann!« und nochmals: »Im Namen Gottes, sprechen Sie mir nicht von ihm.« Man leiht nur den Reichen, aber war Voltaire wirklich einige Stunden vor seinem Tod so reich an Spott? Das »Lassen Sie mich in Frieden sterben« scheint wahrscheinlicher.

Was den Frieden betrifft, so werden wir sehen, wie der beschaffen war, der die Agonie Voltaires umgab. Sein Arzt Tronchin, der alles gesehen hatte, schrieb im Monat darauf an Bonnet in Genf. Beide waren sie keine Freunde Voltaires. Obwohl böswillig, ist sein Zeugnis doch von größter Wichtigkeit. Tronchin schrieb in geschraubtem Stil, es bestehe ein großer Unterschied zwischen dem Ende eines Weisen, das, wie jeder wisse, heiter sei und dem Ende eines schönen Tages gleiche, und der »furchtbaren Qual desjenigen, für den der Tod der König der Schrecken ist«. Es handelt sich um das Ende des gottlosen Voltaire! Bevor er jedoch von Voltaire sprach, schrieb Tronchin von sich selbst und dem wundervollen Lob, mit dem ihn der sterbende Voltaire bedacht hatte. Man wird sehen, wie er ihm dankte. Dann kam er auf den Kranken, der ihm gesagt habe: »Haben Sie Mitleid mit mir, ich bin verrückt . . . holen Sie den Irrenarzt.« Es entspricht durchaus der Wahrheit, daß die Droge ihn wahnsinnig gemacht hatte. Das Schauspiel »seines Wahnsinns und seiner Verzweiflung« war schrecklich. »Ich erinnere mich nicht ohne Grauen daran«, sagte sein Arzt. Darf man Voltaire als Wesen ohne Seele, ohne Mut und ohne

Moral behandeln, weil man ihn mit einer Droge vergiftete? Tronchin jedoch behauptete, sein Kranker sei rasend geworden aus Angst vor dem Tod. Ist das wirklich wahr? Alle anderen Zeugen haben ihn im Koma gesehen, gequält von dem Brennen seiner Eingeweide, aber fast immer ohne Bewußtsein. Er flehte Tronchin an: »Monsieur, ziehen Sie mich da heraus!« Worauf Tronchin sehr spartanisch antwortete: »Ich vermag nichts, Monsieur, es muß gestorben werden.«

Der Bericht Tronchins sollte beweisen, daß der Tod des Gottlosen zwangsläufig ein schrecklicher Tod gewesen sei, eine exemplarische und daher lehrreiche Qual. Und hier die Lektion dieses vollendeten Freundes: »Ich wünschte«, sagte er, »daß alle, die von seinen Büchern verführt worden sind, Zeugen dieses Todes gewesen wären. Es ist nicht möglich, einem solchen Schauspiel standzuhalten.« Die Lektion war nicht vergeblich; sie wurde von einem Korrespondenten der ›Gazette de Cologne‹ aufgenommen, der den Bericht Tronchins noch überbot und ›Einzelheiten‹ über diesen Tod gab, der für die Nacheiferer Voltaires bestimmt sei. Er schreibt folgendes: »Kurz vor seinem Tod geriet Voltaire in fürchterliche Unruhe und rief tobend aus: ich bin von Gott und den Menschen verlassen!« Das ist der melodramatische Stil, der sich mit Abfallprodukten der ›Nouvelle Heloïse‹ und der sich ausbreitenden Romantik zu bilden begann. »Er biß sich in die Finger, steckte seine Hände in einen Nachttopf, faßte, was darin war, und aß es auf.«

Diese gemeine Unterstellung bewirkte, daß die besten Seelen Entsetzen vor Voltaire befiel. Man fügte andere hinzu. Ein Abbé Depery sagte, er wisse von Madame de Villette (fünfzig Jahre nach dem Tode Voltaires), das der unglückliche Dichter den Teufel zwischen Bett und Wand gesehen und wie ein Verdammter, der er ja gewesen sei, geschrien habe: »Da ist er, er will mich packen, ich sehe die Hölle . . .«

Die Hölle? An der Wand, auf der man als letzte Botschaft lesen konnte: »Der König rächt die Unschuld?« Derselbe Abbé verschaffte dem Gerücht Glauben, man habe den Priestern den Eintritt in sein Zimmer verwehrt und sie seien von den Philosophen verjagt worden. Aber Abbé Gautier verstand zu sprechen und zu schreiben, und auch der Priester von Saint-Sulpice war kein Dummkopf, im Gegenteil, er wurde geschützt und konnte sich an oberster Stelle Gehör verschaffen. Beide sagten sie nichts, was dem Gerücht entsprach. Sie erzählten im Gegenteil, der Empfang im Hôtel de Villette sei höflich gewesen.

Wenn sich die Hölle in diesen grausamen Stunden zeigte, so war es nicht unbedingt am Bett Voltaires. Man findet sie vielmehr in den falschen Zeugenaussagen der einen und der ungeheuerlichen Habgier und Grausamkeit von Madame Denis. Man braucht die Greuelmärchen der ›Gazette de Cologne‹, die blöden Visionen des Abbé Depery und das Geschwätz Tronchins nicht zu lesen, um angesichts des elenden Bettes, in dem König Voltaire starb, von Mitleid und Schrecken erfaßt zu werden. Die Wirklichkeit ist erschütternd: Voltaire starb in der Verlassenheit.

In seiner ärmlichen Kammer ging das Dienstpersonal ungeniert aus und ein; die beiden zu seiner Pflege bestellten Frauen empfingen dort, wen sie wollten. Als Wagnière einmal hineinkam, glaubte er, »das Zimmer sei voll betrunkener und rauflustiger Bauern«. Man hielt keine der ärztlichen Vorschriften ein. In einem lichten Augenblick schrie Voltaire, man bringe ihn um. Das war nicht ganz richtig, aber man ließ ihn schneller und grausamer sterben, als es schlichte Menschlichkeit duldet. Einem Genfer Arzt, Monsieur Racle, gelang es, sich Zugang zu dem Versteck zu verschaffen, in dem der große Mann starb; er fand ihn in einem Zustand schrecklichen Schmutzes. Ihn, der so sauber war! Welche Demütigung! Monsieur Racle nennt keine Einzelheiten, denn, sagt er, »das Herz würde einem vor Schmerz und Schrecken bluten«. Als er noch sprechen konnte, hatte Voltaire zu Tronchin gesagt: »Hätte ich Ihren guten Rat befolgt, so wäre ich nicht in dem schrecklichen Zustand, in dem ich mich befinde; ich wäre nach Ferney zurückgekehrt, ich hätte mich nicht an dem Weihrauch berauscht, der mir den Kopf verdreht hat . . . ja, ich habe nur Rauch geschluckt.«

Er verabscheute seine Umgebung. Madame Denis ging nicht

zu ihm: hätte er sie erkannt, so hätte er sie beleidigt. Sie fuhr fort, sich mit dem ihrem Onkel bestimmten ›Rauch‹ und der Liebe ihres Duvivier zu mästen.

Die Roger hatte den Auftrag, alle Flüche zu sammeln, die der Sterbende ausstoßen könnte, um einen Beweis für seine Gottlosigkeit zu haben, falls die Familie ein christliches Begräbnis wünschen würde. Diese Harpye beobachtete ihn voller Bosheit, aber pflegte ihn nicht; als er zu sich kam, beleidigte und bedrohte er sie und warf ihr sogar ein Gefäß an den Kopf. Während seiner Krisen belauschte sie ihn, wiederholte seine Flüche und ließ die anderen »die Beredsamkeit und Fruchtbarkeit seiner Raserei« bewundern. Es schien ihm immer noch, als brenne in seinen Eingeweiden Feuer. Um es abzukühlen, verlangte er nach einem »See aus Eis«. Zuweilen lag er nackt auf dem Bett und wand sich. Er bat um etwas zu trinken, doch niemand kümmerte sich darum. In einer dieser Krisen faßte er mit der Hand in seinen Nachtstuhl, um die Flüssigkeit zu berühren. Wem kommt die Schuld zu? Man ließ ihn vor Durst sterben, doch man sagte lieber, diese Geste sei die eines Wahnsinnigen. Aber die Dame Roger, die ihm ein Glas Wasser abschlug, welchem Wahn war sie verfallen? Als man Madame Denis die Szene erzählte, wußte sie nichts anderes zu antworten: »Nanu? Monsieur de Voltaire, der sauberste aller Menschen, der seine Wäsche lieber dreimal am Tage wechselte, als auch nur den kleinsten Flecken zu dulden, in welch unwürdigen Zustand ist er geraten? Welche Veränderung!« Von welchem Wahn war sie besessen?

Am 30. Mai um zehn Uhr abends kam das Ende. Die Ärzte Lorry und Thierry traten in sein Zimmer. Der Puls war fast nicht mehr wahrnehmbar. Sie rieben ihm energisch die Schläfen. Er öffnete die Augen und sagte: »Lassen Sie mich sterben.« Die Ärzte gingen hinaus. Er blieb einen Augenblick lang allein, dann kamen die beiden Frauen zurück. Plötzlich stieß Voltaire einen Schrei aus, einen entsetzlichen, furchtbaren, nicht enden wollenden Schrei. Es war elf Uhr. Die Roger bekam Angst, die andere, so wird erzählt, blieb mehrere Monate lang wie benommen. Die gute Seele! Tronchin, der herbeigerufen wurde, wohnte den letzten Augenblicken bei. »Welch ein Tod! Ich denke nur schaudernd daran«, sagte er, als er sich der entsetzlichen Qualen erinnerte, die Voltaire ausstehen mußte, um zu sterben.

So verlöschte, nachdem es alle Kräfte eines unermüdlichen Willens verbraucht hatte, »das Licht des Jahrhunderts«.

Ist Voltaire tot?

Was bleibt am Abend des 30. Mai 1778 von dem glanzvollsten, dem turbulentesten aller Menschen? Es bleibt ein Leichnam, ein ungeheures Vermögen, ein Haufen berühmter Bücher, der Lärm eines geräuschvollen Ruhmes, der immer noch die Rue de Beaune und den Quai de la Seine erfüllt, und ein Nichts, fast ein Nichts: der Hauch eines Geistes, der die Welt durchweht.

Was wird mit all dem geschehen?

Noch liegt der Leichnam auf seinem ärmlichen Bett. Doch dieser Leichnam, der immer noch Voltaire ist, wird sich als der unruhigste, der turbulenteste Leichnam der Welt erweisen. Eine makabre Komödie folgt auf die andere. Dieser Tote wird die erstaunlichste tänzerische und schauspielerische Karriere machen, die je die sterbliche Hülle eines Dichters erlebt hat. Folgen wir ihm: wir werden immer noch in Gesellschaft Voltaires sein.

Er war tot, doch die Menge jubelte ihm immer noch zu und rief ihn auf den Balkon. Seine Umgebung hatte sein Ende geheim gehalten, das ihr schwerwiegende Probleme aufgab. In der Tat, während man ihm noch in der Rue de Beaune Beifall klatschte, rollte Monsieur de Voltaire schon eilig in einer Kutsche auf der Straße nach Troyes dahin. Die dunkle Angst, wie ein Hund zu sterben, den man auf den Schindanger wirft, die ihn sein Leben lang verfolgt hatte, war nahe daran, verwirklicht zu werden. Seine Neffen, Abbé Mignot und Monsieur d'Hornoy, taten ihr Bestes, um einen derartigen Skandal zu vermeiden. Vor seinem Ende flehten sie die kirchlichen

Behörden an, ihrem Onkel ein christliches Begräbnis zu gewähren. Sie beriefen sich auf den ersten Widerruf und die Beichte; doch man hatte leichtes Spiel, ihnen zu beweisen, daß die Äußerungen Voltaires nach dieser Parodie der Reue ihr jeden Wert genommen hatten. Sie wandten sich an Monsieur Lenoir, den Polizeipräsidenten von Paris, an Monsieur Amelot, den Minister, die sich beim Erzbischof und Monsieur de Fersac für Voltaire einsetzten. Doch sie stießen auf absoluten Widerstand. Abbé Mignot und Monsieur d'Hornoy gehörten beide dem obersten Gerichtshof von Paris an. Man gab ihnen zu verstehen, daß sie, wenn sie einen öffentlichen Antrag stellten, eine Absage erhalten und ihres Amtes enthoben werden würden. Selbst der König wurde verständigt; seine Antwort ließ andere, ähnliche und ebensowenig königliche vorausahnen: er wusch sich die Hände in Unschuld. Er antwortete, »man solle die Priester nur gewähren lassen«. Ludwig XIV. hatte eine Entscheidung zu treffen verstanden, um Molière vor dem Massengrab zu retten! Im Falle Voltaires waren übrigens nicht die Priester die fanatischsten; der von Madame de Nivernais und Madame Gisors angeführte Schwarm der Gläubigen zeichnete sich durch Regungen der Barmherzigkeit aus, die dem wütendsten Haß glichen.

Abbé de Fersac wollte die Beerdigung nicht übernehmen, aber er würde sich nicht widersetzen, wenn man den Toten nach Ferney brächte, wo Voltaire sein Grabmal vorbereitet hatte. Ein merkwürdiges Grabmal! Halb in der Kirche, halb außerhalb, was Voltaire veranlaßt hatte zu sagen, sicherlich würden die Bösgesinnten bemerken, »er befinde sich weder drinnen noch draußen«.

Zusammen mit seinem Vetter d'Hornoy traf Abbé Mignot eine heroische Entscheidung: er beschloß, den Körper seines Onkels heimlich zu entführen und ihn in die Abtei von Seillières nahe Troyes zu bringen, deren weltlicher Titularabt er war. Dort würde der Prior nichts dagegen haben, Voltaire christlich zu beerdigen. Der Skandal wäre auf diese Weise vermieden, und sein Onkel würde nach seinem Wunsch in Frieden ruhen.

Aber bevor er seine letzte – oder eine seiner vorletzten – Szene spielte, brauchte Monsieur de Voltaire ein wenig Vorbereitung und Inszenierung. Man ließ daher in sein Sterbezimmer den Chirurgen Monsieur Try kommen, der in der Rue du Bac wohnte, den Apotheker Monsieur Mithouart, der in der Rue de Beaune sein Geschäft hatte, und den Assistenten Sieur Brizard. Das geschah in der Nacht vom 30. zum 31. Mai. Voltaire war seit dem Vorabend tot: Paris wußte noch nichts davon. Sie machten sich an die Obduktion der Leiche und balsamierten den Körper ein. Welche Szene! Sie verfügten nur über das armselige Bett, eine Kerze und einige Instrumente. Man entdeckte, daß Nieren und Blase völlig vergiftet und zerfressen waren. Der Apotheker öffnete den Schädel. Es scheint, daß noch ein dritter Arzt zugegen war, ein Monsieur Rose de l'Epinoy von der medizinischen Universität, der feststellte, daß der ziemlich kleine Schädel Voltaires sehr dünne Knochenwände hatte (man denkt nicht ohne Schaudern an die Stockschläge Rohans), die Gehirnmasse aber weit größer war als gewöhnlich. Für seine Mühe bat Monsieur Mithouart um das Gehirn, das er in Alkohol kochte, in ein Marmeladenglas legte und zu sich nach Hause nahm. Monsieur de Villette, in seiner Eigenschaft als Gastgeber und Freund des Verstorbenen, reservierte sich das Herz. Er kochte es nicht, sondern ließ es in einem Etui aus vergoldetem Silber einschließen.

Nachdem die Ärzte geschnitten hatten, mußten sie nähen. Sie taten dies recht und schlecht. Man schloß den Schädel wieder fest zu, zog ihm eine strammsitzende Mütze über, man kleidete den Kadaver an und steckte ihn schließlich in einen schönen Morgenrock, den Madame Denis nicht ohne Bedauern verschwinden sah. Man hatte drei schöne Laken zu Bändern verschnitten, die den auseinanderfallenden Körper zusammenbanden und aufrecht hielten. Als Mumie spielte Monsieur de Voltaire seine letzte Nummer. Man setzte ihn in seine schöne, blau mit goldenen Sternen ausgeschlagene Kutsche und spannte davor sechs Pferde, denn Eile tat not. Er war seit achtundvierzig Stunden tot, es war heiß, und die Einbalsamierer waren ihrer Arbeit nicht sehr sicher. Monsieur de Voltaire saß sehr aufrecht auf seinen Kissen, gehalten von den versteckten Bändern.

Neben ihm: ein Diener, um ihn bis Seillières Gesellschaft zu leisten. Die Neffen folgten in einer anderen Kutsche.

An den Toren der Stadt grüßten die Zollbeamten Monsieur de Voltaire und seine schöne Kutsche taktvoll, und fort ging's. Die Reise verlief gut, nur nicht für den Diener, den man beinah genauso tot wie seinen Gefährten wiederfand: fast hätten ihn seine Angst und der schreckliche Geruch des Leichnams getötet. Man zog die Mumie von ihrem Sitz und setzte sie ohne viel Federlesens auf einen Tisch im Speisesaal des Klosters. Die Abtei war schon halb zerfallen. Der Prior ließ sich nicht lange bitten, das auszuführen, was man von ihm verlangte. Er beschloß, Voltaire direkt in der Kirche, in der Nähe des Chors zu begraben. Man hob eine Fliese auf, grub ein wenig, nagelte aus vier Brettern einen Sarg zusammen und legte den Widerspenstigen hinein. Das nahm den ganzen Nachmittag in Anspruch. Man hatte Madame Denis zwar um einen Bleisarg gebeten, doch sie antwortete: »Wozu? Das kostet so viel und is zu nichts nütze.« Der Totengräber aus dem nächsten Dorf Romilly und die Priester und Mönche wurden am nächsten Morgen um fünf Uhr zusammengerufen. Der Klerus war in liturgischem Gewand, man sang die Totenmesse. Jeder Priester wollte eine Messe halten. So wurden Voltaire, dem man in Paris eine stille Messe verweigerte, in der Champagne sechs Messen gesungen. Man begrub den Sarg und deckte ihn mit der Grabplatte wieder zu. Damit man später den Platz erkennen könne, legte man über den Sarg einen Stein mit der Inschrift: A 1778 V.

Kurz darauf, als die Neffen erfuhren, daß man ihren Onkel in Stücke geschnitten hatte, erhoben sie Protest. Auch die öffentliche Meinung tat dies, ja sie war es sogar, die die Neffen zwang, einen Prozeß anzustrengen, damit ihnen die entnommenen Körperteile zurückgegeben würden. Aber was geschehen ist, ist geschehen. Sie insistierten nicht lange.

Madame Denis kümmerte sich nicht um diese Kleinigkeiten. Sie war mit ihrem Erbe beschäftigt, mit Monsieur Duvivier und mit der Sorge, alles, was sie von den Dingen ihres Onkels kriegen konnte, an sich zu reißen. Die Sachen verlieren sich so

rasch . . . ein Herz, ein Gehirn, das mag noch gehen, aber
Pelze, Schmuck, Unveröffentlichtes . . .

Gleichzeitig erfuhr der Erzbischof von Paris, daß Voltaire in
Paris gestorben und in Seillières begraben war. Er informierte
sofort den Erzbischof von Troyes über das, was sich in seiner
Diözese ereignet hatte. Der Erzbischof von Troyes verlangte
Rechenschaft von dem Prior der Abtei und befahl, den Körper
Voltaires zu exhumieren. Doch der Prior spielte den Naiven
und gab an, er habe in gutem Glauben gehandelt: man habe
ihm einen gültigen Widerruf und einen Beichtzettel vorgelegt.
Er erinnerte äußerst zweckmäßig — aber völlig vergeblich —
daran, daß Voltaire, der nie exkommuniziert worden sei, Recht
auf ein Begräbnis habe. Der Form halber wurde der Bischof
ein wenig ärgerlich. Man setzte den Prior ab, aber sein Vor-
gesetzter, Abbé Mignot, wurde verschont. Der Prior erhielt von
den Herren Neffen eine sehr angemessene Entschädigung, und
Voltaire konnte in Frieden ruhen. Eine Weile lang . . .

Die Zeitungen wurden gebeten, über Voltaire zu schweigen,
und die Schauspieler, seine Stücke nicht mehr zu spielen. Das
dauerte einen Monat lang. Ein Monat Stille, das scheint
enorm für Voltaire, auch wenn er tot ist. Im Juli führte die
Comédie ›Mahomet‹ auf. Man hörte das Stück an. Weder
Bravorufe noch Pfiffe; das endlich war der Frieden.

Doch es handelte sich nur um Waffenruhe. Die Académie
Française hätte gern von den Franziskanern eine Messe lesen
lassen, wie dies üblich war: Verbot des Erzbischofs. Wer machte
sich zum Kämpfer einer Messe für Voltaire? Ein Anhänger
derselben Sekte: d'Alembert. Und plötzlich verlangte die ganze
Partei der Enzyklopädisten eine Messe für Voltaire! Die Sache
brachte die einen zum Lachen, verdroß aber den Erzbischof:
und das war es zweifellos, was man wollte. Viele Priester teilten die Meinung der Hierarchie nicht. Zahlreich waren die, die
sagten, sie hätten Voltaire begraben, wenn sie darum gebeten
worden wären. D'Alembert erzählte Friedrich II., daß ein Priester, der von Saint-Etienne-du-Mont, Voltaire gern in aller
Feierlichkeit in seiner Kirche zwischen Pascal und Racine begraben und sein Glaubensbekenntnis als Epitaph eingraviert

hätte. Dadurch wären der Kirche viele Angriffe erspart geblieben, wie zum Beispiel dieser:

Il ne manque rien à sa gloire
Les Prêtres l'ont maudit et les Rois l'ont aimé.

Die ›Loge des Neuf-Soeurs‹ veranstaltete eine Zeremonie, die um so feierlicher war, als sie diejenige ersetzte, die die Kirche verweigert hatte. Sie fand am 28. November 1778 statt. Madame Denis und Madame de Villette waren zugegen. Der Höhepunkt war das Erscheinen Franklins. Es wurde sehr prächtig, sehr lang und sehr langweilig. Alle Künste waren geladen, Musik wechselte mit Lobreden in Versen und in Prosa. Kaum schwieg eine Symphonie, als eine Ode sie ablöste, erhabene Kantaten breiteten, nicht enden wollend, die vereinten Zauber von Poesie und Musik aus. Morpheus schwebte über der Versammlung. Die Seele Voltaires verschwand gewiß vor dem Ende.

Eine andere — und wie religiöse! — Huldigung brachte Friedrich II. seinem berühmten Freund dar. Auf Bitten d'Alemberts ließ der König von Preußen in der Kathedrale Berlins eine Messe feiern. Er hatte freilich zuvor den Berliner Priestern eine Kopie des Widerrufes schicken müssen. Folgendes schrieb Friedrich zu diesem Thema: »Ich beginne in Berlin mit der berühmten Verhandlung wegen des Gottesdienstes für Voltaire, und obwohl ich keine Vorstellung von der unsterblichen Seele habe, wird man für die seine eine Messe feiern. Die Schauspieler, die diese Farce bei uns spielen, kennen das Geld besser als die guten Bücher.«

Das ganze Interesse dieser ›Komödien‹ bestand darin, der Welt zu zeigen, daß der Bischof von Paris, die Kirche Frankreichs, also Frankreich selbst, die einzigen auf der Welt waren, die dem berühmten Christen namens Voltaire ein christliches Begräbnis verweigerten.

Monsieur de Villette verfiel seinerseits in Abgötterei. Er betete das vergoldete Herz an und umgab seinen Kult mit aller nur wünschenswerten Publizität. Er ließ die Reliquie nach Ferney in das Zimmer des Philosophen bringen, das man unberührt gelassen hatte. Er rühmte sich, in dem Zimmer ein Marmormonument errichtet zu haben: einen kannelierten Säulenstumpf in einer schwarz drapierten Nische. Das Herz hatte einen guten Platz. Wagnière, dem nicht daran lag, Villette zu schonen, sagte, es handele sich um ein unechtes Monument aus glasiertem, wie Marmor bepinseltem Ton, das nicht zwei Louis gekostet habe. Was tat's, die von Villette verfaßte Inschrift war nur allzu echt, sie breitete sich über der Tür des Zimmers aus, das man in eine Kapelle verwandelt hatte: »Sein Herz ist hier, sein Geist ist überall.«

Villette kaufte Madame Denis später Ferney ab. Er wohnte einige Zeit dort, dann zwangen ihn Schicksalsschläge, es einem Engländer zu vermieten. Zarte Seelen warfen ihm vor, das ›Herz‹ Voltaires mit dem Rest des Mobiliars vermietet zu haben. Später mußte er Ferney verkaufen und nahm das ›Herz‹ wieder an sich, das er auf seine Besitzung Villette brachte. Man sieht, daß Voltaire sogar zerstückt noch ein ebensolcher Vagabund war wie zu seinen Lebzeiten.

Sobald die Revolution ausbrach, schloß sich Monsieur de Villette der Bewegung an, und in schöner Begeisterung warf er seinen Titel in die Brennesseln. Seine Freunde sagten, sein Marquisat sei so neu, daß er es noch hätte benutzen können, obwohl es nicht teuer war. Vor keinem Opfer zurückscheuend, ließ er das Schild an der Mauer seines Hauses entfernen, das den Namen ›Quai des Théatins‹ trug, und ersetzte es durch eines mit dem Namen ›Quai Voltaire‹. Die Idee war gut: Voltaire hatte in seiner Jugend dort gewohnt und war dorthin gekommen, um zu sterben. Trotzdem protestierten die Behörden, angestachelt von den Feinden Voltaires. Charles Villette ließ die beiden Schilder nebeneinander hängen und sagte, jeder könne den Quai nennen, wie er wolle. Er war ein sehr konzilianter Revolutionär.

Eine andere, weit erhabenere Idee keimte in seinem von Bürgersinn brodelnden Hirn. Wenn man die Reste Voltaires nach Paris überführte? Er legte seine Idee in der kleinen Zeitung ›La Chronique‹ dar. Diese Idee ging durch ganz Paris, bald waren es zehn, die die Vaterschaft an ihr beanspruchten. Die Abtei von Seillières sollte im übrigen als nationales Eigentum verkauft werden. Sie war eine der Zerstörung geweihte Ruine, und die Gebeine Voltaires liefen wirklich Gefahr, mit denen der Mönche in ein Massengrab geworfen zu werden. Aber wo sollte man Voltaire in Paris begraben? Die einen, die in ihm einen Vater der Revolution sahen, schlugen vor, ihn unter dem Altar der Föderation zu begraben, wie den heiligen Petrus unter dem päpstlichen Thron. Noch nie diente ein so wenig religiöser Mensch in solchem Maße als Reliquie! Die anderen, die ihn als Autor der ›Henriade‹ verehrten, wollten ihn unter dem Huf des Pferdes von Heinrich IV. auf dem Pont Neuf versenken. Einige hatten auch an eine Art sternförmigen Platz am Ende der Champs-Elysées gedacht, wo man ein Grabmal errichten könnte. Dort sollte später die Place de l'Etoile entstehen, die der Unbekannte Soldat belegen würde.

Villette war für Heinrich IV. Camille Desmoulins riet dem Volk mit einem Satz ab, der in Mode war: »Pfui!« rief der Tribun aus, »das hieße den Ewigen dem heiligen Krispin zu Füßen legen.« Dieser erhabene Witz hatte so viel Erfolg, daß er gedruckt werden durfte.

Im Laufe einer Vorstellung des Voltaireschen ›Brutus‹, während derer das Publikum dieser Zeit sich bemühte, in jedem Vers eine politische Anspielung zu sehen, stieg Villette, immer bereit, sich selbst zu dienen, indem er dem Ruhm Voltaires diente, auf die Bühne und improvisierte eine kleine Rede. Er nannte die Pariser ›Römer‹ und Voltaire ›Brutus‹, was zu beiden sehr gut paßte, und in einer Flut von Beredsamkeit, in der sich pure Lüge zu wahrer Demagogie gesellte, kam er zu dem doch äußerst natürlichen Schluß, daß Voltaire im Pantheon ruhen müsse — das heißt, in der ihrer ursprünglichen Bestimmung entzogenen Kirche Sainte-Geneviève. Um die letzten Zweifel zu beheben, versprach er, alle Kosten zu übernehmen. Man jubelte ihm zu.

Wieder stand dem unruhigen Leichnam eine Reise in Aussicht. Aber es würde eine patriotische Reise werden.

Am 3. Mai 1791 sollte die Abtei von Seillières verkauft werden. Wenn bis dahin keine Entscheidung getroffen wäre, wohin würde die sterbliche Hülle des ewig Verbannten verbannt werden? Offenbar war er als Toter seines Wohnsitzes nicht sicherer als zu seinen Lebzeiten. Die Gemeinde von Romilly wollte ihm Asyl geben. Die von Villette bearbeiteten Stadtbehörden von Paris ebenfalls. ›Die Gesellschaft der Freunde der Verfassung von Troyes‹ behauptete, ein Recht auf das Skelett zu haben. Aber da die Kleinen sich vor den Großen beugen müssen, selbst in Revolutionszeiten, beugte sich Romilly vor Troyes, und Troyes enthielt sich zugunsten von Paris. Aber beide wollten sie wenigstens einige Reliquien. Romilly würde sich mit dem rechten Arm begnügen und Troyes mit dem Kopf. Er war leer, aber das wußte man nicht. Es gab Leute, die sich entrüsteten, weil diese Zerstückelung allzusehr an die Sitten der römischen Kirche erinnerte.

Das Argument, mit dem schließlich die Ansprüche von Romilly und Troyes entkräftet wurden, war, daß das Andenken an diesen großen Mann der ganzen Menschheit gehöre und es nicht sinnvoll sei, sein Skelett in Stücke zu zerlegen.

Der Kadaver unseres Helden entging also der Zerstückelung, nicht aber der Überführung. Am 10. Mai 1791 wurde er exhumiert, seit dreizehn Jahren ruhte er unter jener Grabplatte. Die Leute von Troyes und Romilly waren zugegen. Wer würde beim Hacken als erster auf das Skelett stoßen und sich seiner bemächtigen? Die Leute von Troyes arbeiteten am verbissensten. Währenddessen langte ein Erlaß der Constituante an, der aus den Resten Voltaires ein nationales Eigentum machte. Weg die Hände, Troyes und Romilly! Paris und die Nation streckten ihre Löwenpranke nach dem Skelett aus! Die Arbeiter hoben die Platte auf, sie suchten nach dem Stein: »A 1778 V«. Ein leidenschaftlicher Eifer trieb sie, sie hätten sich totgeschlagen, um als erste zu dem Sarg zu gelangen. Schließlich hörte man einen Freudenschrei: »Da ist er! Da ist er!« Eine Hacke hatte die Bretter des Sarges durchstoßen.

Man zog ihn aus dem Loch, zwei Chirurgen eilten herbei und erklärten, daß der Körper intakt sei — welch geschickte Lügner! — außer einem Teil des linken Fußes, der fehlte. Sie gaben an, daß niemand eine Spur davon gesehen habe. In Wahrheit war der Fuß gestohlen worden, aber keiner wollte Scherereien mit den Pariser Behörden. Das Protokoll bemerkte, das Leichentuch sei schwarz, verfault und an dem Körper festgeklebt gewesen. Der Körper selbst war völlig ausgetrocknet und hing an den unteren Brettern, von denen man ihn nicht lösen konnte. Man nahm alles mit. Die Nationalgarde von Romilly schoß eine Ehrensalve ab. Die mumifizierte Leiche wurde mit Eichenblättern bekränzt und allen sichtbar ins benachbarte Dorf gebracht. Der Weg war voller Frauen aus der Gegend, die Blumen und Blätter auf sie warfen. Einige ließen das schreckliche Ding von ihren Kindern küssen.

In Romilly gab man der Mumie einen neuen Sarg und eine Ehrengarde. In Wirklichkeit tat man dies weniger der Ehre wegen, als um die Reste zu verteidigen; es war eine bis zu den Zähnen bewaffnete Garde, die argwöhnisch hin und her patrouillierte. Man fürchtete, daß eine Abordnung der benachbarten Ortschaften versuchen könne, sich der Reliquie zu bemächtigen; man fürchtete auch die ›Helfershelfer des Aberglaubens‹, die fähig waren, den Kadaver zu stehlen und in den Fluß zu werfen. Kurz: man hütete sich vor Freunden wie vor Feinden. Nicht ohne Grund. Das Fersenbein war schon fort, der Mittelfußknochen desgleichen . . . (Angeblich konnte man den Fuß Voltaires eine Zeitlang im Museum von Troyes sehen, von wo er jedoch verschwand.) Ein ganz Schlauer stahl sogar zwei Zähne.

Einer dieser Zähne wurde einem Stadtbeamten namens Charon offiziell übergeben, der den Titel trug ›Festordner der Überführung der Asche Voltaires‹. Das Geschenk sollte eine Erinnerung für ihn sein. Der andere Zahn kam an einen gewissen Lemaître, einen ›aufgeklärten‹ Journalisten, den man zum Schweigen über das Verschwinden des Fußes bringen wollte. Dieser Lemaître war zu seiner Zeit eine Persönlichkeit, er verdient es, bekannt zu werden. Aus seinem Zahn machte er ein Amulett, das an einer Kette um seinen Hals hing und sich in einem Etui befand, auf das er folgendes Distichon geschrieben hatte:

> Les prêtres ont causé tant de mal à la terre
> Que j'ai gardé contre eux une dent de Voltaire.

Man muß annehmen, daß sich auch Voltaire einen Zahn gegen ihn aufbewahrt hat, denn dieser Mann, den wahrscheinlich ein Übermaß an Aufklärung geblendet hatte, starb in einer Irrenzelle von Bicêtre. Aber der Zahn ging nicht verloren, er kam an seinen Vetter Lemaître, der — wer hätte es gedacht? — Zahnarzt in Paris war. Dort verliert sich seine Spur. Endete seine Laufbahn im Kiefer eines der Patienten Lemaîtres? Wen biß er? Von einem Zahn Voltaires kann man träumen . . . Wer wollte behaupten, daß der Leichnam Voltaires in Frieden ruht?

In Romilly entstand eine Legende. In der Nacht der Totenwache sei durch irgendeinen Zauber ein sehr großer Mann bei dem Sarg erschienen und habe den Leichnam entwendet. Die Wachen und der Bürgermeister seien durch die furchtbaren Folgen ihrer Nachlässigkeit so erschreckt gewesen, daß sie beschlossen hätten, den Sarg mit dem Skelett eines aus dem Friedhof geholten Gärtners zu füllen. Diese Legende wurde noch mit der folgenden Erklärung ausgeschmückt: der athletische Mann sei ein von Katharina II. geschickter Russe gewesen, der Voltaire stehlen und ihn der Zarin übergeben sollte. Die Geschichte kann nicht stimmen, zeigt aber, wie sehr die Gemüter von den verhexten Gebeinen erregt wurden.

Die Überführung der sterblichen Reste wurde auf den 11. Juli 1791 festgesetzt. Ein merkwürdiges Zusammentreffen! Es war der Augenblick der Flucht des Königs, seiner Gefangennahme in Varennes und seiner erbärmlichen Rückkehr nach Paris. Die beiden Gefolge hätten sich fast gekreuzt. Welche Begegnung! König Ludwig XVI. als Gefangener in seiner verschlossenen Kutsche, umgeben von bewaffneten Soldaten, König Voltaire, tot, aber siegreich auf einem Katafalk, umgeben von königlichem Pomp, in das Paris einziehend, aus dem ihn das Königshaus einst verbannt hatte. Der Farce folgt die Tragödie.

Die Reise des Katafalks ging ohne Hindernisse vor sich: jede Ortschaft warf Blumen, gab Schüsse ab, lobte auf ›römische Art‹ den unrömischsten aller Menschen. An der Stadtgrenze von Paris empfing der Bürgermeister den Sarg mit großer Feierlichkeit. Die Fahrt durch Paris war sehr prunkvoll. Hunderttausende von Parisern jubelten dem Sarg zu, wie sie dem Autor von ›Irène‹ zugejubelt hatten. Voraus ritt die Kavallerie, die Infanterie umgab den endlosen Festzug. Er langte erst um sieben Uhr abends im Pantheon an. Unterwegs gab es nur einen mißtönenden Schrei, den eines Priesters, der entrüstet über diesen Götzendienst rief: »Gott, du wirst gerächt werden!« Man begnügte sich damit, ihn auszuzischen. Der Hunger nach Blut war noch nicht erwacht; der Priester kam mit einem blauen Auge davon.

Eine Statue Voltaires wurde dem Katafalk vorausgetragen, dann folgte ein Pappmodell der Bastille. Man hatte — ein wenig gewalttätig — in den Klöstern und Kirchen Chor- und Meßhemden ausgeliehen, um den Hunderten von Chorsängern, die bürgerliche Hymnen sangen, ›antik‹ aussehende Gewänder zu geben. Unzählbar waren die Träger ›philosophischer‹ Banner. »Wenn der Mensch frei geboren ist, so muß er sich selbst regieren«, las man auf dem einen. »Wenn der Mensch Tyrannen hat, so muß er sie absetzen«, las man auf dem anderen. (Das war ein Vers Voltaires aus seinem ›Poème sur l'Envie‹, aber er wird in dem Gedicht von einem anderen Vers gefolgt, der den Sinn verändert: »Man weiß es nur zu sehr, unsere Tyrannen sind unsere Laster.« Was tat's? Wenn man jemanden zum Gott macht, verrät man ihn immer ein wenig.)

Der Zug kam an den Tuilerien vorbei, um auf dem Pont Royal die Seine zu überqueren. Alle Fenster des Palastes standen offen, überall sah man die Leute aus dem Haus des Königs, die ganze Fassade bebte vor Beifallrufen, außer . . . außer einem geschlossenen Fenster, hinter dem schweigend und unbeweglich der König und die Königin saßen. Welche Gedanken bewegten sie?

Der König des Tages und der Straße, Monsieur Bailly und sein Anhang, folgten in einer Kutsche dem antik gehaltenen, sehr wirkungsvollen Porphyrkatafalk. Aus den Fenstern wurden Blumen geworfen. Einige Sträuße verfehlten den Katafalk und fielen in die städtische Kutsche. Ein Zeuge bemerkte nicht ohne Bosheit, »daß M. Bailly mit einem gerührten Gesichtsausdruck dankte, als handele es sich um seinen eigenen Triumph.«

Die Prozession — denn es war eine —, die man nach dem Vorbild der Fronleichnamsprozessionen organisiert hatte, machte nach dem Pont Royal vor dem Haus Monsieur de Villettes halt, das in einen recht gut ausgedachten Ruhealtar umgewandelt worden war. Villette hatte mit großen Buchstaben seinen Geistesblitz daranschreiben lassen: »Sein Herz ist hier, sein Geist ist überall.« Außerdem war die Fassade bis zum ersten Stock durch ein treppenförmig aufsteigendes Gerüst verdeckt, auf dem hübsche, in weiße, ›griechische‹ Gewänder gekleidete Mädchen mit Sirenenstimmen von Chénier komponierte Kantaten sangen. Im Augenblick, als sich die Statue in der Höhe des Gerüstes befand, sah man, wie in der Oper, eine von Chorführern getragene Göttin erscheinen. Sie kam aus einem Fenster des ersten Stockes und erschien genau in Höhe der Statue, die vor ihr stehenblieb. Diese Göttin war die Bürgerin Villette. Sie nahm die Statue in ihre Arme und bedeckte sie, nach den Worten des Chronisten, »mit den köstlichen Tränen des Gefühls«. Dann krönte sie sie mit Lorbeer. In diesem Augenblick tropften auch den fünfhunderttausend Parisern, die sich auf den Quais, den Brücken und am Louvre drängten, die Tränen, und sie brüllten vor Glück. Madame de Villette nahm ihre kleine vierjährige Tochter und legte sie in die Arme der Statue. »Sie weihte sie sozusagen der Vernunft, der Philosophie und der Freiheit«, sagt der Chronist. Mit einem Wort, alles war religiös — ohne Religion.

Vor dem alten Theater in der Rue des Fossées-Saint-Germain, gegenüber dem ›Procope‹, befand sich ein neuer Ruhealtar der Reliquienprozession. An der Fassade eine — natürlich bekränzte — Büste Voltaires mit der Inschrift: »Mit siebzehn Jahren schrieb er ›Oedipe‹.« Um sieben Uhr abends erreichte man das Odéon, wo man lesen konnte: »Mit vierundachtzig Jahren schrieb er ›Irène‹.« Die Oper hatte ihre Chöre entsandt. All das war sehr schön, aber vielleicht ein wenig lang. Plötzlich brach ein Gewitter über Paris los, und der Himmel öffnete seine Schleusen. Sturzbäche flossen auf die Dächer und von den Dächern auf den Umzug. Hals über Kopf floh alles. Den Göttinnen klebte nur noch ein nasses Hemd auf dem Körper, und die eleganten, mit einem Federbusch geschmückten Damen liefen wie nasse Hühner davon und retteten sich unter die Säulen. Verärgert von den Donnerschlägen und der Sintflut, die die herrliche Prozession aufgelöst hatten, schrieb ein Journalist am nächsten Tag einen entrüsteten Artikel, in dem er versicherte, daß »der aristokratische Himmel sich rächen wollte«. Gibt es vielleicht ›aristokratische‹ und ›plebeische‹ Gewitter? Wie dem auch sei, alle diese ›Römer‹ waren wie kleine Chorknaben vor den Fluten geflohen. Der Katafalk blieb allein im Regen stehen. Sobald sich der Himmel wieder aufklärte, nahm er seinen Marsch wieder auf und langte in der Dunkelheit in magerer Begleitung in Sainte-Geneviève an. Ohne weitere Feierlichkeiten wurde der Sarg in die Krypta hinuntergelassen. Statt von Weihwasser tropfte er von Regen.

Lassen wir ihn in Frieden. Frankreich und Europa sollten sich fünfundzwanzig Jahre lang zerreißen, die Lebenden würden sich im Blut wälzen, doch der tote Dichter durfte endlich ruhen.

Was wurde aus dem Herzen? ›Belle et Bonne‹ bewahrte es in einer kleinen Wohnung in der Rue de Vaugirard auf, in die sie sich während der unruhigen Zeit geflüchtet hatte. Dann kehrte sie nach Schloß Villette zurück, das zu einer Art Voltaire-Museum geworden und daher den Jacobinern heilig war. Madame de Villette nutzte diese Immunität aus und machte aus dem Schloß einen Zufluchtsort für Priester, die man während der Schreckensherrschaft geächtet hatte. Wer hätte einen widerspenstigen Priester bei dem Herzen Voltaires gesucht?

Unser Held hatte, als er seinen letzten Seufzer von sich gab, noch nicht sein letztes Wort gesprochen. Erfahren wir also noch mehr von den postumen Streichen Monsieur de Voltaires .Im Jahr 1819 wurde Madame de Villette, deren Bruder damals Bischof von Orléans war, zur Schutzherrin einer Freimaurerloge gewählt, die den Namen ›Belle et Bonne‹ annahm. Mitten in der Restauration war dies für die Schwester eines Bischofs gewagt. Sie besaß Schriften Voltaires, Kleider, vor allem aber den prachtvollen Morgenrock, den er überzog, wenn er von seinem Bett aus einen Auftritt im Salon gab. Sie hatte das von Largillère gemalte Porträt. Nach ihrem Tod ging alles auf ihren Sohn über, den Marquis de Villette, der kinderlos starb und seinen Besitz 1860 Monseigneur de Dreux-Brézé, Bischof von Moulins, vermachte. Was sollte der Prälat mit den unfrommen Reliquien anfangen? Er weigerte sich, sie zu berühren, und ließ sie zur Versteigerung bringen. Alles wurde zerstreut; das Porträt verkaufte man für sechstausend Francs, das Herz — denn das ist es, was uns interessiert — ging an den Staat. Napoleon III. übergab es der Bibliothèque Nationale. Dort ist es noch immer.

Und das Gehirn? Der Apotheker bewahrte es sein ganzes Leben lang in seinem Glas auf. Sein Sohn, der ihn beerbte, fand, es mache sich besser in einer Staatssammlung, und bot es der Regierung des Directoire an, die es jedoch ablehnte. Also behielten die Mithouarts »den Sitz des Genis von M. de Voltaire«, wie man damals sagte. Die Zeit verging und das Kaiserreich auch. Mithouart wußte, daß die Restauration wenig Wert auf ein solches Geschenk legte: das Gehirn wurde in einen Schrank verbannt.

Im Jahre 1830 dachte der Apotheker, daß die liberale Monarchie vielleicht sein Geschenk annehmen würde. Er bot es ihr an: Schweigen. Zu jener Zeit versammelte Monsieur Mithouart eines Abends mehrere Wissenschaftler bei sich und legte ihnen das berühmte Hirn vor. Die gelehrten Leute kamen auf die Idee, einige Stücke herauszuschneiden und an der Flamme einer Kerze zu rösten. Einer der Zeugen notierte mit einem des Diafoirus würdigen Ernst, welches Erstaunen und welche Bewunderung die Herren gezeigt hätten. Denn: »das Gehirn gab immer noch sprühende Lichtstrahlen von sich«. Dieses ›noch‹ ist sehr schön. Er fügte hinzu: »Dieses Gehirn wird Spuren in der Zukunft lassen.«

1858 erbte ein Verwandter der Mithouarts das Glas. Er bot es der Académie Française an, die jedoch ablehnte. »Sie hat keinen Reliquienschrein, um diesen unerwarteten Schatz zu bergen.«

Da er unerwünscht war, würde er warten. 1870 eine neue Spur des Gehirns: es war im Besitz eines alten Fräuleins Mithouart in der Rue des Bons-Enfants in Paris. Bei ihrem Tode vermachte sie es einem Gehilfen der Apotheke Mithouart in der Rue Coquillière. Welch ein Vagabund, dieses Gehirn! Der Gehilfe mit dem Namen La Brosse starb 1875, und seine Sachen wurden bei einer Versteigerung zerstreut. Man kennt die Namen der Käufer aller Objekte, nur nicht den des Mannes, der das Glas mit dem Gehirn erstand. Auf diese Weise verschwand fast hundert Jahre nach seinem Tod »der Sitz des Genies von M. de Voltaire«.

Es bleibt uns wenigstens das Skelett, wird man denken. Versuchen wir, es wiederzufinden.

Wie man weiß, ruhte es in der Krypta des Pantheon. Doch 1814 machten sich gewisse Ultra-Royalisten Gedanken um das Grab Voltaires. Sie fanden, daß das Vorhandensein von Resten des Gottlosen in einer nicht mehr benutzten Kirche eine Beleidigung der Nation sei. Daher beschlossen sie, in aller Heimlichkeit diese Reste zu rauben und ihrer Bestimmung zu übergeben: dem Schindanger.

Dies geschah in einer Mainacht des Jahres 1814. Die Särge Voltaires und Rousseaus, die nebeneinander standen, wurden geöffnet, geleert und sorgfältig wieder verschlossen. Niemand erzählte etwas von der Geschichte. Entdeckte man sie? Man möchte schwören, nein. Die sterblichen Reste wurden zu einem Stück Ödland gebracht, das als Abladeplatz für Schutt und Trümmer diente, ein Ort in Bercy, der La Gare genannt wurde. Man begrub die Knochen unter ungelöschtem Kalk und bedeckte sie mit Schutt, dann trat man den Boden glatt, um die Arbeit zu verbergen. Romantischer Mondschein leuchtete den Verschwörern in mauerfarbenen Mänteln und bis in die Augen reichenden Krempenhüten.

Das Zweite Kaiserreich mußte kommen, bis ein Journalist den von niemand geahnten Skandal aufdeckte. Er entrüstete sich darüber, daß man die andächtigen Besucher an den Manen Voltaires vorbeidefilieren ließ, während der Sarg leer war! Auf Befehl des Kaisers wurden Nachforschungen angestellt und der

Sarg geöffnet. Man entdeckte, daß er tatsächlich leer war. Nie hätte man von dem Vorgefallenen erfahren, wenn nicht der Sohn eines der Verschwörer, nachdem er die Polizei lange suchen ließ, erzählt hätte, was er von seinem Vater wußte. Durch ihn erfuhr man von der in der Mainacht des Jahres 1814 begangenen Heldentat. Aber das war fünfzig Jahre her. Es war unmöglich, die in dem Kalk vergrabenen Reste wiederzufinden; außerdem hatte man das Land umgegraben und bebaut. Später errichtete man an dem Ort die ›Halle aux Vins‹.

Wie viele Abenteuer hat dieser Leichnam erlebt, der unruhigste, den man je gesehen hat! Bis zum letzten Knochensplitter ähnelt er noch Voltaire; deswegen sind wir seinem Verfall bis zum Ende gefolgt. Außer dem vergoldeten Herzen bleibt nichts von Voltaire.

Und von seinem großen Vermögen, was ist davon übrig geblieben? Dieses so geschickt aufgebaute Vermögen, das eine Geschichte der wirtschaftlichen und finanziellen Lage im 18. Jahrhundert sein könnte, dieses Vermögen gehörte nach dem Tod des Philosophen Marie-Louise Mignot, der Witwe Denis und späteren Gattin des Sieur Vivier, genannt Duvivier.

Im Jahre 1775 beliefen sich die Einkünfte Voltaires laut einer Aufstellung seines Vermögens auf hundertsiebenundneunzigtausend Livres — ohne die achttausend Livres zu rechnen, die Ferney einbrachte. Das ergäbe heutzutage etwa ein Einkommen von einer Million zweihunderttausend NF, das heißt, ein Kapital von ungefähr zehn Millionen.

Madame Denis erbte nicht das ganze Kapital, da Voltaire, um hohe Einkünfte zu haben, große Summen als Leibrenten angelegt hatte. Sie erbte etwa die Hälfte, was sie immerhin vor Mangel schützte! Das Testament, das Voltaire am 30. September 1776 gemacht hatte, bestimmte seinen Neffen Mignot und d'Hornoy je hunderttausend Livres. Im Vergleich zu der betrügerischen Nichte wurden sie benachteiligt. Er hinterließ auch Wagnière achttausend Livres, was für einen so treuen Sekretär wenig scheint. Aber Wagnière war durch Madame Denis zu kurz gekommen. Jeder Hausangestellte bekam sein Jahresgehalt, und die Armen von Ferney, »wenn es noch welche gibt«, sagte das Testament, sollten sich dreihundert Livres teilen. Dank ihm gab es nur noch wenige. Anscheinend rechnete er damit, daß Madame Denis Wagnière und seine Hausangestellten behielte, doch sie tat nichts dergleichen.

Sie erlitt zuerst einige Enttäuschungen: sie mußte den Besitz von Tournay an die Familie de Brosses zurückgeben. Dem Andenken des Präsidenten treu, strengte diese sofort einen Prozeß wegen ›widerrechtlicher Nutznießung‹ und schlechter Unterhaltung an und verlangte einundsiebzigtausend Livres Entschädigung. Die gute Denis glaubte den Verstand zu verlieren. Durch seine Geduld und Geschicklichkeit brachte Wagnière die Summe auf einundvierzigtausend Livres und umging einen Prozeß. Madame Denis schien den ihr geleisteten Dienst nicht zu bemerken und gab Wagnière den Abschied. Sie war ganz ihrem jungen Gatten hingegeben, der ihr teurer zu stehen kam als die Familie de Brosses, aber wenigstens machte er ihr zu schaffen.

Im Juni 1778, einige Tage nach dem Tod ihres Onkels, stattete sie Madame du Deffand einen Besuch ab, die fand, sie sei »eine gute dicke Frau ohne Geist, aber mit einer guten Portion gesunden Menschenverstandes und der Gewohnheit, gewählt zu sprechen, die sie gewiß von ihrem Onkel hat«. Sie notierte die Worte der Erbin hinsichtlich der Bücher und Schriften Voltaires. »Sehr wertvolle Stücke«, sagte Madame Denis, »ich würde alles verkaufen, aber ich bin entschlossen, mich nicht davon zu trennen«. Dabei verkaufte sie die Bücher als allererstes! Freilich hieß die Käuferin Katharina II., Kaiserin von Rußland. Die Bibliothek Ferneys war nicht sehr bedeutend, sie umfaßte etwa sechs- bis siebentausend Bände, aber alle waren sie mit Bemerkungen und Korrekturen versehen und mit den lebendigsten Überlegungen gewürzt. Es handelte sich nicht um die Werke eines Bibliophilen, sondern um Arbeitsgeräte, mit denen man entsprechend umging. Äußerst merkwürdige Studienobjekte, nicht in sich selbst merkwürdig, sondern um dessentwillen, der sie benutzt hatte; auseinandergeschnitten und wieder zusammengesetzt, stellten sie eine Art ›Digest‹ dar. Voltaire las mit Schere und Leim und reduzierte ein riesiges Werk auf fünfzehn, zwanzig oder fünfzig wesentliche Seiten, die er wieder binden ließ. Rabelais schrumpfte auf ein Zehntel seines Umfangs zusammen. Voltaires Bibliothek war so etwas wie ein ›Tempel des Geschmacks‹. Er kritzelte an den Rand und zwischen die Zeilen; zuweilen fügte er Seiten ein, die er mit Mundlack anklebte.

Auf die ersten Angebote der Zarin antwortete Madame Denis nur mit einigen förmlichen Höflichkeiten. Sie wartete auf die Freigebigkeit der Zarin, ausgedrückt in einer Zahl. Es wurde eine kaiserliche Zahl: hundertfünfunddreißigtausend Livres. Mehr als die Hälfte des Preises, den sie aus dem Besitz von Ferney — Schloß, Ländereien, Dorf, Fabriken — schlug. Sie zierte sich und nahm, um zu einem Entschluß zu kommen, auch noch ein mit Diamanten besetztes Kästchen mit dem Porträt der Zarin und die schönsten Pelze an. Wagnière wurde nach Sankt-Petersburg gerufen, um die Bücher und Papiere so zu ordnen wie in Ferney.

Als sie den Sekretär empfing, sagte Katharina II. vor der Büste Voltaires, vor der sie sich verneigte: »Monsieur, hier ist der Mann, dem ich alles verdanke, was ich weiß und was ich bin.«

Als sie sicher war, daß Madame Denis geruhen würde, die Summe, die Diamanten und die Pelze anzunehmen, um sich der Bücher ihres Onkels zu entledigen, schrieb sie ihr:

»Niemand vor ihm schrieb wie er; den künftigen Geschlechtern wird er ein Beispiel und ein Prüfstein sein. Seien Sie versichert, daß ich sehr empfänglich für die Achtung und das Vertrauen bin, das Sie mir entgegenbringen. Es ist mir sehr schmeichelhaft zu sehen, daß beides in Ihrer Familie erblich ist. Ihr edles Verhalten mag Ihnen eine Gewähr für meine Gefühle Ihnen gegenüber sein. Ich habe Monsieur Grimm beauftragt, Ihnen einige bescheidene Beweise dafür zu übergeben, die ich Sie bitte benützen zu wollen. Katharina.« Die Adresse lautete: »Für Madame Denis, Nichte eines großen Mannes, der mich sehr liebte.«

Bedauern wir, daß diese Zeilen nicht von Ludwig XVI. unterzeichnet waren.

Was die Besitzung von Ferney betraf, so entledigte Madame

Denis sich ihrer schon im Todesjahr Voltaires. Sie verkaufte sie Villette für zweihundertdreißigtausend Livres. Die Undankbare hätte einen Tempel daraus machen sollen! Man hat allen Anlaß zu glauben, daß Ferney und auch Voltaires Bücher im Besitz seiner Neffen geblieben wären, wenn er sie ihnen vermacht hätte. Schon am 29. September, drei Monate nach dem Tod ihres Onkels, schrieb Madame Denis an Wagnière: »Ich wollte, Ferney brennte.« Das besagt alles: sie hatte sich zu Tode gelangweilt in diesen ›Bergen‹. Einzig der Eigennutz band sie an den Patriarchen. Doch wenn man ihre Gefühle auch erklären kann, so kann man sie doch schwerlich verzeihen. Sie verkaufte, was sie nur konnte; sie liebte das Geld nur, um gierig in den paar Jahren, die ihr noch blieben, ihre herrliche Heirat zu genießen.

Das Ehepaar Duvivier war im übrigen ein eher komisches als böses Gespann: eine dicke, mehr als sechzigjährige Dame und ein dreißig Jahre jüngerer Ex-Dragoner; dafür hatte sie jedoch tausendmal mehr Renten als er. Er war Kriegskommissar in San Domingo gewesen, von wo er jedoch äußerst wenig Ruhm und nur einige kleine Gewinne mitgebracht hatte. Als man von der Heirat erfuhr, brach ganz Paris in Lachen aus. (Außer einigen, die die Farce unwürdig fanden, unwürdig nicht der Nichte, sondern des berühmten Onkels.) Es ist wahr, daß man Grund zu lachen hatte. Vivier war in der Armee des Königs unter dem Spitznamen ›Nicolas Toupet‹ bekannt, denn man hielt ihn für gewandter in der Kunst, die Perücken seiner Kameraden zu frisieren, als in den Aufgaben der Kavallerie. Er war ein Mann, der sich stets zu helfen wußte: er lockte einer ganzen Korporalschaft mit der Brennschere die Haare, er leistete Sekretärsdienste und fälschte Rechnungen. Madame Denis liebte ihn wahnsinnig, wie sie alle seine Vorgänger geliebt hatte, aber dieser war ihre letzte Liebschaft: sie heiratete ihn.

Eines Tages, als er ihr widersprochen hatte, schrieb sie ihm außer sich: »Ich erkläre Ihnen, daß ich mit Ihnen meine Gedanken, mein Leben, alles, was ich besitze, teilen will. Andernfalls bitte ich Sie, mir eine Pistolenkugel durch den Kopf zu schießen: Sie erwiesen mir einen Dienst.«

Der muntere Oberst hatte keinen Grund, zu einem so törichten Schluß zu gelangen. Er zog es vor, alles, was sie besaß, mit ihr zu teilen. Was ihre Gedanken und ihr Leben betraf, so ließ er diese zu ihrer freien Verfügung.

Am schlimmsten wurde die Heirat von der Académie aufgenommen. Die Mitglieder fühlten sich in ihrer Bewunderung und Liebe zu ihrem Kollegen verletzt. Sie verbargen ihre Mißbilligung nicht und brachen die Verbindung zu der dummen Nichte ab. D'Alembert hörte als erster auf, sie zu besuchen. La Harpe traf sie einige Zeit nach der Heirat auf der Straße. Er fragte sie mit betrübter Miene, ob die lächerliche Heirat sie wenigstens glücklich mache. Die Pute rief aus: »Glücklich? Ich versichere Ihnen, zum Übelwerden!« Sie zeichnete sich selbst in diesem Ausruf.

Man kann bemerken, daß sich ihre Sprache schon geändert hatte; sie sprach nicht mehr im Stil Voltaires, sondern in dem Duviviers. Im übrigen war sie nicht lange glücklich, denn sie mußte auf die Art des Friseur-Obersten leben und nicht auf die ihre. Man hatte zu den Stunden und nach dem Geschmack dieses Herrn zu essen, zu trinken und zu schlafen, der ihr eine zahlreiche, lärmende, hungrige und durstige Gesellschaft ins Haus brachte. Sie fraß sich mit seinen Freunden voll und wurde noch dicker. Man sagte, er lasse sie dieses Leben führen, um sie desto schneller durch einen Schlaganfall ins Grab zu befördern.

D'Alembert erzählte von dem Paar eine lustige Geschichte, die er hinreißend mimte und die ihm jedesmal Beifall einbrachte. Man muß dazu sagen, daß Madame Denis, als sie dicker wurde, auch eine tiefe Stimme bekam und daß — ein bekanntes Phänomen — zahlreiche Haare anfingen, auf ihrem Gesicht zu sprießen, was sie schließlich mit einem recht hübschen Schnurrbart schmückte. Eines Morgens kam ein Bauer schon in der Frühe, um Madame sein Pachtgeld zu bezahlen. Sie schlief noch. Man sagte dies dem braven Mann, der, um eilig fortzukommen, weder warten noch zurückkehren wollte. Er zeigte sich entschlossen, mit seinem Sack voll Geld wieder nach Hause zu gehen, wenn man ihn nicht sofort empfing.

Die Dienstboten, die die Geldgier Madames kannten, nahmen es auf sich, sie zu wecken. Mürrisch erklärte sie sich bereit, den Mann und vor allem das Geld zu empfangen. Man führte den Bauern in ihr Zimmer, er näherte sich im Halbdunkel dem Ehebett und reichte seinen Geldsack hinüber. Er konnte deutlich zwei Köpfe erkennen: der eine schien schnurrbärtig, der andere etwas schmaler und bartlos. Der Bauer war ziemlich ratlos, und da er sicher sein wollte, seiner Herrin das, was er ihr schuldete, zu geben, sagte er:

»Ich bitte die Herren um Verzeihung, aber welcher dieser Herren ist Madame?«

D'Alembert amüsierte die Académie und ganz Paris lange Zeit mit dieser Anekdote. Man bat ihn oft, die Geschichte vom Schnurrbart der Madame Denis zu erzählen.

Aber Madame Duvivier gefiel sie nicht, und sie rächte sich. Sie schenkte die Statue Houdons, die sie der Académie überlassen wollte, der Comédie-Française, die keine Geschichten erzählte. Was das Porträt von Largillière betraf, so gab sie es Madame de Villette zurück.

Auf diese Weise fand der Voltaire Houdons Asyl in der Comédie, wo ihn alle Welt sehen kann, wie ihm Musset sah, dem das ›scheußliche Lächeln‹ Voltaires Schrecken einflößte. Vergeben wir Musset, der als Kind unter dem törichten Weltschmerz seines Jahrhunderts gelitten hatte und nur halb davon genesen war.

Von Ferney bleibt: die kleine Kirche, auf deren Giebel der Name Voltaires in größeren Buchstaben steht als der Gottes, das Schloß und der ausgezeichnet gepflegte Park, Eigentum von Madame Lambert-David. Es findet sich dort das Porträt Voltaires von La Tour, ein Porträt Friedrichs II. und das Emilies von Nattier. Man kann sogar die von Voltaire gepflanzten Hainbuchen entdecken. In die ›Délices‹ in Genf ist das Leben zurückgekehrt. Man hat die Wohnung wiederhergestellt, Voltaire wohnt oder spukt dort, wie man will. Das ist das Wunder Theodore Bestermans: er hat die ›Délices‹ aus dem Nichts zurückgeholt. Gewöhnlich nimmt der Mensch den Namen des Ortes an, an dem er lebt; doch nicht Voltaire nannte sich Monsieur de Ferney, das Dorf heißt Ferney-Voltaire. Aber das ist nur ein Wort, die Seele hat sich verflüchtigt. Was das Geld betrifft, so erlitt es in den Händen von Madame Denis und Duvivier das gleiche Schicksal: es hat sich verflüchtigt. Von der Erbin und dem Vermögen bleibt nichts, nichts, nichts.

Bis hierher ist die Bilanz des Nachlasses nicht sehr positiv. Wenden wir uns den Schriften zu. Was bleibt von dem Berg von Büchern, die Voltaire hinterlassen hat: von den epischen und anderen Gedichten, den Dutzenden von Tragödien, den Hunderten von Schmähschriften, den wie Perlen aufgereihten Erzählungen, den Tausenden und aber Tausenden von Briefen, wie Diamantstaub mit unglaublicher Verschwendung in die Welt gestreut? Aus diesem Berg müßte man ein Denkmal errichten, das eigentliche Denkmal Voltaires. Nicht der Porphyrkatafalk, das Glas des Apothekers oder das vergoldete Herz verkörpern Voltaire, was ihn verkörpert, ist sein Werk. Nach seinem Tode mußte man zunächst alles retten, damit sich das Beste dann selbst rettete.

Panckouke stellte sich als erster in den Dienst dieser ungeheuren Aufgabe. Dank seiner Schwester, der vortrefflichen Madame Suard, hatte der Dichter ihm gestattet, Einsicht in die Manuskripte zu nehmen, denn die gängigen Ausgaben waren oft entstellt. Madame Denis kam die gute Idee, Panckouke mehrere Kisten mit Schriften ihres Onkels zu schicken, und Panckouke gebührt das Verdienst, entdeckt zu haben, daß das Beste des Werkes die Briefe sind. Voltaire selbst hätte dies nicht glauben wollen. Er zweifelte sogar an seinen ›Contes‹, denn er fürchtete, sie könnten ihm den Ruf der Frivolität einbringen. Die Korrespondenz zu sammeln, war von allen Vorhaben das schwierigste, aber auch das nötigste, denn in ihr findet man Voltaire wieder. Es sind diese Briefe, die am meisten Aufschluß über den Menschen Voltaire und sein Jahrhundert geben. Sie waren es, die seinen Zeitgenossen den Spiegel ihrer Kultur, ihrer Gedanken und ihrer Wünsche vorhielten. Alle: Könige, Fürsten, Damen der Gesellschaft, Notarschreiber oder Justizbeamte spiegelten sich in diesen ungezwungenen Briefen, die von einer unvergleichlichen Höflichkeit sind, lächelnd wie die Pastelle von La Tour oder peitschend, leidenschaftlich, unerbittlich in ihrer Klarheit. In diesen Botschaften, die durch die Hauptstädte, durch Europa und das 18. Jahrhundert flogen, begreift man ihre Einheit, ihren Charakter. Voltaire war es, der in seinen Briefen an die kulturelle Elite den Ton des aufgeklärten Europa zwischen 1715 und 1778 am genauesten traf. Alle seine Zeitgenossen, die seine Briefe lasen, mußten unwillkürlich denken oder spüren: »Er ist ich, ich bin er. Wir verstehen uns, wie sich Menschen bisher nie verstanden haben.«

Er dachte für sie, wie sie, mit ihnen, mit dem kleinen zeitlichen Vorsprung, der nötig ist, um in Erstaunen zu setzen, ohne zu schockieren, und stets neu zu erscheinen, obschon er oft nur die Gedanken der anderen vorwegnahm. Er dachte für die Welt, in die er gehörte, er dachte nur schneller, schärfer, klarer. Und vor allem drückte er sich genauso aus, wie alle jene aufgeklärten Leute sich gerne ausgedrückt hätten und wie sie meinten es zu tun. Bei der Lektüre seiner Briefe entstand bei den berühmtesten wie bei den unbekanntesten seiner Briefpartner der unvergleichliche Eindruck, als vernähmen sie mit der größten Genauigkeit ihre eigenen Gedanken, ausgedrückt mit den Worten und den Wendungen Voltaires, die sich jeder sofort zu eigen machte, wie die Luft, die man atmet, und die Quelle, die man trinkt. Nie verschaffte jemand wie er seinen Zeitgenossen die unaussprechliche Freude des Verstehens und die Illusion, ebenso intelligent zu sein wie der intelligenteste aller Menschen. Das Wunder bestand darin, daß seine Briefpartner sich ihm um so näher fühlten, je mehr er Voltaire war, je mehr er brillierte, je klarer er schrieb. Seine Verleumder haben aus dieser wunderbaren Ausstrahlungskraft das banale Merkmal eines popularisierenden Geistes machen wollen, der zweifellos elegant, aber ohne Tiefe und Tragweite gewesen sei: die Zierde einer raffinierten und oberflächlichen Gesellschaft.

Ein Schwachkopf sagte in herablassendem Ton zu Napoleon: »Mit einem Wort, Voltaire ist jedermann.«

»Aber nicht jedermann ist Voltaire«, erwiderte der Kaiser mit einer Schlagfertigkeit, die dessen würdig ist, den er verteidigte.

Wenn so viele Menschen glaubten, sie seien Partner Voltaires, so darum, weil er ihnen seinen Geist eingehaucht hatte. Sie gaben sich der Illusion hin, der Autor von ›Candide‹ sein zu können: doch sie waren nur der Abglanz. Es ist eine göttliche Gabe des Genies, denen seinen Geist geben zu können, die keinen haben. Er sagte, er habe zuweilen gegen Jesus Christus gelästert, aber man werde ihm vergeben; die jedoch, die den Heiligen Geist gelästert hätten, würden verdammt werden.

Der arme Panckouke lebte fast schon auf dieser Erde in der Verdammnis, als er die Briefe Voltaires zusammensuchte. Viele waren noch allzu neuen Datums, um veröffentlicht zu werden. Zu viele Lebende wurden gerichtet, zu viele Familien auf dem Rost gebraten, zu viele Staatsbeamte wünschten Schweigen. Friedrich II., der so oft nach einer Gesamtausgabe verlangt hatte, stellte sich taub, als man ihn um die Briefe bat, die er besaß. Er hatte seine Gründe. Er war eben davon unterrichtet worden, daß sich bei den öffentlichen Schriften Voltaires — die es nicht mehr lange sein würden — die berühmten ›Mémoires secrets pour servir à la vie de Monsieur de Voltaire‹ befanden, die hauptsächlich dazu bestimmt waren, dem Ruf Friedrichs zu schaden. Voltaire hatte sie 1759 geschrieben, um sich für die in Frankfurt erlittene Beleidigung zu rächen, und diesen gepfefferten Bissen in Reserve gehalten. Nur allzu froh, Friedrich einen üblen Streich spielen zu können, hatte Madame Denis das brandstiftende Manuskript Panckouke ausgehändigt. Die Lektüre dieser Memoiren ist äußerst unterhaltsam, wilde Rachsucht schmückt sich mit unvergleichlicher Eleganz und Leichtigkeit. Gerade die außerordentliche Vollendung dieser Rache machte sie in den Augen ihres Opfers Friedrich unverzeihlich. Natürlich hatte ihm ein Kundschafter eine Abschrift geschickt. Seine wortlose Wut drückte sich in einer bedeutsamen Geste aus. Er hatte in Paris eine Büste Voltaires von Houdon gekauft, die in Berlin eintraf, kurz nachdem Friedrich die Memoiren gelesen hatte. Er verbot, die Kiste zu öffnen:

Voltaire blieb im Stroh. Das war seine Strafe. Erst nach dem Tod des Königs wurde er ausgepackt. Als er aus seiner Kiste kam, zeigte er ein impertinentes Lächeln.

Wir wollen nicht die Geschicke dieser ersten Ausgabe verfolgen, des einzigen gültigen Denkmals, das die Zeitgenossen zum wahren Ruhm Voltaires errichteten, sondern dem Schlagen seines Herzens lauschen, das der Tod nicht hat verstummen lassen. Es lebt in jenen unzähligen Schriften, und der Beweis dafür ist, daß er, der hartnäckigste Arbeiter seiner Zeit, auch noch die erschöpfte, die für ihn arbeiteten. Er brachte die Mannschaft Panckoukes zur Strecke, der sich einen Mitarbeiter wählen mußte. Er wählte gut. Er wählte einen wirksamen, geschickten, reichen Mann vom Schlage Voltaires: Beaumarchais, einen erstaunlich rührigen Geschäftsmann. Die Gesamtausgabe war ein beachtliches finanzielles Unternehmen. Beaumarchais erwarb drei Papierfabriken in den Vogesen. Er kaufte für teures Geld die wunderbaren Typen der Druckerei Baskerville. Nachdem er sein ungeheures Vermögen eingesetzt hatte, mußte er zu seinem Schrecken erfahren, daß die Geistlichkeit und der Gerichtshof seine Ausgabe verbieten würden. Der tote Voltaire wurde ebenso verfolgt wie der lebendige. Beaumarchais ließ sich nicht einschüchtern; er erhielt vom Markgraf von Baden die Erlaubnis, seine Druckerei gegenüber von Straßburg auf der anderen Seite des Rheins in der Festung Kehl einzurichten. Der Fürst diente damit der Literatur, während er gleichzeitig das Geld in sein Land fließen ließ, das auf diese Weise für Frankreich verloren war. Man druckte also in Kehl. Die Kehler Ausgabe kam heimlich nach Frankreich und wurde trotz allem den Subskribenten ausgeliefert. Sie umfaßte zweiundsiebzig Oktavbände und wurde von 1784 bis 1789 gedruckt. Condorcet übernahm die Anmerkungen.

Für den Textvergleich, die Korrekturen und auch den Satz hätte sich Beaumarchais einen besonders befähigten Fachmann gewünscht. Der erstaunliche Beaumarchais machte auch einen anderen erstaunlichen Mann ausfindig: Restif de la Bretonne, dessen eigentlicher Beruf Drucker war. Unglücklicherweise hatte dieser Narr, den die Hysterie zuweilen erleuchtete, in Orthographie und Grammatik die Ideen eines rasenden Autodidakten. Beaumarchais sah sich gezwungen, auf die Dienste des ›pervertierten Bauern‹ zu verzichten, dessen Orthographie ebenso pervers war wie seine Moral, was im Falle der Typographie recht schwerwiegend ist. Fast wäre ›Candide‹ entstellt worden.

Die herrliche Ausgabe wurde ach! zum Verderben Beaumarchais'. Das einzige wirklich bewundernswerte und ehrenhafte Geschäft dieses Geschäftemachers ruinierte ihn. Er verlor eine Million Livres! Es gab nicht viele Subskribenten, und überdies zahlten sie sehr schlecht. Voltaires Tragödien, seine epischen Gedichte und seine Schmähschriften interessierten schon nicht mehr; die Erzählungen und die Briefe interessierten noch nicht. Es ist etwas anderes, einem lorbeerbekränzten Dichter drei Stunden lang zuzujubeln, als die Ausgabe seiner Werke zu subskribieren.

Trotzdem hätte Beaumarchais damals einen Orden verdient. Heute kommt er Monsieur Besterman zu; er verleiht in den ›Délices‹ der unvergleichlichen Korrespondenz und dem bestrickenden Briefschreiber wieder Leben.

Wer wagte zu sagen, daß Voltaire tot ist? Er ist aus dem gleichen Stoff wie das Feuer und das Licht. Wie in dem prophetischen Wappen der Arouets die goldenen Flammen des Heiligen Geistes züngeln, lodern und in ihrer ungreifbaren und ewigen Bewegung wieder entstehen, so ist er ein unveränderlicher Strahl der Intelligenz, ein Hauch des Geistes, der alle Geister durchdringt, die sich für Freiheit und Gerechtigkeit einsetzen. Er ist Leben.

Anhang

Übersetzung der Gedichtzitate

S. 25   ... der Bastard von Rochebrune den Nachfolger Armands und die wohlerzogenen Geister beunruhigt und stört.

S. 98   Adieu, meine arme Tabaksdose! Adieu, ich werde dich nie wieder sehen. Weder Mühen, Tränen noch Bitten werden dich mir zurückbringen. Meine Anstrengungen sind vergebens. Adieu, meine arme Tabaksdose! Welch ein unüberwindliches Hindernis richtet man zwischen uns auf! Von mir Verse verlangen! Ach! Ich kann nicht mehr! Adieu meine arme Tabaksdose! Adieu, ich werde dich nie wieder sehen!

Und da ich nie etwas anders beging als grausame Taten, wollte ich eine mutige begehen, indem ich mich tötete.

Alle Götter brachten Euch um die Wette ihre Geschenke. Minerva fügte die Weisheit zu dem kochenden Feuer der Jugend; der unsterbliche Apoll gab Euch Schönheit, aber ein mächtigerer Gott, zu dem ich in meiner Qual flehe, war so gütig, mir mein Handgeld zu geben, indem er Euch Freigebigkeit verlieh.

S. 34   Und wenn dieses Feuer Euch gefallen kann, so erlaubt, daß ich es wage, Euch mit meinen Zeilen eine Huldigung darzubringen.

S. 39   Ach! Ich habe die Grazien weinen gesehen, den Tod im Busen, bleich, verzweifelt. Ich habe die Götter der Freude traurig und bestürzt gesehen und die Blumen abreißen, mit denen sie geschmückt waren. Die Augen voller Tränen und vor Kummer seufzend, folgten sie alle dem Weg nach Vincennes.

S. 58   Und von dem feurigen Pole bis zu dem eisigen Pole.

S. 61   Caumartin trägt in seinem Gehirn die lebendige Geschichte seines Jahrhunderts. Caumartin ist immer neu für mein Ohr, das er entzückt.

S. 63   Ich weiß, daß Sie die Ehre haben, sagte er mir, bei den Orgien eines gewissen liebenswürdigen Prieur dabei zu sein, dessen Lieder so hübsch sind.

S. 68   Ich habe diese Übel gesehen und bin noch keine zwanzig Jahre alt.

S. 69 Zwanzig beutehungrige Raben, krummschnablige Ungeheuer, von der Hölle erdacht —

S. 70 Fort mußte ich. Bald wurde ich in geschlossener Kutsche zu der königlichen Wohnung gebracht, die unsere Väter neben Saint-Paul durch Karl IV. haben errichten sehn. O, Ihr rechtschaffenen Leute, Ihr meine Brüder, Gott bewahre Euch vor einer solchen Unterkunft. Endlich lange ich in meiner Behausung an. Mancher Verbrecher rühmt mit süßen Worten die Schönheiten des neuen Quartiers . . .

. . . .

Da sind Mauern, zwölf Fuß dick. Ihr könnt darin besser die Kühle genießen. Dann ließ man mich den Verschluß bewundern, dreifach war die Tür und dreifach das Schloß . . .

. . . .

Da bin ich nun an diesem Ort der Verzweiflung, in der Bastille, äußerst eng untergebracht, ohne Schlaf, warm trinkend, kalt essend, von allen verraten, selbst von meiner Maîtresse.

S. 75 Ich weiß, daß der Spitzbube einst voller Treulosigkeit von der hübschen Geliebten gekostet hat, auf die ich so versessen war. Er lachte über diese Bosheit, und ich hätte zornig darüber werden können, aber ich weiß, daß man sich im Leben nicht mit Bagatellen abgeben soll.

S. 83 Solange sie auf Erden weilen, achtet man ihre Gesetze, man rühmt ihre außerordentliche Gerechtigkeit bis in die Himmel. Angebetet von ihrem Volk, sind sie selbst Götter. Aber was sind sie nach ihrem Tod in unseren Augen? Ihr löscht den Weihrauch, den ihr für sie verbrennt . . .

S. 84 Unsere Priester sind nicht das, was ein eitles Volk denkt. Unsere Leichtgläubigkeit macht ihre ganze Wissenschaft aus.

S. 87 Welch vornehmes Kleid, Crébillon! Schmeichelnder Lohn eines reichen Schweizers. Ohne diese Geschenke würde ein alter Lumpen spärlich deine Blöße bedecken.

S. 89 Den Göttern schuldet man sie, und Sie sind der meine.

S. 94 Und um das Werk zu krönen (nämlich durch die Bestrafung der Diebe) macht man aus einem Land der Freiheit ein unendliches, riesiges Gefängnis.

S. 102 Man bestraft die Verse, die er hätte machen können, eher als die, die er gemacht hat.

S. 108 Das System hat seinem freundlichen und beweglichen Geist nicht geschadet. Er hat immer noch die gleiche Lebensart und die gleiche Fröhlichkeit.

S. 110 Abends auf grünem Ruhelager, welches die Hand der Natur in jenen herrlichen Gärten für andere Abenteuer schuf, verwirren wir die Ordnung der Himmel. Wir verwechseln Venus mit Merkur, denn Ihr müßt wissen, daß man hier zum Betrachten der Planeten statt Fernrohren nur Operngläser hat.

S. 114 Dein Genie und das seine machten sich den Sieg streitig, aber Du erschienst, und sein Ruhm verdunkelte sich für einen Augenblick.

S. 123 Dich lehre, die Schrecken des Grabes zu verachten und die Schrecken des Lebens nach dem Tode.

S. 139 Du, dessen Verlust mir noch nach zehn Jahren schrecklich ist und gegenwärtig.

Du erinnerst dich an die Zeit, als die liebenswürdige Egeria in den glücklichen Tagen unseres Lebens unseren Liedern lauschte, unsere Leidenschaft teilte, wir liebten uns alle drei: Vernunft, Wahnsinn, Liebe, der Zauber des zärtlichen Irrtums, alles vereinte unsere drei Herzen.

Wir singen zuweilen Deine Verse und die meinen, wir rühmen den Zauber Deines liebenswürdigen Geistes. Dein Name taucht noch in allen unseren Gesprächen auf. Wir lesen Deine Schriften, wir netzen sie mit Tränen.

S. 154 Sie schicken mir einen Hirtenbrief, erhalten Sie eine Tragödie, damit wir uns gegenseitig Komödie vorspielen.

S. 178 Phylis, wo ist die Zeit geblieben, als du in einer Droschke spazieren gefahren wurdest, ohne Lakaien, ohne Putz, nur mit deinen eigenen Reizen geschmückt . . .

S. 185 . . . wo Arachne die Wände tapeziert, die Laken kurz sind und die Betten hart.

S. 199 Himmel! würde ich Marianne, meine Köchin, schreien hören, wenn die Duchesse de Saint-Pierre, Du Châtelet und Forcalquier in meine Höhle zum Abendessen kämen!

S. 206 Der Unglückliche, der die Menschheit verläßt, stirbt an den Giften, die seine Hand bereitete.

S. 207 Liebt euch nicht zu sehr, ich bin es, der euch darum bittet. Dies ist das sicherste Mittel, euch immer zu lieben. Es ist besser, sein Leben lang Freunde zu sein, als einige Tage lang Geliebte.

S. 213 Bellona wird die Mauern von Philippsburg in Asche verwandeln durch fünfzigtausend Alexander, die mit vier Sous pro Tag bezahlt werden.

S. 228 Als der Teufel eines Tages Zeit hatte, sagte er: »Ich möchte mir zur Freude ein Tier schaffen, dessen Seele und Gestalt so der Natur entgegen sind, daß auch der verstockteste Geist bei seinem Anblick mein genaues Abbild erkennen würde ...

Es ist Desfontaines, es ist dieser Priester, der von Sodom nach Bicêtre kam, von Bicêtre ins Heilige Tal.

S. 236 Und ich überlasse jedem sich auszudenken, mit wie vielen Freuden sie ihre Qualen bezahlten.

S. 253 Du siehst in diesem Augenblick einen verängstigten Dichter, wert, bestraft, und zufrieden, geprügelt zu werden.

S. 254 Für ein indiskretes Epigramm ›voltairisierte‹ man einen Dichter.

S. 257 Der Himmel stattet dich mit all den Fehlern aus, die man liebt. Du hast nur die Tugenden, die man leicht vergibt.

... Und nötig schließlich wegen seiner Verspieltheiten, und etwas geltend durch Nichtigkeiten.

S. 259 Ein Reisender, der niemals log, kommt nach Cirey, bewundert und betrachtet es. Er glaubt zuerst, es sei nur ein Palast, dann sieht er Emilie: Ah! sagt er, es ist ein Tempel!

S. 276 Dessen muntere und bewegende Stimme vom Kothurn zur Sandale wechselt, immer bezaubernd, immer noch entzükkender.

S. 279 Paris, das meine Geburt sah, läßt mich ohne Ehrung, aber mein Traum ist es, ein Staatsminister zu werden, Herr der Finanzen, zumindest Botschafter, wie Prieur (de Vendôme) selig.

S. 282 Nein, trotz Eurer Tugenden, trotz Eurer Reize ist meine Seele nicht zufrieden: Ihr seid nur eine Kokette, die die Herzen unterjocht, und gebt Euch nicht.

Meine Seele fühlt den Wert Eurer göttlichen Reize, aber glaubt nicht, sie sei zufrieden. Verräter, Ihr verlaßt mich, um einer Koketten zu folgen. Ich werde Euch nie verlassen.

S. 288 Im Namen des Ewigen führte Michel einst den Teufel auf Irrwege, aber nach diesem Bankrott hole der Teufel Michel.

S. 300 Paris und die schöne Emilie haben schließlich doch unrecht behalten. Boyer und die Académie haben trotz seiner Palinodie das Schicksal Voltaires besiegelt. Berlin ist, was er uns auch immer sagen mag, wenn man es recht besieht, nur sein Notbehelf. Aber was tut's? Er wird uns zum Lachen bringen, wenn er uns mit satirischem Gift von Maurepas und Boyer spricht.

S. 308 Oft mischt sich ein wenig Wahrheit in die gröbste Lüge. Heute nacht war ich im Irrtum eines Traumes in den Rang der Könige erhoben worden. Ich liebte Sie, Prinzessin, und wagte es Ihnen zu sagen. Die Götter haben mir bei meinem Erwachen nicht alles genommen, ich habe nur mein Reich verloren.

Es ist äußerst ungehörig, ohne Skrupel die züchtigen Reize Eurer Erhabenen Schwester zu küssen; aber sie zu sehen, sie in Händen zu halten und nicht zu küssen, wäre gar zu lächerlich!

S. 318 Mein Heinrich IV. und meine Zaïre und meine amerikanische Alzire haben mir auch nicht einen einzigen Blick des Königs eingebracht. Ich hatte sehr viele Feinde und sehr wenig Ruhm. Ehren und Güter regnen nun endlich auf mich herab, für eine Jahrmarktsfarce!

S. 328 Wenn Caesar, der wunderbare Held, den ganz Rom anbetete, einen glänzenden Sieg errungen hatte, dann brachte man der göttlichen Cleopatra eine Huldigung ... Wenn Ludwig, der wunderbare Held, den ganz Paris vergöttert, einen glänzenden Sieg errungen hat, muß man der göttlichen d'Etoiles eine Huldigung darbringen.

S. 356 muß man von ferne sprechen oder schweigen.

S. 361 Pompadour, Sie verschönen den Hof, den Parnaß und Kythera, Entzücken aller Herzen, Schatz eines einzigen Sterblichen, möge ein so schönes Los ewig währen! Möge mit Ludwig der

Frieden auf unsere Felder zurückkehren, möget Ihr beide ohne Feinde sein und alle beide Eure Eroberungen behalten.

S. 366 Für ihren Gatten, den Oberst, der nie da war.

S. 367 Hier ruht in tiefem Frieden eine Dame der Wollust, die sicherheitshalber sich schon in dieser Welt ihr Paradies schuf.

S. 370 Die Freundschaft, die zum Himmel herabzusteigen geruhte, kam mir zu Hilfe; sie war vielleicht sogar zärtlicher, wenn auch weniger lebhaft als die Liebesgötter ... Gefesselt von ihrer neuen Schönheit und ihrem hellen Licht folgte ich ihr; aber ich weinte, daß ich nur noch ihr folgen konnte.

S. 384 Saint-Lambert, nur für Dich sind diese schönen Blumen erblüht. Deine Hand ist es, die die Rosen pflückt, und die Dornen sind für mich.
Bringe ihr schnell zu ihrem Schmuck die Blumen, die unter deinen Schritten blühen, und singe ihr auf deiner Hirtenflöte die schönen Weisen, die die Liebe wiederholt und die Newton nicht kannte.

S. 388 Dieses Loblied hat sehr wenig Wirkung. Kein Sterblicher dankt mir dafür. Derjenige, der sich am wenigsten darum kümmert, ist der, für den ich es gemacht habe.

S. 398 Einst gefiel ich Porquet, und Porquet verstand es, mir zu gefallen. Er wurde koketter und ich weniger streng. Ich schätzte sein Beffchen, ich bewunderte seine Perücke. Heute schäme ich mich dafür, denn ich glaube, er ist ein Eunuch.

S. 402 Hier liegt, die ihr Leben verlor durch die Doppelgeburt eines philosophischen Traktates und eines unglücklichen Kindes. Man weiß nicht genau, was von beiden sie dahingerafft hat. Was soll man nun als Grund für dieses unselige Ereignis annehmen? Saint Lambert gibt dem Buch die Schuld, Voltaire sagt, das Kind sei es gewesen.

S. 403 Das Universum hat die erhabene Emilie verloren. Sie liebte die Freuden, die Künste, die Wahrheit. Die Götter, die ihr ihre Seele und ihr Genie gaben, haben nur die Unsterblichkeit für sich behalten.

S. 419 Um diesen Preis wage ich mir zu schmeicheln, dem Glanz Voltaires gleichzukommen.

S. 421 Eure sehr alte Danae wird ihren kleinen Haushalt verlassen, dem sternbeglänzten Aufenthalt zuliebe, dessen sie in ihrem Alter nicht mehr würdig ist.

... ihren Jupiter und nicht seinen Regen. Aber umsonst mißachtet man diese sehr heilsamen Tropfen. In dem eisernen Zeitalter, in dem wir leben, sind die goldenen Tropfen notwendig.

S. 422 Grassouilette scheint mir, unter uns, ein wenig geplappert zu haben, ich sage es Ihnen ganz leise, schöne Pompadourette.

Ich habe die Ehre, im Auftrag Achills Venus Dank zu sagen.

S. 443 Leben Sie wohl, Herr Sekretär, seien Sie stets meine liebevolle Stütze. Denken Sie daran, wenn Friedrich mich nicht mehr liebte, müßten Sie für ihn zahlen.

S. 492 Ich empfing sie mit Zärtlichkeit, ich gebe sie mit Schmerzen zurück; so gibt ein Liebender in heftiger Leidenschaft das Bild seiner Geliebten zurück.

S. 508 Als an den Ufern des Mains zwei barbarische Wüteriche ihre feigen Grausamkeiten an mir ausließen, widmete ich mich in standhafter Ruhe der Arbeit; ihre Höhle wurde ein Asyl für die Künste, die sie nicht kannten.

S. 539 Ihr bestürmtes Herz weiß sich zu gut zu verteidigen, doch die Mutter der Spiele, der Grazien und der Freuden befiehlt Ihnen, es gefangennehmen zu lassen.

S. 564 Aber man müßte sich wohler fühlen, um davon zu sprechen und es zu tun.

S. 579 Ich muß, den Stürmen trotzend, als König denken, leben und sterben.

S. 590 Spielzeug der Pompadour, durch mehr als einen Schandfleck der Liebe gebrandmarkt.
Und diese göttlichen Reize, die wir nur in irgendeinem dunklen Tempel unter den Gesetzen der Venus kennengelernt hätten.

S. 591 Kannst Du die Zärtlichkeit der Natur und der Liebe verdammen, Du, der Du die Trunkenheit nur in den Armen Deiner Trommler kennenlerntest?

S. 595 Und stöhnen Sie über die Schwärze Ihres unverbesserlichen Herzens.

S. 606 Ich weiß nicht, wo ich es hintun soll, mein kleines Mädelchen, ich weiß nicht, wo ich es hintun soll, denn man hat es mir...

S. 620 Ich erlaube mir, die Freiheiten der Witzbolde zu tadeln

. . . .

Damit meine Verse für schön gehalten werden, muß man ein Gesetz erlassen. Und ich werde dem König sofort davon sprechen.

Sterbliche, schwache Sterbliche, das ist euer Leitspruch.

Caesar hat kein Asyl, wo sein Schatten ruhen könnte, aber Freund Pompignan will etwas Großes sein.

S. 623 Dieses Tier nannte sich Jean Fréron

. . . .

Er lehrte mich, wie man ein ganzes Buch zerstückelt und wieder zusammenflickt... Ich ließ mich anwerben, ich diente als Leuteschinder, ich kritisierte ungestraft und ohne Sinn und Wahl das Theater, die Kanzel, und ich log für zehn Ecus im Monat.

Ich wurde bekannt, aber durch meine Gemeinheit.

Traurig und beschämt verließ ich meinen Raubgesellen, der mir als Frucht meiner Arbeit mein Honorar stahl, indem er mir von Ehre sprach.

Als es mir in meinem heftigen Schmerz an allem fehlte, suchte ich Le Franc de Pompignan auf, der wie ich aus Montauban stammt.

Ihr hartes Schicksal rührt mich. Nehmen Sie hier meine heiligen Gesänge, heilig sind sie, weil niemand sie anrührt.

Dies ist ein Schatz, gehen Sie und seien Sie glücklich.

S. 624 In der Schule ein weltlicher Schöngeist zu sein, und in der Welt ein Mann der Schule.

S. 626 Sie haben mich eingeschläfert, sagte der gute Trublet, daher weckte ich meinen Mann mit lautem Pfeifen wieder auf.

Abbé Trublet war damals wütend, daß er in Paris nur eine kleine Persönlichkeit war.

Dem wenigen Geist, den dieser Mann besaß, diente der Geist anderer als Ergänzung. Er häufte Sprichwort auf Sprichwort; er kompilierte, kompilierte, kompilierte; man sah ihn unaufhörlich schreiben, schreiben, was er einst gehört hatte. Und er ermüdete uns, ohne je selbst zu ermüden.

S. 760 Ich lege mich Ihnen zu Füßen, denn ich habe Absichten auf diese. Ich bitte sie ergebenst, mir die Freude zu machen, sie in diese seidenen Maschen gebettet zu wissen, die ich mitten im Winter mit meinen eigenen Händen verfertigt habe.

S. 773 Aber wenn ich ein finsteres Gesicht erblicke, eine gräßliche Stirn, das verpestete Aussehen eines Schuldieners, einen gelben Hals über einem geduckten Rumpf, das Auge eines Schweines, das man in seinem Koben festgebunden hat (Spiegel einer Seele, die Gewissensbisse ausgeliefert ist, immer von der Angst verfolgt, daß man sie sehen könnte), so erkläre ich Ihnen offen und ohne alles Zögern, daß dieser häßliche Kerl Tartuffe ist oder Vernet.

S. 806 Wenn ich ein Schiff hätte, das Voltaire hieße, so würde ich unter diesem glücklichen Vorzeichen ein Piratenschiff daraus machen.

S. 811 Wenn man mit Lorbeern bedeckt ist, kann man eine Perücke (frz. perruque) schenken. Leihen Sie mir einige Reime auf uque, um meine vertraulichen Verse zu schmücken. Wir haben nur den (Reim) Eunuch (frz. eunuque). Dieses Wort würde mir zwar ganz gut passen, aber das Wort ist Unsinn, und die schönen Kirchenfürsten könnten sich dadurch gekränkt fühlen.

S. 818 Auf den Autor, dessen Haut ganz fest auf seinen Knochen klebt, scheut sich der Tod fest zuzuschlagen, aus Furcht, er könnte seine Sense abbrechen. Wenn er seine Augen geschlossen haben wird – denn einmal muß es ja dazu kommen – adieu, Ruhm, Lärm und Lob, die Zeit wird das ihre tun.

S. 821 Ich habe heute bei Pigalle den berühmten Entwurf einer gewissen Statue gesehen, mit diesem Auge, das blitzt, mit diesem Lächeln, das tötet, mit diesem auf den Ruhm anderer so neidischen Ausdruck. Ich habe ausgerufen: das ist nicht Voltaire, das ist ein Ungeheuer!... Oh! sagte mir ein gewisser Zeitungsschreiber, wenn es ein Ungeheuer ist, so ist es sicher Voltaire.

S. 822 Hätte er nicht geschrieben, so hätte er gemordet.
Du verfolgst ihn bis ins Grab, schwarzer Neid, und um ihn zu bewundern sagst du: warten wir, bis er stirbt und bis er endlich seinen Geist aushaucht.

S. 823 Die schönsten Augenblicke meines Lebens sind also die, die ich nicht gesehen habe! Sie haben mein Bild mit den Lorbeern geschmückt, die bei Ihnen wachsen. Mein Ruhm war, allen Neidern zum Trotz, jederzeit Ihr Werk.

S. 836 Was, zwei Küsse am Ende seines Lebens! Welchen Freipaß geruhen Sie mir zu schicken! Zwei! Einer ist schon zu viel, anbetungswürdige Egeria! Ich wäre bereits beim ersten vor Vergnügen gestorben.

S. 839 Ich erwartete nicht, daß eine Kröte des Parnaß sich in ihrem Sumpfloch mit so viel Frechheit aufblähen könnte. Mein Herr, hören Sie mich an, ich komme aus Dijon, und ich habe weder Wohnung, Kredit noch Ansehn. Ich habe schlechte Verse gemacht, und Sie können wohl glauben, daß ich mich nicht erdreiste, nach Ruhm zu trachten. Ich will ihn nur jedem nehmen, der sich seiner erfreut. Dieses edle Handwerk lehrt mich Freund Fréron, der Herr Abbé Propred (Mably) führt mich bei den Damen ein; mit Schöngeistern zetteln wir unsere Verschwörungen an. In einem Monat werden wir einander feind sein, aber die dringende Notwendigkeit hält uns noch verbunden. Ich ahme sie nach in der schönen Kunst zu schaden. Das ist mein einziges Talent; das ist der Ruhm, nach dem ich trachte.

S. 871 Dieser König, größer als sein Glück, verachtete wie Ihr überflüssigen Pomp.

S. 890 Die Ehre der beiden ähnlichen Pfarrer war mit gutem Recht dem Kaplan der »Unheilbaren« vorbehalten.

S. 899 Vor den Augen des entzückten Paris empfange heute eine Huldigung, die die strenge Nachwelt von Jahrhundert zu Jahrhundert bestätigen wird. Nein, Du hast es nicht nötig, an das dunkle Ufer zu gelangen, um die Ehre der Unsterblichkeit zu genießen. Voltaire, empfange den Kranz, den man Dir darreicht; es ist schön, ihn zu verdienen, wenn es Frankreich ist, das ihn gibt.

S. 907 Ich kehre von einem Ufer des Styx zum anderen zurück.

S. 925 Es fehlt nichts zu seinem Ruhm: die Priester haben ihn verflucht, und die Könige haben ihn geliebt.

S. 929 Die Priester haben der Welt so viel Böses getan, daß ich einen
Zahn Voltaires gegen sie aufbewahrt habe.

Literaturverzeichnis

ANTIVOLTAIRIENS (Les). *Fréron, Desfontaines, La Beaumelle, Nonnotte, Guénée, Guyon, Sabatier de Castres.* Paris, Gautier, o. J.

AUBERT (Le Père François). *Réfutation de Bélisaire et de ses oracles MM. J.-J. Rousseau, de Voltaire.* Basel und Paris, A. Boudet, 1768.

BANIÈRES Jean. *Examen et réfutation des Eléments de la Philosophie de Newton de M. de Voltaire;* avec une dissertation sur la réfraction et la réflexion de la lumière. Paris, Lambert, 1739.

BEAUMARCHAIS. *Observations grammaticales sur Figaro présentées aux amateurs de la langue,* précédées d'un *Discours à MM. les Comédiens ordinaires du Roi,* suivies de quelques réflexions sur les 30 volumes des œuvres de Voltaire. Séjour de la vérité, chez l'ingénu, 1785.

BEAUNE Henri. *Voltaire au Collège, sa famille, ses études, ses premiers amis,* lettres et documents inédits. Paris, Amyot, 1867.

BELLUGON Henri. *Voltaire et Frédéric II au temps de la marquise du Châtelet.* Marcel Rivière, 1963.

BENGESCO Georges. *Voltaire,* bibliographie de ses œuvres. Paris, Rouveyre et Bloud, 1882. 4 vol.

BERSOT Ernest. *La Philosophie de Voltaire,* avec une introduction et des notes. Paris, Lagrange, 1848.

BESTERMAN Theodore. *Voltaire,* discours prononcé par Theodore Besterman à l'inauguration de l'Institut et Musée Voltaire. Genf, Institut et Musée Voltaire, 1954. *Voltaire's Correspondence,* edited by Theodore Besterman. Genf, Institut et Musée Voltaire, Les Délices, 1955. Tomes 1 à 102.
Studies on Voltaire and the eighteenth century, edited by Institut Voltaire, Genf, 1957. 2 vol.

BOSWELL James. *Les Papiers de Boswell. Boswell chez les Princes. Les Cours allemandes, Voltaire, J.-J. Rousseau, 1764. (Boswell on the grand Tour, 1764),* préface de André Maurois. Texte français de Célia Bertin. Paris, Hachette, 1955.

BOUVY Eugène. *Voltaire et l'Italie.* Paris, Hachette, 1898.
La critique dantesque au XVIIIe siècle. Voltaire et les polémiques italiennes sur Dante. Revue des Universités du Midi.

BRANDES Georg. *Voltaire.* 2. Aufl. Berlin 1923. 2 Bde.

BURY (de). *Lettre sur quelques ouvrages de M. de Voltaire.* Amsterdam, 1769.

CAMPARDON Emile. *Voltaire,* documents inédits recueillis aux Archives Nationales. Paris, 1830.

CAUSEY Fernand. *Voltaire, seigneur de village.* Paris, Hachette, 1912.

CHAUMAREIYS (de). *Appel à Michel Montaigne,* suivi de *Voltaire aux Champs-Elysées,* et précédé d'une adresse en vers aux Français républicains. Paris, Imprimerie de la Gazette de France Nationale, 1793.

CHAPONNIÈRE Paul. *Voltaire chez les Calvinistes*. Genf, Editions du Journal de Genève, 1932.

CHARDONCHAMP Guy. *La famille de Voltaire. Les Arouet*. Paris, Honoré Champion, 1911.

CHARROT Ch. *Quelques notes sur la correspondance de Voltaire*. Paris, Colin, 1913.

CHEREL Albert. *Déceptions et confiance de Voltaire*. Bordeaux, R. Picot, 1941.

COLLINS (J. Churton). *Voltaire, Montesquieu et Rousseau en Angleterre*, traduit de l'anglais par P. Deseille. Paris, Hachette, 1911.

CONDORCET J. A. N. (Marquis de). *Vie de Voltaire* suivie des *Mémoires de Voltaire*, écrits par lui-même et des pièces justificatives. Paris, Lefèvre, Déterville, 1818.

CORNOU François. *Trente ans de lutte contre Voltaire et les philosophes*. Fréron, Champion, 1922.

CRESSON. *Voltaire*. Presses Universitaires, 1950.

CROUSLE L. *La vie et les œuvres de Voltaire*. Paris, Honoré Champion, 1899.

DESNOIRESTERRES Gustave. *Voltaire et la société au XVIIIᵉ siècle*. III à VIII. Deuxième édition. Paris, Didier, 1869-1876. 8 vol.

DONVEZ Jacques. *De quoi vivait Voltaire*, Paris, Deux-Rives, 1949.

DUPANLOUP (Monseigneur). *Premières Lettres. Nouvelles Lettres à MM. les membres du Conseil municipal de Paris sur le centenaire de Voltaire*. Paris, 1878.

DUVAL (F. Raoul). *Cour impériale de Rouen. Audience solennelle de rentrée, 4 novembre 1867. De l'action exercée par Voltaire sur nos mœurs judiciaires*, discours. Rouen, Lecerf imp. 1867.

DUVERNET Théophile-Imarigeon (Abbé). *Vie de Voltaire*, suivie d'anecdotes qui composent sa vie privée. Paris, F. Buisson; Pougens u. Genf, J.-J. Paschoud, V, 1797.

FAGUET Emile. *La politique comparée de Montesquieu, Rousseau et Voltaire*. Paris, Société française d'Imprimerie et de Librairie, 1902.

FAVIER. *Le poète réformé ou apologue pour la Sémiramis de M. de Voltaire*. Amsterdam, 1749.

FERRADOU François. *Barreau de Bordeaux. La conception de l'avocat dans Voltaire*, discours prononcé le 2 décembre 1927 à la séance d'ouverture de la conférence des avocats stagiaires, Bordeaux, Delbrel, 1927.

FEUGÈRE A. *Un compte fantastique de Voltaire. 95 lettres anonymes attribuées à La Beaumelle. Mélanges*... offerts à Paul Laumonier. Paris, Droz, 1935.

FLANDRIN Louis. *Voltaire, Œuvres choisies*. Hatier, 1946.

FLOTTES Jean-Baptiste-Marcel (Abbé). *Introduction aux ouvrages de Voltaire, par un homme du monde qui a lu avec fruit des ouvrages immortels*. Montpellier, imprimerie Tourvel, 1816.

FRESCARODE Victoire-Hortense. *Hommage aux mânes de Corneille et de Voltaire*, présenté à l'Institut National. Paris.

GAGNEBIN Bernard. *Lettres inédites de Voltaire à son éditeur Cramer*. Lille, Giard, 1952.

GASTE Armand. *Voltaire à Caen en 1713* (le salon de Mme d'Osseville. Le P. de Couvrigny). Caen, Delesques, 1901.

GAXOTTE Pierre. *Louis XV*
        Frédéric II.
        Histoire de l'Allemagne.

GAY DE NOLBAC. *Epître envoyée à M. de Voltaire, à Genève*, par Gay de Nolbac, avocat à Bordeaux avec la lettre de remerciement de Voltaire. Bordeaux, La Cornée, 1768.

GRAFFIGNY (Mme de). *Lettres*, suivies de celles de Mmes de Staël, d'Epinay, du Boccage, Suard, du chevalier de Boufflers, du marquis de Villette... des relations de Marmontel, de Gibbon, de Chabanon, du Prince de Ligne, de Grétry, de Genlis, sur leur séjour près de Voltaire, augmentées de nombreuses notes et précédées d'une notice biographique par Eugène Asse. Paris, 1879.

GUÉNÉE Antoine (Abbé). *Lettres de quelques juifs portugais, allemands et polonais, à M. de Voltaire*, avec un petit commentaire extrait d'un plus grand, suivi d'un mémoire sur la fertilité de la Judée. Dixième édition, revue, corrigée et augmentée. Lyon, Savy, 1819. 3 vol.

GUYON Claude-Marie. *L'oracle des nouveaux philosophes, pour servir de suite et d'éclaircissement aux œuvres de Voltaire*, avec une suite. Bern, 1760

HAREL Marie-Elie. *Voltaire*, recueil des particularités curieuses de sa vie et de sa mort. Porrentruy, J.-J. Gœtschy.

HOUSSAYE Arsène. *Le roi Voltaire. Sa jeunesse, sa cour, ses ministres, son peuple, ses conquêtes, sa mort, son Dieu, sa dynastie.* Paris, Lévy, 1853.

KORFF H. A. *Voltaire im literarischen Deutschland des 18.Jahrhundert.* Heidelberg 1917. 2 Bde.

LABROUE Henri. *Voltaire antijuif.* Paris, Documents contemporains, 1942.

LACHÈVRE Frédéric. *Voltaire mourant.* Enquête faite en 1778 sur les circonstances de sa dernière maladie. Paris, H. Champion, 1908.

LANSON Gustave. *Voltaire.* Paris, Hachette, 1906.

LA MOTTE Antoine Houdar de. *Suite des réflexions sur la tragédie où l'on répond à M. de Voltaire.* Paris, Grégoire Dupuis, 1730.

LANTOINE Albert. *Les lettres philosophiques de Voltaire.* Paris, Malfère, 1931.

LATAPIE François-de-Paule. *Un Bordelais chez Voltaire.* Extrait des manuscrits de François-de-Paule Latapie publié par M. Léon Cosme. Bordeaux, imprimerie G. Gounouilhou, 1898.

LENOTRE G. *Existences d'artistes. De Molière à Victor Hugo.* Paris, Grasset, 1940.

LEPAN. *Commentaire sur les tragédies et les comédies de Voltaire restées au théâtre.* Deuxième édition. Paris, 1826. 2 vol.

Vie politique, littéraire et morale de Voltaire où l'on réfute Condorcet et ses autres historiens en citant près de trois cents faits, tous appuyés sur des preuves incontestables. Paris, chez l'auteur, 1824.

L'HOSPITAL J. E. *Apologie de Voltaire*. London, 1786.

LINGUET S. N. H. *Examen des ouvrages de Voltaire, considéré comme poète, comme prosateur, comme philosophe*. Brüssel, 1788.

LOUNSBURY Thomas R. *Shakespeare et Voltaire*. New York, 1902.

LUCHET (Marquis du). *Histoire littéraire de Voltaire*. Cassel, Paris, 1781.

MARCADE Victor-Napoléon. *Etude de science religieuse, expliquée par l'examen de la nature de l'homme*, contenant avec une préface philosophique et historique, 1) les principes de Théodicée et l'établissement de la Mission divine de l'Eglise, 2) un examen démontrant l'accord intime de la raison divine et de la foi, du libéralisme et du christianisme, 3) des mélanges terminés par la critique du jugement porté sur Voltaire, sa philosophie et la révolution dans l'histoire des Girondins. Paris, 1847.

MARCHAND Jean-Henri. *Testament politique de M. de Voltaire*. Genf, 1771.

MAUROIS André. *Les pages immortelles de Voltaire*, choisies et expliquées. Paris, Corréa, 1938.

Voltaire. Sixième édition. Paris, Gallimard, 1935.

MAYNARD (Abbé). *Voltaire, sa vie, ses œuvres*. Paris, Bray, 1867.

MEGRET DE BELLIGNY S. D. *A Voltaire*. Bordeaux, imprimerie G. Gounouilhou, o. J.

MÖNCH W. *Voltaire und Friedrich der Große*. Stuttgart 1943.

NAVES Raymond. *Voltaire, l'homme, l'œuvre*. Paris, Boivin, 1942.

NISARD Charles. *Les Ennemis de Voltaire, L'abbé Desfontaines, Fréron, La Beaumelle*. Paris, Amyot, 1853.

NONNOTTE Cl. Fr. *Les erreurs de Voltaire*. Lyon, Reguilliat, 1776–79. 3 vol.

NOYES Alfred. *Voltaire*. München 1958

OLIVER Jean-Jacques. *Voltaire et les Comédiens interprètes de son théâtre*. Paris, Société française d'Imprimerie et de Librairie, 1900.

OMBRE L. *De Boileau à M. de Voltaire*. Précédé de *l'épitre ou mon testament*. 1772.

OULMONT. *Voltaire en robe de chambre*. Calmann-Lévy, 1936.

PALISSOT DE MONTENOY Charles. *Zelinga, histoire chinoise*, augmentée d'une *Lettre à l'auteur de Nanine*, et de *plusieurs lettres d'une demoiselle entretenue à son amant*. Marseille, 1750.

PEREY Lucien. *Vie intime de Voltaire aux Délices et à Ferney*. Calmann-Lévy, 1885.

PILON Edmond. *Dames et cavaliers*. Paris, Grasset, 1936.

POMEAU René. *La Religion de Voltaire*. Paris, Nizet, 1956.

POMPERY Edouard de. *Le vrai Voltaire. L'homme et le penseur*. Paris, 1867

PROD'HOMME J. G. *Voltaire raconté par ceux qui l'ont vu*. Préface d'Edouard

Herriot. A l'occasion du 150ᵉ anniversaire de la mort de Voltaire. Paris, Stock, 1929.

Recueil d'Eloges à Voltaire. Pièces qui ont concouru pour le Prix de l'Académie française en 1779.

ROSSEL Frédéric. *Voltaire, créancier de Wurtemberg.* Paris, Honoré Champion, 1929.

ROULIN Alfred. *Voltaire, lettres inédites à Constant d'Hermanches,* Paris, Buchet-Chastel, Corréa, 1956.

SÉLIS Nic. Jos. *Maladie, confession, mort de M. de Voltaire, et ce qui s'ensuit, par moi Joseph Dubois Nic. Jos. Sélis.* Genf, 1778.

SERTILLANGES A.-D. (R. P.). *Le christianisme et les philosophies.* Paris, Aubier, 1941.

SPENLÉ Jean-Edouard. *Les grands maîtres de l'humanisme européen,* préface de Gaston Bachelard. Paris, Corréa, 1952.

STAKEMANN J. G. *Voltaire, Wegbereiter der französischen Revolution.* Berlin 1936.

STRAUSS D. Friedrich. *Voltaire.* Sechs Vorträge. Leipzig 1936

TOLDO P. *Un rapporto a Benedetto XIV contro la »Pucella« del Voltaire.* Bologna, Stabilimento poligrafici riuniti, 1931.

TRAHARD Pierre. *Les Maîtres de la sensibilité française au XVIIIᵉ siècle (1715–1789).* Paris, Boivin, 1932. 4 vol.

TRAVENOL ET MANNORY. *Voltariana, ou éloges amphigouriques de Voltaire.* Paris, 1749.

TRONCHIN Henry. *Le conseiller François Tronchin et ses amis: Voltaire, Diderot, Grimm, etc.,* d'après des documents inédits par Lucien Perey et Gaston Maurras. Deuxième édition. Paris, Calmann-Lévy, 1885.

VALÉRY Paul. *Voltaire,* discours prononcé le 10 décembre 1944 en Sorbonne. Paris, Collection »Au voilier«. Domat-Montchrestien, 1945.

VIAL. *Voltaire, sa vie, son œuvre.* Didier, 1954.

VOLTAIRE. *Mémoires pour servir à l'histoire de M. de Voltaire,* dans lesquels on trouvera divers écrits de lui, peu connus, sur ses différends avec J.-B. Rousseau, etc., un grand nombre d'anecdotes et une notice critique de ses pièces de théâtre (revus par l'abbé Chaudon). Amsterdam, 1785.

Poétique de M. de Voltaire, ou observations recueillies de ses ouvrages concernant la versification française, etc. Paris, Lacombe, 1766.

Voltaire portatif. Pensées philosophiques de Voltaire, ou tableau encyclopédique des connaissances humaines, contenant l'esprit, maximes, principes, caractères, portraits tirés des ouvrages de ce célèbre auteur et rangés suivant l'ordre des matières. 1766.

XIMÉNÈS Auguste-Louis de. *Discours en vers à la louange de Voltaire,* suivi de quelques autres poésies, et précédé d'une lettre de Voltaire à l'auteur. 1784.

Zeittafel

Leben Voltaires	*Ereignisse in Frankreich*
1694 Sonntag, den 21. November: François-Marie Arouet in Paris geboren	Hungersnot – Sieg Jean Barts über die Holländer – Bombardierung von Dieppe, Le Havre und Dünkirchen durch die Engländer
1695 1 Jahr alt	Bau von Schloß Versailles abgeschlossen – Erhebung der Kopfsteuer
1696 2 Jahre alt	Geburt von Louis-François-Armand de Vignerot du Plessis (künftiger Maréchal de Richelieu) – Frieden von Paris
1697 3 Jahre alt – Sein Pate, der Abbé de Châteauneuf, läßt ihn Fabeln von La Fontaine aufsagen	Torcy im Außenministerium – D'Argenson folgt La Reynie – Vertreibung der italienischen Komödianten – Fénelon nach Cambrai verbannt
1698 4 Jahre alt	Der König mit Madame de Maintenon im Lager von Compiègne
1699 5 Jahre alt	Torcy Staatsminister – Pontchartrain Kanzler – Chamillard Finanzminister
1700 6 Jahre alt	Memorandum der Intendanten (Abgeordnete des Königs in Provinzen)

Ereignisse in der Welt	Geistesleben	
Gründung der Bank von England – Regierungsantritt Augusts I. von Sachsen	Erste Ausgabe des *Dictionnaire* der Académie Française – Bossuet: *Réflexions sur la comédie* – Saint-Simon beginnt mit der Abfassung seiner *Memoiren*	1694
Eroberung Namurs durch Wilhelm von Oranien – Tod Achmeds II.	Fénelon Erzbischof von Cambrai – Bossuet verdammt Quietismus – Gestorben: La Fontaine, Purcell, Huygens – Geboren: J. Ch. Günther	1695
Separatfrieden Frankreichs mit Savoyen in Turin – Tod Johanns III. Sobieski, Königs von Polen – Tod Iwans V., Zar von Rußland	Regnard: *Le Joueur* – Ch. Perrault: *Vie des hommes illustres* – Reuter: *Schelmuffsky* – Gestorben: Madame de Sévigné, La Bruyère, P. Mignard – Geboren: Tiepolo	1696
Frieden zu Ryswijk: Frankreich verliert Lothringen und rechtsrheinische Eroberungen, verzichtet auf die Pfalz – Tod Karls XI. von Schweden – Regierungsantritt Karls XII.	Bayle: *Dictionnaire historique et critique* – Fénelon: *Explication des maximes des saints* – Perrault: *Contes de ma mère l'Oye* – Geboren: Abbé Prévost, Hogarth, Canaletto	1697
Vertrag von Den Haag	Ludwig XIV.: *Manière de montrer des Jardins de Versailles* – Madame d'Aulnoy: *Les illustres Fées* – Geboren: Metastasio, Bodmer	1698
Gründung des Fürstentums von Liechtenstein – Türken verlieren im Frieden von Karlowitz Ungarn und Siebenbürgen an Österreich, Österreich–Ungarn wird europäische Großmacht	Fénelon: *Télémaque* – Madame Dacier übersetzt die *Ilias* – Shaftesbury: *Eine Untersuchung über die Tugend* – Gestorben: Racine – Geboren: Chardin	1699
Tod Karls II. von Spanien, Regierungsantritt Philipps V. (Enkel Ludwigs XIV.) – Tod von Innozenz XII. – Pontifikat von Clemens XI – Vertrag von London: endgültige Teilung des spanischen Erbes	Fénelon: *Dialogue des morts* – Leibniz: *Neue Versuche über den menschlichen Verstand*; gründet Preußische Akademie der Wissenschaften – Gestorben: Le Nôtre, Dryden – Geboren: Zinzendorf	1700

1701	7 Jahre alt

Ludwig XIV. bestätigt Philipp V. seine Rechte auf die Krone Frankreichs

1702   8 Jahre alt

Saint-Simon wird Herzog und Pair – Letzter Hugenottenkrieg: Aufstand der Camisards – Villars: Maréchal de France – Tod Jean Barts

1703   9 Jahre alt

Tod des ›Mannes mit der eisernen Maske‹ in der Bastille

1704   10 Jahre alt – François-Marie Arouet verliert seine Mutter – Eintritt ins Gymnasium Louis-le-Grand, das von Jesuiten geführt wird – 19. Dez.: Ninon de Lenclos vermacht dem jungen Arouet 1000 Francs, damit er sich Bücher kaufen kann

Ende des Aufstands der Camisards

1705   11 Jahre alt

Ludwig unterbreitet Heinsius Friedensangebote

1706   12 Jahre alt – Emilie Le Tonnelier de Breteuil (künftige Marquise du Châtelet) wird geboren – François schreibt seine erste Tragödie ›Amulius et Numitor‹, die verloren ist – Er wird dem Großprior Vendôme im Temple vorgestellt

Niederlage von Villeroi in Ramillies – Ludwig XIV. macht neue Friedensvorschläge – Niederlage La Feuillades vor Turin

England, Niederlande, Österreich führen Spanischen Erbfolgekrieg gegen Frankreich, Bayern, Köln – Regierungsantritt Friedrichs I. von Preußen – Die Stuarts vom Thron verdrängt – Tod Jakobs II. – Regierungsantritt Jakobs III. von England

Beginn der Veröffentlichung des *Journal de Trévoux* – Gestorben: Mlle de Scudéry, Segrais, Boursault

1701

Tod Wilhelms III. von Oranien, Königs von England – Regierungsantritt der Königin Anne

Erste englische Tageszeitung: *The Daily Courant* – Farquhar: *The Inconstant* – Geboren: Liotard

1702

Schlacht von Höchstädt – Savoyen tritt der Koalition bei – Gründung von Sankt Petersburg durch Peter den Großen – Geburt von Maria Leszczynska

Bach: erste Orgelwerke – Gestorben: Saint Evremond, Perrault – Geboren: Boucher, Wesley

1703

Stanislaus Leszczynski, König von Polen – Die Engländer in Gibraltar

Regnard: *Les Folies amoureuses* – Erste französische Übersetzung von *1001 Nacht* – Newton: *Optik* – Gestorben: Bossuet, Locke – Geboren: La Tour

1704

Tod Leopolds I. – Regierungsantritt Josephs I. – Bulle: Vineam Domini

Crébillon: *Idoménée* – Regnard: *Les Ménechmes* – Händel: *Amira* – Gestorben: Ninon de Lenclos, Mme de Grignan (Tochter der Mme de Sévigné)

1705

Vereinigung Englands mit Schottland – Madrid von Philipp V. verloren und wieder erobert – Schwedenkönig Karl XII. in Sachsen, August der Starke muß auf polnische Krone verzichten – Geburt Franklins

Rameau: *Premier livre de clavecin* – Tod Bayles

1706

Leben Voltaires	*Ereignisse in Frankreich*
1707 13 Jahre alt	Zwangskurs des Papiergeldes – Tod der Madame de Montespan
1708 14 Jahre alt	Niederlage von Audenarde – Belagerung von Lille
1709 15 Jahre alt	Hungersnot–Chamillard (Finanzminister) in Ungnade – 11. Sept.: Schlacht von Malplaquet – 23. Okt.: Vertreibung der Nonnen von Port-Royal – Tod von P. de la Chaise – Pater Tellier Beichtvater des Königs
1710 16 Jahre alt	Zerstörung von Port-Royal – 15. Febr.: Geburt des Herzogs von Anjou (des späteren Ludwig XV.)
1711 17 Jahre alt – August: Er beendet seine Schulzeit im Louis-le-Grand und wird Student der Rechte	Tod des Grand Dauphin von Frankreich
1712 18 Jahre alt – Geburt von Marie-Louise Mignot (der späteren Madame Denis)	Blatternepidemie – Tod des Duc de Bourgogne – 24. Juli: Schlacht bei Denain, Ende der spanischen Erbfolgekriege – Rohan Kardinal

Ereignisse in der Welt	Geistesleben	
Belagerung von Lerida – Peter der Große dringt nach Polen ein	Crébillon: *Atrée et Thyeste* – Lesage: *Le diable boiteux; Crispin rival de son Maitre* – Gestorben: Buxtehude – Geboren: Linné, Goldoni, Buffon, Fielding	1707
Der Papst verdammt die Thesen des jansenistischen Theologen Quesnel – Prinz Eugen und Marlborough besiegen französische Truppen in den spanischen Niederlanden – Geburt Pitts	Regnard: *Le légataire universel* – Berkeley: *Eine neue Theorie des Sehens* – Gestorben: Weise, Hardouin-Mansart, Torelli – Geboren: Voisenon, Nonnotte	1708
Karl XII. von Rußland bei Poltawa geschlagen – Geburt von Elisabeth, Tochter Peters des Großen	Lesage: *Turcaret* – Pope: Schäferdichtungen – Erste opera buffa in Neapel – Boettger erfindet das Porzellan – Gestorben: Th. Corneille, Regnard, Hobbema – Geboren: Gresset, Tronchin, Brosses, Le Franc de Pompignan, La Mettrie	1709
Sieg Vendômes bei Villaviciosa: Philipp V. bleibt Herr von Spanien – Henry Lord Bolingbroke wird englischer Außenminister	Erste kritische Shakespeare-Ausgabe – Leibniz: *Theodicée* – Swift: *Tagebuch an Stella* – Händel in England – Geboren: W. F. Bach, Pergolesi	1710
Tod Josephs I. – Regierungsantritt Karls VI.	Pope: *Abhandlung über die Kritik* – Addison gibt die moralische Wochenschrift *Spectator* heraus – Gestorben: Boileau – Geboren: Hume	1711
Geburt des Prinzen Friedrich von Preußen (des künftigen Friedrich des Großen) – Ende der Religionskriege in der Schweiz – Kongreß von Utrecht – Geburt des Infanten von Spanien – Philipp V. verzichtet auf die französische Krone	Marivaux: *Pharsamon* – Wolff: *Vernünftige Gedanken von den Kräften des menschlichen Verstandes* – Pope: *Der Lockenraub* – Gestorben: Reuter – Geboren: J. J. Rousseau, Guardi	1712

1713 19 Jahre alt – Sept.: Er folgt dem
französischen Botschafter als Sekretär nach Den Haag – *Ode sur
les malheurs du temps* – 24. Dez.
Rückkehr nach Paris

Villars erobert Freiburg – Errichtung der Place Bellecour in
Lyon

1714 20 Jahre alt – Er nimmt seine
juristischen Studien wieder auf –
Sein *Voeu de Louis XIII* wird beim
Dichterwettbewerb von der Académie Française abgelehnt – Zwei
satirische Gedichte: *Le Bourbier*
und *L'Anti-Giton*

Ludwig XIV. zwingt den obersten Gerichtshof die Bulle Unigenitus zu Protokoll zu nehmen –
Erlaß über die Erbfolge von un-
ehelichen Kindern

1715 21 Jahre alt – Arouet verkehrt im
Temple und mit den Libertins –
Er liest in Sceaux vor der Du-
chesse du Maine seine Tragödie
Oedipe

Persische Botschaft in Versailles
– 1. Sept.: Tod Ludwigs XIV. –
Regierungsantritt Ludwigs XV.
(Régence bis 1723) – Maurepas
Staatsminister

1716 22 Jahre alt – 5. Mai: Exil nach
Tulle, dann nach Sully-sur-
Loire – Liebschaft mit Mademoi-
selle de Livry

Law gründet die Banque géné-
rale – Entstehung der Behörde
Ponts et Chaussees – Wiederer-
öffnung der Comédie italienne in
Paris

1717 23 Jahre alt – Rückkehr nach
Paris und Wohnung in der Rue
de la Calande – Er sieht Zar Peter
I. – Beginnt mit der *Henriade* –
16. Mai: Einkerkerung in der
Bastille

Peter der Große in Paris – Gründung der Aktiengesellschaft Compagnie française d'Occident –
Dubois im Außenministerium –
Daguesseau Kanzler

1718 24 Jahre alt – 11. April: er ver-
läßt die Bastille und geht ins
Exil nach Châtenay – 18. Nov.:
erste Aufführung des *Oedipe* –
Görtz bietet ihm eine Stelle als
Sekretär an

Die Bank Laws wird staatlich –
Dubois Staatsrat im Außenministerium – Verschwörung von
Cellamare – Bau des Palais de
l'Elysées

Clemens XI.: Bulle Unigenitus – Pragmatische Sanktion Karls VI. zugunsten seiner Tochter Maria-Theresia – Frieden von Utrecht: Ende der politischen Hegemonie Frankreichs – England hat Monopol im Sklavenhandel – Sinken der holländischen Macht – St. Petersburg wird anstelle von Moskau Hauptstadt	Addison: *Cato* – Entdeckung der Ruinen von Herculanum – Couperin: *Premier livre de clavecin* – Gestorben: Shaftesbury, Corelli – Geboren: Diderot, Sterne, Muratori	1713
Tod der Königin Anne Stuart, Georg I. (Dynastie Hannover) wird König von England – Vertrag von Rastatt – Rußland erobert Finnland	Leibniz: *Monadologie* – Fénelon: *Lettre à l'Académie* – Marivaux: *Télémaque travesti* – Quecksilberthermometer von Fahrenheit – Geboren: Gluck, Pigalle	1714
Preußen tritt in den Nordischen Krieg gegen Schweden ein – Aufstand in Schottland, Scheitern der Stuarts	Lesage: *Gil Blas* – Massillon: *Oraison funèbre de Louis XIV* – Gestorben: Fénelon, Malebranche – Geboren: Vauvenargues, Helvétius, Condillac, Bernis, Mirabeau (Vater), Gellert	1715
Alberoni erster Minister Philipps V. – Eroberung von Temesvar durch Prinz Eugen: die Türken werden aus Ungarn verjagt	Gestorben: Leibniz – Geboren: Saint-Lambert	1716
Das Christentum wird in China verboten – Belagerung von Belgrad, Einnahme durch Prinz Eugen – Tripelallianz in Den Haag gegen Philipp V.	Retz: *Mémoires* – Erste Freimaurergroßloge in London – Schulpflicht in Preußen – Geboren: Winckelmann, d'Alembert, Stamitz	1717
Tod Karls XII. von Schweden – Gründung von New Orleans – Quadrupelallianz mit London – Peter der Große läßt seinen Sohn, den Kronprinzen Alexei, hinrichten	Massillon: *Petit carème* – Debüt der Neuberin – Gestorben: Fagon – Geboren: Fréron	1718

1719	25 Jahre alt – Febr.: Arouet nimmt den Namen Voltaire an – Veröffentlichung des *Oedipe* – Mondänes Leben

Law prägt Geld – Tod Madame de Maintenons

1720	26 Jahre alt – Febr.: Erste Aufführung von *Artémire* – Er besucht Lord Bolingbroke im Château de la Source bei Orléans – Liest Passagen der *Henriade*

Pest in Marseille – Law Generalkontrolleur der Finanzen – Schließung der Rue Quincampoix – Aufstand in Paris – Entlassung und Flucht Laws – Der oberste Gerichtshof nimmt die Bulle Unigenitus zu Protokoll – Bau des Château de Champs

1721	27 Jahre alt – Nov.: Voltaire überreicht sein Manuskript *La Henriade* dem Regenten und zieht Nutzen aus dem Zusammenbruch des Law'schen Systems

Gründung der ersten Freimaurerloge – Festnahme des berühmten Räubers Cartouche – Die Brüder Pâris nehmen den Platz Laws ein – Französisch-spanische Versöhnung – Geburt von Antoinette Poisson (Mme de Pompadour)

1722	28 Jahre alt – 1.Jan.: Tod von Voltaires Vater – Er bewirbt sich um eine geheime Mission in Deutschland – Juli: er reist mit Madame de Rupelmonde nach Brüssel und Holland – Begegnung mit dem Dichter J.-B. Rousseau – Schreibt *Le Pour et le Contre*

Dubois Premierminister Ludwigs XV. – Tod der Liselotte von der Pfalz – Gefangennahme Villerois – Ende der Pest in Marseille

1723	29 Jahre alt – *Essai sur les guerres civiles* beendet – Verhältnis mit Madame Bernières – Veröffentlichung der *Henriade* (unter dem Titel *Poème de la Ligue*) – Nov.-Dez.: holt sich die Blattern und wird von Adrienne Lecouvreur gepflegt – Schreibt Tragödie *Marianne* – Tod seines Freundes Genonville

Volljährigkeit Ludwigs XV. – Tod des Regenten – Der Duc de Bourbon wird Premierminister

Ereignisse in der Welt	Geistesleben	
Französisch-spanischer Krieg – Entlassung Alberonis	Defoe: *Robinson Crusoé* – Wolff: *Vernünftige Gedanken von Gott, der Welt und der Seele des Menschen* – Händel wird Leiter der Oper in London – Gestorben: Addison	1719
Walpole Minister in England – Die Spanier in Texas – Philipp V. tritt der Quadrupelallianz bei	Marivaux: *Arlequin poli par l'amour* – Wolff: *Vernünftige Gedanken von der Menschen Tun und Lassen zur Beförderung ihrer Glückseligkeit* – Gestorben: Hamilton, Chaulieu, Heinsius – Geboren: Piranesi, Canaletto (Bellotto), Gozzi	1720
Ende des Nordischen Krieges und der schwedischen Großmachtstellung, Rußland wird europäische Großmacht – Tod von Clemens XI., Beginn des Pontifikates von Innozenz XIII. – Walpole englischer Schatzkanzler	Bach: *Brandenburgische Konzerte* – Montesquieu: *Lettres persanes* – Defoe: *Moll Flanders* – Gestorben: Watteau	1721
Tod des englischen Feldherrn Marlborough	Bach: *Das wohltemperierte Klavier* – Rameau: *Traité d'harmonie* – Marivaux: *La Surprise de l'amour* – Graf Zinzendorf gründet Herrnhuter Brüdergemeinde	1722
Rehabilitierung Bolingbrokes – Generaldirektorium als oberste preußische Verwaltungsinstanz; strenger Gehorsam gegenüber dem Staat als Beamtenideal	Marivaux: *La double inconstance* – Wolff: *Vernünftige Gedanken von den Wirkungen der Natur* – Bach: *Magnificat* – Geboren: d'Holbach, Grimm, Basedow, Marmontel	1723

1724	30 Jahre alt – 6. März: Erste Aufführung von *Marianne* – Juli-August: ist in Begleitung des Duc de Richelieu in Bad Forges – Seine Gesundheit verschlechtert sich	Gründung der Börse von Paris – Erklärung gegen die Protestanten – Gesetz über Bettlertum
1725	31 Jahre alt – 18. Aug.: erste Aufführung des *Indiscret* – 6. Okt.: Voltaire schickt *La Henriade* an Georg I. von England – Nov.: er erhält eine Pension aus der Privatkasse der Königin – Erste Kontakte mit dem furchtbaren Desfontaines	Heirat Ludwigs XV. mit Maria Leszczynska – Erste Freimaurerloge in Paris
1726	32 Jahre alt – 4. Febr.: Voltaire wird von Leuten Rohans verprügelt – 17. April: er kommt in die Bastille – 5. Mai: in Calais, auf dem Weg ins englische Exil – Juli: er kehrt heimlich nach Paris zurück, um Rohan zum Duell zu provozieren	Fleury Premierminister, setzt die Reichfinanzpächter wieder ein
1727	33 Jahre alt – Jan.: Voltaire wird Georg I. vorgestellt – 8. April: er wohnt der Bestattung Newtons bei – Dez.: er veröffentlicht auf Englisch: *Essay on civil wars* und *Essay on epic Poetry* – Er unterhält sich mit Fabrice über das Leben Karls XII., dessen Geschichte er zu schreiben beginnt – Er begegnet Swift, Pope, Congreve und Gay	Affaire der religiös Verzückten von Saint–Médard – Chauvelin im Außenministerium – Tod von Pontchartrain
1728	34 Jahre alt – Voltaire veröffentlicht in London *La Henriade*, die er dem König von England widmet – Nov.: er kehrt nach Frankreich, jedoch nicht nach Paris zurück	Konflikt um die Bulle Unigenitus

Tod von Innozenz XIII., Beginn des Pontifikates von Benedikt XIII. – Abdankung Philipps V.; Don Louis König von Spanien; er stirbt; Philipp V. kehrt auf den Thron zurück	Marivaux: *Le prince travesti* – Chaulieu: *Poésies* – Defoe: *Lady Roxana* – Metastasio: *Die verlassene Dido* – Bach: *Johannes-Passion* – Geboren: Kant, Klopstock

1724

Tod Peters des Großen – Regierungsantritt Katharinas I. – Entdeckung der Behringstraße – Herrenhauser Bündnis – Philipp V. bricht die Quadrupelallianz – Gründung der Akademie der Wissenschaften von Petersburg

G. Vico: *Scienza nuova* – Montesquieu: *Le Temple de Cnide* – Marivaux: *L'Ile des esclaves* – Gottscheds moralische Wochenschrift *Die vernünftigen Tadlerinnen* – Pope übersetzt die *Odyssee* – Gestorben: Scarlatti – Geboren: Casanova, Greuze

1725

Gründung von Montevideo durch die Spanier

Swift: *Gullivers Reisen* – Crébillon: *Pyrrus* – Madame de Sévigné: *Lettres à sa fille* – Vivaldi: *Vier Jahreszeiten*

1726

Tod Katharinas I. – Regierungsantritt Peters II. – Tod Georgs I. – Erste Druckerei in Konstantinopel – Erste Freimaurerloge in Madrid

Destouches: *Le philosophe marié* – Montesquieu: *Réflexion sur la monarchie* – Marivaux: *Eloge de la raison* – Gestorben: Newton, Francke – Geboren: Turgot, Gainsborough, Tiepolo

1727

Konflikte im Zusammenhang mit der Bulle Unigenitus

Rousseau verläßt Genf – Marivaux: *La seconde surprise de l'amour* – Pope: *Die Dunciade* – Abbé Prévost: *Mémoires d'un homme de qualité* – Gottsched: *Ausführliche Redekunst* – Montesquieu in die Académie gewählt – Eröffnung des Antikenmuseum in Dresden – Geboren: Burke, Piccini

1728

1729 35 Jahre alt – April: er erhält die Erlaubnis, in Paris zu wohnen – Er schreibt die *Histoire de Charles XII, Brutus* und die *Lettres philosophiques*—Mai: Aufenthalt am Hof von Lothringen – Er legt sein Vermögen bei den Brüdern Pâris an

Eröffnung des ersten Kabaretts von Paris – Mode der englischen Gärten – Tod Laws

1730 36 Jahre alt – 15. März: Tod der Schauspielerin Adrienne Lecouvreur; da der Klerus ihre Bestattung verweigert, wird ihr Leichnam auf den Schindanger geworfen – Sommer: Voltaire ist mit Richelieu in den Bädern von Plombières – Dez.: erste Aufführung von *Brutus*

Orry Generalkontrolleur der Finanzen

1731 37 Jahre alt – Jan.: Die Polizei beschlagnahmt *L'Histoire de Charles XII* – Juni: Aufenthalt in Rouen – Dez.: Voltaire wohnt bei Madame de Fontaine-Martel – Er liest seine Tragödie *Brutus* zehn Jesuitenpatres vor

Affaire von la Cadière – Gründung der chirurgischen Akademie

1732 38 Jahre alt – 7. März: erste Aufführung von *Eriphyle* (Sémiramis) – Mai: Beginn mit der Arbeit am *Siècle de Louis XIV* – Juni: erste Ausgabe der *Oeuvres* von Voltaire – 13. Aug.: Triumphaler Erfolg von *Zaïre* – Dez.: Arbeit am *Temple du goût*

Schließung des Friedhofs von Saint-Médard

1733 39 Jahre alt – Jan.: Veröffentlichung des *Temple du goût* – Mai: in Saint-Gervais – Juni: Beginn der Freundschaft mit Madame du Châtelet – Juli: Er fügt den *Lettres philosophiques* die *Remarques sur Pascal* bei – Er schreibt am *Siècle de Louis XIV*, verfaßt *Alzire* und zwei Opern: *Tanis et Zélide* und *Samson*

Madame de Mailly wird Maitresse Ludwigs XV. – Französisch-bayerischer Vertrag – Tod Forbins

Ereignisse in der Welt	Geistesleben	
Geburt Katharinas von Anhalt-Zerbst (der künftigen Katharina II.) – Aufstand der Natchez in Louisiana	Bach: *Matthäus-Passion* – Montesquieu in England – Goldoni: *Il gondoliere veneziano* – Haller: *Die Alpen* – Gottsched: *Versuch einer kritischen Dichtkunst für die Deutschen* – Gestorben: Congreve – Geboren: Lessing, Mendelssohn	1729
Abdankung von Vittorio-Amadeo II. von Savoyen – Walpole in der Regierung – Tod Benedikts XIII. – Beginn des Pontifikates von Clemens XII. – Tod Friedrichs IV. von Dänemark – Regierungsantritt Christians VI. – Tod Peters II. – Regierungsantritt Anna Iwanownas	Marivaux: *Le jeu de l'amour et du hasard* – Buffon in England – Goldoni: *Don Giovanni* – Metastasio: *Alessandro* – Geboren: Gessner, Hamann	1730
Bei den englischen Gerichten wird die lateinische Sprache durch die englische ersetzt	Marivaux: *La vie de Marianne* – Abbé Prévost: *Manon Lescaut* – Gestorben: Defoe, Houdart de la Motte	1731
Gründung der englischen Kolonie Georgien – Vertrag von Warschau – Geburt von Washington und Necker	Gottsched: *Der sterbende Cato* – Berkeley: *Alcyphron* – Metastasio: *Demetrius* – Destouches: *Le Glorieux* – Montesquieu wird in England Freimaurer – Lesage: *Don Guzman d'Alfarache* – Maupertuis: *Discours sur la figure des astres* – Geboren: Fragonard, Lalande, Haydn, Beaumarchais	1732
Tod Augusts des Starken – Beginn des Polnischen Erbfolgekrieges – Einführung des Wehrdienstes in Preußen – Feldzug Villars in Italien	Beginn der Veröffentlichung der *Histoire littéraire de la France* durch die Benediktiner von Saint-Maur – Marivaux: *L'Heureux stratagème* – Pope: *Essay on Man* – Franklin: *Poor Richard's Almanac* – Bach: *H-moll Messe* – Pergolesi: *La serva padrona* – Gestorben: Couperin – Geboren: Priestley, Wieland, Nicolai	1733

1734 40 Jahre alt – 18.Jan.: erste Aufführung von *Adélaide du Guesclin* – März: Voltaire ist Trauzeuge bei der Hochzeit des Duc de Richelieu mit Mademoiselle de Guise – 10.Juni: die *Lettres philosophiques* werden zum Feuer verurteilt – Haftbefehl gegen Voltaire, der sich in Cirey bei Mme du Châtelet versteckt – Er beginnt mit der Arbeit an *La Pucelle* – Juli: Reise in das Lager von Philippsburg – Der Herzog von Holstein, voraussichtlicher Erbe Rußlands, schlägt ihm vor, ihn in seine Dienste zu nehmen

Tod Berwicks und des Marschalls du Villars

1735 41 Jahre alt – Voltaire arbeitet an *La Pucelle* und am *Siècle de Louis XIV* – Streit mit Desfontaines – März: er erhält die Erlaubnis, zurückzukehren – Mai: Aufenthalt am Hof von Lothringen – 11.Aug.: erste Aufführung von *La mort de Jules César* – Sept.: Voltaire lernt Pfarrer Meslier kennen

1736 42 Jahre alt – 27.Jan.: erste Aufführung von *Alzire oder die Amerikaner* – Beginn der Auseinandersetzung mit Le Franc de Pompignan – In Cirey, wo Madame du Châtelet Englisch lernt – Juli: in Paris – 8.Aug.: Beginn der Korrespondenz mit dem preußischen Kronprinzen Friedrich – 10.Okt.: erste Aufführung des *Enfant prodigue* – Nov.: Voltaire flieht für einige Wochen nach Holland, um den drohenden Gefahren zu entgehen, die er durch die Veröffentlichung des Gedichtes *Le Mondain* heraufbeschworen hat

Französisch-österreichische Vereinbarung

Ereignisse in der Welt	Geistesleben	
Der Kaiser erklärt Frankreich den Krieg – Schlacht von Parma – Die Russen erobern Danzig – Gründung der Universität Göttingen – Kurfürst Friedrich August II. von Sachsen wird mit russischer Hilfe König von Polen	Montesquieu: *Considérations … de la grandeur et de la décadence des Romains* – Gresset: *Vert-Vert* – Goldoni: *Belisar* – Bach: *Weihnachtsoratorium* – Geboren: Dorat, Restif de la Bretonne	1734
Vorfrieden zu Wien im Polnischen Thronfolgekrieg	Marivaux: *Le paysan parvenu* – Nivelle de la Chaussée: *Le Préjugé à la mode* – Madame de Tencin: *Mémoires du comte de Comminges* – Karoline Neuber: *Die Umstände der Schauspielkunst in allen vier Jahreszeiten* – Rameau: *Les Indes galantes* – Bach: *Italienische Konzerte* – Geburt des Prince de Ligne	1735
Tod des Prinzen Eugen – Maria-Theresia heiratet Herzog Franz Stephan von Lothringen – Indianeraufstand in Louisiana – Gründung der Bank von Kopenhagen – Beginn der italienischen Oper in Sankt Petersburg	Marivaux: *Le legs* – Lesage: *Le Bachelier de Salamanque* – Pergolesi: *Stabat mater* – Gestorben: Pergolesi – Geboren: Lagrange, Watt	1736

1757 43 Jahre alt – März: Rückkehr nach Cirey – Tod seines ehemaligen Tutors Nicolai – Reger Briefwechsel mit Friedrich, der ihm wichtige Unterlagen über Rußland schickt – Dez.: er beendet *Mérope*

Chauvelin in Ungnade

1738 44 Jahre alt – Jan.: er schreibt den ersten *Discours sur l'homme* – Wissenschaftliche Experimente mit Madame du Châtelet – 25. Febr.: Seine Nichte, Marie-Louise Mignot, heiratet Nicolas-Charles Denis – Prozeß mit dem Buchhändler Jore – Veröffentlichung der *Eléments de la philosophie de Newton* – Arbeit an *L'Envieux* – Dez.: Aufenthalt Madame de Graffignys in Cirey

Mademoiselle de Nesle Maitresse Ludwigs XV. – Fertigstellung des Canal Crozat (in der Picardie)

1739 45 Jahre alt – 15. Mai: Voltaire reist mit Madame du Châtelet nach Holland – Aug.: Veröffentlichung der *Vie de Molière* – In Paris schreibt er: *Réponse à toutes les objections principales faites en France contre la philosophie de Newton* – Nov.: in Cirey – Veröffentlichung der Sammlung der *Pièces fugitives en vers et en prose*, die beschlagnahmt wird

Ludwig XV. feiert Ostern nicht – Buffon oberster Verwalter der königlichen Gärten

1740 46 Jahre alt – Voltaire korrigiert den *Antimachiavel* Friedrichs II. – 8. Juni: erste Aufführung von *Zulime* – Juli: in Holland – 11. Sept.: er besucht zum erstenmal Friedrich II. in Kleve – Nov.: in Berlin – Dez.: Rückkehr nach Belgien

Ludwig XV. stellt England ein Ultimatum; Bruch

Erstes Theater in Prag und Stockholm – Freimaurerlogen in Frankreich verboten	Linné: Einteilung der Pflanzen – Marivaux: *Les fausses confidences* – Rameau: *Castor et Pollux* – Gluck in Italien – Geboren: Bernadin de Saint-Pierre 1757
Frieden zu Wien: Ende des Polnischen Erbfolgekrieges – Stanislaus Leszczynski wird Herzog von Lothringen – England schließt sich dem Frieden zu Wien an – Französisch-schwedischer Frieden – Arbeiteraufstände in England – Kronprinz Friedrich von Preußen wird Freimaurer – Päpstlicher Bannfluch gegen Freimaurerei	Piron: *La Métromanie* – Crébillon: *Les Egarements du coeur et de l'esprit* – Hagedorn: *Versuch in poetischen Fabeln und Erzählungen* – Schnabel: *Der im Irrgarten der Liebe herumtaumelnde Cavalier* – Thomson: *Alfred* – Gestorben: Boerhave – Geboren: Beccaria, Boufflers, Delille 1738
Philippe V. tritt dem Frieden zu Wien bei – Belagerung Belgrads durch die Türken – Walpole erklärt Spanien den Krieg – Gründung der Akademie der Wissenschaften in Stockholm	Madame de Tencin: *Le Siège de Calais* – Tocqué: *Portrait du dauphin* – Friedrich II: *Antimachiavel* – Anakreontiker in Halle – Hume: *Traktat über die menschliche Natur* – Geboren: Schubart, La Harpe 1739
31.Mai: Tod des Soldatenkönigs – Regierungsantritt Friedrichs II.; Beginn des Ersten Schlesischen Krieges – Tod Clemens XII. – Pontifikat Benedikts XIV. – Tod der Anna Ivanovna – Regierungsantritt Iwans VI. – Tod Kaiser Karls VI. – Maria-Theresia wird Königin von Ungarn und Erzherzogin von Österreich: Beginn des Österreichischen Erbfolgekrieges	Richardson: *Pamela* – Crébillon: *Le Sopha* – Marivaux: *L'Epreuve* – Bodmer: *Critische Abhandlungen von dem Wunderbaren in der Poesie* – Breitinger: *Critische Abhandlung von der Natur, den Absichten und dem Gebrauch der Gleichnisse* – Swedenborg: *Die Verehrung und Liebe Gottes* – Geboren: Sade, Oberlin, Bellman, Claudius 1740

Leben Voltaires	*Ereignisse in Frankreich*
1741 47 Jahre alt – April: erste Aufführung von *Mahomet* in Lille – Lord Chesterfield besucht Voltaire – Juni: er beginnt mit der Arbeit an seinem *Essai sur les moeurs* – Okt.: in Paris – Dez.: in Cirey	Neue Diskussionen um die Bulle Unigenitus
1742 48 Jahre alt – Jan.: Reise in die Franche-Comté – Aug.: in Brüssel – Verbot, *Mahomet* in Paris aufzuführen – Reise nach Aachen – Nov.: in Paris – Nachahmungen seiner Werke mehren sich	Beginn der ›Herrschaft‹ der Maîtressen
1743 49 Jahre alt – 20. Febr.: erste Aufführung von *Mérope* – März: Maurice Quentin de la Tour malt ein Porträt Voltaires – April: Scheitern Voltaires in der Académie – Juni: mit einer diplomatischen Mission in Berlin, Friedrich II. versucht ihn dort zu behalten – Nov.: Rückkehr nach Frankreich – 3. Nov.: Voltaire wird in die Royal Society von London gewählt – Veröffentlichung von *Mahomet*	Tod Fleurys – Der Freund Voltaires d'Argenson wird Staatssekretär im Kriegsministerium – Die Marquise de Tournelle Maîtresse Ludwigs XV. – Geburt von Jeanne Bécu (der späteren Madame du Barry)
1744 50 Jahre alt – Veröffentlichung von *Mérope* – März: Verhältnis mit Mademoiselle Gaussin – April: Voltaire schreibt in Cirey die *Princesse de Navarre* – Sept.: in Champs, bei dem Duc de la Vallière – Okt.: in Paris	28. Nov.: D'Argenson Außenminister – Ludwig XV. erklärt England und Österreich den Krieg, dringt nach Piemont und in die Niederlande ein und erobert Freiburg

Französisch-Preußische Allianz – Scheitern Walpoles bei den Wahlen – Französisch-Bayerische Allianz – Schweden erklärt Rußland den Krieg – Heimlicher österreichisch-preußischer Waffenstillstand – Elisabeth von Rußland stürzt Iwan IV. – Karl-Albert von Bayern läßt sich zum König Böhmens erklären – Gründung des Wiener Burgtheaters

Hume: *Moralische und politische Essays* – Favart: *La Chercheuse d'esprit* – Abbé Prévost: *Histoire d'une grecque moderne* – Händel: *Messias* – Gestorben: J.-B. Rousseau – Geboren: Lavater, Laclos, Houdon, Chamfort

Die Österreicher gewinnen Linz zurück – Karl-Albert von Bayern, König von Böhmen, wird als Karl VII. zum Kaiser gewählt – Entlassung Walpoles – Separatfrieden zu Breslau und Berlin – Einnahme Prags

Fielding: *Joseph Andrews* – Young: *Nachtgedanken* – Gellert: *Gedanken von einem guten deutschen Briefe* – Piranesi: *Carceri* – Gestorben: Massillon – Geboren: Lichtenberg, Grétry

Englische Truppen drängen die französischen Streitkräfte in Mitteleuropa über den Rhein zurück – Französisch-Sardischer Krieg – Gründung der Dänischen Akademie

Fielding: *Jonathan Wilde* – D'Alembert: *Traité dynamique* – Gellert: *Lieder* – Schnabel: *Insel Felsenburg* – Gestorben: Vivaldi, Desportes, Lorrain – Geboren: Lavoisier, Condorcet, Jacobi, Boccherini

Friedrich II. von Preußen beginnt den Zweiten Schlesischen Krieg im Bündnis mit Frankreich gegen Österreich – Er nimmt Prag ein; Ostfriesland kommt an Preußen – Bau von Schloß Schönbrunn

Friedrich II.: *Der Fürstenspiegel* – Gleim: *Versuch in scherzhaften Liedern* – Von Gottsched herausgegeben: *Beiträge zur kritischen Historie der deutschen Sprache* – Berkeley: *Siris* – Hénault: *Abrégé chronologique de l'histoire de France* – Metastasio: *Antigone* – Gestorben: Vico, Pope – Geboren: Herder, Salzmann, Lamarck

1745 51 Jahre alt – Zu Beginn des Jahres in Versailles – 18. Febr.: Voltaire verliert seinen Bruder – 23. Febr.: erste Aufführung von *La Princesse de Navarre* – 1. April: Voltaire wird zum Historiographen des Königs von Frankreich ernannt – Er wird in die Royal Society von Edinburgh gewählt – Mai: Veröffentlichung des Gedichtes *La Bataille de Fontenoy* – Er arbeitet am *Temple de la gloire* – Aufenthalt in Champs – Aug.-Sept.: Korrespondenz mit dem Papst – Abfassung des *Précis du siècle de Louis XIV* – 27. Nov.: erste Aufführung des *Temple de la gloire* – 15. Dez.: Er lernt Jean-Jacques Rousseau kennen – Beginn des Verhältnisses mit Madame Denis

11. Mai: Schlacht von Fontenoy – Beginn der Sonderstellung der Pompadour – Machault Generalkontrolleur der Finanzen

1746 52 Jahre alt – 25. April: Voltaire wird in die Académie gewählt, er erhält den Sitz von Jean Bouhier – 9. Mai: Antrittsrede in der Académie – Die Affäre Travenol – 28. Juni: Mitglied der Petersburger Akademie – Aug.: er schreibt *Sémiramis* – Nov.: Voltaire wird zum ›Gentilhomme ordinaire de la chambre du roi‹ ernannt – Dez.: er lernt d'Alembert kennen

Christophe de Beaumont Erzbischof von Paris – Tod von Torcy

1747 53 Jahre alt – Juli: erste Fassung von *Zadig*: Voltaire hat Schwierigkeiten am Hofe – Okt.: Zwischenfall beim Spiel der Königin

D'Argenson fällt in Ungnade – Geburt von Louis-Philippe d'Orléans (dem späteren Philippe-Egalité)

Karl Stuart marschiert nach Schottland ein – Tod des Kaisers Karl VII. – Franz III. von Lothringen, der Gatte Maria-Theresias, wird als Franz I. zum Kaiser gewählt	Gottsched: *Deutsche Schaubühne nach den Regeln der Römer und Griechen eingerichtet* – Morelly: *Essai sur le coeur humain* – Destouches: *Oeuvres* – Gestorben: Swift – Geboren: Volta, Goya, Huet

1745

Einnahme von Brüssel durch die Franzosen – Schlacht von Plaisance – Tod Philipps V. – Regierungsantritt Ferdinands VI. – Kapitulation von Genua – Schlacht von Raucoux – Gründung der Universität Princeton	Diderot: *Pensées philosophiques* – Vauvenargues: *Réflexions et maximes* – Abbé Prévost: *Histoire Générale des Voyages* – Marivaux: *Le Préjugé vaincu* – Gellert: *Das Leben der schwedischen Gräfin von G...* – Gestorben: Walpole, Largillière – Geboren: Monge, Pestalozzi, Campe

1746

Französisch-holländischer Krieg – Eroberung von Bergen-op-Zoom durch die Franzosen	Der Verleger Le Breton vertraut Diderot und d'Alembert die Leitung der *Encyclopédie* an – Bach: *Musikalisches Opfer* – Gresset: *Le Méchant* – Nivelle de la Chaussée: *L'Amour castillan* – Johnson: *Englisches Wörterbuch* – Gestorben: Vauvenargues, Lesage – Geboren: Bürger, Galvani

1747

1748 54 Jahre alt – Febr.-April: Auf-   ›Herrschaft‹ von Madame Hen-
enthalt in Nancy, Lunéville und   riette
Commercy am Hof des Königs
Stanislaus Leszczynski, Schwie-
gervaters Ludwigs XV. – 29. Aug.:
erste Aufführung von *Sémiramis*
– Sept.: krank – Veröffentli-
chung des *Panégyrique de Louis
XV* und der *Pandore* – Okt.: Vol-
taire überrascht Madame du
Châtelet in den Armen Saint-
Lamberts

1749 55 Jahre alt – Jan.: Voltaire ar-   Maurepas fällt in Ungnade
beitet an der *Histoire de la guerre
de 1741* – April: Emilie will mit
Newton zu Ende kommen – Juni:
Aufführung der Komödie *Nanine*
– 10. Sept.: Madame du Châtelet
stirbt im Kindbett

1750 56 Jahre alt – Voltaire ist in Pa-   Auflösung der Staaten des Lan-
ris, Madame Denis zieht zu ihm   guedoc – Aufruhr in Paris –
in die Rue Traversière Saint-   Machault Justizminister
Honoré – Fréron tritt in Erschei-
nung – Juni: Voltaire geht nach
Berlin und wird zum Kammerherrn Friedrichs II. ernannt –
Er wird erst in seinem Todesjahr
wieder nach Paris zurückkehren

1751 57 Jahre alt – Er erhält die Ma-   ›Herrschaft‹ von Madame Adé-
nuskripte wieder zurück, die ihm   laïde
sein Sekretär Longchamp ge-
stohlen hatte – Das ganze Jahr
über arbeitet er am *Siècle de
Louis XIV*, das im Dezember gedruckt wird – La Beaumelle
kommt nach Berlin

988

Ereignisse in der Welt	*Geistesleben*	
Friede zu Aachen: Ende des Österreichischen Erbfolgekrieges	Crébillon: *Catilina* – Grimm kommt nach Paris – Diderot: *Les Bijoux indiscrets* – Montesquieu: *L'Esprit des Lois* – La Mettrie: *L'Homme machine* – Hume: *Eine Untersuchung über den menschlichen Verstand* – Richardson: *Clarissa* – Klopstock beginnt: *Messias* – Lessing: *Der junge Gelehrte* – Gottsched: *Grundlegung einer deutschen Sprachkunst* – Gozzi: *Turandot* – Goldoni: *Der Lügner* – Geboren: David, Bentham	1748
Italienische Liga gegen die Seeräuber Nordafrikas	Buffon: *Histoire naturelle* – Diderot: *Lettre sur les aveugles*; er wird in Vincennes eingesperrt – Swedenborg: *Himmlische Arcana* – Fielding: *Tom Jones* – E. v. Kleist: *Der Frühling* – Lessing: *Der Freigeist*; *Die Juden* – Geboren: Goethe, Alfieri, Mirabeau (Sohn)	1749
Tod Johanns V. – Regierungsantritt Josephs I. von Portugal; Pombal Minister	Goldoni: *Das Kaffeehaus* – Rousseau: *Discours sur les sciences et les arts* – Der Prospekt der *Encyclopédie* wird verteilt – Marmontel: *Cléopâtre* – Gottsched: *Neueste Gedichte* – Gestorben: Bach, Muratori – Geboren: Hardenberg	1750
Die portugiesische Regierung verbietet die Autodafés	Diderot: *Lettre sur les sourds et muets* – Duclos: *Considérations sur les mœurs de ce siècle* – Veröffentlichung des ersten Bandes der *Encyclopédie* (Einleitung von d'Alembert) – Fielding: *Amelia* – Hume: *Untersuchung über die Prinzipien der Moral* – Gozzi: *Burleske Gedichte* – Gestorben: La Mettrie – Geboren: Sheridan, Voß	1751

1752 58 Jahre alt – Skandal Hirsch-Voltaire – Mai: La Beaumelle verläßt Berlin, zerstritten mit Voltaire und Friedrich II. – Okt.: Voltaire beendet die *Histoire de la guerre de 1741* – Streit mit Maupertuis, dem Vorsitzenden der Berliner Akademie

Affaire der Beichtzettel – Letzte Verfolgung der Protestanten

1753 59 Jahre alt – 27.März: Streit mit Friedrich II., Voltaire verläßt Berlin – Mai: Aufenthalt bei der Herzogin von Sachsen-Gotha, auf deren Wunsch hin er die *Annales de l'Empire* schreibt – Juni: Festnahme und Haft Voltaires in Frankfurt – Okt.: er läßt sich in Kolmar nieder, da Ludwig XV. ihm verboten hat, in die Nähe von Paris zu kommen – Der Streit mit La Beaumelle verschärft sich

Große Kundgebungen des obersten Gerichtshofes – Der Gerichtshof wird zurückberufen

1754 60 Jahre alt – Voltaire arbeitet an dem *Essay sur les moeurs* in der Bibliothek des Benediktiners Dom Calmet in der Abtei von Senones – Aug.: zur Brunnenkur in Plombières – Dez.: in Genf – La Beaumelle vervielfacht seine Pamphlete gegen Voltaire

23. Aug.: Geburt des Dauphin (des späteren Ludwig XVI.) – Machault im Marineministerium

1755 61 Jahre alt – Raubdrucke der *Histoire de la guerre de 1741* – Wiederbegegnung mit Richelieu – Voltaire richtet sich am 10. Febr. 1755 mit Hilfe Tronchins in den *Délices* ein – Aug.: Aufführung des *Orphelin de la Chine* – Theaterverbot in den ›Délices‹ durch das Konsistorium

Bau des Schlosses von Compiègne – Hinrichtung Mandrins

990

	Hume: *Politische Diskurse* – Rousseau: *Le Devin du village* – Erste Verurteilung der *Encyclopédie* – Maupertuis: *Oeuvres complètes* – Wieland: *Die Natur der Dinge*

1752

Amerikanisch-kanadischer Krieg – Konferenz von London zur Indien-Frage

Beginn der *Literarischen Korrespondenz* Grimms – Buffon in der Académie: *Discours sur le style* – Veröffentlichung des dritten Bandes der *Encyclopédie* – Richardson: *Sir Charles Grandison* – Goldoni: *Mirandolina* – Gestorben: Berkeley – Geboren: de Maistre, Rivarol

1753

Dupleix verläßt Indien – Vertreibung der Jesuiten aus Brasilien

Rousseau: *Discours sur l'inégalité* – Beginn der Veröffentlichung der *Année littéraire* Frérons – Condillac: *Traité sur les sensations* – Diderot: *Pensées sur l'interprétation de la nature* – Hume: *Geschichte Englands* – Winckelmann in Italien – Gestorben: Holberg, Fielding, Wolff – Geboren: Talleyrand

1754

Gründung der Universität Moskau – Erste russische Grammatik – Diplomatische Beziehungen zwischen Frankreich und England werden abgebrochen – 1. Nov.: Erdbeben von Lissabon – Vertreibung der Jesuiten aus Paraguay

Veröffentlichung des 5. Bandes der *Encyclopédie* – Lessing: *Miss Sara Sampson* – Heyne: *Tibull* – Gestorben: Montesquieu, Saint-Simon – Geboren: Florian

1755

	Leben Voltaires	*Ereignisse in Frankreich*
1756	62 Jahre alt – Nov.: Voltaire schlägt dem Kriegsministerium seine Kampfwagen vor – Dez.: er versucht, den englischen Admiral Byng zu retten, der zu Unrecht zum Tode verurteilt ist – Er schreibt den Artikel *Histoire* für die Encyclopédie – Veröffentlichung des *Essai sur les mœurs* – Besuch d'Alemberts in den ›Délices‹	Unruhen im Dauphiné
1757	63 Jahre alt – Febr.: auf die Bitte des russischen Botschafters hin beginnt Voltaire mit der *Histoire de la Russie* – Aug.-Sept.: Voltaire vermittelt zwischen Friedrich II. und Frankreich, um einen Frieden zustande zu bringen – Dez.: Skandal um den Artikel *Genf* (zu dem Voltaire angeregt hat) in der Encyclopédie	4. Januar: Attentat Damiens auf Ludwig XV.
1758	64 Jahre alt – Er schreibt die *Histoire de la Russie* – Okt.: Kauf von Ferney und Tournay (Verkäufer: Président de Brosses) – Prozeß mit dem Verleger Grasset	Choiseul Staatssekretär beim Außenministerium
1759	65 Jahre alt – Jan.: Veröffentlichung von *Candide* – Mai: Veröffentlichung von *Tancrède*; die Tragödie wird im Okt. im Theater von Tournay aufgeführt – Okt.: Voltaire beginnt mit dem Kampf gegen ›l'Infâme‹ – Er veröffentlicht die *Relation de la maladie... du Jésuite Berthier* – Er beendet den ersten Teil der *Histoire de la Russie*	Monsieur de Silhouette reformiert die Verwaltung des königlichen Finanzpachtamtes

Beginn des Siebenjährigen Krieges – Pitt Premierminister	Rousseau: *Lettre sur la providence* – Holbach: *Le Christianisme dévoilé* – Casanova: *Geschichte meiner Flucht* – Geßner: *Idyllen* – Geburt Mozarts	1756

5. Nov.: Friedrich II. vernichtet die französische Armee bei Roßbach

Diderot: *Le fils naturel* – Helvétius: *De l'Esprit* – Hume: *Naturgeschichte der Religion* – Gellert: *Geistliche Oden und Lieder* – Gestorben: Fontenelle, Scarlatti, Stamitz – Geboren: Blake, Canova   1757

Tod Benedikts XIV. – Beginn des Pontifikats Clemens XIII. – Die Engländer erobern Frontenac, Gorée und Saint-Louis in Senegal – Lally-Tollendal in Indien

Rousseau: *Lettre à d'Alembert* – D'Alembert verläßt die *Encyclopédie* – Diderot: *Le Père de famille* – Swedenborg: *Über Himmel und Hölle* – Geboren: Prudhon, Zelter   1758

Die Jesuiten werden aus Portugal vertrieben – Schlacht bei Minden – Niederlage Friedrichs II. bei Kunersdorf – Kapitulation von Québec – Die Engländer in Guadeloupe

Die *Encyclopédie* wird vom Gerichtshof zum Feuer verurteilt – Sterne: *Tristram Shandy* – Lessing: *Fabeln* – Wieland: *Cyrus* – Gründung des British Museum – Gestorben: Händel – Geboren: Schiller, Iffland   1759

1760 66 Jahre alt – In Ferney – Schwierigkeiten mit dem Konsistorium in Genf – Bruch mit J.-J. Rousseau – Sept.: Aufführung von *Tancrède* in Paris – Voltaire erhält Besuch von Mademoiselle Corneille – Krieg mit Pompignan – Aufführung seiner Komödie *L'Ecossaise* in Paris	Stadtpost in Paris – Erhöhung der Steuern
1761 67 Jahre alt – Voltaire beginnt mit dem *Commentaire sur Corneille* und schaltet sich zugunsten von Pastor Rochette ein – Heikle Angelegenheiten mit den Jesuiten von Ornex, dem Priester von Moens und dem Bischof von Annecy	18. Febr.: Hinrichtung von Pastor Rochette – 13. Okt.: Selbstmord von Marc-Antoine Calas – Choiseul Staatssekretär im Kriegs- und Marineministerium – Verhandlungen von Versailles: der Erbvertrag
1762 68 Jahre alt – Streit mit dem Président de Brosses – 4. April: Beginn der Affaire Calas – Dez.: Neuauflage des *Essai sur les moeurs*	10. März: Hinrichtung von Jean Calas in Toulouse – Der oberste Gerichtshof befiehlt die Vertreibung der Jesuiten – Verdammung des *Emile* von J.-J. Rousseau
1763 69 Jahre alt – Heirat von Mademoiselle Corneille, die eine Mitgift von Voltaire erhält – Juli: Veröffentlichung des 2. Bandes der *Histoire de la Russie* – Aug.: Gibbon macht einen Besuch in Ferney – Veröffentlichung des *Traité sur la tolérance*	10. Februar: Frieden von Paris; Ende des Siebenjährigen Krieges

Tod Georgs II. – Regierungsantritt Georgs III. von England – Die Russen besetzen Berlin – Kapitulation von Montreal	Macpherson: *Ossian* – Palissot: *Les Philosophes* – Geboren: Cherubini, Hebel, Saint-Simon — 1760
Preußen gewinnt Schlacht bei Langen-Salza	Rousseau: *La Nouvelle Héloïse* – Gozzi: *Der Rabe* – Gestorben: Richardson – Geboren: Kotzebue — 1761
5. Jan.: Tod von Elisabeth, Kaiserin von Rußland – Regierungsantritt Peters III. – 9. Juli: die Kaiserin von Rußland, Katharina II., reißt die Macht an sich – Die Engländer in Manila und Havanna – Vorverhandlungen für den französisch-englisch-spanischen Frieden	Rousseau: *Emile; Du Contrat social* – Meslier: *Mon testament* – Hamann: *Kreuzzüge eines Philologen* – Winckelmann: *Anmerkungen über die Baukunst der Alten* – Gluck: *Orpheus und Eurydike* – Geboren: Fichte, A. Chénier — 1762
Verträge von Paris und Hubertusburg	Beccaria: *Von den Verbrechen und den Strafen* – Gozzi: *Turandot* – Gestorben: Marivaux, Abbé Prévost, L. Racine – Geboren: Jean Paul — 1763

1764   70 Jahre alt – Febr.: Voltaire schaltet sich zugunsten hugenottischer Galeerensträflinge ein – Aufführung seiner Tragödie *Olympie* – März: er schlägt vor, eine Kolonie mit französischen Protestanten in Guyana anzusiedeln – Juni: Veröffentlichung des *Dictionnaire philosophique* – *Lettre d'un Quaker* – Juli: Aufführung der Tragödie *Triumvirat* – Er veröffentlicht gegen J.-J. Rousseau *Le sentiment des Citoyens*

18.Mai: Tod des Maréchal de Luxembourg – Prozeß und Verurteilung Sirvens – Tod Madame de Pompadours

1765   71 Jahre alt – 9. März: Rehabilitierung von Calas – Mai: Veröffentlichung von *La philosophie de l'Histoire* – Der russische Botschafter besucht Ferney – Die Affaire Sirven

Freier Handel für alle Untertanen des Königs

1766   72 Jahre alt – 1.Juli: Hinrichtung des Chevalier de La Barre – Voltaire schlägt den französischen Philosophen vor, in preußisches Territorium auszuwandern – Er bemüht sich, Lally-Tollendal zu rehabilitieren – Er wendet sich an die Genfer Uhrmacher

Lothringen kommt an Frankreich

1767   73 Jahre alt – Unruhen in Genf – Veröffentlichung von *L'Ingénu* – Rolle Voltaires bei den Unruhen – Er schreibt sein burleskes Gedicht *La Guerre civile de Genève*

Revision des Prozesses Sirven

1768   74 Jahre alt – Streit mit Madame Denis, die aus Ferney verjagt wird – Febr.: Veröffentlichung des *Homme aux quarante écus* – *Précis du siècle de Louis XV. – La Princesse de Babylone* – Besuch La Harpes – Voltaire feiert Ostern

Maupeou Kanzler von Frankreich – Beginn des Einflusses von Madame du Barry – Frankreich kauft Korsika von Genua

Ereignisse in der Welt	Geistesleben	
	Rousseau: *Lettres écrites de la montagne* – Winckelmann: *Geschichte der Kunst des Altertums* – Mendelssohn: *Abhandlung über die Evidenz in den metaphysischen Wissenschaften* – Kant: *Über das Gefühl des Schönen und Erhabenen* – Walpole: *The castle of Otranto* – Gestorben: Hogarth, Rameau – Geboren: Schadow, M.-J. Chénier	1764
Erzherzog Joseph II. wird zum deutschen Kaiser gewählt – Friedrich II. gründet die Bank von Berlin	Die *Encyclopédie* ist beendet – Sedaine: *Le philosophe sans le savoir* – Basedow: *Theoretisches System der gesunden Vernunft*	1765
Tod von Stanislaus Leszczynski – Stanislaus Poniatowski wird zum König von Polen gewählt – Verurteilung der Jesuiten in Spanien	Rousseau in London bei Hume – Saint-Lambert: *Les Saisons* – Goldsmith: *Der Landprediger von Wakefield* – Lessing: *Laokoon* – Wieland: *Geschichte des Agathon* – Gestorben: Gottsched – Geboren: Germaine Necker, Malthus	1766
Schleswig und Holstein kommen an Dänemark	Rousseau: *Dictionnaire de musique* – Lessing: *Minna von Barnhelm* – Mendelssohn: *Phädon* – Geboren: B. Constant, A. W. Schlegel, W. von Humboldt	1767
Russisch-türkischer Krieg	Erste Reise Cooks – Sedaine: *La gageure imprévue* – Sterne: *Yoricks sentimentale Reise* – Gestorben: Winckelmann, Canaletto, Sterne – Geboren: Chateaubriand, Schleiermacher	1768

	Leben Voltaires	*Ereignisse in Frankreich*
1769	75 Jahre alt – Veröffentlichung der *Histoire du parlement de Paris* – Besuch von Grétry – Voltaire wird Kapuziner	Abschaffung der Privilegien der Compagnie française des Indes
1770	76 Jahre alt – Voltaire arbeitet an den *Questions sur l'Encyclopédie* – Er setzt sich für die Leibeigenen im Jura und für das Ehepaar Montbailli ein – Nationale Subskription, um ihm eine Statue zu errichten – Rückkehr von Mme Denis	Hochzeit des Dauphin mit Marie-Antoinette – Auseinandersetzung zwischen Ludwig XV. und dem obersten Gerichtshof – 24. Dez.: Sturz Choiseuls
1771	77 Jahre alt – 25. Nov.: Freispruch des Protestanten Sirven – Neuer Streit mit den Gerichtshöfen: Entzweiung mit Choiseul	Der Duc d'Aiguillon Sekretär im Außenministerium
1772	78 Jahre alt – Voltaire dichtet eine Ode zur zweihundertjährigen Wiederkehr der Bartholomäus-Nacht – Er schreibt die Tragödie *Les lois de Minos* – Le Kain spielt im Theater von Ferney – Tod Thiériots	Teilweiser Bankrott
1773	79 Jahre alt – Sept.: Veröffentlichung der *Fragments historiques sur l'Inde* – Voltaire bietet die aus seiner Fabrikation stammenden Uhren Madame du Barry an – Ein neuer Feind: Clément	Gründung der Großloge ›Le Grand Orient de France‹ – Affaire Beaumarchais-Goezman
1774	80 Jahre alt – Veröffentlichung des *Crocheteur borgne* – Versailles beunruhigt sich um das Erbe Voltaires	10. Mai: Tod Ludwigs XV. – Regierungsantritt Ludwigs XVI. – Maurepas geheimer Ratgeber – Einführung des freien Kornverkaufes, Ermäßigung der Generalpacht, Wiedereinsetzung des obersten Gerichtshofes

Ereignisse in der Welt	Geistesleben	
Tod von Clemens XIII. – Beginn des Pontifikats von Clemens XIV. – Geburt Napoleons	Göttinger *Musenalmanach* gegründet – Lessing: *Wie die Alten den Tod gebildet* – Gestorben: Gellert – Geboren: A. von Humboldt, Arndt, Lawrence	1769
Mission von Dumouriez in Polen	Rousseau beendet die *Confessions* – Holbach: *Système de la nature* – Goldsmith: *Das verlassene Dorf* – Claudius: *Wandsbecker Bote* – Gestorben: Tiepolo, Boucher, Tartini – Geboren: Beethoven, Hölderlin, Hegel, Wordsworth	1770
Abschaffung der Leibeigenschaft in Savoyen – Die Russen erobern die Krim – Gustaf III. König von Schweden	Bougainville: *Voyage autour du monde* – Klopstock: *Oden* – *Encyclopaedia Britannica* – Gestorben: Hélvetius – Geboren: W. Scott, Gros	1771
Katharina II. schlägt den Kosakenaufstand nieder – Prozeß und Hinrichtung Struensees – Erste Teilung Polens – König Gustav III. von Schweden stürzt Adelsmacht und Einfluß der Stände	Goldsmith: *Sie erniedrigt sich, um zu siegen* – Cazotte: *Le diable amoureux* – Diderot beendet: *Jacques le Fataliste* – Gründung des Göttinger Hainbundes – Geßner: *Idyllen* – Lessing: *Emilia Galotti* – Wieland: *Der goldene Spiegel* – Gestorben: Swedenborg, Duclos, Tocqué – Geboren: Novalis, Coleridge, F. Schlegel	1772
Clemens XIV. löst die Gesellschaft Jesu auf – Diderot in Rußland	Goethe: *Götz von Berlichingen; Urfaust* – Klopstock vollendet: *Messias* – Herder-Goethe: *Von deutscher Art und Kunst* – Saint-Pierre: *Voyage à l'Ile de France* – Gestorben: Piron – Geboren: Tieck, Mill	1773
Tod Clemens' XIV. – Potemkin erhält die Gunst Katharinas II.	Wieland: *Die Abderiten* – Goethe: *Die Leiden des jungen Werther; Clavigo* – Bürger: *Lenore* – Herder: *Auch eine Philosophie der Geschichte zur Bildung der Menschheit* – Gestorben: Goldsmith – Geboren: C.-D. Friedrich	1774

Leben Voltaires	*Ereignisse in Frankreich*
1775 81 Jahre alt – Veröffentlichung der >gerahmten< Ausgabe seiner *Oeuvres complètes* – Voltaire unterstützt Turgot – Die Bevölkerung Ferneys feiert ihren Wohltäter	Teuerung in Paris: Mehlkrieg
1776 82 Jahre alt – Veröffentlichung von *La Bible enfin expliquée* – Unzählige Besucher in Ferney – Ein ernst zu nehmender Feind: Abbé Guénée – Ludwig XVI. liebt Voltaire nicht	Entlassung Malesherbes – Sturz Turgots – Necker Mitarbeiter des Generalkontrolleurs der Finanzen – Franklin in Paris
1777 83 Jahre alt – Juli: Kaiser Joseph II. fährt durch Ferney, ohne Voltaire zu besuchen – Er schreibt die Tragödie *Irène*	Necker Generaldirektor der Finanzen – Gründung der École de guerre – Französisch-schweizerischer Allianz-Vertrag
1778 10. Febr.: Ankunft in Paris; Lektüre der *Mémoires* von Saint-Simon – 30. März: Apotheose; Sitzung in der Académie, Aufführung von *Irène* – Begegnung mit Franklin, Diderot – 7. April: Voltaire in die >Loge des Neuf Soeurs< aufgenommen – 11. Mai: Voltaire muß sich zu Bett legen – Samstag, 30. Mai: Tod Voltaires in seinem vierundachtzigsten Lebensjahr – 2. Juli: Tod Rousseaus – Heimliche Beerdigung Voltaires um 5 Uhr morgens in der Abtei von Seillières	Gründung der Diskontkasse in Paris

Beginn des Amerikanischen Unabhängigkeitskrieges: Washington oberste Heeresleitung – Beginn des Pontifikats von Pius VI.	Beaumarchais: *Le Barbier de Séville* – Diderot: *Le Rêve de d'Alembert* – Sheridan: *Die Rivalen* – Lavater: *Physiognomische Fragmente zur Beförderung der Menschenkenntnis und Menschenliebe* – Geboren: Ampère, Turner, C. Mayer, Schelling, Feuerbach

1775

4.Juli: Amerikanische Unabhängigkeitserklärung – Gründung der ersten Gewerkschaft in England

Goethe: *Stella* – Klinger: *Sturm und Drang* – Lenz: *Die Soldaten* – Herder: *Älteste Urkunde des Menschengeschlechtes* – Restif de la Bretonne: *Le paysan et la paysanne pervertis* – Holbach: *La Morale universelle* – Mably: *Principes des Lois* – Gibbon: *Verfall und Sturz des Römischen Reiches* – Gestorben: Hume, Fréron – Geboren: E. T. A. Hoffmann, Herbart, Görres

1776

La Fayette in Amerika – Abstimmung der Artikel der Verfassung der helvetischen Republik

Le Journal de Paris – erste französische Tageszeitung – Sheridan: *Die Lästerschule* – Lessing: *Wolfenbütteler Fragmente* – Gestorben: Gresset – Geboren: Gauß, Kleist, de la Motte-Fouqué

1777

Bayerischer Erbfolgekrieg mit Österreich – Friedrich II. dringt nach Böhmen ein – Franklin erreicht Bündnis Frankreich–USA

Rousseau beendet: *Rêveries d'un promeneur solitaire* – Parny: *Poésies érotiques* – Buffon: *Les Epoques de la nature* – Herder: *Volkslieder* – Lessing: *Anti-Goeze* – Gestorben: Piranesi, Linné, Pitt – Geboren: Foscolo, Gay-Lussac, Brentano

1778

schen Königs (1704–1708) und Außenminister, floh 1715 nach Frankreich zu Jakob III. (Stuart), dessen Sekretär er war. Lebte in Paris und in La Source nahe Orléans. 1723 wurde er amnestiert, kehrte nach England zurück, erlangte unter dem Ministerium Walpoles seinen Besitz wieder. Von 1732 bis 1745 war er wieder in Frankreich. 106, 128, 129, 137, 169, 170, 404, 548, 855, 863

Bond (Mr.) 234, 235

Bonnet 778–780, 808, 916

Borde (M. de la) 835

Bosleduc (Arzt) 153

Boswell 721–727

Boufflers (Maréchal de) 27

Boufflers, Marie-Françoise, Catherine de Beauvau (Marquise de). Geboren in Lunéville (1711), erzogen im Kloster der Stiftsdamen von Remiremont, das sie verließ, um den Marquis zu heiraten. Als er sie verließ, ging sie zu ihrer Mutter, die die Geliebte von Leopold, Herzog von Lothringen, gewesen war. Am Hof entzückte sie Stanislaus, dessen Favoritin sie wurde. Sie hatte M. de la Galaizière, den Verwalter des Königs, und Saint-Lambert als Liebhaber. Mit Mme du Châtelet und Voltaire war sie befreundet. Sie besaß Herz, Geist, Güte. 297, 365 bis 369, 372, 388, 398, 400–402, 599, 714, 715

Boufflers, Stanislaus-Jean (Chevalier de). Seine Mutter brachte ihn in einer Kutsche zur Welt. War einer der brillantesten und verführerischsten Männer der Zeit, in ganz Europa berühmt für seine dichterischen Talente, seine Begabung als Causeur, Maler und Liebhaber. War Gouverneur des Senegal (1768 bis 1787), 1788 wurde er Mitglied der Académie. Seine Liebe zu Mme de Sabran war berühmt. Er ging nach Polen und kehrte nach Paris zurück, wo er 1815 starb. 714, 715, 724

Bouhier (Président) 335

Bouillon (Duc de) 389

Bourbon (Duc de) 109, 155, 156, 165

Bourbon-Vendôme, Philippe – s. Vendôme, Prieur de

Bourdeille (M. de) 389

Bourette (Dame) 634

Bourges (Pater) 678

Bourgogne (Duchesse de) 29

Boyer (Bischof von Mirepoix) 298, 299, 309, 326, 336, 424, 611

Brancas (Maréchal de) 199

Braunschweig (Herzog von) 310

Breteuil, (Abbé de) 264

Breteuil (Baron de) 82, 119, 200, 295

Breteuil, Gabrielle-Emilie Le Tonnelier de – s. Châtelet Marquise du

Breteuil (M. de) 738

Breteuils (die) 200, 251

Brinon, M. 902

Bristol (Graf von) 853

Brizard, M. (Schauspieler) 898, 899

Brizard, M. 922

Broglie (Maréchal de) 910

Brosses (Président de). Sehr geistreicher Mann, geboren in Dijon (1709). Ratgeber beim Gericht von Burgund, dessen Präsident er bald wurde. Reiste in Italien; den Bericht dieser

großzügiger Geist. Nahm die neuen Ideen ohne Haß an, da er an den Fortschritt der Menschheit glaubte und in der Revolution ein Mittel sah, ihn zu verwirklichen. Seine Frau, Sophie de Grouchy, teilte seine Ideen und führte in der Zeit des Empire und der Restauration einen ›liberalen‹ Salon. 571, 781, 837, 845, 846, 874, 896, 945

Crébillon, Prosper Jolyot de. Geboren 1674 in Dijon. Sohn eines Notars, Schüler der Jesuiten, studierte Jura und kam als Schreiber zu einem Staatsanwalt nach Paris. Schrieb Tragödien, deren eine 1705 mit Erfolg aufgeführt wurde. War faul, originell, lasterhaft, setzte sich aber schließlich als tragischer Dichter durch. 1731 wurde er Mitglied der Académie. Durch Mme de Pompadour wurde er Zensor für Literatur und Geschichte. War der Rivale Voltaires bei der Comédie-Française, starb 1762. 87, 187, 300, 339, 374–377, 390, 394, 407, 411, 660, 661, 712, 817, 857

Deffand, Marie de Vichy-Chamrond (Marquise du) (1697 bis 1780). Lebte mit Mme de Staal zusammen in der Umgebung der Duchesse du Maine am Hofe von Sceaux, kannte Voltaire seit 1720 und blieb bis zu seinem Tode in Verbindung mit ihm (1778). Sie war eine Freundin des Président Hénault und Walpoles, mit dem sie eine berühmt gewordene Korrespondenz führte. Ihr Salon war einer der brillantesten des 18. Jahrhunderts und stand dem hohen Adel und den Philosophen offen. Sie war

Inhalt

Zweiter Teil

Anhang

Zu dieser Ausgabe

insel taschenbuch: 1651 Jean Orieux, Das Leben des Voltaire. Titel
der französischen Originalausgabe: Voltaire: Ou la royauté de l'esprit. Flammarion, Paris 1966. Der Text der deutschen Übersetzung
folgt der 1985 als insel taschenbuch 874 vorgelegten Ausgabe. Die
wiederum beruht auf der 1968 im Insel Verlag erschienenen gebun-
denen Ausgabe. Umschlagabbildung: Voltaire. Gemälde von Nicolas
de Largilliere. Ausschnitt. Foto: Archiv für Kunst und Geschichte,
Berlin.

Französische Literatur
im insel taschenbuch

152/1/11.93

Französische Literatur
im insel taschenbuch

Marguerite Duras: Der Vize-Konsul. Roman. Deutsch von W. M. Guggenheimer. Großdruck. it 2312

Dominique Fernandez: Süditalienische Reise. Aus dem Französischen von Julia Kirchner. Mit farbigen Fotografien von Martin Thomas. it 1076

Gustave Flaubert: Bouvard und Pécuchet. Aus dem Französischen übersetzt von Georg Goyert. Mit Illustrationen von András Karakas. Mit einem Vorwort von Victor Brombert und einem Nachwort von Uwe Japp. it 373

– Drei Erzählungen. Trois contes. Übersetzt und herausgegeben von Cora van Kleffens und André Stoll. it 571

– Lehrjahre des Gefühls. Geschichte eines jungen Mannes. Übertragen von Paul Wiegler. Mit einem Essay und einer Bibliographie von Erich Köhler. it 276

– Madame Bovary. Revidierte Übersetzung aus dem Französischen von Arthur Schurig. it 167

– Reise in den Orient. Ägypten. Nubien. Palästina. Syrien. Libanon. Aus dem Französischen von Reinhold Werner und André Stoll. Mit Photographien von Maxime Du Camp, einem Register und einem Nachwort. Herausgegeben von André Stoll. it 619

– Salammbô. Herausgegeben und mit einem Nachwort versehen von Monika Bosse und André Stoll. Aus dem Französischen übersetzt von Georg Brustgi. it 342

– Ein schlichtes Herz und andere Erzählungen. Aus dem Französischen von Cora van Kleffens und André Stoll. Großdruck. it 2314

– Wörterbuch der Gemeinplätze. Die Albumblätter der Marquise. Katalog der schicken Ideen. Aus dem Französischen von Monika Petzenhauser. Mit einem Vorwort von J. Rudolfo Wilcock. it 1303

Edmond und Jules de Goncourt: Tagebücher. Aufzeichnungen aus den Jahren 1851-1870. Nach der ersten Gesamtausgabe der Académie Goncourt ausgewählt, übertragen und herausgegeben von Justus Franz Wittkop. it 692

Choderlos de Laclos: Schlimme Liebschaften. Mit 14 Kupferstichen. Übertragen und eingeleitet von Heinrich Mann. it 12

Jean de La Fontaine: Die schönsten Fabeln. Aus dem Französischen von Thomas Keck. Mit farbigen Illustrationen von Rolf Köhler und einem Nachwort von Jürgen von Stackelberg. it 1451

Gaston Leroux: Die blutbefleckte Puppe. Aus dem Französischen von Annegret Sellier. it 1567

Guy de Maupassant: Bel-Ami. Aus dem Französischen von Josef Halperin. Mit zeitgenössischen Illustrationen. it 280

152/3/11.93

152/4/11.93

INSEL

Neue Bücher 2. Halbjahr 1994

Romane · Erzählungen · Gedichte
Japanische Bibliothek
Biographien · Weltliteratur
Kultur und Geschichte
Kosmologie
Kalender
Insel-Bücherei
Insel Taschenbücher

Paolo Maurensig
Die Lüneburg-Variante

Roman
Aus dem Italienischen von
Irmela Arnsperger
216 Seiten. Gebunden
ca. DM 36,–/öS 281,–/sFr. 37.–
(August 94)

Ein großer Meister des Schachspiels, Kasparow, hat einmal gesagt: »Schach ist der gewalttätigste Sport, den es gibt.« Ein Pistolenschuß beendet das Leben eines deutschen Unternehmers. Handelt es sich um einen Unfall? Um Selbstmord? Mord? Die Vollstreckung eines Urteils? Die zutreffende Antwort lautet: Es handelt sich um einen letzten Schachzug. Hinter dem Todesfall enthüllt Maurensigs Roman ein Inferno. Trocken, spannend, glänzend beschrieben, liefert *Die Lüneburg-Variante* den Beweis mit einer Geschichte, die abläuft wie eine grausame Schachpartie.

György Dalos
Der Versteckspieler

Gesellschaftsroman
Aus dem Ungarischen von György Dalos
und Elsbeth Zylla
Etwa 312 Seiten. Gebunden
ca. DM 39,80/öS 311,–/sFr. 40.80
(August 94)

Der Entwicklungsroman eines Mannes im Hin und Her der ungarischen Politik, eine sympathische Taugenichtsgeschichte im schlampigen Sozialismus ungarischer Provenienz – und nicht zuletzt ein erotisches Buch.

Penelope Fitzgerald
Das Engelstor

Roman
Aus dem Englischen von Christa Krüger
192 Seiten. Leinen
ca. DM 32,–/öS 250,–/sFr. 33.–
(September 94)

Cambridge 1912: Ein harmloser Fahrradunfall bringt die Welt eines jungen Wissenschaftlers durcheinander. Er verliebt sich – und das läßt sich mit den Gesetzen der Physik nicht erklären…

GEDULD BRINGT FRIEDEN
MYSTISCHE LOSUNG
FÜR JEDEN TAG
Ein Kalender
Unter Mitwirkung von Freunden der
Mystik zusammengestellt und
herausgegeben von Wolfgang Böhme
176 Seiten. Leinen
(Format 10,5 × 19,5 cm)
DM 16,80/öS 131,–/sFr. 17.80
(September 94)

Ein Kalender für das Jahr 1995, eine mystische Losung für jeden Tag, mit Texten von Mechthild von Magdeburg, Hildegard von Bingen, Meister Eckhart, Johannes Tauler, Augustinus, Jakob Böhme, Bernhard von Clairvaux u. v. a.

CALENDARIUM
HERMANN HESSE 1995
ca. DM 9,80/öS 77,–/sFr. 10.80
(Oktober 94)

Mit dem CalenDarium stellt der Insel Verlag eine neue Kalenderidee vor: dekorative, aufstellbare Tischkalender in Format und Gestalt kleiner Compact Discs. Mit Farbreproduktionen von Aquarellen Hermann Hesses erscheint nun erstmals ein handliches Kleinkalendarium mit 12 farbigen Aquarellen, Gedichten und Leitgedanken aus Hesses Werk. Das CalenDarium *Hermann Hesse 1995* ist ein anregender Begleiter durch das Jahr und ein ideales Geschenk nicht nur für Hesse-Freunde.

CALENDARIUM
AUTOREN 1995
ca. DM 9,80/öS 77,–/sFr. 10.80
(Oktober 94)

Die bekanntesten Schwarzweißfotografien bedeutender Autorinnen und Autoren unseres Jahrhunderts präsentiert das CalenDarium *Autoren 1995*.

Insel-Bücherei

RAINER MARIA RILKE
WIE SOLL ICH MEINE SEELE HALTEN
Liebesgedichte
Insel-Bücherei Nr. 1150
ca. DM 16,80/öS 131,–/sFr. 17.80
(Oktober 94)

FRANK WEDEKIND
MINE-HAHA
Insel-Bücherei Nr. 1148
ca. DM 19,80/öS 155,–/sFr. 20.80
(Oktober 94)

JOHANN WOLFGANG GOETHE
SKIZZE ZU EINER SCHILDERUNG
WINCKELMANNS
Insel-Bücherei Nr. 1149
ca. DM 18,80/öS 147,–/sFr. 19.80
(Oktober 94)

JOHANN WOLFGANG GOETHE
GEDICHTE
Mit Illustrationen von Ernst Barlach,
Max Liebermann, Hans Meid und
Karl Walser
Vier Bände in einer Kassette
Insel-Bücherei Nr. 1144–1147
ca. DM 64,–/öS 499,–/sFr. 64.–
(Oktober 94)

MITTEILUNGEN FÜR DIE FREUNDE
DER INSEL-BÜCHEREI. HEFT 10
Herausgegeben von Hans-Eugen Bühler
und Jochen Lengemann
DM 12,–/öS 94,–/sFr. 13.–
(Oktober 94)

DAGMAR VON GERSDORFF
MARIE LUISE KASCHNITZ

Sonderausgabe
Etwa 372 Seiten. Leinen
ca. DM 32,–/öS 250,–/sFr. 33.–
(September 94)

»Mit Dagmar von Gersdorffs Biographie ... sind uns Leben und Werkentwicklung einer wahren Leitfigur für die Nachkriegsdichtung überschaubarer und anschaulicher geworden.«
Frankfurter Allgemeine Zeitung

RAINER MARIA RILKE
BRIEFE AN
SCHWEIZER FREUNDE

Erweiterte und kommentierte Ausgabe
Herausgegeben von Rätus Luck unter
Mitwirkung von Hugo Sarbach
Etwa 780 Seiten. Leinen
ca. DM 98,–/öS 765,–/sFr. 98.–
(Oktober 94)

Wie ein fortlaufender Kommentar zum letzten Kapitel von Rilkes Biographie reflektieren die Briefe dieses Bandes Arbeits- und Lebensumstände des Dichters in seinen Schweizer Jahren.

RAINER MARIA RILKE
JAHRESZEITEN

Zusammengestellt von Vera Hauschild
Etwa 160 Seiten. Leinen
(Format 10,5 × 19,5 cm)
ca. DM 24,80/öS 194,–/sFr. 25.80
(Oktober 94)

Ein Buch zur Besinnung, zum Innehalten; Zeugnis von Rilkes Versuch, in unserem Jahrhundert des Schreckens Zuversicht aus der liebevollen Begegnung mit allem Natürlichen zu gewinnen.

LOU ANDREAS-SALOMÉ
FRIEDRICH NIETZSCHE
IN SEINEN WERKEN

Mit Anmerkungen von Thomas Pfeiffe
Herausgegeben von Ernst Pfeiffer
Erweiterte Neuausgabe
Etwa 376 Seiten. Leinen
ca. DM 38,–/öS 297,–/sFr. 39.–
(September 94)

Lou Andreas-Salomés Nietzsch Buch fasziniert durch jene vorbehal lose persönliche Kenntnis Niet sches, die vom Ursprung her, vor Erleben, ein Verstehen ermöglich das über jede nur werkimmanen Aneignung hinausgeht.
Die Neuausgabe dieses Buches e scheint anläßlich des 150. Geburt tags von Friedrich Nietzsche.

HEINRICH HOFFMANN
LEBENSERINNERUNGEN

Herausgegeben von G. H. Herzog
und Helmut Siefert unter Mitarbeit
von Marion Herzog-Hoinkis
365 Seiten. Leinen
ca. DM 39,80/öS 311,–/sFr. 40.8
(September 94)

Die Lebenserinnerungen Heinric Hoffmanns (1809–1894), des volk tümlichen Frankfurter Nervenar tes, Reformers der Psychiatrie un weltberühmten Kinderbuchauto des Struwelpeter.

FRANKFURTER ANTHOLOGIE

Gedichte und Interpretationen
Siebzehnter Band
Herausgegeben von Marcel Reich-Ranicki
Etwa 312 Seiten. Leinen
ca. DM 36,–/öS 281,–/sFr. 37.–
(Oktober 94)

»Eine Großanthologie deutschspra-
chiger Gedichte von den Anfängen
bis zur Gegenwart, neben der es
keine vergleichbare gibt.«
Hans Bender

INSEL ALMANACH
AUF DAS JAHR 1995

Mit einem Verzeichnis ausgewählter
Bücher aus dem Insel Verlag
Etwa 200 Seiten. Broschur
ca. DM 16,–/öS 131,–/sFr. 17.–
(November 94)

Erzählungen und Essays, Briefe und
Aphorismen, klassische und Literatur der Gegenwart. Einsichten und
Überblicke, Information und Lese-
vergnügen: der neue Insel-Alma-
nach.

UNO CHIYO
DIE GESCHICHTE
EINER GEWISSEN FRAU

Erzählung
Aus dem Japanischen übertragen und
mit einem Nachwort versehen von
Barbara Yoshida-Krafft
168 Seiten. Leinen
ca. DM 39,80/öS 311,–/sFr. 40.80
(September 94)

Die siebzigjährige Kazue blickt auf
ein freies, skandalbehaftetes Leben
zurück, das mit vielen Tabus der japanischen Gesellschaft gebrochen
hat. Eine autobiographische Erzählung.
Uno Chiyo ist heute, 97jährig, eine
gefeierte, mit Preisen und einem
hohen Orden ausgezeichnete Schrift-
stellerin. Wie ein japanischer Kritiker bewundernd sagt, hat sie die
moderne japanische Literatur um
eine neue und zudem weibliche
Schreibweise bereichert.

TANIZAKI JUNICHIRO
DIE GEHEIME GESCHICHTE
DES FÜRSTEN VON MUSASHI

Roman
Aus dem Japanischen von Josef Bohaczek
Mit einem Nachwort von
Irmela Hijiya-Kirschnereit
216 Seiten. Leinen
ca. DM 39,80/öS 311,–/sFr. 40.80
(September 94)

Tanizaki, überragender Meister der
Psychologie und in der Beschreibung sexueller Obsessionen, erzählt
die Geschichte eines Feldherrn im
kriegsdurchtobten Japan des 16.
Jahrhunderts. Eine historische Novelle.

insel taschenbücher

ABSEITS BIS ZWEIKAMPF
Ein Fußball-ABC von Klaus Stein
it 1630. DM 14,80/öS 116,–/
sFr. 15.80 (Juli 94)

MODERNES MUSEUM
Bilder, Objekte, Installationen
im Museum für Moderne Kunst
Frankfurt am Main
Von Michael Hierholzer
it 1647. ca. DM 18,80/öS 147,–/
sFr. 19.80 (August 94)

KURZ VOR MITTERNACHT
Von Machado de Assis
it 1654. ca. DM 12,80/öS 100,–/
sFr. 13.80 (Oktober 94)

WEIHNACHTSERZÄHLUNGEN
DES 20. JAHRHUNDERTS
it 1648. ca. DM 12,80/öS 100,–/
Fr. 13.80 (Oktober 94)

MÄRCHEN ZUR WEIHNACHT
it 1649. ca. DM 12,80/öS 100,–/
sFr. 13.80 (Oktober 94)

GOETHES REDEN
it 1650. ca. DM 16,80/öS 131,–/
sFr. 17.80 (November 94)

JEAN ORIEUX
DAS LEBEN DES VOLTAIRE
it 1651. ca. DM 34,80/öS 272,–/
sFr. 35.80 (November 94)

VOLTAIRE
LEBEN UND WERK
it 1652. ca. DM 19,80/öS 155,–/
sFr. 20.80 (November 94)

RENOIR
Von Julius Meier-Graefe
it 1653. ca. DM 18,80/öS 147,–/
sFr. 19.80 (November 94)

SENECA FÜR MANAGER
Sentenzen
it 1656. ca. DM 12,80/öS 100,–/
sFr. 13.80 (November 94)

KREUZWORTRÄTSEL
Von beb.
it 1655. ca. DM 12,80/öS 100,–/
sFr. 13.80 (November 94)

ISABEL ALLENDE
DAS GEISTERHAUS
it 2341. ca. DM 24,80/öS 194,–/
sFr. 25.80. Großdruck (November 94)

FRIEDRICH CRAMER
SPIEL DER SYNAPSEN
Gedichte und Prosa
it 1657. ca. DM 14,80/öS 116,–/
sFr. 15.80 (November 94)

ELIZABETH VON ARNIM
JASMINHOF
it 1677. ca. DM 16,80/öS 131,–/
sFr. 17.80 (Dezember 94)

ARTHUR SCHOPENHAUER
DIE KUNST, RECHT ZU BEHALTEN
it 1658. ca. DM 12,80/öS 100,–/
sFr. 13.80 (Dezember 94)

THEODOR FONTANE
LEBEN UND WERK
Von Otto Drude
it 1660. ca. DM 19,80/öS 155,–/
sFr. 20.80 (Dezember 94)

DIE FAMILIE MENDELSSOHN
1729–1847, nach Briefen und
Tagebüchern herausgegeben von
Sebastian Hensel
it 1671. ca. DM 29,80/öS 233,–/
sFr. 30.80 (Dezember 94)

GOETHE
DER HEILKUNDIGE DICHTER
Von Frank Nager
it 1672. ca. DM 19,80/öS 155,–/
sFr. 20.80 (Dezember 94)

GOLEM!
it 1674. ca. DM 18,80/öS 147,–/
sFr. 19.80 (Dezember 94)

STREICHHOLZSPIELE
Von Dieter Vogt
it 1673. ca. DM 12,80/öS 100,–/
sFr. 13.80 (Dezember 94)

EMILY BRONTË
DIE STURMHÖHE
*it 2348. ca. DM 22,80/öS 178,–/
sFr. 23.80 (Dezember 94)*

JOHN UND MARY GRIBBIN
KINDER DER EISZEIT
*it 1676. ca. DM 16,80/öS 131,–/
sFr. 17.80 (Dezember 94)*

DIE GESCHICHTE VOM
PRINZEN GENJI
*it 1659. 2 Bde. in Kassette
ca. DM 34,80/öS 272,–/sFr. 35.80
(Januar 95)*

D. H. LAWRENCE
DIE SCHÖNSTEN LIEBESGESCHICHTEN
*it 1678. ca. DM 16,80/öS 131,–/
sFr. 17.80 (Januar 95)*

KARL KRAUS
LEBEN UND WERK
Von Friedrich Pfäfflin
*it 1679. ca. DM 18,80/öS 147,–/
sFr. 19.80 (Januar 95)*

ALEXANDER CALDER
HELLEBARDENTRÄGER
*it 1680. ca. DM 16,80/öS 131,–/
sFr. 17.80 (Januar 95)*

DIE GROSSEN SEUCHEN
VON PEST BIS AIDS
Von Kari Köster-Lösche
*it 1681. ca. DM 12,80/öS 100,–/
sFr. 13.80 (Januar 94)*

BERÜHMTE SCHACHPARTIEN
Von Roswin Finkenzeller
*it 1682. ca. DM 12,80/öS 100,–/
sFr. 13.80 (Januar 95)*

WEGE INS EIS
NORD- UND SÜDPOLFAHRTEN
Friedhelm Marx
*it 1683. ca. DM 14,80/öS 116,–/
sFr. 15.80 (Januar 95)*

MAX FRISCH
HOMO FABER
*it 2344. ca. DM 19,80/öS 155,–/
sFr. 20.80. Großdruck (Januar 95)*

ROBERT WESSON
CHAOS, ZUFALL UND AUSLESE
IN DER NATUR
*it 1684. ca. DM 19,80/öS 155,–/
sFr. 20.80 (Januar 95)*

JEAN PAUL
LEBEN DES VERGNÜGTEN
SCHULMEISTERLEIN MARIA WUTZ
*it 1685. ca. DM 10,80/öS 84,–/
sFr. 11.80 (Februar 95)*

CHARLES BROCKDEN BROWN
WIELAND ODER DIE VERWANDLUNG
*it 1686. ca. DM 19,80/öS 155,–/
sFr. 20.80 (Februar 95)*

KATHERINE MANSFIELD
LEBEN UND WERK
Von Ida Schöffling
*it 1687. ca. DM 18,80/öS 147,–/
sFr. 19.80 (Februar 95)*

PIET MONDRIAN
KOMPOSITION MIT ROT,
GELB UND BLAU
*Kunstmonographie von Thorsten Scheer
und Anja Thomas-Netik*
*it 1688. ca. DM 18,80/öS 147,–/
sFr. 19.80 (Februar 95)*

MIGRÄNE
DIE KLEINE HÖLLE
Von Manfred Wenzel
*it 1689. ca. DM 12,80/öS 100,–/
sFr. 13.80 (Februar 95)*

RAFI REISERS PLANQUADRAT
Von Wolfgang Lechner
*it 1690. ca. DM 12,80/öS 100,–/
sFr. 13.80 (Februar 95)*

EINSAMKEITEN
*Ein Lesebuch. Herausgegeben
von Ilma Rakusa*
*it 1691. ca. DM 14,80/öS 116,–/
sFr. 15.80 (Februar 95)*

HANS CAROSSA
EINE KINDHEIT
*it 2345. ca. DM 16,80/öS 131,–/
sFr. 17.80. Großdruck (Februar 95)*

ERHARD EPPLER
ALS WAHRHEIT VERORDNET
WURDE

Briefe an meine Enkelin
Etwa 184 Seiten. Gebunden
ca. DM 32,–/öS 250,–/sFr. 33.–
(September 94)

Erhard Eppler berichtet, in Briefen an seine Enkelin und aus der Perspektive seiner Jugend, über die Jahre 1933–45, das Leben in einer schwäbischen Kleinstadt, Kindheit, Schule und Militärzeit – und darüber, wie in dieser Zeit die ›Wahrheit‹ mehr und mehr verordnet wurde.

STEFAN ZWEIG
BRASILIEN

Ein Land der Zukunft
Sonderausgabe, versehen mit sechzehn
Farbfotografien und einem Nachwort
von Volker Michels
Etwa 304 Seiten. Leinen
ca. DM 39,80/öS 311,–/sFr. 40.80
(September 94)

Eine fesselnde Monographie über einen der fünf größten Staaten der Erde.
Stefan Zweig glückt es, ein Maximum an Information so lebendig zu vergegenwärtigen, daß man nicht ein Sachbuch, sondern eine Novelle zu lesen meint.
»Wer Stefan Zweig ... kennen möchte, der sollte auf dieses Dokument einer unter Qualen verlorenen und im idealen Spiegel wiedergewonnenen Welt nicht verzichten.«
Frankfurter Allgemeine Zeitung

HERMANN LENZ
ZWEI FRAUEN

Erzählung
Etwa 200 Seiten. Leinen
ca. DM 36,–/öS 281,–/sFr. 37.–
(September 94)

Eugen Rapp, der aus einer Folge von acht Romanen bekannte Schriftsteller, möchte im Alter die Orte seiner Kindheit sich noch einmal vergegenwärtigen, indem er sie durchwandert. Bei diesen Wanderungen begegnet er zwei Frauen, wie sie verschiedener kaum sein könnten, die dennoch seit Jugendzeiten eine enge Freundschaft verbindet.

ELIZABETH VON ARNIM
DIE REISEGESELLSCHAFT

Roman
Aus dem Englischen von Angelika Beck
Etwa 384 Seiten. Leinen
ca. DM 38,–/öS 297,–/sFr. 39.–
(September 94)

Die Reisegesellschaft ist wohl der witzigste Roman, den Elizabeth von Arnim je geschrieben hat. Mit beißender Satire und gnadenlosem Spott

traktiert sie eine Gesinnung, die ihr während ihrer Jahre in Deutschland auf Schritt und Tritt begegnet sein dürfte und die man vage mit *male chauvinism* umschreiben könnte.

AMOS OZ
SEHNSUCHT

Erzählungen
Aus dem Hebräischen von Ruth Achlama
Etwa 256 Seiten. Gebunden
ca. DM 38,–/öS 297,–/sFr. 39.–
(September 94)

Wer in der jetzigen politischen Situation erfahren möchte, warum der Staat Israel so geworden ist, wie er sich in den letzten vierzig Jahren zeigte und warum er und seine Bewohner gegenwärtig in dieser besonderen Form handeln, ist angewiesen auf diese literarisch souveränen und einfühlsamen poetischen Recherchen von Amos Oz über die Zeit vor der Gründung des Staates Israel.

JOHN GRIBBIN
UNSERE SONNE
*it 1662. ca. DM 16,80/öS 131,–/
sFr. 17.80 (Februar 95)*

PENELOPE FITZGERALD
FRÜHLINGSANFANG
*it 1693. ca. DM 14,80/öS 116,–/
sFr. 15.80 (März 95)*

MARIE LUISE KASCHNITZ
ELISSA
*it 1694. ca. DM 14,80/öS 116,–/
sFr. 15.80 (März 95)*

MOZART. BRIEFE
*it 1696. ca. DM 14,80/öS 116,–/
sFr. 15.80 (März 95)*

MOZART
LEBEN UND WERK
Von Gernot Gruber
*it 1695. ca. DM 18,80/öS 147,–/
sFr. 19.80 (März 95)*

ÄSTHETIK DES TODES
Von Christiaan L. Hart Nibbrig
*it 1697. ca. DM 19,80/öS 155,–/
sFr. 20.80 (März 95)*

WER LAG IN DER TONNE?
*Ein Quis-Quiz aus der Alten Welt
Von Gerhard Fink*
*it 1698. ca. DM 14,80/öS 116,–/
sFr. 15.80 (März 95)*

PANTOFFELHELDEN UND
STIEFELKNECHTE
*Über poetisches Schuhwerk
Herausgegeben von Franz Josef Görtz*
*it 1699. ca. DM 14,80/öS 116,–/
sFr. 15.80 (März 95)*

ELIZABETH VON ARNIM
VERZAUBERTER APRIL
*it 2346. ca. DM 19,80/öS 155,–/
sFr. 20.80 (März 95)*

KRISTEN ROHLFS
EINFÜHRUNG IN DIE ASTRONOMIE
*it 1707. ca. DM 16,80/öS 131,–/
sFr. 17.80 (März 95)*

JOHANN CHRISTIAN GÜNTHER
DIE GEDICHTE
*it 1702. ca. DM 14,80/öS 116,–/
sFr. 15.80 (April 95)*

KATHERINE MANSFIELD
ÜBER DIE LIEBE
*it 1703. ca. DM 10,80/öS 84,–/
sFr. 11.80 (April 95)*

LAWRENCE VON ARABIEN
LEBEN UND WERK
Von Werner Koch
*it 1704. ca. DM 16,80/öS 131,–/
sFr. 17.80 (April 95)*

FERNAND LÉGER. LA VILLE
*Kunstmonographie von
Joachim Heusinger von Waldegg*
*it 1705. ca. DM 18,80/öS 147,–/
sFr. 19.80 (April 95)*

DIE KUNST, DAS MENSCHLICHE LEBEN
ZU VERLÄNGERN
Von Christoph Wilhelm Hufeland
*it 1706. ca. DM 18,80/öS 147,–/
sFr. 19.80 (April 95)*

ORTSTERMINE
Historische Denkspiele von Dieter Vogt
*it 1707. ca. DM 12,80/öS 100,–/
sFr. 13.80 (April 95)*

ZUM TEUFEL
Herausgegeben von Franz Rottensteiner
*it 1708. ca. DM 14,80/öS 116,–/
sFr. 15.80 (April 95)*

ROBERT SHAPIRO
DER BAUPLAN DES MENSCHEN
*it 1709. ca. DM 19,80/öS 155,–/
sFr. 20.80 (April 95)*

Für weitere Informationen und Prospekte wenden Sie sich an Ihren Buchhändler
oder direkt an den Verlag.
Fotonachweis: Giovanni Giovannetti (Paolo Maurensig), Ekko von Schwichow
(György Dalos), Isolde Ohlbaum (Amos Oz, Marcel Reich-Ranicki),
weitere Nachweise über das Bildarchiv des Insel Verlags.
nsel Verlag Frankfurt am Main und Leipzig, Postfach 10 19 45, 60019 Frankfurt/M.
Preisänderungen vorbehalten. 7/94 (99640)

1000 deutsche Gedichte mit Interpretationen – »Das hat es in der Literaturgeschichte noch nicht gegeben: eine Anthologie, in der tausend deutsche Gedichte von den Anfängen bis zur Gegenwart kenntnisreich gesichtet und ebenso kenntnisreich interpretiert werden. Die Frankfurter Anthologie hat mittlerweile eindrucksvoll erreicht, was sie sich vorgenommen hat: die bedeutenden Zeugnisse der Poesie in Erinnerung zu bringen und sie, angeregt durch zeitgenössische Interpretationskunst, von neuem lesen zu lernen. Erschließen, um zu bewahren: Das geheime Motto des Herausgebers hat ein Werk entstehen lassen, das nichts weniger ist als eine Einweihung in die Welt der Poesie.«
Siegfried Lenz

1000 DEUTSCHE GEDICHTE
und ihre Interpretationen
Herausgegeben von Marcel Reich-Ranicki
Zehn Bände in Kassette
Etwa 5000 Seiten. Kartoniert
ca. DM 198,–/öS 1545,–/sFr. 198.–
Einzelpreis jeweils
ca. DM 24,80/öS 194,–/sFr. 25.80
(Oktober 94)

1000 Deutsche Gedichte versammelt Gedichte aus über acht Jahrhunderten, aus sämtlichen Epochen, vom Mittelalter bis zur Gegenwart: eine Enzyklopädie deutscher Lyrik.

HANS JONAS
DAS PRINZIP LEBEN

Ansätze zu einer philosophischen Biologie
Neuausgabe
416 Seiten. Leinen
ca. DM 42,–/öS 328,–/sFr. 42.–
(Oktober 94)

Hans Jonas entwirft eine Theorie der psychophysischen Einheit des Lebens, die zum Verstehen des Menschlichen zwischen Freiheit und Notwendigkeit, Autonomie und Abhängigkeit, Ich und Welt beiträgt.

MICHAEL IGNATIEFF
REISEN IN DEN NEUEN NATIONALISMUS

Aus dem Englischen von Werner Schmitz
Mit Abbildungen
328 Seiten. Gebunden
ca. DM 39,80/öS 311,–/sFr. 40.80
(August 94)

Ignatieff nähert sich dem neuen Nationalismus behutsam: Er schildert beide Seiten des Nationalismus, läßt alle Parteien zu Wort kommen und stellt die historischen Zusammenhänge her: eine ausgewogene Studie über ein aktuelles Phänomen, gleichzeitig seltene, weil sehr private Einblicke in die Hintergründe und das Leben fernab von der »großen Politik«.

PROUSTIANA XIV/XV
48 Seiten
DM 30,–/öS 234,–/sFr. 31.–

DAVID LAYZER
DIE ORDNUNG DES UNIVERSUMS

Aus dem Amerikanischen von
Anita Ehlers
Etwa 400 Seiten. Gebunden
ca. DM 48,–/öS 375,–/sFr. 48.–
(Oktober 94)

Wie ist die Ordnung des Kosmos aus dem Chaos entstanden? Wie läßt sich die Stabilität des Universums erklären? Und wie funktioniert Ordnung in der Welt des organischen Lebens, von der DNA bis zum menschlichen Bewußtsein? David Layzer untersucht die physikalischen, astronomischen und biologischen Zusammenhänge ebenso wie die philosophischen Konsequenzen der Ordnung des Universums.

HERBERT W. FRANKE
DAS P-PRINZIP

Naturgesetze im Rechnenden Raum
Etwa 350 Seiten. Gebunden
ca. DM 48,–/öS 375,–/sFr. 48.–
(Oktober 94)

Zahlreiche Erscheinungen der Welt lassen sich mit Computerprogrammen simulieren. Könnte es sein, daß beide, Welt und Computer, durch ein gemeinsames, relativ einfaches Ablaufschema beschreibbar sind? Und welches Prinzip läge dem zugrunde? Herbert W. Franke spürt diesen Fragestellungen nach, unter Berücksichtigung neuester Erkenntnisse zur Automatentheorie, Chaostheorie und Kosmologie.

BIBLIOTHEK DES DEUTSCHEN STAATSDENKENS IN 21 BÄNDEN

*Herausgegeben von Hans Maier
und Michael Stolleis
Zur Subskription: je Band*
ca. DM 78,–/öS 609,–/sFr. 78.–
je Doppelband
a. DM 138,–/öS 1077,–/sFr. 138.–

Die ›Bibliothek des deutschen Staatsdenkens‹ versammelt – zumeist erstmals in deutscher Übersetzung und für ein breiteres Publikum – die bedeutenden Schriften der politischen Klassiker. Ihre Gedanken neu zu erschließen ist eine der wesentlichen Voraussetzungen einer wirklich lebendigen politischen Kultur.

HERMANN CONRING DER URSPRUNG DES DEUTSCHEN RECHTS

*Übersetzt von Ilse Hoffmann-Meckenstock
Herausgegeben von Michael Stolleis
Etwa 310 Seiten. Leinen*
ca. DM 78,–/öS 609,–/sFr. 78.–
(November 94)

JOHANN GOTTLIEB HEINECCIUS GRUNDLAGEN DES NATUR- UND VÖLKERRECHTS

*Übersetzt von Peter Mortzfeld
Herausgegeben von Christoph Bergfeld
Doppelband
Etwa 560 Seiten. Leinen*
ca. DM 138,–/öS 1077,–/sFr. 138.–
(November 94)

SAMUEL VON PUFENDORF ÜBER DIE PFLICHT DES MENSCHEN UND DES BÜRGERS NACH DEM GESETZ DER NATUR

*Herausgegeben und übersetzt von Klaus Luig
Etwa 260 Seiten. Leinen*
ca. DM 78,–/öS 609,–/sFr. 78.–
(November 94)

SAMUEL VON PUFENDORF DIE VERFASSUNG DES DEUTSCHEN REICHES

*Herausgegeben und übersetzt von Horst Denzer
Etwa 320 Seiten. Leinen*
ca. DM 78,–/öS 609,–/sFr. 78.–
(November 94)

STEMMLERS KLEINE STIL-LEHRE

*Vom richtigen und falschen Sprachgebrauch
Von Theo Stemmler
Etwa 200 Seiten. Gebunden*
ca. DM 36,–/öS 281,–/sFr. 37.–
(Oktober 94)

Daß man jeden Sachverhalt klar darstellen kann, soll dieses Buch zeigen. Ein Buch über den Stil deutscher Sachtexte: wie er ist, und wie er sein könnte. Eine moderne, aktuelle, nützliche und amüsante Stil-Lehre für alle, die täglich mit Texten in deutscher Sprache zu tun haben – ob als Leser oder als Verfasser.

WALTER HINCK MAGIE UND TAGTRAUM

*Das Selbstbild des Dichters
in der deutschen Lyrik
360 Seiten. Gebunden*
ca. DM 48,–/öS 375,–/sFr. 48.–
(Oktober 94)

Die erste Geschichte des dichterischen Selbstbilds in der deutschen Lyrik. Walter Hinck zeigt in einer umfassenden, immer zur Anschaulichkeit bedachten Darstellung die Traditionslinien eines Gedichttypus, in dem sich Poetik in Poesie verwandelt.

ISLÄNDISCHE MÄRCHEN

*Herausgegeben und übersetzt
von Heinz Barüske
Etwa 288 Seiten. Leinen*
ca. DM 34,80/öS 272,–/sFr. 35.80
(September 94)

Aus dem reichen Schatz der Märchen dieses Inselvolkes hat Heinz Barüske, einer der besten deutschen Kenner Islands, einen Kranz geflochten, der dem Leser einen repräsentativen Querschnitt durch diese Volkserzählungen bietet.

AMERIKANISCHE MÄRCHEN

*Herausgegeben von Jack Zipes
Aus dem Amerikanischen übertragen
von Klaus Plonien
Etwa 336 Seiten. Leinen*
ca. DM 34,80/öS 272,–/sFr. 35.80
(September 94)

Die vorliegende Anthologie ist die erste in deutscher Sprache, die einen Überblick über die historische Entwicklung des Kunstmärchens in Amerika bietet: Parodien und Adaptionen klassischer Märchen, feministische Erzählungen, postmoderne Experimente und utopische Geschichten.

OTTO F. BEST
LOB DER ZÄRTLICHKEIT

*Eine Stilistik der Liebe
224 Seiten. Leinen*
ca. DM 36,–/öS 281,–/sFr. 37.–
(September 94)

Von der »Zärtlichkeit« als einem Gradmesser voranschreitender Zivilisation spricht Otto F. Best in diesem Buch, das zugleich die zärtlichsten deutschen Liebesgedichte vereint.

GOETHES ANSCHAUEN
DER WELT

*Schriften und Maximen zur
wissenschaftlichen Methode
Herausgegeben von
Ekkehart Krippendorff
Etwa 220 Seiten. Gebunden*
ca. DM 38,–/öS 297,–/sFr. 39.–
(Oktober 94)

Die Dokumentation von Goethes wissenschaftlicher Methode ermöglicht einen kritischen Blick auf gesellschaftliche und technologische Entwicklungen der Moderne. Unübersehbar sind Goethes Warnungen vor den selbstzerstörerischen Konsequenzen eines instrumentalisierten Denkens und eines ungehemmten Wachstums.